ÉLISABETH
DE
BELGIQUE

DU MÊME AUTEUR

Louis Hennepin, explorateur du Mississippi, 2e éd., Durendal, Bruxelles, 1951.

Banquibazar ou la colonisation belge au temps de la Compagnie d'Ostende, 3e éd., Legrain, Bruxelles, 1982.

Pensées et réflexions de Léopold II. L'Amitié par le Livre, Bruxelles, 1948.

Le Miracle de 1848, Dessart, Bruxelles, 1948.

La vie aventureuse d'Antoine Van Bomberghen, compagnon de lutte de Guillaume le Taciturne, Le Papepay, Anvers, 1952.

Bruxelles et les pays wallons, Arthaud, Paris, 1958.

La Dynastie belge, Elsevier, Bruxelles, 1959.

Le Congo du régime colonial à l'indépendance, 1955-1960.
La Table ronde belgo-congolaise (janvier-février 1960), Éditions Universitaires, Paris, 1961.

Memlinc, Gérard, Verviers, 1966.

La Vie quotidienne en Belgique sous le règne de Léopold II, Hachette, 1974.

Beffrois et hôtels de ville de Belgique, Legrain, Bruxelles, 1975.

Histoire de la Belgique, Hachette, Paris, 1977.

150 ans d'expansion et de colonisation, Legrain, Bruxelles, 1980.

Marie de Bourgogne, Fayard, Paris, 1982.

GEORGES-H. DUMONT

avec la collaboration de Myriam Dauven

ÉLISABETH DE BELGIQUE

ou

les défis d'une reine

Fayard

Prologue

Depuis plus de cent ans, Bayreuth vivait doucement assoupie dans le décor rococo dont l'avait gratifiée la sœur du roi de Prusse Frédéric II le Grand. N'espérant point de couronne royale, la margrave Wilhelmine s'était vouée avec passion à la métamorphose de cette petite ville de Haute-Franconie, qui n'en demandait pas tant. En son nouveau palais encombré de meubles dorés, de lustres de cristal et de chatoyantes tapisseries des Gobelins, elle accueillit musiciens et ballerines, peintres et poètes, architectes et philosophes. Voltaire lui-même fut de ses hôtes louangeurs. L'Ermitage, le pavillon de chasse en roches roses et orné de coquillages qu'elle avait bâti aux portes de la ville, abrita les initiations d'une loge maçonnique féminine. On en jasa beaucoup dans les salons de celles qui n'en étaient pas. Quant au théâtre de la Cour, il avait permis à Giuseppe Galli Bibiena de se livrer à une étourdissante débauche de stucs maniérés, de bois sculptés et de colonnes dorées.

Celle qu'on surnomma « la dernière princesse de grand style » mourut le 14 octobre 1758. Et avec elle s'éteignit l'éclat de Bayreuth, désormais rendue au silence et à l'ennui malgré les fleurs aux balcons des maisons bourgeoises et l'empressement autour du puits, les jours de foire.

Et voici qu'aux premiers jours de l'été de l'an 1876, l'ardeur de la vie revient à Bayreuth sous un visage nouveau. Sur la colline inspirée, le *Festspielhaus* de Richard Wagner est enfin achevé dans tous les détails de sa masse puissante et de ses vastes entrailles réservées à la machinerie. A l'orée du parc seigneurial, le compositeur a emménagé avec Cosima dans la demeure qu'il a conçue, dessinée et construite, le grand cube à la romaine de son *Wahnfried.* Les chanteurs, les musiciens, le maître de ballet Fricke, les machinistes et autres ouvriers ont envahi, les premiers, la ville et ses auberges. Puis sont arrivés les amis personnels de Wagner : la comtesse de Schleinitz, sans qui le *Festspielhaus* serait resté à l'état de chantier, Malwida Meysenbug la fidèle, Mme Gabriel Monod, l'hétérodoxe Édouard Schuré en quête des grands initiés de l'histoire religieuse, Franz Liszt, son beau-père, Frédéric Nietzsche qui a envoyé à Richard Wagner le livre qu'il vient de lui consacrer — ultime hommage avant la brouille.

> « Tous ceux qui prennent part aux fêtes de Bayreuth, y écrit-il, seront considérés comme n'appartenant pas à une époque. Ils se sont créé une patrie ailleurs que dans le temps et ils trouvent ailleurs leur raison d'être et leur justification [1]. »

Et il précisait plus loin :

> « Pour nous, Bayreuth signifie la consécration au matin du combat... Dans l'image que nous présente le tragique chef-d'œuvre de Bayreuth, nous voyons la lutte des individus contre tout ce

qui s'oppose à eux sous la forme d'une invincible nécessité[2]. »

Sont également arrivés les Wesendonck et Mathilde Maier, le peintre Pecht, vieux compagnon de misère à Paris, et tant d'autres mélomanes qui ne veulent pas manquer le rendez-vous avec ce qu'ils perçoivent comme un événement historique.

Louis II de Bavière lui-même, après huit années de séparation, s'est fait annoncer. Habit noir et cravate blanche, Wagner l'attend en pleine campagne, dans la nuit du 5 au 6 août. Le souverain de la Maison de Wittelsbach, qui descend du train royal vers une heure du matin, a rompu les amarres avec un monde qui a changé depuis la proclamation de l'Empire allemand à Versailles en 1871, et il préfère maintenant les fantasmes exaltants aux réalités déprimantes.

Parsifal et son « aimé » se parlent pendant deux longues heures. Richard Wagner voudrait faire au roi les honneurs de *Wahnfried,* mais se heurte au refus d'un homme qui ne veut voir personne. Le lendemain, pour échapper à la foule qui souhaiterait l'acclamer, Louis II se rend au *Festspielhaus* en passant par la forêt, et assiste à la répétition de *L'Or du Rhin* aux côtés du compositeur. Il songe, sans doute, à l'insatiable appétit des hommes, aux ruses haïssables dont on use pour conquérir la richesse et l'illusion du pouvoir...

Au sortir de la répétition, ses sujets le reconnaissent et l'ovationnent pendant qu'il traverse la ville en calèche. Surpris et sceptique tout à la fois, il demande : « N'est-on donc pas complètement prussianisé ici ? » Le roi de Bavière ne quitte pas Bayreuth avant d'avoir entendu *La Walkyrie,* puis *Siegfried* et enfin *Le Crépuscule des dieux.* Mais, dès qu'il apprend l'arrivée toute prochaine de l'empereur Guillaume, il s'en va rejoindre ses montagnes, ses lacs et ses châteaux.

Quelques heures plus tard, sur le quai de la gare de Bayreuth, Richard Wagner, toujours habillé de noir et cravaté de blanc, attend le Kaiser. Louis II représente le passé, croit-il ; Guillaume incarne le présent, le triomphe et la consécration solennelle de la folle entreprise de Bayreuth. Autour de la gare, des camelots vendent des cartes postales représentant le *Festspielhaus, Wahnfried* et le compositeur. Crachant la vapeur, le train spécial surgit en sifflant. Aussitôt le régiment Götlings Peter salue aux accents de sa musique de mauvais goût le chef de l'État et sa fille, la grande-duchesse de Bade. A l'issue de la cérémonie d'accueil, le Kaiser est conduit à l'Ermitage, tandis que Wagner rentre chez lui à *Wahnfried.* A son arrivée, il ne peut s'empêcher de brandir son chapeau en criant joyeusement *Hourra !*

La chronique rapporte que le *Festspielhaus* faillit brûler le jour même de l'ouverture du festival. Pour assurer l'illumination de l'édifice, les autorités municipales avaient disposé sur le toit quantité de luminaires en terre cuite. Il était prévu que, pour en faciliter l'allumage, on mettrait quelques gouttes de térébenthine. Mais l'ouvrier chargé de l'opération en versa trop généreusement. La térébenthine enflammée coulait le long de la façade. Heureusement, quelques hommes montèrent sur le toit et précipitèrent dans le vide les luminaires transformés en torches. Et ces prémices du grand embrasement du crépuscule des dieux se calmèrent comme par enchantement[3]... Tandis que l'empereur se dirigeait vers le péristyle, le compositeur s'entendit dire : « Je n'avais pas cru que vous réussiriez votre entreprise nationale. Maintenant le soleil illumine votre travail. »

Pour la première fois, les fanfares retentissent sur la colline. Pour la première fois, des hommes vont vivre la Tétralogie. Une religion naît ; son lieu saint est fixé, et déjà le monde musical voit s'affronter les wagnériens inconditionnels et les antiwagnériens qui ne le sont pas moins. « Où suis-je ? se demandait Nietzsche. Je ne reconnais rien... pas même Wagner[4]. »

⁂

A quelques kilomètres de Bayreuth, en ce même été de 1876, une princesse vient de naître, qui puisera souvent dans la musique de Richard Wagner la force d'affronter le destin, la volonté de défier les conventions, le sentiment de la nature transformé en amour.

CHAPITRE PREMIER

La jeune fille de Possenhofen

Ceinturé de collines où pointent, parmi les sapinières, les tourelles de quelques châteaux éparpillés, le petit lac de Starnberg miroite au nord des hautes cimes des Alpes bavaroises. Tout est calme et douceur ici. L'impérialisme militaire imposé par Guillaume de Hohenzollern et le *Kulturkampf* de Bismarck n'ont guère eu de prise sur la population de montagnards et de paysans.

Tandis qu'en face de Feldafing, la fascinante roseraie de la *Roseninsel* achève sa floraison estivale, au château ducal de Possenhofen, une petite princesse au regard plus limpide que les eaux du lac voit le jour le 25 juillet 1876. Ses parents lui donnent les prénoms d'Élisabeth, Valérie, Gabrielle, Marie. Élisabeth comme la sainte souveraine de Hongrie canonisée en 1235, mais aussi comme sa tante paternelle, la ravissante épouse de l'empereur d'Autriche François-Joseph.

Le père, Charles-Théodore de Wittelsbach, duc en Bavière, n'a rien d'un prince selon les vues de Machiavel : il est plus fier de son métier de médecin que du sang royal qui coule dans ses veines. Il ne cache pas son attachement à un libéralisme à la Goethe, voire à un anticléricalisme proche de celui des Carbonari. Descendant en ligne directe du prince-électeur Maximilien Ier, le héros de la guerre de Trente Ans, il a dû embrasser la carrière des armes à laquelle il était quasi impossible d'échapper. Général de cavalerie, il fit la campagne de 1870 dans l'état-major du roi de Saxe, mais les horreurs de la guerre le dégoûtèrent à jamais de l'art de conquérir la gloire en tuant son prochain. Il quitta l'armée à l'âge de trente-cinq ans avec le désir de se consacrer désormais à des tâches humanitaires. Sur les conseils d'un oculiste russe rencontré à Menton, le Docteur Ivanof, il entreprit des études de médecine à l'université de Zurich et les termina brillamment à l'université de Vienne. Il avait cinquante-huit ans ! « Démagogie ou caprice ? » s'étaient demandé certains professeurs. Ils durent reconnaître qu'ils avaient eu tort de poser la question.

Le duc Charles-Théodore savait ce qu'il voulait et rien n'aurait pu l'en faire démordre. Il s'installa d'abord à Tegernsee, sur les rives du lac du même nom, où il aida des centaines de Bavaroises à mettre leurs enfants au monde, puis se spécialisa en ophtalmologie sous la conduite de l'illustre professeur Horner. Ses intentions étaient clairement affirmées : acquérir la parfaite maîtrise de son métier et la mettre au service exclusif des plus malheureux de ses compatriotes. Il fonda trois cliniques ophtalmologiques pour indigents, successivement à Tegernsee, à Munich, la capitale du royaume, à Merano, dans le Tyrol.

Son habileté professionnelle devint vite légendaire tout autant que sa gentillesse toute simple qui créait entre le prince-médecin et les malades des liens tissés par la confiance sur la trame du réconfort. Beaucoup plus tard, la Bavière unanime célébrera avec éclat sa 5 000e opération de la cataracte. Entre-temps, les universités rivales de Bruxelles et de Louvain lui auront remis l'épitoge de docteur *honoris causa.*

A l'instar de tous les Wittelsbach, le duc Charles-Théodore est un passionné de musique. Son père, le duc Maximilien-Joseph l'y a initié dès le plus jeune âge. C'était un personnage assez fantasque qui, les jours de fête, adorait faire danser ses bûcherons au son d'une guitare tyrolienne. Sa fille Sissi, la future impératrice d'Autriche, participait volontiers à ses expéditions dans les villages de montagne. Les paysans les prenaient parfois pour des musiciens ambulants ; ils leur offraient quelques pièces de monnaie que le duc n'osait refuser et que Sissi rapportait triomphalement à Possenhofen. De temps à autre, le duc réunissait un cercle d'amis appelés « chevaliers de la Table ronde » et discutait inlassablement avec eux d'art, de musique et de science. Il lui arrivait également de composer des poèmes qu'il envoyait à Goethe et signait *Phantasius,* un pseudonyme qui le définissait parfaitement. Charles-Théodore, à l'inverse de sa sœur aînée Élisabeth, n'avait pas hérité de la fantaisie de son père. Il y avait quelque chose d'olympien dans sa douce obstination. Mais c'était un excellent musicien et, pour assurer l'éducation musicale de ses enfants, il leur donna les meilleurs professeurs.

La petite Élisabeth est la troisième fille que la duchesse Marie-José de Bragance, infante de Portugal, a donnée à son mari. Amélie et Sophie l'ont précédée ; elle sera suivie de Marie-Gabrielle et de deux garçons, Louis-Guillaume et François-Joseph. Jolie femme aux yeux de braise et d'une vivacité toute latine, Marie-José de Bragance est la petite-fille du roi Jean IV de Portugal qui, allié aux Anglais contre Napoléon, avait dû fuir devant les Français en 1807 et se réfugier au Brésil où il s'était proclamé empereur. Par sa grand-mère, Charlotte d'Espagne, elle descendait également de Louis XIV.

A Possenhofen, l'atmosphère familiale dégagée de l'étiquette chère aux princes de la Sainte-Alliance d'antan, se caractérisait par une affection réciproque dont la délicatesse excluait les effusions trop voyantes mais nullement la gaieté. Le style Wittelsbach l'emportait sur celui des Bragance. Les murs blanchis à la chaux et les volets peints en vert donnaient au château de Possenhofen, malgré les quatre tours qui flanquaient le corps de logis, l'allure d'une paisible demeure patriarcale. Les repas s'y prenaient en commun dans la salle à manger dominée par un énorme poêle en faïence. En hiver, la table était éclairée par des chandeliers que les domestiques, après le repas, apportaient au salon.

Quand elle le peut, entre chacune de ses six maternités, la duchesse Marie-José assiste son mari comme infirmière. Ses quatre filles suivront, d'ailleurs, son exemple. Mais sa tâche d'éducatrice l'emporte sur toutes les autres ; elle la conçoit avec la sévérité qui est de mise à la fin du XIXe siècle, et même davantage. L'autorité souriante lui est aussi naturelle que la courtoisie attentive. Le paysage alentour et le parc du château compensent les désagréments de la discipline en ménageant à tous l'harmonie de la grandeur et de la vérité.

Le vicomte Charles Terlinden imagine Élisabeth « fillette, les cheveux flottant sur le dos nu ou, à la mode du pays, ramenés en nattes formant couronne autour de sa tête, courant dans les avenues du parc de Possenhofen et jouant avec ses sœurs aux *grâces* ou à la raquette et au volant[1] ». Pendant un an ou deux, Élisabeth fréquente une proche école tenue par des religieuses bénédictines, qui accueille les enfants de toutes conditions. Dans ce choix, l'intention des parents saute aux yeux : éviter l'isolement de l'enfant et tout ce qui peut en résulter dans le comportement comme dans le jugement.

A Possenhofen même, les princesses reçoivent une éducation étonnamment développée pour l'époque et dont, malgré les idées de Charles-Théodore, la religion constitue le centre. Comment pourrait-il en être autrement en Haute-Bavière, le pays de la chevauchée de la Saint-Georges, des pèlerinages à saint Léonard, des célébrations à la Fête-Dieu et du Jeu de la Passion d'Oberammergau où se perpétuent les mystères du Moyen Age ? Point de bondieuseries cependant au château de Possenhofen. La foi de Marie-José de Bragance n'y rétrécit pas la largeur d'esprit de Charles-Théodore de Wittelsbach.

L'initiation à l'histoire de la Bavière, de l'Allemagne et de l'Europe invite à relativiser les grandes passions collectives du XIXe siècle. Elle va de pair avec l'étude des principales langues vivantes, ce qui permettra à Élisabeth de lire non seulement les grands classiques allemands — Goethe, Schiller, les tragédies bibliques de Klopstock, le *Peter Schlemihl* et les poésies de Chamisso, Henri Heine, etc. —, mais aussi et le plus souvent dans la langue originale, les auteurs étrangers comme Shelley, Rousseau, Lamartine, Hugo ou Balzac.

Munich est à quelque 40 kilomètres de Possenhofen. Quelle aubaine pour qui veut cultiver ses goûts artistiques ! Sur la Königsplatz, la Glyptothèque, achevée par von Kleuzer en 1830, offre un ensemble exceptionnel de sculptures grecques et romaines, tandis que, dans un bâtiment que Louis Ier a fait construire à la manière des palais italiens, la Pinacothèque rassemble huit siècles de peinture européenne. Parmi les chefs-d'œuvre de celle-ci, la princesse Élisabeth n'a pu manquer d'admirer les tableaux du *Quattrocento* acquis par ce roi quelques décennies auparavant : la *Madone Tempi* de Raphaël, la *Vision de saint Bernard* du Perugin, la *Pietà* de Botticelli, le *Retable de saint Marc* de Ghirlandajo. Et elle a certainement dû s'arrêter devant la bouleversante *Arrestation du Christ* de Thierry Bouts, le truculant *Pays de Cocagne* de Pierre Breughel le Jeune et, parmi les nombreux tableaux de Rubens, l'émouvant autoportrait du peintre assis à côté de son épouse Isabelle Brant, image du bonheur conjugal.

***

Il n'est guère de familles, aussi épanouies soient-elles, que l'infortune épargne. Tôt ou tard, la Moïra intervient dans le cours des existences, implacablement. Plus que d'autres peut-être, à la fin du XIXe siècle, la Maison de Bavière reçoit les coups répétés du destin. Et ses arrêts se répercutent jusqu'à Possenhofen.

Élisabeth a neuf ans lorsque ses parents et ses sœurs lui apprennent que le roi Louis II a été conduit de force au château de Berg, sur l'autre rive du lac de Starnberg. Il y a quelque temps déjà que le souverain a cessé de s'intéresser au monde pour n'accepter que ce qui relève du drame musical et de la construction de châteaux matérialisant sa conception mythique du pouvoir. Le rêve a supplanté en lui la lucidité des premières années du règne, l'intelligence qui frappa Bismarck et fit croire qu'il avait l'étoffe d'un véritable homme d'État. La schizophrénie, qui l'exalte et le torture à la fois, Louis II l'a héritée de sa mère, la belle Marie de Prusse, épouse de Maximilien II, et son frère Otto est, d'ailleurs, franchement fou. Aussi la régence a-t-elle été confiée au prince Luitpold.

A peine les circonstances de la captivité « pour raisons de santé » de Louis II sont-elles connues dans le pays qu'éclate la nouvelle du drame. Le 13 juin 1886, le souverain s'est enfoncé dans les eaux du lac, croyant sans doute y trouver la liberté. Il a entraîné dans la mort son médecin-gardien, le psychiatre von Gudden. Espérait-il rejoindre ses nombreux partisans, qui attribuaient son sort à un sombre complot politique ? Ou bien s'est-il dit comme Baudelaire :

Certes, je sortirai, quant à moi, satisfait
D'un monde où l'action n'est pas la sœur du rêve.

Deux ans et demi plus tard, le destin frappe à nouveau les Wittelsbach. Et, cette fois, le scandale s'ajoute au malheur. En cette nuit du 30 janvier 1889, il a neigé sur Mayerling, petit village de Basse-Autriche. Dans un pavillon de chasse, deux cadavres. Celui de l'archiduc Rodolphe, à moitié assis, et celui de sa jeune maîtresse Marie Vetsera, couchée sur le lit, des fleurs dans les bras. Sur le plancher, un revolver tombé de la main roide du prince héritier.

Il a neigé sur Mayerling comme il a neigé sur Possenhofen, sur la demeure du duc Charles-Théodore, oncle du suicidé. La Cour de Vienne tente de dissimuler la véritable nature du drame et d'accréditer la version d'une crise cardiaque. Mais la vérité, plus humiliante que romanesque, surgit avant la fonte des neiges de ce rude hiver de 1889.

A Possenhofen on s'inquiète surtout de la santé de l'impératrice, abîmée dans sa douleur. La princesse Élisabeth a beaucoup d'affection pour sa tante dont elle partage le goût du savoir et la passion des chevaux. Quelques années après le drame de Mayerling, l'impératrice, qui fuit la Cour de Vienne comme la peste, fait un voyage en Méditerranée avec sa nièce. Comme elle, celle-ci adore découvrir des horizons nouveaux. Sur le pont du navire, les deux Élisabeth contemplent l'île d'Elbe dorée par les derniers rayons du soleil couchant. Sissi a défait sa longue chevelure et s'est mise à chanter en s'accompagnant de la guitare. Elle chante sa propre mort : « Mon âme quittera mon corps par une minuscule blessure[2]. »

Cependant, la désinvolture de l'impératrice et son mépris des gens plaisent infiniment moins à sa nièce : « Quand je me meus parmi les gens, avoue Sissi, je n'emploie pour eux que la partie de moi-même qui m'est commune à eux. Ils s'étonnent de notre ressemblance, mais c'est un vieux vêtement que de temps en temps, je tire de l'armoire pour le porter quelques heures[3]. » Voilà qui ne peut que heurter une jeune fille à qui ont été inculqués le sens du devoir et la générosité du cœur.

***

Ces deux qualités, poussées jusqu'à la perfection, l'émerveillent chez une autre de ses tantes, la séduisante Sophie de Wittelsbach, qui a épousé, en 1868, le duc François d'Alençon, prince de la Maison d'Orléans. Hélas ! elle aussi périra tragiquement, mais en héroïne. Le 4 mai 1897, dans l'affreux incendie du Bazar de la Charité, rue Jean-Goujon à Paris, elle tente de conjurer la panique et de sauver le plus de monde possible ; victime de son dévouement obstiné, elle meurt carbonisée avec plus de cent vingt-cinq personnes.

Élisabeth est envoyée à Paris pour assister aux funérailles de sa tante. Elle a vingt ans. Parmi les parents et apparentés de la défunte, elle remarque sa belle-fille, la princesse Henriette de Belgique, duchesse de Vendôme, et son frère le prince Albert. De haute taille, les cheveux blonds légèrement ondulés, la barbe courte, le regard franc, l'héritier du trône des Belges a vingt-deux ans.

C'est le coup de foudre, sur-le-champ. « Je n'épouserai que lui », déclare Élisabeth à ses intimes. Albert, de son côté, n'est pas insensible au charme gracile de la princesse bavaroise.

Promptement alertées, les familles ne s'opposent pas à l'éventualité d'un mariage, malgré les premières réticences du comte et de la comtesse de Flandre, l'un par pessimisme naturel et l'autre par nature contrariante. Léopold II, à l'opposé de son frère et de sa belle-sœur, se montre d'emblée très favorable. Et il n'est pas question de discuter ses avis.

Reste à faciliter les rencontres des jeunes gens qui, après tout, ne se connaissent guère. L'Ile-de-France offre beaucoup de possiblités à cet égard. Il y a le jeune ménage des Vendôme — Emmanuel et Henriette se sont mariés en 1896 — dont l'hôtel est situé rue Borghèse à Neuilly. Henriette adore son frère et s'y entend à l'inviter en même temps qu'Élisabeth. Elle a d'incontestables dons de marieuse. Emmanuel joue le jeu de la complicité bien qu'il soit souvent déconcerté par la hardiesse des propos de la jeune fille en matière religieuse, politique et sociale. Déjà !

Il y a aussi Marie de Bourbon des Deux-Siciles — encore une tante d'Élisabeth —, veuve de François II, le dernier roi de Naples. Celle qui, en 1861, défendit Gaète contre les troupes sardes réside à Saint-Germain-en-Laye, où elle reçoit fréquemment sa nièce et le prince Albert.

Chaperonnés à Neuilly et à Saint-Germain-en-Laye, comme il convient en ce temps-là, Albert et Élisabeth ne le sont pas au cours de leurs interminables promenades à pied ou cheval dans la forêt de Fontainebleau. Ils peuvent se parler librement, apprendre à se deviner puis à se connaître. C'est là qu'un jour, Albert demande timidement : « Pensez-vous pouvoir supporter le climat de la Belgique ? »

Le 8 mars 1900, Léopold II et la reine Marie-Henriette invitent les Vendôme à déjeuner au Palais de Bruxelles. Ce ne peut être que pour débattre la question du mariage du prince Albert.

Le 25 mai, le comte de Flandre annonce confidentiellement au baron Constant Goffinet la nouvelle des proches fiançailles de son fils. L'intendant de la Liste Civile ne devra pas garder longtemps le secret. Le 27 mai, Albert prend le train pour Paris accompagné de sa mère, la comtesse de Flandre, et, le 30, demande la main d'Élisabeth à ses parents ; il écrit à Léopold II :

> « Mon cher Oncle,
>
> « Je viens vous annoncer que je me suis décidé ce matin et que j'ai demandé aux Charles-Théodore la main de leur fille Élisabeth, qu'ils m'ont accordée avec le plus grand plaisir.
>
> « Je trouve cette personne très gentille et j'espère de tout cœur qu'elle vous plaira.
>
> « Je rentrerai jeudi soir à Bruxelles avec ma Mère, j'espère que vous voudrez bien me recevoir et que, avec votre bienveillance habituelle, la chose pourra alors être rendue officielle.
>
> « Le Duc Charles-Théodore écrira ce soir à Munich au Régent afin qu'il soit prévenu aussi et que ces fiançailles puissent être rendues officielles simultanément dans les deux cours.
>
> « En vous remerciant encore, mon cher oncle, de la bienveillance que vous m'avez témoignée dans tout ceci, je vous baise la main et je reste respectueusement
>
> « Votre tout dévoué neveu,
>
> « Albert[4]. »

Les fiançailles sont célébrées dans l'intimité et la simplicité à Neuilly chez les Vendôme. Il fait un temps splendide. Dans le jardin en fleurs, les invités — hommes en jaquette et col à coins cassés, femmes coiffées de chapeaux dégoulinant de tulle ou hérissés de plumes — entourent Élisabeth, qui porte « une vaporeuse robe légèrement ivoire à peine décolletée, un simple rang de perles, une toque d'un bleu très doux faite de rubans de tulle [5] ».

Comme prévu, Albert rentre à Bruxelles après les fiançailles. Le 1er juin, Élisabeth lui écrit :

> « ... Il est 11 h 3/4 passées du soir, je me sens si seule et triste sans toi ! Dans ces quelques jours où j'étais avec toi, j'ai appris à t'aimer de tout mon cœur ! Vraiment je t'aime tant ! Comme je n'aurais jamais cru aimer quelqu'un. Tu es si bon et gentil pour moi que cela me touche et me rend heureuse. Tu sais, je ne peux pas bien exprimer ce que je ressens pour toi, mais je crois que tu me comprends. Je me réjouis terriblement de ta lettre de demain. De tout mon cœur, je t'embrasse mon cher Albert [6]... »

Cette lettre est la première de la liasse qu'Élisabeth, peu de temps avant sa mort, remit à sa fille Marie-José. Les extraits que celle-ci en a publiés dans son beau livre consacré à ses parents, n'autorisent aucun doute sur les sentiments des fiancés : ce qui semblait devoir être un mariage de convenance s'annonce, de toute évidence, comme un véritable mariage d'amour. « Après t'avoir quittée à Neuilly, tout me paraissait si vide que, même les rues encombrées de Paris me semblaient un désert [7] », écrit Albert dès son arrivée à Bruxelles.

Prolongeant son séjour à Paris, Élisabeth fait part de sa joie à tous ses correspondants. A sa future grand-mère de Sigmaringen : « Je ferai de mon mieux pour rendre heureux mon cher Albert et pour vous être une petite-fille obéissante et affectueuse[8]. » A Fritz de Hohenzollern : « Albert est *encore beaucoup plus* gentil *(noch viel netter)* que je l'avais imaginé. Nous nous écrivons tous les jours[9]. » A Joséphine de Hohenzollern : « Mon cher Albert revient dimanche, je ne puis exprimer combien fort je l'attends. Il est si bon et si gentil. Je l'aime vraiment beaucoup et j'espère et souhaite pouvoir le rendre aussi heureux que moi[10]. »

Mais revenons aux billets quotidiens que s'envoient les fiancés. Certes, leur ton porte la marque de l'époque, une époque qui prend encore l'amour et le mariage très au sérieux, mais la spontanéité de certaines phrases ne trompent pas. Même Albert, au langage plus conventionnel, plus prompt à prodiguer ses conseils qu'à s'épancher, s'abandonne parfois à l'enthousiasme : « Je vois tout en rose depuis que tu me témoignes tant d'affection et que je crois que quelqu'un m'aime vraiment[11]. »

De temps à autre, les jeunes gens se retrouvent à Possenhofen. Ce sont des heures claires dont leur correspondance se fait l'écho : « Tu sais, moi, je n'ai pas beaucoup de qualités, écrit Albert avec sa modestie coutumière, mais je puis te promettre en toute sincérité d'en avoir une : celle de tâcher de te plaire toujours et aussi de mériter d'avoir une femme telle que toi[12]. » « ... Quand viendra le temps, répond Élisabeth, où il n'y aura plus de ces terribles séparations ? J'étais si heureuse d'avoir été avec toi. Chaque heure que nous passons ensemble est pour moi le plus grand plaisir qui existe. Je donnerais tous les plaisirs du monde pour t'embrasser[13]. » Et, dans une autre lettre : « ... Depuis que tu es parti, le jardin est si désert et tout est froid. Si je m'asseyais sur notre banc au bord du lac, j'aurais froid et peur de voir des spectres [14]. »

A mesure que passent les semaines, Élisabeth s'exprime avec de plus en plus de fougue : « ... Je voudrais tellement venir chez toi et t'embrasser en te tirant un peu par les cheveux. » Ou : « ... Si je pouvais seulement me mettre dans cette lettre et, quand tu l'ouvrirais, te sauter au cou et t'embrasser *wild,* passionnément. [...] Je suis tellement impatiente de te revoir, je vais te tuer à moitié en t'embrassant [15]. »

Pendant ce temps, Albert se heurte de plus en plus fréquemment à son père, le comte de Flandre, qui voudrait qu'après leur mariage, les jeunes époux s'installent chez lui, en son hôtel de la rue de la Régence. Cette perspective ne sourit pas du tout au prince héritier qui est impatient de quitter la « ménagerie » comme il appelle sa famille. Léopold II se montre beaucoup plus compréhensif. Il propose même à son neveu de faire édifier un nouveau palais sur l'emplacement de l'ancien Observatoire de Bruxelles [16]. Ce qu'Albert trouve excessif en dépit de l'évident intérêt urbanistique du projet. Quoi qu'il en soit, en attendant une décision définitive et tout en conseillant à son neveu de s'entendre à ce sujet avec son père, le Roi lui offre une somme annuelle de 15000 francs belges, montant du loyer de l'hôtel d'Assche, situé rue de la Science à Bruxelles [17]. Il lui accorde, en outre, une pension annuelle de 120000 francs sur les revenus du Congo.

En dépit de ses rapports difficiles, voire tendus, avec lui, Albert accompagne le comte de Flandre à l'Exposition Universelle de Paris de 1900. Père et fils s'intéressent l'un et l'autre aux progrès techniques dont l'Exposition multiplie avec éclat les exemples.

Le prince raconte à sa fiancée sa montée au sommet de la tour Eiffel et, surtout, son ascension en ballon à Vincennes : « il y avait assez de vent et l'on a été très balancé[18]. » Élisabeth, elle, fait le récit de ses chevauchées à travers champs et bois : « Aujourd'hui on a galopé comme des fous[19]. »

La date du mariage approche. Avec un humour un peu lourd, Albert plaisante : « Alors on ne se séparera plus autant, à moins que l'on divorce ! » Mais, en réalité, l'émotion le taraude : « ... Te revoir dans cinq jours et alors ne plus se séparer de toi, nous pourrons bien nous embrasser, sans surveillance cette fois[20]. »

⁂

Le mariage sera célébré à Munich, le 2 octobre 1900. La veille au soir, les chorales et orphéons de la ville se sont massés, torches flamboyantes à la main, devant le palais ducal pour fêter le *Polterabend* comme le veut la tradition. Au moment où les chanteurs entonnent les premières mesures d'un hymne de Beethoven, le grand balcon du palais s'illumine et les fiancés apparaissent à la foule. Noyé dans celle-ci, l'envoyé spécial du journal belge *L'Indépendance* note :

> « La duchesse Élisabeth est d'un extérieur fort gracieux. Elle est de taille moyenne et paraît même petite à côté de la haute taille du prince. Les traits sont fins, le profil volontaire, et la figure, en s'amincissant vers le bas, prend une expression à la fois mutine et sérieuse. A un certain moment, elle ôte son magnifique manteau d'hermine, et apparaît en robe de soirée à gros bouquets brochés sur soie blanche. Sa taille est

délicate et distinguée. Quoique d'apparence frêle, elle doit jouir d'une belle santé, car souvent ses joues se colorent d'un rose vif. Sa chevelure châtain clair se couronne d'un superbe diadème en brillants.

« Le prince est en uniforme des grenadiers avec, en sautoir, le grand cordon de Saint-Hubert que le Régent vient de lui octroyer[21]. »

Pendant l'aubade, le balcon s'est garni. Toujours sémillant, le prince régent Luitpold ôte et remet son grand claque à plumet blanc de général bavarois. Le duc Charles-Théodore semble mal à l'aise sous le casque à pointe ; il l'enlève, dégageant son grand front bombé de savant et de penseur. Entouré de la comtesse de Flandre et des princesses Joséphine et Henriette, le père du fiancé est quelque peu engoncé dans sa tenue de lieutenant-général de l'armée belge. Sous un haut képi à pompon qui contraste avec sa barbe grisonnante, le roi Carol de Roumanie paraît poursuivre un rêve lointain, non loin du prince de Monaco, également barbu mais en simple habit noir.

Comme l'exige l'usage populaire, le délégué général des orphéons harangue le couple princier qui se penche pour l'écouter. Il invite Élisabeth à aimer sa nouvelle patrie d'une affection sans bornes. « Mais, ajoute-t-il, qu'elle n'oublie pas le bruissement de nos forêts, le verdoiement de nos montagnes aux jours de mai, ni la fidélité des cœurs bavarois[22]. » Cette conclusion est saluée par un triple *hoch !* scandé par les musiciens.

Nous possédons deux relations du dîner solennel auquel princes et dignitaires ont été conviés dans la salle rococo du palais ducal. La première donne dans le genre lyrico-pompier :

« Vingt jeunes duchesses, vingt chevelures à diadèmes, gracieuses, scintillantes, oscillent au-dessus de cette royale moisson comme des épis de diamants. Un sang fier, un sang affiné par des siècles d'orgueil et de délicatesse bleute ces peaux doucement sorties de l'écrin et les dentelles gonflent sur ces gorges où dort le lait des rois[23]. »

A peine croyable !

Avec plus de simplicité, Gustave Van Zype écrit dans *La Gazette* :

« ... Je remarque que la petite princesse presque jamais ne se sert ; elle ne mange pas, mais elle parle, elle parle constamment au prince Albert qui, d'une main nerveuse, triture le pain lorsque le roi de Roumanie accapare sa fiancée un instant. Ils sont là à deux, rien qu'à deux. [...] Aux yeux de qui les regarde un peu, il n'y a dans la salle, ni rois, ni duchesses, ni généraux, ni dames d'honneur ; ils ont tout humanisé par la très humble simplicité de leur amour[24]. »

Le jour du mariage, toute la population munichoise est sur pied. Citadins et ruraux en costume traditionnel ont envahi les environs du palais royal où vont avoir lieu les formalités légales du mariage civil. Arrivé de Bruxelles le matin même, le roi Léopold II monte l'escalier d'honneur entre deux haies d'archers. Il est accompagné du prince Luitpold, tout souriant. L'ordre de la cérémonie qui se déroule en la salle du Trône, est présidé par le comte de Moy.

Derrière la table où se trouvent ouverts les registres de l'état civil, le baron de Crailsheim, ministre bavarois des Affaires étrangères, prononce un long discours qui lui permet d'étaler sa toute fraîche culture historique. Il évoque, en effet, les fortes personnalités de la Maison de Bavière, qui se sont illustrées en Belgique, en commençant par Jacqueline, comtesse de Hainaut, dont il se garde bien de rappeler les frasques sentimentales. A propos du prince-évêque Ernest, il signale qu'un hôpital de Liège porte encore son nom. Quant à Maximilien-Ernest, gouverneur général des Pays-Bas, ne contribua-t-il pas à relever Bruxelles de ses ruines après la guerre de la Ligue d'Augsbourg ?

Dès sa signature par les époux et leurs témoins, l'acte de mariage est remis par le chevalier de Boehm, héraut du royaume de Bavière, à Mgr von Klein, cardinal-archevêque de Munich. Et le cortège se forme sous la houlette du comte de Moy. Puis il se dirige, par l'escalier de marbre noir, vers l'église de la Cour. Il est près de onze heures lorsque la duchesse Élisabeth s'avance vers l'autel, suivie d'un page en maillot blanc et justaucorps bleu qui porte la traîne, longue de 4 mètres et parsemée de petis bouquets de myrthe.

Léopold II et le prince régent tiennent la mariée, chacun par une main. Le prince Albert a revêtu l'uniforme de major des Grenadiers : ganses rouges, haut colback. La comtesse de Flandre — robe blanche, traîne bleu vif — marche à sa droite et le roi Carol — uniforme sombre, broderies d'or — à sa gauche. Les mariés prennent d'abord place devant le chœur, du côté de l'Épître, le prince régent, le roi Carol et Léopold II, du côté de l'Évangile. Debout, les mains derrière le dos, le roi des Belges dépasse toute l'assemblée de sa haute taille. La nef et les tribunes sont combles et bruissantes.

Sur invitation du maître des cérémonies, Albert et Élisabeth quittent leur place pour s'agenouiller sur un prie-Dieu au milieu du chœur. Mitre en tête, le vieil archevêque von Klein s'adresse à eux pour leur rappeler leurs devoirs de futurs souverains : « Puissiez-vous, dit-il à Élisabeth, être célébrée comme la bienfaitrice des pauvres, le refuge des affligés et l'image rayonnante de la charité chrétienne ! »

Avant de prononcer le *oui* sacramentel, Albert et Élisabeth se retournent chacun vers les trois souverains et vers leurs parents respectifs, demandes muettes du consentement auxquelles répondent de simples signes de tête. Puis on procède à l'échange des anneaux. Geste inattendu, Léopold II s'est brusquement agenouillé ; il semble très ému.

L'orgue retentit, annonçant le début de la messe pontificale au cours de laquelle la Chapelle musicale de la Cour chante plusieurs motets *a capella.* La cérémonie se clôt par le *Te Deum* et le cortège se reforme avec, cette fois, les mariés en tête.

⁂

Trois jours plus tard, le chef de gare Dick et le bourgmestre Esser de la petite ville-frontière de Herbesthal arpentent le quai venteux de la deuxième voie. Ils sont bientôt rejoints par Péthy de Thozée, gouverneur de la province de Liège. Le train royal, en provenance de Cologne, doit arriver d'un moment à l'autre. Déjà le drapeau blanc à l'aigle noir bicéphale a été hissé à l'entrée de la gare. Pour tromper l'attente on bavarde avec les inspecteurs des douanes allemandes. Et voici, précédés par les rumeurs des acclamations, les sifflements stridents de la locomotive allemande qui sera bientôt remplacée par une locomotive belge ! Le train s'immobilise. Aussitôt, le colonel Jungbluth descend de son compartiment. Il est nerveux, comme d'habitude.

La portière de la berline royale s'ouvre largement pour permettre au gouverneur de la province de monter à bord. Le prince et la princesse l'y attendent, souriants et détendus. Élisabeth est vêtue d'une robe de soie rose brochée, serrée à la taille par une large ceinture de soie vieil or et coiffée d'un chapeau de paille à plumes d'autruche blanches. Derrière elle, se tiennent ses deux nouvelles dames d'honneur, la comtesse d'Oultremont et la baronne Blommaert.

Dans son discours, le gouverneur Péthy de Thozée évoque, lui aussi, les nombreux princes de Bavière qui régnèrent dans la principauté ecclésiastique de Liège et, en particulier, le fondateur de l'hôpital de Bavière. La princesse Élisabeth doit se demander si les autorités munichoises et liégeoises se sont échangé leur documentation...

A Verviers, les jeunes mariés descendent sur le quai, où le bourgmestre Mullerdorff leur adresse quelques mots de chaleureuse bienvenue. Albert s'apprête ensuite à passer en revue les trois sociétés locales — la Concorde, le Cabinet littéraire et l'Harmonie — lorsque se produit un incident stupide. Un certain Pierre Flusche, entouré de ses collègues socialistes du Conseil communal, s'avance pour remettre au prince une supplique en faveur de l'amnistie pour les condamnés des grandes grèves sociales. Il y a été autorisé. Mais le colonel Jungbluth ne l'entend pas de cette oreille. Sans un mot d'explication ou d'excuse, il repousse Flusche brutalement et le fait refouler avec ses amis loin derrière les princes. Bien sûr, les mandataires socialistes se retirent. Ils se sentent outragés ; il y a de quoi !

Quelques instants plus tard, au moment où Albert se dirige vers les rangs des milices citoyennes, Élisabeth veut le suivre. Mais les dames de sa suite lui indiquent les jeunes filles qui viennent lui apporter des brassées de fleurs. « Je ne puis donc pas le suivre ? demande-t-elle avec dépit. Dois-je rester ici ? »

Au décor assez simple des gares de Herbesthal et de Verviers succède la somptuosité de la gare des Guillemins. Les Liégeois ont tenu à bien faire les choses. Il y a foule sous l'immense hall métallique, partout orné de drapeaux, d'écussons, de trophées bavarois et belges, de belles tentures, de tapis. Contre le mur des salles d'attente, un trône a été dressé.

A leur descente de voiture, les princes sont accueillis par une vibrante *Brabançonne* aussitôt suivie de milliers de cris enthousiastes. On agite les drapeaux et les bannières, les sabres et les fusils, les chapeaux, les cannes et les mouchoirs.

Dans son discours, soigneusement peaufiné, le bourgmestre Kleyer évite — ce n'est pas facile — les lieux communs. Il souligne la longue ère de liberté, de sécurité et de progrès que la nation doit à la dynastie et qui justifie sa gratitude. « Il nous sera doux, Madame, ajoute-t-il, de vous confondre dans les mêmes pensées, vous qui apportez à votre patrie d'adoption le charme de votre jeunesse et de votre beauté. »

Lorsque, après les présentations et les passages en revue, les princes regagnent leur berline, Élisabeth disparaît littéralement sous les fleurs qui l'entourent.

Après une dernière halte à Louvain — discours d'usage, présentation aux autorités et aux professeurs de l'Université, acclamations joyeuses des étudiants —, le train entre enfin en gare du Nord à Bruxelles. La décoration n'est pas aussi fastueuse que celle des Guillemins. Le reporter du journal *Le Soir* s'en plaint : « Un indigène de la rue des Vers, mariant sa fille, ne s'en serait pas contenté. » Mais l'accueil n'en est pas moins chaleureux. Le roi Léopold II a tenu à être présent sur le quai. A sa descente de train, Élisabeth saute spontanément dans ses bras. Puis elle embrasse le comte et la comtesse de Flandre ainsi que la princesse Clémentine, le duc et la duchesse de Vendôme, le prince et la princesse de Hohenzollern.

C'est alors au tour du bourgmestre Émile De Mot d'exprimer les vœux de bonheur de la population. Il le fait en rappelant les Joyeuses Entrées de Brabant : « Elles cimentaient naguère, dans les occasions solennelles, l'union des princes et des peuples. »

Il est 2 h 20, lorsque le couple princier sort de la gare. Le vent a dégagé le ciel de ses nuages matinaux, laissant toute la place à un chaleureux soleil d'automne. Les gardes civiques qui encadrent la place Rogier présentent les armes. Les tambours battent « aux champs ». Dans la foule on entend un camelot qui crie régulièrement : « Le portrait du prince Albert et de sa dame pour 10 centimes ! »

Après les mesures finales de la *Brabançonne,* Albert et Élisabeth montent dans une voiture de la Cour attelée à la Daumont et précédée par l'équipage du roi. Les acclamations montent et se prolongent comme des vagues pendant tout le trajet depuis la gare du Nord jusqu'au palais royal. Léopold II n'a jamais été aussi rayonnant. Il est vrai que, depuis fort longtemps, il est privé d'ovations. Il a beau les mépriser, leur rumeur n'en est pas moins agréable à ses oreilles.

Juchés sur les grilles de l'hôpital Saint-Jean, quelques spectateurs manifestent en faveur de l'amnistie. On ne les entend guère.

Place des Palais, le cortège opère un grand circuit avant de s'immobiliser. Seuls les journalistes sont admis auprès des voitures de la Cour. Ils en profitent pour offrir à la princesse Élisabeth les bouquets de fleurs qu'ils ont cueillies sur le parcours. Mais l'un d'entre eux, contre toutes les règles de la profession, crie brusquement : « Vive l'amnistie ! » Léopold II le regarde d'un air interdit, tandis que le prince Albert salue comme s'il n'avait rien entendu.

Le rédacteur du *Peuple* a-t-il cru pouvoir répondre, un jour d'avance, à l'appel de son journal qui engage ses amis « à se masser sur le parcours du cortège princier, dimanche, à une heure, pour manifester en faveur de l'amnistie et du suffrage universel[25] » ?

En haut du grand escalier d'honneur du palais de Bruxelles, la reine Marie-Henriette attend sa nièce. Elle est revenue spécialement de Spa, le matin même, vers 11 heures. Le Roi, sur le quai à la gare, s'est inquiété de sa santé. La souveraine semble, en effet, souffrante et s'est appuyée sur le bras de son époux pour gagner la sortie. Simple malaise, sans doute.

Un instant la Reine croise le regard limpide de sa nouvelle nièce — le temps de gravir la dernière marche —, puis elle l'embrasse avec effusion. Ce n'est pas de popularité qu'est sevrée l'épouse de Léopold II, mais d'affection.

Pendant qu'au salon bleu a lieu la présentation de tous les dignitaires des Maisons du Roi, de la Reine et de la princesse Clémentine, la foule s'est concentrée place Royale pour voir passer les voitures qui conduisent les jeunes mariés du palais royal au proche hôtel du comte de Flandre, rue de la Régence.

Nouvelles présentations. Mais, dans la rue, des milliers de voix crient : « Au balcon ! au balcon ! » A plusieurs reprises, les princes se montrent à la population, répondant de la main à ses acclamations. Soudain Élisabeth n'y tient plus. Le simple salut de la main lui paraît insuffisant, banal ; elle envoie deux baisers à la foule. « Geste imprévu et inhabituel à la

Cour de Belgique », note Marie-José[26], qui déclenche évidemment une explosion de vivats.

Entre-temps, le bourgmestre De Mot a appris par sa police qu'un complot anarchiste se tramerait contre la personne du prince Albert. Plusieurs arrestations de suspects ont déjà été opérées. Le maieur de la capitale a aussitôt écrit à la Fédération bruxelloise du Parti Ouvrier :

> « Il ne faut pas, quelles que soient vos intentions, que votre appel (à manifester) puisse donner prétexte, comme j'ai des raisons de l'appréhender, aux violences de gens dont vous réprouvez les doctrines, et dont on vous imputerait la responsabilité.
>
> « Je vous adjure donc, Messieurs, au nom de tous nos concitoyens, de renoncer à un projet inopportun et d'en aviser aujourd'hui encore vos amis et le public. »

Des pourparlers se sont engagés au cours de l'après-midi entre Émile De Mot d'une part, Émile Vandervelde, Antoine Delporte, Ferdinand Elbers et Louis De Brouckère, d'autre part. Les dirigeants du P.O.B. se sont laissé d'autant plus facilement convaincre qu'ils savent leur projet impopulaire. L'abbé Daems avait, d'ailleurs, recommandé aux démocrates-chrétiens de s'abstenir de toute participation à cette manifestation. A 8 heures, à la Maison du Peuple, Émile Vandervelde annonce officiellement l'ajournement de la démonstration en faveur de l'amnistie et du suffrage universel[27].

Aussi bien, le dimanche 8 octobre, c'est un Émile De Mot apaisé et rayonnant qui fait à la famille royale les honneurs de son hôtel de ville. Après la présentation des bourgmestres des faubourgs en la salle gothique, les visiteurs apposent leur signature sur une page du Livre d'Or de la ville. Soit, dans l'ordre : Léopold II, le comte et la comtesse de Flandre, Albert et Élisabeth, le duc et la duchesse de Vendôme, le prince Charles de Hohenzollern ; et en bas, le chef du gouvernement, le comte De Smet de Naeyer, et le ministre de la Guerre, Cousebant d'Alkemade. Ces deux derniers découvrent par la même occasion l'écriture d'Élisabeth — élégante, énergique, légèrement rétroversée —, qui contraste avec celle d'Albert, régulière et appliquée.

La visite, jalonnée de présentations — que de mains serrées, que de visages inconnus ! — prend beaucoup de temps. Élisabeth, en ravissante robe de batiste à guipures, va et vient ; intéressée par tout ce qu'elle voit, elle harcèle de questions les édiles de la capitale. Et elle ne dissimule pas son émerveillement lorsque, du balcon de l'hôtel de ville, elle contemple le spectacle grandiose de la plus belle place du monde. Une grand'place noire de monde où deux mille écoliers entonnent, sous la direction de maître Hoyois, la *Cantate d'Artevelde* de Gevaert. Quand le chant s'achève, le cri de « Vive le Roi ! » retentit par trois fois puis, après un silence, celui, étourdissant, de « Vive la princesse ! » Une larme d'émotion perle sur chacune des joues d'Élisabeth.

A la Bourse, où un vaste dais attaché à deux mâts inclinés surmonte le grand escalier, l'estrade royale est bordée de fleurs formant guirlandes. Sur la place, la foule s'écrase depuis de longues heures. Elle rouspète là où plusieurs rangs de gardes civiques cachent la vue. Les privilégiés ont loué des places aux fenêtres et balcons. Quelques audacieux sont même venus avec des échelles et s'y sont juchés.

Lorsque, peu avant 3 heures, la famille royale arrive sur l'estrade, ce n'est plus de l'enthousiasme, c'est du délire. A certains moments, on frôle la catastrophe, les enfants risquant d'être étouffés dans cette joyeuse cohue.

Dès que la tribune a fait son plein de notables civils, militaires et religieux — la cape violette de Mgr Granito di Belmonti, nonce apostolique, est du plus bel effet —, le signal de départ est donné au cortège qui piétinait derrière un peloton de gardes civiques à cheval.

Défilent alors 22 000 enfants des écoles officielles et libres, suivis de 440 sociétés dont les bannières, brochées d'or ou d'argent, tintinnabulent de médailles. Il y a les arbalétriers et les arquebusiers, les sportifs et les philanthropes, les artisans et les peintres, les musiciens et les comédiens et même les gastronomes. Élisabeth n'en revient pas. Se tournant vers Émile De Mot, assis derrière elle, elle lui demande : « Il y a tant de sociétés que cela en Belgique ? »

Après une heure trois quarts de défilé, des centaines de gerbes de fleurs recouvrent les escaliers de la Bourse.

Le soir, le tout-Bruxelles se retrouve au Cercle Artistique où un concert est offert aux princes. Élisabeth entend ainsi, pour la toute première fois, trois grands virtuoses belges, le violoniste Eugène Ysaye, le pianiste Arthur De Greef, le ténor Van Dyck*. C'est plus qu'un concert de qualité. C'est un présage[28].

* Au programme : la *Sonate pour piano et violon en* la *majeur* opus 17, de Mozart ; *Siegmunds Liebesgesang*, de Wagner ; *Walters Prinslied*, extrait des *Maîtres Chanteurs de Nuremberg*, de Wagner ; *Arabesque*, de Schumann ; *Marche nuptiale*, de Grieg ; *« Ik ken en lied »*, de W. De Mol et *Sonnet de Ronsard*, de G. Huberti.

[illegible]

[illegible] les plantes grasses et d'autres [illegible] dans [illegible] [illegible].

[illegible] que la [illegible] — la [illegible] de Magdalénien [illegible] ques à cheval.

Enfin, alors que [illegible] des [illegible]

[illegible]

[illegible]

CHAPITRE II

Princesse héritière de Belgique

Au retour de leur voyage de noces en Italie, le prince Albert et la princesse Élisabeth n'eurent pas le choix. Les indispensables travaux de modernisation de l'hôtel d'Assche n'étant pas terminés, ils durent s'installer chez les comtes de Flandre, en leur hôtel de la rue de la Régence. Les risques de heurts étaient grands. Élisabeth le devinait, Albert le savait. Sa sœur Joséphine l'avait d'ailleurs prévenu : « Pour un jeune ménage, la question essentielle c'est la liberté de faire ce qu'on veut, et tant que tu seras dans la même maison que tes parents tu ne seras jamais le maître. C'est de la première importance, je t'assure, sinon plus tard tu pourras t'en repentir [1]. »

Élisabeth ressentit durement le contraste entre sa nouvelle vie en ce milieu clos, étriqué, voire étouffant, et ses années de jeunesse en Bavière, parmi les forêts et les lacs, avec pour horizon les cimes neigeuses des Alpes. Le bois de la Cambre, ce n'était pas mal, assurément, mais s'y promener bourgeoisement ne faisait qu'aiguiser la nostalgie de sauvages chevauchées autour de Possenhofen.

Selon son habitude, la princesse réagit ouvertement, et même avec humeur, quand c'était nécessaire. Sans jamais se dérober aux obligations d'épouse du prince héritier, elle se ménagea le maximum de temps de liberté. L'important, pour elle, était de résider le moins possible chez les comtes de Flandre. A première vue, on pourrait croire qu'elle avait la bougeotte. En réalité, elle cherchait à s'assurer l'autonomie de sa vie privée.

De la mi-janvier au 11 mars 1901, les jeunes mariés se fixèrent sur la Côte d'Azur, à Saint-Raphaël d'abord, au *Grand Hôtel* de Nice ensuite. Libérés de toute étiquette, ils faisaient de longues promenades, tantôt à pied, tantôt en voiture automobile. Parfois les rejoignaient le roi Léopold II, un fervent du Midi, et la princesse Clémentine. Parmi eux, Élisabeth paraissait toute menue et frêle, comme écrasée par la haute stature des trois Saxe-Cobourg ! L'ironie cinglante du vieux souverain, son don des mots qui font mouche l'impressionnaient vivement.

En juin, Élisabeth découvrit avec ravissement le charme de la petite plage de Blankenberge, sur la côte belge : *« Es ist so schön und lustig »,* écrivit-elle à sa belle-sœur Joséphine[2]. Après une brève halte aux Amerrois, en Ardenne, la voilà repartie chez ses parents à Possenhofen, le 10 juillet. Et elle invoqua son état de future mère pour prolonger son séjour en Bavière jusqu'au 26 septembre. Le prince Albert lui donna raison, bien sûr ; soucieux de la santé de sa femme, qu'il appelait familièrement *Kind,* il cherchait tous les moyens de lui éviter les contraintes de la rue de la Régence.

En fait, Élisabeth choisit la date de son retour en fonction de l'achèvement des travaux en l'hôtel d'Assche, où elle s'installa avec soulagement mais sans toujours se défendre contre le regret des grands espaces que ne pouvait atténuer le jardin de la rue de la Science. Demeure spacieuse mais simple, édifiée au cours des années 1858-1860, d'après les plans de l'architecte français Alphonse Balat, l'hôtel d'Assche présente une façade en pierre blanche d'une sobriété que relèvent seuls le majestueux portique à la Vignole et les encadrements gris sombre des fenêtres. Depuis le départ de l'ambassadeur de Russie, le prince Orloff, son précédent occupant, le décor intérieur du bâtiment avait été considérablement transformé par Charles-Léon Cardon qui s'était efforcé de suivre le style Louis XIV remis à la mode. A quelques mètres, un petit parc public jetait timidement une note allègre dans un quartier étrangement austère malgré la proximité des grands boulevards.

Élisabeth emplit de fleurs ses appartements où elle travaillait avec acharnement son violon de 11 heures à midi et demi. Mais il lui fallait supporter la proximité des bureaux du secrétariat de son mari avec tout ce que cela comportait de va-et-vient et d'odeurs écœurantes de cigares refroidis.

Pendant un certain temps, une de ses dames d'honneur l'agaça en prétendant toujours la suivre comme une ombre, même dans le jardin. Rabrouée par la princesse, elle protesta avec dignité : « Mes fonctions l'exigent, car une Altesse ne peut se promener seule. » Excédée, Élisabeth répliqua sèchement : « Altesse ou pas Altesse, je fais ce qui me plaît. » La trop zélée suivante prit un air dépité mais s'imposa désormais plus de discrétion.

⁂

Dès les premières heures de l'après-midi du 3 novembre 1901, la foule des badauds bruxellois commença à envahir le square Frère-Orban. Elle pouvait voir accourir à l'hôtel d'Assche les grands personnages de la nation ou ceux qui se considéraient comme tels : le président de la Chambre et celui du Sénat, des ministres, les aides de camp du

Roi, le gouverneur de la province de Brabant, le bourgmestre Demot, les dignitaires de la Maison du Roi. Peu après 3 heures, Léopold II arriva à son tour. A peine avait-il franchi l'entrée cochère que le canon commença à tonner. Cinquante, cinquante et un, cinquante-deux... c'était un fils !

La duchesse Marie-José et la comtesse de Flandre demeurèrent au chevet de l'accouchée, tandis que les autorités dressaient l'acte de naissance du prince. Celui-ci pesait plus de quatre kilos et mesurait quarante-cinq centimètres ; il reçut les prénoms de Léopold-Philippe-Charles-Albert-Meinrad-Hubertus-Marie-Miguel.

L'heureuse nouvelle se répandit comme une traînée de poudre dans le pays. On s'embrassait dans les rues de Bruxelles. Eugène Ysaye interrompit le début d'un concert ; levant son archet pour imposer le silence au public, il annonça : « Un prince nous est né. » Une vibrante *Brabançonne* succéda aux acclamations de la salle. Il en fut de même au Théâtre royal de la Monnaie où l'orchestre était dirigé par Sylvain Dupuis. A la tombée du jour, des camelots vendaient déjà avec aplomb « la plus récente photographie de Monseigneur le prince Léopold » !

Parce que leurs convictions politiques les y obligeaient, mais sans grande acrimonie, quelques socialistes crurent devoir affirmer leurs idées républicaines. C'est ainsi qu'au Conseil communal de Gand, Édouard Anseele émit, d'une voix couverte par les protestations, l'espoir que « grâce à la propagande révolutionnaire des socialistes, le prince Léopold ni son père ne régneraient jamais une heure en Belgique », mais il ne put s'empêcher de souhaiter à l'enfant royal « comme à tout autre enfant » une longue et heureuse vie[3].

*
**

Après la naissance du prince Léopold, le style de vie de sa mère se modifia progressivement. L'amour maternel qui est une révélation pour toute femme, même si sa jeunesse l'y a préparée, l'obligeait à davantage de stabilité. Tout se passa comme si se trouvaient quelque peu apaisés l'insatisfaction des premiers mois de vie conjugale et le sentiment d'étouffement qu'avaient révélés les incessants voyages. Il s'ajoutait une période de grand affaiblissement physique qui devait à chaque accouchement, se produire chez Élisabeth. Or celle-ci mit successivement au monde, le 10 novembre 1903, un second fils qui reçut le prénom de son grand-père maternel, le duc Charles-Théodore en Bavière[4], et, le 4 août 1906, une fille prénommée Marie-José comme sa grand-mère maternelle, l'infante de Portugal, duchesse en Bavière.

Les grossesses furent souvent pénibles. « Je t'écris sur les genoux parce que me pencher sur la table me fatigue », écrivait la princesse Élisabeth à sa belle-sœur Joséphine, le 7 juin 1903[5]. Mais c'étaient surtout les relevailles et l'amaigrissement qui en résultait qui imposaient cures et repos. D'où les longs séjours en Bavière, à Possenhofen et à Kreuth. Encore fallait-il empêcher la jeune femme de commettre des imprudences : bains prolongés dans le lac de Starnberg, chevauchées dans les bois et les champs. Retenu à Bruxelles par ses tâches de prince héritier, Albert s'inquiétait. Les billets qu'a publiés la reine Marie-José le montrent à suffisance : « Il faut persévérer dans la cure, c'est une nécessité pour toi et pour nous, car la santé est un gage de bonne entente[6]. » Ou encore : « J'espère apprendre des augmentations de poids qui m'apparaîtraient sous la forme de chiffres d'or entourés d'azur, comme les paraboles célestes. La maison est vide sans toi, chère Lisa, et à être loin de toi, je sens toute la place que tu as prise dans mon existence[7]. »

Et quand il fut obligé de la rappeler à Bruxelles pour les obsèques de la reine Marie-Henriette, décédée à Spa, le 19 septembre 1902 : « Maintenant, je dois m'occuper de petit *Kind.* C'est le professeur qui parle. Il faut bien le soigner, parce que l'on y tient plus que tout ce qui existe au monde. Quand il arrivera demain, il doit bien déjeuner : deux œufs, un peu de jambon, pas trop de pain. Il ne doit pas se fatiguer à trop essayer ses robes et il doit aussi se reposer. J'ai dit à la Kammerfrau de préparer le deuil. Le Kind doit bien déjeuner vers midi, car à 3 heures et demi, il doit être à Laeken à l'église où l'on dira des absoutes suivies de l'inhumation de la Königin qui arrivera par train spécial à 3 heures 40. Le petit Kind doit bien se couvrir, spécialement ne pas porter des bas trop minces, et il doit mettre des bottines qui lui tiennent les pieds au chaud parce que les pierres dans l'église seront froides. »

Loin d'être agacée, Élisabeth acceptait volontiers les conseils quasi paternels de son mari. Elle souffrait des longues séparations résultant de la fragilité de sa santé : « C'est ennuyeux d'être à nouveau séparés. Tu me manques toujours plus que tu ne le crois. Je suis tellement habituée à avoir mon *Männele* qui me commande et qui me soigne, que je suis comme un *Hund* qui ne trouve plus son *Herle*[9]. »

Elle exprimait le même sentiment, bien qu'avec plus de pudeur, dans une lettre à sa belle-sœur Joséphine : « Tu comprends combien, chaque jour, la séparation est lourde à porter[10]. »

***

Bien sûr, les séjours en Bavière et aussi sur la Côte d'Azur, à La Panne, à Westende, aux Amerrois et, à partir de 1906, à Ostende, n'étaient que des haltes dans une vie, par ailleurs très chargée d'occupations, à laquelle la princesse Élisabeth s'adapta de bonne grâce.

Il y avait les réceptions officielles dans les bonnes villes de Belgique. Leur simple énumération suggère tout ce qu'elles exigeaient de résistance physique, de maîtrise de soi et d'affabilité. En 1902 : Bruges, Ostende, Mons, Gand et Liège. En 1904 : Louvain, Namur, Verviers, Turnhout. En 1905 : Tournai, Charleroi, Arlon. En 1907 : Malines.

Il y avait aussi les lancements de *steamers* construits par Cockerill à Hoboken, les inaugurations de congrès scientifiques, de floralies, les bals de la Cour et autres, les concours hippiques et même un match de football.

Il y avait encore les visites aux Cours étrangères : chez le grand-duc Guillaume de Luxembourg au château de Colmar-Berg, chez le roi Édouard VII à Buckingham Palace, chez l'empereur Guillaume II à l'occasion du mariage du Kronprinz.

Plus prompts à la critique qu'à la louange, les Belges observaient les moindres gestes de la princesse. La plus petite défaillance ne leur aurait pas échappé. Mais ils étaient de plus en plus séduits par une spontanéité qui souvent bousculait le protocole. Et déjà les « officiels » connaissaient ses goûts. A Gand, on lui demanda d'inaugurer le musée des Beaux-Arts ; à Bruges, on lui montra l'exposition des peintres du XVe siècle ; à Mons, on salua son départ du palais provincial aux accents de la marche et du chœur de *Tannhäuser*.

Élisabeth entendait se montrer telle que la voulait son mari, consciente du rôle qu'elle avait à jouer, même quand celui-ci lui paraissait « extérieur ». Et elle ne tarda pas à être sensible à l'accueil chaleureux qui lui était partout réservé. Déjà dans une lettre adressée, le 24 juillet 1902, au comte de Flandre pour le remercier de l'envoi d'une « charmante statuette », elle notait que les fêtes en province « se sont fort bien passées. On a été très aimable pour nous [11] ». Sans doute, tenait-elle à rassurer son beau-père sur ses capacités de future reine.

***

Les princes héritiers s'étaient-ils concertés pour se répartir les tâches en fonction de leurs vocations respectives et de leurs prédilections personnelles ? Tout porte à le croire. Mais il ne faudrait pas en conclure que chacun œuvra de son côté, se désintéressant de ce que faisait l'autre. Le soir quand ils se retrouvaient, ou par de longues lettres lorsqu'ils étaient séparés, ils se racontaient tout et s'épaulaient l'un l'autre.

Pessimiste de nature, doutant de lui, ayant toujours tendance à voir les choses en noir et à prévoir le pire, le prince Albert avait besoin d'avoir à ses côtés un être comme Élisabeth, enjouée, volontaire, fragile d'aspect et semblant demander protection mais étonnamment prompte à affronter les difficultés avec la ferme conviction de les vaincre.

A vrai dire, les circonstances rendaient le rôle d'héritier du Trône particulièrement délicat. Certes, la Belgique connaissait depuis 1895 une ère de prospérité économique sans précédent. Par sa situation géographique au carrefour de l'Occident, ses traditions industrielles qui étaient une garantie de qualité, le bon marché de sa main-d'œuvre par rapport à sa productivité, ses richesses minières et l'abondance de ses moyens de communication, le pays avait pu réagir immédiatement à l'expansion capitaliste. Alors que la France exportait en 1900 le septième de sa production et l'Angleterre le quart, la Belgique écoulait le tiers de ses produits sur les marchés étrangers. Des capitaines d'industrie avaient adopté des méthodes nouvelles à l'instar d'Ernest Solvay, et s'étaient lancés dans une audacieuse politique d'expansion commerciale. Léopold II avait eu l'art de découvrir ces hommes et d'orienter leur goût du risque. Il avait envoyé Jean Jadot établir la ligne de chemin de fer Pékin-Hankow ; il avait poussé Empain à concurrencer les Allemands sur le terrain de l'industrie électrique et à créer, notamment, le métro de Paris ; il avait encouragé les Belges à occuper des postes administratifs importants en Égypte, en Perse et au Siam. Sous son règne, plus d'un millier d'établissements seront fondés ou repris par des Belges sur tous les continents.

Mais une partie de la population ne cessait de critiquer la politique coloniale de leur souverain qu'elle croyait inspirée par une folie des grandeurs au même titre que ses vues d'urbaniste, qui transformaient le visage de Bruxelles en faisant surgir une vraie capitale de ce qui était longtemps demeuré une ville d'allure provinciale. Léopold II souffrait de cette incompréhension mais son dédain d'une popularité facile lui épargnait tout découragement. « Il est insolite, je le veux bien, écrivit-il au chef de son gouvernement, le comte De Smet de Naeyer, de voir un souverain procurer à son pays la faculté de posséder de vastes et riches territoires, mais il est plus insolite encore d'opposer à cette occasion à ce souverain la méfiance, des calomnies, et de ne se préoccuper que de lui mettre des menottes[12]. »

Au demeurant, la vie politique connaissait une nouvelle période d'agitation. Non pas sur le traditionnel terrain des luttes scolaires ni même sur celui des revendications sociales, en partie satisfaites par la législation, mais sur celui du système électoral. Sans mettre en péril la majorité absolue du parti catholique, le suffrage universel plural[13] avait favorisé les socialistes au scrutin de 1894 ; en revanche, le système de la représentation proportionnelle, inauguré aux élections de 1900, les avait déçus. Aussi avaient-ils décidé de reprendre l'action en faveur du suffrage universel « pur et simple » à vingt et un ans. Une grève insurrectionnelle éclata en avril 1902, avec l'appui de nombreux anarchistes étrangers, allemands pour la plupart. Inquiet à la suite de deux manifestations qui avaient fait quatre morts et de nombreux blessés, l'empereur Guillaume II pressentit le gouvernement de la République française au sujet des mesures à prendre en cas de révolution en Belgique. Maints dirigeants du Parti Ouvrier Belge — en particulier, Émile Vandervelde — désavouaient le recours à la violence. Aussi l'attitude énergique du gouvernement suffit-elle à rétablir le calme. Le P.O.B. se résigna à suspendre la grève.

C'est à l'occasion des mesures prises pour le maintien de l'ordre que les conceptions politiques du prince Albert se heurtèrent à celles de Léopold II. Celui-ci avait demandé à son neveu d'assumer pleinement le commandement de son bataillon. Le prince héritier accepta mais en précisant, le 15 ou le 16 avril :

> « Un des privilèges de l'affection étant de pouvoir exprimer franchement ce qu'on pense,

je me permets, me basant sur vos grandes bontés à mon égard, de vous faire part de mon impression au sujet de mon rôle militaire. Je ne demande pas mieux que de courir tous les risques que courent les autres officiers, mais si jamais mon bataillon doit tirer sur la foule, c'est mon suicide au point de vue belge, car ce sera le chef de bataillon qu'on rendra responsable de tout ce qui arrivera.

« Une solution qui me paraît pouvoir faire concorder mon attitude avec vos ordres serait que mon bataillon soit disséminé dans divers postes : ce qui supprimerait le rôle public du major[14]. »

Tel n'était évidemment pas l'avis de Léopold II : « C'est le gouvernement qui est responsable, les officiers ne le sont pas, ils exécutent simplement ce qui leur est commandé. »

En fait, le prince Albert, se situant « dans la perspective de l'avenir, avait compris que l'évolution normale des choses aboutirait tôt ou tard au suffrage universel » pur et simple[15].

Passionné par les idées socio-politiques nouvelles, le prince héritier avait lu et médité les *Principes d'Orientation sociale* d'Ernest Solvay, le fondateur de l'Institut de Sociologie de l'Université libre de Bruxelles. Et aussi l'ouvrage plus audacieux d'un de ses anciens professeurs, Émile Sigogne : *Socialisme et Monarchie.*

Un jour, dans le train entre Cannes et Paris, il fit la rencontre fortuite d'une personnalité française dont la reine Marie-José ne nous donne que les initiales : G. R. (il ne peut s'agir que de Georges Roger, préfet du département de Loire-Inférieure). Il rapporta aussitôt à sa femme leur cordiale conversation qui porta sur l'éducation populaire, sur la psychologie du monde ouvrier et celle du monde bourgeois. « Au fond, concluait-il, cela a été la rencontre de deux hommes de bonne volonté, passionnés de vérité scientifique. » Élisabeth s'empressa de répondre :

> « Tout ce que tu me dis m'a énormément intéressée. Quelle chance d'être tombé sur quelqu'un qu'on désire rencontrer, et dans le train on cause plus facilement. Je suis contente que tu aies eu cette occasion qui ne se présente pas facilement de parler avec R... de toutes ces questions si importantes et si intéressantes pour toi[16]. »

Elle aussi se préoccupait de l'avenir de la société et des réformes qui ne pouvaient plus tarder mais son métier l'orientait vers les actions concrètes. Lorsqu'ils avaient appris que la souscription nationale ouverte pour leur offrir un souvenir de mariage avait recueilli 130 000 francs[17], les princes Albert et Élisabeth avaient décidé de verser cette somme, en deux parts égales, à la Caisse des Accidents de Travail et aux œuvres de lutte contre la tuberculose. En faveur de celles-ci, ils avaient ajouté un don de 5 000 francs prélevés sur leur cassette personnelle. Dès lors, la princesse ne cessa de témoigner sa sollicitude pour toutes les réalisations de nature à combattre le fléau de la phtisie qui touchait alors toutes les classes sociales mais frappait plus durement la population pauvre. La liste est longue de tous ses encouragements et de toutes ses initiatives : sanatorium de Linthout fondé par le docteur Maréchal, dispensaires de la rue aux Laines et de la rue de la Poste, centre Prince-Léopold pour la prophylaxie de la tuberculose à Liège, etc. Chaque année, elle envoyait une vingtaine de garçons et de filles à ses frais à la villa sanitaire de Wenduine, destinée aux enfants rachitiques pauvres. Par la suite, elle maintenait le contact personnel avec ses protégés et leurs parents. Attitude paternaliste ? Il n'en était guère d'autre possible, au début du XXe siècle et le concept n'avait pas encore pris un sens péjoratif. Il s'agissait, en tout cas, d'une action pensée, s'appuyant sur un élan du cœur.

Au demeurant, elle n'était pas isolée. La chronique signale également l'intérêt concret d'Élisabeth en faveur de la Ligue nationale pour la protection de l'enfance du premier âge, de l'Institut pour sourds-muets de Berchem-Sainte-Agathe, de l'Institut pour aveugles de Woluwé-Saint-Lambert, de la Maternité Élisabeth de Mariemont, de crèches et hospices notamment à Namur et à Liège, des nouveaux hôpitaux d'Ixelles et de Schaerbeek, de l'asile de la Société des enfants martyrs, de l'Œuvre du bon lait, etc.

Bien sûr, une princesse du début du siècle ne pouvait se dérober aux habituelles manifestations philanthropiques comme les galas et les kermesses. C'était le temps des dames des bonnes œuvres avec tout ce que cela signifiait d'agaçant, de vaniteux mais aussi de généreux. Il lui fallait même présider à la distribution de prix insolites, comme celle d'un concours d'ordre et de propreté entre familles ouvrières !

De temps à autre, une école de la capitale recevait la visite de la princesse qui interrogeait longuement les instituteurs et les institutrices sur leurs méthodes d'enseignement. Dans le contexte politique de l'époque, cela créait parfois quelques problèmes. C'est ainsi que le 1er décembre 1904, après la visite de deux écoles communales de la rue des Six-Jetons à Bruxelles, *L'Indépendance belge* écrivait : « Les journaux cléricaux se consolent difficilement du fait qu'un membre de la famille royale donne une preuve de sympathie et d'intérêt à une œuvre qui n'est pas essentiellement cléricale... ». Cela n'impressionnait guère Élisabeth mais, malgré tout, elle ne tarda pas à montrer publiquement de l'intérêt pour la Ligue des Femmes chrétiennes.

⁂

A l'opposé de Léopold II, insensible à la musique qu'il assimilait à un « bruit qui coûte cher », Élisabeth était depuis l'enfance une passionnée de toutes les formes de l'expression musicale. Son adolescence s'était écoulée « sous l'envoûtement wagnérien ». Elle aimait tapisser les murs de ses appartements de « photographies de plantureux interprètes dans leurs rôles de Lohengrin, Siegfried, Brunehilde et tant d'autres [18] ».

Bruxelles ne pouvait que combler les vœux d'une wagnérienne. En effet, le Théâtre royal de la Monnaie était devenu le temple du wagnérisme. Bien avant Paris, on y avait créé presque toute l'œuvre du maître de Bayreuth. *Tannhäuser* avait été sifflé à Paris — « le plus grand tumulte depuis *Hernani* », écrivait *L'Illustration* — à Bruxelles, ce fut le triomphe.

Aussi bien, la princesse s'en donna à cœur joie. Dès le 21 janvier 1902, elle assista à une représentation du premier acte du *Crépuscule des dieux* en version française, avec Charles Dalmorès dans le rôle de Siegfried et la célèbre Félia Litvine (elle avait alors 39 ans) dans celui de Brunehilde. 1904 fut une année wagnérienne faste : elle lui permit d'entendre les *Maîtres Chanteurs de Nuremberg* et *Tannhäuser* avec le ténor Ernest Van Dyck. Initié par sa femme à

Wagner lors d'une représentation à l'opéra de Munich, le prince Albert partageait son engouement. Il l'accompagna, d'ailleurs, en avril 1908 à Bayreuth où, cela va de soi, les œuvres du compositeur étaient toujours jouées en langue originale — ce qui n'était qu'exceptionnellement le cas à Bruxelles.

La princesse Élisabeth ne limitait nullement la fréquentation du T.R.M. aux seules liturgies wagnériennes. La première scène lyrique belge était, en ces années-là, très accueillante envers les compositeurs français, ce qui permit aux princes héritiers d'assister aux représentations de *Carmen* de Bizet et de *Manon* de Massenet en 1904 ; de *Faust* de Gounod et du *Jongleur de Notre-Dame* de Massenet avec Lafitte dans le rôle de Jean, en 1905 ; de *Lakmé* de Delibes en 1906, année au cours de laquelle Albert et Élisabeth rencontrèrent Jules Massenet et Camille Saint-Saëns à la Cour du prince de Monaco. En 1907, le *Pelléas et Mélisande* de Debussy bénéficia des voix admirables de Mary Garden dans le rôle de Mélisande et d'Artus dans celui d'Arkel. Le souvenir en fut si vif que les princes allèrent revoir l'œuvre en 1908. Ils firent de même pour *Le Jongleur de Notre-Dame* en 1909, année d'une fort belle représentation du *Samson et Dalila* de Saint-Saëns.

Le public bruxellois, ou en tout cas les directeurs du T.R.M. Kufferath et Guidé appréciaient moins le répertoire italien. Les princes purent cependant assister aux représentations d'*Aïda* de Verdi, de *Cavalleria Rusticana* de Pietro Mascagni et de *Paillasse* de Leoncavallo, où triomphait Jean Noté.

Signalons qu'en 1907, les princes Léopold et Charles accompagnèrent leurs parents au Théâtre de la Monnaie où l'on jouait *Hänsel et Gretel*, le fameux conte lyrique d'Engelbrecht Humperdinck, suivi d'un ballet-pantomime, *Au Japon*, sur une musique de Louis Ganne.

En ce début de siècle, le T.R.M. comptait quatre-vingt-dix musiciens dirigés par le compositeur Sylvain Dupuis et vingt et un chanteurs parmi lesquels les ténors Van Dyck et Lafitte, le baryton Albers, les basses Vallier et Artus, les chanteuses Litvinne Landouzy, Pacquot, d'Hasty, etc., toutes idoles des fervents du *bel canto*. Quant au ballet, il avait pour maître un personnage aussi pittoresque que célèbre, Ambrosiny, qui régnait avec autorité sur ses « ambrosinettes ».

Mais l'intensité de la vie musicale ne se cantonnait pas au T.R.M. Elle se manifestait aussi par de nombreux concerts et récitals donnés en diverses salles. La princesse Élisabeth était souvent présente, surtout lorsque jouait son professeur de violon, Eugène Ysaye. Autodidacte de génie, créateur de l'école belge de violon, Ysaye avait une manière très romantique de manier l'archet. « Cet archet, écrit A. Boschot, on peut le suivre du regard : la main droite ne semble ni monter ni descendre, l'archet ne semble pas se mouvoir sur la corde, et cependant le son s'exhale, puissant et onctueux, velouté, émis avec une facilité, une intensité vraiment inexprimable. Soudain, de brusques attaques, l'archet tombe et bondit sur la corde, *ricoche*, s'écrase ; la baguette plie et l'on voit la mince et blanche mèche de crin s'élargir sur la corde frémissante [19]. » Lorsque Ysaye partait en tournée à l'étranger — ce qui était assez fréquent —, il se faisait remplacer auprès d'Élisabeth par son élève Deru. « Chaque jour, raconte la reine Marie-José, on entendait au travers des portes des bribes de sonates de Bach, Mozart ou Beethoven inlassablement répétées [20]. »

Beaucoup de concerts et récitals se donnaient au

Musée et au Cercle artistique et littéraire ; toutefois ces deux « temples » de la culture bourgeoise étaient surtout voués aux beaux-arts. Élisabeth les fréquentait comme aussi les ateliers et autres salles d'exposition. Quels étaient ses artistes préférés ? Impossible de le deviner. Certes, il y eut quelques achats comme l'*Étang de Linkebeek* de Victor Uyterschoot et des eaux-fortes d'Ensor. Mais l'essentiel de la démarche se situait encore au niveau de la curiosité attentive devant les œuvres d'Émile Claus (exposition de 1905), Gilsoul et Dillens (expositions de 1906), Alfred Stevens (exposition de 1907), Lynen, Servais, Delaunois, Jef Leempoels (expositions de 1909) et, surtout, devant les remarquables ensembles réunis en 1908 au Salon jubilaire de *La Libre Esthétique* qu'animait un diable d'homme nommé Octave Maus, avocat à la cour d'appel, musicien à ses heures et sachant exploiter le snobisme des gens pour le mettre au service des arts. Ce qui frappait le monde des peintres et sculpteurs, c'était le souci d'Élisabeth de comprendre et d'encourager.

> « Tous les artistes indistinctement, écrivait un journaliste, continuent à rendre justice à son goût, à ses jugements et aussi à son désir d'instruire en quelque sorte sa critique, de la rendre aussi éclairée que possible.
>
> « Elle a le mot qu'il faut placer, le mot plein de tact, qui n'a rien à voir avec l'éloge banal. Aussi, sérieuse est la popularité de la princesse Élisabeth auprès des artistes, dont l'esprit indépendant s'insurge contre toute idée de courtisanerie. C'est dire combien cette popularité est franche et spontanée[21]. »

Quoi qu'il en soit, il semble que la princesse n'ait pas eu de véritables contacts avec les peintres groupés à Laethem-Saint-Martin — Valerius De Saedeleer, Gustave Van de Woestijne, Gustave De Smet ou Fritz Van den Berge — et qu'elle n'ait pas davantage perçu l'importance du mouvement de l'*art nouveau* qui, avec Henry Van de Velde, Paul Hankar et Horta, entendait libérer l'architecture du sinistre ennui des façades du XIXe siècle : même lorsqu'elles se voulaient ostentatoires ou vaniteuses, celles-ci dégageaient une impression de monotonie accablante ou de respectabilité affligeante. Il est vrai que Léopold II, amoureux du style classique — qu'il appelait « Renaissance française » mais qui ne l'était pas — demeura, lui aussi, imperméable à *l'art nouveau.*

L'attention qu'Élisabeth portait au monde des écrivains était plus prudente encore que celle accordée aux artistes. Gageons que si elle prit un certain plaisir à lire en 1908 *Le Conservateur de la Tour noire*, un roman des mœurs bruxelloises de Georges Garnir, elle n'en garda pas un souvenir impérissable. En revanche, elle avait appris à connaître Maeterlinck par l'opéra que Debussy composa à partir de son *Pelléas et Mélisande.* Par la suite, elle se passionna pour l'œuvre entière de l'écrivain gantois. Mais ce fut incontestablement la rencontre avec Émile Verhaeren qui fit choc. Tout commença le 14 juin 1908, à Ostende, par une audience qui était, en réalité, un accueil. Le poète y fut très sensible. Dès le lendemain, il écrivit au prince Albert :

> « Vous avez charmé par votre haute simplicité l'homme un peu timide et fruste que je suis et lui avez donné quelque confiance en soi-même, à force de bienveillance attentive.
>
> « Je vous en suis profondément reconnaissant. Mon séjour à Ostende en aura été tout à coup embelli et cette date du quatorze juin où

vous m'avez accueilli en sera doublement un dimanche[22]. »

C'était le début de plusieurs années d'amitié entre la famille royale et le poète des *Villes tentaculaires*.

***

Le prince Albert se préparait avec acharnement et inquiétude au métier de roi qui l'attendait. Tout en se rendant dans les grandes entreprises industrielles du pays, il se consacrait à l'étude des problèmes politiques et sociaux. Il en parlait fréquemment à sa femme et, de commun accord, ils entreprirent de réaliser une expérience modeste mais concrète. Pendant leurs séjours à Ostende, ils avaient été frappés par les conditions de vie très difficiles des pêcheurs belges en butte à la concurrence des flottilles hollandaises et anglaises, mieux équipées et organisées. Ce fut l'origine de la fondation, en 1905, de l'*Œuvre royale de l'Ibis* qui était à la fois un orphelinat, une école et une coopérative. Trois bateaux de pêche munis de moteurs auxiliaires furent acquis sur lesquels, à l'âge de douze ans, les garçons apprenaient leur métier. A bord de l'*Ibis*, le bateau stationnaire qui donna son nom à l'institution, les mousses recevaient, en outre, une formation générale, semblable à celle qu'ils auraient reçue dans une école de la ville. Après quelques années, les jeunes marins de l'*Ibis* obtenaient, grâce à l'appui financier de quelques industriels, les crédits nécessaires à l'acquisition de leur propre bateau et s'associaient pour l'exploiter. Parmi les quinze premiers enfants recueillis par l'*Œuvre royale de l'Ibis*, il s'en trouvait plusieurs dont les pères avaient péri lors d'un récent naufrage au large de Heyst[23].

A diverses reprises, Albert accompagna les jeunes élèves en mer et, en décembre 1906, Élisabeth visita pour la première fois l'*Ibis* qu'elle parcourut et examina dans ses moindres détails. Et comme la Saint-Nicolas approchait, elle laissa une grande caisse de jouets...

Quelques jours auparavant, le prince Albert avait prêté serment au Sénat. A cette occasion, il avait exposé son état d'esprit à sa femme :

> « Il me paraît indispensable que tu sois là pour mon entrée dans la vie politique, celle-ci n'a rien de très attrayant et depuis quelque temps je suis vraiment accablé par l'avenir particulièrement difficile qui se présente à moi, difficile par lui-même en raison de la complexité de la vie désunie du pays, difficile surtout par mon manque de préparation dont j'envisage à l'avance toutes les suites. Je ne puis le dissimuler, le moment est venu de travailler jusqu'à crever pour acquérir, non pas une capacité, ce qui est impossible, mais un savoir suffisant pour exclure du moins le ridicule de la fonction que la fatalité doit m'infliger plus tard...
>
> « Je suis plus isolé que personne, je n'ai foi en aucun. Il y a des hommes qui, au milieu de mille obstacles, sont pourtant arrivés à de grandes choses. J'ai déjà lu cela, mais ils l'ont déclaré plus tard, c'était grâce à la tendre sollicitude dont les entouraient des êtres chers de qui la chaude affection, la finesse et le dévouement étaient les meilleurs encouragements et leur constante consolation. Voilà ce que je voudrais pour moi... »

Élisabeth lui avait aussitôt répondu : « Tu mérites d'avoir une femme qui vive pour toi, ce que je tâcherai de faire toute ma vie[24]... » Et Albert de rappeler à sa femme la mission qui l'attendait : « Tu as tout pour remplir ce rôle-là : cœur, intelligence, tact et grâce. Fais-le ! C'est vraiment du fond du cœur un appel que je t'adresse au nom de l'amour sincère qui nous unit et qui pourrait trouver des voies nouvelles si fécondes[25]. »

Au cours de l'année 1908, la santé d'Élisabeth ne fut guère brillante et l'obligea à des cures de repos à Valescure dans le Midi ou à Valmont en Suisse. Le prince héritier souffrait d'autant plus des séparations qu'il devinait un affadissement de l'affection de sa femme. Caractère entier, prompte à l'enthousiasme et éprise de grandeur, Élisabeth avait rêvé d'un amour-passion et d'avenir exaltant. Était-elle déçue ?

Certes, elle avait fait un véritable mariage d'amour et tout ce qu'elle savait de la vie intime des familles princières l'incitait à penser que c'était exceptionnel, en ce début du XXe siècle. Elle n'avait rien à reprocher aux sentiments d'affectueuse protection que ne cessait de lui témoigner Albert, au contraire ! Ils répondaient à sa soif d'une stabilité qui ne lui était pas naturelle. Mais Albert prenait tout terriblement au sérieux. La fantaisie butait sur son esprit appliqué qui ne lui permettait que rarement de s'abandonner à la franche gaieté. Le pessimisme qu'il avait hérité de son père, le comte de Flandre, ne rendait pas toujours lumineuse la vie quotidienne ; il paralysait souvent les élans, les enthousiasmes. Il excluait tout emballement et conduisait au scepticisme plutôt qu'à la confiance.

Élisabeth savait que la bonté sans bornes d'Albert ne demandait qu'à s'exprimer, mais elle ne se contentait pas d'une douceur qui, pour être constante, manquait parfois d'intensité. Il lui arrivait aussi de s'inquiéter de la sévérité avec laquelle étaient éduqués ses enfants. Albert n'hésitait pas à employer la manière forte ; le petit Charles — assurément paresseux et difficile — reçut plus d'une raclée mémorable dont se vantait son père...

Ces semaines-là, Albert, comme pour masquer un certain chagrin, consacra une partie de son temps libre à de nombreuses ascensions en montagne ; il s'attaqua au Cervin et au mont Rose dans le Valais, puis à divers massifs dans les Dolomites[25]. Mais les époux s'accordèrent bientôt sur la nécessité de ne plus se séparer pendant de trop longues périodes[26], ce qui ne tarda pas à dissiper les doutes.

> « Je ne cesse, quant à moi, d'apprécier le bonheur de t'avoir, écrit Albert. Il y a peut-être quelques nuages, mais le beau temps triomphe toujours. Que veux-tu, on est ce qu'on est, et les doctrines qui prétendent que notre nature est une pâte malléable sous l'action de la volonté d'un libre arbitre ou d'une conscience éclairée, sont de vastes blagues, mais je crois que sans changer notre nature, nous sommes faits pour nous entendre et, je dirais plus, pour nous compléter[27]. »

Le 9 septembre 1908, le Sénat, après la Chambre, vota l'annexion du Congo par la Belgique. C'était le seul moyen de mettre un terme à la violente campagne de presse qui, en Grande-Bretagne, battait son plein contre Léopold II. A l'opposé de celui-ci — qui aurait voulu retarder ce qu'il considérait, malgré tout, comme une dépossession —, son neveu ne cacha pas sa grande satisfaction et, dès le 11 septembre 1908, en fit part au chef du cabinet Franz Schollaert :

> « Maintenant qu'à la très grande joie de tous les vrais Belges, la reprise du Congo est un fait

accompli et que de nouvelles destinées s'ouvrent à la Belgique, vous me permettrez de vous adresser mes plus sincères félicitations.

« Je tiens à vous dire mon admiration pour la hauteur de vues, l'impartialité, l'inébranlable ténacité avec lesquelles vous avez mené ces importants débats à bonne fin[28]. »

Dans l'esprit de Schollaert, il importait que le prince héritier se rendît officiellement au Congo, dans les plus brefs délais. Pour solenniser, en quelque sorte, le vote des Chambres belges et aussi pour contrecarrer la campagne britannique menée contre l'administration congolaise.

Le voyage d'Albert fut soigneusement préparé pendant l'hiver et le printemps. Élisabeth accompagna son mari jusqu'à Londres et lui fit de tendres adieux à Hyde Park. Au chevalier Léon Van der Elst, secrétaire général du ministère des Affaires étrangères et témoin involontaire de la scène, Albert demanda de veiller sur sa femme pendant son voyage :

« Lorsque les maris ne sont pas là, on abuse parfois de la crédulité et de la loyauté de leur femme. Si X faisait cela, vous la mettriez en garde. J'admire X mais je n'ai pas de respect pour lui à cause de sa moralité. Son cœur est ailleurs. »

Qui était ce X ? Léopold II[29] ?

Le prince héritier s'embarqua à Southampton, le 20 avril 1909, à destination du Cap. Il emportait avec lui les notes du socialiste Émile Vandervelde, qui revenait d'un périple dans la colonie et avait publié une série d'articles dans *Le Peuple*.

En quatre mois, Albert parcourut à pied, à cheval,

à bicyclette ou en bateau quelque 4000 kilomètres. Tout en tenant un carnet de voyage au jour le jour, il écrivait régulièrement à Élisabeth, lui faisant, souvent avec humour, part de ses impressions. A propos des Noirs : « Ce sont de braves gens, pas du tout sales comme on le dit ; ces dames sont mieux lavées que beaucoup de ci-devantes du quartier Léopold[30] ! »

Il lui disait son amour et ne manquait pas de lui faire certaines recommandations : « Occupe-toi des enfants. Sois prudente avec la religion ; moi, je suis devenu très pieux. Fais de même, cela calme les inquiétudes[31]. »

Tout porte à croire qu'au point de vue religieux, Élisabeth avait été profondément marquée par la tolérance, voire l'indifférence de son père, le duc Charles-Théodore. Elle respectait les convictions farouchement catholiques de sa mère, mais ne les partageait pas dans leur totalité. Sa foi ne s'appuyait pas sur des dogmes mais sur le théisme assez flou en honneur à Possenhofen.

Albert, en revanche, demeurait fidèle à la religion apaisante de ses parents. Il y puisait d'incontestables forces morales, mais ne s'enfermait pas pour autant, dans une orthodoxie intégrale. D'où son attirance pour les théories assez fumeuses du major Brück et de l'astronome Charles Lagrange sur l'évolution de l'humanité et le glissement de la civilisation d'Est en Ouest par tranches de 516 années, avec la perspective de la fin du monde en l'an 2180.

Il arrivait à Albert d'être décontenancé par les distances que sa femme prenait à l'égard de la religion et il y fait allusion dans sa lettre citée plus haut. Il craignait qu'elle ne déteigne sur leurs enfants.

Élisabeth ne semble pas avoir réagi à la recommandation de son mari. Elle lui répondit en s'inspirant de la mythologie wagnérienne : « Je me réjouis tellement de ton retour, c'est un sentiment inexprimable que je ressens déjà maintenant à l'idée de revoir le grand bateau qui te ramènera comme Lohengrin. Mais il ne faut pas repartir comme lui[32]. »

Le 21 août 1909, la princesse, accompagnée du docteur Lebœuf, s'embarqua sur le steamer *Rapid* à destination de Douvres-Southampton. De là, elle partit pour le Sierra-Leone où elle rejoignit son mari à bord du *Bruxellesville.*

L'accueil à Anvers, le 26 août, fut enthousiaste. La comtesse de Flandre avait tenu à conduire elle-même ses petits-enfants sur le quai du port : Léopold et Charles en costume marin, Marie-José en robe de satinette blanche et coiffée d'un grand chapeau à bavolets blancs et mauves.

De Sierra Leone, Albert avait télégraphié à son oncle : « Avant de quitter l'Afrique, permettez-moi de vous dire mon émerveillement pour la belle contrée dont vous avez fait une colonie[33]. » La gentillesse du geste n'échappa pas au vieux Roi. Rentré à Bruxelles, Albert trouva un message : « Mon cher neveu, j'apprends que tu reviens à Bruxelles, veux-tu me faire savoir si je puis, sans te déranger, passer après demain à 11 heures 30 chez toi, rue de la Science ? Crois-moi, mon cher neveu, ton très affectionné oncle Léopold[34]. »

Quelle fut la conversation du souverain avec Albert ? Sans doute une suite de questions sur l'amélioration du comportement de l'administration depuis 1906, sur l'efficacité des hôpitaux et sur le rôle des missions, en particulier les missions protestantes influencées par le gouvernement britannique. Sans doute Albert ajouta-t-il à ses réponses un commentaire de ce qu'il avait déclaré, dès son retour à Anvers :

> « C'est en poursuivant le relèvement du niveau moral des indigènes, c'est en améliorant sans cesse leur situation matérielle, c'est en combattant les maux dont ils souffrent, c'est en multipliant aussi rapidement que possible les voies de communication, que nous assurerons l'avenir du Congo. »

Début septembre, Élisabeth accompagna son mari aux grandes manœuvres de l'armée belge dans le Hainaut et en Flandre orientale. Elle les suivit à cheval, comme à l'accoutumée. La présence des princes héritiers aux grandes manœuvres prend sa pleine signification, quand on la situe dans le contexte politique où s'affrontaient partisans — libéraux et socialistes — et adversaires — catholiques — du service militaire personnel, en lieu et place du recrutement par voie de tirage au sort avec faculté de remplacement moyennant la somme de 2000 francs-or. Système à la fois inique sur le plan social et nocif sur le plan de l'efficacité militaire.

C'est au cours des grandes manœuvres que la princesse reçut de mauvaises nouvelles de l'état de santé de son père. Dès le 12 septembre, elle se rendit en Bavière et y demeura jusqu'à la mi-novembre. Malgré sa robuste constitution, le duc Charles-Théodore ne résista pas à une nouvelle crise de néphrite aiguë et mourut au Kurhaus de Kreuth, le 20 novembre 1909.

Quelques jours plus tard, apparemment affaibli par le traitement de choc que lui avait prescrit un thérapeute américain pour le rhumatisme articulaire dont il souffrait de plus en plus, le roi Léopold II dut s'aliter au pavillon des Palmiers, dans le parc de Laeken. Le 11 décembre, les docteurs Thiriar et Stiénon diagnostiquaient « une affection abdominale inquiétante ». Le 13 décembre, le souverain eut un dernier entretien avec son neveu ; il lui confia ses inquiétudes et analysa les dangers de guerre qui menaçaient l'Europe et, partant, le pays. Le 14 décembre, une intervention chirurgicale permit de résorber l'obstruction intestinale. A 18 heures 30, à peine sorti des brumes de l'anesthésie, le souverain signa d'une main tremblante la loi instaurant le service militaire personnel que le Sénat venait de ratifier. « Le roi est content », murmura-t-il. C'était son ultime victoire. Une embolie foudroyante l'emporta le 17 décembre, jour anniversaire de son avènement.

« Je veux être enterré de grand matin, sans aucune pompe. A part mon neveu Albert et ma Maison, je défends qu'on suive ma dépouille. » Ces suprêmes volontés de Léopold II étaient évidemment inexécutables. Le gouvernement résolut donc d'adopter le cérémonial établi après la mort de Léopold Ier. Les funérailles solennelles eurent lieu le 22 décembre. Sous une pluie fine, mêlée de neige fondante, Albert, trois ambassadeurs extraordinaires et dix-sept princes étrangers suivirent le catafalque d'un roi mal-aimé, qui avait toujours méprisé la popularité. Après les absoutes en la collégiale des Saints-Michel-et-Gudule, le souverain fut inhumé en la nécropole royale de Laeken. Élisabeth avait pris place dans l'église, ainsi que les filles de Léopold II, la princesse Clémentine mais aussi les princesses Louise et Stéphanie que le Roi, implacable, avait refusé de voir avant de mourir.

[illegible] son Le [illegible]

[illegible]

CHAPITRE III

Les débuts du règne

A l'aube grise du jeudi 23 décembre 1909, jour de l'avènement d'Albert Ier, Élisabeth dut faire face au brusque désarroi de son mari. Celui-ci n'avait disposé que de quelques jours pour préparer son discours devant les Chambres réunies. Il y avait travaillé d'arrache-pied avec Jules Ingenbleek, son secrétaire privé, avant de le soumettre à Franz Schollaert, chef du gouvernement. Les effets de la fatigue s'ajoutaient-ils à sa timidité ? Doutant de son prestige, il avait commencé par hésiter à traverser à cheval les rues de Bruxelles depuis la porte de Laeken ; se sachant piètre cavalier, il aurait préféré partir de son palais de la rue de la Science. Élisabeth était parvenue à le dissuader de ce qui aurait paru une lubie. Et voici qu'à quelques heures de la cérémonie et du discours d'avènement, il « arpentait en tenue de nuit sa chambre à coucher en répétant : *Non, je ne le prononcerai pas*[1] ».

Surprise, Élisabeth tenta de le rassurer, de l'empêcher de se critiquer lui-même à l'avance. En vain. Elle fit alors venir Ingenbleek dont elle connaissait et appréciait l'influence sur son mari. Ensemble, ils parvinrent à convaincre le prince d'assumer pleinement son destin. Ainsi soutenu moralement par son épouse, Albert prit alors calmement son petit déjeuner, puis revêtit l'uniforme de lieutenant-général, barré du Grand Cordon amarante de l'Ordre de Léopold.

Vers 11 heures, Élisabeth et ses deux fils firent leur entrée dans l'hémicycle de la Chambre. La Reine était en grand deuil pour trois raisons : la mort de Léopold II, évidemment, mais aussi celle de son père et celle de sa grand-mère, l'Infante de Portugal, devenue religieuse bénédictine. Élisabeth gagna la tribune latérale où avaient déjà pris place la comtesse de Flandre, les princesses Stéphanie et Clémentine, la duchesse de Vendôme et la princesse de Hohenzollern.

Une longue ovation accueillit le Roi à son entrée dans la salle. Mais la Reine ne pouvait manquer d'entendre quelques cris qui se mêlaient aux acclamations : « Vive le suffrage universel ! » Puis une voix s'éleva, celle du chef socialiste Émile Vandervelde : « Ce n'est pas contre vous que nous manifestons ! C'est contre les malfaiteurs publics qui siègent au gouvernement. »

Élisabeth observait Albert, probablement avec une certaine inquiétude. Mais le Roi ne bronchait pas. Debout, la main droite tendue, il jura en français et en néerlandais — ce qui était une innovation — d'observer la Constitution et les lois du peuple belge, de maintenir l'indépendance nationale et l'intégrité du territoire. Puis il s'assit et prononça son discours d'avènement. Discours qui indiquait un certain changement d'orientation de la monarchie mais n'était pas dépourvu de fermeté à l'égard des détracteurs de l'œuvre coloniale entreprise par Léopold II.

Après avoir rappelé que le souverain doit se tenir « avec une entière loyauté au-dessus des partis », le Roi insista sur le fait qu'il doit être « attentif à la voix du peuple et penché avec sollicitude sur le sort des humbles ».

Ayant entendu cette phrase, Émile Vandervelde se joignit aux applaudissements de l'assemblée. A propos du Congo :

> « Pour un peuple épris de justice, une mission colonisatrice ne peut être qu'une mission de haute civilisation ; en l'acceptant loyalement, un petit pays se montre grand. La Belgique se gouverne elle-même par des institutions dont d'autres États ont emprunté les principes ; toujours elle a tenu ses promesses ; et quand elle prend l'engagement d'appliquer au Congo un programme digne d'elle, nul n'a le droit de douter de sa parole. »

Les représentants de la Grande-Bretagne sentirent tous les regards braqués sur eux...

Peut-on deviner l'influence de la Reine dans l'allusion que le Roi fit au rôle des artistes et des écrivains ? Tout porte à répondre par l'affirmative.

Lorsque le Roi termina son discours par ces mots : « J'aime mon pays, la Reine partage ces sentiments d'inaltérable fidélité à la Belgique », l'assemblée debout, profondément remuée, applaudit à tout rompre.

La cérémonie terminée, Élisabeth et ses deux fils rejoignirent le palais de la rue de la Science en landau fermé, tiré par six chevaux et précédé de quatre piqueurs.

Pendant ce temps, Albert faisait le trajet à cheval sous une pluie battante. Il était aussi trempé que la foule qui l'acclamait sur le parcours. Il n'eut guère le temps de se changer à son arrivée au palais, vers midi et demi. Réclamé par la foule, il dut paraître à plusieurs reprises au balcon en compagnie de la Reine.

***

Avec une fougue qui déconcertait parce qu'elle démentait son allure fragile, Élisabeth se jeta à corps perdu dans le rôle qui s'imposait désormais à elle. Comme il convenait, elle constitua sa Maison groupée autour du baron de Woelmont, le grand-maître. Ses dames d'honneur étaient la comtesse Van den Steen de Jehay, la comtesse d'Oultremont, la baronne de Blommaert auxquelles se joindrait plus tard la comtesse de Caraman-Chimay. Un entourage de droite — comme celui d'Albert, d'ailleurs — mais qui servait d'alibi aux multiples contacts avec les milieux proches de l'opposition.

Le château de Laeken, blotti au milieu de 270 hectares de frondaisons, pelouses et parterres fleuris, était inhabitable, surtout en hiver. Léopold II en avait supporté l'humidité et l'inconfort, mais Élisabeth estimait, à juste titre, qu'il ne pouvait être question d'y loger de jeunes enfants. En attendant l'achèvement des travaux d'aménagement, la famille royale s'installa au palais de Bruxelles que le roi défunt avait agrandi, en chargeant l'architecte Balat de bâtir en style Louis XVI mâtiné d'Empire une aile comprenant notamment l'escalier d'honneur, la grande galerie, la salle du trône, la salle de marbre et une suite d'appartements ayant vue sur l'église Saint-Jacques-du-Coudenberg. Les enfants royaux disposaient de petites chambres, au deuxième étage, que la reine Marie-José qualifiera de *gemütlich*[2].

⁂

L'année 1910 fut particulièrement chargée d'événements. Au printemps s'ouvrit l'Exposition universelle de Bruxelles dont le Roi et la Reine présidèrent, évidemment, l'inauguration. Élisabeth portait une toilette de demi-deuil et était coiffée d'un chapeau à la Gainsborough, garni de plumes. Elle visita successivement le palais des travaux féminins, les sections belge, anglaise et française, le salon de la galerie internationale, les pavillons allemand, espagnol et de la ville de Bruxelles. Ce n'était qu'une première visite. Plusieurs autres suivirent, notamment au salon des Beaux-Arts où, en réponse à un discours de Franz Schollaert, le Roi déclara :

> « Un de mes vœux les plus chers est d'assister au cours de mon règne, à côté du merveilleux développement économique de la nation belge, à l'affirmation sans cesse plus imposante du mouvement artistique, littéraire et scientifique dont nous constatons avec un orgueil patriotique le brillant essor. »

Puis se succédèrent les premiers voyages officiels, en commençant par Berlin, en mai-juin. Le choix de la capitale allemande s'expliquait aisément : la comtesse de Flandre, mère du Roi, était une Hohenzollern et la Reine elle-même une princesse de Bavière. La presse allemande s'ingénia, du reste, à souligner les liens d'amitié unissant les deux Cours et les deux peuples. Il fallait s'y attendre, l'attaché militaire français, le capitaine Duruy, s'inquiéta. Au début de l'année déjà, il avait écrit dans un rapport :

> « La nouvelle Cour aura des tendances allemandes ; elle est dirigée en réalité par la comtesse de Flandre qui est purement allemande. Le nouveau roi est d'éducation allemande, et, contrairement au roi Léopold et au prince Baudouin, il ne lui reste pas d'affinité française. »

La preuve : les cuisiniers français de Léopold II avaient été congédiés[3] !

En fait, Albert et Élisabeth se méfiaient de l'exubérante cordialité du Kaiser qui, les moustaches en crocs, le bâton de maréchal sur les cuisses, se comportait comme un acteur de théâtre. Pendant toutes les cérémonies, les jeunes souverains belges avaient à l'esprit le marchandage proposé par Guillaume II à Léopold II en juin 1904 : la Flandre française, l'Artois et l'Ardenne française à la Belgique si celle-ci accordait le libre passage aux troupes allemandes ; sinon, les « considérations stratégiques » l'emporteraient sur toutes autres. Mais l'empereur d'Allemagne se garda bien de répéter son essai infructueux de 1904. Sans doute croyait-il en son for intérieur qu'Albert prendrait à son égard « une attitude fondamentalement autre que celle adoptée par son oncle ».

Comme pour démentir les prévisions pessimistes du capitaine Duruy, le roi et la reine des Belges se rendirent en visite officielle à l'Élysée dès la mi-juillet. Le président de la République française, Armand Fallières, en guêtres et gilet blancs, les reçut avec une bonhomie de bon ton, combien différente des rires gras de Guillaume II. Aux côtés de Mme Fallières, très grande et au buste avantageux, Élisabeth paraissait fluette, mais le chroniqueur de *L'Indépendance belge* rapportait :

« Elle est jolie ! dit-on autour de moi, et c'est en hommage à la grâce, à l'aisance et au charme de la jeune souveraine qui conquiert, au premier regard, à la première impression, le suffrage assez difficile à conquérir de la Parisienne [4]. »

Après l'Allemagne et la France, ce furent les Pays-Bas de la reine Wilhelmine qui accueillirent Albert et Élisabeth, en septembre. Puis, en octobre, la Cour de Vienne où Élisabeth n'était évidemment pas une inconnue. Un journal local rappela qu'elle « n'était pas seulement une des quatre nièces préférées de la regrettée impératrice mais également sa filleule ». Et il ajoutait :

« Dans sa robe gris argent, elle apparaît encore si jeune et si fillette, et malgré soi on se dit qu'elle doit être une nature musicale. Tout en elle vibre et chante, et l'on comprend que la petite main maigre et ferme qu'elle sait tendre si cordialement, sait tirer du violon aimé beaucoup de ce qui sommeille en son âme et qui est trop élevé et sacré pour s'exprimer en paroles [5]. »

Peu de temps après, très exactement du 25 au 27 octobre, l'empereur Guillaume II, l'impératrice et leur fille Victoria-Louise firent une visite officielle en Belgique à l'occasion de l'Exposition. « Ils défilèrent en carrosse, attelé à la Daumont, devant une foule assez froide, retenue par de nombreuses troupes, de crainte d'une manifestation », écrit la reine Marie-José [6]. Quelques jours plus tôt, la comtesse de Flandre avait recommandé à son fils : « Pas trop de drapeaux allemands ! Il ne faut pas qu'étant chez nous, il puisse se croire chez lui [7] ! »

Guillaume II s'efforça de flatter les Bruxellois,

après que les musiques militaires eussent joué, sur la grand'place illuminée, un hymne dont il avait composé la musique et les paroles. Il vanta leur « infatigable activité » ainsi que les « créations de leurs artistes et de leurs poètes ». Au cours d'un entretien avec le secrétaire général du ministère des Affaires étrangères, il déclara d'un ton convaincu :

> « Vous n'aurez pas à vous plaindre de nous. J'ai une grande affection pour votre roi qui, par sa mère, appartient à notre Maison. Je ne permettrai à personne de lui causer un tort. Je comprends parfaitement la situation. Je ne le mettrai jamais dans une fausse situation[8]. »

Plus désinvolte à l'égard d'Albert, il lui confia n'avoir aucune intention d'annexer la Belgique car il n'y gagnerait rien, « ce peuple étant intraitable[9] ».

Le Kaiser faisait probablement allusion à la politique intérieure de la Belgique. Au pouvoir sans interruption depuis 1884, le parti catholique ne disposait que de 6 voix de majorité à la Chambre des représentants et se heurtait à l'opposition de plus en plus résolue des libéraux et des socialistes, unis pour s'opposer aux subsides à l'enseignement libre et pour réclamer le suffrage universel pur et simple. Le 8 novembre 1910, renouant avec une tradition à laquelle Léopold II avait renoncé depuis dix-huit ans, le roi Albert ouvrit la session parlementaire par un discours du Trône. Il prenait un risque évident.

Faut-il le rappeler, le texte d'un discours du Trône, dans une monarchie constitutionnelle et parlementaire, est essentiellement l'exposé de la politique du gouvernement et n'engage nullement la responsabilité du chef de l'État. Tout au plus le Roi peut-il y glisser une idée personnelle avec l'accord de son gouvernement qui le couvre.

Lorsqu'ils pénétrèrent dans l'hémicycle de la Chambre, le 8 novembre, la Reine, les princes Léopold et Charles furent acclamés par l'assemblée debout. Il en fut de même à l'entrée du Roi. Quand ils constatèrent que la vague d'ovations avait gagné les tribunes du public, en haut de la salle, les socialistes crièrent : « Dissolution ! Vive le suffrage universel pur et simple ! » et répandirent des papillons portant ces mots.

Les petits princes étaient quelque peu effarés par ce chahut. Ils l'auraient été davantage encore, s'ils avaient su que leur père avait été « bombardé » de ces mêmes papillons, le long du trajet entre le palais royal et le palais de la Nation. Quant à la Reine, elle confia ses impressions à un député, après la cérémonie [10].

> « Je m'attendais à ces incidents, affirma-t-elle, et ne m'en étonne pas. Il est très naturel que ces gens qui ont quelque chose à demander s'adressent à nous ! Je l'ai déclaré à mes enfants pour calmer leur effarement. Je leur ai dit ce que veulent les socialistes et je leur ai désigné M. Vandervelde, qui est un homme remarquable. »

Ces propos, s'ils ont réellement été tenus par Élisabeth, témoignaient assurément de beaucoup d'audace.

***

La vie de Cour présentait des traits qui devaient nécessairement agacer et irriter Élisabeth : les multiples intrigues dont le dénominateur commun était la médiocrité, les ambitions étriquées, le vernis de culture d'un navrant manque d'épaisseur. Ce qui l'intéressait, c'était le peuple qui l'acclamait spontanément à chacune de ses apparitions en public. Contrairement à son mari qui se méfiait de la popularité qu'il estimait éphémère, elle croyait à la sincérité de ces manifestations. Mais comment entrer en contact avec la population belge ? La liberté d'une souveraine est, à cet égard, strictement limitée, voire surveillée. Il lui fallait obligatoirement passer par le canal des œuvres caritatives — pour la plupart dirigées par des esprits éclairés mais souvent encombrées de gens vaniteux — ou par des visites dans certains quartiers, qui ne ménageaient la possibilité que de brèves conversations minutées par les exigences du protocole.

Heureusement, il y avait les artistes, les écrivains, les musiciens. Formant un groupe à part, à la fois respecté et ignoré, ils échappaient aux catégories fixées par un monde dominé par les préoccupations économiques et politiques.

Quoi qu'il en soit, Élisabeth accepta les passages obligés. Elle joua le jeu avec la conscience professionnelle aiguë que souhaitait son mari. Non contente de maintenir ses initiatives en faveur de la lutte contre la tuberculose et la protection de l'enfance, elle les développa en s'entourant notamment des conseils de Charles Lefébure, secrétaire particulier d'Ernest Solvay et compagnon d'alpinisme du Roi. Pour éviter la dispersion des efforts, voire la rivalité des œuvres, la souveraine aurait souhaité la création d'une fondation unique. Charles Lefébure l'en dissuada :

> « Mettre en mains d'un groupement unique la responsabilité de faire réussir, sans mécomptes,

une œuvre portant si ostensiblement le nom de Votre Majesté est peut-être dangereux », lui écrivait-il le 13 janvier 1910.

« A moins qu'une idée originale — dont je n'ai pas la notion — ne surgisse, je pense qu'il vaut mieux s'en tenir à des œuvres existantes et chercher à les améliorer en leur offrant des desiderata. Tant d'organisateurs dévoués seront heureux de votre approbation et de votre secours.

« Aussi la répartition entre les œuvres de la protection du premier âge, des habitations ouvrières et des pensions de vieillesse, mérite une attention sérieuse. »

La Reine s'était inquiétée des critères de cette répartition. Le libéral Lefébure s'empressa de suggérer le recours à un autre libéral, Adolphe Max, bourgmestre de Bruxelles.

« Je pense, précisa-t-il, que Votre Majesté en le consultant aurait un bon avis et le moyen d'écarter par une autorité très compétente les bonnes volontés excessives, inconséquentes ou intéressées [11]. »

La musique, les arts et les lettres aussi mobilisèrent Élisabeth plus que jamais. Une fois reine, elle avait les coudées plus franches pour mener une véritable politique de mécénat. Dès le mois d'août 1910, elle fit nommer Deru, son professeur de violon, violoniste du Roi et de la Reine, titre qui n'avait jamais été attribué à la Cour de Belgique. Elle fréquenta avec assiduité les expositions et, plus particulièrement, les prestigieux salons de « La Libre Esthétique ». A l'inverse de Léopold II qui n'avait acquis que des œuvres consacrées pouvant être considérées comme des placements sûrs, Albert et Élisabeth achetaient des tableaux et des sculptures aux artistes vivants avec la volonté de les encourager. Ils couraient ainsi le risque de choisir des œuvres mineures mais, dans l'ensemble, ils ne se trompèrent pas sur la valeur d'artistes comme Franz Courtens, Franz Gaillard, Louis Thévenet, Émile Laermans, Victor Rousseau, etc. En revanche, ils continuaient d'ignorer le mouvement, essentiel, de Laethem Saint-Martin.

L'artisanat d'art ne fut pas négligé. La Reine chargea notamment Jules Ingenbleek de mettre sur pied une œuvre de la dentelle. « Celle-ci, écrivait le secrétaire privé du Roi le 10 juillet 1910, est en bonne voie : j'ai vu le père Rutten qui m'a donné des renseignements que je serai heureux de communiquer à Votre Majesté[12]. »

Abondantes moustaches à la gauloise, large cravate lavallière, le poète socialisant Émile Verhaeren était devenu un ami de la famille royale, et leurs rencontres étaient fréquentes. Il y était question de littérature, forcément, mais aussi de politique. L'échange de correspondance se poursuivra jusqu'à la mort tragique du poète en 1916. Le 30 décembre 1909, le Roi lui écrivait :

> « Il est une fête dont j'aime à garder la mémoire ; elle eut lieu, il y a un an environ, à l'hôtel de ville de Bruxelles où, sans distinction de parti et de classe, l'élite de la capitale célébra les lettres belges et acclama l'une des gloires de notre littérature d'expression française. Spectacle inoubliable, qui me fit comprendre combien une nation s'élève en protégeant l'essor d'une littérature puisant sa force dans les sentiments et les aspirations de tout un peuple[13]. »

Ce fut Émile Verhaeren qui accueillit Albert et Élisabeth à la séance littéraire qui se tint le 5 juillet 1910 à l'Exposition universelle de Bruxelles. Dans son discours de réponse, le Roi s'en réjouit :

> « Les œuvres d'Émile Verhaeren ont magnifiquement glorifié le sol natal. Poète vraiment belge par la puissante expression de nos forces ataviques et des caractères de notre race, n'est-il pas en même temps un poète mondial célébrant la vie humaine dans ses manifestations les plus ardentes ? »

Au cours de l'été de 1910, Verhaeren avait envoyé un manuscrit au prince Léopold, qui s'était empressé de le remercier par « quelques lignes si gentiment écrites de sa main [14] ». Le poète y faisait allusion dans une lettre adressée le 24 août 1910 à la Reine où il rappelait l'accueil chaleureux que lui réservaient toujours « Leurs Majestés » :

> « C'est elles qui me donnent l'audace de leur parler sans trop de gêne et de penser, à haute voix, en leur présence. Elles me permettent d'être et de rester spontané et franc en leur présence et de ne point trop redouter celle-ci. Vous ne pouvez croire combien je leur en suis reconnaissant.
>
> « Et voici que vous, Madame, vous voulez bien me confirmer que mes livres vous sont de bons amis qui vous suivent en voyage et qui vous charment parfois. Puissent-ils le faire de plus en plus. Certes mon art est un art rude, mais je le crois sincère et frémissant et clair et peut-être sont-ce ces qualités ardentes que vous aimez en lui [15]. »

***

Élisabeth avait-elle surestimé ses forces physiques, en se donnant corps et âme à tout ce qu'elle entreprenait et qui s'ajoutait à ce qu'elle devait assumer ? Dix jours après la séance mouvementée de la rentrée des Chambres législatives, elle fut atteinte d'une très grave pleurésie sèche avec « fièvre muqueuse ». On craignit le pire. Soignée par les docteurs Lebœuf et Monnelaer, elle avait à son chevet sa mère, la duchesse Charles-Théodore. Des prières publiques furent dites dans toutes les églises. Le 22 novembre le Roi écrivait à Schollaert : « Grâce à Dieu, la santé de ma bien-aimée femme est un peu moins mauvaise, c'est tout ce que malheureusement on peut en dire pour le moment [16]. » Six jours plus tard, répondant à Émile Verhaeren, Albert confirmait l'évolution favorable de la maladie : « L'état, tout en étant encore grave, s'améliore lentement et certainement. Au cours des derniers jours la situation est devenue moins angoissante qu'il y a une semaine [17]. » La fièvre ne tomba que le 3 décembre 1910. Comme cadeau, « wagnérien », de convalescence, Albert offrit à sa femme un couple de cygnes noirs et deux paons blancs. « N'est-il pas touchant, confia la Reine à une amie, que mon mari se soit souvenu d'un désir exprimé un jour : oh ! comme j'aimerais avoir des paons blancs et des cygnes noirs ! Et voilà que je les ai [18] ! »

La convalescence fut très longue et se prolongea jusqu'à la mi-février 1911. Quand elle commença à se sentir légèrement mieux, Élisabeth organisa trois concerts au château de Laeken. C'était sa manière à elle de retrouver les forces morales que la maladie avait entamées. Sa mère, son mari et ses enfants se trouvaient à ses côtés lors du récital donné par Deru, De Greef et Mahy. Au programme : des œuvres de Brahms dont l'éloquence structurée et la grandeur sereine avaient le don de la ravir. Le concert suivant avait pour solistes Eugène Ysaye et Raoul Pugno ; il fut malheureusement interrompu par l'atterrissage de l'aviateur Lanser qu'accompagnait le président Vléminckx de l'Aéro-Club [19]. Cette arrivée impromptue de visiteurs par la voie aérienne enchanta certainement le roi Albert davantage que sa femme... L'honneur du troisième récital revint à Marcel Laoureux, professeur de musique des petits princes.

La liste des compositeurs dont des œuvres furent exécutées au cours de ces trois après-midi musicales est révélatrice des goûts d'Élisabeth : Bach, Beethoven, Schumann, Chopin, Liszt, Brahms, Franck, Grieg, Tchaïkovsky, Debussy.

Quelques jours plus tard, le Roi et la Reine partirent pour Santa-Margherita de Ligurie. Une cure de repos s'imposait à Élisabeth, encore très fragile. Hélas ! le mauvais temps persista sur la Riviera italienne. Mieux valait descendre plus au sud. Aussi bien, les souverains s'embarquèrent à Gênes à destination d'Alexandrie et de l'Égypte au climat sec et bienfaisant. Au Caire, à Saqqara, à Louqsor, à Karnak, ce fut l'éblouissante révélation d'une civilisation dont les prestigieux monuments se voulaient un reflet de l'univers et une image du divin. Jamais la Reine n'oublierait la fascination de l'entrée au désert. Deux visions du monde juxtaposent brutalement la fécondité de la vallée du Nil et la stérilité qui l'enserre, la vie tumultueuse, éphémère, et l'éternité apaisante, illimitée. Le contraste est particulièrement violent lorsque, après avoir longé les palmeraies qui recouvrent l'antique Memphis, on traverse les potagers aux légumes gorgés d'eau et que, sans la moindre transition, on passe de la glèbe noire au sable rouge. Debout, un pied sur les alluvions, l'autre sur le sol aride, on songe au destin de l'homme, à sa finalité, à son désir de survie.

Rentrée en Belgique, Élisabeth aurait voulu reprendre immédiatement les activités qu'elle avait dû abandonner mais une otite contractée lors de l'escale à Londres l'en empêcha. Elle fut contrainte de garder la chambre. Du moins put-elle s'occuper enfin quelque peu de ses enfants. Ceux-ci ne la voyaient guère. La reine Marie-José avoue n'avoir gardé de la période 1909-1914 que des images fugaces :

> « Cérémonies où il me fallait rester sage, robes à larges ceintures de moire bleue ou rose que je ne devais pas chiffonner, gouvernante autoritaire, personnages de Cour indifférents, enfin apparitions éclair de ma mère en grand apparat... Puis séjour de vacances où tout à coup Papa et Maman nous devenaient plus proches, plus accessibles [20]. »

***

Le 8 mai 1911, la visite du président et de Mme Fallières donna lieu à de brillantes festivités. N'était-ce pas la première fois depuis 1830 qu'un chef d'État français était reçu officiellement en Belgique ? Pourtant, la noblesse belge bouda ouvertement et s'abstint systématiquement de participer aux manifestations organisées en l'honneur des hôtes du pays. Le peuple de Bruxelles, en revanche, fut conquis par la familiarité bon-enfant de Fallières et de sa femme ; en les acclamant, il exprimait sa vive sympathie pour la nation amie. La Reine offrit à la présidente une longue écharpe de dentelle, œuvre de maîtrise qu'elle avait spécialement commandée à des dentellières de Turnhout[21]. Quant au président, il reçut des mains du Roi une réplique en bronze du *Débardeur* de Constantin Meunier.

Les Fallières remarquèrent-ils l'attitude pour le moins réservée du milieu du « quartier Léopold » ? Ils ne semblent pas, en tout cas, en avoir parlé, et, rentré à l'Élysée, le président de la République écrivit à la Reine :

> « Parmi tant de souvenirs que j'emporte de mon inoubliable voyage où j'ai été comblé de tant de prévenances, le plus précieux pour moi sera ma journée à Laeken où j'ai pu voir Votre Majesté et ses charmants enfants. Le plaisir que j'ai pu leur causer en leur apportant quelques jouets parisiens n'a certainement pas égalé celui que j'ai éprouvé à les voir m'accompagner avec Sa Majesté le Roi dans ma promenade à travers les serres[22]. »

Définitivement rétablie, Élisabeth avait renoué avec ses multiples occupations sociales : soutien financier et moral à la ferme-école créée à Ernage, près de Gembloux, par la Société des Enfants martyrs ; réception des dames et jeunes filles qui, dans chaque centre, avaient organisé la vente d'edelweis au profit de la lutte contre la maladie du sommeil au Congo ; contacts avec les dispensaires Albert-Élisabeth et Léopold dont le but était de donner aux tuberculeux indigents les conseils pratiques d'hygiène en même temps qu'une assistance efficace (aliments fortifiants, vêtements, literies, services en espèces, etc.) ; dons à la « soupe scolaire des écoles communales de Bruxelles » ; étude des plans des sanatoria pour femmes à Buysingen et à La Hulpe ; choix et accueil personnel des enfants du home de Wenduine, patronages divers.

Plus que jamais, peintres et sculpteurs comptaient parmi les hôtes habituels des palais royaux. Il y en avait presque toujours un qui travaillait à Bruxelles ou à Laeken. C'est ainsi que Frans Courtens avait été installé dans une maisonnette au fond du parc de Laeken dont il peignait les épaisses frondaisons et les jeux de lumière sur les étangs. Parfois, la princesse Marie-José venait l'y surprendre. Il l'autorisait à étaler les couleurs de ses tubes sur la palette mais, connaissant sa pétulance, lui interdisait énergiquement d'ajouter quelque élément incongru à la toile posée sur le chevalet. C'est ainsi également qu'en février 1911 Lucien Wolles peignait un portrait de Marie-José au palais de Bruxelles, tandis que Victor Rousseau y sculptait le buste de ses parents.

Il n'était guère d'expositions ou d'ateliers qui ne reçussent la visite de la Reine. Elle fréquentait assidûment les Salons du Cercle artistique et du Cercle *Pour l'Art*, le Salon du Printemps où exposèrent notamment Fernand Khnopff et Georges Lemmen, les expositions retentissantes de *La Libre Esthétique*, celles de Richir, Frans Gaillard, Firmin Baes et aussi des ateliers comme celui du peintre populiste Eugène Laermans, alors menacé de cécité. En deux ans, la famille royale acquit quelque cinquante tableaux et sculptures d'artistes belges vivants. L'intention était évidente et sans le moindre désir de réaliser des investissements.

La passion de la musique aussi avait repris la Reine. Se méfiant du dilettantisme, elle poursuivait avec acharnement ses études de violon sous la direction d'Ysaye et de Deru. Bien sûr, elle suivit le festival Beethoven mis sur pied par les Concerts populaires. Elle assista à la première d'*Obéron* de Weber au Théâtre royal de la Monnaie, puis à celle de *Dejanire* de Saint-Saëns que la souveraine avait reçu au château de Laeken.

Saint-Saëns devait revenir en Belgique, en février-mars 1914, à l'occasion de la représentation de *Timbre d'Argent,* toujours au Théâtre royal de la Monnaie. La Reine lui demanda de passer une après-midi au château de Laeken et, accompagnée par le compositeur au piano, elle exécuta quelques-unes de ses œuvres pour violon. Dans son livre *L'École buissonnière,* Saint-Saëns raconte :

> « Ayant beaucoup plus fréquenté les Altesses que les Majestés, la langue me fourcha quelquefois en parlant à ces dernières ; et comme je m'excusais un jour d'avoir traité d'Altesse la Reine des Belges : “ Au contraire, me dit-elle en riant, cela me rappelle le bon temps. ”
>
> « Elle parlait du temps où elle et le Roi, n'étant encore que princes héritiers, se promenaient gaiement sur la Côte d'Azur, dans une petite automobile à deux places. C'est alors que j'eus le grand honneur de les rencontrer chez S.A.S. le prince de Monaco et d'avoir avec eux des entretiens familiers, pleins de charme et d'intérêt, car le Roi est un savant et la Reine une artiste [23]. »

Élisabeth raffolait des œuvres de Richard Strauss. Leur couleur orchestrale n'était-elle pas le reflet et le prolongement de celle de Wagner ? Quand le compositeur vint à Bruxelles en mars 1914, pour y diriger un concert symphonique, la Reine lui accorda une longue audience. Elle lui dit son enthousiasme et rappela la joie qu'elle avait éprouvée, chaque fois qu'elle avait eu l'occasion d'écouter l'une ou l'autre de ses œuvres à Munich.

⁂

Parmi les écrivains belges, Valère Gille, Maurice Maeterlinck et Émile Verhaeren étaient, depuis des années, les préférés du Roi et de la Reine. Aux premiers jours de juin 1911, Verhaeren fut l'hôte de la famille royale qui prenait quelques jours de détente au chalet d'Ostende. Le poète souffrait assez fort du rhume des foins, ce qui faisait grasseyer davantage sa voix grave. Aussi la Reine lui proposa-t-elle un remède dont elle avait elle-même éprouvé l'efficacité[24]. La fièvre n'empêcha cependant pas le poète de se promener à grandes enjambées dans la Flandre maritime. Quelques jours plus tard, il écrivit à Élisabeth une lettre circonstanciée. Il y évoquait

> « un petit chemin de sable clair, entre Furnes et Coxyde » où se dressait un vieux saule qu'il aimait depuis l'enfance. « Mais existe-t-il encore, se demandait-il. Il était si pauvre, si délabré, si troué de vent et de pluie !
>
> « Certes s'il avait pu se douter qu'un jour une Reine le serait venu visiter, il aurait ramassé et thésaurisé sa force pour durer et perdurer encore.
>
> « Mais a-t-il pu s'en douter ?
>
> « Jusqu'à vous, Madame, aucune Souveraine de chez nous ne prenait intérêt aux arbres, aux fleurs, aux nuages, au ciel, à la mer que chantent les poètes lyriques. Et mon vieux saule datait, certes, de l'autre règne[25]. »

À l'automne, Verhaeren, remis de son rhume des foins, fut à nouveau l'hôte de la famille royale, cette fois au château de Ciergnon. Il y partagea la vie toute simple qu'on y menait. Très tôt le matin, on parcourait les giboyeuses forêts ardennaises, les fagnes sauvages ; puis, vers 9 heures, chacun se mettait au travail : les princes dans leur classe aménagée au rez-de-chaussée, le Roi dans son cabinet qui donnait sur la vallée de la Lesse, la Reine à son bureau où l'attendait un abondant courrier. On déjeunait à 11 heures 30. Après le repas, la Reine jouait volontiers aux échecs, puis repartait en promenade ou allait pêcher avec Léopold dans l'étang du parc. Après le dîner, on parlait longuement en contemplant les flammes du feu ouvert.

Avec Verhaeren, il fut beaucoup question de Stefan Zweig. L'écrivain autrichien était un ami personnel du poète belge. Il avait publié, chez Insel Verlag de Leipzig, plusieurs de ses œuvres en allemand. La traduction de certains poèmes avait également été assurée par Erna Rehwoltt sous le titre *Die getraumte Dörfer*. Albert et Élisabeth comptaient parmi les lecteurs les plus assidus de Zweig. Sans doute l'un et l'autre étaient-ils sensibles à son inquiétude, cette « inquiétude primordiale et inhérente à tout homme, qui le fait sortir de lui-même et se jeter dans l'infini, dans l'élémentaire, comme si la nature avait laissé au fond de nos âmes un peu de son ancien chaos dont nous ne pouvons nous défaire et qui tend passionnément à retourner dans le suprahumain et le surnaturel[26] ».

L'amitié débordante que Verhaeren témoignait à la famille royale le portait parfois à écrire des vers de mirliton. C'est ainsi qu'en prévision de l'anniversaire de la Reine, le 25 juillet 1911, il avait fait apprendre à la princesse Marie-José — alors âgée de cinq ans — un compliment que, le jour venu, elle récita avec l'emphase voulue, la main sur le cœur :

Maman, pour ton jour de fête
Je cherche dans ma pauvre tête
Un joli compliment
Mais il faudrait être savante
Et ta petite fille, Marie-José, aimante
Te dit simplement :
Je t'aime tendrement...

Élisabeth, plus touchée par le geste que par la qualité douteuse du poème, en eut les larmes aux yeux. Un autre compliment fut commis, cette fois pour la Sainte-Élisabeth :

Voici le jour du compliment
Que tous les ans novembre amène.
Ailleurs on célèbre la Reine
Ici l'on fête sa maman.
Les plus fervents qui vous adorent
Entre eux rivalisent d'ardeur
Mais je vous aime mieux encore
Étant plus près de votre cœur.
Je vous offre ma petite âme
Qui tremble entre mes doigts jolis
Avec ces roses de flamme
Qui toutes vous aiment aussi[27].

Commentaire aussitôt envoyé par Élisabeth à Saint-Cloud, rue Montre-tout, où habitait alors Verhaeren :

« Comme c'était charmant de votre part de m'avoir fait cette délicieuse surprise pour ma fête !

« J'ai été vraiment émue d'entendre dire par ma petite fille le joli compliment fait par ce grand poète que j'affectionne et admire. La petite me l'a récité avec tant de conviction en m'offrant " sa petite âme tremblante avec des roses rouges fleurs de flamme ".

« Laissez-moi vous remercier de tout mon cœur, je ne pourrais vous dire le plaisir que vous m'avez fait par cette touchante et délicate attention ?[28] »

***

Au retour de leur voyage en Égypte, le Roi et la Reine avaient trouvé la Belgique en état d'effervescence politique. Comme de tradition, c'était la question scolaire qui échauffait les esprits. Libéraux et socialistes s'étaient unis pour accuser le gouvernement Schollaert de vouloir gaver les couvents avec l'argent des contribuables. En cause : un projet de loi créant le « bon scolaire » destiné au père de famille qui, selon son choix, le remettrait soit à l'école officielle, soit à l'école libre catholique. Le nombre de bons recueillis par l'une et par l'autre aurait déterminé le montant des subsides à verser par les pouvoirs publics. En fait, le projet se trouvait englué dans la procédure parlementaire.

Déconcertante à première vue, l'alliance des libéraux avec les socialistes s'expliquait par leur exaspération de voir la droite détenir le pouvoir sans interruption depuis 1884. L'opposition espérait convaincre le souverain de la nécessité d'un changement opéré en trois phases : chute du gouvernement Schollaert, constitution d'un cabinet d'affaires, renversement de la majorité aux élections de 1912.

Albert Ier, il est vrai, n'était pas indifférent aux idées nouvelles développées au sein et autour de l'Institut Solvay. La Reine non plus, du reste. Encore peu expert dans l'art de les conseiller avec discrétion, leur entourage manquait parfois de réserve. Aussi les observateurs n'avaient-ils eu aucune peine à deviner l'existence d'un dissentiment entre le chef de l'État et ses ministres.

Cependant, le jeune souverain, tout en désirant mettre un frein au cléricalisme, ne se laissa pas entraîner au-delà de ses prérogatives constitutionnelles. Attentif aux réactions de l'opinion publique, il ne pouvait que constater l'impuissance politique de Schollaert qui sautait aux yeux de tous. Il en tira la conclusion qui s'imposait. Le gouvernement fut donc acculé à démissionner mais, puisque le parti catholique disposait d'une incontestable majorité au Parlement, le Roi le maintint au pouvoir. Provisoirement, croyait l'opposition, qui entendait exploiter à fond l'avantage qui venait de lui être donné. Bien sûr, le cabinet que dirigea désormais Charles de Broqueville ne l'entendait pas de cette oreille. Il comprenait de brillants et habiles représentants de la Ligue démocratique comme Henri Carton de Wiart et Michel Levie, ce qui lui assurait une ouverture à gauche. De surcroît, sans y renoncer formellement, il ne parla plus des « bons scolaires ».

Le cartel libéral-socialiste jubila. Trop vite car, en son sein, d'évidentes divergences ne tardèrent pas à se manifester au grand jour. A plusieurs reprises, certains socialistes mirent leurs alliés libéraux dans le plus grand embarras. Ainsi, lorsque le journal *Le Peuple,* organe du P.O.B. écrivait :

> « Si, dans sa souveraineté, la Nation confie le pouvoir à une majorité socialiste élue sur un programme républicain, il ne peut être logiquement question de collaboration entre les ministres d'une majorité républicaine et le monarque, représentant d'une tradition que le pays aurait répudiée[29]. »

C'était défier l'élément libéral du cartel.

Pendant ce temps-là, le 1er juillet 1911, la canonnière allemande *Panther* jetait l'ancre devant Agadir. L'Europe se rapprochait de la guerre, les Belges, eux, songeaient aux prochaines élections législatives...

La Reine se gardait bien de la moindre immixtion dans les affaires politiques du pays, mais, naturellement méprisante pour toutes les conventions, elle maintenait le contact avec tous les milieux. Le lundi 3 juin 1911, les souverains n'avaient pas hésité à inviter à déjeuner le nouveau bourgmestre Adolphe Max, une des personnalités marquantes du cartel, au château de Laeken. C'était théoriquement pour le remercier des marques d'attachement que la population bruxelloise avait témoignée à la Reine lors de sa première sortie dans la ville depuis sa maladie. L'atmosphère du repas avait été familiale mais n'avait pas exclu des réflexions sur la situation politique.

En juillet 1911 devait avoir lieu l'inauguration à Charleroi d'une remarquable exposition d'art wallon, organisée par le socialiste Jules Destrée. Le gouvernement s'interrogeait sur l'opportunité de la présence du Roi et de la Reine. Ceux-ci n'hésitèrent pas et vinrent « tout simplement, sans garde ni police, avec une tranquille simplicité. La foule les acclama avec un enthousiasme délirant ». A un moment donné, raconte Jules Destrée :

> « sur le grand escalier de l'Exposition, l'empressement était tel que la Reine fut poussée contre moi et qu'elle semblait éprouver un peu d'inquiétude de cette turbulence populaire.
>
> “ — Ne t'inquiète pas, lui dit le Roi. M. Des-

trée est là. " C'est ainsi que je fis la connaissance de la Reine[30]. »

Une part évidente de la popularité royale dans le monde ouvrier de Charleroi était due au fait que la gauche croyait le souverain à l'origine de la chute du gouvernement Schollaert. Cette popularité agaçait cependant un journaliste du quotidien *Le Peuple,* qui insista sur « les raisons psychologiques de la popularité à fleur d'épiderme qui enveloppe le souverain, surtout quand il passe dans le sillage de la rayonnante douceur de sa femme ».

Comme prévu, la campagne électorale, qui battit son plein à partir du mois d'avril 1912, se déroula sous le signe d'une violence qui n'était pas seulement verbale. Les religieux et les religieuses furent dénoncés comme « la vermine noire ». Sur les murs, des affiches représentaient des moines grassouillets s'empiffrant, tandis que *Le Sifflet* publiait une caricature montrant des élèves de l'école laïque avec des têtes de pourceau. Les excès des uns valaient ceux des autres dans le genre odieux. Un peu partout, les jeunes gardes des partis s'affrontaient dans les rues et échangeaient des coups. Un député de Bruxelles fut même assassiné à coups de gourdins.

Dans la nuit du 2 au 3 juin 1912, le Roi et la Reine apprirent une nouvelle inattendue : loin d'être renversée, la majorité absolue du parti catholique à la Chambre des représentants, qui n'était que de 6 sièges, remontait à 16 sièges, et serait de 20 au Sénat. Les catholiques avaient emporté 60% des voix en Flandre et 40% en Wallonie. Cela irrita certains militants et une émeute éclata à Liège, provoquée par quelques irresponsables, d'ailleurs désavoués par le P.O.B. Il y eut deux morts.

Recevant le chef de son gouvernement, quelques

jours après le scrutin, le Roi lui fit observer : « On suit volontiers un général vainqueur. » Il voulait dire par là qu'il comptait sur Charles de Broqueville pour calmer les esprits et, à la faveur de cet apaisement, pour renforcer la défense du pays, de plus en plus clairement menacé d'une guerre générale.

⁂

Cependant, la vie de Cour et les visites officielles maintenaient leur rythme astreignant. Du 26 au 28 juillet 1911, le séjour de la reine des Pays-Bas et du prince consort posa quelques problèmes. Wilhelmine n'aimait ni la musique ni les fleurs ! Pas question donc de lui faire admirer les fameuses serres du château de Laeken ni de lui offrir un concert de gala. On la mena au musée de Tervueren pour y prendre contact avec les réalités africaines. Quant à l'intermède musical à l'hôtel de ville de Bruxelles il fut réduit au strict minimum. Tant pis pour le compositeur Tinel qui dirigeait. Une représentation au Théâtre royal de la Monnaie ne lui fut cependant pas épargnée. Tradition oblige.

La reine Wilhelmine respirait la santé et la bonté. Elle avait offert aux princes une merveille de petite voiture de pompiers hollandais. Il faisait une chaleur torride. Aussi les enfants s'empressèrent-ils de remplir d'eau le réservoir de l'engin. Et toute l'assemblée fut aussitôt aspergée, y compris Wilhelmine. « Sa robe de toile beige à traîne, toute noircie et trempée, soulignait encore son embonpoint[31]. » Wilhelmine éclata de rire, ce qui épargna aux princes la sévère sanction qu'en tout autre circonstance, leurs parents, qui n'étaient pas manchettes, leur auraient infligée.

*
**

Le 11 décembre 1911 déjà, l'oncle du roi Albert, le vieux roi Carol de Roumanie — on disait de ce Hohenzollern qu'il connaissait mieux que quiconque ce qui se tramait dans les capitales — avait prévenu le baron de Gaiffier, ministre de Belgique à Bucarest, qu'en cas de guerre, la Belgique y serait impliquée. Dans l'état de faiblesse où se trouvaient les forces militaires du royaume, il ne fallait pas compter sur un renouvellement du miracle de 1870. « Accordez tous vos soins à l'armée, conseilla-t-il, et vous enlèverez aux voisins le goût de passer par chez vous. Soyez forts et vous découragerez les convoitises de vos voisins. » Les renseignements sur ce qui se passait à la frontière de l'Est ne permettaient guère de doutes : on y aménageait des zones de concentration de troupes en développant le réseau ferré dans l'Eifel, en multipliant les voies de garage et en construisant de grands quais dans de petites gares normalement désertes.

Le 23 octobre 1912, Raymond Poincaré, président du Conseil français, fut très clair dans sa conversation avec le baron Guillaume. Il lui dit sa certitude qu'en cas de conflit l'armée allemande chercherait à attaquer la France en passant par la Belgique. « Nous craignons, précisait-il, que votre armée ne soit pas assez forte pour défendre votre neutralité. » Dans ce cas, l'état-major français pourrait estimer nécessaire d'aller en Belgique à la rencontre de l'ennemi.

A vrai dire, le Quai d'Orsay recevait de son ministre à Bruxelles des informations singulièrement partiales :

« Les élections dernières, mandait Klobukowski, qui ont affermi la situation du ministère catholique ont, en même temps, imprimé à sa politique un caractère confessionnel l'éloignant de plus en plus de la France républicaine. »

Convaincu de l'urgence de faire face au danger et, du même coup, de réduire à néant des suspicions de toutes sortes, Charles de Broqueville commença par « travailler » les milieux de droite : le vieux Charles Woeste, antimilitariste viscéral, les évêques qui assimilaient volontiers les casernes à des antichambres de lupanar, Frans Van Cauwelaert qu'inquiétait la prédominance de l'usage du français dans les régiments, etc. Il n'y réussit pas trop mal ; le Roi l'y aidait discrètement mais efficacement. Bientôt, il put espérer des membres de son parti le vote du projet de loi portant progressivement les effectifs de guerre à 340 000 hommes, dont 150 000 pour l'armée de campagne, 130 000 pour la défense des forteresses et 60 000 pour la réserve.

Bien sûr, les pacifistes ne désarmèrent ni dans la presse ni au parlement. La tactique adoptée par le P.O.B. consistait à mêler habilement la loi militaire à la question scolaire et à la campagne en faveur du suffrage universel.

« Si l'on veut faire de la Belgique une vaste caserne, proclama un certain Furnémont à la Chambre, on veut aussi en faire un vaste couvent. Au seuil de cette politique vous nous trouverez décidés à nous défendre tant qu'il nous restera un souffle de courage et de vigueur. Les états-majors désirent la guerre, car elle est, pour eux, la seule occasion de justifier leur existence et de prouver leurs capacités... Arrière cette politique de folies, cette politique de vautours et d'oiseaux de proie. Place au peuple qui veut réaliser dans la paix et le travail la vraie démocratie avec toutes ses conséquences[32]. »

La loi réformant l'armée fut finalement votée à une très large majorité, à laquelle plus d'un tiers des députés libéraux avaient participé. Il était temps! L'armée belge avait cessé d'être vraiment opérationnelle en cas de conflit. Mais, il fallait s'y attendre, la mise en application de la nouvelle loi se heurta à la résistance de certains officiers ancrés dans leurs habitudes de culottes de peau. « Les généraux obèses, observe Louis de Lichtervelde, secrétaire de Charles de Broqueville, qui, à l'avenue Louise, au pas d'un cheval qu'on avait fatigué à l'avance, bloquaient le passage aux cavaliers fringants qui ne demandaient qu'à courir la campagne, symbolisaient cet état de choses[33]. »

Pendant ce temps-là, les signes précurseurs d'une guerre générale se multipliaient. En novembre 1913, Albert Ier se rendit à Potsdam pour passer en revue le régiment de dragons hanovriens dont il venait d'être nommé colonel — vieille coutume en usage dans les Cours européennes. A l'issue de la cérémonie, Guillaume II le retint à dîner et, le lendemain, lui confia que la guerre était désormais « inévitable et prochaine » entre l'Allemagne et la France. Le soir, au dîner de gala, le général comte von Moltke prit le relais et se lança dans un éloge de l'irrésistible armée allemande. « Les petits pays comme le vôtre, conseilla-t-il, feront bien de se ranger du côté du plus fort, s'ils veulent sauver leur existence. »

C'était un chantage à peine déguisé. Dès l'aube du lendemain, le roi Albert chargea le baron Beyens de prévenir son homologue français Jules Cambon, à titre personnel et sans indication de la source d'information ; seul le président de la République devait être tenu au courant. A son retour à Bruxelles, le Roi fit personnellement connaître à Broqueville à la fois les propos du Kaiser et le message transmis à Cambon.

***

Sportif mais aussi médiocre cavalier que conducteur d'automobile imprudent (seuls quelques arbres en furent, heureusement, les victimes), le roi Albert fit une chute de cheval dans la forêt de Soignes, le 17 février 1914. Il s'en tira avec quelques douloureuses contusions et une fracture du bras, un peu au-dessus du coude. Par chance dans le contexte international, il n'était pas superstitieux ! Le docteur Antoine Depage, professeur à l'Université libre de Bruxelles, réduisit la fracture.

Il ne paraissait plus rien de l'accident, lors de la visite officielle du roi de Danemark, en mai 1914. Cette visite fut l'occasion, pour la reine Élisabeth, de mettre en brillante application son projet d'organisation d'auditions musicales et de représentations théâtrales au château de Laeken. Un projet dont, en 1911 déjà, elle avait demandé une esquisse à Victor Buffin. Eugène Ysaye, maître de chapelle du Roi et de la Reine, avait été chargé de la partie musicale, tandis que Kufferath et Guidé, directeurs du T.R.M. avaient préparé la partie théâtrale.

Le programme musical comportait l'ouverture de *Fidelio* de Beethoven, deux pièces de Fauré, la *Sonate en* la *majeur* pour violon et piano de Franck, interprétée par les frères Théo et Eugène Ysaye, et un air du *Roi pasteur* de Mozart, chanté par la soprano Fanny Heldy. Mais l'événement fut la représentation du troisième acte de l'*Orphée* de Glück. Toute la scène du petit théâtre que la Reine avait fait restaurer était occupée par un décor fait de « voiles vaporeux, roses, bleus et verts[34] ».

***

Le 28 juin 1914, l'archiduc François-Ferdinand de Habsbourg et sa femme étaient assassinés par des terroristes du mouvement pan-serbe, téléguidés par la Russie. La nouvelle en fut connue le lendemain. Certes l'événement paraissait grave, mais les guerres balkaniques avaient mithridatisé l'opinion publique sur tout ce qui se passait dans ce coin de l'Europe. Le roi Albert, revenu de Suisse où il s'était livré à son sport favori, avait rejoint Élisabeth au chalet d'Ostende. L'un et l'autre étaient inquiets, mais l'absence d'événement nouveau finissait par rassurer. L'empereur Guillaume II ne faisait-il pas une croisière d'agrément dans les eaux norvégiennes ? A Bruxelles, on vivait dans l'euphorie des vacances. Le lord-maire de Londres, dans son beau carrosse doré, avait attiré tous les badauds sidérés par la démarche martiale du massier, qui contrastait avec l'allure efféminée des laquais soigneusement poudrés. Il y eut le *Te Deum* du 21 juillet, jour de fête nationale, l'ouverture de la truculente Foire du Midi, le défilé des grenadiers, le plumet rouge fiché dans le grand bonnet à poils et celui des grenadiers en colback orné de l'aigrette blanche...

Deux jours plus tard, tout s'assombrit : l'Autriche avait adressé un ultimatum à la Serbie. L'Allemagne l'appuyait sans réserve. Trop de pays désiraient la guerre pour que celle-ci puisse être évitée. Le ministre de France à Bruxelles, Klobukowski, prophétisait que le gouvernement belge, « disposé par tempérament et par intérêt à se mettre, en dernière analyse, du côté du plus fort, pelotera, si j'ose dire, en attendant partie et, au moment opportun, volera au secours de la victoire[35] ».

Pendant ce temps-là, le Roi mettait personnellement au point le dispositif militaire.

Élisabeth était très soucieuse. Le 26 juillet 1914, elle écrivit à sa belle-sœur Joséphine que son mari et Emmanuel de Vendôme avaient eu des conversations politiques très animées.

> « *Natürlich,* Emmanuel tenait le crachoir... Les nouvelles d'hier et d'aujourd'hui sont vraiment très alarmantes. Il faut espérer que, malgré tout, les Grandes Puissances réfléchiront encore avant de franchir un pas aussi horrible[36]. »

Le 27 juillet, Jean Jaurès a rejoint, à Bruxelles, les délégués de la IIe Internationale. Entouré de Rosa Luxembourg et de Hugo Haase — deux morts en sursis —, de l'Autrichien Victor Adler, du Français Édouard Vaillant et de l'Anglais James Keir Hardie, le tribun socialiste prend la parole au Cirque. Il croit encore à la paix, mais évoque néanmoins « le cheval d'Attila écrasant sous ses sabots l'herbe des champs de bataille du monde ». Le lendemain, le Bureau de l'Internationale siège au sixième étage de la toute récente Maison du Peuple conçue par l'architecte Victor Horta. De la fenêtre, les délégués ont une vue plongeante sur l'église de la Chapelle où est enterré Breughel l'Ancien, le peintre du *Massacre des Innocents.* Tout le monde est tendu. Hugo Haase tente de rassurer le *leader* belge Émile Vandervelde. « Le Kaiser, dit-il, ne veut pas la guerre ; non par humanisme mais par lâcheté ; il a peur des conséquences. » Jaurès, de son côté, demande aux Allemands d'agir sur les Autrichiens ; il s'engage pour la France qui saurait agir sur les Russes. Après la réunion, il sort avec Vandervelde de la Maison du Peuple et ils montent vers la place du Sablon. Jaurès s'obstine à espérer : « Ce sera comme pour Agadir. Il y aura des hauts et des bas. Mais les choses ne peuvent pas ne pas s'arranger. J'ai deux heures avant de prendre le train. Allons au Musée, revoir vos Primitifs flamands[37]. » Que ne prolongea-t-il son séjour à Bruxelles !

⁂

Le 29 juillet, l'armée belge fut mise sur le pied de paix renforcé par le rappel de trois classes de miliciens. C'était le prélude à une mobilisation générale. Celle-ci fut décidée, le 31 juillet. A la Bourse, c'était la panique ; les queues s'allongeaient devant les guichets des banques.

Au palais royal, Élisabeth ne quittait pas son mari un instant. Le 1er août, le Roi eut recours, d'ailleurs, à sa maîtrise de la langue allemande, pour écrire une lettre personnelle au Kaiser. Le baron Van der Elst, secrétaire général du département des Affaires étrangères, qui avait été appelé pour collaborer à sa rédaction, raconte que la Reine était montée sur une chaise pour prendre un dictionnaire haut niché dans la bibliothèque :

> « Elle le posa, ouvert sur un fauteuil, à côté d'elle. Avec une grâce charmante dans sa robe blanche décolletée, elle s'agenouilla devant la table et, attentive, la plume à la main, commença son travail tandis que le Roi, debout derrière elle, la dominant de sa haute stature, surveillait la traduction par-dessus son épaule. Parfois, la Reine s'arrêtait, devenant pensive et,

> levant la tête, avec animation expliquait les raisons pour lesquelles elle avait préféré un mot à un autre. A chaque instant, de son bras nu, elle écartait doucement le Roi pour prendre sur le fauteuil le dictionnaire qu'elle feuilletait de ses doigts agiles[38]. »

Les modifications apportées par la Reine au premier texte de la minute sont souvent significatives. Les mots *nicht erlaubte* (pas permis), par exemple, ont été remplacés par *untersagte* (interdit). Et, surtout, il y a l'adjonction de la dernière phrase : *« Und Dich zu bitten auch in diesen so ernsten Stunde mir und meinem Lande garantien für unsere Neutralität-respektierung zu geben*[39]. »

Dans sa lettre au « cher cousin », Albert rappelle que depuis plus de quatre-vingts ans, la Belgique a toujours « scrupuleusement respecté ses devoirs internationaux ». Son attitude « correcte et impartiale » en 1870 a été ouvertement reconnue par le chancelier Bismarck. De multiples fois, l'empereur et son gouvernement ont donné l'assurance qu'en cas de nouveau conflit, la neutralité de la Belgique serait respectée.

> « Les relations de parenté et d'amitié qui unissent étroitement nos deux familles, conclut le Roi, m'ont incité à t'écrire et à te prier aussi, dans ces heures graves, de me donner, ainsi qu'à mon pays, la garantie que notre neutralité sera respectée[40]. »

La lettre fut envoyée, le 2 août au matin.

Dans son édition de 3 heures de l'après-midi, *Le Soir* publia un interview de von Below-Saleske. « Des événements importants vont se dérouler, aurait déclaré le ministre d'Allemagne à Bruxelles. Peut-être verrez-vous brûler le toit de votre voisin mais l'incendie épargnera votre demeure. »

A 7 heures 15, le même von Below-Saleske était reçu par le ministre des Affaires étrangères. Visage austère et maintien raide, le diplomate allemand se surnommait lui-même *Pechvogel* (oiseau de malheur), parce qu'il semblait attirer les catastrophes sur les capitales où il était en poste. Ce fut une nouvelle fois le cas ! Il remit un ultimatum à Julien Davignon, atterré. Le Reich exigeait le libre passage de son armée ; la Belgique avait douze heures pour répondre.

A partir de 9 heures 30, le Roi présida un Conseil des ministres, bientôt renforcé par la présence des ministres d'État, convoqués d'urgence. Il y eut beaucoup de passion, parfois avec une grande violence verbale. Il y eut aussi quelques rares réticences quant à la tactique à suivre. Charles Woeste, notamment, préconisa une résistance « qui ne nous mettrait pas l'Allemagne à dos ». Seul le Roi resta calme mais son apparente froideur cachait une détermination sans faille. L'unanimité ne tarda pas à se réaliser.

Vers minuit un comité de rédaction fut chargé d'arrêter le texte de la réponse. Le comte Henri Carton de Wiart tenait la plume. A l'aube du 3 mai, lecture du texte fut donnée au Conseil des ministres : « Le gouvernement belge, en acceptant les propositions qui lui sont notifiées, sacrifierait l'honneur de la nation en même temps qu'il sacrifierait ses devoirs vis-à-vis de l'Europe. »

> « Au moment où nous prîmes congé du Roi, raconte le comte Henri Carton de Wiart dans ses mémoires, l'aurore rougissait déjà l'horizon. M'emmenant vers une des fenêtres du Palais, le

Roi me montra d'un geste ému et qui traduisait notre pensée secrète, cette nappe de pourpre, symbole de sang et de gloire[41]. »

*
**

Heure par heure, la Reine avait suivi l'implacable déroulement des séquences préparatoires à l'agression, y compris la réception à 3 heures du matin, d'un ultime télégramme de Guillaume II, en réponse à la lettre qu'elle avait traduite en allemand. L'empereur se disait contraint d'agir comme il l'avait fait.

A l'indignation d'Élisabeth devant le comportement cynique du Kaiser se mêlait inévitablement une douleur familiale. Certes, elle se sentait belge à part entière, mais comment aurait-elle pu étouffer, sous le patriotisme qui s'imposait plus que jamais, le souvenir de sa naissance allemande ? La guerre qui approchait signifiait pour elle la rupture sinon des liens, du moins des relations suivies avec sa mère, avec Sophie, comtesse Toerring, la seule sœur qui lui restait *, avec sa belle-sœur Joséphine et son mari Karl de Hohenzollern.

Mais ces sentiments — que partageait, d'ailleurs, le Roi — n'atténuaient en rien la volonté de faire face au destin. C'est dans cet état d'âme, qu'au matin du 4 août, elle assista avec ses enfants à la séance historique des Chambres réunies au cours de laquelle Albert, en uniforme de campagne bleu foncé, fit appel au « patriotisme » et à la « résistance opiniâtre » des Belges. Jamais souverain ne fut acclamé avec autant de force. Ce n'était pas une simple ovation, c'était un vacarme assourdissant et prolongé.

* Amélie, princesse d'Urach, Marie-Gabrielle, princesse Rupprecht de Bavière, ainsi que leur frère François-Joseph étaient morts en 1912.

Pâle d'émotion, le Roi contempla un moment le spectacle d'une assemblée soulevée par une même volonté. Puis il glissa dans sa tunique les feuillets de son discours et descendit les marches de la tribune. La Reine et les enfants royaux se retirèrent également.

Quelques instants plus tard, les Chambres reprirent les travaux parlementaires. Cette assemblée qui se perdait trop souvent dans les plus stériles débats, qui semblait incapable d'adopter les budgets en temps utile, vota à l'unanimité tous les projets de loi que lui présentait le gouvernement. Elle donna ainsi des raisons de croire aux vertus du régime parlementaire et à la possibilité d'imposer le silence aux divisions apparemment les plus irréductibles.

CHAPITRE IV

1914-1918 : la naissance du mythe

En décidant la mobilisation générale dès le 31 juillet et malgré les réticences de certains ministres, le roi Albert avait pris 48 précieuses heures d'avance sur l'Allemagne. Lorsqu'ils attaquèrent les forts de Liège, le 5 août, les chefs de l'armée allemande croyaient pouvoir réduire aisément la résistance de quelque 6 000 hommes. Ils ignoraient que la position venait d'être renforcée. Leur assaut échoua.

Le 9 août, au château de Korbeek-Loo, près de Louvain, le Roi fut informé, par l'entremise des Pays-Bas, que l'Allemagne se déclarait prête à « tout accord avec la Belgique qui puisse se concilier, de n'importe quelle manière, avec son conflit avec la France ». Le gouvernement impérial rendait hommage à « l'héroïque résistance de l'armée belge », en particulier la garnison des forts de Liège, et priait Albert Ier « d'éviter à la Belgique les horreurs ultérieures de la guerre ». Aucune allusion n'était faite à l'évacuation immédiate du territoire envahi. Aussi le Roi chargea ses ministres de répondre à la communication allemande par une simple et catégorique fin de non-recevoir.

Quelques jours plus tard, soucieux de n'être pas coupé de la base d'Anvers, il renforça la division de cavalerie commandée par le général De Witte, qui avait pris position à Haalen, derrière la Gette. Cette précaution facilita la victoire belge du 12 août sur des forces ennemies trois fois supérieures en nombre.

Jointe à la résistance des forts de Liège, qui devaient tenir jusqu'au 16 août, la défaite allemande de Haalen allait permettre à la France d'achever la concentration de son armée et à la Grande-Bretagne de se diriger vers l'aile gauche de celle-ci.

Pendant ce temps-là, la Reine, qui résidait encore à Bruxelles avec ses enfants, s'entretenait avec la comtesse de Mérode, présidente de la Croix-Rouge, afin de s'informer de la manière dont les secours s'organisaient. Elle exprima le désir de visiter deux hôpitaux et deux ambulances par jour et, surtout, décida de transformer le palais royal en ambulance dépendant directement de la Croix-Rouge[1].

Une quinzaine de salons et de salles furent dépouillés de leurs meubles, lustres, tapis et plantes vertes ; une salle d'opération et un vestiaire furent aménagés, tandis que 219 lits s'alignaient le long des murs. Plus tard seront installés des bains et douches, une buanderie et une blanchisserie, une chapelle, des bureaux et une salle de réception.

Une certaine exaltation avait saisi Élisabeth, comme si les événements tragiques la révélaient à elle-même. Presque chaque jour, elle écrivait à son mari quelques mots signés : « Ta Sabeth. » Pour le remercier du bonheur qu'il lui avait apporté et le rassurer sur le sort de leurs enfants mais aussi pour s'écrier : « Courage, courage... Je suis fière de toi et suis fière d'être une Belge. Je t'embrasse de tout cœur[2]. »

Menacée de destruction par la progression de douze corps d'armée allemands — un demi-million d'hommes — et se trouvant sans renforts alliés suffisants, l'armée belge amorça, dès le 18 août, une retraite sur Anvers. La veille, sur ordre du Roi, Élisabeth et les princes avaient quitté Bruxelles pour la métropole. Dès l'instant où ses enfants furent installés dans le vieux palais du XVIIIe siècle, place du Meir, la Reine voulut retourner à l'ambulance du palais de Bruxelles pour s'y occuper des premiers blessés. Il fallut un ordre formel du G.Q.G. pour l'en empêcher. Mais pendant quatre années, malgré toutes les entraves de communication, la souveraine garderait le contact avec « son » ambulance.

Le 19 août, la prestigieuse bibliothèque de l'université de Louvain était incendiée par les Allemands qui, le lendemain, entraient dans Bruxelles. Le 23 août, les forts de Namur succombaient sous les bombes des batteries de Skoda. Partout où il passait — et singulièrement à Visé, Haccourt, Aarschot, Louvain, Andenne, Tamines, Dinant —, l'ennemi se livrait au pillage, voire au massacre de civils. Encombrant les routes et gênant le mouvement des troupes, des milliers de réfugiés fuyaient vers Anvers, la côte, la frontière hollandaise ou la France.

Dans la nuit du 24 au 25 août, un zeppelin déversa ses premières bombes sur Anvers. Était-ce le prélude du siège ? Le Roi le croyait ; aussi jugea-t-il opportun de mettre les princes à l'abri du danger, en Angleterre. La Reine s'embarqua avec eux sur le *Jan Breydel* qui, après avoir navigué dans les eaux territoriales des Pays-Bas, pays neutre, fonça sur Douvres.

Élisabeth ne resta qu'une semaine à Hackwood, dans la propriété du Hampshire où lord Curzon, ancien vice-roi des Indes, et sa jolie femme Daisy, amis de vacances de la famille royale belge, avaient offert d'accueillir les princes. Elle confia ceux-ci à la garde de leur gouvernante anglaise, miss Hammersley, et rejoignit le Roi à Anvers. Elle y retrouva le palais à moitié vide.

> « Quand j'arrive, notait-t-elle le 8 septembre, tout est emballé pour un éventuel départ. Je n'ai presque plus rien à me mettre, pas même un livre à lire. Cela ne fait rien, on trouvera autre chose. A 6 h 1/2 le ministre Berryer et Monsieur Schollaert, président de la Chambre, viennent chez moi. Je leur remets un message reçu de monsieur Asquith sur la question des réfugiés belges en Angleterre[3]. »

Pendant son bref séjour en Angleterre, elle avait donc trouvé le temps de se préoccuper du délicat problème posé par les Belges qui étaient parvenus à franchir le *channel* et manquaient souvent de tout moyen de subsistance.

Plusieurs semaines durant, la Reine établit son pacifique quartier général à Brasschaat, au nord d'Anvers, où avait été installé l'hôpital militaire dirigé par le docteur Mélis, chef du Service de Santé de l'armée belge. Les blessés du front y affluaient, belges pour la plupart mais aussi allemands. Chaque jour, Élisabeth notait ses déplacements et ses impressions. Nous apprenons ainsi que, le 14 septembre, elle avait déjeuné avec le Roi à midi, qu'elle s'était rendue à l'ambulance anglaise et qu'elle avait reçu le prince Koudatcheff, attaché à la légation de Russie en Belgique. Celui-ci devait transmettre un message du ministre socialiste Émile Vandervelde, destiné à encourager les soldats russes à se battre malgré leur éventuelle opposition au Tsar.

Le 24 septembre, elle écrivait :

> « A 16 h 1/2, à l'ambulance. Beaucoup de blessés belges et une trentaine de blessés allemands dans la cave avec trois gendarmes devant

la porte. Ils sont bien installés et disent qu'on les soigne très bien et ont l'air content[4]... »

A partir du 28 septembre, les souverains ne quittèrent pratiquement plus Anvers.

« Il pleut à verse. 15 h 15, départ de l'hôpital de Brasschaat pour Anvers. 16 h 30, ambulance franco-belge. Les soldats sont bien soignés, mais les salles sont trop chauffées. A 21 heures, entre Brasschaat et Anvers, les sentinelles ont tiré sur notre auto et une balle à traversé le chapeau de Marguerite *[première femme de chambre de la Reine].* Les sentinelles, au lieu d'être sur la route, étaient blotties dans le fossé[5]... »

Deux jours plus tard, la Reine se plaignait du comportement de l'attaché militaire français : « Les Français ne se conduisent pas très bien envers nous. L'officier Génie est un faux chien[6]. » Elle n'avait pas tort, Génie s'acharnait, dans ses rapports au Deuxième bureau, à dénigrer le Roi.

Les forts de Wavre-Sainte-Catherine et de Lierre tombèrent le 2 octobre ; dès lors, il fallut se retrancher sur la deuxième ligne de défense, de Termonde à la Nethe. Le même jour, la Reine griffonnait : « Docteur Lambotte, 90 blessés, beaucoup dans un état très grave, mais ils sont remarquablement soignés. Très beaux locaux... » Et le lendemain :

« On meurt de froid. Les Anglais commencent à s'agiter au sujet du siège d'Anvers. Churchill vient conférer avec le gouvernement et Albert. Journée mouvementée. Hanoteau a l'air sombre ainsi que Galet, même Jungbluth est très grave. A 11 heures, je me promène avec la comtesse de

Caraman, je cueille des roses pendant que le canon tonne formidablement[7]... :

Winston Churchill apparut à la Reine comme un personnage de Wagner, le dieu du feu :

> « Il court comme Logue dans son manteau rouge de Premier Lord de l'Amirauté, pour mettre le feu, tout allumer, secouer, bousculer ministres, états-majors et troupes. Il préconise la résistance à outrance. 7 000 soldats anglais arrivent ce soir pour aider les Belges à tenir sur la Nèthe. Le baromètre moral remonte[8]. »

Mais les blessés abondaient. « Je vais souvent voir les blessés qui sont très nombreux maintenant, écrivit la Reine à ses enfants, le 16 septembre, et ils me racontent des choses très intéressantes sur les dernières batailles autour de Louvain, etc.[9] »

Il était forcément malaisé d'acheminer le courrier de Belgique en Angleterre. Aussi la Reine envoyait-elle des nouvelles aux princes, selon les possibilités qui se présentaient, à la hâte souvent et sans trop se préoccuper de l'orthographe :

> « La ville est calme, constatait-elle, le 1er octobre. De temps en temps, il y a un Taube qui survole ou bien un Zeppelin qui essaye de venir mais ils sont chassés par les obus des canons. Depuis trois jours les Allemands bombardent nos forts de première ligne avec les grands canons de siège. Toute la nuit on entend le canon mais on s'y abitue *(sic)*.
>
> « J'ai demandé à Mlle de Bassompière de passer à Hackwood pendant qu'elle est en Angleterre pour vous donner des nouvelles de vive voix de ce qui se passe à Anvers et Bruxelles.

« C'est très regrettable que les Allemands aient fait Mr. Max *[bourgmestre de Bruxelles]* prisonnier à Namur, espérons qu'il ne lui arrivera rien et qu'on pourra bientôt le délivrer. Les Allemands se conduisent de plus en plus comme des sauvages fous furieux. Il paraît qu'il y a aussi beaucoup d'Autrichiens maintenant en Belgique.

« Par suite des bombardements la conduite d'eau a été abîmée et nous manquons d'eau pour le moment ce qui est fort désagréable.

« L'esprit de l'armée est excellente *(sic)* et la population est admirablement courageuse. Tous ces pauvres gens qui ont été chassés des environs, Lierre par exemple. Tout cela est très dure *(sic),* mais on espère toujours que la fin soit bonne. Avant cela je crois qu'on aura encore beaucoup à supporter dans notre pays[10]. »

A ce moment-là, Churchill n'avait plus grand espoir de sauver Anvers, et il l'avoua à la Reine. Certes, chaque jour supplémentaire de résistance facilitait le débarquement et le déploiement de l'armée anglaise mais chaque jour, aussi, aggravait le danger, pour l'armée belge, de se trouver coupée de ses alliés.

Dans la nuit du 6 au 7 octobre, Albert Ier donna l'ordre de la retraite. Celle-ci fut, selon Churchill, un « mémorable exploit ». Effectivement, les Allemands ne s'aperçurent de la manœuvre qu'en se rabattant vers le nord-est, avec l'illusion de capturer la totalité des forces. Quand la place d'Anvers se rendit, le 10 octobre, elle n'était plus qu'une corne vide. « Quelle forteresse, s'écria avec dépit Von Beseler, et pas de général ! »

Mêlée à l'indescriptible cohue des militaires et des civils qui se ruaient vers la côte, la Reine conservait sang-froid et bonne humeur. Tout en distribuant des milliers de cigarettes aux soldats épuisés par de longues marches désordonnées, elle s'évertuait à régler le plus de problèmes possible, notamment celui des réfugiés belges qui comptaient embarquer pour l'Angleterre. Elle avait chargé Mlle Rossignon du secrétariat de cette opération.

Désormais engagée corps et âme au service de son pays d'adoption, la Reine avait fait abstraction de ses origines bavaroises. Déchirée, comment ne l'aurait-elle pas été ? Mais elle n'en laissait rien paraître. C'est à la lecture de son agenda publié par sa fille Marie-José, qu'on peut le deviner :

> « On dit qu'il y a deux divisions de cavalerie bavaroise près de Gand et Ypres, un régiment commandé par Bouby *[son frère]*. Quelle infamie ce serait de la part du Kaiser ! Il faut regarder plus loin et ne pas approfondir. Tout paraît trop cruel maintenant. Les Britanniques prennent tant de temps à venir [11] ! »

A l'extrême fin de la journée du 15 octobre, les souverains et leur escorte arrivèrent à la petite station balnéaire de La Panne. Ils s'installèrent dans trois villas bâties tout au bout de la digue, entre la large plage et les dunes piquées d'oyats. « Nous sommes toujours des coucous qui vont dans le nid des autres », remarquait Élisabeth. Elle croyait s'arrêter à La Panne, un jour ou deux...

C'est à la villa Maskens, la plus petite des trois, qu'habitèrent le Roi et la Reine pendant quatre longues années. Tant bien que mal, ils y organisèrent une véritable vie de famille. Très tôt le matin, ils y prenaient le petit déjeuner dans l'intimité de la salle à manger et, le soir, se retrouvaient dans le salon tendu de toiles peintes d'après des cartons de tapisseries d'Aubusson. La chambre de la Reine donnait sur le jardin et les dunes de l'arrière. Il n'y avait ni eau courante ni chauffage central. Pendant très longtemps, on s'éclairerait au gaz acétylène.

En brique rouge comme la villa Maskens mais plus spacieuse, comportant quatre pignons en escalier, une terrasse donnant sur la mer et une autre vers le sud, la villa de Terschueren était, en principe, réservée aux visites officielles et aux audiences. Mais pendant leurs vacances à La Panne, les enfants royaux y séjournaient avec leur gouvernante anglaise, Miss Hammersley, et la comtesse de Caraman-Chimay, dame d'honneur de la Reine.

Pavillon blanc d'un style qui s'efforçait de paraître italien, la troisième villa, la Calmeyn, abritait l'administration, les bureaux de Jules Ingenbleeck, la garde et des officiers de service. C'est dans ce bâtiment que la Reine entreposerait bientôt les dons destinés aux soldats, aux blessés et à la population.

Chaque fois que les villas royales de La Panne paraissaient menacées par des bombardements, les souverains se replièrent vers l'intérieur où les attendait la villa De Moeren, entre Adinkerke et Houthem.

« Ce matin, écrivait la Reine à ses enfants, le mardi 27 octobre 1914, il y a quelqu'un qui part pour Dunkerque qui pourra prendre cette lettre. J'écris donc vite quelques mots. Il est 6 h 1/2 du matin, on entend le canon, comme d'ailleurs tous les jours. Mais aujourd'hui c'est d'un autre côté puisque nous étions à la côte *[à la villa Maskens de La Panne]* où on entendait les deux bombardements, de terre et de mer. Nous voyions même les bateaux qui tiraient et le feu sortir du canon. Le bruit était quelques fois formidable.

« Nous sommes maintenant à l'intérieur du pays, toujours en Belgique, que nous ne quitterons pas tant que nous pouvons y garder même un pied seulement. Tout est rempli de troupes. On rencontre Belges, Français, Anglais, Arabes, Sénégalais, un mélange invraisemblable. Il y a des campements énormes de goumiers dans leurs costumes de là-bas sous des tentes en couleurs. Les chevaux portent de grandes selles rouges avec hauts dossiers. On ne sait vraiment plus où on est quand on voit tout cela. Maintenant je voudrais encore voir les Indiens. Si la guerre n'était pas si affreusement triste, il y a des spectacles merveilleusement beaux et artistiques. Je regrette souvent que nous n'ayons pas un artiste avec nous [12]... »

Quatre jours plus tard, elle remerciait ses enfants de leurs « gentilles lettres » et des « belles feuilles rouges » d'automne qu'ils avaient envoyées à leurs parents.

« Les dernières journées étaient très agitantes, précisait-elle. Heureusement qu'on tient la ligne de nouveau. On a fait de grandes inondations qui ont forcé les Allemands de repasser l'Isère *[Yser]*. Ramskapelle avait été pris hier matin après une lutte acharnée mais hier soir nous l'avons repris. Dans les tranchées nos troupes sont mélangées avec les turcos. Tous les alliés se battent comme des lions. Nous avons la meilleure armée allemande devant nous maintenant ce qui est beaucoup d'honneur mais très effrayant. Il y a énormément de pertes et de blessés depuis quinze jours. Toutes les ambulances sont remplies.

« Regardez souvent la carte avec Monsieur de Nève pour bien suivre les événements. Hier le prince Alexandre de Teck est venu déjeuner avec nous. C'est le frère de la reine d'Angleterre. Il paraît que le frère de la reine d'Espagne aurait été tué.

« La canonnade de terre et de mer continue nuit et jour. C'est-à-dire les bateaux ne tirent que le jour, la nuit ils rentrent à Dunkerque à cause des sous-marins. Le temps est beau mais toujours très froid. L'autre jour j'ai reçu une lettre de grand-maman qui est bien triste et inquiète. Écrivez-lui une petite lettre et faites-la parvenir à Munich par l'ambassadeur d'Espagne[13]... »

Aux yeux de la Reine, le problème le plus angoissant, qui exigeait donc une solution immédiate, était celui posé par la masse des blessés. Tout restait à organiser et à coordonner, depuis les soins à leur donner jusqu'à l'évacuation des plus atteints. En cause : la carence des autorités civiles et militaires qui n'avaient prévu ni l'ampleur ni la tournure des événements. La Reine l'avait constaté dès les premiers jours de la guerre, en se rendant d'ambulance en ambulance. La bonne volonté et le dévouement, assurément incontestables, ne palliaient pas toujours l'incohérence des secours, voire leur insuffisance. Quant aux ministres, Élisabeth les comparait sans hésiter à des moules, les accusant de ne penser qu'à leur propre départ au Havre.

Au début, c'est-à-dire pendant la période de guerre de mouvement, la souveraine s'était surtout préoccupée du transport des blessés. Elle s'en était longuement entretenue avec le docteur Mélis, chef du Service de Santé de l'armée, qui lui communiqua régulièrement des informations sur tel ou tel hôpital, en indiquant les possibilités d'évacuation [14].

L'abondance des amputations l'avait également frappée et incitée à faire appel à un chirurgien ayant l'expérience de la guerre. Le 25 août déjà, elle avait songé au docteur Depage qui avait fait ses preuves durant la guerre des Balkans. Or, ce médecin et sa femme étaient arrivés à Calais, au début du mois de novembre, et y avaient monté un hôpital de 350 lits à l'Institut Jeanne-d'Arc. C'est là que la reine Élisabeth, obstinée dans la poursuite de ses objectifs et habile à convaincre ses interlocuteurs, vint chercher le chirurgien [15].

Sans doute lui parla-t-elle de son projet tel qu'il s'était imposé à son esprit depuis la fin de la guerre de mouvement : la création d'un hôpital à proximité du front. La Reine avait promptement compris que, dans toute la mesure du possible, les blessés devaient être soignés sur place. L'insuffisance de l'infrastructure routière de la région rendait, en effet, fort longs les trajets jusqu'aux hôpitaux de l'arrière. Une intervention rapide permettrait d'enrayer septicémie et gangrène gazeuse qui atteignaient les soldats dont les soins demeuraient souvent plus que sommaires, voire inexistants, pendant plusieurs jours [16].

Dès qu'il débarqua à La Panne, le docteur Depage s'attela à la réalisation du projet de la Reine. Tout porte à croire que ce projet ne rencontra pas la complète approbation du Service de Santé de l'armée, persuadé d'une part du danger que représentait un hôpital localisé si près du front, et d'autre part du fait qu'il devait son existence à la seule faveur d'une guerre de positions [17].

Nous voyons poindre ici l'origine de la rivalité entre le docteur Depage et le Service de Santé de l'armée, c'est-à-dire le docteur Mélis. Rivalité banale entre médecins, que la Reine s'emploiera à estomper. Quoi qu'il en soit, c'est le point de vue royal qui triompha : elle parvint à imposer à tous le docteur Depage. Ce n'était pas évident pour ceux qui connaissaient le caractère particulièrement difficile de celui-ci. Mais qui aurait osé nier son expérience de chirurgien de guerre et son sens de l'organisation ? Il en administra, d'ailleurs, la preuve en créant, en quelques semaines, un hôpital prêt à fonctionner. La Reine ne s'était pas trompée : elle s'était bien acquis la collaboration d'un homme exceptionnel.

« Hôpital de l'*Océan* ». Son nom était tout naturellement celui de l'hôtel où il fut installé. Au départ, tout manquait, mais grâce au concours du major Gordon, à Londres, le docteur Depage — il avait fait spécialement le voyage en Angleterre — obtint tout le matériel nécessaire. La Reine exultait : « Depage revient d'Angleterre. Il passe ici. Tout est arrangé entre lui et le major Gordon pour obtenir tout ce qu'il faut pour l'ambulance, surtout pour le chauffage. Depage est merveilleux [18]. »

Merveilleux et chanceux, de surcroît. Heureuse coïncidence, la firme Harrods était sur le point de livrer une installation de chauffage en Écosse, pour un château d'une taille semblable à celle de l'*Océan*, lorsque la guerre empêcha la livraison. Celle-ci eut lieu à La Panne ! A la fin de décembre, l'hôpital était opérationnel.

Selon le règlement du Service de Santé de l'armée, un hôpital du front ne pouvait contenir que 200 lits. Mais l'heure n'était plus au scrupuleux respect des règlements. Antoine Depage n'était, d'ailleurs, pas de ceux qui s'encombrent d'instructions administratives. L'hôpital de l'*Océan* compta rapidement plus de 1 000 lits, répartis dans différents pavillons, par exemple le pavillon Everyman, le pavillon de réception ou encore le pavillon Albert-Élisabeth. Celui-ci pouvait contenir jusqu'à 300 lits partagés entre la salle Léopold et la salle Charles-Théodore. Quant à la salle de conférence Marie-José, elle pouvait à tout moment être convertie en salle de blessés. Le pavillon Albert-Élisabeth comportait, en outre, une salle d'opération. A la tête de ce vaste complexe, deux éminents chirurgiens : les docteurs Vandevelde et Debaisieux. Le premier traitait les plaies en général, et plus spécialement celles affectant les nerfs et les tendons ; le second réduisait les fractures [19].

L'hôpital de l'*Océan* ne tarda pas à devenir l'hôpital modèle du front où se pratiquait une chirurgie de guerre très spécialisée. Pas moins de quinze services y fonctionnaient : outre la chirurgie, l'ophtalmologie, la neurologie, la stomatologie et différents services annexes comme les services de stérilisation et de radiographie, le laboratoire ou encore les ateliers de fabrication d'instruments de chirurgie et de membres artificiels [20].

La renommée de l'*Océan* devait promptement dépasser les limites du « bout de sol dans l'infini du monde » qu'avait évoqué Verhaeren. Des médecins et savants de toutes les nationalités venaient y faire des stages ou étudier de nouvelles méthodes. Alexis Carrel y enseigna à six médecins français son système de greffe et mit au point la désinfection des plaies par irrigation continue. Les docteurs Carrel et Tuffier demandèrent par ailleurs à Depage de créer à La Panne un laboratoire scientifique, et d'accepter de présider les conférences qui devaient se donner à Paris. Peu après, un médecin américain envoyé par la Fondation Rockefeller vint « examiner le remède qui insensibilise les plaies [21] ».

La Reine s'était habituée sans la moindre difficulté

au caractère bourru du docteur Depage. Il est vrai que celui-ci réservait ses colères et ses éclats de voix à ses proches collaborateurs. Devant la famille royale, il savait se maîtriser. Les souverains découvrirent, du reste, que la taille massive du personnage aux gestes impérieux cachait une simplicité de cœur qui n'était pas insensible à la musique, à la poésie d'un chant de rossignol ou à la beauté d'un coucher de soleil sur la mer.

La Reine et le docteur Depage s'étaient mis d'accord sur un certain nombre de principes qui devaient régir l'organisation et le fonctionnement de l'*Océan*. Parmi ceux-ci : la réduction au strict minimum de la paperasserie ; la précocité, la rapidité et la qualité impeccable des soins donnés aux blessés ; le caractère de centre d'étude de l'hôpital, de manière à contribuer au progrès de la médecine de guerre et son autosuffisance, ce qui postulait des fonds abondants.

La Reine et le docteur Depage échangeaient régulièrement leurs idées sur le recrutement des médecins, notamment le docteur Letulle, spécialiste parisien des affections des voies respiratoires, et aussi sur la création des postes de chirurgie d'urgence.

> « La Reine, écrit Depage, connaît depuis longtemps ma manière de voir sur certaines améliorations à apporter dans les différentes sections du Service de Santé, et particulièrement au front.
>
> « A plusieurs reprises, je lui ai fait savoir que l'on pourrait entr'autres perfectionner nos installations hospitalières de l'avant, en établissant près du front, dans les secteurs les plus attaqués, des petits hôpitaux mobiles où il serait possible de pratiquer les interventions d'une urgence extrême, particulièrement les laparotomies ; le

transport à une certaine distance, même jusqu'à l'*Océan,* des blessés atteints d'une affection du ventre étant considéré comme dangereux. Je crois avoir exposé succinctement à Sa Majesté mes vues au sujet de la création de ces postes mobiles, et il me semble lui avoir dit que ces installations, si on les établissait, devraient être mises sous la dépendance des grands hôpitaux du front : Hoogstaede, Cabour, Océan. Ces hôpitaux secondaires doivent en effet être entretenus d'une façon parfaite, et approvisionnés régulièrement au point de vue des pansements aseptiques et du matériel chirurgical. Ils ne sauraient remplir ces conditions que s'ils sont en rapports constants avec un organisme plus important, qui peut au jour le jour subvenir à leurs besoins. »

Malheureusement, Depage s'était heurté à l'incompréhension de son confrère, le docteur Mélis. Bien plus, l'inspecteur général du Service de Santé de l'armée était sur le point de créer un de ces hôpitaux volants dans le secteur de Dixmude, de le faire dépendre de son autorité et de le confier à un ancien médecin de l'*Océan.*

« La Reine, continuait le docteur Depage, sait que je n'aime pas à demander son intervention pour des questions administratives, mais celle-ci étant de nature à amener un conflit que je voudrais à toute force éviter, je suis certain d'aller au devant du désir de Sa Majesté en posant la question devant Elle, et en lui demandant d'intervenir.

« Ne semble-t-il pas à Sa Majesté que le poste à établir dans le secteur de Dixmude devrait être placé sous la dépendance de l'*Océan,* ainsi que je l'avais demandé depuis longtemps au général Mélis ? Ne lui semble-t-il pas que c'est une provocation que de vouloir mettre ce poste de confiance sous la direction d'un médecin dont j'ai dû me séparer dans des conditions regrettables[22]. »

Non contente d'user de diplomatie pour atténuer les agaçants conflits de compétence du corps médical, la Reine se trouva, sans le vouloir, dans la possibilité de donner satisfaction à Depage. Le 16 mars 1915, Willy Van den Plas, président d'une société dont le personnel était composé de réfugiés en Angleterre, écrivait à Jules Ingenbleek pour lui faire part des intentions de ce personnel de travailler gratuitement, pendant les heures de loisirs que leur laissaient les coutumes anglaises le samedi et le dimanche, à un travail utile aux services de santé de l'armée belge.

> « Devant ce sentiment patriotique d'une partie de la classe ouvrière, écrivait Willy Van den Plas, et voulant me joindre à l'élan généreux que provoque l'abnégation de Notre Souveraine, j'ai décidé de mettre à la disposition de mon personnel cinq châssis neufs automobiles Vulcan pouvant chacun transporter 1 500 kilos et toutes les matières premières nécessaires à la fabrication d'un hôpital mobile de campagne[23]. »

Van den Plas fit davantage encore. En annonçant le transport des véhicules de l'hôpital volant à Calais, il précisa :

> « Ayant le désir que cet hôpital puisse rendre le plus grand service, j'ai spécialement fait instruire cinq jeunes gens, de bonne famille, excellents conducteurs et bons mécaniciens, qui ont appris le maniement de l'automobile, du service

électrique de l'hôpital et du démontage et remontage de celui-ci[24]... »

La Reine eut donc l'occasion d'offrir à l'hôpital de l'*Océan* le premier des hôpitaux volants dont le docteur Depage avait souhaité la création. Dès qu'il fut installé, elle s'en alla l'admirer à Sint-Jansmolen.

Deux autres postes chirurgicaux avancés furent créés, de juillet 1916 à juillet 1917. L'année suivante, Depage en installa encore à Zoutenaaie et à Nieuport[25]. Le réseau ne cessait donc de se compléter. La Reine visita, d'ailleurs, le poste d'Obeelenhof, qui dépendait de l'hôpital d'Hoogstade, et, comme elle faisait le plus souvent, s'y promena l'appareil photographique à la main.

Les demandes d'intervention et médiation affluaient à La Panne. Chacun croyait décisive l'influence de la Reine. Aussi Depage était-il loin d'être le seul solliciteur. C'est ainsi que le docteur Rubbrecht, chef du service de stomatalogie à l'*Océan,* s'adressa à Élisabeth « pour empêcher l'expulsion du poète flamand Cyriel Verschaeve, vicaire à Alveringem[26] ». De son côté, le ministre Paul Hymans s'efforça d'obtenir que le peintre Émile Claus pût venir à la Panne pour y être opéré[27]. Le musicien Eugène Ysaye eut moins de chance avec son fils, qui était de santé délicate et que la Reine aurait voulu incorporer au personnel de l'*Océan.* Lorsque le docteur Mélis entreprit les démarches nécessaires, il s'aperçut que le fils d'Ysaye avait été renvoyé. « Naturellement, précisa-t-il aussitôt, je n'ai pas dit qui s'intéressait à ce jeune homme et j'ai demandé qu'on veuille soumettre à un examen médical cet automobiliste[28]. » Parfois les ordres de la Reine n'étaient pas immédiatement exécutés. Mélis qui les avait transmis en était navré : « J'apprends ce matin que le docteur Maloens n'avait pas encore rejoint l'ambulance de l'*Océan*. Je tiens à dégager ma responsabilité vis-à-vis de Votre Majesté[29]. »

Tout ce qui pouvait concourir à l'amélioration du traitement des blessés passionnait la Reine. D'où son souci d'attirer à La Panne les spécialistes les plus notoires, tel le docteur Duval qui donna, devant elle, une conférence sur l'extraction des corps étrangers dans les poumons. D'où aussi son amitié pour Marie et Irène Curie qui, sur le front belge, procédaient à l'examen des blessés par rayons X.

⁂

Dès les premiers mois de la guerre, Élisabeth était entrée dans la légende. Un mythe se forgeait à coups de photographies et d'anecdotes plus ou moins imaginées. « Il est le chef, mais elle est l'âme », écrivait Pierre Nothomb. Bien sûr, ce mythe servait la cause des alliés en général et des Belges, en particulier, singulièrement aux États-Unis toujours prompts à l'enthousiasme et à la générosité. Dès lors, l'image de la Reine-infirmière occulta ce qui était peut-être l'essentiel : sa compréhension rapide des problèmes posés, ses dons d'organisatrice et sa volonté tenace d'aboutir. Elle ne retint que sa présence au chevet des blessés. Émile Verhaeren contribua au stéréotype en évoquant la « robe toute blanche, ou de toile ou de laine ». Car la manière de s'habiller pour affronter tous les climats appartenait au mythe de la Reine. Elle était vêtue d'une

> « robe fourreau tombant jusqu'aux chevilles, robe toute simple, décolletée en pointe, par-dessus laquelle elle mettait une sorte de manteau avec de grandes manches. Elle portait toujours

le même petit bonnet assorti à ses robes, que les photographies ont popularisé. Seulement, ce qu'elles n'ont pu montrer, c'est le goût avec lequel si simplement elle s'habillait : les couleurs étaient en union parfaite avec la couleur de ses yeux bleu pervenche, avec celle de sa chevelure de soleil[30]. »

On a dit et écrit qu'Élisabeth se rendait chaque jour à l'hôpital de l'*Océan,* qu'elle pansait les blessés et y assistait le docteur Depage dans ses opérations chirurgicales. C'est évidemment excessif. Certes l'*Océan* recevait très fréquemment sa visite active. Mais, n'ayant pas le don d'ubiquité, il lui était matériellement impossible de jouer tous les rôles à la fois et partout. Quoi qu'il en soit, les témoignages sur ses allées et venues dans les hôpitaux et les ambulances abondent. La légende s'appuie sur la réalité, tout en l'amplifiant. Quelques extraits de lettres pris quasi au hasard suggèrent parfaitement le rayon de soleil que la Reine apportait, dans la grisaille des hôpitaux, par son attention à la souffrance des êtres, par sa manière de sourire avec tendresse, par ses paroles bien choisies pour raviver les courages. Un simple soldat lui écrivait :

« En congé de quelques jours... je serez *(sic)* un ingrat si je ne venez *(sic)* vous exprimer mes sentiments de gratitude que j'éprouve en pensant aux bons soins que j'ai trouvés à *votre* ambulance.

« Grâce à vous et à votre bonté, grâce aussi aux soins empressés des sœurs et des médecins qui m'ont entourés *(sic)* j'ai pu revenir à la santé et avoir la joie de vivre et de retrouver ma famille[31]. »

Trois infirmières de l'*Océan* ne tarissaient pas d'éloges à l'égard d'Élisabeth. Jane de Lannoy nota dans son *Journal* de 1916 :

> « Le 14 juillet, la Reine fait un tour et travaille aux pansements chez nous, salle Everyman. Elle termine servant d'adjoint pour une opération. » Dans une lettre adressée à la Reine, elle la remercie pour « la bonté simple avec laquelle vous vous mettiez à sa portée lors de vos visites à l'ambulance[32]. »

Une autre infirmière d'origine britannique déclarait : « J'ai eu l'honneur de vous voir parmi nos pauvres soldats sans parents et sans foyer les consoler avec tant de tendresse[33]. » Une troisième, obligée de quitter l'*Océan*, soulignait qu'elle avait pu apprécier la bonté de la Reine à l'égard des infirmières. « Si je regrette quelque chose ici, avouait-elle, c'est surtout l'encouragement que nous apportait sa présence[34]. »

Et puis, il y avait les gestes tout simples dont la souveraine avait le secret. Au docteur Drossart elle écrivit un jour au début du printemps : « Cher Docteur, j'ai cueilli hier ces perce-neige à la campagne pour les blessés. On pourrait peut-être les donner à ceux de l'*Océan*. Amitiés et un petit bouquet pour vous-même[35]. »

Antoine et Marie Depage étaient souvent les hôtes de la villa Maskens. De leur côté, Albert et Élisabeth se rendaient, de temps à autre, aux soirées musicales que les Depage organisaient chez eux. Une coopération continue, une manière de connivence au service d'un même idéal, créèrent nécessairement des liens de mutuelle estime entre les deux familles.

Le 31 janvier 1915, Marie Depage entreprit une

tournée de propagande aux États-Unis en vue d'y recueillir des fonds. Régulièrement, l'épouse du chirurgien donnait à la Reine des nouvelles de ses démarches (le courrier destiné à la famille royale parvenait, d'ailleurs, plus rapidement que celui adressé au docteur Depage). Malheureusement, Marie Depage ne récoltait pas les fonds au rythme espéré. Mais elle se sentait encouragée par « la profonde admiration que le peuple américain tout entier éprouve pour le Roi et la Reine. Être Belge est un titre et il n'est pas jusqu'aux employés du chemin de fer et de la poste qui ne me facilitent les choses dès qu'ils savent d'où je viens. » La santé de son mari inquiétait Marie Depage. Il lui semblait « fatigué et énervé ».

> « Je suis un peu confuse, écrivait-elle à la Reine, de raconter si sincèrement ce que je pense mais je sais que je puis le faire et ce m'est un profond réconfort de savoir que si mon mari veille sur la Reine, elle aussi a la bonté de veiller un peu sur lui pendant que je suis loin[36]. »

Sa mission accomplie, Marie Depage s'embarqua à bord du *Lusitania.* Hélas ! Le 7 mai 1915, les Allemands torpillaient le transatlantique.

> « Passé une nuit terrible sans dormir, pensant toujours au naufrage du *Lusitania,* écrivait Élisabeth dans ses carnets. La matinée inquiète et sans repos dans la tête. Le nom de Mme Depage ne figure sur aucune liste officielle. Plus d'espoir[37]. »

Le corps de Marie Depage retrouvé, fut rapatrié à La Panne et enterré au faîte d'une dune isolée. En ces heures où tout paraissait s'effondrer autour de lui, le docteur Depage trouva chez la Reine le plus grand soutien et le plus grand encouragement à poursuivre la tâche pour laquelle, en définitive, sa femme était morte. Elle multiplia les attentions délicates à son égard, notamment le cadeau d'une pelisse. « Permettez-moi de vous dire sincèrement merci ! pour la belle pelisse, écrivit aussitôt le chirurgien. Finis ! maintenant les rhumatismes et les lumbagos grâce à votre traitement royal[38]. »

***

L'ampleur de l'activité de la Reine à l'*Océan* et à l'hôpital de Mortain, repris par la Croix-Rouge, ne l'amena jamais à négliger les autres établissements hospitaliers. Celui d'Hoogstade était, en fait, l'ancien Belgian Field Hospital. La Reine le connaissait bien pour s'y être fréquemment rendue, dès le début des hostilités. Elle vint plusieurs fois à l'hôpital de Poperinge où Marie Curie avait installé un laboratoire. Le secteur était

> « irrégulièrement et violemment bombardé par obus et par avions. Quand la Reine s'y attardait — ce qui était son habitude — un appel téléphonique partait de La Panne : “ Le Roi fait dire à la Reine qu'il est temps de rentrer. ” »

Dès qu'elle entrait dans un hôpital, Élisabeth oubliait toute notion d'heure. Le 23 avril 1915, raconte la comtesse Van den Steen de Jehaye (plus connue sous le sobriquet de major de Poperinge !),

> « elle a parlé à chaque malade et a été au fond du jardin, à ce cauchemaresque hangar, plein de civils atteints d'une typhoïde si violente que les

médecins anglais, venus des Indes, assuraient que c'était la peste : *the plague.*

« Leur aspect était affreux, l'odeur terrible.

« Vers chacun la Reine se penchait, et lui souriait[39]. »

Lorsqu'Élisabeth entrait dans une salle d'hôpital, elle se tenait

> « un instant sur le seuil, comme effarouchée. Dans son frêle visage, un peu tendu, les yeux tristes prenaient possession de tous ces regards qui convergeaient vers les siens.
>
> « Puis elle faisait quelques pas vers le premier lit. Alors, tout ce qui pouvait rester en elle de protocolaire s'évanouissait[40]. »

L'hôpital de Cabour, sur le territoire d'Adinkerque, fut érigé en avril 1915 et confié à la direction du docteur Derache, chef de l'hôpital de Fort-Louis à Dunkerque. Il avait alors une fonction essentiellement chirurgicale mais l'extension du front obligea Derache à construire un nouvel établissement à Beveren. Celui de Cabour changea alors de fonction et sa direction passa au docteur Nolf que la Reine, toujours à l'affût de nouveautés médicales, avait vu à l'œuvre à l'hôpital civil de Saint-Idesbald, dans le traitement de la fièvre typhoïde par injections de peptone.

A Cabour, le docteur Nolf répartit les malades en sections séparées, d'après la nature des affections : c'est ainsi qu'une salle fut réservée aux soldats victimes des gaz asphyxiants. Les souverains étaient très soucieux des résultats des traitements que Nolf et ses collaborateurs mettaient au point. Si, pour ces hôpitaux comme pour l'*Océan,* l'on s'écarte du mythe de la Reine infirmière, on retrouve le souci d'efficacité d'Élisabeth, son sens de l'intervention opportune. Dans une lettre au baron Berryer, se fondant sur un rapport du docteur Nolf, elle suggéra la création d'un fonds spécialement affecté aux hôpitaux militaires pour compenser le déséquilibre entre l'*Océan,* favorisé par des donations étrangères, et les hôpitaux militaires qui ne jouissaient pas des mêmes libéralités :

> « Je viens vous exposer une question qui m'intéresse vivement et je suis sûre que vous comprendrez que je vous demande de l'examiner avec bienveillance. Les hôpitaux militaires du front ont un grand besoin d'appareils scientifiques nécessaires au diagnostic et au traitement des blessés et des malades. Il faut des installations coûteuses de radiologie, d'électricité médicale, microscopie, bactériologie, etc.
>
> « L'hôpital de l'*Océan* à La Panne jouit à ce point de vue d'une situation privilégiée due à ce qu'étant hôpital de Croix-Rouge, il reçoit souvent des sommes importantes versées par des généreux donateurs étrangers à la Croix-Rouge de Belgique. Ces sommes sont utilisées en grande partie pour les besoins précités.
>
> « Les autres hôpitaux militaires (Hoogstade, Beveren, Cabour), n'étant pas de Croix-Rouge, ne peuvent recevoir aucune part de ces libéralités. Pour assurer autant que possible l'égalité entre les différentes formations sanitaires et permettre aux médecins directeurs de tous les hôpitaux du front de donner aux soldats qu'ils soignent le maximum de garanties de guérison, il y aurait peut-être lieu d'établir au profit des hôpitaux militaires du front un fonds spécial permettant aux directeurs de se procurer sans perdre de temps les appareils et instruments reconnus

nécessaires mais trop coûteux pour être imputés au budget ordinaire de leur formation. Et voilà où votre concours serait d'une aide précieuse. Ne pourriez-vous pas donner ce fonds sur le Belgian Relief Fund : environ 500 000 francs.

« Je sais que pour des choses de grande utilité vous êtes toujours très accessible. C'est pour cela que je m'adresse directement à vous[41]. »

Le problème était crucial. Un peu plus tard, le docteur Mélis pouvait annoncer à la Reine :

« A l'intervention de Mme Curie, la Société *Le Patronage des blessés* a bien voulu offrir un appareil de radiographie au Service de Santé de l'armée belge. Cet appareil est venu heureusement compléter le matériel chirurgical de l'ambulance de Port-Louis à Dunkerque, placée sous la direction du médecin de régiment de deuxième classe Derache. Madame Curie m'a dit que par l'envoi de ce don, les membres de la Société ont voulu montrer qu'ils désiraient, dans la limite de leurs moyens, suivre le haut et admirable exemple de sollicitude de Votre Majesté pour les blessés de guerre. »

Les interventions de la Reine étaient quasi constantes. Au Premier ministre Charles de Broqueville elle demanda même d'envisager une augmentation de la solde d'hôpital des soldats[42], et elle obtint gain de cause. Souvent des achats destinés aux hôpitaux, effectués en Angleterre, subissaient, pour diverses raisons, notamment les autorisations du War Office, des retards de livraison. Aussi Élisabeth demanda-t-elle, par l'intermédiaire de l'amiral Bacon, de faire suivre les caisses destinées au docteur Derache, qui étaient *« somewhere in Dover*[43]».

Attentive jusqu'au scrupule à la propreté des locaux et à la qualité des soins, la reine Élisabeth s'en assurait souvent elle-même. C'est ainsi qu'après sa visite, le 7 décembre 1917, à l'infirmerie de la 3e division d'armée, à Steenkerke, elle nota :

> « 93 lits.
> « Dr Major KARSTERS (de Liège).
> « Ces lits auraient besoin d'être renouvelés (surtout matelas + oreillers).
> « Les objets de pansements devraient être plus aseptiques[44]. »

Elle exigeait des rapports précis sur les mesures prises après ses remarques et observations. Ainsi celui qu'elle reçut du docteur Denhaene, médecin de l'hôpital militaire de Gravelines à Calais, qui déclara

> « avoir pu maintenir dans les salles des malades une température d'environ 14° pendant la journée et d'environ 5° pendant la nuit au cours des plus grands froids. La température dans les chambres occupées par les personnes bien portantes (médecins, infirmiers, infirmières) est certainement descendue très bas attendu qu'on n'y fait pas beaucoup de feu et cela dans le but d'épargner le charbon et de le réserver aux malades avant tout. En tout état de cause, jamais les pansements ne se font avant que la température de la salle n'atteigne 14 à 16°[45]. »

Autres interventions de la Reine : ses démarches pour hâter l'érection en 1917 du nouvel hôpital à Vinkem, la recherche d'endroits favorables à l'établissement de postes chirurgicaux avancés à Jonckershove et à Poelkapelle, les travaux d'aménagement rendus nécessaires à l'hôpital de Mortain[46].

Elle obtenait presque toujours gain de cause. Et on le savait. Une épidémie s'étant déclarée, elle télégraphia en haut lieu : « Le directeur de Cabour a été amené à demander de disposer de 150 lits du camp d'internement d'Adinkerke. La situation exige une réponse urgente. Vous serais reconnaissante de bien vouloir donner réponse favorable[47]. » Ces lits, elle les obtint. Comme elle obtint aussi des vêtements, de la literie, des voiturettes pour la circulation des blessés, des fauteuils, des tables à thé[48].

⁂

Quant à l'ambulance du palais de Bruxelles, la Reine ne s'en désintéressa jamais pendant ces quatre années de guerre et fut régulièrement informée de son évolution par le docteur Louis Le Bœuf et son frère Henry. Elle apprit ainsi, en novembre 1914, que le général von Luttwitz s'était déclaré très satisfait des soins donnés aux blessés allemands par les médecins et le personnel de l'ambulance. Les contacts avec les autorités allemandes d'occupation étaient inévitables, voire obligatoires si l'on voulait garantir le maintien de l'ambulance, la fourniture de matériel, de médicaments, de pansements. Mais il importait évidemment de ne pas se laisser dominer.

Rassurant sur ce point, Le Bœuf confiait à la Reine, le 19 mars 1915 : « ... Il y a l'ambulance d'abord qui continue à bien se maintenir et dans laquelle *on va concentrer* de plus en plus de soldats *belges* — libérés ou non — qui ont encore besoin de soins. Un lot de 40 nouveaux blessés nous est annoncé pour lundi et nous sommes invités à nous préparer à en recevoir encore une bonne centaine[49]. » En fait, il cherchait à regrouper à l'ambulance du palais de Bruxelles tous les mutilés de Belgique et d'Allemagne. Il y en eut bientôt 140. On organisa à leur intention des cours de langues étrangères, comptabilité, sténographie, dessin technique, solfège, musique. La population bruxelloise se montrait particulièrement généreuse. Un pâtissier envoyait chaque dimanche un petit gâteau par soldat. Des poissonniers trouvaient le moyen de faire parvenir des huîtres ! Des artistes de toute sorte, y compris les ballerines du Théâtre Royal de la Monnaie, venaient se produire.

La coexistence parut menacée durant l'été 1915 : des médecins-inspecteurs allemands vinrent examiner minutieusement tous les pensionnaires et ordonnèrent le départ de ceux dont l'état de santé ne leur semblait pas motiver les soins de médecins. Du coup, le nombre de Belges hospitalisés tomba à une cinquantaine. Mais, heureusement, l'alerte ne se prolongea pas. A la fin de l'année, pensionnaires, médecins, infirmiers et professeurs purent fêter la Noël entre eux « sans élément étranger ». Entre-temps, le docteur Le Bœuf et ses collaborateurs s'étaient efforcés de réinsérer progressivement leurs pensionnaires dans la vie sociale.

Parfois, des nouvelles de l'ambulance parvenaient à la Reine par l'intermédiaire d'une infirmière, Renée Servranckx qui écrivait : « L'ambulance fut et restera belge. Jusqu'au bout de l'âme et dans toute la grandeur du mot. » Ou par le brancardier Louis Mathey qui eut la délicatesse d'apprendre à Élisabeth comment se portaient les arbres et les animaux de Laeken[50]. Dans sa lettre du 9 septembre 1917, le docteur Le Bœuf dépeignait la situation alarmante de Bruxelles :

> « Le tableau de notre misère n'a rien d'exagéré... Outre le problème terrible de l'alimenta-

tion, nous sommes à la veille d'une série d'autres crises : vêtements, chaussures, literies, chauffage, etc., que le Comité National et la charité publique auront bien du mal à conjurer.

« Une des manifestations les plus effrayantes de la situation est celle à laquelle nous assistons chaque jour dans les dispensaires sans cesse plus nombreux que la Ligue contre la Tuberculose est forcée d'organiser. Le nombre des gens atteints augmente de mois en mois dans des proportions formidables[51].

Au début de 1918, l'ambulance du Palais royal fonctionnait encore. C'est ce que nous apprend un rapport administratif adressé à la Reine[52].

Comment celle-ci en était-elle informée ? Comment parvenait-elle à communiquer ses instructions ? L'un des canaux privilégiés a sans aucun doute été le marquis de Villalobar, le ministre d'Espagne à Bruxelles, qui avait des contacts diplomatiques quasi constants avec le roi Albert ; de son côté, Élisabeth lui confiait souvent des démarches humanitaires à effectuer auprès d'Alphonse XIII. Il considérait les souhaits de la Reine comme des ordres[53]. Dans une lettre du 28 janvier 1918, il signalait encore avoir remis un message au docteur Le Bœuf, directeur de l'ambulance du Palais royal.

Le 23 mars de l'année précédente, il avait fait part à la Reine de la difficulté de faire passer une lettre au roi Albert : « Je l'avais donnée à quelqu'un de complètement sûr pour la passer et il n'a pas pu aller au-delà de la Hollande, donc il l'a rendu *(sic)* à notre Légation à La Haye pour qu'on me la retourne. » Après avoir décrit avec indignation le comportement de certains parlementaires qui saluaient le nouveau régime russe — « Hier seulement ils se disaient les amis du Tsar, s'honorant de son alliance et de son aide pour la guerre » —, le marquis de Villalobar avait fait allusion à l'échec d'une négociation à Paris :

> « Je raconterai à Vos Majestés toutes les critiques qui ont eu lieu à Paris autour de mon pauvre voyage. L'on craignait que je parle au Roi... Dans ces conditions mon Auguste Maître *[Alphonse XIII]* a eu raison, il fallait *(sic)* mieux se retirer et surtout ne pas compromettre Vos Majestés en quoique *(sic)* ce soit ; mais j'en veux à mort à l'espèce de vieux renard qui a mené ces intrigues [54]. »

De quoi et de qui s'agissait-il ? La question reste posée.

⁂

Aux soucis des hôpitaux et ambulances s'ajoutaient ceux des enfants de la population locale ou réfugiée. La première idée d'Élisabeth avait été de les envoyer en colonies en France. Cela semblait la solution la plus sûre. Mais elle s'était rendu compte que maints parents ne voulaient pas que leurs enfants les quittent. Ils les cachaient ! Plutôt que d'aller à l'encontre de la volonté de ces parents, la souveraine imagina de protéger leurs enfants sur place. Rien n'était prévu pour cela ; elle puisa donc dans sa cassette personnelle.

Un premier refuge fut érigé à Vinkem, en juillet 1915, qui se transforma promptement en un vaste complexe groupant autour de l'école plusieurs pavillons conçus pour l'hébergement des enfants. La direction de l'école fut confiée à Jérôme Noterdaeme, frère de Camille, professeur de néerlandais de la Reine et des enfants royaux. Deux sections distinctes se répartissaient les élèves : l'école Marie-José accueillait les petits, l'école Charles-Théodore les grands. La Reine veillait personnellement à ces quelque 300 bambins, surtout en cas d'épidémie de bronchite, de rougeole ou de grippe, sans compter la teigne ! Les médecins devaient la renseigner régulièrement sur l'état des petits malades, soit par téléphone soit par une note écrite.

Très fréquemment, Élisabeth organisait un goûter à La Panne, tel celui du 3 juin 1917 qu'a décrit Pierre Loti :

> « La Reine, tout de suite je l'aperçois là-bas, entourée, submergée dirai-je presque, par une centaine de très jeunes enfants. Il y a seulement quatre grandes personnes, au milieu de cette foule de tout petits : elle, la Reine, qui est la svelte silhouette bleue, toujours ne ressemblant à aucune autre ; sa dame d'honneur vêtue de jaune-pensée, et deux bonnes sœurs aux aspects archaïques. Sa Majesté daigne faire quelques pas à ma rencontre, comme vers quelqu'un de déjà connu, et rien ne pouvait me toucher davantage. J'avais presque une appréhension de cette entrevue, comme chaque fois qu'il s'agit de retrouver des êtres, ou des lieux ou des choses dont on a été particulièrement charmé jadis. Mais non, Sa Majesté me réapparaît aussi exquise et jeune, dans son costume simple en mailles de soie bleue, les cheveux emprisonnés dans une sorte de petit turban, en gaze également bleue qu'attache une épingle à tête de saphir. Mais le bleu qui éclipse tous les bleus, c'est toujours celui de ses yeux limpides.
>
> « Les petits enfants vont s'en aller, paraît-il ; c'est eux, bien entendu, qui menaient ce beau

tapage quand je suis arrivé : cinquante petites filles aux costumes tous pareils, cinquante petits garçons en uniforme de soldat formant une armée lilliputienne. Orphelins de la guerre, tous, échappés par miracle aux tueries boches, ils font partie de cette légion de petits abandonnés que la Reine a recueillis pour filleuls et pour qui elle a fondé des pensionnats, dans des lieux abrités — ou à peu près, autant que possible enfin —, abrités des obus barbares. Tous les dimanches, des voitures lui en apportent une centaine, qui à tour de rôle viennent passer ici une journée de grande liesse, à manger des gâteaux, boire du chocolat, danser, chanter, se rouler sur les dunes et faire des pâtés de sable. Donc, c'est l'heure pour eux de repartir, et les deux religieuses les mettent en rang ; elles sont plutôt vilaines et vulgaires, les pauvres, surtout auprès du fin visage de Sa Majesté, mais quand même sympathiques avec leur air joyeux et leurs braves yeux candides ; je les soupçonne fort, du reste, d'avoir chanté les rondes, elles aussi, et peut-être même de les avoir dansées. Les petites filles, avec une révérence, disent à la Reine : " Bonsoir, Majesté ! " les petits soldats lilliputiens font au Roi le salut militaire en lui disant : " Bonjour, Sire ! " Et ils partent, entonnant une chanson de route, que l'on continue d'entendre en *decrescendo,* à mesure que s'éloignent les voitures qui les emportent[55]. »

Le goûter décrit par Pierre Loti n'était pas offert aux enfants de l'école de Vinkem ou à ceux de la colonie de la villa Saint-Joseph, voisine de la villa royale, mais à ceux de l'orphelinat de Wisquem en faveur duquel la Reine avait obtenu des subsides du ministère de l'Intérieur.

En avril 1918, le danger de bombardement s'étant

accru, Élisabeth n'hésita pas à téléphoner au général Rouquerol qui, ému par sa voix angoissée, fit expédier *in extremis* les enfants à l'hôpital de Zuydcode : « Aussitôt, raconte la comtesse Van den Steen de Jehay, comme des ballots, les petits sont étiquetés (une adresse par devant, une adresse cousue dans le dos), calés dans de grands camions et en route. Sauvés [56]. »

***

Dès les premiers froids de l'automne 1914, il était apparu que les soldats de l'armée belge n'étaient guère équipés pour affronter l'hiver. Ils manquaient souvent de bonnes chaussures, de chaussettes de laine , de gants et de sous-vêtements chauds. Un jour que le ministre de la Guerre s'était enquis des besoins d'habillement les plus urgents, la Reine lui demanda avec autant de candeur que d'assurance 60000 paires de chaussures. Et, contre toute attente ces chaussures arrivèrent à La Panne, le 2 décembre 1914, dans d'immenses ballots que l'on entreposa dans la villa Calmeyn. Organisatrice-née, Élisabeth suscita aussi la création d'un Comité anglo-belge de la Croix-Rouge que dirigerait le baron Goffinet et que complétait l'Œuvre des vêtements du soldat belge pour laquelle le sculpteur Victor Rousseau, établi à Londres, se démena beaucoup.

C'est fou ce qu'on tricota pour l'armée belge ! Des bas, parfois tricolores, des écharpes, des pulls. Même les enfants royaux s'y étaient mis, comme ils le pouvaient. Le violoniste Eugène Ysaye qui, à la demande de la Reine, s'était rendu à Hackwood, lui écrivit le 2 novembre 1914 :

> « Figurez-vous, Majesté, qu'à l'exemple de la Princesse leur Sœur, les Princes font des ouvrages d'aiguille. Ils tricotent des écharpes et autres nécessités d'hiver pour les soldats... Je ne sais si le nombre des points, des mailles, n'est pas souvent le sujet de discussions et de nécessaires retouches ; mais en tous les cas la mine attentive des travailleurs est plaisante à voir, et je suis bien sûr que le Roi et vous-même, Majesté, seriez envahis d'une douce gaieté à regarder le Prince Charles en lutte ouverte avec de longues aiguilles dont les capricieux mouvements ne s'adressent pas toujours à la laine[571] ! »

Provenant de tous les coins du monde et convergeant vers La Panne, les dons variés et multiples, insolites parfois, étaient souvent accompagnés d'une lettre. La lecture de ces messages et d'autres semblables par le ton, sinon par l'objet, confirme la spontanéité de l'élan de solidarité mondiale dont bénéficia l'armée belge ; en même temps, elle permet de suivre le développement d'un mythe parallèle à celui qui se formait autour du Roi-Chevalier. Élisabeth cesse d'être une femme, voire une souveraine. Pour la qualifier et la célébrer, on recourt volontiers au vocabulaire religieux. Quelques exemples pris au hasard :

> « Protectrice des infortunés, Mère du Soldat. »
> « Incarnation de l'Idéal. »
> « Cœur secourable et charitable envers les malades et ceux qui souffrent. »
> « La meilleure des Mères. »
> « Madone bénie que l'on salue à deux genoux. »

« Je m'incline, Majesté, avec respect devant votre blanche robe que décorait déjà la belle croix rouge, croix de piété, qu'avoisinera maintenant la croix de guerre, croix de vaillance. »

« Cet ange qu'on nomme à genoux, c'était la Reine. »

« Symbole sublime de dévouement, de sacrifice, d'abnégation. »

« Soyez bénie, ô Reine ! par les femmes, les filles, les sœurs de ceux que vous avez aidés à mourir, emportant la vision suprême de votre gracieux visage se penchant sur leur agonie, de ceux que vous avez aidés à guérir par la caresse de vos douces mains, la miséricorde de votre regard, la musique de votre voix. »

« Elle porte la plus belle des couronnes : celle que les mystiques voient aux saintes. »

« Ange consolateur[58]. »

Même le Premier ministre Charles de Broqueville ne résiste pas à la tentation du dithyrambe. A ses vœux de Nouvel An, le 2 janvier 1917, il ajoute : « Nous pensons sans cesse aux souffrances de notre si chère Reine, nous les sentons et de tout cœur nous appelons sur elle les bénédictions dues à celle qui, en ces heures tragiques, personnifie pour nous tous l'Ange de la bonté et de la charité[59]. »

Consciente ou non de la manière de culte marial dont elle était l'objet, trop occupée, en tout cas, pour mesurer le mythe qui se forgeait autour de sa personne[60], la reine Élisabeth ne se contentait pas de vaquer à l'organisation des hôpitaux militaires et de rendre de multiples visites, de veiller au sort des enfants, d'approvisionner l'entrepôt de la villa Calmeyn. Elle croyait aussi indispensable d'aider les soldats valides ou blessés, à vaincre l'ennui des cantonnements ou des ambulances. Elle savait que l'ennui est souvent le prélude du découragement qui mine facilement toute armée figée dans une guerre de positions. Aussi s'occupait-elle personnellement de l'envoi régulier de jeux de cartes par centaines, de phonographes et de caisses de livres.

S'étant assurée de la collaboration de musiciens tels que les frères Ysaye, Paul Collaer et la cantatrice Claire Croiza, elle mit sur pied des concerts à l'*Océan* et dans les autres hôpitaux. Les remerciements adressés à Paul Collaer par une infirmière de l'*Océan* sont significatifs :

> « Vous n'imaginez peut-être pas à quel point nous jouissons de ces moments-là. Nous voyons toute la journée tant de misères autour de nous, si bien que le soir venu nous éprouvons un réel besoin d'échapper à cette hantise afin de recommencer le lendemain, avec une gaieté nouvelle, cette besogne que nous sommes très fières d'accomplir même si elle nous abrutit un peu. »

Certains combattants, tout heureux de pouvoir retrouver un instrument de musique, semblent avoir pris quelques libertés avec les règlements et la discipline, s'il faut en juger par ce message du docteur Nolf à la Reine : « L'adjudant Laoureux introuvable la veille, répétait avec M. Gérardy à La Panne... A eux deux ils espèrent donner à Votre Majesté une audition musicale dont elle sera satisfaite[61]. » Tout porte à croire qu'Élisabeth se sera arrangée pour passer au bleu cette incartade d'un adjudant-violoniste. Elle s'ingéniait, d'ailleurs, à former son Orchestre symphonique de l'Armée en campagne. Celui-ci se produisit pour la première fois, sous la direction de Corneil de Thoran, le 3 décembre 1917, dans une salle de l'hôpital de Beveren. Au programme : *Wer-*

ther de Massenet, interprété par la troupe Libeau du Théâtre belge au front, également patronné par la Reine. Cinq représentations de *L'Arlésienne* de Bizet suivirent dans la même salle, avec les mêmes exécutants.

Pour le dixième concert, Saint-Saëns vint de Paris en personne. On joua notamment sa *Danse macabre.* Curieux choix ! Malgré ses quatre-vingt-trois ans et la canne qu'il n'abandonnait guère, le compositeur français paraissait encore jeune et vif. Il passa quelques jours à La Panne, ne se départissant jamais d'une « grande politesse de convenance ».

> « Le soir, raconte la reine Marie-José, il jouait l'une de ses compositions au " piano-buffet " du salon et la commentait, avec une certaine complaisance, de sa voix nasillarde. Je l'entends encore, tentant de mémoriser un thème indochinois qu'il avait entendu lors d'un voyage en Extrême-Orient, et qu'il avait grand-peine à réaliser sur nos claviers [62]. »

Saint-Saëns témoigna, en tout cas, sa gratitude :

> « J'ai toujours dans les yeux, écrivit-il de Paris, le 22 septembre 1918, le tableau ravissant de la Famille Royale daignant assister à mon départ malgré l'heure matinale, et dans l'oreille cet étonnant orchestre et ce merveilleux violoncelliste.
>
> « Et quelles délicieuses promenades, quelles intéressantes conversations avec Votre Majesté.
>
> [...] « Je vais confier à la Légation l'air de Dalila arrangé selon le désir de Sa Majesté qui le possèdera seule, car je n'en ai pas gardé copie [63]. »

L'Orchestre symphonique de l'Armée en campagne connut son apothéose à l'Albert Hall, lors de la visite des souverains belges à Londres, en juillet 1918. Avant de retraverser la Manche et de rejoindre le front, chacun des soldats musiciens reçut de la Reine une livre sterling, somme non négligeable à l'époque, qu'ils s'empressèrent de dépenser dans les boutiques de la City.

A la faveur de la guerre de position, les soldats doués pour le dessin ou la peinture reçurent également la permission de s'adonner à leur art. Certains d'entre eux, tels Alfred Bastien, James Thiriar et Émile Claus, créèrent ainsi des œuvres qui appartiennent désormais à la plus suggestive inconographie des champs de bataille et des tranchées. Le Roi et la Reine les encourageaient en fréquentant assidûment les différentes expositions qu'improvisaient le Belgische Standaard, la Section artistique, Kunst aan de Ijzer. Ils y acquéraient régulièrement des œuvres.

De temps à autre, ils se rendaient à la « cave aux artistes ». On appelait ainsi une cave de Nieuportville où logeait le peintre Alfred Bastien, détaché comme motocycliste. C'était le rendez-vous des musiciens, des peintres et aussi de quelques écrivains.

***

« Ma tristesse est venue me voir, l'autre après-midi, dans ma tranchée.

« Couché dans mon abri, j'étais seul, à rêver. Un jour terne glissait sur les arêtes luisantes de l'entrée. Quelques brins de paille, que la boue séchée collait aux planches du boyau, s'effilochaient au vent comme des cheveux. Un coin de ciel noir et gris s'encadrait dans l'ouverture, au-dessus d'un bout de parapet hérissé d'orties.

« J'avais le cœur chargé. Pourtant, je ne pensais à rien. Aucune détonation, aucune secousse. Des hommes, à voix hautes et rudes, venaient d'écorcher le silence, et le plancher du boyau craquait encore de leur pas. »

Ces phrases dont la beauté réside dans la simplicité pourraient commenter un tableau d'Alfred Bastien, et sont du grand écrivain Robert Vivier, universitaire qui voulut rester soldat sans grade. Beaucoup d'autres écrivains puisèrent leur imagination, fiévreuse ou cruelle, exaltée ou désabusée, dans leur vie quotidienne de combattant, de médecin ou de brancardier. Ainsi en était-il de Max Deauville (docteur Maurice Duwez), Maurice Gauchez, Constant Burniaux, Maurice des Ombiaux, Martial Lekeux — *Mes Cloîtres dans la tempête* fut un *best-seller* — Lucien Christophe, Louis Boumal. Ces deux derniers étaient de surcroît à l'origine d'une revue mensuelle, *Les Cahiers de Décembre,* « publiés au Front pour la Défense et l'Illustration de la langue française en Belgique ».

Émile Verhaeren était trop âgé pour s'engager dans l'armée, puisqu'il était entré dans sa soixantième année en 1914. Son combat à lui était sur le front de la parole et de l'écrit. Le 13 novembre 1914, il vint à La Panne, « très ému de se trouver en Belgique », nota la reine Élisabeth. Le poète accompagna le roi Albert à Pervijse. Quand il revint, il retrouva son ami socialiste Émile Vandervelde qui était venu chez la Reine pour débattre du problème des réfugiés.

Un mois plus tard, de Cardiff où il séjournait chez M. Webb, Verhaeren écrivit à Élisabeth pour lui soumettre une requête du peintre Théo Van Rysselberghe, qui souhaitait l'envoi à San Francisco de quelques tableaux de l'École belge se trouvant à Venise et faisant partie d'un ensemble destiné à être exposé à Londres, à l'initiative du roi Albert.

> « J'eusse certes écrit directement au roi, précisait le poète, s'il ne me plaisait d'avoir en cette circonstance recours à vos paroles et à vos instances. Votre Majesté est à mes yeux celle que l'art belge doit toujours prendre comme arme et comme avocate. Je sais, au reste, que le roi ne s'en offensera pas et que toute cause artistique est en de bonnes mains, quand elle est dans les vôtres.
>
> « Dois-je vous dire, Madame, que depuis que j'ai quitté la Belgique, toute la respectueuse affection que je porte à mon roi et à ma reine s'est encore augmentée et que mon séjour à La Panne, où vous m'avez permis de partager vos émotions et vos espoirs, est un des plus significatifs de ma vie entière[64]. »

Le 3 août 1915, seconde et dernière visite du poète des *Ailes rouges de la guerre*. La Reine se promène avec lui, sur la plage, vers Coxyde. Ils se recueillent un instant sur la tombe de Marie Depage. Au retour, une pluie diluvienne les surprend. Ne sachant où se mettre à l'abri, ils avisent une barque sur la plage, y prennent place, et tirent tant bien que mal la voile sur leurs têtes. Ils n'en sont pas moins trempés jusqu'aux os. Rentré à La Panne, Verhaeren n'a pas de quoi se changer et enfile un costume du magasin de l'armée, un paletot de l'huissier Briquet et un imperméable du roi Albert ! Ainsi accoutré, il accompagne le souverain et le général Galet à Forthem et marche sur toute la ligne de la 2e division.

Le lendemain, sur la plage, aux côtés de la Reine et du docteur Depage, il assiste à un défilé d'artillerie, puis il visite l'*Océan* et l'hôpital de Cabour. Il quitte La Panne, le 5 août, à 8 heures 30. La Reine ne le reverra plus.

Le poète lui écrira encore trois longues lettres. La première, datée du 4 septembre, transmet un message du sculpteur Rodin :

> « L'homme que j'admire, à cette heure, le plus au monde, c'est votre roi Albert. Il est pour moi le seul qui sorte grandi de cette guerre atroce. Il m'apparaît comme une sorte de St-Georges. Avant que je meure, je désire laisser de lui une image impérissable. *Je veux lui dédier ce qui reste de force en mes deux mains.* »

Verhaeren signale toutefois que Rodin

> « redoute beaucoup l'hiver et le froid, surtout à la mer. Il faudrait qu'il n'attrape ni bronchite ni angine. En un mot il est douillet et frileux. Je lui conseillai d'attendre le printemps avant de se rendre en Belgique. Mais il est impatient et exalté. Il sent l'œuvre qui a déjà germé dans sa tête et surtout dans son cœur. Elle demande à éclore, même l'hiver [65]. »

La Reine lui répond :

> « Votre charmante lettre m'a fait grand plaisir. Ce que vous dites de Rodin est beau et touchant et m'enthousiasme. Je voudrais voir l'œuvre, inspirée par l'être qui m'est le plus cher, éclore dans les mains de ce grand artiste. J'en ai parlé à mon mari ; il est très touché. J'ai attendu quelques jours avant de vous répondre. J'aurais

voulu vous écrire : "dites à Rodin qu'il peut venir tout de suite ". Mais malheureusement le Roi est absorbé par le travail qui le force à se déplacer souvent toute la journée et il serait imprudent de fixer le moment maintenant.

« Je vous tiendrai au courant quand je pense que ce sera possible. Suivant vos recommandations, nous veillerons à ce que M. Rodin ne soit pas exposé au froid. Pourriez-vous m'écrire ce qu'il faudrait à peu près de temps pour son travail ici. Une question à faire incidemment de votre part, car je sais qu'il ne faut pas troubler l'artiste par la limitation du temps et de l'espace [66]. »

Le poète s'empresse de donner à Élisabeth les renseignements demandés. Rodin attendra que la Reine lui fasse signe :

« Il compte rester auprès de Vos Majestés une dizaine de jours pour ce qu'il appelle le " gros œuvre " puis s'en irait laissant reposer son travail qu'il reprendrait à un second voyage pour l'achever. S'il n'était pas tout à fait satisfaisant, peut-être reviendrait-il une troisième et courte fois. Il veut, dit-il, faire un chef d'œuvre et vous remercie, Madame et chère Souveraine, de comprendre que " le temps et l'espace " ne doivent pas lui être mesurés. C'est la phrase de votre lettre qui l'a charmé le plus [67]. »

Au début de 1916, à l'occasion du Nouvel An — il souhaite « l'année de la victoire » — Verhaeren reprend la question du projet de Rodin : « Puis-je parmi mes vœux émettre celui de voir Rodin immortaliser bientôt dans le marbre les traits du Roi ? Elle serait si belle l'heure où ce chef-d'œuvre naîtrait [88] ! »

La mort, hélas ! guettait et le sculpteur et le poète.

A Rouen, le 27 novembre 1916, Verhaeren fait une conférence sur l'influence de la Flandre en Europe au temps de Memlinc et de Rubens. Il enthousiasme ses auditeurs, comme d'habitude. Le soir même, il se rend à la gare pour prendre le train de Paris. Le quai est encombré. Désirant sans doute trouver une place assise, il tente de monter dans une voiture avant l'arrêt complet du train. Le poids de sa valise le déséquilibre. Il glisse sous les roues qui lui broient les deux jambes. Ceux qui le dégagent avec effroi l'entendent crier : « Je meurs... ma femme... ma patrie ! » Il ne survivra pas à la double amputation.

La Reine assiste au service funèbre. Distingue-t-elle André Gide dans l'assistance ? Dans son carnet, elle note : « Mme Verhaeren et sa nièce étaient brisées à tel point qu'elles pouvaient à peine marcher. Quel malheur ! Tous nos amis s'en vont ainsi [69]. »

Le poète est enterré sur « le bout de sol au bout du monde » à Adinkerke. Provisoirement. Avant de reposer à Saint-Amand au bord de l'Escaut :

Le jour que m'abattra le sort,
C'est dans ton sol, c'est sur tes bords
Qu'on cachera mon corps,
Pour te sentir, même à travers la mort, encore !

Autre écrivain reçu à La Panne : Pierre Loti. Obligé de renoncer aux paysages chers à l'exotisme fin de siècle pour méditer sur les méfaits de « la Hyène enragée », émotif pur, il nourrissait, on l'a vu, pour la Reine une admiration sans bornes. Par ses écrits d'un lyrisme débordant, il a certainement contribué à la fabrication du mythe royal.

Avant de publier la relation de sa visite de mars 1915, il prit la précaution de soumettre son texte à

Élisabeth. Dans sa lettre du 15 avril 1915, il précisait :

> « L'idée d'écrire quelque chose sur les souverains de la Belgique n'est pas de moi ; d'ailleurs, je n'aurais pas osé y songer, si le président de la République et M. Barthou n'avaient pensé que des notes, dans lesquelles je mettrais tout mon cœur, pourraient contribuer pour leur petite part à éveiller l'attention des neutres. »

On était donc parfaitement conscient de l'utilité du mythe... Quoi qu'il en soit, la citation de quelques passages de cet article s'impose, parce qu'ils comportent deux témoignages essentiels sur l'état d'âme de la Reine :

> « Au début de l'audience, Sa Majesté, avec une grâce légère, aborde différents sujets, comme si de rien n'était ; nous causons de cet Orient où nous avons voyagé l'un et l'autre, nous causons de livres qu'Elle a lus ; on croirait que nous sommes oublieux de la grande tragédie qui se joue, oublieux de ces plaines d'alentour semées de ruines et de morts... Cependant bientôt, parce qu'un peu de confiance est née, Sa Majesté me parle des destructions d'Ypres, de Furnes, des villes d'où j'arrive ; alors les deux étoiles bleues qui me regardent semblent s'embrumer légèrement, malgré l'effort pour les maintenir claires.
>
> — « Mais, madame, dis-je, il reste assez de « murailles debout pour permettre de retrouver « toutes les lignes, de presque tout reconstituer « dans les temps meilleurs qui approchent. »
>
> « — Ah ! répond-Elle, rebâtir... Oui, évidem« ment, on pourra rebâtir... Mais ce ne sera jamais « qu'une imitation, et pour moi il y man-

quera tou« jours quelque chose d'essentiel, il y manquera « l'âme, qui s'en est allée... »

« Je vois alors combien Sa Majesté les aimait déjà, ces merveilles détruites, et tout ce passé de son pays d'adoption, qui survivait là dans les vieilles dentelles en pierre de la Flandre.

« Ypres et Furnes nous avaient mis sur la pente des sujets moins impersonnels, et, peu à peu, nous en venons enfin à parler de l'Allemagne. L'un des sentiments qui, semble-t-il, dominent dans son cœur meurtri, est la stupeur, la plus douloureuse en même temps que la plus complète stupeur devant tant de forfaits.

« Il y a quelque chose de changé en *eux,* dit-elle, à mots entrecoupés. Ils n'étaient pas ainsi... Ce Kronprinz, que j'ai beaucoup connu dans mon enfance, il était doux et rien en lui ne faisait prévoir... J'ai beau y penser nuit et jour, je n'arrive pas à comprendre... Non, autrefois ils n'étaient pas ainsi, j'en suis sûre... »

(...) « Après un instant d'hésitation, pendant lequel on n'entend plus que le bruit du vent au-dehors, me souvenant que la jeune reine martyre était princesse en Bavière, je me permets de rappeler que les Bavarois de l'armée allemande se sont inquiétés des persécutions contre cette reine de Belgique, issue de leur race, et indignés même quand le Monstre qui mène le sabbat a cherché à repérer ses enfants pour les arroser de mitraille.

« Mais la Reine, soulevant un peu sa petite main, qui était posée sur les mailles de soie de sa robe, esquisse un geste qui signifie quelque chose d'inexorablement définitif, et, à demi-voix grave, elle prononce cette phrase qui tombe dans le silence avec la solennité d'un arrêt sans recours : « C'est fini... Entre eux et moi, il y a un « rideau de fer qui est descendu pour jamais. »

« En même temps, au souvenir de son enfance, sans doute, et de ceux qu'elle aimait là-bas, les deux claires étoiles bleues qui me regardaient s'embrument tout à fait, et je détourne la tête pour n'avoir pas l'air de m'en être aperçu [70]... »

Les mots : « Entre eux et moi, il y a un rideau de fer qui est descendu pour jamais » ont été fréquemment cités. Il y a d'autant moins de raison de mettre en doute leur authenticité que le texte de l'article de Pierre Loti a été soumis à la Reine. Il n'y a pas davantage de raison de mettre en doute la sincérité du propos, au moment où il a été prononcé. Il a le ton wagnérien familier chez elle :

Tief wohl sank
das teure Geschlecht
das solche Zagen gezeugt !

« Elle est tombée bien bas, la noble race qui a engendré tant de lâcheté ! » *(Le Crépuscule des dieux).* Le propos correspond, au demeurant, à l'image que les populations belge et alliées se faisaient de la Reine, au mythe. Mais guère aux soupçons de plusieurs hommes politiques français, Clemenceau en tête.

Ces soupçons nous forcent à poser la question : la reine Élisabeth a-t-elle joué un rôle politique pendant la guerre de 1914-1918 ? On l'a prétendu dans les milieux gouvernementaux français et il en résulta quelques incidents. Mais, à notre connaissance, aucun document d'archives officielles ou privées ne permet de répondre par l'affirmative. Ce qui, en revanche, ne souffre aucune contestation, c'est que le roi Albert a tenu son épouse au courant de tous les pourparlers secrets et que, de plus, il a profité de ses fréquents séjours en Angleterre pour la charger de nombreuses missions exploratoires. Enfin, il a délibérément eu recours à son entremise par le biais de sa famille bavaroise. C'était assurément considérable et, en cas d'indiscrétion, devait inévitablement donner lieu à des rumeurs le plus souvent malveillantes.

A la fin de 1914 déjà, nous l'avons vu, Élisabeth entretient une correspondance avec Alphonse XIII, roi d'Espagne, qu'elle remercie de l'écouter et de lui accorder ce qu'elle demande. Toutefois, ses interventions se limitent strictement au domaine humanitaire : la libération du général Leman — qu'elle obtient d'ailleurs —, la sortie de Belgique de deux femmes de médecins, Mme Debrez et Mme Martin, et une tentative pour envoyer en Suisse le bourgmestre de Bruxelles, Adolphe Max, dont « la conduite courageuse en septembre 1914... lui a valu l'emprisonnement en Allemagne. Il y est encore mais sa santé s'est altérée et on a de sérieuses inquiétudes pour lui[71] ».

Parmi les innombrables visiteurs qui se succèdent à La Panne, il importe de mentionner un médecin suisse, le docteur Widmer. Celui-ci arrive, une première fois, le 11 janvier 1915 et repart le 15. Widmer et sa femme sont des familiers du Roi et de la Reine depuis que celle-ci a suivi, en mai 1914, une cure sur le plateau de Territet, dans le Valais. Mary Widmer a, du reste, contribué à fonder l'Œuvre d'hospitalisation des réfugiés belges à Lausanne, qui assure le logement des réfugiés et des enfants belges dans les familles suisses[72]. Les fréquents séjours du docteur Widmer à La Panne font supposer qu'à tout le moins il servit d'intermédiaire pour des pourparlers secrets. Mais comment faire d'une conviction une certitude ?

Plus évidentes dans leurs intentions sont les visites du comte V. Salvanha de Gama, homme de confiance de la famille de Bragance. La première a lieu le 14 avril 1915 ; sans doute le comte apporte-t-il à Élisabeth des nouvelles de sa mère qui réside à Munich et peut-être aussi des informations sur la mission allemande chargée de circonvenir le tsar Ferdinand Ier de Bulgarie. Lors de sa seconde visite, le 18 octobre 1915, il est accompagné de la princesse Aldegonde, comtesse de Bardi, née Bragance. Cette tante de la Reine apporte une lettre du comte Hans Törring zu Jettenbach, le beau-frère bavarois du roi Albert. C'est le début d'une négociation secrète.

Convaincu que la guerre de positions bloque la situation militaire et qu'il serait illusoire d'envisager, aussi bien à l'ouest qu'à l'est, une victoire allemande à court terme, le chancelier Bethmann-Hollweg cherche des contacts. Il n'est pas seul à les souhaiter ; les milieux politiques de la Bavière catholique l'y poussent. Le « bon Hans », diplomate de carrière, est pressenti par le chancelier et accepte de jouer le rôle du beau-frère qui prend une initiative personnelle...

Il est peu probable que le Roi et la Reine aient été dupes de ce petit stratagème. Pendant que la princesse Aldegonde prolonge son séjour à La Panne et a de longues conversations avec sa nièce, Albert se rend au château de La Jumelle, dans le Pas-de-Calais, le 24 octobre, pour y saluer le roi Georges V. Il a un bref entretien avec le souverain britannique, aussitôt après un déjeuner rapidement expédié. Le sujet de la conversation s'impose : le pacte de Londres par lequel les Alliés viennent de s'engager à ne pas conclure de paix séparée... Entre-temps, le Roi a convoqué à La Panne le conseiller en qui il a la plus grande confiance : le professeur Émile Waxweiler.

Celui-ci arrive de Londres le 28 octobre. Immédiatement commence le travail de mise au point de la réponse au message du comte Törring. La lettre du Roi porte la date du 30 octobre 1915. Les bonnes relations belgo-allemandes d'avant 1914 y sont rappelées comme aussi la neutralité de la Belgique, imposée et garantie par les signataires du traité des 24 articles. Cette neutralité a été scrupuleusement respectée par le gouvernement de Bruxelles. L'Allemagne doit comprendre qu'en attaquant la Belgique, elle l'a jetée dans les bras des Alliés. Le Roi assume personnellement le commandement de l'armée et poursuit une politique militaire distincte ; il demeure, sur un lambeau inviolé du sol national, dans une attitude de protestation et de résistance contre un état de choses inacceptable.

De toute évidence et malgré les « souvenirs affectueux » sur lesquels s'achève la lettre à son beau-frère, Albert ne songe pas à une paix séparée. L'historien allemand Fritz Fischer dira de lui qu'il joue un double jeu, à la fois à l'égard de son propre gouvernement et à l'égard de l'Allemagne[73]. L'observation d'Émile Vandewoude est beaucoup plus pertinente :

> « A un moment où aucun des Alliés n'est prêt à négocier et où tous souhaitent poursuivre la guerre jusqu'au bout, le Roi tient à connaître les conditions de l'ennemi en vertu desquelles la Belgique pourra retrouver son indépendance et un territoire intact. Albert veut s'informer auprès de l'ennemi, ni plus ni moins[74]. »

Et ce souci d'une information directe se justifie d'autant plus qu'à l'automne 1915, les raisons de se montrer pessimiste ne manquent pas : échec des meurtrières offensives franco-britanniques, défaite de l'armée russe sur le front oriental, extension de la guerre dans les Balkans.

A l'insu du gouvernement belge et même de l'entourage immédiat des souverains, Waxweiler rencontre le comte Törring à Zurich, les 24, 25 et 29 novembre. Il lui remet la lettre du Roi et l'écoute développer le contenu d'une note allemande qui énumère une série de garanties politiques, économiques et militaires exigées en échange de la reconnaissance d'une autonomie de la Belgique, limitée par une manière de protectorat du Reich : libre circulation des armées, contrôle des routes, union douanière. Törring évoque même l'annexion de « territoires stratégiques » mais avec des compensations du côté de Charleville, de Maubeuge et en Flandre française. Waxweiler ne coupe pas les ponts, mais signale tout de même que le Roi ne se prêtera certainement pas à des transactions aux dépens de la France pas plus qu'à la cession du Congo belge. C'est, du moins, ce qui ressort du rapport de Törring au chancelier du Reich.

Le 6 décembre, le conseiller du roi arrive de Zurich à La Panne, au moment où le docteur Widmer et sa femme s'apprêtent à partir, après un séjour d'une semaine. Est-ce par hasard ? Waxweiler rend compte de sa mission au Roi qui, avec son aide, rédige une nouvelle lettre au beau-frère Hans, en indiquant que son contenu doit être porté à la connaissance du chancelier. Tout en comprenant le désir allemand d'obtenir des garanties pour l'avenir, précise Albert, il ne peut en conscience, comme homme et comme roi, souscrire qu'à une formule comportant la pleine souveraineté et excluant toute « inféodation ».

C'est très clair, même si, lors de sa troisième entrevue avec Törring, les 5 et 6 janvier 1916, Waxweiler se montre très souple — « pour voir venir » — et donne l'impression de pouvoir envisager le remplacement du statut de neutralité par un accord défensif.

Sur ces entrefaites, la princesse Aldegonde est rentrée à Paris et, le 15 décembre 1915, la Reine est partie en Angleterre. Prétendument pour aller voir ses enfants mais, en réalité, pour remettre à Lord Curzon une lettre de son mari datée du 8 décembre et pour sonder les intentions de la Grande-Bretagne. Le Roi aime décidément les démarches diplomatiques « en famille ». Dans le rapport de mission qu'elle a fait à son retour à La Panne le 21 décembre, Élisabeth a été catégorique. Selon elle, la Grande-Bretagne poursuivra la guerre jusqu'à la victoire finale ; nul ne pense donc à négocier la paix.

Lord Curzon a-t-il parlé à ses collègues britanniques de la lettre d'Albert et de la mission d'Élisabeth ? Rien ne permet de l'affirmer. Plus vraisemblablement a-t-il communiqué son inquiétude d'une paix séparée qui pourrait être signée par la Belgique, soucieuse de son avenir. Toujours est-il que Lord Robert Crewe, qui fait fonction de ministre des Affaires étrangères, a convoqué au Foreign Office le ministre de Belgique Paul Hymans et lui a fait part de deux éventualités : l'une concernait l'autorisation par les Alliés de l'importation de lard en Belgique occupée, l'autre une déclaration solennelle par laquelle les Alliés renouvelleraient leurs engagements vis-à-vis de la Belgique.

Comme il l'a promis à la Reine, Lord Curzon vient à La Panne les 7 et 8 février 1916, accompagné de Sir Douglas Haig, commandant en chef du B.E.F. « Je suis partisan, déclare le ministre britannique, de la neutralité belge ; car je ne vois pas d'autre solution. Ou bien la neutralité, ou bien les alliances. Mais avec qui ? L'alliance d'un petit pays avec un grand, c'est la vassalité[75]. » Curzon, à l'instar de tout le gouvernement britannique, redoute certainement une inféodation de la Belgique à la France.

Le 14 février suivant, la Déclaration dite de Sainte-Adresse faite par la France, la Grande-Bretagne et la Russie est solennellement communiquée au gouvernement belge. Elle s'engage essentiellement à ne pas mettre fin à la guerre sans que l'indépendance politique et économique de la Belgique soit rétablie et à garantir au royaume une « large indemnisation » et une participation aux négociations du traité de paix.

Dès lors, la troisième et dernière rencontre d'Émile Waxweiler avec le comte Törring à Zurich, le 25 et 26 février, ne peut que tourner court. Se sentant berné — et, tous comptes faits, il l'était — le gouvernement allemand a durci ses positions. Aussi bien le comte Törring propose-t-il, à son corps défendant, que le roi Albert se constitue prisonnier ! On imagine aisément l'effet produit par cette énormité. Il ne reste plus au porte-parole allemand qu'à rentrer à Munich et à signaler, dans son rapport, qu'il revient « sans avoir le roi Albert dans sa valise[76] ».

C'était inévitable : des rumeurs ont circulé dans les capitales alliées au sujet du rôle politique de la Reine et de contacts germano-belges en Suisse. Tout porte à croire que c'est pour mettre un terme quasi officiel à ces rumeurs que Poincaré et sa femme rendent visite aux souverains belges, le 13 mars 1916. Le président de la République reviendra plusieurs fois à La Panne, notamment le 21 mai 1916 pour remettre la Croix de guerre française à la Reine — geste assurément révélateur et significatif.

Cependant, certaines personnalités — et non des moindres — ne désespèrent pas de voir s'ouvrir des négociations de paix. En décembre 1916, le président Wilson croit encore pouvoir concilier les buts de guerre des belligérants tandis que le pape Benoît XV transmet aux alliés une offre de paix allemande. L'un et l'autre misent sur la lassitude des combattants, voire sur les effets de mutineries durement réprimées.

La France et la Grande-Bretagne demandent à la Belgique de simplement contresigner leur réponse négative à la note allemande. Le roi des Belges s'y refuse :

> « Le point de vue belge, déclare-t-il aux ministres réunis en conseil à La Panne, n'est pas le même que celui des Grandes Puissances. Les buts de guerre ne sont pas identiques ; nous n'avons d'ailleurs pas été admis à délibérer au sujet de ceux des Alliés. Si l'Allemagne propose la libération, l'indépendance et la restauration matérielle de la Belgique, celle-ci n'a plus de raison de se battre (...). Quel jugement prononcerait l'histoire sur une politique qui n'aurait envisagé d'autre moyen de délivrer le pays que la continuation à outrance d'une lutte dont une des conséquences serait la ruine et le dépeuplement de nos plus belles provinces ? »

Le 2 avril 1917, excédés par l'intensification de la guerre sous-marine, les États-Unis déclarent la guerre à l'Allemagne. Des « batailles de matériel » s'engagent sur le front de l'Ouest. Qu'elles soient menées par les Alliés ou par leur ennemi, elles n'ont d'autre résultat tangible que l'accroissement du nombre de morts ; plus de deux millions d'hommes ont déjà péri de 1914 à 1917.

Pendant ce temps-là, la famille d'Élisabeth entre une nouvelle fois en ligne par l'intermédiaire des princes Sixte et Xavier de Bourbon-Parme. Cousins de la Reine par les Bragance, ils auraient normalement dû servir dans l'armée française mais cet honneur leur avait été refusé parce qu'ils étaient princes du sang et Albert a accepté qu'ils s'engagent dans l'armée belge où ils se distinguent au 7e régiment d'artillerie.

Des deux frères, Sixte est le plus intelligent. Son profil, note Élisabeth, fait penser à une médaille de Pisanello. C'est à lui que son beau-frère, l'empereur d'Autriche Charles Ier de Habsbourg, s'adresse plus particulièrement pour s'enquérir des conditions d'une paix séparée entre l'Autriche et les Alliés. Albert et Élisabeth s'arrangent pour ménager une entrevue le 31 mars 1917, au cours de laquelle Sixte remet à Poincaré le texte de la lettre où l'empereur Charles précisait : « J'appuierai par tous les moyens de justes revendications françaises relatives à l'Alsace-Lorraine. Quant à la Belgique, elle doit être rétablie dans sa souveraineté en gardant l'ensemble de ses possessions africaines... » Le prince insiste sur le secret qui doit entourer sa démarche, sous peine de réactions violentes de Guillaume II.

Le 3 mai suivant, la reine Élisabeth, revenant de Florence où elle a accompagné la princesse Marie-José, rencontre le président et Mme Poincaré à Paris. Ensemble, ils prennent le thé à 5 heures. On parle de Sixte de Bourbon-Parme. Poincaré demande à la Reine si elle l'a rencontré. Oui, elle l'a vu, le jour même, à 2 heures, et prie le président d'écrire un mot à Albert pour expliquer que le prince Sixte a été retenu à Paris. « Comme il est mon cousin, dit-elle, je préfère ne pas l'excuser moi-même auprès du Roi. »

Effectivement, Poincaré envoie au roi des Belges une note précisant que Sixte « s'est trouvé engagé dans des conversations un peu longues qui ne lui ont pas permis de reprendre immédiatement son service militaire ».

Albert ne se fait guère d'illusions sur l'issue de ces conversations. Sans doute estime-t-il même qu'Élisabeth prend des risques superflus. Dans une petite note, il lui conseille de ne pas multiplier ses rencontres avec le cousin Sixte. Il n'a pas tort. Clemenceau, qui a succédé à la présidence du Conseil à Ribot en novembre 1917, voit d'un très mauvais œil les démarches du prince de Bourbon-Parme auprès de Lloyd George. En avril 1918 sa méfiance se mue en colère lorsqu'il apprend que le chancelier autrichien Czernin a proclamé dans un discours que l'empereur Charles a refusé des offres de paix de la France. La réplique est immédiate : il fait publier dans la presse la lettre de l'empereur remise, sous le sceau du secret, par le prince Sixte à Poincaré.

Aux yeux de la reine Élisabeth, c'est une infamie, « un coup de poignard dans le dos de la chevalerie française ». Lorsque Poincaré, venu déjeuner à La Panne, évoque les démarches de Sixte de Bourbon-Parme, elle se replie sur elle-même « comme une sensitive effleurée par une main maladroite ». Le président de la République, se sentant obligé par courtoisie de reprendre « la conversation seul à seule avec elle, dans un coin du salon », lui avoue alors que Clemenceau a pris seul la décision de faire publier la lettre de l'empereur d'Autriche sans lui en parler.

> « Ah, répondit la Reine, j'ai pensé tout de suite que vous étiez étranger à cette publication. Je la trouve regrettable. En disant cela, je ne pense pas, je vous l'assure, à mon cousin. Les considérations de famille sont bien négligeables en ce moment. En ce qui concerne Sixte, je me borne à vous dire qu'il me paraît impossible de lui demander autre chose que le silence. On ne

peut le forcer à témoigner contre son beau-frère[77]. »

Au demeurant, l'heure n'est plus du tout à la négociation. Les Allemands ont pu masser sur le front occidental les troupes disponibles depuis la défection russe et déclencher une offensive générale. Ils ont atteint le pied du mont Kemmel et menacent de couper les troupes françaises des troupes britanniques. Quelles sont les intentions exactes de celles-ci ? Pour le savoir, le roi Albert envoie, une nouvelle fois, sa femme en mission diplomatique auprès de Lord Curzon.

La Reine s'embarque à Dunkerque, le 19 avril 1918, à bord du contre-torpilleur *Faulkner*. Le lendemain, elle remet la note où le Roi communique sa décision de résister sur place, coûte que coûte, et insiste sur l'intérêt vital de la Grande-Bretagne à défendre le Pas-de-Calais et la côte belge. Elle rentre dès le 24 avril, apportant la réponse rassurante du gouvernement britannique : la côte sera défendue à tout prix, et il n'est pas question de retirer les forces britanniques derrière la Somme.

⁂

La Panne étant de plus en plus exposée aux bombardements, Albert et Élisabeth se sont retirés dans une ferme avec une maison d'habitation fort tristement meublée et située dans les *moeren* de Flandre maritime. Sur le front, la bataille fait rage. Le 27 mai, Ludendorff réussit une percée au Chemin des Dames, à cent kilomètres de Paris, mais, le 3 juin, l'offensive allemande est arrêtée par l'artillerie lourde française. Les Anglais aussi parviennent à colmater les brèches et recourent à des raids aériens sur la Belgique occupée. La précision des bombardements laisse malheureusement fort à désirer. Alertée à ce sujet par de nombreux témoignages, Élisabeth s'empresse d'écrire à Lord Curzon, le 15 juin, pour lui dire le désarroi des populations civiles et les sentiments anti-britanniques qui se font jour. De surcroît, les soldats belges trouvent qu'après les longues années d'une cruelle séparation d'avec leurs familles, ce serait un comble d'apprendre que femmes et enfants seraient morts ou blessés sous les bombes alliées.

> « Je sais, ajoute-t-elle, que vous comprendrez que tout cela n'est pas négligeable et je vous supplie de faire tout ce qui est en votre pouvoir pour arrêter cela.
>
> « Mon mari, ainsi que son gouvernement et le G.Q.G. ont déjà protesté, à diverses reprises, mais en vain. Je sais qu'il va maintenant écrire au Roi mais j'ai pensé qu'il était bien que je vous expose tout cela d'abord[78]. »

Sur le plan militaire, la situation s'est retournée. Dans son duel avec Ludendorff, le général Foch bénéficie désormais de deux avantages qui ne cessent de s'accentuer : les tanks britanniques et le renfort des soldats américains. Ceux-ci seront bientôt 1 200 000 sur le sol français. Le 8 août 1918, les Alliés reprennent l'initiative des opérations. Les Allemands semblent avoir perdu l'équilibre.

La perspective d'une victoire prochaine se précise et rend plus indispensable que jamais la coordination des efforts. Aussi les contacts entre dirigeants se multiplient-ils. Même Georges Clemenceau vient rendre visite aux souverains belges. Il a réussi à se faire inviter, malgré l'affaire Sixte de Bourbon-

Parme. Selon Raymond Poincaré, le Tigre aurait hésité d'abord à présenter ses hommages à la reine Élisabeth, qu'il traitait d'Allemande ! Au déjeuner du 7 septembre, assis à côté de cette « Allemande », il garde son air de fauve grincheux mais semble sensible à son amabilité, probablement très calculée, et au régime sans sel qu'elle lui a préparé...

Le 9 septembre, c'est le maréchal Foch qui vient voir Albert Ier. En accord avec Douglas Haig, il lui offre le commandement du groupe d'armées belgo-franco-britannique des Flandres. Le Roi l'accepte et lance son célèbre Appel du 27 Septembre 1918 :

> « Soldats, vous allez livrer un puissant assaut aux positions ennemies. Il vous appartient de refouler l'envahisseur qui opprime vos frères depuis plus de quatre ans. L'heure est décisive. En avant pour le Droit, pour la Liberté, pour la Belgique glorieuse et immortelle ! »

Dès le 17 octobre, conduits en vedette par l'amiral Keyes, le Roi en uniforme, avec la Reine en imperméable et coiffée d'un chapeau en toile cirée, entrent dans Ostende libérée. Ils sont promptement reconnus par la foule qui les acclame et les escorte joyeusement jusqu'à l'hôtel de ville. Puis c'est le départ définitif de La Panne, les adieux au bourgmestre, au curé, à l'instituteur, aux enfants et aux Sœurs de Saint-Joseph.

Le 20 octobre, la Reine ne cache pas une exaltation quelque peu wagnérienne ; se souvenant sans doute de Fafner, elle écrit en hâte mais avec fougue à lord Curzon : « Ce qui se passe est incroyable. C'est comme l'agonie d'un dragon. J'espère qu'il sera bientôt assommé et écrasé complètement. C'est le vœu de tout Belge d'aller jusqu'au bout et de ne plus jamais voir un Allemand en Belgique[79]. »

Le 25 octobre, les grandes cloches du beffroi de Bruges saluent l'entrée des souverains dans la ville. Élisabeth monte en amazone, entre le Roi et le prince Léopold. Ils sont entourés d'une brochette de généraux — Rouquerol, Gilain, Degoutte, Leman —, des amiraux Keyes et Ronarch et de lord Athlone.

Le 10 novembre, pendant qu'ils parcourent Tournai, la première ville wallonne libérée, le maréchal Foch, ses collaborateurs et les délégués allemands sont en pourparlers dans la forêt de Compiègne. Le lendemain, jour de l'armistice, Élisabeth monte dans un avion piloté par le lieutenant Crombez ; elle veut survoler ce qui, hier encore, était le front entre Gand et Tournai. Ce n'est pas son baptême de l'air : le 5 juillet, elle a traversé la Manche à bord d'un hydravion basé à Calais. Mais, cette fois, l'appareil ne risque pas d'être pris en chasse par l'aviation ennemie.

La famille royale pourrait évidement rentrer à Bruxelles que les derniers soldats allemands viennent de quitter en débandade. Mais le Roi veut connaître l'exacte situation du pays, la mentalité de la population, ses espérances et ses craintes. Il s'est installé près de Bruges dans le château néo-gothique de Lophem, mis à sa disposition par le baron Van Caloen. C'est là qu'il prend contact avec la Belgique occupée et avec la Belgique exilée. Son grand dessein — il l'avait déjà esquissé avant la guerre — est d'intégrer toutes les classes sociales, avec des droits égaux, dans la vie politique. Cela signifie l'instauration du suffrage universel pur et simple à vingt et un ans. Immédiatement, sans trop se préoccuper des prescrits de la Constitution.

Ce que lui disent la plupart des pèlerins de Lophem confirme Albert Ier dans son opinion. L'éloquent Édouard Anseele, bourgmestre socialiste de Gand, les libéraux Paul Hymans et Paul-Émile Janson, le catholique Gérard Cooreman parlent le même langage. A quelques nuances près. Le banquier Émile Francqui aussi. Le Roi, qui connaît bien ce dernier, attache le plus grand prix à l'avis de celui qui, pendant les quatre années d'occupation, a ingénieusement animé le Comité national de Secours et d'Alimentation. L'homme est impressionnant.

> « Ce que j'admirais chez Francqui, dira Paul Claudel, c'était la masse, l'unité qui donnait à cette puissante organisation, dominée par un bon sens génial et par une imagination quasi diabolique, un impact, une puissance de pénétration à peu près irrésistible. Quand il donnait à fond, quand cet œil terrible s'allumait, quand cette tête énorme se mettait à s'agiter dans un faux col, au-dessus de ce cou et de ces épaules de Briarée, on sentait que le sol allait trembler[79]. »

Or Francqui brosse, devant le Roi un tableau de la Belgique, poussé au noir. Selon lui, il est urgent de prendre les décisions susceptibles d'éviter de grands affrontements sociaux. De surcroît, il suggère de recourir à des hommes politiques nouveaux, pour remplacer des anciens usés et souvent impopulaires. S'étant fait une opinion, le Roi forme alors un gouvernement d'union nationale tripartite — catholiques, libéraux, socialistes — comprenant huit ministres provenant de Belgique occupée et seulement quatre rescapés de l'équipe du Havre.

⁂

Le 22 novembre enfin, après de triomphales entrées à Gand et à Anvers, les souverains refont à Bruxelles le même parcours que celui du jour de l'avènement. Mais tout a changé depuis : le Roi est coiffé du casque d'acier ; la Reine, vêtue d'une amazone beige et d'une petite toque de fourrure, monte un cheval bai ; à ses côtés, chevauchent les enfants royaux, y compris la princesse Marie-José. Débordante d'enthousiasme, la foule acclame et chante mais les visages sont amaigris, les vêtements usés. Les brancardiers transportent aux postes de Croix-Rouge des centaines de personnes qui, affaiblies, n'en peuvent plus d'émotion.

A son entrée dans le grand hémicycle du Parlement, suivie de ses enfants, du cardinal Mercier en *cappa magna* et du bourgmestre Adolphe Max, la Reine doit longuement répondre d'un geste de la main aux ovations des représentants de la Nation. Elle écoute ensuite le discours de son mari, concis comme une page de Tacite et dépourvu d'ambiguïté :

> « Messieurs, je vous apporte le salut de l'armée. Nous arrivons de l'Yser, mes soldats et moi, à travers nos villes et nos campagnes libérées. Et me voici devant les représentants du pays...
>
> « L'égalité dans la souffrance et dans l'endurance, a créé des droits égaux à l'expansion des aspirations publiques. Le gouvernement proposera aux Chambres d'abaisser, dans un accord patriotique, les anciennes barrières et de réaliser la consultation nationale sur la base du suffrage réel pour tous les hommes dès l'âge de la maturité requise pour l'exercice des droits civils...

« La nécessité d'une union féconde exige la collaboration sincère de tous les enfants d'une même patrie, sans distinction d'origine et de langue ; dans ce domaine des langues, l'égalité la plus stricte et la justice la plus absolue présideront à l'élaboration des projets que le gouvernement soumettra à la représentation nationale. »

Une page nouvelle s'ouvre pour le pays, mais aussi pour le Roi et la Reine.

CHAPITRE V

Le temps des voyages-triomphes

Albert Ier sortait de la guerre nimbé de gloire. La prévision de Verhaeren s'était réalisée : « Le Roi dépassera l'Histoire pour entrer dans la légende, qui remonte aux sommets et est immortelle[1]. » Le monde entier le célébrait tel un héros, un chevalier sans peur et sans reproche. On le représentait en saint Georges terrassant le dragon germanique. Mais lui ne se reconnaissait pas dans le personnage que la légende forgeait sous ses yeux étonnés. Il refusait d'être dupe. L'encens ne le grisait pas, il l'irritait. Parcourant l'*Albert's Book* où se trouvent recueillis les hommages dithyrambiques des personnalités les plus marquantes d'Europe et des États-Unis, il murmura, en songeant à ce qui, précisément, ne figurait pas dans l'ouvrage : « On a tâché de faire son devoir en conscience, mais ce qui m'est surtout réconfortant, c'est d'avoir ménagé le sang de mes soldats[2]. »

La reine Élisabeth avait sa part de la moisson de gloire. A l'inverse de son mari, elle ne la refusait pas. Non point par vanité, mais par fierté consciente et assurément légitime. Son sens inné de la grandeur lui faisait voir Albert sous les traits de Parsifal :

Je suis venu par le chemin d'errance et de douleur
Puis-je m'en croire issu maintenant

qu'à nouveau j'entends le murmure
de ces forêts[3]*...*

La tâche que la Reine avait assumée pendant quatre années de guerre l'avait transfigurée, mais aussi quelque peu affaiblie. « Son visage pâle reflétait souvent la fatigue, d'autant plus qu'à cette époque le fard n'était pas encore d'usage, en dehors du demimonde[4]. » Au demeurant, cette mission n'était pas achevée, loin de là ! La brève offensive victorieuse de septembre-novembre 1918 avait été infiniment plus meurtrière que la longue garde dans les boues de l'Yser : quelque 4000 morts et 30000 blessés. Les hôpitaux militaires étaient combles et posaient de multiples problèmes aux médecins.

Non contente de les aider financièrement et par d'efficaces interventions auprès des autorités, Élisabeth essaya de coordonner les initiatives des médecins militaires, ou, du moins, de les empêcher de se disputer trop ouvertement. Ce n'était pas facile, car les deux plus célèbres d'entre eux, le chirurgien Antoine Depage et le physiologiste Pierre Nolf se détestaient cordialement. Tous deux se rendirent aux États-Unis pour récolter des fonds, à la faveur de la popularité dont jouissait la Belgique dans le Nouveau Monde. Mais au lieu d'accorder leurs violons, ils se tiraient dans les jambes sans pitié. Antoine Depage ne poursuivait qu'un seul objectif : obtenir pour l'Université libre de Bruxelles un don de la Fondation Rockefeller, qui serait utilisé pour fonder l'hôpital Cavell. Pierre Nolf, quant à lui, voulait créer « un nouvel hôpital d'une centaine de lits *tous* consacrés à la médecine interne, avec des laboratoires suffisants pour l'étude approfondie de ces maladies[5] ». Ce dernier projet répondait, semble-t-il, aux vœux de la Reine.

Arrivé en quémandeur après Antoine Depage, lui-même précédé du docteur Sand, Nolf se heurta à la volonté de la Fondation Rockefeller de n'accorder d'aide qu'à des institutions universitaires, alors que la Reine et Nolf avaient envisagé un hôpital bruxellois « dans lequel les jeunes médecins sortis des *quatre* universités de Belgique puissent se perfectionner dans leur art et aussi s'initier aux méthodes scientifiques et travailler au progrès de la science médicale[6] ».

Plutôt que d'entrer en conflit avec l'Université libre de Bruxelles, Nolf s'inclina, non sans clamer sa rage : « Cette belle combinaison a été conçue par un physiologiste qui a fait une étude plus approfondie de Machiavel que de nos classiques usuels, engagée ici par un premier envoyé, le docteur Sand, et conclue par un chirurgien qui paraît ignorer ce que signifie le mot gratitude[7]. »

Ces querelles absurdes devaient d'autant plus agacer la Reine que celle-ci « ressentait le choc du changement de vie de l'après-guerre[8]. » Plusieurs lettres de Nolf permettent de préciser son état de santé : amaigrissement et affection à la muqueuse de la joue droite. Après un traitement au moyen de glandes fraîches, Élisabeth fut soumise à une cure d'héliothérapie :

> « Le soleil, recommandait le médecin, doit agir sur la peau *nue* du dos. Il faut supprimer tout vêtement jusqu'à la ceinture et exposer la poitrine jusqu'aux dernières côtes, en arrière seulement, en se plaçant sur le ventre tout en se tournant un peu sur le côté gauche de façon à exposer complètement le côté postérieur droit. Il faut protéger la tête. La première séance ne doit pas excéder une 1/2 heure, la seconde

3/4 d'heure, la troisième une heure, la quatrième une heure et demie, la cinquième et les suivantes deux heures. J'attache *beaucoup* d'importance à cette cure. Je la considère comme *indispensable.* Si elle donne les résultats que j'espère nous assisterons probablement à une augmentation du poids et peut-être à une augmentation de la tolérance pour les hydrates de carbone[9]. »

On aurait pu croire qu'obligée de ménager ses forces, Élisabeth ralentirait quelque peu ses activités. Il n'en fut rien. Son bureau au château de Laeken était devenu un véritable office d'aide aux victimes de la guerre. Chaque jour, le capitaine Charles Graux, secrétaire de la Reine, dépouillait un courrier volumineux, en rendait compte, prenait note des décisions et instructions. Rien n'était improvisé ni laissé au hasard, même quand il s'agissait de parer au plus pressé. La souveraine veillait personnellement à l'exécution de petites choses comme l'envoi quotidien des journaux aux hôpitaux et, les jours de fête, la distribution d'oranges, tabac, cigarettes, friandises et livres[10].

Elle maintenait soigneusement le contact avec le colonel Van Schrick et le lieutenant-colonel Ernest B. Bicknell, représentants de l'American Red Cross. Avant que celle-ci ne cesse ses activités en Europe Occidentale, elle en obtint un million de francs pour la lutte contre la tuberculose et 750 000 francs pour les œuvres d'aide aux mutilés de la guerre[11].

Elle supplia le comte Charles de Broqueville, devenu ministre de l'Intérieur dans le gouvernement Delacroix, de ne pas laisser tomber les nombreux dispensaires qui avaient été créés pendant la guerre en territoire belge occupé. Elle obtint les crédits nécessaires[12].

Elle multiplia également les marques de sollicitude à l'égard des orphelins de guerre, des victimes de plaies articulaires, des aveugles de guerre, des gazés auxquels elle faisait envoyer des flacons de « spécifique », des anciens prisonniers de guerre et prisonniers civils, etc. Comme durant les années de guerre, elle visitait toujours ambulances, hôpitaux et instituts, notamment ceux de Crefeld, de Gand et de Woluwé.

Alourdissant les soucis des autorités médicales, l'épidémie de grippe espagnole qui avait déferlé sur l'Europe avant la fin des combats ne lâchait prise que très lentement. Elle demeurait meurtrière. Hélène, la femme de chambre de la princesse Marie-José, avait elle-même été atteinte. La Reine avait dû la confier à l'hôpital de Bruges avant de rentrer à Bruxelles. Affaiblie par les privations et manquant souvent de charbon pour se chauffer, la population résistait mal à un virus contre lequel il n'existait pas de médication adaptée.

***

Cependant, au château de Laeken, Élisabeth essayait de faire renaître la vie d'antan. Les Allemands avaient, dans l'ensemble, respecté le bâtiment. Certes le parquet se trouvait en mauvais état, la cave avait été totalement vidée de ses précieuses bouteilles et certains officiers ou soldats avaient emporté quelques « souvenirs », mais — comme le signalait Martin, le moustachu portier du château —, les meubles étaient restés en place. Intacts aussi les tableaux et les sculptures. En définitive et au grand chagrin de Parat le jardinier, c'était le parc, laissé à l'abandon pendant quatre ans, qui avait le plus souffert ; et, dans les vastes serres, des centaines de plantes mortes, faute de soins et de chaleur, offraient un lamentable spectacle.

Élisabeth, après la longue austérité imposée et acceptée à La Panne, ne concevait pas la vie à Laeken retrouvée sans fleurs dans les appartements, les jardins et les serres. Elle se souvenait du poème de Verhaeren :

Vous avez dit, tel soir, des paroles si belles
Que sans doute les fleurs qui se penchaient vers vous,
Soudain nous ont aimés et que l'une d'entre elles,
Pour nous toucher tous deux, tomba sur mes genoux...

La Reine ne tarda pas à se mettre à la recherche de plantes nouvelles. Cette quête de beauté la distrayait du retour en force des corvées mondaines et protocolaires qu'elle savait inévitables mais qu'elle jugeait plus dérisoires qu'auparavant. Elle distrayait aussi le Roi, dont elle avait remarqué que le caractère s'était assombri dès les premières sessions de la Conférence de la Paix à Paris. Les sautes d'humeur d'Albert Ier étaient redoutées de ses enfants qui en observaient avec inquiétude les signes avant-coureurs : « La crispation et l'agitation nerveuse de ses mains[13]. »

Il est vrai que le comportement des Alliés avait de quoi mécontenter le chef d'État d'un pays qui avait joué un rôle primordial dans la guerre et s'était senti relégué à l'arrière-plan dès l'armistice.

Les quatre membres du Conseil suprême de la Conférence — Wilson, Clemenceau, Lloyd George et Orlando — avaient placé les négociateurs belges dans la position humiliante de quémandeurs, au même niveau que les représentants du Brésil, de Cuba ou du Siam. Ils finirent par les convoquer, le

11 février 1919, devant une manière de jury où siégeaient deux Japonais. Toison blanche en bataille, Paul Hymans exposa avec conviction la nécessité de revoir les traités de 1839 concernant le statut de neutralité de la Belgique mais aussi la souveraineté de la Hollande sur la rive gauche et l'embouchure de l'Escaut. Il souligna la nécessité d'un rapprochement entre la Belgique et le grand-duché de Luxembourg et demanda le rattachement de quelques cantons enlevés par la Prusse en 1815. On l'écouta, mais sans plus.

Très vite, il apparut que la Belgique risquait de devenir la victime de la mésentente de plus en plus accusée entre les Français et les Britanniques. Le Foreign Office redoutait une inféodation de la Belgique à la France et voyait avec déplaisir le maréchal Foch solidement installé au Luxembourg où il animait une propagande annexionniste. La France, elle, se méfiait des Belges. Ce n'était pas nouveau. En 1917 déjà, Philippe Berthelot, secrétaire général du Quai d'Orsay, s'était écrié : « Bah ! de toute manière, nous les aurons après la guerre, les Belges : union douanière, jonction de leur réseau à notre réseau du Nord, accord militaire, leurs officiers aux écoles militaires françaises, nous les bouclerons [14]. » Cet état d'esprit ne s'était guère modifié en 1919. Les Alliés contestèrent même la part des Belges dans les Réparations exigées des Allemands. Un jour qu'Émile Vandervelde demandait que l'on songe au peuple belge et à ses malheurs : « Il est petit, mais il a confiance en vous. Ne lui refusez pas ce qu'il attend et ce qu'il a le droit de recevoir », Lloyd George lui avait répondu avec mépris : « Vous avez eu moins de tués que nous [15] ! »

Les incidents se multiplièrent. Aussi Hymans supplia-t-il Albert Ier de venir en personne affronter les quatre membres du Conseil Suprême de la Conférence. Le Roi arriva immédiatement, annulant un voyage qu'il méditait à Londres. Une série d'entretiens privés lui confirmèrent que des contradictions existaient entre les Alliés sur les questions fondamentales. Poincaré estimait que la Belgique n'avait pas de titre à une priorité de réparations vis-à-vis de la France en raison de la destruction de ses moyens de production, « car elle avait conservé les hommes et la France avait été saignée à blanc ». Wilson, au contraire, approuvait l'idée de la priorité de réparations à la Belgique. Le chef de l'État français considérait l'occupation du Rhin comme le moyen le plus sûr de contraindre l'Allemagne à s'acquitter de sa dette. Le président américain, lui, repoussait la perspective de l'occupation militaire de la Rhénanie ; selon lui, ce territoire devait être désarmé [16].

Le 4 avril, le Roi rencontra les « Quatre » et dressa devant eux le bilan des destructions et pillages pratiqués par les Allemands : détérioration des routes et des chemins de fer, démolition ou enlèvement de l'équipement industriel, dépréciation des terres agricoles et réduction de moitié du cheptel, destruction de dizaines de milliers d'immeubles, imposition de 3 milliards de contributions par l'occupant, nombreux chômeurs, reprise des marks à un taux prohibitif, etc. Il parla de la révision des traités de 1839, de la nécessité de modifier le statut de l'Escaut et la frontière du Limbourg. Lorsqu'il évoqua le libre rapprochement de la Belgique et du grand-duché de Luxembourg, il provoqua une violente colère de Clemenceau. Perdant tout sang-froid, le « Tigre » éclata : « Je refuse de faire une déclaration quelconque repoussant les Luxembourgeois qui viennent s'offrir à la France. Mais, quant à moi, je n'ai pas besoin des Luxembourgeois, de ces 200 000 boches, de ces 200 000 catholiques, prenez-les, si vous en avez envie. Moi je n'y tiens pas[17] ! »

Le Roi ne broncha pas. La séance prit fin après cet incident. Albert s'en alla déjeuner à l'hôtel Loti, en compagnie de ses compatriotes. Le lendemain, il repartit en avion.

⁂

La Reine accompagnait son mari dans la plupart de ses déplacements à Paris où, notait-elle, « les conférences de paix continuent avec un sérieux de carnaval ».

> « Rien de ce que nous devions faire, écrit-elle, n'a été décidé à cause des conférences de la paix où personne ne peut se mettre d'accord et où l'on ne sait pas s'il restera encore assez de vaisselle à casser... Où allons-nous ? Nous sommes comme les pigeons qui tournent au-dessus de leur maison et ne savent pas dans quelle direction voler. En attendant, allons voir Nijinsky et la troupe de Diaghilev[18]. »

Elle saisissait, évidemment, l'occasion de revoir la famille, notamment les ducs de Vendôme à Neuilly et la reine Marie de Naples à Saint-Germain-en-Laye. L'héroïne de Gaète, celle que d'Annunzio avait célébrée dans son roman *Les Vierges aux rochers*, avait le don d'impressionner la princesse Marie-José.

> « Je ne puis oublier cette vision presque spectrale, vraie résurgence du passé : grande, droite, extrêmement maigre, habillée tout de noir, la taille serrée par une ceinture de cuir d'où s'échappait une jupe collante qui recouvrait à peine ses bottines à boutons. Mais ce qui me

> frappa le plus, ce furent le port altier de sa petite tête couronnée d'une double tresse grisonnante et ses yeux d'un bleu pervenche, qui lui dévoraient littéralement le visage. Lorsqu'au cours de la conversation, ce regard interrogateur et déchirant se posait sur vous, c'était à se demander de quelle catastrophe allait périr le monde[19]. »

Pendant qu'Élisabeth allait voir des amis ou s'arrêtait dans les grandes maisons de couture — coquetterie oblige — Albert parcourait les salles de cinéma. Il lui arrivait de voir cinq films en un seul jour. Il ne manquait jamais un Charlot, et admirait la simplicité de ce petit homme au grand cœur, confronté avec la force implacable des « grands » et des machines et qui s'en tirait sans prononcer la moindre parole. Les journées parisiennes de la Reine étaient, en tout cas, bien remplies : « Je ne sais pas si je suis tombée sur mes pieds ou sur ma tête. Famille, couturières, laboratoires. Je ne sais pas si la robe que je mets sort du laboratoire de Mme Curie ou si Worth m'a mis du radium dans la poche, ou est-ce le champagne Vendôme[20]. » Le duc de Vendôme offrait en effet à ses hôtes un champagne dont Élisabeth n'ignorait pas les effets grisants !

Le traité de Versailles, signé le 28 juin 1919, ne satisfaisait pas les revendications essentielles de la Belgique. On ne lui avait pratiquement concédé que le territoire d'Eupen-Malmédy et un mandat sur le Rwanda-Urundi. La France tenait toujours le Luxembourg en gage, tandis que la frontière limbourgeoise demeurait ce qu'elle était depuis 1839. Albert Ier ne se faisait aucune illusion sur l'avenir de l'Europe remodelée à Versailles :

> « [Elle] se trouve placée politiquement sur un plan incliné. Il n'y a de paix réelle que si elle rallie l'adhésion du vaincu par certaines perspectives de stabilisation intérieure et d'équilibre extérieur. On ne maintient pas indéfiniment un peuple de 60 millions d'Européens à l'état de tributaires désarmés. Faute d'ajustement à l'amiable, les aspirations nationales conduiront à une nouvelle guerre. »

Mais, vivant dans l'euphorie de la sécurité retrouvée, les populations des États vainqueurs s'avancent allègrement dans les « années folles », avec leur exubérance, leurs audaces esthétiques et morales. Dans les mois qui suivent l'armistice, les visites officielles se succèdent à Bruxelles, pour la plus grande joie des badauds. Les chefs d'État semblent se disputer l'honneur d'être reçus par un héros de légende que certains ont pourtant malmené à la conférence de la Paix.

Woodrow Wilson est le premier de la série des hôtes illustres. Dans la chaleur torride de juin 1919, on lui montre les régions dévastées par la guerre, sans doute dans l'espoir de l'impressionner et de justifier les revendications belges aux réparations. Le programme a, selon l'aveu de la reine Élisabeth, « de quoi tuer un bœuf », mais le président des États-Unis paraît aussi insensible à la fatigue que sa jeune femme. Celle-ci ne cesse de se poudrer le nez et les joues, ce qui provoque les éternuements de la Reine.

Suivront les visites du président Poincaré et du maréchal Foch, aussi populaires l'un que l'autre, d'Aristide Briand, de Paul Deschanel au comportement déjà bizarre, du Shah de Perse au turban orné d'un formidable diamant, de Hiro-Hito, le prince héritier de Japon, d'Aman Allah, le roi d'Afghanistan, du ras Tafarí, le futur Hailé Sélassié, etc.

Les voyages officiels des souverains belges alternent avec les visites qu'ils reçoivent. La reine Élisabeth y prend un évident plaisir, mais toujours elle l'assortit de quelque enquête dont elle entend bien tirer des conclusions pratiques ; notamment sur le plan médical ou sanitaire.

⁂

Le 22 septembre 1919, à Ostende, le Roi, la Reine et le prince Léopold sont montés à bord du destroyer américain *Ingraham.* Ce fin lévrier des mers doit les mener jusqu'au *George Washington,* qui mouille dans la zone neutre, à une lieue environ de Calais. Les coudes appuyés au bastingage de l'étroite dunette, les jumelles marines à la main, Élisabeth scrute la ligne de la côte, les dunes désolées, les silhouettes des villas solitaires. Sa dame d'honneur, la comtesse de Caraman-Chimay, s'est discrètement éloignée. Elle sait qu'elle doit laisser la Reine à ses rêveries silencieuses, au souvenir des jours et des nuits d'angoisse à La Panne, aux images persistantes des salles d'hôpital et de leurs lits d'agonie.

Les paysages familiers de quatre années de guerre s'estompent rapidement dans la brume, et déjà l'*Ingraham* s'amarre aux flancs du *George Washington* qui le domine de ses sept étages. Une *Brabançonne* et vingt et un coups de canon accueillent les souverains et leur fils aîné. Détail curieux : le *George Washington,* navire construit par les Allemands en 1903 et saisi par la marine de guerre américaine en 1914, a jadis servi aux déplacements sur mer du Kaiser Guillaume II.

Rien n'a été négligé pour rendre la vie à bord aussi

agréable que possible. Les appartements de la Reine portent l'empreinte du *modern style* américain : chambre à coucher lambrissée d'acajou et tapissée de bois de rose, boudoir aux meubles houssés de tapisseries à ramages rouges, lampes aux abat-jour ornés de fleurs et branchages peints.

Dès le premier jour de la traversée, le Roi et la Reine prient l'amiral Long et le capitaine McCauley de les débarrasser de la présence des deux aimables fusiliers marins chargés de les suivre en tous lieux, à cinq pas en arrière. Seule sera maintenue la mission du garde du corps du prince Léopold qui, du reste, ne semble pas remarquer sa présence.

Que faire à bord d'un transatlantique sinon visiter les machines du navire, regarder les hyper-américaines *moving pictures* sur l'écran ou se livrer à des jeux sur le pont ? Habile de ses mains et adroite de ses gestes, la Reine excelle au *quoits.* Le lieutenant-général Jacques, le héros de la bataille de Dixmude, ne s'aventure pas à rivaliser avec elle dans l'art de coiffer d'un anneau le manche d'un piquet. Comme l'écrivain Pierre Goemaere s'en étonne, il s'exclame : « Moi ! jouer au *quoits...* Oh ! mais, vous n'y pensez pas ; c'est qu'il me faut garder mon prestige[21]. »

L'imprimerie du navire ne produit pas seulement les menus et les programmes des concerts, mais sort aussi, chaque matin, un journal, *The Hatchet,* qui reçoit ses informations par télégramme. Le Roi, la Reine et leur suite peuvent ainsi suivre les principaux événements de Belgique et du monde. Élisabeth, lectrice assidue de d'Annunzio, se passionne pour les faits et gestes de l'écrivain-aviateur qui, à la tête de ses légionnaires, vient de s'emparer de Fiume. Albert, lui, s'intéresse aux préparatifs des Jeux Olympiques d'Anvers et à la campagne électorale pour un scrutin qui, pour la première fois en Belgique, se fera au suffrage universel. A tous les nouvelles concernant l'état de santé du président Wilson inspirent des inquiétudes sans cesse grandissantes.

Le jeudi 2 octobre, le *George Washington,* désormais escorté de sept destroyers et de sept avions, pointe l'étrave vers New York. La Reine avait beau s'attendre au choc, à la révélation fascinante de Manhattan émergeant de l'eau derrière la statue de la Liberté, l'émotion n'en fut pas moins réelle. Élisabeth se laisse envahir par elle. Auprès du Roi, sur la dunette, toute de blanc vêtue, son léger voile de satin flottant au vent du large, elle regarde grandir *the Big Apple,* la ville verticale, sans cesse recommencée et toujours identique à elle-même.

Débute alors la plus prodigieuse et la plus triomphale visite royale. Frappé d'hémiplégie, le président Wilson s'est fait remplacer, à l'embarcadère du *pier* de Hoboken, par le vice-président Marshall. Celui-ci donne d'emblée le ton qui sera celui, inlassable, des dizaines et des dizaines de discours adressés aux souverains :

> « Soyez le bienvenu dans cette République, ô vous, le Roi le plus grand du peuple le plus vaillant que l'Histoire ait jamais connu. Venez à nous avec votre cher drapeau que vous avez gardé virginal. Venez parmi le peuple qui aime la fidélité et la vaillance, ô vous qui, en même temps que vous enseigniez au monde que les traités ne sont pas des chiffons de papier, lui montriez que les mots Foi et Loyauté doivent être placés au-dessus de Couronne et de Royaume ! »

Pâle d'émotion, la gorge serrée, Albert répond en anglais, sans s'aider d'aucune note. « J'apporte, dit-il notamment, à la grande Amérique l'immense gratitude de mon petit pays. » On a souvent décrit la stupéfiante réception réservée par New York au Roi et à la Reine. Les chroniqueurs les plus sérieux n'ont pas résisté au lyrisme. Qu'il nous suffise d'en citer deux.

> « Comme dans un rêve, écrit Pierre Goemaere, les autos de notre souverain et de sa suite s'avancèrent sur ces immenses avenues d'où montait la clameur la plus étourdissante que nos oreilles entendront jamais. Derrière les cordons de soldats, des hommes et des femmes s'entassaient dont on ne voyait que la frénésie et la contorsion des bouches hurlantes. Comme débordant les uns par-dessus les autres, ces paquets humains s'étageaient aux fenêtres, depuis le trottoir jusqu'au faîte de ces gigantesques gratte-ciel, nous faisant une double bordure de falaises vivantes. De là-haut tombaient, avec des sifflets stridents, des spirales de serpentins et des panerées de confettis multicolores qui papillotaient dans le soleil. Même, des paquets entiers de journaux s'écroulaient sur nos têtes. On sait qu'au peuple américain toute manière d'exprimer sa faveur est bonne qui est bruyante. Non contents de siffler, certaines gens avaient apporté des sirènes d'autos et des klaxons. Mieux encore : devant une usine métallurgique un millier d'ouvriers s'étaient groupés. Chacun d'eux tenait dans une main un morceau de poutrelle, et dans l'autre un marteau. Et lorsque parut le Roi, ils battirent le fer à pleins bras [22]. »

> « Jamais événement historique, rapporte de son côté Franz Ansel, n'a rassemblé en aucun lieu du monde une foule plus dense et plus anxieuse que celle qui va, en ce grand jour, acclamer le Roi dans Broadway.

« Aussi, quand le cortège royal débouche dans la fameuse artère, une clameur inouïe éclate, si forte et si brusque qu'elle ressemble à quelque décharge d'artillerie, et ce cri d'un peuple en délire, ce mugissement de mer humaine, cette rumeur prodigieuse grandit, s'enfle, se propage en traînée de poudre sur une distance d'une demi-lieue, et s'en va mourir tout là-bas, pareille aux grondements du tonnerre se prolongeant en échos sourds jusqu'aux limites de l'horizon.

« Cet ouragan impétueux confond, mêle et roule toutes les voix capables de traduire l'enthousiasme d'une multitude d'un million d'hommes dans une cité américaine ; et, de même que dans une tempête l'oreille ne perçoit tout d'abord que le fracas terrible du vent, où se noient tous les autres bruits, on n'entend aux premières minutes qu'un brouhaha vague et confus, dont on n'arrive que peu à peu à discerner les notes multiples et les éléments composites. Il y a de tout dans ce concert : des sons de trompes d'automobiles, des éclats cuivrés de fanfares, des carillons de cloches d'églises, de longs mugissements de sirènes, de folles bordées de coups de sifflet qui partent comme des fusées sonores, et surtout, aigus et stridents à trouer nos tympans d'Europe, des *cheers !* poussés à plein gosier et des vivats retentissants, dont les murailles cyclopéennes renvoient et amplifient encore les assourdissantes vibrations[13]. »

Élisabeth est éblouie et stupéfaite à la fois — on le serait à moins ! Il lui faut ensuite aller de cérémonie en réception, écouter d'innombrables discours, serrer des centaines de mains, embrasser des dizaines de bambins joufflus. Mais, très vite, elle s'y entend à bousculer les programmes préétablis. A New York, pendant que le Roi pénètre dans l'antre de Wall Street, elle passe de longues heures au Metropolitan Museum. Dans un hôpital de la ville, elle accorde une audience à deux femmes médecins, Anna Brown et Katherine Davis ; et elle leur parle avec admiration des femmes américaines qui se vouèrent aux tâches de médecin ou d'infirmière dans les hôpitaux du front de l'Yser. A l'Institut Rockefeller, elle se fait montrer le laboratoire de recherche médicale. Elle multiplie d'autant plus les questions précises qu'elle voudrait voir la Belgique dotée d'un tel organisme. Dans le même esprit, à la clinique annexée à l'Institut, elle s'enquiert des mesures d'hygiène et des méthodes opératoires qui y ont été mises au point[24].

Une nuit, elle parcourt *incognito,* l'immense Broadway, en compagnie de la comtesse de Caraman-Chimay et de quelques détectives qui la suivent discrètement. Les yeux fixés sur les réclames lumineuses du *white light section* (le quartier de la lumière blanche), elle se mêle à la foule. Ceux-là mêmes qui, à midi, l'ont frénétiquement acclamée la heurtent au passage sans la reconnaître. Il est environ minuit lorsqu'elle parvient à *Times Square,* le centre de Broadway. Par-dessus la place où il fait aussi clair qu'en plein jour, les lumières aux couleurs les plus variées développent les motifs publicitaires les plus inattendus. De retour au *Waldorf-Astoria,* dans la Cinquième Avenue, elle raconte à son mari l'histoire d'un chat lumineux tenant entre ses pattes une cigarette de dix mètres de long et de deux mètres de large et celle de deux paons qui, au sommet du plus gigantesque *building,* se becquètent en déployant une roue scintillante de bleu, de rouge et d'or.

Moment d'intense émotion, le dimanche 5 octobre, sous les voûtes de la cathédrale Sainte-Croix de Boston. Le Roi en uniforme kaki et le cardinal Mercier en *cappa magna* pourpre s'y rencontrent, face à face l'incarnation de la résistance spirituelle et de la résistance armée ; la Croix et l'Épée, comme au Moyen Age, mais sans ambiguïté sur le rôle de l'une et de l'autre. Dans l'assistance, la chevelure blanche du prélat et la tête blonde d'Albert dépassent toutes les autres. Bientôt la communauté de la liturgie et de la langue latine unit étroitement catholiques américains et catholiques belges.

La Reine revit en pensée cette scène inoubliable lorsque, debout sur la plate-forme arrière du train, elle fait ses adieux à la foule bostonienne qui s'écrase sur les quais de la *South Union Station.* D'un geste furtif, elle écarte deux larmes qui perlent sur ses joues.

Niagara Falls ! C'est un Belge, le récollet athois Louis Hennepin qui, en décembre 1678, décrivit pour la première fois ces chutes auprès desquelles, écrivait-il, toutes les autres ne sont que « de fort faibles échantillons. Les eaux qui tombent de cette grande hauteur écument et bouillonnent de la manière du monde la plus épouvantable. Elles font un bruit terrible, plus fort que le tonnerre. Quand le vent souffle au sud, on entend cet effroyable mugissement à plus de quinze lieues[25] ».

A Niagara Falls, la Reine n'éprouve pas la déception si courante quand on admire enfin un paysage trop célèbre et trop célébré. Avec Albert qui est venu ici il y a quelque vingt ans, elle se penche au bord du parapet qui domine l'abîme. Elle ne se lasse pas de regarder le fleuve énorme qui se divise en deux avant de se précipiter de son escarpement rocheux. Au fond du gouffre bouillonnant, de petites passerelles de bois ont été lancées de rocher en rocher. C'est la *cave of winds.*

— On y va ? demande le Roi.

— On y va, répond la Reine.

L'expédition comporte quelques risques : elle consiste à passer entre la muraille d'eau et la muraille rocheuse, ce qui exige pied sûr, nerfs solides et équipement spécial. Les souverains et leur suite revêtent, à même la peau, un complet de flanelle grise et, par-dessus, une large veste jaune en toile cirée surmontée d'un capuchon. Ainsi affublée, les pieds nus dans des sandales, Élisabeth tente vainement d'échapper aux photographes embusqués à la sortie des cabines. Elle ressemble à une « abeille mouillée qui aurait replié ses ailes », dira gentiment la presse. A mesure qu'on descend les spirales du petit escalier, le bruit augmente ; il devient clameur tandis que l'embrun s'épaissit. Le visage de la Reine est cinglé de paquets de gouttes dures comme de la grêle. Et voici la paroi d'eau que l'épaisseur assombrit avec des lueurs légèrement verdâtres ! On la croirait immobile. De l'autre côté : la falaise à pic. Les deux mains accrochées à la passerelle, on n'avance plus qu'à l'aveuglette jusqu'au moment où, le mur liquide enfin franchi, la lumière du soleil surgit, aveuglante mais rassurante.

L'expédition terminée, les participants s'échangent leurs impressions. « Si Dante avait connu ça, s'écrie la Reine, quelles pages il aurait écrites ! » Moins poète, le Roi observe en souriant : « De pareilles promenades valent mieux que toutes les cures de tous les sanatoriums. » Quant au général Jacques, tout en tordant ses longues moustaches trempées, il note placidement : « On se serait cru aux tranchées. »

Le jeudi 9 octobre, à Salt Lake City, les souverains belges ont le privilège exceptionnel non seulement de pouvoir pénétrer dans le Temple de granit rose des Mormons mais encore d'y être accueillis par les folles acclamations de dix mille fidèles de l'Église des Saints du Dernier jour. Délicate attention à l'égard de la Reine musicienne : à la fin de la cérémonie, tous les discours ayant été dûment prononcés, un artiste improvise sur l'orgue du Tabernacle — l'un des plus beaux et des plus grands du monde — de brillantes variations sur des thèmes inspirés du *Cantique des Cantiques.*

Du samedi 11 octobre au mardi 14 octobre, un répit est enfin accordé au Roi, à la Reine et au prince Léopold. Il était temps, l'épuisement physique les guettait ! L'endroit choisi pour leur week-end est un morceau de paradis terrestre sur les grèves d'or du Pacifique : Santa Barbara, la plage des milliardaires. A peine arrivés à la Casa Dorimga, leur résidence, Albert et Élisabeth sont allés nager dans l'océan, étale comme un lac. Cela leur rappelle les baignades de Possenhofen. En plus chaud, assurément. La Reine peut enfin muser à sa guise, sans se soucier d'un agenda à respecter scrupuleusement. Elle passe de longues heures à se promener dans les jardins aux espèces rares et où vibre le vol soyeux des oiseaux-mouches. Amoureuse des fleurs, elle s'arrête devant les fuchsias géants ou les cloches blanches des daturas et apprend à connaître les noms d'innombrables plantes exotiques.

Le Roi, lui, monte sur la plage un trotteur particulièrement rapide nommé *Uhlan.* Un *Uhlan* qui ne lui fait pas vider les arçons — avec un nom pareil, ce serait le comble ! —, mais lui fait perdre sa casquette. Une petite fille, Miss Adrian, la ramasse aussitôt, la transforme en sébille et fait une collecte parmi les baigneurs. Quand elle rapporte la casquette au Roi, elle est bourrée de dollars...

Le week-end terminé, le périple se poursuit. En commençant par San Francisco, où les souverains retrouvent avec joie Herbert Hoover et Brand Withlock, les deux hommes qui, pendant la guerre, sauvèrent de la faim 6 millions de Belges. Puis c'est la découverte de la vallée de Yosemite, les séquoias géants, les Indiens.

La presse américaine commente, à longueur de colonnes, le voyage triomphal des souverains belges, mais avec une nette tendance à raconter n'importe quoi, pourvu que ce soit sensationnel. Un journal n'hésite pas à prétendre qu'il y a vingt ans, le roi Albert gagnait sa vie à New York comme reporter de journal. Un autre affirme que, pendant la guerre, Élisabeth dut engager ses bijoux au Mont-de-Piété.

Un jour qu'elle se promenait dans un campement indien de Yosemite Valley, la Reine pénétra dans la cage où ronronnaient deux charmants petits pumas. L'un d'eux, qu'elle carressait, flaira la lisière de fourrure du manteau de sa visiteuse inattendue et allongea la patte pour jouer. Dans la presse américaine, l'anecdote devint : « La reine des Belges affronte des lions. » L'histoire parvint jusqu'en Belgique où l'on jugea que décidément Élisabeth poussait trop loin son goût du risque ! Dans la même Yosemite Valley, Pierre Goemaere est le témoin d'une petite scène familière qui n'est pas sans rappeler un épisode du *Thyl Eulenspiegel* de Charles De Coster. Penchés au bord d'un vivier, la Reine et le prince Léopold s'amusent à observer des milliers de petits alevins de truite. Ils en aperçoivent un, malencontreusement accroché à une brindille par les nageoires et cherchant vainement à se libérer. Le prince Léopold prend alors une baguette et s'apprête à la plonger dans l'eau. Mais sa mère retient son bras.

— Prends garde, tu lui ferais mal.

— Mais alors, comment veux-tu ?

Sans mot dire, Élisabeth se dégante, retrousse la

manche et enfonce l'avant-bras dans l'eau. Avec d'infinies précautions, elle dégage le poisson qui, frétillant, retrouve la liberté[26].

Après la parade de Los Angeles sous une pluie de fleurs tombant des croisées, c'est la visite des studios de cinéma de Culver City où sont tournés 70 % des films projetés dans le monde.

> « Dans l'encadrement de leurs portes, note Franz Ansel, apparaissent, guettant avidement le passage du Roi et de la Reine, de ravissantes têtes de jeunes femmes glorieusement casquées de cheveux blonds : ce sont là les *stars of the screen,* les grandes coquettes, les ingénues dont l'exquise et troublante beauté fait battre les cœurs dans les deux mondes. Certaines, brûlant la politesse au régisseur et à l'opérateur, ont abandonné leurs décors et, sous leur fard et leurs atours, elles se sont jointes à la cohue qui emplit la cour du studio : le soleil accuse cruellement le large cercle de peinture bleue tracé autour de leurs prunelles, la pâte qui souligne leurs paupières, le noir dont se renforcent leurs cils, l'oxygène qui teinte leur chevelure, le fard épais qui plaque leurs joues, tous les artifices que réclame la lueur crue des projecteurs. Cet éclat emprunté fait des plus belles, sur l'écran, ces idoles du public ; mais, vu à la lumière du jour, il donne quelque désillusion. Dessous des cinémas ou coulisses des théâtres, c'est tout un : l'on en sort un peu désenchanté[27]. »

Puis c'est la traversée du Grand Canyon, suivie d'un trop rapide contact avec trois tribus indiennes. Celles-ci organisent quelques danses en l'honneur du Roi et de la Reine. Est-ce par hasard que la dernière est la danse des larmes ? Les larmes d'un peuple quasi exterminé. Est-ce parce qu'il a compris le message douloureux que le Roi appelle le maître de danse et épingle sur son sein une décoration au ruban rouge ?

Nouvelle parade à Saint-Louis, la ville des États-Unis qui a envoyé le plus de vêtements à la Belgique occupée. Nouveaux déferlements d'acclamations, nouvelle palpitation de drapeaux, nouveaux discours. A Springfield, devant le tombeau d'Abraham Lincoln, le Roi s'incline trois fois, comme pour prolonger le temps de sa méditation, puis il rappelle, dans son allocution, les paroles du champion de l'antiracisme :

> « A présent c'est à nous autres vivants de nous atteler à l'œuvre que ceux qui se sont battus ici *[à la bataille de Gettysburg, en 1863]* ont commencée si noblement et que leur mort a laissé inachevée.
>
> « Moi qui suis venu aujourd'hui d'un pays lointain, je n'oublierai jamais cette parole de votre Président. Je puis trouver dans son exemple la puissance et la fermeté qui rendent un chef digne de sa nation et le font s'atteler à l'œuvre de progrès et d'idéalisme que le grand Lincoln a si noblement commencée. »

Au Music-hall de Cincinnati, la Reine retrouve son maître de chapelle Eugène Ysaye, qui y dirige l'Orchestre symphonique. Après une *Brabançonne* arrangée à la manière du maître et sublimée à l'américaine, le programme de circonstance comporte la *Marche héroïque* de Saint-Saëns, la *Symphonie en* do mineur de Franck, *Exil,* poème symphonique d'Eugène Ysaye lui-même et, pour satisfaire les goûts moins raffinés, le ballet de *Sylvia.*

Pittsburg, Harrisburg, New York, Philadelphie,

Washington, le voyage royal s'achève comme il a commencé : à coups de manifestations enthousiastes et de réceptions chaleureuses. La cérémonie à la Chambre des représentants et au Sénat en marque l'apogée spectaculaire, mais deux visites en indiquent la qualité. La première a lieu à la Maison Blanche où le Roi, la Reine et le prince Léopold se rendent au chevet du président Wilson, l'homme qui aurait voulu changer en profondeur les relations internationales dans le monde. La seconde est faite à Mount Vernon, où vécut et mourut Georges Washington, le père de l'Indépendance américaine[28].

⁂

Dès son retour des États-Unis, avec une autorité accrue par la conscience qu'elle avait prise de sa popularité, la Reine se voua aux différentes fondations et œuvres médicales qu'elle entendait susciter ou soutenir.

Le 8 décembre 1919, le docteur Antoine Depage, toujours aussi jaloux du prestige grandissant de son confrère Pierre Nolf auprès de la souveraine, remerciait celle-ci d'avoir accordé son haut patronage à la clinique Edith Cavell et Marie Depage. « Il m'eût été pénible, après les années vécues à La Panne, d'entreprendre isolément la réalisation de mon projet et de ne plus sentir l'appui moral de Sa Majesté dans l'œuvre que je poursuis. [...] Maintenant tout va bien[29] ! » Visiblement rassuré sur les sentiments d'Élisabeth, Depage lui annonça, douze jours plus tard, l'accord conclu entre le ministre de l'Intérieur et la Croix-Rouge au sujet de l'établissement sanitaire à créer dans les régions dévastées des Flandres. Par la même occasion, il lui remit un exemplaire d'un projet de réorganisation de la Croix-Rouge[30].

La Reine reçut, comme il le souhaitait, Depage au château de Laeken et lui conseilla vivement de prendre contact avec le ministre Renkin. Ce qu'il fit immédiatement[31]. « J'espère, écrivit-il le dernier jour de l'an, que les résolutions du ministre, qui me paraît on ne peut mieux disposé, nous permettent d'agir sans être arrêté par les formalités administratives[32]. » Renkin, sachant le désir de la Reine de voir aboutir le projet de réorganisation, ne tarda pas à donner son accord.

Le 5 janvier 1920, la Reine reçut en audience les responsables de la fondation anglo-américaine de secours permanent aux aveugles. Après les avoir longuement interrogés sur leurs activités, elle leur fit visiter l'Institut des Aveugles de Boitsfort, en exprimant le souhait de connaître leur opinion sur son fonctionnement. Puis elle chargea M. Delvaux de se rendre au domicile d'aveugles de guerre afin de constituer un dossier sur leurs besoins[33]. Quelques semaines plus tard, elle offrait à chacun une montre à sonnerie.

***

Pour de multiples raisons, les souverains belges avaient accepté l'invitation officielle que leur avait faite le président brésilien Epitacao Pessoa. Le Brésil était entré dans la guerre aux côtés des alliés en 1917. Assez modestement sur le plan militaire — il s'était contenté d'envoyer une petite flottille dans les mers septentrionales —, mais c'est en grandes quantités qu'il avait expédié des médicaments et des vivres. La Belgique ne l'avait pas oublié. Et puis Élisabeth n'était-elle pas une Bragance par sa mère, une « fille des enfants de lumière », selon les mots de Camoëns ? République depuis 1889, le Brésil se souvenait néanmoins du roi João VI et, surtout, de Don Pedro qui avait proclamé l'indépendance en 1822 et pris le titre d'empereur. Les Brésiliens considéraient Élisabeth presque comme des leurs.

Enfin, les souverains belges, qui avaient l'intention de se rendre bientôt au Congo, étaient heureux de l'occasion qui leur était offerte de parcourir une région tropicale. La Reine avait d'ailleurs demandé au docteur Nolf de l'accompagner afin d'enquêter sur place sur le diagnostic et le traitement des maladies tropicales.

L'embarquement eut lieu le mercredi 1er septembre 1920, au port de Zeebruges où avait accosté le cuirassé brésilien *São Paulo.* Avant de franchir la passerelle et de faire ses adieux à ses trois enfants, la Reine s'entretint pendant quelques instants avec les orphelins de marins et de pêcheurs, élèves de l'école Ibis venus lui offrir des fleurs. Puis ce furent la montée à bord, les traditionnelles acclamations de la foule massée sur le môle ou les toits des hangars, les hymnes nationaux, les ancres levées, les amarres lâchées.

La traversée fut presque sans histoire. « Les premiers jours nous avons eu très froid, écrivit la Reine à son fils Léopold, le 6 septembre. Depuis deux jours le temps se réchauffe, quelques personnes trouvent qu'il fait déjà trop chaud depuis hier mais moi je n'ai pas assez chaud encore... » Élisabeth se plaignait des nuits sans étoiles : « Je les attends avec impatience. J'ai une grande carte avec moi et j'étudie les constellations de l'hémisphère austral. Comme je voudrais t'avoir ici, tout t'amuserait tant ! Hier soir, les nègres dansaient sur le pont au son de la musique militaire du bateau. » Le 8 septembre, le temps était délicieux : « Pas trop chaud du tout ; les vents alizés passent sur le pont et donnent de la fraîcheur. En ce moment on fait des exercices de tir à bord, qui font chaque fois sauter ma plume[34]. »

La Reine qui aimait la chaleur et en éprouvait le besoin physique se dorait volontiers au soleil, un livre à la main. L'équipage était surpris par sa jovialité et son apparente simplicité. Elle se mêlait aux habituels jeux de bord qu'elle connaissait bien depuis son voyage aux États-Unis. Et le soir elle prenait souvent sa place parmi les violonistes de l'orchestre. Comme c'était la première fois qu'elle franchissait la ligne de l'Équateur, il lui fallut subir l'épreuve du baptême par le roi Neptune. En souvenir de quoi les marins offrirent un poudrier en cristal et bronze, portant comme inscription : « A la gracieuse et aimable reine Élisabeth de Belgique qui, en route pour le Brésil, a franchi l'Équateur et a reçu le baptême d'accueil à bord du navire de guerre *São Paulo.* »

Un jour, pourtant, l'équipage déplora la mort accidentelle d'un marin. Le commandant du cuirassé tenta de cacher l'événement à ses passagers royaux et ordonna que l'immersion se fît à l'aube. Mais, fureteuse comme elle était, la Reine savait tout ce qui se passait à bord. « Pendant quatre ans, rappela-t-elle au commandant, j'ai vécu dans la familiarité avec la mort. Celui qui va être immergé était de ceux qui avaient la charge de prendre soin de nous. Je désire assister à ses funérailles. » Au moment des ultimes prières de l'aumônier, Élisabeth s'agenouilla sur le pont, à côté du corps recouvert du drapeau brésilien.

Escorté de dix torpilleurs, le *São Paulo* pénétra majestueusement dans la baie de Rio, au début de l'après-midi du dimanche 19 septembre 1920. Cependant que, sous un soleil éclatant, les forteresses de Santa Cruz, São João et Imbuhy saluaient le cuirassé de leurs canons, soixante-quatre rameurs conduisaient vers le Roi et la Reine une galiote toute blanc et or. C'était l'historique *Dom João VI,* construite en 1808, venue du Portugal lorsque l'arrière-grand-père maternel d'Élisabeth, fuyant l'occupation napoléonienne, s'était exilé en terre brésilienne.

Albert et Élisabeth, accueillis par le président Epitacao Pessoa, sa femme et sa fille, descendirent dans la galiote qui les mena au débarcadère. Discours, cortège triomphal jusqu'au palais de Guanabara, apparitions au balcon... la visite officielle commençait. Trop, beaucoup trop officielle au gré de la Reine. Les autorités brésiliennes avaient cru bien faire en montrant à leurs hôtes combien leur pays était européanisé. Réception au Parlement, soirées de gala au théâtre, parades militaires, *garden-parties,* concours hippique, match de football, rien ne leur fut épargné alors qu'ils souhaitaient essentiellement rencontrer ceux qui luttaient difficilement pour le développement, les dirigeants d'établissements industriels, les responsables de l'urbanisme aux prises avec l'extension des *favellas,* etc.

Le mardi 27 septembre, après une semaine de cérémonies aussi lassantes que brillantes, la Reine, accompagnée du docteur Nolf et de la comtesse de Caraman-Chimay, put enfin visiter l'Institut de médecine tropicale Oswaldo-Cruz situé dans un faubourg de Rio. Elle s'y fit notamment expliquer comment, en quelques années, le docteur Oswaldo Cruz, un élève de Pasteur, avait réussi à éradiquer la fièvre jaune apportée en 1849 par des navires venant d'Amérique centrale. Nommé directeur de la Santé publique par le président Rodriguez Alvoz, il avait constitué une brigade de 1 500 hommes, surnommés les *« mostiquidides »,* qui procédèrent systématiquement à l'assèchement ou à la pétrolisation des marais, au nettoyage régulier de petites rivières et à l'examen quotidien des égouts de la capitale. Les résultats ne s'étaient guère fait attendre : dès 1903, la mortalité due à la fièvre jaune était tombée à 584 décès. En 1908, on n'en enregistrait plus que 4 et l'année suivante, plus du tout. Le docteur Chagaz, successeur de Cruz, étendit le domaine des recherches de l'Institut de médecine tropicale aux épidémies qui décimaient le bétail. Des serums très efficaces furent mis au point dans ses laboratoires et les recettes provenant de leur vente couvraient largement les frais de la recherche scientifique.

Après avoir entendu les paroles élogieuses de la Reine, Chagaz et ses collaborateurs signalèrent à celle-ci qu'ils connaissaient et appréciaient les travaux de plusieurs médecins belges, notamment le docteur Jules Bordet. « Le seul reproche à leur faire, dit Chagaz, c'est qu'ils sont trop modestes[35]. »

La flore brésilienne fascinait la Reine. Aussi voulut-elle passer de longues heures au Jardin botanique où on lui fit admirer le premier palmier que son arrière-grand-père, le roi du Portugal João, planta en 1808. Albert Ier qui semblait soucieux depuis qu'il savait son gouvernement menacé par les démissions successives du ministre de la Défense nationale Janson et du ministre des Colonies Franck, planta, lui aussi un arbre pour commémorer sa visite : un metrodora. Lorsqu'il l'eut abondamment arrosé, il le regarda en souriant et lança d'une voix claire : « Prends conscience ! » Aucune des personnalités présentes n'osa lui demander ce que signifiait exactement son souhait. Et comme Albert Ier n'était pas loquace, il laissa tout le monde dans le doute...

Pour compenser les effets débilitants de la chaleur humide de Rio de Janeiro, les souverains furent conviés à passer un jour et une nuit dans une plantation de café établie dans la montagne. La Reine en profita pour chevaucher dans la région, tantôt au trot, tantôt au galop. A un moment donné, elle piqua des deux à la poursuite d'un immense papillon bleu. Épuisés par son rythme, transpirant, la plupart des membres de sa suite abandonnèrent, l'un après l'autre, la randonnée. Elle, elle continuait, joyeuse et fougueuse comme aux beaux jours de Possenhofen.

Le périple brésilien conduisit Albert et Élisabeth à la ville résidentielle de Petropolis, à Theresopolis peuplée de colons allemands et suisses, à Belo Horizonte, la nouvelle capitale de l'État de Minas Gerais, construite de toutes pièces, en quelques années, sur l'emplacement d'un village perdu au milieu du pays, à São Paulo où le prince Léopold vint rejoindre ses parents. A nouveau, trop de cérémonies officielles mais aussi un enthousiasme populaire délirant, ponctué à chaque gare de salves de fusil et de coups de revolver. Le roi Albert prononça une nouvelle série de discours de remerciement, dans le style banal qui convenait. Toutefois, lors de la réception à la Cour de Justice de Belo Horizonte, il glissa une petite phrase qui ne passa pas inaperçue : « Plus un pays avance dans la civilisation, plus le pouvoir judiciaire y occupe une situation indépendante et respectée[36]. »

Quant à la Reine, elle visita à São Paulo le couvent de l'ordre belge de Saint-Vincent dont l'école était fréquentée par les enfants de la classe ouvrière. Et, pour ne pas faire de discrimination, elle s'arrêta aussi chez les sœurs de Saint-Augustin — un autre ordre belge — qui réservaient leur enseignement aux enfants de ce qu'on appelait la « bonne société ».

Le vendredi 8 octobre, le Roi, la Reine et le prince Léopold partirent pour la plaine de Campinas, le plus ancien centre de plantations de café de la région. A cheval ils montèrent jusqu'à l'important

Institut zootechnique. Puis ce fut la visite des différents centres agricoles de la Fazenda de Guatapara (plantations de riz, de coton, raffinerie de sucre), suivie de celle du port de Santos aux entrepôts bourrés de sacs de café.

Lors de la visite d'une mine d'or, arrivée au plus profond de celle-ci, la Reine, vêtue d'un bourgeron bleu, voulut « descendre encore par une benne jusqu'au fond d'un nouveau puits qu'on était en train de creuser[37]. » Cela ne surprit pas le Roi mais effraya les officiels brésiliens qui s'opposèrent à la réalisation de ce souhait royal. Comme tout le monde, Élisabeth « remonta au jour par des puits latéraux dans ces larges seaux où l'on se tient à quatre debout, souffle contre souffle, le nez collé à la chaîne ».

Chaque jour, des dizaines de lettres et de télégrammes étaient remis aux souverains, témoignages d'admiration souvent naïve comme cette missive d'un nommé Benjamin Cormozat : « Chéri Roi Albert, permettez qu'un humble *gaucho* sincère ami du pays qui a sauvé le monde, serre les vertueuses mains du Roi, soldat héroïque, et de la Reine admirable. Votre humble vénérateur. Benjamin Cormozat[38]. »

Le voyage se termina comme il avait commencé : à bord du *São Paulo.* A l'escale de Lisbonne, Élisabeth retrouva le souvenir de ses ancêtres. Pour elle, les Portugais tirèrent les carrosses royaux exposés au Musée, près de la tour de Belem.

CHAPITRE VI

Des années folles à la crise mondiale

L'« union sacrée » des Belges après la guerre n'avait duré que le temps nécessaire aux partis politiques pour se réorganiser. Elle avait pourtant permis le vote de plusieurs lois sociales importantes : création d'une Société nationale des Habitations à Bon Marché, établissement d'une pension de vieillesse gratuite, élévation des droits de succession, progressivité de l'impôt sur les revenus, instauration de la journée de huit heures et de la semaine de six jours. Cette simple énumération indique nettement le choix d'une ligne d'action déterminée par les réformistes socialistes et acceptée, non sans malaise, par les conservateurs catholiques. Mais à partir des élections du 20 novembre 1921, la Belgique entra dans une phase d'instabilité gouvernementale : de 1921 à 1934, sept gouvernements — bipartis, tripartis ou homogènes — se succédèrent et, à certains égards, se détruisirent.

A vrai dire, cela n'empêcha pas le pays de profiter du « boom » économique des années 1925-1929. La production de la houille passa de 23 100 000 tonnes en 1925 à 26 930 000 en 1929 ; durant le même laps de temps, la production de la fonte augmenta de 44 % et celle de l'électricité fut doublée. Obéissant au même mouvement, le commerce extérieur fit un bond impressionnant : les importations, qui étaient de 17 900 millions de francs belges en 1925, atteignirent 35 531 millions en 1929 et les exportations passèrent de 14 800 millions à 31 784 millions. Un essor analogue se manifestait au Congo belge.

A l'inverse de l'immédiat après-guerre, chargé de menaces que seul l'épuisement des États n'avait pas permis de concrétiser, l'atmosphère politique européenne autorisa, à partir de 1924, les espérances d'une paix solide. La Société des Nations et sa diplomatie en plein jour n'avaient pas encore fait faillite sur les rives du lac Léman. A Genève, en septembre 1924, Édouard Herriot et Ramsay MacDonald posèrent les fondations d'un nouveau droit international fondé sur l'arbitrage, la sécurité et le désarmement. L'année suivante, dans ce qu'on appelait l'*esprit de Genève,* l'Allemagne, la Grande-Bretagne, l'Italie (fasciste depuis 1924), la France et la Belgique réunirent leurs négociateurs à Locarno et conclurent, dans la froidure de décembre, un pacte garantissant les frontières germano-françaises et germano-belges. La Rhénanie restait démilitarisée. En cas d'agression contre l'Allemagne, la France ou la Belgique, la Grande-Bretagne et l'Italie viendraient en aide aux pays attaqués. Commentant l'événement dans son livre *Locarno sans rêves,* Alfred Fabre-Luce tenait ces propos révélateurs de l'état d'esprit du moment :

> « Les combattants sont morts étonnés, nous laissant une immense interrogation. Il incombe à notre génération de projeter la réponse dans l'avenir en justifiant leur sacrifice par une transformation de l'Europe... Nous voulons exclure le péril qu'ils nous ont révélé, vivre la vie qu'on leur ôta. C'est par une transfusion de leur éner-

gie gaspillée que nous créerons peut-être un monde meilleur[1]. »

En septembre 1926, l'Allemagne entra à la Société des Nations. Le chancelier Stresemann y fut accueilli par des clameurs enthousiastes. Trois années durant, l'Europe baigna dans la folle euphorie de la croissance économique continue. Elle ne se rendait pas compte que la mort prématurée de Stresemann, le 3 octobre 1929, laissait la voie libre au nazisme, mais, trois semaines plus tard, elle devina que le krach boursier de Wall Street annonçait les lézardes puis l'écroulement de la sacro-sainte façade de la *prosperity.*

Sans en être absente, la folie des années 1920-1930 réside moins dans les comportements politiques et économiques des États que dans les mentalités. Après les souffrances et les contraintes de cinq années de guerre, beaucoup de survivants se sont littéralement abandonnés à la fièvre du bon plaisir, de l'amusement volontiers frénétique, de la libération des mœurs. La morale en prend un coup comme au temps du Directoire et pour les même raisons de défoulement et de refus des préjugés.

Venu d'Amérique, le jazz haletant, strident, mélancolique ou obsédant, bouscule les goûts traditionnels et conquiert les jeunes Européens qui, comme le poète Robert Goffin en Belgique, découvrent le Ragtime, le Blues et les Negro-spirituals, notamment avec King Oliver et Louis Armstrong. Les jeunes femmes portent la robe au genou — à Bruxelles, Norine donne le ton — ; elles ont souvent les cheveux coupés à la garçonne.

Les jeunes hommes qui hantent les cabarets de Berlin et les boîtes de Paris où l'on danse le charleston se vêtent volontiers de costumes de couleur mauve ou vieux-rose et arborent des cravates de « batik ». Les artistes de music-hall deviennent les nouveaux dieux de la foule avant d'être partiellement détrônés par les vedettes du cinéma. Emplumées comme des autruches, Cécile Sorel et Mistinguett descendent les escaliers de parade en montrant des jambes dont la perfection se veut éternelle. Le canotier sur l'oreille, Maurice Chevalier chevrote et gouaille sans tomber dans trop de vulgarité — la reine Élisabeth l'invitera à déjeuner au château de Laeken. Vingt ans, crépue à souhait et d'une souplesse féline, la noire Joséphine Baker s'exhibe, la croupe ceinturée de bananes. Et quand l'extravagance passe du music-hall au cinéma, des femmes se tuent pour Rudolph Valentino et des hommes rêvent obstinément de tenir Greta Garbo ou Asta Nielsen, une nuit, dans leurs bras.

Mais ces exubérances irrationnelles des foules ne sont pas seules à caractériser les années folles. Elles ne sont que l'aspect le plus frappant, le plus haut en couleurs, le plus puéril, d'une transformation des mentalités qui s'impose également à la vie intellectuelle sous toutes ses formes. Dans tous les domaines, tout semble remis en question.

Les physiciens eux-mêmes ont dû renoncer au rationalisme et aux certitudes d'antan. Malgré les combats d'arrière-garde de Langevin, on s'aperçoit que l'Univers n'est pas régi par des mécanismes rigoureux. Einstein, ami personnel de la reine Élisabeth, n'a-t-il pas bousculé les notions confortables de l'espace et du temps par sa théorie de la relativité ? L'Allemand Heisenberg n'a-t-il pas opposé le principe de l'indétermination au mythe du déterminisme ? Parallèlement, le courant irrationaliste imprègne profondément la philosophie avec Bergson, James, Unamuno, Husserl et surtout Heidegger qui estime que le monde humain n'a pas d'échelle de valeurs absolues.

Quant à la psychologie, elle est contrainte de renouveler les fondements mêmes de ses méthodes sous la pression de la psychanalyse de Freud dont l'œuvre, largement entamée avant la guerre, ne rayonne qu'après celle-ci. Les théories sécurisantes de la *Gestalt,* du behaviorisme ou des tests sont écrasées par l'exploration de l'inconscient et des forces irrationnelles qui gouvernent l'activité humaine.

La littérature suit le mouvement. Elle aussi rompt avec le rationnel, le conscient, les tabous. Elle aussi participe souvent à la mentalité de folle jouissance des plaisirs. Si des écrivains catholiques comme Claudel, Mauriac et Maritain profitent, en quelque sorte, de l'irrationalisme ambiant pour conquérir une place en vue dans le monde des lettres, leur influence est battue en brèche par Cocteau, Montherlant, Colette, Aldous Huxley et Gide. La jeune bourgeoisie se passionne brusquement pour l'œuvre longtemps méconnue de celui-ci. Sans doute parce qu'elle prône le refus de toute norme morale qui entrave le plaisir, tout comme D.H. Lawrence dans l'*Amant de Lady Chatterley* et plus tard Henry Miller, qui fondera le culte de la sexualité.

L'*Ulysse* de James Joyce paraît en 1922, l'édition d'*A la recherche du temps perdu* de Proust s'étale entre 1913 et 1928, *Six personnages en quête d'auteur* de Pirandello date de 1921, *Le Procès* de Kafka est publié en 1924. Ces quatre œuvres marquantes ont en commun une démarche d'introspection mais aussi une remise en question de ce qu'il convenait jadis de penser sur l'homme et le monde.

Cette remise en question prend la forme du nihilisme avec le mouvement dada qui — parfaitement dans le ton des années folles — multiplie les plus farfelues manifestations littéraires et artistiques visant à la destruction systématique de toutes les valeurs, esthétiques et autres. Le surréalisme naît de ce mouvement mais rompt avec son anarchisme débridé pour s'inscrire dans la foulée freudienne. Dans son *Manifeste surréaliste* publié en 1924, André Breton condamne « l'influence déformante de la raison » et prêche en faveur de l'inconscient. Courant particulièrement fécond en France, en Belgique, en Italie et en Espagne — Éluard, Aragon, Desnos, Garcia Lorca, Chavée — le surréalisme s'exprime aussi par la peinture.

Mais, avant cette évasion hors du réel ou, si l'on préfère, cette quête de l'âme des choses au-delà des apparences (Max Ernst, Salvador Dali, Joan Miró, René Magritte, etc.), la peinture des années folles a tout essayé : futurisme, cubisme, abstraction, expressionnisme, fragmentisme. Cette multiplication des expériences qu'un génie comme Picasso prend chaque fois à son compte, indique une manière de folle impatience à vouloir tout explorer.

L'Allemagne est moins sensible à ce type de fermentation ; elle en cultive d'autres. L'expressionnisme demeure la dominante de son esthétique ; il rayonne, d'ailleurs, en Europe septentrionale et centrale — Permeke en Belgique, Kokoschka en Autriche — et se prolonge en littérature par la *Neue Sachlichkeit* que Bertold Brecht illustre, en 1928, par l'*Opéra de quat' sous.*

La musique aussi poursuit sa révolution ; elle a lieu en Autriche, où œuvrent Schönberg, Berg et Webern, mais le grand public, en France et en Belgique, ignore l'avènement du système sériel dodécaphonique. Tout comme la reine Élisabeth, il s'estime suffisamment à l'avant-garde en applaudissant Érik Satie, Stravinsky et les Ballets russes. « Les musiciens découvrent parmi nous ces plaisirs-là comme des classiques d'un autre genre », écrira Brasillach dans *Notre avant-guerre*[2].

Le cinéma européen, pour des raisons économiques, éprouve quelque peine à résister à l'afflux de la production américaine. Mais quelques chefs-d'œuvre significatifs s'inscrivent néanmoins au palmarès des années folles : l'inoubliable *Cuirassé Potemkine* d'Eisenstein, la réaliste *Nana* de Renoir, le surréaliste *Chien andalou* de Buñuel, la *Rue sans joie* de Pabst qui se situe dans le courant de la *Neue Sachlichkeit*, etc.

Pourquoi l'architecture se maintient-elle en marge de l'esprit des années folles ? Est-ce parce que l'*art nouveau* d'avant-guerre a prématurément épuisé ses feux ? Ou est-ce, comme le souligne Maurice Crouzet, parce que les problèmes qui se posent dans les grandes villes diffèrent de ceux du passé ? « Prix élevé des terrains, exiguïté des espaces libres, problèmes d'organisation des transports, types nouveaux d'édifices : usines, écoles, hôpitaux, besoins nouveaux à satisfaire (chauffage central, air conditionné, réfrigération, éclairage électrique, ascenseur) exigent des solutions que les matériaux nouveaux rendent possibles[3]. » A une époque où l'irrationalisme semble dominer les sciences humaines, les arts et les lettres, Mies Van der Rohe, Walther Gropius et Le Corbusier créent et enseignent un art rationnel qui va de la « machine à habiter », c'est-à-dire la maison, aux objets les plus courants de la vie quotidienne. C'est l'un des paradoxes des années folles.

⁂

Aux différents aspects de ces années folles, la Belgique participa activement, tout en ne coupant pas les ponts avec les courants culturels d'avant la guerre[4].

Le gouvernement était tellement soucieux d'un renouveau des valeurs culturelles qu'il avait créé un portefeuille ministériel tout nouveau — et d'ailleurs éphémère —, celui des Sciences et des Arts. Jules Destrée qui le détenait était un ami de toujours de la famille royale qui ne put qu'applaudir à la fondation, en août 1920, d'une Académie royale de Langue et de Littérature françaises. La Reine fut ravie de présider avec le Roi à son inauguration dans la grande salle du palais édifié pour le prince d'Orange, sept ans avant la révolution de 1830.

A propos des liens de ses parents avec la littérature contemporaine, la reine Marie-José observe que son père « s'intéressait avant tout à l'œuvre de l'écrivain et à ses idées », tandis que sa mère « cherchait le contact humain ». Effectivement elle reçut de nombreux auteurs à Laeken et entretint avec plusieurs d'entre eux une correspondance suivie[5].

Durant les années qui suivirent immédiatement l'armistice, le souvenir de Verhaeren fut fréquemment évoqué et célébré en présence du Roi et de la Reine, notamment en janvier 1920, lors d'une séance solennelle au Sénat et lors de la représentation d'*Hélène de Sparte* au Théâtre royal de la Monnaie. Ce fut l'occasion d'un dîner au palais de Bruxelles. Destrée en était, bien sûr, mais aussi Albert Giraud, l'un des fondateurs du mouvement *La Jeune Belgique,* qui avait écrit en 1885 : « Il est aussi impossible de ne pas être de son pays ou de son temps qu'il est impossible de se soustraire à l'atmosphère ambiante. Elle nous enveloppe, nous pénètre. Elle est en nous[6]. » A ce dîner et au Sénat, Henri de Régnier représentait l'Académie française — à cette époque, on lisait encore en Belgique *Le Mariage de Minuit* et

La Double Maîtresse. « C'est la première fois, notait avec satisfaction *L'Éventail,* qu'un dîner réunit à la Cour des écrivains exclusivement. Il semble décidément qu'on tienne au Palais de Bruxelles la littérature en grand honneur[7]. »

Marthe Verhaeren, qui résidait à Saint-Cloud, n'avait pu participer à l'hommage rendu à son mari, mais le roi Albert eut la délicatesse de lui écrire une lettre lui rappelant les souvenirs de La Panne. L'épouse de l'écrivain lui avait répondu le 24 janvier :

> « Sire,
>
> « La lettre que Votre Majesté a bien voulu m'écrire m'émeut vivement ; elle me reporte tout à coup vers les temps heureux où Verhaeren lisait avec tant de respectueuse et vraie affection tout ce qui lui venait de vous !
>
> « Mais cette lettre me rend aussi fort confuse, car c'était bien à moi de venir d'abord vers Votre Majesté et vers la Reine afin de leur exprimer toute la gratitude que je leur voue. Tous et tout me répètent que les cérémonies qui ont eu lieu et au Sénat et à la Monnaie ont revêtu un caractère noble et absolu. On me redit aussi que c'est surtout grâce à vos présences qu'elles ont été comme une affirmation publique d'une renaissance de tous les arts en Belgique : le rêve de Verhaeren et en lequel il avait la foi la plus absolue.
>
> « Et c'est cela, peut-être avant tout, qui me rend heureuse, et qui fait qu'avec tant d'ardeur je viens vous remercier, Vous, Sire, S.M. la Reine et le jeune Prince, et vous assurer plus que jamais de mes sentiments les plus respectueux et les plus admirateurs.
>
> Marthe Verhaeren
> St-Cloud, 20 janv. 20[8]. »

⁂

Le 21 janvier 1922, Anna de Noailles, pétulante à souhait, fut reçue membre étranger de la toute neuve Académie royale de Langue et de Littérature françaises. De la poétesse du *Cœur innombrable* et des *Forces éternelles,* la Reine goûtait surtout le sens de la nature « au cœur profond » :

La forêt, les étangs et les fleurs fécondes
Ont plus touché mes yeux que les regards humains,
Je me suis appuyée à la beauté du monde
Et j'ai tenu l'odeur des saisons dans mes mains.

Après la séance, dans le salon où elle s'était retirée avec le Roi, la reine Élisabeth fit appeler l'académicienne. Quand elle parut, elle alla au-devant d'elle et l'embrassa avec effusion. Les deux femmes se connaissaient bien et de longue date. Pendant la guerre, elles s'étaient rencontrées à Paris et avaient eu de longues conversations en tête-à-tête. Mais déjà quelques jours après l'invasion de la Belgique par les armées allemandes, la poétesse avait écrit à la souveraine une lettre dans le style pompeux de l'époque :

« Madame,

« Permettez-moi d'exprimer à Votre Majesté l'émotion infinie que me font éprouver chaque jour, ainsi qu'à la France unanime, les actes héroïques du Roi, et ses paroles d'une noblesse d'âme incomparable, qui sont pour tous les peuples et pour chacun de nous un sublime appel au courage et au fier sacrifice.

« Je pense du fond du cœur à Vous, Madame, qui voyez le grand Roi, votre époux, et la nation héroïque sur laquelle vous répandez les forces de la bonté et votre émouvant regard s'inscrira dans l'Histoire immortelle, et recueille dès aujourd'hui l'amour et la gratitude de tous les humains à qui de si grands faits d'armes apportent encore plus de courage que les tristesses de la guerre ne peuvent leur causer de muette douleur.

« Je prie Votre Majesté de bien vouloir agréer la profonde assurance de ma respectueuse admiration pour Elle, et pour le Roi uni à son armée invincible.

Anna de Noailles[9]. »

On retrouve le même ton dans une lettre plus tardive :

« Madame,

« Que Votre Majesté me permette de Lui exprimer les sentiments d'émotion infinie que m'inspirent, comme à tous les êtres que je vois, l'héroïque défense belge, le sublime courage du Roi, votre grandeur d'âme, Madame, et la future destinée de la Belgique, que Dieu comblera de grâces autant qu'Elle-même s'est couverte d'une gloire immortelle, et grande entre les plus grandes. Toutes les pensées françaises se pressent respectueusement auprès de Vous et des Vôtres, et vous entourent, ainsi que votre Peuple auguste, de bénédictions et de gratitude que les générations se lègueront.

« J'eusse été bien fière, Madame, de pouvoir me mêler à ceux qui auront l'honneur à jamais mémorable de saluer sur le sol de France Vos Personnes, et qui s'approcheront de tant de gloire, de noblesse humaine et d'avenir béni par les nations reconnaissantes. Je prie Votre Majesté d'agréer l'hommage infiniment ému de mes constantes et respectueuses pensées.

Anna de Noailles[10]. »

Dans ses *Cahiers* de 1926-1928, Paul Valéry raconte, en style télégraphique, sa rencontre avec la Reine au château de Laeken, un soir d'hiver. Introduit dans un salon, il vit paraître « une dame mince en blanc » qui le fit asseoir « tout devant elle ». Elle-même était éclairée par le feu, « ceci favorable peut-être à son apparence ». Très jeune d'allure, semblant intimidée, la Reine s'exprimait « avec difficulté, un peu explosivement ». Valéry parlait, parlait : « Verhaeren, d'Annunzio, musique, Wagner... Racine et les Anglais. » Parlant de lui-même, il observa : « Qui m'aurait dit, il y a dix ans, que cette bizarre carrière me mènerait à cet entretien d'un soir, qui est ce soir ! » Élisabeth fit dériver la conversation vers la peinture, précisant qu'elle utilisait des pinceaux très longs et s'essayait à l'art du portrait. Valéry l'engagea « à faire des pointes sèches au diamant ». L'entretien s'achevait. Le poète se leva « sur un mouvement » que fit la Reine[11].

Appelé à siéger à l'Académie française, en remplacement du maréchal Foch, le maréchal Pétain fut reçu sous la Coupole en 1929 par Valéry que rien ne semblait destiner à adresser le discours d'accueil à un chef d'armée. Le poète fut brillant comme à l'accoutumée, parlant d'opérations militaires coordonnées comme de constructions architecturales, mais il n'évoqua pas le rôle de l'armée belge et de son commandant en chef. Le Roi en fut peiné, et sans doute aussi la Reine, qui appréciait l'appel de la mer et la limpidité du chant de *La Jeune Parque* et de *Charmes* :

Que seriez-vous si vous n'étiez mystère ?
Un peu de songe sur la terre,
Un peu d'amour, de faim, de soif, qui font les pas
Dont aucun ne fuit le trépas...

Le poète et la souveraine se revirent à l'Élysée, le 25 juin 1932, à l'occasion d'un déjeuner en l'honneur de Paderewski. Valéry nota dans ses *Cahiers* :

> « Paderewski toujours bon lion. Me dit *travailler* encore 4H. par jour.
>
> « Bien simples et presque bien trop, les hôtes. La reine Élisabeth arrive. Au baise-main, me dit des choses charmantes. Je ne sais comme elle fait pour demeurer si jeune à voir. Pendant le déjeuner parlé Montesquiou avec Comtesse de Caraman. Ensuite-cercle- Mme Cl[audel] fume au nez de la reine. Je m'approche. Parle longtemps, ployé comme si je faisais une conférence, appuyé sur un frêle guéridon. Fouqières me *suppose* une chaise.
>
> « La reine me parle de mon dernier livre. Je dis *Moralités ?* Elle me dit : Oui. Mais *she lies,* je pense[11]. »

Quelques mois plus tard, le 30 novembre, le Roi et la Reine reçurent, au château de Laeken, Valéry qu'accompagnait l'ambassadeur de France Corbin.

> « Entrée de LL.MM. toujours un peu embarrassées. Révérence de loin. Très aimables. Le Roi avec plaque Légion me fait meilleur effet que naguère. On parle de Maeterlinck. Le Roi me parle du livre de Georgette Leblanc. La Reine me dit les plus aimables choses. Je parle Gaubert*. Puis à table.
>
> « Le lustre s'éteint. Le Roi et la Reine arrangent les fils dans les fleurs.

* Probablement le chef d'orchestre des Concerts du Conservatoire à Paris.

« Le Roi me parle de mon livre et de ma conférence, des *mythes,* de ce que j'ai dit sur la politique et les nations — sur la France et sur Paris. Me parle de Pierre de Monaco. Je lui parle de la famille. Je lui parle de Vermeylen.

« Je parle à la Reine d'Anna de Battenberg, de Rilke, etc. Je raconte Meyer et Latzarus (" je vous avais dit d'essayer ! "). Au Salon-Café, cigarettes. Histoires de maréchaux, d'académiciens. Je conte *Amphion** à la Reine. Puis bolchevisme.

« Le Roi me parle larynx — Le Mée**. Puis encore de Pierre de Monaco. Ils se lèvent. La Reine me dit qu'elle aura plaisir à me revoir. Baise-main.

« Révérence de loin.

« Le chauffeur me reconduit par la Grand'Place[12]. »

L'amertume du discours d'accueil à l'Académie française était bien oubliée. Il y eut encore une ou d'autres visites de Paul Valéry au château de Laeken. A l'issue de l'une d'entre elles, le poète du *Cimetière marin,* en quittant le salon tout en s'efforçant de ne pas tourner le dos aux souverains — manœuvre toujours délicate — se trouva malencontreusement assis sur un pouf. Ce que voyant, la Reine eut, selon Paul Valéry, toutes les peines du monde à ne pas « pouffer »...

Comme cela a toujours été le cas, les écrivains belges de langue française sont, après-guerre, intimement liés aux mouvements littéraires de France. Dans la revue anversoise *Ça ira,* Pansaers, Paul Neuhuys et Paul Joostens publient des textes franchement dadaïstes, tandis que Marcel Lecomte assure la

* Mélodrame de Valéry et Honegger.

** Médecin laryngologiste.

transition avec le surréalisme et qu'avant de se fixer à Paris, Henri Michaux fait ses débuts avec son recueil *Les rêves et la jambe.*

Anvers est singulièrement rayonnante, en ces années-là, par ses revues d'avant-garde mais aussi par la richesse et l'originalité d'inspiration d'écrivains « traditionnels » comme le poète Max Elskamp, l'ultime représentant de la génération symboliste, le multiple et bilingue Roger Avermaete et la romancière Marie Gevers, toute jeune encore.

Autre écrivain flamand de langue française, le Gantois Frans Hellens — romancier, poète, essayiste — donne aux réalités les plus modernes une dimension irréelle, onirique et parfois fantastique. Dans sa revue *Le Disque vert,* qui se veut un maillon culturel entre la France et la Belgique (Malraux, Cocteau, Cendrars et Paulhan y participeront) on trouve la signature des écrivains les plus notoires de la génération des années folles : Michaux, bien sûr, mais aussi le très classique Odilon-Jean Périer, le passionné du jazz Robert Goffin, Norge déjà mais qui se cherche encore, le surréaliste Camille Goemans, etc.

Seuls parmi les grands manquent aux sommaires du *Disque vert* Marcel Thiry qui publie en 1924, à Liège, *Toi qui pâlis au nom de Vancouver,* le futuriste Georges Linze et l'intimiste Robert Vivier.

Quant aux surréalistes — Camille Goemans, Marcel Lecomte, Paul Nougé et Louis Scutenaire —, on les retrouve dans la revue *Distance,* éphémère mais significative.

Les écrivains belges de langue française auraient-ils moins le tempérament romancier que ceux de langue néerlandaise ? Cela semble évident durant les années 1920-1930. Le régionalisme de Jean Tousseul, Hubert Krains ou Henri Davignon se ridera prématurément. Pendant ce temps-là, Jean Ray lance un genre nouveau appelé à proliférer : la littérature fantastique, et André Baillon publie la déchirante *Histoire d'une Marie, Chalet I* et *Délires*, témoignages saisissants d'une névrose obsessionnelle.

Plus nombreux, plus célèbres aussi que les romanciers, les auteurs belges de théâtre sont parfois joués à Paris. C'est ainsi que *Le Cocu magnifique* de Fernand Crommelinck est monté par Lugné-Poe en 1920. Mais le plus génial de tous, Michel De Ghelderode ne connaît qu'exceptionnellement cette consécration (avec *La Mort du docteur Faust*). Même les théâtres francophones de Bruxelles lui resteront fermés et c'est l'extraordinaire *Vlaamsche Volkstoneel* dirigé par Johan De Meester, qui créera, en néerlandais, *Escurial, Barrabas* et *Pantagleize !*

***

En Flandre les écrivains régionalistes comme Stijn Streuvels, Ernest Claes ou Félix Timmermans continuent à écrire des romans à succès mais, fait nouveau, la ville entre dans le champ littéraire flamand avec Paul Van Ostaijen, Willem Elschot, Gaston Bursens, Herman Teirlinck (qui deviendra le professeur de néerlandais du prince Léopold) et Marnix Gijsen. C'est une voie nouvelle dans laquelle s'engageront résolument leurs successeurs.

Le Roi et la Reine suivaient attentivement cette évolution. Ils avaient pour guide Herman Teirlinck, professeur de néerlandais du prince Léopold. Cet excellent romancier, auteur de *Mijnheer Serjanszoon* et *Het Ivoren Aapje*[13], avait de toute évidence subi l'influence d'Anatole France mais s'inscrivait dans le courant vitaliste de la littérature européenne. Épicurien, débordant de dynamisme, grand buveur de gueuze devant l'Éternel, il ne cessera de se transformer au gré des circonstances. C'était un Protée qui, selon les mots d'un critique subtil, « ne meurt pas où il s'attache[14] ».

C'est lui qui suggéra à la reine Élisabeth d'assister, le 11 mars 1928, à la soirée donnée en la salle « Patria » par la compagnie théâtrale populaire du *Vlaamsch Volkstoneel,* bien connue en Flandre pour y avoir fréquemment joué *L'Annonce faite à Marie* de Claudel.

Deux ans plus tard, Herman Teirlinck remit à la Reine, à sa demande, une note relative à la version dramatique qu'il avait faite de la célèbre nouvelle de Karel Van de Woestijne : *De boer die sterft.* La pièce fut répétée dans le théâtre de verdure de Laeken, avec l'agrément de la Reine, et jouée devant elle, lors de sa visite de l'Institut des Arts Décoratifs de la Cambre, dirigé par Henry Van de Velde.

Ce fut Teirlinck qui prononça le discours de circonstance aux fêtes organisées à Bruges et présidées par les souverains, à l'occasion du centenaire de la naissance du poète Guido Gezelle.

C'est lui aussi qui, en présence du Roi, de la Reine, du prince Léopold et de la princesse Astrid, anima la séance d'hommage au romancier Henri Conscience dont on a pu dire qu'il apprit à lire au peuple flamand.

A Laeken, Élisabeth avait créé un ravissant théâtre de verdure pour lequel elle s'était inspirée d'un modèle qu'elle avait admiré lors de son voyage aux États-Unis. Elle demanda à Teirlinck d'y monter une pièce à laquelle le cadre végétal du parc fournirait un décor naturel. L'écrivain lui proposa son adaptation d'*Eleckerlyc (Tout homme)* d'après le texte médiéval attribué à Pieter Van Diest, plus connu en Europe dans la version de Hofmannsthal, *Jedermann.* La représentation eut lieu, le 13 juillet 1931[15]. Elle enthousiasma la Reine par le texte volontiers grinçant et anticlérical mais aussi par la mise en scène hiératique et dépouillée imaginée par l'auteur.

⁂

Exilée du pays pendant les hostilités, toute une génération de peintres avait subi, au-delà des frontières, des influences diverses qui marqueront leur art. Ainsi les expressionnistes Constant Permeke en Angleterre, Frits Van den Berghe et Gustave De Smet aux Pays-Bas. De 1919 à 1921, leurs œuvres apparaîtront plus structurées. On peut en dire autant, d'ailleurs, à propos de Prosper de Troyer et de Gustave Van de Woestijne tandis qu'Edgar Tytgat joue au naïf délicieusement vicieux et que Servaes — à qui s'intéresse la reine Élisabeth — signe un *Chemin de Croix* qui fait scandale. Victor Servranckx et Magritte travaillent tous deux dans une fabrique de papiers peints. Le premier restera fidèle au cubisme, tout comme Pierre-Louis Flouquet et le sculpteur Oscar Jespers, tandis que le second se tournera vers le surréalisme. Félix De Boeck et Joseph Lacasse, quant à eux, explorent les possibilités des formes abstraites, l'un en refusant de s'y enfermer, l'autre sans souci des concessions.

La Reine, cependant — exception faite pour Servaes et Henry Van de Velde — ne découvrira que tardivement les artistes nouveaux ; ses goûts la portent encore toujours vers des artistes déjà consacrés : Frédéricq, Montald, Balthus, Evenepoel, Londot, Richir, Baes, Rousseau, Vinçotte, Clesse, Claus, etc.

S'étant très vite attelée à une renaissance de la vie musicale en Belgique, la reine Élisabeth bénéficia jusqu'en 1931 des conseils d'Eugène Ysaye, mais aussi de trois grands compositeurs français : Fauré, Saint-Saëns et Vincent d'Indy.

Agé de soixante-quinze ans, atteint de surdité au point de ne plus entendre une note de ce qu'il écrit, Fauré dirige encore le Conservatoire de Paris. Depuis longtemps déjà, Élisabeth admire le raffinement harmonique de ses quatuors et de ses deux sonates pour piano et violon. Mais elle est surtout sensible à son indépendance d'esprit, à sa volonté de rompre avec les routines sclérosantes, à son don de sympathie. Le 11 avril 1919, un an avant d'être contraint de quitter le Conservatoire, Fauré écrit à la Reine pour rappeler « le souvenir toujours présent de l'intérêt si bienveillant » dont elle l'a honoré et sollicite son intervention auprès du ministre Lafferre aux fins d'attribuer la croix de la Légion d'honneur à Léon Jehin, chef belge de l'orchestre de l'Opéra et des grands Concerts de Monte-Carlo[16].

De dix ans plus âgé que Fauré, Saint Saëns s'est lié d'amitié avec la famille royale, peu de temps avant le déclenchement de la première guerre mondiale. Il est venu deux fois à La Panne. D'une écriture encore très ferme, il adresse plusieurs lettres à la Reine au cours de l'année 1919, notamment à l'occasion d'un concert Saint-Saëns donné au Casino d'Ostende, sous la direction de Léon Jehin précisément.

Il n'est pas surprenant que Vincent d'Indy soit l'un des compositeurs français particulièrement apprécié par la reine Élisabeth. Sa musique et son caractère correspondent parfaitement à la prédilection de la souveraine pour les grands sentiments et les défis. Influencé, à ses débuts, par le romantisme de l'école souabe, héritier des sonorités orchestrales de Wagner mais en maîtrisant rigoureusement l'individualité de chaque instrument, Vincent d'Indy s'impose, à la fois par la puissance de sa célébration de la nature et par le raffinement de son discours. Il est néanmoins méconnu dans son propre pays, ou plus exactement, l'objet de rancunes tenaces. Certains lui reprochent même sa particule et son rang social ; ils y voient l'origine de ses élans religieux parfois très proches du mysticisme. Tout comme la reine Élisabeth, le compositeur méprise la critique. Il aurait voulu se consacrer uniquement au drame musical. Le Théâtre royal de la Monnaie a d'ailleurs créé *Fervaal,* œuvre de sa première jeunesse, *Istar* et créera *L'Étranger,* composé dans sa maturité. Mais les scènes françaises boudent la production de Vincent d'Indy. Il écrit dès lors de la musique de chambre qui porte l'empreinte de César Franck, et des poèmes symphoniques où se mêlent l'inquiétude, la tendresse et le sens de l'infini.

Vincent d'Indy a été étroitement associé aux mouvements artistiques fondés par Octave Maus : le *Cercle des XX* et *La Libre Esthétique,* puis aux manifestations musicales instaurées par Eugène Ysaye. Aussi est-ce à l'initiative de ces deux personnalités, qu'en accord avec la reine Élisabeth, sera organisée le vendredi 25 février 1931 une séance d'hommage au compositeur, à l'occasion de ses quatre-vingts ans. La Reine sera présente et remettra au jubilaire les insignes de grand-officier de l'Ordre de la Couronne.

La veille de Noël 1919, la Reine assiste au premier concert du Conservatoire de Bruxelles. On y joue deux cantates de Jean-Sébastien Bach et la *Fantaisie pour piano* de Beethoven. C'est le point de départ d'une nouvelle vie musicale. A la mi-janvier 1920, nous retrouvons la Reine au Concert populaire. Puis, le mois suivant, au même Concert populaire dirigé par André Messager et en mars à un concert dirigé par Vincent d'Indy où l'on joue notamment un passage de sa *Légende de saint Christophe,* opéra-pamphlet dirigé contre la république anticléricale. Le même mois, le Conservatoire de Bruxelles célèbre, en présence de la Reine, le cinquantième anniversaire de la naissance du Verviétois Guillaume Lekeu, génial élève de César Franck et de Vincent d'Indy, disparu à l'âge de vingt-quatre ans. Un autre concert Lekeu a lieu en mai 1921 ; la Reine assiste à sa répétition générale. Elle se rend, du reste, de plus en plus fréquemment aux répétitions générales. Elle aime leur caractère exclusivement professionnel, dénué de mondanité. Elle n'y est pas l'objet des regards curieux de la foule souvent plus attentive à sa toilette et à ses sourires qu'à la qualité de l'interprétation.

En ces années-là, Élisabeth lutte sur tous les fronts pour donner à la musique et aux arts un lieu digne de la capitale de la Belgique.

L'idée de construire un palais des Beaux-Arts, vaste maison de la Culture où se manifesteraient avec éclat toutes les activités de la création artistique et musicale, datait de 1865, la première année du règne de Léopold II. Mais l'ampleur du projet avait effrayé les Belges et, plus particulièrement, les milieux politiques peu enclins à soutenir une initiative ne présentant aucun signe de rentabilité financière, voire électorale. L'idée ne refit surface qu'en 1919, dans le climat de fierté nationale créé par la victoire. Élisabeth fit appeler au château de Laeken Henri Le Bœuf, banquier de son état, passionné de musique et de peinture. Elle lui montra un « projet de salle de concert rectangulaire, avec des bas-côtés utilisables facultativement[17] ». Elle lui signala les défauts que révélaient les plans, le manque d'originalité et de grandeur, et lui demanda de prendre en charge la mise au point et la réalisation d'un bâtiment qui lui « tenait à cœur ». Le Bœuf accepta par conviction autant que par loyalisme mais il ne mesurait pas la dureté du combat qui l'attendait et qu'il devrait mener pendant près de dix ans. Sans l'efficacité des interventions répétées de la Reine, il aurait, du reste, été acculé à l'échec.

Il y eut, d'abord, les résistances des parlementaires et le refus opposé par le Sénat à la construction du palais des Beaux-Arts pour le compte de l'État. Ensuite et déjà au cours des débats, il fut dit et répété que le site choisi pour le bâtiment, le versant de la colline du parc royal, imposerait la rupture de la vue sur le centre de la ville. Le risque était évident — Léopold II l'avait perçu en son temps — mais il n'était pas de nature à déconcerter l'architecte gantois Victor Horta, le maître de l'*art nouveau,* qui imagina, en contrebas de la rue Royale, un immense palais comprenant une grande salle de concert de quelque deux mille places, une vaste salle de fêtes polyvalente, une salle de musique de chambre qui sera ultérieurement transformée en théâtre, une douzaine de salles d'exposition, une rotonde intime, un cinéma, un restaurant, des bureaux et, le long de la rue Ravenstein, une série de magasins. C'était un incontestable exploit technique, sinon un chef-d'œuvre architectural. Encore fallait-il pouvoir passer à l'édification.

Une société privée fut constituée sous la présidence d'Adolphe Max, bourgmestre de Bruxelles. La cheville ouvrière en était Henri Le Bœuf, l'homme de confiance et le porte-parole de la Reine. Celle-ci multiplia les interventions, téléphonant personnellement à maints parlementaires pour tenter de les convaincre de la nécessité d'une participation de l'État. Elle y parvint. En 1922, une convention fut signée en vertu de laquelle la ville de Bruxelles donnait le terrain et l'État accordait un prêt dont les intérêts seraient payés par la société du Palais des

Beaux-Arts, entièrement responsable de la gestion du bâtiment.

Les travaux de construction ne furent pas une sinécure pour Henri Le Bœuf qui, dans une lettre à la Reine, rappela « le long, minutieux travail de collaboration avec M. Horta, créateur éminent mais caractère difficile, aussi plein de conscience et de scrupules que dépourvu de méthode, et peu familier des locaux destinés à la musique. Nous avons eu des moments de frictions vives, mais nos cœurs se sont toujours retrouvés[18] ».

L'inauguration du Palais des Beaux-Arts eut lieu, le 3 mai 1928. Comble de malchance, Élisabeth était souffrante. Ce furent le roi Albert et la princesse Marie-José qui présidèrent à la cérémonie. A vrai dire, le bâtiment n'était pas entièrement terminé. Son cœur, c'est-à-dire la grande salle de concerts, exigeait encore des mois de travaux. Et la Reine fut présente à son inauguration, le 19 octobre 1929, en compagnie du Roi, du prince Charles et de la princesse Marie-José.

Ainsi donc, Le Bœuf avait accompli la mission que la souveraine lui avait confiée en 1919. Le lendemain de la cérémonie, il lui écrivit :

> « Lorsque le franc était ébranlé, que personne ne voulait souscrire nos titres d'emprunt, que le gouverneur de la Banque nationale me recevait avec distraction en se dérobant, que je me sentais seul avec mon gros risque financier, — je me souviens qu'une parole d'enthousiasme et de foi de la Reine, dite à Laeken, m'a rendu tout mon courage et fortifié mon obstination. Les ministres de mon pays n'ont jamais rien compris au travail que j'ai fait et dont je ne me suis jamais vanté ; c'est le propre des hommes politiques de ne pas songer à ce qui n'intéresse point

les questions de parti. Mais la Reine, dont le cœur éclaire l'intelligence, a toujours eu l'intuition de mes peines et de mes efforts solitaires. Hier encore les mots qu'Elle m'a dits m'ont prouvé sa compréhension[19]. »

Élisabeth adore découvrir des talents nouveaux : le petit prodige Pietro Mazzini qui n'a que huit ans et demi en 1926 et dont elle tient à rencontrer les parents, le violoniste belge Carlo Van Neste qui vient d'avoir treize ans en 1927, Yehudi Menuhin qu'elle écoute en 1931 — il a alors quinze ans — le compositeur Marcel Poot, déjà connu et Nany Philippart qui recevra le titre de cantatrice de la Cour en 1928.

Elle ne néglige pas pour autant les aînés, les valeurs consacrées ou en voie de consécration. La liste est longue des musiciens qu'elle rencontre durant son règne. Citons parmi les plus connus et dans l'ordre de leurs concerts ou récitals : Joseph Szigeti, Alexander Brailowski, Willem Mengelberg, François Rasse, Fritz Kreisler, Désiré Defauw, Lode De Vocht, Ignace Paderewski, Pablo Casals, Igor Stravinsky, Pierre Monteux, Ernest Ansermet, Wilhelm Furtwängler, Joseph Ryelandt, Bruno Walter, Joseph Jongen, Wladimir Horowitz, Erich Kleiber, Albert Roussel, Alfred Cortot, Arthur Rubinstein, Maurice Schoemaeker, cette liste n'étant pas exhaustive.

Comme il se doit, Élisabeth n'est pas seulement une habituée des salles de concert de Bruxelles. Elle se rend à Liège pour le centième anniversaire du Conservatoire et pour les manifestations en l'honneur de Grétry, au Mont-César de Louvain pour y écouter la messe en chant grégorien, à Gand dont le Conservatoire est dirigé par Martin Lunssens, à

Anvers où elle assiste à un concert au musée Plantin et à un concert Maurice Schoemaeker.

Elle se persuade même qu'elle ne peut rester indifférente au jazz. En décembre 1930, elle est présente à un concert et, en 1932, elle prend contact avec *Jack Hilton and his boys.* Mais une de ses joies les plus intenses, au château de Laeken, est de pouvoir accompagner au violon le prodigieux violoncelliste Pablo Casals.

Le moins que l'on puisse dire est que la plupart des choix de la Reine témoignent d'une grande connaissance de la musique. L'Histoire les a en quelque sorte confirmés. Mais Élisabeth est fougueuse dans ses admirations comme dans ses décisions. Quand elle s'emballe pour un artiste, elle perd parfois tout sens critique et se trompe dans ses jugements, non sur le talent, mais sur l'homme. En novembre 1925 et en juin 1926, elle compte parmi les auditeurs de Walter Rummel. Elle est séduite par le jeu sensible du musicien et elle le lui dit avec sa franchise et son charme habituels. Ébloui, Walter Rummel croit au miracle sentimental. Cela ne peut que mal finir pour lui. En mars 1927, lors d'un concert au château de Laeken, organisé par Eugène Ysaye, la Reine entend une œuvre de Charles Houdret. Le compositeur-chef d'orchestre lui est présenté et le scénario se renouvelle mais avec cette différence qu'à l'inverse de Walter Rummel, Charles Houdret est un arriviste sans scrupules et qu'il entend bien profiter au maximum et le plus longtemps possible de la situation.

***

Pas plus que le développement de la vie culturelle durant les années folles, celui des sciences de Belgique ne s'opère en vase clos. D'une part, il s'accroche aux grands bouleversements des conceptions introduits notamment par Einstein et Heisenberg ; d'autre part, il tire parti de la révolution des techniques médicales improvisées dans les hôpitaux militaires de 1914-1918.

Depuis les fameux Conseils de physique et de chimie fondés par Solvay, Einstein comptait de nombreux amis dans le monde scientifique belge. Parmi eux, le physicochimiste Jules-Émile Verschaffelt et, surtout, Théophile De Donder, mondialement réputé pour ses travaux de physique mathématique, de physique relativiste, de chimie physique et de thermodynamique. Mais une figure ne tarde pas à éclipser toutes les autres et éblouir Einstein lui-même : le jeune abbé Louis Lemaître, qui lance l'hypothèse de l'atome primitif, beaucoup plus connu sous le nom *Big Bang*, évocateur de l'explosion d'un petit globule d'énergie-matière d'où naîtra le cosmos en expansion continue.

Pour la première fois depuis sa fondation en 1901, le Prix Nobel est attribué à un scientifique belge, le professeur Jules Bordet qui a mis au point un système de réaction permettant le diagnostic de diverses maladies microbiennes, notamment la syphilis (réaction Bordet-Wasserman), la fièvre typhoïde, la tuberculose. Quant aux chirurgiens — Antoine Depage (il mourra en 1925), Pierre Nolf, Jules Lorthioir, Robert Danis, Albert Hustin — il leur suffit de perfectionner, d'affiner tout ce qu'ils ont appris, tout ce qu'ils ont osé aussi, dans les hôpitaux du front, singulièrement celui de l'*Océan.*

Autant qu'avec les milieux littéraires et artistiques, davantage même en ces années 1919-1930 — la musique mise à part, bien sûr —, la reine Élisabeth maintient un contact étroit avec la communauté scientifi-

La famille du duc Karl-Theodore en Bavière. Debout, à droite, la duchesse Élisabeth. *(Photo INBEL)*.

Albert et Élisabeth, princes héritiers de Belgique. *(Photo Le Soir)*.

Élisabeth et son premier-né, le futur Léopold III. *(Coll. privée)*.

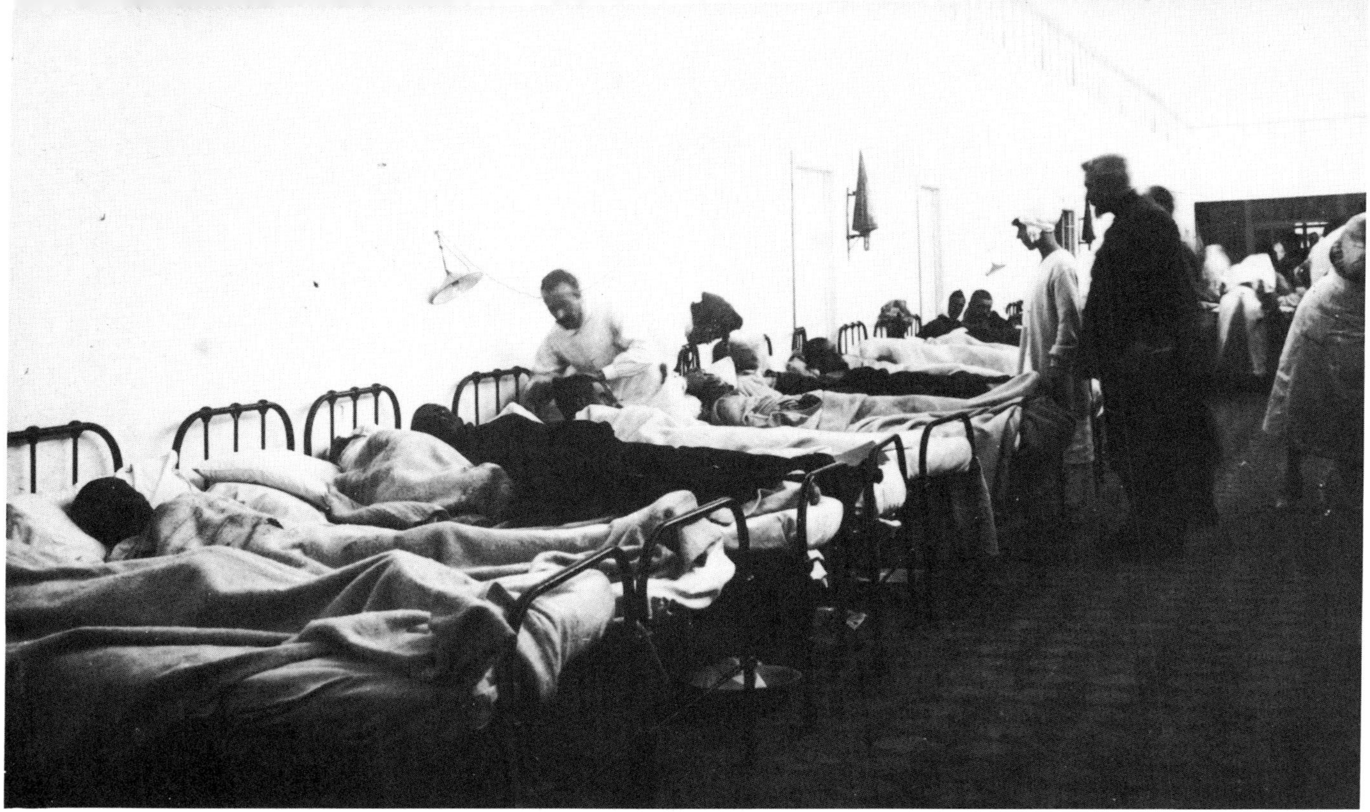

A l'hôpital de Vinckem, en compagnie du Dr Depage, immédiatement après la bataille d'Houthulst, en septembre 1918. *(Photo INBEL - Archives du Palais royal).*

La Reine félicite des soldats belges qui se sont distingués au cours des combats de Riegersvliet en mars 1918. *(Photo INBEL - A. Delraux).*

Élisabeth en compagnie d'Albert Einstein, dans le parc du château de Laeken. *(Photo INBEL).*

La Reine tint à assister à la conférence du R.P. Pire, prix Nobel de la paix en 1958 pour l'aide aux personnes déplacées. *(Photo INBEL).*

L'accueil par le ministre d'État socialiste Camille Huysmans au retour d'un voyage à Moscou. *(Photo Le Soir).*

Un an avant sa mort, la Reine Élisabeth reçut au château du Stuyvenberg, deux lauréats du Concours Musical International 1964, les pianistes Jean-Claude Vanden Eynden et Nicolaï Petrov. *(Photo INBEL)*.

que du pays. Toujours dans le souci — qu'elle partage avec son mari —, de créer des institutions susceptibles de révéler des savants nouveaux et de faciliter leurs travaux.

Les sciences humaines l'attirent autant que celles que l'on disait encore exactes.

Accompagnée par la comtesse Van den Steen de Jehay, la Reine passa toute la matinée du samedi 18 novembre 1922 aux musées royaux du Cinquantenaire où Jean Capart, conservateur de la section d'égyptologie, avait organisé une exposition pour commémorer le centième anniversaire du déchiffrement des hiéroglyphes par Champollion. Les journaux précisent que la visite avait un « caractère intime [20] » et laissent sous-entendre la passion de la souveraine pour la civilisation de l'Égypte pharaonique. Cette passion remontait à son adolescence, elle était née au cours du voyage qu'elle fit en Méditerranée avec sa tante l'impératrice Sissi, aussi prompte qu'elle à s'enthousiasmer. Élisabeth était retournée dans la vallée du Nil en 1911, pour y recouvrer la santé qu'avait compromise sa très grave maladie de l'automne 1910. Elle avait revu avec émerveillement les pyramides et le Sphinx, le site de Saqqara, la vallée des Rois, le temple de Ramsès à Karnak, le musée du Caire. Comme toujours, elle n'avait pas voulu se contenter des informations imparfaites et des explications sommaires à l'usage des touristes, même royaux. Elle désirait en savoir davantage. A son retour en Belgique, elle demanda à l'égyptologue Jean Capart de l'initier à l'histoire, à la culture et à la religion de l'Égypte ancienne.

L'œil vif, la barbe broussailleuse, le verbe clair, Jean Capart joignait au prestige du savant mondialement apprécié des qualités de pédagogue-né. Le privilège de diriger la section d'égyptologie des musées royaux, il le devait indirectement à Léopold II que ses desseins d'expansion avaient conduit à visiter l'Égypte, en qualité de prince héritier. Sensible à la volonté de grandeur et d'éternité de la civilisation des pharaons, le duc de Brabant s'était ingénié à réunir un ensemble de remarquables pièces archéologiques qu'il fut autorisé à ramener à Bruxelles. C'était le noyau d'une collection très valable qu'il offrit aux musées royaux lorsque ceux-ci furent enfin logés dans les vastes bâtiments construits à l'occasion du cinquantenaire de l'indépendance du royaume.

Curieuse coïncidence, le 29 novembre 1922, onze jours après la visite de l'exposition présentée à la Reine par Jean Capart, le correspondant du *Times* au Caire envoyait à son journal une dépêche annonçant la découverte sensationnelle par Lord Carnarvon et Howard Carter d'une tombe inviolée dans la vallée des Rois. Il en décrivait le passage souterrain « d'environ vingt-cinq pieds de long », le mobilier fastueux de la première chambre — y compris le trône de Tout-Ankh-Amon « probablement un des plus beaux objets d'art qu'on ait jamais découverts » —, l'entassement de lits dorés, de coffrets et de vases d'albâtre dans l'antichambre. Et le journaliste terminait par ces mots : « Ce qui ajoute à l'importance de la découverte, c'est qu'il reste encore une troisième chambre scellée et que semblent garder deux statues royales. Il se peut que se soit la tombe du roi Tout-Ankh-Amon[21]. »

Dès qu'elle eut appris l'événement, la reine Élisabeth n'eut plus qu'une idée : se rendre sur place et assister à l'ouverture du caveau, prévue pour le 17 février 1923. Elle en parla au Roi qui, connaissant l'obstination de sa femme, se garda bien de l'amener à renoncer à son projet. Mais il était exclu qu'il l'accompagne. L'agitation politique battait son plein.

Cela avait commencé par des manifestations sous le signe du fusil brisé et se poursuivit, sous le gouvernement de Georges Theunis, par de vives controverses au sujet de la flamandisation de l'université de Gand. Le Roi qui avait promis cette réforme en 1918, ne pouvait évidemment pas quitter le pays.

Prévenu du souhait ardent de la Reine, Capart obtint aisément l'accord de Lord Carnarvon et de Howard Carter. De surcroît, ceux-ci firent courtoisement savoir qu'ils entendaient réserver à la souveraine belge l'honneur d'entrer la première dans la chambre funéraire, close depuis plus de trois mille ans.

Au moment de faire ses adieux à Élisabeth et Léopold, sur le quai de la gare de Bruxelles, le Roi murmura à l'oreille de Capart, leur cicerone : « Monsieur Capart, s'il se présente quelque chose de dangereux, ne le dites pas à la Reine : elle voudrait y aller[22] ! »

Dans la vallée des Rois, les difficiles préparatifs de l'entrée dans le caveau se poursuivaient sans relâche. Travail rendu délicat par la solidité du mur fait de débris de pierres agglomérées dans un mortier très résistant. Le 13 février, comme chaque jour, le disque éblouissant du soleil-dieu embrase les ocres bruns des collines en face de l'antique Thèbes. « Ici, chante un poème, l'eau et la terre furent lors de la Première Fois, et le sable vint border les champs et il en surgit une éminence. Ainsi la terre fut... »

Au début de l'après-midi la Reine et le prince rejoignent les personnalités groupées autour d'un muret extérieur ; ils descendent ensuite la longue pente qui mène à l'entrée et s'arrêtent devant le caveau que semblent garder deux impressionnantes statues noircies par la résine. Ils lèvent les yeux vers un grand panneau recouvert d'or et incrusté d'émail bleu. Les hiéroglyphes y proclament que les dieux souhaitent la bienvenue dans l'au-delà au pharaon Tout-Ankh-Amon.

Lord Carnarvon et Howard Carter font entrer la Reine. Celle-ci s'assied d'abord au seuil de la chambre funéraire, puis se glisse entre la paroi et le sarcophage. Une porte basse s'ouvre à droite. Et c'est l'éblouissement ! Tous les objets sont intacts, comme le jour où on les a empilés lors des funérailles. Léopold qui a rejoint sa mère partage son émotion lorsqu'elle découvre l'éventail de Tout-Ankh-Amon, placé dans un coffret non scellé.

Huit jours plus tard, le 25 février, la Reine redescend dans l'hypogée pour y admirer le premier sarcophage tout doré. Une tenture pend encore sur la corniche du tabernacle intérieur. Et s'offre la vision de vases, surmontés de la figure d'un lionceau, de coffrets incrustés d'or, de sceptres et autres insignes royaux, etc. Tout le luxe, la délicatesse et le raffinement d'une brève période de l'histoire pharaonique, qui porte encore parfois l'empreinte de l'art si humain de Tell El-Amarna.

Fascinée par la beauté du site et des monuments qui bordent les deux rives du Nil, la Reine décide de prolonger son séjour à Louqsor jusqu'au 15 mars 1923. Puis elle se rend au Caire, à Assiout dont elle visite le musée Sayed Kalhaba Omdeh et à Alexandrie. A bord de l'*Hesperia,* elle reçoit les membres de la colonie belge d'Égypte. Ceux-ci, sous l'impulsion de Henri Naus bey, ont voulu donner à la visite d'Élisabeth un prolongement scientifique durable ; ils ont créé un fonds destiné à encourager l'étude de l'égyptologie en Belgique par l'enrichissement des musées du Cinquantenaire, la participation de Belges aux campagnes de fouille et la publication de travaux. Les bases de la prestigieuse Fondation Égyptologique Reine-Élisabeth sont donc jetées. Jean Capart est aux anges. Entre-temps, le professeur Nolf a envoyé à celui-ci un télégramme « le priant de trouver un prétexte » pour que la Reine ne donne pas suite à son projet de se rendre en Palestine[23].

En général, Élisabeth déteste qu'on lui impose une modification de ses plans de voyage. Cela l'irrite au plus haut point et mieux vaut ne pas être le messager d'une interdiction. Cette fois, cependant, elle s'est inclinée d'assez bonne grâce, sans doute parce qu'elle devine que le Roi se trouve à l'origine de l'intervention de Pierre Nolf. Et aussi parce qu'elle baigne encore dans l'émerveillement de l'Égypte pharaonique.

Le voyage de retour s'amorce donc par une escale à Syracuse et s'achève en Italie continentale, où le roi Albert et la princesse Marie-José sont venus à la rencontre de la Reine et du prince Léopold.

C'est en Italie aussi, très exactement à Venise, qu'a lieu, en septembre 1923, la première réunion de famille depuis la guerre. Moment d'intense émotion lorsque la reine Élisabeth revoit enfin sa mère, devenue veuve, son frère Guillaume, ancien combattant allemand et la femme de celui-ci. Cinq ans après l'armistice, la discrétion s'impose encore. On ne parle donc guère de cet événement familial. En revanche, les mystères entourant la tombe de Tout-Ankh-Amon aidant, on parla de la visite de la Reine.

Dans une conférence publiée par la revue *Conferencia* du 1er mars 1924, une certaine Myriam Harry prétendit que « Lord Carnavon fut frappé d'un maléfice, lancé par les gardiens-chacals, les deux dieux Anubis, qui se tenaient armés de sortilèges et de piques, de chaque côté de la secrète porte sépulcrale ». Bien sûr, ces gardiens-chacals n'ont jamais existé. Mais Myriam Harry n'hésitait pas à ajouter :

« M. Gaillard, notre ministre au Caire, m'a raconté que ces hommes-chacals, à la stature gigantesque, au noir museau pointu, avaient impressionné la reine Élisabeth de Belgique lorsqu'elle les vit surgir dans la pénombre de l'hypogée. La reine admira les fouilles de la première chambre funéraire, mais elle se contenta de jeter un regard furtif vers la seconde, vers le catafalque d'une magnificence inouïe où reposait, encore inviolé, son royal collègue. » Jean Capart écrivit aussitôt à cette trop imaginative conférencière une mise au point que la revue reproduisit dans sa livraison du 15 avril 1924[24].

Entre-temps, la Fondation égyptologique avait vu le jour et, dès 1925, inauguré la publication de ses fameuses *Chroniques d'Égypte* par une longue étude sur Thèbes. Dès lors aussi, la section d'égyptologie des Musées royaux d'Art et d'Histoire ne cessa de se développer. La Reine y veillera personnellement en même temps que sur les multiples activités scientifiques et pédagogiques de la Fondation.

Revenue en Égypte en mars 1930 — cette fois en compagnie du Roi —, elle s'arrêtera à El-Kab, au-delà du temple d'Aménophis III ; elle sondera de son regard limpide ce site abandonné des archéologues et inconnu des touristes. « Madame, lui dira Jean Capart, si nous pouvons entreprendre des fouilles, c'est ici que nous viendrons. » Ce sera le point de départ d'une série de campagnes belges de fouilles, qui feront sortir de l'ombre tout un pan de l'histoire pharaonique.

Quelques années avant sa mort, en un geste symbolique, la Reine offrira aux Musées royaux d'Art et d'Histoire un petit fragment du voile qui protégeait le sommeil éternel de Tout-Ankh-Amon.

Esprit religieux aux références dogmatiques assez floues — ce que le Roi lui reproche parfois timidement — Élisabeth se sent irrésistiblement attirée par toutes les expressions de la vie spirituelle et mystique dans le monde, singulièrement en Orient. Elle se demande souvent comment évoluera l'Asie, ce qui surgira des enseignements de ses grands initiés. Peu d'angoisse métaphysique dans ses questions mais une curiosité sans limites, une volonté d'en savoir toujours davantage. A Paris, elle a eu de passionnantes conversations avec Alexandra David-Neel, cette surprenante Française qui vécut au Tibet et fut la seule femme occidentale à devenir lama. Rencontre d'un regard gris sombre, impératif, et d'un regard bleu pâle, interrogateur. L'exploratrice a cru devoir évoquer ses souvenirs de Belgique, au temps où Victor Hugo, exilé à Bruxelles comme son père, la faisait sauter sur ses genoux. Mais la Reine souhaitait des réflexions personnelles sur le Toit du Monde. Elle en reçut, semble-t-il, assorties de l'une ou l'autre maxime dont Alexandra David-Neel avait le secret : « Soyons victorieux de nous ; étouffons jusqu'au désir d'un bonheur terrestre et nous trouverons le vrai bonheur dans l'étude, dans une conscience pure et dans l'union avec Dieu. » Ou encore : « Nous demandons beaucoup trop aux créatures ; contentons-nous de ce qu'elles nous donnent. Sommes-nous donc, nous, un si grand sujet de joie pour les autres que nous exigeons tant d'eux ? »

***

En 1925, le Roi et la Reine décident de fêter leurs noces d'argent en acceptant l'invitation que leur a adressée Lord Lytton, gouverneur du Bengale, un homme aussi cultivé que jovial. Ils ont reçu l'assurance que le caractère privé de leur visite serait respecté et que les cérémonies protocolaires leur seraient épargnées.

Le départ a lieu en septembre sur le *Ranpara* de la ligne P. and O. à destination de Bombay. Comme d'habitude, le Roi est encombré de livres concernant l'Inde, son passé et son présent ; la Reine se contente de ses appareils photographiques.

De Bombay, le couple royal part pour Calcutta ; il visite Bénarès, Lucknow, Delhi, Agra et le Taj-Mahal, incomparable hymne à l'amour conjugal. Il descend ensuite jusqu'à Ceylan et Kandy. Dire qu'ils voyagent en parfait *incognito* serait excessif, mais les corvées officielles leur sont incontestablemnt épargnées. Ils ne révèlent, d'ailleurs, leur identité qu'au moment où ils s'arrêtent dans les nombreuses missions belges établies dans le pays.

A Darjeeling, les élèves du Collège des Jésuites se livrent à une bruyante manifestion de joie à l'arrivée de la Reine. Ils s'emparent de la *jinzicksha* où elle s'est installée, la soulèvent et, dévalant une colline à toute vitesse, la mènent jusqu'à l'intérieur du palais du gouverneur. Là, le véhicule se retrouve enfin sur ses deux roues. Prévenue, Lady Lytton a heureusement ordonné aux gardes de ne pas s'opposer à cette entrée tempétueuse.

Le séjour des souverains à Darjeeling sera enchanteur mais marqué par une déception et un léger incident. La déception, c'est l'impossibilité de se rendre au Tibet, faute d'avion disponible. Le Roi et la Reine doivent se contenter d'admirer à la longue-vue, depuis le balcon du palais, le sommet encore inviolé de l'Everest. L'incident naît du désir exprimé par les souverains de rendre visite à Rabindranath Tagore. Celui-ci est très mal vu des Britanniques alors aux prises avec le mouvement de désobéissance civile déclenché par Gandhi. Lord Lytton n'a pas le choix ; à la requête de ses hôtes, il répond qu'à son vif regret, il ne peut être question qu'il organise ou facilite leur rencontre avec un ami personnel de Gandhi. Albert comprend parfaitement la raison invoquée par le gouverneur et n'insiste pas. Son devoir de chef d'État est d'éviter d'éventuelles difficultés diplomatiques à son gouvernement. Mais la Reine se rebiffe. Elle n'est pas venue en Inde uniquement pour en admirer les paysages et les monuments. Elle a lu plusieurs œuvres de Tagore et a sur la pratique du yoga quelques notions qu'elle voudrait approfondir. Elle veut absolument voir le maître qui a créé à Santinketan une école fondée sur la participation de l'enfant à la vie de la nature qui l'entoure, dans une ambiance de liberté, de confiance et de prière en commun.

Albert essaie de la dissuader de persister dans ses intentions. En vain. Élisabeth promet le maximum de discrétion. Elle voyagera *incognito* et sa visite restera informelle. N'a-t-elle pas le droit d'aller là où elle veut ? Une phrase qu'elle a souvent prononcée et qu'elle dira encore souvent dans sa vie. Il lui dit sa désapprobation mais capitule. Lord Lytton ne peut que l'imiter. Avec un sourire contraint.

Comme une simple voyageuse, Élisabeth quitte donc Darjeeling pour se rendre à Calcutta d'où elle gagne l'*Ashram* de Rabindranath Tagore. Elle surprend celui-ci, assis en tailleur, la tête couverte d'un grand chapeau, au moment où il regarde ses élèves qui jouent une pièce qu'il a écrite pour eux — *La Pluie* — où se conjuguent, sous le signe de la confiance en la Grande Force, tous les arts de l'Orient : la déclamation, la musique, le chant, la poésie, la danse.

Ce qui, dans l'œuvre de Tagore, envoûte la Reine, c'est sa conception du monde humain : « La somme totale de ce que l'Homme ressent, connaît, imagine, raisonne, et de tout ce qu'il peut savoir maintenant et plus tard. » Vivre, selon Tagore, c'est ouvrir sans cesse les portes innombrables d'une manière de prison, en sachant qu'aucune doctrine ne mettra fin à cette quête. « Si l'on arrivait à une conclusion absolument satisfaisante, cela signifierait la fin de tout. Dans ce cas, il n'y aurait plus qu'à baisser son rideau et à s'endormir. »

Quand elle revient à Darjeeling, Élisabeth rayonne de la joie d'une rencontre inoubliable, pimentée de la joie d'avoir bravé l'interdit politique. Elle continuera à lire les œuvres de Tagore et pratiquera quotidiennement le yoga jusqu'à un âge très avancé.

⁂

Peu après leur retour des Indes, le Roi et la Reine s'attachèrent à mettre au point le projet de mariage de leur fils Léopold. Un jour du printemps 1926, arrivèrent à la demeure du prince Charles de Suède et de la princesse Ingenborg, à Stockholm, une dame étrangère et un jeune homme. Dès ce moment, le château se ferma à tous les intimes. La capitale suédoise, intriguée, se perdait en conjectures ; les hypothèses succédaient aux suppositions. Mais nul ne devinait que la dame étrangère était la reine Élisabeth et que c'était le prince Léopold qui l'accompagnait. Une semaine passa, puis deux. La mystérieuse dame étrangère et son fils regagnèrent leur pays et les portes de la maison du prince bleu se rouvrirent aux amis.

L'été, le prince Léopold revint en Suède, au château de Fridhem, cette fois. On l'appelait Philippe, simplement, comme s'il était un ami de la maison. En compagnie d'Astrid, Léopold fit de longues excursions à pied ou en auto. Avec elle, il s'en alla fréquemment à la chasse. Elle ne connaissait pas le français, lui ne connaissait pas le suédois ; ils parlaient tous deux anglais. Un soir, ils s'avouèrent mutuellement leur amour.

Ne songeant qu'au bonheur de son fils aîné et ayant toujours été allergique aux nuances qui séparent les religions chrétiennes, Élisabeth convoqua au château de Laeken Mgr Ernest-Joseph Van Roey, primat de Belgique. Elle annonça l'événement : son fils avait offert sa promesse à la princesse Astrid de Suède, qui était de religion luthérienne. Le cardinal, dans sa robustesse monumentale, ne broncha pas. Sans doute était-il flatté d'être le premier informé, mais il fit immédiatement observer que le mariage mixte s'imposait dans le respect scrupuleux des conditions canoniques. Il lui fallait donc demander les dispenses nécessaires du Saint-Siège. Ce qu'il fit dès le lendemain, et qu'il obtint rapidement grâce à la diligence du cardinal Gasparri, secrétaire d'État.

La Reine voulait davantage : une messe de mariage solennelle dont elle aurait choisi la musique liturgique. Elle ne l'a pas obtenu.

Le mariage civil de Léopold et d'Astrid est célébré à Stockholm, le 4 novembre 1926. Quatre jours plus tard, dans la matinée, le Roi, la Reine et le prince se rendent à Anvers pour y accueillir Astrid. Quelques instants après leur arrivée, un grand bateau tout blanc, le *Fylgia,* s'avance lentement vers le quai. S'appuyant au bastingage, la princesse a reconnu son mari ; de la main, elle lui envoie des saluts répétés. Léopold, dans un irrésistible élan, s'élance et rencontre Astrid au milieu de la passerelle. Alors, sans souci du protocole, devant la foule qui pleure et crie de joie, les jeunes époux s'embrassent.

Le 10 novembre, en la collégiale des Saints-Michel-et-Gudule, le cardinal Van Roey, assisté des cinq autres évêques du royaume, préside personnellement au mariage des princes. Il sait que ceux-ci ont rejeté les projets d'une conversion diplomatique au catholicisme. « Une conversion, écrira-t-il plus tard, n'est pas une simple formalité, mais une adhésion de l'âme tout entière à la foi[25]. » Il bénit les jeunes époux avec tout le faste — la célébration de la sainte messe exceptée — de la liturgie romaine. La population belge, encore attachée aux traditions séculaires, pouvait se réjouir sans arrière-pensées.

Après un voyage de noces sur la Côte d'Azur, le ménage princier s'installe dans une aile du palais de Bruxelles, le pavillon de Belle-Vue. Mais il réside le plus souvent au château de Stuyvenberg où naît, le 11 octobre 1927, une petite fille qui reçoit les prénoms de Joséphine, Charlotte. Pour la première fois, Élisabeth est grand-mère.

***

Il y a longtemps que la Reine désirait se rendre au Congo et « voir par elle-même », selon son expression favorite, comment évoluait la colonie belge. Ce que son mari lui en avait dit, après son voyage en 1909, l'avait intriguée. Elle voulait d'autant plus en savoir davantage qu'elle devinait que les quatre années de guerre avaient bouleversé bien des données et rendu plus impératifs certains devoirs. En Afrique comme ailleurs, rien ne serait jamais plus comme auparavant.

Le 5 juin 1928, en montant à bord du *Thysville,* amarré au port d'Anvers, Élisabeth est bien décidée à regarder en face les réalités souvent occultées par les soins de fonctionnaires trop zélés. Et si le docteur Pierre Nolf a été choisi pour accompagner les souverains pendant tout leur voyage au Congo, ce n'est pas seulement pour veiller sur leur santé. La Reine attend de lui qu'il l'aide à échafauder des plans et à concevoir de vastes desseins.

A quelques heures du départ, la nouvelle parvient à Anvers qu'une épidémie de fièvre jaune vient de se manifester en Afrique centrale. Les autorités de Léopoldville suggèrent de retarder le voyage royal. « Il n'en est pas question, s'écrie la Reine, prévenue de cette éventualité. Ne nous a-t-on pas vaccinés ? — Si mais... — Il n'y a pas de mais qui vaille... Le Roi et moi nous partirons au jour et à l'heure prévus. »

Le 21 juin suivant, le *Thysville* s'engage dans la passe de Mateba et accoste à Boma. La première capitale congolaise étonne par sa modestie ; l'allée principale, bordée de factoreries, aboutit à un baobab ventru qui dispense son ombre à l'ancienne cathédrale, une petite chapelle sans prétention. La Reine, en robe mi-longue et coiffée d'un large chapeau qui la protège du soleil, est déjà impatiente de prendre d'autres contacts que ceux des officiels. A Matadi, ville portuaire logée au creux d'un cirque de montagnes rouges, elle s'attarde chez les Sœurs de la Charité qui y gèrent un remarquable orphelinat. C'est sa première visite. Des dizaines d'autres suivront.

Reçus triomphalement à Léopoldville, les souverains parcourent ensuite le Bas-Congo, puis ils joignent le Kasaï, région minière rendue célèbre par ses révoltes mais aussi par la maladie du sommeil qui la ravage. A ce moment-là, fonctionnent dans les concessions de la société Forminière vingt hôpitaux et grands dispensaires et quelque quarante-deux infirmeries des mines. L'ensemble des services médicaux dispose de treize médecins et de onze agents sanitaires européens. C'est à première vue considérable et réconfortant. Tout indigène ayant besoin de soins est accueilli dans les hôpitaux et dispensaires de la société, qu'il soit ou non employé par la Forminière. De surcroît, plusieurs sociétés coloniales ont uni leurs efforts à ceux de la Forminière pour organiser, à partir de 1925, une mission médicale itinérante chargée de traquer, combattre et vaincre la maladie du sommeil jusque dans les villages les plus isolés. Et le combat sera victorieux.

> « Là où des spectres squelettiques gisaient, prostrés, devant les pauvres cases, a-t-on pu écrire, là où l'on voyait surgir, au bord de la piste, un “ sommeilleux ” qu'agitait soudain une frénésie démoniaque, là où des bambins près de la mort se traînaient dans la fange ou la poussière, sans jamais avoir connu la joie de vivre, là, dans ces mêmes villages, aujourd'hui, grâce à ces médecins, à ces agents sanitaires, à ces infirmiers indigènes, grâce à la science et à la solidarité européenne, un peuple vit, chante et rit [26]... »

Après leur visite à la Forminière, le Roi et la Reine président à l'inauguration du chemin de fer reliant Bukama à Port-Francqui, c'est-à-dire le Katanga à la partie navigable du Kasaï et, par là, au fleuve Congo. A Élisabethville, ils doivent subir les discours du fastueux banquet offert par le « Cercle Albert-et-Élisabeth ». La Reine prend aisément son mal en patience — surtout lorsque Jean Jadot, gouverneur de la Société Générale, décrit les établissements médicaux créés et gérés par ses sociétés —, mais le Roi s'étonne toujours du fait que « les gens parlent si longuement pour dire si peu » : « La quantité de mots qu'ils prononcent est surprenante. Moi, je parviens toujours à dire en un quart d'heure tout ce que je souhaite dire ; il est vrai que je ne suis pas un orateur. »

Les jours suivants, le Roi et la Reine poursuivent leur périple. De plus en plus fréquemment, Élisabeth bouscule les programmes des visites. Elle veut toujours voir ce qu'on ne comptait pas lui montrer. Les indigènes la voient surgir là où on ne l'attendait pas. Les enfants lui font fête, elle les prend dans ses bras. Ils l'appellent « Mamma Kawandi » — celle qui aime les enfants noirs.

Certes, les hôpitaux, les maternités, les laboratoires de biologie des sociétés l'impressionnent, comme aussi la politique de stabilisation de la main-d'œuvre indigène, dirigée par le docteur Léopold Mottoulle. Mais elle voit aussi des hommes en blanc, des *bwana muganga,* contraints de travailler dans des locaux misérables, des dispensaires manquant de lits, de matériel, de médicaments.

> « Avec quel serrement de cœur elle a écouté les doléances de médecins de l'État et vu, de ses yeux, combien, en général, ils sont défavorisés vis-à-vis de leurs confrères des grandes sociétés.
>
> « La reine Élisabeth a supporté les dures et quotidiennes fatigues de ce long et triomphal voyage avec une vaillance extraordinaire. Elle a résisté aux visites d'usines, de mines, d'exploitations agricoles, d'hôpitaux, de maternités, de dispensaires, de camps de travailleurs, aux ban-

quets, aux réceptions, aux discours officiels, à la chaleur et au *« harcèlement venimeux des moustiques qui noircissaient le ciel de bourdonnants essaims »* (José-Maria de Heredia).

« Mais elle n'a pas résisté à l'appel muet et angoissé de milliers d'êtres humains déchirés encore par l'*hydre aux mille griffes*[27]. »

A peine rentrée en Belgique, la Reine se met au travail avec la collaboration du docteur Pierre Nolf. Le Roi l'y encourage et lui donne les conseils qui s'imposent pour se mouvoir dans le dédale des procédures politiques. Henri Jaspar, Premier ministre et ministre des Colonies, est habilement mis dans le coup. Et, dès la création du Fonds Reine-Élisabeth pour l'Assistance médicale aux Indigènes du Congo belge (F.O.R.E.A.M.I.), il persuade les Chambres de voter une dotation annuelle de 50 millions de francs. Bien informé par la reine Élisabeth, il déclare notamment :

« C'est en nous attachant à faire reculer la souffrance, à réduire la douleur, à retarder la mort de ces indigènes dont nous avons la charge que nous aurons, j'en atteste le Parlement et la nation tout entière, accompli la véritable œuvre colonisatrice belge.

« La lutte doit être entreprise simultanément sur toute l'étendue du territoire par une série de croisades, dix croisades médicales suffiraient, dit-on, qui exigeraient 60 médecins, accompagnés d'infirmiers et d'agents sanitaires. Mais surtout il faut résoudre la question d'argent et il faut l'envisager avec courage et volonté. Une organisation telle que celle que je vous expose et telle que je la conçois, nécessite des sommes énormes, Messieurs, il faut les trouver, parce que l'avenir de la Colonie en dépend[28]. »

Malgré la crise économique qui s'amorce, les fonds ne manquent pas d'affluer. Signalons, en passant, qu'en 1930, la princesse Marie-José verse au F.O.R.E.A.M.I. la somme de 280000 francs, représentant le cadeau offert par la Colonie à l'occasion de son mariage avec le prince Umberto. Très vite, une équipe de choc est mise en place au Bas-Congo, comprenant des médecins, agents sanitaires, missionnaires, infirmiers et infirmières, gardes-accoucheuses, clercs et travailleurs divers. Chaque année, environ un demi-million d'indigènes sont examinés médicalement. Le résultat est spectaculaire. En 1935, l'endémie de la maladie du sommeil est pratiquement jugulée, la mortalité infantile réduite, une épidémie de dysenterie bacillaire stoppée. Le F.O.R.E.A.M.I. portera désormais ses efforts sur le Kwango.

CHAPITRE VII

Les coups du destin

Les quatre dernières années du règne d'Albert Ier furent obscurcies par la montée parallèle de la crise économique mondiale et des menaces de guerre. L'économie de la Belgique étouffait derrière les barrières douanières dressées par ses voisins. En 1932, les exportations avaient diminué de moité par rapport à celles de 1929. Un ouvrier sur quatre était sans travail. Des grèves et de violentes émeutes avaient éclaté dans le Hainaut et le Brabant wallon.

Le Roi avait songé à lancer un appel au monde en faveur d'une politique économique nouvelle et d'un désarmement progressif. Mais l'Allemagne ne lui en laissa pas le temps. « Si le Reich veut réarmer, remarqua-t-il, que peut-on faire ? Des investigations ? Ni l'Angleterre, ni l'Italie n'en veulent. Reste la guerre préventive. La France s'en chargera-t-elle toute seule ? »

Le matin du 17 février 1934, le Roi consulta son agenda. Étaient prévus une audience diplomatique, le matin, et le Grand Prix de vitesse cycliste, au Palais des Sports, le soir. L'occasion était trop belle et trop rare de se rendre à Marche-les-Dames et d'y escalader le rocher au bord de la Meuse. Albert Ier quitta le château de Laeken au début de l'après-midi dans la Ford noire conduite par son valet de chambre Van Dijck. La voiture fut garée à l'entrée du village de Boninne et l'ascension commença. Elle dura deux heures. Les soirées tombent vite en février, mais le sommet du rocher de la Corneille était encore éclairé par le soleil couchant. Le Roi dit alors à Van Dijck : « Je vais profiter de l'heure qui me reste pour redescendre au pied des rochers et faire une escalade ; si mes dispositions sont bonnes, je ferai le passage difficile ; si elles ne le sont pas, je me contenterai du facile. Je vous retrouverai dans une heure. » A l'heure dite, le souverain n'était pas là. Inquiet, Van Dijck appela. Aucune réponse. Il se décida alors à donner l'alerte.

Au Palais des Sports où s'affrontaient le champion du monde Jef Scherens et ses rivaux l'Allemand Richter, le Français Michaud et l'Italien Martinetti, le fauteuil royal restait vide, tandis qu'à Marche-les-Dames, le commandant Jacques de Dixmude, le comte Xavier de Grunne, le docteur Nolf, aidés de Van Dijck et du baron Carton de Wiart fouillaient le terrain à la lumière de torches électriques et découvraient finalement le corps du Roi gisant comme sur un champ de bataille : « un trou énorme s'ouvrait dans la partie droite du crâne, défoncé par un choc qui avait dû provoquer la mort instantanée[1]. »

***

Assise dans un sofa, la Reine était à bout de nerfs. Toute la nuit, en compagnie de sa dame d'honneur la comtesse Carton de Wiart, elle avait attendu des nouvelles. En vain. Le teléphone restait silencieux. On lui avait caché l'arrivée du corps d'Albert Ier au château de Laeken et les préparatifs de la chambre mortuaire.

Vers cinq heures du matin, le comte Guillaume de

Hemricourt de Grunne, grand maître de sa Maison, et le docteur Nolf entrèrent dans le salon. Élisabeth blêmit. Son regard inquiet croisa le leur, éploré. Ils lui annoncèrent la mort du Roi. Alors, elle renversa lentement la tête contre le dossier et ferma les yeux. Elle demeura ainsi sans bouger, silencieuse, pendant une vingtaine de minutes. Toute parole de réconfort eût été superflue, voire irritante.

— Je veux voir le Roi, dit-elle enfin, en relevant la tête.

Arrivée dans la chambre mortuaire, elle vit que d'autres mains que les siennes avaient lavé le visage et bandé le front meurtri de son mari. Elle éclata :

— Pourquoi ne m'avez-vous pas appelée ?

— Nous avons cru que la Reine...

Elle interrompit l'explication :

— C'était l'ultime service que je pouvais lui rendre.

La colère semblait la soutenir. Mais, quelques instants plus tard, elle sombra dans la torpeur. Elle s'enferma dans sa chambre, refusant toute visite.

Elle avait demandé que le cercueil soit transféré, aussi discrètement que possible, au palais de Bruxelles, pendant la nuit. Avant le départ du convoi funèbre, elle vint poser sur la dépouille d'Albert Ier quelques-unes de ses fleurs favorites : des lilas blancs et des orchidées blanches provenant de serres de Laeken. Entre ses doigts, elle glissa un petit crucifix d'ivoire rapporté du Congo en 1928. Puis elle remonta dans sa chambre.

***

Sur tout le trajet de Laeken à Bruxelles, la population s'était massée le long des trottoirs. Hommes, femmes, enfants, ils étaient là dans la nuit glaciale, se découvrant au passage de l'affût de canon éclairé par les flambeaux que portaient douze cavaliers.

Pendant deux jours et deux nuits, des dizaines de milliers de Belges défilèrent devant le cercueil ouvert de leur roi, exposé dans le salon du Penseur, au palais de Bruxelles. Les funérailles, parmi un peuple consterné, dépassèrent tout ce que la légende et la mythologie ont pu évoquer de grandeur et d'émotion. Ce fut le dernier triomphe d'Albert Ier qui en avait tant connu et ne les avait jamais aimés. Près de deux millions de personnes se pressaient sur le parcours du cortège funèbre. En tête de celui-ci trois cavaliers en long manteau noir, l'escorte du fanion de guerre du commandant en chef de l'armée belge. Puis s'avançait l'affût de canon de 105 du 14e régiment d'artillerie, portant le long cercueil d'acajou. Il était suivi de *Titanic,* le cheval favori du Roi, complètement harnaché, le sabre suspendu à la selle. Le nouveau roi, Léopold III, le visage crispé par la douleur, le prince Charles et le prince Umberto d'Italie conduisaient le deuil. Derrière eux marchaient lentement le président de la République française Albert Lebrun, le tsar Boris de Bulgarie, la grande-duchesse de Luxembourg et des dizaines de princes royaux, de généraux et d'amiraux.

La reine Élisabeth n'assista ni aux funérailles en la collégiale des Saints-Michel-et-Gudule ni à l'inhumation en la crypte royale. Elle demeurait prostrée au château de Laeken, ne touchant guère aux repas qu'on lui apportait. Elle qui avait tant aimé la vie semblait vouloir se laisser mourir. Elle se sentait à la fois veuve et orpheline. Il y avait eu, dans son union avec Albert Ier, quelque chose de filial qui s'était ajouté à tous les liens d'affection conjugale. Fantasque, impulsive, imprévoyante, elle avait trouvé en son mari une manière de père qui veillait sur elle, modérait ses enthousiasmes, ses emballements parfois intempestifs.

Sa solitude impliquait, en outre, la fin de son rôle de souveraine. Une Wittelsbach ne pouvait être insensible à cette brusque *diminutio capitis*. La reine des Belges, c'était désormais Astrid, dont la popularité ne cessait de croître parallèlement à celle de Léopold III. Élisabeth passait à l'arrière-plan aux yeux du monde comme aux yeux des foules. Inconsciemment elle en souffrit.

Le roi Léopold avait toujours été très proche de sa mère. Plus que de son père qu'il aimait et admirait mais dont le caractère renfermé ne facilitait pas les conversations intimes. Même lorsqu'ils avaient escaladé à la même cordée un pic des Dolomites et qu'ils se reposaient au sommet, Albert Ier ne se livrait guère aux confidences. L'alpinisme les unissait, mais ils le pratiquaient différemment : le père recherchait essentiellement l'effort physique, la précision des gestes et le contrôle de soi-même tandis que le fils, plus souple et plus habile, s'abandonnait volontiers à la joie des vastes horizons et ne redescendait qu'à regret.

Ce ne fut qu'à la fin de son règne que, pour la première fois, Albert Ier parla au prince héritier des problèmes politiques belges. Jusqu'alors, il s'était entièrement déchargé de sa formation de futur chef d'État sur des professeurs, au demeurant choisis avec un soin et un discernement extrêmes. Il suivait attentivement les progrès de cette formation et appréciait à leur juste valeur ses résultats, mais il n'en disait mot, sauf pour affirmer : « Je puis disparaître, Léopold est prêt ! »

Entre Élisabeth et Léopold, par contre, l'échange de confidences était constant. Chaque fois qu'un voyage lointain les séparait, ils s'écrivaient longuement. Le jeune souverain aimait son père avec respect ; il aimait sa mère avec tendresse. Il connaissait son caractère déconcertant et prévoyait ses sautes d'humeur. Dans une lettre-testament, Albert Ier lui avait demandé de veiller sur elle, de la protéger contre elle-même. Léopold III s'y employa aussitôt, de connivence avec Marie-José. Sur Charles le mal-aimé et le mal-aimant, il ne fallait guère compter.

Le 28 mai 1934, une catastrophe minière se produisit au charbonnage du Fief de Lamberchies, dans le Borinage. Le Roi n'eut aucune peine à persuader sa mère de se rendre à Pâturages, vers ceux qui pleuraient un mari, un fils. Comme l'a observé Berthe Delépine, ce furent ces hommes et ces femmes qui eurent « le pouvoir d'arracher la Reine pour la première fois à sa propre douleur et de la pencher vers d'autres détresses, elles aussi inconsolables ». Elle alla s'asseoir chez eux « vêtue comme eux de deuil et les yeux embués par les mêmes larmes, dans les cuisines aux chaises de paille et dont les fenêtres ne regardent que de sombres terrils[2] ».

Entre-temps, Élisabeth avait repris sa correspondance, lisant et relisant certaines lettres de condoléances qu'elle avait laissé traîner sur son bureau. Elle tentait d'y répondre. Émile Vandervelde, le 19 février, lui avait rappelé des souvenirs de La Panne et une démarche en faveur de la libération d'un prisonnier[3]. Einstein, de son exil à Princeton, lui avait envoyé une longue lettre, le 20 février :

> « Vénérée Reine, il semblerait que dans ces années chargées de mal, le sort s'acharne à pulvériser tout ce qui reste de grande valeur humaine et de serviteurs soucieux du bonheur de l'humanité. Il ne m'est pas arrivé souvent, dans la vie, d'être bouleversé comme je le fus

après la nouvelle du coup si lourd qui a subitement ruiné votre harmonieuse existence et qui a fait une brèche, impossible à combler, dans ce petit groupe de lutteurs dévoués qui s'efforcent d'arrêter la chute lugubre de l'Europe. Le Roi a abandonné la vie d'une façon merveilleuse, en pleine force *imbrisée,* et s'est plongé dans l'inconsciente nature qu'il aimait avec une telle passion. Mais pour la nation belge et, au-delà d'elle, pour l'Europe, sa main qui savait aplanir avec douceur, son œil clair et net de tout préjugé sont irremplaçables. Je sais ce qu'éprouvent ceux qui voient l'objet de leur amour appartenir irrévocablement au passé. Mais je sais aussi que pour les êtres forts, dont vous êtes, se mettre au service des choses immatérielles et en particulier se consacrer aux arts, emplit leur vie d'une douceur qui échappe, dans une certaine mesure, à la brutalité des coups que porte l'aveugle destin. En vous disant la part que je prends de tout cœur à votre peine, je vous serre les mains.

« Votre Albert Einstein, le 20 février 1934[4]. »

La réponse de la Reine, tardive, porte la date du 23 mai 1934 :

« Cher Monsieur le Professeur, du plus profond du cœur, je vous remercie de votre lettre si compatissante. En évoquant le souvenir extraordinairement vivant de mon mari bien-aimé, vous m'avez profondément émue dans mon indicible chagrin. De tout cœur, je vous remercie de votre sympathie chargée de grande compréhension. Votre Élisabeth[5]. »

A la princesse Joséphine de Hohenzollern qui lui avait annoncé la naissance d'un petit Albert, elle écrivit en juin : « J'espère que plus tard il s'inspirera toujours du nôtre que je ne cesse de pleurer ne pouvant me consoler un instant[6]. »

Le mois suivant, sur l'insistance de Marie-José, qui avait épousé, le 8 janvier 1930, le prince Umberto de Piémont, la reine Élisabeth accepta de s'établir, pendant quelques mois, près de Naples, dans la villa Rosebery que la famille royale d'Italie avait achetée à la famille anglaise de ce nom. Elle accepta parce que sa fille attendait son premier enfant et qu'en cette circonstance, elle souhaitait la présence de sa mère.

La beauté prenante de la baie de Naples, la plaine de Sorrente à l'ombre du Monte Sant' Angelo, les villages de pêcheurs à Capri, la chaleur parfumée de l'été, tout était réuni pour rétablir la santé d'Élisabeth. Sa mère, la duchesse en Bavière, la rejoignit. Ensemble, l'octogénaire et la presque sexagénaire passaient une partie de leurs journées à nager. Conseillée par un pêcheur local, Élisabeth apprit même à plonger. Et elle osa ce que le roi Albert lui avait toujours interdit : conduire une petite Fiat. Elle ignorait quasi tout du code encore élémentaire de la route et appuyait plus que de raison sur l'accélérateur. Quand on lui en faisait la remarque, elle répliquait : « Taisez-vous, vous me rendez nerveuse ! »

Elle se rendait volontiers à San Michele de Capri, chez l'écrivain-médecin Axel Munthe qui, pendant la Première Guerre mondiale, avait servi dans la Croix-Rouge britannique. Elle l'écoutait parler de l'épidémie de choléra à Naples, de saint François d'Assise, « le frêle rêveur avec sa bande d'oiseaux et sa suite de mendiants et de proscrits », du bonheur et de la tristesse :

> « Le bonheur ! nous ne pouvons le trouver qu'en nous-mêmes, c'est perdre son temps de le

demander aux autres, rares sont ceux qui en ont à céder. La tristesse ! nous devons la supporter tout seuls, il n'est pas juste de s'en décharger sur d'autres, hommes ou femmes. Nous devons affronter le combat tout seuls et frapper dur, en lutteurs-nés que nous sommes. La paix viendra un jour pour tous, la paix sans déshonneur, même pour le vaincu, s'il a résisté de son mieux jusqu'au bout[7]. »

Physiquement, la Reine retrouva la force de vivre. Lors du baptême de sa petite-fille Maria-Pia, à Rome, on la surprit à sourire. Mais moralement, elle demeurait brisée.

***

Avec une certaine hésitation, se demandant s'il n'aurait pas à le regretter, le roi Albert avait signé l'arrêté autorisant le début des travaux de l'Exposition universelle et internationale de Bruxelles, prévue pour 1935. Son Premier ministre, le comte de Broqueville, et son ministre du Travail Van Isacker, l'avaient finalement convaincu que l'entreprise faciliterait la reprise économique. Ce fut le cas. La politique de redressement entreprise par Paul Van Zeeland, sur le modèle du New Deal de Roosevelt, trouva dans l'Exposition universelle, inaugurée le 27 avril 1935, un précieux stimulant. Une nombreuse main-d'œuvre avait été embauchée pour l'aménagement de 150 hectares de jardins, de bassins et de bâtiments. Près de vingt millions de visiteurs amenèrent une quantité appréciable de devises étrangères qu'ils dépensaient d'autant plus volontiers que la dévaluation de 28 % du franc belge leur offrait un change très favorable.

Le pays reprenait confiance en l'avenir et, sur le plateau du Centenaire envahi par les foules marchant d'un pavillon à l'autre, on vivait dans un climat de fête et d'illuminations.

Mais, le 29 août, se répand une nouvelle dramatique : la reine Astrid a été tuée au cours d'un accident d'automobile. Un grand silence tombe sur la Belgique qui se sent comme frappée d'une affreuse malédiction. Les orchestres des guinguettes se taisent, les drapeaux qui claquaient joyeusement au vent sont mis en berne, on se précipite sur les journaux bordés de noir. L'accident s'est produit à Küssnacht, près d'un lac, en Suisse.

Quelques mois après le rocher tragique de Marche-les-Dames, Küssnacht, le baiser de la Nuit...

***

Au lendemain de la mort de la reine Astrid, Claudel écrit : « La reine Élisabeth ! Si frêle, si exténuée, et dont l'âme, dirait-on, n'est plus rattachée au corps que par le sentiment du devoir. Quelle place intacte reste-t-il dans cette âme déchirée pour accueillir cette nouvelle blessure ? »

A n'en pas douter, le poète sous-estimait la force de caractère de la Reine et, surtout, sa capacité à faire front dès l'instant où les circonstances lui imposaient de jouer un rôle. La mort du roi Albert ne l'avait pas seulement meurtrie ; elle l'avait, en quelque sorte, dépouillée du rôle de reine. La mort d'Astrid la fit pleurer, mais elle l'obligea à la fois à reprendre une place perdue et à en assumer une nouvelle : remplacer la mère de trois orphelins.

Elle aida Joséphine-Charlotte, l'aînée, à prendre conscience de son rôle de sœur aînée, chargée de veiller sur ses jeunes frères : le prince Baudouin, né en 1930, l'année du centenaire de l'indépendance de la Belgique, et le prince Albert, son cadet, que, dans un geste inoubliable, la reine Astrid avait présenté au peuple de Liège, lors de la Joyeuse Entrée du 7 juillet 1935.

Aux petits princes, la reine Élisabeth apportait ce qui, sans elle, leur aurait terriblement manqué : la présence constante de l'amour maternel et l'attention sans défaillance aux besoins de leur première éducation. Grâce à elle, la joie, les rires et l'insouciance revinrent progressivement à Laeken. C'était l'unique consolation du roi Léopold III, accablé par les soucis de politique intérieure et l'inquiétude grandissante devant la situation internationale. Parfois, il surprenait ses enfants dans les appartements de sa mère, qui jouait pour eux du violon, ouvrait le piano, organisait des fêtes enfantines ou leur apprenait à reconnaître les fleurs cueillies dans le parc.

La Reine avait repris toutes ses activités antérieures. Elle avait même réorganisé son atelier de sculpture et y modelait dans la glaise le visage expressif du petit prince Albert. Mais c'est avec la vie musicale qu'elle renoua le plus ouvertement.

Elle avait chargé Herman Teirlinck de suivre de très près les travaux préparatoires à la création d'un Orchestre national de Belgique. Il avait pour mission de l'informer régulièrement. Non pas qu'elle se méfiait outre mesure du ministre François Bovesse, mais le bouillant politicien namurois multipliait les initiatives qui parfois croisaient les plans de la Reine. Celle-ci était soucieuse du maintien d'une certaine cohérence. En janvier 1936, Teirlinck lui remit une longue note qui détaillait soigneusement l'état de la question. Il y était d'abord rappelé les raisons qui expliquaient l'absence d'un Orchestre national de Belgique :

« Plusieurs grands pays possèdent un orchestre symphonique permanent, généralement appelé orchestre philharmonique. Les États-Unis en possèdent plusieurs.

« Pourquoi la Belgique, dont la population est en général très musicienne, n'en possède-t-elle pas encore ? Il y a à cela plusieurs raisons. La première, c'est que Bruxelles n'est pas une assez grande capitale pour pouvoir disposer des fonds nécessaires à cette fin. La seconde, c'est que l'esprit régional, l'indépendance des communes, la fierté des grandes villes, ont toujours mis obstacle à la centralisation indispensable à une telle réalisation. Il en résultait que les pouvoirs publics se désintéressaient de la question. »

Mais la création d'un orchestre symphonique permanent était désormais décidée, heureux résultat des travaux d'une commission consultative présidée par le général baron Buffin, président de la Fondation musicale Reine-Élisabeth, et composée des directeurs des quatre conservatoires royaux (Bruxelles, Liège, Anvers, Gand), du secrétaire de cabinet du ministre et de M. Glesener, directeur général de l'administration des Beaux-Arts. Comment allait-on procéder ?

« On commencerait par composer cet orchestre de 62 musiciens. Chacun d'eux toucherait un traitement annuel de 14 à 16 000 francs. Ultérieurement, ce traitement pourrait être augmenté. Ces musiciens seraient nommés au concours. Ils seraient engagés pour un an, avec préavis de réengagement six mois avant l'écoulement du délai. Les instrumentistes peu dévoués ou qui se seraient révélés insuffisants, seraient soumis à une nouvelle épreuve ou impitoyablement congédiés. Il ne s'agit donc pas d'un orchestre de fonctionnaires. »

Une cinquantaine de concerts étaient prévus dont vingt à l'Institut national de Radiodiffusion et une dizaine dans les principales villes de province.

Soixante-deux musiciens, c'était évidemment insuffisant. La note adressée à la Reine rencontra l'objection : « Cet orchestre de 62 musiciens ne constituerait qu'un noyau de grand orchestre. Il serait composé d'éléments sévèrement sélectionnés et au moyen desquels on pourrait exécuter une partie du répertoire. Mais les usagers de cet orchestre adjoindraient éventuellement des renforts à ce noyau, pour l'exécution des œuvres modernes. Ces renforts, bien entendu, seraient également choisis à la suite d'un concours. »

Restait le problème délicat du chef d'orchestre. On n'envisagea pas encore la nomination d'un directeur musical. En effet, précisait la note, « cet orchestre serait dirigé alternativement par les chefs des associations symphoniques qui l'emploieraient, c'est-à-dire MM. Kleiber, Mengelberg, éventuellement Toscanini et Bruno Walter, Defauw, De Vocht, et, pour la province, MM. Alpaerts, Rasse, Lunssens, etc.[8] ».

Le rayonnement de ce que l'on appelle désormais l'école violonistique de Liège n'avait cessé de croître dans le monde. Le virtuose Eugène Ysaye avait évidemment été le grand artisan de cette renommée. La Reine s'en réjouissait et encourageait tous les jeunes talents qu'on lui signalait dans le pays. Mais jamais la tentation du chauvinisme ne la toucha. Pour elle, la musique était par excellence le langage universel, celui qui ignore les frontières politiques, transcende les conflits idéologiques, a vocation d'unir ceux-là que tout oppose par ailleurs. Et elle savait que tout jeune musicien, quelle que fût sa nationalité, éprouvait de grandes difficultés à se faire connaître, à perfectionner sa technique, à affiner sa sensibilité. Que d'artistes sont étouffés par les soucis matériels ou l'impossibilité de se faire entendre du public, faute de contrat !

Plusieurs idées avaient germé successivement dans la tête d'Élisabeth. La première s'était concrétisée le 13 juin 1929, par la publication d'un arrêté royal approuvant la création d'un établissement d'utilité publique, la Fondation musicale Reine-Élisabeth, sous le patronage de la Reine et la présidence d'Ysaye. L'arrêté royal précisait les buts de la Fondation : contribuer à l'épanouissement de jeunes talents, les aider à poursuivre leurs études auprès de maîtres réputés, faire exécuter leurs œuvres en public, organiser des compétitions internationales.

A trois reprises, la mort avait retardé la mise en œuvre complète du projet : celle d'Eugène Ysaye en 1931, celle d'Albert Ier en 1934 et celle de la reine Astrid, l'année suivante. Aussi bien ce fut seulement en 1937 que se déroula, sous les auspices de la Fondation musicale, le premier Concours international. La Reine avait voulu qu'il portât le nom d'Ysaye et assista à presque toutes les épreuves. De celles-ci, le violoniste russe David Oïstrakh sortit en grand triomphateur. Pour beaucoup, ce fut l'éclatante révélation de la valeur de l'école musicale soviétique. L'année suivante, le Concours fut réservé aux pianistes. Il connut un retentissement plus impressionnant encore que le précédent — les concours et festivals n'abondaient pas dans l'entre-deux-guerres comme aujourd'hui — et vit la victoire d'Émile Guilels.

Cette année-là, Élisabeth s'avisa de l'évidente difficulté, pour les concurrents étrangers, de déchiffrer et assimiler en quelques jours, dans une chambre d'hôtel ou chez l'habitant, le concerto inédit imposé à l'épreuve des finalistes. Elle s'en ouvrit au comte de Launoit qui répondit aussitôt à l'appel lancé. Grâce à son mécénat, la Chapelle musicale Reine-Élisabeth put être inaugurée à Argenteuil, en juillet 1939. Située à quelques kilomètres de Bruxelles, dans un parc joliment dessiné à la lisière de la forêt de Soignes, cette grande villa blanche ne devait pas accueillir uniquement les lauréats du Concours musical pendant leur semaine de préparation à l'épreuve finale ; elle était aussi destinée à héberger de jeunes boursiers, déjà porteurs de diplômes supérieurs, qui bénéficieraient d'un cycle de trois années d'études approfondies, y compris des cours de culture générale.

La guerre et aussi certaines malversations de Charles Houdret, directeur de la Chapelle musicale, mettront les initiatives de la Reine en veilleuse. Mais elles reprendront intensément, dès 1950, lorsque le Concours musical Reine-Élisabeth relayera le Concours musical Ysaye.

***

Certes, la Reine est surtout requise par ses tâches d'impulsion aux initiatives musicales et artistiques, mais le dépouillement de sa correspondance et des documents de son secrétariat fait apparaître son intérêt pour la situation politique du pays.

Autant que le Roi avec qui elle s'en entretient régulièrement, elle s'inquiète des progrès fulgurants de Rex, parti d'extrême droite fondé par Léon Degrelle qui a dénoncé, non sans démagogie, la collusion de la haute finance et de certains hommes politiques. De grands rassemblements de style fasciste ont donné au « chef » l'occasion de porter au paroxysme des indignations faciles et des enthousiasmes élémentaires. Ses partisans et ses fidèles se recrutent au sein des classes moyennes et populaires, qui ont souffert de la crise économique, ainsi que dans une partie importante de la jeunesse catholique assoiffée d'autre chose que du spectacle déprimant d'un régime parlementaire de plus en plus bloqué.

Le gouvernement dirigé par Paul Van Zeeland a cru habile de hâter les élections législatives et de prendre ainsi de vitesse Degrelle, qui a annoncé que le mouvement rexiste présenterait des listes de candidats dans tous les arrondissements. Précaution supplémentaire, le gouvernement a fait voter l'adaptation du nombre de députés au chiffre de la population, 202 au lieu de 187.

C'était méconnaître l'efficacité d'une propagande, à la fois virulente et sournoise, placée sous le signe du balai, du nettoyage des écuries d'Augias avant le grand changement. Le 24 mai 1936, 21 rexistes entrent à la Chambre des représentants. Cela dépasse la fiction ! Avec 19,5 pour 100 des suffrages, le parti de Degrelle talonne les socialistes dans leur fief de la province de Liège.

Parallèlement à cette victoire rexiste, les nationalistes flamands doublent d'un seul coup leur nombre de députés ; ils sont désormais 16. Pour compléter le tableau de l'opposition au régime en place, les communistes conquièrent 9 mandats. Les trois partis traditionnels sortent meurtris du scrutin mais, pour le parti catholique, la défaite prend l'allure d'une catastrophe : 63 sièges au lieu de 79.

Soucieux de constituer un gouvernement d'union nationale et désirant tenir compte du fait que le groupe le plus nombreux à la Chambre et au Sénat est désormais celui des socialistes, Léopold III consulte tous les chefs de parti — y compris Degrelle, qu'il juge « suffisant et insuffisant ». Il se heurte aux réticences de Paul Van Zeeland à former le nouveau cabinet, puis charge Émile Vandervelde d'une mission d'information.

Les sympathies de la Reine pour le leader socialiste sont connues de tous ; elles remontent au tout début du règne d'Albert et ont été renforcées pendant la guerre. Aussi la souveraine demande-t-elle au comte Guillaume de Grunne de la tenir informée du déroulement des négociations.

Le mardi 2 juin 1936, à 17 heures, le grand maître de la Maison de la Reine rencontre le financier belgo-américain Dannie Heineman qui a précisément été appelé en consultation par Vandervelde, au début de l'après-midi. Avertie de cet entretien en même temps que le Roi, la Reine prie le comte de Grunne de lui transcrire les confidences d'Heineman. Quelque peu gêné par « la joie de vivre de la princesse Joséphine-Charlotte » qui a envahi son bureau, le comte de Grunne griffonne une longue note « hâtivement et sans corrections » ; elle mérite d'être citée dans sa totalité :

> « Sans questions de ma part, M. Heineman m'a spontanément dit ceci, hier à 5 heures. Je transcris hâtivement et sans corrections à la demande de la Reine.
>
> « La première personne que Monsieur Vandervelde ait appelé au début de l'après-midi de mardi en consultation est Monsieur Heineman. H. a demandé à V. de mettre ses préférences personnelles de côté et de laisser confier les rênes du gouvernement à Monsieur Van Zeeland. Il doit renoncer aux Affaires Étrangères. (Or Vandervelde lui a dit qu'il voulait les Aff. Étrang.

sauf au cas où Van Zeeland les prendrait — *aucun* autre ministère ne pouvant lui convenir.)

« H. a fait comprendre que, si en temps ordinaire on peut se contenter du médecin habituel au foyer, lorsque la maladie est dangereuse, il faut un spécialiste. Or c'est le cas de la Belgique au lendemain de la crise mondiale et dans la situation trouble d'aujourd'hui. Van Zeeland connaît des remèdes et a des capacités qui dépassent celles des politiciens habituels ; ceux-ci sont incapables de remédier au mal.

« Il faut tout apprendre de lui, car en dehors de la politique, il faut un équilibre économique au pays et celui-ci ne peut être recherché uniquement sous l'angle national, car c'est un point de vue trop petit. Et puis il n'a rien d'un dictateur. H. a dit à V. qu'il ne devait pas oublier que c'est le Roi qui nomme ses ministres et la mission du Parlement doit rester dans ses limites propres, celles du contrôle. H. approuverait le choix de C. Huysmans comme ministre. Il l'estime beaucoup. H. a également vu ces jours-ci Van Cauwelaert qui lui a fait un grand éloge de C. Huysmans. H. trouve qu'il faut *arrêter le nouveau mouvement.*

« Comme ailleurs on gâte la jeunesse et l'esprit de famille et on leur conte des choses qu'il ne faut pas leur dire !

« Il importe d'avoir un vrai chef à la tête de la Défense nationale et de l'Armée.

« Il a parlé encore longuement de l'Allemagne, Angleterre, etc., mais il paraissait avoir tenu à me parler de son entretien avec V. pour que je le redise au Roi.

« Un point vraiment notable est celui de cette entrevue si prompte de V. avec Heineman et le rapprochement avec Huysmans et Van Cauwelaert. Si l'on savait cela, quelle eau sur le moulin des ennemis des collusions politico-financières ! !

Guillaume de Grunne

« avec mes excuses pour ce griffonnage enjolivé par la joie de vivre de la princesse Joséphine-Charlotte ! !

« mercredi 3 juin 1936[9]. »

Sur ces entrefaites, Hubert Pierlot au nom du parti catholique et Adolphe Max, au nom du parti libéral, déclarent qu'ils ne peuvent accepter un gouvernement dirigé par un socialiste. Dès lors, Vandervelde suit l'avis que lui a donné le financier Heineman qui confirmait, d'ailleurs, l'opinion exprimée publiquement par Paul-Henri Spaak. Il suggère au Roi de faire de nouveau appel à Paul Van Zeeland. Suit une période de marchandages qui irrite fort Léopold III. Le 13 juin, le deuxième gouvernement van Zeeland est enfin constitué. Émile Vandervelde y reçoit un ministère créé pour lui : la Santé publique tandis que Spaak passe des Transports et P.T.T. aux désirables Affaires étrangères. La Défense nationale est confiée au général Denis d'obédience libérale.

***

Septembre 1938. La guerre s'avance à grands pas. Porté par les acclamations frénétiques qui ont clôturé le Congrès de Nuremberg, Hitler se croit plus que jamais l'homme du Destin. En Tchécoslovaquie, son valet Henlein réclame l'autonomie pour les Allemands des Sudètes.

C'est à ce moment-là que la reine Élisabeth souhaite rencontrer Romain Rolland, l'écrivain contestataire d'*Au-dessus de la mêlée*, l'esprit libre qui a demandé pour l'Allemagne la révision des traités mais qui, dès 1933, a refusé la Médaille Goethe pour les Arts et les Sciences.

> « Ce qui se passe aujourd'hui en Allemagne, écrivait-il au maréchal von Hindenburg, l'écrasement des libertés, la persécution des partis opposés au gouvernement, la proscription brutale et infamante des Juifs, soulève la révolte du monde et la mienne. Une telle politique est un crime contre l'humanité. Il m'est impossible d'accepter un honneur sous un gouvernement qui a fait de cette politique son programme d'idées et d'action[10]. »

Le 14 septembre, la Reine est descendue à l'hôtel de la Poste à Vézelay. *Incognito.* Après s'être inscrite sous le nom de Mme de Rethy, elle envoie la baronne Grenier, sa dame d'honneur, en messagère au domicile de l'écrivain. Celui-ci, surpris, ne peut que se déclarer honoré de cette visite inattendue. Que veut lui dire la Reine ? Son imagination travaille. Celle de Macha aussi.

Une heure après que la baronne Grenier ait transmis son message, la Reine arrive seule dans la nuit. Romain Rolland l'accueille dans le salon où le menuisier vient de clouer des bourrelets. Deux regards bleus de mer se croisent avec émotion. Très grand mais voûté, le front haut qu'allonge la rareté des cheveux, l'écrivain a les yeux enfoncés sous les sourcils broussailleux. Le nez droit s'achève par des narines fortes et parfois mobiles. Selon les mots de Pierre-Jean Jouve, l'ensemble du visage est celui d'un « janséniste qui saurait sourire et aurait respiré l'esprit antique ». Aux yeux de son hôte, Élisabeth paraît plus grande qu'elle ne l'est en réalité. Cette impression est donnée par sa minceur. Dans son

Journal inédit, Romain Rolland note qu'elle semble « fatiguée, avec des poches sous les yeux, beaucoup de modestie et d'effacement[11] ».

Comme le plus souvent, la Reine ne s'aventure pas dans une conversation trop approfondie qui la forcerait à livrer le fond de sa pensée. C'est le contact humain qu'elle recherche, les réflexions échangées à bâtons rompus. Hors le *Beethoven*, elle a lu presque tous les livres de l'écrivain. La série des *Jean-Christophe* évidemment, mais surtout les ouvrages sur la musique, les biographies du Mahatma Gandhi, du Ramakrishna et de Vivekananda. A propos de celui-ci, elle raconte ses rencontres en Inde avec Tagore et sa visite à l'Advaita Ashram de Vivekananda.

Elle parle longuement du roi Albert et assure qu'il partageait son admiration pour l'auteur d'*Au-dessus de la mêlée* et qu'il eût voulu la lui dire et causer avec lui.

> « Le seul vœu qu'elle m'a exprimé timidement, écrit Romain Rolland dans son Journal, c'est que j'écrive un jour un livre sur le roi Albert. Elle me dit :
>
> — Vous êtes le seul qui pourriez l'écrire. Vous l'auriez compris. Il vous aimait.
>
> « Sûrement, je n'écrirai pas ce livre. Mais je n'ai dit ni oui ni non. »

L'entretien, presque toujours à mi-voix, se prolonge pendant une heure et demie. La discrétion est de rigueur sur les affaires politiques mais, à plusieurs reprises, la Reine « exprime sa commisération pour les Juifs — qu'elle recueille à Bruxelles — et son désir d'être plus exactement informée sur l'Espagne et sur la Russie, qui sont pour elle enveloppées d'un épais brouillard hostile ».

Romain Rolland qui connaît bien les Allemands observe :

« Il y a en elle de l'Allemande sentimentale. A un moment (nous étions assis près de la petite table sur laquelle était posé un petit vase avec des roses), elle m'a dit :
— Avez-vous entendu ce pétale tomber ?
— Oui.
— Laissez-moi l'emporter.
« Naturellement, je lui ai remis le petit bouquet. Mais il avait, pour elle, moins de prix que le pétale. »

Élisabeth se lève et comme son hôte ne l'invite pas à rester davantage, elle se dirige vers la porte. Sur le seuil, elle demande une photo. Puis elle descend la rue Saint-Étienne, petite ombre dans la nuit.

Le lendemain matin, Macha lui apporte à l'hôtel de la Poste, les deux nouveaux volumes du *Beethoven*, accompagnés d'une lettre :

« Madame,
« Permettez-moi d'offrir à la compagne héroïque du Roi-Chevalier cette feuille, écrite et photogravée pendant les premiers mois de la guerre de 1914, en hommage de reconnaissance et d'admiration « au Peuple qui souffrait pour la justice » et à ses souverains qui partageaient fraternellement ses épreuves. Puissent ces temps douloureux ne point revenir.
« Je garderai un souvenir ému de votre visite et de notre conversation. Veuillez croire aux vœux profonds que je forme pour vous et pour les vôtres !
« Respectueusement,
Romain Rolland[12]. »

Comme prévu, la Reine s'en va à Pise retrouver la famille royale d'Italie, en passant par le Grand-Saint-Bernard et Aoste. A San Rossore, elle écrit à Romain Rolland :

> « Cher Maître,
> « Je suis si heureuse d'avoir votre livre sur Beethoven dédicacé en souvenir d'une soirée à Vézelay, ainsi que votre beau portrait. L'écrit du 2 novembre 1914 m'a profondément émue.
> « Comment vous exprimer ma gratitude pour votre lettre et ces précieux souvenirs d'une rencontre inoubliable ?
> « En descendant la rue Saint-Étienne avec vos roses embaumées, j'avais l'impression de quitter une île où rayonnait l'esprit d'un Être cherchant vraiment la justice et la paix dans ce monde égaré.
> « A cet être courageux et humain et aussi à l'Artiste exceptionnel, j'envoie toute mon admiration, mes souvenirs affectueux, et j'espère
> « au revoir !
>
> Élisabeth [13]. »

La lettre ne parviendra à Romain Rolland que le 7 novembre 1938, son envoi ayant été différé « dans la crainte qu'elle ne se perdît au milieu du bouleversement général causé par la menace de la guerre ».

⁂

Entre-temps, le 29 septembre, a eu lieu la conférence de Munich, où Daladier et Chamberlain ont cédé devant ce que Romain Rolland appelle « le bluff fasciste de l'Allemagne et de l'Italie ». Le

1er octobre, les troupes allemandes occupent le territoire des Sudètes.

La guerre civile d'Espagne, déclenchée en 1936 et qui ne s'achève qu'en 1939 par la victoire de Franco, a toutes les apparences d'une répétition générale.

La Reine se garde de toute prise de position publique en faveur de l'un ou l'autre camp. Elle connaît la division profonde de l'opinion publique et les âpres polémiques qui en résultent dans la presse, mais estime avoir les coudées franches sur le plan humanitaire. Au début de 1939, les réfugiés et enfants espagnols franchissent par milliers la frontière française. Les autorités de la IIIe République semblent quelque peu débordées par cet afflux incessant. Les hôpitaux sont pleins à craquer. Par l'entremise de l'ambassadeur Le Tellier, la Reine charge M. Ysembert, consul de Belgique à Sète, de « distribuer avec tact » des objets en nature. Il s'agit toutefois de se montrer discret. En effet, l'ambassadeur de Belgique à Paris « semble redouter que les initiatives prises sur place ne soient interprétées par les Français comme une critique de l'insuffisance de leur organisation [14] ».

La Reine se préoccupe, en outre, de l'arrivée d'environ mille enfants espagnols que le Parti socialiste accueillera à Bruxelles sous la direction d'Isabelle Blum. Rien n'indique cependant qu'elle ait pris personnellement contact avec celle que la presse de droite qualifie de « passionaria belge ».

Plus ouvertement, la souveraine se dépense en faveur des Juifs qui fuient l'Allemagne nazie et de leurs enfants logés dans des homes aux environs de Bruxelles. Le comte Guillaume de Grunne, grand maître de sa Maison, a pour tâche de lui signaler toutes les démarches dont il est l'objet « de la part des Israélites ». Aussi les Archives du secrétariat de la Reine abondent-elles de documents tragiquement révélateurs. Parmi d'autres, un commerçant berlinois demande d'intervenir « pour qu'il ne soit pas refoulé en Allemagne, où il sera envoyé dans un camp de concentration[15] » (ce qui indique d'ailleurs que les camps de la mort sont connus dès 1939).

Après l'invasion de la Pologne par les armées nazies et soviétiques en septembre 1939, la Reine s'efforce d'offrir la sécurité de séjour à de nouveaux réfugiés. A cet effet, elle s'assure la complicité de sa fille, Marie-José. En avril 1940, celle-ci réussit notamment à faire sortir de la Pologne occupée le professeur Lednitecki de Cracovie, qui enseigne à l'Université libre de Bruxelles.

Devant le conflit allumé, l'attitude de la Belgique découlait, sans aucune équivoque, de la politique d'indépendance adoptée en 1936 par le Parlement et reconnue par les Puissances. La neutralité belge entrait, du reste, parfaitement dans les plans défensifs de l'Angleterre et de la France. Elle donnait à ces deux États l'occasion de rattrapper l'avance considérable qu'ils avaient laissé l'Allemagne prendre dans le domaine de l'armement. Par ailleurs, le gouvernement belge ne resta pas inactif. Il mobilisa 650 000 hommes, soit un huitième de la population, et développa des ouvrages de défense : ceux de la ligne de couverture du canal Albert-Meuse et ceux de la ligne de résistance Koningshooikt-Wavre. En outre, le haut commandement de l'armée entra en relations avec les États-Majors des armées françaises et britanniques, afin d'obtenir l'assurance que ceux-ci disposaient de tous les éléments nécessaires en vue d'une éventuelle intervention.

Toutefois, conformément aux obligations d'un État neutre, la Belgique repoussa les demandes françaises d'ouvrir immédiatement ses frontières aux troupes alliées. Aux menaces de Paul Reynaud :

« Êtes-vous pour nous ou contre nous ? » Paul-Henri Spaak répondit invariablement par d'énergiques fins de non-recevoir. Le même Paul-Henri Spaak recevait régulièrement et impassiblement, en son bureau du ministère des Affaires étrangères, rue de la Loi, l'ambassadeur du Reich von Bülow-Schwanke protestant contre l'hostilité de la presse belge à l'égard de l'Allemagne.

La Reine, quant à elle, avait, selon ses propres mots, « repris du service », en visitant les cantonnements, les casernes, les postes avancés, les hôpitaux militaires et les centres d'hébergement de l'armée. C'était d'autant plus utile que le découragement des mobilisés, pendant les huit mois de la « drôle de guerre », entamait gravement leur moral. Ils doutaient de l'utilité de corvées astreignantes et de travaux dérisoires. La rudesse de l'hiver 1939-1940 n'arrangea pas les choses. Au contraire.

Par tous les temps, sa voiture bourrée de cigarettes et de chocolat, la Reine surgissait dans les baraquements ou dans les granges aménagées en salles de spectacle. Elle écoutait les doléances des soldats séparés de leur famille et dont certains s'inquiétaient du sort matériel de leur femme et de leurs enfants. Quelques jours plus tard, à l'adresse que la Reine s'était fait donner par un officier, parvenait un colis de vêtements, de vivres, de jouets, voire une layette.

CHAPITRE VIII

Dans les remous de la seconde tuerie mondiale

Le vendredi 10 mai 1940, aux Palmiers, la Reine revit les heures d'angoisse du 4 août 1914. Il fait un temps superbe, les oiseaux chantent insolemment dans le parc de Laeken. La limpidité du ciel semble la démoniaque complice de l'ennemi. Au château, que le roi Léopold a quitté au petit matin, la nervosité croît à mesure que le temps passe sans la moindre nouvelle sur l'invasion en cours.

Élisabeth a évidemment renoncé à la visite des cantonnements sur l'Ourthe, prévue pour l'après-midi. Vers 17 heures 30, le Roi lui fait une brève visite. Le temps de l'embrasser et de lui dire qu'hélas ! les ponts de Vroenhoven et de Veldwezelt sur le canal Albert n'ont pas sauté. Le capitaine-commandant à qui incombait leur destruction a été tué par une bombe avant d'avoir pu accomplir sa mission. Léopold III est calme, mais visiblement très déçu. Il doit renoncer à la grande bataille d'arrêt sur la ligne du canal Albert et de la Meuse. Quant au fort d'Eben-Emael, capable de résister au tir des plus grosses pièces d'artillerie, il est pratiquement neutralisé par des parachutistes allemands qui en occupent la plate-forme. Une poussée de chars ennemis progresse vers Tongres, sous la protection d'une aviation maîtresse absolue du ciel.

Le 11 mai, la Reine fait ses adieux aux enfants royaux. Léopold III a, en effet, chargé le vicomte du Parc de les conduire en Normandie[1]. Il a, de surcroît, demandé à Henri De Man de rester auprès de sa mère et de veiller à sa sécurité. Il connaît sa totale indifférence au danger et son amour du risque.

Le dimanche 12, selon les ordres reçus, Henri De Man se rend au château de Laeken où règne la plus grande agitation. Les domestiques croient dur comme fer à la présence de parachutistes allemands dans le parc. Arrivé devant le pavillon des Palmiers, l'ancien ministre socialiste y trouve un caporal et un soldat avec un fusil mitrailleur posté sur la terrasse.

> « — Caporal, quelle est la consigne ?
> — Tirer sur tout ce que je vois.
> — Pourquoi alors n'avez-vous pas tiré sur moi ?
> — Je ne sais pas, mon commandant, je crois que vous êtes officier belge.
> — Est-ce que vous connaissez le maniement du F.M. ?
> — Je ne sais pas, je n'ai encore jamais tiré avec[2]... »

Dès le 10 mai, la Reine a décidé de rester auprès du roi Léopold et de l'armée. Elle veut agir exactement comme en 1914-1918. Elle ne croit pas à la présence de parachutistes dans le parc de Laeken. « C'est de la psychose, dit-elle avec raison. S'il y en a et qu'ils veulent me prendre, ajoute-t-elle, ils me prendront et puis, s'ils veulent me fusiller, cela leur sera bien difficile, je suis une si petite cible[3]. » Mais elle reconnaît que l'endroit serait propice à une attaque par surprise. Aussi accepte-t-elle un départ vers l'ouest. Vers La Panne évidemment. Elle passe une partie de la nuit à emballer et à faire des bagages. Cela n'a jamais été son fort.

La journée du 13 mai voit croître l'énervement du personnel du château. Les gendarmes et les sentinelles y contribuent en tirant des coups de feu un peu au hasard, comme pour se rassurer. Durant la nuit, un gendarme en patrouille a, d'ailleurs, été stupidement tué par une sentinelle qui le prenait pour un parachutiste !

Élisabeth désire s'en aller au plus tôt, pour se libérer de la ridicule atmosphère de panique entretenue autour d'elle. Le départ a lieu le 14 mai, à 6 heures du matin. La baronne Louise Carton de Wiart, sa dame d'honneur, prend place à côté de la Reine, tandis que Henri De Man s'installe à la droite du chauffeur. Les bagages, parmi lesquels les quatre violons d'Élisabeth — un Stradivarius, un Guarnerius, un Ruffini et un Amati — sont répartis dans d'autres voitures. Arrivée à La Panne vers 10 heures, Élisabeth s'installe rapidement dans la villa Maskens. Comme en 1914. Pressent-elle que les circonstances sont totalement différentes ? Sans doute, mais elle n'en laisse rien paraître.

Cependant que les *Panzerdivisionen* réalisent une percée victorieuse à Sedan, ce qui contraint le général français Billotte, commandant du 1er groupe d'armées du Nord, à demander à Léopold III de faire retraite vers l'Escaut.

Élisabeth s'occupe, avec l'aide du docteur Crousse, de l'hôpital militaire installé à Ostende aux hôtels *Océan, Plage* et *Continental.* Elle n'a pas revêtu la robe blanche et la coiffe des infirmières connues par les photos officielles de 1914-1918, mais porte simplement un tailleur noir avec le brassard de la Croix-Rouge. L'un des premiers blessés de guerre — un Borrain nommé Harvengt qu'elle a vu à l'hôpital

Brugmann de Bruxelles, quelques jours auparavant — la reconnaît et lui dit tout à trac : « Décidément, vous me suivez partout. »

La Reine se préoccupe du sort des réfugiés qui encombrent les routes et les villes, ajoutant à la pagaille et se faisant lamentablement mitrailler. Elle a l'idée de faire chercher dans les fermes abandonnées des environs tous les vivres disponibles et de faire traire les vaches qui, dans les prairies, beuglent de douleur, les pis gonflés de lait. Elle profite également de la présence du gouvernement à Ostende pour convoquer, à La Panne, Marcel-Henri Jaspar, ministre de la Santé publique. Celui-ci racontera l'entretien dans ses *Souvenirs sans retouche* :

> « L'ombre du roi Albert dominait les lieux de son invisible présence. La Reine était alerte, jeune d'allure ; les yeux brillants, les lèvres rouges, le visage fardé, elle n'avait rien perdu de sa grâce légendaire et la gravité des événements n'avait pas altéré son courage : nulle angoisse ne se décelait sur ses traits et son sourire d'accueil ne révélait ni ennui, ni contrainte.
>
> « Elle me parla longuement des réfugiés qui affluaient de toutes parts, encombraient les routes et fuyaient vers la France. Elle s'apitoyait sur leur détresse qu'elle tentait, avec courage, de soulager ; elle était intervenue auprès des autorités françaises pour faciliter le passage de la frontière à ceux qui geignaient devant les barrières closes ; elle savait combien nos voisins étaient hospitaliers et généreux. Je lui exposai mes projets, mes plans, tout ce qu'il convenait, à mon sens, de faire dans l'immédiat. Elle parut approuver mes propos[4]. »

Les méfaits de la « parachutite » et les arrestations arbitraires inquiétaient de plus en plus fortement la Reine. Le 18 mai, lors d'un engagement autour d'un convoi de navires quittant le port d'Ostende pour Dunkerque, deux avions tombent presque simultanément en mer. Échappé de l'un d'eux, un parachutiste descend vers la digue. Aussitôt, une vive fusillade part de la foule de militaires débandés et de civils énervés. L'aviateur fait de grands gestes désespérés. Lorsqu'il tombe sur la plage, blessé aux jambes par plusieurs balles, il crie : « Ne tirez pas, je suis Français et même Breton ! » Mise au courant de la méprise, Élisabeth, furieuse, veut aller voir le blessé à l'hôpital *Océan*, mais déjà le malheureux a été évacué vers la France.

Dans l'après-midi du 19 mai, Léopold III vient voir sa mère à la villa Maskens : « La marche allemande vers la mer est nette et probablement décisive lui dit-il. » L'attitude du souverain est très claire : si l'armée belge reste en relation avec le gros des forces françaises, il poursuivra la lutte ; en revanche, si elle est exposée à être fait prisonnière mais que les forces françaises et britanniques sont capables de continuer à se battre efficacement, il acceptera de la quitter. Mais, si l'armée française est acculée à déposer les armes, il ne se voit pas en France[5]. La reine Élisabeth approuve ; quoi qu'il arrive, elle restera auprès de son fils. De toute évidence, elle obéit à un réflexe de réitération.

Après le dîner, le Roi fait savoir à Henri De Man qu'il est d'accord pour que la Reine reste. Si les circonstances l'exigent, ajoute-t-il, vous déciderez s'il y a lieu de partir, et s'il faut vous diriger vers l'est ou vers le sud[6]. » Le soir, en se promenant dans les dunes, Élisabeth voit, à l'horizon, le ciel illuminé par les incendies de Dunkerque...

Le lendemain, elle essaie d'atteindre, à Sainte-Adresse où s'est arrêté le gouvernement, Auguste De Schryver, ministre des Affaires économiques. N'y parvenant pas, elle laisse à l'agent préposé au téléphone un message signalant que les Britanniques ont arrêté des industriels de Courtrai ainsi que le nationaliste flamand Strubbe, un ami d'université du ministre. Elle prie celui-ci d'agir au plus tôt ; il s'empresse d'alerter le consul de Grande-Bretagne au Havre, mais les autorités britanniques du Havre sont impuissantes ; car elles sont coupées de leurs troupes en Flandre. Auguste De Schryver met également au courant Paul-Émile Janson, ministre de la Justice. Ensemble, ils téléphonent à Camille Gutt, ministre des Finances, qui précisément s'apprête à quitter Paris pour Londres. En outre, Paul Le Tellier, ambassadeur de Belgique à Paris, est mandé d'alerter son collègue à Londres, le baron de Cartier de Marchienne[7].

Au cours de l'après-midi, la reine Élisabeth salue une longue colonne de recrues belges qui partent pour Dunkerque, en longeant la plage. Que deviendront-ils ?

C'est dans la soirée et la nuit du 20 mai que les avant-gardes des *Panzerdivisionen* entrent à Abbeville et atteignent les environs de Montreuil-sur-Mer. Ce que redoutait Léopold III se trouve donc réalisé. Les Alliés ne semblent pas capables de réagir. Déjà le *War Office* prépare l'évacuation du corps expéditionnaire par la mer.

Les 21, 22 et 23 mai, Élisabeth poursuit inlassablement son travail : distribution de lait, dans la rue, à quelques centaines de recrues en route pour l'ouest, distribution de vivres aux réfugiés de l'hôtel *Conti-*

nental et à des recrues qui, cette fois, refluent de France vers l'est. Toutes les nouvelles, notamment celles qu'apporte l'amiral britannique Keyes, sont mauvaises. Seule exception : une communication téléphonique, assez difficile, qui apprend à leur grand-mère que les enfants royaux sont bien arrivés au château de Montalbe, dans le Lot.

Le moment de quitter La Panne approche. Sur ordre du commandant de la place, les préparatifs de départ commencent. Auparavant, la Reine a pourtant trouvé le temps de se renseigner sur l'état exact du campement juif, situé dans le coin des dunes attenant à la frontière française. On lui avait rapporté que les « conditions d'hygiène y étaient épouvantables et qu'il y régnait des épidémies, avec des morts non enterrés [8] ». En fait, seuls y subsistaient quelques groupes qui attendaient de passer la frontière clandestinement et sur lesquels un soldat belge débandé faisait régner la peur en essayant de monnayer sa protection. La Reine s'empressa de faire déguerpir ce sinistre individu. Le vendredi 24 mai, à minuit, le général de Hennin de Boussu Walcourt et le colonel Deroy la réveillent pour lui annoncer que, vu l'approche des troupes allemandes, il y a lieu de partir de bonne heure pour le château de Wynendael où le Roi la rejoindra.

Ce même vendredi 24, le général Weygand, qui vient de remplacer à la tête des armées françaises le général Gamelin, limogé, télégraphie à Léopold III : « Efforcez-vous de constituer une tête de pont aussi étendue que possible couvrant Dunkerque. » Sur le front belge qui, pour soulager les Britanniques, a été considérablement élargi, l'enfer se déchaîne. Ayant reçu l'ordre de s'arrêter sur la ligne Lens-Béthune-Air-Saint-Omer-Gravelines, les Allemands portent maintenant leur effort principal sur le front belge. Ils ont devant eux des hommes qui, par suite de la percée de Sedan, n'ont cessé de faire retraite sans en comprendre la raison. Des hommes courageux mais démoralisés par les incessantes attaques d'une *Luftwaffe* qui détient la maîtrise absolue du ciel.

A Wynendael, le 25 mai à 5 heures 30 du matin, se déroule une entrevue entre Léopold III et ses ministres, toujours aussi confiants dans la victoire des armées française et anglaise. Le choc entre la naïveté et la lucidité est plus dur que jamais. Plus navrant que jamais aussi, car chacun croit sincèrement avoir raison.

Quelques heures plus tard, la Reine entend de la bouche de son fils, encore ému, le récit de la dramatique conversation. Elle lui dit son affection et son approbation, puis s'en va à l'hôpital improvisé de Thorout. Elle y trouve une situation épouvantable. Le personnel militaire étant parti, seuls des médecins de la Croix-Rouge assurent le service comme ils le peuvent, avec des moyens nettement insuffisants. Ils sont aidés de femmes et de jeunes filles enrôlées sur place comme infirmières. Couchés sur des civières, des dizaines de blessés ont attendu toute la nuit les premiers soins. Parmi eux, plusieurs sont en train de mourir de gangrène gazeuse. Il n'y a presque plus d'eau potable : les canalisations sont coupées depuis plusieurs jours dans toute la Flandre. Les chirurgiens opèrent dans une salle non isolée, ils manquent de désinfectants et d'anesthésiques. Vers 11 heures 30, les environs immédiats de l'hôpital sont bombardés. Les maisons voisines prennent feu. Les infirmières et quelques patients ingambes fuient vers le rez-de-chaussée et les caves. La Reine, elle, ne bronche pas. Le bras droit sous la tête d'un agonisant, elle lui parle doucement. Elle sait qu'à l'heure suprême, seule la voix peut aider un homme à mourir dans une certaine paix. Pendant ce temps-là, cinq bombes incendiaires brûlent dans les cours et le jardin de l'hôpital.

Quand le moribond a cessé de vivre, Élisabeth s'attarde longuement au chevet d'un autre grand blessé de la bataille de la Lys. La baronne Carton de Wiart et Henri De Man ont toutes les peines du monde à la persuader de mettre fin à sa visite qui dure depuis plus de deux heures. Le retour à Wynendael se fait vitres fermées en passant par un carrefour en feu.

A la fin de l'après-midi, l'amiral Keyes, officier de liaison personnel du Premier ministre britannique auprès de Léopold III, vient voir la Reine. Il est arrivé de Zeebruges, l'uniforme couvert de la terre et de la poussière soulevées par le souffle d'une bombe. Ce gentilhomme d'une droiture et d'une loyauté exemplaires est un vieil ami de la famille royale. Lors de la Première Guerre mondiale, il était devenu un des hôtes habituels de la villa Maskens à La Panne. Il a reporté sur le roi Léopold l'affection qu'il éprouvait pour Albert Ier. A l'heure du thé, il raconte à la Reine que Lord Halifax, ministre britannique des Affaires étrangères, a invité Léopold III à fuir, mais qu'il a reçu une réponse négative. Il s'en réjouit, car il admire et approuve la décision prise par le souverain belge et sa mère.

Déguisé en paysan, l'amiral Keyes parviendra à grand peine à gagner la côte, où il trouvera un bateau de pêche pour l'emmener en Angleterre où il se fera le défenseur obstiné de l'attitude de Léopold III et du comportement de l'armée belge.

Le prince Charles loge également à Wynendael. Lui non plus ne veut quitter le pays. Le Roi le rejoint à la tombée du jour. Il est soucieux et au bord de l'épuisement physique. Le dénouement redouté approche d'autant plus vite que ni le général Blanchard — qui a remplacé le général Billotte — ni le général Gort — qui veille sur le rembarquement de ses troupes — ne sont en mesure d'aider l'armée belge. Il n'y a plus la moindre action commune. Chacun cherche à sauver ses meubles aux moindres frais. Depuis le 26 mai, l'armée belge combat jusqu'aux limites de l'acceptable sur le plan moral ; elle couvre efficacement le rembarquement britannique. Son commandement multiplie les avertissements aux Alliés, mais, par suite de la complète désorganisation des communications, ses messages n'atteignent guère leurs destinataires. Dernier acte de solidarité sur le champ de bataille : des camions belges transportent à l'ouest de l'Yser la 60 e division française d'infanterie.

Toute la nuit du 26 au 27 mai et toute la matinée du 27, des escadrilles d'avions allemands déversent leurs bombes sur les environs du château de Wynendael. Élisabeth a fini par accepter de se rendre dans la cave-abri, pour donner le bon exemple au personnel. Puis c'est le départ pour Middelkerke, où elle apprend que le général Derousseaux a été envoyé en parlementaire vers les lignes allemandes aux fins de s'enquérir des conditions d'un arrêt des combats. Dans les campagnes, des centaines de réfugiés errent sans but, terrorisés par les bombardements incessants. Ils reconnaissent la Reine. Des femmes se jettent à terre devant elle. Elles n'en peuvent plus et la prient de mettre fin à leur angoisse. « L'une d'entre elles la supplie d'aller dire à son fils qu'il faut cesser de se battre [9]. »

La Reine les console, les invite à la patience. Elle n'a évidemment pas le droit de révéler la mission du général Derousseaux, mais leur dit sa conviction que chacun pourra bientôt rentrer chez soi. Elle va de groupe en groupe, s'attardant, répétant son message rassurant. Inquiète de ne plus voir la Reine, la baronne Carton de Wiart vient la chercher et la ramène à Middelkerke d'où elle part pour Bruges, ville ouverte où certains boivent tranquillement leur verre de bière aux terrasses de café tandis que d'autres, assis le long des trottoirs, heureux d'être en sécurité, attendent la fin du cauchemar.

A l'hôtel du gouverneur de Flandre occidentale où elle loge, la Reine est rejointe, peu avant minuit, par ses deux fils. Pendant la nuit du 27 au 28 mai, le Roi, exténué par le manque de sommeil et la tension résultant de son conflit avec les ministres, prend connaissance de la réponse allemande apportée par le général Derousseaux : « Le Führer exige la capitulation sans condition. » Que faire, sinon s'incliner ? Léopold III, les généraux Michiels et Van Overstraeten sont d'accord pour proposer le cessez-le-feu à 4 heures du matin.

Au matin du 28 mai, la Reine descend de sa chambre, le visage impénétrable. Elle s'inquiète de la santé du Roi et ne fait aucun commentaire. En même temps que toute la population brugeoise, elle a entendu, à l'aube, le carillon du beffroi jouant la *Brabançonne* pour annoncer la fin de la tuerie. Et voici qu'à l'instar des personnalités civiles et militaires séjournant au gouvernement provincial, elle apprend qu'à la radio Paul Reynaud, président du Conseil français, a accusé Léopold III d'avoir trahi en capitulant en rase campagne et d'avoir subi l'influence nocive de sa mère, une Wittelsbach !

C'est le début d'une odieuse campagne de calomnies, qui contraste avec le loyalisme de la population restée sur le sol national. Lorsque la reine Élisabeth s'en va visiter trois hôpitaux militaires à Bruges, dont celui aménagé dans le célèbre couvent des Dames anglaises, elle est acclamée avec un enthousiasme, certes teinté de tristesse, mais débordant de sincérité. En hâte les gens cueillent des fleurs de printemps dans les jardins et les lui offrent, les larmes aux yeux. Les sièges de la voiture en sont bientôt couverts jusqu'au plafond.

*
**

Le 29 mai, avant de quitter Bruges pour se rendre à Bruxelles en même temps que le roi Léopold III, le prince Charles et leurs suites, la Reine écrit à Paul Reynaud une lettre indignée :

> « Monsieur le Président du Conseil,
> « Vous avez accusé le roi Léopold d'avoir commis un acte de trahison et de félonie !
> « Pareille injure m'a profondément indignée, et je ne puis taire le ressentiment que cette blessante injustice provoque en moi.
> « Vous l'ignorez sans doute ; l'armée belge s'est héroïquement battue aux côtés des admirables soldats français et britanniques.
> « Subissant un sort dont elle n'est pas responsable, encerclée, acculée à la mer, épuisée, elle était arrivée aux dernières limites, quand le Roi, son chef, a donné l'ordre de cesser une résistance affreusement meurtrière, qui n'avait plus d'utilité pour personne.
> « Vous avez affirmé que mon fils traite avec les Allemands.
> « Cette affirmation est fausse, le roi Léopold, qui entend partager le sort de ses officiers et de ses soldats, est leur prisonnier.
> « Il subit leur loi.
> « Aucune négociation n'est en cours.
> « Voilà la vérité !
> « Voilà la vérité que vous connaissez mainte-

nant et que vous aurez à cœur de faire connaître aux Français — si vous êtes un honnête homme !

« En opposant le roi Albert au roi Léopold on porte atteinte à la mémoire de l'un et à l'honneur de l'autre. Comme son père, mon fils a été courageux dans la bataille. Il est digne et loyal dans la défaite.

« Votre attitude si profondément inique à son égard m'est d'autant plus pénible qu'elle vient d'un Français, parlant au nom de la France, amie de la vérité et de la justice, cette France à laquelle m'unissent tant de liens de sympathie et d'admiration.

« Recevez, Monsieur le Président du Conseil, l'expression de mes sentiments douloureux.

« Élisabeth [10]. »

Quand la Reine arrive dans la cour du palais provincial de Bruges, les scènes de la veille se répètent. De nombreuses femmes vont à sa rencontre, les bras chargés de fleurs. Aussi la colonne conduite par le capitaine de Feld-gendarmerie Leipelt doit-elle attendre assez longtemps avant que n'arrive la voiture occupée par la Reine et la baronne Carton de Wiart. Le voyage est long. La route par Gand et Alost est pleine de soldats et de civils qui rentrent chez eux à pied. Ne désirant pas être reconnue, la Reine a baissé les rideaux des vitres arrières.

Contrairement au roi Léopold, elle n'est pas conduite directement au château de Laeken, mais dans la villa Les Bouleaux, aux Quatre-Bras, près de Tervuren. Elle y prend quelques sandwiches et un verre de vin avant d'aller se reposer dans un appartement au premier étage. Mais elle ne trouve pas le sommeil, car elle se tourmente au sujet de Léopold III. Est-il vraiment à Laeken ? De surcroît, des avions allemands survolent en rase-motte la villa des Bouleaux. On ne sait trop pourquoi.

Le vendredi 31 mai, lorsqu'elle franchit les grilles du château de Laeken, celles-ci sont gardées par des soldats en *feldgrau.* Elle a beau s'y attendre, le choc est rude. Mais, comme toujours face à l'adversité, elle se cabre et puise en elle une énergie insoupçonnée.

Une première tâche lui incombe : soutenir le moral de son fils. Léopold III demeure ulcéré par le comportement de ses ministres. Il lui arrive de s'interroger sur le bien-fondé de sa décision. Peu avant la fin des combats en Hollande, il s'était entretenu par téléphone avec la reine Wilhelmine. Ensemble, ils avaient estimé devoir rester au milieu de leur peuple. Mais finalement, la souveraine des Pays-Bas s'était embarquée sur un destroyer britannique. Bien sûr, à la différence du roi des Belges, elle n'assumait pas le commandement en chef de l'armée. Le problème ne se posait pas à elle dans des termes semblables à ceux qui s'imposaient à Léopold III. Il n'empêche que le doute gagne parfois le Roi. Sa mère lui rappelle alors l'attitude d'Albert Ier durant la première guerre mondiale : ne jamais quitter ses troupes.

Depuis le pavillon des Palmiers qu'elle a réintégré, la Reine observe les Allemands qui gardent militairement le château de Laeken. Elle ne tarde pas à constater que s'ils soumettent les moindres gestes de Léopold III à une étroite surveillance, ils ne la traitent pas avec la même rigueur. Manque d'instructions précises de Berlin, sans doute. Elle constate aussi que ce qui constitue aux yeux des Français et des Britanniques une faiblesse — son origine bavaroise — peut constituer un avantage à l'égard des Allemands. Elle entend en tirer profit même si le jeu paraît chargé d'ambiguïté. Mais toute cette période n'est-elle pas chargée d'ambiguïté ?

Parlant leur langue, elle n'éprouve aucune peine à promptement répartir ses « gardiens » et ceux de son fils en deux catégories : les nazis convaincus, dont il importe de se méfier à tout instant, et les autres, qu'il s'agit de mettre en confiance et de faire parler. Après quelques semaines de conversations et de recoupements, elle met au point un embryon d'*Intelligence Service* à partir duquel elle va développer son action. Timidement d'abord, puis de plus en plus ouvertement à mesure qu'elle se rend compte que les Allemands n'oseraient pas prendre le risque de la brimer. La plupart de ses « gardiens » la croient surtout occupée à pratiquer le violon, à peindre et à sculpter dans son atelier. Quelques-uns savent le rôle qu'elle entend jouer : ils se taisent et parfois l'aident.

A l'inverse de Léopold III, Élisabeth est autorisée à sortir du domaine surveillé de Laeken, à se rendre chez des amis ou à la Chapelle Musicale, à travailler au siège de la Croix-Rouge ou à visiter des hôpitaux. C'est un précieux atout. Là où elle passe, on glisse des billets dans sa voiture ou dans sa main, à la sauvette. Ils s'ajoutent à tous les messages qui lui parviennent par miliers à Laeken. Elle les lit tous et intervient chaque fois que c'est possible.

Par son petit service de renseignement, il lui arrive d'être au courant d'une rafle de la police allemande avant même qu'elle ne se produise. Elle fait aussitôt prévenir, le plus souvent par l'intermédiaire du comte Guillaume de Grunne, les personnes menacées qui s'empressent de se mettre à l'abri. Un jour, elle parvient à placer sous sa protection une veuve d'origine britannique sur le point d'être arrêtée, simplement en se rendant à son domicile et en y passant une heure ou deux à bavarder de choses insignifiantes. Le temps nécessaire pour que les Allemands soient bien au courant de cette visite et n'osent, dès lors, agir policièrement. Une autre fois, ayant appris qu'une famille est tombée dans les griffes de la Gestapo, elle se rend au sinistre quartier général de l'avenue Louise, en face des jardins de l'abbaye de la Cambre. On a toutes les peines du monde de la dissuader d'entrer. Avec son sens théâtral inné, elle se fâche, menace, provoque un certain désarroi chez les sicaires de Himmler. Elle ne vise pas d'autre objectif pour l'instant. Quelques jours plus tard, la famille arrêtée est relâchée.

Ses interventions se multiplient au rythme des requêtes qui lui parviennent, de plus en plus nombreuses à mesure que les mois passent. Requêtes en tout genre. Plusieurs sollicitent une démarche pour le rapatriement d'un prisonnier de guerre malade ou pour la libération d'un patriote arrêté par l'occupant. D'autres, plus dramatiques encore, apparaissent comme des appels au secours, d'ultimes recours pour éviter l'exécution d'un condamné à mort. Jamais elle ne se dérobe. Au contraire, elle fonce, harcèle et ne lâche prise que si l'irrémédiable s'est produit. Alors, elle dirige toute sa sollicitude vers la famille de la victime. Les résultats ne se comptent malheureusement pas par centaines — la Reine en souffre —, mais par dizaines, ce qui pourtant est loin d'être négligeable.

L'accroissement des déportations de jeunes travailleurs et travailleuses belges en Allemagne la préoccupe autant que le Roi. Victor Michel, président de la J.O.C., et Émilie Arnould, présidente de la J.O.C.F., lui ont remis une note à ce sujet. Ses démarches, en ce domaine comme dans les autres, sont souvent couronnées de succès. Pour ne citer que deux cas illustres, c'est grâce à elle que le jeune violoniste Arthur Grumiaux et le jeune savant Ilya Prigogine, futur prix Nobel de chimie, échappent à la *Werbestelle.*

Il arrive que les solliciteurs placent la Reine devant un choix cornélien : intervenir personnellement serait maladroit, ne rien faire provoquerait peut-être un drame. Il en est ainsi de certains musiciens sans emploi qui voudraient gagner quelque argent en jouant à Radio Bruxelles. Or cet émetteur, qui utilise les installations de l'Institut National de Radiodiffusion, a été créé par l'autorité allemande qui en assure la gestion. La prudence s'impose évidemment à la Reine comme aussi au Quatuor qui porte son nom et au Trio de la Cour dont les musiciens sont invités à ne plus se présenter comme appartenant à ces formations lorsqu'ils jouent devant les micros de Radio Bruxelles.

L'examen de nombreux cas individuels par son secrétariat révèle à la Reine que les difficultés matérielles n'épargnent aucune classe sociale. Toutes sont touchées. Il s'agit, chaque fois, d'adapter l'aide à l'ampleur de la détresse signalée mais aussi, avec une grande délicatesse, à l'amour propre de la personne secourue. En certaines circonstances, elle fait parvenir une somme d'argent ; en d'autres, elle achète un tableau ou une sculpture sans se préoccuper de la valeur vénale de l'œuvre. Parfois, les dons sont collectifs comme ceux faits aux artistes secourus par l'Académie royale de Belgique, aux petites danseuses du Théâtre royal de la Monnaie[11] ou aux musiciens de l'orchestre[12].

De multiples œuvres se créent en Belgique au lendemain de la capitulation, s'ajoutant à toutes celles qui poursuivent leur activité d'avant-guerre avec une intensité accrue par les circonstances. Presque toutes sollicitent la visite de la Reine. Pour le réconfort moral qu'elle apporte aux personnes secourues et aussi — c'est humain — pour le prestige qu'elle vaut à l'œuvre et à ses dirigeants. Effectivement, Élisabeth se rend assez fréquemment à des centres où l'on distribue des vivres et des vêtements. Elle le fait incognito ou, plus exactement, elle ne prévient aucun responsable de manière à éviter les attroupements. Cela n'a pas l'heur de plaire à tout le monde, notamment au docteur Heymans, qui aurait voulu être avisé des visites de la Reine aux postes du Secours d'hiver[13].

⁂

Au début de la guerre, Élisabeth a reçu d'Albert Einstein un message angoissé. Le grand physicien la suppliait de veiller sur le sort de plusieurs de ses amis juifs. Il savait que son appel serait entendu. La traque des Juifs par l'occupant s'est opérée par étapes. Sur les quelque 65 000 Juifs vivant en Belgique — dont 4 115 seulement de nationalité belge — fort peu sont des ouvriers. La plupart se livrent à des activités commerciales ou financières. Aussi les Allemands entreprennent-ils d'abord, par une ordonnance du 29 octobre 1940, de les éliminer de la vie économique. L'année suivante, le 31 mai, ils procèdent au recensement de tous leurs biens matériels et juridiques et, le 15 juillet, imposent la mention, sur la devanture, du caractère juif des entreprises. Le général baron Alexander von Falkenhausen, gouverneur militaire de la Belgique et du Nord de la France, freine autant qu'il peut l'application de ces dispositions. Dans un rapport, il invoque le fait qu'elles « provoqueraient un mouvement de pitié en faveur des Juifs dont la population non concernée se tient à l'écart[14] ». Mais il ne peut empêcher que, le 4 juin

1942, le port de l'étoile jaune ne devienne obligatoire.

Quand elle apprend cette mesure aussi infamante que menaçante, Élisabeth décide de porter ostensiblement une broche en forme d'étoile à cinq branches, une décoration que lui a jadis offerte le négus d'Abyssinie. Elle multiplie ensuite les défis et intensifie ses interventions. Lors de la visite d'un hôpital d'Anvers, le personnel administratif lui signale l'interdiction d'accès à la salle réservée aux malades juifs. Elle fait semblant de n'avoir pas entendu, se dirige d'un pas ferme vers la salle spéciale et en ouvre elle-même la porte. Sidérées, les infirmières n'osent l'empêcher de parler longuement à chacun des patients juifs. Elle ne se contente d'ailleurs pas de les réconforter, mais recueille aussi de leur bouche de précieux renseignements.

Depuis toujours, Élisabeth a été liée d'amitié à de nombreux artistes, savants et musiciens juifs. En pleine nuit, l'un d'entre eux l'appelle par téléphone. Il la sait clouée au lit par une forte grippe, mais insiste pour être reçu. Il y a urgence : l'un de ses meilleurs amis vient d'être arrêté. Brûlante de fièvre, la Reine reçoit son visiteur quelques instants plus tard. Quand elle a réuni toutes les informations nécessaires, elle prend contact avec un officier-gardien dont elle est sûre. Elle le prie d'agir immédiatement auprès du général von Falkenhausen. Cela prend quelque temps. Assise dans un fauteuil, la Reine refuse de rentrer dans sa chambre avant d'être certaine du succès de son intervention.

Son réseau d'information et de complicités lui permet également de sauver de la mort des centaines d'enfants juifs qu'elle place dans les couvents, les orphelinats et les fermes. « Beaucoup de Juifs aujourd'hui heureux en Israël, dira le professeur

Gunsburg, doivent la vie et le bonheur à la reine des Belges. »

L'activité bénéfique de celle-ci semble avoir été connue à Buckingham Palace où la reine Mary apprend un jour qu'Élisabeth se trouve en danger. Un auteur anglais, Sidney Cunliffe-Owen, rapporte que la souveraine britannique parviendra — par des moyens qu'il ne peut dévoiler — à mettre en garde sa grande amie contre les agissements de deux individus en qui elle a mis sa confiance et qui, en réalité, sont au service des Allemands et cherchent à la compromettre et à la dénoncer[15].

Plus de 34 000 juifs de Belgique échapperont à la déportation. Ce bilan s'explique par le courage des Belges qui ont couru le risque de les cacher et protéger. Parmi eux, on ne peut oublier la reine Élisabeth.

***

Beaucoup plus que sa mère, le roi Léopold est l'objet d'une étroite surveillance. La solitude, voire l'isolement, lui pèsent au point d'aigrir parfois son caractère. Aussi la Reine s'est-elle réjouie de son mariage avec Lilian Baels, célébré par le cardinal Van Roey, le 11 septembre 1941, en la chapelle du château de Laeken.

Mais la nouvelle de cet événement, bien qu'il concerne essentiellement la vie privée du souverain, a quelque peu déconsidéré celui-ci aux yeux des Belges qui l'avaient placé sur un piédestal. Quant à ses adversaires, ils y trouveront un argument de nature à alimenter efficacement la « question royale ».

Fille de Henri Baels, ancien ministre et gouverneur de la Flandre occidentale, la princesse Lilian apporte un peu de joie dans la morosité de Laeken. Élisabeth apprécie son intelligence, sa culture et sa franchise de caractère ; elle est, de surcroît, heureuse de lui céder une part de l'éducation de ses petits-enfants qui, eux aussi, souffrent d'un certain isolement. En 1941, ils ont respectivement quatorze, onze et sept ans. Et puis Élisabeth sait gré à l'épouse du Roi d'avoir mis comme condition à son mariage la renonciation « au titre et au rang de reine ». Élisabeth demeure *la* Reine.

Sa tâche auprès des enfants royaux se trouvant considérablement allégée, Élisabeth a moins de scrupule à échapper, de temps à autre, au climat pesant de l'occupation, ne serait-ce que pendant un jour ou deux, le temps de se ressourcer. Il ne lui est guère possible de maintenir la correspondance qu'elle entretenait avec maintes personnalités du monde culturel et scientifique international. Elle en souffre comme d'une frustration. Aussi se réjouit-elle, en mai 1942, d'être autorisée à sortir de Belgique pour un court séjour à Paris et à Fontainebleau. Là, l'idée lui vient de se rendre à Vézelay pour y revoir Romain Rolland. Le Journal inédit de l'écrivain abonde en détails significatifs sur cette rencontre qui se prolongera en quelque sorte, par un échange de lettres jusqu'à la mort de l'écrivain, le 30 décembre 1944.

« Avons l'intention de venir lundi. Pourrions-nous vous voir ? » Tel est le message téléphonique signé comtesse de Caraman-Chimay et transmis à Romain Rolland le 8 mai 1942. Le lundi 11, à 14 heures 30, la reine Élisabeth arrive à l'ermitage bourguignon de Vézelay, « toujours à sa façon de petite fille qui se glisse souriante et confuse, par l'entrebâillure de la porte ». L'écrivain et la Reine restent en tête-à-tête jusqu'à 6 heures et prennent le thé ensemble.

Tout comme en 1938, Élisabeth n'a rien de particulier à dire au vieillard qui approche des quatre-vingts ans et dont le visage s'est encore émacié. Elle désire échapper à l'isolement qui lui est imposé et bavarder de choses et d'autres avec un ami, en toute confiance. Elle parle du roi Léopold III, « consigné dans son palais de Laeken », dont une aile est occupée par les officiers qui le surveillent mais dont « ils n'ont pas à se plaindre ». Ni Hitler ni Goering ne sont venus les voir, « ce qui est assez méprisant ». La Reine croit qu'Hitler ne veut pas mettre les pieds dans un pays monarchique, pas plus la Hollande que la Belgique.

> « Et l'Italie, objecte Romain Rolland, n'y va-t-il pas ?
>
> — Oui, mais c'est le maire de palais que, seul, il reconnaît. Le roi est comme s'il n'existait pas.
>
> « La Reine, note Romain Rolland dans son Journal, parle de son fils avec amour et avec estime. Elle le représente absolument indépendant et désintéressé, jugeant les choses d'une façon objective (ou s'y efforçant), maître de soi, même aux heures les plus catastrophiques (elle était avec lui, à l'armée) et sans rancune des offenses reçues, mais non pas sans dégoût des trahisons et des lâchements de ceux qui l'entouraient, aux jours du danger, des mensonges peureux de ses ministres, réfugiés à Londres, surtout de Spaak. Il aurait pu aussi passer en Angleterre, ou aux U.S.A. C'eût été pour lui bien plus commode et agréable. Mais il se fût regardé coupable d'abandonner son peuple et son armée. Il n'approuve pas la reine Wilhelmine de l'avoir fait. Il peut, en restant, intervenir, si faiblement que ce soit, en faveur des siens menacés. Lui et la Reine l'ont fait souvent ; et quelquefois ils ont réussi à sauver des condamnés. »

La Reine et son fils semblent « avant tout soucieux des intérêts belges ». Ils se méfient de la propagande qui pourrait pousser les masses « à des catastrophes et des massacres ».

Mais, épiés comme ils le sont continuellement, les « châtelains de Laeken » ne savent pas grand-chose des événements mondiaux. Romain Rolland, qui n'a jamais caché son admiration pour l'U.R.S.S., s'étonne que ce pays

> « leur inspire un effroi de Croquemitaine. Ils n'en connaissent rien que ce que la propagande allemande et russe blanche leur raconte. (...) Quel homme d'État devrait attacher la moindre foi à des émigrés détachés de leur sol depuis longtemps, qui ne savent plus rien de l'âme de leurs peuples et que leurs rancunes, leurs haines empoisonnent ? »

La Reine écoute attentivement. Elle est de ceux qui se méfient des préjugés et osent vouloir connaître, juger et décider par eux-mêmes. Elle en vient à parler de sa famille allemande, de sa vieille mère, âgée de quatre-vingts ans, qu'elle a essayé de faire venir à Laeken mais qui ne veut pas quitter sa maison de crainte qu'en son absence celle-ci ne soit immédiatement saisie par le Reich sous prétexte que son fils — le frère de la Reine — réside aux États-Unis. Elle parle aussi avec affection de la princesse Marie-José qu'elle est allée voir en Italie, vers la fin de 1940, lors d'un accouchement, « mais elle évite d'y retourner pour ne pas compromettre sa fille ». Elle évoque ensuite le remariage du roi Léopold.

> « Ç'a été la cause de bien des bruits malveillants, qui ont fait de la peine ; mais la reine l'approuve avec bonté ; elle dit la solitude et la tristesse où il se trouvait, et son besoin d'une affection ; elle parle gentiment de sa belle-fille. »

Élisabeth donne aussi ses impressions sur ses rencontres en France. Elle se dit frappée du grand nombre de « collaborationnistes », même parmi les officiers : « Une proportion de 80 % sur ceux que j'ai pu rencontrer. — C'est, lui répond Romain Rolland, que ceux qui pensent autrement ont des raisons sérieuses de ne pas le faire savoir. »

Alphonse de Châteaubriant, présenté à Élisabeth chez les Caraman-Chimay, lui a dit qu'il est un ami de Romain Rolland. Connaissant l'attitude de l'auteur de *La Brière,* la Reine est intriguée, sinon incrédule. Mais son hôte de Vézelay lui explique la fidélité de son attachement « quelles que puissent être les divergences de pensée ». Dans son Journal, il note :

> « J'ai été bien surpris d'entendre répétés sur mon ami par Mme de Caraman-Chimay les mauvais bruits, que R. Arcos, imprudemment, colportait : que Châteaubriant serait allemand, que son beau nom serait un faux nom. J'ai protesté... Il est probable que les ennemis ont exploité contre lui le fait que la famille avait passé en Scandinavie, au XVIIe siècle, et qu'elle n'en est revenue qu'un siècle après. »

Les sentiments d'amitié persistante de Rolland pour Châteaubriant apparaissent, d'ailleurs, dans son *Voyage intérieur* qui vient de paraître en librairie et dont l'auteur remet un exemplaire à la Reine et à la comtesse de Caraman-Chimay. Il est également question de Claudel, le vieux compagnon du lycée Louis-le-Grand, avec lequel l'écrivain a renoué après soixante ans de rupture. Élisabeth rappelle l'ambassade à Bruxelles de l'auteur du *Soulier de satin* « mais elle s'exprime avec trop de réserve et de courtoisie pour qu'on puisse savoir ce qu'elle pense, au fond ».

Deux êtres passionnés de musique ne peuvent qu'éprouver le désir d'en parler. Romain Rolland raconte comment l'a

> « visité mystérieusement pendant les jours et les nuits de l'invasion, l'angélique *adagio* du *Concerto en* mi *bémol* de Beethoven. Il se lève, s'assied devant le piano et le joue. La Reine est visiblement émue.
>
> — Aucun pianiste, dit-elle, n'a dans son jeu, comme vous, les timbres de l'orchestre.
>
> — En effet, c'est l'orchestre qui a été mon meilleur maître.

Romain Rolland est d'autant plus touché par la pertinence de la remarque de la Reine que son ami, le vieux marquis de Breuilpont, lui a précisément conseillé de ne point prendre d'autre maître que l'orchestre.

Élisabeth exprime également ses regrets de n'avoir pas emporté en voyage l'un de ses violons et confie à son hôte qu'elle s'est remise à cet instrument et qu'elle

> « joue dans le grand orchestre de Bruxelles, qui vient régulièrement au palais, 2 ou 3 fois par semaine. (Dans le parc de Laeken, qui a été converti en potager, la Reine a fait attribuer à

> chacun des 90 musiciens de l'orchestre, une bande de son champ de pommes de terre) ».

Selon Élisabeth, ses deux petits-fils sont musiciens : Baudouin, âgé de dix ans, se dit passionné de Jean-Sébastien Bach, tandis qu'Albert, huit ans, préfère Beethoven. Romain Rolland sourit « dans sa barbe »...

> La comtesse de Caraman-Chimay rappelle à la Reine l'heure du départ. « L'auto attend devant la porte. Toute la rue est à ses fenêtres ou sur le seuil. En face, les gendarmes et familles. (Nous savons ensuite que certains curieux, ayant lu sur l'auto la lettre B, ont été crier partout que c'était une auto anglaise !) Un noble monsieur attend, guindé et ennuyé. La Reine continue à nous faire des signes et des saluts à travers la vitre jusqu'à ce que l'auto démarre.
>
> « Qu'est-ce que les gendarmes et, à la suite de leurs rapports, les sous-préfet, préfet, etc. peuvent bien penser ? Dans quelle catégorie arrivera-t-on à me classer ? Londres, Berlin ou Moscou ? Comme disait l'ancien sous-préfet : “ Ces hommes de lettres !... On n'y comprend rien... C'est à en perdre la tête[16]... ” »

A l'automne de 1943, Romain Rolland tombe très gravement malade. Certains journaux des pays occupés annoncent même sa mort, article nécrologique à l'appui — nouvelle fausse parmi d'autres. Ils sont contraints de démentir le lendemain. Trahi par une santé qu'il n'a jamais eue très solide, le corps de plus en plus immatériel, l'écrivain lutte contre la mort, puisant la force de survivre dans sa volonté de terminer les deux volumes de son *Péguy*. Le 26 avril 1944, la reine Élisabeth lui écrit une lettre toute simple mais pleine de délicatesse et de sensibilité :

« Cher Maître,

« Je pense si souvent à vous et j'ai été bien inquiète quand j'ai su que vous aviez été très souffrant. J'espère que vous êtes tout à fait remis depuis. C'est dommage que les communications soient si difficiles, et surtout les voyages, en ce moment, sans cela je serais allée à Vézelay.

« Ce serait un si grand bonheur pour moi de vous revoir, cher Maître.

« J'ai toujours devant moi votre portrait que vous m'avez donné, et je lis et relis vos livres.

« En ce moment, je lis *L'Âme enchantée,* cette lecture me passionne.

« Les personnages sont tellement vivants qu'on est sûr de les avoir rencontrés.

« Je suis au second volume et je sens déjà que vous avez mis tant de vous-même dans ce personnage d'Annette, ce qui la rend si sympathique et si attrayante. Quand je rentre le soir après une de ces journées si pénibles que nous passons dans ces temps troublés, je me réjouis de retrouver ce beau livre comme un ami avec lequel je peux communiquer.

« C'est aussi en lisant *Les Grandes Époques créatrices, La Cathédrale interrompue* avec *La 9e Symphonie* et *Les Derniers Quatuors* que je pénètre dans l'ambiance de l'œuvre et c'est avec une nouvelle émotion que je les entends.

« Je joue moi-même dans un quatuor et nous travaillons les quatuors de Beethoven d'après vos admirables et subtiles appréciations.

« Nos pensées se dirigent alors vers Vézelay où je vous imagine à votre piano !

Ne pouvant venir moi-même, je vous envoie

cette image fugitive qui vous rappellera une de vos plus grandes admiratrices.

« Bien affectueusement,

Élisabeth

« Mes meilleurs souvenirs à Madame Romain Rolland[17]. »

Cette lettre parvient à Romain Rolland, « un jour de pénible maladie ». « Depuis la crise de l'an dernier, écrit-il à la Reine le 2 juin 1944, j'ai beaucoup de peine à me rétablir. » Il lui envoie une nouvelle édition illustrée de son *Michel-Ange* et annonce la publication du dernier volume de son *Beethoven,*

« qui est de tous le plus intime car il accompagne le vieux ami jusqu'à mort.

« Dans les épreuves terribles où passe l'humanité, on se serre autour de ceux qui, dans leur vie, ont surmonté le sort, — ceux qui ont conquis par leurs souffrances, par leur génie, par leur Amor-Caritas, le royaume de Dieu.

« J'espère que j'aurai la joie de vous revoir. De toutes mes forces je me tiens à cette vie si chancelante et menacée, pour pouvoir atteindre, après toutes ces tempêtes, au port de la Paix. Comme on saura l'aimer, cette fois ! Puissions-nous la fêter ensemble[18]. »

Le 20 septembre 1944, Élisabeth écrit une nouvelle lettre à Romain Rolland. Elle le remercie pour l'envoi du *Michel-Ange* qui l'intéresse « passionnément », puis elle évoque l'actualité :

« Quels événements en France et en Belgique depuis 2 mois !

« La joie de la délivrance est assombrie par la

captivité de mon fils et de ses enfants, ce qui n'est peut-être pas sans danger à l'heure actuelle.

« Mon fils Charles a été sollicité d'exercer la régence selon le vœu du pays, en l'absence de son frère.

« Il a prêté serment aujourd'hui devant les Chambres réunies ; ce qui était très émouvant.

« Tout est disloqué par cette longue guerre qui m'a privée de la joie de vous voir depuis deux ans et pourtant que de choses nous aurions à nous dire !

« Combien ce serait intéressant pour moi de connaître vos impressions devant ce cataclysme mondial.

« Je souhaite que votre santé se raffermisse et que nous puissions bientôt fêter ensemble la Paix comme vous le disiez dans votre lettre, ce qui m'avait fait tant de plaisir.

« Je vous envoie mes biens affectueux souvenirs et toutes mes amitiés, ainsi qu'à Madame Romain Rolland.

Élisabeth[19]. »

Elle envoie également quelques pots de miel des ruchers de Laeken à l'écrivain malade. Celui-ci lui répond de Paris, le 31 octobre 1944 :

« Comment vous remercier et avec vous les abeilles de Laeken !

« Nous prenons part à vos soucis, au sujet de votre fils et de vos petits-enfants, tout en ayant ferme foi qu'ils ont été et seront respectés. Ils n'en seront que plus chers, ensuite, à tout le pays. — Mais quand le monde pourra-t-il enfin respirer, délivré de cette étreinte féroce ?

« Je suis à Paris pour des consultations médicales. Nous comptons rentrer à Vézelay, vers le 15 ou le 20 novembre. Quelle émotion c'était de revoir ce beau Paris, et de penser que cette beauté a été tout près de disparaître ! Péguy eût dit que ce fut un nouveau miracle de sainte Geneviève.

« Je fais des vœux pour vous revoir bientôt dans notre Vézelay apaisé. Il a connu aussi ses heures de bataille et ses maisons brûlées — aussi, hélas ! les déchirements entre concitoyens. Mais la paix de ses calmes horizons aura le dernier mot[20]. »

C'est la dernière lettre de Romain Rolland à la Reine. L'écrivain revient à Vézelay pour y remettre son âme à Dieu, le 30 décembre 1944, entre sa femme et sa sœur Madeleine. L'objectif de son ultime combat contre la mort est atteint : son *Péguy* vient de sortir de presse. Mais la guerre tue encore des milliers d'hommes en Ardenne. Aussitôt connue la nouvelle du décès de l'écrivain, Élisabeth écrit à sa veuve :

« C'est avec une profonde tristesse que je viens vous dire combien de tout cœur je prends part à votre si grande douleur.

« Vous avez eu le rare bonheur d'être la compagne d'un tel homme ce qui doit vous soutenir dans votre souffrance.

« Le monde est appauvri car une âme pareille, universelle, est irremplaçable.

« Il a tout compris du cœur humain et tout exprimé dans ses œuvres.

« Ces livres sont des guides sur le chemin aride de notre existence.

« Il voyait la réalité à travers la musique.

« Je m'incline devant votre douleur, je pleure avec vous la perte de ce cher ami, ce grand

artiste et penseur, celui qui représentait la conscience du monde
votre affectionnée,

Élisabeth[21]. »

Dans son émouvante lettre de remerciements à la Reine, la femme de Romain Rolland observe :

« Oui, j'ai eu ce rare bonheur dont vous parlez (vous savez ce que c'est, n'avez-vous pas eu le même bonheur ?) mais aussi la grande douleur — que vous savez aussi ! de le perdre. — Et d'avoir porté — et de porter encore (et pour toujours !) dans mon cœur toute sa vie de peines, — et il y en a tant eu, d'intimes et d'« universelles » — il était si sensible — non seulement à ce qui le concernait directement à travers lui-même ou ceux qu'il aimait, mais aussi aux personnes du monde entier — du présent et du passé — et de l'avenir — des hommes et des animaux — et de Dieu même, qu'il voyait non pas méchant et triomphateur de toute éternité, mais luttant et souffrant avec l'univers, avec nous, se dégageant péniblement du chaos et du mal[22]. »

Elle annonce la constitution à Paris d'un « Comité Romain-Rolland » et la publication prochaine d'un *Liber Amicorum.* Pour ce dernier, la Reine rédige quelques lignes où l'on ne retrouve pas la spontanéité de sa lettre à Madame Romain Rolland. La banalité l'emporte sur la sensibilité :

« Ceux qui ont lu les livres de Romain Rolland, ce grand et cher Romain Rolland, se sont enrichis de vérité et de beauté.

« Ceux qui l'ont connu ne pourront jamais l'oublier.

« J'ai eu ce bonheur et je voudrais ici apporter mon hommage à cette âme enchantée, cette âme toute d'harmonie.

« Élisabeth[23]. »

Est-ce sous l'influence de Romain Rolland que la reine Élisabeth s'intéressait de plus en plus à la littérature russe ? Elle demanda, en tout cas, à ses collaborateurs de lui procurer les œuvres de Tolstoï et de Dostoïevski, qui manquaient dans la bibliothèque du palais.

La lecture de ces auteurs la distrayait quelque peu des soucis que lui causait la gestion de la Chapelle Musicale dont elle avait suscité la création. Elle devait aussi l'éclairer sur les bassesses de certaines âmes apparemment appelées à d'autres destins. Dès le mois de novembre 1942, elle avait été prévenue de la gravité des soupçons qui pesaient sur Charles Houdret, le directeur de la Chapelle Musicale. Mais comme elle était souffrante à ce moment-là et que l'on savait l'affection qu'elle avait eue pour ce musicien talentueux, on lui demanda de ne pas se tracasser. « Il n'y a pas péril en la demeure », lui écrivait Léon Frédéricq[24].

Mais en 1943, ce qu'on appelait « l'affaire Houdret » prenait des proportions qui dépassaient de beaucoup toutes les difficultés qui avaient entouré la création et le développement de la Chapelle Musicale. L'entourage de la Reine tenta de régler à l'amiable certaines dettes contractées par Charles Houdret, mais le dossier de celui-ci comprenait d'autres charges. La justice suivit son cours. Charles Houdret fut condamné à cinq ans de prison. Il ne pouvait être question, pour la Reine, d'intervenir comme l'en suppliait la jeune femme du condamné. Celui-ci s'en vengera bassement dans un livre qui ne fit même pas scandale tant il était odieux[25].

Mais le Journal de Romain Rolland — parce qu'il permet de deviner l'état d'esprit de la Reine — nous a entraîné au-delà du mois de juin 1944. Il nous faut, bien entendu, y revenir.

CHAPITRE IX

La Grande Dame du Stuyvenberg

Plus se dessinent les perspectives d'une victoire alliée, plus les nazis font peser leur terreur sur la Belgique. La Reine se sent de plus en plus épiée, dès qu'elle quitte le château de Laeken. Au nom du Führer, Himmler donne, le 30 juillet 1943, au Brigadeführer SS Jungclaus l'ordre de ne laisser en aucun cas *(auf keinen Fall)* s'évader le roi Léopold. Le même ordre est donné par Keitel au général von Falkenhausen, mais il est précisé que le lieutenant-colonel Kiewitz ne doit pas en être informé[1].

A partir du mois de mars 1944, l'aviation alliée attaque massivement des objectifs dans le nord de la France, en Belgique, aux Pays-Bas et en Allemagne. Deux mois plus tard, le trafic ferroviaire est réduit de plus de moitié, mais près de 4000 civils belges ont été tués dans les bombardements, notamment ceux de Malines, La Louvière, Louvain et Anvers.

Sans jamais porter de jugement sur l'imprécision ou l'inutilité de certains raids — contre lesquels protesta le cardinal Van Roey — la Reine s'est rendue au chevet des blessés, dans les villes les plus sévèrement touchées.

***

Le mardi 6 juin 1944, à 21 heures, le colonel Werner Kiewitz demande à être reçu par Léopold III. Introduit dans le bureau du souverain, il lui annonce que Berlin a ordonné sa déportation immédiate en Allemagne. Le Roi proteste violemment et convoque le général von Falkenhausen. Mais il y a quelques mois déjà que celui-ci n'est plus qu'un gouverneur militaire en titre. Sa destitution ne tardera guère. Il avoue n'avoir reçu aucune instruction de Berlin ! « Nous ne pouvons qu'exécuter les ordres, précise le colonel Kiewitz ; de gré ou de force, les SS vous déporteront. »

Léopold III rédige une note de protestation qu'il remet au général von Falkenhausen. Il demande ensuite à voir son frère, le prince Charles. Cela lui est refusé. Nouvelle question du Roi :

« — Puis-je voir mes enfants ?

— Oui, à condition que Leurs Altesses reviennent à Laeken avant votre départ.

— A quelle heure est fixé le départ ?

— Demain à 10 heures. »

Ses enfants se trouvant à Ciergnon, Léopold III les prévient par téléphone. Le mercredi 7 juin, à l'aube, le colonel Kiewitz avise le Roi que l'heure du départ est avancée ; elle est fixée à 7 heures. A 7 h 20, les enfants royaux ne sont pas arrivés au palais de Laeken. Précédée d'une série de side-cars avec mitraillettes et de camions chargés de soldats, une voiture allemande emmène Léopold III vers Luxembourg, d'abord, à la forteresse de Hirschstein ensuite.

Werner Kiewitz, dont Sophie Deroisin a recueilli les propos, estime que « c'est l'attitude du souverain, ses raideurs amenant les déceptions successives du

Führer », qui expliquent la « fureur d'Hitler » à son égard[2].

Entre-temps, les Allemands font savoir à la reine Élisabeth et à la princesse Lilian qu'elles aussi doivent être transférées en Allemagne en compagnie des quatre enfants royaux. Elles s'y opposent de toutes leurs forces. « Nous ne partirons pas ! » Outrée, la Reine fait alors tenir un télégramme à Hitler lui signifiant son refus de céder aux injonctions des SS.

Le 8 juin, au matin, les Allemands reviennent à la charge : « L'ordre est maintenu ; il faut partir. — Nous ne partirons pas ! »

Confirmant leur attitude, la Reine et la princesse Lilian ne préparent aucun bagage. Les Allemands s'énervent, fixent le départ au vendredi 9 juin, à 14 heures, et demandent que deux camions et trois voitures du palais soient mis à leur disposition pour le voyage. Ils se heurtent évidemment à un refus catégorique et procèdent alors à la réquisition. Auparavant, la Reine et l'épouse du Roi ont appelé au château de Laeken le cardinal Van Roey, M. Jamar, premier président de la Cour de cassation et l'avocat-général Cornil, afin qu'ils attestent des protestations de la famille royale.

Le 9 juin, au matin, le départ est inévitable. Toutefois, Élisabeth ne semble plus visée par l'ukase des SS. Dans le dédale des démarches et instructions, on a dû la perdre de vue ! Au moment des adieux, elle confie à la princesse Lilian un bref message :

> « Mon cher, cher Leop.
>
> « Nous avons *tout* fait pour empêcher le départ de Lil et des enfants, mais *rien* à faire !! Lil te racontera tout. Je veux seulement te dire que je pense tout le temps à toi et que mes pensées continueront à être avec toi, Lil et les

enfants. J'espère que bientôt on pourra se revoir ! Tu peux compter sur moi pour tout ce qui est dans mon pouvoir de faire.

« Je t'embrasse tendrement, le cœur gros de voir partir chère Lil et les 4 petits.

Maman[3]. »

La Reine se trouve désormais seule à Laeken. Elle est aussi le seul membre de la famille royale résidant dans la capitale du royaume. En effet, le prince Charles est parvenu à s'échapper du palais de Bruxelles où il résidait, et à rejoindre les forces de la Résistance en Ardenne. Une chance pour le pays.

Élisabeth n'a plus la possibilité d'intervenir dans les cas de détresse qui lui sont encore signalés. La mainmise des SS sur le pays est totale. Le 13 juillet, Himmler obtient la destitution du général von Falkenhausen et son remplacement par l'implacable commissaire du Reich Josef Grohé. Le colonel Kiewitz, lui, est arrêté par la Gestapo. Himmler avait toujours détesté son attitude chevaleresque envers le Roi dont il avait la garde. Il le traitait de « lansquenet du temps passé », *Landsknecht*[4]. Condamné à la pendaison, sa peine sera commuée en l'envoi dans un *Strafregiment* sur le front russe. Il y perdra le bras droit.

Se promenant sur les chemins de gravier, entre les vallonnements de gazon et les buissons de rosiers, la Reine attend. Plus que jamais, son regard a pris une expression lointaine. Les nouvelles sur les opérations du débarquement de Normandie lui parviennent au compte-goutte ; elles sont rassurantes. Mais aucune information précise ne lui est communiquée au sujet des captifs de Hirschstein. L'inactivité forcée lui apparaît insupportable. Régulièrement, les escadres de l'aviation alliée survolent la ville. Impuissante, la

D.C.A. allemande crache le feu. Le vrombissement des moteurs continue dans le ciel. Parfois, des bombes tombent dans le parc, y creusant un vaste cratère qu'elle s'empresse d'aller voir, un appareil photographique à la main.

Puis, aux tout derniers jours d'août 1944, la Reine voit passer et repasser, lourdement chargés de sacs et de paquets, les soldats allemands de garde au château de Laeken. Le 3 septembre, il n'y en a plus du tout. Et voici que passent devant les hautes grilles les premiers détachements de l'armée britannique. Élisabeth et la comtesse Carton de Wiart se précipitent, ouvrent les grilles et invitent le général Horrocks, ses officiers et soldats à entrer. Elles leur demandent ce qu'ils souhaitent. « Un bain chaud », répond aussitôt le général Horrocks.

A l'invitation de la Reine, des tentes sont dressées sur les pelouses et le château est mis à la disposition des officiers et de leur état-major. Par les fenêtres ouvertes, le bruit des machines à écrire se mêle bientôt à celui des pics-verts martelant les arbres du parc. Il en sera ainsi jusqu'à la Noël.

Élisabeth s'est empressée de reprendre ses activités dans le pays dont les Chambres législatives se sont réunies, le 20 septembre, pour faire face à la situation créée par l'absence du roi Léopold III, toujours captif des nazis et, partant, « dans l'impossibilité de régner[5] ». Au second tour de scrutin, le prince Charles est élu régent du royaume. Le 26 septembre, un nouveau gouvernement dirigé par Hubert Pierlot est formé ; il comprend 7 catholiques, 5 socialistes, 3 libéraux, 3 communistes et un technicien, Camille Gutt qui, par une audacieuse opération portant sur la circulation de la monnaie fiduciaire, résorbera efficacement l'inflation créée par l'occupant.

Élisabeth se veut présente à la plupart des manifestations officielles. Par principe. Elle reprend contact avec la Croix-Rouge et aussi avec la Chapelle musicale. Et, lorsque la contre-offensive déclenchée par le général von Rundstedt, le 16 décembre 1944, ravage l'Ardenne, jettant sur les routes des milliers de réfugiés, elle se rend sur place et contribue à l'organisation de l'envoi de nourriture, de vêtements et de literie. Il gèle à pierre fendre et une épaisse couche de neige recouvre toute la région. La Reine n'en a cure. Elle s'attarde en des endroits exposés au froid et au vent, négligeant de se réchauffer à temps. Résultat : la grippe la cloue au lit pendant plusieurs jours.

A peine rétablie, elle retourne dans les zones dévastées, se rend à Bastogne, à Houffalise, à La Roche et dans les villages environnants. La Croix-Rouge qu'elle préside se dépense nuit et jour, sans le moindre répit. Certes, la bataille a été gagnée mais il reste beaucoup de misères à soulager, beaucoup de blessés à soigner. Et puis il y a les V1 qui tombent sur Anvers et sur Liège. La Reine visite un poste de commandement et, les yeux fixés sur l'écran du radar, se réjouit de constater qu'un grand nombre de ces engins de mort sont interceptés avant d'atteindre leur objectif.

Le 7 mai 1945, la capitulation sans conditions de l'Allemagne est signée au G.Q.G. d'Eisenhower, à Reims. Le même jour, la reine Élisabeth apprend la libération, par la 7e armée américaine, du roi Léopold III et de sa famille. C'est la fin d'un cauchemar.

La Reine peut savourer la paix retrouvée en relative quiétude d'esprit et du cœur. Dans le pays les festivités s'organisent. Avec plus ou moins de bonheur, ministres, gouverneurs, bourgmestres prononcent les discours de circonstance. Déjà le comité central du Parti communiste de Belgique exige l'abdication de Léopold III. Les partis politiques s'agitent, tandis que les rues des grandes villes sont parcourues par des défilés militaires où se trouvent mêlés des détachements alliés et quelques bataillons belges constitués depuis la Libération. A Laeken, Élisabeth songe aux grands artisans de la victoire. Elle envoie un message autographe à Winston Churchill et aussi au général de Gaulle :

> « Au général de Gaulle mon hommage admiratif pour son inébranlable foi en les glorieuses destinées de la France qu'il a conduite à la victoire.
>
> « Élisabeth[6]. »

Le message ne parviendra au destinataire que le 23 mai[7]. Le général y répondra, le 27 :

> « Madame,
>
> « Puis-je dire à Votre Majesté à quel point j'ai été touché du message qu'Elle m'a fait l'honneur de m'adresser à l'occasion de la Victoire ? Au moment où commence une paix si chèrement payée, une fois de plus, je forme les vœux les plus ardents et les plus confiants pour la Belgique, aussi proche aujourd'hui de la France qu'elle l'était sous le règne du grand Roi Albert Ier. C'est dire que je confonds avec ces souhaits ceux, profondément sincères, qui s'adressent à Votre Majesté et à la famille royale.
>
> « Je prie Votre Majesté de bien vouloir agréer l'hommage de mon profond respect.
>
> « Ch. de Gaulle[8]. »

L'activité déployée par la Reine à partir de 1945 déconcerte par son abondance et sa diversité. A première vue, tout se passe comme si, les contraintes de l'occupation ennemie une fois disparues, l'immense soif de voyages, de concerts et de contacts humains exigeait d'être apaisée, en mettant les bouchées doubles.

Mais en analysant les indications de l'agenda de la Reine[9], on constate qu'entre deux séjours à l'étranger, elle double, en quelque sorte, le rôle du Prince Régent. Elle reçoit en audience non seulement les grandes personnalités de passage à Bruxelles, comme le général Eisenhower, le maréchal Vorochilov ou le général de Lattre de Tassigny, mais aussi les ambassadeurs de France, de Grande-Bretagne, d'U.R.S.S., de Suisse, de Yougoslavie, de Roumanie, de Pologne, du Mexique, du Siam (Thaïlande), et, bien sûr, le nonce apostolique Mgr Micara. Elle déjeune avec des ministres en fonction et a un long entretien, le 18 septembre 1949, au château du Stuyvenberg, avec le gouvernement nouvellement formé. Il est vrai qu'il s'agit du gouvernement biparti (social-chrétien-libéral) dirigé par Gaston Eysken, qui a fait voter par le Parlement le projet de consultation populaire sur le retour du roi Léopold.

A ce propos, il importe ici de noter les nuances de l'attitude de la reine Élisabeth à l'égard de son fils aîné, pendant les différentes phases de la question royale. Certes, Léopold demeure « le préféré », le tendrement aimé, celui dont on se soucie continuellement et dont on veut le bonheur. Mais il est controversé dans le pays. Certains s'opposent à la reprise de ses fonctions tandis que d'autres s'opposent à la prolongation de la régence du prince Charles. Tout compte fait, la Reine apparaît comme le seul membre adulte de la famille royale unanimement admiré et respecté par les Belges. Elle en est parfaitement consciente et ne veut à aucun prix gaspiller ce précieux atout. Aussi bien, elle se garde de tout geste public qui pourrait être interprété comme une prise de position dans un sens ou dans l'autre.

Sa grande affection pour le « cher petit Leop » devrait normalement, sinon irrésistiblement, la pousser à se rendre en Suisse et à le serrer dans ses bras. Contre toute attente, elle ne le fait pas. Elle se contente d'envoyer de longues lettres débordant d'amour maternel. Manque de courage moral ? Non, mais peur des conclusions qui seraient tirées dans les milieux politiques de Bruxelles d'un séjour, même très bref, à Prégny. Ne la rangerait-on pas aussitôt dans un camp ?

Le 9 septembre 1945, au moment de quitter Sankt-Wolfgang, en Autriche, pour Prégny, en Suisse, Léopold III a lancé une longue proclamation au peuple belge. Il y rappelle la campagne des dix-huit jours et sa décision du 28 mai 1940 :

> « Vaincu, je n'ai pas voulu — je n'aurais pas pu — vous quitter au moment où commençait pour vous un long calvaire. Nombre de Belges alors, qui ne connaissaient pas la situation véritable, me l'ont reproché. Certains même ont cru que je les trahissais ; et l'écho de leur voix, qui vient de retentir à nouveau, m'oblige à revivre aujourd'hui les heures douloureuses que j'ai connues après notre défaite de 1940.
>
> « Mais je sais que la grande majorité d'entre vous m'a conservé sa foi. Je vous remercie du plus profond de mon cœur et je veux vous dire — avec tout ce que cela comporte de responsabilité devant l'Histoire — que j'ai conscience d'avoir aimé mon pays de toute mon âme et de l'avoir servi comme homme et comme Roi. »

Et après avoir répondu à certaines allégations diffamatoires il conclut :

> « Je n'ai pas eu le bonheur, que vous avez connu, d'assister à la libération. Et, seul aujourd'hui parmi les Belges qui survécurent à la souffrance de la captivité et de l'exil, la joie m'a été refusée de retrouver le foyer de ma patrie.
>
> « J'accepte pour elle ce nouveau sacrifice, avec l'ardent espoir que je verrai, de loin, se rétablir entre les Belges la concorde et l'union.
>
> « Respectueux des institutions et des libertés de notre régime parlementaire sur lesquelles se sont bâties l'indépendance et la prospérité de notre pays, je m'en remets à la souveraineté du peuple.
>
> « La monarchie belge est fondée sur la volonté commune des citoyens. Quelle que soit cette volonté, quel que soit le mode légal par lequel elle voudra s'exprimer, j'accepte d'avance son verdict.
>
> « Depuis le début de mon règne, servir mon pays fut mon unique ambition. Demain, comme hier et comme aujourd'hui, malgré tout, j'y resterai fidèle. »

Le 20 octobre suivant, la Reine écrit à son fils sa joie de le voir installé avec sa famille en Suisse, dans la propriété du Reposoir à Prégny et d'y jouir de la liberté : « Ce sera tout à fait autre chose ! (...) Ton message au pays est extrêmement bien, et a fait beaucoup d'effet et de plaisir, dans tous les milieux et dans tous les sens.

« Je suis *très* heureuse de cela. »

Et elle termine par ces mots : « Au revoir à bientôt,

j'espère que je pourrai venir un jour vous voir[10]. »

Que veut-elle dire en employant le mot *pourrai*? Aucun obstacle ne s'oppose à un voyage en Suisse. Ce qui la retient est, de toute évidence, d'une autre nature. Le 12 décembre 1945, elle rappelle que le général Patton, « *tellement* sympathique » est venu la voir à Laeken, quelques semaines avant son accident de voiture, puis elle détaille les changements intervenus dans le personnel du château : « Tous les hôtes de la maison sont enchantés et disent : il était temps ! Entre autres, la cave a beaucoup souffert. B... a voulu faire croire que c'était moi, mais c'était trop. Cela n'a pas pris[11]. » Ces petites nouvelles ne doivent pas présenter un grand intérêt pour Léopold III au moment où l'on parle de la dissolution des Chambres belges.

Le 14 décembre, la Reine évoque le passage de quelques-uns de ses hôtes : le grand-duc du Luxembourg Félix et son fils Jean, accompagnés du Premier ministre Dupont et du ministre des Affaires étrangères Bech, « que tu connais bien » ; lord Nicholson venu donner des conférences à Bruxelles et à Anvers, et l'ambassadeur britannique Knatchbull dont elle ne révèle aucune parole. Elle signale aussi le concert auquel elle a assité, le 12 décembre, dans l'aula de l'université de Louvain : « 1 500 étudiants et étudiantes m'ont reçue avec des cris de *Léopold* ! C'était très émouvant. J'ai dit que je te l'écrirais[12]. »

Beaucoup plus surprenante et, à certains égards révélatrice, apparaît la lettre du 28 décembre 1945.

> « Il y a une chose qui me pèse, écrit la Reine, c'est le fameux livre gris ou blanc*. Je ne sais pas exactement ce qu'il y a dedans, puisque je

* Il s'agit du *Livre blanc 1936-1946* qui, bien qu'imprimé, ne sera pas diffusé, sur décision du Roi.

n'ai pas vu P[irenne] avant son départ l'autre jour, mais beaucoup de personnes chuchotent qu'on veut démolir complètement Spaak. D'abord il est trop gros pour être démoli, et puis je pense qu'il ne faut pas en faire un ennemi irréconciliable pour le reste de ta vie. C'est un politicien plus fort que n'importe qui, très apprécié à Londres, qui sortira de n'importe quelle situation la plus critique en retombant sur ses pattes. Attention ! Et puis, je pense que la vengeance n'est pas faite pour un Roi. Attendons les événements. Un livre que la plupart des gens, sur les 8 millions, ne liront pas, ne changera rien du tout.

« Voilà mon opinion [13]. »

Retour aux sentiments maternels dans la lettre du 26 octobre 1946 :

« Mon cher petit Leop.

« Encore une fois je ne serai pas avec toi pour ton anniversaire le 23 novembre. Je penserai tant à toi. Quel souvenir ! Un des plus beau de ma vie d'entendre le premier cri du premier enfant. Tu étais si joli et plus tard si beau ! Mais cela, tu n'aimes pas qu'on te le dise, ou au moins pas trop crûment. Depuis cela, tant de joies et tant de tristesses. »

Il n'est toujours pas question d'une visite à Prégny. En revanche, Élisabeth énumère les faits saillants d'un séjour qu'elle vient de faire à Paris, pendant une dizaine de jours, chez le baron Guillaume : soirées au théâtre, réception de M. de Chambrun, l'Académie française, dîners, etc. A propos de la visite officielle de la reine Wilhelmine à Bruxelles, elle note : « Elle a beaucoup parlé de toi avec tendresse. » Suit une description du dîner officiel au palais : « Je me trouvais entre le Cardinal et le Nonce Cento. Une robe rouge et une robe violette. Avec le Cardinal nous avons beaucoup parlé de toi[14]. »

Le lendemain, c'est la grand-mère qui confie ses inquiétudes :

> « Maintenant je dois te parler de Baudouin. De gens qui sont revenus de Suisse (Genève) et qui t'ont vu marcher dans la rue avec Baudouin et Albert, ont dit au docteur Nolf qu'ils avaient été très inquiets de l'aspect de Baudouin : mauvaise mine, terriblement maigre et voûté, poitrine étroite et rentrée. Le docteur se demande s'il ne devrait pas faire de la gymnastique spéciale. A l'université de Genève on pourrait s'informer chez un spécialiste. Le docteur était très anxieux que je t'écrive tout de suite par l'occasion du voyage de M. Boucaert (je ne sais pas comment on écrit son nom) qui a été à la Croix-Rouge du temps du docteur Nolf[15]. »

Que la Reine se soit abstenue volontairement de toute rencontre connue avec son fils aîné est confirmé lors d'un séjour qu'elle fait à Paris au moment où celui-ci s'y trouve, à l'occasion d'une manifestation scientifique. La Reine est l'hôte de l'ambassadeur de Belgique ; Léopold III et la princesse Lilian logent à l'hôtel Meurice. C'est dans le plus grand *incognito,* et chaussant d'immenses lunettes qui lui cachent le visage, qu'elle rejoint celui qu'elle n'a plus vu depuis la mi-juillet 1945 à Sankt-Wolfgang. Elle est bouleversée par l'émotion, ne sachant comment exprimer sa tendresse et sa joie. Mais après les effusions, et une longue conversation, elle repart comme elle est venue, en se cachant. Ni en

Belgique ni à l'étranger, on ne saura qu'elle a enfin revu son fils bien-aimé.

***

La consultation populaire décidée par les Chambres a lieu le 12 mars 1950. Les votes positifs atteignent 57,68 % dans l'ensemble du pays ; ils sont majoritaires dans sept provinces sur neuf et dans 21 arrondissements sur 30. Mais il y a discordance entre les résultats en Flandre (71,99 %) d'une part, en Wallonie (42,11 %) et à Bruxelles (48,16 %) d'autre part.

Impressionnés par le nombre de votes affirmatifs — qui dépasse très largement les voix recueillies jusqu'alors par le Parti social-chrétien — et soucieux de mettre fin à une crise dont la gravité ne cesse de croître, les socialistes proposent, le 7 avril, le retour discret de Léopold III en Belgique afin de prononcer « un discours du Trône dans le calme », où le Roi « propose le vote d'une loi lui permettant de déléguer, dans certaines conditions, d'accord avec le gouvernement, l'exercice de ses pouvoirs au prince héritier ».

C'est habile et, d'une certaine manière, courageux. Mais comment le faire accepter par la majorité de près de 58 % qui s'est exprimée le 12 mars ? *La Libre Belgique* l'écrit, d'ailleurs, le 5 avril, soit deux jours avant la remise du document socialiste à Jacques Pirenne, secrétaire du Roi. Cependant, le Roi aurait sans doute examiné favorablement cette tentative de solution, si le Parti socialiste n'en avait pas lié l'exécution à son éloignement du pays.

Des élections anticipées sont, dès lors, inévitables. Elles se déroulent le 4 juin, et le Parti social-chrétien conquiert la majorité absolue à la Chambre des représentants et au Sénat. Il se trouve, dès lors, seul au pouvoir et dans l'obligation de faire déclarer par les Chambres réunies la cessation de l'impossibilité de régner du souverain. Ce qui est fait, le 20 juillet 1950, par 197 voix socio-chrétiennes et la voix libérale d'Hilaire Lahaye. Les autres libéraux, les socialistes et les communistes ayant quitté l'hémicycle au moment du vote.

Vingt-quatre heures plus tard, le roi Léopold III et ses deux fils rentrent en Belgique. Aussitôt des manifestations sont organisées en Wallonie et des grèves déclenchées ; le mouvement dégénère en émeutes. A Grâce-Berleur, douze gendarmes attaqués par quelque cinq cents participants d'un meeting sont contraints de faire usage de leurs armes. Trois manifestants sont tués.

La majorité du pays doit-elle s'incliner devant la minorité parce que celle-ci recourt à la violence ? Peut-on négliger les effets d'un rapport des forces inégalement réparti ? Serait-il possible de restaurer un climat de concorde après un rétablissement de l'ordre, qui risque de faire de nouvelles victimes ?

Le Roi et le gouvernement Duvieusart se posent les trois questions, mais n'y répondent pas de la même manière. Le 31 juillet 1950, Léopold III déclare qu'il refuse « d'être le témoin d'une guerre civile » ; il souhaite la formation d'un gouvernement triparti et — preuve nouvelle de sa lucidité — la réunion d'une conférence « qui aurait spécialement pour mission de résoudre les problèmes résultant de la dualité du pays et des préoccupations des Wallons ».

Le gouvernement, de son côté, n'est pas unanime ; toutefois, le Premier ministre et la plupart de ses collègues proposent une délégation des pouvoirs au prince héritier et la cession définitive de ces pouvoirs après le rétablissement de la concorde nationale. Les délégués des trois partis nationaux acceptent cette formule et fixent un délai : la majorité civile du prince Baudouin.

Léopold III craint l'impression d'*automaticité* qu'introduit la notion de délai ; il ne veut pas « déserter » et décevoir la majorité qui s'est prononcée en faveur de la reprise de ses pouvoirs constitutionnels. Mais après avoir consulté différentes personnalités — y compris la reine Élisabeth — et pris conscience du danger que représenterait une démission du gouvernement — Jean Duvieusart a effectivement menacé de la donner, mais, il faut le préciser, sans refuser d'expédier les affaires courantes —, le Roi se rallie à la formule proposée par les trois partis.

Le choc est rude dans le pays, et plus particulièrement en Flandre, où l'opinion publique admet difficilement ce qu'elle considère comme une humiliation. Mais, sous le gouvernement homogène de Joseph Pholien, constitué le 15 août, la réconciliation s'opère autour de l'héritier du trône. Le 11 juin 1951, Léopold III met un terme aux derniers soubresauts de la question royale, en estimant publiquement que l'heure de la transmission des pouvoirs a sonné. Le 16 juillet, au palais royal de Bruxelles, se déroule la poignante cérémonie de l'abdication. « Je vous en conjure, soyez unis. » A ces dernières paroles de Léopold III comme roi des Belges répondent en écho les premières paroles du roi Baudouin : « L'union de toutes les forces du pays et la compréhension mutuelle de nos deux cultures nationales rendront possible le développement constant du patrimoine matériel et moral de la Belgique. »

*
**

La Reine a dû être sensible à la grandeur de cette scène historique. Au demeurant, l'année 1951 s'inscrivait comme un jalon sur le parcours de sa vie : elle résiderait désormais au château du Stuyvenberg, non loin de celui de Laeken. Ce bâtiment sans prétention et datant du XIXe siècle ne tarda pas à recevoir l'empreinte du nouvel occupant. Dans le salon de musique, un portrait de Beethoven provenant de Possenhofen voisinait avec une aquarelle de Dufy. Deux intérieurs d'église, l'un d'Alfred de Delaunois, l'autre de Crespin, complétaient le décor. Près de la fenêtre, à gauche, bien éclairé par la lumière du jour, son piano ; à droite, le buste qu'elle avait fait de son petit-fils, le prince Albert. Sur un meuble bas, une série de statuettes polychromes, représentant de délicieux anges musiciens. Un cadeau de Philippe Newman. Et puis il y avait, précisent Anne et Paul Van Ypersele de Strihou, un compagnon apprécié :

> « Un perroquet gris à la queue rouge, rapporté d'un dernier voyage au Congo et répondant au nom de " Cocotje ". Perché sur une baguette, il accompagnait Élisabeth dans les salons non sans qu'il ait par deux fois choisi la liberté. Il avait fallu alors le rattraper dans le fond du jardin, près de l'atelier de peinture de la Reine, le " Toontje ", ou une autre fois à hauteur du pont enjambant la route proche[16]. »

Dans la grande salle à manger — en fait, la salle qu'elle réservait aux réceptions —, la Reine rassembla ce qu'elle aimait parcourir de son regard bleu : des souvenirs de guerre, des photos récentes, les tableaux qu'elle avait peints, et quatre œuvres répondant à ses goûts personnels : *les Deuillants* du cher Eugène Laermans, une *Tête de Paysan* de Gustave van de Woestyne, une *Nuit de Noël en Flandre* d'Albert Servaes et la *Grève* de Pierre Paulus.

Dès la libération du territoire et jusqu'aux dernières semaines avant sa mort, la Reine fut présente à toutes les grandes manifestations patriotiques, culturelles ou scientifiques organisées en Belgique. Elle entendait jouer ainsi pleinement le rôle de premier plan qu'elle s'était assigné en certains domaines. Elle n'était décidément pas faite pour la vie recluse d'une Grande Dame retraitée, mais se sentait, plus que jamais, une vocation de *dramatis persona* de son temps. De plus, son insatiable curiosité d'esprit et son amour des arts, toujours en éveil, l'incitaient à ne manquer ni retrouvailles ni découvertes. C'est, du reste, ce qui explique aussi ses incessants voyages en France, en Suisse, au Portugal, en Grande-Bretagne, en Allemagne ou dans les Pays-Bas. Sans compter les autres qui prendraient un caractère de défi !

Au cours de ses fréquents séjours à Paris, elle se faisait coiffer par Marcel, déjeunait avec le président Coty ou les Claudel, rencontrait Mendès France ou Marguerite Long...

A Bruxelles, elle assista aux représentations de la Comédie-Française et de la troupe de Ludmilla Pitoëff. Elle applaudit *L'École des Femmes* au théâtre des Galeries et s'entretint, à cette occasion, avec Louis Jouvet et Dominique Blanchar. Elle fut parmi les spectateurs du *Bacchus* et de *La Machine à écrire* de Cocteau, ainsi que de *L'Otage* de Claudel. A Paris, on remarqua sa présence à la première du *Soulier de Satin* et à celle de *L'Annonce faite à Marie* remise au point par Claudel lui-même.

Elle ne négligeait pas les créations d'œuvres

d'auteurs belges, notamment celle du *Don Juan* de Charles Bertin, en 1948, et, répondant à l'invitation de Pierre Nothomb, elle se rendit à Habbaye-la-Neuve, pour y admirer Madelaine Ozeray dans *La Dame du Pont d'Oye*.

Elle se partageait entre les deux Académies, rehaussant de sa présence le dixième anniversaire de l'Académie royale flamande et assistant aux réceptions de membres étrangers à l'Académie royale de Langue et de Littérature françaises. Événements qui, parmi d'autres, lui permettaient de bavarder avec les écrivains belges, qu'ils soient flamands ou de langue française, notamment Herman Teirlinck, Stijn Streuvels, Cyriel Buysse, Marie Gevers, Maurits Roelandts, Carlo Bronne, Marcel Thiry, Suzanne Lilar, Georges Sion, etc. Elle fréquenta les Journées du Livre de Bruxelles et celles d'Anvers ainsi que la Journée de la poésie belge à Paris. Elle inaugura la nouvelle Maison de la Presse, ce qui donna au président de l'Association générale l'occasion de rappeler ses nombreuses interventions pour sauver des journalistes condamnés à mort par l'occupant.

Tous les grands conférenciers français passaient par le château du Stuyvenberg : François Perrier, André Maurois, Georges Duhamel, Jacques Madaule, le cardinal Gerlier et, bien sûr, Paul Claudel. S'y ajoutaient parfois des personnages inattendus comme le clown Popov du Cirque de Moscou ou Maurice Chevalier, rencontré chez ses amis les Boin. De surcroît, elle apprenait le russe, songeant déjà, sans doute, à se rendre un jour en U.R.S.S.

Elle hanta les expositions et les salons d'art, en particulier la grande rétrospective Léon Frédéric en mars 1949 et celle de son portraitiste favori Laudy, en mai 1949. Le ministre d'État socialiste Camille Huysmans lui avait fait aimer la peinture d'Isidore

Opsomer, qu'elle comparait volontiers à celle d'Ochs. Elle était sensible au charme des paysages de Saverys et, sur le tard, découvrit l'expressionnisme de Permeke et l'École de Laethem Saint-Martin. La sculpture, qu'elle aimait, et pratiquait d'ailleurs, était classique. Franz Courtens demeura l'un des familiers du château de Stuyvenberg jusqu'à sa mort.

***

Mais c'est la musique qui la passionnait avant toute chose. Comme en ses années de jeunesse, elle consacrait presque tous les jours une part de son temps à jouer elle-même sur l'un ou l'autre de ses précieux violons, à la manière de certains princes du XVIIIe siècle. Toujours soucieuse de perfection, elle consultait Jacques Thibaud sur tel ou tel trait d'archet d'une sonate de Beethoven. Elle suivit régulièrement les cours que donnaient à Paris Georges Enesco et Yvonne Astruc et, plus tard, fréquenta ceux de l'Académie Chigiana à Sienne. Le 21 juin 1950, en la remerciant de l'avoir reçue, Annette Kolb lui écrivit : « Et j'ai trouvé un plaisir tout spécial à accompagner les sonates. Une prise de contact n'était pas nécessaire, le contact a été immédiat. Votre Majesté étant si musicienne[17]. »

Dès qu'elle apprenait le passage à Bruxelles d'un grand musicien ou d'un ensemble de réputation mondiale, la Reine le mandait à Laeken, ou, à partir de 1951, au Stuyvenberg. Pendant plusieurs jours, le célèbre Quatuor Hongrois fut son hôte. Elle reçut aussi le Quatuor Haydn, Igor Markevitch, Ansermet, Dinu Lipatti, Kleiber, Pierrino Gamba, Segovia, Benzi, Cassado, Igor Stravinsky, Clara Haskil, Jean-Pierre Rampal, Isaac Stern, Fischer-Dieskau, Braïlowski, Boulez, Yehudi et Diana Menuhin, Pierre

Fournier, Ginette Neveu, Guilels, Théo Fleischer, etc. Et, bien sûr, David Oïstrakh.

Les Belges n'étaient pas oubliés. loin de là. Des ensembles comme la Chorale protestante de Fritz Hoyois, les compositeurs Léon Jongen, Gérard Bertouille, Absil, Marcel Poot, Jean Louel, René Defossez, Paul Tinel, les solistes Suzanne Danco, Arthur Grumiaux, Carlo Van Neste, Marcel Debot, Simone Guttman, Lola Bobesco, Jacques Gentil, del Puyo, André Gertler et, plus tard, Alfidi, Édith et Muriel Volkaert comptèrent parmi ses amis et ses protégés. Toujours la Reine veillait particulièrement sur la carrière des plus jeunes. C'est ainsi qu'elle donna à Marcel Debot l'occasion de se perfectionner en suivant, comme elle-même, les cours d'Enesco à Paris. « Une fois encore, écrit le jeune violoniste, le 23 octobre 1950, la Reine me comble en m'offrant le privilège de me perfectionner au contact du cher grand maître et c'est de tout cœur que je la remercie du nouvel et grand honneur quelle daigne me faire [18]. »

A l'initiative de Sarah Huysmans, fille du ministre socialiste Camille Huysmans, des Concerts du Midi furent organisés, un jour par semaine, aux musées royaux des Beaux-Arts de Bruxelles. Ils étaient — et sont encore — spécialement destinés à tous ceux qui, se trouvant en ville entre les heures de bureau, ne savaient pas toujours comment utiliser leur temps libre. La Reine tint à témoigner son admiration pour cette opportune institution, en assistant à plusieurs concerts, notamment les 3 et 10 juin 1948.

En 1951, le Concours Musical International Reine Élisabeth relaya le Concours Ysaye, interrompu par la seconde guerre mondiale. Dès le 4 mai au matin, la Reine assista aux épreuves éliminatoires, en la salle du Conservatoire royal de Musique de

Bruxelles. Et, le 21, commencèrent les épreuves finales. En la grande salle du Palais des Beaux-Arts, la fièvre agita à nouveau les jeunes virtuoses du violon et des milliers de mélomanes passionnés, sur place ou à l'écoute de leur récepteur de radio. La Reine occupait la loge royale. Comme en 1937 et en 1938.

Le soir de la distribution des prix — le lauréat était Leonid Kogan —, quelques artistes se réunirent amicalement : Jacques Thibaud, David Oïstrakh, Isaac Stern et Arthur Grumiaux. Les plus prestigieux solistes du moment.

> « La Reine, écrit Marcel Cuvelier, avait eu une journée des plus fatigantes : déjeuner avec le jury, inauguration de la plaque commémorative à la maison d'Eugène Ysaye, réception à la Chapelle Musicale, concert de bienfaisance. Après quoi, elle vint cependant retrouver les artistes. On fit de la musique jusque bien après minuit, quand l'un des musiciens regretta de ne pas avoir la partition du *Concerto pour quatre violons* de Vivaldi. La Reine, dont la bibliothèque musicale est des plus complètes, possédait cette partition et dit avec le sourire, malgré l'heure extrêmement tardive : “ Si vous voulez, je puis la faire prendre tout de suite par mon chauffeur, à Laeken[19]. ” »

Ame du Concours qui porte son nom et a fait de Bruxelles un des centres musicaux les plus importants d'Europe, la Reine s'intéressait à tous les détails de son organisation, donnant son avis sur le programme imposé et sur le choix du jury. Il est facile pour une reine ou une princesse, même imbue de son rang — et Élisabeth l'était incontestablement — de parler aux humbles, de s'informer de leurs soucis ; de les encourager par des paroles bienveillantes. En effet, l'élan de la bonté n'exclut pas le maintien des distances. Il est beaucoup plus difficile d'ébranler les conventions pour hausser des artistes ou des hommes de science à leur véritable niveau, celui de la supériorité par rapport à soi. La Reine y parvenait tout naturellement. Selon les mots de Yehudi Menuhin, les réunions familiales en sa compagnie, les promenades le long de la plage de Perpignan exhalaient « le parfum d'un paradis dont elle avait forgé les clefs. Ces clefs d'un contact avec les hommes, entre les cœurs, elle nous priait d'en faire usage, de les bien garder et distribuer ; mais la plupart des hommes n'ont pas encore compris ni leur valeur ni la manière de s'en servir[20] ».

L'engouement grandissant de la Reine pour l'œuvre de Mozart qu'elle allait écouter à Salzbourg et pour celle de Jean-Sébastien Bach — les deux sanctuaires principaux étaient Naarden aux Pays-Bas et Gunsbach en Alsace — n'avait pas affadi sa passion pour Wagner. Le Théâtre royal de la Monnaie lui permit de renouer avec ce monde — après l'éclipse de la guerre — : en effet, la troupe de Bayreuth joua *Siegfried,* en décembre 1956, dans la mise en scène dépouillée de Wieland Wagner avec qui la Reine eut un long entretien animé. L'année suivante, ce fut *La Walkyrie,* puis *Tristan et Isolde.*

Au même théâtre lyrique, Élisabeth applaudit *Le Viol de Lucrèce* de Benjamin Britten, *Ariane à Naxos* de Richard Strauss, *Louise* de Gustave Charpentier, tandis qu'au palais des Beaux-Arts, l'Opéra de Vienne l'enchanta avec *Cosi fan tutte, L'Enlèvement au Sérail, Don Giovanni* et le *Rosenkavalier.*

Festivals — notamment celui de Flandre nouvellement fondé —, récitals et opéras s'ajoutaient ainsi aux épreuves du Concours Musical, aux activités de la Chapelle musicale qui avait pris un grand essor, à l'encouragement aux Jeunesses Musicales créées par Marcel Cuvelier et à la Discothèque nationale instituée par Jean Salkin.

Tout cela sans négliger ni les œuvres médico-sociales qu'elle patronnait ni les congrès scientifiques. Le 11 septembre 1948, elle s'en alla à Anvers voir le savant Auguste Piccard « dans sa boule », notait-elle, c'est-à-dire son bathyscaphe. Elle fut présente, comme avant la guerre, aux Journées médicales de Bruxelles, reçut en audience Jean Willems, le patron du Fonds national de la Recherche scientifique, déjeuna avec le chanoine Lemaître, un des rares savants capables de comprendre Einstein, et avec Oppenheimer. Les recherches et initiatives du professeur Errera étaient l'objet de son attention constante. En septembre 1958, le docteur Arruga, ophtalmologue de réputation mondiale, fut son hôte au Stuyvenberg. Gageons qu'ils parlèrent du duc Charles-Théodore.

⁂

La Reine avait toujours été captivée par le monde des oiseaux, sa beauté, sa diversité, ses mœurs, ses chants. L'Oiseau n'avait-il pas confié à Siegfried :

Lustig im Leid
sing' ich von Liebe ;
wonnig aus Weh
web' ich mein Lied :
*nur Sehnende kennen den Sinn** !.

* Joyeux dans la peine, je chante d'amour ; de la douleur procède mon chant : seuls ceux qui désirent en connaissent le sens ! (*Siegfried,* acte II).

Le parc de Laeken étant le séjour privilégié de multiples espèces, l'idée vint à Élisabeth de les dénombrer, de les observer scientifiquement, de les photographier et même d'enregistrer sur disques leurs chants et leurs ramages variés. C'était dans les années 1920, longtemps avant la mort d'Albert Ier. Elle en parla d'abord au zoologiste britannique Julian Huxley qui se contenta de l'encourager à poursuivre la réalisation de son projet. Puis elle eut la chance de rencontrer, à un dîner chez l'ambassadeur de France et Madame Maurice Herbette, le remarquable vulgarisateur français qu'était Jacques Delamain. Elle lui raconta comment, à sa grande surprise, elle avait découvert dans un buisson du parc de Laeken une fauvette qui avait décoré d'un œillet blanc son nid d'herbes sèches. Comme pour enjoliver sa demeure. L'auteur de *Pourquoi les oiseaux chantent* — un *best-seller* de l'époque — n'opposa aucune résistance au pouvoir de persuasion de la Reine et accepta de faire l'inventaire des oiseaux de Laeken.

Accueilli par le roucoulement des ramiers, le vol d'un mâle de tourterelle sauvage et les cris de deux choucas à nuque grise poursuivant une corneille pillarde, Delamain arriva à Laeken au début de juin 1929, au moment de la nidification. Le Roi et la Reine le firent passer par les serres. A l'entrée de l'une d'elles, caché dans un if, un serin d'Europe fit entendre son chant, « aigu comme le grincement du couteau entaillant un bouchon[21] ». Puis les promeneurs attentifs parcoururent le parc où la floraison des rhododendrons était à son déclin flamboyant et où les branches des weigelas laissaient retomber leurs lourdes fleurs roses. Sur la pelouse bien tondue du terrain de golf, grives draines, grives musiciennes, merles et bergeronnettes exploraient le gazon à la recherche de nourriture pour leurs petits. Au bord d'une allée apparut un gros nid de mousse posé dans un vieux laurier-cerise.

> « La Reine, étendant la main, sentit le chaud duvet des petits, mais comme elle craignait de déranger la couvée, raconte Delamain, nous ne pûmes voir si l'intérieur de la coupe était tapissé de ce crépi bien uni, composé de fibres de bois agglomérées par de la salive, qui caractérise le nid de la grive et sur lequel elle dépose ses beaux œufs bleu de ciel. »

Un peu plus loin, un petit pouillot véloce fit entendre son chant de compteur d'écus : *zip-zip-zap-zip.* Puis le jardinier — « un de ces Belges bruns et vifs chez lesquels on retrouve le sang espagnol » — montra à la Reine la cachette d'un rouge-gorge dans les feuilles du lierre qui tapissait le mur de clôture. Parmi les lilas et les aubépines, une fauvette à tête noire et livrée cendrée, lança sa note d'alarme : *tac-tac-tac.* Il se faisait tard. Sur le chemin de retour au palais, le roi Albert, se tournant vers Jacques Delamain, lui dit en souriant : « Vous marchez comme un fantassin français. »

Le lendemain après-midi, alors qu'il essayait de voir une fauvette inconnue de lui, l'ictérine à poitrine jaune pâle et dos vert olive, le naturaliste français vit s'approcher une petite automobile noire. Elle s'arrêta au bord d'une pièce d'eau. Le Roi qui la conduisait, et la Reine, en descendirent. Et la quête reprit, permettant de surprendre l'hirondelle de cheminée et l'hirondelle de fenêtre, la bergeronnette riveraine et le martin-pêcheur, la cane sauvage, la poule d'eau et le grèbe castagneux. Une rousserolle effarvatte se mit à jacasser sans crainte.

> « En la voyant si confiante, la Reine parla de ce don que possèdent certains humains d'attirer ou de tranquilliser d'emblée les animaux. La sympathie ou l'amour pour les bêtes, l'attitude physique qui exclut les gestes saccadés, ne suffisent pas à expliquer ce don. Sa Majesté raconta la visite récente à Laeken d'un Maharajah qu'accompagnait le vol des hirondelles et d'autres oiseaux sauvages, lorsqu'il sortait de son palais hindou. »

Une abondante ondée venait de rafraîchir la terre. Une fauvette grisette, affolée, surgit d'un buisson d'aubépine. Sans le vouloir, les « explorateurs » de Laeken avaient troublé la première sortie de la couvée. Un oiselet n'avait pu se joindre au vol encore maladroit de ses frères et sœurs. La Reine le surprit dans sa pose figée ; elle admira un instant l'harmonie des bruns du plumage mouillé : isabelle de la poitrine, brun roux de la tête, bistre du manteau, noisette des petits yeux ronds, gris-brun du bec... Elle s'avança ensuite,

> « sans que la petite bête cherchât à s'enfuir, puis, à genoux au pied du buisson, elle la prit doucement. Laisser la fauvette, déjà tachée par des gouttes d'eau, passer la nuit dans l'herbe mouillée, c'était l'exposer à une mort probable. La Reine la tenait dans le creux de ses mains et l'emporta. En arrivant au palais, elle la déposa dans une boîte à chapeau garnie de foin, qu'elle fit monter dans ses appartements. Le lendemain, de bonne heure, quand les parents reprendraient le nourrissage des jeunes et chercheraient pour

eux les insectes réveillés par la chaleur du soleil, Sa Majesté viendrait déposer la fauvette au pied du buisson d'aubépine. »

Neuf ans plus tard, par une délicate attention à l'égard de sa mère, le roi Léopold III fit venir de Londres un curieux personnage, nommé Ludwig Koch. Originaire de Francfort, cet ancien chanteur s'était frotté au métier d'imprésario, avait élu domicile en Angleterre et n'avait plus que deux passions conjuguées : les techniques du son et l'enregistrement du chant des oiseaux. Il avait quelque soixante-dix ans quand il arriva à Laeken, accompagné d'une équipe de spécialistes et encombré de 96 caisses de matériel. La Reine jubilait ; elle allait enfin pouvoir réaliser son rêve. Elle se fit expliquer par H. R. Davidson, l'ingénieur en chef de la Compagnie Parlophone de Londres, l'utilité de tous les appareils réunis dans un studio mobile d'enregistrement : la machine à découper les disques de cire, l'aspirateur de poussière destiné à enlever les éclats provoqués par la rotation du plateau, l'armoire thermique maintenant la cire à haute température, les amplificateurs, les microphones d'une sensibilité extrême, etc.

Les difficultés ne manquaient pas ; elles provenaient, pour la plupart, des bruits environnant le parc de Laeken. Le trafic routier provoquait un bourdonnement sourd sur lequel se détachait, tantôt le hurlement des sirènes des bateaux sur le proche canal, tantôt la rumeur des manœuvres dans la gare de chemin de fer à Schaerbeek. Et, surtout, il y avait le continuel caquetage des 79 pondeuses du poulailler, fierté du jardinier Parat ! Ludwig Koch ne parla guère de ces choses à la Reine, « pour ne pas lui enlever l'espoir[22] ». En effet, il s'était très vite rendu compte que le projet de la souveraine se distinguait nettement d'une simple lubie parmi d'autres.

> « Au cours de la promenade faite dans le parc, superbe à cette saison, écrira-t-il plus tard, je compris que je ne rencontrais pas une grande dame qui, par caprice, s'intéressait au chant des oiseaux et à la nature, mais une vraie naturaliste ayant acquis un savoir extraordinaire par l'étude, la pratique, et dont je pouvais apprendre beaucoup...
>
> « En fait, je dois à la collaboration de la Reine des heures précieuses qui ont stimulé mes recherches. Que ce soit à 2 heures ou à 5 heures du matin, par tous les temps, elle a toujours donné des conseils et même mis la main à l'ouvrage. Une part considérable des résultats atteints, en dépit de toutes les difficultés, lui revient. »

C'est le rossignol qui se montra le plus docile à l'enregistrement. A 2 heures du matin, la Reine s'approcha de lui à un mètre de distance. Surpris par la lumière de la lampe électrique, il s'arrêta de chanter. Mais dès qu'Élisabeth l'imita en sifflant, il offrit un récital de roulades et de variations. Quatorze enregistrements de quatre rossignols différents purent être pris, de nuit comme de jour, à Laeken et à Bouchout, et la Reine constata avec intérêt qu'à l'inverse du chant durant la journée, qui est hâtif et nerveux, celui de la nuit révèle une sérénité royale. « L'oiseau alors règne seul, sans rivaux, ce qui se reflète dans son chant souverain. » La Reine l'écoutait alors comme l'a imaginé Cocteau :

> *« Forêt mallarméenne à branche d'éventail*
> *Et sœur des rossignols, n'osant que ce qu'ils osent,*

La Reine invente d'être un doux épouvantail
Sur lequel les oiseaux se posent[23]. »

Le serin et même le pinson se firent davantage prier, évitant les microphones dès qu'ils se trouvaient placés et narguant littéralement les techniciens roulant et déroulant leurs fils.

Finalement le langage de trente-cinq oiseaux put être capté et enregistré sur quelque 250 disques. Après traitement par la firme britannique Hayes, la Reine et Koch travaillèrent pendant plusieurs semaines, à raison de huit heures par jour, notant et discutant la valeur de chaque passage utilisable. « Des chants et des cris, que des savants notoires ne pouvaient m'expliquer, écrit le naturaliste, étaient reconnus et expliqués par la Reine. »

Hélas ! le ciel appartint bientôt aux oiseaux de la mort de la seconde guerre mondiale. L'édition des disques, de l'inventaire et des commentaires s'en trouva longtemps retardée. Enfin, le livre de Sa Majesté la Reine Élisabeth, *Les Oiseaux chanteurs de Laeken,* parut en 1952, préfacé par la souveraine :

> « Entre toutes les choses belles et aimables de cette terre, c'est le chant des oiseaux qui est peut-être le plus émouvant.
>
> « Ce sont les oiseaux qui, avec les fleurs, ouvrent à la nature pour la première fois le cœur encore timide de l'enfant.
>
> « Ce sont eux qui donnent les premières ailes à son imagination et à sa pensée encore divinement désintéressée. Pour ces cœurs et ces imaginations, nous avons capté les chants des oiseaux du parc de Laeken.
>
> « Je dédie cette œuvre à tous les enfants et je les invite à écouter *nos frères les oiseaux.* »

CHAPITRE X

Le pacifisme et les voyages-défis

D'avoir intensément vécu deux tueries mondiales et d'avoir assisté aux marchandages et aux retournements qui les suivirent avait conduit la reine Élisabeth à donner un caractère quasi militant aux convictions pacifistes qui furent toujours les siennes. Il lui paraissait plus que jamais absurde de vouloir résoudre les problèmes fondamentaux et désormais planétaires de l'humanité — comme le prétendaient les hommes d'État, toutes idéologies confondues — et de poursuivre en même temps une démentielle course aux armements. Le dialogue, condition nécessaire à la compréhension internationale, devait être maintenu. En tout cas, sur le plan culturel à moins que, selon le mot de Kant, « les hommes veuillent se détruire les uns les autres et trouver la paix éternelle dans le vaste tombeau qui les recouvrerait avec toutes les horreurs de la violence ». Et Kant ignorait la puissance de destruction des armes nucléaires.

La Reine discutait souvent de la défense de la paix avec ses correspondants dans le monde* et ses amis en Belgique. Parmi eux, Camille Huysmans. Esprit original et déconcertant, commentateur du *Thyl Eulenspiegel* de Charles De Coster et ressemblant

* Voir chapitre XI, *Les grandes amitiés.*

comme un frère à ce héros légendaire, en rupture avec toutes les conventions et pacifiste, de surcroît, même durant la guerre de 1914-1918, le vieux ministre d'État socialiste avait toutes les qualités et tous les défauts permettant de s'entendre avec la Reine. A celle-ci, il écrivit un jour :

> « Vous êtes de celles et de ceux qui défient le temps et ce que nous admirons avant tout, c'est votre absence absolue de préjugés pour la défense de la paix dans le monde contemporain. Les peuples s'ils veulent survivre sont condamnés à exiger de leurs représentants qu'ils prennent place à la table ronde pour mettre fin à la menace inutile qui est suspendue sur nos têtes, quelles que soient les formules politiques de nos États. Il en était ainsi quand la République française a conclu son traité de paix avec le gouvernement dictatorial du tsarisme et cet exemple d'entente nécessaire n'a jamais été critiqué par ceux qui, aujourd'hui, n'admettent pas la coexistence des nations, basée sur le désarmement, et la nécessité s'impose encore plus qu'il y a cinquante ans. (...) L'espèce humaine est douée de génie, car elle est en voie d'escalader le ciel. Mais elle n'a pas encore réussi de se débarrasser de la folie — ou peut-être plus exactement du *Wahn-der ewige Wahn* que rappelait Hans Sachs dans les *Meistersinger*[1]. »

Connaissant la culture wagnérienne de la Reine, Huysmans faisait sans doute allusion à la scène du troisième acte, quand Hans Sachs médite à haute voix :

> *Folie ! Folie !*
> *Folie partout !*
> *Je consulte avec zèle*

les chroniques de la ville et du monde
cherchant à découvrir la raison
pour laquelle les gens se disputent
et se déchirent jusqu'au sang
dans une vaine et folle rage !

L'occasion de franchir le rideau de fer se présenta à la Reine, au début de l'année 1955, lorsque les autorités polonaises l'invitèrent à assister au Concours Frédéric-Chopin. Antérieure au Concours Reine-Élisabeth mais réservée aux seuls pianistes et à l'interprétation d'un seul compositeur, cette compétition jouit d'un grand prestige dans le monde musical. Élisabeth avait donc toutes les raisons d'accepter l'invitation. Mais un membre de la famille royale pouvait-il se rendre en Pologne au moment où l'U.R.S.S. et ses satellites s'apprêtaient à signer le pacte militaire de Varsovie, réplique à l'OTAN et aux accords de Paris ? Le gouvernement belge dirigé par Achille Van Acker ne savait pas ce qu'il redoutait le plus : un mauvais accueil des communistes ou, au contraire, une impression trop favorable de ce voyage. Dès le 7 février 1955, Paul-Henri Spaak, ministre des Affaires étrangères, tenta de dissuader la Reine de répondre favorablement à l'invitation polonaise. Il lui écrivit une lettre où l'habileté le disputait à la conviction, basée sur l'argument qu'il n'était pas souhaitable que la Reine fît ce que toute autre personne pourrait faire avec l'approbation sans réserve du gouvernement :

> « Madame,
> « Je voudrais me permettre d'attirer respectueusement l'attention de Votre Majesté sur l'invitation qui lui a été adressée de se rendre à Varsovie au Festival Chopin.

« Partisan moi-même de la reprise des relations culturelles avec les pays de l'Est, j'apprécierais ce voyage sans réserve, s'il ne s'agissait pas de la Reine. Mais il est évident que mon opinion en cette matière ne sera unanimement partagée ni en Belgique ni à l'étranger et que ce voyage, s'il se fait, fera l'objet de nombreux commentaires, peut-être même de polémiques.

« Or la Reine jouit en Belgique d'une situation tout à fait exceptionnelle — son activité inlassable, sa participation à la vie culturelle et artistique, la dignité et l'impartialité avec lesquelles elle remplit sa mission, le rayonnement de sa personnalité, font monter vers Elle un concert unanime de louanges. Ceci est fort rare, fort important et doit être sauvegardé.

« Est-il sage de risquer de briser cette unanimité et de soumettre une activité de la Reine à des commentaires dont tous ne seront pas compréhensifs et intelligents ? Je ne le crois pas.

« Il me semble donc que, quelque soit l'intérêt très réel qui s'attache à la présence de la Reine à Varsovie, il vaudrait mieux renoncer à ce voyage.

« Je sais qu'en faisant cette suggestion, c'est un sacrifice au bien commun que je demande à la Reine mais c'est précisément parce que c'est un sacrifice et que je connais la Reine, que j'ai l'audace de le lui recommander.

« Je suis, Madame, de Votre Majesté, le très respectueux et très fidèle serviteur.

« P.H. Spaak[2]. »

La Reine répondit, dès le lendemain, en ne laissant guère d'illusion au ministre mais en l'invitant à dîner au Stuyvenberg :

« Je vous remercie beaucoup de m'avoir exposé votre point de vue à propos de l'invitation du président du Concours Chopin à Varsovie.

« Tout en étant d'une autre opinion que vous, je comprends très bien la vôtre. Mais ne pensez-vous pas que quand on ne risque jamais rien, la vie perd de son intérêt ?

« Loin de moi de ne pas compter avec le conseil de notre ministre des Affaires étrangères, je voudrais cependant avoir une conversation avec vous sur cette question[3]. »

Spaak se rendit au Stuyvenberg. Pour s'entendre dire que ce n'était pas un régime que la Reine allait apprécier mais les qualités des virtuoses engagés dans un Concours musical analogue à celui qu'elle présidait à Bruxelles.

Le 12 mars 1955, lorsque s'ouvrirent les portes de la loge centrale de la grande salle de l'Opéra de Varsovie, illuminée de tous ses lustres de verre, une immense ovation monta vers la Reine. Avec une profonde révérence, une jeune fille lui offrit la traditionnelle gerbe de fleurs printanières. La salle continuait d'applaudir à tout rompre une présence qui, pour beaucoup, signifiait un lien avec l'Occident, une espérance par-dessus le rideau de fer. Cela le gouvernement Van Acker ne l'avait pas prévu... D'un geste large, prolongé, Élisabeth répondit aux acclamations puis elle s'assit, échangea quelques mots avec le président du Concours Chopin, consulta le programme — et le concert commença.

Durant son séjour en Pologne, la Reine assista à la messe en l'église Sainte-Croix de Varsovie, où repose le cœur de Chopin, elle visita, à Zelazowa-Wola, la maison natale du compositeur et se rendit à Cracovie pour y admirer notamment les tapisseries flamandes exposées au château du Wawel. Elle demanda aux autorités polonaises — à moins que celles-ci ne le lui aient suggéré — de pouvoir se rendre au camp de concentration d'Auschwitz. Elle le parcourut, le visage crispé, se souvenant visiblement de tous les amis juifs dont elle s'était occupée pendant de nombreuses années.

Quand elle rentra en Belgique, quelqu'un lui demanda : « Votre Majesté n'a-t-elle pas eu de la peine à entrer en Pologne ?

— Non, répliqua-t-elle, mais pour sortir de Belgique ! »

***

L'objectif poursuivi par la Reine en se rendant à Varsovie était-il purement musical ? Certainement pas. Ce voyage s'inscrivait, de toute évidence, dans sa politique de pacificisme que confirme notamment une correspondance avec Frédéric Joliot-Curie, amorcée aussitôt après le retour d'Élisabeth en Belgique. En effet, le 30 mai 1955, le savant français annonça à la Reine la convocation d'une assemblée mondiale de la Paix, qui se tiendrait à Helsinki du 22 au 28 juin.

> « Votre dévouement à la cause de la paix, écrivit-il, et la grande activité que vous déployez pour le développement des relations culturelles entre les peuples sont connues et hautement appréciées par tous les hommes généreux. C'est pourquoi j'ai l'honneur de m'adresser à vous. »

Frédéric Joliot-Curie demandait à sa royale correspondante de soutenir, d'une manière ou l'autre l'assemblée mondiale de la Paix[4].

La réaction de la Reine fut immédiate. Son message, clair et sans ambiguïté, constituait un soutien inconditionnel :

> « Il ne suffit plus aujourd'hui d'affirmer en paroles l'attachement à la Paix. Il faut la défendre activement en multipliant toutes les initiatives comme la vôtre.
>
> « C'est pour cela que je fais des vœux pour que l'Assemblée mondiale de la Paix, qui se tiendra à Helsinki, réalise ce but et apporte ainsi sa contribution à la cause de l'entente entre les peuples et de la Paix — conditions de la culture et du progrès.
>
> Élisabeth.
> juin 1955[5]. »

L'année suivante, à l'occasion de l'anniversaire de la reine Élisabeth, le président du Conseil mondial de la Paix évoqua l'effet produit par ce message sur les deux mille délégués de l'assemblée mondiale d'Helsinki. Il en profita pour s'expliquer sur les fondements de son propre pacifisme :

> « Madame,
>
> « Vous avez consacré une part de votre vie à des activités inspirées par le souci des hommes et de la paix. Je me souviens avec quelle émotion les deux mille délégués, venus de tous les continents accueillaient votre message à l'assemblée mondiale de la Paix, à Helsinki.
>
> « Je conserve toujours vif à la mémoire le souvenir de votre courageuse action, étroitement

associée à celle de votre noble époux, durant la Grande Guerre. Tous deux vous symbolisiez à mes yeux d'adolescent le patriotisme et la dignité de la Belgique envahie. Le 22 août 1914 mon frère blessé disparaissait sur le sol belge, lors des fusillades d'Ethe.

« Après la guerre, devenu préparateur de Marie Curie et époux de sa fille Irène, j'entendais souvent évoquer vos noms en termes émus et reconnaissants par ces deux êtres exceptionnels, à l'occasion de souvenirs de guerre. Marie Curie, aidée d'Irène, s'était employée avec énergie à organiser sur le front l'examen par les rayons X des blessés en vue de préciser les emplacements des projectiles répartis dans leur corps. Ce fut sans doute à l'occasion d'examens de ce genre auxquels procédait Irène, notamment sur le front belge, près de Ypres, que ma compagne a reçu les doses massives de rayons X qui devaient provoquer la terrible agression dont elle fut victime il y a quelques mois.

« J'ai entendu parler de la guerre de 1870 par mon père, ancien mobile. Ma mère a vécu trois guerres et perdu des fils. J'ai connu deux guerres et durant cette dernière je participai à la création d'un grand mouvement de résistance français, le Front national. J'y ai appris à connaître et aimer des hommes de toutes tendances et notamment beaucoup de communistes, tous animés du plus pur patriotisme. Joins *(sic)* à tout ce que j'avais entendu, vu et vécu auparavant, j'y ai appris à haïr la guerre plus fortement encore.

« Nous ne voulons plus que nos enfants souffrent de la guerre comme ont souffert nos parents et nous-mêmes.

« Et pourtant ce spectre effroyable (plus effroyable encore si l'on songe aux effets des bombes atomiques) n'empêche pas certains d'envisager une nouvelle guerre et de la préparer sous prétexte de défense, et même de la faire en invoquant certaines missions libératrices et de progrès qui leur incomberaient.

« Mais comme vous l'avez si justement écrit dans le message que vous avez adressé à l'assemblée mondiale de la Paix à Helsinki : " Il ne suffit pas aujourd'hui d'affirmer en paroles l'attachement à la Paix. " Nous sommes maintenant très nombreux dans le monde, déterminés à agir dans ce sens, de toute notre intelligence et de toute notre force.

« En animant de fécondes initiatives culturelles, vous avez permis à des hommes de nations diverses de se connaître et de s'estimer. Votre connaissance éclairée de la musique unit votre nom à celui de grands musiciens. »

Et Joliot-Curie terminait sa lettre en rappelant les liens unissant la famille royale « à des savants éminents comme Marie Curie, Albert Einstein, Paul Langevin », invités à Bruxelles « à l'occasion du célèbre Congrès Solvay[6]. »

La Reine répondit, le 14 août 1956 :

« Cher Monsieur Joliot-Curie,

« J'ai été profondément sensible à votre touchante lettre du 13 juillet et je vous en remercie de tout cœur. Je l'ai relue à plusieurs reprises. Votre appréciation de mon activité m'encourage à faire tout ce que je peux, à travailler avec vous tous contre la guerre, en prenant part aux messages. J'admire votre merveilleuse activité ; vous comme grand savant, vous pouvez certes avoir une influence entraînante dans cette primordiale cause.

« Je me rappelle, avec quelle émotion, avoir rencontré pendant la guerre de 14-18 Madame

Curie et Irène, votre chère et inoubliable femme, travaillant avec inlassable courage et compétence sur notre front à sauver tant de blessés en discernant les projectiles dans leur corps. Jamais je n'oublierai ces deux femmes d'envergure exceptionnelle.

« Hélas ! Irène, cet être sans pareil, a sacrifié sa vie à la Science et à l'Humanité. Je sais quels sont la douleur et le vide dans votre existence et qu'elle sera toujours à côté de vous dans vos pensées et votre travail.

« Vous avez parlé en termes qui me vont au cœur de mon mari le roi Albert et je vous suis si reconnaissante de la mémoire émouvante que vous lui gardez. Vous savez quel rôle ont joué dans la conception de la vie de mon mari la Science et les savants et les questions sociales.

« Je voudrais tant vous revoir dans un proche avenir. Ne pourriez-vous venir passer quelques heures ici, ce serait une grande joie pour moi. Nous parlerons du passé et de l'avenir, de nos grands amis Albert Einstein, Marie Curie, Paul Langevin.

« En attendant le grand plaisir de vous revoir, cher Monsieur Joliot-Curie (à quelle admirable dynastie vous appartenez) je vous envoie mes amicales pensées.

Votre très affectionnée

Élisabeth[7]. »

⁂

Qu'est-ce donc qui pousse Élisabeth, âgée de quatre-vingt-un ans, à se rendre au Congo belge, au début de l'année 1958, un an avant les émeutes de Léopoldville ? A-t-elle des informations sur les mouvements politiques qui s'y organisent et veut-elle les vérifier sur place ? Rien ne permet de le supposer. Au contraire, tout porte à croire qu'elle éprouve simplement mais intensément le désir de revoir le cœur du continent africain, qui l'a toujours fascinée. De surcroît, le développement du F.O.R.E.A.M.I. dont elle est l'âme, n'a jamais cessé de la préoccuper. En juin 1956 encore, après avoir assisté, au palais des Académies, à la séance commémorant le 25e anniversaire de la Fondation d'assistance médicale qui porte son nom, elle a décidé, d'une part, de faire don à celle-ci de deux cars équipés pour le dépistage de la tuberculose et, d'autre part, de créer un prix annuel de 50 000 francs, destiné à récompenser un travail scientifique original dans le domaine de la médecine tropicale[9].

Le prétexte d'aller revoir, même brièvement, la colonie qu'elle a parcourue trente années auparavant avec son mari, est tout indiqué : une statue équestre du roi Albert va être inaugurée à Albertville, sur la rive droite de la rivière Kalémié.

A son arrivée à Stanleyville, le 11 janvier, l'accueil est délirant. A l'africaine : cris de jubilation, danses inlassables, tam-tam lancinant, drapeaux brandis comme des lances. Le soleil tape dur et la chaleur fait suer les officiels en uniforme. Sous son grand chapeau, la Reine paraît fraîche comme une rose, visiblement très heureuse. Le dimanche, elle s'attarde à l'hôpital de la ville équatoriale et entend la messe dans sa chapelle. Puis elle se rend à Albertville pour y présider la cérémonie d'inauguration du monument Albert Ier. Une brève pâleur trahit son émotion au moment où, d'un geste rapide, elle découvre la statue dressée sur un haut piédestal et ornée des drapeaux belge et congolais. Le gouverneur général Pétillon fait alors l'éloge du souverain et rappelle : « Nous savons tous que sans la Reine, sans son activité incessante dans la guerre et dans la paix aux côtés du

Roi et après lui, la Belgique et le Congo n'eussent pas été ce qu'ils sont aujourd'hui. »

D'Albertville, Élisabeth s'embarque à bord d'un petit vapeur pour traverser le lac Tanganyika et gagner Usumbura d'où elle rayonnera dans les territoires du Ruanda-Urundi. Elle se rendra dans une léproserie, des hôpitaux, des écoles. « J'ai la conviction, écrira le vice-gouverneur général Harroy, que Sa Majesté a été très touchée par le profond attachement qui lui a été témoigné tout au long de son séjour et lors de chacune de ses apparitions en public. »

A l'atterrissage de son avion à Bruxelles-National, le matin glacial du 2 février 1958, le roi Baudouin, le roi Léopold, la princesse Lilian, le prince Albert et le comte de Meeûs, grand maréchal de la Cour, s'inquiètent de voir la Reine descendre en robe blanche légère et chapeau de soleil. « Ah, je ne crains rien, déclare-t-elle en souriant, je rapporte du Congo beaucoup de calories... »

Certains esprits insinuèrent que le voyage de la Reine au Congo belge visait à faire oublier celui en Pologne. Ils se leurraient. Dès le mois de mars 1958, Élisabeth récidivait, provoquant la même émotion au sein du gouvernement belge et dans une partie de l'opinion publique. Aux messagers qu'on lui envoyait dans l'espoir de la convaincre de ne pas accepter l'invitation soviétique d'assister au Concours musical Tchaïkovsky, elle répétait que Léon Jongen, ancien directeur du Conservatoire royal de Bruxelles, siégerait dans le jury du Concours et que l'on n'y trouvait rien à redire. Alors ?

Dans la presse belge et étrangère, on parlait de plus en plus souvent de la « Reine rouge ». Cela ne la gênait pas. Au contraire ! Elle riait de bon cœur lorsqu'on lui répétait ce que l'on disait d'elle : « Elle est à gauche parce qu'elle est adroite. »

Elle ne reconnaissait pas avoir commis des impairs. C'en avait été un, cependant, d'accepter un dîner à la légation de Tchécoslovaquie en 1956, l'année des émeutes de Poznan en Pologne et de l'intervention des chars soviétiques à Budapest.

A sa descente d'avion, le 26 mars 1958, elle fut accueillie officiellement à l'aéroport de Moscou par une délégation du gouvernement soviétique et par l'ambassadeur de Belgique. Peu de temps après, elle se laissa photographier avec le maréchal Vorochilov devant un buste de Lénine. La présence de cette sculpture n'était certainement pas due au hasard. « J'ai un culte pour Lénine », écrira Élisabeth à Camille Huysmans, le 2 août 1961.

Au Concours Tchaïkovsky comme au Concours Chopin, elle assista à de très nombreuses épreuves et fut, à chacune de ses entrées dans la salle, ovationnée par la foule. Ce fut le virtuose américain Van Cliburn qui décrocha le premier prix ; elle y vit le symbole de l'amitié des peuples malgré les inquiétudes de la guerre froide. Mais en U.R.S.S. comme en Pologne, elle ne se contenta pas d'écouter de la musique. Elle voulut voir le pays. Elle prit l'avion jusqu'à Tachkent, Tiflis et la mer Noire. Elle fleurit le monument Tchaïkovsky sur la façade du Conservatoire de Léningrad. Il gelait à pierre fendre dans l'ancienne capitale des tsars. Emmitouflée dans ses fourrures, elle entraînait sa nombreuse escorte russe d'un musée à l'autre, de l'Ermitage au Palais d'Hiver, de la cathédrale orthodoxe aux joyaux des Romanov.

Lorsqu'elle était accompagnée du maréchal Vorochilov, elle conversait par le truchement d'un interprète mais lors de ses déplacements dans la neige, elle s'aventurait souvent à parler à des enfants, en utilisant le peu de russe qu'elle avait appris.

La Reine était rayonnante à son retour à Bruxelles. Un Bruxelles bientôt en fête à l'occasion de l'Exposition universelle. De nombreuses formations musicales furent de passage en Belgique. Elle en profita pour les inviter au Stuyvenberg. Ainsi fut-il notamment pour le célèbre London Bach Group.

***

En 1959, onze années après la création de l'État d'Israël et trois ans après la guerre du canal de Suez, Élisabeth décide de se rendre en Terre sainte. Le moment est-il bien choisi ? Le gouvernement belge ne le croit pas. Le point chaud du Moyen-Orient n'est-il pas l'objet de controverses et la guerre ne risque-t-elle pas, à tout instant, de s'y rallumer ? Mais elle réplique qu'elle a le droit de se rendre en pèlerinage, d'assister aux cérémonies de la semaine sainte à Jérusalem, que son voyage a, dès lors, un caractère privé et religieux. Et elle part.

Mais, à son arrivée à Tel-Aviv, le 26 mars, le président Ben Zvi l'attend sur le tarmac de l'aérodrome. Et aux abords de celui-ci, la foule acclame celle dont chacun connaît l'attitude pendant la Seconde Guerre mondiale en faveur des Juifs persécutés par les Allemands. Les États arabes ne s'offusqueront nullement de cet accueil quasi officiel.

A Jérusalem, la Reine se rend d'ailleurs dans la zone jordanienne où elle gagne l'église du Saint-Sépulcre. Les dignitaires religieux la reçoivent à l'entrée et l'accompagnent jusqu'à l'autel. Là, elle s'agenouille et se recueille longuement dans l'esprit du Vendredi saint. Avant de quitter le sanctuaire, elle acquiert un crucifix qu'elle fait bénir et qu'elle offrira à son retour au cardinal Joseph Suenens, primat de Belgique[9].

Puis elle retrouve les deux sites sacrés qui avaient bouleversé le roi Albert en 1933, un an avant sa mort, le mont des Oliviers et le Jardin de Gethsémani. Ceux qui l'entourent se gardent bien d'interrompre la méditation qu'elle prolonge au gré des souvenirs qui affluent en elle.

Le jour de Pâques, elle assiste à Nazareth à la grand-messe de la Résurrection. C'est le point d'orgue de son pèlerinage. Commence alors la visite du pays : Capharnaüm, Saint-Jean d'Acre, Haïfa et le nouveau centre culturel qui lui est proche, un kibboutz, la nécropole de Bet-She-Arim, dans la vallée du Jourdain. Partout où elle s'arrête, des groupes de jeunes lui offrent des fleurs ; sa voiture en est, chaque fois, remplie. Revenue à Jérusalem, elle inaugure, à l'Université hébraïque, l'Institut archéologique qui portera désormais son nom.

***

Les grandes joies familiales ont toujours été les pierres blanches marquant certaines journées de la vie de la Reine. Et ces joies ont été souvent celles du pays tout entier. Ainsi en fut-il du mariage de la princesse Joséphine-Charlotte avec le grand-duc Jean de Luxembourg, célébré en l'église Notre-Dame de Luxembourg, le 9 avril 1953. Un an plus tard, Élisabeth était devenue arrière-grand-mère pour la première fois.

Ainsi en était-il encore — mais, cette fois, l'événement était célébré à Bruxelles, longtemps privée de ces liesses nationales — du mariage du prince Albert avec la princesse Paola Ruffo di Calabria, le 2 juillet 1959.

L'année suivante, la Belgique et son Roi en particulier connurent d'abord la déception profonde d'une indépendance du Congo que l'on croyait octroyée dans la dignité, mais qui s'accompagna de désordres graves. Le souvenir de ces mois pénibles, humiliants parfois, fut heureusement effacé par l'annonce des fiançailles du roi Baudouin avec Doña Fabiola de Mora y Aragon. Le mariage eut lieu, dans l'allégresse retrouvée, le 15 décembre 1960. Dans le chœur de la cathédrale Saint-Michel, droite comme un i malgré ses quatre-vingt-quatre ans, la reine Élisabeth paraissait très heureuse. Elle avait d'ailleurs écrit à Camille Huysmans : « Elle [Fabiola] me plaît beaucoup et j'espère qu'elle plaira au pays [10]. » Espérance qui se réalisera pleinement.

Pour la seconde fois, Élisabeth n'était plus *la* Reine. En souffrait-elle comme elle en avait souffert en 1934 ? Le moment lui sembla en tout cas venu d'entreprendre un nouveau voyage-défi !

Il y avait longtemps que la reine Élisabeth voulait voir la Chine. En choisissant une société qui n'est pas fondée sur le profit, ce pays-continent s'était assigné des buts et des moyens totalement différents des nôtres. La Reine souhaitait donner vie et consistance à ce qu'elle percevait confusément comme un défi au reste du monde. A l'Occident en particulier.

A l'origine du projet se trouve un homme déconcertant, dont nul ne contestait la sincérité et la générosité mais dont beaucoup mettaient en doute le réalisme, le baron Antoine Allard. Fils de banquier, ancien administrateur de plusieurs sociétés travaillant au Congo belge, peintre de talent, il entendait pratiquer l'Évangile à la lettre. « Notre première liberté, proclamait-il, est de refuser de tuer des hommes. » Son pacifisme viscéral l'avait conduit à fonder le mouvement Stop War et à se faire le défenseur du plan Rapacki pour un désarmement contrôlé. Avec sa femme Elena, il vivait en ascète dans un appartement qui semblait perpétuellement ravagé par des déménageurs. Ensemble, ils se vouaient totalement à O.X.F.A.M.-Belgique, visant à l'éducation active au partage : « A un enfant qui a faim on ne prête pas, on donne [11]. »

L'anticonformisme du baron Allard, son caractère de perpétuel rebelle, sa volonté de s'adresser aux cœurs et non aux partis devaient séduire une non-conformiste comme Élisabeth, sans pour autant l'entraîner à des initiatives que d'autres amis influents, comme Menuhin, jugeaient imprudentes. A cinq reprises déjà, Antoine Allard s'était rendu en Chine. Il se faisait fort d'y faire inviter la Reine. En 1961, celle-ci avait quatre-vingt-cinq ans. Pourrait-elle supporter les fatigues d'un voyage forcément éprouvant ? La pratique du yoga — elle accomplissait encore des exercices jugés fort difficiles — avait entretenu sa vigueur physique. Mais, malgré tout, elle se sentait parfois lasse. Comme souvent au début du printemps. Pour retrouver la pleine forme, elle passa quelques semaines en Italie, chez la baronne Grenier. Le 26 mai 1961, elle écrivit à Antoine Allard : « Le séjour à Rome me fait beaucoup de bien, je suis mieux et je serai beaucoup mieux si je peux faire ce voyage long et intéressant dans ce pays de Chine [12]... »

Effectivement, l'invitation de Mme Tsai Chang, présidente de la Fédération nationale des Femmes de la République populaire de Chine, était arrivée par l'entremise du chargé d'affaires à La Haye. La Reine l'avait acceptée.

Jusqu'alors le gouvernement belge, dirigé par Théo Lefèvre, avait cru à une simple lubie, un projet qui demeurerait sans suite. Maintenant, il était sur les dents, s'efforçant de tout mettre en œuvre pour empêcher ce voyage jugé intempestif dans un pays dont il ne reconnaissait pas le gouvernement. Paul-Henri Spaak fut envoyé au Stuyvenberg avec mission de persuader la Reine de renoncer à son projet. Élisabeth connaissait bien le ministre des Affaires étrangères ; elle l'appréciait autant qu'elle redoutait son habileté.

« Qui vous a envoyé auprès de moi, demanda-t-elle. Est-ce le tout jeune Baudouin, mon petit-fils ? »

Paul-Henri Spaak se garda de rétorquer que le Roi avait plus de trente ans. Il détailla les objections du gouvernement :

« Certes, Votre Majesté n'est pas responsable de la politique de la Belgique. Mais Elle ne peut oublier qu'Elle est la mère de Léopold III et la grand-mère du chef de l'État. »

La Reine l'écoutait, un léger sourire aux lèvres.

« Et puis, ajouta Paul-Henri Spaak, mon devoir est de faire savoir à la Reine que les Alliés n'apprécieraient pas cette initiative.

— Monsieur le Ministre, j'ai bien compris vos raisons. Mais j'irai quand même en Chine.

— Je le savais, Madame[13]... »

Le 20 septembre 1961, Mme Deguent, fille du ministre d'État Huysmans, alla chercher à la chancellerie du chargé d'affaires de Chine à La Haye, les passeports de la reine Élisabeth, de sa fille Marie-José et de leur suite. L'embarquement pour Moscou eut lieu le lendemain à Amsterdam. Interviewée par un journaliste avant de monter à bord de l'avion, Élisabeth déclara simplement : « Par mon voyage en Chine j'espère contribuer au rapprochement entre les peuples et à l'unité du monde[14]. »

A l'étape de Moscou, la Reine et ses compagnons de route furent logés dans la maison de Vorochilov, près de l'Université et non loin du quartier chinois. Et d'emblée s'amorça le programme des visites, soirées d'opéra et spectacles de marionnettes. Le 22 au soir, lors du dîner officiel au Kremlin, Élisabeth embrassa le vieux maréchal, ancien président du Présidium du Soviet suprême d'U.R.S.S., âgé de quatre-vingt-huit ans. Le geste était spectaculaire ; il ne fut pas rapporté par la presse occidentale mais bien par l'ambassadeur de Belgique. Le lendemain, la Reine s'attarda au Conservatoire où elle entendit les élèves de David Oïstrakh, puis le maître lui-même qui joua une sonate de Schubert. Elle était visiblement aux anges.

Dimanche 24 septembre, dans la soirée, départ pour Pékin dans un Tupolev de cent places, traversé de courants d'air. Comme la Reine y est très sensible, on l'entoure d'une sorte de « tente du désert[15] ». Mais contrairement à Marie-José qui souffre de maux de dents, sa mère supporte allègrement les fatigues d'un voyage interminable, coupé de deux escales avec sorties dans un froid de canard. Aucune trace de fatigue sur son visage figé dans la blancheur du teint, quand elle débarque à Pékin où l'accueillent une cinquantaine de personnalités dont Kouo Mo-jo, président du Comité du peuple chinois pour la défense de la paix mondiale, président de la Fédération des écrivains et artistes chinois, et, Mme Tsai-Chang, la présidente de la Fédération nationale des Femmes.

Voulant tout voir — hôpitaux et musées, théâtres et barrages, usines et écoles —, voulant tout entendre et rencontrer chacun — acteur, auteur, musicien, peintre —, la Grande Dame va entreprendre un périple de 3 000 kilomètres, affrontant des températures de 15 degrés en dessous de zéro après avoir séjourné dans des régions où poussent les bananiers. Lever le matin avant 9 heures, douche froide, petit déjeuner frugal et en route ! Lorsque le programme de la journée semble terminé, elle demande à sa charmante interprète — elle fera partie de la délégation chinoise auprès de l'Unesco — : « Qu'allons-nous faire, ce soir ? »

Sa suite, éreintée, voudrait souffler un peu. Elle ne leur en laisse pas le loisir. Nuits en train, longs trajets en avion, descente de fleuve, marche sur les chemins détrempés d'une commune populaire. Rien ne leur est épargné.

Le voyage comporte évidemment quelques moments forts, ceux-là mêmes que redoutait le gouvernement belge. Sur les marches du Palais de l'Assemblée nationale, le Premier ministre Chou En-laï accueille la Reine, en lui disant : « Nous vous remercions, Madame, d'être venue à un moment où les choses sont si difficiles pour nous et le seront encore pendant un certain temps. » Puis il a un long entretien avec elle dans un salon du parlement. Le 1er octobre, du haut de la tribune de Tien An-Men, Élisabeth assiste à l'impressionnant défilé. A son issue, elle a une conversation d'une dizaine de minutes avec Mao Tsé-toung, souriant, apparemment très détendu.

La Reine ne dira rien sur les propos échangés avec le Grand Timonnier ni, d'ailleurs, sur ses rencontres avec quelque quarante « grands » du régime. Au moment de quitter la Chine, elle se borne à saluer « un pays où tout est si vieux et où tout est si jeune ».

A l'aérodrome national de Zaventem, le comte André de Meeüs, son grand maître, et le baron de Kerchove Borluut, son secrétaire, attendent la Reine. A peine a-t-elle posé les pieds sur le tarmac qu'elle est prestement poussée dans une voiture qui la conduit au Stuyvenberg. Désappointés, la vingtaine de journalistes et de photographes crient au *kidnapping*. Ils n'ont pas tout à fait tort.

Dans l'ensemble, la presse belge s'était contentée de publier quelques dépêches d'agence relatives au voyage d'Élisabeth en Chine. C'était, pour certains journaux, une manière discrète d'exprimer le manque d'enthousiasme sinon la réprobation. *Het Nieuws van den Dag*, reprenant une expression du journal néerlandais *Leeuwardse Courant* titra un articulet : *Rode Oma*[16] (La grand-mère rouge), tandis que la *Gazet van Antwerpen* rapportait une conférence de presse organisée par le baron Allard au cours de laquelle celui-ci plaida pour l'admission de la Chine de Pékin à l'O.N.U.[17]. Il était en avance sur son temps, ce qui présente toujours de sérieux dangers. Paradoxalement, ce furent les hebdomadaires qualifiés de satiriques qui publièrent les commentaires les plus nuancés. « Qu'une octogénaire ait voulu faire cette rude et passionnante expérience, notait *Pan*, l'homme de la rue semble en être épaté. Il salue le cran de la vieille dame, sans trop s'occuper de ses motifs[18]. » De son côté, *Pourquoi pas ?* observait :

> « Comme le lézard dans les ruines, le voyage en Chine a mis de l'animation dans nos mornes affaires. La noblesse peut s'affliger, le gouvernement implorer et l'Amérique déplorer, tant pis : vive l'insubordination et les vacances aux nids d'hirondelles ! Car, voyez-vous, la reine Élisabeth c'est cela : un puzzle, un palais de glaces déformantes et de galeries de fantômes, mais c'est aussi une femme petite et blanche, insaisissable, qui court tout autour de la terre[19]. »

Rassuré par la discrétion de la Reine après son retour de Chine, le gouvernement belge respira.

« Cela pouvait être pire », disait Théo Lefèvre qui dut reconnaître qu'Élisabeth avait obtenu de Mao Tsé-toung le visa de sortie pour la femme et les quatre enfants d'un Belge détenu depuis 1952.

Quelques journaux critiquèrent la présence de la Reine à la commémoration du vingtième anniversaire du Front de l'Indépendance, le 19 novembre 1961, au palais d'Egmont. A vrai dire, elle n'était pas la seule personnalité non-communiste invitée. Il y avait là le pasteur Schyns, un représentant du collège échevinal de Bruxelles, des délégués des principaux mouvements de résistance, y compris l'Armée blanche, ainsi que les dirigeants des amicales de déportés et internés de la Seconde Guerre mondiale. Mais ce fut l'ancien député communiste Raymond Dispy qui l'accueillit par ces mots :

> « Au faîte de nos institutions, votre inlassable activité, aux aspects les plus divers, marque pour l'édification de nos concitoyens une volonté d'œuvrer pour le bien le plus précieux : la paix du monde, la réalisation de la paix entre les hommes. Permettez-nous de dire à Votre Majesté, aujourd'hui, que la Résistance respecte la Grande Dame de Belgique dont la vie tout entière fut consacrée à soulager les souffrances, à embellir la vie de l'apport de tous ses dons d'artiste, à voir loin et juste pour l'avenir du pays [20]. »

Pendant quelque temps, malgré tout, la Reine parut sérieusement marquée par le contrecoup des fatigues de son voyage en Chine. L'était-elle aussi par les critiques formulées à son égard ? C'est moins certain. Toujours est-il qu'elle devint profondément dépressive. Marie Romain-Rolland, qui était devenue l'une de ses vieilles amies, séjournait au château du Stuyvenberg à la fin de l'année 1961, et y fut le témoin attristé de la crise de dépression par laquelle passait la Reine. Avant de quitter Laeken, elle lui écrivit le 28 décembre :

« Chère, chère Amie, ma Sœur,

« Je veux vous redire que je vous aime — que je souffre de vous voir souffrir. Je sais ce que c'est, — je vous ressemble, et j'ai aussi, à plusieurs reprises, frôlé l'abîme, — de la même façon. — Mais, pour l'amour même de ceux que nous aimons, nous devons tenir bon, contre la douleur. R. citait souvent : « Diamant dur je suis — Qui ne se rompt au marteau — Frape, frape, frape moi — Pour cela ne mourray ! » (Cela figure aussi dans *Jean-Christophe.* C'est du Baïf). Et il faut penser que tout a un sens — et dans la vie, — et dans la mort. Et peut-être que la *mort* est une forme de la vie, — que, de ce côté-ci — nous ne saisissons pas encore. — En tout cas, il y a la paix.

« Je ne puis pas, ce matin, vous dire tout ce que je voudrais, — à quoi j'ai pensé cette nuit. — Il me faudrait un peu de recueillement. — Mais je vous récrirai.

« Et penser que ceux que nous aimons et qui nous aiment (je ne dis pas : ... *qui nous ont aimées*) nous répètent, comme R. : *Je t'en prie, ne pleure pas.* — Pour eux, il faut avoir du courage[21].

« De tout cœur

vôtre

M. »

Au début de 1962, pour sortir de l'épreuve, Élisabeth voyagea. Comme pour rassurer tout le monde, après s'être rendue à Florence où elle fut officiellement reçue au palais Vecchio, elle alla à Rome, au

Vatican où elle s'entretint longuement avec Jean XXIII. Cela ne semble pas avoir suffi à lui redonner pleinement le courage de vivre, à en juger par la lettre que Macha Romain-Rolland lui envoya de Paris, le 5 mars 1962 :

« Chère, chère amie, je pense à vous avec tendresse, et avec un peu d'inquiétude : vous me sembliez, les premiers jours, avoir repris le dessus sur votre grande peine — mais le dernier soir (l'avant-veille de mon départ), je vous ai sentie de nouveau si triste et si découragée que j'en ai été décontenancée, et n'ai pas trouvé sur-le-champ les paroles que j'aurais dû vous dire... Et le lendemain, lors de notre promenade dans le parc, je n'ai pas osé toucher à votre blessure.

« Mais je ne cesse de penser à vous, de *partager* avec vous la peine de vivre et la lutte que *nous devons*, pour l'amour-même de ceux que nous aimons et qui nous ont quittées (mais nous ont-ils quittées ? Qu'en savons-nous ? Et s'il y a doute, nous devons choisir de vivre et d'agir comme s'ils étaient quelque part où nous les rejoindrons un jour : quand quelqu'un disparaît dans une guerre ou explosion minière ou naufrage, ou toute autre catastrophe, et qu'on n'est pas sûr qu'il ait péri, *on doit* continuer à faire le possible pour le retrouver, l'aider. Et peut-être, de plus, est-ce nous qui sommes perdus, dans la catastrophe qu'est la vie, le monde, — et est-ce eux — nos morts — qui sont ceux qui nous cherchent et s'efforcent de nous aider ! — Quoi qu'il en soit, nous devons lutter avec courage — soit pour les sauver, soit pour les aider à nous sauver.)

« Je ne vous parle pas de " Dieu " puisque vous ne paraissez pas être sûre de Lui... — Mais je tâcherai de vous amener cet ami de Munich

(" l'Italien ") dont je vous ai parlé. Il m'a aidée — peut-être vous aidera-t-il aussi.

« Et en attendant je vous embrasse et vous redis : courage !

« Et merci

Votre

M.[22] »

Pour émerger de sa « déprime », la Reine se lança dans un nouveau défi ; elle partit pour Moscou, toujours pour assister aux épreuves du Concours international Tchaïkovsky. C'est ce qu'elle ne cessera de prétendre devant la presse : « Il était pour moi d'un immense intérêt de suivre le déroulement d'un concours similaire au nôtre, et où l'on retrouve d'ailleurs quelques-uns des mêmes concurrents. »

L'observation était pertinente : premier prix en partage avec le Britannique John Ogdon, le pianiste Askhenazy était lauréat du Concours Reine Élisabeth en 1956.

Ce qui compliqua les choses fut, d'abord, que la Reine logea au Kremlin, à l'invitation de Leonid Brejnev, qu'ensuite elle fut son hôte à un déjeuner au cours duquel le président soviétique déclara, selon l'agence Tass : « Le peuple soviétique sait votre énergie dirigée vers le service de la grande cause de la paix et de la compréhension internationale, pour le développement de liens fructueux dans les domaines de la culture et de l'art. Nous considérons votre visite comme l'expression de sentiments amicaux envers l'Union soviétique, envers le peuple soviétique, sa culture, son art. »

Le comble fut atteint par la présence de la Reine, toujours accompagnée de sa fille Marie-José, à la tribune officielle de la place Rouge, lors du défilé du

Premier Mai. Avant de quitter la capitale soviétique, Élisabeth adressa un message à la jeunesse :

> « Je suis une vieille femme qui a vécu le drame de deux guerres terribles, mais j'ai foi dans l'avenir parce qu'on ne peut tuer la volonté, le courage et la générosité de la jeunesse de tous les pays. Je salue les jeunes Russes, sachant qu'ils voudront être dignes des héros de leur histoire. »

C'était, somme toute, assez anodin. Ce qui le paraissait moins et fut considéré comme une incartade, c'étaient les propos tenus à l'issue d'une conversation prolongée avec le Premier Secrétaire du Comité central d'U.R.S.S. : « M. Krouchtchev est un homme merveilleux et il est certainement très bon. »

Loin de démentir ces paroles, la Reine les commenta devant les journalistes de *Pourquoi pas ?*[23] :

> « Mais il est merveilleux. J'ai longuement parlé avec lui, il m'a exposé ses vues et je suis convaincue de sa volonté de paix. M. Krouchtchev désire la paix plus que ne l'imagine une certaine opinion de nos pays. Cela aussi m'a frappée au cours de mes rencontres moscovites : tous ces artistes de nationalités les plus diverses s'entendaient à merveille, et l'on souhaiterait que tous les hommes s'inspirent de cette fraternisation... Ah ! si l'Art pouvait être un instrument de paix... »

Au cours du même entretien, un des rares qu'elle ait accordés, la Reine justifia sa présence à la tribune d'honneur de la place Rouge, le Premier Mai :

« Le Premier Mai, messieurs, n'est-il pas une fête commune à tous les pays ? Aussi bien y étais-je invitée officiellement. Je vous ai dit la gentillesse avec laquelle j'avais été reçue. Je crois qu'il eût été simplement impoli de m'y dérober... Et puis, je vous avoue que j'étais très curieuse d'assister à ce célèbre défilé. »

Et comme on lui faisait remarquer que cette politesse et cette curiosité pouvaient être interprétées sinon comme le signe, du moins comme une trace d'opinion politique, Élisabeth « eut des deux mains un petit geste navré » : « Mais voyons, il n'en est pas question. »

Hormis le *Drapeau Rouge*, la presse quotidienne belge ne se montra pas tendre à l'égard de la grand-mère du Roi. *Le Peuple* estima qu'elle aurait dû assister aux fêtes du Premier Mai en Belgique et non pas en U.R.S.S. *Le Soir* rapporta que le gouvernement aurait décidé de donner un avertissement à la reine Élisabeth à la suite des déclarations jugées « déplacées » qu'elle avait faites à Moscou. *La Libre Belgique* enchaîna : « Ces fermes conseils suffiront, espérons-le, à empêcher le renouvellement des déplorables incartades moscovites de la reine Élisabeth, qui ridiculisent à la fois notre pays et la dynastie. Sinon, on pourrait par exemple enjoindre au personnel de la Reine-Mère de refuser de la suivre désormais dans ses déplacements à l'étranger[24]. » Quant au sénateur Émile Van Cauwelaert, il concluait un article du *Volk* en ces termes : « La Reine doit être le plus efficacement protégée contre ces escrocs communistes qui lui font faire gaffe sur gaffe[25]. »

Élisabeth avait, en tout cas, retrouvé son entrain d'antan. Elle s'en alla participer au Festival Pablo

Casals à Porto Rico, puis se rendit aux États-Unis — mais en visite privée, une visite officielle n'étant plus pensable. La visite de l'État du Vermont, du musée Gugenheim, des Cloisters et du Museum of Modern Art fit l'effet d'un stimulant, comme aussi le déjeuner qu'elle eut, le 23 juin 1962, dans une famille italienne de la banlieue de New York, où elle revit le jeune pianiste Alfidi dont elle protégeait la carrière depuis plus d'un an.

A son retour à Bruxelles, elle reçut un message de Bertrand Russell, daté du 12 octobre 1962. Le philosophe militant faisait part de son intention de créer une Fondation de la Paix qui viserait à l'éducation du public par les moyens de la presse, du film et de la radiodiffusion. Cette Fondation, dans son esprit, pourrait être financée par des dons privés bénéficiant de l'exonération fiscale.

> « Je crois, écrivait Russel, que mes efforts seraient incommensurablement soutenus si vous pouviez accepter d'être une *sponsor* de la Fondation. Je suis très anxieux d'avoir votre appui parce que cela créerait, de par le monde, une grande confiance en la Fondation. Comme ses buts sont explicitement éducatifs et formellement humanitaires, j'espère que votre responsabilité publique ne s'opposera pas à ce que vous deveniez une *sponsor* de la Fondation[26]. »

Russell avait tort d'être anxieux ! Par télégramme, la Reine lui fit parvenir son accord. C'était au moment où le monde se remettait avec étonnement de la crise cubaine.

Une nouvelle lettre de Russell, datée du 5 juin 1963, parvint à la Reine alors qu'elle était souffrante. Elle fit accuser réception par son secrétariat et signaler à l'auteur qu'elle avait lu avec intérêt son livre *Unarmed Victory*. Et, trois mois plus tard, lorsque Bertrand Russell lui demanda d'apposer sa signature sur un appel adressé à Krouchtchev en faveur des Juifs d'U.R.S.S., elle s'empressa de lui répondre favorablement. Le 12 décembre, elle recevra au Stuyvenberg Charles Ellis, secrétaire exécutif de la Fondation Bertrand-Russell, venu l'informer sur les développements de celle-ci.

CHAPITRE XI

Les grandes amitiés

Qu'une personnalité aussi indépendante d'esprit et de comportement que la reine Élisabeth ait toujours cherché à rompre les cloisons de son propre milieu, qu'elle ait noué des liens de solide amitié avec des hommes et des femmes appartenant à toutes les classes sociales, voilà qui ne surprendra personne. De cette amitié, elle donnait parfois des témoignages modestes et touchants, comme l'envoi d'un faisan ou d'un pot de miel, en période de pénurie alimentaire. Dans d'autres cas, son amitié se manifestait par des rencontres régulières et, surtout, l'échange d'une correspondance abondante. Celle-ci où chacun a quelque chose à prendre et à donner dans une démarche d'enrichissement mutuel — mais Élisabeth prenait plus qu'elle ne donnait — permet de mieux cerner l'articulation des amitiés de la Reine sur un nombre restreint de centres d'intérêt. Essentiellement : la musique, la science, la nature et la paix.

D'une certaine manière, son rang constituait un obstacle. Déjà L'Arioste avait observé dans son *Roland furieux* que « les nœuds sacrés de la véritable amitié se forment beaucoup plus facilement sous un humble toit de chaume et dans les cabanes de bergers que dans les palais des rois ou dans les somptueuses demeures édifiées par les faveurs de Plutus ». Comment nier que l'intérêt qu'Élisabeth pouvait sincèrement porter à l'œuvre d'un homme ou d'une femme de réputation mondiale risquait de passer pour une simple et passagère admiration de circonstance, voire pour la quête d'une certaine popularité. Et, dans l'autre sens, toute réponse trop empressée donnée à cette marque d'intérêt s'apparentait aisément soit à de la courtisanerie soit à de la vanité.

Aussi est-il étonnant que la Reine ait tout naturellement réussi à développer des relations d'amitié, certes à des niveaux différents selon les circonstances, mais toujours sous le signe d'une chaleureuse cordialité. Point de familiarité démagogique mais une attention continue à l'autre. « Comment, disait Kahlil Gibran, quelqu'un peut-il en vérité être près à moins de se tenir loin ? » Sans aller jusqu'à « se tenir loin », Élisabeth ne cherchait pas à gommer sa condition de reine ; tout au plus la mettait-elle entre parenthèses. Selon elle, la véritable amitié consistait à parfois se sentir un mais à rester deux.

Noués, les uns autour de la Première Guerre mondiale, les autres autour de la Seconde, les liens d'amitié avec Émile Verhaeren et ceux avec Romain Rolland furent assez rapidement rompus par la mort. Mais ils devaient, en quelque sorte, se prolonger par le maintien d'une correspondance avec Marthe Verhaeren et Marie Rolland.

D'autres liens persistèrent pendant plusieurs décennies. Ainsi en fut-il avec Einstein.

Tout commença par la réunion du Conseil International de physique à l'Institut Solvay de Bruxelles, en novembre 1927. Présidés par le professeur Lorentz de Leyde, les physiciens les plus illustres du monde se trouvaient réunis pour faire le point sur les recherches concernant les électrons et les photons. Il y avait là, entre autres, Marie Curie, Einstein, Max

Planck, Niels Bohr, Paul Langevin, Auguste Piccard, Jules Bordet, Erwin Schroedinger. Le Roi et la Reine les reçurent longuement chez eux, au château de Laeken. Et ce n'était pas en vertu d'un usage protocolaire. L'intérêt actif et la curiosité constante des souverains pour tous les domaines de la recherche scientifique avaient créé, dès le début du règne, un climat de confiance chez les scientifiques. Ce climat n'avait fait que s'affermir au fil des ans. Chacun avait en effet pu constater que le couple royal ne se contentait pas d'associer sa notoriété à certaines institutions ou entreprises. Il intervenait efficacement dans leur création puis dans leur développement.

Au cours de la réception, la Reine fut d'emblée conquise par l'humour d'Einstein et sa passion avouée pour la musique. Le génial physicien avait le don d'observer les faits et les détails de la vie quotidienne ou des assemblées scientifiques sous un jour drôle, et son rire jaillissait alors du tréfonds de son être. Par sa manière de s'habiller, de ne pas se coiffer et de ne savoir où placer ses bras qui semblaient trop longs pour son corps, il avait perpétuellement l'air d'un violoniste en tournée, ce qui rendait vraisemblables les jugements sur la musique qu'il formulait avec un curieux mélange d'enfantillage et d'assurance.

La première fois que la Reine lui demanda de revenir au château de Laeken, elle l'attendit fort longtemps. Le chauffeur qu'elle avait pris la précaution d'envoyer à la gare était revenu en affirmant n'avoir vu personne. Inquiète, la Reine pria une dame d'honneur de se poster à l'entrée du parc et d'y guetter l'arrivée d'Einstein. Enfin, un homme déboucha sur la route. Couvert de poussière, les cheveux flottant au rythme de ses pas. Aux questions de la Reine, quelques instants plus tard, il répondit :

« Comment pouvais-je savoir que vous enverriez une voiture à la gare ? » Quant au chauffeur, il expliqua : « Je n'ai vu personne descendre du wagon de première ; je ne pouvais pas m'imaginer que les visiteurs de Sa Majesté voyageaient en troisième. »

Désormais, lors de chacun de ses passages en Belgique, Einstein ne manquerait jamais de se rendre à Laeken. Il y était accueilli en toute simplicité, comme un ami. « Ces deux personnes, disait-il en parlant d'Albert et d'Élisabeth, sont d'une rare vérité et bonté. » Parfaitement décontracté, le physicien parlait à ses hôtes de ses recherches, de ses inquiétudes, de ses espoirs, puis la science cédait la place à la musique. Si la Reine était seule avec le Roi, Einstein l'accompagnait dans quelque duo, mais il arrivait assez souvent que fût invité l'un ou l'autre musicien de la Cour qui se joignait alors à eux pour un trio ou un quatuor.

Un jour qu'Einstein se trouvait à Londres, il décida brusquement de se rendre à Bruxelles. Éternel distrait, perdant régulièrement son chapeau, ses gants ou son argent, il avait sur lui de quoi payer la traversée et le trajet en train. En troisième, bien entendu. Arrivé à Bruxelles, il erra un certain temps à travers les rues, à la recherche d'un gîte. Il échoua dans un bistrot. Ébouriffé, la redingote fripée, une petite valise à la main, il demanda au tenancier : « Vous avez un téléphone ? Bon. Comment faut-il faire pour demander Laeken ? Oui, le château de Laeken ! » Ahuris, les consommateurs appuyés sur le zinc entendirent le vagabond exiger une communication directe avec la Reine ! S'agissait-il d'un fou, d'un anarchiste ? A tout hasard, le tenancier prévint la police et deux agents interrogèrent longuement Einstein après sa communication téléphonique [1].

Le style des lettres d'Einstein était à l'image du personnage :

> « Chère Reine, je vous aurais écrit depuis longtemps si vous n'étiez reine. Et pourtant il ne me paraît pas que cela soit un obstacle. Mais, l'étude de cette question est l'affaire d'un psychologue ; nous autres, hommes de science, nous préférons regarder au-dehors de nous plutôt qu'en nous-mêmes, parce qu'en pareil cas nous ne verrions qu'un sombre trou, autrement dit : rien[2]. »

Le 14 mars 1929, Einstein commettait un petit poème naïf et s'empressait de l'envoyer à la Reine, en réponse à un télégramme qu'elle lui avait adressé à l'occasion de son anniversaire :

> *« Aujourd'hui chacun se montre à moi*
> *Sous son meilleur jour*
> *Et, de près ou de loin, ceux qui me sont chers*
> *M'ont écrit d'émouvante façon*
> *Et m'ont comblé de dons.*
> *Quoi que puisse penser un malveillant*
> *Quelles que soient les questions*
> *Que puisse encore se poser un vieil homme,*
> *Tout s'approche de moi avec douceur*
> *Pour embellir ce jour[3]. »*

En mars, la Reine envoya au physicien deux photos-souvenirs d'une après-midi musicale à Laeken, et Einstein l'en remercia, le 5 juin 1929, en constatant *« dass für wirkliche Menschen keine Verschiendenheit die Leben-sphären gibt »*, et en espérant revoir bientôt la Reine et le Roi, ce qui permettrait de jouer ensemble « avec un orchestre renforcé[4] ».

Aux lettres d'Einstein, Élisabeth répondait avec

spontanéité, sans trop peser ses mots, écrivant tout ce qui lui passait par la tête. C'est ainsi que, le 9 avril 1929, commentant une lettre enthousiaste que le savant lui avait envoyée de Californie, elle évoquait l'impression d'insouciance, « une espèce de Nirvâna » qu'elle et son mari avaient ressentie en 1919, « dans le fabuleux climat de détente d'une villa de rêve, loin de l'agitation (*Trepidation,* écrivait-elle en allemand) du reste de l'Amérique du Nord ». Et elle terminait son message en annonçant que « la musique et les fleurs attendent l'ami à Laeken[5] ».

Le 1er novembre suivant, ayant appris qu'Einstein se rendait à Paris, la Reine lui écrivit à son domicile berlinois du 5, Haberlandstrasse pour l'inviter à Laeken, en précisant : *« Bringe Sie auch wieder Ihre Geige*[6] ».

Comment se déroulaient les rencontres au château de Laeken ? Einstein en décrivit une, avec sa minutie habituelle, non dépouvue de naïveté, dans une lettre adressée à sa femme, durant l'automne de 1931.

> « Je suis arrivé à Bruxelles à 10 heures 30, de bonne humeur mais ne sachant où aller. J'ai pris un porteur et je l'ai prié de porter mes bagages dans une auberge décente. Ce qu'il fit et j'ai fait ainsi connaissance de la vraie vie du peuple. Cet endroit s'appelait l'hôtel Liegers et j'y retournerai sûrement si je reviens à Bruxelles et que je veux me trouver au calme. Je suis allé dormir tôt et je ne me suis levé qu'à neuf heures. Ensuite, je me suis rendu à la gare qui se trouvait en face pour régler quelques affaires (télégraphier à Lux, réserver les billets pour jeudi, téléphoner au roi). La dernière chose fut très longue car c'était toujours occupé. A midi, j'ai pris un repas végétarien dans mon petit hôtel et je suis allé chez le roi à 3 h. où j'ai été reçu avec une gentil-

> lesse touchante. Ces deux gentilles personnes sont d'une pureté et d'une bonté qu'on rencontre rarement. D'abord nous nous sommes entretenus pendant une heure à peu près. Ensuite une musicienne anglaise est arrivée et pendant quelque deux heures nous jouâmes à quatre et à trois (une dame d'honneur était là également). Après, tous sont partis et j'ai dîné seul avec les souverains : sans service, végétarien. Des épinards avec des œufs sur le plat et des pommes de terre, point c'est tout. (Il n'avait pas été prévu que je reste. Cela m'a plu par-dessus tout et je suis sûr que ce sentiment était réciproque[7]). »

En ces années de montée du nazisme et de sa composante la plus odieuse, l'antisémitisme, Einstein ne cachait pas son appartenance au peuple juif. Il l'affichait même. Ses convictions philosophiques le rangeaient parmi les libres penseurs mais, par solidarité, il fréquentait les synagogues aux grandes fêtes religieuses.

Tout porte à croire que, lors de sa visite à Laeken en juillet 1932, il entretint le Roi et la Reine des menaces qui pesaient sur son pays. A l'élection présidentielle, Hitler avait obtenu 36,77 % des voix ; c'était suffisant pour encourager les nazis à poursuivre les pogroms. La Reine ne fit cependant aucune allusion à ces faits dans sa lettre du 30 juillet. Elle y parlait de choses et d'autres. Par prudence ? Sans doute.

> « La prochaine fois, écrivait-elle, j'espère que nous pourrons à nouveau faire de la musique. Avec angoisse et effroi, j'ai soumis mon *Daumen* au tir des rayons X. J'espère qu'il ne volera pas en éclats sous ce feu roulant et que je pourrai bientôt jouer à nouveau sur ce violon.

« Comme c'était merveilleux de se promener avec vous dans le parc et de pouvoir deviser ensemble. Je n'ai pas oublié votre étonnant et clair exposé des théories causales et probabilistes et je me promets de bien conserver la petite étincelle que vous avez allumée[8]. »

Les lettres d'Einstein étaient tout aussi prudentes. Lors d'un séjour à Spa, le physicien avait fait la connaissance du leader socialiste Emile Vandervelde qui lui avait parlé avec une grande gentillesse de la Reine et du Roi ainsi que de l'attitude de celui-ci face aux problèmes sociaux. « Dans votre position, écrivit-il à la Reine, le 19 septembre 1932, il y a peu de gens qui pourraient s'assurer et conserver un contact aussi étroit avec les réalités humaines, car cette position ressemble quelque peu à une chambre sans air[9]. »

En janvier 1933, Hitler devient chancelier, puis Führer du IIIe Reich. Bientôt se succèdent les directives antisémites destinées à exclure les juifs de partout, à les humilier, à les éliminer. Pour Einstein cela signifie l'impossibilité de poursuivre son travail à l'université de Berlin. Il se trouve, à ce moment-là, à Pasadena avec sa femme. Ensemble, ils décident de ne plus retourner en Allemagne.

Du ranch de Santa Barbara en Californie, Einstein envoie, le 19 février 1933, un quatrain à la Reine :

« Dans le jardin du cloître, un arbre se dressait,
Qui avait été planté de votre propre main.
Comme il doit rester là
Il vous adresse un rameau en signe d'amitié[10]. »

Le mardi 28 mars suivant, au lieu de poursuivre leur route vers Hambourg, Albert et Elen Einstein débarquent à Anvers du *Belgenland* en provenance des États-Unis. Camille Huysmans, bourgmestre d'Anvers, le professeur De Donder, des amis les attendaient sur le quai. Interrogé par quelques journaliste présents, Einstein déclare simplement, en français : « Je ne retournerai pas là-bas. »

Les « réfugiés » louent une villa dans l'avenue Shakespeare à Coq-sur-Mer. Nommée *Savoyarde,* l'habitation est modeste mais confortable. « Avec son mur blanc à contreforts, ses volets verts, son toit qui s'abaisse jusqu'au-dessus du rez-de-chaussée, elle évoque le calme et le délassement des belles vacances familiales, écrivait un journaliste. Une barrière de jardinet largement ouverte, pas de sonnette. Il faut, pour s'annoncer, gravir les trois marches d'un petit perron et frapper au carreau d'une porte vitrée qui s'ouvre directement sur une salle commune[11]. »

A peine installé, Einstein écrit à Berlin pour démissionner de ses fonctions de directeur de l'Institut de physique Kaiser Wilhelm et de membre de l'Académie des sciences. Il se rend ensuite à l'ambassade d'Allemagne à Bruxelles, où il déclare renoncer à la nationalité allemande et ne conserver que la nationalité suisse. Il n'en faut pas davantage pour déclencher le mécanisme de la confiscation de ses biens et avoirs bancaires, et pour provoquer, le 10 mai, un gigantesque autodafé de ses livres et manuscrits.

Après quelques séjours à Prague et Paris, le savant accepte l'invitation de se joindre à l'équipe de l'Institut d'études avancées qui vient d'être fondé à Princeton et dont Abraham Flexner assure la direction. Le 19 septembre 1933, il quitte Coq et s'embarque à Ostende pour l'Angleterre.

Le 5 octobre suivant, la Reine lui écrit : « C'est avec regret que nous vous voyons partir pour l'Amérique et nous espérons que bientôt vous nous reviendrez heureux. Nous vous accompagnons en pensée et nous vous souhaitons de tout cœur un bon voyage et des temps meilleurs. Que Dieu vous protège et restitue la raison aux hommes dont la tête est égarée par la démence[12]. »

Le même thème revient dans une autre lettre : « Que Dieu vous garde et qu'Il ramène de la raison dans les têtes humaines égarées par la démence ! La musique seule nous permet de planer au-dessus de ces temps troublés. Vous avez de la chance de virevolter dans les sphères les plus élevées des mathématiques. N'oubliez pourtant pas vos amis qui vous attendent. Élisabeth[13]. »

De son côté Einstein lui écrit le 20 novembre 1933 :

> « Princeton est un merveilleux petit morceau de terre et avec cela un endroit extraordinairement amusant et cérémonieux, peuplé de minuscules demi-dieux sur échasses. Mais on peut aussi, grâce à quelques manquements voulus au ton, se procurer une belle tranquillité, c'est mon cas. Les gens qui forment la soi-disant société sont encore beaucoup moins libres qu'en Europe, mais il semble qu'ils ne s'en rendent pas compte car la manière de vivre, le développement des personnalités, sont entravés dès le jeune âge. Si l'Europe devait périr comme autrefois la Grèce, la ruine spirituelle qui en suivrait ne serait pas moindre qu'elle le fut alors. Le tragique consiste en ce que le même arbitraire part des individus et des nations. Ce qui fait la valeur et le charme de l'Europe amène aussi dissensions et destructions...
>
> ... Quant au violon, je ne le laisse certainement pas rouiller[14]. »

Faut-il le rappeler ? Après la mort tragique du roi Albert, le 17 février 1934, Einstein écrit à Élisabeth l'un des plus beaux hommages qui aient été rendus au défunt, en même temps qu'il invite sa royale correspondante à puiser dans le « service des choses immatérielles » une douceur permettant d'échapper, « dans une certaine mesure, à la brutalité des coups que porte l'aveugle destin[15] ».

Peut-être le savant de Princeton surestime-t-il la résistance de la Reine au désarroi qui a suivi le drame de Marche-les-Dames. A moins que sa propre angoisse devant la guerre qui se prépare ne l'empêche de trouver les mots d'encouragement qui conviendraient. Toujours est-il qu'il n'évoquera à nouveau la mort du roi Albert qu'en mars 1935.

Dans sa lettre du 16 février 1935, il décrit surtout son propre état d'âme :

> « Le sentiment de l'avenir oppressant et méchant en Europe me paralyse au point que des réflexions personnelles ne parviennent plus à sortir de ma plume... Cependant je suis convaincu que le travail artistique vous apporte une belle et solide raison de vivre, qui captive toutes les forces. Je connais ce sentiment dans lequel on vit par la recherche scientifique. La tension et la lassitude se séparent l'une de l'autre comme dans une ascension sans sommet accessible. Cet accrochement à ce qui dépasse l'humain nous rend indépendant des caprices de la Fatalité mais c'est une dure servitude qui nous rend sans cesse conscient de la pauvreté de nos forces.
>
> « Souvent me vient la douce pensée de revivre les belles heures passées et d'entreprendre un

voyage en Europe. Mais trop d'obligations me retiennent ici...

« Comme tout bon navigateur j'ai maintenant une manière de boussole qui brille dans la nuit... et je suis déjà content lorsque je parviens à me dégager du banc de sable dans lequel je me trouve enfoncé (tout comme dans un quatuor de Beethoven)[16]. »

Einstein a dû apprendre par Mme Barjansky combien difficilement la Reine se remettait de son immense chagrin. Il tente de compenser la relative désespérance de sa lettre précédente par l'énoncé de quelques réflexions encourageantes.

« Et pourtant, lui écrit-il, le 20 mars 1935, on ne devrait pas plaindre ceux qui nous ont quittés dans la plénitude de leurs forces après un règne heureux et fructueux, et à qui il a été donné d'accomplir leur tâche en toute plénitude. Ce qui, en ces temps de confusion et d'angoisse peut réjouir un vieil homme, c'est le travail des jeunes. Malgré tout, le soleil du printemps éveille comme auparavant une nouvelle vie et nous devons nous en réjouir et contribuer au développement de cette vie. Mozart est resté si pur et si tendre, comme il a toujours été et sera toujours. Il y a quelque chose d'éternel que la main de la Fatalité et tous les aveuglements humains ont caché. Et ces choses éternelles sont plus proches du vieil homme que des jeunes qui oscillent entre crainte et espoir. Il nous est réservé de vivre la Beauté et la Vérité de la façon la plus absolue. Avez-vous parfois lu les *Maximes* de la Rochefoucauld ; elles semblent sévères et tristes et pourtant, par leur observation objective de l'humaine et trop humaine nature, elles nous apportent un rare soulagement :

" Celui-là s'est libéré qui n'a pas emporté le fardeau que la Nature avait mis sur son chemin. "

« Il m'est permis de vivre ici, à Princeton, sur une île du Destin, qui, à maints égards, présente quelque ressemblance avec le cher jardin du château de Laeken.

« Je me sens presque confus de vivre dans un calme si remarquable pendant que tout lutte et souffre. Mais, en définitive, ce qu'il y a encore de mieux, c'est de se vouer aux choses éternelles car de celles-ci seules émane l'esprit qui peut apporter repos et joie au genre humain[17]. »

Quelques mois tard, Einstein évoque à nouveau la mort du roi Albert. « Chez d'autres, le destin se manifeste doucement comme un nuage rampant. Chez vous, il frappe comme un éclair dans un ciel bleu. Il n'est point de mots qui puissent consoler mais seulement l'assurance d'une vive et chaude sympathie. » Et il ajoute, en reprenant le thème final de sa lettre précédente :

« Quand on est vieux et assez expérimenté pour reconnaître et sentir les contraintes de la Fatalité à laquelle l'être et l'agir humains sont liés, alors on se sent confus de vivre des jours heureux et sans soucis, comme je le fais. On se réjouit du soleil, des arbres, d'une pensée heureuse et on en oublie l'effort desespéré des hommes incapables de modifier le cours des choses. Peut-être tout cela n'est-il qu'une toile de fond sombre sur laquelle se détacheraient quelques belles figures, avant de rapidement disparaître. On agit comme si l'on croyait vraiment à un avenir plus lumineux. Etrange est la nature

> humaine qui s'émeut des petites choses qu'apporte le quotidien [18]. »

La mort de sa femme ne pouvait qu'accentuer le pessimisme grandissant d'Einstein. Le 11 août 1937, après avoir remercié la reine de la lettre de condoléances qu'elle lui a adressée, il avoue « chercher en vain quelque chose d'intéressant ou de gai qui mériterait d'être raconté ». Il ne vit plus que pour la recherche scientifique. Il espère que la Reine est plus attentive à son violon que lui au sien. Ce que l'on « écorche » seul n'est guère émouvant et il est rare de faire de la musique en groupe. Aussi a-t-il cherché refuge auprès d'un piano mais sans trouver l'énergie de jouer d'après une partition. « Mais, pour mon bonheur, précise-t-il, il n'y a pas de juge quand il n'y a pas de plainte [19]. »

Cette lettre malgré son ton désabusé, fait grand plaisir à Élisabeth qui, entre-temps, a retrouvé toute son énergie d'antan.

> « Puisque vous me questionnez à ce sujet, écrit-elle à Einstein, j'ai repris mon violon grâce à Monsieur Barjansky qui m'a convaincue de le faire après une interruption de trois ans et demi.
>
> « Nous allons à nouveau entreprendre à jouer des quatuors.
>
> « Ah ! venez donc vous joindre à nous.
>
> « Mozart a absolument besoin de vous.
>
> « Seule la musique permet de surmonter ces temps troublés.
>
> « Vous avez, certes, la chance de pouvoir planer dans les plus hautes sphères de la mathématique mais n'oubliez pas vos amis qui vous attendent [20]. »

Einstein tarde à répondre. Sans doute est-il surpris par le dynamisme retrouvé de la Reine. Il s'en explique dans sa lettre du 9 janvier 1939 :

> « J'étais trop soucieux pour rester sur le ton de la joie. Ma crise morale et mes maux variés sont si intenses que je ne puis les oublier. On a beau s'enfoncer dans le travail, il subsiste le sentiment oppressant de quelque chose d'inévitablement présent.
>
> « Il y a pourtant des heures durant lesquelles on est libre de ses dépendances intérieures à l'égard de l'insuffisance humaine. On demeure alors en n'importe quel endroit de notre petite planète et on observe la beauté, froide mais néanmoins saisissante de l'Éternel dans son impénétrable profondeur. Là coulent, ensemble, dans l'unité, la Vie et la Mort, et il n'y a ni Divinité ni Fatalité mais seulement un Être. »

Par la même occasion, le physicien donne des nouvelles au sujet des travaux fructueux qu'il poursuit avec ses jeunes collaborateurs. « Cela conduira-t-il à la vérité ou à l'erreur ? Il est peu probable que je le saurai, avec une certaine certitude, dans le cours laps de temps qui me reste imparti. »

Et la lettre se termine par une demande d'intervention de la Reine en faveur d'un de ses cousins, professeur d'esthétique, qui voudrait passer d'Allemagne en Belgique mais rencontre des difficultés pour l'obtention d'un permis de séjour[21].

Bien sûr, la Reine effectue aussitôt les démarches demandées et obtient le permis de séjour pour le cousin. Einstein l'en remercie vivement, dans sa lettre du 12 août 1939 mais lui reproche de ne l'avoir pas prévenu. Parlant de son désir de revenir en Europe après six années d'absence, il le reconnaît irréalisable : « Je suis comme une vieille dame qui a une traîne si compliquée à sa robe qu'elle n'ose pas se lever après s'être assise, par chance, quelque part ! » Le savant de Princeton raconte ses vacances d'été. Il fait de la voile et réunit, chaque vendredi soir, des « amateurs » de musique de chambre. « L'étranger qui ne perçoit de l'Amérique que ses dehors tapageurs ne se doute pas de pareilles choses ». A propos de musique de chambre, précisément, Einstein recommande à la Reine un *Trio pour deux violons et alto* de Beethoven (opus 87)[22].

En fait, la lettre d'Élisabeth et celle d'Einstein se sont croisées. En effet, le 29 juillet 1939, Élisabeth annonçait que le cousin menacé était sauvé. Elle formait encore le vœu d'un voyage d'Einstein en Europe :

> « Je sais que la situation n'est guère encourageante mais il subsiste ici un petit morceau de terre tranquille où on serait heureux de vous revoir. Venez, je vous prie, et parlez nous de votre fructueux travail et apportez votre violon ; nous jouerons alors à nouveau le quatuor de Mozart et la sonate de Bach pour deux violons.
>
> « Je fais beaucoup de musique avec Barjansky et je sculpte avec Madame Barjansky[23]. »

Un message de la Reine encore, le 2 juillet 1941, au moment de l'offensive allemande en Russie et cinq mois avant l'entrée en guerre des États-Unis. L'espoir de se revoir paraît très mince mais « après la pluie vient le beau temps. Pour le moment, il grêle et il tonne mais le soleil luira à nouveau et nous pourrons jouer du Mozart avant de fermer les yeux[24]. »

Longuement interrompue, la correspondance reprend en 1951.

« Dix-huit dures années ont passé, pleines d'amères déceptions, écrit Einstein, le 6 janvier. Heureusement, les êtres loyaux et droits sont rassurants et expérimentés ; grâce à eux on ne se sent pas trop étranger sur cette terre. Vous êtes de ces êtres-là.

« Les Allemands ont été vaincus, au prix de beaucoup de sacrifices ; mais les gentils Américains, débordants de tempérament, ont reçu l'héritage. Comment faire pour que la raison l'emporte ? C'est la même image qu'autrefois en Allemagne : les hommes tombent comme des mouches et s'enfoncent dans la fatalité.

« Malgré mon vif désir, je ne pourrai plus voir Bruxelles. Une étrange popularité fait que, dans ma vie publique, tout ce que je fais se transforme en une bruyante comédie de singe.

« Le violon n'est plus rien pour moi ! J'en suis arrivé, avec les années, à ne plus supporter facilement les *tons spontanés*. Espérons qu'il n'en est pas de même pour vous.

« Ce qui m'est resté, c'est l'inlassable travail et les difficiles problèmes de physique. Leur attrait s'exercera sur moi jusqu'à mon dernier souffle[25]. »

Le 14 mars 1951, la Reine regrette à la fois l'abandon du violon et la résignation à ne pas venir en Europe : « Je partage pleinement votre avis sur la situation actuelle. Mais en dépit de l'angoissante menace qui pèse sur l'humanité, celle-ci peut être sauvée, comme ce fut souvent le cas dans les pires dangers, par la présence de quelques grands esprits. A ces élus, vous appartenez, cher grand Einstein[26]... » A l'occasion du nouvel an 1952, celui-ci rappelle qu'il y a vingt ans qu'il a rencontré la Reine et a joué de la musique avec elle.

> « Pendant ces vingt ans, nous avons fait l'expérience de lourdes et dures réalités, la plus dure étant la déception causée par le comportement des hommes, en général. Les jeunes ne s'étonnent pas tellement car ils n'ont pas connu les temps tranquilles et apaisants...
> « On a eu la brutalité des temps anciens et révolus faisant place à un âge de la raison et de la certitude. Bien sûr, pendant l'entre-deux-guerres déjà on perdit une part des illusions dans un avenir meilleur et un comportement plus raisonnable des hommes mais la confiance était, malgré tout, plus grande qu'aujourd'hui...
> « Maintenant le seul espoir réside dans l'instauration d'un gouvernement mondial. Espoir bien mince dès lors que la confiance en la nature humaine a été tellement ébranlée. On fonde son espoir sur l'efficacité d'un Machin, parce que l'on ne se fie plus aux forces vivantes. Espérons que ceux qui viendront après nous ne se moqueront pas de notre ultime espoir — à supposer qu'il reste actuel.
> « Et cependant la nature rayonne dans son éternelle beauté, et l'on se réjouit de l'existence.
> « On redevient des animaux innocents. Puis-je vous souhaiter la même chose ? La musique appartient-elle aussi à cette sphère ? Je le crois, aussi longtemps qu'elle n'est pas un métier[27]. »

L'année suivante, répondant aux vœux de la Reine, Einstein observe que l'amitié qui les lie s'est révélée plus durable que la pratique commune du violon. Les enregistrements des œuvres des grands maîtres sont d'une telle qualité que son oreille ne peut supporter l'imperfection de ce qui apparaît désormais comme du « bruit ». Puis il aborde, à nouveau, le thème qui, de toute évidence, l'obsède :

> « Ce qui est remarquable, quand on devient vieux, c'est que l'on oublie peu à peu l'enracinement dans le *ici* et le *maintenant*. On se sent placé sur l'orbite de l'Infini, n'espérant ni ne craignant mais contemplant toujours plus.
>
> « Il devient également de plus en plus évident que la redoutable difficulté d'être qu'éprouvent les hommes entre eux n'est pas due à des causes particulières mais se trouve enracinée en nous comme un héritage. Les Anciens, en particulier les Grecs, ont vu cela clairement et n'ont pas pour autant recherché le salut dans une nouvelle Médecine. Les Européens non plus, mais les gens d'ici ne croient pas seulement savoir ce qui doit être suivi mais estiment de leur devoir de l'imposer. Ce fait, témoignant d'une illusion infantile, serait tout à fait charmant, s'il n'était lié à un excès de puissance[28]. »

Au seuil de l'année 1954, Einstein constate qu'il y a un trait commun à son destin et à celui de la Reine : « Connu de tous et, précisément à cause de cela d'une certaine manière, abandonné[29]. » Le 19 mars suivant, Élisabeth envoie à Princeton un télégramme de félicitations à l'occasion de l'anniversaire du savant. Celui-ci répond qu'ayant franchi le cap des soixante-quinze ans, sans s'en rendre compte, il se sent abasourdi et malade, « incapable de se montrer digne des nombreux témoignages d'affection ». D'autant plus qu'il a conscience d'être devenu, sans rien faire pour cela, un symbole artistique, un personnage légendaire. Raison supplémentaire de dire et proclamer la vérité :

« C'est pourquoi je suis devenu, dans ma nouvelle patrie, une manière d'*enfant terrible**, car je ne suis pas disposé à tout avaler en me taisant. Je trouve que les vieux, qui n'ont plus rien à perdre, doivent ouvrir la gueule pour les jeunes beaucoup plus contraints.

« Il est remarquable que la science qui, à sa naissance, paraissait plutôt inoffensive, se soit développée comme un cauchemar et fasse trembler le monde... Jusqu'à présent les épées ne sont pas encore sorties des fourreaux. Les Européens hésitent à se laisser entraîner dans cette fatalité. Pourvu que ça dure ! »

Fidèle au rendez-vous annuel Einstein écrit le 2 janvier 1955 :

« Votre télégramme témoigne non seulement de la ponctualité qui peut être considérée comme une caractéristique de votre métier, mais aussi de la chaleureuse sensibilité humaine qui, dans notre ère de mécanisation, est si souvent rejetée. J'en apprends toujours beaucoup lorsque je lis la relation de ce que vous avez fait en public. Votre attitude suppose une grande indépendance d'esprit et du courage, singulièrement dans votre situation qui, d'une façon particulière, limite la liberté.

« Si je regarde aujourd'hui le monde humain, je ne m'étonne de rien autant que de la brièveté de la mémoire quand il s'agit d'affaires politiques. Hier le procès de Nuremberg, aujourd'hui réarmement imposé de l'Allemagne. Essayant de comprendre, je ne parviens pas à me défaire de l'idée suivante : mon pays natal a trouvé une

* En français dans le manuscrit.

nouvelle forme de colonialisme qui saute moins aux yeux que celle de l'ancienne Europe, à savoir la domination par le capital investi à l'étranger. Cela crée une telle dépendance que celui qui s'insurge est considéré comme un ennemi. Aussi j'essaie de comprendre l'attitude de l'Europe actuelle, y compris l'Angleterre. »

Le correspondant de la Reine cite, à ce propos, le professeur Lichtenberg, de Göttingen, qui lui a fait jadis une forte impression. « Je ne connais personne qui entende pousser l'herbe avec une telle acuité[31]. » Le 19 février, Élisabeth ne se contente pas d'envoyer un télégramme à Princeton. Dans une longue lettre, elle résume l'émission que la radio française a consacrée au 50e anniversaire de la théorie de la relativité :

« On a longuement parlé de vous comme homme, savant et génie. Il y eut des contributions de Louis de Broglie, de Perrier fils et d'André George, notamment.

« On a aussi raconté quelques anecdotes amusantes, entre autres sur vous et moi. J'aurais pu en ajouter certaines (si on me l'avait demandé).

« Pendant une demi-heure, j'ai écouté cette émission avec intérêt et bonheur, songeant avec nostalgie et amitié à l'ami lointain.

« Ce que l'humanité a découvert avec tant de génie est maintenant détourné de ses fins pour servir éventuellement à la guerre. Nous ne pouvons qu'espérer que cela ne devienne réalité.

« Oui, c'est certainement un grossier et invraisemblable non-sens que le réarmement de l'Allemagne, contre la volonté du peuple qui a l'impression — quand les généraux jouent avec le feu ! — que tout cela est conçu par des gens qui ne connaissent pas l'Europe.

« Puis-je maintenant vous demander qui est

ce Lichtenberg dont vous me parlez dans votre dernière lettre ? Je dois vous avouer mon ignorance[32]. »

A l'inverse de l'écriture de la Reine, toujours aussi ferme, celle d'Einstein devient hésitante. Le 11 mars 1955, il écrit une ultime lettre à sa confidente de Laeken. Il constate avec plaisir qu'ils se trouvent sur la même longueur d'onde en ce qui concerne les réalités politiques fondamentales. Un conflit militaire entraînerait l'anéantissement total et, pourtant, les États ne parviennent pas à s'entendre. Il annonce l'envoi d'un livre sur Lichtenberg qui était professeur de physique à Göttingen au XVIIIe siècle, dont il rapporte un apologue : « Question : Qu'est-ce qui éclaire le plus, le soleil ou la lune ? Réponse : la lune évidemment ; elle luit quand tout est noir, tandis que le soleil luit quand tout est clair[33]... »

Le 18 avril suivant, Albert Einstein mourait à Princeton. Dès qu'elle l'apprit, la Reine envoya à Margot Einstein, sa belle-fille, le télégramme suivant : « La terrible nouvelle me plonge dans une inexprimable tristesse. Le monde en deuil perd un grand génie inspiré, une voix prophétique et un cœur irremplaçable. Moi je perds un si cher et vieil ami. Je pleure avec vous profondément. Élisabeth de Belgique[34]. » Jusqu'à sa mort elle entretiendra une correspondance avec Margot Einstein.

⁂

Moins connue que l'entente et les sentiments de confiance partagés avec Einstein pendant plus d'un quart de siècle, l'amitié qui lia la Reine et Colette jusqu'à la mort de l'écrivain apparaît aussi plus déconcertante. Du moins à première vue. Qu'y avait-il de commun entre ces deux êtres, l'un tout de dignité et maître de soi, l'autre désinvolte et sans gêne aucune ? Sans doute une certaine humeur aventureuse, bridée par la vie de Cour, rejoignait-elle les audaces de *La Vagabonde*. Mais, surtout, Élisabeth partageait avec Colette un sentiment de la nature, qui renaît perpétuellement, et donne l'illusion de renaître avec elle dans la mesure où les sens de l'homme sont en communion avec elle. Cet engagement très féminin dans la nature incitait la Reine et l'écrivain à renouer sans cesse avec les rythmes obstinés et les souffles sensuels de la création.

La première lettre de Colette à Élisabeth date du 8 avril 1936. Elle est écrite au lendemain de la réception à l'Académie royale de Langue et de Littérature françaises qui, plus féministe que la Vieille Dame du quai Conti, l'avait accueillie en son sein.

> « Madame,
>
> « Cette lettre vous porte d'humbles excuses, des regrets attristés, qui font une ombre sur ma joie. N'avoir pu, n'avoir osé quitter la compagnie qui me recevait, partir sans que Votre Majesté ait posé sur moi un regard dont je n'oublie pas la bienveillance, il y a là de quoi assombrir mon retour. Mais je dois à la Reine un aveu entier : il m'eût fallu paraître devant Elle sans autre chaussure que des sandales à mes pieds qui sont nus depuis quatre ans. Peut-être m'avisais-je trop tard que le pélerin va pieds nus vers tout lieu qui est saint.
>
> « Quel que soit, Madame, l'accueil que vous ferez à ce message d'excuse, son auteur dédie, à Votre Majesté, autant de profond respect que d'admiration.
>
> « Colette[35]. »

Mais la plus grande part de la correspondance — et aussi des rencontres entre les deux femmes — se situe après la Seconde Guerre mondiale. Le 6 janvier 1948, l'écrivain évoque le souvenir d'une allée du parc de Laeken qui « commence au château et finit aux cygnes blancs ». Elle va bientôt fêter son soixante-quinzième anniversaire. La Reine qui la sait souffrante lui a envoyé quelques lignes « d'une ferme et fière écriture », des fleurs et du miel des ruchers de Laeken[36].

Ce geste, elle le répétera, quelques mois plus tard. Colette, écrit le 3 avril 1948 :

> « C'est à mon retour que je viens de trouver le miel délicieux des royales abeilles.
>
> « Il m'apporte la promesse d'une visite que je n'aurais pas osé espérer et qui me donnerait autant d'honneur que de joie. Ma petite chambre rouge, mes livres et mon feu de bois, je les offre à Votre Majesté avec le très respectueux baiser que met sur ses mains, le vieil écrivain reconnaissant.
>
> Colette »[37]. »

Effectivement, lors de ses fréquents séjours à Paris, Élisabeth monte souvent l'étroit escalier de l'appartement du 9, rue de Beaujolais. Colette en est, chaque fois, très émue.

> « Aujourd'hui — écrit-elle sur le papier bleu pervenche qu'elle affectionne —, c'est Votre Majesté qui daigne rendre visite à un vieil écrivain que gagne peu à peu l'impotence — mais non la tristesse, mais non le découragement —, et lui accorder deux dons précieux. Car j'attache un sens symbolique aux travaux de l'abeille. Il

me semble que l'âme succulente des acacias m'est transmise par la plus grande, la plus laborieuse, la plus royale « abeille » qui ait jamais protégé sa ruche et travaillé pour un peuple fervent[38]. »

A presque chacune de ses visites, la Reine apporte du miel de ses ruchers, ce qui réconforte l'écrivain, hélas ! de plus en plus percluse, et lui inspire ces pages où la nature apparaît comme un dérivatif à la mélancolie du crépuscule :

« Tout est magique, tout est encore mystérieux qui touche l'abeille et vient d'elle. Dans une ville méridionale, il y a des années, je fus invitée à visiter de beaux jardins appartenant à un consul allemand. Sur les orangers en fleurs les abeilles étaient innombrables et fiévreusement occupées, et le consul ne cachait pas — pas assez — l'appréhension qu'il avait des aiguillons. Je lui dis qu'elles n'avaient pas de méchanceté et qu'elles m'étaient presque toujours amies. A tout hasard, je tendis le doigt vers une travailleuse et lui dis : " Viens ! " Moins peut-être pour récompenser ma confiance que pour étonner le consul allemand, l'abeille se détacha de sa fleur et se posa un long moment, inoffensive, sur mon index, avant de retourner au nectar.

« Je m'excuse d'avoir retenu votre attention, Madame, sur une si mince anecdote. Mais l'abeille est votre amie encore plus qu'elle n'est la mienne, et je veux croire qu'il n'est pas une abeille au monde qui ne se sente la sujette de la Reine Élisabeth[39]. »

Un jour, dans une conversation, alors que Colette est étendue au bord du divan, celle-ci parle de la saveur particulière d'une bière belge qu'elle se souvient d'avoir bue en sa jeunesse à Bruxelles : la *kriek-lambic,* fabriquée en juillet par adjonction de cerises de Schaerbeek au *lambic* brassé à partir de froment et d'orge germée. Quelques semaines plus tard, les bouteilles convoitées lui parviennent rue de Beaujolais.

« Madame,

« Voilà que je me trouve bien osée d'avoir demandé, à Votre Majestée, le Kriegck-lambic qui me faisait envie. Faut-il écrire Kriek, ou cric, ou crick ? Je ne sais, mais c'est bien lui, reconnaissable à sa robe écarlate, à son écume rosée, et surtout à sa force, capable d'enivrer des têtes plus solides que la mienne. C'est un terrible compagnon, qui se souvient des « beuveries » populaires. Le jour de Noël, il aura sa place sur notre petite table ronde, et c'est lui qui portera la santé de la reine Élisabeth. Autorisez-le, Madame, à tant d'honneur : il est si essentiellement belge !

« Un bouquet de plumes, un verre plein, et plus précieux encore quelques mots de votre main, c'est un beau soir pour un vieil écrivain alité. Que Votre Majesté me permette d'ajouter, à l'hommage très profond de mon mari, un baiser sur votre main, prodigue de tous les dons. »

« Colette[40]. »

Les bouteilles de Kriek-lambic et leur « agréable brutalité » semblent hanter les rêves de l'auteur de *Sido.* Elle n'hésite pas à les raconter à sa royale correspondante :

« Oh Madame ! J'ai dû à la grippe qui me tient encore une rêverie bien vilaine, mais si folle qu'elle prenait des couleurs de nuages :

rangées dans le cellier, les fioles de Krieck-lambic avaient apporté leur atmosphère, et je vous avais convertie à leur rouge-bord, et quels chocs cristallins n'ai-je pas eu l'extrême honneur d'échanger, dans mon songe, avec Sa Majesté la Reine Élisabeth[41] ! »

D'une « vieille écriture d'octogénaire » aux mains déformées par l'arthrite, Colette écrit encore une lettre à la Reine, le 6 février 1954, pour la remercier d'un nouvel envoi de miel qui la réconforte et d'une aquarelle représentant le Stuyvenberg. « L'image que peignit votre main, les fermes caractères que Votre Majesté voulut y joindre, quelle fête pour une femme si longuement alitée[42] ! » L'amie d'Élisabeth mourut le 3 août suivant, à l'âge de quatre-vingt-un ans. Quelques jours plus tard, Maurice Goudeket, qu'elle avait épousé en troisièmes noces en 1935, remercia la Reine « des témoignages publics et privés qu'elle a daigné donner de sa sympathie ». Après cette phrase banale, il ajoute sur le ton émouvant de la confidence :

« Je ne trouve aujourd'hui de consolation qu'en rappelant les heures où Colette était heureuse. Elle l'était, Madame, quand vous veniez au bord de son divan, les bras chargés du miel de vos abeilles, et elle me parlait longtemps de vous après votre départ. C'est pourquoi, Madame, alors que sans doute cette lettre devrait être uniquement protocolaire, je me sens assuré que Votre Majesté aimerait connaître sur cette fin quelques détails que je n'ai donnés qu'aux plus intimes. Colette s'est éteinte sans souffrir, très doucement, comme une flamme qui baisse et donne chaque jour des lueurs plus faibles. Mais ces lueurs n'étaient que pour des regards de tendresse, des sourires, des gestes d'émerveillement. Elle ne s'est plus intéressée en dernier lieu qu'à ce qui vole, ses papillons, les hirondelles du jardin et les gestes mêmes de ses mains ressemblaient à des envols[43]. »

A plusieurs reprises, la reine Élisabeth invite Maurice Goudeket au Stuyvenberg et lui accorde de longs entretiens. Il n'y est question que de Colette et de musique.

« Madame, écrit-il le 30 août 1954, les heures que Votre Majesté a daigné m'inviter de passer à ses côtés resteront inoubliables pour moi. Elles ont formé une oasis dans ce désert que je n'ai pas fini de parcourir. Je n'ai pas fini non plus, Madame, de m'émerveiller de la simplicité et de la bonté profonde de V.M. et que, dans le haut rang où le destin et Ses mérites l'ont placée, elle ne paraisse rien ignorer des moindres ressorts qui font mouvoir les hommes. Aussi est-ce par un mouvement spontané que j'ai osé confier à V.M. ma peine, lui conter cette fin si suave de Colette, dont j'avais jusqu'ici tu les détails même à mes amis intimes. Je m'apercevais soudain que j'avais ravivé chez V.M. une plaie que le temps n'a pas fermée, mais je me disais en même temps que l'accommodement avec soi-même est un devoir, puisque V.M. en (a) donné l'exemple. De sorte que je suis sorti du long entretien que V.M. a bien voulu m'accorder dans la plus grande paix dont je sois capable aujourd'hui[44]. »

Le 16 novembre 1954, nouvelle lettre :

« Ma peine ne connaît encore que de rares moments de répit, mais les heures que V.M. me

> permet de passer auprès d'Elle sont parmi ceux-là. Je ne sais comment j'aurais supporté la projection d'un film presque trop intime, si l'émotion que ressentait V.M. ne m'eût soutenu, comme une main fraternelle tendue pendant une épreuve. Combien V.M. et Colette étaient faites pour s'entendre, et combien Colette avec son sûr instinct de sourcière s'y était peu trompée ! Je retrouve chez V.M. une même fraîcheur, un même primesaut, un cœur qui jamais ne se lasse de secourir ni d'apaiser[45]. »

Un an plus tard, la Reine assiste au gala de *Chéri*, la pièce que Colette avait tirée de son roman et où elle avait joué elle-même le rôle de Léa en 1925. En signe de gratitude, Maurice Goudeket lui offre un disque. « Il me semble, observe-t-il, que si le jeu de Granados n'est pas très différent de celui de ses interprètes habituels, il n'en est pas de même pour Debussy. Son interprétation me paraît irremplaçable, différente de tout ce que j'ai entendu. La Reine est-elle de mon avis[46] ? »

*
**

Lorsqu'en mars 1952, la reine Élisabeth assista, au théâtre des Galeries de Bruxelles, à la représentation de *Bacchus* de Cocteau, savait-elle que le poète avait écrit : « Les découvertes d'un Einstein dépassent notre petite taille et n'arrivent pas aux pieds de Dieu. Il s'épuise dans le vide ? » Toujours est-il qu'elle fut séduite par les artifices et la magie de cet éblouissant porteur de masques. Au demeurant, la pièce était servie par une distribution particulièrement brillante : Jean-Louis Barrault, Pierre Bertin, Simone Valère, Madeleine Renaud et Jean Desailly.

De son côté, Cocteau était fasciné par la personnalité complexe d'une reine joignant au goût du défi la passion de la nature. Ni le poète ni la souveraine n'avaient oublié les circonstances de leur première rencontre un jour d'août 1915. La chaleur était étouffante et Élisabeth avait 39° de fièvre. Elle avait néanmoins assisté à la traditionnelle bénédiction de la mer et reçu, à son retour, un groupe de fusiliers marins. Elle vit alors surgir un militaire français, de grande taille, maigre, portant une croix dans les bras. C'était Jean Cocteau. Dans les ruines de l'église de Nieuport, détruite par un bombardement allemand, il avait découvert, intact, un grand Christ. Il l'avait emporté et eu l'émouvante idée de l'offrir à la Reine pour qu'elle l'installât à l'hôpital de La Panne.

Cocteau fut élu membre étranger de l'Académie royale de Langue et de Littérature françaises en 1955. Il succédait à Colette. Toutes les raisons étaient réunies pour que la Reine fût présente le 1er octobre, accompagnée de Pablo Casals, à la réception du nouvel académicien. Et ce fut en partie son propre éloge qu'elle entendit :

> « Il y a en Belgique une reine, petite de taille et d'âme grande, de cœur si noble et si humain qu'elle me déclarait lui être insupportable que les respects protocolaires statufiassent des hommes sur son passage.
>
> « Cette souveraine est plus apte à comprendre que quiconque le tour de force de se maintenir en équilibre entre la simplicité d'âme et les exigences du cérémonial.
>
> « Ne la vîmes-nous pas toujours mettre sa modestie de reine à dire : “ Je ne suis qu'une artiste ” et sa modestie d'artiste à dire : “ Je ne suis qu'une reine ” ?
>
> « Voilà l'exemple-type d'un mécanisme royal

dont Colette connaissait les moindres rouages. Et c'est peut-être, Madame, ce qui supprima les obstacles de l'Étiquette entre le cœur de Votre Majesté et celui de notre Vagabonde. »

Le 17 mars 1956, Élisabeth assista à la représentation de *La Machine à écrire* au théâtre du Parc. Jean Cocteau le rappela dans un article qu'il publia dans le journal *Le Soir,* à l'occasion du quatre-vingtième anniversaire de la Reine. Après avoir repris ses propos du discours de réception à l'Académie royale, le poète écrivait :

« Le rêve de la mystérieuse famille n'était-il pas d'échapper anarchiquement à l'étiquette par une soif de règne qu'on gagne, par un désir instinctif de créer une œuvre et, à défaut de le pouvoir, d'en être une, au risque de se métamorphoser en tragédie.

« Mon étoile avait permis que cette transparence, voilant mal une magnifique âme nue, que le robuste fil de la vierge, que ce faible souffle, capable, dirait Gongora « de donner sa forme aux trompettes » m'assistassent — coup sur coup — en Belgique et en France, lorsque leurs Académies m'élurent.

« Elle était aussi présente, cette princesse attentive et « toujours étonnée » alors que nous vîmes créer *La Machine infernale* au théâtre royal du Parc de Bruxelles. Quand la reine Élisabeth ajoute à un spectacle celui de sa grâce une sorte de purification en chasse les mauvais anges, avec l'eau bénite de l'intelligence et du cœur.

« Belges, je souhaite longue vie à votre patrie, la chance de posséder l'exorcisme d'un sourire apte à vaincre le diable, à fondre les glaces du respect, à supprimer les distances qui éloignent de ses compatriotes une souveraine éprise des moindres contacts humains[47]. »

Le 18 avril 1958, depuis « Santo-Sospir » à Saint-Jean Cap-Ferrat, Cocteau demanda à la Reine d'excuser son long silence.

« Pierre de Gaulle, écrivait-il, me sachant accablé de besognes diverses, m'a demandé de faire en septembre le message de la France à l'Exposition et, en outre, l'auditorium belge m'a prié de parler de la poésie (vers la même date). Je travaille présentement à ces deux discours et si je l'annonce à Votre Majesté, c'est afin de savoir si Elle accepte que je Lui dédie ce message de la France ?

« Une fois de plus, avec le voyage à Moscou, j'ai admiré l'élégance d'âme d'une Reine et la leçon de courage qu'Elle donne à l'Époque[48]. »

Le 15 mai suivant, la Reine répondit :

« Cher Poète-Peintre,

« Le retard de ma réponse est dû à l'état de ma santé. Suivant les conseils des médecins, j'ai pris un congé de plusieurs semaines et ma première lettre est pour vous, pour vous remercier de votre chère lettre et de votre charmante pensée de me dédier votre message de la France. Très touchée, je l'accepte avec joie.

« D'après la carte-photo, la décoration de la Chapelle de Villefranche doit être très belle et émouvante, j'espère pouvoir la visiter un jour !

« Je serais ravie de vous revoir en septembre[49]. »

Dans un premier mot de remerciement, daté du 24 mai, Cocteau annonça le titre du message — *Les armes secrètes de la France* — et répéta : « Il me semble inutile de dire à Votre Majesté que Sa présence le 20 septembre m'irait au cœur. « Je suis toujours et Votre Majesté ne l'ignore pas, son tendre et respectueux serviteur[50]. »

Le 22 juin, c'est une longue lettre qu'adressa à la Reine le « poète-peintre » :

> « Madame,
>
> « Si je n'ai pas remercié tout de suite Votre Majesté de Son acceptation d'une dédicace qui me tenait à cœur, c'est la faute des vastes panneaux pour *Terre et Cosmos* que j'ai dû peindre au sol, exercice propre à déplacer le nerf sciatique. C'est avec ce mal ridicule que j'ai fait le voyage d'Autriche afin d'être le récitant d'*Œdipus Rex.* Karajan dirigeait, et l'Opéra de Vienne avait transformé l'oratorio d'Igor en spectacle.
>
> « Je rentre demain au Cap où je dois préparer le deuxième message sur la poésie (19 et 20 septembre).
>
> « Entre-temps le frère du général avait, comme Votre Majesté s'en doute, plusieurs événements de famille et devait se partager entre son rôle de l'Exposition et son rôle fraternel. René Coty a été admirable de courage et de poigne — nous lui devons beaucoup. Sans son aide nous connaissions le pire des drames : " Être occupé par nos compatriotes. "
>
> « Je suppose que du côté belge tout est arrangé afin que ces messages soient dignes de l'auguste présence de Votre Majesté dont j'ai toujours vu le cher visage au premier rang des hautes circonstances de ma vie. Puis-je présenter à la Reine, l'hommage de mon tendre respect ?
>
> « Jean Cocteau[51] »

Deux jours après la cérémonie au pavillon français de l'Exposition Universelle de Bruxelles, Cocteau écrivait :

« Madame,

« Comment exprimer à Votre Majesté ma gratitude pour sa présence au milieu de ces foules et de ces ruches étranges construites par l'homme selon le style des insectes. Comment lui faire mes excuses d'une timidité maladive qui me faisait nouer trop vite les phrases les unes aux autres et me tromper comme un collégien à l'école. Cela me semble impossible — mais je suis sûr que Votre Majesté me pardonne au bénéfice du tendre respect que je lui porte (aussi antiprotocolairement que possible).

« Et qui ne m'empêche pas d'être — de Votre Majesté — le plus humble et le plus obéissant serviteur,

« Jean Cocteau
« 23 septembre 1958[52]. »

Une lettre de la Reine manque au dossier, celle à laquelle Cocteau répondit, le 20 mars 1959 :

« Madame,

« Je suis bien ému de recevoir cette lettre de Votre Majesté.

« A Nice, je répétais la *Voix humaine* de Poulenc avec Denise Duval, et comme je venais de lui dire : " Là (c'était la fin) vous perdez tout votre sang sur les planches ", c'est moi qui ai perdu le mien. (Textuel) — J'arrive à St-Moritz où j'ai dû refaire des globules rouges.

« J'ose à peine ennuyer Votre Majesté avec mes histoires de bouteille vide et de vin rouge.

« Le peu qui m'en reste est aux ordres de la Reine dont je baise, avec vénération,

« Les deux mains,

« Jean Cocteau

« P.S. Votre Majesté a-t-elle bien reçu le disque de mon discours sur Colette[53] ? »

La Reine eut encore la joie de revoir le cher « poète-peintre » dans le midi de la France où il l'accueillit au début du mois d'août 1962 et lui montra ses fresques de Villefranche. Le 11 octobre 1963, elle déclara :

« La nouvelle de la mort de Jean Cocteau me cause une immense peine.

« J'avais une profonde admiration pour son très grand talent et une vive affection pour sa personne si attachante.

« Nous perdons en lui un véritable ami, et surtout l'Académie belge qui s'honorait de le compter parmi ses membres les plus éminents[54]. »

La presse belge rappela une page souvent citée du défunt :

« Courageuse, infatigable, libre, la reine Élisabeth n'hésite jamais à vaincre les obstacles, à chercher les routes qui ne se trouvent pas inscrites sur les cartes. Et si cette femme mince et inflexible semble craindre le seul bruit de sa voix, c'est qu'elle écoute. Elle écoute, perpétuellement attentive à ce que son silence récolte, les chants humains sur le magnétophone de son cœur. Résumant, ne serait-ce que par son pâle et vif regard d'amour, les héroïnes de Maurice

Maeterlinck, j'aime à me représenter la reine Élisabeth, debout à Bruxelles, au milieu des ors de la plus belle place du monde, avec à la main un sceptre qui n'est autre que la lyre mythologique d'Orphée. »

*
**

Il y avait longtemps qu'Élisabeth désirait rencontrer Albert Schweitzer, lorsque, dans le courant de l'année 1951, un ami commun, le musicologue Feschotte, la fit inviter à Gunsbach en Alsace. La Reine et le médecin avaient beaucoup de choses en commun. Il était né allemand, en 1875 et était devenu français en 1919. Les autorités de la IIIe République l'avaient arrêté en 1917 à l'hôpital de Lambaréné qu'il avait fondé au Gabon le considérant comme suspect. Elle était née en Bavière, un an après lui et était devenue belge par mariage. Tous deux aimaient l'Allemagne des musiciens, tout en haïssant le régime nazi qui l'avait trop longtemps défigurée. Tous deux se préoccupaient de l'état sanitaire de l'Afrique, chacun à sa manière. Lui, sur le terrain, à Lambaréné où il était revenu en 1924 ; son dévouement héroïque et son rayonnement spirituel lui vaudront en 1952 le prix Nobel de la Paix. Elle, plus modestement, par les nombreuses institutions dont elle avait suscité la création après son voyage au Congo belge.

La Reine connaissait et l'œuvre du médecin et celle de l'interprète réputé de Bach, mais aussi les principes essentiels de son éthique du respect de la vie : « Le paysan qui vient de faucher des milliers de fleurs pour les donner en nourriture à son bétail doit se garder d'en décapiter une, par plaisir stupide, sur le chemin du retour, car, ce faisant, il commet un crime contre la vie sans agir sous l'empire de la nécessité. »

Le lundi 3 septembre 1951, Albert Schweitzer jouait à l'orgue de Gunsbach les *Toccata* en Ré mineur et en Do mineur de Bach, quelques chorals du même compositeur et une sonate de Mendelssohn. Il avait soixante-seize ans, mais avait gardé intacte sa virtuosité des doigts et des phrasés. Seule dans la nef dominée par un grand crucifix à gauche et la chaire de Vérité à droite, la reine Élisabeth l'écoutait religieusement.

Le lendemain, toujours dans l'église de Gunsbach — l'un des dix-sept sanctuaires alsaciens où l'on célébrait la messe catholique aussi régulièrement que le culte protestant —, nouvelle audition : un choral et la *Petite fugue* en Sol mineur de Bach, le choral en Mi mineur de Franck et la partie pour orgue de la sixième symphonie de Charles-Marie Widor.

La Reine logeait chez les Schweitzer : une maison toute blanche habillée de feuilles. Entre deux récitals, elle se promenait dans le village étalé entre un versant de vignes et un versant de sapins. Une après-midi, elle accompagna son hôte dans l'ascension de ce qu'on appelait « le rocher du Docteur » ; Schweitzer avait, en effet, acheté ce coin sauvage parce que, dans sa jeunesse, il y était venu lire et méditer la Bible, Rousseau ou Nietzsche.

Désormais, lors de ses rares visites en Europe, Schweitzer trouverait le temps de parler longuement avec la Reine, soit à Gunsbach, soit à Laeken. Leurs conversations roulaient autour de Bach, bien sûr, et Wagner, et aussi de leurs amis communs — Einstein et Pablo Casals, notamment —, mais également du traitement de la lèpre en A.E.F. et au Congo belge. Alors, ni pour elle ni pour lui, il n'était jamais minuit.

De janvier 1952 jusqu'à sa mort en 1965, Schweitzer écrivit à Élisabeth une centaine de lettres, souvent accompagnées d'un poème choisi à son intention. Elles évoquent la vie épuisante au Gabon du médecin musicien, ses projets comme musicologue et comme interprète, ses travaux de philosophe ; elles commentent aussi les grands événements internationaux. A ce propos, le parallélisme entre les idées de Schweitzer et d'Einstein est frappant. Le pacifisme des deux Albert a certainement influencé le comportement de la reine Élisabeth, son engagement sur un terrain pourtant encombré d'ambiguïtés.

La première lettre que nous citerons — elle est datée du 14 janvier 1952 — révèle qu'Albert Schweitzer estimait devoir tout faire personnellement à Lambaréné, y compris l'achat des médicaments :

> « Aujourd'hui où les grands laboratoires mettent coup sur coup de nouveaux produits sur le marché, faire des commandes nécessite de grandes connaissances en chimie et en médecine. Il faut un long travail de documentation pour pouvoir juger ce qu'il faut acheter et en quelles quantités. Un médicament tout nouveau et très apprécié peut être supplanté d'un jour à l'autre par un nouveau de la même famille. Et ces médicaments sont tellement chers qu'il faut agir avec une grande circonspection pour ne pas risquer de grandes pertes par un achat se révélant comme désavantageux. C'est pour cette raison que je ne puis confier les commandes à mes médecins, mais que je suis obligé de les faire moi-même, ayant les meilleures connaissances dans ce domaine et étant placé pour porter les responsabilités des achats. Mes commandes en médicaments durant ces longues années, réunies les unes aux autres, formeraient un manuscrit

trois fois plus grand que celui de la *Critique de la Raison pure* de Kant. Vous pensez bien que je l'envie, le vieux de Königsberg[55]. »

La Reine aimait les objets familiers de ses amis. Ainsi en était-il d'un simple crayon auquel le médecin faisait allusion dans sa lettre du 29 septembre 1952 : « J'espère que le crayon en bois vert sert Votre Majesté avec la même fidélité qu'il m'a servi moi-même. Il avait la bonne habitude de ne jamais disparaître[56]. » Le 4 mars et le 3 avril 1953, le docteur de Lambaréné livrait à la Reine les conclusions de ses recherches sur les « ornements » de Jean-Sébastien Bach : six longues pages, citations musicales à l'appui. Il évoquait aussi le séjour de la Reine à Gunsbach — un sujet sur lequel il revint, le 23 mai 1954 :

> Le souvenir de votre visite à Gunsbach reste vivant en moi. Il culmine dans le souvenir de la promenade vers le rocher, en sortant de l'église. La pluie menaçait. Elle commençait à tomber en gouttes fines. Et tous les deux, sans nous consulter, nous avons continué notre route. Et sur le rocher le beau temps nous attendait. Il me semble que c'est là comme un fait symbolique du courage que nous devons avoir chacun, pour continuer notre route dans la vie, avec tous les soucis, toutes les déceptions, toutes les tristesses qui peuvent nous attendre. J'ai bien souvent pris cette « marche contre la pluie » à Gunsbach comme un présage dans des situations difficiles pour les aborder avec confiance. Et quand j'essaie de me représenter vos traits, je vous vois avec l'expression que vous aviez en disant alors : " Marchons toujours. " C'est comme si

nous nous étions décidés d'un commun accord pour une devise à adopter[57]. »

En septembre 1954 et en septembre 1955, la Reine et Schweitzer se retrouvèrent à Gunsbach devant le vieil orgue de l'église mais aussi pour de longues conversations sur la paix. Albert Schweitzer, prix Nobel, devait précisément écrire un discours de 50 minutes sur le sujet.

C'est d'un autre discours qu'il parle dans sa lettre du 8 février 1956, un discours sur le maréchal Pétain qu'en sa qualité de successeur à l'Académie française, il aurait dû normalement prononcer sous la Coupole :

> « Après le débarquement des Américains, le Maréchal aurait pu aller en Afrique du Nord. L'avion était prêt. Les Américains (qui n'aimaient pas De Gaulle) l'auraient reçu comme le chef de la France. Mais lui pensait seulement au sort de la France à la merci de Hitler. Par dévouement pour elle il est resté, car il savait bien que, si lui partait, Hitler enverrait un *Gauleiter* gouverner la France, ce qui aurait été terrible. Le Maréchal avait le choix entre la liberté et la servitude. Il a choisi celle-ci et l'humiliation qu'elle comportait. J'avais deviné toutes ces choses. Mais à l'étude des documents je les ai comprises. Je me suis entretenu sur toutes ces questions avec le général Weygand et j'ai pu constater qu'il avait la même opinion de l'attitude du Maréchal, dont il était le collaborateur fidèle. Mon discours dans lequel je rends justice à mon prédécesseur, je l'ai esquissé. Mais (entre nous) j'ai prié M. Buisson, le secrétaire perpétuel, de me permettre de ne pas le prononcer actuellement. Pour le commun des Français, Pétain est encore le traître qui faisait la volonté

de Hitler et qui est la cause des maux qu'elle a subis durant l'Occupation. On ne déchaînerait que des polémiques en entreprenant à l'heure qu'il est sa réhabilitation. J'ai rempli mon devoir envers l'Académie en consacrant trois mois à l'étude du cas de mon prédécesseur en vue de l'éloge qu'il m'incombait de faire ayant pris son fauteuil. Mais je crois devoir ajourner le discours à faire subir jusqu'à nouvel ordre[58]. »

Nous ignorons la réaction de la Reine à la lecture de cette lettre assez surprenante...

Ayant appris qu'un groupement des « Amis du docteur Schweitzer » était en formation en Belgique et que la Reine avait été approchée pour le patronner par le professeur André Henry, de Berne, Schweitzer lui conseilla, le 19 février 1956 :

« Refusez donc simplement et gentiment sous un prétexte ou un autre, ou ce qui mieux est, sans prétexte et sans explication. C'est certainement ce Monsieur Henry qui eut la pensée de Vous mêler à cette affaire, parce qu'il a appris que nous nous connaissons. Sur nos relations, vous pensez comme moi. Nous formons un trio avec le cher orgue de Gunsbach. C'est une idylle qui nous appartient à nous, qui nous donne un peu de lumière et de souvenirs réconfortants dans la vie obscurcie par des soucis et des difficultés que nous menons. Cela nous appartient à nous. Cela n'a pas à se manifester dans le monde[59]. »

A l'approche du quatre-vingtième anniversaire de la Reine qui se trouvait, à ce moment-là, au Festival de Prades chez l'ami commun Pablo Casals, Schweitzer lui écrivait :

« C'est aujourd'hui votre dernier jour à Prades. Demain mes pensées vous accompagnent, quand votre voiture cheminera à travers cette malheureuse France qui va de malheur en malheur et est gouvernée par un parlement incapable de prendre les décisions que les événements exigent et s'obstinant à ne rien prévoir. La situation financière est déplorable et très inquiétante. Vous traversez la France pour aller vous faire fêtée *(sic)* chez vous. Je pense beaucoup à vous ces jours-ci. Je trouve que la destinée a bien fait les choses en permettant que nous fassions connaissance. Je me souviens encore du jour où l'ami Feschotte me parla la première fois de vous. Vous avez connu de grands soucis, de grandes tristesses et des événements tragiques dans votre vie. Et toujours vous vous êtes montrée courageuse, n'abdiquant pas devant le sort, retrouvant toujours votre sérénité. Ces jours-ci, le peuple vous honorera et vous fera comprendre qu'il vous considère comme sa reine spirituelle. Ce sera la grande satisfaction, un rayon de lumière illuminant votre existence qui compte des époques où vous cheminiez *im finstere Tale*... Qu'il vous soit donné de jouir pleinement de ces jours, dans lesquels la sympathie et l'admiration vous présenteront leur offrande. Et voici quelque chose que nous avons tout à fait en commun : on nous fête pour nos 80 ans ! Nous avons le privilège d'apprendre que nous sommes vénérés et aimés. Je prends part à votre fête d'une façon particulière ayant vécu des jours comme vous les vivez et ayant été réconforté comme vous l'êtes. Et c'est dans ce sentiment que je viens vous apporter mes souhaits pour votre fête[60]. »

En 1958, Élisabeth fit part de son projet de se rendre à Lambaréné, après être allée en Russie pour le Concours Tchaïkovsky. Albert Schweitzer s'en réjouit évidemment :

> « Et vous allez en Russie !, écrit-il, le 17 mars 1958, je crois que vous faites bien, non seulement pour les honneurs à rendre à un grand musicien mais aussi pour servir le rapprochement des peuples. Votre voyage comme celui en Pologne aura une signification spirituelle.
>
> « C'est triste que l'Occident, sous l'influence de l'Amérique, ne pense pas sérieusement à renoncer aux armes nucléaires. La vérité est du côté des Soviets... Et quiconque dit cette vérité est accusé d'être communiste ; c'est le cas de Bertrand Russell en Angleterre et de moi. En Amérique, ceux qui sont pour l'abolition des armes nucléaires sont accusés de communisme... Où allons-nous si l'esprit américain triomphe ? Vers une proche guerre atomique dans laquelle l'Europe, si elle accepte les armes nucléaires de l'Amérique, sera le champ de bataille[61]. »

A partir de cette lettre et, surtout, après la mort de sa femme, Schweitzer encombra sa correspondance de réflexions — voire de ratiocinations — sur la situation internationale, un pacifisme généreux mais souvent élémentaire, un anti-américanisme sommaire. Certes la Reine approuva ses messages contre les essais de bombes atomiques, considérés comme des violations du droit international. Elle lui signala même le nom d'un militant pacifiste belge, l'ambassadeur honoraire Édouard Le Ghait, susceptible de faciliter l'édition de la brochure *Paix ou Guerre atomique*. Mais elle se lassa vite de ses analyses de la politique mondiale et le lui fit délicatement savoir par Emmy Martin, la collaboratrice d'Albert Schweitzer, qu'elle accueillait fréquemment comme une amie et une confidente au Stuyvenberg. Albert Schweitzer nota cette lassitude, mais n'en poursuivit pas moins ses commentaires qu'il alignait sur de nombreuses pages malgré sa difficulté grandissante à écrire lisiblement.

Entre-temps, Élisabeth avait dû renoncer à se rendre à Lambaréné. A ce propos, Albert Schweitzer notait, dans sa lettre du 29 décembre 1957 : « Vous avez réussi d'aller en Pologne malgré M. Spaak. Peut-être vous réussirez d'arriver à Lambarene malgré un inopportun se dressant au Congo belge [62]. »

A la fin de l'année 1959 — au cours de laquelle Schweitzer fut l'hôte du Stuyvenberg — la Reine avait confié à celui-ci l'inquiétude que lui causait le départ impromptu de son petit-fils, le roi Baudouin, au Congo où le désordre s'était installé après la démission du ministre Maurice Van Hemelrijck.

> « Je crois qu'il a bien fait, répondit Albert Schweitzer, le 20 décembre 1959. Il y a des situations où le roi doit jeter son autorité dans la balance. C'est le grand avantage d'une monarchie sur la république. (...)
>
> « Il est impossible d'arrêter le détachement du Congo de la Belgique. Certes, ces peuples d'eux-mêmes ne se seraient pas engagés dans cette voie, ni au Congo français ni au Congo belge. Mais c'est l'Amérique qui, déjà pendant les deux guerres et après, a trouvé bon de lancer l'appel de l'émancipation de tous les peuples, chantant un duo, à ce sujet, avec les Soviets. L'Amérique le faisait par un idéalisme naïf qui ne tenait pas compte de la situation des peuples primitifs et de leur accession à l'indépendance.

Les Soviets le faisaient avec l'idée que tout affranchissement de peuples et tout changement dans la structure du monde, leur permettraient de gagner de l'influence[63]. »

Réflexe de vieux colonial ; Schweitzer devait se réjouir, par la suite, de la tentative de sécession du Katanga et critiquer sévèrement l'intervention de l'O.N.U. :

« Et voici que ces jours-ci, écrivait-il, le 23 octobre 1960, l'O.N.U. se comporte de nouveau d'une façon ignoble envers la Belgique. Elle demande le renvoi de tous les militaires et administrateurs belges ! Qui leur donne ce droit ? Ce ne sont pas les peuples de l'ancienne colonie belge qui le demandent, ce sont des puissances qui n'ont jamais eu des relations avec la colonie. On ne permet plus aux peuples coloniaux de se gouverner eux-mêmes. On veut leur imposer des hommes et des directives émanant de puissances qui veulent agir par l'O.N.U. ! »

Quant à Krouchtchev, que la Reine devait rencontrer, Schweitzer estimait dans la même lettre, qu'il a « des allures et comportements qui lui enlèvent la sympathie qu'on pourrait et devrait avoir pour lui. Car il veut franchement la paix et fait tout son possible pour lutter contre un mouvement guerrier de la Chine qui est exaspérée d'être exclue de la Corporation des Nations Unies, quand tous les petits États africains y sont admis et cajolés[64]. »

Au début de 1961, le Père Pire, prix Nobel de la Paix, proposa à la reine Élisabeth de signer une pétition demandant à l'Espagne d'autoriser le retour au pays de ceux qui, à la fin de la guerre civile, s'étaient réfugiés en territoire français. La Reine signa la pétition, ce qui suscita de vives critiques. Schweitzer croyait qu'il aurait mieux valu ne pas signer, que la pétition du Père Pire n'aurait pas de succès parce qu'elle avait immédiatement été récupérée par le Parti communiste français. Mais, précisait-il, le 26 mars 1961 :

> « Ne prenez pas au tragique les reproches que certains pourront formuler. Vous avez suivi le chemin que votre cœur vous désignait. Et le peuple belge le comprendra, parce qu'il vous aime, que vous avez du cœur !... Vous avez donné votre signature. Vous en aviez le droit. Ne reprenez rien de ce que vous avez fait. Mais à partir de maintenant, laissez aller les choses, sans vous mêler à quoi que ce soit. Ceci aussi est votre droit. Chère Madame. J'ai tellement peur que vous preniez au tragique les critiques qu'on pourra formuler[65]. »

Malgré le poids des ans et quelques accrocs de santé, Albert Schweitzer poursuivit sa tâche à Lambaréné, voulant, comme toujours, tout diriger personnellement : le choix des médicaments, la thérapie dont on pouvait critiquer le caractère désuet, l'érection de nouveaux bâtiments, la construction de ponts et de routes. Et il trouvait le temps d'écrire des articles de philosophie ou d'éthique, de s'intéresser à la restauration de l'orgue de Gunsbach sur lequel il devinait qu'il ne jouerait jamais.

> « Une grande consolation est pour moi, écrivait-il le 23 juin 1962, que l'idée du respect de la vie commence à faire son chemin dans le monde. — Je vous écris à ma table dans la grande salle de consultation. Und Morgen ist

> Johannestag ! Je vis dans les accords des Meistersinger. Et à la tombée de la nuit, il y aura le grand Johannesfeuer nourri avec des branches de palmiers sur le bord de l'Ogowé[66]... »

Il se plaignait de plus en plus de la crampe des écrivains, héritée de sa mère, mais cette infirmité ne ralentissait guère sa correspondance. Avec la Reine, les lettres se succédèrent au rythme de quatre ou cinq par an. Le 24 novembre 1964, il lui écrivait encore :

> « Ma correspondance devient plus grande de jour en jour, surtout par le fait que je vais avoir 90 ans. C'est touchant pour moi d'entrer en relation avec tous mes amis...
>
> « Ici tout va bien. L'hôpital devient de plus en plus grand. J'ai voulu construire un hôpital de 50 lits et c'est devenu un hôpital de 500 lits. Nous sommes à présent 6 médecins et 15 infirmières européennes. J'ai aussi quelques braves infirmiers noirs. L'hôpital est un village de 85 bâtiments...
>
> « A présent je lutte avec mes amis français contre le sport de la lutte contre les taureaux. Ce sport vulgaire a fait de grands progrès en France. A présent il y a une réaction contre les français qui ont une âme espagnole. C'est contre l'esprit de cruauté que nous avons à nous prononcer. La question est grave[67]. »

Le 4 septembre 1965 Albert Schweitzer mourait à Lambaréné. Dès qu'elle en connut la nouvelle, la Reine adressa un télégramme de condoléances au frère et à la belle-sœur du défunt, à Gunsbach. Paul Schweitzer étant souffrant, c'est sa femme qui répondit en évoquant un souvenir d'une émouvante simplicité :

« Nous avons beaucoup pensé avec tristesse à Votre Majesté, nous savons que vous avez du chagrin, car le docteur nous a souvent parlé de la longue et profonde amitié qui le liait à vous. Je vous vois toujours passer ensemble sous mon linge mouillé suspendu pour monter à son cher Kanzerain[68]. »

***

Pablo Casals aussi était un contemporain d'Élisabeth. Né dans la région de Tarragone, en 1876, le violoncelliste catalan avait formé en 1905 un trio renommé avec Alfred Cortot et Jacques Thibaud. Depuis la victoire de Franco en 1936, il vivait en exil à Prades, petite ville de 4000 habitants, à une quarantaine de kilomètres de Perpignan. Il y avait fondé en 1950 un Festival Bach qui réunissait dans la nef romane de l'église Saint-Pierre les mélomanes du monde entier. D'autres concerts se déroulaient dans la grande cour du palais des rois de Majorque à Perpignan et dans la proche abbaye de Saint-Michel de Cuxa. La reine Élisabeth, une habituée du Festival, passait de longues heures dans la jolie petite maison du Maître. Celui-ci, assis dans son fauteuil patriarcal, bourrant sa pipe de tabac de cinq ou six origines différentes, racontait ses premiers et bouleversants contacts avec la musique de Wagner alors qu'il avait douze ans. Il lui montrait une photo d'Eugène Ysaye jouant du violon, près de la mer, sur la plage de La Panne. La Reine connaissait bien cette photo puisqu'elle l'avait signée et offerte jadis au musicien anglais Philip Newman...

« Quel grand artiste était Ysaye, disait Pablo Casals ? Quand il apparaissait sur l'estrade, c'était comme l'apparition d'un roi. Beau et fier, avec sa taille de colosse et son visage de jeune lion, avec l'éclat de ses yeux, ses gestes, sa mimique, il était déjà lui-même un spectacle. Je ne partageais pas l'opinion de certains collègues qui lui reprochaient les libertés qu'il prenait et les débordements de sa fantaisie. Il fallait tenir compte des tendances et des goûts de l'époque où Ysaye s'était formé. Et puis, et surtout, qui en l'écoutant n'était subjugué par la puissance de son génie ? »

Telle était aussi l'opinion de la Reine qui se souvenait du concert d'adieux d'Ysaye, au cours duquel Pablo Casals joua le *Concerto pour violoncelle* de Lalo[69].

En 1954, Élisabeth avait appris que la secrétaire du festival de Prades, Francesca Vidal de Capodevila, était souffrante. A son retour à Bruxelles, elle lui envoya un mot et une photo. Pablo Casals lui répondit, le 13 octobre, en faisant allusion à leur amitié commune pour le docteur de Lambaréné :

« Que Dieu bénisse V. Majesté.

« Merci pour le mot à duo avec le grand ami Dr Schweitzer ; merci pour le mot et la photo à Madame Capodevila. Quel bien Votre Majesté lui a fait ! Sa pauvre main tremblante ne lui permet de tenir la plume et pour elle-même et pour moi je dis à Votre Majesté notre profonde reconnaissance.

« L'organisation du Festival 1955 se poursuit et promet de belles, belles choses. La présence de Votre Majesté les fera, pour moi, encore plus belles[70] ! »

Parfois c'était Martita, la nièce — et future femme — de Pablo Casals qui prenait la plume pour raconter un concours de boules à Prades : « Dimanche eut lieu le Concours de Boules présidé par mon oncle. Ce fut très brillant avec 450 joueurs de différents départements. Mon oncle parcourait tous les jeux (avec moi)[71]... » Ou pour donner des détails sur un séjour à Puerto Rico : « L'arrivée du Maître, aussi bien à Puerto Rico qu'à Cuba, qu'au Mexique, a été une explosion de sentiment et d'enthousiasme[72]. » Le tout accompagné d'un petit dessin représentant Pablo Casals fumant la pipe au bord de l'océan...

La plus grande joie de la Reine était évidemment de pouvoir accompagner Pablo Casals au violon. Le Maître y fait allusion, ainsi qu'au livre sur les *Oiseaux de Laeken,* dans une lettre de novembre 1955 :

> « Pleins des ineffables journées passées avec Votre Majesté, quelle joie c'est pour Martita et moi de les revivre dans nos pensées et dans nos conversations et dans notre entourage !
>
> « Nous voudrions savoir que Votre Majesté est bien, très bien, et toujours si active, et qu'Elle ne manque pas de musique. Celle que nous avons faite était délicieuse, n'est-ce pas chère Majesté ? Quand pourrons-nous recommencer ?
>
> « Le livre et les disques des oiseaux, quelle merveille et quelle émotion ! Dans la réunion de dimanche dernier, j'ai fait entendre ces disques à mes élèves, outre une Cantate de Bach et un Concerto de Mozart — programme idéal que ces jeunes gens ont bien apprécié. Ils m'ont prié de dire leurs remerciements à Votre Majesté. De quel cœur je me joins à eux[73]. »

Interrompue par la crise cardiaque qui a frappé Pablo Casals en 1957, la correspondance reprend, le 7 octobre 1957 :

« Je suis impitoyablement surveillé par le docteur et par Martita, ma femme (Oh ! j'ai hâte de parler de ce grand événement à V. Majesté). »

« Je remercie de tout cœur les bontés de V.M. pour moi. Je suis bien et serai tout à fait moi-même à nouveau dans deux ou trois mois[74]. »

Effectivement, le « jeune marié » reprend progressivement toutes ses débordantes activités, y compris les festivals de Prades et de Porto Rico. Élisabeth y est présente, chaque fois qu'elle le peut. Le 21 novembre 1961, Pablo Casals lui livre quelques réflexions à propos du fameux voyage en Chine :

« Nous avons été si heureux et reconnaissants de la postale qui nous montre le grand succès de la visite de Votre Majesté en Chine. Je félicite ce grand pays comme j'aimerais pouvoir féliciter les États-Unis d'Amérique si V.M. honorait d'une visite cet autre grand pays. Les si hautes intentions de V.M. seraient ainsi comprises comme elles doivent l'être — comme je désire de tout mon cœur qu'elles le soient.

« Cette visite pourrait-elle se réaliser à l'occasion de la venue de V. Majesté à Puerto Rico ?

« La semaine dernière, j'ai été à la White House. La conversation que j'ai eue avec le Président Kennedy m'a vivement impressionné. Il inspire sympathie et confiance. Son regard est profond et d'une grand bonté. Une rencontre de V.M. avec lui ferait *un grand bien*[75]. »

Le violoncelliste catalan revient sur le sujet, dans sa réponse à deux télégrammes de la Reine, le 1er janvier 1962 :

> « Que l'influence de votre chère Personne contribue à l'apaisement, à l'amélioration de notre pauvre monde. A ce sujet, puis-je me permettre de dire à Votre Majesté qu'une visite (comme celle faite dernièrement en Russie et en Chine) aux États-Unis, serait un geste très significatif de Votre Majesté ?
> « Je garde une magnifique impression du Président Kennedy. J'ai confiance en lui[76]. »

Un télégramme encore dans le dossier Pablo Casals. Il est arrivé à Laeken, le 6 septembre 1965 :

> « Notre grand ami Albert Schweitzer n'est plus. Nos sentiments pour cette grande peine sont les mêmes et je sens le besoin de communiquer avec Votre Majesté. Pablo Casals[77]. »

CHAPITRE XII

Les portes de la mort

Lorsque la santé de la Reine commença à décliner et que se manifestèrent les signes d'une fatigue grandissante, le roi Léopold donna à son entourage l'ordre de placer la boîte de cigarettes hors de son atteinte. Grande fumeuse devant l'Éternel, elle s'en irritait et profitait des audiences pour récupérer le coffret... Elle avait réussi à surmonter sa « déprime » des années 1961-1962, en adoptant une attitude de refus devant les contraintes de la vieillesse. Elle s'y tenait d'autant plus farouchement qu'à l'inverse de ses forces physiques, ses facultés intellectuelles demeuraient vives et intactes.

En 1964, année du trentième anniversaire de la mort du roi Albert, elle assista, en compagnie de la reine Fabiola, à l'ouverture et à la dernière séance du Concours International de Musique, dont le pianiste Jean-Claude Vanden Eynde fut un des lauréats. Elle paraissait plus fluette et fragile que jamais. Mais, objet d'interminables ovations, elle se leva et, debout, répondit au public avec de larges gestes de sa main gantée. Gestes qu'elle répéta au concert de clôture, donné par les trois premiers pianistes vainqueurs. Cette fois, le prince Albert et la princesse Paola lui tenaient compagnie dans la loge royale du palais des Beaux-Arts.

Ayant appris par les membres du jury du Concours que le cher David Oïstrakh était malade, la Reine chargea aussitôt son secrétariat d'adresser au directeur du bureau d'Aéroflot à Bruxelles, la note suivante — témoignage typique de sa délicatesse de cœur : « Prière de bien vouloir envoyer à Léningrad le plus rapidement possible le petit colis ci-joint contenant des fraises que Sa Majesté la Reine désire offrir à David Oïstrakh qui se trouve à l'hôpital de Léningrad[1]. »

Le 21 juillet suivant, assise dans sa voiture automobile, elle passa en revue, devant l'arcade du Cinquantenaire, les délégations des survivants de l'armée belge de 1914-1918. Elle eut alors le geste émouvant de déposer un baiser, à travers la fenêtre ouverte, sur un des étendards inclinés vers elle. Le 15 décembre, raconte Carlo Bronne,

> « quelques privilégiés furent conviés au Stuyvenberg à une cérémonie intime. Une délégation de l'Institut de France en habit vert venait remettre à la Reine le procès-verbal de son élection à l'Académie des Beaux-Arts au fauteuil de Rockefeller. Parée de gris clair, la traditionnelle orchidée à l'épaule, la royale académicienne était assise dans le fauteuil aux roues dorées qu'elle employait depuis que l'âge l'avait affaiblie. Le secrétaire perpétuel évoqua l'infirmière des brumes de La Panne et des Moëres. Elle écoutait le regard lointain. Sans doute songeait-elle qu'elle avait vécu plusieurs vies de femme. Depuis longtemps, ce passé était révolu ; une lumière différente était descendue sur elle comme si la disparition du Roi l'avait forcée à naître une seconde fois d'elle-même, à sortir de la légende pour revenir dans un monde en muta-

tion et que sa vocation était de montrer le chemin[2]. »

Le 23 avril 1965, répondant à l'invitation de la ville de Gand, elle visita les prestigieuses Floralies, la veille de leur ouverture officielle. Sa voiturette passait entre les massifs et les parterres de cet éphémère paradis terrestre. Parfois, elle demandait que l'on s'arrêtât ; elle se penchait alors et, de sa main dégantée, caressait le calice d'une fleur.

Elle passa l'été à la villa royale d'Ostende et — ultime apparition en public — se rendit à l'Œuvre des cadets de l'*Ibis* qu'elle patronnait depuis soixante ans. A son retour au Stuyvenberg, elle reçut encore une délégation de l'OXFAM qui lui détailla ses projets d'aide au Tiers Monde ; elle accepta le principe d'une exposition de ses sculptures au profit de l'aide aux pays en développement.

Le 2 octobre, le P. Pire lui donna des nouvelles de la santé de David Oïstrakh : « J'ai pu donner la main et parler longuement à un ami de la Reine. » Le prix Nobel de la Paix, rentré de Moscou, se proposait d' « aller dire un petit bonjour à la Reine[3] ».

⁂

Le 4 novembre, la reine Élisabeth eut une première crise cardiaque. Une seconde l'emporta, le 23 novembre 1965, à 21 h 35.

Déjà j'entendais le fracas
Des portes de la mort
Se refermant sur moi :
Or les voici,
Béantes à nouveau,
Sous la poussée

D'un soleil éclatant.
(TRISTAN ET ISOLDE)

Le bulletin médical porté à la connaissance du peuple belge précisait :

« Après avoir surmonté d'une façon remarquable une première crise cardiaque, Sa Majesté la reine Élisabeth a présenté, mardi soir 23 novembre 1965, une nouvelle crise d'une particulière gravité.

« Sa Majesté est décédée en quelques minutes.

(s) Dr J. Van Cutsem, Prof. Maertens, Dr Regnier, Prof. Pannier, Prof. Lequime. »

Sur la table de chevet de la chambre funéraire du château du Stuyvenberg, on plaça le Stradivarius que la Reine avait légué à David Oïstrakh[4].

Dans la nuit, la dépouille de la défunte fut transférée au palais de Bruxelles. Il n'y eut aucun déploiement militaire. Simplement, des infirmières des hôpitaux de Bruxelles montèrent la garde autour du cercueil.

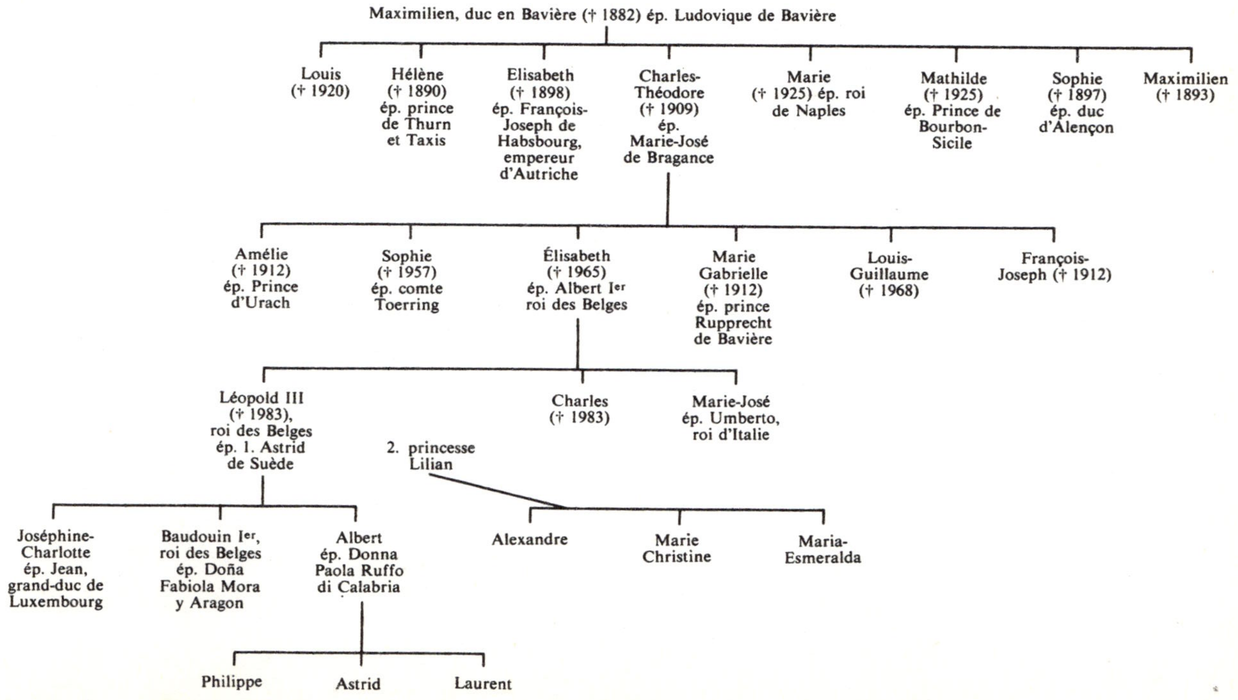

La famille royale de Belgique

NOTES

Abréviations

AR-RE : Archives du Palais royal, fonds Reine Élisabeth.
ARL : Archives du roi Léopold III, Château d'Argenteuil.
AML : Archives et Musée de la littérature, Bibliothèque royale Albert Ier à Bruxelles.
ABA : Archives du baron Allard, Bruxelles.
MJ : MARIE-JOSÉ, *Albert et Élisabeth de Belgique, mes parents*, Paris, 1971.
LS et EV : L. SCHEPENS et E. VANDEWOUDE, *Albert et Élisabeth 1914-1918. Albums de la Reine. Notes du Roi*, Catalogue de l'Exposition du Crédit communal, Bruxelles, 1984.

PROLOGUE

1. F. NIETZSCHE, *Richard Wagner à Bayreuth*, dans *Considérations inactuelles*, 2e série, trad. H. ALBERT, Paris, 1922, p. 133.
2. *Idem*, p. 158.
3. S. RUETZOW, *Richard Wagner und Bayreuth. Ausschnitte und Erinnerungen*, Nuremberg, 1953, pp. 134-135.
4. Cité par G. de POURTALÈS, *Wagner. Histoire d'un artiste*, Paris, 1932, p. 385.

CHAPITRE PREMIER

1. Ch. TERLINDEN, *Années de jeunesse dans une famille traditionnellement éprise de science et d'art*, dans *Les Beaux-Arts*, no hors série.
2. *Idem*.
3. M.J., p. 121.
4. Publié par M.-R. THIELEMANS et Em. VANDEWOUDE, *Le Roi Albert au travers de ses lettres inédites, 1882-1916*, Bruxelles, 1982, pp. 262-263.
5. MJ, p. 30.
6. *Idem*, p. 21.

7. *Idem*, p. 21.
8. Élisabeth à la comtesse de Sigmaringen, Paris, 6 juin 1900, AR-RE, nº 604.
9. Élisabeth à Fritz de Hohenzollern, Paris, 6 juin 1900, AR-RE, nº 611.
10. Élisabeth à Joséphine de Hohenzollern, Munich, 8 juin 1900, AR-RE, nº 602/1.
11. MJ, p. 24.
12. *Idem*, p. 23.
13. *Idem*, p. 23.
14. *Idem*, p. 23.
15. *Idem*, p. 25.
16. Dans l'actuelle avenue de l'Astronomie. Léopold II avait demandé les plans à l'architecte français Maquet mais l'hôtel ne fut jamais construit. Léopold II multipliait, à ce moment-là, les témoignages d'affection à l'égard des fiancés. Il envoya notamment un bracelet à la princesse Élisabeth à l'occasion de sa fête. Sa future nièce l'en remercia dans une lettre datée du 26 juillet 1900 : « Je suis si touchée des bontés que vous avez sans cesse pour moi et de l'affection que vous et la Tante m'avez toujours témoignée. Soyez sûr que c'est de tout cœur que je vous les rends. » AR-RE, nº 600.
17. Construit selon les plans de l'architecte Balat, l'hôtel d'Assche est actuellement occupé par le Conseil d'État.
18. MJ, p. 26.
19. *Idem*, p. 26.
20. *Idem*, p. 27.
21. *L'Indépendance belge*, 5 octobre 1900.
22. *Idem*.
23. Cité par C. Bronne, *Albert Ier, le Roi sans terre*, Paris, 1965, p. 22.
24. *La Gazette*, 5 octobre 1900.
25. *Le Peuple* était l'organe officiel du Parti Ouvrier Belge.
26. MJ, p. 42.
27. *L'Indépendance belge*, 8 octobre 1900.
28. Autre manifestation musicale : une soirée de gala au Théâtre royal de la Monnaie où fut joué le 2e acte de *Lakmé*, l'opéra comique de Léo Delibes. L'orchestre était placé sous la direction de Sylvain Dupuis. *Lakmé* avait été créé au Théâtre royal de la Monnaie, le 29 novembre 1886.

CHAPITRE II

1. MJ, pp. 56-57.
2. Voir note 17 du chapitre premier.
3. *Le Soir*, 5 novembre 1901.
4. Le 7 juin 1903, la princesse Élisabeth avait écrit à sa belle-sœur Joséphine : « J'espère que ce sera de nouveau un garçon. Albert croit dur comme fer que ce sera une fille. Après tout, cela n'a pas d'importance », Westende, AR-RE, nº 602/B. Le prince Charles sera régent du royaume du 2 septembre 1944 au 20 juillet 1950.
5. Même lettre.
6. MJ, p. 49.

7. *Idem*, p. 49.
8. *Idem*, p. 50.
9. *Idem*, p. 51.
10. Élisabeth à Joséphine de Hohenzollern, Possenhofen, 6 août 1903, AR-RE, nº 602/9.
11. Élisabeth à la comtesse de Flandre, Bruxelles, 24 juillet 1902, AR-RE, nº 601/1.
12. Cité par L. de LICHTERVELDE, *Léopold II*, Bruxelles, 1935, p. 366.
13. Le suffrage universel plural octroyait une ou deux voix supplémentaires d'après certaines conditions de famille, de propriété ou d'instruction.
14. C. BRONNE, *Trois Lettres inédites de Léopold II et du prince Albert*, dans *Pallas*, octobre-novembre 1965, pp. 23-25.
15. M.-R. THIELEMANS et Em. VANDEWOUDE, *op. cit.*, p. 275.
16. MJ, p. 95.
17. Les dons étaient limités à un maximum de 25 centimes.
18. MJ, 135.
19. Cité par G.-H. DUMONT, *La Vie quotidienne en Belgique sous le règne de Léopold II*, Paris, 1975, p. 179.
20. MJ, p. 135.
21. *Journal de Liège*, cité par *L'Éventail*, 3 février 1907.
22. Émile Verhaeren à Albert, 15 juin 1908, AR-RE, nº 699.
23. *L'Éventail*, 19 août 1908.
24. MJ, pp. 51-52.
25. Cf. R. Mallieux, *Le Roi Albert alpiniste*, Bruxelles, 1956.
26. M.-R. THIELEMANS et Em. VANDEWOUDE, *op. cit.*, p. 322.
27. MJ, pp. 52-53.
28. M.-R. THIELEMANS et Em. VANDEWOUDE, *op. cit.*, p. 323.
29. *Idem*, p. 336.
30. MJ, p. 87.
31. *Idem*, p. 90.
32. *Idem*, p. 135.
33. M.-R. THIELEMANS et Em. VANDEWOUDE, *op. cit.*, p. 338.
34. MJ, p. 91.

CHAPITRE III

1. M.-R. THIELEMANS et Em. VANDEWOUDE, *op. cit.*, p. 348.
2. MJ, p. 118.
3. C. BRONNE, *Albert Ier, le roi sans terre*, Paris, 1965, p. 81.
4. *L'Indépendance belge*, 14 juillet 1910.
5. Cité par *L'Indépendance belge*, 8 octobre 1910.
6. MJ, p. 140.
7. H. CARTON de WIART, *Souvenirs politiques (1878-1918)*, Bruges, 1948, p. 163.
8. Cité par E. CAMMAERTS, *Albert de Belgique, défenseur du Droit*, Bruxelles, s.d., p. 117.
9. MJ, p. 140.
10. *L'Indépendance belge*, 12 novembre 1910 ; *Le Peuple*, 14 novembre 1910.

11. Charles Lefèbure à Élisabeth, Bruxelles, 13 janvier 1910, AR-RE, n° 689.
12. Jules Ingenbleek à Élisabeth, Bruxelles, 10 juillet 1910, AR-RE, 811. Le père Rutten, dominicain, était un parlementaire de tendance démocrate.
13. M.-R. THIELEMANS et Em. VANDEWOUDE, *op. cit.*, p. 374.
14. Émile Verhaeren à Élisabeth, Roisin, 24 août 1910, AR-RE, n° 699.
15. *Idem.*
16. M.-R. THIELEMANS et Em. VANDEWOUDE, *op. cit.*, p. 374.
17. Albert à Émile Verhaeren, Laeken, 28 novembre 1910, AML.
18. MJ, p. 110.
19. *L'Éventail,* 12 février 1911.
20. MJ, p. 138.
21. L'écharpe mesurait 2,75 m sur 0,80 m. Les dentellières y travaillèrent pendant quatre mois. *L'Éventail,* 24 mars 1911.
22. MJ, *op. cit.*, p. 139.
23. C. SAINT-SAENS, *L'École buissonnière,* cité par *L'Éventail,* 8 mars 1915.
24. Élisabeth à Émile Verhaeren, Bruxelles, 14 juin 1911, AML.
25. Émile Verhaeren à Élisabeth, Bruxelles, 5 juillet 1911, AR-RE, n° 699.
26. Stefan ZWEIG, *Combat avec le Démon,* cité par M. LOBET, *Le Feu du Ciel,* Bruxelles, 1969, pp. 34-35.
27. MJ, pp. 58-59.
28. Élisabeth à Émile Verhaeren, Bruxelles, 22 novembre 1911, AML.
29. Cité par L. de LICHTERVELDE, *Avant l'Orage (1911-1914),* Bruxelles, s.d., p. 35.
30. MJ, p. 104.
31. *Idem,* p. 129.
32. *Annales parlementaires,* Chambre des représentants, session 1912-1913, 19-20 février 1913, p. 668.
33. L. de LICHTERVELDE, *op. cit.*, p. 91.
34. MJ, p. 110.
35. *Documents français,* t. XI, n° 292.
36. Élisabeth à Joséphine de Hohenzollern, Laeken, 26 juillet 1914, AR-RE, n° 602/35.
37. E. VANDERVELDE, *Souvenirs d'un militant socialiste,* Paris, 1939, p. 171.
38. Cité par C. BRONNE, *op. cit.*, p. 99.
39. Minute de la réponse du Roi, avec les modifictions de la main d'Élisabeth, ARL.
40. M.-R. THIELEMANS et Em. VANDEWOUDE, *op. cit.*, pp. 502-503.
41. H. CARTON de WIART, *op. cit.*, p. 210.

CHAPITRE IV

1. Procès-verbal du comité médical de la Croix-Rouge, séances des 10 et 12 août 1914.
2. MJ, pp. 76-77.
3. *Idem,* p. 157.
4. *Idem,* p. 159.

5. *Idem*, pp. 160-161.
6. *Idem*, p. 161.
7. *Idem*, p. 163.
8. *Idem*, p. 165.
9. Élisabeth au prince Léopold, 16 septembre 1914, ARL.
10. *Idem*, 1er octobre 1914, ARL.
11. MJ, p. 173.
12. Élisabeth au prince Léopold, 27 octobre 1914, ARL.
13. *Idem*, 31 octobre 1914, ARL.
14. Note du Dr Mélis à Élisabeth, 11 octobre 1914, AR-RE, nº 646, farde Mélis.
15. LS et EV, p. 132.
16. A. COLLARD, *Antoine Depage*, dans *Biographie nationale*, t. XXXV, 1969-1970, col. 176.
17. L. MÉLIS, *Contribution à l'histoire du Service de santé de l'Armée*, Bruxelles, s.d., p. 142.
18. MJ, p. 230.
19. A. DEPAGE, *L'Ambulance « L'Océan »*, Paris, 1917, pp. 23-24.
20. *Idem*, p. 12.
21. MJ, p. 234.
22. Croix-Rouge de Belgique. Archives de la Guerre 1914-1918.
23. Willy Van den Plas à Jules Ingenbleek, 16 mars 1915, AR-RE, nº 588/33.
24. *Idem*, 20 mai 1915, AR-RE, nº 588/34.
25. LS et EV, p. 67.
26. Dr Rubbrecht à Élisabeth, 7 septembre 1917, AR-RE, nº 646.
27. Paul Hymans à Élisabeth, 28 juin 1917, AR-RE, nº 646 (farde Depage).
28. Dr Mélis à Élisabeth, AR-RE, nº 646 (farde Mélis /14 et 15).
29. *Idem*, 27 mars 1916, nº 646/11.
30. Cité par B. DELEPINNE, *Élisabeth, reine des Belges*, Bruxelles, 1983, p. 27.
31. Émile Dauvilliers à Élisabeth, 7 juillet 1917, AR-RE, nº 650.
32. Jane de Lannoy à Élisabeth, 30 avril 1915, AR-RE, nº 639.
33. Nellice MacLean à Élisabeth, 10 août 1917, AR-RE, nº 642.
34. Marie-Anne Peltzer à Élisabeth, 27 octobre 1917, AR-RE, nº 643.
35. Cité par B. DELEPINNE, *op. cit.*, p. 28.
36. Marie Depage à Élisabeth, 5 avril 1915, AR-RE, nº 639/15.
37. MJ, p. 232.
38. Dr Depage à Élisabeth, 27 décembre 1916, AR-RE, nº 667/50.
39. Ctesse van den STEEN de JEHAY, *Nos souverains à La Panne. Mon journal d'infirmière*, dans *La Revue belge*, 1939, p. 484.
40. *Idem*, p. 486.
41. Élisabeth au baron Berryer à partir d'une note de Dr Nolf, AR-RE, nº 606.
42. Cité par E. A. JACOBS, *1914-1918. Un chef parmi ses hommes. Témoignages*, dans *Le Roi Albert et ses soldats*, Bruxelles, 1973, p. 3, et Charles de Broqueville à Élisabeth, 26 décembre 1915, AR-RE, nº 646/9.
43. Élisabeth à l'amiral Bacon, minute (1916), AR-RE, nº 606.
44. Note d'Élisabeth, 7 décembre 1917, AR-RE, nº 622.
45. Note du Dr Denhaene à Élisabeth, 6 février 1917, AR-RE, nº 646.
46. LS et EV, p. 212.

47. Élisabeth au ministre de la Justice, 8 octobre 1918, AR-RE, n° 646/34.
48. Notes des Drs Willems, Nolf et Derache, AR-RE, n° 646.
49. Dr Le Bœuf à Élisabeth, 19 mars 1915, AR-RE, n° 646/11.
50. Louis Mathey à Élisabeth, 26 octobre 1917 et 6 mai 1918, AR-RE, n° 646 et 642.
51. Dr Le Bœuf à Élisabeth, 9 septembre 1917, AR-RE, n° 646/14.
52. *Idem,* n° 646/30.
53. Marquis de Villalobar à Élisabeth, 8 mai 1916, AR-RE, n° 639.
54. *Idem,* 23 mars 1915.
55. P. Loti, *Court Intermède de Charme au milieu de l'Horreur,* Le Havre, 1918, pp. 16-18.
56. Ctesse van den Steen de Jehay, *op. cit.,* p. 35.
57. Eugène Ysaye à Élisabeth, 2 novembre 1914, AR-RE, n° 641.
58. Extraits de *Lettres et écrits,* AR-RE, n° 598, 638, 639, 642, 643.
59. Charles de Broqueville à Élisabeth, 2 janvier 1917, AR-RE, n° 654/6.
60. Sur le mythe parallèle du Roi Chevalier, cf. G. van den Abeelen, *Le Roi Albert : naissance et avatars d'une mythologie,* dans *Colloque du roi Albert,* Bruxelles, 1976, pp. 19-32.
61. AR-RE, n° 646.
62. MJ, p. 247.
63. Camille Saint-Saëns à Élisabeth, 22 septembre 1918, AR-RE, n° 282.
64. Émile Verhaeren à Élisabeth, Saint-Cloud, s.d. AR-RE, n° 699.
65. *Idem,* 4 septembre 1915, idem.
66. Élisabeth à Émile Verhaeren, minute, s.d., idem.
67. Émile Verhaeren à Élisabeth, Saint-Cloud, 9 octobre 1915, idem.
68. *Idem,* janvier 1916, *idem.*
69. MJ, p. 253.
70. Quelques mots prononcés par Sa Majesté la reine de Belgique, ms de Pierre Loti, AR-RE, n° 641.
71. Élisabeth au marquis de Villalobar, minute, AR-RE, n° 605.
72. LS et EV, p. 137.
73. F. Fischer, *Griff nach der Weltmacht,* Dusseldorf, 1961.
74. LS et EV, p. 154.
75. J. Willequet, *Albert Ier roi des Belges,* Paris, 1979, p. 127.
76. F. Fischer, *op. cit.,* p. 271.
77. Élisabeth à Lord Curzon, 15 juin 1918, AR-RE, n° 607.
78. *Idem,* 20 octobre 1918, idem.
79. L. Ranieri, *Émile Francqui, (1863-1935), ou l'intelligence créatrice* Gembloux, 1985.

CHAPITRE V

1. J. Ingenbleek, *Temps passés. Temps nouveaux,* Bruxelles, 1945, p. 171.
2. *Idem,* p. 162.
3. Richard Wagner, *Parsifal,* trad. M. Beaufils, Paris, 1964.
4. MJ, p. 320.
5. Dr Nolf à Élisabeth, Baltimore, 20 juin 1919, AR-RE, n° 672.

6. *Idem,* Bruxelles, 31 août 1919, idem.
7. *Idem,* Philadelphie, 6 juin 1919, idem.
8. MJ, p. 320.
9. Dr Nolf à Élisabeth, Bruxelles, 12 août 1919, AR-RE, n° 692.
10. Lt-Col. Bicknell au Cne Graux, Paris, 18 juin 1919, AR-RE, n° 784.
11. Dr Malvoz à Élisabeth, Liège, 11 septembre 1919, AR-RE, n° 784.
12. Dr van Reeth à Élisabeth, 15 janvier 1919, AR-RE, n° 646.
13. MJ, p. 336.
14. P. MORAND, *Journal d'un attaché d'ambassade, 1916-1917,* Paris, 1949, p. 190.
15. P. HYMANS, *Mémoires,* I, Bruxelles, 1957, p. 407.
16. *Idem,* pp. 442-443.
17. *Idem,* p. 446.
18. MJ, pp. 336-337.
19. *Idem,* p. 338.
20. *Idem,* p. 338.
21. P. GOEMAERE, *A travers l'Amérique avec le roi des Belges,* Bruxelles, 1920, p. 16.
22. *Idem,* pp. 37-38.
23. F. ANSEL, *Le Grand Voyage du roi des Belges aux États-Unis d'Amérique,* Bruxelles-Paris, 1921, pp. 58-59.
24. *L'Indépendance belge,* 6 octobre 1919.
25. G.-H. DUMONT, *Louis Hennepin, explorateur du Mississippi,* Bruxelles, 1948.
26. P. GOEMAERE, *op. cit.,* pp. 100-101.
27. F. ANSEL, *op. cit.,* pp. 285-286.
28. Avant de quitter les États-Unis, la reine Élisabeth visita encore, à Baltimore, l'institut de rééducation des aveugles de guerre et l'hôpital John-Hopkins. Et, le jeudi 30 octobre, elle reçut des mains du vénérable cardinal Gibbons — il avait quatre-vingt-cinq ans — le diplôme de docteur de Trinity College. A cette occasion, elle prononça un discours assez banal : « Je suis profondément reconnaissante à Votre Éminence pour les paroles aimables qu'elle vient de prononcer, et j'apprécie singulièrement le haut honneur que me décerne le Trinity College. Je discerne dans cette attention le désir d'honorer la Belgique en ma personne et de consacrer la communauté d'idées qui existe entre nos deux pays.

« La Belgique intellectuelle tient en haute estime les universités américaines ; nous savons que ces centres de culture sont des foyers où brûlent les flammes de la justice, de la beauté et de la vérité : c'est pourquoi je suis fière de recevoir du Trinity College le grade de docteur ès lettres.

« Cette cérémonie m'offre l'occasion d'exprimer aux Sœurs de Notre-Dame de Namur et à leurs élèves ma profonde gratitude pour l'entr'aide dévouée qu'elle nous ont apportée pendant nos jours d'épreuve. Je forme les meilleurs vœux pour les succès futurs et la prospérité de Trinity College, maison si étroitement liée à la Belgique. » D'après le texte publié par F. ANSEL, *op. cit.,* p. 380.

29. Dr Depage à Élisabeth, Bruxelles, 8 décembre 1919, AR-RE, n° 667/66.
30. *Idem,* Bruxelles, 20 décembre 1919, AR-RE, n° 667/67.
31. *Idem,* Bruxelles, 17 janvier 1920, AR-RE, n° 667/81.
32. *Idem,* AR-RE, n° 667/68.
33. Note à Delvaux, 19 janvier 1920, AR-RE, n° 806.

34. Élisabeth au prince Léopold, à bord du *Sao Paulo,* 6 septembre 1920, ARL.
35. *L'Indépendance belge,* 28 septembre 1920.
36. *Idem,* 12 octobre 1920.
37. L. Piérard, cité par B. DELEPINNE, *op. cit.*, p. 42.
38. *Idem.*

CHAPITRE VI

1. A. FABRE-LUCE, *Locarno sans rêves,* Paris, 1927, pp. 131-132.
2. R. BRASILLACH, *Notre avant-guerre,* Paris, 1941, p. 38.
3. M. CROUZET, *L'Époque contemporaine. A la recherche d'une civilisation nouvelle,* Paris, 1969, p. 103.
4. *Cf.* G.-H. DUMONT (dir.), *Les Années folles en Belgique,* catalogue de l'exposition de la C.G.E.R., Bruxelles, 1981.
5. MJ, p. 310. La reine Élisabeth reçut toujours beaucoup plus de lettres qu'elle n'en écrivait elle-même.
6. De son vrai nom Émile Kayenberg. Il venait de publier un important recueil, *Le Laurier.*
7. *L'Éventail,* 25 janvier 1920.
8. Marthe Verhaeren au roi Albert, Paris, 24 janvier 1920, AR-RE, n° 699.
9. Anna de Noailles à Élisabeth, 11 août 1914, AR-RE, n° 639.
10. *Idem,* 14 octobre (?), idem.
11. P. VALÉRY, *Cahiers 1926-1928,* cité par C. BRONNE, *Reine de cœur, Reine des Arts : Élisabeth de Belgique,* Bruxelles, 1976, p. 145.
12. Extraits des *Carnets* de Paul Valéry, aimablement communiqués à l'auteur par son fils, M. l'Ambassadeur François Valéry.
13. Son meilleur roman, *Maria Speermalie,* parut en 1941.
14. R.-F. LISSENS, *Rien que l'homme,* Bruxelles, 1944, p. 229.
15. *Het Laatste Nieuws, De Standaard,* 15 juillet 1931.
16. Gabriel Fauré à Élisabeth, 11 avril 1919, AR-RE.
17. Note de Henri Le Bœuf à Élisabeth, AR-RE.
18. Henri Le Bœuf à Élisabeth, AR-RE.
19. *Idem,* AR-RE.
20. *L'Indépendance belge,* 19 novembre 1922.
21. Cité par J. CAPART, *Tout-Ankh-Amon,* Bruxelles, 1943, pp. 10-12.
22. B. DELEPINNE, *op. cit.*, p. 43.
23. Pierre Nolf à Jean Capart, télégramme, 8 mars 1923, AR-RE.
24. Jean Capart à Myriam Harry, Lyon, 3 avril 1924, copie jointe à la lettre de Jean Capart à Élisabeth, Bruxelles, 13 mai 1924, AR-RE, n° 677.
26. R.-J. CORNET, *Bwana Muganga (Hommes en blanc en Afrique noire),* Bruxelles, 1971, p. 272.
27. *Idem,* p. 274.
28. *Idem,* p. 276.

CHAPITRE VII

1. Récit du comte de Grunne, cité par E. CAMMAERTS, *op. cit.*, p. 364.
2. B. DELEPINNE, *op. cit.*, p. 64.
3. Émile Vandervelde à Élisabeth, Bruxelles, 19 février 1934, AR-RE, nº 654/147.
4. Cité par MJ, pp. 407-408.
5. Élisabeth à Albert Einstein, Laeken, 23 mai 1934, AR-RE, nº 680.
6. Élisabeth à Joséphine de Hohenzollern, juin 1934, AR-RE, nº 602.
7. A. MUNTHE, *Le Livre de San Michele,* trad. P. Rodocanachi, Paris, 1935, pp. 418 et 443.
8. Note d'Herman Teirlinck, janvier 1936, AR-RE, nº 704.
9. Note du comte de Grunne, 3 juin 1936, AR-RE, nº 704. *Cf.* aussi F. Van LANGENHOUF, *Dânnie Heineman. La vocation internationale d'un grand ingénieur au siècle de l'électricité* dans *Bulletin de la classe des lettres de l'Académie royale,* 1977.
10. Lettre du 20 avril 1933, citée par M. DOISY, *Romain Rolland. 1866-1944,* Bruxelles, 1945, p. 84.
11. Journal inédit de Romain Rolland.
12. Romain Rolland à Élisabeth, Vézelay, 15 septembre 1938, AR-RE, nº 695.
13. Élisabeth à Romain Rolland, San Rossore, septembre 1938, Bibliothèque Nationale à Paris, département des manuscrits.
14. Note de l'ambassadeur Le Tellier, AR-RE, nº 704.
15. AR-RE, nº 704.

CHAPITRE VIII

1. Ils iront ensuite à Saint-Jean-de-Luz.
2. H. DE MAN, *Cavalier seul. 45 ans de socialisme européen,* Genève, s.d. pp. 221-222.
3. Ch. d'YDEWALLE, *Élisabeth de Belgique,* Paris, 1964, p. 214.
4. M.-H. JASPAR, *Souvenirs sans retouche,* Paris, 1968, p. 326.
5. Le Roi précisera cette position, le 20 mai, à ses ministres qui l'interrogeront au G.Q.G. de Saint-André-lez-Bruges.
6. H. DE MAN, *op. cit.*, p. 227.
7. J. VAN WELKENHUYSEN et J. DUMONT, *1940. Le Grand Exode,* Gembloux, 1983.
8. H. DE MAN, *op. cit.*, p. 230.
9. *Idem,* p. 238.
10. Élisabeth à Paul Reynaud, Bruges, 29 mai 1940, minute, AR-RE, nº 616.
11. Juliana Vermeulen à Élisabeth, Bruxelles, 8 mai 1942, AR-RE, nº 699.
12. Note d'E. de Streel à Élisabeth, 16 décembre 1942, transmettant une lettre de remerciement de M. Van den Plassche, AR-RE, nº 710/90.
13. Note du comte Guillaume de Grunne à Élisabeth, 26 janvier 1941. AR-RE, nº 709/31. Traitées avec la discrétion qui s'impose, la plupart

des informations contenues dans les paragraphes précédents proviennent des dossiers 709 (1941), 710 (1941), 711 (1943) et 712 (1944) du secrétariat privé de la Reine, AR-RE.

Le ministre d'État Albert-Édouard Janssen, président de l'ARFEG (Aide pour la Reconstruction des Foyers Éprouvés par la Guerre) eut, à maintes reprises, l'occasion d'établir des projets d'itinéraires pour la Reine. « Au cours d'une de ses visites, raconte sa fille, la comtesse Plater-Zyberk, la Reine dont l'endurance ne cédait jamais, s'était attardée auprès de lits d'hôpitaux. L'heure du déjeuner, qui avait lieu chez Mme Yvan Orban, dans le Hainaut, avait dû être reportée à quatorze heures et demie. Les dirigeants de la section locale suggérèrent à mon père de demander à la Reine s'il n'y avait pas lieu d'écourter le programme de l'après-midi. Mal lui en prit ; il s'entendit répliquer : « *Si vous êtes fatigué, Monsieur le Ministre, vous pouvez rentrer ; moi je continue.* » A une heure avancée, la Reine et mon père se séparaient après avoir mis au point une prochaine expédition dans le pays dévasté. » (Ctesse PLATER-ZYBERK, *Albert-Édouard Janssen raconté par sa fille,* Bruxelles, 1976, p. 121.)

14. J. DE LAUNAY et J. OFFERGELD, *La Vie quotidienne en Belgique sous l'occupation, 1940-1945,* Bruxelles, 1982.
15. S. CUNLIFFE-OWEN, *Elisabeth, Queen of the Belgians,* Londres, 1954, p. 183.
16. Journal inédit de Romain Rolland.
17. Élisabeth à Romain Rolland, 26 avril 1944, Bibliothèque Nationale à Paris, département manuscrits.
18. Romain Rolland à Élisabeth, Vézelay, 2 juin 1944, AR-RE, nº 695.
19. Élisabeth à Romain Rolland, Laeken, 20 septembre 1944, Bibliothèque Nationale à Paris, département manuscrits.
20. Romain Rolland à Élisabeth, Paris, 31 octobre 1944, AR-RE, nº 695.
21. Élisabeth à Marie Romain-Rolland, Laeken, 3 janvier 1945, Bibliothèque Nationale à Paris, département manuscrits.
22. Marie Romain-Rolland à Élisabeth, Vézelay, 9 février 1945, AR-RE, nº 695.
23. Bruxelles, mars 1945, Bibliothèque Nationale à Paris, département manuscrits.

En 1948 se constitua à Bruxelles le « Groupement belge des Amis de Romain Rolland ». La reine Élisabeth en accepta la présidence effective. Voir à ce sujet M. DOISY, *La Reine présidente de l'Association des Amis de Romain Rolland,* dans *Les Beaux-Arts,* nº hors série.

24. L. Frédéricq à Élisabeth, 22 novembre 1942, AR-RE, nº 682.
25. Ch. HOUDRET, *Le Roi impossible,* Paris, s.d.

CHAPITRE IX

1. Fac-similé dans J. DE LAUNAY, *La Belgique à l'heure allemande,* Bruxelles, s.d., p. 289.
2. S. DEROISIN, *Canzona pour l'Europe, Bruxelles,* 1971, p. 34.
3. ARL.
4. S. DEROISIN, *op. cit.,* p. 31.
5. Certains avaient envisagé une régence de la Reine.

6. Élisabeth à De Gaulle, minute autographe signée, Laeken, 8 mai 1945, AR-RE, nº 619/49.
7. Ambassadeur de France Bruyère au comte Guillaume de Grunne, grand maître de la Maison de la Reine, Bruxelles, 5 juin 1945.
8. De Gaulle à Élisabeth, Paris, 27 mai 1945, AR-RE, nº 678.
9. AR-RE.
10. Élisabeth à Léopold III, Bruxelles, 20 octobre 1945, ARL.
11. Élisabeth à Léopold III, Bruxelles, 12 décembre 1945, ARL.
12. Élisabeth à Léopold III, Bruxelles, 4 décembre 1945, ARL.
13. Élisabeth à Léopold III, Bruxelles, 28 décembre 1945, ARL.
14. Élisabeth à Léopold III, 26 octobre 1946, ARL.
15. Élisabeth à Léopold III, 26 octobre 1946, ARL.
16. A. et P. van YPERSELE de STRIHOU, dans *Belgique. Des Maisons et des Hommes* (dir. G.-H. Dumont), Bruxelles, s.d., pp. 63-65.
17. Annette Kolb à Élisabeth, 21 juin 1950, AR-RE.
18. Marcel Debot à Élisabeth, Bruxelles, 23 octobre 1950, AR-RE.
19. M. CUVELIER, *La reine Élisabeth et les musiciens,* dans *Les Beaux-Arts,* nº hors série.
20. Y. MENUHIN, *Concours international Reine Élisabeth,* Bruxelles, 1972, cité par C. BRONNE, *Reine de cœur, Reine des Arts : Élisabeth de Belgique,* Bruxelles, 1976, pp. 147-148.
21. J. DELAMAIN, *Les Oiseaux de Laeken,* dans *Revue des Deux Mondes,* 1er avril 1937.
22. L. KOCH, *Le Livre de Sa Majesté la reine Élisabeth : Les Oiseaux chanteurs de Laeken,* Bruxelles, 1952.
23. Cité par C. BRONNE, *op. cit.,* p. 132.

CHAPITRE X

1. Camille Huysmans à Élisabeth, AR-RE, nº 654.
2. Paul-Henri Spaak à Élisabeth, Bruxelles, 7 février 1955, AR-RE, nº 686.
3. Élisabeth à Paul-Henri Spaak, minute, Bruxelles, 8 février 1955, AR-RE, nº 621.
4. Frédéric Joliot-Curie à Élisabeth, Paris, 30 mai 1955, AR-RE.
5. Message de la reine Élisabeth à l'Assemblée mondiale de la Paix, minute, AR-RE.
6. Frédéric Joliot-Curie à Élisabeth, Paris, AR-RE.
7. Élisabeth à Frédéric Joliot-Curie, minute, Bruxelles, 14 août 1956, AR-RE.
8. *La Métropole,* 19 juin 1956.
9. Le 5 avril 1959, la Reine écrivit au cardinal Joseph Suenens : « Aux Lieux saints j'ai pensé à vous en prière et je vous prie d'accepter ce crucifix béni au Saint-Sépulcre, le Vendredi saint. Tout mon voyage en Israël a été beau et émouvant. » Minute, AR-RE, nº 618.
10. Élisabeth à Camille Huysmans, Fonds Camille Huysmans, Anvers, f/127/350.
11. A. ALLARD, *Rebelles par amour. Élisabeth, Marie-José,* Bruxelles, s.d.
12. Élisabeth à Antoine Allard, Rome, 26 mai 1961, ABA.
13. D'après les témoignages concordants de Mme Antoinette Spaak à

qui son père raconta la scène et d'Antoine Allard à qui la Reine la narra, ABA.

14. *De Wandelaar,* 21 septembre 1961.
15. Les détails du voyage sont repris de la minute des lettres qu'Antoine Allard adressa à sa fille Astrid, ABA.
16. *Het Nieuws van den Dag,* 20 octobre 1961.
17. *Gazet van Antwerpen,* 20 octobre 1961.
18. *Pan,* 8 novembre 1961.
19. *Pourquoi pas ?,* 6 octobre 1961.
20. *Le Drapeau rouge,* 20 novembre 1961.
21. Marie Romain-Rolland à Élisabeth, Laeken, s.d., AR-RE.
22. *Idem,* Paris, 5 mars 1962, AR-RE.
23. *Pourquoi pas ?,* 18 mai 1962.
24. *La Libre Belgique,* 8 mai 1962.
25. *Het Volk,* 5/6 mai 1962.
26. Bertrand Russell à Élisabeth, Londres, 12 octobre 1962, AR-RE.

CHAPITRE XI

1. A. VALLENTIN, *Einstein. A Biography,* Londres, 1954. Cité dans *Le Soir illustré,* 17 juin 1954.
2. Cité par MJ, pp. 393-394.
3. Albert Einstein à Élisabeth, Berlin, 14 mars 1929, AR-RE, n° 680.
4. *Idem,* 5 juin 1929, idem.
5. Élisabeth à Albert Einstein, Laeken, 9 avril 1931, AR-RE, n° 680.
6. *Idem,* 1er novembre 1929, idem.
7. Albert Einstein à sa femme, automne 1931, texte remis à la Reine par Margot Einstein, AR-RE, n° 680.
8. Élisabeth à Albert Einstein, Laeken, 30 juillet 1932, AR-RE, n° 680.
9. Albert Einstein à Élisabeth, Berlin, 19 septembre 1933, AR-RE, n° 680.
10. *Idem,* Santa-Barbara, 19 février 1933, idem.
11. *La Dernière Heure,* 16 avril 1933.
12. Élisabeth à Albert Einstein, Laeken, 5 octobre 1933, AR-RE, n° 680.
13. *Idem,* cité par MJ, pp. 296-297.
14. Albert Einstein à Élisabeth, Princeton, 20 novembre 1933, AR-RE, n° 680.
15. *Idem,* 20 février 1934, idem.
16. *Idem,* 16 février 1935, idem.
17. *Idem,* 20 mars 1935, idem.
18. *Idem,* 4 septembre 1935, idem.
19. *Idem,* 11 août 1937, idem.
20. Élisabeth à Albert Einstein, Laeken, 27 avril 1937, AR-RE, n° 680.
21. Albert Einstein à Élisabeth, Princeton, 9 janvier 1939, AR-RE, n° 620.
22. *Idem,* 12 août 1939, idem.
23. Élisabeth à Albert Einstein, Laeken, 29 juillet 1939, AR-RE, n° 680.
24. *Idem,* 2 juillet 1941, idem.

25. Albert Einstein à Élisabeth, Princeton, 6 janvier 1951, AR-RE, nº 680.
26. Élisabeth à Albert Einstein, Laeken, 14 mars 1951, AR-RE, nº 680.
27. Albert Einstein à Élisabeth, Princeton, 3 janvier 1952, AR-RE, nº 680.
28. *Idem,* 12 janvier 1953, idem.
29. *Idem,* 4 janvier 1954, idem.
30. *Idem,* 28 mars 1954, idem.
31. *Idem,* 2 janvier 1955, idem.
32. Élisabeth à Albert Einstein, Laeken, 19 février 1955, AR-RE, nº 680.
33. Albert Einstein à Élisabeth, Princeton, 11 mars 1955, AR-RE, nº 680.
34. Élisabeth à Margot Einstein, Laeken, 18 avril 1955, AR-RE, nº 680.
35. Colette à Élisabeth, Paris, 8 avril 1936, AR-RE, nº 683.
36. *Idem,* 6 janvier 1948, idem.
37. *Idem,* 3 avril, 1948, idem.
38. *Idem,* non datée, idem.
39. *Idem,* non datée, idem.
40. *Idem,* 7 décembre (?), idem. Fac-similé dans C. BRONNE, *op. cit.,* pp. 140-141.
41. *Idem,* non datée, idem.
42. *Idem,* 6 février 1954, idem.
43. Maurice Goudeket à Élisabeth, Paris, 11 avril 1954, AR-RE, nº 683.
44. *Idem,* 3 août 1954, idem.
45. *Idem,* 16 novembre 1954, idem.
46. *Idem,* 16 novembre 1957, idem.
47. *Le Soir,* 24 juillet 1956.
48. Jean Cocteau à Élisabeth, Saint-Jean-Cap-Ferrat, 18 avril 1958, AR-RE, nº 677.
49. Élisabeth à Jean Cocteau, Laeken, 15 mai 1958, AR-RE, nº 677. Fac-similé dans C. BRONNE, *op. cit.,* pp. 142-144.
50. Jean Cocteau à Élisabeth, Paris, 24 mai 1958, AR-RE, nº 677.
51. *Idem,* Milly, 22 juin 1958, idem.
52. *Idem,* Saint-Jean-Cap-Ferrat, 23 septembre 1958.
53. *Idem,* 20 mars 1959, idem.
54. Minute de la déclaration d'Élisabeth, octobre 1963, AR-RE, nº 621/53.
55. Albert Schweitzer à Élisabeth, Lambaréné, 4 janvier 1952, AR-RE, nº 696.
56. *Idem,* Gunsbach, 29 septembre 1952, idem.
57. *Idem,* en rade de Libreville, 23 mai 1954, idem.
58. *Idem,* Lambaréné, 8 février 1956, idem.
59. *Idem,* Lambaréné, 19 février 1956, idem.
60. *Idem,* Lambaréné, 18 juillet 1956.
61. *Idem,* Lambaréné, 17 mars 1958.
62. *Idem,* Lambaréné, 29 décembre 1957.
63. *Idem,* Lambaréné, 20 décembre 1959, idem.
64. *Idem,* Lambaréné, 23 octobre 1960.
65. *Idem,* Lambaréné, 26 mars 1961, idem.
66. *Idem,* Lambaréné, 23 juin 1962, idem.

67. *Idem,* Lambaréné, 24 novembre 1964, idem.
68. E. Schweitzer-Munch à Élisabeth, Gunsbach, 10 septembre 1965, AR-RE, nº 696.
69. J. M. CORREDOR, *Conversations avec Pablo Casals. Souvenirs et opinions d'un musicien,* Paris, 1955, pp. 81-82.
70. Pablo Casals à Élisabeth, Prades, 13 octobre 1954, AR-RE, nº 668/78.
71. Martita Casals à Élisabeth, Prades, 12 octobre 1955, AR-RE, nº 668/105.
72. *Idem,* Porto Rico, 16 février 1956, nº 668/106.
73. Pablo Casals à Élisabeth, Prades (?), novembre 1955, AR-RE, nº 668/82.
74. *Idem,* Molitg-les-Bains, 7 octobre 1957, AR-RE, nº 668/87.
75. *Idem,* Porto Rico, 21 novembre 1961, AR-RE, nº 668/99.
76. *Idem,* Porto Rico, 1er janvier 1962, AR-RE, nº 668/103.
77. Télégramme, AR-RE, nº 668/101.

CHAPITRE XII

1. AR-RE, Secrétariat.
2. C. BRONNE, *op. cit.,* p. 44.
3. AR-RE, nº 666/77.
4. Après la mort de David Oïstrakh en 1974, sa famille offrit le Stradivarius de la Reine au musée Glinka de Moscou.

REMERCIEMENTS

Je tiens à exprimer ma profonde gratitude à Sa Majesté le roi Baudouin qui a eu la bienveillance de me permettre la consultation des archives du Palais royal à Bruxelles.

Ma gratitude s'adresse également à Son Altesse Royale la princesse Lilian qui m'a autorisé l'accès à de nombreux documents conservés dans les archives du roi Léopold III, au château d'Argenteuil.

La baronne Antoine Allard a bien voulu me communiquer les importantes archives de feu son mari, relatives au voyage de la reine Élisabeth en Chine. Je l'en remercie vivement.

Peu avant sa mort, Madame Romain Rolland a mis à ma disposition le journal inédit de l'illustre écrivain ; je salue respectueusement sa mémoire.

Ce livre n'aurait pu être écrit sans la collaboration compétente et dévouée de Mademoiselle Myriam Dauven qui, non contente d'assurer la consultation des archives du Palais royal et les contacts avec Madame Romain Rolland, s'est astreinte au dépouillement systématique de la presse belge.

Je tiens enfin à dire tous mes remerciements à Monsieur Émile Vandewoude, archiviste du Palais royal, pour la générosité de son aide et la pertinence de ses conseils ; au baron van Caubergh, aide de camp honoraire du roi Léopold III ; à Monsieur Jean Warmoes, ataché scientifique des Archives et Musée de la Littérature, et à tous ceux qui m'ont aimablement communiqué divers documents et renseignements.

G.-H. D.

Index

Für Maggie Noach und Ellen Levine
Auf zehn gemeinsame Jahre!

Die englische Originalausgabe erschien 1993
unter dem Titel »Cloud Castles«
bei Victor Gollancz Ltd, London

Umwelthinweis:
Alle bedruckten Materialien dieses Taschenbuches
sind chlorfrei und umweltschonend.
Das Papier enthält Recycling-Anteile.

Der Goldmann Verlag
ist ein Unternehmen der Verlagsgruppe Bertelsmann

Deutsche Erstveröffentlichung 4/96

Umschlaggestaltung: Design Team München
Umschlagillustration: D'Achille/Ag. Xing
Satz: deutsch-türkischer fotosatz, Berlin
Druck: Elsnerdruck
Verlagsnummer: 24672
SN / Redaktion: Gerd Rottenecker
Herstellung: Peter Papenbrok
Made in Germany
ISBN 3-442-24672-5

1 3 5 7 9 10 8 6 4 2

Pfortenwelt

MICHAEL SCOTT
ROHAN

GRALSDÄMMERUNG

3

Aus dem Englischen
von Gerald Jung

GOLDMANN VERLAG

Gartenhäuser *Überdachungen*

Terrasse

Renovieren und verschönern

Carport und mehr

Mülltonnenhäuschen

Autoabstellplätze

Bodenbeläge

Der Weg und die Fläche mit dunklerem Kreis sind mit idania-flair von EHL gestaltet.
Die Betonpflastersteine mit Natursteinvorsatz haben 120 verschiedene Formate.

Steine vor dem Haus und im Garten

Pflaster-Flächen

Mit Natursteinen, Klinkern und Betonsteinen lassen sich bei der Neuanlage von Wegen und Terrassen, Innenhöfen und Eingangsbereichen ganz raffinierte gestalterische Effekte erzielen. Sehen Sie selbst!

Der Begriff Pflaster umfasst unterschiedliche kleinformatige Materialien, die als Flächenbelag eingesetzt werden. Neben den auf diesen Seiten vorgestellten mineralischen Pflasterbelägen wird im privaten Bau- und Wohnbereich auch noch Holzpflaster eingesetzt. Das ursprünglichste aller Pflaster ist das aus gewachsenem Stein: Natursteinpflaster. Harte Natursteine sind Granit und Basalt. Charakteristisch für den Granit ist der Mineralbestand, der hauptsächlich aus Quarz, Feldspat und Glimmer besteht. Granit ist keineswegs immer grau. Es gibt ihn in den unterschiedlichsten Farbtönen. Basalt ist in der Regel schwarz, schwarzblau oder schwarzgrau. Auch Gneis, Porphyr, Sandstein, Marmor usw. werden zu Pflastersteinen durch Brechen und Sägen verarbeitet. In südlichen Ländern ist Pflaster aus Kieselsteinen häufig anzutreffen. Bei uns werden Kieselsteine oft zur Dekoration in eine Pflasterfläche mit eingebaut. Der Rohstoff von Pflasterklinkern ist heimische Erde, nämlich Ton oder Lehm. Pflasterklinker werden bei Temperaturen über 1100 Grad Celsius bis zur Sinterung (Verbacken) gebrannt. Die Farben der Klinker sind Abbild der natürlichen Tonmischung ohne künstlichen Farbzusatz. Das leuchtende Rot wird durch den Eisengehalt bestimmt, Kalzium bewirkt gelbbunte Klinker und der Sauerstoffgehalt beim Brennen den bläulichen Schimmer. Die Farben sind lichtbeständig. Pflasterklinker sind mindestens vier Zentimeter dick. Sie werden insbesondere in Rechteck- und Quadratformaten für Fugenraster von zehn bis dreißig Zentimeter hergestellt.

Daneben gibt es unzählige Sonderformate. Original-Pflasterklinker müssen ein Prüfzeugnis haben. Druckfestigkeit, Wasseraufnahme, Frostbeständigkeit, Maßhaltigkeit, Abrieb- und Rutschfestigkeit, Säurebeständigkeit uvm. werden nach DIN 18503 geprüft. Betonpflastersteine werden in verschiedensten Ausführungen

Schuppenverlegung mit EHL-Altstadtpflaster. Dank der gegenläufig geschwungenen Steinform entsteht ein echter Verbundsteinbelag.

Der Längsrasenfugenstein T8 von Braun ist eine Neuentwicklung und bietet eine seltene Ausdrucksform.

produziert. Sie variieren in Formen, Farben und Oberflächen. Beton ist eine Mischung aus Sand, Kies, Zement, Wasser und diversen Zuschlagstoffen. Das Mischverhältnis der Komponenten ist entscheidend für die Qualität und Haltbarkeit des Betons. Farbpigmente bestimmen die Farbe, Zuschlagstoffe wie beispielsweise Natursteine veredeln die Oberfläche. Betonpflastersteine sind entweder einschichtig aufgebaut und bestehen durchgehend aus derselben Mischung oder sie sind zweischichtig, bestehend aus einer dicken Schicht Beton und einer dünnen Vorsatzschicht. Die Vorsatzschicht enthält Natursteinsande oder Edelsplitte.

Betonsteine gibt es mit natürlich wirkender, unregelmäßiger Oberfläche, gesägt, geschliffen, kugelgestrahlt und wassergestrahlt. Eine besondere Optik bekommen Betonsteine durch das so genannte Rumpeln. Hierbei werden die akkuraten Kanten künstlich gebrochen, die Steine wirken naturnah bzw. gebraucht. Die üblichen Dicken von Betonpflastersteinen betragen sechs Zentimeter im Fußgängerbereich, bei befahrbaren Flächen acht Zentimeter.

Betonpflastersteine werden meist als Pflasterprogramme für die Flächengestaltung angeboten. Diese beinhalten aufeinander abgestimmte Formate und Farben sowie Fächer- beziehungsweise Schuppen- und Kreissysteme, zu denen es auch Verlegeschablonen gibt. Häufig sind Betonpflaster so genannte Verbundpflaster. Die einzelnen Steine sind aufgrund ihrer Formgebung (Wellen, Zacken, Nasen) innig miteinander verbunden, was zu einer besseren Belastbarkeit der Fläche führt.

Verbundklinker sind seltener, aber auch in mehreren Varianten erhältlich. Der wohl bekannteste Verbundstein ist der Doppel-T-Stein, auch Hundeknochen genannt. Immer häufiger werden versickerungsfähige Pflasterflächen gebaut. Dabei gibt es mehrere Arten der Entsiegelung. In die Fläche werden Rasenfugen eingebaut. Die Fugen entstehen entweder automatisch durch an den Steinen angeformte Abstandhalter oder durch lose eingelegte Abstandhalter aus Kunststoff. Eine weitere begrünbare Variante stellen Lochsteine dar. Auch Verbundpflaster mit splittgefüllten Wassereinläufen können – entsprechender Unterbau vorausgesetzt –

Gliederung durch Einteilen in Zonen: Die quadratischen Steine der Serie Terrantik von EHL wurden mit unterschiedlicher Ausrichtung verlegt.

Bogenverlegung mit Natursteinpflaster. Die rötlichen Granitwürfel bringen Wärme in die Fläche. Der Anschluss zur Straße wurde mit extragroßen Reihensteinen ausgeführt.

Lebendige und dennoch geordnete Gestaltung der großen Fläche vorm Haus mit Cityflair Quadratsteinen in Savanna-Creme und Bischofsmützen in Granit-Grau von EHL.

Das bei Kronimus neue Pflasterstein-Programm Heilbronner Antik bringt mit gebrochenen Kanten viel Charme in den Garten.

Alle träumen vom Süden: Innenhofgestaltung mit Quadratsteinen aus dem Citypflaster-Programm von EHL in der Trendfarbe Terrakotta.

Hersteller Kronimus zieht neue Kreise: Der Innenring des so genannten Bühler Kreises, bestehend aus Spartana Pflastersteinen, zeigt sich jetzt im aktuellen Terrakotta-Look.

Ebenfalls neu ist das Programm Fonda von Braun. Die Ornamentiksteine haben Vorsatzschichten aus unterschiedlichen Granitarten.

große Mengen Wasser in den Untergrund abführen. Mit Hilfe von Pflastersteinen, die ein großes Porenvolumen haben, lassen sich sogar optisch völlig geschlossen wirkende wasserdurchlässige Pflasterflächen realisieren.

Noch mehr Möglichkeiten zur kreativen Gestaltung bietet die AKA Ziegelgruppe mit dem neu entwickelten Verbundklinker-Programm in attraktiven Optiken und Anwendungen.

Befahrbarkeit

Speziell bei der Befestigung von Garagenauffahrten und Privathöfen, auf denen mit Kfz rangiert wird, ist ein stabiler Pflasterverband von Bedeutung. Besonders gut eignen sich hier die Diagonalverlegung des Pflasters oder auch der Fischgrätverband (Innenfläche d. Abb.). Sie sind mit normalem Rechteckpflaster zu realisieren. Die Stabilität der Randbereiche kann mit fünfeckigen „Bischofsmützen" erzielt werden (Einfassung d. Abb.). Bei beiden oben genannten Verbänden werden die auftretenden Kräfte ähnlich wie bei Verbundpflaster auf mehrere Steine verteilt. Daraus folgen bei Belastung geringere Spannungen unter den Steinen, in der Pflasterbettung und auch in der Tragschicht.

Die Gefahr der Verformung der Pflasterdecke ist damit relativ gering. Für die Befestigung befahrener Flächen ungeeignet ist der Kreuzverband. Seine Stabilität ist im Normalfall nicht ausreichend für die beim Rangieren, Anfahren oder Abbremsen auftretenden Belastungen.

Auch bei dieser Entwicklung stand der Reiz der so beliebten italienischen Landschaft Pate: Pflastersystem Terra Toscana von Stein+Design.

Ein Weg mit Stufen aus dem Via Vecia Betonstein-Programm von Kann. Die Stufenkanten sind dunkler gehalten. Das sieht gut aus und erhöht zudem die Sicherheit.

Nicht ganz gerade und auch nicht zu krumm: So sehen Wege gut aus und werden nicht verlassen. (Obi)

Nicht in den sonst üblichen braun nuancierten Schattierungen, sondern in Grau und Anthrazit präsentiert sich das Altstadtpflaster von EHL an diesem gemütlichen Ort. Die Schuppen haben einen alternierenden Hell-Dunkel-Aufbau.

Mit Courtstone hat Kann solche Betonsteine neu im Programm, mit denen sich Flächen in althergebrachter Kopfsteinpflaster-Anmutung realisieren lassen.

Einfallsreiche Wegführung aus rustikalen geflammten Pflasterklinkern mit einer Natursteineinfassung, die die Wirkung noch unterstützt. (AKA Ziegelgruppe)

In der Kurve verbreitert sich der Weg. Wie Stretch-Einsätze wirken die beiden Bereiche aus Granit-Kleinpflaster. (Arbeitsgemeinschaft Pflasterklinker e.V.)

Hier sind die Kanten im Gegensatz zu den Podesten (Citypflaster, klinkerbunt nuanciert von EHL) durch Unifarbigkeit abgesetzt.

Pflastertricks auf krummen Plattenwegen

Geschwungene Wege sind aus großformatigen Platten nur durch schwieriges und aufwändiges Zuschneiden realisierbar. Und haben dann in den meisten Fällen noch immer keine lebendige Ausstrahlung. Durch den geschickten Einsatz von kleinformatigen Pflastersteinen lassen sich Plattenwege beleben und in der Breite variieren.

Durch ihre größere Höhe können sie Plattenwegen zudem besseren seitlichen Halt verschaffen. Wie Bandscheiben machen die unten links eingebauten Granitpflastersteine eine Krümmung des Weges aus „starren" großformatigen Platten möglich – ohne dass eine Platte geschnitten werden muss!

Der Trick mit der unteren Stufe

Bei dieser Gartenbaustelle war man noch mit einem ganz speziellen Problem konfrontiert: Die unterste Stufe der vorhandenen betonierten Treppe war nur halb so hoch wie eine übliche Stufe sein sollte bzw. war so weit unter Wegniveau, dass man für sie eine Sonderlösung finden musste. Man hätte natürlich das gesamte Wegniveau absenken können, was man aber u. a. aus Gründen der stufenlosen Anbindung an die Garagenzufahrt nicht wollte. Zudem war gewünscht, den Weg nicht noch weiter weg vom Haus anzulegen.

Die pfiffige Lösung: Diese letzte Stufe verschwindet optisch einfach unter einem Pflasterbett, wird sozusagen vom Pflasterweg geschluckt. Dazu musste man sich jedoch zuvor entsprechend flache Steine zurechtklopfen. Das machte man mit Hilfe eines breiten Meißels, mit dem man schmale Abschnitte von einem Vollstein abspaltete. Alternativ könnte man auch (wenn zur Verfügung) eine Nassschneidemaschine einsetzen.

Einfach wissen wie's geht!

Weg im Wasser: Bei unebenem Gelände ist es besonders schwierig, die richtigen Weghöhen bzw. Weggefälle zu ermitteln. Hilfreich sind aber immer Eisenstangen an den Eckpunkten, Richtlatte mit Wasserwaage und gespannte Schnüre, die dann die Pflasteroberkante eindeutig festlegen.

Wegstrecken aus Altpflaster

Würfel an Würfel

Einen kleineren Vorgarten mit angrenzender Garagenzufahrt galt es in diesem Beispiel zu gestalten. Vor allem sollten die neu anzulegenden Wege den Hausvorbereich sinnvoll untergliedern.

Wege verbinden und Wege trennen, Wege gliedern und Wege führen, Wege gestalten und Wege charakterisieren. Wie dieses Beispiel zeigt, können all diese Funktionen in einem kleinen Vorgarten umgesetzt werden. Dabei ist das Ganze eigentlich gar nicht spektakulär. Aber irgendwie doch eben beispielhaft. Wie ist die Ausgangssituation? Ein Wohnhaus mit einer noch ungestalteten Grünfläche davor. Mehr nicht. Noch müssen sich die Bewohner auf unebenem Grasgelände bewegen, um ins Haus zu gelangen, noch muss sich das Fahrzeug durch vertiefte Fahrspuren quälen, um in die Garage zu kommen. Und wenn es mal geregnet hat, ist das Ganze eine eher glitschige beziehungsweise schlammige Angelegenheit. Was eben fehlte, sind befestigte Wegstrecken und befahrbare Flächen. Und die galt es nun anzulegen. Zur Gesamtgestaltung des Vorgartenbereichs hat man nun diverse Überlegungen anstellt. Und dabei ging es sowohl um optische Gesichtspunkte als auch um Aspekte der täglichen Nutzung. Erstens: Von der Haustür aus betritt man den Außenbereich über einen mehrstufigen Treppenabgang. Um dann weiter bis zur Grundstücksgrenze zu gelangen, war also eine erste Wegstrecke nötig. Die Treppe gab dabei die Breite dieses Wegabschnitts vor, der sich seinerseits als gerade Fortsetzung der Treppe verstehen wollte.

Diese Geradlinigkeit setzte man dann auch bei der nächsten Überlegung fort. Denn nach der Eingangstreppe sollte es auch noch nach rechts und links Wegstrecken geben, die zum einen den Vorgarten gliedern, zum anderen die Zugänglichkeit des hinteren Gartens ermöglichen bzw. die angrenzende Garagenzufahrt auf direktem Weg erschließen sollten. Zweitens also: Parallel zur Hausfront wurden nach der Treppe zwei Abzweigungen vorgenommen, die dann wieder die Breite der ersten Wegstrecke aufnahmen. In der Gesamtansicht

Stufe weg? Oder überpflastern? Die Randsteine des Wegs liegen höher und geben die Höhe der dann zu verlegenden Stufenpflastersteine vor. Diese muss man sich aus Vollpflastern wegmeißeln.

Dann wird die Stufe mit einem Mörtelbett versehen. Erst den Mörtel auftragen, dann glattstreichen.

Die abgespaltenen Steinscheiben nun entsprechend tief in das noch feuchte Betonbett drücken.

Hier sieht man sehr schön die abgetrennten flachen Pflastersteine. Die halben Steine fallen später ...

... im Gesamtbild als solche nicht auf, vor allem wenn sie fugen- und reihengleich verlegt worden sind.

ergab sich somit eine Wegkreuzung, wobei die vierte Wegstrecke von der Treppe gebildet wurde. Problem dabei war nun jedoch der Umstand, dass der gesamte Vorbereich ein leicht abschüssiges Gelände in Gebäuderichtung darstellt. Und der besseren Begehbarkeit wegen wollte man nicht noch weitere Stufen im Wegstreckenbereich einbauen. Das hieß also in der Konsequenz: Der Gartenweg von der Straße her geradlinig aufs Gebäude zu bis hin zur Treppe musste als ebene Strecke ausgebildet werden, mit leichter Steigung auf die Treppe zu. Die Fläche vor dem Treppenabgang war also Ausgangsbasis und Höhenvorgabe für die beiden nachfolgenden Abzweigungen. Und hier am Kreuzungspunkt sollten keine weiteren Stufen – einmal nach oben, einmal nach unten – entstehen. Die beiden Wegstrecken parallel zum Haus wurden deshalb dem Geländeverlauf gemäß angelegt. Nach links steigt der eine Abzweig zur Garagenzufahrt, während der nach rechts mit dem Gelände leicht abfällt. Den Knickpunkt bildet die Fläche vor der Treppe. Und in diesem Bereich galt es nun, noch ein weiteres Problem in den Griff zu bekommen. Denn die untere Stufe der Eingangstreppe hatte nur knapp halbe Steighöhe. Sie ganz wegzumeißeln wäre die eine Lösung gewesen. Doch man war da wegen der Stabilität der Treppe insgesamt etwas besorgt. Und so entschied man sich fürs Überpflastern dieser Stufe. Dritte Aufgabenstellung: Die Garagenzufahrt. Hier sollte eine breite befahrbare Fläche entstehen, die auch zwei Fahrzeugen Abstellmöglichkeit bieten könnte. Diese Fläche fällt auch wieder leicht in Richtung Straße ab, was in Sachen Regenwasserabführung natürlich einem Gebäude immer entgegenkommt. Doch die Weganbindung von dieser geneigten Fläche hin zum Vorgartenweg sollte ebenfalls ohne Stufe auskommen.

Welches Material kam nun zum Einsatz? Die Bauleute entschieden sich für Granitpflaster. Und sie hatten die Chance, gebrauchtes Pflaster zu bekommen. Denn neues Pflaster wäre ihnen zu grau und zu monoton gewesen. Jetzt erhielten sie eine bunte Mischung, die vor allem dem großflächigen Garagenvorplatz eine lebendige Optik verlieh. Die Verlegung selbst blieb dann auch deshalb wieder schlichter: Keine Bögen und keine Streifenraster – einfach Würfel an Würfel.

1. Noch ist vom Vorgarten nichts zu sehen. Und die Bauarbeiten beginnen zunächst einmal mit dem Aushub für die Garagenzufahrt.

2. Inzwischen ist auch schon das Granitpflaster angeliefert und gut zugänglich vor dem Haus abgekippt worden.

3. Zur Abgrenzung der Garagenzufahrt hat man Granitstellplatten gesetzt. Diese werden beidseitig von einer Betonschürze gestützt.

4. Zum späteren Vorgarten hin hat man als Einfassung so genannte Katzenköpfe ins Mörtelbett gesetzt.

5. Von der vorbereiteten Garagenzufahrt der Blick in Richtung Vorgartenbereich. Von der Treppe sollte eine Abzweigung parallel zum Haus an der Garagenvorplatzfläche andocken.

6. Mit der Pflasterverlegung ging es direkt am Garagentor los. Erst noch ein Stück weit eben, dann war schon die Geländeneigung zu berücksichtigen.

7. Die Pflasterfläche zeigte dann eine deutliche Querfugenbetonung. Zum Gartenweg hin diente erst einmal ein Hilfsbrett als Abgrenzung.

8. Die Weganbindung läuft parallel zum Haus und rechtwinkelig zur Zufahrtsfläche.

9. Auch der zweite Abzweig links von der Treppe weg erhielt nun seine Kontur, versetzt im Mörtelstreifen.

10. Und dann geht es rechtwinkelig und treppenlaufkonform weiter in Richtung Straße.

11. Schön zu sehen, wie die Katzenköpfe eine außenseitig gerade Kontur bilden.

12. Das Geländeproblem in der Übersicht. Der Eingangsweg läuft eben auf die Treppe zu, nach rechts fällt er ab, links steigt der Weg leicht an.

13. Erst wenn die Betonschürzen der Wegeinfassung ausgehärtet sind, werden die Wegflächen Reihe für Reihe ausgepflastert.

14. Der Gartenweg von der Straße her ist fertig, ebenso die beiden Abzweigungen.

15. Dann ging es darum, auch entlang der Straßenseite für einen sauberen Pflasterabschluss zu sorgen.

16. Recht ansehnlich, wenn auch noch im Rohzustand: Ein Weg mit noch leicht überhöht eingebautem Pflaster.

17. Nach dem Einsanden werden die Flächen per Rüttler auf Randsteinhöhe gebracht. Mögliche Variante: Die Randsteine etwas überstehen lassen, dann sollten sie aber möglichst innen einen geraden Abschluss bilden.

Verblüffende Optik: Bei diesem Wegbelag handelt es sich nicht wirklich um dicke Holzbohlen, sondern um raffinierte Bauteile aus Beton.
Foto: Mahora Dielenstein von Braun

Kunst- und Naturstein

Platten & Pflaster

Immer neue Bodenbeläge für draußen machen einem die Wahl schwer. Sie kommen aus der Natur, aus dem Brennofen oder aus dem Betonwerk. Ganz besonders „in" sind dunkle Farben und Großformate.

Für die Gestaltung von Wegen und Flächen im Garten und rund ums Haus stehen künstlich hergestellte Platten und Pflaster aus Beton oder natürlichem Ton zur Wahl, wie auch die ganze Fülle der in der Natur vorkommenden Gesteinsarten. In allen Belagsbereichen gibt es wie überall in der Architektur auch Moden und Trends. Dies betrifft das Material, die Farben und die Formate. Dauerbrenner sind sämtliche Varianten von Klinker und Granit. Total modern sind gerade große Formate, auch kombiniert mit kleineren Abmessungen, oft auch im Materialmix mit Holz oder Metall. Während südlich-rotbraune Färbungen seit Jahrzehnten beliebt sind, zeichnet sich jetzt auch eine Zunahme an dunkelgrauen bis anthrazitfarbenen Belägen ab.

Im Bereich Betonwerkstein ist eine enorme Variabilität gegeben. Klar, während Natursteine begrenzt verfügbar sind, lässt sich mit Beton immer wieder anderes kreieren. Man ist hier frei in der Formatwahl, kann das Material färben, mit Natursteinvorsätzen versehen, die Oberflächen strukturieren. So können die Betonsteinhersteller mit immer neuem Know-how auch natürliche Vorbilder immer besser imitieren. Und das nicht nur was Gesteinsarten angeht. Mehrere Anbieter haben bereits Betonbeläge in Holzoptik im Programm.

Mahora von Braun beispielsweise spielt mit dieser Oberflächenoptik. Die gemaserte, rissige Ansicht in hellen, grau bis grau-braunen Farbtönen lässt an Holzplanken denken, an denen Wind, Wasser und Sonne ihre Spuren hinterlassen haben. Während sich Risse in Holz negativ auf dessen Tragfähigkeit und Haltbarkeit auswirken können, ist diese Struktur hier ein gestalterisches Element, das die Langlebigkeit des Materials laut Hersteller nicht beeinträchtigt. Die Dielensteine mit ihrer warmen Ausstrahlung sind in zwei Größen und den Farben Meranti und Moor-Eiche erhältlich. Sie kön-

Dieses Betonpflaster in Spaltsteinoptik erfüllt die Anforderungen wasserdurchlässiger Pflasterflächen. Angeboten werden Normal-, Klein- und XXL-Steine. Foto: Arena Nova von Braun

Nichts für Kleinkarierte sind diese Flächengestaltungen mit 100 x 100 Zentimeter großen Betonplatten. Voll im Trend sind Terrassen im Materialmix. Foto: Megategel von Kann

nen zu einer größeren Fläche zusammengesetzt werden, als Steg durch den Garten führen oder senkrecht eingebaut auch als Stelen einen Gartenraum umrahmen. „Ästhetik misst man auch in Zentimetern", meint Hersteller Kann und verweist auf sein besonders großformatiges Produkt Megategel. Die Plattenkollektion im Meter-mal-Meter-Format wird in verschiedenen Graustufen und mit betonglatten oder wassergestrahlten Oberflächen angeboten.

Tipp

Bei einer Belags-Neuanlage lassen sich Orientierungshilfen einbauen, ohne dass Lampen im Weg stehen: Pflaster-Beleuchtungen mit LED-Technik zum bündigen Bodeneinbau machen's möglich. Foto: Focus von Kann.

Die Oberflächenstruktur dieser dunkelgrauen Platten aus Beton im Format 48 x 29 Zentimeter erinnert an Schiefer. Foto: Lapiana von Braun

In die Zierschicht dieser Platten sind teilweise 5 x 5 Zentimeter große Natursteinstücke eingearbeitet. Daraus ergeben sich viele Gestaltungsmöglichkeiten. Foto: Fiorentina von Marlux

Ein Band aus hochgestellten Klinkern fasst hier eine Fläche aus kalibrierten Travertin-Platten (20 x 20, 40 x 20, 40 x 40, 60 x 40 cm, je 30 mm dick) ein. Foto: Latino von Braun

Ein Schachbrett aus den Farbtönen Alaska und Bermuda wird hier von einer Mauer eingefasst. Insgesamt sind zwölf Farben im Angebot. Foto: Concord von EHL

Auf vielerlei Art lassen sich diese Riemchensteine (206 x 48,5 mm, 70 mm hoch) aus Beton verlegen: Parkettverband, Fischgrätverband oder auch wie hier im Blockverband. Foto: Maurino von Braun

Diese Vielfalt an beigefarbenen Plattenformaten ist auch in Graphit, Sandstein, Schiefergrau und Terrakotta erhältlich. Foto: Bradstone von Kann

30 x 30, 30 x 60 und 60 x 60 Zentimeter messen diese lebhaft farbigen und strukturierten Betonplatten mit unregelmäßigen Kanten. Foto: Hacienda-System von Nüdling

Leicht abgerundete Ecken verleihen diesen Terrassenplatten ein stilvolles Aussehen. Erhältlich in Rot, Gelb, Grau und Beige. Foto: Antico von Marlux

Mit kalibrierten Natursteinplatten größerer Formate lassen sich gut begehbare Flächen anlegen, auf denen auch Tische und Stühle nicht wackeln. Foto: Raab Karcher

Relativ unebene, aber äußerst naturnahe Flächenbefestigung mit unterschiedlichsten Bruchstücken aus einem Rotsandsteinbruch. Foto: mk

Harmonisch verlegter grauer Granit. Die zweireihige Raseneinfassung, die als Mähkante dient, geht in den aus verschiedenen Formaten verlegten Zierkreis über. Foto: Raab Karcher

Schwung und Dynamik erhält diese Fläche mit Original-Pflasterklinkern durch die Rundverlegung und den Formatwechsel. Foto: Arbeitsgemeinschaft Pflasterklinker

Wege und Flächen des Südens entstehen durch den Einsatz von Kieselsteinen als Belag. In nördlicheren Gefilden muss dabei allerdings für einen guten Unterbau gesorgt werden. Foto: BGL

Tipp

Gerade im Terrassenbereich kann es vorkommen, dass bei einer Feier etwas zu Boden geht. Wem viel an einem fleckenfreien Belag liegt, der sollte sich für Platten mit Oberflächenschutz entscheiden. Foto: Cleankeeper-Versiegelung von Kann.

Weitere Informationen
Anregungen für die Gartengestaltung mit Naturstein und Kunststein erhalten Interessenten in den Ausstellungsgeländen der Hersteller und den Schaugärten der Baustoffhändler. Auch in den Ausstellungen der Fertighausbranche finden sich gelungene Beispiele mit schön angelegten Flächen und Wegen rund ums Haus.

Auch im Bereich der Pflasterklinker gibt es immer wieder etwas Neues. Hier zwei hydroaktive – also gut wasserdurchlässige – Formate: Der Sickerklinker Alt Schwerin und der Rasengitterklinker Baalberge von Wienerberger.

Kleine Ursache – große Wirkung: Beidesmal Terrturana Eifel-Basalt Kopfsteinpflaster von EHL. Links wurden die Betonsteine im Mauerverband verlegt, das rechte Bild zeigt eine Kreuzfugenverlegung.

Wege aus Splitt haben schon etwas Herrschaftliches: Wer hört da nicht unmittelbar das sanfte Knirschen und fühlt sogleich das weiche Gehen! Und optisch macht sich ein solcher Weg ebenfalls gut. Nicht nur beim Adel, sondern auch im privaten Garten eines Normalbürgers.

Lose Steinchen

Gartenweg aus Ziersplitt

Einen Splittweg anzulegen ist nicht schwer – wenn man Folgendes beachtet.

Hierzulande sind Kies- oder Splittwege in Privatgärten eher noch selten anzutreffen – doch beide sind eine schöne Alternative für die Weg- und Flächengestaltung. Der Bauherr in diesem Beispiel war schon immer ein Fan der kleinen Steinchen und hat deshalb in seinem Garten zusammen mit einem Fachmann einen Fahr- und einen Nebenweg so angelegt.

Für die Wegstrecken wäre Pflastern zu aufwändig gewesen. Und auch aus optischen Gründen entschied man sich für die sanftere Lösung mit Splitt. Ein solcher Weg hat dann auch noch andere Vorteile: Er wirkt natürlich, ist formgenau zu erstellen, wird nie richtig nass, trocknet schnell ab und sieht immer sauber aus, denn Fugen gibt es ja keine. Zudem versiegelt man mit einem losen Belag keine Flächen, was dem Grundwassser zugute kommt. Und man spart sich das Anlegen eines Gefälles sowie den Einbau einer Entwässerungsrinne beziehungsweise eines Topfeinlaufs. Apropos anlegen: Der Wegaufbau wurde als wasserdurchlässige und wassergebundene Decke ausgeführt. Wassergebunden, weil der Unterbau mit Wasser abbindet und damit fest und befahrbar wird, wasserdurchlässig, weil kein Oberflächenwasser stehen bleibt. Der Unterbau besteht nun aus Brechsand, einem feinpudrigen bis kleinsplittrigen Materialgemisch, das mit der Zeit fast so fest wie Beton wird (Verback-Prozess). Darauf wird dann der Ziersplitt aufgebracht. Damit sich der Brechsanduntergrund später durch Begehen oder Befahren nicht durchzeichnet, ist es ratsam, beides mit derselben Gesteinsart auszuführen. Soll ein Weg befahrbar sein, muss auch die unterste Tragschicht – ein Mineralgemisch (Schotter mit Korn 16/32) – gut verdichtet sein.

Zudem ist es empfehlenswert, den Splittweg etwa mit Pflastersteinen einzufassen. Die Gefahr von Unkrautwachstum ist übrigens gering, da die Brechsandschicht (sie ist zwar wasserhaltend) Anwurzelungen nur in geringem Maß zulässt.

1. Auf dem Mutterboden dient zunächst eine höhere Mineralbetonschicht als Wegunterbau. Diese wird anschließend durch Abrütteln...

2. ... verdichtet. Die Wegführung bzw. -kontur wurde mit losen Pflastersteinen vorgelegt, um Optik und Proportionalität abschätzen zu können.

3. Zum Festsetzen der Pflastersteine dient ein Magerbetonstreifen, der entlang einer Richtschnur schaufelweise aufgebracht wird.

4. Die Pflastersteine nun mit einem Gummihammer in die Betonanhäufung klopfen. Hier markiert die Schnur übrigens die Außenkante.

5. Als alle Wegkonturen fertig waren, wurde der Schotter-Unterbau noch einmal endgültig aufs erforderliche Höhenniveau heruntergerüttelt.

6. So sieht das Ganze im Rohzustand aus. Außerhalb der Wegbereiche war die Bepflanzung schon vorangeschritten.

7. Nun folgte der eigentliche Unterbau für den Splittbelag. Mit einem Bobcat wurde 4 cm hoch Brechsand verteilt.

8. Mit umgekehrtem Rechen den Brechsand einigermaßen gleichmäßig abziehen. Bei der Höhe an die noch folgende Splittschicht denken!

9. Mit sanftem Brausestrahl nun die gesamte Fläche so nässen, dass der Brechsand dabei nicht unterspült wird oder gar aufschwimmt.

10. Ideal ist es, wenn dann die Sonne intensiv scheint, um anschließend den Unterbau mit dem Rüttler oder einer Walze verdichten zu können.

11. Frühestens am nächsten Tag wird der Ziersplitt eingebracht und verteilt. Bei kürzeren Wegstrecken geht das auch mit der Schubkarre.

12. Den Belag so hoch einbauen, dass er noch etwas unterhalb der Randeinfassung endet. Abziehen kann man per Richtscheit oder Hilfsbrett.

Einfach wissen wie's geht!

Randsteine

Eine saubere und stimmige Abtrennung zwischen Beet und Weg: Der einreihige und leicht erhöht eingebaute Pflasterrahmen verhindert das Eintragen des Splitts. Die Randsteine werden nicht verfugt. Und falls doch einmal Splitt überspritzen sollte, kehrt man ihn einfach zurück.

13. In diesem Fall wurde der Splittbelag bis über die Einfahrtstorgrenze hinaus verlegt, um eine durchgängige Fahrwegoptik zu erzielen.

Einfach wissen wie's geht!

Betonschürze ausbilden

Wenn alle Randsteine verlegt sind, werden die Betonseiten als schräg abfallende Flanken angeböscht und mit einem Handstampfer verfestigt. Wichtig dabei, dass die Betonschürze nicht ganz bis zur Pflasterkante hochreicht. Der spätere Splittbelag soll ja randnah mit dem Pflasterrand abschließen, ohne Beton zu zeigen.

Weitere Informationen

Ziersplitt und Brechsand findet man im Baustoffhandel nur in geringer Auswahl und in Klarsichtsäcken abgepackte Ware von Bau- und Gartenmärkten ist viel zu teuer. Tipps geben Gartenbauunternehmen oder das Straßenbauamt. Hier kam der Splitt von der Badischen Terrazzo Handelsgesellschaft (BTH) bei Bruchsal, Sorte: Ulmer Weiß Kalkstein, Korngröße 3 bis 5 mm, in Schichtdicke 20 mm. Der Brechsand hatte die Körnung 0 bis 7 mm. Die Wegeinfassung zeigt Beton-Antikpflaster braun coloriert von Kronimus.

Vorher: Eine winzige Terrasse und eine desolate Treppe, die in einen Gemüsegarten führt.

Neue Steine für die Terrasse

Granitplatten

Der Garten dieses typischen Siedlungshauses aus den 50er-Jahren wurde früher als Gemüsegarten genutzt. Daraus sollte nun ein „Wohlfühl-Garten" entstehen mit einer mit hellgelbem Granit belegten Terrasse.

Der alte Terrassenbelag aus Porphyrsteinen war an verschiedenen Stellen aufgeplatzt, die Treppe von der Terrasse in den Garten im Laufe der Zeit baufällig und zu einem Trittrisiko geworden. Um den Garten hatte man sich lange nicht richtig gekümmert. Früher als Gemüsegarten genutzt, sah er jetzt ungepflegt und verwildert aus. Für die neuen Besitzer war klar: Hier steht eine Generalüberholung an. Aus dem ehemaligen Nutzgarten sollte ein lauschiges Plätzchen zum Entspannen werden. Eine klassische Aufgabe für Gartenbauprofi Thomas Schlotz aus Winnenden. Gemeinsam mit den Hausbesitzern entwickelte er ein Gartenkonzept: Die alte Terrasse musste neu belegt werden, um im Sommer quasi ein „verlängertes Wohnzimmer" im Freien zu bieten. Zum Garten hin sollten Hochbeete für Blumen entstehen und eine bequeme Treppe sowie befestigte Wege in den tiefer liegenden Bereich führen. Die Terrassensanierung wurde wie folgt ausgeführt: Die Hausbesitzer entschieden sich für hellgelbe, von Hand gekantete und etwa vier Zentimeter dicke Granitpflasterplatten als Belagsmaterial, die im Aussehen ihren beigen Keramikfliesen im Wohnzimmer ähneln. Die alten Porphyrplatten wurden abgeschlagen. Da der Untergrund – eine nicht unterkellerte Betonplatte – uneben war, wurden die Granitpflasterplatten im Dickbett verlegt, um Höhendifferenzen gut ausgleichen zu können.

Und: Die Platten selbst haben nicht alle die exakt gleiche Höhe. Unterschiede von zwei bis drei Millimeter pro Granitplatte sind durchaus möglich. Als Mörtel wurde Trasszement verwendet, der bei Naturstein Ausblühungen verhindert. Da die Granitplatten von Hand gekantet, das heißt mit dem Meißel bearbeitet worden waren, waren die Kanten nicht glatt, sondern unregelmäßig strukturiert, was den Platten ein natürliches Aussehen verleiht. Dies machte einen relativ großen Fugenabstand von bis zu einem Zentimeter notwendig.

1. Zu Beginn erhält die Hauswand unter der Holzverschalung eine Dickbeschichtung, die sie vor Feuchtigkeitsaufnahme schützt.

2. Vor dem Verlegen werden die Natursteinplatten erst probeweise trocken ausgelegt und der Fugenabstand festgelegt.

3. Der Abstand von der trocken ausgelegten Platte zur Unterkante der Holzverschalung wird gemessen, um die Dicke des Mörtelbettes zu ermitteln.

4. Der Mörtel, dem beim Anmachen eine Haftbrücke beigemischt wurde, wird mit der Kelle gleichmäßig auf den Untergrund verteilt.

5. Die erste Granitplatte wird im Spalt oberhalb des Mörtels vorsichtig unter die Holzverschalung geschoben, ...

6. ... erst dann ins Mörtelbett abgesenkt und mit der gummigeschützten Seite des Plattenleger-Hammers festgeklopft.

7. Der Gartenbauer prüft sogleich mit der Wasserwaage, ob die Granitplatte richtig verlegt wurde und ob der Abstand zur ...

8. ... Unterkante der Holzverschalung auch mindestens einen Zentimeter beträgt.

9. Mit leichtem Gefälle werden von hier aus alle weiteren Granitpflasterplatten im Mörtelbett verlegt.

10. Mit dem Fugeneisen wird überschüssiger Mörtel sofort aus der rund einen Zentimeter breiten Fuge entfernt.

11. Nach ein bis zwei Tagen kann mit dem Verfugen begonnen werden. Dem Fugenmörtel wird eine Haftbrücke zugesetzt.

12. Mit dem Gummiwischer wird der geschmeidige Fugenmörtel in die Fugen eingearbeitet.

13. Mit einem nassen Schwamm entfernt der Garten- und Landschaftsbauer sorgfältig die Reste des Fugenmörtels.

Beim Verlegen des Belags musste darüber hinaus auf ein Gefälle von etwa zwei Prozent vom Haus zum Garten hin geachtet werden, damit Regenwasser ablaufen kann. Die Fassade des Hauses besteht aus einer roten Holzverschalung. Die Granitplatten durften die Unterkante der Holzverschalung nicht berühren, damit das Regenwasser von den Brettern abtropfen kann und das Holz kein Wasser „zieht". Die Granitplatten selbst wurden in einem unregelmäßigen römischen Verband verlegt.

Einfach wissen wie's geht!

Für guten Haftverbund sorgen
Damit die Natursteinplatten dem Mörtel nicht zu rasch das Wasser entziehen, sondern sich langsam und innig mit ihm verbinden, werden sie vor dem Einlegen mit einer Haftbrücke eingestrichen.

Weitere Informationen
Trasszementmörtel: HeidelbergCement; Fugenmörtel: Sakret; Abdichtung: Remmers Öko-Dickbeschichtung; Haftbrücke: PCI; hellgelbe Granitplatten (zirka 4 cm dick) aus China in den Formaten 90 x 90, 60 x 60, 30 x 30 und 60 x 30 cm. Preis pro Quadratmeter Belagsfläche inkl. Material und Lohn: zirka 88,00 Euro/m² zuzüglich MwSt.

Pflastersteine mit Gras-Grenzen

Grüne Fugen

Bauen heißt, in die Umwelt eingreifen, Böden versiegeln. Je mehr Niederschlagswasser in die Kanalisation läuft, desto größer ist bei starkem Regen die Belastung von Kläranlagen. Nach unten offene Beläge können dem entgegenwirken.

In diesem Beispiel wollte der Bauherr die Fläche vor seiner Doppelgarage nicht flächendeckend mit Betonpflastersteinen belegen und damit versiegeln, sondern sickerfähig gestalten. Nach Rücksprache mit seinem Landschaftsgärtner entschied er sich, einen grauen, acht Zentimeter dicken Pflasterstein mit angeformten Abstandshaltern zu verlegen. Diese bewirken zum einen, dass sich die Steine nicht verschieben, wenn die Fläche mit dem Auto befahren wird. Zum anderen sorgen sie für drei Zentimeter breite Fugen, in denen Gras wachsen kann. Wer eine Garageneinfahrt mit diesem Steinsystem belegt, muss für einen fachgerechten, stabilen Unterbau sorgen. Darüber hinaus muss der Unterbau aber auch frostschutzsicher angelegt werden. Wenn das Regenwasser im Winter gefriert, muss es im Untergrund der Garageneinfahrt genügend Platz haben, um sich ausdehnen zu können. Andernfalls drückt es nach oben und hebt den Belag. Wie wird der Unterbau frostschutzsicher ausgeführt? Der Handwerker hat die Erde vor der Garage etwa 35 Zentimeter tief abgegraben. Das Planum, auch Koffersohle genannt, wurde mit einem Motorstampfer verdichtet. Darauf kam eine 15 Zentimeter dicke Schicht mit 24 bis 32 Millimeter großen Schottersteinen.

Schotter als Frostschutzschicht

Bei dieser Korngröße hat das Wasser genügend Platz, um sich zwischen den Steinen auszudehnen, wenn es zu Eis wird. Grund: Es ist kein Nullkorn (Sand) beigemischt, das die Zwischenräume ausfüllt. Darüber kam eine neun Zentimeter dicke Tragschicht aus Mineralbeton. Sie besteht aus einer Mischung von Sand und bis zu 45 Millimeter großen Steinen. Hätte man auf das Schotterbett verzichtet und den ganzen Unterbau mit Mineralbeton ausgeführt, wäre bei Frost die Gefahr

1. Mit Bagger und Schaufel wurde das Erdreich vor der Garage 35 cm tief abgegraben und die Koffersohle mit einem Motorstampfer verdichtet.

2. Dann wurde eine 15 cm hohe Schotterschicht (Korngröße 24 bis 32 mm) eingebracht und mit Hilfe eines Motorstampfers und eines Rüttlers verdichtet.

3. Zur Straße hin setzten die Landschaftsgärtner mit einem Versetzwerkzeug so genannte Tiefbordsteine und betonierten sie ein.

4. Auf die Schotterschicht folgte eine 9 cm dicke Tragschicht aus Mineralbeton (Sand und Steine der Körnung 0 bis 45 mm), der kreuzweise verdichtet wurde.

5. Messung an einer gespannten Schnur: Bis zur Oberkante der Garageneinfahrt ist Raum für die Ausgleichsschicht (4 cm) und die Pflastersteine nötig.

der Hebung groß, denn zwischen dem Sand und den Kieselsteinen gäbe es für das Wasser nicht genügend Platz zum Ausdehnen. Darüber kam schließlich eine vier Zentimeter dicke Ausgleichsschicht aus Sand, in die die Betonpflastersteine eingelegt wurden. Wer genau nachrechnet, stellt fest, dass der Aufbau 36 Zentimeter hat, obwohl nur 35 Zentimeter abgegraben wurden (Frostschutzschicht 15 cm, Tragschicht 9 cm, Ausgleichsschicht 4 cm und Stein 8 cm). Der Stein würde also einen Zentimeter über die Oberkante der Garageneinfahrt hinausragen. Die Lösung: Nachdem die Steine verlegt worden sind, wurde der Belag mit einem Rüttler, der Gummiplatten hat, kreuzweise abgefahren. Dadurch senkte sich der Belag noch um einen Zentimeter.

Einfach wissen wie's geht!

Düngen

Wenn alle Steine liegen und abgerüttelt sind, wird Rasengittererde in die Fugen gekehrt. Dem Gemisch aus Sand, Erde und Torf sind auch Grassamen beigemischt. Wenn man bereits dem Sand der Ausgleichsschicht organischen Dünger beimischt, fördert man das spätere Wachstum des Grases.

Weitere Informationen

Der verlegte Stein wird von Klostermann unter der Bezeichnung „Vegraston" angeboten. Es gibt ihn in den Formaten 24 x 16 x 8 cm, 16 x 16 x 8 cm. Den Stein gibt es in den Farben Granit-Grau und Basalt-Anthrazit. Kosten: Die Kosten für einen Quadratmeter des beschriebenen Aufbaus liegen bei etwa 100 Euro (einschließlich Aushub, Pflastersteine, Schotter, Mineralbeton, Sand und Lohn). Neben dem Vegraston hat Klostermann noch viele weitere ökologische Pflastersysteme mit unterschiedlicher Technik (Rasenfugen, Drainfugen, versickerungsfähige Pflastersteine) und Farbgebung im Programm.

6. Letzter Test vor dem Einbringen des Sandbetts: Die Steine müssen nach der Verlegung zunächst einen Zentimeter über die Endhöhe hinausragen.

7. Jetzt wurde der Sand gleichmäßig auf der ganzen Fläche verteilt und der Überschuss mit Abziehlehren und einer Latte abgezogen.

8. Die Vertiefungen, die die Abziehlehren hinterlassen hatten, wurden mit Sand gefüllt und vorsichtig mit einem Rechen abgezogen.

9. Mit der Verlegung der Betonpflastersteine wurde von der Garageneinfahrt zur Straße hin gearbeitet. Noch steht das Pflaster einen Zentimeter über.

10. Entlang der Schnur haben die Arbeiter quasi im Akkord Reihe um Reihe der Pflastersteine verlegt. Dies ist dank der Abstandhalter ganz einfach.

11. Da die Fläche schräg an die Staße trifft, mussen die Pflastersteine entsprechend mit einer Stein-Nasssäge zugeschnitten werden.

12. Der Weg zum Haus wurde mit Platten belegt. Eine optische Auflockerung und ein sauberer Anschluss zur Rasenfugenfläche wurde durch Kleinpflaster erzielt.

Tipp

Nach der Verlegung von jeweils fünf Steinreihen sollte man mit der Richtlatte prüfen, ob die Betonpflastersteine in einer Linie liegen. Gegebenenfalls durch Hammerschläge nachbessern.

Die Blockstufe mit typischem bruchrauen Charakter harmoniert mit der Klassik-Line-Gartenmauer und -Palisade. Foto: Klostermann

Gartentreppen aller Art

Mit festem Tritt

Gartentreppen sollten sich wie selbstverständlich ins Gelände einfügen und ebenso zum Stil der Gartengestaltung passen wie zur Architektur. Lassen Sie sich von den Beispielen inspirieren.

Höhenunterschiede auf dem Grundstück können mit Treppenstufen bequem und auch optisch attraktiv überwunden werden. Sie dienen zur Gliederung des Grund und Bodens und bringen, richtig platziert, Dynamik in den Garten. Egal, ob es nur ein paar Stufen zu einem versteckten Sitzplatz sind oder ein starkes Gefälle von der Terrasse in den Garten zu überwinden ist, Treppen bringen Spannung in die Gartengestaltung. Je nach Geschmack und Stil werden freie, fließende Formen eingesetzt, die sich harmonisch mit weichen Linien in die natürliche Umgebung eingliedern. Oder man setzt auf strenge, klare Formen, die eher minimalistisch modern wirken. Dabei sollte das Material und die Befestigung je nach Nutzungsgrad sowie nach Beanspruchung durch Witterungseinflüsse gewählt werden. Bei stark frequentierten Stufen ist besonders auf Laufkomfort und Sicherheit zu achten. Eine planerische Grundregel besagt, dass das Schrittmaß ungefähr 63 cm betragen soll und sich aus dem Auftritt sowie zweimal der Steigung zusammensetzt. Damit wird das Treppensteigen im Garten nicht zu einer Kletterpartie, sondern ermöglicht ein angenehmes Begehen der Stufen. Außerdem sollte man sich im Vorfeld genau überlegen, welche Anforderungen an die Gartentreppe gestellt werden. Lange, flache Stufen lassen zum Beispiel problemlos zu, dass man auch mal mit dem Schubkarren darüberfährt. Natürlich ist der Platzbedarf gegenüber einer steileren Treppe wesentlich höher.

Große Auswahl an Materialien

Eine große Gestaltungsvielfalt bieten Treppen aus Stein. Diese werden als Block- oder Winkelstufen angeboten. Zur Auswahl stehen eine breite Farbpalette und unterschiedliche Oberflächen von geschliffen bis zu bruchrau. Raue Trittflächen garantieren eine hohe Trittfestig-

Landhausstufen mit bossierten Stirnseiten gleichen Höhenunterschiede aus. Foto: Braun

Bruchraue Stoßflächen und kugelgestrahlte Trittflächen machen Treppen aus Trento von Steinwerk-Stufen zum Blickfang des Geländes.

keit und sorgen so für Sicherheit. Natürlich können die Stufen auch gefliest werden und sich somit dem Terrassenbelag anpassen. Auch hier stehen eher rustikale, natürlichen Steinen nachempfundene Beläge zur Auswahl oder glatte, geradlinige. Treppenstufen aus Holz integrieren sich ebenfalls in das natürliche Umfeld aus Pflanzen und Wasser. Qualitativ hochwertiges Holz ist strapazierfähig und wird sogar durch Wasserkontakt nicht beschädigt. Geriffelte Oberflächen bieten die nötige Trittsicherheit und dienen gleichzeitig als Wasserablauf. Für besonders große Höhenunterschiede, die auf kleinstem Raum überwunden werden sollen, bieten sich Edelstahl-Treppenläufe an, die es in gerader sowie in mehr oder weniger stark gewendelter Form gibt. Edelstahl ist besonders robust und widerstandsfähig, es erfordert wenig Pflege. Egal ob nur ein paar Stufen oder eine steile Treppe notwendig sind, mit den passenden Formen, Farben und Materialien wird jede Gartentreppe zum Blickfang auf dem Grundstück.

Die Serie Megano ist aus Bangkirai-Hartholz. Das Holz integriert sich nahtlos in die Natur und selbst Wasserkontakt schadet dem Material nicht. Foto: Brügmann

Bei diesem Beispiel sorgen die dunkleren Begrenzungssteine für einen optischen Stufenabschluss. Foto: Kann

Die Stufen bestehen aus Begrenzungssteinen, die einen hübschen Kontrast zu den rot geflammten Pflastersteinen bilden.
Großes Bild rechts: In Blau-Anthrazit wirkt die Treppe sehr modern.
Fotos: AKA-Ziegelgruppe

Diese Platten und Stufen sind mit Teflon beschichtet und deshalb schmutzunempfindlich. Verunreinigungen durch beispielsweise Fett, Rotwein oder Blumenerde lassen sich einfach mit Wasser entfernen.
Foto: Rinn

Hier führt die Treppe die runde Form des kleinen Platzes fort.
Foto: Braun

Breite Stufen laden zum Verweilen ein – und warum nicht mal eine kleine Pause in der Sonne auf dem Treppenabsatz machen?
Foto: AKA-Ziegelgruppe

Links: Hier ist die Beleuchtung der Treppe in die begrenzende Mauer eingelassen. Foto: Braun

Rechts: Die strenge symmetrische Linie der Stufen setzt sich bei der Lampe fort. Foto: Klostermann

Hier sind es nur zwei Stufen, die einen Übergang schaffen und gleichzeitig einen attraktiven optischen Blickpunkt bilden. Foto: Klostermann

Terca-Pflasterklinker aus gebranntem Ton in leuchtendem Rot machen sich auch als Mauer- und Treppenmaterial blendend. Im rechten Bild bilden die anthrazitbraunen Pflasterklinker Weg und Stufen. Fotos: Wienerberger

Hier bietet Edelstahl eine filigrane Möglichkeit, den Höhenunterschied von der Terrasse zum Garten zu überbrücken. Foto: Baveg

Passend zu den Cotera-Terrassenplatten lassen sich mit den Cotera-Stufenelementen komfortable Gartentreppen anlegen. Foto: Reinschütz

Aura-Stufen haben eine strukturierte Oberfläche, die in Juraweiß oder Juragelb erhältlich ist. Foto: Reinschütz

Extensiv begrünte Dachflächen erfordern nur einen geringen Pflegeaufwand. Foto: Zinco

Kompromiss: Am Haus der Rasen, etwas weiter entfernt die Wildblumenwiese. Foto: Wüstenrot

Grünflächen am Haus

Grünanlagen

Obwohl Grünflächen am Haus mehr oder weniger regelmäßige Pflegearbeiten erfordern und zudem Unterhaltskosten verursachen, gehören sie für fast jeden zum vollendeten Hausbesitzer-Glück dazu.

Verschiedene Arten von Grünflächen werden bei uns künstlich in ihrem Zustand gehalten. Ganz ohne kultivierende Eingriffe würde alles verwildern und verwalden. Ein bekanntes Beispiel ist die Lüneburger Heide: Einst durch Waldrodung entstanden, wird sie heute künstlich im Heidezustand gehalten. Ohne Eingriffe hätte sich der Wald schon lange wieder über ihre gesamte Fläche ausgebreitet.

Je nach Art der Grünfläche ist der Pflegeaufwand unterschiedlich. Gering ist er bei einem Heidegarten oder einer extensiven Dachbegrünung. Eine Wiese muss im Gegensatz zu einer Weide gemäht werden. Auf einer Weide können sich allerdings Disteln oder Gehölze ansiedeln. Am meisten Pflege brauchen diejenigen Grünflächen, die nicht landwirtschaftlich genutzt werden: Rasen im Privatgarten, in öffentlichen Anlagen und Sportrasen. Der Nutzung, dem Standort und persönlichen Vorlieben entsprechend werden diverse Saatgutmischungen mit unterschiedlichen Rasengräsersorten für das Anlegen eines Rasens angeboten: Für Strapazierrasen, Schattenrasen, langsam wachsenden Rasen, besonders dichten Rasen usw.

Auch Rasensorte und -pflege stehen in Beziehung: Ein weniger trockenresistenter Rasen muss häufiger gegossen werden. Langsam wachsende und sehr dichte Rasentypen sind fürs Mulchmähen, bei dem das Schnittgut gehäckselt in den Rasen geblasen wird, weniger geeignet.

Gleich mehrere DIN-Normen gibt es für Saatgut und Rasen. So ist zum Beispiel die Rede von einer „Vegetationsdecke aus Gräsern, die durch Wurzeln und Ausläufer mit der Vegetationstragschicht verbunden ist". Ob ein Rasen gedeiht, liegt selbstverständlich auch an der Qualität der Tragschicht. Ideal sind lehmig-sandige, humose Böden. Eine Rasenaussaat sollte stattfinden,

Englischer Rasen: Grün, dicht und kurz geschnitten. Foto: BGL

wenn der Boden ausreichend warm ist. Bei normalen Verhältnissen, also im April / Mai oder – fast noch besser – August / September. Der Boden sollte zeitig vorher vorbereitet worden sein, damit er gut abgesetzt ist. Nach der Saat muss er gut feucht gehalten werden, das heißt, bei Bedarf anfangs auch mehrmals täglich gegossen werden.

Tipp

Mit Hilfe eines Gießbalkens an der Gießkanne lassen sich Flüssigkeiten wie Mittel gegen Fremdbewuchs (Unkräuter, Moos) gleichmäßig, kontrolliert und richtig dosiert ausbringen. Foto: Compo

Rasen reparieren

Die Kahlstelle gründlich lockern und bei stark lehmigem Boden etwas Sand einarbeiten. Zusätzlich kann man das Saatbett mit spezieller Rasenerde (aus Torf und Quarzsand) verbessern.

Das Nährstoffangebot kann durch eine Düngergabe (Rasen-Start-Dünger) erhöht werden. Am besten bei völliger Windstille wird der Nachsaat-Rasen ausgebracht und eingeharkt.

Für einen guten Bodenschluss die Saat mit einer Walze oder mit einem Brett gut andrücken. Die Fläche so gefühlvoll wässern, dass dabei nichts weggeschwemmt wird. Fotos: Compo

Zum Reparieren von Kahlstellen im Rasen, wie sie beispielsweise oft direkt am Terrassenanschluss entstehen, gibt es unterschiedliche Nachsaat-Produkte. Der hier verwendete Compo Saat Nachsaat-Rasen wird direkt aus einer Streuschachtel verteilt. Damit die Saatgutmischung nicht als Vogelfutter endet, sind die Grassamen grün eingefärbt. Die Fläche darf die nächsten Wochen nicht betreten werden. Am besten grenzt man sie mit Hilfe von ein paar Stöckchen und einem leuchtenden Warnband aus Kunststoff ein.

Relativ wenig Arbeit macht ein Heidegarten. Er bietet sich insbesondere dann an, wenn ohnehin saure Bodenverhältnisse herrschen. Foto: BGL

Bunte Wiesenblumen erfreuen nicht nur das menschliche Auge, sondern locken unzählige Arten von Insekten an. Schön, wenn man am Haus auch einen kleinen Wildblumenbereich anlegen kann. Foto: MEV

Ein Bodentest zeigt den Säuregrad. Meist ist der Boden für Rasen zu sauer und muss mit Kalk behandelt werden.

Wichtig ist das gründliche Auflockern des Bodens vor der Aussaat und das Einbringen von Kompost oder Bodenhilfsstoffen. Fotos: Neudorff

Ein Golfrasen ist ein ausgesprochen widernatürlicher Grünflächentyp und daher äußerst anfällig und pflegeintensiv. Foto: MEV

Rasenkantensystem mit Strom, Wasser und Licht

1. Der Verlauf der Beetbegrenzung wird entsprechend der Modulmaße ausgekoffert. Die Module werden in ein Sandbett gesetzt und in der Höhe ausgerichtet.

2. Die Grundmodule können mit unterschiedlichen Funktionssets (Strom, Licht, Wasser) bestückt werden. Hier als Beispiel der Wasseranschluss-Einsatz.

Beeteinfassungen im Garten

Grenzen im Grünen

Es gibt sehr viele Möglichkeiten der Gliederung und technischen Ausstattung von Beeten im Garten. Hier vier Beispiele – technisch raffiniert oder einfach nur schön gestaltet.

Beeteinfassungen im Haus- oder Vorgarten sind nicht unbedingt notwendig. Sie können dem Gärtner jedoch die Arbeit erleichtern und auf jeden Fall können sie auch als Gestaltungsmittel dienen. Da gibt es Rasenkantensteine aus Beton, die das Rasenmähen einfacher machen oder Kunststoffkanäle, in denen verschiedene Versorgungsleitungen versteckt sind. Früher hat man zum Einfassen von Beeten anstelle von Holzdielen manchmal auch hübsche alte Tonziegel verwendet oder – und das sah weniger schön aus – leere Flaschen mit dem Hals voraus in den Boden gesteckt. Solche Einfassungen sollten verhindern, dass die Erde beim Gießen beziehungsweise durch den Regen aus dem Beet geschwemmt wird und auch, dass die Natur sich diesen kultivierten Bereich durch Überwuchern wieder „zurückholt". Das erste Beispiel zeigt ein multifunktionelles Rasenkanten-System aus Kunststoff. Die Funktion als Mäh-Hilfe ist bei ihm eher im Hintergrund und seine Raffinesse im Untergrund. Das System macht die Gartenarbeit komfortabler: Als Kanal mit abnehmbaren oder auch klappbaren Oberteilen lassen sich darin Wasserzapfstellen, Elektrosteckdosen und verschiedene Lichelemente integrieren. Es gibt Module mit Halogenstrahlern sowie mit Leuchteinheiten, die ihr Licht durch transluzente Abdeckungen abgeben. Sämtliche zugehörige Kabel und Schläuche können im Kanal untergebracht werden. Alle Teile sind aufeinander abgestimmt und lassen sich ganz nach Wunsch kombinieren. An den gewählten Stellen werden die Grundmodule des Systems mit entsprechenden Funktionssets bestückt. Bei der Verlegung wird zunächst der Erdboden ausgeschachtet, dann bringt man die Module – leer oder bestückt – nacheinander ein und koppelt sie mit Hilfe einer Hakenverbindung aneinander. Mit diesem System, „Edge-Mate" genannt, wird das lästige Tragen von langen Wasserschläuchen hinfällig, weil Wasserzapfstellen für mobile Regner, Gartenduschen

3. Durch eine Hakenverbindung werden alle Module aneinandergekoppelt und die Versorgungsleitungen im so entstandenen Kunststoffkanal verlegt.

4. Sämtliche Strom führenden Teile sind vom TÜV geprüft und haben die dem Außeneinsatz entsprechende elektrische Schutzklasse.

5. Die Abdeckungen der Module lassen sich jederzeit abnehmen bzw. aufklappen. Die Leitungen sind also bei Bedarf leicht zugänglich.

6. Nach dem Verlegen des Kanals mit all seinen inneren Raffinessen wird der kleine Graben dann sauber verfüllt.

oder Beregnern genau dort platziert werden können, wo sie gebraucht werden. Das gilt auch für die Steckdosen des Systems.

Unterirdische Versorgungsleitung

Die Kunststoff-Abdeckungen des Kanals haben eine Steinoptik-Oberfläche. Die Elemente sind in Tonrot und in Hellgrau erhältlich. Das ausgeklügelte Multifunktions-System ist von außen unsichtbar und trotzdem bei Bedarf jederzeit leicht zugänglich. „Edge Mate" ist TÜV-geprüft und eignet sich für den Anschluss von allen 230-V-Elektrogeräten und handelsüblichen Bewässerungssystemen mit Schnellkupplung. Alle 230 Volt führenden Bauteile entsprechen der Schutzklasse IP 67.

Ganz was anderes sind die hier gezeigten selbst gegossenen Schmuckplatten aus Beton. Auch sie stellen die Grenze zwischen Beet und Rasen dar, sind allerdings nicht befahrbar, sondern ragen auf und halten das leicht erhöhte Beet in Form. Der besondere Reiz dieser Einfassung liegt in den schwungvollen Formen der Betonplatten und den eingelegten dekorativen Ziersteinen. Durch den Wechsel von zweierlei Bogenformen wirkt die Beetbegrenzung noch lebendiger. Die drei geraden Seiten der Gießform für die Schmuckplatten wird aus Brettern hergestellt, die Bogenform aus mehrlagigem Sperrholz oder MDF-Platten. Die Bögen entwirft man nach eigener Fantasie. Mit Hilfe eines Rasters auf dem Werkstück lassen sie sich einfach übertragen und zusägen. Sinnvoll ist es natürlich, gleich mehrere Gussformen herzustellen, damit man schneller eine größere Stückzahl an Platten erhält. Schließlich dauert es jeweils zwei Tage, bis die Platten aus der Form genommen werden können.

Abschließend zeigen wir hier noch folgende Begrenzungs-Ideen: Einmal die Kombination von selbst gefertigten Betonpalisaden mit integriertem LED-Licht. Duch einen Innenkanal werden hier die Stromleitungen zum Leuchtmittel geführt. Eingebaut sind die Palisaden in Kombination mit einem handelsüblichen Pflasterstein-Element für die Bogenverlegung. Und schließlich noch Umrandungen aus Mineralguss-Fertigmodulen zum Zusammenschrauben.

Beetbegrenzung aus selbstgegossenen Schmuckplatten

1. Die Rastervorgabe für das geschwungene Formstück wird nach dem Aufkleben mit einer Stichsäge aus der MDF-Platte geschnitten.

2. Dieser Zuschnitt dient als Schablone für alle weiteren Zuschnitte dieser Form. Dazu wird sie mit Zwingen und Holzschrauben fixiert.

3. Die übrigen drei Seiten der Gussform werden aus MDF-Streifen zugeschnitten und anschließend miteinander verschraubt.

4. Für den Betonguss wird der Zement mit feinem Sand und Wasser zu einer zähflüssigen Gussmasse angemischt, diese dann in die …

5. … vorbereiteten Formen gegossen und glatt abgezogen. Als Trennschicht zur Arbeitsfläche kann man eine Kunststofffolie verwenden.

6. Ganz nach persönlichem Geschmack können in den noch weichen Guss jetzt noch farbige Ziersteine oder Kiesel eingedrückt werden.

7. Nach zwei Tagen sind die Elemente so weit ausgehärtet, dass man die Zwingen lösen und die Platten aus ihren Formen befreien kann.

8. Nun sollte man den Platten noch weitere zwei bis drei Tage Zeit lassen, um vollends durchzuhärten. Sie sollten dabei rundum belüftet sein.

9. Mit einer Topfbürste in der Bohrmaschine lassen sich Grate und unschöne Stellen auf den Sichtseiten der Platten wegretuschieren.

10. Dann ist der Augenblick endlich gekommen: Die Randsteine mit dem schönen Schwung können an ihrem Bestimmungsort gesetzt werden.

Betonpalisaden mit integrierter Beleuchtung

1. Mit einem 40-mm-Forstnerbohrer wird ein Loch in die Abschlusskappe eines Abflussrohres gebohrt.

2. Das größere Kunststoffrohr der Gussform wird mit einer Stichsäge längsseitig aufgetrennt.

Tagsüber „fallen" die Palisaden durch ihre Höhe aus der Reihe, bei Dunkelheit durch ihr Licht.

3. Mit einem 40er-Lochbohrer wird eine Holzscheibe als Verschluss für das dünne Rohr angefertigt.

4. Der Aufbau der Gussform: In das dünne Rohr fließt kein Material ein. So entsteht die Kabelführung.

5. Mit Hilfe von Dichtungsringen und Schraubzwingen werden die Rohrhälften zusammengepresst.

6. Mit einer Mischung aus Estrichzement und Sand (Verhältnis 1:2) werden die Formen gefüllt.

7. Zwei Tage später wird der Rohrüberstand abgeschnitten und die Palisade ausgeschalt.

8. Mit einer Bohrkrone für Stein wird ein Sackloch bis hin zum Kabelkanal gebohrt.

9. Die LED-Außenleuchten werden in dieses Loch mit PUR-Kleber absolut wetterfest eingeklebt.

10. Die Verkabelung muss vorschriftsmäßig für den Außenbereich vorgenommen werden.

Kunststein-Rand zum Verschrauben

1. Zuerst werden die verschiedenen Teile (Geraden, Bögen oder Komplettsätze) zur Probe ausgelegt.

2. Entlang der Einzelteile wird deren Verlauf entsprechend zum Rasen passend abgestochen.

3. Dann werden die Formstücke platziert und mit Hilfe der mitgelieferten Schrauben fest verbunden.

4. Das Beet kann sofort anschließend mit Erde oder Substrat gefüllt und bepflanzt werden.

5. Aus zirka 30 verschiedenen Modulen können beliebige Umrandungen gebaut werden. Die Formteile sind ...

6. ... aus einem Gemisch aus Steinmehl und Kunstharz gegossen und deshalb sehr widerstandsfähig.

Stahlzaun, feuerverzinkt: Diese Ausführung des Modells „Schlossstraße" von Zaunmeister ist aufgrund der Farbgebung und der geringen Höhe von nur 90 cm recht unauffällig.

Casa Adorna hat Zäune im Stil vergangener Zeiten aus Aluminiumguss und Eisenguss im Programm. Hier ein gotisches Modell.

Stahlzaun, weiß lackiert: Diese Ausführung des Modells „Parkallee" von Zaunmeister harmoniert mit den Sprossen der Fenster und den weißen Farbakzenten am Haus.

Einfriedung leicht gemacht

Ein Zaun ums Haus

Zäune markieren die Grundstücksgrenzen und haben Schutzfunktion. Sie sollten sich gut in die Umgebung einfügen. Schöne Lösungen und Bautipps zu unterschiedlichen Zaun-Arten gibt es hier.

Im Paradies gibt es keine Zäune. Da es bei uns aber recht irdisch zugeht, brauchen wir welche. Tendenz steigend. Die ersten Zäune waren wohl einfache Weidengeflechte, mit deren Hilfe die sesshaft gewordenen Menschen ihre Pflanzungen gegen Wildfraß schützen wollten. Auch heute will man mit Zäunen Tiere vom Grundstück oder Garten fern halten und auch Menschen die Grenzen deutlich zeigen. Manchmal verhindern Zäune anderen den Zugang, damit ihnen nichts passiert. Man kennt das vom Bauzaun, der verhindern soll, dass Kinder auf der Baustelle spielen und sich verletzen. Wer einen Teich oder Pool im Garten hat, wird aus der gleichen Verantwortung heraus sein Grundstück einzäunen. Ein Zaun sollte angemessen dimensioniert sein und in seiner Art zum Haus passen. Zäune gibt es in unterschiedlichen Stilen, Farben und Materialien – von preiswerten Maschendrähten über Matten, Holz und Kunststoff zu Metall. Ein schönes Haus kann durch eine unpassende Einfriedung völlig verschandelt werden. Dabei ist es nicht immer eine Frage des Preises, ob Haus und Zaun harmonieren. Manchmal passt ein einfacher Holzzaun aus Pfosten und Schwarten besser als ein Kunstschmiede-Zaun.

Zäune können ganz unterschiedlich hoch sein. Will man nur zeigen, dass das Betreten des Grundstücks unerwünscht ist, reicht schon ein ganz niedriger Zaun, will man den Zutritt jedoch verhindern, muss er entsprechend höher sein. Die Aufgabe eines Zaunes kann auch sein, kleine Kinder oder Haustiere im Garten zurückzuhalten. Dann sind Aspekte wie Übersteigbarkeit und Dichtigkeit entsprechend zu berücksichtigen. Zäune sind unterschiedlich pflegeintensiv. Holzzäune brauchen, auch wenn der konstruktive Holzschutz durch Pfostenschuhe, -kappen, Abschrägungen usw. berücksichtigt wurde, mit den Jahren einen Renovieranstrich. Ähnlich verhält es sich bei lackierten Metallzäunen.

Mauer-Zaun mit Zwischenpfeilern, gestuft: Dies ist gerade bei Grundstücken mit Steigung eine beliebte Lösung. Die Mauer ist aus Fertig-Elementen von Weserwaben.

Kunststoff-Profile, weiß: „Kömaterra"-Zäune und -Tore von Kömmerling sind stoß- und kratzfest, lichtbeständig und brauchen nicht nachgestrichen zu werden.

Stahlzaun, hoch: Diese grün lackierte Ausführung des Modells „Schlossstraße" von Zaunmeister hat eine Höhe von 150 cm.

Holz-Stahl-Kombination, Stichbogenform: Modell „Skyline" von GAH Alberts.

Naturstein und Holz: Bei dieser ganz individuellen Lösung hat man Holzelemente an einbetonierten Granitstelen befestigt.

Tipp

Manche Zaunsysteme können auch prima als Balkongeländer eingesetzt werden. Nimmt man hierfür das gleiche Modell wie für die Grundstückseinfriedung, wirkt das besonders harmonisch.

Stahlzaun-Montage

Bei Stahlzäunen werden die Pfosten einbetoniert, aufgedübelt oder auf eine einbetonierte Halterung verschraubt.

1. Die Pfostenhalter werden ins feuchte Betonfundament gesteckt und lotrecht ausgerichtet.

2. Die Pfosten werden auf die Halterungen gestellt und mit nichtrostenden Muttern befestigt. Hierbei kann man notfalls noch ein wenig korrigieren.

3. Die Zaunelemente werden mit speziellen Verbindern an die Pfosten geschraubt bzw.

4. mit der Hauswand verbunden. (Zaunmeister)

1

2

3

4

Maschenzaun-Montage

Bei einem Maschenzaun von der Rolle ist man bei der Wahl des Pfostenabstandes recht frei.

1. Wenn die Pfosten stehen, rollt man das Material von der aufrecht gehaltenen Rolle ab.

2. Beim Spannen des Maschendrahtes ist ein Spannkamm behilflich, mit dem man auch kleine Verbiegungen korrigieren kann.

3. Hier wird mit spezieller Clip-Technik verbunden.

4. Die Verbindung ist elegant und unauffällig. (Pantanet Basic und Bekaclip-System von Bekaert)

1

2

3

4

Noch ein Anschauungsbeispiel von Casa Adorno, diesmal geradlinig klassizistisch.

Mattenzaun-Montage

Mit der Faustregel „Mattenhöhe plus 10 Zentimeter" errechnet man die aus dem Boden ragende Pfahlhöhe, wobei man die Zaunmatten dann fünf Zentimeter über dem Boden anbringt. Da die Zaunpfähle vierzig Zentimeter tief einbetoniert werden müssen, kommt man z. B. bei einer Mattenhöhe von 100 Zentimeter auf eine benötigte Pfostenlänge von 150 Zentimeter.

1. Bei einer Zaunanlage mit Tor beginnt man mit der Tormontage. Der Torflügel wird am bereits fest einbetonierten Torpfosten befestigt...

2. ...und mit Schloss und Drücker bestückt.

3. Der zweite Torpfosten wird mit dem Toranschlag bestückt, ...

4. ... passend am Tor ausgerichtet und einbetoniert.

5. Für den weiteren Zaunverlauf wird eine Richtschnur in Höhe Oberkante Zaunpfosten gespannt.

6. Die Pfosten werden im Mattenabstand in ein Betonfundament gestellt und ausgerichtet.

7. Eine große Arbeitserleichterung und hohe Genauigkeit bietet hier der Einsatz einer Abstandsstrebe als Montagehilfe.

8. Zum Befestigen der Matten an den Torpfosten sind jeweils extragroße Torpfostenschellen nötig.

9. Im weiteren Verlauf kommen kleinere Doppelschellen zum Einsatz. Die Pfosten müssen überall gleich hoch (5 cm) überstehen.

10. Am letzten Zaunpfahl werden Einfachschellen eingesetzt.

11. Jetzt müssen nochmals alle Zaunfelder überprüft werden.

12. Erst wenn alle Elemente ganz exakt ausgerichtet sind, werden die Schellenschrauben endgültig ganz fest angezogen. Ist am Ende des Zaunes eine Matte zu lang, kann sie passend gekürzt werden. Die Schnittstellen müssen unbedingt sofort mit Metallschutzlack (hier RAL-Farbe 6005) gestrichen werden. (Mattenzaun-System Dino von Kraus)

1

2

3

4

5

6

7

8

9

10

11

12

Zaun-Gäste

... dürfen Sie bei dieser großen Zaun-Schau sein. Mit dabei sind 12 Modelle. Schauen Sie mal rein und entdecken Sie Ihren Favoriten!

Kunststoff-Zaunanlage mit Diagonal-Flechtwerk-Füllungen in Zierrahmen in zweierlei Weiten und mit einer Oberflächenstruktur in Holzmaserungsoptik. (Modell: Oxford von Videx)

Elemente aus Bangkirai-Hartholz mit Rundbogen, der aus einem Stück gearbeitet ist. Die Pfosten haben feine V-Fugen und tragen Abdeckkappen. (Modell: Megano Raja von Brügmann)

Historische Optik in Aluminium aus einem vielfältigen französischen Modellprogramm. Hier eine halbhohe Lösung auf Mauersockel mit Zwischenpfosten. (Modell: Tuilerie von SIB)

Landhaus-Flair: Holzelemente mit lasierendem Farbauftrag. Besonderheiten: Geriffelte Oberfläche, breite Zwischenbretter, glattes Abschlussprofil. (Modell: Vermont von Osmo)

Zaunsystem in Holzoptik aus wetterfestem Materialmix aus Holzfasern und thermoplastischem Kunststoff. Die Pfosten weisen Nuten für die Querriegel auf. (Modell: Kovalex von Kosche)

Feuerverzinkte, pulverlackbeschichtete Metallelemente, montiert zwischen Granitstelen. Mit filigranen Vierkantstäben, Kreuzen und Handlauf. (Modell: Parkallee von Zaunmeister)

Metallzaunelemente feuerverzinkt oder verzinkt und farbpulverbeschichtet mit hübschen Rundbogenabschlüssen und zwei wählbaren Zierspitzen. (Modell: Verona von Zwart)

Kunststoff-Bausatzsystem, die Zaunfelder werden zerlegt im Karton geliefert, Latten und Riegel werden einfach nur zusammengeklickt. (Modell: Sylt Westerland von Kraus)

Leicht wirkende Felder aus feuerverzinktem Vierkantrohr, Rundstäben und Zierelementen, Verschraubung an den angeschweißten Pfostenlaschen. (Modell: Romantik Cornwall von Kraus)

Holzwerkstoff-Profile aus verdichtetem Kernmaterial mit wetterfestem Überzug, Form und Abdeckkappen sind frei wählbar, hier blickdichte Felder in Dachgiebeloptik. (Profile von Werzalit)

Aluminium-Rahmenelemente mit breiteren Stäben als Halbzaun. Hier ein Beispiel, wie Zaun und Hausansicht farblich harmonieren können. (Modell: Contemporaine Aubigné von SIB)

Kunststoff-Zaun in vier Grundformen. Die Elemente lassen sich kürzen oder durch Ergänzungsteile verlängern. Elemente auch mit Innen- oder Außenbogen. (Modell: Cara von Brügmann)

Erst mit der Umzäunung des vorderen Grundstückbereichs entstand eine Vorgartensituation. Die klare und doch filigrane Abgrenzung schafft eine Geborgenheitsatmosphäre, ohne schroffe Abwehrwirkung.

Traditioneller Holzzaun

Ländliche Idylle mit Lärchenholzlatten

Ein Wohnhaus auf dem Lande – beschaulich und ruhig gelegen. Was aber doch fehlte, war eine Abgrenzung hin zur dörflichen Anliegerstraße. Da sollte nun endlich eine Zaunanlage installiert werden, die zu dem ländlichen Stimmungsbild passt und zugleich einen hübschen bäuerlichen Vorgarten entstehen lässt.

Wie bekommen wir eine gestalterisch passende Grundstücksgrenze und einen optischen Schutz, ohne die Sicht übers Grundstück hinweg ganz zu versperren? Und wie lässt sich mit der Maßnahme auch gleich ein hübsches Vorgärtchen abgrenzen? Auf der Suche nach der richtigen Lösung war man schließlich bei einem regionalen Zaunbauer fündig. Denn mit den Zaunlösungen aus dem Baumarkt oder mit Sichtschutzelementen konnte man sich nicht so recht anfreunden. Zudem wollte man eine Zaunanlage, die eher schlicht und traditionell ausfällt als eine „overdesignte" Anlage mit modischem Schnickschnack. Was die Materialauswahl anbelangt, wählte man hier Lärchenholz statt druckimprägnierte Kiefer- oder Fichtenlatten. Zum einen wegen des sonst meist auftretenden grünen Farbtons (auch wenn es braun imprägnierte Hölzer gibt oder solche, die noch in einem Lasurbad ihren endgültigen Farbton erhalten). Andererseits wollte man den Zaun sowieso grau werden lassen (und dann erst einen transparenten Schutzanstrich vornehmen), außerdem sollte alles möglichst naturbelassen sein. Lärchenholz hat besonders gute Eigenschaften in Sachen Wetterresistenz und Schadensanfälligkeit. Nur ist Lärchenholz gerade im Zaunbau nicht so leicht erhältlich. Meist sind es dann eben doch die druckimprägnierten Varianten, die angeboten werden.

Angeboten werden auch nicht immer individuelle Zaunanlagen, oft muss man sich mit Fertigelementen begnügen. Und da ist die Form der Latten vorgegeben, die Lattenhöhe, die Lattenweite und auch die Elementgröße. Doch was tun, wenn etwa das Grundstück ansteigt? Oder wenn bestimmte Vorgaben bestimmte Maße verlangen? In diesem Beispiel war das eben der Fall. Zum einen stieg das Gelände leicht an, zum anderen

Einfach wissen wie's geht!

Pfosten-Montage

Holzbauteile sollten nie mit dem Erdreich in Kontakt kommen. Statt Pfostenschuhen bietet sich der T-Stahlfuß an. Die Pfosten werden unten 35 cm tief eingefräst. In diese T-Einfräsung wird das stabile T-Profil eingesteckt und verschraubt. Holzabstand zum Boden später etwa 15 cm.

Latten vorbohren

Für eine spätere raschere Verschraubung der Latten auf den Zaunriegeln ist es ratsam, die Latten in Serie vorzubohren. Beim Arbeiten an einem Bohrständer kann man auch die jeweilige Position mit Anschlägen oder Markierungen festlegen.

Weitere Informationen
Das Lärchenholz-Zaunsystem wurde von der Firma Schwarz-Zäune angeboten und montiert, Senkrechtlatten Nr. 11, oben spitz, Innenkante gefast, 900 x 55 x 25 mm, Trapez-Zaunriegel 90/70 x 30 mm, Vierkantpfosten 120 x 120 mm, gehobelt und gefast, 980 mm mit T-Stahlfuß, Gartentor Nr. 62E, 1170 x 900 mm und Modell Nr. 61R, 940 x 900 mm, jeweils mit Füllungsprofilen Nr. 11, Kosten für die 16-Meter-Anlage: 1280 Euro, Montage pauschal: 650 Euro.

mussten bestimmte Abschnitte zwischen festgelegten Fixpunkten mit entprechenden Zaunstrecken bewältigt werden. Und dann ist man mit Fertigelementen schnell am Ende oder man muss sie unsymmetrisch kürzen. Glücklicherweise war aber ein Anbieter zu finden, der eine maßgenaue Zaunanlage erstellen konnte. Dabei greift er jedoch auch auf Standardelemente zurück, bringt die einzelnen Bauteile jedoch in leichter Abänderung zum Einsatz. Mit Hilfe einer genauen Maßskizze konnte so beispielsweise das Lattenraster festgelegt oder die Nebentür auf Gefälle gearbeitet werden. Eigentlich kamen hier lauter lose Lärchenholzlatten zur Verwendung, die von ihrem Grundmaß von 98 Zentimeter auf 90 Zentimeter Höhe gekürzt wurden. Der obere Abschluss ist dabei als Spitze ausgeformt, was einerseits dem traditionellen Zauntyp entspricht, andererseits aber auch konstruktiver Holzschutz bedeutet.

145 Zaunprofile und 290 Schrauben

Als Tragelemente setzte man Zierpfosten aus Holz ein (mit Pyramidenkopf) – und zwar dort, wo die beiden Gartentüren eingeplant waren sowie an den Einfriedungs-End- bzw. Eckpunkten. Als zusätzliche Tragelemente hat man aber auch noch T-Stahlpfosten dazwischen gesetzt. Und als Lattenträger verwendete man trapezförmige Zaunriegel (schneller Wasserablauf von der oberen Kante), die zweireihig quer verlaufen und mit Hilfe von Pfostenwinkeln bzw. Laschen für die Stahlpfosten gehalten werden. Die Latten selbst wurden mit je zwei Edelstahlschrauben hieran angebracht.

Damit ein einheitliches Rasterbild entstehen konnte, hatte man alles vorher berechnet und ein entsprechend breites Abstandsholz zurechtgesägt. Gewünscht war übrigens auch, dass die Metallpfosten später jeweils von einem Zaunprofil verdeckt werden. Und so baute sich der Zaun Latte für Latte zusammen. Und je mehr man dem Ziel näherrückte, desto besser konnte man sich auch die neue Idylle eines bäuerlichen Vorgartens vorstellen, bei dem der Lärchenholzzaun den richtigen Rahmen bildet.

1. Auch wenn die Straße keine Autobahn ist, so direkt an ihr wollte man doch nicht wohnen. Irgendwie fehlten hier Schutz und gestalterischer Rahmen.

2. Rechts und links des Zugangwegs sollten dekorative Pfosten sitzen. Per Drucklufthammer ...

3. ... und später mit Hilfe des Doppelspatens räumte man Gestein und Erdreich bis 50 cm tief aus.

4. Ob die Einbautiefe genügt, prüft man am besten durch Einstellen des Pfostenschuhs samt Pfosten.

5. Mit fünf Schaufeln des erdfeuchten Sand-Zement-Gemischs sind die Löcher voll, den Stahlschuh einsenken und den Pfosten ausrichten.

6. Alle weiteren Pfosten ebenso verankern und auf eine Linie bringen. Den Beton leicht wässern und noch etwas mit einem Stampfer verdichten.

7. Die Zwischenstrecken erhalten noch Stahlstützen, die ebenfalls einbetoniert werden. Die breite Seite zeigt dabei nach außen.

8. Hier sieht man, wie die Strecke aufgeteilt ist und dass die Pfosten akkurat hinter der Pflasterreihe sitzen. Am Tor erkennt man den Höhenversatz.

9. Vorbereitung für die Zaunriegel. Für deren Verschraubung zeichnet man außermittig die Setzpunkte ...

10. ... für die Montagewinkel (V-Beschläge) an und dreht diese so ein, dass die Lasche nach außen zeigt.

11. An den Metallpfosten bringt man in gleicher Höhe oben und unten spezielle Formlaschen an.

12. Mit kurzen Schrauben werden dann die beiden Querlatten (Zaunriegel) von hinten her befestigt.

13. Da hier das Gelände leicht ansteigt, hat man auch die Traglatten entsprechend dem Gefälle montiert. Am Pfosten stoßen sie aneinander.

14. Das gilt auch für das Teilstück nach dem Eckpunkt. Das zweite Tor wird nachher übrigens mit Gefälle verarbeitet, deshalb folgen auch die Pfosten dem Gefälle.

15. Nun setzt man die erste Spitzlatte im vorher errechneten Abstand zum Pfosten fest, trotz Gefälle senkrecht!

16. Als nächste Zaunlatten werden diejenigen angeschraubt, die die Metallständer abdecken sollen. Die Richtschnur hilft bequem bei der Höhenausrichtung.

Tipp

Schöner fürs Auge ist es, dort, wo der Untergrund sehr unregelmäßig ausfällt (wie hier der Pflasterrand), die Zaunlatten diesem Verlauf anzupassen. So bleibt der Bodenabstand immer gleich.

17. Erst dann fügt man Latte an Latte und nimmt dabei das Abstandsholz zur Hilfe. Hier sieht man gut wie die Metallzwischenpfosten perfekt versteckt wurden.

18. Zurück zur Ecksituation: Hier folgen die Zaunspitzen dann eben auch dem Geländeanstieg. Bei dem neuen Teilstück wurde ebenso auf gleiche Abstände geachtet.

19. Nach dem Nebentor folgt noch eine weitere Strecke bis zum Haus.

20. Das Hauptgartentor wurde hier innerhalb der leicht ansteigenden Zaunfront waagerecht sitzend montiert.

21. Zwischen den Zierpfosten laufen dann die Lattenspitzen der Türfüllung schön waagerecht durch.

22. Anders beim Nebentor: Hier läuft die Schräge durch, nur das Torband wird waagerecht angebracht.

23. Inzwischen ist der Vorgarten gestaltet und der Lärchenholzzaun schon – wie gewünscht – vergraut. Wer das nicht möchte, sollte nach der Montage einen Schutzanstrich vornehmen.

Die Zaunpfosten haben waagerechte Brettchen mit bunt bemalten Schmuckelementen als Abdeckung.

Bei Dunkelheit setzen die winzigen LED-Einbauleuchten in den Pfosten überraschende Lichtakzente. Die Zaunpfosten haben waagerechte Brettchen mit bunt bemalten Schmuckelementen als Abdeckung.

Zaun mit Steckenfüllung

Natürlicher Anblick durch Ruten-Rahmen

Eine außergewöhnliche Zaun-Idee ist diese Kombination von Konstruktionsholz und Füllungen aus Haselnussstecken. Im Boden verankert ist der Zaun mit Hilfe von Einschlaghülsen.

Diese Grundstückseinfassung aus ganz unterschiedlichem Holz-Material erinnert ein wenig an einen alten Flechtzaun. Die Rahmenhölzer und Pfosten sind aus dem FSC-zertifizierten Tropenholz Bangkirai, die Füllungen aus selbst geschnittenen Stecken vom eigenen, zu groß gewordenen Haselnussstrauch. Beim Zaunbau wird pro Zaunfeld ein Rahmen zusammengeschraubt, mit den Haselruten gefüllt und aufgedoppelt. Die fertigen Zaunfelder werden später mit Haltewinkeln zum Einschrauben mit den Pfosten verbunden. Die Pfosten selbst werden mit Hilfe von so genannten Einschlaghülsen aus verzinktem Stahl gesetzt. Sie werden unter Zuhilfenahme eines Pfostenreststücks mit einem Vorschlaghammer in den Boden getrieben. Obwohl die hier verwendeten Pfostenhalter auch nachträglich per Stellschraube justierbar sind, sollte man versuchen, sie möglichst senkrecht einzuschlagen. Am besten schlägt man zuvor ein Führungsloch mit einem Gewindestab oder einem Stück Baustahl in die Erde. Die Pfosten werden dann in die Aufnahmen der Einschlaghülsen gestellt und festgeschraubt. Neben den bunten Pfostenabdeckungen sind die LED-Einbauleuchten ein weiterer Gag. Die runden Leuchten sind bündig in die Pfosten eingelassen, die Kabel sind nach hinten weggeführt und laufen auf den Pfostenrückseiten in den Boden.

Die Verkabelung ist schnell erledigt, da sämtliche Verbindungen über Stecker und Steckverteiler herzustellen sind. Die Kabel sind als Erdkabel ausgelegt. Zum Schutz vor Beschädigungen, beispielsweise durch Gartenarbeiten, sollte man sie aber zusätzlich in Kunststoffrohren unter der Erde verlegen.

Weitere Informationen

Verwendet wurden u.a. Elektro-Handwerkzeuge von Black & Decker, Kapp/Kombisäge von Metabo, Gartenholz von Felix Clercs (über Holz- und Service Holzhandelsagentur), Mess- und Gartenwerkzeuge von Lux, Beleuchtung von Innosign, Farben von Dyrup, wasserfester Ponal-Holzleim von Henkel, Beschläge von Bierbach.

1. Als Rahmenmaterial dienen Bodendielen. Sie werden längs mit der Kreissäge halbiert.

2. Die Rahmenteile bekommen einen Schutzanstrich und werden mit Edelstahlschrauben verbunden.

3. Die Haselruten werden einzeln oben und unten an den Rahmenhölzern angeschraubt.

4. Sind alle Stecken verbaut, werden sie an der Oberseite des Zaunfeldes auf gleiche Höhe gebracht.

5. Nun werden die hinteren Querlatten fixiert und mit dem gefüllten Rahmen verschraubt.

6. Fürs LED-Licht wird der Pfosten durchbohrt und mit einem Forstnerbohrer ein Ausschnitt angefertigt.

7. Die kleine Leuchte wird mit Silikon bündig in den Pfosten eingeklebt, das Kabel hinten weggeführt.

8. Mit Hilfe einer Laserwasserwaage wird die Zaunanlage eingemessen. Entlang der Hilfspfosten und ...

9. ... der Maurerschnur werden die Einschlaghülsen positioniert und in den Boden getrieben.

10. Nach der Montage der Pfosten und Zaunfelder lässt sich der Pfostenschuh noch feinjustieren.

11. Abschließend bekommen alle Zaunpfosten und Rahmenhölzer einen letzten schützenden Anstrich.

Tipp

Damit die Holzabschnitte zwischen die Rahmenstücke passen, müssen die Enden der Ruten u. U. zugeschnitzt werden. Das kann man mit einem Schnitzmesser machen oder auch einfach mit einem Elektrohobel.

Pfostenabdeckung: Schmuck und Schutz

Nach dem Aufkleben von Rasterfolie werden die Figuren skizziert, mit der Stichsäge ausgeschnitten und mit dem Bandschleifer nachgearbeitet. Figuren, Brettchen und später auch Pfosten werden mit Holzdübeln verbunden. Verleimt wird mit wasserfestem Holzleim, gestrichen mit Außen-Holzfarbe.

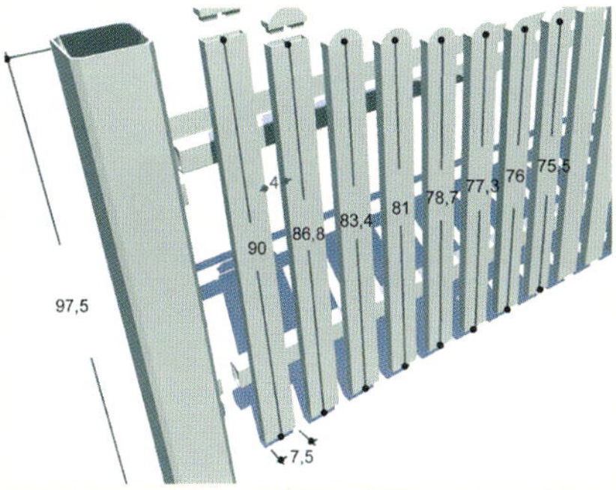

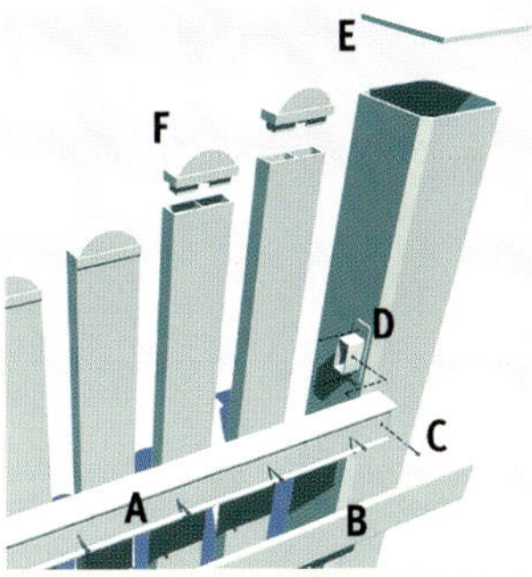

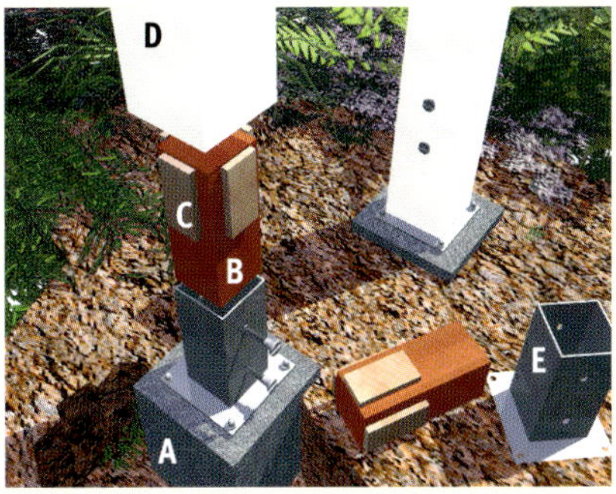

Zeichnerische Details zur Zaunmontage

Damit pro Zaunfeld ein gleichmäßiges Kreisbogensegment entsteht, muss ein Zuschneideplan erstellt werden, der die Höhen festlegt. Bis auf das mittlere Profil werden alle Längen doppelt benötigt. Man multipliziert mit der Felderzahl, längt die Profile in Serie ab und kennzeichnet sie.

A Querträger aus Aluminium mit 3-Millimeter-Bohrungen zur Verschraubung der PVC-Profile

B Abdeckprofil für Querträger

C Sicherungsschraube

D Halterung zur seitlichen Aufnahme der Querträger

E Pfostenabdeckung, verklebt

F Profil-Abschlusskappen, verklebt

A Fundament

B Pfostenhalterung aus Hartholz, 8,7 x 8,7 cm

C Ausgleichsstück für die Differenz zwischen Pfostenhalterung und Innendurchmesser Pfostenprofil

D Pfostenprofil, Querschnitt 12 x 12 cm

E Pfostenschuh mit Aufnahme 9 x 9 cm

1. Die Kunststoffprofile für die Zaunelemente werden mit einer Kappsäge exakt auf Länge geschnitten.

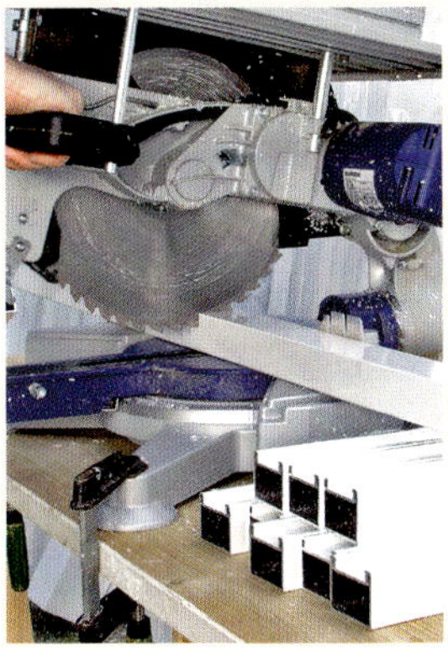

2. Auch beim Zuschnitt der Querträger kommt sie zum Einsatz. Pro Feld werden zwei Profile gebraucht.

3. Exakt senkrechte Bohrungen erhält man nur durch den Einsatz der Bohrmaschine im Bohrständer.

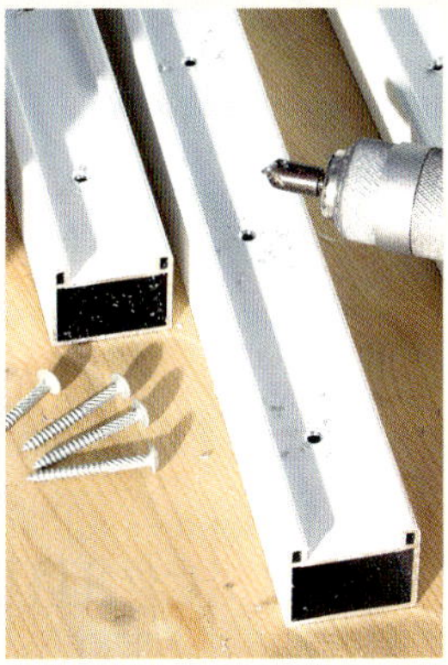

4. Mit Hilfe eines Ausreibers im Bohrfutter der Maschine werden alle Bohrlöcher entgratet.

5. Die Profile in der richtigen Reihenfolge mit Abstandshaltern auslegen und Querträger anschrauben.

6. Für die Pfostenhalterungen werden Harthölzer als Kernstücke auf 40 Zentimeter Länge gebracht.

7. Die Differenz zwischen Kunststoffpfosten und Hartholzkern gleicht man durch aufgeleimte Hölzer aus.

8. Die Flucht des Zaunes wird festgelegt. Die Abstände für die Punktfundamente ermittelt man per Bandmaß.

9. Die Fundamentlöcher werden 60 Zentimeter tief ausgekoffert und mit Schnellbeton verfüllt. Dazu ...

10. ... wird das Loch gewässert und dann abwechslungsweise Trockenbeton eingefüllt und gewässert.

11. Nach dem Aushärten des Betons werden die Kronenschalungen entfernt, dann die Löcher für die ...

12. ... Pfostenhalter gebohrt. Die Halter werden mit Schraubankern auf die Fundamente montiert.

13. Jetzt schiebt man die Pfosten über die Träger und dreht selbst schneidende Schrauben ein.

14. Die Querträger der Zaunfelder werden mit Alu-Halterungen bestückt und an den Pfosten befestigt.

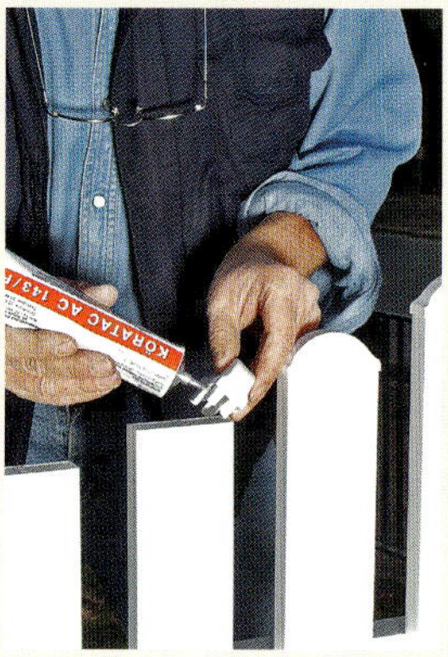

15. Mit einem Spezialklebstoff werden die Abdeckungen in die Profile und Pfosten eingeklebt.

16. Zuletzt werden die offenen Seiten der Alu-Querprofile noch mit einem Kunststoffprofil abgedeckt.

Tipp

Schnell und exakt lassen sich die Bohrpunkte für die Kunststoffprofile an den Alu-Querträgern mit Hilfe einer Loch-Lehre aus Sperrholz anzeichnen. Man braucht dazu einen wasserfesten Filzstift.

Weitere Informationen
Verwendet bzw. eingesetzt wurden unter anderem: Elektro-Handwerkzeuge von Black & Decker, Kapp/Kombisäge von Metabo, Beschläge von Bierbach, Ruck-Zuck-Beton von Quick Mix, Befestigungsanker von Tox, Zaunelemente Kömaterra von Profine/Kömmerling Kunststoffe.

Mauer statt Zaun

Keine Angst vor Mauern. Als Grundstückseinfriedung können sie nicht nur schön wirken, sondern einen repräsentativen Rahmen für den Garten bilden und das Haus perfekt ergänzen.

Sonnen-Eckchen: Uneingesehen, windgeschützt und sonnenverwöhnt – so lässt es sich in einer abgeschirmten Gartenecke gut verweilen. Und auch akustisch hat man so sicher mehr Ruhe. Mit freundlicher Farbe sieht eine Mauer gleich viel einladender aus.

Sicht-Schutz mit Guckloch: Diese markant in Szene gesetzte Beton-Zwischenwand erfüllt gleich zwei Funktionen. Sichtschutz zum einen und architektonischer Akzent zum anderen. Bewusst wurde hier aus der Not eine Tugend gemacht. Und das Ergebnis präsentiert sich stimmig wie überzeugend.

Wie im Weinberg mutet diese Grundstücksmauer an. Die Optik von Weinbergsteinen ist hier so perfekt imitiert, dass man kaum Beton vermutet. (Santuro von Beton Braun)

Vorher-Nachher: Im direkten Vergleich spürt man eigentlich erst, wie sich ein Grundstück mit Hilfe einer Mauer zu einem wirklich hausangegliederten Bereich entwickelt. Hier eine verputzte Mauerlösung, die nahtlos anschließt und sogar noch einen offenen Vorgartenbereich zulässt.

Bei Hanggrundstücken lassen sich Höhenunterschiede von Pfeiler zu Pfeiler bewältigen. (Mauersystem La Gardia von Lithon Plus)

„Fortsetzung folgt", dachte sich dieser Bauherr und hat seine Hauswand einfach als Mauerfortsatz weitergeführt. Nur ein schmaler senkrechter Trennschnitt lässt die Giebelfläche als ganze Form erscheinen. Die Steinlagen laufen optisch aber durch. (Kalksandstein)

Verblend-Steine können Betonmauern sehr natürlich aussehen lassen. Hier wurde eine konstruktiv betonierte Einfriedung mit bossierten Betonwerksteinverblendern gestaltet. Das Material erinnert an roten Sandstein. (Magma von Kronimus)

Optische Täuschung: Was massiv aussieht, muss nicht massiv sein. Auch beim Gartenmauerbau gibt es die Trockenvariante. So kann man auch aus Metallprofilen, wasserfesten Platten und Verblendern eine Mauer erstellen. (Aquapanel Zementboard von Knauf)

Aus Backsteinen und Formklinkern lassen sich ebenfalls Mauern gestalten. Die Bodengestaltung findet ihren Abschluss in einer geschwungenen Mauerscheibe. (AG Pflasterklinker)

Wilder Verband und doch ein in sich harmonisches Ganzes. Hinter solchen Steinmauern kommt eigentlich nie das Gefühl von Eingesperrtsein auf. Im Gegenteil: Hier fühlt man sich geborgen. Und gefällig setzen Ziegel und Firsthauben der Einfriedung die Krone auf. (Dachziegel von Meindl)

Grau in grau und dennoch nicht langweilig monoton. Das hat die Mauer der markanten Oberflächenstruktur der Steine zu verdanken. Während die Terrasse ruhig und gelassen wirkt, kommt an der Mauer Lebhaftigkeit ins Spiel. Schön gelöst auch der sanfte Anstieg und der Bogen. (Boss Antik von EHL)

Massiv umrahmt

Mauer-Zauber

Wer mit Mauer nur Eingeschlossenheit und Enge verbindet, weiß nicht um das gestalterische Potenzial und die effektvollen Baumöglichkeiten. Lassen Sie sich von den folgenden Beispielen zum Mauerbau und zur Mauerabdeckung anregen.

Mehr Mut zur Mauer wäre oftmals wünschenswert. In vielen Ländern scheinen Mauern rund ums Grundstück eine Selbstverständlichkeit zu sein. Dabei muss es sich nicht gleich um ein Schlösschen im Park oder um ein Weingut in weitläufig freiem Gelände handeln. Mit Mauern lassen sich auch auf dem privaten Grundstück vielfältige Lösungen realisieren. Sei es die Grundstückseinfriedung selbst, seien es Maßnahmen bei der Geländegestaltung oder einfach Ideen zur Gartengliederung. Auch Treppenabgänge oder Terrassenabtrennungen können mit massiven Mauern gestaltet werden, ebenso Geländeabstufungen und Eingangsbereiche. Wichtig bei der Erstellung einer Maueranlage ist die harmonische Einbindung ins Gesamtbild von Haus und Garten. Da ist die Materialauswahl von Bedeutung, die Proportion, die Gestaltung der Sichtfläche und nicht zuletzt auch die Umsetzung der oberen Abdeckung. Möchte man überhaupt eine Mauer und wenn ja, wie soll oder kann diese dann aussehen? Wie hoch soll die Mauer sein und wie soll sie verlaufen? Diese Mauer-Schau möchte Ihnen unterschiedliche Lösungen präsentieren, besonders schöne Beispiele vor Augen führen und auch ungewöhnliche Ideen schmackhaft machen. Denn Mauer ist nicht gleich Mauer. Und dass eine Mauer gleichzusetzen ist mit Enge und Eingeschlossenheit und abweisend, vielleicht sogar bedrohlich erscheinen mag – diesen Eindruck vermitteln diese Beispiele sicher nicht. Also, mehr Mut zur Mauer.

Leichtere Optik durch Gliederung

Wer eine Mauer als Sichtschutz einsetzen möchte, sollte sie schon bis 1,70 Meter hoch einplanen. Dabei lässt sich der optischen Wuchtigkeit, die man vielleicht zunächst einmal befürchtet, durchaus trickreich entgegenwirken. Lassen Sie eine Mauer doch vor- und zurückspringen, gliedern Sie die Sichtfläche, bringen Sie

Interessante Flächengestaltung in 3D-Optik: Die scharfkantigen Steine sind im Mittelteil auf drei Ebenen tiefenversetzt, und zwar jeweils um einen Zentimeter. (Boss Intak von EHL)

Eine höhere Mauer lässt sich durch Zwischenpfeiler aufgliedern. Hier dienen die Senkrechtelemente aus Pflanzringen noch der Begrünung, was sich im Gesamtbild natürlicher auswirkt. (Bossamur und Rasterflor von EHL)

Abwechslung ins Flächenbild. Das kann man realisieren durch eine entsprechende Gestaltung der Maueransicht. Am flächigsten wirkt eine durchgängig verputzte Mauer. Um hier beispielsweise gliedernd einzugreifen, kann man pfostenartige Zwischenvorsprünge vorsehen oder Nischen einbauen. Möchte man auf der Fläche ein Fugenraster, bieten sich Mauerbauten aus Klinkern oder Steinen an. Je nach deren Ausführung kann dann mehr Regelmäßigkeit oder mehr Natürlichkeit erzeugt werden.

Ein Alternative zu trocken versetzten oder vermörtelten Steinelementen sind so genannte Gabionen. Das sind Gitterboxen, die mit Steinen befüllt sind und frei aufgestellt werden können. Was oft im öffentlichen Bereich vorzufinden ist, lässt sich jetzt auch am Privatgrundstück einsetzen. Und das geht ruckzuck. Eine schöne Idee, eine Mauersichtfläche zu strukturieren ist das Abwechseln von geschlossenen und offeneren Teilflächen. So durchbricht man die Front, lässt an bestimmten Stellen Sicht, Licht und Luft hindurch und kann das Ganze individuell gestalten. Das funktioniert durch Einsatz ein und desselben Materials oder aber auch durch Kombination von Mauersegmenten und beispielsweise Metallelementen. Auch eine in der Höhe variierende Mauer, eine mit Stufen oder geschwungenen Abschlüssen mag zur Lebendigkeit beitragen. Und nicht zuletzt spielt auch der Mauerabschluss eine wichtige Rolle.

Blickfang und Nutzen: Die Abdeckung

In regenreichen Regionen ist es immer ratsam, eine Mauer so abzudecken, dass das Wasser gut ablaufen kann und auf der Sichtfläche der Mauer keine Spuren hinterlässt. Vor allem bei verputzten Mauern ist das angebracht. Und gerade hierfür lassen sich nicht nur funktionelle Lösungen realisieren, sondern auch besonders dekorative.

Zum Beispiel mit speziellen Mauerabdeckungen aus Ziegelelementen oder solchen, die man sonst auch als Fenstersims verwendet. Hier gibt es von der Biberschwanzeindeckung mit Firstziegeln bis hin zur modernen Variante des Mönch-Nonnen-Ziegels vielfältige

Typischer Fall für eine Sichtschutzmauer, damit die Schwimmteichecke wind- und sichtgeschützt ist. Optisch lockern die Bogennischen die weiß verputzte Wand auf, oben schließt eine Plattenabdeckung ab. (Foto: Teichmeister)

Geländezonierung mit Mauersteinen: Vier Steinlagen hoch wurde zunächst lose im versetzten Verband verfahren, die obere Rollschicht liegt schließlich quer und wurde vermörtelt. (BossAntik Halbsteine von EHL)

Mauer ab Kran. Die mit aufgeschichteten Steinen befüllten Gitterboxen (Gabionen) werden in Reihe versetzt und bilden so eine Natursteinmauer, die auch begrünt werden kann. Gerade für moderne Architektur ist diese Gartenmauer sicher interessant. (Steinkorbsystem von Traco)

Weitere Informationen
Für Mauern an öffentlichen Wegen gelten meist andere Höhenvorschriften als bei Mauern zwischen Nachbargrundstücken. Hier sollte man sich bei den Landesbauämtern informieren. Mauern innerhalb des Grundstücks unterliegen keiner Genehmigungspflicht. Beachten Sie auch die statischen Bedingungen für Mauerbauten (Fundamente, Bewehrungen usw.). Hier helfen die Informationen der Hersteller weiter.

Hier setzten die Gartengestalter auf Großformate. Die „Felsmauer" ist allerdings ebenfalls aus Betonwerkstein gebaut. Die Schwergewichtsmauer aus Sandsteinbeton kann trocken versetzt werden und so auch Abfangfunktion übernehmen. Dickere Platten dienen als Terrassenbegrenzung. (Santuro von Beton Braun)

Lösungen. Mauern lassen sich dann einseitig, also in Form eines Pultdachs, abdecken oder mit beidseitiger Neigung und Mittelfirst. Hier sind die Mauerbreite oder auch die Hausarchitektur mit entscheidend. Auch Betonfertigteile dienen der Mauerabdeckung. Diese haben an der Unterseite eine eingefräste Tropfkante, so dass sich das ablaufende Wasser trotz Mauerüberstand nicht wieder kapillar weiter hochziehen kann, sondern noch vor der Mauer abtropft. Diese speziellen Betonteile gibt es in unterschiedlicher Oberfläche und Form. Und außer grau sind auch Farbalternativen erhältlich. So kann man Mauer und Abdeckung Ton in Ton halten oder aber man setzt der Mauer bewusst eine Krone auf und spielt mit der Wirkung des Kontrasts.

Bei Stein auf Stein gesetzten Mauern ist die Abdeckung in funktioneller Hinsicht nicht ganz so wichtig, da der Stein sowieso mit der Zeit verwittert bzw. patiniert. Doch optisch lässt sich auch die letzte Reihe durchaus noch betonen. So legt man diese beispielsweise einfach quer oder setzt ein anderes Steinformat ein. Oder es gibt spezielle Abschlusssteine, die im Gegensatz zu

Vielfalt auf einen Blick. Bei dieser Grundstückslösung hat man variantenreich gemauert. Eine vorspringende Rautenfläche – sozusagen als Wandreliefbild – angedeutete Pfeiler, ein Fenster mit Sichtsturz zum Nachbar und sogar einen Bogendurchgang hinunter in den Garten. Was eine Mauer nicht alles kann! (BossIntak von EHL)

den Mauerverbundsteinen noch eine besondere Beschaffenheit der horizontalen Sichtfläche aufweisen. Wer eine betonierte Mauer mit Steinelementen verblendet, sollte ebenfalls eine Abdeckung wählen. Und bei Mauern aus Klinkern lassen sich durch farb- und maßgleiche Formsteine runde, angekantete oder stufige Mauerkronen ausbilden. Hier sind dann auch Lösungen mit oder ohne Überstand machbar.

Tipp

Wollen Sie Dachziegel als Mauerabdeckung einsetzen, ist die Orientierung am Hausdach der erste Schritt. Ist diese Eindeckung nicht geeignet, sollte man für die Mauerkrone zumindest dieselbe Ziegelfarbe auswählen.

Münchener Abdeckung nennen sich diese Flächenziegel mit angeformten Firstreitern für Mauern bis 60 cm Dicke. Einseitig auch verlegbar bis 32 cm. (Meindl Dachziegel)

Alte Steinmauer mit dekorativer Ziegelabdeckung à la Mönch und Nonne und vermörtelten Schmuckfirstziegeln. Auch Flachdachpfannen eignen sich. (Meindl Dachziegel)

Schöne Mauerecklösung, handwerklich akkurat ausgeführt mit stärkeren Geradschnittbibern mit abgerundeten Ecken, so genannten Kirchenbibern. (Meindl Dachziegel)

Mönch-Nonne-Ziegel in moderner Komplettausführung. Für die 30er-Mauer setzt man diese Doppelelemente ein. Sie gibt es in vielen Dachziegelfarben. (Rupp Keramik)

Ist diese Mauer nicht eine Augenweide? Zum Teil durchbrochen, d. h. auf Lücke vermauert, bringt diese Betonsteinwand Lebendigkeit und Natürlichkeit ins Grundstück. Interessant auch die quer gelegten Steine als Abschluss für den geschlossenen Bereich. (Maurino von Beton Braun)

Von der Waagerechten in die Senkrechte fällt hier die obere Steinlage (Rollschicht) und gibt der Mauer den reizvollen Abschluss. Kein schroffes Ende – hier lässt man die kleinteilige Mauer sanft und wohlgeformt auslaufen. (BossAntik von EHL)

Klinkermauer mit ansteigender Oberkante. Zwar ist alles aus einem Guss, aber dennoch wird die Mauerkrone verlegetechnisch hervorgehoben. Die Formklinker laufen quer, nehmen aber exakt die Mauerbreite ein. Hier ist kein Überstand erforderlich. (Klinker von Röben)

Mauer-Pfeiler-Metallgitter-Kombination. Dort, wo kein unmittelbarer Sichtschutz benötigt wird, kann eine Grundstückseinfriedung durchaus auch etwas offener sein. Die abgesetzten Pfeiler gliedern zudem die Mauerfront. Schön sind auch die Dachhütchen. (Klinker von Röben)

Dreimal Betonabdeckung in unterschiedlicher Ausführung: Links eine Variante mit ebener Fläche, aber strukturierter Oberfläche, in der Mitte die glatte Pultdachlösung, rechts ein Element in Form eines Satteldachs. Hier läuft das Wasser beidseitig ab, allerdings kann nichts abgestellt werden.

Formziegel für die Abdeckung im Dreierpack. (AKA)

Mauerelemente als Hohlkörper. Ein solches Nut-und-Feder-Trockenbausystem baut sich auf aus quaderförmigen Grundsteinen und Halbsteinen sowie aus Abdeckplatten. Wer möchte, kann nur an manchen Stellen abdecken und ansonsten die Mauer von innen her begrünen. Oder aber man deckt sie durchweg ab. (Terrano von Kann)

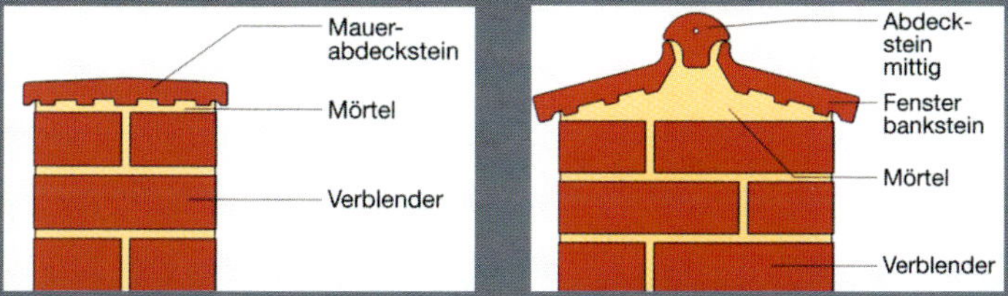

Links: Mauerbau aus Ton mal schmal, mal breit: Für eine 24er-Mauer reicht der Abdeckstein mit Mittelgrat und beidseitiger Neigung aus. Die rechte Lösung zeigt den Einsatz von Fensterbanksteinen plus einem speziellen Firstabdeckstein für eine breitere Mauer. (Terca Verblender und Abdecksteine von Wienerberger)

Mit sanften Rundeckklinkern ausgestattet hat diese kleinere Mauer auch der geschwungenen Grundform Rechnung getragen. (Pflasterklinker von Wienerberger)

Ganz nah am Wasser mit festem Boden unter den Füßen: Holzdecks, die bis ans Ufer gebaut sind oder sogar über die Wasseroberfläche ragen, machen es möglich. Foto: BGL

Wasser als Gestaltungsmittel

Wasser erleben und genießen

Das Element Wasser macht mehr aus Ihrem Hausgarten. Hier werden Ihnen Ideen für große und kleine Gärten gezeigt, von naturnahen Wasserlandschaften über Wasserspiele bis hin zum reinen Spaß-Nass.

Wasser und Garten – das gehört immer zusammen. Auf diesen Seiten geht es jedoch nicht um jenes Wasser zum Gießen, sondern um jenes zum Genießen. Wie immer, gibt es auch in diesem Bereich unterschiedliche Ausrichtungen und ebenso unterschiedliche Ausmaße – abhängig etwa vom zur Verfügung stehenden Platzangebot, von den finanziellen Mitteln, von der Bereitschaft, pflegend in die Anlage einzugreifen.

Wasser erleben – das kann man auf zweierlei Weise. Da ist das eher psychische Erlebnis: Wasserflächen beobachten, plätscherndes, sprudelndes und fließendes Wasser genießen, Fische züchten und Wasserpflanzen ziehen. Und da ist das physische Erlebnis: Schwimmen im Teich und im Garten-Pool oder sich räkeln im Wasserstrudel. Der Bereich der Wasserspiele im Garten lässt sich gliedern in solche, die möglichst genau der Natur nachempfunden sind, wie Teich, Bach, Quellstein und solche, die mehr künstlerisch-künstlicher Art sind, wie Wasserbecken, Brunnen, Fontänen. Letzteres findet schon in winzigen Gärten Platz, wird aber auch gern mit Teichen und Bachläufen kombiniert. Quellsteine speisen Bäche, Fontänen und Wasserspeier beleben Teiche und versorgen sie mit Sauerstoff. Hierbei kommt reichlich Technik zum Einsatz.

Wo bewegtes Wasser ist, arbeiten in der Regel Pumpen, werden Filter gebraucht, müssen Wasser- und Stromanschlüsse installiert werden. Kleinere Teiche werden häufig mit Hilfe von so genannten Fertigteichen – Kunststoffwannen mit ausgeformten Wasserzonen – angelegt. Inzwischen gibt es auch größere Modelle, zum Beispiel mit einer Fläche von 15 Quadratmetern, 120 Zentimeter Tiefe und einem Fassungsvermögen von 9000 Liter. Frei in der Wahl der Form und der Größe ist man bei einem Folienteich. Sind größere Wasserspiele geplant oder sogar ein richtiger Wassergarten, sollte man sich von darauf

Trittsteine mitten durch den Teich sind optisch reizvoll. Zudem ermöglichen sie die genauere Beobachtung des Biotops und erleichtern pflegende Eingriffe.

Teiche werden in unterschiedlichen Spielarten und Stilarten angelegt. Einmal wird fernöstlicher Charakter angestrebt, ein anderes Mal heimische Naturnähe. Manchmal steht eine freie Wasserfläche im Mittelpunkt, dann wieder sind es die Fische oder wie hier rechts die Wasserpflanzen.

spezialisierten Landschaftsgärtnern beraten lassen. Ein künstlich geschaffener Teich muss nämlich auch künstlich stabil gehalten werden, damit er nicht nach kurzer Zeit zur Kloake wird. Wer sich für kleinere Lösungen entscheidet, sollte bedenken, ob sie zum Gesamtbild des Gartens passen. Es gibt sehr schöne Brunnen und Wasserspiele aus Stein oder Bleiguss, daneben auch gelungene Imitate, aber eben auch viel Plastikschrott.

Wasserspeier in Bronzeoptik aus Polyesterharz. Der Frosch spuckt Wasser in den Teich und reichert ihn dabei auch mit Sauerstoff an. Foto: Gardena

Turtle heißt dieses Wasserspiel aus Kunststoff. Drei Schildkröten sitzen auf einem Seerosenblatt, aus dessen Mitte Wasser quillt. Foto: Heissner

Südländisches Flair: Diese beiden Wasserspiele sind aus der Material-Innovation Dura Sand (Mix aus Polyester, Sand und Steinpulver) hergestellt. Sie sind frostsicher und UV-beständig. Fotos: Heissner

Foto rechts unten: Schaumquellen ändern ständig ihre Form, plätschern und bringen Luft ins Wasser. Foto: Heissner

Unterhaltsames

Die Leuchtkugeln Sun Power Magic Ball haben Solarmodul plus Akku integriert. Nach einer Stunde Sonne am Tag leuchten sie nachts über zwei Stunden, abwechselnd in neun verschiedenen Farben. Auch LED-beleuchtete Wasser-Kaskaden gibt es inzwischen mit Farbwechselspiel. Fotos: Heissner

Ein gut gestalteter Schwimmteich wirkt nicht störend. Er lädt zum Baden ein und gleichzeitig können hier die Wunder der Natur beobachtet werden. Foto: BGL

Links: Hochteich: Eine Alternative auch für Terrassen oder Grünflächen über Tiefgaragen. Foto: Werth Holz

Mitte: Mit Hilfe von Wasserschalen-Sets und einer Pumpe lässt sich bewegtes Wasser auch auf ganz beengtem Raum schaffen. Foto: Heissner

Rechts: Aus einem Abguss eines echten Kiesbettes bestehen diese Bachlaufschalen. Das hochgepumpte Wasser stürzt über mehrere Stufen in den Teich. Foto: Heissner

Unten: Plätschern wie im Hochgebirge: Eine Pumpe fördert Wasser in den oberen Bereich eines Steinhaufens, wo es dann aus mehreren Ritzen austritt. Foto: Heissner

Gartenteich anlegen

Zwei Jahre nach dem Anlegen: Der Doppelteich mit Bachlauf hat sich ganz prächtig entwickelt.

1. Die Form wird mit einem Band „natürlich unförmig" festgelegt.

2. Drei verschieden tiefe Zonen werden ausgehoben.

3. Bei warmem Wetter ist die Folie besonders anschmiegsam.

4. Schläuche für Pumpen und Filter werden verlegt und ...

5. ... im Bachlauf mit unterschiedlich großen Steinen getarnt.

6. Am höher gelegenen Teich wird ein Überlauf geschaffen, ...

7. ... von dem aus das Wasser später in den unteren Teich fließt.

8. Zur Randgestaltung wird keine Erde, sondern Kies verwendet.

9. Der Teich wird nun langsam geflutet und parallel dazu bepflanzt.

10. Fische dürfen erst nach ein paar Wochen eingesetzt werden.

Grundsätzlich gilt – je größer der Teich, desto besser. Das soll aber nicht heißen, dass nicht auch kleinste „Gewässer" ihren Reiz und Sinn haben und auch funktionieren können. Typischerweise sollte ein Gartenteich aber so groß sein, dass alle Wasser- und Uferzonen vorhanden sind und die Fische (und andere Lebewesen) in einem ausreichend großen und tiefen Wasservolumen auch überwintern können. Am Planungsanfang sollte demnach der Gedanke über den später gewünschten Fischbesatz stehen. Eine entsprechende Überwinterungszone, die mindestens 1 m tief sein sollte, muss eingeplant werden. Diese Tiefenzone muss so bemessen sein, dass sich die im Winter ruhenden Fische nicht „auf den Flossen stehen". Danach geht man stufenweise über Mittel- und Flachwasserbereiche, die 50 bis 20 cm tief sein sollten, zum Ufer- und Sumpfbereich über, der auch pflanzengestalterisch die Verbindung zum Garten schafft.

Für die endgültige Form des Gartenteichs gilt: Erlaubt ist, was gefällt, wobei unregelmäßig geformte Teiche aber meist harmonischer wirken als streng geometrische Formen und zudem wesentlich mehr gärtnerische Möglichkeiten eröffnen. Wichtig ist bei der Planung weiterhin, sowohl alle technischen Vorkehrungen zu treffen, zum Beispiel Stromanschlüsse für Pumpen und Filter, als auch – falls nötig – kindersichere Abgrenzungen vorzusehen. Sobald es das Wetter erlaubt, kann dann der Bau beginnen. Beim Bodenaushub sollten kräftige Wurzeln ausreichend gekappt und größere bzw. spitze Steine entfernt werden. Denken Sie daran, dass die Abstufung des Teiches mit ebenen Terrassen erfolgen sollte, damit der später einzubringende Bodengrund nicht in die Tiefe abrutscht. Die Teichfolie wird neben dem zukünftigen Teich zugeschnitten. Bei der Flächenberechnung sind vorab sowohl die Tiefe und Form des Teiches, als auch Faltenbildungen und ausreichende Uferüberstände einzukalkulieren. Nach dem Einbringen der kompletten Folie werden ausgehend von der tiefsten Stelle Falten glattgestrichen und letztlich der Uferrand mit einem ausreichenden Überstand modelliert. Als Boden und Pflanzsubstrat hat sich nicht zu feiner und gewaschener Kies bewährt, der direkt auf die Folie aufgebracht wird (mindestens 5 cm Schichtdicke sollten es schon sein) und zum Beispiel mit größeren Steinen auf den Terrassen gegen Abrutschen gesichert wird. Auf keinen Fall sollte normale Gartenerde und normales Holz in den Wasserteil eingebracht werden. Nach einem letzten Installations-Check kann der Teich mit Leitungswasser geflutet werden. Viele Bestandteile unseres Leitungswassers sind für Fische schädlich, daher sollte das Wasser unbedingt mit einem Wasseraufbereitungsmittel behandelt werden. So wird aus Leitungswasser naturgerechtes Teichwasser, in dem sich Fische und alle anderen Organismen wohlfühlen werden. Beim Einfüllen des Wassers ist es zweckmäßig, die Bepflanzung mit jeweils steigendem Wasserstand vorzunehmen. Notieren Sie vor und nach dem Füllen die Anzeige des Wasserstandsmessers, um später genau zu wissen, wie viel Liter der Teich fasst. Das ist bei der Auswahl der geeigneten Filter und Pumpen und bei der Dosierung von Pflegemitteln nützlich zu wissen.

Nach der Befüllung wird die Technik in Betrieb genommen und dann braucht es nur noch etwas Geduld. Setzen Sie auf keinen Fall sofort Fische ein, denn die Natur braucht Zeit, damit sich Mikrolebewelt und Wasserchemie so einspielt, dass sich im Teich beste biologische und chemische Lebensbedingungen für Tiere und Pflanzen einstellen. Nach einigen Wochen kann man dann an den Fischbesatz denken, wobei Sie sich in Bezug auf die Anzahl beschränken sollten, um nicht später unliebsame Überraschungen zu erleben. Als Anhaltspunkt kann die Faustregel – ein 30 cm großer Koi sollte ca. 1000 l Wasser zur Verfügung haben – gelten. Nicht nur das Wachstum der Fische muss einkalkuliert werden, ganz generell können sich bei zu dichtem Besatz irgendwann Probleme zum Beispiel mit der Wasserqualität ergeben, auch wenn der Teich noch so gut geplant und angelegt ist.

Auf der Terrasse am Teich zu sitzen, ist bei Nacht aufgrund der Beleuchtung genauso reizvoll wie am Tag.

Als der Sandkasten direkt neben der Terrasse immer seltener genutzt wurde, verwilderte er und war nicht mehr schön anzusehen.

Umbau eines Sandkastens zum Teich

Wasser statt Sand

Wenn die Kinder dem Sandkasten entwachsen sind, bietet sich die Neugestaltung dieses Bereiches im Garten an. Eine prima Idee ist die Umwandlung in einen Teich.

Direkt bei der Holzterrasse war der Sandkasten einst angelegt worden. So konnten die Kinder im Sand buddeln und die Erwachsenen Kaffee trinken – und hatten die Kleinen dabei im Auge. Mit den Jahren wurde der Sandkasten immer seltener genutzt, dann der Sand nicht mehr ausgetauscht. Er wurde von Pflanzen überwuchert, die Holzeinfassung vermoderte. Die große Konifere trug nicht eben zur Verbesserung des Anblicks bei – und das alles so nah bei der Terrasse! Da beschlossen die Gartenbesitzer, an dieser Stelle einen Teich anzulegen. Es gibt unterschiedliche Teichbautechniken. So kann man ein Teichbecken beispielsweise betonieren, aus Glasfasermatten formen oder mit Lehm auskleiden. Die beiden gängigsten Arten allerdings sind so genannte Fertigteiche sowie Folienteiche. Fertigteichbecken aus schwarzem Kunststoff gibt es in unzähligen Formen, mit unterschiedlichen Tiefen und integrierten Sumpfzonen und auch in Größen, die sogar als Schwimmteich eingesetzt werden könnten. Je größer ein Fertigteich, umso schwieriger gestaltet sich aber sein Transport und sein Einbau. Für private Gartenteiche mit über vier Quadatmetern Fläche wird deshalb der Einsatz von Folien empfohlen. Teichfolien gibt es zum Beispiel aus PVC und PE. PVC-Folien lassen sich auch kleben und so im Schadensfall auch einfach reparieren. Bei Folien aus Polyethylen sollte man besser mit ganzen Stücken arbeiten. Hochwertiger sind Folien aus EPDM, einem synthetischen Kautschuk, der sehr elastisch ist und sich gut bei steinigem Untergrund eignet. Für Schwimmteiche gibt es robuste Folien mit Armierungsgewebe. Beim hier gezeigten Teichbau wurde eine braune Teichfolie aus PVC eingesetzt.

Es gibt Faustregeln für die Mindestdicke der Folie: Bei kleinen Teichen reichen schon 0,5 Millimeter, bei Teichen mit maximal 150 Zentimeter Tiefe sollte mindestens eine Folie mit einem Millimeter Dicke verwendet wer-

Tipp

Alle Wurzeln im Teichbereich müssen entfernt werden. Meist sind sie zäh und schwer zu kappen. Eine Astschere mit langen Griffen und dementsprechend guter Hebelwirkung erleichtert Ihnen die anstrengende Arbeit.

den, für noch tiefere Teiche nimmt man 1,5 Millimeter dicke Folie. Teichfolien werden in bestimmten Standardbreiten angeboten (z. B. 2, 4, 6 und 8 m). Wer bei der Teichplanung ganz frei ist, kann sich daran orientieren und die Folienfläche optimal ausnutzen. Man kann einen Teich sehr naturnah gestalten. Ein Teich braucht viel Ruhe. Ein Standort direkt bei einer Terrasse wäre ungeeignet. Dieser Teich hier sollte eher als Erlebnis-Wassergarten ausgestattet werden: Mit künstlich bewegtem Wasser, das in die Luft gespritzt wird, mit Teichfiguren und Beleuchtung – und mit Fischen. Der Fische wegen wurde neben der 15 Zentimeter tiefen Sumpfzone und den 50 Zentimeter tiefen Flachwasserbereichen eine knapp einen Meter tiefe Tiefwasserzone angelegt. In dieser Zone kommen die Fische unbeschadet durch den Winter. Vor dem Ausheben der Teichgrube wurden zunächst die Grassoden ausgestochen und an einem Schattenplatz für später gelagert. Beim Abtransport der Grubenerde schlug man zwei Fliegen mit einer Klappe: Der Aushub wurde direkt neben der Teichgrube aufgeschüttet und zu einem Pflanzhügel modelliert. Die künstliche Erhebung und der darauf angelegte kleine Bach sorgen für noch mehr Abwechslung im Garten. Der Teich ist nicht einfach der Terrasse vorgelagert, sondern durch das Entfernen einiger Terrassenbelags-Elemente geradezu mit ihr verzahnt. Hier fällt der Teich senkrecht ab, zum Garten hin läuft er sanft aus und endet mit der Kapillarsperre. Beim Modellieren der Form hat man genügend waagerechte Stellmöglichkeiten für Pflanzen eingeplant. Die Teichfolie wird von unten durch eine Schicht Sand und eine Lage Teichvlies geschützt.

Teichfolien lassen sich bei warmem Wetter am besten auslegen und der Grubenform anpassen. Man betritt sie dabei nicht mit Schuhen. Folienreste wurden für den Bau des Bachs verwendet. Dieser beginnt oben auf dem Hügel mit Bachlaufschalen aus Kunststoff und stürzt über eine kleine Wand aus Steinen in das Folienbett. An steilen Stellen im Teich wurden Teichufermatten mit Filtergranulat und Pflanzensamen angebracht. Sie dienen der Filterung des Teichwassers und gleichzeitig werden kahle Teichwände durch Pflanzenbewuchs verdeckt. Im ganzen Teich hat man die Pflanzen

1. Unter Einbeziehung eines Teils der Terrasse sowie einer Konifere wird die Teichform mit Stöckchen und einer Schnur abgesteckt. Sand verdeutlicht die Form.

Von einem aufgeschütteten Erdhügel herab fließt ein Bächlein über Steinstufen zum Teich hinunter.

2. Erdaushub: Sumpfzone, Flachwasserzone und Tiefwasserzone werden modelliert. Die ausgehobene Erde wird zu einem kleinen künstlichen Hügel aufgeschüttet.

3. Zur Rasenfläche hin wird ein Randgraben angelegt. Er dient zur Verankerung der Teichfolie und Ausbildung einer Kapillarsperre.

entsprechend den benötigten Wassertiefen verteilt und dann Wasser eingelassen. Große Sorgfalt war beim Ausbilden der Kapillarsperre nötig. Sie verhindert, dass der angrenzende Rasen Wasser aus dem Teich saugt. Der Folienrand wurde fest in den kleinen Graben gedrückt, mit Kies gefüllt und mit Erde und den Grassoden abgedeckt. Die Folienüberstände hat man mit einem Teppichmesser mit Hakenklinge abgeschnitten.

Klar war, dass – wenn der Teich gebaut ist – die alte Holzterrasse von Grund auf renoviert werden musste. Man arbeitete im wahrsten Sinn des Wortes mit „Hochdruck" daran. Schadhafte Holzelemente wurden ausgetauscht, lose Bretter angeschraubt. Nach völliger Durchtrocknung der nass gereinigten Hölzer wurden die Sichtschutzwand und der Terrassenbelag mit Farbe, Lasur und Öl gestrichen. Verwendet wurden durchweg Anstrichmittel für nicht maßhaltige Bauteile im Außenbereich.

4. Anschließend wird die gesamte Teichgrube mit einer Sandschicht versehen. Auf den waagerechten Teilflächen sollte sie sechs bis acht Zentimeter dick sein.

5. Mit Hilfe einer Latte und einer Wasserwaage wird rundum die Randhöhe kontrolliert und dann eventuell korrigiert. Ist ein Überlauf geplant, kann er jetzt festgelegt werden.

6. Die Größe der Teichfolie wird ermittelt. Dazu legt man ein Bandmaß an der längsten und der breitesten Stelle durch die Grube und rechnet zur Vorsicht noch jeweils 30 cm dazu.

7. Auf der Sandschicht wird zur zusätzlichen Abpolsterung der Teichfolie die Grube mit einer Lage Teichvlies ausgekleidet. Bahnen überlappen lassen!

8. Dann wird die Teichfolie über die Grube gelegt und mit sanftem Druck der Teichform angepasst. Dabei von unten nach oben arbeiten!

Tipp

Verhindern Sie, dass die Erde der Teichpflanzen beim Fluten des Teiches ausgeschwemmt wird. Setzen Sie den Wurzelballen in ein Pflanztuch und binden Sie dies oben locker zu. Das Tuch verrottet mit der Zeit.

Folienrand richtig befestigen

Weil sich die Folie durch das Befüllen mit Wasser gerade bei stark modellierten Teichen noch setzt, dürfen ihre Ränder nicht sofort im Randgraben eingearbeitet und an der Holzterrassen-Unterkonstruktion befestigt werden. Sonst wird die Kapillarsperre unwirksam und am Holz reißt die Folie ein. Die Wartezeit beträgt mindestens einen Tag.

9. Am höchsten Punkt des aufgeschütteten Hügels werden Bachlaufschalen aus Kunststoff aneinander gefügt. Der weitere Verlauf wird ...

10. ... mit Folienstreifen ausgebildet. Die Bachlaufschalen werden so mit Plattenbruchstücken unterfüttert, dass ein Wasserfall entsteht.

11. Teichufermatten werden eingebracht. Sie sind mit Filtergestein, Pflanzensamen und Mikro-Organismen zur Wasserregulierung gefüllt.

12. In die verschiedenen Wasserzonen werden die dafür vorgesehenen und geeigneten Pflanzenarten gesetzt. Die Pflanzen müssen waagerecht stehen.

13. Jetzt wird der Teich geflutet. Man legt den Wasserschlauch am tiefsten Punkt der Teichgrube aus. Das Wasser soll nun möglichst ruhig und ganz langsam ansteigen.

14. Am Randgraben die Folie in die Vertiefung drücken, dann mit Kies auffüllen und schließlich mit etwas Erde abdecken.

15. Die überstehende Teichfolie wird mit einem Teppichmesser abgeschnitten. Dann deckt man den Rand mit den Grassoden vom Aushub ab.

16. Im Bereich ganz dicht am Wasser kaschiert man anschließend die noch sichtbare Teichfolie mit Steinen unterschiedlicher Größe.

17. Am Terrassenrand ist die Teichfolie an der Unterkonstruktion befestigt. Die Abdeckwinkel aus Brettern werden mit Edelstahlschrauben angeschraubt.

18. Nun wird die Terrasse aufgearbeitet. Ein Hochdruckreiniger mit Rotordüse holt hier den Schmutz aus Fugen, Ritzen und engen Zwischenräumen.

19. Der Terrassenboden wird in Kombination mit einem Flächenreinigungs-Vorsatz bearbeitet. Die Haube schützt dabei vor Spritzwasser.

20. Erst wenn das Holz wieder völlig trocken ist, kann es gestrichen werden – die Sichtschutzwand wird mit Holzfarbe und Holzschutz-Lasur, ...

21. ... der Terrassenboden mit Holzpflege-Öl für den Außenbereich behandelt. Das Öl wird in drei Gängen mit einem breiten Pinsel aufgetragen.

Teichpumpen

Die Berechnung der erforderlichen Teichpumpenleistungen muss immer individuell erfolgen. Heissner hat für Wasserfälle, Bäche, Teichfiguren, Quellsteine, Kaskaden und Fontänen zahlreiche unterschiedliche Pumpen-Sets sowie Teichfilter mit Pumpen im Programm. Für einen 50 cm breiten und 200 cm hohen Bachlauf oder Wasserfall z. B. braucht man eine Pumpe mit einer Förderleistung von mindestens 6000 Liter pro Stunde. Der Hersteller empfiehlt, mehrere schwache Teichpumpen statt einer starken zu wählen. So kann man die Anwendungen in verschiedene Gruppen aufteilen: Bäche, Quellsteine und Filter lässt man beispielsweise 24 Stunden laufen, Wasserfälle, -spiele und Teichfiguren können nachts abgeschaltet werden.

Weitere Informationen

Teichfolie, Teichpumpen und Filteranlage sind von Heissner, ebenso die Wandolith-Teichufermatte. Die Farben Marke Bondex sind von Dyrup. Der Hochdruckreiniger und der Flächenreinigungs-Vorsatz RA 100 sind von Stihl. Die Gartenmöbel sind von Kettler, die Außenleuchten von Moonlight. Durch auswechselbare Farbfilter ist auch eine bunte Beleuchtung möglich.

Eine Neuheit sind Akku-Schwimmleuchten mit Fernbedienung für Teiche und Pools, die tagsüber aufgeladen werden und dann 6 bis 8 Stunden leuchten. Die Kugelleuchten werden mit Seilen verankert. Der Gartenteich fasst 6 000 Liter Wasser und ist somit für einen Fischbesatz mit einer Gesamtlänge bis etwa 120 cm geeignet (z. B. 6 Fische mit je 20 cm Länge).

Die erhöhte Halbinsel aus Pflaster macht das Sitzen ganz nahe am Wasser möglich. Der Weg dagegen hält Abstand und überlässt Pflanzen und Tieren einen breiten, flach abfallenden Uferbereich. (Stein+Design)

Sitzplätze am Teich

Traum-Inseln für Teich-Genießer

Ganz nahe am Wasser sitzen – so ist es am Teich am schönsten. Manchmal ist es nur ein Sitzstein, oft auch die lauschige Nische. Mehr aber bietet eine befestigte Uferterrasse oder ein Holzdeck. Oder wie wäre es mit einer mondänen Insel mittendrin?

Es gibt viele Möglichkeiten, es sich am Teich bequem zu machen. Und die sind ziemlich unterschiedlich, je nachdem, welche Freiheit bei der Planung gegeben ist und je nachdem, worauf es dem Teichbesitzer ankommt. Steht der Teich im Vordergrund – als Biotop mit naturnaher Flora und Fauna oder auch als Wasserspiel mit Bachläufen und Wasserfällen – reicht schon ein kleiner Beobachtungsplatz mit gutem Blick auf das Szenario: Ein Sitzstein, eine kleine Bank, ein Steg ... Der Mensch hält sich selbst zurück und möchte sein modellhaft geschaffenes Stück Natur so wenig wie möglich stören. In vielen anderen Fällen ist dagegen eine großzügige, gepflasterte Fläche oder eine offene Holzterrasse erwünscht, als Ort für Kaffeekränzchen oder Grillfeste, mit einem Teich oder auch Wasserbecken als Ambiente. Zwischen den beiden Extremen sind allerlei Abstufungen möglich. Und wer das Glück hat, ein großes Grundstück zu besitzen, kann beides – Beobachtungsort und Festplatz – miteinander vereinbaren und unterschiedliche Zonen bei seinem Teich schaffen: Einen Bereich für Fische, Amphibien, Vögel und Insekten und einen Uferabschnitt mit freier Wasserfläche und möglichst wenig lästigem Getier, wo man vor allem die Terrasse genießen kann. Je nachdem, ob der Platz am Teich noch zum Haus oder schon zum Wasser gehört, wird die Wahl beim Erstellen Ihrer Trauminsel auf unterschiedliche Materialien fallen. Auf solche, die auch sonst am oder ums Haus zu finden sind, wie Kunststein oder Klinker. Im anderen Fall auf Kies, Naturstein oder Fels. Holz dagegen wirkt immer gut.

Teiche und Tümpel bringen auch Gefahren mit sich. Lassen Sie Kleinkinder nicht unbeaufsichtigt am Wasser spielen und informieren Sie auch die Nachbarschaft über die Neuanlage eines Teiches. Sehen Sie eventuell Absperrungen und Schutzgitter vor.

„Ich lese am liebsten auf meinem Steg aus Stein“

Eine unauffällige Rundpflasterfläche in der Nähe vom Wasser genügt als fester Untergrund fernab vom Haus, wenn nur gelegentlich in Teichnähe gesessen und gegessen werden soll. Dann selbstverständlich an einem runden Tisch. Zu diesem „Baggersee-Teich“ würde eine Metall-Sitzgruppe gut passen. (Ebert)

Eine breite Brücke aus Holz trägt Hocker, Bänke und Tisch. Von unten kommt die Kühle des verschatteten Wassers, die Sonnenstrahlen werden bei Bedarf durch eine einzigartige, automatisierte Sonnensegel-Anlage von der Sitzgruppe ferngehalten. (SunSquare)

Wasser pur im runden Becken, scharf abgegrenzt vom Land. Kein Pflänzchen vermittelt am Uferbereich zwischen beidem. Die Betonsteine in Rot/Schwarz wurden entlang einer Metalleinfassung verlegt. Die länglichen Steine (20 x 5 x 6 cm) haben das so genannte Waalformat (MBI).

Die Holzbadeterrasse vorm Holzhaus lagert auf einer Metallunterkonstruktion. Die Folie unter dem hauslangen Deck ist nur bei Niedrigwasser und vom Schwimmteich aus zu sehen. Der Bereich rechts unterhalb der Bruchsteine soll noch bepflanzt werden, im Wasser eine kleine Schilfzone entstehen. (Zimmermeisterhaus)

„Wir spielen gern zu dritt auf flachem Fels“

Eine Art Reling am Rand der Halbinsel schützt ungeschickte „Landratten“ vor einem ungewollten Bad. Das Geländer lädt aber auch dazu ein, sich anzulehnen und das Wasser zu betrachten. (Stein+Design)

Die schmale erhöhte Terrasse ein Stück weg vom Teich dient ausschließlich dem Betrachten des Gartens und der Wasseroberfläche vom Liegestuhl aus. Als Bodenbelag wurden im ganzen Garten Polygonal- und Bruchplatten eingesetzt und die Zwischenräume – in Einklang mit dem Teichufer – mit Kies ausgefüllt. (Blunck)

„Wir träumen oft am Strand aus Kies und Sand“

Die kleine Sitzinsel im Grünen ist aus Holz gebaut. Ein kleiner Steg führt hinüber zu ihr. Die Sitzgruppe aus Pflanzengeflecht fügt sich natürlich ins Gesamtbild ein. (PdM)

„Von unserer Bank aus beobachten wir die Fische"

Ein Hochteich mit Sitzumrandung stellt die Minimallösung für kleine Grundstücke dar. Ein quadratisches Fertigteichbecken wurde hier mit beigebraun nuancierten, so genannten Bradstone Böschungsmauerblöcken und -platten umbaut. Der Wasserfall belebt die Anlage und wertet sie ungemein auf. (Kann)

Auf dem Grund eines stufig angeordneten Umfelds ruht der See. Bei diesem Privatpark wurde die Topografie genutzt und der Teich nach Schlossgarten-Art angelegt. Der – abgesehen von den Holzbänken – überall eingesetzte Sandstein mit seinem warmen Rotton kontrastiert mit der Strenge des symmetrischen Beckens. (CMA)

Schwimmbecken aus Schalsteinen

Zusammengesteckt und ausgefüllt

Dämmung und Schalung zugleich sind die Bauelemente, die bei dem hier vorgestellten Pool zum Bau der Mauern eingesetzt werden. Die Hohlkörper aus Dämmstoff werden einfach zusammengesteckt und mit Beton ausgefüllt.

Wer bei der Platzierung seines zukünftigen Privat-Schwimmbades freie Wahl hat, sollte eine sonnige Südlage in der Nähe des Hauses wählen, auch wenn die vorhandene Gartengestaltung verändert werden muss. Sonne kostet nichts und ist daher die billigste Energiequelle für die Badewassererwärmung. Zudem sollte das Schwimmbecken windgeschützt sein, denn Wind kühlt das Beckenwasser ab und bringt Staub, Blätter und anderes ins Becken. Schließlich sollte der Pool noch möglichst abgeschirmt vor neugierigen Blicken sein. Das lässt sich aber auch durch Bepflanzungen oder den Bau eines Sichtschutzzaunes erreichen. Bei der hier gezeigten Beckenbauweise muss der Platz fürs Becken fest und vollkommen eben sein, eventuelle Schräglagen müssen abgegraben werden. Der Boden unter dem Schwimmbecken muss den statischen Anforderungen genügen. Aufgeschüttete Böden müssen verdichtet werden, damit das Schwimmbecken nicht einsinkt. Empfehlenswert ist eine 15 bis 20 Zentimeter dicke Betonbodenplatte mit Eisenarmierung. Darauf steht das Becken sicher, der Rand kann nicht einsinken und der Boden ist eben zur Reinigung. Ohne Betonbodenplatte könnten sich beim Absenken des gewachsenen Untergrundes Vertiefungen im Bodenbereich bilden, was die Reinigung erschweren würde.

Üblicherweise wird das eineinhalb Meter tiefe Schwimmbecken niveaugleich zum Boden erstellt. Daraus ergibt sich für die Baugrube eine Tiefe von 170 Zentimeter. Soll der Pool über das Erdniveau ragen verringert sich die Aushubhöhe entsprechend. In Länge und Breite muss die Baugrube um rund 120 Zentimeter größer ausgehoben werden als die Beckeninnengröße beträgt. Falls eine außen liegende Treppe integriert werden soll, ist das hierzu benötigte Maß noch in die Planung mit einzubeziehen. Um ausreichend Stabilität für die Be-

Mit einem eigenen Schwimmbad kann das Mutter-Kind-Schwimmen täglich stattfinden.

Ihre Stabilität erhält die Beckenwand durch Beton sowie senkrechte und waagerechte Armierungseisen. An Mauerecken bzw. -enden kommen Spezialelemente zum Einsatz.

ckenwände zu erhalten, sollte man gleich beim Anfertigen der Bodenplatte die Armierungseisen aus der Anschlussarmierung der Beckenwände herausführen. Die Schalsteine der untersten Reihe müssen flach auf der Betonbodenplatte aufliegen. Sie werden über die aus der Bodenplatte herausstehende Anschlussarmierung gesetzt. An den Ecken müssen spezielle Endschuber eingefügt werden.

Nun wird eine komplette Lage Armierungseisen horizontal eingelegt und mit der Anschlussarmierung so verbunden, dass die Schalsteine auf dem Boden gehalten werden und später bei der Betoneinfüllung nicht aufschwimmen können. Gleichzeitg wird nun die vertikale Armierung – je Kammer ein senkrechtes Eisen – mit der waagerechten verbunden. Dann kann die nächste Reihe Schalsteine im Verbund aufgesetzt werden. Die horizontale Armierung erfolgt jeweils im Inneren der Hohlkörper, abwechselnd einmal beckeninnenseitig und einmal -außenseitig. Ab der vierten Schalsteinreihe müssen jeweils zwei Eisen eingelegt werden. Die ersten beiden Reihen Schalelemente können gleichzeitig mit Beton befüllt werden. Danach wird die Befüllung Schicht für Schicht vorgenommen. Die Schalsteine sollten unmittelbar nach dem Verfüllen ausgerichtet und mehrfach abgestützt werden. Nach dem vollständigen Aushärten des Betons (10 bis 28 Tage) kann der Pool dann fertiggestellt werden.

Weitere Informationen
Stecksystem: Power S Schalsteine von Future Pool. Schwimmbecken und alle großflächigen, metallischen Teile müssen an den Potenzialausgleich angeschlossen werden. Hierzu gehören auch Armierungen. Sämtliche Elektroarbeiten müssen von einem anerkannten Fachbetrieb gemäß den DIN und VDE-Vorschriften ausgeführt werden.

1. Zu Beginn der Bauphase werden die Unebenheiten der Baugrube beseitigt und eine wasserdichte Schutzfolie ausgelegt.

2. Auf Bodenabstandshaltern werden die Baustahlmatten aufgelegt. Diese sollen jeweils mindestens 50 Zentimeter überlappen.

3. Mit Hilfe einer speziellen Pumpe wird Fertigbeton von hinten nach vorne in die Schalung gegossen, verdichtet und glatt gezogen.

4. Der Bodenablauf ist so zu betonieren, dass der Dichtflansch vom Grundgehäuse mit der Oberkante des Glattstrichs abschließt.

5. Die Kontur der Beckenaußenwand wird aufgezeichnet und die fünf Lagen Schalsteine werden nacheinander einfach zusammengesteckt. Dabei werden die Hohlräume ...

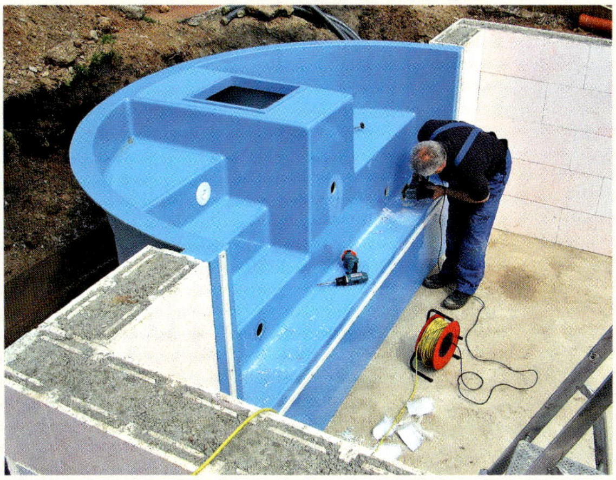

6. ... der Schalsteine bewehrt. Abschließend wird die Dämmstoffmauer vollständig mit Fertigbeton ausgefüllt.

7. Der Beton muss vollständig ausgehärtet sein, bevor man mit der Montage des Treppen-Fertigelements ...

8. ... fortfahren kann. Die Treppe wird waagerecht ausgerichtet, bündig zwischen den Mauerenden positioniert und sorgfältig daran angeschlossen.

9. Nachdem die Schutzfolie an Wand und Boden angebracht wurde, wird die PVC-Folie am Boden verlegt und exakt zugeschnitten.

10. Senkrecht werden nun die zugeschnittenen PVC-Bahnen an den Wänden ausgelegt und mit einem Folienschweißgerät miteinander verbunden.

11. Daraufhin schneidet der Fachmann ein Loch in den Boden der PVC-Folie und montiert anschließend den Deckel auf den Ablauf.

12. Zum Schluss die restlichen Wandbodenanschlüsse verschweißen und den Pool mit Wasser füllen. Jetzt kann die Arbeit außerhalb des Pools ...

13. ... weitergehen. Zur Gestaltung des Beckenrandes werden hier rund um den Pool Betonpflastersteine verlegt, abschließend dann noch ...

14. ... die breiten Beckenrandsteine verklebt. Fertig! Die Sommertage können nun in vollen Zügen im eigenen Schwimmbad genossen werden.

1. Die spezialimprägnierten Schwalbenschwanz-Blockbohlen (200 x 200 mm) werden in die vorgefertigte Leimbinderkonstruktion eingesetzt.

2. In die Fachwerk-Zwischenräume (Gefache) werden dann zwanzig Zentimeter dicke Perimeterdämmstoff-Blöcke eingebracht.

3. Dann können die so weit vorgefertigten Modulwände mit dem Lkw zur Baustelle gebracht werden. Hier werden sie ...

4. ... per Kran in die Baugrube gestellt, millimetergenau ausgerichtet und anschließend miteinander verschraubt.

5. Die Treppenanlage wird nachträglich in die Leimbinderkonstruktion eingesetzt und die noch leeren Bereiche werden mit Dämmstoff ausgefüllt.

6. Zusätzlich angebrachte Diagonalstreben stützen die Anschlusswände der Treppenanlage sowie die Treppenanlage selbst.

7. Für glatte Innenwände werden erst zwei Zentimeter dicke Verbundelemente angebracht, dann kann die Schwimmbadfolie eingehängt werden.

Weitere Informationen
Die einfachste Beckenvariante besteht aus vier Wandmodulen, es sind aber auch individuelle Ausstattungen wie zum Beispiel Römische Treppe, Edelstahleinstieg, Filtersystem, Gegenstrom- oder Massageanlage möglich.

Schwimmbecken aus Holzelementen

Teilgefertigt und zusammengesetzt

Eine Leimbinder-Konstruktion ist eine Becken-Bauweise, die sich für den Schnelleinbau im Freien und im Innenbereich eignet.

Die hier gezeigte statische Leimbinderkonstruktion eignet sich zum Einbauen wie auch zum nachträglichen Aufstellen als Freibecken, Hallenbad, Therapiebad mit Massagefunktion und Kalttauchbecken. Es kann Problemlöser sein bei schwer zugänglichen Grundstücken, bei denen die Anlieferung eines Komplettbeckens unmöglich ist. Die Modulwände werden aus zwanzig mal zwanzig Zentimeter dicken Balken hergestellt. Die senkrechten und waagerechten Leimbinder werden dabei zimmermannsmäßig durch Schwalbenschwanz-Technik verbunden. Die freien Felder zwischen den Balken, die so genannten Gefache, werden mit zwanzig Zentimeter dickem Dämmstoff, der für den erdberührten Einbau geeignet ist, gefüllt. Er wirkt Wärmeverlusten entgegen.

Die in einer Werkshalle vorgefertigten Modulwände werden zum passenden Zeitpunkt an den Aufstellort geliefert, mit Hilfe eines Krans abgeladen und innerhalb weniger Stunden komplett montiert. Eine glatte Innenwand wird durch das Anbringen zwei Zentimeter dicker, unverrottbarer Verbundelemente erzielt. Danach kann die vorkonfektionierte Folie eingehängt werden.

Keine 08/15-Hütte: Das Häuschen hat zweierlei Dachformen, zweierlei Holz-Schalungstechniken an den Wänden und zwei Sorten von Fenstern. Und etwas ganz Besonderes ist seine zweiteilige weiße Schiebetür.

Alles schön ordentlich: Wenn genug Platz vorhanden ist und ein durchdachtes Ordnungssystem bereit steht, fällt das Aufräumen nicht schwer.

Gartenhaus mit Schalung und Schiebetür

Schmuckes Häuschen

Dieses außergewöhnliche Gartenhaus aus Holz dient als Ergänzung für einen Doppelcarport. Hier findet großzügig alles Platz, was anderswo mit Mühe gerade noch in die Garage passt: Fahrräder, Werkzeuge, Arbeitstisch und sonstige Gerätschaften.

Genau betrachtet ist das hier gebaute Objekt kein Häuschen, sondern ein richtiges Gartenhaus mit ordentlichem Volumen. Aufgrund der gewollt abwechslungsreichen und kleinteiligen Gliederung der Fassade fällt das aber gar nicht auf. Das schöne Satteldach, ausgeführt als reines Sparrendach ohne Firstpfette, und das den Eingangsbereich schützende giebelseitige Pultdach nehmen dem Holzhaus gänzlich den Kistencharakter. Gegründet hat man das Gartenhaus auf sechs vorgefertigten und dann erst eingegrabenen Punktfundamenten. Die herkömmliche Lösung ist das Anfertigen von Fundamenten mit Hilfe von Beton und – je nach Stehvermögen des Bodens – verlorenen Schalungen. Fundamente müssen frostfrei, also achtzig Zentimeter tief gegründet werden. Rasch und einfach geht das Anfertigen kleinerer Fundamente übrigens mit einem speziellen Betonfertiggemisch, bei dem das aufwändige Mischen mit Wasser entfällt. Hierbei schaufelt man im verdichteten Boden ein Loch, benetzt die Seitenflächen und den Boden mit Wasser. Dann füllt man zwanzig Zentimeter hoch vom Fertiggemisch ein und benetzt das Pulver mit Wasser aus der Gießkanne, und fährt mit weiteren Lagen fort. Nach dem Absinken des Wassers verdichtet man die Oberfläche durch leichtes Anklopfen mit einem Spaten, zieht sie glatt ab. In das noch feuchte Material setzt man den Pfostenschuh senkrecht in erforderlicher Höhe ein und sichert ihn gegen weiteres Einsinken.

Das Traggerüst des Holzhauses besteht aus 100-Millimeter-Balken. An den Längsseiten wurden zur einfacheren Montage der Fenster in Höhe der Unterkante des Fensterbandes zusätzliche Balken waagerecht eingebaut. Ein Blickfang ist das an der Giebelseite über den Schiebetüren eingebaute Rundfenster. Es hat praktischen Nutzen: Durch das Fenster kommt Licht in den als

Fensterrahmen und -flügel anfertigen

Fürs Gartenhaus gelten keine Wärmeschutzvorschriften, man ist also in der Wahl des Glases (Einfachglas, Drahtglas, Kunstglas aus Acryl oder Polykarbonat) und der Rahmentechnik völlig frei. Für die Falzschnitte ist eine Tischkreissäge nötig.

1. Das Sägeblatt wird entsprechend der gewünschten Falztiefe eingestellt, dann werden die Schnitte für den Falz gemacht.

2. Die Winkelverzahnung für die Rahmenecken wurde hier mit einer japanischen Feinsäge angefertigt.

3. Die Rahmenteile werden verleimt und zusätzlich verschraubt.

4. Die Rahmen werden mittig unterteilt. Das sieht schön aus und man kann mit kleineren Glaselementen arbeiten.

5. Für den Flügelrahmen werden Nuten in die Leisten geschnitten.

6. Die Glasscheibe wird umrahmt, die Leisten werden verleimt und verschraubt.

7. Die klappbaren Elemente werden an den Ecken mit Blechen verstärkt.

8. Schließlich werden sie mit Hilfe von Klappfensterbeschlägen mit dem Fensterrahmen verbunden.

Fundamente mit Stützenschuhen vorfertigen

Hier wurden vorgefertigte Fundamentblöcke mit bereits eingegossenen Stützenschuhen als Punktfundamente eingesetzt.

Vier rechteckige Bretter werden zu einer Schalform zusammengeschraubt. Eine konische Form entsteht durch die Verwendung zweier schmälerer Bretter, die nach innen geneigt werden.

Die Formen werden hohlraumfrei – etwas stochern und rütteln – mit Beton gefüllt, dann die Oberfläche glatt abziehen.

Die Stützen- bzw. Pfostenschuhe werden mittig in den frischen Beton gesetzt, waagerecht ausgerichtet und mit Hilfe von Eisenstäben oder gleich dicken Brettchen gegen weiteres Einsinken gesichert.

Nach dem Erhärten des Betons werden die Schalungsteile auseinandergeschraubt und abgenommen. Zuvor mit Schalungsöl behandelte Bretter lassen sich besonders gut entfernen.

Lagerfläche abgetrennten Dachbodenbereich. Für den Einbau von fest stehenden Rundfenstern werden Glashalteringe in Buche, Eiche, Ahorn, Esche, Fichte, Black Cherry und Mahagoni in vielerlei Abmessungen angeboten. Sie eignen sich auch zum Anfertigen von „Bullaugen" in Haustüren und Zimmertüren. Beim Einbau der Glasscheibe dient einer der Holzringe als Schablone. Man zeichnet den Ausschnitt an der gewünschten Stelle der Wand an und schneidet den Bereich mit einer Stichsäge aus. Dann setzt man von einer Seite den ersten Holzring ein, bringt von der anderen Seite die runde Glasscheibe ein und fixiert sie mit Hilfe des zweiten Holzringes.

Nicht werkseitig vorbehandeltes Holz für die Fassadenbekleidung sollte bereits vor dem Einbau grundiert und einmal gestrichen werden. Schnittstellen müssen auch bei vorbehandeltem Material noch einmal mit einem Schutzanstrich versehen werden. Bei farbigen Nut und Feder-Elementen kann es sonst später zu den unschönen so genannten Blitzern führen (das Holz arbeitet und die nicht gestrichene Feder tritt aus der Fuge). Hier wurden zweierlei ganz raffinierte Vollholzprofile mit Nut und Feder eingesetzt, einmal waagerecht, einmal senkrecht. Das Profil Multifix aus nordischer Fichte mit einem Deckmaß von 155 Millimeter täuscht eine regelmäßige Boden-Deckel-Schalung aus breiteren und schmäleren Brettern vor. Beim waagerecht verlegten Profiltyp Variant wird die Technik der klassischen Stülpschalung genutzt, bei der das jeweils obere Brett das nächstuntere überlappt. Bei diesem Profiltyp ist der konstruktive Holzschutz aufgrund der Profilschräge und der Tropfkante besonders berücksichtigt. Die einzelnen Profile werden an der Nagelfuge stabil mit der Unterkonstruktion verbunden. Die Nagelfuge selbst wird von der Tropfkante des Profils verdeckt und ist so ebenfalls vor Witterungseinflüssen geschützt. Variant ist in Fichte mit gehobelter und feingesägter Sichtseite erhältlich, daneben auch in Lärche, gehobelt. Die Schiebetüren sind wie die Dachschalung aus Profilhölzern angefertigt und werden durch einen Rahmen aus Glattkantbrettern zusammengehalten. Sie laufen mit Hilfe von Rollen, vor dem Türausschnitt, eingehängt in einer Metallschiene. Sie stoßen stumpf aufeinander, werden mit einem Schiebetür-Riegel geschlossen und einem Hangschloss gesichert.

1. Am Bauplatz hat man den Mutterboden abgetragen, 10 cm Kies aufgefüllt und gerüttelt, dann 5 cm Sand aufgebracht und nochmals verdichtet.

2. Mit Hilfe von T-Trägern als Abziehlehren und einem langen Richtscheit wurde der Sand zunächst zu einem so genannten Feinplanum abgezogen.

3. Die Eckpfosten des Hauses wurden in die einbetonierten Pfostenschuhe gestellt, senkrecht ausgerichtet und festgeschraubt.

4. Die dicken Balken der Holzrahmenkonstruktion wurden unter Verwendung von Schwerlast-Winkelverbindern miteinander verschraubt.

5. Die Sparren des Daches – ein reines Sparrendach ohne Firstpfette – wurden mit Hilfe von Sparrenpfettenankern auf den oberen Längsbalken befestigt.

Einfach wissen wie's geht!

Der Bau eines Gartenhauses
ist auch für weniger Geübte eine lösbare Aufgabe. Im Baumarkt werden komplette Bausätze für Gartenhäuser unterschiedlichster Art und Qualität zu akzeptablen Preisen angeboten. Die vorhandenen Musterhäuser sollten genau angesehen, und das ausgewählte genau fotografiert werden. Zu den vorbereitenden Arbeiten sollte auch die Errichtung eines stabilen Fundamentes für das Gartenhaus gehören, z. B. aus Steinen, auf Pfählen oder auf verfestigtem Untergrund. Der wetterfeste Außenanstrich sollte zweimal erfolgen, das Dach wettergeschützt belegt sein. Man kann auch alles selbst machen, wie diese Bilder zeigen.

6. Mit der Nut nach unten zeigend wurden die Profilhölzer der Dachschalung mit Druckluft direkt auf die Sparren getackert.

7. An den Längsseiten wurden raffinierte Nut-und-Federprofile angebracht: Wand-Innenseite glatt, außen Stülpschalungs-Optik.

8. Im oberen Seitenwandbereich wurde ein mehrteiliges Fensterband eingebaut. Die Rahmen wurden ausgerichtet, verkeilt und angeschraubt.

9. Außen – und später auch innen – hat man die Stoßbereiche geschlossen. Dazu wurden schmale Abdeckleisten angenagelt.

10. Von der Traufe zum First hin arbeitend wurden Dachpappebahnen mit breitköpfigen Pappnägeln überlappend auf die Holzschalung genagelt.

11. Am vorderen Hausgiebel wurde über der Türöffnung ein Balken als Auflager für das Pultdach auf die Boden-Deckel-Schalung geschraubt.

12. Damit ihre Oberfläche schöner und auch widerstandsfähiger ist, wurden die sichtbaren Vordachbalken glatt gehobelt.

13. Die senkrechten und waagerechten Balken der Vordach-Unterkonstruktion wurden stumpf gestoßen, vorgebohrt und verschraubt.

14. Die mit Ausklinkungen versehenen Sparren wurden mit dem Giebelauflager und der Vorbau-Unterkonstruktion verschraubt. Nach dem Aufnageln …

15. … der Dachschalung wurde zunächst eine Dachpappe angebracht. Seitliche Abschlussbretter und Dreieckleisten in den Ecken sorgen für eine …

16. … Kehlausbildung und damit für eine gute Wasserführung. Beim Aufnageln der Bitumenschindeln beginnt man an der Traufe.

17. Die beiden Schiebetür-Elemente hat man aus imprägnierten Profil- und Konstruktionshölzern gefertigt. Zusammengeschraubt wurde von hinten.

18. Die Laufrollenbeschläge wurden befestigt: Vorbohren, metrische Schrauben durchstecken, Muttern von hinten aufsetzen und festschrauben.

19. Die Laufschiene aus verzinktem Flachstahl hat angeschweißte Winkel. Sie wurden an die Giebelseite des Hauses geschraubt.

20. Die Schiebetürblätter und die Vorbaubalken sollten einen Farbakzent setzen. Man hat sie – auch auf der Rückseite – weiß gestrichen.

21. Nach dem Durchtrocknen der Farbe konnten die beiden Türblätter mit den Laufrollen in die Laufschiene eingehängt werden.

22. Abschließend wurden die Türen mit Schließbeschlägen ausgestattet. Ein spezieller Schiebetür-Riegel und Türgriffe wurden angeschraubt.

23. Der Gartenhausboden und der Zugangsbereich wurden – nachdem man das Planum nochmals abgezogen hatte – mit Ziegelsteinen gepflastert.

24. Parallel zum Verlegefortschritt wurde Quarzsand in die Fugen des Ziegelpflasters eingearbeitet, nach ein paar Tagen nochmals nachgefüllt.

Tipp

Damit Regen- und Schmelzwasser geordnet ablaufen, sollte man Dachrinnen und Fallrohre anbringen. Bauen Sie ins Fallrohr eine Auffangklappe ein und sammeln Sie damit Gießwasser für die Bepflanzung rund ums Gartenhäuschen.

Weitere Informationen

Folgende Produkte wurden unter anderem beim Bau eingesetzt: Holz für Ständerwerk, Schalung, Beplankung von Pinus bzw. Moco. Verbinder, Balkenschuhe, Ankernägel von Vormann. Schrauben von Heco. Dacheindeckung von Gutta, Dachrinne von Marley, Elektrowerkzeuge von Makita, Drucklufttacker von Rapid. Schiebetorrollen mit Bügel von MEA, Zwingen von Bessey, Bondex Imprägniergrund und Lasuren von Dyrup, Fensterbeschläge von Hettich, Glashalterringe von Sindelfinger Holzringe, Ponal-Leim von Henkel. Ordnungssystem von Alfer, Regalsystem und Arbeitstisch von Lager-Technik Hahn & Groh. Ziegelsteinpflaster von Wienerberger Ziegelindustrie. Das Betonfertiggemisch für kleinere Fundamente hat die Bezeichnung Setz-Fix und ist von Sakret. Hangschlösser in unterschiedlichsten Ausführungen, mit Schlüssel oder Kombinations-Zahlenschloss gibt es zum Beispiel von Abus.

Das kleine Fundament für den Geräteschrank war schon beim Hausbau mit angelegt worden. Viele Jahre war es Abstellfläche und Grüngutsammelplatz, bis es endlich doch noch bebaut wurde. Im neuen Stauraum finden jetzt Spiel- und Gartengeräte Platz.

Gartenschrank als Platten-Bau

Geräteschrank mit Pultdach

Dieser Geräteschrank aus Holz hat nichts mit den typischen Stauräumen aus kesseldruckimprägnierten Profilbrettern gemeinsam. Die Tafelbau-Konstruktion wurde mit gehobelten Kanthölzern und freundlichfarbig lasierten, stumpf gestoßenen Furnierplatten realisiert.

Über zehn Jahre musste das kleine Fundament neben der Treppe in den Garten auf seine Bebauung warten. Als es dann endlich dazu kommen sollte, verzögerte sich die Sache noch einmal: Die relativ knapp dimensionierten Gartenschränke werden von den Holzbauern nur mit Schalungen aus Nadelholz-Profilbrettern angeboten, braun oder salzgrün gestrichen.

Der Versuch, ein selbst entworfenes Pultdachmodell aus Furnierplatten zum Selbstaufbau vorfertigen zu lassen, scheiterte an der Gesamtsumme des Angebotes. Gemeinsam mit einem Holzfachhändler und einem Flaschner konnte dann schließlich doch der gewünschte Schrank gebaut werden – zum Preis des vom Holzbauer angebotenen Pultdach-Geräteschrankes aus Profilbrettern, also für rund 900 Euro. Der Aufstellort für den Geräteschrank war von zwei Seiten nur schwer und von einer Seite gar nicht zugänglich – ein Rahmenbau aus Balken mit anschließender Beplankung war also nicht möglich. Die Problemlösung war eine Tafelkonstruktion aus Rahmenhölzern und Furnierplatten, deren weit vorgefertigte Elemente am Aufstellungsort auch unter schwierigen Raumverhältnissen einfach zusammengebaut werden konnten.

Die Platten wurden größtenteils vom Holzfachhändler nach Vorgabe zugeschnitten, ebenso wurden die beiden Pfetten dem Pultgefälle entsprechend zugerichtet. Die Seekiefer-Furnierplatten sind laut Zusatzbezeichnung BFU 100-verleimt, was bedeutet, dass die Kleberfuge wetterbeständig ist. Die Holzsubstanz muss jedoch zusätzlich durch ein Holzschutzmittel mit RAL-Gütezeichen gegen Bläue, Fäulnis und Holz zerstörende Insekten geschützt werden. Die Platten wurden mit der Holzimprägnierung, die auch bei den Kanthölzern zum

Seekiefer-Furnierplatten als Baumaterial

Die verwendeten Seekiefer-Furnierplatten gehören zur Werkstoffgruppe Bau-Sperrholz (BFU), das für tragende und aussteifende Zwecke eingesetzt werden kann. Die Platten sind wetterbeständig verleimt. Die 21 Millimeter dicken Platten sind 250 Zentimeter lang, 125 Zentimeter breit und bestehen aus sieben Furnierlagen, die jeweils kreuzweise übereinander liegen.

Zinkblech als Eindeckung

Der Schrankdeckel wurde hier nicht wie sonst eher üblich mit Bitumenbahnen belegt. Geschützt wird er durch ein vom Flaschner gefertigtes Zinkblech. Dieses wurde mit bereits angeformter Tropfkante auf Maß gefertigt und nachträglich über den Holzdeckel geschoben. Je nach Abmessung muss so ein Zinkdach aus mehreren Blechen per Falztechnik hergestellt werden.

Einsatz kam, behandelt. Da die farblose Imprägnierung keinen UV-Schutz bietet, mussten die Platten nicht nur wegen der Farbgestaltung noch farbig gestrichen werden. Ideal sind Farbtöne, die ausreichend Pigmente zum Schutz vor der UV-Strahlung haben, jedoch nicht so dunkel sind, dass sich das Holz durch Sonneneinstrahlung zu sehr erhitzen würde. Hier wurde eine Einmal-Lasur mit hohem Pigmentanteil eingesetzt. Die transparente, seidenmatte Holzlasur wird nur in einer einzigen, ganz dünnen Schicht aufgetragen. Das Produkt auf der Basis nachwachsender pflanzlicher Öle enthält keine bioziden Wirkstoffe, ist sehr ergiebig und kann, da es sehr langsam trocknet, ansatzfrei aufgetragen werden. Die Furnierplatten mussten beim Verschrauben vorgebohrt werden.

Senken war dagegen nicht notwendig, da die Holz-Senkkopfschrauben mit Fräsrippen ausgerüstet waren, sich also selbst oberflächenbündig ins Holz zogen. Die farblich abgesetzte Tür hat volle Höhe. Auf der Anschlagseite konnte man sie einfacherweise am Eckpfosten anschlagen lassen, auf der Bandseite musste ein zusätzlicher Holzpfosten vorgesehen werden. Für den Spalt zwischen Türblatt und Boden wurde beim Einstellen der Tür in ihre Öffnung ein entsprechend dicker Sperrholzstreifen unterlegt. Erst dann wurden die Beschläge (so genannte Kreuzgehänge) positioniert und montiert.

Einfach wissen wie's geht!

Harzgallen auswaschen
Weisen die Kiefer-Rahmenhölzer so genannte Harzgallen auf, sollte das Harz vor deren Weiterverarbeitung unbedingt entfernt werden. Vor allem bei warmem Wetter wird der Zusammenbau des Schrankes sonst zu einer klebrigen Angelegenheit. Man kratzt das Harz grob weg und wäscht den Rest mit Spiritus aus.

1. Zuerst wurden die ursprünglich 510 Zentimeter langen 6 x 6-Kanthölzer auf Maß geschnitten, ...

2. ... dann die Schnittkanten – in Holzfaserrichtung zum Balkenende hin arbeitend – gebrochen.

3. Auch Hobelware weist noch raue Stellen auf. Diese wurden mit feinem Schleifpapier geglättet.

4. Alle Holzelemente – Kanthölzer und Platten – wurden in zwei Durchgängen imprägniert und ...

5. ... so an einem geschützten aber luftigen Ort gelagert, dass sie ohne sich zu verziehen trockneten.

6. Als Kapillarsperre zwischen Fundament und Bodenhölzer wurden Kautschukstreifen angetackert.

7. Die Außenseiten der Platten und alle Kanten bekamen einen einzigen Anstrich mit einer Speziallasur.

8. An einem gut zugänglichen Platz wurden Balken und Platten vormontiert: Mit Zwingen gehalten, ...

9. ... teilweise verschraubt und mit Hilfe von Winkeln – zunächst nur provisorisch – zusammengefügt.

10. An allen Schrägen wurden die Pfosten erst jetzt exakt bündig abgeschnitten und die neu entstandenen Schnittstellen auch imprägniert.

11. Jetzt wurden die Seitenwände getrennt, einzeln an ihren Bestimmungsort gebracht und aufgestellt.

12. Die Elemente wurden durch Winkel miteinander, später auch mit der Bodenplatte, verbunden.

13. Dann bekam der Schrank einen Deckel aus zwei Seekiefer-Platten. Dieser steht an allen Seiten über und liegt voll auf den abgeschrägten Dachpfetten auf.

14. Die Platten wurden mit Senkkopf-Holzschrauben mit den Pfetten und Sparren verschraubt.

15. Nach dem Positionieren der Tür wurden die Bohrstellen für die Kreuzgehänge vorgestochen.

16. Für die Schlossschrauben wurden 8-mm-Löcher gefertigt, 5-mm-Löcher für die anderen Schrauben.

17. Anschließend wurden die Schrauben durchgesteckt, an der Türinnenseite Unterlegscheiben auf die metrischen Schraubenschäfte geschoben und die Muttern …

18. … mit einem Ringschlüssel fest verschraubt. Die überstehenden Schäfte wurden später passend gekürzt.

19. Zum Schluss das Schloss: Der Schlosskasten wurde positioniert, ausgerichtet und der Ausschnitt …

20. … für den Zylinder angezeichnet. Hergestellt wurde er hier unter Einsatz zweier Forstnerbohrer.

21. Dann wurde der Zylinder in den Schlosskasten gesteckt und mit diesem verschraubt.

22. Der überstehende Zylinderteil wurde durch die Türöffnung geschoben, der Kasten angeschraubt.

23. An der Türanschlagseite wurde das Riegelloch ausgestochen und ein Schließblech angebracht.

24. Als Schutz und sauberen Abschluss bekam der Einsteckzylinder noch eine Blechmanschette.

Tipp

High Solid Lasuren haben einen enormen Pigmentanteil. Wer statt einem elektrisch betriebenen Quirl nur ein Rührholz verwendet, sollte ein kantiges Holz nehmen. Damit mischt man weit effektiver als mit einem runden.

Weitere Informationen

Folgende Materialien wurden u. a. verwendet: 21-mm-Seekieferplatten, 250 x 125 cm (14,50 Euro pro qm, Zuschnitt laut Vorlage: 10 Euro) und Rahmenhölzer 8 x 8 cm (1,90 Euro pro lfm) vom Holzfachhandel. WR Imprägnierung Aqua und Einmallasur HS Plus in den Farbtönen Patina und Skandinavisch-Rot von Osmo. Schrauben, Metallwinkel, Schlossschrauben und Sechskantmuttern. Kreuzgehänge aus Edelstahl 300 x 33 x 3 mm von Vormann. Aufschraubschloss ASS PZ und Profilzylinder C 83 halb Größe 10/30 von Abus. Zinkdach zum Aufschieben vom Flaschner.

Pizza-Service der schmackhafteren Art: Fünf große Pizzen können im hier aufgebauten Ofen gleichzeitig gebacken werden.

Häuschen mit Holzbackofen

Ein Backhaus für Eigenbrötler

Die Zeiten, da in jedem Ort ein Backhaus für die gemeinsame Nutzung stand, sind lang vorbei. Wer heute Köstlichkeiten im Holzbackofen zubereiten will, muss Eigenbrötler werden: Selbst Initiative ergreifen und ein privates Backhäuschen bauen.

Dieser Holzbackofen wiederum kann dann zu viel Geselligkeit und Lebensqualität führen. Denn in fröhlicher Runde mit Familie oder Freunden lässt sich natürliches, ursprüngliches Brot backen, so wie man es noch von den Großeltern her kennt. Aber auch Pizzen, Flammkuchen, Plätzchen, Spanferkel oder sogar Grillspezialitäten! Für dieses nicht alltägliche Backerlebnis hat Häussler aus Heiligkreuztal einfach zu bedienende Holzbacköfen entwickelt, in denen mehr als dreißig Jahre Erfahrung im Backofenbau steckt. Sie sind sowohl fertig als auch als kompletter Bausatz erhältlich. Eine detaillierte Anleitung mit Zeichnungen und Bildern sowie ein Video zeigen wie der Ofen gebaut wird. Beim Bauen sind den Ideen und der Phantasie zur Gestaltung kaum Grenzen gesetzt: Ob mit Ziegeln oder Leichtbausteinen, ob verklinkert oder verputzt, mit oder ohne Dach, ob im Haus oder fürs Freie. Vieles ist möglich! Der Holzbackofen Habo wird ausschließlich aus naturbelassenen Rohstoffen in verschiedenen Größen angeboten. Die Schamottesteine sind so aufeinander abgestimmt, dass ein gleiches Backergebnis garantiert ist. Genaue Aufheiz- und Backzeiten sowie Backtemperaturen und benötigte Holzmengen werden dem Hobbybäcker direkt mitgeliefert. Unsere Ofenbauer haben den Habo 4/6 für einen Inhalt von sechs bis acht Broten oder etwa fünf Pizzen ausgewählt.

Mit den Bauarbeiten begonnen wurde erst nach dem Studium eines Beispiel-Videos mit vielen nützlichen Tipps vom Hersteller und dem Anfertigen einer groben Skizze: Zuerst wurde eine drei mal vier Meter große Bodenplatte gegossen, später der Grundkörper aus Porenbeton-Steinen errichtet. Dann hat man das erste Bausatz-Teil, den Rahmen für den Aschekasten, eingesetzt und dahinter ein Fundament für den Backmuffel – so nennt der Fachmann das Schamotte-Innenteil – ge-

1. Für die in unserem Fall doch schon etwas größere Gesamtanlage wurde eine mit Stahlmatten bewehrte Bodenplatte aus Beton gegossen.

2. Der individuell entworfene Unterbau für den Ofen wurde mit Porenbetonsteinen aufgemauert, dann das erste Bausatzteil – das Aschekastenfach – positioniert.

3. Um den Kasten herum wurde das Fundament für den Backmuffel erstellt: Ein Rand aufgemauert und mit Beton und Bewehrung gefüllt.

4. Nach dem Durchhärten des Fundamentes wurde die Ofentür genau ausgerichtet, mit Streben fixiert und ummauert. Für den Schieber ...

gossen. Darauf wurde nach Trocknung das Gehäuse für den Muffel gesetzt, vorne der Rahmen für die Ofentür eingebaut. Dann wurde der Baukörper rustikal verputzt. Im Anschluss daran wurde noch eine Küchentheke als Arbeitsbereich inklusive Kühlschranknische gebaut – und damit Bäckerinnen und Bäcker nicht im Regen stehen, drumherum noch eine Fachwerkkonstruktion mit Stülpschalung und Ziegeldach, im Durchgangsbereich des Rauchrohrs mit entsprechendem Brandschutz.

Seine Backfunktion erfüllt der Habo in jedem Fall, egal ob aufwändig umbaut, verklinkert oder auch ganz ohne Verkleidung. Hier sind zwei Vorschläge zu sehen, die wenig Platz benötigen. Sparversionen sind mit Blechdach möglich, wer mehr Platz zur Verfügung hat, kann ein großes überdachtes Holzlager mit anbauen oder ein Schleppdach mit Holzbank darunter – für ein Schwätzchen, falls man in Gesellschaft bäckt.

5. ... der Rauchgasklappe wurde ein Loch in die Front des Baukörpers gebohrt und ein Führungsrohr waagerecht eingemörtelt.

6. Dann wurden die Teile des Backraumes zusammengefügt. Die Schamotteteile wurden mit einem Spezialmörtel verklebt.

7. Nach der Montage des Rauchgasschiebers und dem Anschluss des Rauchrohres wurde ein Massivdach aus Porenbeton gemauert.

8. Der Baukörper bekam nun noch ein paar akzentuierende Steinapplikationen und wurde dann komplett ganz rustikal verputzt.

9. Direkt an den Ofen wurde hier noch eine Theke angebaut. Der Unterbau ist aus Porenbeton, die Platte aus bewehrtem Beton.

10. Unter Einhaltung der Bau- und Brandschutzvorschriften wurde die Anlage mit einem halboffenen Wetterschutz umbaut: Ein Fachwerk ...

11. ... aus Holzbalken wurde mit einer Stulpschalung aus sägerauen Brettern versehen, das Satteldach dann mit Ziegeln eingedeckt.

Dach und Bodenbelag für die Terrasse ganz neu

Im Garten wohnen

Ach ja, ganz praktisch war die alte Terrasse schon – etwa zum Trocknen der Wäsche. Einen Schönheitswettbewerb hätte man mit ihr allerdings nicht gewonnen. Das sollte anders werden ...

Es ist in allen Bereichen des Sanierens und Renovierens dasselbe: Wenn man schon dabei ist, kann man die Chance nutzen und gleich etwas mehr tun als das, was unbedingt notwendig ist. Das hat dann zur Folge, dass das Ergebnis nicht nur wieder funktioniert, sondern darüber hinaus einen Mehrwert bietet. Da wird aus einem Bad ein Wellness-Bereich, aus einer Küche ein Familien-Zentrum oder – so wie hier – aus ein paar Betonplatten mit Überdachung ein Sommer-Zimmer: Essen, trinken, lesen, schlummern, feiern – das alles macht man jetzt im Freien! Die alte Terrasse war ja nicht mehr besonders einladend. Schön waren die Betonplatten noch nie und das Dach aus Drahtglas war rissig und matt geworden. Das führte auch dazu, dass immer weniger Tageslicht in die Küche, die hinter der überdachten Terrasse liegt, dringen konnte. Während die alte Dachkonstruktion aus Metall mit dem Winkelschleifer zerlegt und zusammen mit dem Drahtglas entsorgt wurde, ließ man den alten Bodenbelag, der auf einer Fundamentplatte ruht, einfach liegen. Direkt darauf wurde die Unterkonstruktion aus Zedernholz ausgelegt. Damit Regenwasser schneller abläuft, sollte man bei der Unterkonstruktion ein Gefälle von einem Zentimeter pro Meter einplanen. Man überprüft es mit einer Wasserwaage und einem langen Richtscheit und legt entsprechend Keile unter. Dabei werden auch gleichzeitig die Unebenheiten des alten Bodenbelags ausgeglichen.

Es ist nicht ratsam, beim Montagematerial zu sparen, sonst nützt auch dauerhaftes Baumaterial nicht viel. Alle Schrauben und Beschläge im Außenbereich müssen rostfrei sein, am besten Edelstahl. Edelstahlschrauben müssen allerdings vorsichtig eingedreht werden, da sie leichter brechen. Am besten ist es, vorzubohren und senken (d. h. eine trichterförmige Vertiefung für den

Vorher: Die Terrasse war nicht besonders einladend. Nachher: Durch die Wandelemente aus Holz wirkt selbst noch die Trennmauer zum Nachbargrundstück wohnlich.

Raus zum Brunch, zum Mittagessen, zum fröhlichen Grillabend oder zum Mondschein-Menü. Wenn das Wetter es zulässt, wird die Terrasse manchmal bis in die Nacht hinein genutzt.

Schraubenkopf zu machen), eventuell mit einem Kombibohrer, der beides in einem Arbeitsgang kann. Hier wurde zuerst die vorgefertigte Intarsie aus geriffelten Zedernholzdielen positioniert und montiert, dann wurden von hier weg die glatten Dielen verlegt. Bei 26 Millimeter dicken Dielen sollten die Auflagehölzer der Unterkonstruktion einen Abstand von 40 bis maximal 50 Zentimeter aufweisen.

Alle Schnittkanten sollte man im 45-Grad-Winkel mit einem Hobel anfasen. Das sieht besser aus, dient dem konstruktiven Holzschutz und verhindert Spreißel in nackten Füßen. (Muss man noch nachträglich Schnittkanten abschrägen und kommt mit einem Hobel nicht zurecht, schrägt man das Holz mit einem Stechbeitel ab.) Bodenhölzer im Freien müssen immer mit Fuge verlegt werden, damit sie etwas Bewegungsspielraum haben.

Damit die Fugen alle gleich breit sind, setzt man Abstandshölzchen ein. Das Zedernholz braucht im Prinzip keinen schützenden Anstrich, nicht einmal an den Stirnkanten. Ein Anstrich mit farblosem Holzöl macht es allerdings pflegeleichter (Fleckschutz) und Regenwasser läuft schneller ab. Die Pfostenanker werden gesetzt, solange die entsprechenden Stellen noch gut zugänglich sind. Wenn kein Fundament vorhanden ist, müssen zumindest Punktfundamente für sie erstellt werden, damit die Standsicherheit der Konstruktion auf Dauer gewährleistet ist. Bei den Sichtschutzelementen sind durchaus auch so genannte Einschlaganker ausreichend. Sie werden mit Hilfe eines auf sie abgestimmten Einschlagwerkzeuges, das in die Pfostenaufnahme gesteckt wird, und eines Vorschlaghammers ins Erdreich getrieben. Es muss dabei genau darauf geachtet werden, dass sie sich hierbei nicht verdrehen, sobald sie auf einen Widerstand stoßen.

Während alle hier eingesetzten senkrechten Pfosten aus Zedernholz sind, hat man für die Dachkonstruktion Querbalken aus Leimholz gewählt. Diese brauchen einen Anstrich, der sie vor UV-Strahlen schützt. Das Pultdach wurde mit 15 Prozent Gefälle errichtet und mit Kunstglas eingedeckt, das hohe Sicherheit und Lichtdurchlässigkeit gewährleistet. Für diese Stegdoppel-

1. Die Holz-Unterkonstruktion für den neuen Terrassenbelag wurde direkt auf den alten Betonplatten ausgelegt. Gefälle: Ein Zentimeter pro Meter.

platten gibt es ganz spezielle Befestigungssysteme mit Klemmprofilen. Die Platten müssen dabei nicht verschraubt werden. Trotz sicherem Einbau können sie sich bei einem Temperaturwechsel dehnen, ohne dass Knackgeräusche oder Schäden entstehen. Stegdoppelplatten können einfach mit einem feingezahnten, ungeschränkten Sägeblatt auf Maß gesägt werden. Die Schutzfolie auf den Platten zieht man so spät wie möglich ab. Sie verhindert Kratzer und stumpfe Stellen, die man sonst mit einer Polierpaste herausarbeiten müsste.

Weitere Informationen
Speziell für Terrassendächer und Carports hat Otto Wolff die besonders robusten „Plexiglas Resist"-Stegdoppelplatten aus Acrylglas im Programm. Es gibt sie in Längen bis zu sieben Meter. Ihre Breite beträgt 98 bzw. 120 Zentimeter. Die schmale Ausführung kann ohne Querunterstützung verlegt werden. Die Stegdoppelplatten sind 16 Millimeter dick. Es gibt sie mit glatter oder strukturierter Oberfläche in farbloser, weißer und brauntransparenter Ausführung. Durch ihre „No-Drop-Beschichtung" fließt Regenwasser rückstandsfrei ab und das Dach bleibt länger sauber.

Einfach wissen wie's geht!

Hohlkammern schließen
Wer verhindern möchte, dass weder Staub noch Insekten in die Hohlkammern der Stegplatten eindringen, versieht die unteren Plattenöffnungen mit einem speziellen Filterband. Der Abfluss von Kondenswasser aus den Kammern wird dadurch nicht beeinträchtigt. Die oberen Öffnungen werden mit einem filterlosen Band geschlossen.

Tipp

In den Hohlräumen der Unterkonstruktion lassen sich prima Wasser- oder Niedervoltstromleitungen vom Haus zur anderen Seite der Terrasse verlegen. Ist momentan kein Bedarf vorhanden, kann man für alle Fälle schon mal ein paar Leerrohre verlegen.

2. Das in der Werkstatt vorgefertigte Schmuck-Element wird zuerst ausgerichtet und montiert. Es wird mit Hilfe von Winkeln mit den Betonplatten verbunden.

3. Vom Schmuckelement ausgehend werden dann die Bodendielen verlegt. Hölzchen sorgen für einen gleichmäßigen Abstand von zirka fünf Millimeter.

4. Zwischendurch – solange man noch beikommt – werden die Pfostenschuhe für die Pergolastützen montiert. Die Löcher werden durch die Betonplatten bis ...

5. ... in die darunterliegende Fundamentplatte gebohrt. Dann wird der Pfostenanker befestigt. Sämtliches Montagematerial muss rostfrei sein.

6. Pfosten einstellen, ausrichten, vorbohren und festschrauben. Die Schnittkante der Ausklinkung in der Bodendiele muss noch sauber angefast werden!

7. Die beiden Pfosten, die das Dach tragen, werden erst dann komplett verschraubt, wenn der Querbalken oben endgültig montiert ist.

8. Ein Pfosten liegt außerhalb des alten Terrassenbereiches. Für ihn wird ein so genannter Einschlag-Pfostenanker ins Erdreich getrieben.

9. Die einzelnen Sichtschutzelemente werden mit Hilfe von Zaunbeschlägen an den Pfosten befestigt. Löcher vorbohren und Beschläge mit einer Zange eindrehen!

10. Dann nacheinander die Zaunelemente auf Abstandsklötzchen stellen, Abstände zu den Pfosten ausgleichen und mit Schrauben am Beschlag befestigen.

11. Querbalken mit Zwingen positionieren, beide Balken versetzt zweimal durchbohren, metrische Schrauben durchstecken, Muttern aufsetzen und anziehen.

12. Dem Gefälle entsprechend höher wird der Dachquerträger aus Leimholz an der Hauswand befestigt. Dafür verwendet man mehrere Schwerlastanker.

13. Die Dachsparren werden mit Gefälle montiert. Damit sie auf den Querbalken voll aufliegen, werden sie mit Hammer und Stechbeitel ausgeklinkt.

14. Damit die Sechskantköpfe der Schrauben bündig im Holz verschwinden, werden mit einem Forstnerbohrer die entsprechenden Sacklöcher angefertigt.

15. Die Stegdoppelplatten der Eindeckung werden mit Hilfe eines Profilsystems befestigt. Das Basisprofil wird aufgeschraubt, ein Zwischensteg eingeklopft, ...

16. ... und Dichtungen eingezogen. Die Platten sind später sicher zwischen den Dichtungen eingeklemmt, Dehnungsbewegungen sind dennoch möglich.

17. Stegdoppelplatte auflegen, oberes Profil anbringen und Abdeckung einrasten lassen. Die Schutzfolie erst ganz zum Schluss vollständig abziehen.

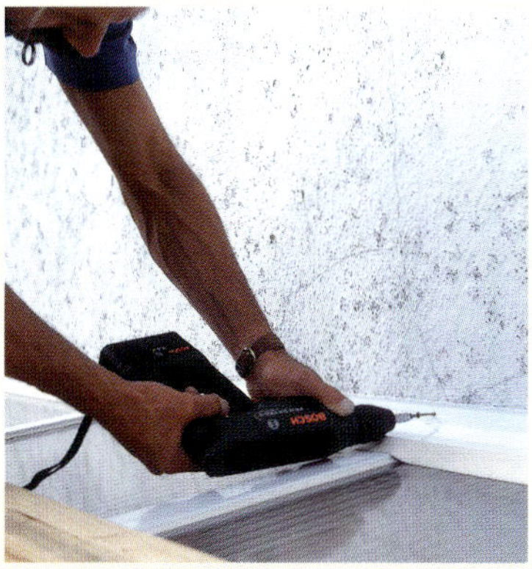

18. Damit kein Wasser zwischen Haus und Anbau eindringen kann, wird hier ein Wandanschlussprofil angebracht. Zusätzlich wird mit Silikon abgedichtet.

Alles neu: Dämmung, Estrich, Entwässerung, Treppe, Bodenbelag, Geländer und Beleuchtung. Die alte Terrasse, die auf dem 1971 erstellten Garagenanbau angelegt war, hatte kein Gefälle und stand deshalb ständig unter Wasser. Nachdem man das Kiesbett, die Waschbetonplatten und den Bretterzaun entfernt hatte, fing man sozusagen noch einmal von vorn an. Das Ergebnis ist technisch und optisch perfekt.

Komplett-Renovierung einer Terrasse

Ein Platz an der Sonne

Mit Hilfe von reichlich Material- und Arbeitseinsatz wurde eine ziemlich heruntergekommene Terrasse aus den 70er Jahren zum Vorzeigeobjekt. Die einzelnen Schritte der Verwandlung sehen Sie auf den folgenden Seiten.

Terrassen und Balkone stehen in der Bauschaden-Hitliste ganz oben. Sie sind naturgemäß der Witterung ausgesetzt. Extreme Temperaturwechsel, die vor allem an den Sonnenseiten auftreten, Niederschläge und auffrierende Nässe setzen der Baukonstruktion hart zu. Bei der hier gezeigten Terrasse, die sich auf einem Garagenanbau befindet, hat man im Rahmen der Sanierarbeiten gut gegen die eben erwähnten Gefahren gewappnet. Die desolate Vorher-Situation beruhte insbesondere auf einem Kardinalfehler: Das Garagenflachdach war ohne Gefälle ausgebildet worden, das Niederschlagswasser staute sich im Kiesbett unter dem Plattenbelag auf und lief gegen das Haus. Es musste also zunächst ein Gefälleestrich aufgebaut werden. Weil es sich hier nicht um eine Terrasse über Erdreich handelt, wurde zuerst eine Dämmschicht eingebaut. Diese wurde aus druckfesten, maßstabilen und verrottungsfesten Schaum-Polystyrol-Platten gefertigt. Durch den Einbau der Platten gewann man zudem an Aufbauhöhe, der Estrich konnte dadurch schlanker und damit – was hier aus statischen Gründen auch positiv war – leichter werden. Ein offener Belagsaufbau (Platten aus Stelzlagern) ist der Frostgefahr gut gewachsen. Fest verklebte Beläge kann man schützen durch den Einbau eines Drainagesystems. Hier wurde der Estrich zunächst mit einer Schlämme abgedichtet (im Fachjargon alternative Abdichtung genannt), und die frei liegenden Randbereiche der Terrasse mit den Drainageabschlussprofilen des Systems ausgerüstet. Dann wurde eine spezielle Drainagematte mit den Drainkanälen in Gefällerichtung verlegt. Alle Stöße mussten dabei mit einer Stoßarmierung abgeklebt und auch die Dehnungsfuge mit übernommen werden. Zur Aufkantung der Randprofile hin hat man eine Fuge vorgesehen und die Matte dort mit einem Abdeckstreifen ausgerüstet. Daraufhin wurde die Drainagematte abschnittsweise mit einem flexiblen

Fliesenkleber ausgespachtelt – dabei verwendet man die glatte Seite der Kelle – und sofort anschließend jeweils Fliesenkleber auf die Bereiche aufgezogen, durchgekämmt – diesmal mit der gezahnten Seite der Kelle – und die Feinsteinzeug-Fliesen eingelegt. Die Fliesen wurden übrigens diagonal verlegt, wie ihr Pendant im Inneren des Hauses. So gehen jetzt die Beläge innen und außen quasi ineinander über. Die große Terrassenfläche wurde zusätzlich mit einem umlaufenden Natursteinschmuckband eingefasst. Beim Verfugen der Fliesenfläche wurde ein flexibler Fugenmörtel verwendet, alle Anschlüsse zu aufsteigenden Bauteilen wurden sauber ausgekratzt und mit Silikon verfüllt. Durch all diese Maßnahmen werden Schäden durch Materialdehnung vermieden.

Die Außenwände des Garagenanbaus wurden wie der Haussockel gestrichen. Zum Schutz der Wände hat man die zum Drainagesystem angebotenen Dachrinnen angebaut. Diese leiten das Oberflächenwasser des Fliesenbelags und eventuell nach unten durchgedrungenes Wasser aus den Drainagekanälen ab. Beim Geländer war die Wahl auf ein variables Zaun- bzw. Geländersystem gefallen. Das Geländer sollte konstruktiv optimal, also keinesfalls auf der Fliesenfläche befestigt werden. Es wurde – aus Standardelementen und Sonderanfertigungen zusammengestellt – genau ans Objekt angepasst geliefert. Weniger schadenanfällige Lösungen erfordern in aller Regel meist auch anspruchsvollere Montagetechniken. Die nach Aufmaß angefertigten Pfosten wurden an der Unterseite des Terrassenüberstandes beziehungsweise seitlich an den Wänden des Garagenanbaus mit Spreiz- und Verbundankern befestigt. Alle verwendeten Montagematerialien sind korrosionssicher, aus technischen, aber auch aus optischen Gründen. Die einzelnen Elemente für den Geländerbau wurden entsprechend einem ausgearbeiteten Montageplan mit Hilfe von Langlöchern mit den Pfosten verbunden. Diese erlauben eine gewisse Variabilität wie auch noch spätere Korrekturen.

Die Elemente gibt es in diversen Standardmaßen und -farben, Sonderkonstruktionen und -farben werden je nach Wunsch gefertigt.

Weitere Informationen
Produkte und Anbieter: Jackodur Dämmplatten von Gefinex-Jackon. Drainagesystem Watec 3E, Drainabschluss und Watec Fin BR Rinnensystem von Gutjahr. Fliesen der Serie Sectilia im Format 45 x 45 cm, Sockelfliesen, Naturstein-Bordüren und Treppenauftritte aus dem Vilbostone-Programm von Villeroy & Boch. Dichtschlämme, Flexibler Fließmörtel Ardurit FB 9 und flexible Schnellfugmasse Ardurit FL, Ausgleichsmörtel Ardurit AM 100 sowie Silikon Ardurit SE von Ardex. Hersteller des Geländers Parkallee sowie der individuell angefertigten Pfosten ist Zaunmeister. 2-K-Verbundmörtel: Reca Norm. Terrassenmöbel: Fischer. Klappläden: Ehret. Leuchten Pallas: Konstsmide. Ausführende Firmen: Terrassenaufbau: Fliesen Schneider. Zaunvertrieb und Montage: HaBaKu Objektbetreuung. Garagen-Deckensektionaltore: Normstahl.

Seitentreppe in den Garten

Die erste Idee, die alte Seitentreppe durch eine offene Konstruktion aus Edelstahl zu ersetzen, wurde wieder verworfen, weil diese nicht zum südlichen Charakter der Terrasse gepasst hätte. Die Stufen wurden so aufgedoppelt, dass die Auftrittstufe auf der Terrassenebene liegt und jede einzelne Stufe ein leichtes Gefälle vom Haus weg hat. Zur Fassade hin wurden Randdämmstreifen eingebaut, dann die Rohstufen mit einer Schlämme abgedichtet. Die Seite des Treppenkörpers wurde mit Ausgleichsmörtel verputzt und später im gleichen Farbton wie die Garagen bzw. der Haussockel gestrichen. Belegt wurden die Stufen mit Treppenauftritten aus Feinsteinzeug. Die Winkelelemente haben eine edle, leicht überstehende Kantenprofilierung. Nicht nur die Trittstufen, auch die Stellstufen wurden verfliest.

1. Zuerst wurde eine dicke Lage aus geschlossenzelligen, druckfesten Schaum-Polystyrol-Platten als Wärmedämmung ausgelegt.

2. Darauf wurde lose eine reißfeste Kunststoffdichtungsbahn überlappend ausgelegt und mit Klebebändern dicht verklebt.

3. Um den Gefälleestrich zu entkoppeln, wurde vor der Terrassentür und zur Hauswand hin ein Randdämmstreifen eingebaut.

4. Das Material für den Gefälleestrich wurde angeliefert, maschinell auf das Garagendach gefördert und dort von Hand gleichmäßig verteilt.

5. Mit Hilfe von Messgeräten, Abziehbrettern und Reibebrettern wurde das bislang fehlende Gefälle vom Haus weg angelegt.

6. Nach Trocknung wurde die gesamte Fläche mit einer Dichtschlämme versiegelt, ebenso der Sockelbereich des Hauses.

7. Die höher gewordenen Stirnseiten des Flachdachs wurden mit Mörtel sorgfältlich glattmodelliert.

8. Die neue Platte der Hochterrasse war jetzt verlegereif. Aufgrund ihrer Größe fällt viel Oberflächenwasser an. Dieses sollte mit System abgeleitet werden. Deshalb ...

9. ... wurde jetzt zunächst ein Drainabschlussprofil an den Kanten der Platte angeordnet und mit Dübeln und Edelstahlschrauben befestigt.

10. Der Profilschenkel wurde mit der Schlämme abgedichtet, ein Dichtband ins frische Material eingearbeitet.

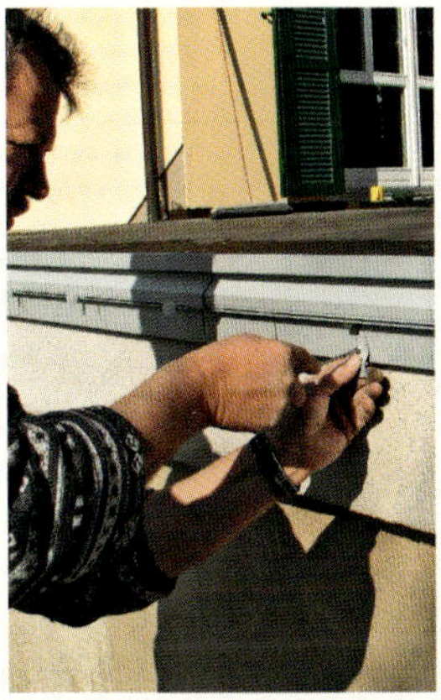

11. Außen am Abschlussprofil wurden die Dachrinnenhalter dem gewünschten Gefälle entsprechend angebracht.

12. Die Drainagematte muss mit dem Gittergewebe nach oben und mit den Drainkanälen in Richtung Gefälle ausgelegt werden.

13. Abschnittsweise wurde die Matte mit flexiblem Fliesenkleber ausgespachtelt, dann mit der gezahnten Seite der Kelle Kleber aufgekämmt ...

14. ... und die Fliesen eingelegt. Im Abstand von 45 Zentimeter plus zwei Fugenbreiten hat man als schmückendes Element umlaufend eine Natursteinbordüre verlegt.

15. Danach folgte noch eine Reihe der großformatigen Keramik, parallel zum Randprofil verlegt.

16. Verfugt wurde die Fläche mit einem schnell abbindenden flexiblen Fugenmörtel. Das ermöglicht schnelles Reinigen, ohne dass die Fugen ausgewaschen werden.

17. Rundum wurden die Dachrinnen und die Rinnenverbinder an den Profilen angebracht und ...

18. ... vorn am tiefsten Punkt ein Rinnenablaufelement, ein Rohrbogen und ein Fallrohr angebracht.

19. Die Dehnungsfugen am Wandsockel und bei der Austrittstufe wurde mit Silikon ausgefugt, ...

20. ... ebenso die ausgekratzte Fuge zwischen den Randfliesen und dem Abschlussprofil.

21. Der Baukörper unterhalb der Terrasse wurde gestrichen und mit feinen Schmucklinien versehen.

22. Die benötigten Materialien wurden aus Standardelementen und Sonderanfertigungen zusammengestellt. Für die Montage stand ein genauer Plan zur Verfügung.

23. Vorn steht das Flachdach der Doppelgarage ein gutes Stück über. Die Geländerpfosten ...

24. ... wurden unterseitig befestigt. Die Löcher hat man entsprechend der Pfostenmontageplatte gebohrt.

25. Dann wurden jeweils vier Spreizanker mit dem Fäustel in die Betondecke getrieben.

26. Die ausgerichteten Pfosten wurden mit einem Drehmomentschlüssel angeschraubt.

27. Seitlich hat man die Befestigungspunkte für das Geländer an den Garagenwänden markiert.

28. Wegen der Ziegel-Hochlochsteine kamen hier Anker mit Siebhülse zum Einsatz.

29. Vom Ende der Siebhülse her wurde Verbundmörtel eingefüllt (hier von Reca Norm), die Anker ...

30. ... drehend eingeführt und gefühlvoll mit dem Fäustel waagerecht ausgerichtet. Nach der ...

31. ... Aushärtezeit des Mörtels wurden die Montageplatten mit Muttern angeschraubt.

32. Jetzt konnten die Geländerelemente mit den Halterungen an den Pfosten verbunden werden.

33. Die Eckbereiche wurden dabei mit Hilfe einer Doppelverbindung ganz besonders stabilisiert.

34. Nun wurde das im erforderlichen Neigungswinkel vorbereitete Treppengeländer an die abgeschrägte Haltelasche des Eckpfostens ...

35. ... herangeführt und wie alle anderen Elemente zuvor mit Edelstahlschrauben mit Innensechskant-Kopf angeschraubt.

36. Abschließend wurden noch auf alle Rohrpfosten passende Metall-Abdeckkappen gesteckt und mit einem Schräubchen gesichert.

Einfach wissen wie's geht!

Bohrlöcher ausräumen
Vor dem Setzen von Dübeln sollten Bohrlöcher immer gereinigt werden. Bei Montagen mit Injektionsmörteln ist das ein Muss. Faustregel: Viermal ausblasen, viermal ausbürsten und dann wieder viermal ausblasen.

Dehnungsfugen einplanen
Große Estrich- und Belagsflächen müssen durch Dehnungsfugen in begrenzte Flächen aufgeteilt werden. Im Estrich wird ein Dehnfugenstreifen eingebaut, im keramischen Oberbelag wird diese so genannte Feldbegrenzungsfuge dann mit Silikon gefüllt.

Außenbeleuchtung

Beim alten Terrassengeländer waren Gartenleuchten auf den Pfosten angebracht. Diese wurden durch eine elegante, zum Stil des Hauses passende Lösung ersetzt: Um das Haus herum und auch nahe bei der Terrasse hat man Stableuchten installiert. Dazu wurden Erdleitungen gelegt, die speziellen Leuchtenhalterungen einbetoniert, die Bausätze aus Sockel, Stab und Leuchtkörper montiert und angeschlossen. Die Modelle sind aus Aluguss und Acrylglas. Die Leuchte ist auch als zwei- und dreiflammiger Kandelaber wie auch als Wandleuchte erhältlich.

Durch das geschützte Eck hat man sich eine Sonnenfalle geschaffen. Der Bachlauf mit Wasserglocke lässt eine angenehme Plätscherstimmung entstehen.

Aufgeständerte Terrasse

Ecke plus Ecke

Die Terrasse sollte erweitert werden – durch die Hanglage eine große Herausforderung. Doch es gab eine pfiffige Lösung: Zwei aufgeständerte Sonnendecks. Dafür wurden ein umfassender Sichtschutz angebracht, die alte Terrassenfläche dekorativ umgestaltet, eine neue Markise montiert und ein plätschernder Bachlauf angelegt.

Stellen Sie sich vor, es ist ein lauer Spätsommerabend, den man nach einem langen Arbeitstag zuhause gemütlich ausklingen lassen möchte. Vielleicht mit guten Freunden zusammen auf der Terrasse sitzen, etwas grillen und dazu einen guten Tropfen trinken. In einer Ecke noch die Abendsonne genießen, während ein leises Wasserplätschern die Ohren verwöhnt. Eine schöne Vorstellung, die auch diese Baufamilie äußerst begeistert hat. Zwar hatte sie bereits eine Terrasse, doch die Situation war dort leider eine völlig andere. Hoch aufgeschossene Büsche verhinderten den Blick in den Garten und machten den Platz eng und düster. Selbst die angrenzenden Wohnräume wurden dadurch in ständiges Dämmerlicht getaucht. Die Terrasse sollte daher vollständig umgestaltet werden. Bei der Neuplanung gab es klare Vorgaben. Der Lichteinfall auf die Terrasse und auch in die angrenzenden Räume sollte erheblich verbessert und ein schönerer Ausblick geschaffen werden, dazu die ehemalige Terrassenfläche deutlich erweitert werden. Die Bauleute wünschten auch einen ausreichenden Sicht- und Windschutz nach allen Seiten. Wie aber konnte hier die Erweiterung mit der Außenfläche gelingen, wenn sich unmittelbar an die enge Terrasse eine steile Böschung anschloss?

Die zündende Idee: Zwei Sonnendecks auf einer Ständerkonstruktion, sozusagen schwebend über dem Böschungsgelände in Form gleichartiger Ecken. Zwei getrennte Flächen, die der alten Terrasse vorgelagert sind und diese auflockern. Alles ohne aufwändige und teure Aufschüttung der Böschung, ohne LKW-Einsatz und mit keinem „umgepflügten" Garten verbunden. Man wollte eine individuelle Lösung, maßgeschneidert

Wohlfühlatmosphäre mit Sicht- und Windschutz verbreiten die Holzblenden an den Sonnendecks. Die neue Markise taucht Tisch und Stühle in angenehmen Schatten.

für die anspruchsvolle Situation, die baulich so aussah: Zunächst wurden Tragpfosten gesetzt und diese mit Rahmenhölzern verbunden. Ein weiterer Holzrahmen (wie die Pfosten und die Tragkonstruktion aus Bangkiraiholz) fixiert die Trag- und Unterkonstruktion an der bestehenden Terrasse.

Bei den neuen Terrassenflächen hat man sich für Hohlkammerprofile entschieden, aus einem Verbundmaterial, das aus Holz und Kunststoff besteht. So verbinden diese Dielen Holzoptik mit der Haltbarkeit von Kunststoff. Was noch fehlte war der Schutz vor Wind und unerwünschten Blicken, etwa beim Sonnenbad. Nun sollte man von den beiden Decks aus in den Garten sehen können, wenn man auf ihnen steht. Und: An heißen Tagen dort nicht auf das erfrischende Lüftchen verzichten müssen, das dann vielleicht gerade über die Terrasse streicht. Die Blenden durften also nicht zu hoch ausfallen und die alte Terrassenfläche war ästhetisch anspruchsvoll an den Garten anzubinden. So haben die Bauleute auch hierfür eine individuelle Lösung favorisiert: Für den Wind- und Blickschutz wurden zwischen

Hanggestaltung mit Bach und Quellsteinlicht

Für den Ausgleich der Böschung im Anschluss an die Terrasse konnten die Bruchstücke des alten Terrassenbelags verwendet werden. Zur Neugestaltung der Anlage gehörte neben dem Anlegen des Bachlaufs mit LED-Licht-bestücktem Quellstein auch die Neubepflanzung im Bereich der Wasserglocke, die im freien Teil der Böschung verlegt wurde. Die seitlichen Bereiche des Hangs verschwanden unter den neu angelegten Sonnendecks.

1. Um den Bachlauf anlegen zu können, musste zunächst das Gelände dafür vorbereitet und ausgeglichen werden.

2. Böschungssteine geben beim Hangausgleich der Erde und den neuen Pflanzen den nötigen Halt.

3. Dann konnten die Bachlaufschalen verlegt werden. Wichtig ist der korrekte Sitz der Schalen.

4. Für den Wasserkreislauf wurde ein Rückführschlauch von der Pumpe zum Quellstein verlegt.

5. In den Quellstein wurde noch eine spezielle LED-Leuchte eingelassen und mit dem Stein verklebt.

6. Dann hieß es: Wasser marsch. Und es sieht so aus, als käme das Wasser aus der LED-Leuchte.

7. Der Bach endet in einer Teichschale, wo die Pumpe auch eine Wasserglockenfontäne antreibt.

Jetzt macht es viel mehr Spaß auf der Terrasse zu grillen und dazu auch mal Freunde einzuladen.

Vor dem Umbau: Wenig einladend gestaltete sich die alte Terrasse, eng und dunkel durch die hohen Büsche am Terrassenhang (siehe Grafik).

den Pfosten und auf den Dielen U-Profile montiert, bevor dann Blendbretter eingeschoben worden sind. Oben wurden Ziergitter aufgesetzt, die den gewünschten Luftaustausch und Gartenblick zulassen. Den Bewohnern war aber die Erweiterung der Terrasse um zwei Holzdecks noch zu wenig und sie überlegten: Wie wäre es mit einem kleinen Bachlauf im Bereich der neuen Sonnendecks? Und dazu ein Wasserspiel zwischen den beiden Decks?

Gedacht – gemacht: Die Bachlaufschalen wurden nun bereits zu Beginn der Deckaufbauten verlegt. Auf der Holzfläche gewinnt man so den Eindruck einer Brücke. Und am Ende seines Laufs erfreut das plätschernde Nass noch das Auge in Form einer Wasserglocke, bevor es wieder zum Quellstein zurückgepumpt wird. Dort beginnt es erneut seinen Lauf. Eine in den Quellstein eingelassene LED-Leuchte vermittelt dabei den Eindruck, das Wasser komme aus ihr hervor. Doch die schönste Terrasse macht auf Dauer keine Freude, wenn man bei Sonnenhitze in keinen kühlenden Schatten ausweichen kann. Auf der alten Terrasse gab es diesen Schattenspender noch nicht, eine Lösung wurde gesucht. Die Bauleute haben sich für eine Markise entschieden, die an der Decke bzw. unter dem Balkonboden aufgehängt wurde. Von ihrem kühlenden Schatten profitiert nun nicht nur die Terrasse, sondern auch der dahinter liegende Raum. Tritt man von dort ins Freie, hat man nun auch einen neuen Plattenbelag zu Füßen. Die quadratische Form der Holzdecks findet in den großen, roten Platten ihre Entsprechung. Anstelle des alten eintönig-grauen Belags nun also Platten in Granitrot und Granitgraugemasert, was der Terrasse einen zusätzlichen gestalterischen Akzent verleiht.

Weitere Informationen

Bangkiraiholz, sehr hartes und verwitterungsresistentes Tropenholz, sehr geeignet für den Außenbereich, zu erhalten in Holzhandlungen und Baumärkten. Holz-Verbundwerkstoff „FelixTechWood", 70% Fichtenholz, 30% Kunststoff, lässt sich wie Holz verarbeiten (Felix & Clercs aus den Niederlanden), Bachlaufschalen, Pumpe mit Wasserglocke (Heissner), Terrassenplatten Umbriano mit Oberflächenversiegelung (Stein+Design), Markise Markilux 6000 (Schmitz-Werke/Markilux), Elektrowerkzeuge (AEG), Mess- und Gartenwerkzeuge (Emil Lux), Beleuchtung (INNOsign), Grilltechnik (Thüros).

1. Nach dem Einmessen der Grenzen und dem Ausrichten der Setzpunkte werden die Einschlaghülsen für die Pfosten des Sonnendeckaufbaus gesetzt.

2. Die Pfosten werden in die Hülsen gesteckt. Dann werden zwei Rahmenhölzer über Eckwinkel verbunden und zusammen an die Pfosten geschraubt.

3. Auf diesen Rahmen wird noch ein zweiter Rahmen aufgedoppelt, der die Konstruktion mit der Terrasse verbindet. Hier werden die Querstreben verschraubt.

4. Die Querstreben müssen dabei ohne Versatz mit den Rahmenhölzern verschraubt werden. Beides wird dazu mit Klemmzwingen zusammengehalten.

5. Um die Unterkonstruktion der Sonnendecks an der Terrasse zu fixieren, werden auf die Stirnseiten der Platten Rahmenhölzer verdübelt.

6. Nun kommt der eigentliche Bodenbelag an die Reihe. Dazu werden zuerst die Traglatten angepasst und mit der Stichsäge auf Länge abgesägt.

7. Dann werden sie frontbündig auf dem Rahmen der Unterkonstruktion verschraubt, ebenso werden die Querstreben damit aufgedoppelt.

8. Nach und nach folgt die Verlegung der Dielen. Die erste Diele liegt am Pfosten und wird ausgeklinkt ...

9. ... und mit einer Anfangsklammer fixiert. Nun wird die nächste Diele schräg von oben in die Klammer eingeschoben und auf der anderen Seite von der nächsten Klammer gehalten.

10. Jetzt kommen die Zwischenpfosten an die Reihe. Die lotrecht angelegten Pfosten werden mittels Gewindeschrauben mit der Unterkonstruktion verschraubt.

11. Die Ständerlösung lässt die beiden Sonnendecks geradezu über dem Böschungsgelände schweben, ohne dass sie zusätzlichen Platz beanspruchen.

12. An die Dielenenden werden Abschlusskappen eingeschlagen. So entsteht eine schöne Sichtkante und ein Schutz vor Schmutz und auch vor Insekten.

13. Nun kann es mit dem Aufbau des Sichtschutzes losgehen. Zu Beginn kommen auf die Dielen und seitlich entlang der Pfosten Führungsprofile, ...

Einfach wissen wie's geht!

Terrassendielen ablängen
Sind alle Dielen verlegt, können eventuelle Längenunterschiede mit einer Handkreissäge exakt ausgeglichen werden. Um den Korrekturschnitt genau ausführen zu können, wird entlang einer Führungsschiene gesägt.

Blendenbretter verschrauben
Die Blendenbretter bilden nach dem Einschub Sichtfugen. Um das schwundbedingte Setzen der Bretter zu verhindern, kann man aber auch die einzelnen Blendenbretter mit den beidseitigen Nutleisten verschrauben.

14. ... in die dann Bretter von oben eingeführt werden, und zwar mit der Nut nach unten! (Sonst bleibt das Wasser in der Nut stehen.)

15. Abschließend werden noch quadratische Ziergitter eingeschoben und umgedrehte U-Profile aufgesetzt.

16. Großzügig und markant: Mit ihrem Format greifen die roten Platten innerhalb des Plattenrasters das Quadratprinzip der Holzflächen auf.

17. Um die Platten verlegen zu können und dabei für ein leichtes Gefälle zu sorgen, wird das Sandbett mit einer Richtlatte über zwei runde Metallstäbe abgezogen.

18. Jetzt kann es mit der Verlegung losgehen. Die Wasserwaage ermöglicht dabei die Kontrolle über das berechnete Gefälle für die zu verlegenden Platten.

19. Abschließend werden noch LED-Spots in die Pfosten integriert. Dazu müssen zunächst Versenkungen mit einem 30 mm-Forstner-Bohrer gebohrt werden, ...

20. ... in die dann die Spots mit einem Zweikomponentenkleber fixiert werden können. Zuletzt gilt es noch, die Leuchtkörper mit dem Trafo zu verkabeln.

Sonnenschutz: Großzügig und komfortabel

Um die erweiterte Terrasse mit einem passenden Sonnenschutz zu versehen, entschied man sich für die Markilux 6000 mit einem Ausfall von vier Metern. Bei dem neuen Modulsystem mit den drei Stilwelten Club, Studio und Lounge kann man sich seine Markise passend zur Architektur zusammenstellen – modern, farbenfroh, klassisch oder edel. 15 verschiedene Ausführungen stehen zur Auswahl. Der Gelenkarm-Mechanismus ist durch einen speziellen Hightech-Fasermix, die so genannte Bionic-Sehne, extrem belastbar, wartungsfrei und geräuscharm. Darauf gibt der Hersteller zehn Jahre Garantie. Weitere Funktionen wie Vertikalbeschattung oder Beleuchtung lassen sich einfach und bequem über ein Clicksystem kombinieren.

1. Die beiden Markisenhalter werden genau ausgerichtet und mit Schwerlastankern oben befestigt.

2. Dann wird die Kassette auf beiden Seiten in die Konsolen geschoben und befestigt.

3. Abschließend folgen Montage und Programmierung des kombinierten Wind- und Regenwächters.

Die Markise gibt es optional mit komfortablem Motorbetrieb und Funkfernbedienung.

2\. … und mit Hilfe von Ankerbolzen in Durchsteckmontage an der Hauswand befestigt. Anker ins Bohrloch schlagen, Unterlegscheibe auflegen, Schraubenmutter fest anziehen.

3\. Die einzelnen Rohre werden mit Gefälle vom Haus weg verlegt und auch an ihrem anderen Ende – im alten Treppenfundament bzw. in der Terrassenstützmauer – verankert.

4\. Möglichst schon passend zugeschnitten werden sämtliche Holzdielen allseitig vor der Verlegung mit Douglasien-Öl behandelt. Stirnkanten zweifach!

5\. Quer zu den Edelstahlrohren werden Douglasienbretter angeordnet. Stöße treffen sich diagonal gesägt auf den schmalen Vierkantrohren. So haben die …

6\. … Schrauben genügend Randabstand. Mit einem Gewindebohrer wurde durch das Holz ins Rohr gebohrt. Geschraubt wurde mit metrischen Inbusschrauben.

7\. Auf diese „Konterlattung“ werden die Bodendielen geschraubt. Ihre Längsausrichtung verläuft mit dem Gefälle. Abstandhalter sorgen für gleichmäßige Fugen.

8\. Erst vorbohren, dann die Schrauben bündig mit dem Grund der Riffelung eindrehen. Die Schrauben sind aus Edelstahl und werden versetzt angeordnet.

9\. Gleich nach der Fertigstellung des Holzdecks, solange es noch ganz sauber ist, sollte die Sichtseite nochmals mit Douglasien-Öl gestrichen werden.

10\. Die Holzbau-Arbeiten sind hiermit beendet. Damit das transparente Holzöl in Ruhe einziehen kann, wird das Deck noch ein paar Tage geschont.

11. Für die quadratischen Betonplatten wurde eigens ein Rahmen aus Aluprofilen angefertigt. Er wird an der frei gelassenen Stelle auf die Unterkonstruktion ...

12. ... geschraubt. Einlegestreifen aus Teichfolie reduzieren Klappergeräusche beim Begehen und sorgen dafür, dass die Platten exakt flächenbündig liegen.

13. Die Metalltreppe zum tiefer liegenden Gartenbereich besteht aus zwei Wangen- und mehreren Stufenelementen. Wange ausrichten und oben sowie ...

14. ... unten in den alten Treppenfundamenten verankern. Neigung mit der Wasserwaage überprüfen und eventuell mit Unterlegscheiben korrigieren.

15. Zweite Wange lose aufstellen, oben und unten je eine Treppenstufe montieren, Wange genau ausrichten und erst dann mit Bolzenankern befestigen.

16. Pro Stufe werden vier Schrauben in die Gewinde der Wangen geschraubt. Über Kreuz arbeiten und erst zum Schluss alle Schrauben richtig fest anziehen.

17. Ein vorgefertigter runder Handlauf macht die Treppe komfortabler und sicherer. Seine rechteckigen Stützen werden an der Innenseite der Wange angebracht.

18. Jede Gitterstufe verfügt über eine Betonplatten-Aufnahme. Auch hier werden zunächst Teichfolienstreifen, dann erst die Platten im Halbformat eingelegt.

Einfach wissen wie's geht!

Bohrlöcher ausräumen
Damit ein Bolzenanker seine volle Leistung bringen kann, muss vor dessen Einführen das Bohrloch „ausgeräumt" werden – wie der Fachmann sagt. Das heißt loses Material und Staub müssen raus. Das ist ganz besonders wichtig, wenn später Zugkräfte auftreten (können)! Waagerechte Löcher kann man einfach mit Hilfe eines Blasebalgs reinigen.

Weitere Informationen
Geriffelte Douglasie-Bodenhölzer (21 mm x 120 mm x 400 cm) kosten 2,33 Euro pro Meter, Douglasien-Öl rund 1,10 Euro pro Quadratmeter (Osmo). Sämtliche Metallkonstruktionen aus Edelstahl bzw. verzinktem Metall wurden nach Maß in Eigenleistung (Metallbauer!) angefertigt. Die Betonwerksteine sind von Stein+Design. Ankerbolzen gibt es z. B. von Tox oder Fischer.
Die Teichfolie ist aus EPDM-Kautschuk. Die Geländerhöhe beträgt 90 cm. (Kosten unverbindlich)

Terrasse mit Seeambiente: Einen naturverbundenen Eindruck vermittelt die von den Holzdielen erzeugte Linienoptik der Fassade. (Foto: Holzabsatzfonds)

Lärchenholzterrasse mit offenen Fugen und grob gerillter Oberfläche. (Anbieter: Joda)

Eine Terrasse mit geschlossenem Fugenbild ist zum Beispiel mit den Holzverbundwerkstoffdielen Terraza von Werzalit möglich.

Holzwerkstoff-Belag für Terrassen

Diele an Diele

Auf immer mehr Terrassen werden Dielen aus Holz verlegt. Jetzt gibt es sogar einen neuen Belag, bei dem Holz und Kunststoff zu holzoptikähnlichen Dielen verarbeitet sind. Ein Vergleich von Dielenarten mit ihren Unterschieden und Besonderheiten.

Terrassen mit Holzdielen liegen im Trend. Mittlerweile kann man zwischen einer Vielzahl an geeigneten Hölzern wählen. Die Palette reicht von einheimischen Weich- und Harthölzern bis hin zu sehr harten Tropenhölzern. Daneben machen aber auch immer mehr Dielen in holzoptikähnlicher Anmutung von sich reden, so genannte Verbundwerkstoffdielen. Doch bleiben wir zunächst noch beim Thema Holz. Unter den Weichhölzern bietet sich etwa einheimisches oder sibirisches Lärchenholz an, das von Natur aus eine relativ hohe Resistenz gegen Fäulnis und Insektenbefall aufweist und so naturbelassen angeboten und verarbeitet wird. Auch die Nadelhölzer Fichte und Kiefer kommen als Dielenbelag in Frage. Alternativ dazu gibt es kesseldruckimprägnierte Hölzer (kdi-Hölzer), bekannt durch die meist grünliche oder bräunliche Färbung aufgrund der Imprägnierung. Bei der Druckimprägnierung wird das Holz im Werk unter Hochdruck mit einem Imprägniersalz behandelt und so auf lange Zeit haltbar gemacht. Inzwischen findet noch eine weitere Variante ihre Nutzer: Das Thermoholz. Hier wird das Holz über ungefähr 24 Stunden auf maximal 250° Celsius erhitzt, wodurch seine Zuckermoleküle auskaramelisieren. Dabei wird den Mikroorganismen der Nährboden entzogen, Wasser kann nur mehr sehr beschränkt aufgenommen werden. Thermoholz bekommt so eine ähnlich hohe Resistenz wie kdi-Holz und eine Optik wie Tropenholz: Eine dunkle Färbung, die durch und durch geht. Bei den Thermohölzern finden sich auch Harthölzer wie Birke oder Buche.

Als besonders haltbar ohne jede Behandlung gelten schließlich tropische Hölzer aufgrund ihrer vergleichsweise hohen bis sehr hohen Holzdichte. Die Auswahl reicht von Bangkirai über Tajibo-Ipé bis hin zu Massa-

10 Tipps rund um die Diele

Verschraubung: Schöner sieht es bei der sichtbaren Verschraubung aus, wenn die Schrauben beim Versenken bündig mit der Dielenoberfläche abschließen.

Oberflächenerwärmung: Je dunkler die Dielen, desto heißer werden sie durch direkte Besonnung, was beim Barfußgehen unangenehm werden kann. Helle Flächen dagegen reflektieren besser, sind jedoch auch greller.

Wasserablauf: Um den Wasserablauf zu begünstigen, die Diele im 90°-Winkel weg vom Haus verlegen. Jedoch ist die Oberflächenspannung des Wassers so groß, dass es nie vollständig von der Diele abläuft.

Pflege: Reinigt man Holzdielen mit einem Hochdruckreiniger, besteht bei weicheren Hölzern eher die Gefahr sich aufrichtender Holzfasern. Lieber mehr Abstand halten oder manuell reinigen.

Dielenabschluss: Um Hohlkammerdielen vor Schmutz und der Einnistung von Insekten zu schützen, sollten auf die Abschlüsse Endkappen eingedrückt werden.

Unterkonstruktion: Je dicker der Dielenbelag, desto größer kann der Abstand zwischen den Unterkonstruktionsprofilen gewählt werden, und desto weniger solcher Profile sind erforderlich.

Untergrund: Alte Terrassen- oder Gehwegplatten können als Grundlage für den Aufbau der Terrasse verwendet werden. Verbundwerkstoffprofile lassen sich auch im erdfeuchten Bereich verlegen.

Preisvergleich: Bei der Angabe „Preis pro lfd. m" für den Dielenbelag sollte auch auf die Breite der Dielen geachtet werden. Je breiter die Diele, desto weniger laufende Meter (lfd. m) sind erforderlich.

Versorgungsleitungen: Leerrohre im Bereich der Unterkonstruktion ermöglichen die problemlose und unsichtbare Verlegung von Versorgungsleitungen während und nach der Dielenmontage.

Unkraut: Zur Abwehr von Unkrautwuchs zwischen den offenen Fugen eignet sich ein Wurzelvlies, das vor dem Aufbau der Unterkonstruktion vollflächig auf dem Boden ausgelegt wird.

Links: Holzverbundwerkstoffdielen gibt es auch mit fein strukturierter Oberfläche in Holzmaseroptik. Die Dielen weisen also keine Parallelrillung auf. (Novadeck von Moco/Pinus)

Rechts: Die diagonale Verlegung dieser Terrassendielen sorgt für ungewöhnliche Optik. Der natürliche Vergrauungsprozess verleiht dem tropischen Machicheholz eine edle Patina. (Foto: Espen)

ran-douba. In der Regel sind Tropenhölzer umweltzertifiziert (so genannte FSC-Hölzer), auch wenn dieses Siegel keine hundertprozentige Sicherheit für eine nachhaltige Holzwirtschaft bietet. Aktuellster Trend, wie anfangs erwähnt: Dielen aus Holz-Verbundwerkstoff. Dabei werden Holz- und Kunststoffanteile gemischt, aufbereitet und daraus Hohlkammer- oder Massivprofile gefertigt. Ihr Kunststoffanteil schwankt je nach Hersteller zwischen 25 und 40 Prozent und macht sie leichter als Holz. Die Verbundprofile splittern nicht und sind uneingeschränkt barfußgeeignet. Die durchgefärbten Profile können zwar im Lauf der Zeit etwas verblassen, behalten aber ihren farblichen Grundcharakter. Ein Pflegeöl kann gegen das Verblassen wirken und den Farbton wieder auffrischen. Aber auch die Holzdielen-Oberflächen verändern sich ohne Pflegeöl oder Lasurschutz: Sie werden grau. Staub, Pollen, Schmutz und Regen können je nach Beschattung auch zum Vermoosen führen, dann sollte rechtzeitig gereinigt werden. Die Oberflächen der Holz- und Verbundwerkstoffdielen bestimmen ihre Optik und Haptik. Von glatt über teil- bis vollflächig gerillt reicht die Palette. Häufig lassen sich die unterschiedlich ausgeführten Vorder- und Rückseiten kombinieren. Dabei geht es auch um Rutschsicherheit bei Nässe: Grob gerillte Oberflächen gelten als sicherer, da sie sich nicht so schnell mit Staub und Schmutz zusetzen können und besser abtrocknen. Fein gerillter Dielenbelag bietet eine elegante Optik.

Holz- und Verbundwerkstoffdielen lassen sich leicht verarbeiten und verlegen. Man unterscheidet zwei Verlegeverfahren: Endlos durch selbsttragenden Stirnstoß oder mit Stirnstoß auf der Unterkonstruktion. Vorteil: Es gibt weniger Verschnitt, da die Dielen unabhängig von der Tragkonstruktion verlegt werden können. Auch bei den Verlegearten gibt es Varianten: In der Regel werden die Dielen mit offenen Fugen verlegt, also Diele an Diele mit Abstand. Ist der Dielenabstand jedoch zu groß, besteht die Gefahr, dass kleine auf den Boden gefallene Gegenstände dazwischen verschwinden. Es gibt jedoch eine Verlegeart, bei der dieses Problem nicht auftritt und auch eventuelles Unkraut keine Chance hat: Das Nut-Feder-Prinzip. Hier bildet die Terrasse eine geschlossene Oberfläche mit optischen Fugen, die den

Damit die Diele hält: Befestigungssysteme

Terrassendielen werden auf einer Unterkonstruktion befestigt. Dafür gibt es unterschiedliche Lösungen. Hier werden die elf gängigsten Systeme vorgestellt. Acht davon fixieren die Dielen durch weitgehend oder völlig unsichtbare Halterungen. Diese sorgen auch für die nötige Belüftung der Dielen, damit sich keine Staunässe bildet.

Selbstbohrende Schraube mit sehr scharfer Schneidkerbe, die sie auch für Harthölzer tauglich macht. (Foto: Schraubenwerk Gaisburg).

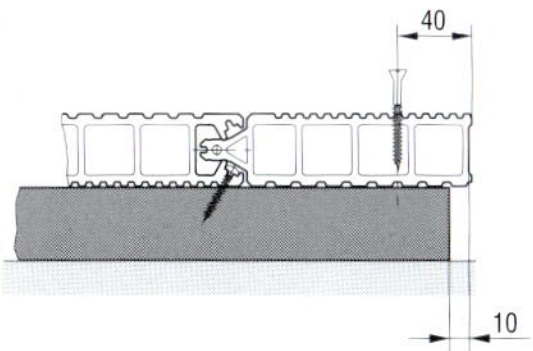

Bei Werzalit wird nur die Anfangsdiele sichtbar von oben verschraubt, alle weiteren Dielen unsichtbar über eine spezielle schräge Schraubnut.

Die Bügel (Bohlenhalter) von Früh werden vor der Verschraubung mit der Unterkonstruktion auf der Rückseite der Diele befestigt.

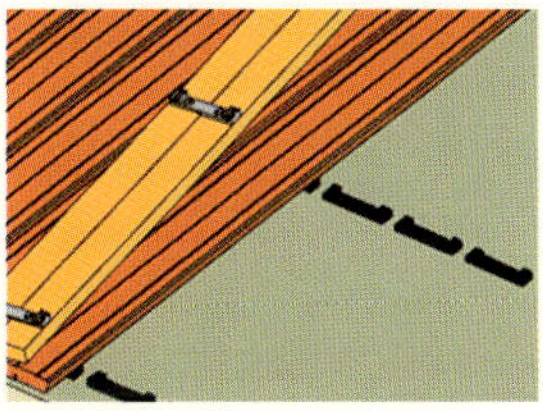

Bei Finnforest werden zuerst Druckclips auf der Dielenrückseite und der Unterkonstruktion befestigt und dann zusammengepresst.

Die X-Press-Befestigungselemente von Fuchs werden zuerst rückseits mit den Dielen und dann mit der Unterkonstruktion verschraubt.

Montageclips halten bei „Villaggio" von Osmo die Dielen an ihrer Befestigungsnut durch die Verschraubung von oben auf der Unterkonstruktion (mehr dazu ab S. 127).

Der Halteclip von Häussermann umschließt den Unterkonstruktionsbalken vor der Aufnahme der Diele. Die Schraube ist später unsichtbar.

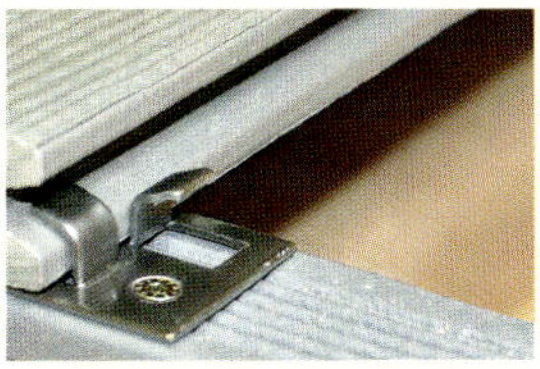

Die Halteklammer von Moco/Pinus wird flach auf die Unterkonstruktion geschraubt und nimmt dann die Dielen auf. Die Schraube ist später unsichtbar.

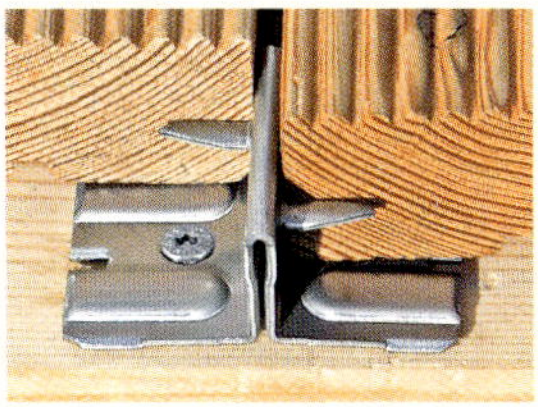

Doppelwinkelkralle „Igel", die flach auf der Unterkonstruktion fixiert wird, dann werden die Dielen jeweils in den Dorn gedrückt. (Foto: Fico)

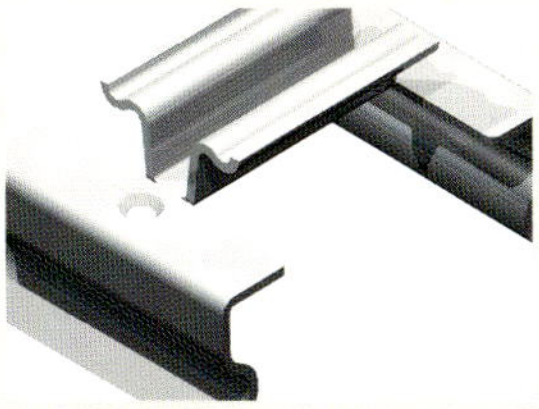

Die Montageklemme von Groja wird auf die Unterkonstruktion geklemmt und auf ihr verschraubt, bevor die Dielen oben angeklemmt werden.

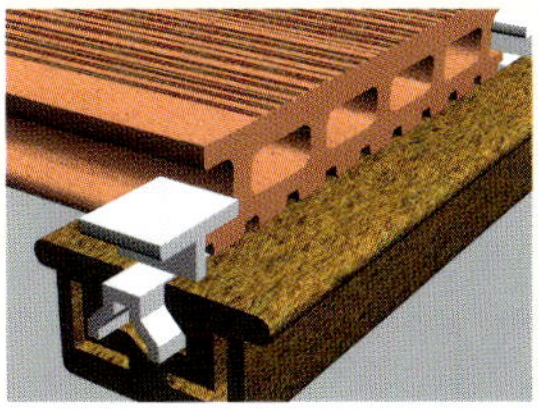

Die Unterkonstruktion nimmt den Montageclip auf, dann wird die Diele dagegen gedrückt. Keine Schrauben erforderlich. (System: Kosche)

Sieht aus wie unbehandeltes Holz, hält aber länger: Thermisch behandelte Kieferdielen. (Foto: Finnforest)

Dielencharakter erhalten. Terrassendielen können auf unterschiedliche Weise auf der Tragkonstruktion befestigt werden: Am einfachsten durch die sichtbare Verschraubung der Diele. Wenn man schon so verschraubt, empfehlen sich spezielle Terrassenschrauben, die dem Belag Bewegungsspielraum lassen, sowie nicht rostende Edelstahlschrauben. Ohne sichtbare Schraubenköpfe auf der Terrassenfläche geht es nur mit Montagehilfen, wie Bügel (Bohlenhalter auf der Rückseite), Halte-, Montage- oder Druckclip, Montageklemme, Halteklammer oder Doppelwinkelkralle. Klar, dass auch bei diesem Holzterrassen-System Befestigungsmittel mit an Bord sind. Aber eben fast so gut wie unsichtbar – unter Deck! Die genuteten Bodenhölzer aus Douglasie wurden mit Kunststoff-Clips an der Unterkonstruktion angebracht.

Die Bodenhölzer haben eine V-förmige seitliche Nut für die Aufnahme der Clips. Durch ihre konische Form halten diese die Hölzer zur Unterkonstruktion auf Spannung.

Holzböden sind sehr „berührungssympathisch“. Und wenn keine Schrauben oder Nägel in den Dielen stecken, können auch nie welche überstehen.

Pfiffige Kunststoff-Clips

Versteckt verschraubtes Sonnendeck

Klar, dass auch bei diesem Holzterrassen-System Befestigungsmittel mit an Bord sind. Aber eben fast so gut wie unsichtbar – unter Deck! Die genuteten Bodenhölzer aus Douglasie wurden mit Kunststoff-Clips an der Unterkonstruktion angebracht.

Ein sehr sonniger Platz war die kleine Terrasse auf der Garage auf Grund ihrer Südwest-Ausrichtung schon immer. Dennoch wirkte sie nicht besonders einladend. Der Grund: Ein traurig-grauer Betonplattenbelag von der billigsten Sorte. Technisch war der Bodenaufbau völlig intakt und konnte deshalb als Basis für den Holzboden einfach liegenbleiben. Und damit auch an der Absturzsicherung keine Veränderungen vorgenommen werden mussten, hat man sich beim Holzboden für einen möglichst geringen Aufbau entschieden. Die Wahl fiel auf ein pfiffiges Terrassensystem mit Clip-Befestigung, denn hier gibt es weder rostende Schrauben in der Holzoberfläche, noch solche, deren scharfkantiger Kopf durch Veränderung des Holzes plötzlich übersteht.

Bei dem System mit der Bezeichnung Villagio haben die Bodenhölzer eine V-förmige seitliche Nut. Diese Nut ist für die Aufnahme eines Kunststoff-Clips profiliert. Mit Hilfe mehrerer Clips wird zwischen den Bodenhölzern und der Unterlattung eine kaum sichtbare Klemmverbindung hergestellt. Wenn die Bretter nach einiger Zeit nachgetrocknet sind, können die Clips von oben durch die sieben Millimeter breite Fuge zwischen den Bodendielen nachgezogen werden und somit der Halt der Dielen gefestigt werden. Als Abstand für die Unterzüge werden vom Hersteller 40 bis 50 Zentimeter empfohlen. Durch die Aufteilung der Strecke zwischen erstem und letztem Unterzug ergab sich hier ein Abstand von 45 Zentimetern. Um aufsteigende Feuchtigkeit fernzuhalten, kann man Kunststoffkeile oder Sperrstreifen unterlegen oder andere Abstandhalter unternageln bzw. -schrauben.

Schrauben erst nur locker eindrehen

Die Anwendung der Cliptechnik ist nicht schwierig. Man legt das erste Brett auf und verschraubt es ohne Clips schräg durch die Nut mit der Unterkonstruktion.

1. Die Unterzüge für den Holzbelag werden aus druckimprägnierter Kiefer angefertigt. Auf die Hölzer wird das Maß der Deckbreite übertragen.

2. Anschließend schneidet man die Leisten zu. Schnelle, saubere Schnitte erzielt man zum Beispiel mit einer Feinsäge, die auf Zug arbeitet.

3. Damit die Konstruktionshölzer nicht direkt in der Entwässerungsebene liegen, werden hier zusätzlich Kunststoff-Gleiter untergeschraubt.

4. Verschraubt werden erst die Aufnahmenäpfe, dann drückt man die Abdeckplättchen ein. So sind auch die Schräubchen vor Wasser sicher.

5. Die Lage der einzelnen Unterzüge – hier alle 45 Zentimeter einer – wird auf den alten Betonplatten angezeichnet.

Einfach wissen wie's geht!

Längsstöße ausbilden
Wo immer die Holzdielen längs gestoßen werden, ist ein doppelter Unterzug mit einem Abstand von maximal 5 Zentimeter notwendig. Der empfohlene Abstand zwischen den Stoßkanten beträgt 1 bis 2 Millimeter.

Weitere Informationen
Verwendet wurde das Terrassendeck-System Villagio von Osmo. Die Bodenhölzer gibt es in Douglasie und Kiefer 33 x 143 mm x 300 bzw. 400 cm. Bei der Unterkonstruktion wurde Holz-Imprägnierung WR Aqua von Osmo eingesetzt, das Holzdeck wurde mit Osmo Color Douglasien-Öl gestrichen. Kunststoff-Gleiter: Wagner-System. Werkzeug: Haifischsäge von Keil. Akku-Bohrschrauber DC 600 von De Walt (Zweigang-Schrauber mit Sechskant-Werkzeugaufnahme und abknickbarem Griff).

Auf der anderen Brettseite werden Clips angesetzt. Die jeweils zwei Schrauben werden zunächst nur locker eingedreht. Dann wird die nächste Bodendiele gegengeschoben und wieder werden die Clips nur lose angeschraubt. Frühestens jetzt darf die erste Clips-Reihe fest angezogen werden. Das endgültige Festziehen der Schrauben kann aber auch später in größeren Brettgruppen durchgeführt werden.

Die Kunststoffclips sind auf Zug eingestellt, das bedeutet, dass der eingebaute und fest angezogene Clip nicht die Unterkonstruktion berührt. Beim Aneinanderfügen der einzelnen Bodendielen ist es nicht unbedingt notwendig, Zwingen oder Spanngurte einzusetzen. Es ist damit jedoch einfacher, den richtigen Abstand zu erreichen. Die Schrauben sind den schwarzen Kunststoffclips farblich angepasst, damit sie nicht auffallen. Sie benötigen keine Vorbohrung in der Unterkonstruktion, da sie selbst mit einer Bohrspitze ausgestattet sind. Das unbehandelte Douglasienholz (europäische Oregon Pine) hat gutes Stehvermögen und im Außenbereich genügende Pilzresistenz. Eine Nachbehandlung der Terrassenoberfläche mit Douglasien-Öl schützt das Holz vor tief eindringendem Schmutz, verzögert die Vergrauung und vermindert die Neigung zu Rissen.

Tipps

An Stellen, wo später beispielsweise schwere Pflanzgefäße positioniert werden sollen, kann man die Unterkonstruktion verstärken, indem man einfach zusätzliche Hölzer lose auslegt.

Die Unterkonstruktionshölzer sind mit einem chromfreien Holzschutzmittel kesseldruckimprägniert, also außenseitig geschützt. Schnittflächen müssen aber mit einem Holzschutz nachimprägniert werden.

6. Anschließend legt man sämtliche Hölzer der Unterkonstruktion parallel zueinander aus. Hohlstellen lassen sich jetzt noch einfach unterfüttern.

7. Die erste Diele wird offen an den Unterzügen verschraubt. Wo es eng hergeht, verschraubt man zuerst und schiebt dann alles Richtung Wand.

8. An der anderen Dielennut kommen die Clips zum Einsatz: Ansetzen und Schrauben zunächst nur locker eindrehen.

9. Die zweite Bodendiele wird gegen die erste Diele und die Clips geschoben und mit Schraubzwingen in Position gehalten.

10. Wieder werden die Kunststoffclips mit den selbst schneidenden Schrauben angebracht. Auch diesmal vorerst nur locker.

11. Die Bodendiele wird fest gegen die Clips der zweiten Diele gedrückt. Jetzt werden die Clips der ...

12. ... ersten Reihe festgezogen. Nach dem Setzen der dritten Reihe zieht man die zweite an.

13. Die Terrassenoberfläche wird mit Douglasien-Öl behandelt. Dieses wird sehr gut aufgerührt, ...

14. ... mit einem breiten Pinsel aufgetragen und hauchdünn in Längsrichtung ausgezogen.

Weitere Informationen
Wienerberger bietet Pflasterklinker in unterschiedlichen Farben – mit oder ohne Fase – an. Übliche Abmessungen sind 200 x 100 x 52 mm und 240 x 118 x 52 mm. Daneben werden auch 63 mm hohe Klinker angeboten. Der Materialbedarf inklusive Fuge beträgt bei den kleineren Klinkern 48 Stück pro Quadratmeter, bei den größeren 33 Stück.

Außenbelag für Terrassen, Pflaster und Wege

Pflasterklinker verlegen

Pflasterklinker aus gebranntem Ton verleihen Terrassen, Plätzen und Wegen einen besonderen Charme. Auf gut vorbereitetem Untergrund können sie in wenigen Arbeitsschritten verlegt werden.

Echte Pflasterklinker verfügen durch die hohe Brenntemperatur bis zur Sinterung (zirka 1100 °C) über eine besonders große Festigkeit und hohe Dichte, die sie extrem widerstandsfähig macht. So sind sie unempfindlich gegen alle Witterungseinflüsse und hohe mechanische Belastungen, darüber hinaus resistent gegenüber Säuren, Salzen und Ölen. Die Farben der Pflasterklinker bleiben auf Dauer erhalten. Ihre leicht aufgeraute Oberfläche sorgt für eine sichere Begehbarkeit des Pflasterklinkerbelages. Pflasterklinker leisten in mehrfacher Hinsicht einen ökologisch sinnvollen Beitrag zum Bauen: Zum einen durch den natürlichen Rohstoff (Ton) als solchen, zum anderen lässt die gepflasterte Fläche trotz des geringen Fugenanteils von ungefähr zehn Prozent fast 40 Prozent des Regenwassers versickern. Da Pflasterklinker nahezu unverrottbar sind, ist ihre Lebensdauer fast unbegrenzt. Als reine Naturprodukte lassen sie sich jederzeit wieder verwenden. Im privaten Bereich mit geringeren Belastungen der Pflasterdecke genügt ein vereinfachter Bodenaufbau. Nach dem Entfernen des Mutterbodens (er darf nicht vergeudet werden und wird sicher an anderer Stelle im Garten gut gebraucht) wird eine Tragschicht als Frostschutzschicht eingebaut. Diese lässt von oben Wasser nach unten durch, aber keine Feuchtigkeit aus dem Boden nach oben aufsteigen. Bei Tragschichten aus grobkörnigen Schüttgütern soll die Korngröße nach oben hin abnehmen.

Als Bettung für die Pflasterklinker kann Brechsand oder Splitt oder auch eine Mischung aus beidem verwendet werden. Soll ein bestimmtes Belags-Niveau erreicht werden, ist der Bodenaufbau dementsprechend unter Einbeziehung der Klinkerhöhe zu berechnen. Die Klinker können in diversen Verlegemustern sowie flach oder hochkant verlegt werden. Die Fugenbreite beträgt vier Millimeter, verfüllt wird mit Brechsand der Korngröße null bis zwei Millimeter.

1. Die Tragschicht wird eingebracht. Diese ist zirka 25 Zentimeter hoch und besteht aus Bruchschotter (8 – 16 mm) oder Kies (0 – 35 mm).

2. Der Schotter wird geebnet. Damit der Unterbau kapillarbrechend wird, darf der Schotter keine Feinanteile aufweisen.

3. Die Schotterschicht wird mit Hilfe eines Flächenrüttlers bis zur Standfestigkeit verdichtet. So lassen sich spätere Setzungsunterschiede vermeiden.

4. Als Bettung für die Klinker kann Brechsand (0 – 5 mm) oder Splitt (3 – 7 mm) verwendet werden. Wird Splitt verwendet, kann Wasser schneller ablaufen.

5. Die abschnittsweise eingebrachte Bettung wird mit einem Rechen eingeebnet. Die Schicht soll möglichst gleichmäßig dick sein und ...

6. ... im verdichteten Zustand drei bis höchstens fünf Zentimeter messen. Für jeweils neue Abschnitte werden Abziehlehren ausgerichtet.

7. Dabei ist das erforderliche Gefälle der Pflasterdecke (mindestens 2,5 %) zu berücksichtigen. Mit einem Brett wird die Bettung abgezogen.

8. Anstatt auf den Abziehlehren (nach Entfernen die Rille mit Sand bzw. Splitt auffüllen) kann man auch auf der Randeinfassung abziehen.

9. Das Abziehen der Bettung und das Verlegen der Pflasterklinker erfolgt Zug um Zug. Man arbeitet so, dass das Verlegebett nicht betreten werden muss.

10. Zum Pflasterklinker-Verlegen beginnt man an einer geraden Seite, zu der im rechten Winkel als Verlegehilfe Schnüre gespannt werden.

11. Die im Fischgrätverband verlegte Fläche bekommt eine Einfassung aus Betonelementen. (Alternativ: Randeinfassung auf Betonunterlage.)

12. Passstücke werden mit einer wassergekühlten Steinsäge zugeschnitten, können aber auch mit einem Winkelschleifer bearbeitet werden.

13. Schon beim Verlegen der Pflasterklinker werden die Fugen nach jeweils vier Reihen gefüllt, anschließend füllt man die verlegte Fläche nochmals komplett.

14. Dann wird die gesamte Pflasterfläche von den Rändern zur Mitte hin verdichtet. Der Flächenrüttler wird hierfür mit einer Gummiplatte ausgerüstet.

15. Nach dem Abrütteln wird noch einmal Fugensand in die Fugen eingefegt. Man arbeitet dabei möglichst quer oder diagonal zu den Fugen.

16. Zum Schluss wird der Fugensand mit Wasser eingeschlämmt und die neue Pflasterklinker-Fläche wird noch einmal sauber abgefegt.

9. Für eine hohlraumfreie Verlegung wird hier das so genannte Buttering-Floating-Verfahren angewendet: Auch auf die Fliesenrückseiten wird Kleber aufgetragen.

10. Dann werden die Fliesen positioniert. Für einen gleichmäßigen Fugenabstand können Fliesenkreuze eingesetzt werden. Diese werden nach jeder verlegten Reihe wieder entfernt.

11. Beim hier gezeigten Verlegemuster werden auch viele diagonal halbierte Fliesen gebraucht. Dafür braucht man ein Fliesen-Schneidegerät mit entsprechend großer Schnittlänge.

12. Wenn mit einem Winkelschleifer gearbeitet wird, auf Personenschutz achten: Schutzbrille und Sicherheitsschuhe tragen!

13. Man arbeitet sich entlang von Hilfslinien so voran, dass die verlegten Fliesen nicht betreten werden müssen. Dabei auch stets darauf achten, dass keine Kleberreste auf den Fliesen antrocknen.

14. Die randabschließenden Winkelfliesen werden zuletzt verklebt: Kleber satt vorlegen und Hohlräume unter diesen Formfliesen absolut vermeiden!

15. Mit dem Ausfugen lieber etwas länger warten, damit der Kleber wirklich voll durchgetrocknet ist. Dann den Flexfugenmörtel anmischen, ...

16. ... abschnittsweise auf der Fliesenfläche verteilen und jeweils sofort anschließend mit einem Gummischieber diagonal zum Fugenverlauf einarbeiten.

17. Mit einem jeweils nur feuchten Schwammbrett den übrigen Fugenmörtel von der Fliesenoberfläche aufnehmen.

18. Wenn der Mörtel leicht angezogen hat, wird die Fläche endgültig sauber gewischt. Ein verbleibender feiner Mörtelfilm wird anderntags wegpoliert.

Der durch Mauern eingefasste, schlauchförmige Garten ist durch Hochbeete, Terrassierung und wechselnde Bodenbeläge gegliedert. Foto: Kann

Ohne jede Strenge schützt die geschwungene verputzte Mauer mit Tonplattenabdeckung den kunstvoll gepflasterten Ort. Foto: BGL

Rückzugsgebiete am Haus und im Garten

Geschützte Plätze

Sitzplätze am Haus und im Garten müssen keine Präsentierteller sein. Man kann sie seitlich durch Mauern, Bepflanzungen und Sichtschutzelemente abschirmen sowie nach oben hin mit Dächern oder Markisen.

Selbst in den allergrößten Gärten sind sie vorhanden: Verborgene Lauben, verschwiegene Sitzecken, geheime Ruheplätze, versteckte Pavillons. Geborgen zu sein ist ein menschliches Grundbedürfnis. Bei dichter Bebauung, Doppel- oder Reihenhäusern sind gewisse Sichtschutzmaßnahmen für die meisten Menschen unverzichtbar. Mauern, Hecken und Sichtschutzelemente können zudem dafür sorgen, dass nicht ganz plötzlich jemand neben einem steht und je nach Art sind sie auch in der Lage, Lärm und Wind abzuhalten.

Dächer und Markisen schützen zwar manchmal auch gegen Blicke von oben, sind aber prinzipiell Wetterschutz. Und sie vermitteln jenen Menschen, die es nicht mehr recht gewohnt sind, sich im Freien aufzuhalten, Geborgenheit. Zahlreich sind die Möglichkeiten, sich ein geschütztes Plätzchen anzulegen, doch groß ist dabei auch die Gefahr, dass daraus ein düsteres Gefängnis im Freien wird – durch massive Mauern, hohe Hecken oder dichte, dunkle Sichtschutzelemente. Vorteilhaft, gerade bei beengten Verhältnissen, wirkt sich das Spiel mit unterschiedlichen Baumaterialien, verschieden blickdichten und in der Höhe variierenden Abschnitten aus. Helle Wände, Flechtwerk oder Jalousie-Elemente wirken offener. An Stellen, wo der Sichtschutz eine untergeordnete Rolle spielt, bieten sich Glaselemente an: Sie sorgen für Wind- und Schallschutz, ermöglichen Helligkeit und Weitblick und verwehren dennoch den Zugang.

Im Fall einer Bepflanzung als Schutz wirkt eine Hecke aus Büschen mit Blattwerk in verschiedenen Farben lockerer. Wird der lebende Sichtschutz nur im Sommer gebraucht, kann man laubabwerfende Pflanzen wählen. So bekommt der Garten in den dunklen Jahreszeiten mehr Licht. Immergrüne Hecken bieten dem Betrachter dafür auch im Winter beruhigendes Grün. Vielleicht sollte man deshalb die beiden Pflanzengruppen kombinieren.

Zweierlei Platz-Schutz: Die Glasscheiben auf der Einfassungsmauer halten Lärm und Wind ab, ohne den tollen Ausblick zu versperren. Foto: EHL

Doppel-Nutzen: Durch ihre reichliche Tiefe und ihre Hohlräume dient diese Schutzmauer gleichzeitig als Partytheke bzw. Terrassenbar. Foto: Kann

Sichtblenden-Elemente aus Bambus im Kieferrahmen, kombiniert mit einer echten Pergola. Foto: Osmo

Wind-, Sicht- und Sonnenschutzrollos können vertikal und horizontal eingebaut werden. Eine integrierte Federwelle spannt den Stoff. Foto: Klaiber

Lichte Hecken werden mit Hilfe von integrierten Weidenwänden blickdichter. Man baut das Flechtwerk am besten unmittelbar nach dem Rückschnitt ein.

Platz sparend sind mit Pflanzen bewachsene Klettergerüste. Auch für diesen Fall stehen immergrüne und laubabwerfende Sorten zur Wahl. Seitliche Schutzmaßnahmen nahe am Haus und direkt angebaute Dächer verdunkeln mehr oder weniger das Innere des Hauses. Man sollte beim Dachausbau lieber auf besonders gute Lichtdurchlässigkeit achten und separate Beschattungsmaßnahmen vorsehen. Freisitze, die eher selten genutzt werden, kann man auch mit einem temporären Sichtschutz ausstatten, etwa mit seitlichen Schutzrollos, Vorrichtungen für ein Stoffsegel oder mit Pflanztöpfen und -kübeln. Letztere kann man auch auf Pflanzenroller stellen, sie lassen sich dann ganz einfach verschieben. Zu beneiden ist, wer einen Hausgarten mit Raum für ein abseits gelegenes, geschütztes Plätzchen hat, etwa eine echte Laube unter einem Blätterdach oder einen Pavillon. Übrigens: Wer einen abgelegenen Pavillon häufig als überdachten Festplatz nutzen möchte, sollte ihn mit einem Stromanschluss ausstatten – für Beleuchtung, Elektrogrill oder -wok, Infrarotstrahler und mehr.

Tipp

Mit dem Produkt Forsdal wird ein massiver Holz-Schallschutzzaun angeboten, der Schall reflektiert und so den Lärmpegel deutlich senkt. Zum Schutz gegenüberliegender Nachbarn lassen sich auch noch Absorberelemente aufschrauben.

Eine außergewöhnliche Kombination: Royalblau gestrichene Jalousie-Elemente, getönte Glaselemente und Pfosten aus Edelstahl. Foto: Osmo

Freundlich hell und zur Architektur des Hauses passend ist dieser zweifarbig deckend gestrichene Terrassensichtschutz. Foto: Osmo

Blickdichte Bambus-Elemente im Wechsel mit einem Sichtfenster aus Sicherheitsglas. Die Pfosten aus Kiefernholz sind mahagonifarben lasiert. Foto: Osmo

Unter einem richtig großen Dach sind zumindest die weiter innen liegenden Bereiche einer Terrassenfläche ganzjährig recht gut geschützt. Foto: Weinor

Ein rundes Holzdeck am Teich, abgeschirmt durch eine Naturstamm-Wand. Foto: BGL

Stegmehrfachplatten aus Polykarbonat sind das Dachmaterial bei diesem Anbau-Pultdach. Auch hier ist die Entwässerungsrinne in die Profile integriert. Foto: Weru

Temporären Sichtschutz bieten diese mediterranen Kübelpflanzen in großen Terrakotta-Töpfen.

Abgesenkter Sitzbereich mit Kombination aus niedrigem Zaun und höherer Hecke. Foto: BGL

Die innen liegende Statik sorgt bei diesem Glas-Alu-Dach für eine glatte, saubere Oberfläche. Foto: Schüco

Wohlfühlen im Schutz des weit geöffneten Hauses. Faltschiebewände machen's möglich. Foto: Solarlux

Markisen spenden Schatten, verhindern Blendung und schützen manchmal – wie hier – auch vor neugierigen Blicken von oben. Foto: Weinor

Zeltdachkonstruktion aus Aluprofilen und Glaselementen. Damit es darunter nicht zu heiß wird, muss unbedingt eine Beschattung mit eingeplant werden. Foto: Schilling

Am schönsten sind einfache Holzsichtschutzwände, wenn sie zugewachsen sind. Foto: CMA

Beliebt als Ort der Muse oder Feste, etwas abseits vom Haus, sind Pavillons. Hier ein Achteckmodell aus Holz mit halbhohen Wänden und Boden. Foto: Osmo

An ein altes Zirkuszelt erinnert der Gartenpavillon mit Schutzwand zum Nachbarn und freiem Blick aufs eigene Grundstück. Foto: Werth Holz

Biergartenstimmung zu Hause verbreitet diese Selbstbau-Konstruktion. Eingedeckt ist sie mit leichten Platten aus Bitumen, Faserstoffen und Kunstharzen vom Baumarkt. Foto: Onduline

Hecke am laufenden Meter

Diese Hecke besteht aus einzelnen Heckenmodulen, die in verschiedenen Maßen (Basismaß ist 1,20 m x 1,80 m) und mit Laub abwerfenden oder immergrünen Pflanzen erhältlich sind.

Die einzelnen Teile, die sich an einem wetterfesten Metallgitter entlangranken, werden durch Pfähle in Form gebracht und miteinander verbunden.

Die Pflanzen selbst stehen in biologisch abbaubaren, mit Blumenerde gefüllten Kästen. Fotos: HALM

Weitere Informationen:
Helix Pflanzen GmbH
70806 Kornwestheim

Soll eine Sichtschutzmaßnahme nahe bzw. an der Grundstücksgrenze realisiert werden, müssen die örtlich geltenden Grenzbestimmungen berücksichtigt werden.

1

2

3

4

5

6

So einfach geht's:

1. Pfosten werden im Abstand der Heckenmodulbreite gesetzt, ...

2. ... in Pflanzgräben die Module mit den biologisch abbaubaren ...

3. ... Pflanzkästen gestellt. Dann wird Erde angefüllt und gegossen.

4. Ein schneller grüner Schutz zum Beispiel auch für Reihenhäuser.

5. Schön schmal: Platz sparende grüne Wand zur Straße hin.

6. Noble Ausführung mit Granitstelen als Montagepfosten.

Besitzer einer hundertprozentig wasserdichten Markise können einfach alles so stehen lassen und nach drinnen gehen, bis das Gewitter bzw. der Regenschauer vorüber ist. Foto: Leiner

Im Schatten ist die Sonne am schönsten. Unter einer großen Markise lässt sich ein Sommertag unbeschwert genießen. Fotos: Markilux

Sonnen- und Sichtschutz

Des Sommers Schattenseiten

Alle freuen sich über den Sommer: Offener wohnen, draußen leben, die Natur genießen. Doch manchmal werden Sonnenstrahlung, des Nachbars Interesse und auch kleine Tierchen allzu aufdringlich. Hier gibt's die passenden Gegenmittel.

Zu starke Sonneneinstrahlung schädigt Menschen und Pflanzen und ist zudem sehr unangenehm. Auf Balkon oder Terrasse ist eine Markise daher unerlässlich. Sie schützt die Haut, spendet wohltuenden Schatten und hält gleichzeitig die angrenzenden Wohnräume angenehm kühl.

Markisen sind die ideale Lösung, um die aggressive UV-Strahlung von Terrasse oder Balkon zu verbannen. Der jeweilige Schutz wird durch den so genannten UV-Schutzfaktor (Ultraviolet Protection Factor UPF) klassifiziert. Qualitäts-Markisenstoffe besitzen einen hohen Lichtschutzfaktor und lassen nur wenige UV-Strahlen durch. Familien können ihre Kleinkinder daher im Sommer beruhigt auf der Terrasse spielen lassen. Ihre empfindliche Haut ist unter einer solchen Markise bestens geschützt. Dekorative Markisenbezüge gibt es in den unterschiedlichsten Farben und Designs. Je nach Geschmack lassen sich Markisen individuell gestalten – auch passend zu den Gartenmöbeln. Terrassen, Balkone und Fassaden erhalten dadurch ein unverwechselbares Aussehen.

Hochwertige Markisentücher von Markenherstellern sind gegen Schmutz und Wasser imprägniert und behalten selbst bei intensiver Sonneneinstrahlung über viele Jahre ihre Farbe. Ausgestattet mit einem Motor fahren Markisen per Knopfdruck aus und ein – ganz ohne schweißtreibendes Kurbeln. Zeitschaltuhren steuern den Sonnenschutz auf Terrasse oder Balkon, auch wenn die Bewohner einmal nicht zu Hause sind. Wind-, Regen- und Sonnensensoren bieten noch mehr Komfort: Scheint die Sonne, fährt die Markise ganz automatisch aus. Bei Regen oder starkem Wind rollt sie sich wieder zusammen und ist so vor schlechtem Wetter geschützt.

Bei Westausrichtung empfehlenswert ist ein zusätzlich schützender Volant. Er hält die tief stehende Sonne ab, ohne dass man die Markise zu sehr absenken muss. Foto: Leiner

Mobile Markisen bestehen aus einer Stützengarnitur und zwei Kassettenmarkisen. Foto: Klaiber

Auch beim Freiarmschirm steht keine Stütze im Weg. Dieser lässt sich bis 90° schräg stellen. Foto: Glatz

Wem ein Sommertag nicht lange genug ist, der kann einen Heizstrahler unter der Markise anbringen. Wird's abends kühl, sorgt er für Wärme und die Markise hält sie ein wenig am Haus. Foto: Weinor

Auf ganz individuelle Bedürfnisse kann man aufrollbare Sonnensegel anpassen und beispielsweise auch sehr große Flächen beschatten. Fotos: Soliday/Plaspack Netze

Beschattung spart Kühlenergie ein

Wie alle anderen Einrichtungen an den senkrechten Fenstern einer Fassade sorgen hier die Sonnenschutzprodukte für kühlere Raumtemperaturen. Weniger als Schattenspender, sondern meistens als Sichtschutz, dienen die am Haus und im Garten errichteten senkrechten Stoffe, Zäune, Mauern oder Hecken. Man hat hier die Wahl zwischen völliger Abschottung, transparenten sowie nur temporären Lösungen. Ein nur zeitweiser Schutz ist beispielsweise die Seitenbeschattung aus Markisenstoff. Hier gibt es ausgeklügelte Systeme mit Schutzkassette und Aufrollmechanik.

Der Schilfrohr-Paravent „Paparazzi" wird mit zwei Erdnägeln aufgestellt. Foto: Loom Living

Je nach Sonnenintensität und Intimitätsbedürfnis wird diese Seitenbeschattung aus ihrer Kassette gezogen und eingehängt. Foto: Klaiber

Auch mit großen seitlichen Volants – ein- oder beideitig angebracht – lässt sich eine Markise noch „aufrüsten". Foto: Klaiber

Gern wird mit Lichtakzenten gespielt – in die Kassette integriert oder wie hier ins Ausfallprofil. Foto: Markilux

Sichtschutz und passende Pflanzbehälter aus wetterfester Thermo-Esche. Foto: Menz Holz

Sichtschutzzaun mit senkrechten Lamellen und chemiefreier Imprägnierung. Foto: Menz Holz

Markisen-Typen

Gelenkarm-Kassettenmarkise

Knickmarkise

Überkreuz-Gelenkarmmarkise

Pergolamarkise

Vordachmarkise

Wintergartenmarkise

Waagerecht-senkrecht-Beschattung

Freistehende Markise

Fassadenmarkise senkrecht

Fassadenmarkise – Fallarm

Ausstellmarkise / Markisolette

Korbmarkise

Transparente Eindeckung

Pergola mit Kunstglasdach

Acrylgläser schützen ganze Fußballstadien vor Niederschlägen und lassen dabei das Tageslicht nahezu ungehindert durch. Auch für kleinere Überdachungen sind sie ein toller Baustoff.

Nach dem Bau der Doppelgarage hatte man den Platz vor ihrem Seiteneingang und den beiden Fenstern mit Basaltsteinen belegt. So richtig genutzt wurde die Fläche aber kaum, weil sie so offen und ungeschützt war. Das sollte jetzt anders werden. Denn bedacht bietet so eine Terrasse viele neue Möglichkeiten. Man muss nicht immer alles aufräumen, was keinen Regen verträgt. Es steht ein geschützter und dennoch gut belüfteter Ort etwa für Schleif- und Streicharbeiten zur Verfügung und man muss beim Gartenfest nicht gleich nervös werden, wenn ein paar Wolken am Himmel aufziehen. Das Dach sollte eine vernünftige Größe bekommen, den Garagenfenstern aber auf keinen Fall das Licht nehmen und das gesamte Bauwerk dabei möglichst filigran wirken. Die Wahl fiel auf eine Unterkonstruktion aus Holz, bedeckt mit Kunstglasplatten. Die verwendeten Stegdoppelplatten mit der Bezeichnung Plexiglas Alltop lassen rund neunzig Prozent des Tageslichts durch, sind witterungsbeständig, verspröden oder vergilben nicht, sind leicht, montagefreundlich und dennoch robust. Auch das Baumaterial für die Unterkonstruktion ist einfach zu bearbeiten. Verwendet wurden Leimbinder, die sehr verwindungsstabil sind.

Passend zur Garage und zum Wohnhaus – dort sind alle Elemente aus Holz weiß – wurden die Sparren, Pfetten und Pfosten gestrichen. Aber erst nach dem Zuschneiden, Probemontieren und Vorbohren. So wurde sichergestellt, dass die Holzkonstruktion rundum geschützt ist. Zuerst wurden die Leimbinder mit einer Grundierung gegen Bläuepilze behandelt und mit einem weiß pigmentierten Isoliergrund, der das Durchschlagen von Holzinhaltsstoffen verhindert, gestrichen. Letzteres ist immer ratsam, wenn der Schlussanstrich hell ausfällt. Hier kam eine wasserverdünnbare, deckendweiße Holzfarbe auf Acrylbasis zum Einsatz. Gerade bei Anbauten an bestehende Gebäude sollte man beim Bau der Unter-

1. Die Unterkonstruktion aus Leimholz bekommt dreierlei Anstriche. Zuerst wird mit einer Bläuesperre grundiert, dann ...

2. ... folgt ein weißer Isoliergrund, der das Durchschlagen von Holzinhaltsstoffen verhindert und schließlich ein Anstrich mit Holzfarbe.

3. Ein großer Leimholzbalken dient als Wandpfette für das angelehnte Pultdach. Er wird zur Probe ausgerichtet und alle 80 cm vorgebohrt.

4. Danach werden die Dübellöcher angefertigt. Bei Hohlbaustoffen muss das Schlagwerk der Bohrmaschine abgestellt werden.

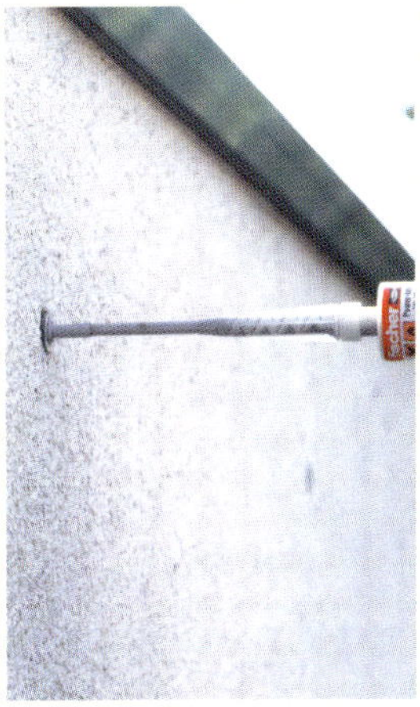

5. In das gesäuberte Bohrloch wird eine Siebhülse eingeführt und mit Injektionsmörtel gefüllt.

6. In diesen wird eine Gewindestange bis zu deren Setztiefenmarkierung drehend eingedrückt.

konstruktion von einem einzigen Bezugspunkt aus arbeiten. Hier hat man daher zunächst die Gebäudeanschlusspfette in der gewünschten Höhe waagerecht ausgerichtet und mit Hilfe von vorgesteckten Gewindestangen an der Garagenwand befestigt. Von dieser Pfette ausgehend hat man alle Elemente erst zur Probe montiert und dann fertig zugerichtet. Auch die drei Pfosten wurden erst zum Schluss an den bereits frostfrei einbetonierten Pfostenträgern aus Metall genau positioniert. Die Stegdoppelplatten wurden mit Hilfe eines speziellen Montagesystems verlegt. Da bei der Planung einfacherweise von den Standardmaßen der Platten ausgegangen wurde, konnten diese ganz ohne Zuschneidearbeiten eingebaut werden. Der dafür notwendige Sparrenabstand beträgt Sparrenbreite plus 30 Millimeter, optimal ist eine Sparrenbreite von 60 Millimeter.

Am Dach-Wand-Übergang wird ein zweiteiliges Dachanschlussprofil eingesetzt. Das erste Element wird im Mauerwerk verdübelt. Dann wird das zweite Element mit seinem Gelenk in die entsprechende Führung des ersten eingelegt und auf jedem Sparren festgeschraubt. Dann werden die Sparrenprofile montiert. Sie müssen oben an das Dachanschlussprofil stoßen. Der Clou bei diesem Montagesystem ist, dass die Platten ganz ohne Dachakrobatik eingebaut werden können. Ihre oberen Kanten werden mit einem Plattenprofil verschlossen, unten werden Profile mit Tropfkanten aufgeschoben und mit Silikon abgedichtet. Dann schiebt man die Platten zwischen die Sparrenprofile und klipst sie mit Hilfe von zwei Spannhebeln ein. Beim hier gebauten Terrassendach sollte die Entwässerung ganz perfekt sein. Deshalb wurde an der Traufe sogar noch eine Dachrinne montiert.

7. Nach der vorgeschriebenen Aushärtezeit wird der Leimholzbalken über die Gewindestangen geschoben, es folgen Unterlegscheiben, dann die Muttern.

8. Die noch unbehandelten Pfosten werden zunächst provisorisch lotrecht und fluchtrecht ausgerichtet und mit Zwingen gehalten.

9. Auch die weiteren Bauteile der Unterkonstruktion kommen an die Reihe. Die Sparren werden mit Gefälle ausgerichtet. Alles wird mit Richtscheit, Wasserwaage und Meterstab überprüft.

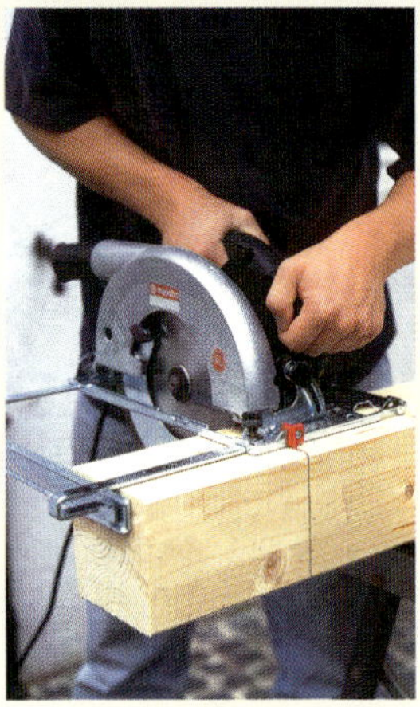

10. Bei der unteren Pfette, den oberen Sparrenenden und den Leimholzpfosten werden Ausklinkungen angefertigt.

11. Vor dem Streichen werden die Pfosten ein weiteres Mal eingebaut. Je Pfosten-Pfetten-Verbindung sind vier Bohrungen notwendig.

12. Fachgerecht ist das Streichen vor der Endmontage. Schnittflächen müssen besonders sorgfältig geschützt werden.

13. Der Sparrenabstand bzw. das Rastermaß errechnet sich ganz einfach aus den jeweiligen Plattenbreiten zuzüglich 30 mm.

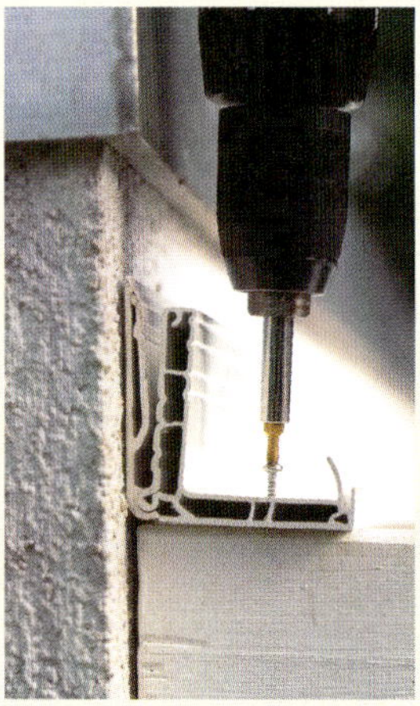

14. Das zweiteilige Dach-Wand-Anschlussprofil wird angeschraubt.

15. Die Sparrenprofile des Montagesystems werden positioniert und alle 30 cm verschraubt.

16. Hier werden die Abdeckungen auf die Sparrenprofile geschoben. Links und rechts am Dachende kommen spezielle Abschlussprofile zum Einsatz.

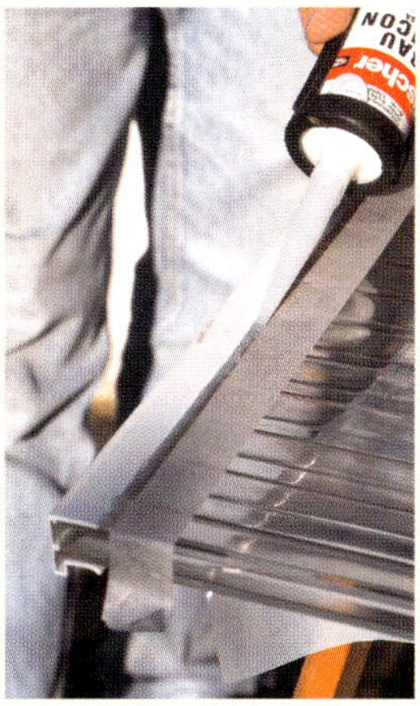

17. Die Stegplatten werden am oberen Ende mit einem Profil geschlossen, unten bringt man ein Tropfkantenprofil an und dichtet es mit Silikonmasse ab.

Einfach wissen wie's geht!

Holzoberseiten abdecken
Die nicht abgedeckten Oberseiten der Tragekonstruktion müssen, ganz gleich welchen Farbton diese bekommt, in jedem Fall mit lichtbeständiger weißer Farbe gestrichen oder mit aufgetackertem Aluband versehen sein. Sonst sind Schäden durch Wärmebewegungen möglich.

18. Die obere Schutzfolie der Acrylglasplatten wird vollends entfernt. Dann können die Platten nacheinander zwischen die Profile eingeschoben werden. Mit zwei speziellen Spannhebeln ...

19. ... werden die Platten nun von unten her eingeklipst. Sie haben sicheren Halt und können sich dennoch hin und her bewegen.

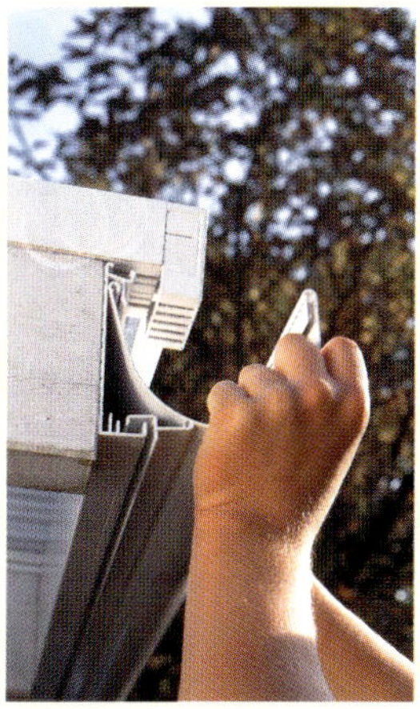

20. Unter dem Plattenüberstand wird noch ein Dachrinnensystem mit leichtem Gefälle angebracht.

21. Am höheren Ende wird die Dachrinne mit einer Abschlussplatte mit Dichtung geschlossen, ...

22. ... und am tieferen Ende wird ein Abschlusselement mit Fallrohranschluss eingebaut.

Tipp

Wenn die Dachbreite nicht mit lauter ganzen Platten zu realisieren ist und an einer Seite ein schmaler Streifen entstehen würde, plant man an beiden Seiten Ausgleichselemente ein oder sägt alle Platten gleich breit.

Weitere Informationen
Ursprünglich ist eine Pergola eine reine Rankkonstruktion für Pflanzen und so nicht genehmigungspflichtig. Mit Bedachung greifen jedoch die örtlichen Bauvorschriften. Die Plexiglas Alltop Stegdoppelplatten sind von Röhm. Sie sind 16 mm dick, in 980 und 1200 mm Breite und in Längen bis zu 7000 mm erhältlich. Das Montagesystem heißt Prostyle und wird wie die Dachrinne vom selben Hersteller angeboten. Die Anstrichstoffe Aidol Grund/Bläuesperre, Aidol Isoliergrund und Rofalin Acryl Schutzfarbe sind von Remmers. Verbunddübel-Injektionsmörtel FIS VS 100 P, Befestigungselemente, Dübel und Bausilicon DBSA (Acrylglas-Silicon) sind von Fischer. Sämtliche Elektrowerkzeuge sind von Metabo.

1. Begonnen wird mit dem Wandanschlussprofil. Es wird hier in 2,9 Meter Höhe an die Hauswand gedrückt. Durch die Bohrungen im Profil bohrt man in die Mauer.

2. In Abhängigkeit vom Wandbaustoff wird das Anschlussprofil befestigt. Bei Hochlochziegeln beispielsweise mit Siebhülsen, die mit Verbundmörtel ...

3. ... gefüllt werden. In diesen werden jeweils Gewindestangen mit Überstand eingedreht. Dann lässt man den Mörtel erst einmal völlig aushärten.

Überdachung nach Bausatz-System

Pultdach mit Aluprofilen aufbauen

Weil es komplett vorkonfektioniert ist, lässt sich das hier gezeigte Überdachungssystem unkompliziert aufbauen. Die Teile aus Aluminium-Profilen und Kunstglas-Platten werden vor Ort zusammengesteckt und miteinander verschraubt.

Ob Pultdach am Haus oder frei stehende Terrassenüberdachung – Bausätze hierfür werden in vielen unterschiedlichen Abmessungen angeboten. Außer dem Befestigungsmaterial für einen Wandanschluss (das muss abhängig vom Wandbaustoff individuell besorgt werden) sind sämtliche Schraubmaterialien in der Einheit enthalten. Sämtliche Bohrungen sind bereits erstellt, alle Dichtungsgummis bereits eingezogen. Selbst der Neigungswinkel der Überdachung ist schon ab Werk voreingestellt. Lediglich die Punktfundamente müssen bauseits erstellt sowie eine endgültige Bohrung pro Stützen-Stahlfuß vorgenommen werden. Die letztendliche Fixierung der Stützen findet nämlich erst nach dem Zusammenbau mit der Traufenrinne und der genauen Ausrichtung statt – so kann man notfalls ganz am Schluss noch korrigieren. Serienmäßig besteht die Eindeckung aus 16-mm-Stegmehrfachplatten. Drei Entwässerungsarten sind möglich: Über einen Wasserspeier, eine Kette oder ein Fallrohr.

Weitere Informationen

Zum System passend gibt es diverses Sonderzubehör wie etwa eine integrierte Beleuchtung, wahlweise mit Bewegungsmelder oder runden Abdeckprofilen. Die Oberflächen der Profile sind einbrennlackiert. Erhältlich sind sämtliche RAL-Farben. Mit dem gleichen System lassen sich auch Überdachungen für Autostellplätze bauen. Siehe auch im Internet: btw-gmbh.com und carportcenter.com

4. Danach wird das Wandanschlussprofil über die hervorstehenden Gewindestangen geschoben und an diesen mit Unterlegscheiben und Muttern festgeschraubt.

5. Mit Hilfe eines Gerüstes oder einer Behelfskonstruktion bringt man das Traufprofil im richtigen Abstand (hier: 283 cm) und in richtiger Höhe (hier: 213,5 cm) in seine Endlage.

6. Nun werden sämtliche Aluminiumprofil-Sparren nacheinander zunächst an die noch nicht mit der Wand verbundene Wandpfette geschraubt. Dann erst ...

7. ... wird die Wandpfette ins Anschlussprofil eingeführt und befestigt. Danach werden die Sparren mit dem Traufprofil verbunden.

8. Die bis jetzt noch offene Wandpfette wird nun mit einem Abdeckprofil geschlossen. So sind die Verschraubungen verdeckt, es sieht besser aus und schützt vor Verschmutzung.

9. Pfosten werden jetzt ganz genau ausgerichtet. Erst anschließend ...

10. ... erfolgt die Befestigung der Stahlfüße, über die die Pfostenprofile geschoben sind. Ihre Fußplatten werden in den Fundamenten verdübelt.

11. So fixiert man die Stützen am Stahlfuß: Durch die Bohrung im Alupfosten bohren, dann die ein Gewinde schneidenden Schrauben eindrehen.

12. Feld für Feld werden die Stegplatten verlegt, sauber ausgerichtet und mit Hilfe so genannter Deckelschalen-Profile fixiert.

13. Auf die Endplatten der Traufenrinne werden zunächst noch Kautschukmatten geklebt, dann wird die Rinne geschlossen.

Mülltonnen-Häuschen mit neuem Stellplatz

Trutzige Anmutung dank Trockenmauer

Teils frei stehend, teils hinterfüllt ist diese Mauer aus Betonsteinen. Sie wurde ohne Mörtel mit Montageklötzen aufgebaut. Ein einziges Steinformat machte dabei senkrechte und geneigte Abschnitte möglich.

Wie so oft war auch in diesem Beispiel der Bereich, in dem die Mülltonnen stehen, gestalterisch lange vernachlässigt worden. Die Tonnen standen frei vor dem Nachbarzaun, der Weg nach vorn zur Straße war mit ein paar wackeligen Betonplatten belegt. Das Tor nach draußen war veralgt und verwittert, das Buschwerk rechts davon so licht, dass das Betreten des Grundstücks trotz Pforte ganz leicht möglich war. Eine komplette Umgestaltung war hier angesagt. Die Tonnen sollten zwar weiterhin ein Schattendasein führen – denn es ist besser, wenn Müll nicht in der prallen Sonne steht – doch das Ganze sollte ein Gesicht bekommen, noch immer im Grenzbereich zum Nachbarn und auch weiterhin umgeben von Büschen und Bäumen. Im gleichen Zug wollte man den Vorgarten jetzt begrenzen.

Man entschied sich für den Bau einer Mauer, denn im Gegensatz zu einem Zaun bot sich hier die Möglichkeit, das Grundstück vor dem Haus zu modellieren: Erde hinter der Mauer anzufüllen und den Bereich mit Stauden zu bepflanzen. Das wertet jetzt nicht nur den Anblick auf, sondern führt auch dazu, dass die Mauer trotz all ihrer Rustikalität nicht abweisend wirkt.

Die Wahl fiel auf ein spezielles Mauerbau-System aus Betonsteinen, bei dem Mörtel nur in Ausnahmefällen verwendet werden muss. Im Normalfall wird trocken aufgebaut: Die 15 Kilogramm schweren Steine haben unten und oben Nuten. In diese werden Montageklötze aus Kunststoff eingelegt, die für eine Verzahnung der einzelnen Steinlagen sorgen. Auch die Abdeckplatten werden mit den Kunststoffklötzen verlegt. Da die Nut bei den Steinen nicht in der Mitte liegt, kann man mit einem einzigen Steinformat senkrechte oder auch geneigte Mauern realisieren, je nachdem ob man sie nach jeder Steinlage dreht oder nicht. Verlegt man sie stets gleich, ergibt sich eine Neigung von rund zehn Prozent. Bei der Mauerplanung kam dem Bauherrn die Idee,

1. Zuerst mussten Fundamente gegossen werden. Für eine saubere Fundamentkrone wurden Bretter zu einer Schalung zusammengeschraubt.

2. Die Ausschachtungen wurden mit trockenem Spezialbeton verfüllt, der lagenweise ungefähr alle zehn Zentimeter gewässert wurde.

3. Die Steine haben auf der Ober- und Unterseite eine Nut. Nach jeder neuen Steinschicht wurden hier stabilisierende Kunststoffklötze eingelegt.

4. Für die Erstellung eines richtigen Mauerverbundes sind Halbsteine nötig. Diese ließen sich leicht mit Hilfe eines Flachmeißels und eines Fäustels herstellen.

5. Entsprechend dem Anwachsen der geneigten Mauer wurde immer wieder mit Erde hinterfüllt. Bis zu sechs Steinlagen plus Abdeckplatte sind möglich.

den Mülltonnenbereich nicht dem Vorgarten, sondern der Straße zuzuschlagen, sozusagen eine Einbuchtung ins Grundstück auszuführen und diese mit dem alten Gartentor zu schließen. Damit hatte das Grundstück ein „undichte Stelle" weniger. Für das Setzen der Mauer waren Streifenfundamente nötig. Die Gräben hierfür wurden zirka sechzig Zentimeter tief ausgehoben. Um eine exakte Fundamentkrone zu erhalten, wurden für den Guss der obere Abschluss der Fundamente mit Brettern eingeschalt. Nach dem exakten Einmessen wurden die Gräben mit Beton verfüllt und die Schalungen oben abgezogen.

Mauerwerk mit mittigem Verband

Durch das Versetzen der Stoßfugen kann ein Mauerwerk Lasten aufnehmen, übertragen und verteilen. Hier wurde mit halben bzw. mittigem Verband gearbeitet. Dabei liegt jede Stoßfuge mittig über dem Stein in der darunterliegenden Reihe. Damit dieser Versatz entsteht, müssen halbe Steine eingebaut werden. Die hier verwendeten Betonsteine ließen sich durch gezielte Schläge mit Fäustel und Meißel halbieren. Die Aussparungen für die Einbauleuchten ließen sich jedoch nicht so einfach herstellen. Deshalb wurden eigens Steine mit Lücke gegossen. Die senkrechten Mauerabschnitte der Mauer werden in diesem Beispiel zusätzlich durch die Überbindungen in den Eckbereichen sowie durch den breiteren Pfosten stabilisiert. Beim Aufbauen der geneigten Bereiche wurde laufend mit Erde hinterfüllt.

6. Der Abschluss der Steinmauer wurde durch Abdecksteine in Sattelform gebildet. Diese wurden ebenfalls mit Kunststoffklötzen eingebaut.

7. Mit einem improvisierten Bodenstampfer (3 Bretter, 1 Baumabschnitt und ein Rundholz) wurde der Boden im Pflasterbereich verdichtet.

Der Boden des Tonnenstellplatzes wurde mit Betonpflastersteinen belegt. Die Pflaster- und Mauersteine stammen aus dem selben Programm wie die Mauersteine. Auch sie sind getrommelt bzw. gerumpelt und haben so eine natürlichere Ausstrahlung. Die Steine wurden auf einem Bett aus Sand und Trockenmörtel ausgelegt und dann Sand mit Wasser eingeschlämmt. Durch das Reagieren des Mörtels mit dem Wasser ergab sich ein stabiler Pflasteruntergrund.

Die alte Pforte komplett verjüngt

Das alte Gartentor wurde überarbeitet: geschliffen, gestrichen und mit neuen Beschlägen versehen. Beim Einbau in die Mauerkonstruktion musste erst ein Anschlagholz auf den Eckpfosten der Mauer gedübelt werden. Hierauf wurden dann die verstellbaren Anschraubkloben der Torscharniere montiert und das Tor eingebaut.

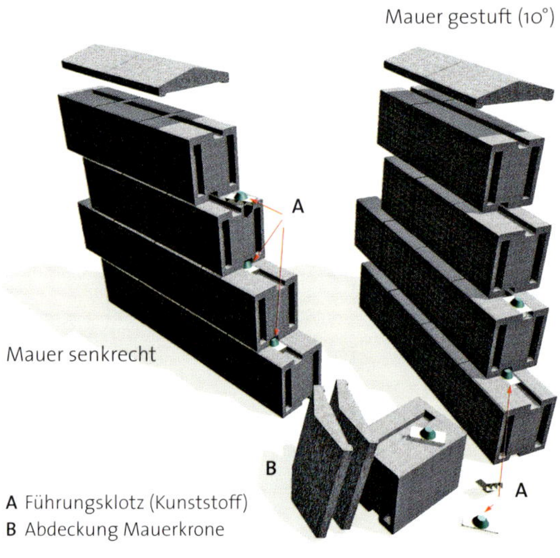

Da die Verbindungsnut in den Steinen nicht mittig liegt, kann man entweder gestufte oder – wenn man die Steine nach jeder Reihe dreht – senkrechte Mauern aufbauen.

8. Das Pflasterbett aus einem Sand-Mörtel-Gemisch wurde eingebracht und über zwei höheneingemessene Metallprofile abgezogen.

9. Verlegt wurden rechteckige getrommelte Betonsteine in Natursteinoptik, die aus der gleichen Serie wie die Mauersteine stammen. Zum Abschluss wurde ...

10. ... die Fläche mit Sand und Wasser eingeschlämmt. Auch der Mörtelzuschlag im Pflasterbett reagierte durch die Durchfeuchtung und härtete somit aus.

11. Mit einem Bandschleifer und Schleifpapier wurde das alte Gartentor von Vergrauung und Moos befreit.

12. Dann wurde es in zwei Arbeitsgängen mit einem Schutzanstrich auf Leinölbasis versehen.

13. Nach dem Trocknen der Farbe wurde das Tor mit neuen Beschlägen ausgestattet: Zwei lange Ladenbänder wurden angeschraubt, dazu ...

14. ... kam noch ein Schieberiegel. Für die Aufnahme des Riegels wurde dann später ein Loch in den Mauerpfosten gebohrt.

15. Nach dem Anbringen eines Montageholzes wurden die verstellbaren Anschraubkloben der Ladenbänder angeschraubt, das Tor eingehängt und ausgerichtet.

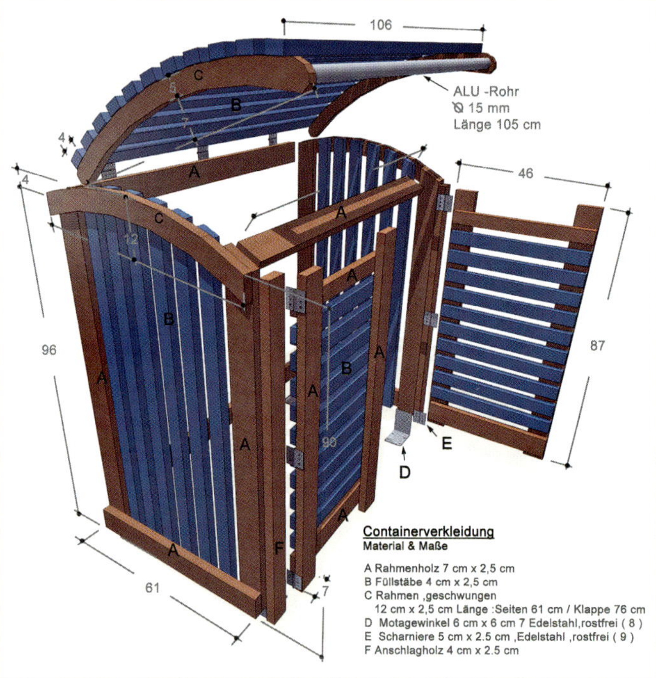

Weitere Informationen

Verwendet bzw. eingestezt wurden unter anderem: Setz Fix Beton von Sakret, das Trockenmauersystem Tegula-Mauer und das Betonsteinpflaster Tegula von der SF-Kooperation, LED-Leuchten von Kiss, Beschläge von GAH Alberts, Anstrichstoffe von Biopin sowie Elektrowerkzeuge von Black & Decker.

Das Tonnenversteck mit Deckel und Türen

1 

2 

3 

4 

5 

6 

1. Die geschwungenen Wangen wurden mit einer Stichsäge aus breiteren Brettern ausgeschnitten.
2. Zum Nacharbeiten der Rundungen diente ein Bandschleifer in Stationärhalterung.
3. Die Stäbe der Lattenfüllungen der gerundeten Rahmenteile wurden erst nach dem Verschrauben mit der Stichsäge der geschwungenen Linienführung angepasst.
4. An beiden Seiten der Abdeckung wird eine 15-mm-Sacklochbohrung gefertigt. Diese Löcher nehmen später die Enden der Aluminium-Griffstange auf.
5. Nach der Rohmontage der Konstruktion wurden alle Füllhölzer wieder abgeschraubt und mit einer farbigen Dickschichtlasur behandelt. Die breiteren Rahmenhölzer wurden mit einer Klarlasur gestrichen.
6. Die Verkleidung steht nicht direkt auf dem Boden! Sie wurde mit Montagewinkeln mit zirka 3 cm Höhenabstand im Pflaster verdübelt.

Die Betonsteine mit Leuchtelementen

1 

2 

3 

4 

5 

6 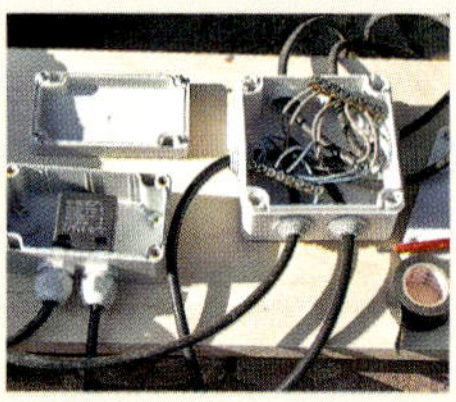

1. Kompatibel mit den Mauersteinen des Systems wurden Steine mit Leuchtelementen selbst gegossen. Die Einbauleuchten weisen in der Dunkelheit den Weg.
2. Zur Herstellung der Steine wurden Schalungen gebaut und Styroporwürfel zum Freihalten des Raumes für die LED-Leuchten zugeschnitten.
3. Der Betonguss wurde vor dem Gießen mit Hilfe von Fugenbunt farblich den System-Mauersteinen angepasst.
4. Nach dem Aushärten des Betons wurden die Schalungen und die Platzhalter aus Styropor entfernt. Dann hat man die Leuchtelemente mit wasserfestem Konstruktionskleber in die Lücken eingeklebt.
5. Im Pfosten wurden gleich zwei Leuchtelemente eingebaut. Weil er später als Anschlag für die Gartenpforte dient, wurde er ausnahmsweise mit Mörtel aufgebaut.

6 Die Anschlüsse (zweipolig) dieser sowie aller weiterer Leuchtelemente wurden in einem wasserdichten Außenverteiler zusammengeführt, isoliert und zu dem separaten Transformatorenmodul weitergeführt.

Carports und Abstellplätze im Freien

Luftige Lösungen

Überdachte Autoabstellplätze – neudeutsch Carports – und andere offene Konstruktionen im Freien bieten gewissen Schutz, ohne das Umfeld optisch massiv zu verändern.

Carports erfüllen nicht alle Funktionen einer Garage, werden im Allgemeinen aber leichter genehmigt als Garagen. Doch in den meisten Bundesländern ist trotzdem eine Baugenehmigung und die Zustimmung des Nachbarn nötig, sobald der Carport ein Dach hat. Nach der jeweiligen Landesbauordnung bedarf es einer Baugenehmigung, eines Bebauungsplans, einer Bauzeichnung sowie -beschreibung und einer statischen Berechnung. Der Hausbesitzer sollte sich deshalb frühzeitig beim örtlichen Bauamt nach etwaigen Auflagen erkundigen. Es ist empfehlenswert, die Bodenfläche mindestens einen Meter länger und breiter als das Fahrzeug zu planen. Wer seitlich mehr Platz anbaut, gewinnt darüber hinaus Stellplatz für Fahrräder, Werkzeug oder Sportgeräte. Auch die Dächer von Carports sind interessant und vielseitig nutzbar. Insbesondere auf Flachdächern lassen sich Photovoltaik-Elemente anbringen und optimal zur Sonneneinstrahlung ausrichten. Beim von MP-TEC entwickelten Quick-Line Carport kann man das Dach auch als optimal ausgerichtetes Pultdach aufbauen. Moderne Hochleistungsmodule und wenige Komponenten des Montagesystems genügen hier, um ein Solarcarport entstehen zu lassen.

Ist der Carport breit genug, kann man bei Regen im Schutz des Daches aussteigen. Bei diesem Holzbau von Dacapo schafft die weiß gestrichene Konstruktion die optische Verbindung zum Haus.

Auto-Unterstand mit Zusatznutzen: Der Solarstrom-Carport „Quick-Line" von MP-TEC besteht aus Photovoltaik-Modulen und Metallprofilen.

Carport-Abstellraum-Kombination aus dem so genannten „Varia"-System von Overmann. Material: Verzinkter Stahl und Douglasienlatten.

Dieses geschützte Plätzchen (oben) entstand mit Hilfe des Steck- und Schraubsystems von Achenbach in Selbstmontage. In gleicher Stahlelement-Systembauweise sind auch die Achenbach-Carports konstruiert (unten). Keine Stützen stören beim Ein- und Aussteigen. Je nach Aufbausituation ist sogar die Durchfahrt möglich.

Ein Carport sollte eine langlebige Anschaffung sein. Das ist nur der Fall, wenn sowohl die verwendeten Materialien als auch die Verarbeitungsqualität für eine lange Lebensdauer sorgen. Optisch harmonieren Holz-Carports besser mit sonstigen Gartenhölzern wie Pergolen, Zäunen oder Gartenmöbeln. Carports müssen stabil sein und auch hohen Windstärken standhalten. Dacapo Holzbau empfiehlt deshalb, die einzelnen Pfosten, Bretter und Balken nach alter Zimmermannskunst zu verzapfen. Dabei werden die Bauteile so ineinander gesteckt, dass auf später rostende Verbindungen verzichtet werden kann und das Holz nicht beschädigt wird. Filigrane Konstruktionen lassen sich mit Metallkonstruktionen verwirklichen.

Die Carports und Überdachungen zur Selbstmontage von Achenbach können in jedem RAL-Farbton für eine optimale Einfügung in die Umgebung geordert werden. Overmann bietet verschiedene Baureihen. Beim System „Varia" ist die Grundlage eine offene Rahmenkonstruktion, die mit Wandelementen aus unterschiedlichen Materialien verkleidet werden kann. Das Baukasten-

Optisch passend zu seinen Carports und Pavillons bietet Overmann unter dem Namen „Depot" auch unterschiedliche Mülltonnenhäuschen an.

Eine interessante und vielseitig nutzbare Lösung: Ein riesiger Pavillon anstelle einer freien Terrasse. Er bietet Wetterschutz und wirkt dennoch sehr offen. (Overmann)

prinzip ermöglicht den Bau von Einzel- und Doppelcarports, Unterständen mit Vielzweckraum, Pavillons und Mülldepots, alles optisch aufeinander abgestimmt. Mülltonnenhäuschen werden in geschlossener Form aus Beton, Stahl und Holz angeboten. Hier kann es der Fall sein, dass einem schlechte Gerüche zweimal entgegentreten. Beim Öffnen des Gehäuses und beim Öffnen der Tonne.

Bei offen gebauten Müllhäuschen gibt es den ersten Geruchsstau nicht, die Tonnen sind dennoch gut getarnt und können genauso gegen unerwünschten Zugriff weggeschlossen werden. An ganz billigen Nadelholzmodellen wird man nicht lange Freude haben. Anders bei Häuschen mit Stahlrahmenkonstruktion, korrosionssicheren Beschlägen und Verbindungsmaterialien, wetterbeständigem Holz und konstruktivem Holzschutz (siehe folgende Seite).

Holzcarport mit Satteldach und integriertem geschlossenem Lagerschuppen mit Fenster aus dem Programm von Osmo.

Die Tonnen neben der Treppe passten gar nicht in den Eingangsbereich. Sie stehen jetzt links von der Treppe in einem luftigen Häuschen zwischen Gebüschen an der Grundstücksgrenze.

Ein Tonnenhäuschen aus Fertigelementen

Schon seit dem Einzug in das grundsanierte Haus waren den Besitzern die neben der Haustür untergebrachten Mülltonnen ein Dorn im Auge. Auf der Suche nach einer Lösung stießen sie eines Tages auf ein Mülltonnen-Häuschen aus einer Kombination von Lärchenholz und Edelstahl-Lochblech. Das heimische Lärchenholz ist unbehandelt und muss nicht gestrichen werden, denn der hohe Harzgehalt macht es widerstandsfähig. Mit der Zeit lässt das Sonnenlicht die Oberfläche silbergrau werden. Ein möglicher Anstrich mit Lasurfarbe kann jedoch auch andere optische Effekte erzielen. Die Seitenteile und Türen gab es entweder in Edelstahl-Lochblech oder in der Lärchenlatten-Ausführung. Die Edelstahl-Elemente sind glasperlgestrahlt. Die Oberfläche hat ein feines, mattiertes Erscheinungsbild. Sollten die Türen durch Graffiti-Vandalismus verunstaltet werden, kann nachgestrahlt und der Urzustand hergestellt werden.

Die Hausbewohner wählten die Türen in der Edelstahlvariante, die Rück- und Seitenwände jedoch in Lärchenholz, damit sich das Häuschen möglichst harmonisch in das Gesamtbild einfügt. Hierzu bietet die Herstellerfirma Gartenakzente wahlweise ein Edelstahldach zum Begrünen oder Tonnendach an. Die Dachentwässerung erfolgt spritzfrei über eine Drainagematte und innenliegende Ablaufketten. Die Höhe der Tonnenhäuser für 120-Liter-Mülltonnen liegt je nach Typ zwischen 125 cm und 130 cm. Die Tonnenhäuser werden in vormontierten Teilen und inklusive aller Kleinteile, Drainagematte, Türriegel, Pfostenschuhe und Dach angeliefert. Die Pfosten sind unterseitig imprägniert und haben keinen direkten Bodenkontakt. Die Türen werden mit Rollenschnappverschlüssen geschlossen. Die Tonnen werden von Fangketten gehalten. Dem Flora-Dach liegt eine ausführliche Pflanzliste geeigneter Pflanzen bei. Geeignete Dachgartenpflanzen können jedoch auch beim Hersteller bezogen werden. Das Dachgartensubstrat gibt es im Fachhandel. Pro Quadratmeter Fläche werden etwa 85 Liter Substrat benötigt.

Vorab wurden 5 cm starke 40 x 40 Betonplatten auf ein Fundament aus feinem Splitt gelegt. Die Pfostenschuhe sind seitlich zur Entwässerung offen und werden entsprechend der Aufbauanleitung ausgerichtet und unter Verwendung von Dübeln mit Edelstahlschrauben auf die Betonplatten geschraubt.

Mit vereinten Kräften wird das vormontierte Häuschen mit den Pfosten in die Schuhe gestellt und mit Schrauben – ohne Bodenkontakt – gesichert. Die beiden Mülltonnen werden jeweils von Fangketten gehalten und können einhändig geöffnet und befüllt werden. (Fotos: Dirk Schlattmann)

Dächer für Autos

Carport und Garage

Ein Dach über dem Autoabstellplatz schützt das Fahrzeug vor Sonne und Niederschlägen – und bringt damit zusätzlichen Komfort für den Nutzer.

Autos haben bei uns allgemein einen sehr hohen Stellenwert. Sie werden immer vollkommener, allerdings auch immer teurer. Deshalb möchten die meisten Besitzer ihr Fahrzeug zumindest vor dem Haus gut geschützt wissen. Viele Bauwillige würden laut Umfrage beispielsweise eher auf eine separate Toilette als auf eine Garage verzichten. Garagen – am besten mit elektrischem Torantrieb – oder überdachte Autoabstellplätze, d.h. Carports, sind aber nicht nur für das Auto, sondern auch für den Menschen gut. Fahrer und Mitfahrer können im Sommer ein nur mäßig erhitztes Fahrzeug besteigen und dürfen sich bei Regenwetter beim Öffnen beziehungsweise Schließen des Schirmes Zeit lassen. Wer eine beheizbare Garage besitzt, kann den Wagen in warmer Umgebung parken. Ein beliebtes Baumaterial für Carports ist Holz. Das gilt gleichermaßen für Eigenkonstruktionen wie für Bausatz- oder Fertigcarports. In Baumärkten beginnen die Preise für einen Einfachst-Einzelcarport aus kesseldruckimprägnierter Kiefer mit den Abmessungen 300 mal 500 mal 220 Zentimeter bei knapp 300 Euro. Bei Metall-Carports handelt es sich meistens um Traggerüste aus verzinktem Stahl oder um Aluminiumkonstruktionen. Sie sind weniger pflegeintensiv als Holzkonstruktionen und können filigraner gebaut werden. Außerdem sind sie in vielen RAL-Farbtönen erhältlich. Sie müssen auch nicht in der gewohnten rechteckigen Grundform gebaut werden und können deshalb auch dem Grundstücksverlauf entsprechend optimal angepasst werden.

Bausätze sind in der Herstellung billiger zu produzieren. Meist werden sie wahlweise für den Eigenaufbau oder inklusive Montage angeboten. Als einziges Unternehmen auf dem deutschen Markt bietet Novoferm Siebau Carports mit höhenverstellbaren Stützen an, die bei der Errichtung des Carports Niveauunterschiede im Fundament stufenlos ausgleichen oder die Dachneigung regulieren. Bei Fundamentsenkungen ist auch späteres Nachjustieren möglich! Eine Besonderheit sind Fertig-

Carports aus Metall können filigran gebaut werden. Eine schöne Idee zeigt das große Bild: Ein zweites, kleineres Dach im gleichen Design schützt Mülltonnen und Räder (Novoferm Siebau). Interessant und weniger wuchtig scheinen begrünte Flachdächer (Bauder). Lösungen mit Sicherheits- oder Kunstglas wirken leicht und lassen Licht durch, ob Tonnendach, Satteldach (Overmann) oder angelehntes Pultdach (Weru).

carports aus Beton, wie sie von Zapf angeboten werden. Da Carports über keinen abschließbaren Raum verfügen, werden sie häufig mit Abstellkammern für Mülltonnen, Fahrräder und Kinderfahrzeuge kombiniert.

Carports können ganz unterschiedliche Dachformen und Eindeckmaterialien haben. Dächer aus Glas lassen Sonnenhitze durch, aber eben auch das Licht. Glasdächer werden daher gern in ohnehin verschatteten Bereichen gewählt. Für die Begrünung von Flachdachcarports bietet beispielsweise Bauder so genannte Gründach-Pakete an. Eine spezielle Pflanzmatte wird stumpf gestoßen auf der Abdichtung verlegt, darauf kommt Pflanzerde, darauf werden Flachballenstauden und Startdünger ausgebracht. Im wassergesättigten Zustand wiegt der Gründachaufbau etwa 100 kg/m². Die Dachkonstruktion muss über eine durchwurzelungsfeste Abdichtung verfügen und das zusätzliche Flächengewicht tragen können. Daneben gibt es eine Leicht-Variante mit einem Flächengewicht von 70 kg/m². Bei Garagen ist Holz als Baustoff unüblich. Neben der gemauerten Massivgarage gibt es Fertiggaragen aus Beton in allen Variationen und Stahlgaragen. Letztere können auch in Einzelteilen geordert und montiert werden, wo große Transportfahrzeuge nicht hinkommen. Ihre geringen Wanddicken sind Platz sparend. Überall, wo Bauland sehr teuer oder der vorhandene Platz knapp ist, macht man sich Gedanken, wie die Fläche für den Autoabstellplatz doppelt genutzt werden kann. Eine direkt ans Haus gebaute Garage lässt sich etwa als Hochterrasse

Carport mit Landhausblende, Hartholzpfosten und Abstellraum von Deutsche Carportfabrik. Bausatz: 10 500 Euro, Montage ca. 3 800 Euro.

Ein Leichtbau für die Selbstmontage ist das Einsteigermodell Carport Kompakt L von Weka. Breite: 318 cm, Tiefe 500 cm, Durchfahrtshöhe 215 cm. Preis: ca. 380 Euro.

Nicht ausschließlich Auto-Haus: Dank Seitentür und Fenster lässt sich diese Stahlgarage mit Satteldach von Overmann auch noch anderweitig prima nutzen.

Überbreiter Flachdachcarport mit nach hinten versetzten Vorderpfosten und Abstellraum. Deutsche Carportfabrik: Bausatz 2 250 Euro, Montage zirka 860 Euro.

Diese überlange Stahlgarage von Novoferm Siebau hat eine integrierte Geräteraumabtrennung sowie eine separate Nebentür.

Ein Leichtbau für die Selbstmontage ist das Einsteigermodell Carport Kompakt L von Weka. Breite: 318 cm, Tiefe 500 cm, Durchfahrtshöhe 215 cm. Preis: 380 Euro. Leimholz-Satteldach-Breitcarport aus Grundmodul, Zwischenmodul und Einbaukammer von Osmo, bauseits mit Landhausfarbe behandelt. Preis: 7 270 Euro.

fürs Obergeschoss nutzen, bei Hanglagen kann man die Garage in den Hang integrieren und den Platz darüber als Gartenfläche nutzen. Dann muss aber unbedingt auf eine gute Belüftung des Raumes geachtet werden. Man kann auch in die Tiefe gehen und einen Doppelparker mit Hebebühne für zwei Autos errichten. Der Bereich unter einer Garage oder einem Carport kann auch für den Einbau eines Speichers für Regenwasser, für Öltanks oder für ein Holzpelletslager genutzt werden. Zapf bietet für Garagen spezielle Fertigkeller an, erreichbar durch eine Innentreppe, eine Außentreppe oder – wenn die Lage günstig ist – sogar ebenerdig, wenn der Kellerraum unter der Garage in eine Hangsituation integriert werden kann.

Harmonie durch Partnerlook bei Tor und Tür: Hörmann wartet mit sieben Kombinationen aus Automatic-Schwingtor und Haustür sowie neun Kombinationen aus Automatik-Sektionaltor, Nebentür und Haustür auf.

Garage – Haus – Harmonie

So gut können Wohngebäude und Garage zusammenpassen. Die Beispiele unten von Projektteam-Garage (www.garage.de) zeigen, dass dies auch beim Einsatz von Fertiggaragen möglich ist.

Bezüge zwischen Doppelgarage und Wohnhaus entstehen hier durch Flachdach und Farbe.

Einzelgarage-Carport-Kombi als Haus in klein. Dachform und Fassadengestaltung (Putz, blaue Holzschalung am Giebel) stimmen wunderbar überein.

Übereinstimmung bei Dachform, Farben und schmückenden weißen Fassadenbändern. Die beiden Einzeltore entsprechen dem Baustil besser, als es bei einem Doppeltor der Fall wäre.

Lichte Verbindung von Wohnhaus und Garage. Der wettergeschützte Bereich kann gleichzeitig als Wintergarten genutzt werden. (BV Ziegelindustrie/Edwin Heinz)

Ein separater Zweiradraum ist nicht nur für Fahrräder, Roller und Motorräder besser, sondern auch fürs Auto. Stahltür und -tor sind hier schön aufeinander abgestimmt. (Normstahl)

Autoabstellplätze und mehr

Parkplätze mit Plus

Eine Garage kann mehr sein als „drei Seitenwände mit Deckel und Tor". Und auch bei Carports gibt es Modelle mit Mehrwert. Hier folgen ganz verschiedene Lösungen mit Zusatznutzen.

Statistiker haben es ans Licht gebracht: Der stehende Verkehr nimmt bei uns immer weiter zu. Schön, wenn man da für sich und seine Besucher genügend private Parkplätze auf dem Grundstück hat. Die besten Parkplätze sind solche mit einem Dach. Unter einem Carportdach ist das Fahrzeug weitgehend gegen Niederschläge geschützt, in einer Garage zusätzlich noch gegen viele andere schädliche Einflüsse. Oft werden Garagen und Carports ziemlich lieblos vors Haus gestellt, als wären sie bei der Gesamtplanung des Grundstücks glatt vergessen worden, zum Beispiel knapp vors Küchenfenster. Hauptsache, das Auto hat einen eigenen Platz, das ist den meisten Baufamilien ganz besonders wichtig. Es ist aber auch möglich, bei der Einbindung von Carports und Garagen sensibler vorzugehen. Garagen kann man direkt ins Haus integrieren oder zur Grundstücksgliederung nutzen. Ans Gebäude angebaut, kann das Dach als Terrasse ausgebildet werden, ein Carportflachdach auch als Balkon. So wird wertvolle Grundstücksfläche sinnvoll genutzt. Garagen und teilgeschlossene Carports können auch so angeordnet werden, dass sich ein blick- und lärmgeschützter Hof ergibt. Dabei sollten die Bauwerke mit der Umgebung harmonieren. Das kann verwirklicht werden durch Stil, Baustoffwahl, Farbgebung und Dachform. Haustüren, Nebeneingänge und Garagentore werden im gleichen Design angeboten.

Wer nur einen Platz eingeplant hat, der ausschließlich für ein Auto reicht, wird dies sehr bald bereuen. Denn es gibt manches, das ebenfalls prima in einer Garage oder unter einem Carportdach aufgehoben wäre: Fahrräder, Roller, Autoreifen, Mülltonnen, Sportgeräte, Gartenmöbel und viel mehr. Platz finden solche Dinge in überbreiten oder extralangen Garagen oder in nutzbaren Dachräumen über dem Autoabstellplatz. Wenn sich der zusätzliche Stauraum im hinteren Bereich einer Garage befindet, sollte nach Möglichkeit auch eine Nebenein-

Garage mit Seiteneingang und Fenster für Licht und zum Lüften. Eine Alternative mit Luftzirkulation sind Klima-Tec-Garagen mit künstlicher Fahrzeugtrocknung. (Zapf)

gangstür vorgesehen werden. Wo mit Disziplinlosigkeit beim Aufräumen von Fahrrädern und Spielzeugen gerechnet werden muss, trennt man den Bereich am besten ganz vom Auto als separaten Zweiradraum ab. Mehrere Anbieter von Fertigcarports oder Bausätzen haben eigens kleine Abstellräume auf die Carports abgestimmt mit im Programm, die den Stauraummangel wettmachen. Der Trend zu Off-Road-Fahrzeugen und Großraumautos hält an. Für solche Fahrzeuge sollte man den Abstellplatz eine Nummer größer wählen. In Fällen, wo ein Van auch wirklich von einer großen Familie genutzt wird, ist das ganz besonders wichtig – denn dann sind entsprechend viele Fahrräder, Tretroller oder Schlitten einzustellen!

Vorgefertigte XXL-Carports und -Garagen werden für Transporter- und Wohnmobilbesitzer angeboten. Wenn man bedenkt, was so ein Campingmobil, auch Motorhome genannt, kosten kann, ist eine eigene Garage – eventuell ein befestigter Stellplatz – dafür sicher keine unsinnige Investition. Für die richtige Belüftung sollte bei längerem „Einmotten“ gesorgt sein.

Betonfertiggaragen

Eine Menge Zeit, Geld und Trubel können sich Bauherren ersparen, die sich für eine Betonfertiggarage entscheiden. Möglich machen es 10 Stress sparende Faktoren, die die Studiengemeinschaft für Fertigbau e.V. in einer Zusammenstellung auflistet:

1. Nur ein Ansprechpartner: „Alles aus einer Hand“ – so lautet die Formel des unkomplizierten Fertiggaragenbaus. Bis zu elf Handwerksfirmen werden für den Bau einer gemauerten Garage benötigt. Nicht so bei der vorgefertigten Variante – allein der Garagenhersteller ist hier in der Regel für alle Arbeitsschritte zuständig. Das bedeutet für Bauherren: Praktisch kein Aufwand für Koordination, Abstimmung oder Leistungsüberprüfung.

2. Nur eine Rechnung: Wer nur einen Ansprechpartner hat, muss natürlich auch nur eine Rechnung bezahlen. Ungeplante Nebenkosten können dabei nicht anfallen, denn der Garagen-Komplettpreis steht von Anfang an fest.

3. Betonfertiggaragen sind – dank industrieller Fertigung – vergleichsweise günstig: Gegenüber gemauerten Garagen ist – laut einer umfassenden Untersuchung – eine Kostenersparnis von bis zu 60% möglich.

4. Keine Baustelle: Das Einrichten einer Baustelle ist für das Aufstellen einer Betonfertiggarage überflüssig. Lärm und Schmutz im Hausumfeld werden so auf ein Minimum reduziert.

5. Einfaches Genehmigungsverfahren: Geprüfte statische Berechnungen ersparen Bauherren von Betonfertiggaragen in der Regel ein aufwendiges Prüfverfahren, wie es bei der gemauerten Variante üblich ist. Um die Erstellung der Pläne kümmert sich übrigens normalerweise der Hersteller.

6. Fixer Garagen-Liefertermin: Schon wenige Wochen nach der Bestellung wird der vorgefertigte Garagenkörper zu einem fix vereinbarten Termin geliefert. Lieferung und Montage sind dabei unabhängig von Witterungseinflüssen.

7. Einfache Bau-Vorbereitung: Die Vorbereitungsarbeiten für Betonfertiggaragen sind einfach: Punkt- bzw. Streifenfundamente reichen gewöhnlich aus.

8. Schneller Aufbau: Gerade mal eine Stunde – so lange dauert im Normalfall die Montage einer Betonfertiggarage. Mit einem hydraulischen Kranarm wird der Garagenkörper auf die vorbereiteten Fundamente gesetzt, fest montiert und schon kann das Auto „einziehen“.

9. Mobil und flexibel: Eine gemauerte Garage versetzen? Unmöglich. Betonfertiggaragen sind dagegen „beweglich“.

10. Lange Lebensdauer: Kein Stress für viele Jahrzehnte – darauf können sich Besitzer von Betonfertiggaragen dank der bewährten Konstruktionsweise und der Haltbarkeit des Baustoffs Beton verlassen. Mehr als 35 Jahre Erfahrung sprechen für sich.

Mehr Infos gibt es beim Arbeitskreis Betonfertiggaragen der Studiengemeinschaft für Fertigbau e.V. Wiesbaden, Tel. 0611 / 56 21 91 und im Internet: www.betonfertiggaragen.de.

Trick mit Knick: Die Abschrägung an der Garage erleichtert die Einfahrt ums Eck. (Intigra)

In ein derart wohnlich wirkendes Garagenhäuschen kann man gut auch einmal Gäste zum Feiern einladen. (Projekt Team Garage)

Vorgebaute Großgarage mit direktem Zugang ins Haus. Das Dach wird als Hochterrasse genutzt. Foto: Normstahl

Zwei getrennte Einzelgaragen als bauliches Ensemble. Über den Einheiten befinden sich Speicher im Satteldach. (Arbeitskreis Betonfertiggaragen)

Speziell für Wohnmobil- und Wohnwagen-Besitzer oder auch Bootseigner wurde die „Carafant-Baureihe" entwickelt. (Zapf)

Kombination aus Stahlgarage und überdachtem Platz davor als geschützter Park-, Spiel- oder Arbeitsbereich. (Overmann)

Garage mit Carport als Zusatzstellplatz für tagsüber oder Besucher. (Arbeitskreis Betonfertiggaragen)

Tipps

Wenn Garagen nicht nur als Abstellort fürs Auto dienen, ist ein Tor mit Schlupftür praktisch.
Sektionaltore mit Schlupftür gibt es mit stark abgeflachter Edelstahlschwelle. (Hörmann)

Für Eilige gibt es komfortable Tore mit extra schnellem Torantrieb. Das Zeitplus macht sich besonders bei den sonst bauartbedingt langsamer laufenden Sektionaltoren bemerkbar. (Hörmann)

Groß – aber auch großzügig wirkt ein überhoher Carport. Er schützt Fahrzeuge mit hohen Aufbauten wie Wohnmobile und Lieferwagen usw. Weil das Dach transparent ist, hält sich die Verschattung in Grenzen. (BTW)

Bei diesem Carport aus dem Garagensystem „Varia" finden in dem von Latten geschützten Bereich auch andere Dinge Schutz: Zweiräder, Werkbank, Brennholz usw. Passend dazu gibt es auch Mülleimerschränke. (Overmann)

Der so genannte „Storeport" vereint den günstigen Preis eines Carports mit dem Stauraumangebot einer Garage. (Overmann)

Die Garage im Haus lässt sich auch so nutzen: Auto rausstellen (beispielsweise in eine neue Fertiggarage) und ein statisch freitragendes Becken mit Gegenstromanlage einbauen lassen. (Optima)

Design-Carport aus Holz mit extravaganter Optik. Er ist einerseits zu über 50 Prozent geschlossen, hat andererseits eine gute Durchlüftung und etwas Stauraum im Bereich des versetzten Tonnendachs. (Joda/Holzland)

Regenschutz
Die große Dachfläche wird per Gefälle und Rinne entwässert. Das Wasser kann gesammelt oder einer Versickerung zugeführt werden. Die Zufahrt wurde nicht versiegelt, sondern mit Kies belegt.

Offene Bauweise
Die Fahrzeuge sind direkt zugänglich und können einfach be- und entladen werden. Der leere Carport kann als überdachter Hof ganz prima von den Kindern zum Spielen genutzt werden.

Hitzeschutz
Das Dach allein kann die Autos nicht immer beschatten. Deshalb wurde eine Seite des Carports geschlossen. Die Wand aus Holz dient zudem als Wind- und Sichtschutz.

Bau eines Doppel-Carports

Zwei unter einem Dach

Carports bieten Schutz für Fahrzeuge bei offener Optik. Hier wurde ein Unterstand aus Holz gebaut, der so groß ist, dass gleich zwei Fahrzeuge darunter passen. Der Zusatznutzen der Überdachung wird dadurch weit mehr als verdoppelt!

Carport oder Garage? Diese Frage muss ganz persönlichen Vorlieben entsprechend beantwortet werden. Eine Garage ist ein abgeschlossener Raum, ein Carport im Grund nur ein Dach. Beide Varianten bringen Vor- und Nachteile mit sich. Und was besser für das Fahrzeug ist – darüber streiten sich die Geister. Dem Hauptargument, dass ein Auto in einer Garage von allen sechs Seiten geschützt ist vor Wetter, Neugier, Diebstahl, Beschädigung usw. steht die Aussage gegenüber, dass ein Fahrzeug an der Luft besser trocknet und so weniger rostet. In diesem Fall war klar, dass ein geschlossener Baukörper das Gefüge auf dem Grundstück total zerstört hätte. Auch Bauweise und Baumaterial standen von vornherein fest. Das Traggerüst für das Dach sollte, wie der Vorbau des Hauses, eine schlichte Konstruktion aus weißen Holzbalken sein. Erst hatte man vor, einen Einzelcarport mit einem Stellplatz daneben zu bauen. Gerade noch rechtzeitig entdeckte man aber die vielen zusätzlichen Möglichkeiten, die ein Zweierparker gegenüber einem Einzelcarport bietet. Klar, es können zwei Fahrzeuge untergestellt werden – aber ein Doppelcarport bietet auch viel mehr, als man von zwei Einzelcarports hätte. Unter einem so großen Dach kann wirklich allerhand stattfinden. Mancher Nutzen ergibt sich nämlich erst bei einer gewissen Größe. So kann man bei Regen an einem Auto basteln und dabei trockenen Fußes ganz darum herumgehen. Gleiches gilt für Gruppenspiele beim Tischtennis. Der leere Carport ist ein toller Platz zum Spielen mit nicht allzu engen Grenzen und bestens geeignet für fröhliche Feste mit mehr als einer Biertischgarnitur.

Fast ganz aus Holz gebaut

Auch weil der Carport in Eigenleistung gebaut werden sollte, war Holz der Baustoff erster Wahl. Ein guter baulicher Holzschutz ist bei Carports durch das Dach

Stauraum: Der Carport hat keinen Geräteraum. Diese Funktion übernimmt hier ein Gartenhaus.

gegeben. Wenn darüber hinaus auch die Pfostenträger ausreichend Abstand zum Boden besitzen, reicht Bauholz aus, das von Natur aus keinen Holzschutz braucht oder einen zimmermannsmäßig aufgebrachten chemischen Holzschutz hat, zum Beispiel kesseldruckimprägniert ist.

Im hier gezeigten Fall dient der weiße Anstrich der Ständerkonstruktion einem rein dekorativen Zweck. Soll ein Anstrich das Holz auch schützen, streicht man es in der Regel schon vor dem Einbau und behandelt auch alle Schnittstellen. Sollen später sichtbare Konstruktionen aus Nut- und Feder-Brettern einen Anstrich bekommen, behandelt man diese generell vor dem Einbau, weil sonst früher oder später in den Stoßbereichen unbehandelte Stellen sichtbar werden. Der Bau eines Doppelcarports erfordert nicht die doppelte Arbeit. Wird wie hier eine freitragende Variante ohne Mittelpfosten gewählt, sind die Arbeitsschritte für die Ständerkonstruktion und die Sparren dieselben. Die Bauteile sind allerdings größer. Dabei sind nicht einfach nur die Sparren länger. Alles muss entsprechend der statischen Anforderungen auch anders dimensioniert werden. Die Pfosten etwa haben einen Querschnitt von zwölf mal zwölf Zentimeter. Miteinander verbunden wurden die Elemente aus Holz mit Hilfe von Ausklinkungen, Bohrungen und langen Gewindeschrauben sowie mit Hilfe von speziellen Sparrenpfettenankern. Beim Montagematerial sollte man nicht sparen. Es muss für den Einsatz im Freien geeignet sein und den statischen Anforderungen genügen. Ein Carport bietet dem Wind ordentlich Angriffsfläche, insbesondere einer, der wie hier seitlich geschlossen ist. Die zusätzlichen Balken für die Seitenwand wurden mit Metallwinkeln angebracht. Hierbei kamen ganz spezielle Schrauben zum Einsatz: Solche, deren Gewinde im vorderen Bereich Einkerbungen aufweist. Die Schrauben schneiden sich leichter ins Holz – ein Vorteil, der sich vor allem beim Arbeiten mit Akkuschraubwerkzeugen bemerkbar macht. Die Bretter für die Dachschalung wurden mit Hilfe eines leistungsstarken Drucklufttackers auf die Sparren genagelt. Wenn so ein Gerät ohne allzu großen Aufwand beschafft werden kann, ist diese Befestigungsweise sehr zeit- und kräfteschonend. Die

Bretter hat man unbeschnitten angebracht und erst zum Schluss mit einer Kreissäge mit einem einzigen Schnitt auf die richtige Länge gebracht. Klar, dass eine derart große Dachfläche geordnet entwässert werden muss. Die Dachrinne wurde im Hohlbereich eines umlaufenden, aufgedoppelten abgeschrägten Ortgangs versteckt. Die Herstellung des Dachüberstandes war mit Aufwand und kleinteiliger Arbeit verbunden. Dafür entstand eine besondere Dachform, die an ein Walmdach erinnert und den gesamten Carport viel hochwertiger erscheinen lässt. Die Schräge ergibt sich durch Holzwinkel, die mit einem Balken verbunden und an die Sparren geschraubt sind.

Das Rinnensystem aus Kunststoff, das traufseitig im Dachüberstand integriert wurde, ist einfach zu verarbeiten. Die Rinnenhalter wurden hier mit einem Gefälle von fünf Millimeter pro Meter zum Fallrohr hin angeschraubt. Die Dachrinnengröße wurde abhängig von der zu entwässernden Fläche – über vierzig Quadratmeter – gewählt. Die einzelnen Rinnenabschnitte wurden in die Halter eingerastet, aufsteigend vom tiefsten zum höchsten Punkt und die Enden mit Abschlussstücken geschlossen. Für den Fallrohranschluss wurde in den Rinnenboden ein Loch geschnitten, dann das zum System passende Element am Rinnenwulst eingerastet und hier an das senkrechte Rohr montiert.

Die Unterkonstruktion des Dachüberstandes wurde mit Nut-und-Feder-Brettern – Nut nach unten – bekleidet. Auf die Dachschalung, die schon mit einem Gefälle von zwei Prozent angelegt worden war, wurde zunächst eine Unterspannbahn getackert. Man verwendet beim Befestigen von Folien, Papieren usw. immer Klammern mit breitem Rücken, damit diese nicht durch das dünne Material schlagen. Die Unterkonstruktion für die Dacheindeckung aus roten Bitumenwellplatten wurde aus einer Konterlattung und einer Traglattung angefertigt. Beim Verlegen der Wellplatten wurde an der Traufe und der dem Wind mehr abgewandten Seite begonnen. Sie wurden seitlich und ebenso Reihe um Reihe überlappend gelegt. Bitumenwellplatten können mit einer Säge zugeschnitten werden. Damit diese Arbeit nicht zu einer zähen Angelegenheit wird, fettet

1. Das Ständerwerk des Carports wird aus Holzbalken angefertigt. Stellen, an denen das Holz rau ist, werden aus Gründen der Optik und Haltbarkeit glatt gehobelt.

2. Man längt die Pfosten auf das gewünschte Maß rechtwinkelig ab und erstellt an der Oberseite jeweils eine Ausklinkung als Aufnahme für die Dachpfetten.

3. In die Punktfundamente sind so genannte H-Pfostenträger einbetoniert. Man positioniert die Pfosten in den Trägern, dreht eine Sechskant-Holzschraube ein, ...

4. ... überprüft, ob die Balken senkrecht stehen und auch genau in einer Flucht verlaufen und dreht die weiteren drei Schrauben mit Hilfe eines Schraubers ein.

5. Die Pfetten wirken nicht ganz so massiv, wenn man die vier äußeren Balkenenden jeweils an der Unterseite mit einer Säge etwas abschrägt.

6. Anschließend werden die Pfettenbalken auf die Pfosten gelegt. Die Balkenstöße müssen dabei mittig auf einem Pfosten zu liegen kommen.

7. Dann werden die Längsbalken mit Schraubzwingen fixiert. Mit einem langen Holzbohrer durchbohrt man Balken und Pfosten zugleich und ...

man das Sägeblatt immer wieder ein. Befestigt wurden die Platten mit Dichtnägeln, die speziell zu Wellplatten angeboten werden. Genagelt wird – trotz Dichtung – immer auf einem Wellenberg! Der Dachüberstand beziehungsweise Ortgang wurde mit roten Bitumenschindeln in Biberschwanzoptik bekleidet. Die Formelemente sollten bei wärmerer Witterung verlegt werden, damit die Selbstklebepunkte ihre Wirkung entfalten. Richtig befestigt werden sie dann mit Breitkopfstiften und Bitumenkleber.

Weitere Informationen

Die Zirkamaße für einen Doppelcarport liegen bei 6 Meter Breite (5,5 Meter Durchfahrtsbreite), 6 bis 8 Meter Tiefe, 2,15 Meter Durchfahrtshöhe.

Folgende Produkte wurden unter anderem bei diesem Carportbau eingesetzt: Holz für Ständerwerk, Schalung, Beplankung von Pinus bzw. Moco. Verbinder, Balkenschuhe, Ankernägel von Vormann. Dacheindeckung von Gutta, Dachrinne von Marley, Elektrowerkzeuge von Makita, Drucklufttacker von Rapid, Lasur von Dyrup, Schrauben (Heco-Fix-Plus) von Heco.

8. … schlägt Gewindeschrauben mit großen Unterlegscheiben ein, schraubt an der Rückseite Sechskantmuttern auf und zieht diese fest.

9. Das Traggerüst für das Dach steht. An der Seite, die später geschlossen wird, hat es vier Pfosten, rechts nur drei.

10. Schmale, hohe Balken liegen als quer zur Ständerkonstruktion verlaufende Dachsparren bereit. Die Balken werden nacheinander nach oben gehievt, aufgelegt und dann hochkant aufgestellt.

11. Der äußerste Sparren wird so gestellt, dass er bündig mit dem Sparrenkopf abschließt.

12. Als Montageelemente kommen so genannte Sparrenpfettenanker aus gelochtem, gebogenem Flachstahl und Stahlnägel zum Einsatz.

13. Insgesamt neun Aussteifungsbalken geben dem Carport zusätzliche Standsicherheit. Mit ihnen werden Pfosten und Sparren verbunden.

14. Für die Carport-Seitenverkleidung müssen unten und mittig Balken zusätzlich eingezogen werden, bündig …

Tipp

Carports sind bauliche Anlagen im Sinne der Landesbauordnungen. Sie müssen die dort und in dazu ergangenen Durchführungsverordnungen (z.B. Garagenverordnungen) gestellten Anforderungen zur Standsicherheit und zum Brandschutz erfüllen. Um nachträglichen Ärger in jeder Hinsicht zu verhindern, sollte man die notwendigen Unterlagen von Fachleuten erstellen lassen und rechtzeitig beim Bauordnungsamt einreichen.

15. … mit den nach innen zeigenden Pfostenflächen. Man befestigt sie mit Hilfe von Metallwinkeln und Holzschrauben.

16. Auf die Dachsparren wird eine Schalung aus Nut- und Federbrettern genagelt. Dafür wird hier ein mit Druckluft arbeitender Tacker eingesetzt.

17. Die Bretter für die Schalung wurden nicht eigens abgelängt. Erst zum Schluss hat man den Überstand entlang einer Linie mit einer Handkreissäge abgeschnitten.

18. Das Dach soll rundum einen abgeschrägten Ortgang bekommen. Aus abgeschrägten Balkenstücken werden die Halte-Elemente zusammengeschraubt.

19. Diese Dachüberstands-Elemente werden auf einen Balken und dann – entlang einer Richtschnur ausgerichtet – an den Sparren angeschraubt.

20. An der Traufseite des Daches, quasi versteckt im Überstandsbereich, werden nun Rinnenhalter aus Kunststoff stirnseitig an den Sparren geschraubt. Dabei ...

21. ... muss ein kleines Gefälle zum Fallrohr hin eingeplant werden. Man orientiert sich z.B. an einer fest gespannten Richtschnur oder legt mit Hilfe von Wasserwaage und Metermaß die Montagepunkte fest.

22. Für den Fallrohranschluss muss der Holzüberstand an dieser Stelle entfernt werden.

23. Am tiefsten Punkt wird die Rinne mit einem Endstück geschlossen und ein Fallrohranschlussstück montiert.

24. Dann werden die Rinnenstücke eingeklipst, von der Fallrohrseite weg. Auch am höchsten Punkt wird die Rinne mit einem Rinnenendstück geschlossen.

25. Jetzt wird die Unterkonstruktion des Rinnenkastens mit Profilbrettern – Nut nach unten zeigend – beplankt. Am obersten Brett auf jeden Fall die Feder abnehmen!

26. Weiter geht es auf dem Dach. Von der Traufseite weg legt man überlappend eine Unterspannbahn auf. Sie wird mit Klammern mit breitem Rücken angetackert.

27. Dann werden Abschlussbretter umlaufend auf die Dachkante geschraubt. Der weitere Dachaufbau besteht aus einer ...

28. ... Lattung, einer Konterlattung und Bitumenwellplatten. Die Platten werden von der Traufseite aus verlegt und mit Dichtnägeln befestigt.

Tipp

Tragen Sie den Bitumenkleber nur sparsam auf die Unterseiten der Schindelzungen auf, so dass er auf keinen Fall herausquillt. (Klebepunkte-Durchmesser maximal 25 mm).

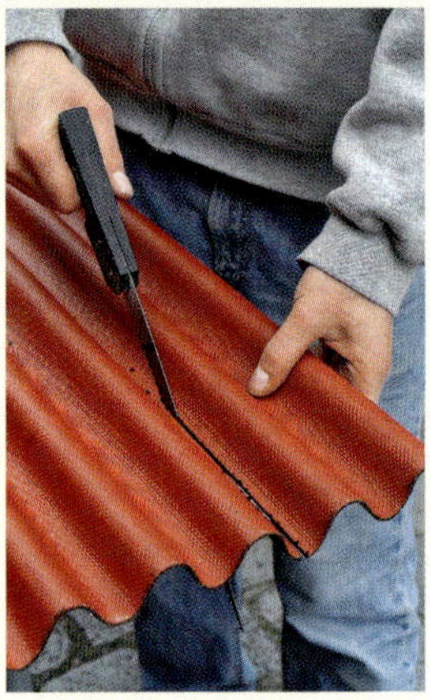

29. Die verwendeten Bitumenwellplatten messen 200 x 87 cm. Der Zuschnitt erfolgt mit einer grobzahnigen, gefetteten Säge.

30. Die Beplankung des Dachüberstandes wird mit Bitumen-Biberschindeln bekleidet. Die Elemente haben Selbstklebepunkte und werden mit Breitkopfstiften und Bitumenkleber befestigt.

31. Die Ständerkonstruktion und die Zusatzbalken für die Seitenwand werden weiß lasiert, dann die Wandprofile angetackert.

32. Ein zusätzlicher Dachkantenschutz ist erforderlich. Hierfür werden verzinkte Stahlblechwinkel mit einer Blechschere zugeschnitten. Ein schmaler Winkel schützt den ...

33. ... senkrechten Stoß, ein C-Profil die Oberseite. Eingesetzt werden Klempner-Dichtschrauben und Metallbau-Dichtstoff.

Herstellerverzeichnis

ABUS KG, 58300 Wetter, www.abus.de

Achenbach GmbH, 57234 Wilnsdorf, www.achenbach-siegen.de

AEG Elektrowerkzeuge GmbH, 71364 Winnenden, www. aeg-pt.de

AKA Ziegelgruppe GmbH, 31226 Peine-Schwicheldt, www.aka-ziegelgruppe.de

Arbeitsgemeinschaft Pflasterklinker e.V. und BV Ziegelindustrie, 53113 Bonn, www.pflasterziegel.de

Arbeitskreis Betonfertiggaragen, 56068 Koblenz, www.betonfertiggaragen.de

ARDEX GmbH, 58453 Witten, www.ardex.de

Bauder GmbH, 70499 Stuttgart, www.bauder.de

Baveg GmbH, 82024 Taufkirchen, www.baveg.de

Albrecht Braun GmbH, 73340 Amstetten, www.braun-steine.de

Beckers Betonzaun und Garten GmbH, 52511 Geilenkirchen-Niederheid, www.betonzaun-garten.de

Bekaert Zaunsysteme Horst Hartmann, 27249 Mellinghausen, www.zaunbau-hartmann.de

BESSEY Tool GmbH, 74321 Bietigheim-Bissingen, www.bessey.de

Bierbach Befestigungstechnik GmbH, 59425 Unna, www.bierbach.de

Biopin Vertriebs-GmbH, 26441 Jever, www.biopin.de

Black & Decker GmbH, 65502 Idstein, www.blackanddecker.de

Garten- und Landschaftsbau Ruth Blunck, 24539 Neumünster

Brügmann TraumGarten GmbH, 44147 Dortmund, www.dream-garden.de

BTH GmbH, 76676 Graben-Neudorf, www.badische-terrazzo.de

Casa Adorna, 73054 Eislingen/Fils, www.casaadorna.de

Compo GmbH, 48157 Münster, www.compo.de

Deutsche Carportfabrik GmbH, 22113 Hamburg, www.carportfabrik.de

Dewalt Deutschland, 65502 Idstein, www.dewalt.de

Dyrup GmbH, 41199 Mönchengladbach, www.dyrup.de

Ebert / Fiskars Brand Germany GmbH, 32051 Herford, www.ebert-design.de

EHL GmbH, 56639 Kruft, www.ehl.de

EHRET GmbH, 77972 Mahlberg, www.ehret.com

Espen AG, Berner Str. 97, 60437 Frankfurt, www.espen.de

FICO Fickler GmbH, 87763 Lautrach/Allgäu, www.fico.de

Finnforest Deutschland, 28237 Bremen, www.finnforest.com

Fischer / Fischerwerke GmbH, 72178 Waldachtal, www.fischerwerke.de

Fliesen-Schneider, 64319 Pfungstadt, www.fliesen-schneider.com

Fuchs Metalltechnik GmbH, A-3341 Ybbsitz, www.fuchs-metall.at

Future Pool GmbH, 63741 Aschaffenburg, www.future-pool.de

GAH Alberts GmbH, 58849 Herscheid, www.gah.de

Gardena GmbH, 89079 Ulm, www.gardena.com

Glatz AG, CH-8500 Frauenfeld, www.glatz.ch

GroJa Groen & Janssen GmbH, 26624 Georgsheil, www.groja.de

Gutjahr GmbH, 64404 Bickenbach/Bergstraße, www.gutjahr-gmbh.de

Gutta Werke GmbH, 77746 Schutterwald, www.gutta.com

HaBaKu Objektbetreuung GmbH, 85609 Aschheim

Häussermann GbR, 71560 Sulzbach, www.haeussermann.de

HÄUSSLER GmbH, 88499 Heiligkreuztal, www.haeussler-gmbh.de

HECO-Schrauben GmbH, 78713 Schramberg, www.heco-schrauben.de

HeidelbergCement AG, 69120 Heidelberg, www.heidelbergcement.com

Heissner GmbH, 36341 Lauterbach, www.heissner.de

Helix Pflanzen GmbH, 70806 Kornwestheim, www.helix-pflanzen.de

Henkel AG, 40589 Düsseldorf, www.henkel.de

Hettich, 32278 Kirchlengern, www.hettich.com

Hörmann KG, 33803 Steinhagen, www.hoermann.de

Holz und Service Holzhandelsagentur GmbH, 44135 Dortmund, www.holzundservice.com

Inno Sign, 90765 Fürth, www.inno-sign.de

Jackon Insulation GmbH, 33803 Steinhagen, www.jackon-insulation.com

Joda / Bernd Jorkisch GmbH, 24603 Daldorf, www.joda.de

Kalksandstein Dienstleistung GmbH, 30419 Hannover, www.kalksandstein.de

Kann GmbH, 56170 Bendorf-Mülhofen, www.kann.de

Keil Werkzeugfabrik GmbH, 51766 Engelskirchen, www.keil-werkzeuge.com

Heinz Kettler GmbH, 59469 Ense-Parsit, www.kettler.net

Kiss GmbH, 44628 Herne, www.kiss-textil.de

KLAIBER GmbH, 76694 Forst/Baden, www.klaiber.de

Heinrich Klostermann GmbH, 48653 Cloesfeld, www.klostermann-beton.de

Knauf Gips KG, 97346 Iphofen, www.knauf.de

Kömmerling Kunststoffe, 66954 Pirmasens, www.koemmerling.de

Konrad Kraus Metallwaren GmbH, 51789 Lindlar, www.konrad-kraus.de

Konstsmide GmbH, 53424 Remagen, www.konstsmide.se

Kosche Profilummantelung GmbH, 53804 Much, www.kosche.de

Kronimus AG, 76473 Iffezheim, www.kronimus.de

Lagertechnik Hahn & Groh GmbH, 21423 Winsen/Luhe, www.lagertechnik-hamburg.de

Leiner GmbH, 86497 Horgau, www.leiner-markisen.de

Lithonplus GmbH, 67360 Lingenfeld, www.lithonplus-steinmanufaktur.de

Loom Living, 33154 Salzkotten, www.loom-living.de

Emil Lux GmbH, 42929 Wermelskirchen, www.lux-tools.de

Makita Werkzeug GmbH, 47269 Duisburg, www.makita.de

Markilux Schmitz-Werke GmbH, 48282 Emsdetten, www.markilux.com

Marley Deutschland GmbH, 31515 Wunstdorf, www.marley.de

Marlux Klaps, B-3980 Teffenderlo, www.marlux.be

MBI Beton GmbH, 42327 Wuppertal, www.mbibeton.de

MEA Meisinger AG, 86551 Aichach, www.mea-group.com

Meindl Creaton AG, 86637 Wertingen, www.meindl-dachziegel.de

Menz Holz GmbH, 36115 Ehrenberg-Reulbach, www.menz-holz.de

Metabowerke GmbH, 72602 Nürtingen, www.metabo.de

MOCO GmbH, 89077 Ulm, www.moco.de

Moonlight Außenleuchten GmbH, 79664 Wehr, www.moonlight.info

Neudorff GmbH, 31860 Emmerthal, www.neudorff.de

Normstahl GmbH, 85366 Moosburg, www.normstahl.de

Franz Carl Nüdling Basaltwerke GmbH, 36037 Fulda, www.nuedling.de

OBI GmbH, 42929 Wermelskirchen, www.obi.de

Onduline GmbH, 65205 Wiesbaden, www.onduline.de

Optima GmbH, 59348 Lüdingshausen, www.optima-heimschwimmbaeder.de

Osmo Holz und Color GmbH, 48231 Warendorf, www.osmo.de

Oskar Overmann GmbH, 70188 Stuttgart, www.garagen.de

PCI Augsburg GmbH, 86159 Augsburg, www.pci-augsburg.de

Projekt Team Garage, 76229 Karlsruhe, www.fertiggarage.de

quick-mix Gruppe GmbH, 49090 Osnabrück, www.quick-mix.de

Raab Karcher Deutschland GmbH, 60314 Frankfurt, www.raabkarcher.de

RAL GmbH, 53757 Sankt Augustin, www.ral.de

Rapid Maschinenbau GmbH, 72131 Ofterdingen, www.rapid-maschinenbau.de

Reca Norm GmbH, 74635 Kupferzell, www.recanorm.de

Betonwerke Reinschütz, 89597 Munderkingen, www.betonwerke-reinschuetz.de

Remmers Baustofftechnik GmbH, 49624 Löningen, www.remmers.de

Rinn Beton-und Naturstein GmbH, 35452 Heuchelheim, www.rinn.net

Röben GmbH, 26340 Zetel, www.roeben.com

Evonik Röhm GmbH, 64293 Darmstadt, www.plexiglas.de

Rupp Keramik GmbH, 61440 Oberursel, www.monier-dachsysteme.de
SAKRET Trockenbaustoffe GmbH, 10587 Berlin, www.sakret.de
Schilling GmbH, 26629 Großefehn, www.schilling-gmbh.com
Schüco KG, 33609 Bielefeld, www.schueco.com
Schwarz Zäune GmbH, 88499 Altheim, www.schwarz-zaeune.de
SF-Kooperation GmbH, 28717 Bremen, www.sf-kooperation.de
SIB Groupe Nadia GmbH, 77694 Kehl-Neumühl, www.sib-tore.de
Siebau GmbH, 57223 Kreuztal, www.siebau.net
Sindelfinger Holzringe e.K., 71063 Sindelfingen, www.holzringe.de
SOLARLUX GmbH, 49143 Bissendorf, www.solarlux.de
Soliday / Plaspack Netze GmbH, A-4690 Schwanenstadt, www.soliday.de
Stein+Design Infodienst, 79112 Freiburg, www.steinunddesign.de
Andreas Stihl AG, 71336 Waiblingen, www.stihl.de
SunSquare, A-3430 Tulln, www.sunsquare.com
Teichmeister Held GmbH, 75050 Gemmingen, www.teichmeister.de
THÜROS GmbH, 99887 Georgenthal, www.thueros.de
Tox Dübel-Technik GmbH, 72505 Krauchenwies-Ablach, www.tox.de
Traco GmbH, 99947 Bad Langensalza, www.traco.de
Videx Meyer-Lüters GmbH, 27204 Bassum, www.videx.de
Villeroy & Boch AG, 66693 Mettlach, www.villeroy-boch.com
August Vormann GmbH, 58244 Ennepetal, www.vormann.com
weinor GmbH, 50829 Köln/Ossendorf, www.weinor.de
Weka Holzbau GmbH, 17034 Neubrandenburg, www.weka-holzbau.com
WERU AG, 73631 Rudersberg, www.weru.de
Werzalit GmbH, 71718 Oberstenfeld, www.werzalit.de
Weser Bauelemente-Werk GmbH, 31737 Rinteln, www.weserwaben.de
Wienerberger Ziegelindustrie GmbH, 30659 Hannover, www.wienerberger.de
ZAPF GmbH, 95448 Bayreuth, www.zapf-gmbh.de
Zauncenter Zwart GmbH, 44143 Dortmund, www.zauncenter.de
Zaunmeister GmbH, 27239 Twistringen, www.zaunmeister.de
ZinCo GmbH, 72669 Unterensingen, www.zinco.de

Impressum

Redaktionelle Mitarbeit:
Marion Zeisel, Elmar Haag-Schwilk, André Schneider

Fotos:
Reportagen:
12, 49: C. Haag
21: E. Haag-Schwilk
24, 27: A. Schneider
38, 54, 57, 72, 114, 149: 3 D Objekt
71: Tetra
82: Future Pool
86: Easy Freizeittechnik
87, 102, 167: Living Art
94, 127: U. Müller
99: BfC
107: T. Meyer
120: G. Giek
130: Wienerberger
132, 143: Studio Warner
147: BTW

Titelbild:
Markilux

Gestaltung & Satz:
P.S. Petry & Schwamb. Die Verlagsagentur, Freiburg/Br.

Bibliographische Information der Deutschen Bibliothek:
Die Deutsche Bibliothek verzeichnet diese Publikation in der Deutschen Nationalbibliographie; detaillierte bibliographische Daten zu diesem Werk sind im Internet unter http://dnb.ddb.de abrufbar.

Druck:
Stürtz GmbH, Würzburg

D-65232 Taunusstein
E-Mail: blottner@blottner.de / URL: www.blottner.de
ISBN 978-3-89367-651-4 / Printed in Germany

Aubin Imprimeur
LIGUGÉ, POITIERS

35-65-7596-01
ISBN 2-213-01824-3

Achevé d'imprimer en août 1986
N° d'édition 2196 — N° d'impression L 21892
Dépôt légal, août 1986
Imprimé en France

35-7596-6

TABLE DES MATIÈRES

Prolog
Die Spirale ...

»Ich will dir mal was sagen, Steve«, raunte Jyp mir an jenem Abend zu, an dem die Wölfe unterwegs waren und er mich zu Le Stryge führte. »Die Welt ist wesentlich mehr, als den meisten Menschen jemals bewußt wird. Sie klammern sich an das, was sie kennen, das feste Zentrum, wo alles tödlich langweilig und vorhersehbar ist. Wo jede Stunde genau sechzig Minuten hat, von der Wiege bis zur Bahre – das ist der Kern. Hier draußen, auf der Spirale, hier draußen am Rand, ist das anders. Die Welt hier draußen gleitet ständig, Steve, und zwar durch Raum *und* Zeit. Hier gibt es mehr Gezeiten als nur Ebbe und Flut an ihren Gestaden. Vielleicht ist es so, daß jedem eines schönen Tages eine dieser Gezeiten vor die Füße rauscht – dann erschaut er diese unendlichen Weiten! Einige wenden sich ängstlich ab und stehlen sich vor der Wahrheit, die sie gesehen haben, davon. Andere hingegen wagen einen Schritt in die kühlen, weiten Fluten hinein – von Häfen wie diesem hier, an dem ein über tausendjähriges Kommen und Gehen einen Knoten in die Zeit geschlungen hat, gehen sie in alle Ecken der weiten Welt. Oh, mein Gott, wie weit! Was glaubst du wohl, Steve, wie viele Ecken die Welt hat? Unzählige. Und jede dieser Ecken ist ein bestimmter Ort. Orte, die einst waren, sein werden oder niemals existierten, außer in den Gedanken der Menschen, die sie entstehen ließen. Sie lauern wie Schatten hinter den wirklichen Orten deiner Realität. Schatten ihrer Vergangenheit, ihrer Legenden und ihrer Folklore, das, was sie gewesen sein mochten und vielleicht sein werden; mit jedem anderen Ort an vielen Stellen verbunden und verwoben. Du kannst dein Leben lang danach suchen und niemals einen dieser Orte aufspüren, doch wenn du es erst einmal gelernt hast, kannst du binnen eines Atemzugs von einem zum anderen überwechseln. Dort, westlich des Sonnenuntergangs, östlich des Mondaufgangs, dort liegen das Sargassomeer und Fiddler's Green, dort befindet sich der Elefantenfriedhof, das Königreich El Dorado und das Reich von Prester John. Dort draußen findest du alles. Reichtum, Schönheit, Gefahren – was auch immer sich Menschen jemals ausgedacht haben oder an was sie sich erinnern. Und wahrscheinlich noch sehr viel mehr. Aber sind das die Schatten, Steve – oder ist deine Realität nurmehr *ihr* Schatten?«

Damals konnte ich ihm die Frage nicht beantworten. Ich kann es noch immer nicht.

Kapitel 1

Der Fahrer mußte heftig bremsen. Der Wagen schleuderte leicht, und die Flasche verfehlte uns, flog beinahe träge vorüber und zersplitterte auf dem Pflaster in tausend Scherben. Keine Flammen, nur das zischende Aufschäumen schalen Biers. Damit war es uns weit besser ergangen als so manchen anderen an diesem Tag.

Lutz lehnte sich brüllend aus dem Fenster, doch die Polizisten in ihrer gepanzerten Schutzkleidung schwärmten bereits in Richtung des kleinen Häufchens von Aufrührern aus, das sich daraufhin rasch auflöste, wobei die Randalierer wie wilde Tiere heulten und mit allem um sich warfen, was sich als Wurfgeschoß verwenden ließ. Die Reste einer zerfetzten Fahne, deren Stange offensichtlich auch anderen Zwecken gedient hatte, wurden in die Luft gereckt. Teile des Spruchbandes waren noch zu lesen – irgend etwas RAUS! Wahrscheinlich *Kapitalisten* – oder *Juden*. Inzwischen machte man hierzulande schon wieder keine großen Unterschiede, und das in aller Öffentlichkeit. Diejenigen, die am Wagen vorbeikamen, traten gegen die Karosserie, hämmerten auf das Dach, schlugen und spuckten gegen die Scheiben. Ich sah dumpfe, grobschlächtige Gesichter, kurzgeschorene Schädel, starr glotzende Augen und von Haß verzerrte, in wortlosen Schreien weit aufgerissene Münder – viele von ihnen glichen sich so sehr, als hätten die Krämpfe in ihren Hirnen die gleiche Physiognomie erzeugt.

Lutz schnaubte verächtlich, sank in den Sitz zurück und fuhr sich mit beiden Händen durch das dichte, weiße Haar. »Tut mir leid, Stephen«, murmelte er auf deutsch. »Diese Paviane! Die haben keinen Schimmer, wen sie eigentlich bewerfen!«

Als ob ihr Vorgehen andernfalls gerechtfertigt wäre. Diese Bemerkung verkniff ich mir jedoch. Baron Lutz von Amerningen war sich seiner Wichtigkeit ein wenig zu sicher, als daß er derlei Kritik zu schätzen gewußt hätte. Abgesehen davon hatte ihn die erfolgreiche Präsentation auf der Eröffnungsveranstaltung in ausgezeichnete Stimmung versetzt. Ebensogut hätte ich einem Kind den Luftballon kaputtmachen können. Ein Hotelportier öffnete den Verschlag der Limousine, und Lutz stieg nach mir aus. Er legte seinen schweren Arm um meine nachgebenden Schultern und hauchte mir sauren Dom-Perignon-Atem ins Gesicht; die Präsentation war sehr verschwenderisch ausgefallen. »Sind Sie sicher, daß Sie sich mir nicht gleich anschließen wollen? Wir könnten eine Runde Tennis spielen, in die Sauna gehen, ein paar Drinks …«

»Vielen Dank, Lutz, aber ich habe wirklich noch einiges zu erledigen.«

»Dann heute abend? Sie wollen doch nicht nur herumsitzen und versauern, ein junger Mensch wie Sie? Gewiß, Sie sind jetzt abgespannt, aber das ist nur die Aufregung. Sie müssen ein bißchen abschalten, mein Junge!«

Lutz sprach so gut englisch, daß er seinen Akzent ohne weiteres hätte korrigieren können. Wahrscheinlich gefiel ihm jedoch gerade dieser Erich-von-Stroheim-Effekt.

»Sehen Sie mich an, ich bin ein paar Jährchen älter, aber noch immer genauso fit! Ich lasse mich nicht einfach gehen, ich gehe immer weiter! Feste feiern! Das hält jung! Also bis heute abend bei mir – ich gebe eine meiner kleinen *Affaires*!« Er lachte trocken und überreichte mir einen steifen weißen Umschlag. »Sie haben meines Wissens noch keine miterlebt, oder? Es wird sehr lehrreich werden – verstehen Sie?«

»Lutz, das … das ist sehr freundlich von Ihnen«, sagte ich leicht verwirrt. Sicher wußte ich, daß die »kleinen *Affaires*« des vierzehnten Barons von Amerningen berühmt waren, Stoff für die Gazetten auf der ganzen Welt, obwohl natürlich keiner der Fotografen oder Paparazzi jemals einen Fuß über die Schwelle setzen durfte. Oder einfache Geschäftspartner. Nun ja, das hieß wohl, daß ich mich jetzt zu den Reichen und Auserwählten zählen durfte. »Ich habe noch jede Menge zu erledigen«, wiederholte ich, »ich fühle mich wie ausgelaugt.« Das zumindest stimmte, in gewisser Hinsicht. Doch ich wollte ihn auch nicht direkt vor den Kopf stoßen. »Vielleicht kann ich etwas später noch vorbeischauen, falls das …«

»Aber sicher, aber sicher doch!« Er wedelte leutselig mit seiner riesigen Flossenhand. »Sie kennen den Weg? Prima! Bleiben Sie nicht mit Ihrer Flasche allein auf dem Zimmer sitzen! Oder in anderer schlimmer Gesellschaft, hm? Na denn, *ciao, Bambino*!«

Ich erwiderte seinen winkenden Abschiedsgruß, und schon glitt seine langgestreckte Mercedes-Limousine fast lautlos auf die mit Unrat übersäte Straße zurück. Die Straße war jetzt leer und verlassen, doch in der Luft hielt sich noch ein Gestank, der teilweise von den umgeworfenen Mülltonnen herrührte, teilweise jedoch aus der Stadtmitte herüberwehte. Ein intensiver Rauchgeruch von den Bränden, das Pfeffergas, das sie hier jetzt anstelle von Tränengas und CS einsetzten, das Benzin der Molotow-Cocktails – ich konnte es auf meiner Zunge schmecken und hätte am liebsten ausgespuckt.

»Böse Sache, was?« Ein anderer Gast eilte zum Taxistand hinunter und stopfte ganze Stapel von Messeliteratur in seinen Diplomatenkoffer. »Die haben mein Taxi umgeworfen! Einfach auf den Kopf gestellt! Diese verdammten Faschistenschweine! Sind Sie auch zur Messe hier? He, Sie sind doch Stephen Fisher!« Er packte meine Hand und schüttelte sie mit leicht ehrfürchtiger Begeisterung. »Jerzy Markowski, Vizepräsident, Roscom-Warschau, Zulieferung von Elektronik, solche Sachen! He, da haben Sie uns ja eine schöne Show geliefert! Was für ein Schlag! Wissen Sie, was das hier für Unterlagen sind? Neue Geschäfte, die plötzlich kosteneffektiv geworden sind! Ich habe die Zahlen noch nicht gesehen, doch wir werden sicherlich jede Menge C-Tran-Kapazität kaufen!« Er verzog das Gesicht. »Und die Konkurrenz garantiert auch! Sie werden uns doch nicht vergessen?«

Ich staunte, daß er mich nach meinem recht kurzen Auftritt bei der Präsentation gleich wiedererkannt hatte, wo ich doch vor lauter Hologrammen und Tänzern und dem ganzen Klimbim fast nicht zu sehen gewesen war. Als ich ins Foyer kam, sah ich, weshalb. Der Zeitungsladen war mit meinem Gesicht förmlich gepflastert. *Time* und *Newsweek* hatte ich noch nicht geschafft, doch die Europäer hatten keine Zeit verloren. Ich blickte vom Titel des *Spiegel* (neben Lutz natürlich) und von *Elsevier* herab, die Zeichnung auf der Frontseite des *Economist* zeigte mich mit klug funkelnden Äuglein und einem Doktorhut vor einem Container, darunter prangte die Schlagzeile: *Intelligente Verpackung? C-Tran – Strategische Güterbeförderung für ein neues Europa.*

Ich nahm mir ein Exemplar vom Stapel herunter. Der Mann hinter der Theke grinste und sagte laut: »Glückwunsch, Herr Fisher!« Sämtliche Köpfe im Foyer flogen herum.

Das Hotel war wegen der Messe natürlich randvoll mit Geschäftsleuten, und plötzlich wollten sie mir alle die Hand schütteln, sogar einige Oberhäuptlinge der ganz großen, multinationalen Firmen. Ich flüchtete mich mit schmerzenden Fingern in den Fahrstuhl, wo mir noch alle möglichen Einladungen nachgerufen wurden, von Grenoble bis Groton, Connecticut. Ich war mir bei diesem Theater heute morgen idiotisch vorgekommen, so als würde ich die große Berühmtheit spielen. Inzwischen dämmerte mir, daß ich genau das geworden war.

Momentan wollte ich jedoch nichts anderes als allein sein.

Wenn man es sich recht überlegte, war es ziemlich grotesk, daß ich jetzt die Garbo spielen mußte. Jahrelang hatte ich gelernt, derlei Auftreten zu vermeiden, und zwar nicht auf der Couch eines Psychoanalytikers, sondern auf schaukelnden Decks und in dunklen Dschungeln, zwischen Wolkenarchipelen, die sich über unsere eigene Welt hinaus erstreckten wie endlose Schatten in der untergehenden Sonne. Auf so wunderlichen und tollkühnen Reisen, daß selbst die Erinnerungen daran sich rasch verflüchtigten, gänzlich zu verblassen drohten. Auf der Spirale hatte ich Gefahren und Aufgaben ins Auge geblickt, die mich gelehrt hatten, was Erfolg wirklich bedeutete – und ich war, endlich, gezwungen worden, mir selbst ins Gesicht zu sehen.

Als ich den *Economist* aufschlug, blieb mein Blick am letzten Absatz des Leitartikels hängen.

... die dramatischste Innovation im Bereich des Güterverkehrs seit der Einführung des Containers in den sechziger Jahren. Es wird Stephen Fisher, sowohl als leitenden Direktor als auch als Gesellschafter, zum verdienten Multimillionär machen. Doch C-Tran scheint, wie sein rätselhafter Schöpfer, den Blick oft auf noch weitere Horizonte gerichtet zu haben. C-Tran macht die aufreibenden Komplikationen des internationalen Frachtverkehrs so irrelevant wie die Grenzen von gestern und wird zweifellos auch das noch im postkommunistischen Trauma befangene Osteuropa näher zusammenrücken lassen; ebenso einen Westen, der von Instabilität und erwachendem Extremismus geplagt wird. Insofern wird es seinen Platz nicht nur in den trockenen ökonomischen Verhandlungen von morgen finden, sondern auch ...

Das leise Klingeln zeigte mir an, daß ich auf meinem Stockwerk angekommen war. Ich rollte die Zeitschrift rasch zusammen, damit mich niemand lesend damit erwischte, und räusperte mich. Mannomann – wie Jyp, ein alter Freund von mir, immer zu sagen pflegte – und das alles nur wegen einem bißchen Langeweile! Doch jetzt war es vorbei, fertig, erledigt. Ich rammte die Schlüsselkarte so fest in den dafür vorgesehenen Schlitz an meiner Tür, daß ich sie fast verbogen hätte.

Drinnen schleuderte ich die Zeitung zur Seite und warf einen Blick auf meinen kleinen Computer. Die Faxdatei erstickte in Nachrichten, ebenso der Anrufbeantworter – nichts als Glückwünsche. Ich drückte einige Tasten und leitete alles nach Hause, ins Büro weiter, wo sich mein Presseteam um die Beantwortung kümmern konnte. Gerade als ich den Kontakt unterbrechen wollte, blinkte plötzlich in der Mitte des Bildschirms ein Fenster auf, ein spezielles Format, das für dringende Systemwarnungen vorgesehen war. Ich schaute mir die rotglühenden Bildpunkte genauer an.

** DRINGEND ** TOTALER SYSTEMABSTURZ DROHT * SOFORT SCHNITTSTELLE L MIT SCHNITTSTELLE G VERBINDEN ** DRINGEND **

Schnittstelle was mit wem? So etwas hatte ich noch nie gesehen. Ich war mir ziemlich sicher, daß mein Apparat mit derartigen Ausgängen überhaupt nicht ausgerüstet war, geschweige denn mit der Möglichkeit, sie miteinander zu verbinden. Sollte das ein Witz sein? Ein Virus vielleicht? Ein unterschwelliger Anflug von Doppeldeutigkeit lag darin, ein *double entendre.* Wahrscheinlich war ich nur zufällig in eine überflüssige Anweisung in der Software des Herstellers gerutscht. Ich berührte das *ok*-Symbol. Der Rahmen verblaßte, doch die Flüssigkristalle leuchteten noch einen Moment nach, wie erstickende Flammen. Ich klappte den Deckel zu und stellte mich kurz darauf unter die Dusche.

Eigentlich hätte ich die ganze Sache schnell vergessen müssen. Doch eine Stunde später, frisch geduscht, in bequemer Kleidung und mit einem ordentlichen Gin Tonic bewaffnet, dachte ich noch immer darüber nach – wenn auch nur, um mich von unangenehmeren Gedanken abzuhalten. Die Terrasse der Hotelbar war leer, was nicht weiter verwunderlich war. Die Direktion hatte mit Sträuchern, Marmor und gestreiften Markisen ihr Möglichstes getan, doch damit ließ sich der Parkplatz gegenüber nicht ganz verstecken, und die Reihe der halb vertrockneten Koniferen, die die Grenze zum nächsten Hotel markierte, bot einen nur unwesentlich angenehmeren Anblick als die mehrspurige Autobahn auf der anderen

Seite. Immerhin war es ruhig und friedlich, und der Parkplatz ließ wenigstens ein Stück unverbauten Himmels frei. Nachdem ich tagelang im Ausstellungszentrum eingesperrt gewesen war, linderte dieser Ausblick meine Klaustrophobie auf wunderbare Weise. Ich bestellte einen weiteren Gin Tonic und ließ mich staunend im Sessel zurücksinken.

Über den gestutzten Bäumchen türmten sich die Wolken zu steil aufragenden Bergmassiven übereinander, das leuchtende Weiß von grauen Streifen durchzogen, von jeglicher menschlicher Dummheit unbefleckt. In der auffrischenden, doch noch immer lauen Luft des Frühherbstes zeichneten sie sich stark und beinahe massiv vor einem jener dunkleren Azurblaus ab, die das Auge unweigerlich in die Unendlichkeit ziehen. Man sieht oft Formen und Muster in den Wolken, doch diese hier standen klar und deutlich wie ein Gemälde vor mir. Auf jeder Seite zeichnete sich ein steiler, zerklüfteter Felsen ab; der rechte war etwas höher und wurde durch einen abgestuften Hang mit dem flacheren Gipfel verbunden, wie das Mittelstück bei einem abgeflachten V. Fast hätte man glauben können, auf eine breite Straße zu blicken, die sich zwischen hohen Felswänden zu einem Bergpaß hinaufwand. Über ihr ragte, wie ein drohender Wächter, die Spitze eines weißen Turmes auf. Die untergehende Sonne tauchte Turm und Weg in leuchtendes Rosa. Was für ein dramatischer Hintergrund, geeignet für ein opulentes Theaterstück, einen Film oder eine Oper oder etwas dergleichen; und doch hatten ihn Natur und Zufall innerhalb weniger Minuten erschaffen, und in wenigen Minuten würde er auch wieder verschwunden sein.

Es erinnerte mich daran, daß ich zumindest ein paar Tage freinehmen könnte, um Bergsteigen zu gehen, obwohl ich nur mit viel Glück einen so ursprünglichen Ort finden würde. Ein paar Tage? Ich könnte den Rest meiner Tage mit Klettern verbringen. Ich hatte es schließlich geschafft!

Ich hatte unsere Gütertransportfirma so gut ausgebaut, daß

ich beinahe automatisch, trotz meines relativ jungen Alters, vom stellvertretenden zum leitenden Direktor befördert worden war, als Barry vorzeitig in den Ruhestand ging. Inzwischen hatte mein Freund und Stellvertreter Dave die Dinge besser als ich je zuvor im Griff. Was blieb da für mich zu tun? Ich diente als Galionsfigur. Nicht daß mich Dave ausstechen wollte. Trotz seines üblichen respektlosen Geschwätzes beugte er sich bei allen Angelegenheiten, die mich persönlich interessierten, stets und auf eine manchmal fast beschämende Weise meinem Urteil. Doch überall, wo ich hinblickte, sah ich seine Hand fest am Ruder, unsere Unternehmen mit der freudigen Autokratie lenkend, die er von seinen westafrikanischen Vorfahren geerbt hatte – und das, obwohl er obendrein noch Familie hatte. Er war all das, was ich immer hatte sein wollen, und mehr. Meine Problemlösungen waren gut gewesen, seine waren besser, und ich verstand allmählich, warum Barry aufgehört hatte. Doch ich war gerade Anfang Vierzig, fit und stolz auf meine Arbeit – was sollte ich denn auch sonst lieben? All die Jahre hatte ich so meine Vorstellungen davon entwickelt, wie unser Unternehmen funktionieren sollte – meist verrückte Vorstellungen, doch ich hatte ein wenig damit herumgespielt, und …

Und plötzlich war C-Tran in siebzehn Ländern zur Realität geworden, zehn weitere sollten folgen, verbunden mit einem gigantischen Expansionsprogramm, das sich weit über Europa hinaus erstrecken und die ganze Welt umfassen sollte. Inzwischen hatte das Projekt meine Vision weit hinter sich gelassen und war damit jeglicher Kontrolle entglitten. Ich brauchte nur noch Interviews zu geben, den Vorsitz in einem merkwürdigen Konsortium zu führen – und die Knete mit beiden Händen einzustecken. Es war mein Erfolg, ein Riesending, und wieder war ich vom Steuermann zur Galionsfigur geworden. Doch all diese Millionen konnten mir nicht die Befriedigung geben, wie sie mir ein Beutel voller verbogener Guineen, *Moidores, Reales* und weicher spanischer Unzen verschafft hatte, der harterkämpfte Lohn meiner ersten Handelsreise auf jenen fremden, weiteren Ozeanen, die zwischen den Welten der Spirale schäumten. Vor zwei Jahren, als mich das neue System mit wachsenden Problemen beinahe erdrückt hätte, war ich aus lauter Verzweiflung geflohen, hatte die Schwelle überschritten und neben alten Freunden einen Kapitän, eine Mannschaft und die entsprechende Ware gefunden, die von einem Hafen zum anderen geschafft werden mußte. Kaum ein Jahr darauf wiederholte ich den »Ausflug«, diesmal als mein eigener Kapitän bei einem längeren Transport. Länger, gefährlicher und dieses Mal mit weniger Profit, doch es war immerhin ein Anfang.

Zweimal zuvor war ich schon in die Spirale getrieben worden, einmal durch Zufall und schiere Neugier, einmal aus Not. Jetzt wurde ich nicht mehr getrieben, sondern angezogen – und der Sog wollte mich auseinanderreißen. Wofür sollte ich hier noch leben, wie die Made im Kern-Speck, wenn dort draußen ein Universum unendlicher Möglichkeiten auf mich wartete? Vor seinen wilden, kräftigen Farben verblaßten die Farben hier im Kern. Doch diese Welt hier kannte ich, ich hatte sie im Griff – so gut das ein Mensch eben kann, und weit besser als die meisten. Außerdem besaß die Spirale die Eigenart, sowohl die Stärken als auch die Schwächen jedes Menschen zu vergrößern. Es war besser, wenn ich meine Probleme hier löste, sonst könnten sie mich dort draußen verschlingen.

Wenigstens wußte ich um das Schlimmste: Ob hier oder dort, im Kern oder auf der Spirale – ich war allein. Die Dummheit, die Schuld, die kalte Leere meines vergangenen Lebens hatte ich abgestreift. Ich hatte beschlossen, wieder zu leben, wirkliche Freunde zu finden, Beziehungen einzugehen, sogar zu heiraten. Doch inzwischen war ich über Vierzig, und diejenigen, die behaupteten, ich sähe noch nicht so aus, logen. Außerdem war ich daran gewöhnt, für meine Arbeit zu leben, für sie zu essen und zu schlafen. Kein guter Anfang. Auch die

Spirale selbst stand mir im Weg. Wem konnte ich dieses Doppelleben erklären? Welche der Frauen, die ich kannte, würde sich damit abfinden? Claire und Jacquie hatten es beide miterlebt, waren beide davor zurückgeschreckt – und auch vor mir. Mittlerweile hatten sie das alles zweifellos vergessen, so wie es allen erging. Draußen auf der Spirale gab es Frauen in Hülle und Fülle, doch längerfristige Beziehungen waren in diesem unsteten Gewoge aus Zeit und Raum, wo jeder längere Aufenthalt die Gefahr des Gedächtnisverlustes und des erneuten Gleitens in die dumpfe Sterblichkeit in sich barg, höchst selten.

Ärgerlich trank ich mein Glas aus; es schmeckte sehr bitter. Ich starrte in diese Wolken, auf diese große, substanzlose Barriere, und ich spürte das plötzliche Verlangen, dorthin zu entfliehen. Ich wünschte, ich hätte einfach aufstehen und über diesen Paß dort oben laufen können, hinaus in das weite Blau dahinter, um mein rastloses Selbst in der Unendlichkeit zu verlieren.

Der Ober stellte mir ein weiteres Glas hin, obwohl ich mich nicht daran erinnern konnte, es bestellt zu haben. Doch ich rührte es nicht an. Als ich mich umdrehte, um die Getränkekarte der Bar zu studieren, sah ich etwas im Augenwinkel, einen weißen Tupfer, als hätten die Spitzen dieser struppigen Bäumchen einen Wolkenfetzen festgehalten. Doch als ich meine Augen darauf konzentrierte, verschwammen meine Gedanken. Es war ein Pferd, allem Anschein nach ein ziemlich großes Exemplar. Es stand einfach da, ein graues, nein, eigentlich war es ein weißes, beinahe blendend weißes Pferd, ohne Reiter, ohne Knecht, ganz allein. Es war gesattelt und aufgezäumt, doch nirgendwo angebunden; in aller Ruhe senkte es den Kopf und begann auf der trockenen Rasenfläche unter den Bäumen zu grasen.

Ich blickte mich noch einmal um. Niemand war zu sehen. Das Tier mußte irgendwo ausgerissen sein – höchstwahrscheinlich von einer Präsentation auf der Handelsmesse. Gott sei Dank hatte sich unsere Agentur für eine bekannte Tanztruppe und einige wirklich eindrucksvolle audiovisuelle Tricks entschieden. In den letzten Wochen hatte ich andere Firmen erlebt, die alles mögliche versucht hatten, von Stripperinnen bis zu Flußpferden. Wie auch immer, man sollte etwas unternehmen, bevor das arme Tier weiter auf die Autobahn lief oder einem der Drogenhändler im Parkhaus in die Arme lief. Außerdem mochte ich Pferde. Also nahm ich mir eine Handvoll Zuckerstückchen aus der Schale auf dem Tisch, schwang mich über das Geländer und ging betont langsam über den Asphalt auf das Tier zu.

Das wäre nicht nötig gewesen. Es sah mich an, schüttelte kurz die Mähne und schien dort auf mich zu warten. »Du bist ja ein großer Kerl, was?« sagte ich ruhig, und je näher ich kam, desto größer wirkte es; nicht so bullig wie ein Shire oder Percheron, doch groß und kräftig, wie ein sehr langbeiniges Jagdpferd. Die Rasse konnte ich nicht näher bestimmen. Dieser langgezogene Kopf deutete nicht auf einen Araber oder Lipizzaner hin. Auch das Geschirr sah eigenartig aus, über und über verziert und sehr schwer, mit einem hohen Sattelknauf, doch nicht im Cowboy-Stil, eher orientalisch. Ich packte einige Zuckerstücke aus. Das Tier schnupperte daran und nahm sie dann mit einer vorsichtigen Bewegung der Lippen von meiner Handfläche. Dann ließ es mich seinen muskulösen Hals und die Schultern tätscheln. Es fühlte sich wohlgenährt und sehr gepflegt an. Plötzlich drehte es jedoch den Kopf und schnaubte, als wollte es sagen: *Worauf wartest du noch?*

Das hier war kein davongelaufenes Reklamepferd. Es strömte den Geruch der Spirale aus. Es roch nach Magie und Geheimnis. Ich wußte nur zu genau, daß in der Spirale schreckliche Gefahren lauern konnten, doch in diesem Moment war mir alles egal. Ich testete den Gurt. Er saß bombenfest. Ich packte den Knauf, stellte einen Fuß auf den Betonabsatz, schob den anderen in den Steigbügel und schwang mich in den Sattel. Mein Fuß glitt beinahe automatisch in den anderen Steigbügel; sie waren wie für mich eingestellt. In diesem Moment wieherte das große Pferd, drehte sich um und galoppierte auf die grüne Wand aus Bäumen zu.

Ich duckte mich, Zweige und Blätter rauschten an mir vorüber. Ich suchte nach den Zügeln und fand sie um den Sattelknauf geschlungen. Doch bevor ich etwas damit anfangen konnte, trabten wir schon durch die Bäume, und das weiche Klopfen des Rasens unter den Hufen veränderte sich. Allerdings erklang nicht das dumpfe Klappern des Asphalts, sondern das Trommeln von Erdboden und das Rasseln von Steinen, während das riesige Tier aus dem Trab in einen leichten Galopp verfiel. Ich blickte hinab und hätte beinahe den Halt verloren. Der Boden unter diesen leichtfüßigen Hufen war unsichtbar, verlor sich in dem fließenden grauen Nebel, der uns umgab, so daß wir kaum voranzukommen schienen und es eher aussah, als würden wir auf der Stelle treten und der Nebel an uns vorüberschweben, als würden ihn die Huftritte für einen Augenblick festtreten, bevor er sich kurz hinter uns wieder auflöste. Als ich mich jedoch in den Steigbügeln aufstellte und umsah, spürte ich etwas anderes: Der Untergrund stieg an, wir trabten bergauf, und das recht schnell. Plötzlich wurde es ringsum hell, die beißende Frische klarer Luft umgab uns. Verwirrt blinzelte ich zu den über uns aufragenden Schatten empor. Waren das noch immer Wolken? Ich mußte den Blick abwenden und gleich darauf wieder hinuntersehen – und diesmal verlor ich wirklich den Halt in den Steigbügeln und klammerte mich panisch am Sattelknauf fest.

Der Untergrund war jetzt fest, ein rauher Pfad aus hellgrauem Gestein und staubiger Erde, mit weißen Quarzkieseln übersät, von denen es nicht allzu viele gab. Dicht neben den fliegenden Hufen ging es steil hinunter, und die aufgewirbelten Steinchen hüpften in diese Felsspalte hinein wie ins große Nichts, in Tiefen, von denen ich mir keinerlei Vorstellung machen konnte. Zarte Nebelfetzen umspielten den Klippenrand wie ein See aus Milch. Doch es war kein Nebel, denn er erstreckte sich von der Spalte bis zu dem unendlich weit entfernten Azurblau hinüber. Das waren Wolken, und wir befanden uns über ihnen, auf einem steilen Bergpfad. Der Abgrund starrte mich drohend an, und meine Hände wurden rutschig vor Schweiß, doch ich hielt mich am Sattel und an der Litanei des Bergsteigers fest: Höhe bedeutet nichts, man kann einen Sturz aus hundert Metern überleben, aber schon nach drei Metern tot sein. Nach Atem ringend, zwang ich mich aufrecht in den Sattel und den Blick nach schräg oben. Meine Pupillen fanden einen Fixpunkt, doch ich wußte bereits vorher, welcher Anblick mich erwartete: genau jene Landschaft, die gleichen Felswände, und dazwischen, kaum mehr als einige hundert Meter zum Scheitelpunkt des Passes ansteigend, die Straße, auf der zu reisen ich mir so sehnlich gewünscht hatte, die Straße, die ich jetzt hinaufritt. In eisigen Schauern durchfuhr mich die Aufregung, die vom beschleunigten Herzschlag der Furcht nur noch gesteigert wurde. Der Wind blies scharf und frisch, verjagte den faulen Odem der Großstadt aus meinen Lungen und erfüllte sie mit unendlichem Leben. Diese Luft war tausendmal erfrischender als der kälteste und stärkste Gin Tonic. Ich schüttelte die Angst vor dem Abgrund ab, grub die Füße wieder tief in die verzierten Metallbügel und drückte die Knie leicht in die warmen Flanken des Pferdes. Ich fand ihren Rhythmus und meinen Halt, ich genoß die Kraft des Tieres und machte sie zu meiner eigenen. Dann nahm ich die mit kleinen Silbernieten besetzten Zügel in die Hände und spürte die Reaktion des Pferdes sofort, als würde es meine Befehle doch noch akzeptieren. Das hatte ich mir doch gewünscht, oder? Komme, was da wolle auf dem Paß, ich wollte die andere Seite sehen!

Der Weg war uneben, doch das herrliche Tier kam nicht einmal aus dem Tritt; ein Stolpern schien völlig undenkbar. Seine sicheren Hufe schlugen Funken aus dem Quarz, das Geschirr sang und klingelte, die Mähne flog wie ein Banner im Wind. Vor unbändiger Freude fing ich laut zu lachen an. Als ich den letzten Hang vor der Paßhöhe erreichte, krümmte sich der Weg nach innen, weg vom Abgrund. Ich grub meine Fersen in die Flanken meines Reittiers und ließ die Zügel leicht locker, woraufhin das Pferd schneller wurde. Ich hätte mir keine Sorgen zu machen brauchen: Es nahm diesen Hang wie die letzte Zielgerade. Wir flogen buchstäblich hinauf und über die Kuppe hinweg, hinaus auf den Pfad, der dahinter weiterführte. Doch genau an dieser Stelle hörte ich im Vorbeisausen das aufgeregte Klingeln einer einzelnen Glocke. Hier war er, der hohe, bleiche Turm, und alles andere auch, hoch auf den Klippen der anderen Felswand thronend. Das Klingeln kam von dort, und von irgendwo unter uns antwortete eine tiefere Glocke.

Was meine Aufmerksamkeit jedoch sofort in den Bann zog, war das, was dahinter lag. Die Bergflanke neigte sich wieder etwas sanfter, doch der Pfad folgte ihr nicht. Er verlief weiter auf dem Grat, entlang der Krümmung des Berghangs, stets über diesem schimmernden Wolkenmeer. Das Pferd folgte ihm so trittsicher wie zuvor, als eilte es einer dringenden Verabredung entgegen. Es reagierte auf jede meiner Berührungen, kam jedoch auch ohne sie zurecht. Ich saß inzwischen gut im Sattel, ließ den Blick über die Wolken schweifen und suchte nach einem Hinweis, wo der Ritt hinführte. Andere Formen durchbrachen die Wolkendecke, ragten wie zackige Drachenzähne daraus hervor. Wir befanden uns also inmitten einer Bergkette. Doch näher, sehr viel näher tauchte etwas anderes aus dem Dunst auf, eine dunkle Spitze, viel zu dünn und zart für einen Berggipfel – und zu regelmäßig. Als wir näher herankamen, spaltete sich das Bild; zwei Turmspitzen standen dicht beisammen, parallel, exakt gleich hoch – identisch. Obwohl die Sonne ihre Schatten deutlich auf die blendende Wolkendecke warf, sahen sie seltsam unwirklich aus.

Dann bewegte sich etwas am Rande meines Gesichtsfeldes – ein weiterer Schatten. Nur befand sich dieser hier unter den Wolken und schnellte parallel zum Pfad dahin wie ein Fisch im Wasser. Zum Glück hatte ich ihn gesehen, sonst wäre ich noch überraschter gewesen. Wie ein Wal stieg er mit alarmierender Geschwindigkeit ganz plötzlich auf. Es war ein lenkbares Luftschiff, aber keines von denen, die ich aus Filmen kannte, sondern viel schlanker und eleganter als etwa die *Hindenburg* oder ein anderer Zeppelin. Seine weiße Hülle verjüngte sich nach nur neun oder zehn gespannten Segmenten zu einer Schwanzflosse aus quadratischen Einheiten, wie ein riesiger Kastendrachen. Die Antriebseinheiten stießen kleine Rauchwölkchen aus. Trotzdem war es beeindruckend schnell, überholte uns mühelos, und die stromlinienförmigen Kabinen an seiner Unterseite sahen geräumig aus. Primitiv? Wahrscheinlich nicht. Ich sah darin eher eine alternative Technologie, ein hochentwickeltes Design, das nach einfachen Prinzipien funktionierte. Es handelte sich ganz gewiß um eine schöne Maschine, so durchdacht und funktional wie ein Wikingerschiff. Langsam kam es näher, bis ich das leise, keuchende Schnaufen entfernt wahrnehmen konnte – mit Sicherheit eine Art Dampfmaschine. Ich richtete mich in den Steigbügeln auf, um ihm zuzuwinken.

Etwas heulte an meinem Kopf vorbei. Das war kein Insekt, soviel war sicher. Ich duckte mich instinktiv. Der Hang über uns explodierte in einem Schauer aus Staub und Steinsplittern. Ich glotzte wie ein Idiot. Das letzte, womit ich gerechnet hätte, war, daß man auf mich schießen würde. Ich versuchte ein zweites Mal zu winken, um zu zeigen, daß ich unbewaffnet war. Erneut ertönte ein Knattern, und auf dem Pfad vor mir wurde der Staub hämmernd und zischend in die Luft geschleudert. Ich legte mich über den Hals des Pferdes, stieß die Fersen in die Flanken des Tieres und sehnte mich plötzlich nach Sporen. Ich brauchte nicht viel zu tun. Der Trab verwandelte sich in einen Galopp, und wir flogen nur so dahin. Die nächste Explosion war mehrstimmig, und die Luft summte wie ein Bienenschwarm. Mehr als ein Schuß. Ich brauchte eine Weile, um mir dessen bewußt zu werden. Salvenfeuer – dafür brauchte man ausgebildete Leute. Da schossen Soldaten auf mich, ohne eine Frage, ohne Warnung oder dergleichen. Sie hatten nicht einmal gewartet, bis sie nahe heran waren, um mich mit Sicherheit zu treffen – als hätten sie vor etwas Angst. Vor einem Mann, der nichts größeres als eine Pistole dabeihaben konnte? Das ergab absolut keinen Sinn.

Sie steckten jedoch nicht auf. Ein haifischartiger Schatten glitt quer über den Pfad vor uns. Ich sah auf, versuchte Zeichen zu geben und blickte direkt in das stumpfe Glänzen der Gewehrläufe, die aus beiden Gondeln herausragten. Ich schrie etwas und duckte mich dann im Sattel zusammen. Die Läufe verschwanden in orangen Blitzen, Steine und Erdbrocken sprangen rund um uns auf – nein, hinter uns! Wir waren zu schnell. Dann stieß das Luftschiff beinahe gegen den Berghang, der Takt der Maschine steigerte sich plötzlich zu einem Brüllen, und ein Sprühregen nieselte herab. Sie ließen Ballast ab. Die Nase des Flugkörpers reckte sich nach oben und schwenkte energisch zur Seite. Die Motoren brüllten und wummerten. Ich stellte mir vor, wie die Männer in den Kabinen taumelten, zu Boden gingen und in einer Ecke zusammengeschoben wurden. Ich verzog das Gesicht rachsüchtig. Bis jetzt hatte ich noch keinen einzigen meiner Angreifer gesehen, doch ich verspürte einen Mordshaß auf diese Bande. Das bleibt nicht aus, wenn man beschossen wird.

Das Luftschiff kam jetzt wieder in eine stabile Lage, holte zu einer weitläufigen Kurve aus, um mich dann von vorne erneut anzugreifen. Ich tätschelte den Hals des Pferdes und fühlte, wie eine kalte Wut in mir aufstieg. Geschwindigkeit allein würde uns nicht retten. Wir brauchten Deckung. Ich konnte mich an nichts dergleichen auf dem bisherigen Weg erinnern – und ich war mir auch nicht sicher, ob sich das große Tier von mir umdrehen ließ. Einfach am Zügel ziehen ging auch nicht, bei dieser Geschwindigkeit hätte uns das leicht in den Abgrund befördern können oder ein Hin und Her erzeugt, das uns zu einem leichten Ziel gemacht hätte.

Da ragten dicht vor uns, vor der nächsten Wegbiegung, zwei große Steine senkrecht empor, wie zwei Restposten aus der Stonehenge-Fabrik. Das war unsere beste und einzige Chance. Ich ließ die Zügel schnalzen und zischte: *»Los, mein Junge, renn um dein Leben!«*

Was mein treuer Gefährte auch tat. Beinahe hätte ich die Zügel verloren, so mußte ich mich am feuchten Hals festhalten. Ich hätte schwören können, daß er noch einen Moment vor mir reagiert hatte, als hätte auch er sofort verstanden, worum es ging. Vielleicht hatte er es ja wirklich. Wir erreichten die Biegung, die Hufe scharrten über den Staub, beinahe schon im Schatten der Steine – doch da verdunkelte die Silhouette des Luftschiffes den Himmel und stieß wie eine glitzernde Wolke auf uns herab. Es gab noch eine Chance …

Zwischen den Steinen trat eine Gestalt hervor, wie ein Mönch in Kutte und Kapuze gekleidet. Sie würdigte uns keines Blickes, sondern warf vielmehr die Hände in einer abrupten, herrischen Gebärde in die Luft, wie bei einem Schlag mit dem Handrücken. Das alles geschah eher geräuschlos, strahlte jedoch soviel Gewalt aus, daß der Hengst laut wieherte und sich aufbäumte und ich nur mit Mühe im Sattel blieb. Bei dem, was jetzt folgte, war das nicht weiter verwunderlich. Der Pfad zuckte zusammen, die Luft selbst krümmte sich und schimmerte wie ein verzerrtes Spiegelbild, und mitten durch diese Verzerrung erhoben sich Staub und Erde und lose Steinbrocken in einem langgezogenen Bogen, direkt auf das herankommende Luftschiff zu. Große Felsbrocken prallten von der Isolierung der Gondeln ab, prasselten auf die gespannte Außenhülle, knallten kreischend gegen die Luftschrauben. Das Gefährt zitterte und schlingerte unter der Wucht des Angriffs; die Gaszellen waren in Gefahr. Aus der Ferne hörte ich das Geräusch splitternden Glases. Wieder brüllten die Motoren auf, Ballast wurde abgelassen, und die Maschine schwenkte über den Rand des Pfades hinaus über den Abgrund. Ein einzelner Schuß, brillant gezielt oder nur glücklich verirrt, klatschte neben dem Kopf des Neuankömmlings auf einen Stein und hinterließ dort einen hellen Bleistreifen. Die Gestalt schien es nicht bemerkt zu haben, sondern blickte der seitwärts abschmierenden Maschine nach, deren Pilot mit ihr ebenso zu kämpfen hatte wie ich mit dem Pferd.

Es gelang mir, den Hengst zu beruhigen. Auch der Pilot schien Erfolg zu haben, denn ich sah, wie sich die große Maschine fing und wieder vorwärts in Bewegung setzte. Eigentlich erwartete ich einen weiteren Angriff, statt dessen sank sie jedoch rasch ab, bis sie von der Wolkendecke verschluckt wurde. Ich blieb noch einen Moment ruhig sitzen und spürte, wie sich der Brustkorb des Pferdes unter mächtigen, schauerartigen Atemstößen entspannte. Der Hals zitterte, und das Tier scheute ein wenig, als ich es tätschelte – kein Wunder, daß es noch immer nervös war. Ich blickte erwartungsvoll auf meinen Lebensretter hinab.

Er sah auf. Jetzt war es an mir, fröstelnd zu erschauern. Bevor ich den Namen herausbrachte, mußte ich erst einmal schlucken.

»*Stryge!* Aber das … Le Stryge. Was zu …«

»Was ich hier mache?« Der harsche, nasale Akzent war noch der gleiche, das ewige zornige Raspeln hinter der Stimme unverändert. Doch das schiefe Grinsen strafte seinen Zorn Lügen. Ein dünnes, schräges Grinsen, sauer wie grüne Zitronen, doch immerhin ein Grinsen. »Ich rette deinen dreckigen Hals, mein Junge. Was bleibt mir in deiner Gesellschaft schon anderes übrig?«

Ich blinzelte. Etwas an ihm war anders. Da war noch der gleiche, beinahe Übelkeit erregende kalte, starre Blick. Das Gesicht hätte eine dieser klassischen Büsten sein können, ein Gelehrter, ein Philosoph, ein Priester oder Asket, in weißem Marmor idealisiert. Doch das Leben, das dahinter brannte, machte das alles zu einer tödlichen Waffe, einem stumpfen Instrument, kantig und steinhart; die blasse Haut war von tiefen Furchen durchzogen, die Nase sah aus wie eine dünne, aufblitzende Klinge, und der Mund war ein blutloser, lippenloser Spalt über dem arrogant vorspringenden Kinn. Wie würde man so eine Büste nennen – der Fanatiker, der Irre, der Psychopath? Daran hatte ich gedacht, als ich ihn zum ersten Mal sah. Jetzt fiel mir ein besserer Name ein.

Geisterbeschwörer.

Ein gefährlicher obendrein, geradezu mörderisch, wenn alles, was ich über ihn gehört hatte, der Wahrheit entsprach. Und doch hatte er sich auf verblüffende Weise verändert. Statt des zerschlissenen schwarzen Mantels mit dem Gürtel trug er jetzt diese dunkle Robe, allem Anschein nach aus Samt. Das zudem zerzauste und verfilzte weiße Haar wurde von einem eleganten Reif aus schwarzem Samt zurückgehalten – war es nicht auch gepudert? Das alte Ferkel sah aus wie ein Priester aus dem achtzehnten Jahrhundert – vielleicht wie einer der rassigeren französischen *Abbés.* Was hatte sich sonst noch verändert? Der Schmutz des Asketen schwärzte noch immer sein Gesicht und tauchte die ohnehin schon tiefen Falten in düstere Schatten. Der Puder an seiner hohen Stirn war klumpig und grau, und in den Augenwinkeln klebten kleine gelbe Tropfen; wieder nahm ich den strengen Geruch wahr, der den alten Strolch umgab. Das ging mir nicht allein so; auch das Pferd blähte entsetzt die Nüstern. Sogar die Samtrobe war hier und dort mit altem Unrat verklebt. Ein Leopard kann seine Flecken verstecken – indem er sich in einen schwarzen Panther verwandelt. Am besten höflich bleiben.

»Du siehst gut aus«, sagte ich, und er verbeugte sich kaum wahrnehmbar. »Ich vermute, all das«, dabei zeigte ich auf das Pferd, »verdanke ich dir?«

Wieder verbeugte er sich. Wollte er damit einen guten Eindruck machen? »Ich dachte, daß ich dir wenigstens ein passendes Transportmittel schicken müßte. Tatsache ist, mein Junge, daß gerade in dem Moment, als du meine Dienste brauchtest, auch ich das Bedürfnis nach den deinen verspürte.«

»Was? Ich meine, wie bitte? Was für …«

Schotter gurgelte in seiner Kehle, als er trocken auflachte: »Ah, keine Angst, mein Junge, ich würde dich nicht wegen jedem Dreck bemühen … der meine allumfassenden Belange angeht. Laß es uns so ausdrücken: Ich brauche momentan genau die Qualitäten, die mir schon lange abgehen. Ich bin jetzt ein alter Mann, werde schnell müde. Doch ich wollte nicht, daß deine schon seit so langer Zeit anstehende Verpflichtung für dich zur Belastung, zur ewigen Bedrohung wird. Besser noch, ich dachte daran …«

»Äh, entschuldige einen Moment. Meine … *Verpflichtung?*«

Er lächelte vernichtend, obwohl seine Augen funkelten. »Aber ja doch. Unser erstes Zusammentreffen. Du wirst wohl nicht abstreiten, daß ich dir damals behilflich war, oder? Eine wirkliche Hilfe, in jeder Lage? Wäre es dir ohne meine Hilfe gelungen, die blonde Claire wiederzufinden? Hättest du das fliehende Schiff der Wölfe aufhalten können – oder sie wieder aufgespürt, nachdem sie dir schon einmal entwischt waren? Und dann meine lieben jungen Helfer, die sich für dein Anliegen opferten. Selbst in den Wolken des Großen Rades kannst du das doch nicht vergessen haben?«

»Nein, natürlich nicht«, antwortete ich flüsternd. Ich hatte so manchen Alptraum in Verbindung mit diesen »jungen Helfern« durchlitten, bevor ich herausfand, wer sie wirklich waren. »Natürlich nicht! Ich habe dir doch dafür gedankt! Ich habe dir ein kleines Vermögen in Gold überlassen!«

»Sehr großzügig«, entgegnete der alte Mann, noch immer mit diesem verächtlichen Kichern in der Stimme. »Hätte dein Gold diese Hilfe auch sonstwo kaufen können? Mein junger Adept des Handels, nicht alle Schulden kann man in Gold zurückzahlen. Was ich von dir verlange, ist nicht mehr als eine unbedeutende und einfache Gefälligkeit. Ich dachte, es ist besser, wenn ich dir die Chance gebe, es dir gleich jetzt von der Seele zu schaffen und auf diese Weise wieder reinen Tisch zu machen. Nun, dabei hätte ich nie auch nur mit diesem kleinen

Anflug des Zögerns gerechnet!« Er zog eine Grimasse. »Nicht daß mich so etwas verletzen könnte. Ich muß dich aber warnen, ich kann mir keine leichtere Art vorstellen, wie du deine Schulden zurückzahlen kannst.«

Das Pferd war unruhig, scheute und warf den Kopf ungeduldig zur Seite. Es wurde immer nervöser, was ich ihm nicht im geringsten verdenken konnte. Ich tätschelte und beruhigte es ausdauernd, um Zeit zum Überlegen zu gewinnen. Le Stryge! Es stimmte, er hatte mir vor vielen Jahren geholfen – obwohl ich am Schluß eigentlich ihn gerettet hatte. Lange Zeit später hatte ich daran gedacht, ihn erneut aufzusuchen, doch der Vorschlag hatte meine Freunde in der Spirale in Angst und Schrecken versetzt. Vor allem Jyp, den Navigator, Jyp, der mich damals überhaupt erst zu ihm geführt hatte. Hatte er nicht betont, wie gefährlich Stryge war – wie unzuverlässig? Wie er sich jede Gelegenheit, die ich ihm in die Finger spielte, zunutze machen würde; aber hatte ich ihm schon einen Anlaß gegeben? Und wenn schon – welche Macht würde ihm das verleihen?

Das große Pferd reagierte auf meine Stimme und meine Berührung. Es war Stryge, der es nervös machte, das war offensichtlich – und interessant. Der alte Hund mochte es wohl geschickt haben, doch es war keine seiner Kreaturen. Ich setzte mich im Sattel auf und blickte auf ihn hinunter.

»Ich zahle meine Schulden, Stryge, solange sie berechtigt sind. Aber ich weiß, warum du mir damals geholfen hast. Es war nicht umsonst. Es ging darum, einer deiner Verpflichtungen Jyp gegenüber nachzukommen; wenn überhaupt jemandem, dann schulde ich ihm etwas. Alles, was du von mir verlangst, bringt die Waagschale wieder aus dem Gleichgewicht. Du hast mich immer einen Narren genannt, Stryge. Nun, wenn du einen Dummen suchst – *such dir einen anderen!*«

Ich riß die Zügel herum, grub die Fersen in die Flanken. Mit lautem Wiehern sprang der ohnehin angespannte Schimmel los und drehte sich einmal auf den Hinterbeinen im Kreis. Die

Hufe schlugen Funken aus dem Fels über dem Kopf des alten Mannes, und Stryge, der darunter gefangen war, taumelte und stürzte hinter den Monolithen. Wie gehofft, schnalzte ich mit den Zügeln, sobald sich das Tier etwas beruhigt hatte, doch es brauchte keine Anweisungen mehr. Mit einem wilden, gelösten Aufschrei stob es davon, den Pfad zurück, auf den Weg, den wir gekommen waren. Ich beugte mich wieder tief über den Hals, und bei dem Gedanken, was da jederzeit hinter uns hergeschickt werden konnte, kribbelte mir gehörig der Rücken. Ein Steinsturm, ein Kugelblitz oder Feuerball – oder irgendein schreckliches Schnarren, das mich wie einen Fisch am Haken wieder zurückholte. Wahrscheinlicher war etwas, das ich mir gar nicht vorstellen konnte. Davor hatte ich weit mehr Angst als vor Kugeln. Ich wollte mich irgendwo auf den Boden werfen und verkriechen, doch hier oben war das nicht gerade angeraten. Nein, es gab nur die Kraft und Wendigkeit dieser starken Flanken.

Endlich erreichten wir die Biegung, preschten herum, aus dem direkten Sichtfeld der Steine heraus. Jetzt waren wir wieder da, wo man uns beschossen hatte, doch das kam mir vergleichsweise sicher vor. Das Pferd erinnerte sich zweifellos daran. Es raste wie der Wind, dieses noble Tier, und der Staub wirbelte wie ein Schutzschild hinter uns auf. Ängstlich blickte ich mich nach dem Wolkendach um, doch dort rührte sich nichts. Da, vor uns, ragte der Scheitelpunkt des Passes auf. Hier mußten wir etwas langsamer werden, woraufhin ich einen langen Blick zurück riskierte. Weit hinten, erstaunlich weit, stand eine kleine, dunkle Gestalt mitten auf dem karstigen Weg, als würde sie uns beobachten. Aufsteigender Staub zog sich hinter ihr zu einem drachenhaften Strahlenkranz zusammen, doch Le Stryge bewegte sich nicht. Ein Schauer lief mir über den Rücken, und das Pferd wieherte, als wolle es mich in meinem Entschluß bestärken. Mit sicherem Tritt suchte es sich den Weg über den Grat und über den steinigen Hang dahinter, kam rutschend und schlitternd das steile

Stück hinunter und schließlich auf dem breiteren Bergpfad an. Dort nahm es das ursprüngliche Tempo wieder auf. Ich blickte zurück, wollte wissen, ob ich die kleine Silhouette gegen den Himmel sehen würde, die vielleicht gerade eine Lawine auf uns herabwünschte, doch es rührte sich nichts.

Die Sonne ging jetzt unter, der Himmel verdunkelte sich. Die Bergkuppen waren in der zunehmend roten Beleuchtung nicht mehr ganz so deutlich skizziert, nur mehr unscharfe Schattengebilde, die sich hinter dem Gipfel ausbreiteten. Das Wolkenmeer darunter wurde grauer und verwaschener, schloß sich wie ein feuchtes Tuch um uns, als wir, mittlerweile wieder im Trab, hineinritten. Hier war die Sicht nun völlig eingeschränkt, kaum erkannte ich die Schattenwand vor uns. Doch bevor ich an den Zügeln reißen konnte, waren wir schon hindurch, und Zweige peitschten über meine Wangen. Schon nach wenigen Sekunden erklang unter den Hufen ein hartes, harsches Geräusch, und wir waren in völliger Dunkelheit gefangen. Die beißende Luft kratzte im Hals und brannte in den Augen. Beim Geräusch eines in der Nähe aufheulenden Sportwagens scheute das Pferd leicht, und auch mir erging es nicht anders. Durchgerüttelt glitt ich aus dem Sattel, auf den Asphalt, der ein wenig unter meinen Füßen zu schwanken schien. Ich mußte mich kurz am Sattelknauf festhalten, wobei ich mit der anderen Hand in der Hosentasche nach den restlichen Zuckerstücken suchte.

»Ich wüßte gerne deinen Namen«, sagte ich zu dem Hengst. »Eigentlich müßte er ... Bucephalos lauten, oder Aster, Grane ...« Ich kümmerte mich, so gut es ging, um ihn, lockerte das Zaumzeug ein wenig und wünschte nur, ich hätte ihn ordentlich trockenreiben und versorgen können, so wie er das verdiente. Obwohl er sich das alles gefallen ließ, blickte er sich unruhig nach hinten, zu den Bäumen um, so daß ich den Eindruck hatte, er fühlte sich hier weder wohl noch sicher. Vielleicht rief ihn etwas. Ich gab ihm das letzte Stück Zucker und beobachtete, wie er die Nüstern blähte, sich umdrehte und unter die Zweige trottete. Auch ich drehte mich um und schritt über den verlassenen Parkplatz – zumindest hatte ich das vor. Ich war schon zu lange nicht mehr ausgeritten. Meine Beine und der Rücken waren ein einziger strahlender Schmerz, und ich betete inniglich, daß Terrasse und Bar noch so leer wie zuvor wären, damit mich niemand die Stufen hinauf und zu meinem Tisch humpeln sah. Dort ließ ich mich vorsichtig in den Stuhl sinken. Die Sonne hatte sich kaum am Himmel bewegt, und doch war der Unterschied enorm. Das Licht spielte inzwischen leicht ins Rötliche, die Wolken waren nurmehr Wolken, sonst nichts, so immens und substanzlos wie die Phantasievorstellungen der Menschen. Was gewesen war, blieb nur im Geist haften, in den Schmerzen, die ich mir zugezogen hatte, und in einer bohrenden Sorge. Es war geschehen – gegen den Schmerz ließ sich nicht argumentieren. Ich war über diesen Pfad geritten, so wie ich es mir gewünscht hatte, doch was hatte mich dort erwartet? Ein tiefer Wolkenkessel und ein noch tieferes Rätsel. Was noch? Gefahren, womöglich tödliche Gefahren. Wenn man bedenkt, daß ich mich vor einer oder zwei Stunden noch gelangweilt hatte – oder war es schon länger her?

Ganz unbewußt war meine Hand, dem Durstgefühl gehorchend, auf das unberührte Ginglas gesunken. Es war noch immer kalt. Ich hob es hoch – und hielt mitten in der Bewegung inne. Es war zweifellos das gleiche Glas, doch die Eiswürfel hatten noch nicht genug Zeit gehabt, in dieser drückenden Hitze zu schmelzen.

Kapitel 2

Ich hatte also allein sein wollen.

Doch nicht jetzt. Ich war zu aufgewühlt. Schon verwandelte sich dieser verrückte Ritt in etwas völlig Unmögliches, Traumhaftes, so wie es mit Erinnerungen, die die Spirale betreffen, oft geschieht. Trotzdem wälzte ich sie immer wieder in Gedanken hin und her. Obwohl sich die Bar inzwischen mit dröhnenden Messebesuchern füllte, die mit den einheimischen Bräuten lautstark geschäftliche Beziehungen abwickelten, blieb ich noch dort. Sobald der Gin den körperlichen Schmerz etwas betäubt hatte, schob ich mich in den Grill Room, wo ich ein nicht weiter erinnerungswürdiges Abendessen zu mir nahm. Jetzt saß ich gedankenverloren über einer Tasse Kaffee. Ich brauchte einen guten Rat, soviel war klar. Klar war auch, daß die Spirale der einzige Ort war, wo ich ihn finden konnte.

Vielleicht gelang es mir, sie zu erreichen. Häfen, Flußmündungen, die großen historischen Handelsknoten der Menschheit – an solchen Orten mit ihrem undurchsichtigen Schattengewirr überlappten sich die Grenzen zwischen Kern und Spirale, hier ließ sich am einfachsten von einer Sphäre in die andere überwechseln. Dabei mußten es nicht einmal altertümliche Orte sein. Einmal hatte ich eine sehr eigenartige Begegnung in einer der schlecht beleuchteten unterirdischen Passagen des Chicagoer Flughafens gehabt. Selbst hier konnte es Übergänge und Abzweigungen geben, doch ich kannte mich kaum aus, und das war immer gefährlich. Stryge überwachte sie womöglich, und gerade ihm wollte ich nicht gleich wieder in die Arme laufen. Er war ein rachsüchtiger alter Knochen, soviel wußte ich, und er war äußerst hartnäckig. Wenn er mich wirklich brauchte, würde er es nicht einfach wieder vergessen. Er hätte mich aufhalten können, und allein der Gedanke daran ließ mir den kalten Angstschweiß ausbrechen. Ich hatte einmal gesehen, wie er durch einen Akt schierer Grausamkeit einem großen Schiff den Wind aus den Segeln genommen hatte. Warum also hatte er mich entkommen lassen?

Ich fluchte leise vor mich hin. Über dieses uferlose Thema hatte ich mir den Kopf schon allzuoft zerbrochen. Man machte sich nur verrückt damit. Ich brauchte Zerstreuung, aber eine bessere Gesellschaft als die verschwitzte Meute dort an der Bar. Natürlich gab es noch Lutz' Party. Eigentlich hatte ich mich taktvoll fernhalten wollen, doch vielleicht war etwas weltläufiger Glanz und Glitter jetzt genau die richtige Therapie. Am besten legte ich mich vorher ein oder zwei Stunden aufs Ohr. Ich rappelte mich hoch, ließ den Kaffee ohne viel Bedauern stehen und ging steif auf die Fahrstühle zu. Ich hatte mehr oder weniger auf Autopilot geschaltet und brauchte einen Augenblick, bis ich bemerkte, daß das leise, hartnäckige Piepsen aus meiner Tasche kam. Doch als ich das kleine Gerät mit dem rotblinkenden Lämpchen herausgefischt hatte, war ich plötzlich hellwach. Es sah wie ein Taschenrechner aus, und das war es auch; zusätzlich war es jedoch auch ein unglaublich teurer Pager, der mit dem Telefon in meinem Koffer – und den infraroten Bewegungssensoren an seiner Vorderseite – verbunden war. Ich ging ins Treppenhaus, setzte mich einen Moment zitternd auf die ersten Stufen, sah dann wieder etwas klarer und stürzte auf den Fahrstuhl zu. Vielleicht ging es etwas schneller, fünfundzwanzig Stockwerke hinaufzurennen, doch was brachte das, wenn ich oben war?

Ich drückte auf den großen Knopf und sprang durch die erste zurückgleitende Tür, wobei ich Dave abwechselnd segnete und verfluchte. Segnete, weil er diese erstklassigen Berater in Sachen Industriespionage angeschleppt und die teuerste Ausrüstung gekauft hatte; verfluchte, weil es höchstwahrscheinlich blinder Alarm war und das Gerät entweder auf die Heizung, das Zimmermädchen oder wer weiß was reagierte. Zur Untätigkeit verdammt, wippte ich auf der Fahrt nach oben wütend mit dem Fuß und verfluchte meine Vorliebe für Zimmer im obersten Stockwerk. Oben angekommen, stürmte ich mehr oder weniger aus dem Lift, in der Erwartung, ein schnurrbärtiges türkisches Stubenmädchen beim Bettenabziehen vorzufinden. Doch von dem glasverkleideten Absatz hatte ich die ganze Hotelfront im Blick – meine Fenster waren nicht erleuchtet. Und doch zeigte mir das kleine Display an, daß der Alarm noch immer akut war. Ich stürmte den Korridor hinunter, leiser jetzt, schlich mich seitlich an meine

Tür heran und spitzte die Ohren. Da war nichts – oder? Wenn es ein Zimmermädchen war, bewegte sie sich verdammt leise.

Ich schluckte. Sollte ich unten bei der Rezeption anrufen oder mich einfach hinter einer der Topfpflanzen verstecken und warten, bis jemand aus dem Zimmer kam? So oder so würde ich mich total lächerlich machen, falls sich herausstellte, daß alles nur Einbildung war. Andererseits gefiel mir die Vorstellung überhaupt nicht, daß sich jemand an meinen Sachen zu schaffen machte. Vorsichtig schob ich die Plastikkarte in den Schlitz und drückte mit unendlicher, beinahe schmerzhafter Langsamkeit den Griff hinunter. Ich wußte, daß der Türmechanismus geisterhaft leise war; aber die Scharniere? Ich drückte mich sachte gegen die Tür: kein Lichtschein zu sehen. Ich drückte ein wenig weiter: Ein Streifen tiefster Dunkelheit flutete aus dem Spalt. Gerade als ich sie ganz öffnen wollte, schossen mir zwei unglaubliche, unangenehme Gedanken durch den Kopf. Falls sich jemand dort drinnen in der Dunkelheit aufhielt, könnte er mir bequem hinter der Tür auflauern. Und: Das alles hatte womöglich etwas mit Le Stryge zu tun.

Ich hätte eher daran denken müssen, aber die Welt der Alarmanlagen, Fahrstühle und kodierten Türschlösser schien so weit von der seinen entfernt zu sein. Doch wie ich schon einmal, zu meinem Nachteil, herausgefunden hatte, mußte das nicht unbedingt so sein. Eigentlich wollte ich weder ihm noch einem seiner Helfer, seiner Kreaturen im Dunkeln über den Weg laufen. Ich hielt den Atem an und hörte tatsächlich etwas, ein entferntes Quietschen, ein Klicken, ein leises Zischen …

Mein Puls dröhnte mir in den Ohren; doch wenn ich die Tür jetzt zumachte, würde ich es vielleicht nicht schaffen. Meine Finger schwitzten und sehnten sich nach dem großen Breitschwert, das zu Hause über dem Kamin hing. Wenn es hier wirklich einen Übergang zur Spirale gab, war es eventuell sogar möglich, es herbeizurufen. Wenn ich mich täuschte, waren dann jedoch einige interessante Erklärungen fällig. Besser noch etwas abwarten. Ich schob die Tür ein Stück weiter auf – und sah den dünnen Lichtstreifen unter der Schlafzimmertür.

Es war kein gewöhnliches Licht, nicht der trübe Schein der Nachttischlampen, auch nicht die brutale Helligkeit der Leuchtröhren aus dem Badezimmer. Es schimmerte trübe und grau, zu stumpf, um leuchtend genannt zu werden. Es reichte jedoch aus, daß ich durch den Spalt zwischen den Scharnieren spähen konnte. Hinter der Eingangstür lauerte nichts, auch im Wohnzimmer hielt sich niemand auf. Was immer es war, es mußte sich im Schlafzimmer befinden. Dann hörte ich erneut dieses Klicken und das leise Zischen ungeduldig ausgestoßenen Atems, und jetzt wurde mir auch schlagartig klar, woher dieses trübe Licht kam. Mit drei Schritten hatte ich das Zimmer durchquert, und noch bevor die Eingangstür hinter mir ins Schloß fiel, stieß ich die Schlafzimmertür weit auf.

Im gespenstischen Schein meines Computerbildschirms sprang eine Gestalt vom Bett auf. Der Computer kippte um, ich hatte kurz den Eindruck von etwas Schlankem, leopardenhaft Schnellem, dann wurde ich, als es an mir vorbeischnellte, gegen den Türrahmen geworfen. Es war allerdings nicht schnell genug. Auch wenn ich steif und wund war – ich hatte ebenfalls gelernt, schnell zu reagieren. Ich bekam einen Arm zu fassen. Er fühlte sich wie ein in Seide gehülltes Bündel Stahlkabel an. Sein Eigentümer wirbelte noch mit der eigenen Geschwindigkeit herum, verschenkte nichts davon und ging sofort auf mich los. Eine Faust schrammte an meiner Wange vorbei, eine zweite grabschte nach meiner Kehle. Ich preßte das Kinn auf die Brust, um meinen Kopf in einen geeigneten Winkel zu bringen. Ein fairer Kampf war jetzt wohl nicht angesagt. Ich schlug hart zu, und die Gestalt rollte rücklings über das Bett. Ich hechtete ihr nach, sie zuckte zur Seite, ich krachte auf das Bett, erwischte jedoch noch ihren ausgestreckten Arm. Die Hand griff nach meinem Unterleib und hätte sich beinahe festgekrallt, dann landete die andere Faust einen betäubenden

Kaninchenschlag in meinem Nacken. Ich knickte gurgelnd ein, die schattenhafte Gestalt sprang auf und suchte das Weite.

Sollte ich mich etwa beschweren? Bei wem auch? Ich trat mit dem gestreckten Bein nach ihr. Meine Fußsohle erwischte das Hinterteil des Eindringlings und schickte ihn in die Richtung, die er eingeschlagen hatte – nur etwas schneller. Die dunkle Gestalt prallte vom Türrahmen zurück und sank in sich zusammen. Immer noch schwindlig, rollte ich mich vom Bett direkt auf ihn, plazierte einen Hieb mitten auf seine Nase und erwischte statt dessen etwas Seidiges, das zerriß. Dann traf mich ein energischer Schlag am Kinn, eine Faust wurde mir in den Bauch gerammt, und als durchschnittlicher Geschäftsmann wäre ich von diesem Zeitpunkt an wohl eine leichte Beute gewesen.

Ich kippte nach hinten, der Eindringling sprang auf – und ich packte ihn von hinten, schleuderte ihn gegen die Badezimmertür. Das verhalf mir – auf den Knien – zu einigen Sekunden Verschnaufpause, wobei ich mich zusammennehmen mußte, um mich nicht zu übergeben. Der Eindringling kam ebenfalls wieder hoch. Ich sah, wie sich eine behandschuhte Hand versteifte, und duckte mich weg; ein wirklich klassischer Handkantenschlag zerteilte meine Frisur und sauste wirkungslos auf die Matratze nieder – doch dann säbelte die andere Hand gegen meinen linken Arm und hätte ihn beinahe gefühllos gemacht. Verzweifelt schnappte ich mir seinen Arm mit der Rechten, warf die Gestalt flach auf den Teppich und rammte ihr einen Ellenbogen in die Nieren. Der Eindringling trat mir gegen die Kniescheibe, hart genug, um sie zu zerschmettern, wenn ich mich nicht rechtzeitig zurückgezogen hätte. Trotzdem japste ich vor Schmerz auf und schlug wieder nach ihm, worauf wir uns in ein unbeschreibliches Knäuel aus ineinander verstrickten Gliedern und wüsten Schlägen verwandelten – einige davon wären sicherlich tödlich gewesen, hätten wir nur genügend Zeit und Platz gehabt, sie richtig zu landen. Einige meiner Freunde und eine ganze Reihe von Feinden hatten mich in dieser unwürdigen Kampftechnik recht gut geschult, doch dieser Eindringling war ein ernstzunehmender Gegner. Und ein ziemlich hinterlistiger obendrein. Mit unerbittlicher Hartnäckigkeit krallten seine Finger bei jeder sich bietenden Gelegenheit nach meinen Augen oder meinem Unterleib, versuchten an Nase, Ohren, Mund und anderen empfindlichen Stellen zu reißen. Auf diese Art konnte ich nicht kämpfen, nicht einmal, wenn ich genug Platz gehabt hätte. Schließlich warfen wir uns gegenseitig in der Lücke zwischen Bett und Wand hin und her; jedesmal, wenn einer aufstehen wollte, trat ihm der andere die Beine unter dem Körper weg oder sonst etwas in dieser Preisklasse.

Da es Samstagabend und zudem Essenszeit war, hielt sich in den benachbarten Suiten niemand auf, sonst wäre der Lärm bestimmt aufgefallen. Es konnte nicht lange gedauert haben, auch wenn es mir wie hundert Jahre vorkam, doch dann wurde mir etwas klar. Ich hatte mich von diesem Arm täuschen lassen.

Er fühlte sich kräftig an, er war ziemlich stark – aber er verfügte nicht über meine Kraft. Immer wenn ich aufhörte zu schlagen und statt dessen zu klammern versuchte, geriet der Eindringling in Panik und fing um so verzweifelter mit seiner Kratzerei an. Schließlich stießen zwei Finger in meine Nase, ich ließ erschrocken los – und klappte stöhnend zusammen, als mir ein Knie in den Unterleib gerammt wurde. Mein Besucher machte einen Satz in Richtung Tür – und stieß mit dem Bett zusammen, das ich ihm mit den Füßen in den Weg geschoben hatte. Das hatte er nicht erwartet, weil er selbst dazu nicht in der Lage gewesen wäre. Er stolperte, und schon war ich auf den Füßen und hinter ihm. Ich versetzte ihm einen wuchtigen Schwinger gegen den Hinterkopf. Er fiel nach vorn, ich ließ mich mit meinem ganzen Gewicht auf ihn fallen und drückte sein Gesicht in die erstickend weiche Tagesdecke des Hotelbetts.

Das Risiko hatte sich ausgezahlt. Ich hatte dieses letzte Zusammenklappen nur vorgetäuscht, um ihn zur Flucht zu verleiten. Jetzt würde er nirgendwo mehr hingehen. Ich hatte ein Knie auf seinem Rücken, das andere auf dem Nacken. Seine Arme hatten sich im Bettzeug verheddert, die Beine strampelten hilflos. Ich spürte, wie er verzweifelt nach Luft schnappte, wobei er laute Schnorchelgeräusche von sich gab. Wenn ich ihn nicht bald hochkommen ließ, würde er ersticken. Großer Gott.

Ich setzte mich auf und versuchte erst einmal selbst wieder richtig zu atmen, massierte meine Blessuren, wartete, bis sich mein Adrenalinspiegel einigermaßen normalisiert hatte, und genoß es, wieder richtig Luft zu bekommen. Wahrscheinlich hatte ich schon schwerere Kämpfe ausgefochten, und das nicht nur mit menschlichen Wesen. Doch einfach nur herumzusitzen wurde etwas langweilig. Ich entschied mich, meinen Gegner zunächst zu durchsuchen. Sein Zappeln verstärkte sich, was ich einfach ignorierte; er trug eine Art eng anliegenden Kampfanzug, der nach Schweiß und – so etwas wie Rasierwasser roch. Wo hatte er seine Taschen? Ich fand eine, zog einen Ring mit metallischen Instrumenten und einer kleinen Sammlung perforierter Plastikkarten heraus; vermutlich Einbrecherwerkzeug, und dazu recht ausgefuchstes, wenn es in der Lage war, solche Türen zu öffnen. Noch etwas? Ich wühlte in einer Hosentasche – dann schloß sich meine Hand vor Schreck. Der Körper unter mir krümmte sich, doch nicht halb so stark, wie ich es getan hätte.

Vor Erstaunen entwaffnet, rollte ich zur Seite. Es zeigte sich, daß ich ein saubererer Kämpfer war, als ich gedacht hatte. Hätte ich einige Male öfter unter die Gürtellinie gezielt, hätte ich sicherlich viel früher herausgefunden, daß ich damit nur meine Zeit verschwendete.

Ich schwang mich vom Bett herunter, hob dabei den Computer auf und schaltete das Deckenlicht an. Dann starrte ich in das Gesicht, das sich von der Bettdecke erhob, purpurrot, schweißtriefend; aus einem Nasenloch sickerte Blut. Die zerfetzten Reste einer Skimaske saßen schief über dem Gesicht.

»Sie sollten am besten noch nicht einmal daran denken!« knurrte ich, als ich das mörderische Flackern in dem noch offenen Auge sah. »Am Telefon ist ein Alarmknopf – eine falsche Bewegung, und ich drücke drauf. Außerdem sind Sie jetzt wohl kaum in der Verfassung, es noch einmal mit mir aufzunehmen!«

Die Frau ließ den Kopf sinken und stieß einen tiefen, schluchzenden Seufzer aus. Das war nachdrücklicher als jeder Fluch. Ich blickte auf sie hinunter, und eigenartigerweise schämte ich mich. Jetzt erst sah ich die Kabel, die meinen Computer mit der speziellen, für Fax und Modem vorgesehenen Telefonsteckdose verbanden. Ich warf einen Blick auf den Bildschirm. Allmählich ging mir ein großes Licht auf. Ich drückte die Pausetaste.

»Wohin haben Sie meine Daten geschickt?« fragte ich. Die Frau schwieg. Ich versuchte es auf deutsch, dann auch in anderen Sprachen.

Sie murmelte etwas, das ziemlich obszön klang.

»Na schön. Bleiben wir bei Englisch. Nehmen wir den schönen Ausdruck *Industriespionage* – ist er Ihnen geläufig?«

Schweigen. Ich betrachtete sie einen Augenblick, auch wenn sie nicht gerade den tollsten Anblick bot. Sie war recht groß, ziemlich gut gebaut – geschmeidig wie ein Panther, dabei nicht unbedingt flachbrüstig; leider wurde der Gesamteindruck von ihrem Gesicht beeinträchtigt. Momentan sah es schrecklich aus: Ein Auge schwoll an und verfärbte sich dunkelblau, die Oberlippe war aufgeplatzt und dick, und aus der Nase rannen noch immer Schleim und Blut. Ich konnte mich jedoch des Eindrucks nicht erwehren, daß sie sogar in besserer Verfassung keine Schönheitswettbewerbe gewinnen würde. Es war ein verdrossenes, hartes Gesicht, so hart wie ihre Fäuste, angefangen von dem tiefen V zwischen den Augenbrauen bis zu den mürrischen Falten, die von den Flügeln ihrer langen Nase zum vollen Mund verliefen. Das kurzgeschnittene, schwarze Haar klebte verschwitzt am Kopf – mehr ließ sich nicht dazu sagen. Mit diesem Gesichtsausdruck war ihr Alter schwer zu schätzen, vielleicht Mitte Vierzig, nach einem kurzen Blick auf ihren Hals zog ich jedoch sofort zehn, wenn nicht noch mehr Jahre ab. Solche Gesichter hatte ich schon oft bei Sportlerinnen gesehen, hauptsächlich bei Verliererinnen. Es war alles andere als einnehmend, voller Haß, das Gesicht eines Menschen, der immer haßte, egal, ob im Recht oder im Unrecht.

Trotzdem versuchte ich erneut mein Glück. »Vielleicht haben Sie jetzt das Bedürfnis, mir etwas zu erzählen. Zum Beispiel, wer Sie sind und was Sie hier zu suchen haben! Es wäre an der Zeit, ein paar Pluspunkte zu sammeln, finden Sie nicht?«

»Es gibt Leute, die wissen, wo ich bin.« Ihre Stimme war tief und tonlos. »Wenn Sie mir etwas antun, bekommen Sie es mit ihnen zu tun.«

Ich zuckte die Achseln. Sie mauerte und würde wohl auch stur bleiben. Ich schaute auf die Telefonnummer – 010 33. Frankreich, wo es keine Vorwahlnummern gab … doch das sah mir eindeutig nach einer Straßburger Nummer aus. Ich tippte einen Befehl ein, um sie zu sichern, schickte dann eine ziemlich ausdrucksstarke Beschimpfung hinterher und unterbrach den Kontakt. Dann sprang ich zur Seite, gerade noch rechtzeitig, um ihrem Angriff quer über das Bett zu entgehen. Ich hielt den Computer außerhalb ihrer Reichweite und zog die Strippen aus den Anschlüssen. »Böses Mädchen!«

Einen Moment lang dachte ich, sie würde mir kreischend an die Kehle fahren, statt dessen setzte sie die Füße ermattet auf den Boden und vergrub das Gesicht in den Händen. Ohne sie aus den Augen zu lassen, stellte ich den Computer vorsichtig wieder ab. »Sie lernen wohl nichts dazu, was? Vielleicht sollte ich doch gleich einen Trupp kräftiger Portiers heraufbestellen, die Sie der Polizei übergeben.«

Sie schnaubte verächtlich und schluckte. »Tun Sie's doch. Versuchen Sie's! Sie tun es ja doch nicht! Denn was würde sonst aus Ihren kleinen Geheimnissen werden?« krächzte sie. Ich hatte so etwas Ähnliches schon einmal gehört – wo war das bloß gewesen? Das gleiche monotone Knirschen, voller Sarkasmus und Selbstgefälligkeit, jemand, der weiß, daß er im Recht ist und kein Vergnügen dabei empfindet. »Könnte gut sein, daß sie Ihnen einige Fragen stellen möchten, wenn sie erst sehen, was Sie da für Zeug in Ihrem Maschinchen stecken haben!«

Ich kniff die Augen zusammen. Sicherlich befanden sich einige geschäftliche Geheimnisse in diesen Dateien, aber nichts allzu Umwerfendes. »Welches Zeug meinen Sie denn?«

Sie spuckte beinahe vor mir aus. »Über Sie! Über Sie und Ihre feinen Kollegen in diesem europäischen Transitprojekt. Sie werden doch nicht etwa glauben, daß die Leute nicht wissen, was Sie vorhaben! Diese Namen verraten demjenigen, der etwas davon versteht, so ziemlich alles!«

»Was sollen sie denn verraten?«

»Ach, tun Sie doch nicht so! Diese Arschgeigen? Als ob sich alle für etwas so Unschuldiges engagieren würden! Die Hälfte von ihnen sind Überbleibsel der Nomenklatura der alten kommunistischen Regimes, aus der Führungsriege sogar – und der Rest, das sind die korrupten Fettwänste, mit denen sie schon immer Geschäfte gemacht haben. Und dann noch Extremisten – so wie Ihr Busenfreund, der Herr Baron!«

»Lutz von Amerningen? Was ist denn mit ihm?«

Sie hob theatralisch die Schultern. »Oh, gar nichts. Bis auf diese neuen Bewegungen, die hier überall aus dem Boden sprießen, nicht nur in Deutschland, sondern in ganz Europa. Und wie sie alle auf Trainingslager abfahren, auf Armbinden und die Politik der Straße – so wie heute. Sie treten unter vielen Namen auf, doch es sind nichts anderes als Neonazis, jeder einzelne von ihnen. Und der Herr Baron hat überall die Finger tief mit drin. Aber das haben Sie ja bestimmt nicht gewußt.«

Ich lehnte mich an die Wand. »Zufälligerweise ist es wirklich so.«

»Das darf doch nicht wahr sein!« rief sie in gespieltem Erstaunen. »Und natürlich glauben Sie kein Wort davon!«

Ich zuckte die Achseln. »Spielt das eine Rolle? Es würde mich nicht sehr verwundern – jedenfalls bei einigen von ihnen. Es ist eine bedauerliche Tatsache, daß man im Osten keine Geschäfte machen kann, ohne immer wieder auf solche Typen zu stoßen. Als der Zusammenbruch kam, waren sie die einzigen, die überhaupt Führungsqualitäten vorweisen konnten, und deshalb haben sie sich am schnellsten mit den neuen Verhältnissen arrangiert. Die meisten sind auf ihre Art ziemlich harmlos. Bei Lutz könnte ich es mir trotzdem vorstellen. Ist sein Vater nicht im letzten Krieg ein hohes Tier gewesen? Als Mensch war er mir von Anfang an nicht besonders sympathisch.«

»Sein Vater?« Sie mußte aus irgendeinem Grund grinsen, was ziemlich grotesk aussah. Sie blickte sich um, und plötzlich schnellte ihre Hand zur Kommode. Ich zuckte zusammen – sie war alarmierend schnell –, doch sie hob nur eine längliche weiße Karte auf und schleuderte sie mir vor die Füße. Lutz' Einladung. »Und das hier?«

»Das ist die erste überhaupt«, sagte ich gleichgültig. »Außerdem war ich nicht einmal sicher, ob ich hingehen soll oder nicht.«

Sie schenkte mir ein spöttisches Lächeln.

Ich zuckte wieder die Achseln. »Mir ist egal, was Sie denken. Ich bin schließlich nicht derjenige, der hier etwas beweisen muß. Alles, was ich von diesen Leuten weiß, ist, daß sie respektable Geschäftsleute sind, nicht nur in ihren eigenen Ländern, sondern europaweit anerkannt, und aus diesem Grund arbeitet meine Firma mit ihnen zusammen. Angenommen, Ihre Verdächtigungen bergen wirklich einen Funken Wahrheit, angenommen, es liegt wirklich auch nur der kleinste Schatten auf ihrer Vergangenheit – uns ist das nicht bekannt.

Weder geschäftlich noch anderweitig, offiziell oder inoffiziell – was nicht heißt, daß wir außerhalb der Geschäfte viel miteinander zu tun hätten. Und über meine Firma gab es in dieser Hinsicht noch nie – damit meine ich wirklich *noch nie* – irgendwelche Beschwerden. Wir sind ein geradezu vorbildlich multikulturelles Team, halten uns aus der Politik heraus, haben keinerlei Verbindungen zu irgendwelchen Parteien, *nichts*! Weshalb haben Sie es also ausgerechnet auf uns abgesehen? Wer sind Sie überhaupt, da wir gerade beim Thema sind?«

Sie starrte mich nur an, sagte jedoch nichts. Ich hatte sie nicht im geringsten erschüttert. Jetzt fiel mir plötzlich ein, an wen mich die Stimme erinnerte: an keine andere als die einer meiner Kindergärtnerinnen, eine hinterhältige alte Schnepfe, die fest davon überzeugt war, daß wir Kinder uns gegen sie verschworen hatten, und mit diebischer Freude daran arbeitete, uns auf die Schliche zu kommen. Natürlich dauerte es nicht lange, und die Kinder machten tatsächlich hauptsächlich sie zur Zielscheibe ihrer Streiche. Meine Besucherin hatte womöglich das gleiche Problem. Ich dachte nach, ließ mir dabei genügend Zeit. Eine Polizistin war sie wohl nicht – sie hatte von *ihnen* gesprochen. Außerdem schien sie ein bißchen zu unsicher zu sein. Allmählich drängte sich mir der Verdacht auf, daß ich es mit einer besessenen rasenden Reporterin zu tun hatte. Ich konnte sie wegen einer ganzen Reihe von Delikten verklagen: Verletzung der Privatsphäre, tätlicher Angriff, Datendiebstahl und was auch immer das deutsche Gegenstück zu unbefugtem Eindringen und Einbruch sein mochte. Doch diese selbstgerechte Furie konnte eine Menge Dreck um sich werfen, und am Ende blieb vielleicht sogar etwas hängen.

»Und jetzt?« erkundigte sie sich. »Jetzt haben Sie wohl nichts Eiligeres zu tun, als die Polizei zu verständigen?«

»Genau«, sagte ich. »Ich habe die Nase voll von Ihnen. Raus!«

»Soll ich für Sie wählen?« fragte sie süßlich. »Nein? Komisch daran ist nur ...«

Ich schnappte sie am Kragen und zog sie auf die Füße. »Momentan können wir eure schmutzige Öffentlichkeit nicht gebrauchen«, grunzte ich, durchsuchte rasch ihre restlichen Taschen und fand eine Reihe obskurer kleiner Werkzeuge sowie einen Zimmerschlüssel. Keinen Ausweis, nichts. Ich spürte den Saum, wo das Etikett des Anzugs abgetrennt worden war. »Das ist der einzige Grund, weshalb Sie so ungeschoren davonkommen. Aber hören Sie gut zu. Wenn Sie das Zimmer ...« Ich las die Nummer vom Schlüssel ab, »... Nummer 1726 nicht morgen früh verlassen haben, lasse ich Sie rausschmeißen. Haben Sie das verstanden? Es wird mir ein Vergnügen sein!«

»Das glaube ich gerne!« zischte sie.

»Dann ist ja alles klar!« Ich zeigte mit dem Daumen auf die Eingangstür, und sie humpelte an mir vorbei. Dann stolzierte sie mit einer derart einstudierten Unverschämtheit durch das Wohnzimmer, blieb sogar kurz stehen, um einen Stapel Papier mitzunehmen, daß ich sie am Arm packte und mehr oder weniger in den Korridor schleuderte. Auf dem dicken Teppich kam sie kurz ins Stolpern, fiel jedoch nicht hin. Daraufhin warf sie mir noch einen vernichtenden Blick zu, zischte etwas mit zusammengebissenen Zähnen und schlenderte dann mit übertriebener Würde den Korridor hinunter, offensichtlich darauf bedacht, nicht zu humpeln. Ich schaute ihr noch einen Augenblick nach, dann ließ ich die Tür zufallen. Der Dämpfer bremste sie kurz vor dem Zuschlagen ab, weshalb ich noch ein unkontrolliert ausbrechendes, hastig ersticktes Heulen aus dem Flur hörte. Plötzlich fühlte ich mich selbst entschieden weniger selbstgerecht; das ärgerte mich so, daß ich erneut wütend wurde.

Ich ging ins Bad, um mich zu waschen, wobei ich den Blick in den Spiegel vermied. Wie hätte ich anders reagieren können? Sie hatte mir keine andere Chance gelassen. Hätte ich mich nicht gewehrt, hätte sie mich zusammengeschlagen und wäre entkommen, vielleicht sogar mit meinem Computer. Wenigstens hatte sie nicht den Frauenbonus in einer seiner beiden Varianten ausgespielt; der naheliegende schied wohl aus offensichtlichen Gründen aus. Dieses Gesicht – oder war das nur eine bewußt zur Schau getragene Maske? Ich versuchte, sie mir ohne sie vorzustellen, doch es wollte nicht recht gelingen. Wer war sie überhaupt? Ich bedauerte bereits, sie so einfach gehen gelassen zu haben. Ich hätte mehr herausfinden sollen, doch konnte ich es ja schlecht aus ihr herausprügeln. Ich zuckte zusammen, als das heiße Wasser in mehreren Kratzern und Abschürfungen brannte. Sie hatte mich ganz schön zugerichtet. Wo hatte sie bloß so zu kämpfen gelernt? Und wie hielt sie sich so fit? Durch Bergsteigen wie ich?

Bergsteigen.

Zimmer 1726, das bedeutete siebzehntes Stockwerk. Vier unter mir. Wo befand sich wohl Zimmer 26? Auf dieser Seite des Gebäudes, aber um die Ecke herum, eines der billigeren Zimmer. Das paßte. Ich sah mir eine der kleinen Apparaturen an, die sie zurückgelassen hatte. Eine Wanze, soweit ich auf dem laufenden war. Nahe genug, um eine gute Übertragung zu garantieren. Ich wurde rot vor Zorn. Auch nahe genug für andere Dinge – ich hatte schon alles für den kleinen Urlaub bereit, den ich mir versprochen hatte. Ich schüttelte mich. Es war eine verrückte Idee – doch der Witz gefiel mir immer besser. Ich zerquetschte das widerliche kleine Teil zwischen den Fingern. Herumschnüffeln, was? Ich würde dieser kleinen Schlampe zeigen, wie man das macht! Ich rannte zum Schrank, wo man meine Koffer verstaut hatte, und kramte darin herum.

Hier war meine grellbunte Lycra-Kleidung nicht gefragt. Ich streifte ein graues Blouson mit Kapuze über, dazu dunkle Jeans, schnallte meinen schweren Gürtel darum und stopfte alle Taschen mit Klemmkeilen und Schlingen voll. Zusätzlich nahm ich eine gute Kollektion der neuen Steckhaken mit, die ich schon lange ausprobieren wollte. Eine Minute später hatte ich die Stiefel mit den ultraweichen Sohlen an, hängte mir ein langes Stück federleichtes Seil um und nahm noch einige passende Karabinerhaken mit Schraubösen sowie einen Abseilachter mit. Das Fenster war mit einem jener schweren Doppelrahmen ausgestattet, der mein Gewicht mit Leichtigkeit aushielt, selbst beim Schwingen. Das erinnerte mich sofort an meinen Helm, doch dessen fluoreszierendes Gold würde in der Außenbeleuchtung wie ein Leuchtfeuer glitzern. Rasch öffnete ich das Fenster, schlang das Seil um die Mittelstrebe und durch meine Gürtelschlaufen. Dann schwang ich ein Bein hinaus, warf einen Blick über den Rand des Fensterbretts und mußte schlucken. Der Parkplatz war von hier oben nur eine Ansammlung schimmernder Dächer. Es war nicht schwer, sich auszumalen, wie man mit zunehmender Geschwindigkeit auf sie zustürzte, vielleicht sogar die eigene Reflexion im teuren Chrom und Lack gespiegelt sah, die ebenfalls auf einen zuraste, bis sich Bild und Spiegelbild in einem tödlichen Moment zur endgültigen Identität zusammenfanden, Partikel und Antipartikel …

Ich mußte mich wachrütteln. An solche Schrecken war ich gewöhnt; jeder Kletterer, der behauptet, er sehe nicht nach unten, lügt. Der Anblick kann einen manchmal minutenlang zur Bewegungslosigkeit verdammen, selbst wenn man – wie ich es immer tat – stets unten anfing und nach oben kletterte, wobei man sich allmählich an den Höhenunterschied gewöhnt. Diese Abseilerei war ganz und gar nicht mein Ding, doch da nun Geschwindigkeit gefragt war, überwand ich mich. War ich nicht einmal an einem Hotel in Bangkok hinuntergeklettert? Und das war höher als dieses hier gewesen. Zugegebenermaßen *wußte* ich damals nicht, daß ich dort hinunterkletterte, aber was spielte das schon für eine Rolle? Elegant schwang ich das andere Bein hinaus, wobei ich zusammenfuhr, als ich dabei eine Prellung berührte; dann packte ich den Sims, drehte mich herum, lehnte mich hinaus und ließ das doppelte Seil kommen, weiter und weiter, bis ich praktisch an der glatten Hotelwand waagerecht nach unten marschierte. Ich hatte mit mehr Außenbeleuchtung gerechnet, doch hier oben kam sie nur relativ schwach an, sicher auch, um den Namenszug auf dem Dach nicht in Zwielicht zu tauchen. In seinem Schlagschatten waren alle Einbrecher grau.

Der Abstieg war die leichtere Übung. Als ich ungefähr die richtige Höhe erreicht hatte, hielt ich einen Moment inne und schaute mich nach einem geeigneten Platz für einen Haken um. Nichts. Diese moderne Fassade war mit Schlitzen und Löchern übersät, doch selbst für Feldklemmen waren sie viel zu groß. Ich schwitzte einen Moment, aber es gab keine andere Lösung: entweder wieder zurück oder die ganze Strecke an einem Stück erledigen. Ich riskierte einen Blick nach unten. Noch schaute oder zeigte niemand aufgeregt zu mir herauf. Keine Zeit zu verlieren. Ich fing an zu springen, stieß mich von der Wand ab, bei jedem Stoß etwas weiter. Doch in dem Moment, als ich den Scheitelpunkt erreicht hatte, sah ich mich plötzlich, wie ich durch ein Fenster gekracht kam, das Fleisch von scharfkantigen Klauen aus Isolierglas von den Knochen gefetzt ...

Zum Teufel damit! Ich schwang mich seitwärts und lockerte die Bremshalterung. Von einem Geräusch wie von reißender Leinwand begleitet, flog ich davon, weit hinaus und zur Seite, dabei stetig fallend, bis sich das Seil um den massiven Eckpfeiler legte und mich nach innen schwingen ließ. Ich ließ den Abseilachter einrasten, der Beton kam rasend schnell auf mich zu, dann krallte ich mich mit brennenden Handflächen, Knien und allem anderen, was sich nur festkrallen konnte, fest. Ich prallte vom Beton ab, hielt mich fest, rutschte und kratzte über die glatte Wand; ein Finger bekam einen Spalt zu fassen, dann noch einer, ein Fuß – meine Abschürfungen schmerzten, doch ich war schnell. Ich atmete tief durch, blickte hinauf und zählte die Stockwerke. Eins zu weit – sehr schön. Und auf dieser Seite des Gebäudes war ich von unten beinahe nicht zu sehen. Ich fing an zu klettern, holte dabei das lose Seil sofort ein und sah mich vor, daß nichts gegen eine Fensterscheibe schlug. Hinauf und nach rechts, dort drüben mußte das Fenster von Nummer 26 sein, das Oberlicht stand einen Spalt offen – und gerade, als sich meine Finger um den Sims schlossen, ging drinnen das Licht an.

Mit panischer Hast zog ich mich am Sims hoch, klammerte mich mit verkrampften Fingern und schmerzendem Rücken halb zusammengekrümmt fest. Ich mußte vorsichtig sein: Höchstwahrscheinlich befanden sich noch weitere Leute im Zimmer, das übliche zweite Team. Die Vorhänge waren zurückgezogen, also schob ich mir die dunkle Kapuze über den Kopf und spähte durch die Scheibe. Da war sie, schloß gerade mit langsamen Bewegungen die Tür. Wahrscheinlich hatte sie, um niemandem im Lift zu begegnen, die Treppe genommen – ein langer, schmerzvoller Abstieg. Kaum hatte sie einen Lehnstuhl erreicht, sank sie auch schon in sich zusammen und wurde von einem erschöpften Schluchzen durchgeschüttelt. Niemand sagte etwas, niemand bewegte sich. Sie war allein.

Wieder peinigte mich mein dummes, irrationales Gewissen. Ich ließ mich ein Stück nach unten sinken. Finger und Sprunggelenke protestierten, also suchte ich in aller Eile eine Spalte im Mauerwerk, in die sich einige Haken stecken ließen. Ihre eigenartig geformten Doppelspreizköpfe krallten sich fest, fanden im schmutzigen Beton Halt, und ich hakte ihre Schlaufen in meinen Gürtel. Als ich wieder auf Beobachtungsposten ging, stand sie und zog gerade den Reißverschluß ihres Kampfanzuges auf. Sie ging im Zimmer auf und ab, und ich sah, wie der Anzug in hohem Bogen durch die Luft flog; sie mußte ihn mit den Füßen von sich geschleudert haben. Dann kam ein T-Shirt hinterher, und ich sah, wie sie die nackten Arme hob, um die roten Flecken auf dem Brustkorb zu betasten. Sie überprüfte, ob eine Rippe gebrochen war. In meinem Gewissen schrillten jetzt wirklich die Alarmglocken, doch andererseits hatte auch ich die eine oder andere Schramme abbekommen. Abgesehen davon genoß ich den Anblick, ich will es nicht abstreiten. Soweit ich erkennen konnte, hatte sie nicht nur einen schönen Rücken. Dann entfernte sie sich aus meinem Blickfeld. Langsam und vorsichtig zog ich mich auf den Sims hinauf, kauerte mich hinter den zurückgezogenen Vorhang und spähte hinein.

Als erstes erblickte ich einen Schlüpfer, der neben dem Anzug auf dem Boden lag. Oh Gott. Da stand sie, noch immer mit dem Rücken zu mir – ein wirklich schöner Rücken – an der Minibar und goß sich einen Drink ein, nahm einen Schluck aus der Flasche, setzte sie ab und wischte sich mit dem Handrücken über die Augen. Dann nahm sie das Glas in beide Hände und trank mit großen Schlucken. Plötzlich drehte sie sich um. Ich zuckte hinter den Vorhang zurück, sah sie jedoch gleich darauf zum Sessel neben dem Telefon humpeln. Sie beugte sich vor – ihr Rücken sah wirklich sehr ansprechend aus –, berührte es zögerlich, als habe sie Angst davor, fluchte dann heftig, setzte sich hin und tippte eine Nummer ein.

»Hallo? Centre D'Ordinateur, bitte – Computerraum? Georges, ja – also, Georges? Hast du die Dateien gekriegt … na prima, gut … gut!« Eine große Anspannung schien von ihr zu weichen; sie sank in sich zusammen und nahm noch einen großen Schluck. »Und? Reicht es aus?« Ein langes Schweigen. »Was soll das heißen, Georges? Du hast keine Ahnung, was ich durchgemacht habe, um an diese Dateien zu kommen. Wenn du es irgendwie vermasselt hast …«

Eine sogar noch längere Pause trat ein. Dann fing sie an zu schreien: »Das ist doch nicht zu fassen! Georges, da *muß* doch etwas dabeisein! Wir waren uns doch so sicher, oder nicht? Doch, doch, du selbst hast es gesagt! Unser guter Herr Saubermann mittendrin im Rattengesindel! Mit seinen kleinen Abwesenheiten, die er nicht richtig erklären kann! Hast du auch seine Adressendatei durchgesehen?« Schweigen. »Und das sind bestimmt alles nur seine Mädchen? Was ist mit dieser chinesischen Schnalle – ist ja gut, *ist ja gut*! Er ist also ein kaltblütiges Schwein und behandelt sie alle wie Dreck, was hast du denn erwartet? Na schön.« Sie dachte einen Moment lang intensiv nach, offensichtlich kochte sie vor Wut. Da war sie nicht die einzige.

»Na schön«, sagte sie noch einmal mit einer Stimme, die genau das Gegenteil ausdrückte. »Aber du hättest den Openskerl sehen sollen! Heute, beim Krawall, da fuhr unser Saubermann mit von Amerningen einfach mitten hindurch, kalt wie Hundeschnauzen, die beiden! Es ist wie Weimar in den Dreißigern, sie stellen das System auf die Probe, größtmöglicher Aufruhr, um etwas wirklich Großes zu etablieren. Möglicherweise benutzen sie dazu sogar sein neues Speditions-Netzwerk. Sie warten, bis alle darauf eingestiegen sind, lassen die Sache dann hochgehen und kippen die gesamte Wirtschaft im passenden Moment! Außerdem lassen sich so hervorragend Nachschub und Waffen transportieren – bis zum Bestimmungsort ohne jegliche Kontrollen! Und das sehr schnell – wir sprechen hier von einem Blitzkrieg! Hör zu, Georges, die Sache wird zu groß für eine einzige kleine Abteilung, das ist eine Angelegenheit für den Kommissär – nicht nur das, das genügt nicht, er muß alles auf diesen Fisher ansetzen! Wir müssen ihn ausschalten, vielleicht auch den Baron, dann können wir den Rest zerschlagen!« Schweigen. »Nein, so wie es aussieht, habe ich einige neue Beweise – das Kerlchen ist trainiert, hundertpro. Wie hätte *ich* das denn ahnen können? Vielleicht mit der IRA in Libyen. Wo auch immer, er ist gut – zu gut. Ja. Ja, ich habe ihn hingehalten, er mußte mich gehenlassen, aber in der ganzen Abteilung gibt es keinen Mann, der – ach, hör doch auf, Georges, du bist nicht besser als die anderen auch! Das reicht! Er *muß* es sein! Wir gehen jetzt einfach hin, machen ihn fertig ... Georges! Auf wessen Seite stehst du eigentlich? Hör doch auf! Das heute hat sich also nicht ausgezahlt, na und? Ja. Ja, ich habe mir die Finger verbrannt. Woher soll ich wissen, ob er die Nummer hat? Vielleicht ja, aber das glaube ich nicht. Vergiß es, vielleicht wußte er sie schon vorher – er ist doch das Superhirn, oder? Ach, hör doch auf! Wenn du Bernheimer irgendwelche Geschichten erzählst, werde ich von diesem Fall sofort abgezogen, ist dir das klar? Ich meine, vielleicht ... Nein, *Georges*! Nein!«

Ihre Hand mit dem Hörer fiel schlaff herunter; fast hätte sie ihn fallen gelassen, dann dachte ich, sie würde ihn auf die Gabel knallen. Sie sah ihn an, ihr Gesicht verzog sich. »Dann leck mich doch«, sagte sie und legte ganz ruhig auf. Sie stand auf, und beinahe noch deutlicher als ihre Nacktheit sah ich die geröteten und dunklen Flecken ihrer Schrammen und Prellungen. Sie sah aus, als hätte man sie durch den Fleischwolf gedreht. Ich dachte an meine zerstörte Privatsphäre, die durchstöberten Dateien, die Adressen meiner Freundinnen, den verletzten Grimm in dieser Stimme, als sie die Wahrheit zu ihrem eigenen Vorteil zurechtbog und – log. Mein Gewissen schwieg, verschränkte die Arme und genoß die Aussicht.

Sie warf einen Blick auf ihren Drink, setzte ihn ab und ging mit steifer Würde ins Bad, wie eine roboterhafte Ballerina. Nach einigen Sekunden hörte ich die Toilettenspülung, dann wurde die Dusche angestellt. Keine schlechte Idee, das würde mir auch guttun. Ich zog die Haken heraus, sammelte meine Kräfte und stieß mich fest ab, weit hinaus in die Nachtluft, dann ging es wieder um die Ecke herum zur Vorderseite des Hotels. Diesmal mußte ich mich nicht festklammern. Ich federte kurz aus, klickte den Seilstopper ein und hievte mich rasch mit schmerzenden Armen hinauf, wobei ich das Seil unter meiner malträtierten Kehrseite hindurchzog, um es von den Fensterscheiben fernzuhalten. Eine gewisse Erleichterung trieb mich an, denn jetzt wußte ich wenigstens, worum es überhaupt ging.

Eine Nummer in Straßburg, dann Goran Bernheimer, stellvertretender Handelskommissär der Europäischen Gemeinschaft. Demnach war unsere Johanna von Orleans wohl eine Wirtschaftsfahnderin; toller Job für eine Paranoikerin. Doch wie sich das eben angehört hatte, war ich sie bestimmt bald los. Bernheimer war kein Narr. Die Erleichterung hielt bis zu meinem Zimmer an – beinahe.

Kaum war ich auf der Fensterbank angekommen, überkam mich dieses eiskalte Gefühl. Na schön, sie war nur eine übereifrige Fahnderin mit einer fixen Idee, eine von denen, die am Schluß die Beweismittel selbst deponieren. Das sollte sie ruhig versuchen! Trotzdem war sie eine Art von Polizistin, nicht irgendeine Unruhestifterin. Das verlieh auch den anderen Dingen, die sie gesagt hatte, mehr Gewicht, viel mehr. Schön, sie hatte sich in meiner Person getäuscht – doch der Hauptgrund dafür lag in der Gesellschaft, in der ich mich bewegte. Normalerweise hätte ich angenommen, daß sie sich in diesen Leuten ebenso täuschte – aber konnte ich wirklich so sicher sein? Sie klang so absolut überzeugt, ebenso wie der abwesende Georges. Und am sichersten waren sie sich, was Lutz betraf.

Mit schmerzenden Gliedern kletterte ich hinein und begab mich direkt in die Zufluchtsstätte aller Philosophen, ins Badezimmer. Als allererstes mußte ich mich waschen. Schräg über der breiten Badewanne war ein Fernseher aufgehängt, doch der verschaffte mir nur wenig Ablenkung, als ich meine Schmerzen vom dampfenden Wasser wegspülen ließ. Die Nachrichten befaßten sich fast ausschließlich mit Krawallen, sowohl hier als auch in Warschau, wo sich polnische Skinheads mit Neokommunisten prügelten, eine Sorte übler als die andere. Besonders die Anführer sahen sich zum Verwechseln ähnlich – und auch denen, die ich hier gesehen hatte. Europa trug allmählich ein gemeinsames Gesicht – eins, das mir nicht sehr gefiel. Vor mich hin murmelnd, erhob ich mich aus der Wanne, bestellte beim Wäschedienst meinen Abendfrack und ließ meinen Wagen vorfahren. Jetzt wollte ich erst recht auf Lutz' Party vorbeischauen.

Ich hatte einen der neuen BMW-Sportwagen gemietet, und so spät am Abend lichtete sich der Straßenverkehr bereits merklich. Innerhalb kürzester Zeit war ich aus der Stadt heraus und brauste über gewundene Nebenstraßen zu dem kleinen Dorf, das als einziges noch an die ehemals ausgedehnten Besitztümer derer von Amerningen erinnerte. Es kauerte sich verdrossen in den Schatten des barock verzierten Tores des herrschaftlichen Anwesens. Die Herren am Einlaß trugen ebenfalls Abendanzüge, doch so betont höflich, wie sie waren, konnte man sie unmöglich mit Gästen oder Kellnern verwechseln. Es handelte sich ausnahmslos um große, breitschädlige preußische Gardetypen. Trotz ihres bulligen Aussehens bewegten sie sich mit athletischer Anmut. Einer von ihnen plauderte locker in einwandfreiem Englisch mit mir, während die anderen mich und meine Einladung der unvermeidlichen Begutachtung unterzogen und mich geflissentlich auf der Gästeliste abhakten. Dann rissen sie die Tore mit einer Bravour auf, die meine Verspätung geflissentlich übersah. Als ich vorbeifuhr, glühte es hier und da im Gebüsch auf, doch sofort hinter mir verlosch das Licht und ließ die lange Auffahrt wieder in Dunkelheit versinken.

Als Familiensitz eines bayrischen Barons hätte man vielleicht ein extravagantes romantisches Gebäude mit Zinnen und Türmchen erwartet, oder ein stolzes altes Landschloß voller Hirschschädel und mit offenen Kaminen. Statt dessen parkte ich unter der überdachten Einfahrt eines langgezogenen, flachen, stattlichen Hauses, das für einen Edelmann des achtzehnten Jahrhunderts der allerletzte Schrei gewesen sein mußte: mit Glaskuppel auf dem Dach und allem Drum und Dran. Allem Anschein nach hatten auch Lutz' Vorfahren einen ausgesuchten Geschmack besessen. Falls es hier irgendwo eine alte Burg gab, dann allenfalls als künstlerisch gestaltete Ruine im Park. Man stellte sich hier eher kleine Schlückchen Cointreau als einen Maßkrug voller Bier vor, obwohl der Lärm, der aus der jetzt geöffneten Eingangstür drang, auf mehr als nur einige Schlückchen schließen ließ. Eine Woge von Lakaien quoll heraus, angeführt von einer Juno so um die Mitte Fünfzig, die in ihrer Jugend sehr attraktiv gewesen sein mußte und auch jetzt noch, trotz des seriösen Geschäftsanzugs, einen zweiten Blick wert war. Sie begrüßte mich wie einen ihrer Lieblingsneffen, stellte sich mit einem verschwörerischen Grinsen als Inga-Lise, die Hüterin des Amerningenschen Hauses vor, versicherte mir sogleich, daß der Herr Baron den Herrn Ratspräsidenten, also mich, bereits erwarte und geleitete mich anmutig ins vielversprechende Innere des Hauses.

Gegenüber der Eingangshalle führte eine Doppeltür in einen großen Ballsaal. Seine Säulenreihen mußten einst auf elegante Walzer und Quadrillen hinuntergeblickt haben, doch heute war dort ein einziges Gewirr aus bunten Lichtern und Dekorationen sowie eine Unmenge von Sofas und Sitzkissen, dicht mit kichernden Menschen bepackt. Die Luft war verraucht und zum Schneiden dick, aromatischer Tabak vermischt mit Gras, teurem Parfum und noblem Schweiß. Ab und zu blitzte ein Laserstrahl von der Disko draußen auf der Veranda herein, verfing sich in schaukelnden Ohrringen und irisierenden Abendkleidern und ließ einen heißen Finger über nackte Schultern und in tiefe Ausschnitte wandern. Gerade als wir uns am Rande des Saals voranarbeiteten, wobei wir über ausgestreckte oder ineinander verstrickte Körper steigen mußten, wurde unter lautem Geschrei krachend eine Seitentür aufgeworfen. Nackte Füße huschten über den Marmorboden, und schon waren wir inmitten einer warmen Flut halbbekleideter Körper gefangen. Die Mädchen sahen aus, als hätten sie sich in aller Eile angezogen, einige von ihnen waren nur im Schlüpfer, die zerzausten, rotgesichtigen und glasäugigen Männer trugen Hemden, Unterhosen, Socken. Jemand hielt mir die Hand unter die Nase und zerbrach ein kleines Gefäß; ich roch den süßlichen Moder von Amylnitrat und zuckte – begleitet von schreiendem Lachen – zurück. Inga-Lise lächelte mich wohlwollend an. Dann war die ausgelassene Gruppe auch schon wieder verschwunden, drängte sich eine Treppe hinunter, die – nach dem Kreischen und Planschen zu schließen – zu einem Hallenbad führte. Die eine oder andere überlegte es sich jedoch anders und verschwand kichernd durch eine weitere Tür vor uns. Mit dem Ausdruck aufrichtiger Boshaftigkeit stieß Inga-Lise sie einen Spalt auf, damit ein wenig Licht auf das Treiben dahinter fallen konnte. Wir tauschten einen Blick und lachten leise.

»Was für ein Anblick. Ich hoffe nur, daß sie es mit diesen Aufputschern nicht übertreiben, sonst müssen Sie morgen früh die eine oder andere Leiche hinauskarren.«

Wieder bedachte sie mich mit diesem ironischen, wohlwollenden Blick. »Haben der Herr Ratspräsident keine Laster?«

»Oh doch, ich kann ziemlich lasterhaft sein. Aber ich habe es eher auf andere Kitzel abgesehen. Ich finde, das hält mich auf lange Sicht jünger.«

Sie lächelte und reichte mir vom Tablett eines vorbeieilenden Dieners einen Kelch mit Champagner. »Für jemanden, der schon so viel erreicht hat, sehen der Herr Ratspräsident jünger aus, als ich erwarten durfte. Das ist eine gute Sache bei einem Mann.«

»Ebenso wie der Herr Baron. Sie müssen sehr gut für ihn sorgen.«

Sie zeigte mir ihre Grübchen und antwortete dann ernsthaft: »Leider kümmert er sich nur allzugut selbst um sich.«

»Daran hege ich keinen Zweifel«, erwiderte ich grinsend, wobei ich mich fragte, ob sie den Ausdruck nur ihres ungeübten Englisch wegen gewählt hatte, oder ob sie mich durch die Blume warnen wollte. Eine nette Geste, doch völlig überflüssig. Seit wir zum ersten Mal mit dem Baron von Amerningen Geschäfte getätigt hatten, war mir klar, daß er trotz des paneuropäischen Geredes, das er unablässig absonderte, in erster Linie eigene Interessen wahren wollte. Ich hielt ihn für einen Mann mit besonders ausgeprägten Überlebensinstinkten.

Mein Freund Dave meinte dazu nur, daß jeder Mensch seinesgleichen am besten erkenne. Hoffentlich hatte er recht.

Im Augenblick hielt ich nach Lutz Ausschau, doch ich konnte ihn nirgends unter seinen Gästen entdecken, und Inga-Lise schien mich in eine bestimmte Richtung zu geleiten. Wir durchwanderten das große Haus, platzten hier und da in kleinere Orgien, bis wir zu einer Art Hintertreppe gelangten. Sie führte uns hinauf, und zwei Stockwerke höher war selbst die ohrenbetäubende Disco kaum mehr als ein sanftes Pochen unter unseren Füßen. Vor uns taten sich weitere Türen auf, nicht so groß wie die zum Ballsaal, doch auch sie sahen sehr schwer und geschäftsmäßig aus. Davor lungerten Diener auf gekippten Stühlen herum und sprangen auf, als sie uns herankommen hörten – nein, eigentlich waren es keine Diener. Eher noch mehr von der Sorte, die draußen die Tore bewachte. Wenn das Personal draußen noch einigermaßen annehmbar gewirkt hatte, so waren diese Typen hier ausgesucht häßlich, mit Knollennasen, Blumenkohlohren und einem bösartigen Funkeln in den winzigen Schweinsäuglein. Inga-Lise reichte mich mit einem entschuldigenden Lächeln an sie weiter und sagte: »Bis hierher gehe ich, und nicht weiter.« Dann trat sie, erneut mit diesem koboldhaften, jetzt jedoch eine Spur zu gezwungenen Lächeln auf den Lippen, den Rückweg an. Ich hörte, wie sich ihre Schritte eilig auf dem Korridor entfernten. Fast kam es mir vor, als wollte sie unbedingt die Treppe erreichen, bevor sich diese Türflügel öffneten.

Nach soviel angeheizter Spannung konnte eigentlich nur eine Enttäuschung folgen. Nach dem Geglitzer und Gefummel der *beau monde* im Erdgeschoß wirkte dieses Allerheiligste auf geradezu absurde Weise friedlich, ein ruhender Pol, der nichts anderes als das Summen leiser Unterhaltung ausstrahlte. Auf den zweiten Blick sah es schon etwas merkwürdiger aus, denn im Gegensatz zur Unterhaltung waren die Redenden alles andere als ruhig. Kaum hatte sich die Tür hinter mir geschlossen und ein Hausdiener mein leeres Champagnerglas gegen ein volles ausgetauscht, sah ich mich bereits einem Paar augenrollender Rockmusik-Typen gegenüber, zwei geschlechtslosen Teutonen mittleren Alters mit schwarzweiß gefärbten Haaren, in schwarzem PVC und Rüschen, die sich über beträchtliche Wampen spannten. Das, was wahrscheinlich die Frau war, starrte mich aus schwarzumrandeten Augen an und fragte: »Alle Mann an Bord zum Brocken, hä?« und das im erstaunlichen Cockney der Mittelklasse. Ich schenkte ihr ein dummes Grinsen und schob mich vorbei, woraufhin ich einen hochgewachsenen, kamelartigen Kerl erblickte, der sich nervös umschaute und dabei mit Daumen und Zeigefinger seine herabhängenden Schnurrbartenden zwirbelte. Das mußte Lino Mortera sein, eines unserer italienischen Vorstandsmitglieder und das von mir am wenigsten geschätzte. Dort war auch der fette kleine Pontoise, für den ich sehr viel mehr übrig hatte. Er gestikulierte gerade vor zwei wuchtigen Vetteln herum, die auf einem russischen Fischkutter oder als KZ-Aufseherinnen garantiert Karriere gemacht hätten. Momentan wollte ich mich mit keiner dieser Figuren unterhalten, also steuerte ich rasch auf die gegenüberliegende Seite des Raums zu. Dabei drückte ich mich an einigen Geschäftsleuten vorbei, die ich vage von der Ausstellung her kannte, an starken Frauen vom Kaliber strahlende TV-Produzentin oder Managerin sowie an weniger strahlenden, die als ihre intellektuellen Gegenstücke durchgingen. Eine große, langgliedrige Frau, die wie eine erfolgreiche deutsche Managerin aussah, stand ganz allein herum, also sprach ich sie mit einer geliehenen Eröffnungsfloskel an: »Alle Mann an Bord zum Brocken, was?«

Sie bedachte mich mit einem eigenartigen Blick. »Verzeihen Sie, äh. Ach ja, der Brocken, es wird nicht mehr lange dauern.« Sie klang schwermütig, niedergeschlagen; und doch hatten sich ihre Augen bei dem Wort verengt, ihre Zunge war rasch über die leicht geöffneten Lippen gefahren. *Der Brocken.*

Der Brocken! Darüber unterhielten sich also alle so angeregt! Ich wußte sehr wohl, um was es sich dabei handelte, ich war schließlich schon dort gewesen. Ein Berg im Harz, der höchste, wenn ich mich recht entsann, direkt an der ehemaligen innerdeutschen Grenze, ziemlich weit von hier entfernt. Allerdings kam mir dieser Name aus einem anderen Zusammenhang vertraut vor, aus nicht gerade sehr angenehmen Umständen.

»Entschuldigen Sie«, hakte ich nach, »dieser Br...«

Sie wandte sich abrupt ab, preßte die Stirn gegen die Wand und wehrte mich ab, als ich Anstalten machte, mich um sie zu kümmern. Daraufhin entfernte ich mich – ich wollte nicht in ihrer Nähe sein, falls sie die Aufmerksamkeit auf sich lenkte –, schlenderte an einem langhaarigen deutschen Pärchen vorbei, das über Performance Art, Plastiken und *Guernica* stritt. Ich suchte in einer Gruppe relativ normal aussehender Typen Zuflucht, die meisten von ihnen ausgepumpte Jetsetter, die wie etwas ältere, ausgebrannte Versionen der Meute im Erdgeschoß wirkten, ordentlich in ihre Krägen schwitzten, die Versäumnisse ihrer Börsenmakler beklagten und sich in idiotische Ansichten hinsichtlich der Entwicklungen auf dem Weltmarkt verstrickt hatten. Ich war gerade dabei, ein wenig ökonomisches Basiswissen zur Unterhaltung beizusteuern, als sich mir zwei Frauen näherten, schlanke Vierzigerinnen mit hellen, nervösen Augen. Sie trugen unglaublich teuer aussehende Polyesteranzüge und pafften gemeinsam an einem dicken Joint. Eine von ihnen beugte sich zu mir und sagte in akzentuiert gehauchtem Englisch: »Ich kenne Sie. Sie sind der Kapitalist, nicht wahr? Du weißt schon, Putzerl, der aus dem Artikel, der den Päckchen das Denken beigebracht hat.«

Sie schauten mich mit sardonisch funkelnden Augen an und kicherten. »Was treibt Sie denn hierher, Herr Kapitalist?« wollte die andere wissen.

»Ihr Arsch?« schlug die erste vor, und beide kreischten auf.

»Aber ganz im Gegenteil«, konterte ich lässig. »Ihrer.« Die Männer, die zugehört hatten, lachten.

»Der ist nicht zu verkaufen!« protestierte die zweite. »Den habe ich selbst schon vor Jahren restlos aufgekauft!«

»Zeigen Sie ihr doch Ihren«, forderte mich die andere auf. »Die ist immer zu begeistern, die alte Schlampe!«

»Aber warum denn? Den sehe ich noch früh genug! Ich behalte Sie im Auge, Herr Herumtreiber! Ich mag Sie!«

»Solange Sie kein Judenbengel sind!« ergänzte die andere. »Putzerl mag keine Schnippschnapp-Juden, habe ich recht, hmmm?«

»Ganz genau!« quietschte Putzerl vor Vergnügen, dann zogen sie in einer dicken Graswolke ab. Es roch nach recht teurem Stoff, doch er hinterließ einen bitteren Geschmack auf meiner Zunge – einen höllisch bitteren Geschmack.

Einer der Männer legte mir einen fleischigen Arm um die Schultern. »Passen Sie auf die beiden auf, die reißen Ihnen die Eier ab! Rrratsch!« fügte er hinzu, falls ich es nicht verstanden haben sollte. »So wie's meine Frau mit mir macht. Wie meine verfluchten Kinder. Warten Sie's nur ab. *Er* wird sie zähmen. Tcherno, der kriegt sie klein, die beiden, ich habe sie schon auf dem Boden kriechen sehen. Wissen Sie, was ich gesehen habe?« Er schüttelte seinen vor Schweiß glänzenden Kopf, und ich schaute in seine blutunterlaufenen, dunklen, sehr dunklen Augen. Es war, als würde man in zwei Teiche reinen Schreckens blicken. »Wissen Sie, was ich gesehen habe?« fragte er erneut. *»Den lieben Gott …«*

Er ließ die Arme fallen, sackte in sich zusammen und wandte sich kopfschüttelnd ab. Die Männer um ihn herum redeten lauter, als er zwischen ihnen hindurch auf eine Seitentür zuschlurfte. Auch sie schwitzten, obwohl es hier nicht ungewöhnlich heiß war und sie auch nicht übermäßig viel zu trinken schienen. Es gab nur wenige Kellner, ältliche Typen, deren Tabletts nur selten in Anspruch genommen wurden. Allerdings war die Luft so sehr vom schweren Qualm der

Graszigaretten geschwängert, daß es mir selbst schon etwas zu Kopf stieg. Diese Spannung, die ich bei der letzten Unterhaltung verspürt hatte – oder lag es einfach am Gras, an dieser Falschheit, die eine ganze Party infizieren kann, die wie ein Blitz von einem Kopf zum anderen springt und die ganze Stimmung umschlagen läßt? Doch unterschwellig herrschte noch eine andere Art von Agitation, unangenehm, ungesund, beinahe so etwas wie eine fiebrige Aufgeregtheit, die Gefühlsanspannung in einer Gruppe von Menschen, die kurz davor steht, etwas Unerlaubtes und zugleich Unwiderstehliches zu tun. Ich erinnerte mich daran, wie wir uns im Kletterklub im College auf einen absolut illegalen Bungee-Sprung von einer Brücke vorbereitet hatten. Alle gaben sich mutig und standen verschwörerisch herum, dabei lief jedem vor Aufregung der Schweiß in die Unterhose. Genau diesen Eindruck hatte ich von den Leuten hier. Mit dem Unterschied, daß die Anwesenden auf Lutz' Party sich nicht darum kümmerten, es voreinander zu verbergen, als wäre es nicht das erste Mal, als hätten sie nichts mehr zu verbergen, abgesehen vielleicht vor sich selbst. Ich ertappte mich dabei, daß ich mich fragte, ob ich hier vielleicht in einen Ring ganz besonderer Perverser geraten war – doch da war dieser Vorwurf des Neo-Faschismus und die Erwähnung des Brocken. Der Ort war überall bekannt, er war damals, wie das Brandenburger Tor, ein Symbol für die Teilung Deutschlands gewesen. Hatte sich vielleicht irgendein Neonazi-Bund den Namen ausgeborgt? Das schien durchaus möglich. Vielleicht bedeutete es aber auch überhaupt nichts. Außer, daß ich ihn schon an anderer Stelle gehört hatte, und zwar von einer Stimme, an die ich mich nicht gern erinnerte.

Bringt mich zurück unter die Tannen des Brocken, wo die dunklen Mächte aufeinandertreffen …

So hatte ein sehr unglücklicher Le Stryge gesprochen; und mein Freund Jyp, der Navigator, war bei diesem Namen ganz blaß geworden.

Ein tiefes Poltern riß mich aus meinen düsteren Erinnerungen. Nicht weit entfernt wurde eine Innentür entriegelt, damit man einige schwere Möbel aus einem weiter im Inneren gelegenen Zimmer heraustragen konnte. Durch die geöffneten Türflügel sah ich, daß das dahinterliegende Zimmer viel größer als unseres war; seine Decke bestand aus der riesigen Glaskuppel, die mir schon von außen aufgefallen war. Hemdsärmelige Männer liefen geschäftig hin und her und bereiteten offenbar etwas vor; sie räumten alles beiseite, rollten sogar den Teppich zurück. Das hätte sicherlich schon früher erledigt werden können, lange vor der Ankunft der Gäste; weshalb war das nicht geschehen? Es sei denn, es handelte sich um etwas Geheimes, etwas so Geheimes, daß es nur unter dem Deckmantel der Party in die Wege geleitet werden konnte. Der Fußboden unter dem Teppich sah wie Marmor aus und klang auch so, als die Männer Krüge und Schüsseln darauf stellten – nein, vielmehr Schalen und Kannen, phantastisch verzierte Gefäße, entweder vergoldet oder aus reinem Gold, deren Alter sich nicht schätzen ließ. Auch in den Boden war Gold eingelassen, ein in den Marmor mosaikartig eingelegtes Muster, das eine große, zentrale Figur ausformte, die mir bekannt vorkam. In Anbetracht dessen, was ich schon so alles gesehen hatte, bedeutete bekannt allerdings nicht unbedingt gleich vertraut. Wo war mir so etwas schon einmal begegnet? Hatten denn die Nazis abgesehen vom Hakenkreuz noch andere Symbole? Als ich mich etwas näher heranschob, um die Formen genauer zu sehen, wäre mir vor Schreck beinahe das Herz stehengeblieben. Eine Hand legte sich auf meine Schulter, ein großes, flossenhaftes Ding, das mich unwiderstehlich herumdrehte. Ein paar leicht hervorquellende Augen glotzten mich mit unverhülltem Zorn an.

»Stephen! Sie verfluchter Teufelskerl, was haben Sie hier verloren?«

»Immer mit der Ruhe, Lutz! Sie haben mich doch selbst eingeladen!«

Seine Augen flackerten nervös, dann wurde sein Ton eine Spur sanfter. Doch bei Männern wie Lutz wirkt Sanftheit nie sehr natürlich. »Ja, aber ja doch, entschuldigen Sie bitte! Zur Party, gewiß! Hatte allerdings die Hoffnung auf Ihr Erscheinen bereits aufgegeben! Aber hierzu? Tut mir leid, Stephen, aber das hier ist ein Treffen einer ganz besonderen – wie sagt man? Einer Loge. Ein sehr privates Treffen, das sich im Zusammenhang mit der Versammlung unten im Erdgeschoß gut ergab. Wie kommen Sie überhaupt hier herein?«

»Fräulein Inga-Lise brachte mich her, weil ich Sie suchte!«

»Ah ...« Seine ganze Haltung veränderte sich. »Dazu hatte sie keinerlei Anweisungen. Verrücktes Mädchen! Wahrscheinlich hat sie Ihrer späten Ankunft wegen angenommen, Sie seien eigens zu diesem Treffen gekommen. Hmmpff!« Er schnaufte einen Moment, rieb sich die Hände und sah mich leicht schräg von der Seite an. »Ich muß mich kurz mit ihr unterhalten. Ihr beide habt mir in gewisser Hinsicht eine Überraschung verdorben, die ich zu einem späteren Zeitpunkt selbst für Sie vorgesehen hatte. Eigens für Sie.«

»Für mich?«

»Ganz richtig. Ich hegte die Hoffnung, Sie – lachen Sie bitte nicht – als Mitglied dieser Loge gewinnen zu können! Vielleicht sogar heute nacht! Aber nun sind Sie mir zuvorgekommen!«

Ich atmete einmal tief durch. Jetzt hieß es vorsichtig sein. »Lutz ... es ist mir eine große Ehre ... und sehr freundlich von Ihnen. Aber ... vielleicht ist es am besten, wenn ich es Ihnen gleich sage. Wissen Sie, wie oft man mich schon zu den Freimaurern eingeladen hat? Ich mußte ein ums andere Mal ablehnen. Das ist schon Tradition in unserer Firma: keine Angst, keine Vergünstigungen.« Ich dachte an Barry, meinen alten Boß, der sich keiner seiner geliebten jüdischen Organisationen angeschlossen hatte, doch ich hatte das Gefühl, daß ich Lutz diese Tatsache lieber verschweigen sollte. »Der Rotary Club ist so ziemlich die Schallgrenze für uns. Trotzdem ...«

Lutz schnaubte gutgelaunt, obwohl seine Augen noch gefährlich funkelten. »Sie und Ihre Firma! Da haben wir's! Ich wußte ja, daß ich mir Zeit lassen muß, um Ihnen mehr von uns zu erzählen; jedenfalls soviel, wie mir erlaubt ist. Es könnte nämlich sehr wichtig für Sie sein, Stephen. Die Freimaurer sind ja ganz nett, lokal gesehen. Auch wir stehen mit der Freimaurerei in Verbindung, Stephen, aber durch die älteren Traditionen des Kontinents, älter und viel mächtiger: mit Logen, zu deren Mitgliedern Mozart und Kaiser Joseph II. zählten. Seit langer Zeit nehmen wir mächtige Männer in unsere Reihen auf, die aufgeklärtesten Geister ihrer Epoche. In unseren Salons wurden Regierungen gekürt und gestürzt, Könige abgesetzt, Vermögen gemacht und zerschlagen. In wirren Zeiten oder im Krieg bieten wir Schutz, Rückhalt, eine immerwährende gegenseitige Hilfe, die sich über alle nationalen Grenzen hinwegsetzt.« Seine Stimme wurde leiser. »Denjenigen, die genug Vorstellungskraft in sich haben, bieten wir das Wissen um die Kräfte, die diese Welt wirklich bestimmen. Dazu kann ich hier und jetzt nicht mehr sagen, aber es ist so.«

Ich bewegte mich wie auf Glatteis. »Hört sich faszinierend an, aber Prinzipien sind nun mal …«

»Sie?« bellte er. »Sie sind alt genug, um zu wissen, daß man sich seine Prinzipien selbst gestaltet. Außerdem bestehen Sie nicht nur aus Prinzipien, oder?« Er lachte trocken und reichte mir ein neues Glas Champagner. »Veuve Cliquot, nichts für die gierigen Schlunde meiner jungen Freunde auf der Party da unten. Wissen Sie, Steve«, er lachte erneut so verschwörerisch, daß ich schon dachte, er würde mir in die Rippen stoßen, »wir könnten Ihnen so manches beibringen. Wir, die wir hart arbeiten, spielen auch hart – daß das auf Sie zutrifft, weiß ich bereits! Ich habe Sie mit diesen Mädchen gesehen – hmm? Schön, wenn der offizielle Teil hier vorüber ist …«

Er hob die Augenbrauen, was seine Glubschaugen rund und schelmisch aussehen ließ. »Sie wissen, was ich meine?«

Ich ließ meinen Blick umherschweifen.

»Ach was«, prustete er, »doch nicht mit denen hier, nicht diese alten Katzen. Die sind nur wegen der Fahrt hier – verstehen Sie? Sehr schön. Ich kann Ihnen jedoch ein Erlebnis versprechen, das Sie total von innen nach außen kehren wird, Herr Ratspräsident. Da gibt es einige Mädchen, wunderschöne Mädchen, die – mir fehlen die Worte. Man muß es wirklich selbst erleben.«

Ich zuckte zusammen, wollte ihn jedoch nicht vollends beleidigen und suchte fieberhaft nach einer Antwort, einer netten, nicht allzu schroffen Ablehnung. »Lutz, ich ... ich bin wirklich verdammt beeindruckt. Aber Sie kennen mich doch! Letztendlich drehe ich immer nur meine eigenen Dinger.«

Er starrte mich einen Moment lang an und brach dann in schallendes Gelächter aus: »Ja, gewiß doch, aber wer soll dann das Papier ablecken, ha? Und passen Sie immer schön mit dem Filter auf, ha-ha-ha? Na schön, ich respektiere das. Aber seien Sie vorsichtig, Stephen. Wissen sollte man niemals von sich weisen. Keiner von uns hat genug davon.«

»Dessen bin ich mir bewußt, das müssen Sie mir glauben. Vielleicht erzählen Sie mir bei Gelegenheit etwas mehr davon. Jetzt bin ich ziemlich müde, da laß ich mich zu nichts mehr überreden ...«

»Aber natürlich. Es wird spät, und ...«, er blickte sich um. Die Männer im angrenzenden Raum sahen uns unsicher an; die Gäste ebenfalls. »Verstehen Sie? Wenn Sie sich uns heute nacht nicht anschließen möchten ...«

»Hab' schon verstanden. Ich möchte Ihre Feier nicht länger stören.«

»Sehr schön. Selbstverständlich können Sie sich weiterhin unten auf der Party vergnügen. Nein? Dann bringe ich Sie rasch selbst zur Tür.« Er drehte sich um und ließ ein Gewitter von Anweisungen auf die anderen nieder – nicht auf deutsch, es klang eher wie polnisch oder ukrainisch. Die Männer drängten in den nächsten Raum zurück, und ich sah, wie einige der Gäste oder Logenmitglieder oder was auch immer sie waren, ihnen mit hastigen Bewegungen zur Hand gingen. Ich warf noch einen letzten Blick auf die Einlegearbeiten des Fußbodens, doch Lutz legte wieder den Arm um meine Schultern und dirigierte mich hinaus. Diesmal nahmen wir eine Abkürzung durch düstere Treppengewölbe, vorbei an geschlossenen Türen und unter Vermeidung der lärmenden Party. Ich rechnete schon damit, durch einen Seitenausgang ins Freie bugsiert zu werden, als mich Lutz plötzlich durch die Eingangshalle führte. Er stellte mich kurz einigen offenbar nicht sehr wichtigen Leuten vor, dann schob er mich hinaus. Mein Wagen wartete bereits mit laufendem Motor und eingeschalteten Scheinwerfern vor dem Portal. Ich kletterte hinein, wobei mir Lutz unnötigerweise Anweisungen für den Rückweg in die Stadt nachrief. Er schien fest entschlossen, mich höchstpersönlich zu verabschieden, und winkte noch mit beiden Händen, als ich bereits über den knirschenden Kies der Auffahrt davonpreschte. Wieder begleiteten mich die Scheinwerfer über das Gelände, vermutlich ein Sensormechanismus, um die Nacht nicht durch permanentes Gleißen zu zerstören, doch ich fühlte mich wie auf einer Bühne ausgestellt. Es war lächerlich, doch die Härchen unter meinem Kragen kribbelten. Als würde ich beobachtet … als folgte mir etwas durch die Dunkelheit, etwas, das ich nicht abschütteln konnte. Ich fuhr etwas langsamer und sah mich um.

Direkt vor dem Wagen wurde ein überhängender Rhododendronzweig in die Höhe geschleudert und landete in einem Schauer von Blättern auf der Kühlerhaube. Ich trat voll auf die Bremse, dann summte etwas anderes herunter und schleuderte eine Handvoll Kies gegen die Fahrertür, woraufhin ich mich mehr oder weniger auf das Gaspedal stellte. Es bestand kein Zweifel daran, was *das* war. Der Wagen schoß los. Im selben Augenblick huschte ein dicker, leuchtend grüner Punkt über die Windschutzscheibe, und dann heulte etwas durch das offene Fenster an meinem Ohr vorbei und zerschlug eine der hinteren Scheiben. Ich duckte mich, schaltete wie ein Irrer hoch und sah zwei weitere Kiesfontänen um den Wagen aufsteigen. Dann war ich um die Kurve der Auffahrt herum und raste auf das Tor zu. Die Wächter sprangen auf, und ich rechnete bereits halb damit, daß sie mir mit gezückten Maschinenpistolen den Weg versperren würden, doch statt dessen warfen sie die Torflügel mit der gleichen Dienstbeflissenheit wie zuvor auf, so daß ich die Geschwindigkeit kaum zurücknehmen mußte. Ich rauschte mit einem nonchalanten Winken vorüber und erwartete fast schon, eine Kugel in den Rücken zu bekommen. Im Rückspiegel sah ich, wie sich ihre Mienen verdüsterten, als sie das Splittermuster auf der Scheibe entdeckten. Zu spät. Ich war durch und weg und bereits auf der Straße zum Dorf. Erst dort, als das Kopfsteinpflaster der Hauptstraße unter meinen Reifen prasselte, nahm ich den Fuß vom Gas und hielt an. Zitternd fragte ich mich, wer, zum Henker, da mit einem Präzisionsgewehr mit Laseroptik hinter mir hergewesen war.

Ich konnte Lutz doch unmöglich so beleidigt haben; und selbst wenn – es gab ein Dutzend einfacherer Methoden, mich aus dem Weg zu räumen. Außerdem würde er es bestimmt nicht auf seinem Anwesen erledigen, andernfalls hätte er mich nicht durch das Tor entkommen lassen; nein, Lutz steckte garantiert nicht dahinter. Wer es auch gewesen war, er hatte mich verfehlt. War es vielleicht nur eine Warnung? Ich streckte die Hand nach der zersplitterten Scheibe aus. Ein Zentimeter weiter, und es hätte mich im wahrsten Sinne des Wortes den Kopf gekostet. So dicht plaziert man keine Warnschüsse. Also war unser Schütze ein echter Attentäter, wenn auch kein besonders guter – vielleicht hatte er nicht genug Übung, zumindest was die Praxis betraf.

Ich atmete tief durch, ließ den Wagen wieder an und schlug den Weg zur Autobahn ein. Für die kurvenreichen Landsträßchen hatte ich jetzt keinen Nerv mehr. Hinter jeder Kurve erwartete ich wieder diesen grünen Schimmer, doch nichts geschah. Auf der Autobahn konnte ich wesentlich schneller fahren, wodurch ich weniger leicht zu treffen war, schon gar nicht mitten im Verkehr. Das Schild, das die Auffahrt ankündigte und bei dessen Anblick ich normalerweise immer kichern mußte, sah wie das Tor zum Paradies aus, und als ich endlich auf der holprigen Piste aus Betonblöcken – noch ein Erbe aus dem Dritten Reich – dahinsauste, fühlte ich mich einigermaßen sicher. Ich bin schon öfter beschossen worden als die meisten Leute, konnte mich jedoch noch immer nicht so recht daran gewöhnen. Jeder Fehlschuß brachte mich näher an den Treffer, der mich, statistisch gesehen, irgendwann ereilen mußte. Ich drückte auf die Tube und überließ mich ganz der beruhigenden Kraft des Wagens. Der besseren Deckung wegen wäre mir etwas mehr Verkehr lieber gewesen, aber wenigstens konnte ich hier schneller fahren.

Erst das Röhren neben mir erregte meine Aufmerksamkeit, das Geräusch eines schnellen Wagens im oberen Drehzahlbereich. Er war viel zu dicht an mir dran. Ich warf einen Blick zur Seite, sah die dunkle Limousine direkt neben mir, sah, wie das Fenster hinunterglitt. Beim Anblick der Zwille hätte ich beinahe gelacht, bis mir die Logik aufging. Eine Kugel im Kopf eines Unfallfahrers kann leicht zu unangenehmen Nachfragen führen; ein Stein oder ein Stück Metall hingegen kann auf vielen Wegen dort hingekommen sein. Ich duckte mich weg, zog den Wagen mit einer leichten Drehung des Steuerrads zur Seite – und schrie laut auf.

Der riesige schwarze Lastwagen, der eben noch weit vor mir friedlich vor sich hingetuckert war, hatte sich in ein röhrendes, schlingerndes Monster verwandelt, das mir den Weg versperrte und mich auf die Außenspur drängte, dann auf den Randstreifen und in die schwarze Finsternis. Ich zog den Wagen zur Seite, bremste, und der Laster knallte vor mir in einem Regen aus Glassplittern auf den Beton. Da war auch schon wieder dieser verdammte Mercedes! Ich zog nach rechts, nur um die Räder des Lastwagens wie Mahlsteine über mir rotieren zu sehen, doch ich war bereits zu dicht dran. Das beschädigte Rückfenster explodierte mit einem dumpfen Knall, und der Mercedes, der auf mich zuhielt, wurde von ihnen wie die Kugel aus einem Rouletterad weggeschleudert. Während ich noch versuchte, das Schlingern meines Wagens aufzufangen, sah ich, wie er auf den Mittelstreifen zuraste, an der Leitplanke entlangschabte und sich dann mit dem Geräusch von berstendem Metall überschlug. Ich lenkte wieder zur Seite, als der Laster auf mich zuraste, trat aufs Gaspedal und spürte, wie mich zweihundertundfünfzig Pferdestärken unwiderstehlich über die Straße davonzogen. Ob Freund oder Feind, der Lastwagen hatte keine Chance mehr, mich zu erreichen. Er fiel Gott sei Dank immer weiter zurück. An diesem Zwischenfall war nichts zufällig gewesen. Wenn nicht dieser Laster aufgetaucht wäre, hätte es mein Seitenfenster und wahrscheinlich auch mich voll erwischt. Gezittert hatte ich schon vorher, jetzt war ich fuchsteufelswild.

Es war kurz vor zwei, als ich im Hotel eintraf. Der verschlafene Nachtportier rieb sich die Augen, als er meinen Wagen mit der eingebeulten Seite sah. Ich hatte zuerst den Schaden gemeldet, was zwar nicht viel half, mir aber auf alle Fälle die Mietwagenfirma vom Hals halten würde. Die Polizisten waren auf höfliche Weise skeptisch gewesen, fragten mich, ob mich nicht vielleicht das Rechtsfahren durcheinandergebracht habe, und wollten mich gerade ins Röhrchen pusten lassen, als sie erfuhren, wo ich herkam. Kaum hatte ich Lutz und C-Tran erwähnt, hieß es nur noch jawohl, mein Herr, selbstverständlich, mein Herr, keine Frage, mein Herr, so was dürfte eigentlich nicht vorkommen, aber es passiert, mein Herr. Das wiederum brachte mich in eine noch üblere Stimmung, und um weiteren Erklärungen aus dem Weg zu gehen, sagte ich ihnen, ich würde den Wagen selbst parken. Als ich auf der im Schatten liegenden Seite des Hotels eine passende, abgelegene Ecke gefunden hatte, mußte ich an Fräulein 1726 denken. Ich blickte zu ihrem Zimmer hinauf. Das Licht war aus. Ich mußte dem Impuls widerstehen, sofort hinaufzustürzen und noch mehr Informationen aus ihr herauszuwringen. Am besten, ich machte mich hier so schnell wie möglich aus dem Staub, zurück nach Hause, wo ich mir verläßlicheren Rat holen würde. Obendrein hatte mir mein Unterbewußtsein bei der wahnwitzigen Verfolgungsjagd dieses eigenartige Symbol in dem schönen Marmorfußboden vorgegaukelt und mich damit ziemlich durcheinandergebracht. Mir wäre so etwas wie ein Hakenkreuz lieber gewesen, etwas, das ich einigermaßen verstanden hätte, etwas Widerwärtiges, doch in der Geschichte und den Schreckenstaten der Menschen Verankertes. Dieses Muster hatte ich jedoch zuletzt inmitten grausiger und obszöner Schnitzereien auf dem hohen Achterbalken des Wolfsschiffes *Chorazin* gesehen. Ein geometrischer fünfzackiger Stern, inmitten eines Doppelkreises aus Inschriften, ein Emblem böser Absichten, ein Drudenfuß.

Der im Schloß war jedoch mit einer Art Mosaikmuster ausgelegt gewesen …

Ich blieb abrupt stehen und drehte mich um. Hinter mir hatte sich etwas bewegt, etwas wie ein kurzes Aufflackern von Licht, begleitet vom Rascheln einer schnellen Bewegung. Als ich erneut herumwirbelte, hörte es auf, dann hörte ich es wieder, diesmal lauter. Über die Hauben der geparkten Autos glitt etwas, das sich selbst gegen die chromblitzenden Karosserien kaum abzeichnete, ein undeutliches, amöbenhaftes Wabern, das seine Tentakel ausstreckte. Jetzt, als es vom Schein der Lampen erfaßt wurde, konnte ich es in der Luft sehen. Wieder ertönte dieses Geräusch – nicht gerade ein Rascheln, eher ein leises, heiseres Ausatmen. Es hatte mit nichts Bekanntem Ähnlichkeit, und doch beschlich mich das untrügliche Gefühl, daß ich nicht so lange warten sollte, bis sich diese feuchte Wolke um mich legte. Ich machte einige Schritte zurück und sah, daß mir das Ding folgte, sich zu mir herdrehte, eine Unsichtbarkeit, kaum mehr als ein Schimmer vor den gestutzten Bäumchen im Hintergrund und der einzelnen, trüben Laterne – und dann wurde es plötzlich weißer, dicker, von überall her floß der Nebel in dieser wabernden Form zusammen. Es verwandelte sich allmählich in eine dichte, neblige Wolke. Ich drehte mich um und rannte davon. Aus dem Augenwinkel sah ich, wie sich das Ding ebenfalls bewegte, wie es vorwärts glitt, mir folgte und dabei wie ein zarter Schleier über das kalte Metall der geparkten Wagen floß. Es war überraschend schnell, doch ich war schneller. Schon hatte ich den Haupteingang erreicht und fiel praktisch durch die Glastüren, kaum daß sie zur Seite geglitten waren. Der Portier betrachtete mich fasziniert.

»Mist«, versuchte ich zu erklären, was auf deutsch soviel wie »Dung« bedeutete, doch mehr wollte mir in diesem Moment nicht einfallen. Ich hastete zu den Aufzügen und fuhr direkt hinauf zu meinem Zimmer. Trotz der bleiernen Müdigkeit goß ich mir noch einen Drink ein und trat auf den Balkon hinaus, noch immer nicht ganz in der Verfassung, die letzten Stunden auf die Reihe zu kriegen. Vielleicht die physischen Angriffe – aber wer versprach sich irgendeinen Nutzen davon? Selbst diese Attacken kamen mir inzwischen lächerlich vor, als hätte ich da etwas aus verzerrten Erinnerungen unnötig übertrieben. Dann der Nebel – na schön, mir waren schon andere merkwürdige Dinge zugestoßen, doch dieser Nebel konnte nichts anderes als streßbedingte Einbildung sein, pure Hysterie.

Doch als ich von oben auf den Parkplatz hinabschaute, sah ich, daß er noch immer in diesen feinen Dunst gehüllt war, der alle Lichter und Laternen mit einem schimmernden Heiligenschein umgab und das ganze Erdgeschoß des Hotels einschloß. Er bewegte sich, als ich mich über die Balkonbrüstung lehnte, und schien einen langen Fangarm zu mir heraufzustrecken, wie eine Welle, die an einer Klippe emporsteigt. Doch er schaffte es nicht bis ganz zu mir herauf und versank wie eine Welle wieder in der Materie, die ihn ausgebildet hatte, wobei er kleine, geisterhafte Strudel in der Nebelmasse erzeugte.

In dieser Nacht sank ich todmüde und beunruhigt in die Kissen. Mit den letzten Gedanken fragte ich mich, in was ich da hineingeraten war, was ich wohl wieder angezettelt hatte, und dann träumte ich. Mehr als einmal wachte ich schweißgebadet auf, doch konnte ich mich nur an ein einziges Bild erinnern. Eine Landkarte von Europa, eine Kinderlandkarte in den blassen Farben der alten Schulatlanten, über die sich ein graues, dichtes, schmutziges Netz des Todes spannte. Mittendrin – aufmerksam, bösartig und zum Sprung bereit – lauerte eine kleine schwarze Spinne.

Kapitel 3

Am nächsten Morgen hatte ich seltsamerweise weniger Zweifel, was nicht zuletzt an den diversen Schnitten und Prellungen lag, die über Nacht steif geworden waren; außerdem mußte ich mich stundenlang mit der Mietwagenfirma herumstreiten, damit sie mir ein anderes Auto schickte, das mich zum Flughafen bringen würde. Ich war so geladen, daß ich beinahe Nr. 1726 vergessen hätte. Als ich unten anrief, verriet mir der Empfangschef, ein alter Bekannter, daß Fräulein Parzival um halb sieben abgereist war und ihren Wagen aus der Garage geholt hatte. Übrigens sei gerade mein neuer Wagen eingetroffen. Es stellte sich heraus, daß er mit einem Chauffeur bereitgestellt worden war; auch auf diese Weise ließen sich Kommentare abgeben. Den ganzen langweiligen Weg über saß ich, schweigend vor mich hin brütend, im Fond. Parzival also! Sehr nobel, wie jeder echte Deckname.

Eigentlich hatte ich noch einige Tage länger bleiben wollen, doch da alle möglichen Leute auf mich schossen und auch die Spirale Konflikte versprach, verspürte ich das dringende Bedürfnis, schleunigst nach Hause zurückzukehren. Auch von der Kletterei hatte ich die Nase voll. Ich fühlte mich wie eine miese Ratte. Sie wollten also meinen Kopf? Dann sollten sie sich selbst in acht nehmen. Die Koffer auf einen wackligen Gepäckwagen getürmt, durchlief ich die Sicherheitskontrollen, die doppelt so lästig geworden waren wie Zoll und Paßkontrolle zusammengenommen, und machte mich auf den Weg zu dem kleinen Areal hinter den Hangars, das als Heliport ausgewiesen war. Der Anblick meiner eigenen kleinen Maschine, die bereits im Freien stand und auf mich wartete, munterte mich ein wenig auf. Ich warf das Gepäck auf den winzigen Rücksitz, schickte den Gepäckwagen zur Hölle und überprüfte wirklich alles betont sorgfältig – falls ein bestochener Mechaniker irgendwo eine Schraube gelockert oder eine Ölzufuhr blockiert hatte.

Die reinste Paranoia, schön und gut – aber wer wußte schon, wozu es gut war?

Trotzdem fühlte ich mich besser, nachdem ich alle naheliegenden Sabotagemöglichkeiten überprüft hatte; bei einem Hubschrauber gibt es viel zu viele davon. Nachdem ich mir das Öl von den Fingern gewischt hatte, ließ ich mich auf dem Pilotensitz nieder und setzte den Helm auf. Die Zeit reichte gerade noch, mit der Flugsicherung alle Kontrollchecks durchzugehen, bevor mein gebuchter Aufruf kam und die ungeduldige Bodencrew mich hinauswinkte. Der Anlasser verschluckte sich, dann sprang die Maschine mit einem Höllenlärm an. Nach den Erlebnissen der vergangenen Nacht zuckte ich leicht zusammen, doch ich hatte keine Zeit zu verlieren. Beide Hände an die Steuerknüppel, den Gasgriff aufgedreht – und dann dem anschwellenden Zischen der Rotoren über dem Kopf lauschen. Währenddessen ließ ich vorsichtig die Ruderpedale wippen und überprüfte die Reaktion des Heckrotors. Ich flog erst seit zwei Jahren solo und wollte meine Flugerlaubnis nicht mitten auf einem der größten internationalen Flughäfen aufs Spiel setzen. Die linke Hand drehte den Gasgriff noch weiter auf und schob den Steuerknüppel langsam nach vorne, wodurch der Rotor in die richtige Stellung zum Abheben gebracht wurde, und schon sackte der Asphalt unter meiner Windschutzscheibe weg, als sich das kleine Biest sanft schaukelnd in die Lüfte erhob. Ich betätigte die Pedale, um mit dem Heckrotor das Schaukeln in den Griff zu bekommen, brachte mit dem einen Steuerknüppel sämtliche Rotoren in eine andere Stellung, so daß der Fallwind nach hinten strömte, und schob den anderen vorsichtig nach vorne, wodurch das Maschinchen langsam höher und vorwärts flog. Dazu quakte permanent die geduldig monotone Stimme des Fluglotsen, während ich aufmerksam das Geschehen auf dem Flughafen um mich herum im Auge behielt und immer wieder nervöse Blicke auf das über und über mit Armaturen bestückte Cockpit warf. Einen Helikopter zu fliegen ist ein Ganzkörpererlebnis, so wie Sex, nur ohne die angenehmen Nebenwirkungen.

Ich hatte einige Probleme, den überfüllten Luftraum zu verlassen; da die Stimme im Kopfhörer jedoch ruhig blieb, konnte ich mich nicht allzu dumm angestellt haben. Endlich war ich auf und davon und konnte das tun, wonach es mich die ganze Zeit über verlangt hatte: den Steuerknüppel nach vorne drücken und durch die Luft rauschen. Jedenfalls so hoch das gute Stück fliegen konnte. Es war eine Bell, die ich gebraucht gekauft hatte und die manchmal nicht so gerne ansprang. Eigentlich war es ein Fünfsitzer, aber nur, wenn es sich bei mindestens zweien der Passagiere um Gartenzwerge handelte. Unsere Firma konnte sich sicherlich ein besseres Modell leisten, vielleicht eins mit NOTAR-Technologie – ohne Heckrotor – und in Stirnhöhe angebrachtem Armaturenbrett und allem Drum und Dran, doch ich war nicht so scharf darauf. Es hätte leicht nach schmutzigem Geld ausgesehen.

Als ich durch die Wolkendecke stieß, mußte sich meine Stimmung einfach bessern. Endlich heraus aus dem feuchten Zwielicht, erinnerte mich der Anblick des in den schrägen Sonnenstrahlen leuchtenden, sich endlos erstreckenden Wolkenmeeres an die unbeschwertesten Momente meines Lebens, in denen ich draußen auf der Spirale in See gestochen war. Nur wenige Erlebnisse können sich mit dem unglaublichen Zauber messen, wenn sich der Bug über das irdische Meer erhebt und direkt auf die Wolkenarchipele zuhält, mit den vom Mond beschienenen Nebelozeanen, die die großen Schiffe auf ihren Reisen in alle Meere der Welt durchkreuzen, auf ihren Reisen in jedes Zeitalter, das einmal gewesen ist, und sogar in diejenigen, die nie wirklich existiert haben. Es gab Gegenstücke zu diesen wundersamen Ozeanen, auf der Erde und in der Luft – Regionen, wo Land und Himmel am Horizont verschmelzen, wo Zeit und Raum nur mehr ein unsicheres, nebliges Grenzland sind, in dem Perspektiven zusammenschrumpfen und Parallelen sich kreuzen, eine Ansammlung von Fluchtpunkten, durch die hindurch man in die Gefilde der Schatten und der archetypischen Mythen schlüpfen kann. Ich hatte einige davon an Land kennengelernt, im Schatten moderner Großstädte und uralter Kultstätten, aber noch nie in der Luft. Ich hatte gehört, daß sie hier oben seltener waren, nicht so einfach zu durchdringen, und ich fragte mich oft, wie sie wohl aussahen. Jetzt kam es mir so vor, als müßte es etwas in der Art sein: diese funkelnde Traumlandschaft, in der schneebedeckte Bergspitzen und wuchtige Wolkenkappen ineinander übergingen und sich zu unendlichen Gebilden auftürmten. Vielleicht hatte mich Le Stryge auf diese Weise zu sich gerufen …

Dieser Gedanke ließ mich nicht mehr erschauern als die Überraschung, die ich im selben Augenblick erlebte. Ich erstarrte und drosselte den Rotor. Die noch immer niedrig stehende Sonne kroch gerade über eine Reihe von Wolkenkämmen – ihr warmes Licht verwandelte zwei Formen in dramatische Silhouetten, die aus dem blendenden Weiß herausragten. Zwillingstürme, hoch und schmal, die gleichen, die ich vom Bergpfad aus gesehen hatte.

Ich hatte nicht sehr viel Benzin in Reserve; das hat man bei einer so kleinen Maschine nie. Trotzdem zögerte ich keine

Sekunde. Ich schwenkte zur Seite und steuerte direkt auf die Türme zu, huschte an einer Phalanx schroffer, wie Krallen gebogener Wolkenklippen vorbei, an Schluchten aus Nebel und immateriellen Felswänden. Die Türme wurden immer größer, so sah es jedenfalls aus. Hohe, luftige Gebilde, gotische Strukturen, die den Stein beinahe so leicht erscheinen ließen wie den Nebel, über den er sich erhob. Ich ließ atemlos den Blick rings umher schweifen, dachte nicht mehr an meinen Kurs. Ein schroffes Felsenriff ragte über mir auf, instinktiv drehte ich ab, vergaß völlig, daß es nicht solider als ein Traum war – oder doch? Zerklüftete Ränder, steile Abgründe und verwitterte Kamine; als Bergsteiger registrierte ich sämtliche Details, die an meiner Kanzel vorüberjagten. Sie wirkten so gefährlich massiv wie jeder Stein, an dem ich mir schon das Schienbein angeschlagen oder einen Fingernagel abgebrochen hatte. Ich nahm den Steuerknüppel fester in die Hand, justierte die Rotoren und flog eine enge Kurve, woraufhin ich in Schräglage über eine weitausgestreckte, wildzerklüftete Hochgebirgslandschaft schwebte. Der Schweiß rann mir aus dem Helm. Schlecht geschätzt; zu schnell. Hatte ich einen Fehler gemacht? Oder öffneten sich auf diese Weise die Luftpforten der Spirale? Lösten sich hier die Wolken, anstelle von Inseln in einem azurblauen Ozean, in wirkliche Berge mit festungsartigen Gipfeln auf, Wolkenschlösser in mächtige Felskämme – war es so? Vor mir wirbelte Nebel auf, der die Maschine nach unten zu ziehen schien.

Jetzt steckte ich mitten in der grauen Suppe und versuchte verzweifelt, die Maschine unter Kontrolle zu halten, schaukelte für bange Momente nach links und nach rechts, bis sich der Anzeiger endlich auf den künstlichen Horizont einpegelte und die Höhenanzeige auf einem akzeptablen Wert beruhigte. Ein Blick auf den Radarschirm zeigte mir, daß es hier außer mir und den Bergen nichts gab. Ich versuchte, die Bodenstation Frankfurt zu erreichen. Nichts. München ... ebenfalls Fehlanzeige, abgesehen von eintönigem Rauschen. Ich überlegte einen Moment, dann verlangsamte ich den Rotor und schwebte herab, bis ich über einem breiten Tal aus der Wolkenschicht herauskam.

Es leuchtete grün unter mir, das saftige und fruchtbare Schwemmland eines Flusses, der sich wie eine silberne Vene durch sein Tal hindurchschlängelte, flankiert von schachbrettartig angelegten Feldern und sanften Hügeln. Als ich den Hubschrauber von den gefährlich soliden Felswänden wegsteuerte, sah ich auch, wohin der Strom floß, und gleichzeitig den Grund für die beiden Türme. Mitten im Fluß lag eine hohe Insel. Auf dieser Insel sowie links und rechts entlang der Flußufer erstreckte sich eine Stadt, die das Tal beherrschte und selbst beherrscht wurde. Eine riesige, von Schutzwällen umgebene Stadtfestung, wie ich sie, abgesehen vielleicht von Carcassonne, noch nirgends gesehen hatte; diese hier war größer und sogar noch schöner, mit gewundenen Reihen roter, ziegelbedeckter Dächer und goldenen Steinmauern, die im zarten Licht des frühen Morgens leuchteten. Doch darüber erhoben sich, mitten aus der Insel heraus, noch höhere Mauern, aus deren Mitte wiederum die beiden Türme bis in die Wolken hineinragten. Es waren die Glockentürme eines gewaltigen Gebäudes, wie eine gotische Kathedrale, ein Berg aus zahllosen gotischen Mauern und Bögen und Pfeilern und Ziegeldächern und Türmen, ein Ensemble, das auf den ersten Blick beinahe zerbrechlich wirkte, bis man bemerkte, wie enorm seine Ausmaße sein mußten. Das ganze Bauwerk wirkte wie ein etwas kleinerer Berggipfel, der sich wie dunkel glänzender Bernstein vor dem gleißenden Sonnenlicht abzeichnete, das aus den aufreißenden Wolken herabfiel. Ich flog etwas näher heran. Vielleicht gab es einen Hinweis, wo sich dieser Ort befand. Auf dem Fluß lagen Boote, meist Segelschiffe und Barken; auf den staubig gelben Straßenbändern unter mir konnte ich weder Autos noch Lastwagen entdecken. Ich dachte daran, irgendwo zu landen und mich genauer umzusehen, denn ich wollte die Stadt nicht überfliegen und unnötig die Aufmerksamkeit auf mich lenken oder eine Panik auslösen. Wenn ich nicht ganz danebenlag, war man hier mit dem Anblick von Hubschraubern nicht sehr vertraut.

Dabei umgab diesen Ort eindeutig das Flair der Spirale, eine brütende, leicht unheimliche Zeitlosigkeit der langen Schatten und Spätnachmittage, der Altweibersommer dieser Welt. Trotzdem war da noch etwas anderes, für die Spirale Untypisches – alles sah so fest verankert und stabil aus, ein Hauch von Ordnung und Zweckmäßigkeit, den ich so gut wie noch nie an jenen unsteten Gestaden der Zeit erfahren hatte, die gemeinhin mit dem Treibgut der Geschichte und den Ausgeburten menschlicher Phantasie ausgestattet waren. Ich mußte mehr erfahren. In einer eleganten Kurve schwenkte ich weg von den Feldern und auf die Hügel zu. Wenn ich nur einen geschützten Landeplatz finden könnte …

Hinter einem kleineren Felsvorsprung bot sich mir förmlich eine flache, karge Bergwiese an, die eindeutig nach Kühen mit umgehängten Glocken verlangte. Doch das grüne Gras war unberührt und kräuselte sich im Abwind der Rotoren wie das Wasser eines Bergsees. Ich setzte sanft auf und ließ den Motor auslaufen, bis nur noch das leise Rauschen der immer langsamer drehenden Rotoren zu hören war. Als sie zur Ruhe gekommen waren, herrschte bis auf das Rascheln des Grases, das sich in einem natürlichen Wind wieder aufrichtete, absolute Stille.

Ich legte Helm und Gurt ab, schob die Cockpittür auf und schwang mich ins Freie. Das leuchtend grüne, leicht feuchte Gras reichte mir beinahe bis zur Hüfte. Die Halme, die ich umgeknickt hatte, erfüllten die Luft mit einem eigenartigen Wohlgeruch. Nach der erstickenden Stadtluft war die frische Brise hier oben schier unglaublich rein; man wollte soviel davon einatmen, daß die Lungen zu klein dafür schienen. Quer durch die Wiese wisperte ein Bergbach, der glucksend über Steinbrocken und kleine Dämme hüpfte. Ein plötzlicher Durst überfiel mich, und ich rannte auf ihn zu, wobei mir mein Zynismus den Gedanken nicht vorenthielt, daß auch im klarsten Bergbach ein Stück weiter oben ein totes Schaf liegen konnte; aber nein, nicht in diesem hier, in diesem hier ganz bestimmt nicht. Fast konnte ich seine Quelle sehen, dort oben zwischen den zerklüfteten Felsen. Was für ein herrliches Klettergebiet! Aber nicht ohne Begleitung. Ich bückte mich, tauchte eine Hand ins Wasser und schrie auf: es war eisig, wahrscheinlich Schmelzwasser von viel weiter oben, das sich beim Herabfließen unter den Felsen nicht erwärmt hatte. Doch als ich vorsichtig daran nippte, um meinen Magen nicht zu verkühlen, schmeckte es unglaublich gut, mit einem leisen mineralischen Beigeschmack, der sämtliches Flaschenwasser in die Schranken verwies. Erfrischt erhob ich mich und sah mich um. Ungefähr fünfzig Meter weiter unten führte eine alte Steinbrücke über den Bach, und dahinter lief ein schmaler, halb von wehenden Gräsern überwucherter Pfad ins Tal hinab. Nachdem ich mich vergewissert hatte, daß die Schlüssel zum Helikopter fest an meinem Gürtel hingen, schlenderte ich dort hinab, ohne an etwas Besonderes zu denken. Die Brücke erwies sich als sehr alt und bröckelig, aber noch immer stabil; von ihrem gewölbten Rücken aus hatte ich einen klaren Ausblick den Hügel hinab bis mitten in das Tal hinein.

Hinter ihren massiven Mauern lag dort noch immer die leuchtende Stadt im feinen Dunst, doch im heraufwehenden Wind war kaum mehr als süßer Holzrauch zu schmecken. Von hier aus konnte ich sogar einige Gebäude erkennen. Die dichtgedrängten Dachfirste erinnerten an die Altstadt von Nizza oder Nürnberg, oder an österreichische und tschechische Kleinstädte. Gewundene Straßenzüge, die sich in malerischem Wirrwarr kreuzten und den sanften Hang bis zum Flußufer hinabzogen; rote Dächer und hohe Giebel ragten kreuz und quer daraus hervor. Hier und dort entdeckte ich jedoch für diese Umgebung völlig fremdartige Mauern, das schwarzgeäderte Weiß echten Fachwerks, durchsetzt vom gedrungenen Stuck einer eher mediterranen Architektur, der heimeligen, vierschrötigen steinernen Eleganz Schottlands – unpassend, am falschen Ort, und doch irgendwie unglaublich richtig ergänzten sie diesen unbeschreiblichen Gesamteindruck, der letztlich eindrucksvoll und mächtig wirkte. Genauso hatte eine Stadt auszusehen. Hoch über ihr ragten, wie eine Stein gewordene Krone, die Türme der Kathedrale auf, beinahe mit mir auf gleicher Höhe; und darüber, noch viel höher, die Spitzen der Zwillingstürme, so riesig, daß man von ihnen auf den Berghang, auf dem ich stand, herabblicken konnte.

Je mehr ich sah, desto mehr nahm mich der Anblick gefangen. Es war einer der schönsten Orte, den ich je innerhalb oder außerhalb der Spirale erblickt hatte, und einer der zeitlosesten. Doch auch von hier oben war deutlich zu vernehmen, daß in den Straßen Leben herrschte. Jetzt erkannte ich auf den Zufahrtsstraßen einzelne Karren, offensichtlich Bauernwagen, die langsam auf die Stadt zurollten. Ich überquerte den Bach, fand den Pfad und marschierte schnurstracks zur nächstgelegenen Straße hinunter. Es dauerte nicht lange, und ich rannte.

Es ging natürlich nur bergab. Trotzdem war ich, als ich die erste Straße erreichte, ziemlich außer Puste, was mich einigermaßen überraschte. Schließlich war ich durchtrainiert, und der kurze Spaziergang hatte mich eher noch fitter gemacht. Die Straße war leer, aber kurz darauf stand ich an einer Kreuzung. Gerade als ich versuchte, die altdeutsche Frakturschrift eines verwitterten Wegweisers zu entziffern, begrüßte mich ein frohes »Grüß Gott!«, der landesübliche Gruß in Bayern. Zumindest wußte ich jetzt ungefähr, wo ich war. Der Rufer stellte sich als Lenker des ersten Wagens einer ganzen Karawane heraus, ein alter Mann mit einem stämmigen, schwarzweißen Ochsengespann, und die Männer und Frauen, die auf den folgenden Karren saßen oder zu Fuß nebenher gingen, grüßten ebenfalls.

Ich erwiderte ihren Gruß, fügte eine Bemerkung über das herrliche Wetter hinzu und fragte, ob sie in die Stadt wollten. Sie verstanden mein Deutsch recht gut, und obwohl sie merkten, daß ich ein Fremder sein mußte – sie sprachen mit mir besonders artikuliert –, schienen sie mich sofort zu akzeptieren. Ich vermied allzu neugierige Fragen, und auch sie wollten von mir überhaupt nichts wissen. Wir kamen an weitere Kreuzungen, trafen auf andere Karren, einige davon wie unser mit Körben und Fässern beladen, andere voll mit Getreidesäcken, andere wiederum ächzten unter ganzen Rinderhälften. Ich war überrascht, als uns ein Fahrer mit einem überschwenglichen Wortschwall auf italienisch begrüßte; beinahe noch mehr verwirrte mich die Tatsache, daß einige junge Männer, die eine Schafherde weg von der Stadt quer über die Straße trieben, uns die breitesten hinterwäldlerischen Floskeln zuriefen – auf englisch. Die Kutscher schienen auch das zu verstehen, doch sie antworteten in allen möglichen Sprachen. Ich glaubte sogar das Romani der Zigeuner herauszuhören.

Ich hatte das noch nicht ganz verdaut, als uns die Straße um ein Wäldchen herumführte, hinter dem unerwartet nah die Stadtmauer quer über den Hügel vor uns emporragte. Unregelmäßige Bastionen honigfarbenen Steins verliefen in schiefen Winkeln, um sich den Unebenheiten des Bodens anzupassen, wurden ab und zu von allen möglichen Ausformungen exzentrischer Zinnen, Türme und Spitzgiebel unterbrochen. Der Effekt war anheimelnd, leicht komisch, wie eine dieser skurrilen viktorianischen Architekturalbernheiten; erst auf den zweiten Blick erkannte man, vor welch unlösbare Aufgaben diese Mauern eventuelle Angreifer stellen mußten, selbst die Artillerie. Die Kathedrale, oder was dieses Gebäude im Stadtzentrum auch darstellen mochte, wirkte überhaupt nicht lustig; sie war überwältigend. Die Landstraße führte uns zu einem großen Tor, mit hohem, gotischem Spitzbogen; es stand weit offen, doch zu beiden Seiten standen Bewaffnete. Andere blickten von den Zinnen herab.

Es fiel auch nicht ganz leicht, diese bunt Uniformierten mit ihren dunkelblauen oder scharlachroten, mit Biesen behängten Husarenjacken, den engen weißen Reithosen, den Schaftstiefeln und hellblauen Schärpen ernst zu nehmen. Ihre Tschakos saßen auf eher langen Haaren, von den Oberlippen fielen lange Schnurrbärte herab. Die Bewaffnung der Wachen bestand lediglich aus Langschwertern und langen Hellebarden, einer Art Spieß mit Axtschneide – alles in allem genau die Ausrüstung, die man heutzutage nur noch bei abgeschmackten Zeremonien antrifft. Dabei sahen die Wachen außerordentlich entspannt aus, wie sie da gegen die Torsäulen gelehnt ihre Zigarrenstumpen qualmten und mit den vorüberziehenden Bauern Scherzworte wechselten. Als ich näher kam, konnte ich jedoch ihre Augen sehen, die aufmerksam und klar alles und jeden inspizierten, der in die Stadt hinein oder aus ihr herauswollte. Jetzt fiel mir ein, daß sich diese Art von Uniform so lange gehalten hatte, weil sie in längeren, erbitterteren Kriegen getragen worden war, als wir sie kennen. Kriege, die jahrzehntelang, sogar jahrhundertelang kreuz und quer durch Europa getobt hatten, Kriege, die Europa und seine Kultur mitgestaltet hatten, ob zum Guten oder zum Schlechten, die Erleuchtung ebenso wie die Barbarei, Goethe und Hitler, Shakespeare und Vlad den Pfähler hervorgebracht hatten. Diese Soldaten waren unzweifelhaft so real und so ernst zu nehmen wie die Mauern.

Ich fragte mich, was sie wohl von meiner modernen Freizeitkleidung und meiner Wildlederjacke halten würden. Als wir schon beinahe unter dem Schatten des Torbogens angelangt waren, hüpfte ich unauffällig auf einen Kutschbock und unterhielt mich angeregt mit den Kutschern. Dann dröhnte Holz unter unseren Rädern, und hohe Mauern verdunkelten das Licht. Es gab noch ein inneres Tor mit einer Zugbrücke, die man einziehen konnte, woraufhin jeder Eindringling dem Feuer von oben schutzlos ausgeliefert war. Die ganze Anlage war hervorragend gepflegt. Als ich mich fragte, warum ich eigentlich so versessen darauf war, mir alles aus der Nähe anzusehen, biß ich mir auf die Unterlippe; nichts an diesen professionellen Verteidigungsanlagen wirkte anziehend. Und doch waren sogar die Tore mit schmiedeeisernen Schmuckgittern verziert, die Zugbrücke wies fachmännisch ausgeführte Schnitzereien auf. Über der ganzen Anlage schwebte der Ausdruck erhabener Macht, ein gewisser Stolz auf das, was sie repräsentierte. Dann veränderte sich der Klang unter unseren Rädern erneut; wir hatten das innere Tor passiert, fuhren jetzt über das Kopfsteinpflaster, das die Straßen der Stadt bedeckte.

Ich schaute mich voller freudigem Erstaunen um. Die Stadt hielt sogar noch mehr, als sie von der Bergwiese aus versprochen hatte. Überall gab es Gärten und Bäume, breite, luftige Straßen und verwinkelte Gassen, die das Auge foppten, offene Plätze, wo es wieder ausruhen konnte. Es war ein Anblick, der Stadtplanern nur auf ihren Entwürfen gelingt, und doch sah es überhaupt nicht geplant aus. Meine Neugier wuchs noch mehr; ich rutschte vom Kutschbock herunter und ließ den Troß an mir vorüberziehen. Das war nicht gerade die allerbeste Idee, denn auch wenn wir die Tore passiert hatten, so befanden wir uns noch immer in Sichtweite der Wachen. Als ich den schnarrenden Ruf hörte, wußte ich genau, wer damit gemeint war. Ich hatte die Wachen kein bißchen getäuscht. Ihre Luchsaugen hatten mich entdeckt, taxiert und entschieden, mein weiteres Verhalten zu beobachten, um beim geringsten Verdacht …

»Halt! Wer da?«

Ich blieb unentschlossen stehen, blickte in die eine, dann in die andere Richtung und sah, wie zwei Torwächter mit gesenkten Hellebarden auf mich zugetrottet kamen. Hinter ihnen sprang ein untersetzter Mann in Schwarz mit goldenen Epauletten in die Höhe, starrte herüber, verschluckte sich beinahe an seiner Zigarre und rief: *»Das ist er! Der vom Bergpfad! Der Reiter, der Verbündete des Zauberers! Ergreift ihn!«*

Das genügte. Es mußte sich um einen Offizier aus dem Luftschiff handeln, das natürlich von hier aufgestiegen war – und ich war ein rechter Schwachkopf, ausgerechnet in diese Stadt hineinzuspazieren. Wenn ich es nur erklären könnte – aber ich hatte nicht die geringste Lust, das in den Händen bewaffneter Soldaten zu versuchen. In dieser Lage klingen Erklärungen immer ziemlich unglaubwürdig; außerdem hätten sie mich oben auf dem Pfad auch ohne Vorwarnung erschossen. Würden sie mich hier unten anhören? Ich hastete über das Pflaster und drängte mich durch meine neuen Freunde und ihre Karren, kam auf der anderen Seite wieder heraus, dann ging es die breite Straße zur Stadtmitte und zum Fluß hinunter. Wohin sollte ich sonst? Das Tor war bestimmt versperrt, die Gäßchen, die sie natürlich viel besser kannten als ich, kamen mir wie ein Alptraum vor. Es gab keinen Ausweg, nur den Weg, der noch tiefer in die Stadt hineinführte.

»Heda! Halt, oder ich schieße!«

Sie blufften. Jedenfalls hoffte ich, daß sie es nicht einfach riskieren würden, auf der belebten Straße unschuldige Bürger oder sogar Kinder zu treffen. Dazu sah die ganze Szenerie zu friedlich aus, und als ich keine Schüsse hörte, war ich nicht nur meinetwegen froh. Ein oder zwei Männer traten mir in den Weg, doch ich konnte ihnen leicht ausweichen, denn meine Sportschuhe schienen besser auf dem Pflaster zu haften als ihre Stiefel. Ich rannte und rannte, und unterwegs klaubte ich meine Gedanken zusammen; mein Wahnsinn bekam allmählich Methode. Ich rannte auf dieses enorme Gebäude zu. Falls es wirklich eine Kirche oder Kathedrale war, fand ich dort vielleicht Zuflucht, oder zumindest die Gelegenheit, meine Geschichte einem Geistlichen zu erzählen, nachdem ich einige Minuten verschnauft hatte.

Ich war eigentlich gut trainiert, doch ein oder zwei Kilometer über Kopfsteinpflaster zu rennen ist kein Zuckerschlecken, nicht einmal, wenn es bergab geht. Mit dröhnenden Ohren und pochenden Schläfen wagte ich einen Blick zurück. Da waren sie, diese verdammten Schergen, doch wir bewegten uns alle so langsam voran, daß wir ebensogut hätten gehen können. Wenn ich nur einen Moment Zeit gehabt hätte, um mein Schwert herbeizurufen, mit dem einzigen bescheidenen Zaubertrick, den ich auf der Spirale aufgeschnappt hatte, und auch den nur per Zufall. Ich hatte aber keine Zeit, außerdem bedeutete ein Schwert auch fast unweigerlich töten, was mich nur noch weiter in Schwierigkeiten gebracht hätte. Ich dachte daran, mich hinter einer passenden Ecke zu verstecken und meine Verfolger zu Fall zu bringen. Wenn sie den Trick jedoch durchschauten, saß ich in der Falle. Es war wohl besser, ihnen eine Bank oder ein paar Mülleimer vor die Füße zu schleudern, doch sah ich nirgendwo eine Bank, höchstens einmal einen Schemel. Soweit ich das beurteilen konnte, rannte ich durch die sauberste Stadt des neunzehnten Jahrhunderts. Auf der Hauptstraße lagen ein paar Pferdeäpfel, aber nicht viele, und die Seitenstraßen waren tadellos sauber. Vielleicht waren alle Gärten deshalb so fruchtbar. Ich konnte nur weiterrennen, immer weiter, doch allmählich ging es nicht mehr weiter bergab. Wo, zum Teufel, war diese Kathedrale? Ich zwang mich, den Blick nach oben zu wenden – und blieb vor Verwunderung auf der Stelle stehen.

Da war sie, zweifellos. Sie war anscheinend überall, sogar die Felswand in der Ferne wirkte weniger überwältigend. Wenn sie massiv gewesen wäre, hätte sie brutal gewirkt, ihr Schatten wie eine sonnenlose Last auf den Häusern; doch die Steinmetzarbeiten waren so ätherisch, daß sie luftige schwarzweiße Muster über Dächer und Wände warfen, ein schimmerndes Gitterwerk aus schattiertem Licht. Ich befand mich fast auf der Höhe ihrer Basis. Ein Stück weiter unten verbreiterte sich die Straße über dem Fluß zu einem größeren Platz, von dem aus eine Brücke, breit und eben wie eine Autobahn, auf die Insel hinüberführte, auf der die Kathedrale stand. Der Anblick spornte mich an, und es war höchste Zeit. Mein staunender Aufenthalt hatte meinen Vorsprung zusammenschmelzen lassen, schon hörte ich hinter mir die klappernden Stiefel näher kommen. Wenn mich niemand aufhielt, konnte ich sie leicht wieder abhängen. Auf dieser Seite der Brücke schienen keine Wachen zu stehen; was die andere Seite anging, mußte ich das Risiko einfach eingehen. Hinunter auf den Platz – ein kurzer Blick auf andere Gebäude, höher und nobler als die Häuser, an denen ich bisher vorbeigekommen war, Gebäude, die Palästen und Parlamenten und Universitäten gut zu Gesicht gestanden hätten – und schon eilte ich durch verblüfft aufschauende Spaziergänger auf die Brücke zu. Wie die Straße war auch sie nur mit Kopfsteinpflaster bedeckt. Erst ein weiterer Blick zurück auf den hohen Felsvorsprung und die steil zum Fluß abfallenden Klippen machten mir klar, daß ich mich in der luftigen Höhe von gut hundert Metern befand.

Vor mir lag die Insel, auf gleicher Höhe, und der Fuß der Mauern der Kathedrale – war das überhaupt eine Kathedrale? Je näher ich kam, desto eigenartiger sah sie aus; und doch war sie mit Türmen, Spitzen und sogar Bleiglasfenstern ausgestattet. Was sollte es sonst sein? Sogar die Lage auf der Insel erinnerte ein wenig an eine gigantische Version von Notre Dame, abgesehen davon, daß mich das Festungshafte der Konstruktion etwas abschreckte. Die Klippen am Flußufer bestanden aus blankem Felsgestein; die auf der Insel waren in weichen Stein gegraben und nur hin und wieder von baumbewachsenen, durch breite Stufen miteinander verbundenen Absätzen unterbrochen. Dort saßen Leute, oder sie spazierten wie in einem Lustgarten umher. Trotz der Idylle war das Ganze eine hervorragende Verteidigungsanlage. Ich duckte mich und rannte zwischen den Menschen auf der Brücke hindurch, die mich zwar anstarrten, aber, wie alle anderen auch, keine Anstalten machten, mich aufzuhalten. Bedeutete das etwa, daß die Wachen nicht sehr beliebt waren? So kam es mir auch wieder nicht vor. Die Blicke, die ich auffing, wirkten erstaunt, weder feindselig noch mitfühlend; ich konnte keinerlei Urteil darin lesen, nur Interesse und allenfalls eine recht distanzierte Freundlichkeit bei älteren Leuten.

Jetzt hatte ich den anderen Brückenkopf erreicht. Keine einzige Wache in Sicht. Nur ein breiter, mit grauen Steinplatten ausgelegter Weg und die Treppen zur Kathedrale. Die Tore waren immens, so groß wie die Stadttore und genauso verziert, von einem einzigen komplexen Muster überzogen – und sie standen leicht offen, so daß nur die Hälfte des Designs sichtbar war: ein stilisierter Vogel, eine Taube, die etwas in den Krallen hielt, vielleicht den sprichwörtlichen Ölzweig. Das kam mir gerade recht. Ich hetzte die hohen Stufen hinauf, als gäbe es kein Morgen mehr, und hörte ein willkommenes Krachen, als mein erster Verfolger zu Boden ging. Die Stufen wollten kein Ende nehmen, doch ich erreichte das Tor, stolperte benommen gegen das in Eisen gefaßte Holz und fiel mehr oder weniger ins Innere. Wahrscheinlich hätte ich »Asyl!« oder »Zu Hilfe, mein Prinz!« oder etwas Ähnliches rufen sollen, doch dazu reichte meine Puste nicht mehr aus. Ich humpelte einen Korridor aus poliertem Stein entlang, der für sich schon die Länge einer normalen Kathedrale haben mußte, auf das bläuliche Licht eines Bogens am anderen Ende zu. Über das offizielle Prozedere in solchen Fällen war ich nicht bis ins Detail informiert, doch irgendwo mußte es doch einen Altar geben, auf den ich mich werfen konnte. Ich mußte mich auf etwas fallen lassen, wenn möglich nicht auf das Taufbecken.

Es gab Öffnungen, hinter Gittern verborgen, womöglich Nebenkapellen; es gab Gedenkplaketten und Verzierungen an den Wänden; sie schienen sehr alt zu sein, doch ich hielt nicht an, um sie zu entziffern. Es sei denn … Keine anderen Schritte. Überhaupt keine anderen Geräusche. Wo blieben meine Wachen? Ich drehte mich um, erwartete, daß sie im selben Moment durch die riesigen Türflügel hereinstürmten. Nichts. Der Sturz hatte doch wohl nicht beide außer Gefecht gesetzt? Plötzlich spähte einer von ihnen durch den Türspalt. Sofort zog er den Kopf wieder ein, wie ein schuldbewußter Schuljunge. Es sah ganz so aus, als sei es ihnen nicht erlaubt, diesen Raum zu betreten. Um so besser, vielleicht fand ich sogar eine praktische Hintertür.

Doch kaum hatte ich den Bogen erreicht, blieb ich stehen und vergaß einen Augenblick lang meine Verfolger, meine Erschöpfung, meinen Durst und alles andere. Der Raum dahinter ... Er sah wie eine Kirche aus, doch es war keine Kirche. Es war gigantisch. Ich war einmal in der Hagia Sophia gewesen, aber das hier war größer, und leerer, eine riesige dunkle Halle in Form eines Ovals, um das ein schmaler Säulengang herumführte, unter dessen Stirnportal ich stand. Der Raum unter mir war zum Großteil in ein bläuliches Leuchten gebadet, das nur vom schwachen Glanz der glasierten Wandfliesen unterbrochen wurde; doch die Wand wies riesenhafte Fenster auf, durch die das Licht hereinfiel, große, schräge Strahlenbündel, die die schwebenden Staubpartikel mit einem Glorienschein umgaben, manche davon klar, andere in prächtig abgestuften Tönungen. Wenn man sich vorstellt, eine Kirchenmaus zu sein, eine richtige Kirchenmaus, die aus ihrem Loch herauslugt, kann man etwa die Größenverhältnisse und ihre Wirkung erahnen.

Dabei war es nicht allein die Größe des Gebäudes. Die Sowjets haben große Gebäude errichtet, den Kreml beispielsweise, doch nur zu dem Zweck, daß sich die Menschen darin nur noch kleiner vorkamen. Dieses Gebäude hier wirkte eher so, als sei es für etwas viel Größeres als Menschen geschaffen und als hielte sich dieses Etwas noch hier auf. Es verfügte über die ehrfurchtgebietende, gewichtige Qualität, die ich schon an vielen Orten, sowohl im Kern als auch in der Spirale erlebt hatte – in einem angelsächsischen Hügelgrab, dem Palast von Mykonos, vor Borobodur, den Pyramiden von Gizeh. Die Ausstrahlung dieses Ortes war jedoch eindeutig stärker. Ein staubiger Schleier der Stille hing über allem, und doch war es nur die Stille der Ruhe, nicht der Leere; und sogar diese Ruhe wirkte wachsam. Meine Augen wanderten, von eingebildeten

Bewegungen verleitet, ständig von einem Schatten zum anderen. Doch da war nichts.

Ich konnte mir auf den Zweck dieses Gebäudes keinen Reim machen. Auf jeden Fall gab es keinen Altar. Auch keine Bestuhlung, keinerlei Ornamente, nicht einmal Inschriften, wie man sie in den schmucklosesten Moscheen findet, eigentlich kaum ein Anzeichen dafür, daß sich hier Menschen aufhielten oder aufhalten sollten. Als sich meine Augen an das Zwielicht gewöhnt hatten, erkannte ich hinter den Säulen auf der anderen Seite noch andere Türen; das war immerhin recht vielversprechend. Dort gab es auch eigenartige Muster, weiter oben an den Wänden; vielleicht Fresken, schwache Flecken düsterer Farben, meist in den Halbschatten getaucht. Auch der Fußboden war nicht ganz so kahl – es war ein Mosaik. Ich dachte mit einigem Unbehagen an das Zimmer in Lutz' Anwesen, doch dieses Mosaik hier sah rein dekorativ aus, eine stilisierte Sonne oder eine Kompaßrose, die das Auge nach innen, zum Zentrum der Halle lenkte. Dort, von einer einzigen großen Lichtsäule angestrahlt, war doch etwas, niedrig und eher formlos, doch das einzige Ding in dieser phantastischen, weiten Leere. Zögernd machte ich einen Schritt nach vorn, woraufhin das Geräusch des Schrittes hinauf in die hohen Gewölbe der Kuppel dröhnte. Echo, Echo, Echo …

Mir schlug das Herz bis zum Hals. Vorsichtig schritt ich weiter. Eigentlich hätten Staubwolken aufsteigen müssen, aber selbst in meinem Büro war es nicht so sauber wie hier. Der Staub flirrte nur in der Atmosphäre, winzige, umherwirbelnde Zeitpartikel, denen es nicht gestattet war, sich niederzulassen. Ich hätte versuchen sollen, eine der entfernt gelegenen Türen zu erreichen, aber ich tat es nicht. Ich war neugierig, und der Schlüssel zum Geheimnis dieses Ortes lag vielleicht gerade dort in seiner Mitte.

Ein Grab, dachte ich, irgend jemand liegt hier begraben, jemand, der so mächtig war, daß er sich ein derart überdimensioniertes Mausoleum leisten konnte. Ein Herrscher, an den eine ganze Nation geglaubt hatte und vielleicht noch immer glaubte, jemand, dessen Auferstehung noch immer erwartet wurde. König Artus vielleicht oder Kaiser Friedrich Barbarossa, vielleicht sogar Attila, der in den Ländern östlich des Rheins im gleichen Maß als großer Held verehrt wurde, in dem man ihn im Westen als Bösewicht verdammte. In meinem Hals kratzte Staub, als ich mich der zusammengekauerten Gestalt näherte. Ich hatte anscheinend recht gehabt. Es handelte sich um einen niedrigen Sockel aus schwarzem Marmor oder einem anderen polierten Stein, glatt und konturlos. Darüber lag, beinahe unachtsam, ein Stoffbündel drapiert, das wie schwere, mit Stickereien verzierte Seide aussah. Soweit ich es im Halbdunkel erkennen konnte, handelte es sich um einen langen Mantel, eine Robe oder einen Umhang dunkler Färbung; die Verzierungen sahen wie goldene byzantinische Symbole und Figuren aus, Heilige oder etwas in der Art, aber in der Düsternis konnte man nichts Genaues erkennen. Unter der Robe schien sich etwas Längliches zu verbergen, und darunter ein Stein, vielleicht eine Art Gedenkstein. Doch als ich den Saum des Stoffes vorsichtig hob, sah ich, daß es sich mitnichten um einen herkömmlichen Grabstein handelte; er war nur sehr roh behauen, wirkte ursprünglicher als die Robe und wesentlich älter. Er war ungefähr so groß wie eine kleine Gehsteigplatte und etwa dreißig bis fünfunddreißig Zentimeter dick, und er trug keinerlei Inschrift, nur rohe, unregelmäßige Zeichen. Das einzig Ungewöhnliche daran war die Form: nicht ganz in der Mitte befand sich eine Vertiefung, wie eine tiefe Schüssel oder Schale, umgeben von einem merkwürdigen Muster aus eingeritzten Ringen oder Kreisen. Einige waren tief eingegraben, andere kaum mehr als geritzt, aber alle konzentrisch, alle wohlüberlegt gesetzt. Noch eigenartiger wirkte der kräftige, kurze Holzschaft, der, von der langen Robe gehalten, schräg auf dem Stein lag, von Bändern eines helleren Materials zusammengehalten und in eine Spitze von – was um alles in der Welt war das? Ich hielt es für schwarzes Glas, vulkanisches Glas, Obsidian, nicht behauen, sondern geglättet und geschliffen, bis die Oberfläche perfekt war.

Ein Geheimnis türmte sich auf das andere. Ich vergeudete hier nur meine Zeit. Inzwischen war womöglich schon das ganze Gebäude umstellt. Mit aller Vorsicht ließ ich den Mantel wieder sinken und schritt so leise, wie ich es eben wagte, zum gegenüberliegenden Säulengang. Kaum war ich dort angekommen, da hörte ich das dröhnende Zufallen des Kirchentors, gefolgt vom Trappeln rennender Stiefel. Dann ertönte ein bellender Ruf, wortlos, aber bedrohlich, und zwei Männer kamen den Mittelgang entlanggeeilt. Sie trugen Husarenuniformen, denen der Stadttorwächter sehr ähnlich, doch ganz in Grau, mit Schnurbesätzen und Biesen und gepanzerten Epauletten, die sogar in diesem unterseeischen Leuchten silbrig glänzten. Ihre gezückten Schwerter schimmerten düster metallisch, riesige, gerade Säbel mit Korbgriffen, beinahe Breitschwerter. Ich rechnete damit, daß sie mir quer durch die Halle nachsetzten, statt dessen rannten sie in den Säulengang und umkreisten die Halle, um mich so zu erreichen. Ich ließ sie näher herankommen – noch ein Stück weiter, dann könnte ich wieder quer durch die Halle fliehen und auf der anderen Seite hinaus –, doch dann hörte ich erneut das Dröhnen des Tors, und weitere Gestalten drangen in diese seltsame Kathedrale ein.

Sogar von meinem Standort aus konnte ich ihre Schwerter und Uniformen erkennen: noch mehr graue Husaren. Ich dachte an mein eigenes Schwert, das in meinem Apartment an seinem Platz über dem Kamin hing, so unpassend wie eh und je, und in Gedanken streckte ich die Hand aus, krümmte die Finger so, als würde ich den Griff fest packen. Einen Augenblick lang schien ich die mit dünnem Draht umwickelte Haifischhaut tatsächlich festzuhalten, angenehm kühl lagen Griff und Stahl in der Hand. Dann brach die Dunkelheit des Ortes über mich herein, und ich spürte, wie es wegrutschte, mir entglitt und mit einem leisen Klirren zu Boden fiel.

Ich ballte die Fäuste und fluchte fürchterlich. Wie viele waren das jetzt – fünf oder sechs gegen einen? Gegen einen Unbewaffneten. Ich könnte mich ergeben, mich auf ihre Gnade berufen, doch das schien mir nicht die richtige Taktik zu sein. Sie hatten ohne Vorwarnung auf mich geschossen, vielleicht, weil sie mich mit Le Stryge in Verbindung gebracht hatten. Ihre Schwerter waren gezückt und stoßbereit. Die Unfairneß stieg mir wie Galle im Hals hoch. Ich mußte mich jetzt verteidigen, selbst wenn es nur darum ging, sie zum Zuhören zu zwingen; zumindest das mußte mir um jeden Preis gelingen. Ich wartete ab, bis sie sich alle im Säulengang befanden und mich wie Schakale umkreisten. Dann rannte ich los, dorthin, wohin sie sich offensichtlich nicht trauten, direkt über das Mosaikmandala, riß den Mantel herunter, packte die Lanze, die quer über dem Stein lag, und schwang sie entschlossen und bedrohlich in der Hand.

Der Effekt war, vorsichtig ausgedrückt, unerwartet und verblüffend. Es hörte sich wie ein einziger großer Seufzer an, der sich in den düsteren Gewölben über uns brach, und doch kam er von allen meinen Verfolgern, in unheimlichem Gleichklang. Plötzlich sanken die Schwertkämpfer wie ein Mann zu Boden, die eben noch so bedrohlichen Gestalten schrumpften zu gebückter Ergebenheit zusammen, wankten zurück zur Wand wie eingeschüchterte Raubkatzen vor der Peitsche des Dompteurs. Beherzt stieß ich mit der Lanze nach ihnen. Sie fuchtelten wild mit den Schwertern herum, einer ließ seine Klinge fallen, ein anderer stieß einen Alarmschrei aus. Sie befanden sich allerdings zwischen mir und jenen äußeren Türen. Ich schritt forsch auf den Säulengang zu und fragte mich, ob sie gleich schreiend davonlaufen würden. Das taten sie nicht. Sie beobachteten mich nur, sechs im Dunkeln funkelnde Augenpaare. Ich warf demjenigen, den ich als ersten passierte, einen Blick zu, und er erwiderte diesen Blick, als müßte er einen tödlichen Stoß abwehren. Er war blond, trug buschige Koteletten und einen nach oben gezwirbelten

Schnurrbart, der kaum die beiden langen Narben auf seinen roten Wangen verdeckte.

Abgesehen davon wirkte das Gesicht nicht besonders brutal; normalerweise zogen sich vielleicht sogar Lachfältchen um diese Augen. In diesem Moment jedoch waren sie vor blindem, ohnmächtigem Haß eng zusammengekniffen. Das Schwert zuckte in seiner Hand. Der Mann würde fraglos ohne Rücksicht auf das eigene Risiko auf mich losgehen und mich in Stücke hauen, wenn ihn nicht eine größere Macht zurückhalten würde. War es Angst? Das konnte ich nicht so recht glauben. Der Mann auf der anderen Seite war dunkelhäutig. Auch die Adlernase machte sein sonst grob geschnittenes Gesicht nicht viel kantiger – ein nordindischer Typ mit drei weißen Streifen auf der Stirn. Mir fiel ein, daß dies das Kennzeichen des Kriegers und des Ausbilders von Kriegern war. Seine Wangen waren vor Wut purpurrot angelaufen, und doch duckte er sich von mir weg, atmete flach und beobachtete mich.

Ich betrat die Kolonnade und trat in den langen Korridor, wobei ich mich fragte, was sich wohl draußen inzwischen abspielte. Womöglich hatte sich alles wieder beruhigt, die guten Bürger gingen ihren alltäglichen Geschäften nach; vielleicht auch nicht. Ich warf einen Blick über die Schulter: Dort versammelten sich die Bewaffneten gerade im Torbogen. Sobald mein Blick sie traf, blieben sie stehen, als würden sie wie Hunde an der Leine zurückgerissen. Einer hatte gerade mit seinem Schwert zum Wurf ausgeholt. Ein anderer bedeutete ihm, das zu unterlassen. Ich verspürte nicht viel Lust zurückzugehen und konnte auch keine weiteren Seitentüren erspähen, also gab es nur eine Chance, es herauszufinden. Ich lehnte mich an die riesige Tür und stieß sie einen Spalt weit auf. Sonnenlicht strömte herein, niemand schoß auf mich. Also drückte ich sie noch ein bißchen weiter auf und schob mich durch den Spalt hinaus – dann blieb ich wie die Kämpfer hinter mir wie vom Blitz gerührt stehen, als sich die Menschenmenge, die sich um die Stufen versammelt hatte, knurrend auf mich zubewegte. Es waren gewöhnliche Bürger, keine Wachen. Rasch hob ich mit beiden Händen die Lanze, schlug nach links und nach rechts aus – und wieder war der Effekt geradezu lähmend. Als hätte ich Donnerkeile auf sie herabgeschleudert, schrien sie wie mit einer Stimme auf, drehten sich um und rannten stolpernd, übereinanderstürzend und sich gegenseitig mitziehend davon. Nicht wenige fielen über das seitliche Treppengeländer hinunter ins Gebüsch. Das einzige, was bei dieser Szene noch fehlte, war ein zerschossener Kinderwagen, der die Stufen hinunterholperte – und ich in der Rolle der zaristischen Garde. Ich schluckte, ging einige Stufen hinunter und sah, wie sich die Panik wellenartig von der Mitte der Menschenmenge zu den Gaffern und entfernten Passanten am Rande des Geschehens ausbreitete. In wenigen Minuten war der Weg wie leergefegt. Soviel zum Thema »Wie gewinne ich das Herz des einfachen Mannes auf der Straße«.

Ich schritt über die absolut menschenleere Brücke zurück, nur hier und da rollte ein Hut oder ein Federbusch im Wind; mir blieb nichts anderes übrig, als weiterzugehen. Als ich die andere Seite erreicht hatte und die steile Straße hinaufstieg, wurden Haustüren zugeschlagen, Kinder heulten, Schritte entfernten sich hastig in den Seitenstraßen. Ich warf einen Blick zurück und sah, wie die grauen Husaren-Typen dicht aneinandergedrängt und mit kampfbereiten Schwertern über die Brücke marschiert kamen; wieder blieben sie sofort stehen, als ich mich umdrehte. Jetzt fing ich an zu rennen.

Bergauf zog sich die Strecke über diese holprigen Pflastersteine elend in die Länge, doch von meiner Verwunderung und Verwirrung vorangetrieben, lief ich immer weiter. Als ich endlich das obere Ende der Hauptstraße erreicht hatte, hätte mich jedes Schulkind mit einem Staubwedel umwerfen können, was zum Glück niemand versuchte. Die einzigen Laute, die an mein Ohr drangen, waren Schreckensschreie und das Knallen zugeschlagener Fensterläden. Vom Tor her rief mich der stämmige Offizier erneut an, legte die Hand an seinen Schwertknauf, und die Wachen versperrten mir den Weg. Dann hob ich die Lanze. Vor Angst wie gelähmt, sanken sie zur Seite. Der Offizier fluchte entsetzlich, taumelte aber ebenfalls zurück, bis er, schwitzend und keuchend, mit dem Rücken gegen das Tor stieß. Sie verhielten sich geradeso, als trüge ich eine entsicherte Atombombe spazieren. Ich machte eine Handbewegung; der Offizier stöhnte verzweifelt auf und warf das Schwert mit beachtlicher Kraft zur Seite. Ich huschte an ihm vorüber, in den schmalen Durchgang zwischen innerem und äußerem Tor. Karrenlenker und Bauern sahen mich, kreischten auf und versuchten, sich so platt wie möglich an die Wand zu drücken, wobei sie die Augen bedeckten. Frauen brachen in Tränen aus. Niemand versuchte mich aufzuhalten. Keiner von ihnen warf mir etwas hinterher. Ich stolperte auf die offene Landstraße hinaus, ließ die Stadt hinter mir, doch ich fühlte mich benommen – und auf eigenartige Weise entehrt.

Dann mußte ich einige Sekunden verschnaufen. Ich hätte die Lanze an Ort und Stelle wegwerfen oder wie eine erbeutete Königskrone im Gestrüpp hängenlassen können; besser noch, sie vorsichtig auf den Boden legen, denn offensichtlich war sie für die Bewohner der Stadt etwas unglaublich Wertvolles oder Heiliges. Allerdings hätten mich in diesem Fall die Reiter gewiß schnell eingeholt und niedergemacht. Dieser Kerl in der Kirche würde mich ohne zu zaudern von Hunden hetzen lassen. Es mußte ausreichen, wenn ich die Lanze beim Hubschrauberlandeplatz zurückließ, deutlich sichtbar, vielleicht im ringsum niedergetrampelten Gras.

Als ich die Bergwiese endlich erreicht hatte, reichte meine Kraft für solche Aktionen kaum noch aus. Wahrscheinlich wäre ich dabei flach aufs Gesicht gefallen und liegengeblieben. Hinter dem Pilotensitz waren einige Packungen isotonischer Fruchtgetränke verstaut. Ich lechzte nach ihnen wie nach einem Jungbrunnen, so klebte mir die Zunge am Gaumen. Sie wäre mir allerdings beinahe angefroren, als die kleine Gestalt sich von der Hubschrauberkufe erhob, auf der sie gesessen hatte, und mir mit sanfter Verachtung zunickte.

»Tja, der Narr poltert genau dort hinein, wo sich nicht einmal Engel auf Zehenspitzen hintrauen. Mein lieber Herr, Ihr habt auf bewundernswerte Weise die Aufgabe erfüllt, für die ich Euch ausgesucht hatte. Jetzt müßt Ihr mir nur noch das barbarische Instrument aushändigen, dann seid Ihr sämtlicher Verpflichtungen ledig.«

»Stryge, du alter Drecksack!« krächzte ich mit beinahe ebenso heiserer Stimme wie er. »Soll das heißen, *du* hast mich zu dieser ganzen Sache veranlaßt?«

»Aber natürlich. Es war dir seit dem Moment aufgetragen, als du dich mit mir dort oben unterhalten hast. Es ist dir wohl nicht aufgefallen, oder, daß du nicht unbedingt nach den Regeln der Vernunft gehandelt hast, als du kein einzigs Wort mit jenen dort in der Stadt gewechselt hast? Natürlich half ich etwas nach, indem ich sie dazu provozierte, auf dich zu feuern. Aber hast du dich kein einziges Mal gefragt, welche Neugier dich schnurstracks in die große Halle geführt hat? Zweifellos hast du sie dir selbst zugeschrieben, denn so sind solche ... Verpflichtungen nun einmal beschaffen. Trotzdem hast du meinen Anweisungen mit vorbildlicher Zuverlässigkeit Folge geleistet. Ihr seid ein überaus williges Werkzeug, junger Herr.«

Meine Zunge löste sich nur schwer: »Weißt du, was *du* bist?« Ich reckte die Lanze. »Ich hätte nicht übel Lust ...«

»Nicht übel Lust? Du weißt nicht einmal, was du da redest.« Er schnippte mit seinen knochigen Fingern.

Um den Hubschrauber herum kamen zwei große Gestalten gewankt. Eine davon trug einen länglichen Metallkasten. Mit gewaltigen, unmißverständlich drohenden Schritten kamen sie auf mich zu. Einen Moment lang hielt ich sie für Wölfe, jene widerlichen Halbmenschen, doch dann sah ich, daß ihre Haut nicht so tot und elefantengrau war, sondern ziemlich rosig. Trotzdem sahen sie abschreckend genug aus. Sie waren über zwei Meter groß, gebaut wie Geräteschuppen, mit dicken, schweren Gliedern, beinahe haarlosen Schädeln und Alptraumgesichtern, quadratisch und verknautscht – und doch irgendwie vertraut. Sie trugen schwere Overalls und Stiefel, wie Karikaturen von Proletariern. Dabei stanken sie wie Tiere. Der Alte schniefte und fuhr sich mit dem Daumen über das stoppelige Kinn. »Ich wiederhole, du junger Narr, händige mir dein Mitbringsel aus, dann kannst du dich wieder deinen lächerlichen Geschäften widmen. Oder ... Nein, es gibt kein *oder.*«

Ich war verblüfft, erschöpft und fühlte mich doppelt erniedrigt. Ich war von einer inneren Kraft gesteuert worden, von der ich erst jetzt erfuhr, daß es nicht meine eigene war. Noch immer kam es mir so vor, daß sie ebenso wie mein Durst oder meine Wut zu mir gehörte und daß ich sie nicht minder schwer abschütteln konnte. Ich wollte das verdammte Ding wirklich loswerden und die Sache damit ein für allemal erledigen, wie sehr sich meine Vernunft auch dageben sträubte. Es kam mir wie die natürlichste Sache der Welt vor. Die beiden ogerhaften Gestalten blinzelten mich aus tief in fleischigen Falten vergrabenen Schweinsäuglein an. Einer von ihnen rülpste mit betont lautstarker Verachtung, der andere brummte etwas und klappte mit speicheltriefenden Lefzen den Behälter auf. Er war innen mit Samt ausgeschlagen und ließ einen exakt für die Lanze passenden Hohlraum frei. Dieser Beweis an Planung und Voraussicht brachte mich vollends aus der Fassung. Nur die Erschöpfung rettete mich – und der Schock. Ich zitterte vor Unentschlossenheit. Le Stryge zischte ungeduldig – und ohne weiter darüber nachzudenken, beinahe automatisch, hielt ich ihm die Lanze entgegen. Daraufhin machte er buchstäblich einen Satz zurück, nervös wie ein Grashüpfer, und raunzte den Riesen mit dem Behälter an. Der Unhold kam auf mich zu und zeigte mit einem großen, klauenbewachsenen Finger auf mich.

In meinem Hirn klickte etwas. Hinterlistig hielt ich ihm die Lanze entgegen. Er grummelte etwas Unverständliches und streckte seine riesige Pranke aus, als wollte er mich am Handgelenk packen. Der andere stieß ein abstoßendes, rülpsendes Lachen aus. Doch auch er bewegte sich nicht. Sosehr sie die Lanze auch haben wollten, keiner von ihnen wollte sie berühren.

Ich tat so, als würde ich die Lanze in den Behälter legen – und dann riß ich sie hoch, direkt vor ihre Gesichter. Derjenige, der weiter hinten stand, strauchelte und warf dabei Le Stryge zu Boden, doch der mit dem Koffer war weniger flink und griff statt dessen nach der Lanze. Seine Hand berührte sie …

Es geschah übergangslos. Eben stand er noch drohend vor mir, plötzlich war er nur noch ein bloßer Schatten in einem fauchenden Feuerstoß, der mir beinahe die Augenbrauen versengt hätte. Er wankte mit einem lauten, gurgelnden Bellen umher, das plötzlich wie abgeschnitten war. Ich taumelte zurück, die Lanze fest in Händen. Das Feuer kam nicht aus der Lanze, sondern stieg wie eine Fontäne um den Unhold herum aus dem Boden auf. Die geschwärzte Gestalt schwankte, krümmte sich und fiel in sich zusammen, nur mehr ein rasch verschwindender Umriß. Das Feuer erlosch in einer fettigen Rauchsäule, und ein verkohlter Klumpen fiel zischend ins dampfende Gras, eine kleine, zusammengeschmorte Parodie der ehemals riesenhaften Gestalt. Kein menschlicher Körper konnte so verbrennen. Es mußte sich um verbranntes Gemüse handeln. Das andere Geschöpf stieß ein hohes Jaulen aus und rannte in heller Panik wie ein durchgegangener Elefant quiekend über die Wiese davon. Blieb also noch Le Stryge, der rücklings im Gras lag. Er verkörperte alles, was ich haßte und fürchtete und wovon die Vereinnahmung meines Geistes bislang das Schlimmste war. Ich stieß mit der Lanze nach ihm. Sein boshaftes Gesicht blitzte auf, dann wehte sein Ärmel vor diese Fratze, und die Lanze fuhr harmlos ins Gras. Der Ärmel flatterte einfach so über die Wiese davon, eine Fledermaus, die sich vorzeitig auf die Jagd nach Insekten gemacht hat. Staunend schaute ich ihr nach.

Ich hielt die Lanze fest in der Hand, wobei ich mich fragte, was wohl geschehen würde, falls ich ihre Spitze berührte. Hatte ich das nicht bereits getan – unten in der Halle? Ich gab auf. So erschöpft ich auch war, ich wußte, daß ich sofort wieder in die Stadt und mit den Leuten reden mußte, so wie ich es gleich beim ersten Mal hätte tun sollen. Jetzt war es allerdings wesentlich riskanter, wahrscheinlich jedoch weniger gefährlich, als die Lanze noch länger zu behalten. Ich sah mich um, fragte mich, ob ich zu Fuß gehen oder lieber den Helikopter nehmen sollte, als ich hinter der Masse jener mysteriösen Halle einen blendend weißen Schimmer vor dem allmählich grau werdenden Himmel aufsteigen sah. Über die Felder drang das Dröhnen von Motoren an mein Ohr, und hoch oben, vor den Türmen der eigenartigen Kathedrale, war der Umriß eines Luftschiffs zu erkennen, genau wie jenes, das mich gejagt hatte. Wie ein auftauchender Wal erschien dahinter die bauchige Form eines zweiten.

Dank Le Stryges Einmischung war es inzwischen etwas zu spät zum Reden. Niedergeschlagen nahm ich den Schlüsselbund vom Gürtel. Zum Glück war er noch da. Die Lanze hätte ich am liebsten ins Gras gesteckt, wo sie sie mit Sicherheit finden würden. Andererseits waren Le Stryge und der andere Unhold noch irgendwo in der Nähe, und das Luftschiff würde sich bestimmt zuerst an meine Verfolgung machen. Die Lanze könnte allzuleicht in die falschen Hände fallen, bevor sie hier gefunden wurde. Rasch hob ich den Behälter des alten Zauberers auf und warf die Lanze in das Samtfutteral. Sie paßte genau hinein, der Koffer klappte ohne Schwierigkeiten zu. Die Luftschiffe schossen jetzt wie Pfeile heran, viel schneller, als ich angenommen hatte. Ich riß die Tür zum Cockpit auf, warf den Koffer auf den Sitz hinter mir und sprang hinein. Dann drehte ich den Schlüssel im Zündschloß und stülpte den Helm noch gerade rechtzeitig über den Kopf, um die Ohren vor dem Lärm zu schützen. Ohne jegliches Vorgeplänkel drückte ich den Steuerknüppel nach vorne, ließ die Kupplung kommen und hob elegant seitlich vom Berghang ab. Ich beschleunigte, trat das Pedal für das Höhenruder durch und rauschte in einem langgezogenen Bogen Richtung Talausgang davon. Die Luftschiffe stiegen sofort höher und nahmen die Verfolgung auf. In einer engen Kurve wich ich den beiden hohen Türmen aus und befand mich jetzt direkt über den Luftschiffen. Sie versuchten mir zu folgen, wären beinahe zusammengestoßen und fielen hinter mir zurück, als ich direkt nach oben in die Wolken flog. Ein graues Leichentuch umhüllte mich, der Lärm der Rotoren wurde dumpfer, und wieder mußte ich blind fliegen.

Der Radarschirm zeigte mir die Berghänge, und ich stieg immer höher. Und dann war die Welt mit einem Schlag wieder voller Licht und Lärm. Die schrägen Strahlen der untergehenden Sonne blendeten mich, die Stimme der Frankfurter Bodenkontrolle in meinen Ohren verlangte quakend meine Position und Flugroute und wollte wissen, wie ich es geschafft hatte, einfach so von ihren Schirmen zu verschwinden.

Ohne groß nachzudenken, schaltete ich meinen kleinen Navigationscomputer ein. Sein Eintrag erschien auf dem Kontrollschirm.

Landungsort: Koordinaten nicht aufgelistet: Heilenthal.
Flughafen Listen-Nr.: 0001 – Nur für Luftschiffe.
Frequenz: ohne Eintrag.
Hafenmeister: Ritter Adalbert v. Waldestein.
Stellvertreter: Ritter Arcite v. Lemnos.
Behörde: keine.
Flugerlaubnis: keine.

Aufenthalt: 4 Std.
Benzinaufnahme: null.
Andere Dienstleistg.: keine.
Tanken: innerhalb von 4.5 Std.

Einen Augenblick lang herrschte lähmendes Schweigen. Dann brachen die Fluglotsen in schallendes Gelächter aus.

Kapitel 4

Während des Heimflugs lag der Metallbehälter auf dem Kabinenboden hinter meinem Sitz und klapperte leise gegen die Lehne, wie ein Hund, der auf sich aufmerksam machen möchte. Als ich in Rouen landen mußte, um das ungeplant verbrauchte Benzin wieder aufzufüllen, versuchte ich ihn zwischen meinen Koffern und dem Rücksitz einzuklemmen, doch gleich beim Start fiel er wieder um. Auch ohne das Klappern hätten sich meine Gedanken nicht von ihm ablenken lassen. Etwas offensichtlich Wichtiges, etwas schrecklich Mächtiges; etwas, das ich bislang ohne Gefahr berühren konnte – aber wer noch? Falls ein Angestellter der Flughafensicherheit in Flammen aufging, mußte ich mir eine gute Erklärung einfallen lassen.

Wie sich herausstellte, gab es keine Probleme. Das Personal meines heimatlichen Heliports kannte mich und winkte mich mitsamt dem Gepäckwagen voller Bergsteigerausrüstung einfach durch die Kontrolle. Trotzdem war ich ziemlich erleichtert, als ich alles hinter die Sitze meines Wagens warf; bei diesem klassischen Sportwagen hätte es im Kofferraum keinen Platz gefunden. Ich hatte befürchtet, daß die schwarze, glasartige Spitze trotz des Samtbeschlags Schaden nehmen könnte, doch es war kein einziger Kratzer zu sehen. So weit, so gut – aber was sollte ich jetzt damit anfangen?

Ich wußte, was ich eigentlich damit tun sollte – es zurück in diese Stadt bringen. Aber die Jungs dort waren für meinen Geschmack eine Spur zu schießwütig; außerdem würde ich auf diese Weise Le Stryge allzuleicht auf meine Fährte locken. Tatsächlich hatte ich sogar auf der Fahrt vom Heliport zu meiner Wohnung das unangenehme Gefühl, verfolgt oder zumindest beobachtet zu werden, obwohl im Rückspiegel kein einziger Wagen auszumachen war, der mir folgte. Bevor ich irgendwelche Entscheidungen traf, wollte ich erst einmal herausfinden, was für ein finsteres Objekt ich mir da überhaupt eingehandelt hatte. Ich kannte ein paar Leute, die sich besser als ich einen Reim darauf machen konnten. Bis ich sie gefragt hatte, mußte ich es jedoch gut verstecken. So etwas hängt man nicht einfach an die Wand; andererseits paßte es in keinen der Bürosafes – abgesehen davon, daß ich jene Mächte weder auf meine Wohnung noch auf die Firma aufmerksam machen wollte. Mit derlei Geschichten hatte ich früher schon genug Ärger gehabt. Es sei denn ...

Beinahe hätte ich laut losgeprustet, als mir die simpelste aller Lösungen endlich einfiel; einfach und doch knifflig, falls es wirklich jemand auf mein Souvenir abgesehen hatte. Ich wollte ohnehin in meinem neuen Büro in der örtlichen C-Tran-Zentrale haltmachen. Als ich dort ankam, war es bereits Spätnachmittag, die Angestellten waren fast alle schon nach Hause gegangen. Wie sooft war die Serviceabteilung beinahe menschenleer. Als die Lanze fein säuberlich verstaut war, verbrachte ich noch ein paar Minuten an meinem Schreibtischterminal, um es über den Zentralcomputer auf den neuesten Stand zu bringen. So einfach war ich die Lanze also losgeworden. Ich brauchte einige Minuten, um sämtliche Spuren, die ich hinterlassen hatte, sorgfältig zu verwischen, dann drückte ich auf den On-Screen-Knopf, um das Netz zu verlassen. Doch statt des üblichen Eingabepanels flackerte eine Fehlermeldung auf. Ich stieß einen leisen Fluch aus. Erst dann sah ich, worum es sich handelte.

** DRINGEND ** TOTALER SYSTEMABSTURZ DROHT * SOFORT SCHNITTSTELLE L MIT SCHNITTSTELLE G VERBINDEN ** DRINGEND **

»Herr im Himmel!« stöhnte ich, und sofort beschlich mich das schreckliche Gefühl, daß ausgerechnet ich, der Vorstandsvorsitzende, der »Herr Ratspräsident« persönlich, gerade dabei war, das gesamte Netzwerk zu zerstören und das neue Unternehmen ins Chaos zu stürzen. Dann erinnerte ich mich an einige andere Vorkommnisse und fluchte erneut, und zwar kräftig. Zunächst einmal war die Software mit Sicherheitsvorrichtungen ausgestattet: Sicherheitskopien für die Sicherheitskopien – aus naheliegenden Gründen. Ich mußte es wissen, denn ich selbst hatte darauf bestanden. Zum anderen benutzte ich ein smartes Terminal, das über so altmodischen Kram wie In/Out-Schnittstellen L, G oder Z gar nicht mehr verfügte. Außerdem handelte es sich hier um eine völlig andere Software als die in meinem kleinen Laptop, sogar um ein unterschiedliches Betriebssystem. Trotzdem tauchte die Nachricht hier im gleichen Format auf. Also mußte es sich um einen Virus handeln, der wahrscheinlich innerhalb der Firma seinen Ursprung hatte. Anscheinend erlaubte sich irgend jemand einen Spaß. Wenigstens hätte er es etwas lustiger gestalten können, damit er demnächst in der Schlange auf dem Arbeitsamt mehr zu lachen hatte, wenn ich ihm auf die Schliche kam. Jetzt mußte das jedoch warten.

Ich loggte mich ohne Schwierigkeiten wieder aus, lehnte mich mit einem Seufzer der Erleichterung zurück und betrachtete die großartige Himmelslandschaft auf der gegenüberliegenden Wand, eine Kopie des Gemäldes, das ich mir mit mikroskopischer Genauigkeit für mein altes Büro hatte anfertigen lassen. Ein endlos blauer Himmel, darin ein Archipel mondbeschienener Wolken, über die sich wie eine gefrorene Welle ein riesiger Wolkenbogen erhob, durch den hindurch ein mächtiges, voll aufgetakeltes Handelsschiff direkt auf die dahinterliegenden Sterne zuhielt, die geblähten Segel vom Mondlicht beschienen. Meinen Besuchern, die ausnahmslos beim ersten Mal davon irritiert waren, erzählte ich immer, es handele sich um eine Allegorie der alten, schon lange vergangenen Romantik des Handels. Für mich sah es jedoch aus wie direkt nach dem Leben gemalt. Müde erhob ich mich aus dem Sessel. Dieser Anblick rüttelte alle möglichen Erinnerungen und Sehnsüchte wach, doch momentan wollte ich einfach nur nach Hause fahren.

Als ich alles hinter mir abschloß, hörte ich Sirenen, und als ich das Licht löschte, sah ich durch die Lamellen der Jalousien ein entferntes Glühen. Ich ging zum Fenster hinüber und spähte hinaus. Es sah ziemlich schlimm aus, eine Feuersbrunst mitten im Geschäftsviertel, wo die Bürohäuser standen. Ein weiterer Grund, froh darüber zu sein, daß ich darauf bestanden hatte, uns hier draußen anzusiedeln. Ich sperrte die Tür ab und ging durch die langen Flure, die sich – von den wenigen Leute vom Reinigungspersonal und den obligatorischen Überstundenabreißern einmal abgesehen – wie ausgestorben vor mir erstreckten. Ich winkte im Vorübergehen, und sie winkten zurück, doch immer erst nach einem leichten Zögern, vielleicht aus Ehrfurcht. Ich wollte offen sein, zugänglich, immer in der Lage, mit allen Angestellten, egal auf welcher Ebene, direkt zu kommunizieren.

Ich schnaubte. So schnell verfiel man also dem Management-Jargon. Ich wollte einfach in der Lage sein, mit den Leuten zu reden. Punkt. Und ich wollte, daß sie mit mir reden konnten. So war es bereits in der alten Firma gewesen, einem angenehmen Arbeitsplatz, selbst wenn es manchmal eng wurde. Ich hatte Barry immer aus meinem Büro schicken können, wenn ich dringende Arbeiten zu erledigen hatte, und als ich ihn ablöste, versuchte ich, im gleichen Geist weiterzumachen. Fast alle hatten mich im Laufe meiner Karriere kennengelernt, aber hier, in den neuen Büros, war das einfach unmöglich. Vom ersten Tag an war ich »der Alte«. Ich hatte zuviel Macht, was Gehälter, Beförderungen und Aufstiegsmöglichkeiten betraf. Das isolierte mich auf allen Ebenen. Diese Chefin in der Forschungsabteilung beispielsweise, Angela Soundso, sah recht ansprechend aus. Eine kluge Frau, soweit ich wußte ungebunden; sie machte einen sehr guten Eindruck auf mich, und ich hatte Anlaß zu der Vermutung, daß sie mich auch mochte. Angenommen, ich würde mich mit ihr verabreden. Die ganze Sache wurde tausendmal komplizierter, wenn ich der Käpt'n ihres Schiffes, der Herr über ihr Schicksal war – und nicht einfach einer der Jungs aus dem Büro. Würde sie vielleicht denken, sie dürfe nicht nein sagen? Würde sie auf irgendwelche Vorteile spekulieren? Angenommen, wir landeten im Bett. Das zog wiederum alle möglichen Verstrickungen nach sich, und es stellten sich die gleichen Fragen. Schön, die meisten Bosse, die ich kannte, kümmerten sich nicht groß darum, doch ich lernte dazu. Auch das war ein Grund dafür, daß ich mich nicht auf Lutz' Versuchungen eingelassen hatte und auch auf keine anderen, denen man im internationalen Geschäftswesen ständig ausgesetzt ist. Die Kehrseite der Medaille war die, daß der Glanz der Tugend keine Betten wärmt – und ich hasse elektrische Heizdecken.

Ich trat aus dem Lift zum Schreibtisch des Nachtportiers und schob meine Sicherungskarte in den Automaten, wie eine x-beliebige kleine Schreibkraft. Wenigstens mit den Portiers konnte ich wie früher den einen oder anderen ungezwungenen Satz wechseln.

»'n Abend, Macallister! Wissen Sie, was da in der Stadt los ist?«

Der Portier rieb sich den kurzgetrimmten Seemannsbart. »Aye, Mr. Fisher – natürlich, Sie ham das ja nich mitgekriegt, Sie war'n ja auf der Messe gewesen. Das ist so 'ne Art Protestmarsch, wie ich so gehört hab'. Weiß der Himmel, worüber die sich jetzt schon wieder aufregen, aber die ganze Zeit über war's friedlich. Wahrscheinlich ham die Störenfriede jetzt das

Ruder übernomm', die absoluten Anarchisten, oder wie sie sich dies' Jahr nennen. Mehr weiß ich auch nich, aber mit den Sirenen und so muß es ja wohl schlimmer geworden sein, was?« Wie aufs Stichwort heulte noch eine Sirene vorbei, diesmal ein Krankenwagen.

»Ja, hört sich ganz so an. Da muß ich auf dem Heimweg aufpassen. Würden Sie bitte ein Schild aufstellen und die Leute warnen? Falls jemand ein Taxi braucht, um nach Hause zu kommen, setzen Sie es auf Firmenrechnung. Auch für die Putzkolonne, alle. Nein, lassen Sie den Wagen, ich hole ihn selbst, danke. Gute Nacht!«

Als ich den Parkplatz verließ, sah ich das Leuchten am Himmel ganz deutlich. Eigentlich führte mich mein Heimweg direkt am Ort des Geschehens vorbei, doch höchstwahrscheinlich war alles mit Rettungswagen und Fernsehteams sowie den üblichen Schaulustigen blockiert. Es war wohl besser, wenn ich einen kleinen Umweg machte, auch wenn es länger dauerte und etwas komplizierter werden sollte. Also fuhr ich kreuz und quer durch die Seitenstraßen, wartete mit trommelnden Fingern vor unzähligen Ampeln, doch trotzdem kam der Radau immer näher. Schließlich ließ ich das Zentrum hinter mir und hielt wieder auf das alte Hafenviertel zu, das inzwischen zum begehrten Wohngebiet umgewandelt worden war. Auch ich wohnte dort seit einiger Zeit. Doch als ich auf die breite Hauptstraße einbog, die direkt hinunter zum Wasser führte, trat ich hart auf die Bremse. Die breite Straße war eine Masse aus waberndem Rauch, in dem es höllisch rot flackerte, und schon kam etwas wie ein kleiner Meteor durch die Luft geflogen, um kurz vor mir in einem Feuerball auf der Straße zu zerschellen. Mein Fuß flog vom Bremspedal aufs Gas, der Wagen schleuderte über den Asphalt der Kreuzung und raste mit zunehmender Geschwindigkeit auf die Verkehrsinsel in ihrer Mitte zu. Normalerweise war das eine Betonwanne mit allerlei struppigem Grünzeug, doch jetzt flackerten dort mehrere kleine Feuer, alles war voller Qualm.

Noch eine Benzinbombe flog aus dem rotflackernden Ruß und zersplitterte irgendwo in der Nähe. Sie ging nicht in Flammen auf, doch das Benzin rann in der Gosse entlang, bis es mit dem Rest in Berührung kam, und plötzlich stand die Straßeneinmündung, aus der ich eben gekommen war, in hellen Flammen. Dann ein Dröhnen, das Heulen einer Sirene, und es gelang mir gerade noch, einen Gang einzulegen und den Wagen zur Seite zu fahren, bevor ein riesenhaftes Löschfahrzeug vorbeiraste, direkt dort, wo ich eben noch gestanden hatte. Mit ungläubiger Verwunderung sah ich, daß es selbst brannte und an einer Seite züngelnde Flammen hinter sich herzog. Eine Gruppe johlender Gestalten rannte und hüpfte hinter dem Fahrzeug her, ein Anblick, der sich vor der tanzenden Feuerwand geradezu grotesk ausnahm. Der Abstand zwischen Fahrzeug und Verfolgern wurde immer größer. Dann sahen sie mich.

Ich warf den Wagen herum. Die Kiste war schnell, doch ihr Wendekreis war nicht besonders klein, und so mußte ich mehr oder weniger direkt vor ihnen noch einmal zurückstoßen. Steine prallten auf die langgezogene Kühlerhaube, zerschlugen einen Scheinwerfer – und plötzlich tauchten noch mehr von ihnen auf, die mir in den Weg liefen und den Fluchtweg hinunter zu den Docks versperrten. Ohne wesentlich schneller zu werden konnte ich nicht einfach mitten durch sie hindurchrasen. Ich fuhr ein Stück weiter im Kreis herum, bis ich wieder bergaufwärts stand, und als erneut eine Benzinbombe dicht hinter mir explodierte, beschleunigte ich mit aller Kraft. Ich kam immer näher an den lockenden Schein heran und sah plötzlich das Feuer, das ihn verursachte: Der noch aus den sechziger Jahren stammende Hotel- und Einkaufskomplex stand völlig in Flammen, und weit und breit war kein Löschfahrzeug in Sicht, nur das ausgebrannte Skelett eines Krankenwagens. Trümmer fielen auf die leere Straße, und der Rauch wurde immer beißender; wieder zurückzufahren schien kaum angebracht. Nur ein kleines Stück weiter oben war eine rettende Seitenstraße; wenn ich sie erreichen könnte ... Bevor ich beschleunigen konnte, schoß eine Gestalt von der Seite auf mich zu und sprang auf das Trittbrett.

»Bringen Sie mich rauf zur Hauptstraße!« brüllte der Mann.

Ich wollte ihn gerade herunterstoßen, als ich seinen dunklen Overall als die Einsatzkleidung der Polizei erkannte, komplett mit Schulterstreifen. »Das bringt Ihnen nichts!« schrie ich zurück. »Wie wär's mit der Ramsay Lane?«

»Seien Sie nicht blöd, Mann, dort unten ist ein ganzes Nest von denen, im alten Pub! Wir formieren uns dort oben neu, kommen Sie, ich bringe Sie hinter unsere Linien!«

»Formieren?« Ich steuerte durch einen Parcours aus rauchenden Wagen. »Soll das heißen, daß die Randalierer die Polizei überrannt haben?«

»Was glauben Sie denn, was hier los ist?« blaffte er zurück.

»Aber die Demonstranten ...«

»Das sind keine gewöhnlichen Demonstranten! Die haben ums Haar einige der Marschierer umgebracht, die sich mit ihnen auseinandersetzen wollten! Wir waren im Einkaufszentrum und sollten jeden abfangen, der auf diesem Weg fliehen wollte. Fliehen! Die haben uns einfach angegriffen! Wir waren dreißig Mann dort drin. Ich weiß nicht, ob außer mir noch einer herausgekommen ist ...«

Ich mußte wieder bremsen, so stark, daß er beinahe vom Trittbrett gefallen wäre. Eine Reihe dunkler Gestalten stand quer über die Straße aufgereiht und starrte uns an. Plastikschutzschilde glitzerten rot. Einige drehten sich abrupt um, als sie den Wagen hörten, doch der Polizist sprang vom Trittbrett und rief ihnen einen Gruß zu. Nach einem raschen, gemurmelten Austausch unter hochgeklappten Visieren und einigen knackenden Funkanweisungen drehte er sich wieder zu mir um. »Sie fahren am besten wieder die Straße hinunter. Hier oben gibt's Ärger.«

»Da komme ich gerade her. Benzinbomben.«

Er stieß einen Fluch aus. »Dann lassen Sie den Wagen besser

hier stehen. Gehen Sie dort am Theater entlang, dann quer durch das Gebäude, die Treppe hinunter – Scheiße!« Ein Knall, ein Blitz, und die Kette löste sich auf, Männer schlugen wie wild auf kleine brennende Flecken ein, die sich auf ihren Overalls ausbreiteten; einer kratzte sich sogar schreiend unter dem Visier. Jemand brüllte etwas durch ein Megaphon, woraufhin der ganze Kordon sich in Bewegung setzte und unter gegenseitigen Anfeuerungen die Hauptstraße hinablief. Benzinbomben sausten durch die Luft, Rufe und Schreie wurden laut. Mein Polizist hob einen herrenlosen Schild und ein Stück Metallrohr aus den Überresten einer demolierten Bushaltestelle auf und eilte mit langen Schritten hinter seinen Kollegen her. Schwitzend wendete ich den Wagen wieder, doch an dieser Stelle war die Straße etwas enger, und als ich gerade zum letzten Mal zurücksetzen wollte, war ich plötzlich von kreischenden, auf und ab hüpfenden Gestalten umgeben. Beinahe gleichzeitig spürte ich, wie sich der Wagen unter mir hob und seitlich gekippt wurde, während ich auf dem Sitz wegrutschte, schlugen Stöcke und Steine und bloße Hände auf meinen Kopf ein.

Nur mein Koffer, der mit einem dumpfen Knall herausfiel, rettete mich. Die Meute auf dieser Seite sprang zur Seite, und es gelang mir, mich wegzurollen, bevor der Wagen ganz umkippte. Jemand versuchte mich zu treten, doch ich packte den Stiefel, verdrehte ihn, und der Bursche fiel auf die Straße. In dem rauchigen Durcheinander fingen die anderen an, auf ihn einzutreten. Ich konnte gerade noch rechtzeitig wegkriechen, da sah ich auch schon, wie jemand ein Streichholz anzündete und wegschnippte. Wahrscheinlich hatten sie zuerst Benzin ausgegossen, denn mit einem Fauchen fing der Wagen Feuer; die zurückweichenden Gesichter wurden im grellen Schein des Flammenblitzes jäh sichtbar. Es waren besessen stierende Fratzen, Männer und Frauen, verzerrt, häßlich, plump. Mich hatten sie für einen Augenblick vergessen. Ich packte mir den nächstbesten und schlug ihm die Faust mitten auf die platte

Nase. Er taumelte gegen das brennende Auto, kreischte fürchterlich und rannte mit lodernden Kleidern davon, wobei er eine Funkenspur hinter sich herzog. Die anderen rannten schreiend hinter ihm her und ließen mich allein beim Wagen zurück. Es war unmöglich, die Flammen zu ersticken. Ein Morgan besteht zu großen Teilen aus Eschenholz, und der Tank war fast voll. Kaum war ich um die nächste Ecke gerannt, da flog er auch schon mit einem eindrucksvollen Krachen in die Luft.

Ich wankte weiter durch die Nacht. In dieser Gegend kannte ich mich nicht besonders gut aus, und für meinen immer noch etwas schockierten Verstand sah die rauchende, flackernde Szenerie ohne die vertrauten Straßenlaternen und die erleuchteten Fenster wie ein innerer Kreis der Hölle aus. Überall streunten kleine Grüppchen teuflischer Dämonen umher, taten, was ihnen gerade einfiel, ohne daß sie noch jemand daran gehindert hätte. Der Strom war ausgefallen, sämtliche Telefone tot. Wenn sich ab und zu ein Rettungswagen zeigte, tauchten die Gestalten wie aus dem Nichts auf und bewarfen ihn mit Steinen und Molotowcocktails. Als ich mich im Schatten der flackernden Feuer von Hauseingang zu Hauseingang voranarbeitete, wurde mir allmählich klar, was hier geschehen war: Dieser Teil der Stadt war abgeschnitten. Die Randalierer hatten die Kontrolle übernommen. Natürlich würde dieser Zustand nicht lange anhalten, doch in der Zwischenzeit konnten sie beträchtlichen Schaden anrichten. Genau das schienen sie sich fest vorgenommen zu haben, denn sie zogen singend, schreiend und plündernd durch die Straßen – jedenfalls sah es so aus.

Ich beobachtete, wie eine Gruppe die Schaufenster eines Möbelhauses einschlug, doch dann warfen sie die Tische, Stühle und Schränke einfach hinaus auf die Straße. Sie nahmen nichts mit. Erstaunlicherweise sah ich das gleiche ein Stück weiter unten, wo eine andere Horde ein Geschäft für Unterhaltungselektronik zerstörte: Fernseher, Spielecomputer und sündhaft teure HiFi-Anlagen lagen im Rinnstein verstreut. Keiner der Plünderer steckte auch nur eine Spielediskette oder einen Walkman in die Hosentasche, Fernseher oder andere teure Geräte wurden erst recht nicht nach Hause geschleppt. Sie benahmen sich wie Betrunkene, doch sie waren nicht betrunken; sie hatten Brechstangen, Bolzenschneider, Gartenmacheten und lange Messer dabei, mit denen sie sich mit professioneller Geschwindigkeit durch Fenster, Türen und Sicherheitsgitter arbeiteten. Plötzlich ließen sie alles stehen und liegen und rannten die Straße hinab, als hätte sie jemand gerufen. Etwas langsamer und in gebührendem Abstand verfolgte ich sie. Als ich mich in einen Toreingang duckte, zuckte ich wie ein Feldhase erschrocken zusammen, als sich etwas zu meinen Füßen bewegte. Ich griff hart zu, jemand schlug mich, doch nicht sehr fest. Wir stolperten ins Licht, und mein Blick fiel auf einen jungen Kerl in zerknitterten Jeans und einer mit politischen Buttons sowie den Überresten eines aufgemalten Slogans bedeckten Jacke. Er zitterte wie Espenlaub, versuchte jedoch noch immer, mich mit den Fäusten zu bearbeiten; auch meine Beine wurden von schwachen Schlägen getroffen. Ich hielt den Jungen auf Abstand und blickte nach unten. Eine zweite Gestalt lag flach in der Einfahrt – ein erbarmungswürdiger Anblick. Mein Gegenüber war mit getrocknetem Blut aus seiner ramponierten Nase verschmiert, die Stirn war aufgeschrammt.

»Ich tue euch nichts, wenn ihr mir nichts tut!« sagte ich rasch, woraufhin er in sich zusammensank. »Wer ist das?«

Es war eine junge Frau, was ich jedoch nur erkannte, weil ihre Kleider völlig zerfetzt waren. Ihre Kopfhaut war aufgerissen, das Gesicht eine Maske aus verklebtem Haar und Blut. Die Art und Weise, wie sie atmete, gefiel mir ganz und gar nicht.

»Waren Sie bei dieser Demonstration?«

»Das hier hat nichts mit uns zu tun!« heulte er auf, riß sich aber sogleich wieder zusammen. »Gut, am Anfang marschierten ein oder zwei verrückte Typen mit, doch es waren die anderen, sie hatten Messer, und dann kamen die Bullen, wir rannten weg, und dann liefen wir dieser Bande in die Arme, die gerade in das Café einbrach, und wir wollten ihnen gerade sagen ... Und dann haben sie ihr das angetan, immer wieder, und ich konnte sie nicht aufhalten ...«

»Das konnte niemand«, sagte ich. Ich wußte, daß ihn nicht Schuldgefühle, sondern eine nie gekannte Hilflosigkeit so verzweifelt wirken ließen. »So geht es zu auf der Welt, manchmal jedenfalls. Wenigstens ist sie noch am Leben. Vielleicht können wir dafür sorgen, daß es auch so bleibt.« Ihr Schädel schien nicht gebrochen zu sein, auch die Wirbelsäule nicht. Nur das Bein war seltsam verdreht – vermutlich ein ausgerenkter Hüftknochen. Als ich versuchte, ihn wieder einzurenken, spürte ich das Knirschen von Knochen. Vielleicht war ihr Becken gebrochen. Ich blickte mich um. Vergewaltigung, Diebstahl, Brandstiftung – hinter diesen Fenstern mochten Menschen wohnen, viele sogar, aber sie würden garantiert nicht daran denken, die Haustür zu öffnen.

»Ich mußte wegrennen«, fuhr er fort, »sie schnappten mich und wollten – und als sie weg waren, kam ich zurück und ... und ...«

Ich hob das Mädchen auf. Natürlich war das nicht ungefährlich, doch er hatte sie ohnehin schon bewegt, und außerdem blieb uns nichts anderes übrig. Sie bewegte sich kaum und stöhnte auf. »Sie haben richtig gehandelt, das einzig Richtige getan. Allein hätten Sie gegen diese Meute nichts ausrichten können. Kommen Sie.«

Wir gingen auf die andere Seite der Straße, wo ich einen Eingang mit mehreren Klingeln suchte. Die Wahrscheinlichkeit war größer, daß hier jemand antwortete. Der Junge drückte wahllos auf die Knöpfe, aber natürlich reagierte niemand. Ich trat heftig gegen das Türschloß. Er tat das gleiche, und beim dritten Fußtritt flog die Tür mit einem splitternden Geräusch auf. Kaum hatten wir uns in den gefliesten Flur gedrängt, blieben wir wie angewurzelt stehen. Auf der Treppe standen Leute, eine ganze Meute, und im Schein einer Taschenlampe blitzte der Doppellauf einer Flinte auf.

»Noch einen Schritt weiter, Mister, und ich puste Ihnen die Birne weg …«

»Halten Sie bloß die Luft an!« fiel ich ihm wütend ins Wort. »Wir haben hier ein schwerverletztes Mädchen. Sie muß in Sicherheit gebracht werden!«

Das brach ein wenig das Eis. Einige Leute grummelten vor sich hin und stritten sich flüsternd, so wie sie es immer tun. Es dauerte jedoch nicht lange, und das Mädchen wurde nach oben getragen, wo sich eine Frau – eine gelernte Krankenschwester –, so gut es ging, um sie kümmerte. Der Mann mit dem Gewehr und ich machten uns sogleich daran, die Tür wieder in Ordnung zu bringen.

»In diesem Viertel muß es doch überall Leute wie Sie geben.« Ich konnte es mir nicht verkneifen. »Leute, die inmitten von Plünderung, Vergewaltigung und Mord hinter der Gardine stehen.«

»Was sollen wir denn Ihrer Meinung nach tun?« entgegnete er, ein stämmiger Fernfahrer-Typ, ungefähr in meinem Alter. »Wir warten ab, bis die Polizei kommt.«

»Das kann noch Stunden dauern. Vermutlich wissen die momentan noch nicht einmal, was sich hier abspielt – sind ja keine Hellseher, oder? Und ohne Telefon und ohne Strom kann man sie auch nicht verständigen.«

Er überlegte. »Weiter unten wohnt Sean … Er hat einen Lieferwagen mit CB-Funk. Aber rechnen Sie nicht damit, daß er die Tür aufmacht.«

»Wie steht's mit Türeintreten?« erkundigte sich der junge Protestler, der mit einer Handvoll anderer im Kielwasser die Treppe heruntergepoltert kam. Sie waren mit Stöcken bewaffnet; einer hatte sogar eine gefährlich aussehende Feuerwehraxt in der Hand.

»Wie geht's ihr?« entgegnete ich.

»So weit ganz gut, glaube ich. Wenn Sie uns nicht aufgegabelt hätten …«

»Okay, hab' schon kapiert«, grunzte der Fernfahrer-Typ. »Wir reparieren die Tür hier, dann gehen wir runter zu Sean. Hoffentlich läßt er sich soviel Zeit mit dem Schießen wie ich.«

Diesmal reichte es zum Glück aus, durch den Briefschlitz zu rufen. Sean entpuppte sich als furchterregendes Geschöpf, ein bärtiger Bodybuilder mit der Statur eines mittleren Kleiderschranks. Sein CB-Funkgerät war ziemlich mitgenommen, voller baumelnder Strippen und über und über mit Zementstaub und Farbe bedeckt, aber es funktionierte. Er nickte mir zu, als wir eine Antwort erhielten. »Reden Sie, Sie ham die richtige Aussprache.«

Wir hatten ein Taxiunternehmen auf der anderen Seite der Stadt erreicht, das uns direkt mit der Polizei verbinden konnte. Die Polizisten hatten nur einen oberflächlichen Eindruck und waren für den detaillierteren Bericht überaus dankbar. Mehrere Busse mit Verstärkung waren bereits unterwegs, und sie hofften, die Straße in einer oder zwei Stunden unter Kontrolle zu haben. Mehr konnten sie uns nicht sagen.

»Ein oder zwei Stunden!« echote der Schützenkönig.

»In der Zeit kann viel passieren«, meinte Sean grimmig.

»So wie's aussieht, ist schon zuviel passiert«, sagte ich. »Wenn wir nur – haben Sie hier nicht noch mehr Freunde, die wir zusammentrommeln können?«

»Oder ihnen die Haustüren eintreten?« Seine Zähne blitzten im dunklen Bart auf. »Doch, doch, das müßte schon gehen. Wollen Sie etwa …«

»Ich will überhaupt nichts. Aber wir könnten den Drecksäcken wenigstens Einhalt gebieten.«

»Jederzeit!« brach es aus einem der jungen Männer heraus, der einen langen Stock schwenkte. Leise verließen wir die Garage.

»Nicht so eifrig«, warnte ich ihn und blickte mich mißtrauisch auf der Straße um. »Es ist besser, wenn wir ihre kleinen Gruppen auseinandertreiben und sie verjagen. Das bringt uns genausowenig in konkrete Gefahr wie sie. Keine offenen Feldschlachten, wenn es sich vermeiden läßt. So haben sie nämlich die Polizei kleingekriegt – aus uns machen sie wahrscheinlich Hackfleisch. Irgend etwas stimmt mit dieser Meute nicht – ich weiß nicht genau, was es ist, aber sie sind einfach zu gut organisiert. Als hätte jemand sie auf diesen Einsatz vorbereitet ...«

»Das stimmt!« zischte mein Protestler. »Die Provokateure in unseren Reihen, die waren doch eingeschmuggelt! Um uns in Mißkredit zu bringen ...«

»Ach, hör doch auf!« grunzte Billy, der Flintenmeister. »Vermutlich werden sie alle von der CIA über winzige Kopfhörer ferngesteuert, was? Meiner Meinung nach sind das dämliche Wichser! Das gleiche kann man an einem miesen Abend an der Costa del Sol erleben! Die haben's darauf angelegt, eins auf die Birne zu kriegen!«

»Trotzdem scheinen sie nach einem bestimmten Plan vorzugehen, nach Anweisung von oben.« Ich erzählte ihnen, was ich beobachtet hatte. »Sie benehmen sich eher wie Provokateure, nicht so wie normale Krawallmacher. Ich glaube zwar nicht, daß sie von der CIA sind – auch nicht vom KGB oder vom Büro für innere Sicherheit ...«

»Was ist denn das?«

»Der chinesische Geheimdienst. Andererseits sind die hier womöglich sehr viel bösartiger als eine dieser Organisationen. Kopfhörer haben sie vermutlich trotzdem nicht. Wir müssen sie aufhalten!«

»Von mir aus gerne«, grollte Sean. »Wir holen noch ein paar Kumpels, dann geben Sie uns ein Zeichen. Sie sind der Boß, Mister.«

Zu meinem großen Erstaunen war ich das tatsächlich. Wir sammelten unterwegs noch mehr Leute ein, keine herumziehenden Marodeure, sondern einfache Nachbarn, die hilflos und verschreckt in einer Situation steckten, die sich keiner von ihnen je hätte träumen lassen. Sobald jemand die Initiative ergriff, waren sie jedoch bereit zu handeln. Dieser Jemand schien ich zu sein. Ich hatte mich nicht danach gedrängt, es war einfach so gekommen. Wahrscheinlich kam mir zugute, daß ich der einzige mit Kampferfahrung war, auch wenn diese Erfahrungen eher absonderlicher Art waren, und so übernahm ich das Kommando. Zumindest gehorchten sie mir ohne viel Widerworte. Als wir nach ungefähr zehn Minuten auf die erste Krawalltruppe stießen, waren wir darauf vorbereitet. Inzwischen zählten wir vierundzwanzig Mann, ausgerüstet mit allerlei illustren Waffen, von Ziegelsteinen bis zu Gartenrechen sowie zwei Gewehren, die auf meinen ausdrücklichen Befehl jedoch nur im äußersten Notfall eingesetzt werden sollten. Dazu kam eine Frau mittleren Alters mit gegerbter Haut, die unsere wohl schlagkräftigste Waffe ins Feld führte: ein Paar hysterischer Rottweiler, die an einer nicht sehr kräftigen Kette zerrten. Die Randalierer, die mit ihrer Standardausrüstung gerade eine Stadtteilklinik auseinandernahmen, waren uns zahlenmäßig ungefähr ebenbürtig. Bei dieser Truppe fiel mir etwas auf, das ich vorher nicht bemerkt hatte: Sie hatten einen Anführer, einen grobschlächtigen Schläger, der seine Leute, die aus zersplitterten Fensteröffnungen und geborstenen Türen quollen, mit wilden Gesten seiner Machete dirigierte. Genau das wollte ich vermeiden – einen koordinierten Kampf. Wir mußten sie auseinandertreiben, ihre Kräfte zersplittern, bevor sie uns in alle Winde zerstreuen konnten. Ich konnte nur hoffen, daß unsere Leute sich an alles erinnerten, was ich ihnen eingebleut hatte. Ich riß einen Arm hoch und rief: »*Angriff!*« – was sonst – und führte unsere Attacke mit wildem Kriegsgeheul an.

Auf halbem Weg fiel mir der oberste Grundsatz des Kommandeurs ein, nämlich niemals zu vergessen, den eigenen Arsch in Sicherheit zu bringen. Ich war jedoch so damit beschäftigt gewesen, alle anderen auszurüsten, daß ich ganz vergessen hatte, mich selbst zu bewaffnen – und jetzt rannte ich mit bloßen Fäusten auf diesen widerlichen Anführer zu, der wild mit seiner Machete herumfuchtelte. Der Angriff konnte jedoch schlecht wieder abgeblasen werden. Ich sah, wie er mich durch seinen lockigen Bart angrinste. Irgendwie kam er mir bekannt vor, doch ich hatte keine Zeit, näher darüber nachzudenken. In Ermangelung besserer Alternativen ballte ich die Faust; ich schwitzte wie verrückt und wünschte mich auf die Spirale. Die Machete zuckte ausholend zurück, ich stieß meine Hand in einem verzweifelten Konter nach vorn …

Ein verschwommenes Glitzern, ein Rauschen in der Luft, ein Schlag gegen meine Handfläche, stechend, doch nicht scharf, nicht schneidend, ein stumpfer, schwerer Rückstoß harter Haifischhaut, mit dem vertrauten Gefühl eines hervorragend ausbalancierten Gewichts. Beinahe instinktiv zog ich durch. Eine Klinge wirbelte gefährlich glitzernd zur Seite, vom Schaft getrennt: die Machete! Ihr Eigentümer wandte sich laut schreiend ab; das Schwert in meiner Hand hatte seinen Arm von der Schulter bis zum Ellenbogen aufgeschlitzt. Zwei seiner ebenso dumpfgesichtigen, vierschrötigen Kumpane packten ihn und zogen ihn hinter sich her. Ich wandte mich dem nächstbesten Bösewicht zu, zerschlug ihm die fast zwei Meter lange Stange zwischen den Händen, schwang meine Klinge dann gegen seinen Kollegen, der mit einer Brechstange auf mich losging, und trennte ihm die Hand knapp über dem Gelenk ab. Er wirbelte herum, kreischte auf und besudelte alles mit seinem Blut. Daraufhin rannten die anderen wie die Hasen in alle Richtungen auf und davon. Auch einige meiner Männer sahen etwas blaß aus. Big Sean kickte die noch zuckende Hand in den Rinnstein und zog eine buschige Augenbraue in die Höhe. »Wo, zum Teufel, haben Sie denn plötzlich das Käsemesser her? Etwa in der Hose versteckt? Hab' schon gesehen, daß Sie'n bißchen steif gelaufen sind.«

»Nein, das war eine Frau«, meinte ich geistesabwesend,

blickte mich um und reagierte gar nicht auf seinen entgeisterten Gesichtsausdruck.

»Sie führen ja ein verdammt interessantes Leben …«

»Still! Da braut sich etwas zusammen … Etwa noch Gefährlicheres, meine ich!« Mein Schwert, das Schwert von der Wand über meinem Kamin – so etwas war hier im Kern nicht möglich. Das wiederum bedeutete, daß irgendwo eine Schwelle übertreten worden war, und dann waren diese unheimlichen Randalierer aufgetaucht. »Weiß jemand, was früher in diesem Viertel war, bevor die neuen Häuser und das alles gebaut wurden? Und das Einkaufszentrum da drüben?«

Die Frau mit der ledrigen Haut gab Antwort: »Eigentlich nichts Besonderes. Einfach eine große Kreuzung, da, wo die Hauptstraße vom Hafen herauf einmündete. Damals war das hier eine eigene kleine Stadt.«

Ich hielt die Luft an. »Das genügt. Hört zu, wir müssen jetzt die Straßen säubern – aber seid vorsichtig. Es könnten hier Dinge auf der Lauer liegen, mit denen, gelinde ausgedrückt, keiner von uns rechnet. Laßt euch nicht um irgendwelche Ecken locken, entfernt euch nicht von den anderen. Jetzt ist es besonders wichtig, daß wir zusammenbleiben. Falls ich verschwinde, sucht mich auf keinen Fall! Dann hört ihr auf Sean, alles klar?«

»Warum denn? Wollen Sie uns sitzenlassen?« grinste er. »Daddy, wer war dieser maskierte Mann?«

»Ich habe es nicht vor, aber vielleicht jemand anderes. Jemand, dem ich … Lesen Sie jemals die Wirtschaftsseiten in der Zeitung?«

»Ich? Sie machen wohl Witze, Mann! Nur Seite drei und die Fußball-Ergebnisse.«

»Gut so. Bleiben Sie dabei. Und jetzt los.«

Ich war froh, daß keiner meiner Leute zu übermütig geworden war. Obwohl wir keine Verletzten zu beklagen hatten, wirkten sie eher noch nüchterner und weniger aufgeregt als vorher. Sie hatten gesehen, wie gut die Randalierer organisiert waren, und zweifellos fragten sie sich inzwischen, wie das kam. Irgendeine paramilitärische Organisation, die sich als betrunkene Krawallmacher mit selbstgebastelten Waffen ausgab – und es dabei mit Körperverletzung und Gruppenvergewaltigung ein bißchen übertrieb? Worauf hatten sie es wirklich abgesehen? Und warum schlugen sie dort zu, wo die Spirale so sehr ausgeprägt war, an einem Ort, an dem sich in Zeit und Raum viele Pfade kreuzten? Etwa weil sie von dort kamen?

Mehrere kleine Gruppen machten sich aus dem Staub, nachdem sie uns erblickt hatten, als hätte sich die Neuigkeit bereits verbreitet. Wir rückten weiter, durchkämmten die Hauptstraßen, nahmen unterwegs noch einen oder zwei Rekruten auf, fanden mehrere Verwundete, die sich versteckt hielten. So trafen wir auf die zweite Bande, die größere. Wir waren ihrer deutlich sichtbaren Spur auf eine der Hauptstraßen gefolgt; von dort aus konnten wir sie sehen. Gerade machten sie sich an einer Kirche zu schaffen, unter deren Dachstuhl einzelne Rauchwolken hervorquollen. Hinter den metallenen Fensterläden flackerte Feuerschein. Als wir näher kamen, zuckten ihre Gesichter herum, und diesmal sahen sie alle völlig gleich aus, Männer wie Frauen: identische, ausdruckslose Schweinsgesichter, brutal und klobig.

Erst jetzt fiel bei mir der Groschen. Die Randalierer in Deutschland – und die beiden monströsen Gehilfen von Le Stryge! Sogar der Körperbau war der gleiche, egal wie groß sie waren oder welches Geschlecht sie hatten. Als wären sie alle miteinander verwandt, als wäre einer der Vetter des anderen – oder als würde er sich später einmal in ihn verwandeln. Drei Menschenalter. Besser gesagt: drei Unmenschenalter. Je größer und älter sie wurden, desto unmenschlicher sahen sie aus. Das Kind ist der Vater von – wem?

Das waren nie und nimmer Randalierer. Ich blickte auf eine weitere Gattung Mensch, wie die Wölfe, die unter Gott weiß welchen abscheulichen Bedingungen und von welchen unirdischen Gewalten irgendwo dort draußen auf der Spirale gezeugt worden war. Sie bewegten sich jetzt rasch, formierten sich zu ungleichmäßigen Reihen – oder war das ein Ausfall? Auch wenn sie den Wölfen nicht sehr ähnelten, so waren sie nicht minder gefährlich.

Ich warf einen Blick auf meine zusammengewürfelte Truppe. Sean und Billy deuteten meinen Blick richtig und fuhren die Kanonen aus. »Die Bande braucht 'ne ordentliche Abreibung«, murmelte einer.

»Denkt dran«, zischte ich eindringlich. »Laßt euch nicht in einen offenen Kampf verwickeln – darin sind sie uns überlegen. Zieht euch zurück, reizt sie, beschäftigt sie ein bißchen, ohne den Kopf zu weit vorzustrecken. Ran, zuschlagen, dann wieder weg, bis sie entweder davonlaufen oder die Polizei eintrifft. Und jetzt – *los*!«

Ich hätte es nicht ausdrücklich sagen müssen. Schon verteilten wir uns über die Breite der Straße, angefeuert von gemeinsamer Angst und Wut, verfielen in einen leichten Trab, und dann, urplötzlich, stürmten wir auf den Gegner los. Ich sah, wie sich die klobigen Gestalten aneinanderdrängten, um unserem Angriff zu begegnen, dann hörte ich ein Rasseln und ein unerwartetes wütendes Knurren. Diese Frau hätte einen hervorragenden General abgegeben; ihr Timing war goldrichtig, der Effekt vernichtend. Die beiden riesigen Hunde schossen, von den Ketten befreit, mit furienhaftem Geheul an mir vorüber und übernahmen die Spitze unseres Angriffs, als spürten sie das Nichtmenschliche dort vor ihnen. Sie flogen über die niedrige Kirchenmauer und stürzten sich auf die Anführer. Die anderen wichen zurück, dann folgten wir den Hunden über die Mauer. Ich machte einen Satz über die kämpfenden Gestalten und schlug mit weit ausholenden, kreisenden Schlägen, die in der Luft pfiffen, auf ihre Gefolgschaft ein. Einen streckte ich zu Boden, verletzte wahrscheinlich mehrere, doch der eigentliche Effekt war der psychologische. Sie hüpften wie die Kaninchen davon, duckten sich und stolperten über ihre weiter hinten stehenden Kumpane. Neben mir donnerte eine Schrotflinte los, dann die zweite. Ich hackte weiter um mich und stürzte mich dabei kopfüber in das kreischende Inferno. Einer meiner Schläge wurde von einer Brechstange pariert, die sich jedoch hoffnungslos verbog; Macheten klirrten. Eine kurzgewachsene Gestalt stach nach einem jungen Mann mit einer Gartensichel und wurde kurz darauf vom Hieb der Feuerwehraxt gefällt; Holzstangen stießen nach Gesichtern oder Bäuchen, brachten den Gegner zum Straucheln. Rings um mich würgten sich Kämpfende oder droschen mit bloßen Fäusten aufeinander ein, die Waffen hatten sie verloren. Genau das hatte ich vermeiden wollen. Ich trennte einige erbittert kämpfende Paare mit dem Schwert und hüpfte dann buchstäblich in die Höhe, als etwas vorbeigesaust kam, das mir ein paar Haare vom Kopf rasierte und die Schulterpolsterung von der Jacke riß. Es gab also noch jemanden mit einem Schwert, und soweit ich die bärenhafte Gestalt, die sich da vor mir aufbaute, beurteilen konnte, handelte es sich keineswegs um einen Anfänger.

Wir kreuzten die Klingen, Hieb und Parade. Er griff mit eindrucksvoller Wucht an, ich zahlte mit gleicher Münze zurück, erwischte seine ausgestreckte Klinge und schlug sie seitwärts gegen einen Grabstein. Dann ließ ich die Klinge herüberzucken, traf ihn, er grunzte, hatte jedoch noch nicht genug. Gleich zielte er mit seiner Klinge auf meine Beine, ich wich zurück, stolperte, teilte trotzdem einen Hieb aus, mit dem ich ihm eigentlich das Schwert aus der Hand schlagen wollte. Doch es war, als würde ich auf eine Steinmauer einschlagen – und das trotz einer so tiefen Wunde. Diese Kerle waren so stark wie die Wölfe. Allmählich mußten wir sie in die Flucht schlagen, sie auseinandertreiben. Wieder schlug er zu, voll grimmiger Kraft, ich duckte mich, er jaulte triumphierend auf und holte zu einem mächtigen Hieb nach unten aus. Sein Schwert zerschnitt pfeifend die Luft und zersprang auf dem Grabstein, hinter den ich mich geduckt hatte, in zwei Teile. In diesem Teil der Welt wurden Grabsteine aus Granit gefertigt. Ich sprang auf und ging auf ihn los. Da er nur noch einen Schwertstumpf in der Hand hielt, ergriff er schleunigst die Flucht, und das wirkte – genau wie ich gehofft hatte – auf die anderen wie ein Signal. Sie ließen von ihren Gegnern ab, verteilten sich und rannten quer über den Friedhof, stolperten über Kreuze und Grabsteine. Die Anwohner stürmten ihnen nach. Mein Gegner jedoch humpelte auf der anderen Seite um die Kirche herum. Falls er wirklich, wie es schien, ein Anführer war, wollte ich ihn mir greifen. Ich verfolgte ihn also, doch plötzlich tauchte ein Blitz die Ecke der Kirche in grelles Licht, ein lautes, dumpfes Knallen ertönte, ganz anders als der Schuß einer Schrotflinte, und ich sah, wie er zurücktaumelte. Ein weiterer Blitz, ein zweiter Schlag, und er fiel rücklings über einen Grabstein, von dem er herunterrutschte und regungslos mit dem Kinn auf der Brust liegenblieb.

Ich wollte mich gerade wegducken, da blickte ich tatsächlich in den Lauf der sprichwörtlich rauchenden Pistole. Es war ein waschechter Colt Automatik, der mich da mit nachtschwarzem Funkeln und ohne das geringste Zittern anstarrte. Es gelang mir, den Blick von der Mündung zu lösen und ihn vorbei an den festen Fäusten hinter die gerade ausgestreckten Arme zu lenken. »Hätte ich mir ja gleich denken können«, japste ich angewidert. Mein Mund war plötzlich total ausgetrocknet. »Erst schießen, dann denken, wie immer, meine kleine Miss 1726!«

»Sie!« schnaubte sie giftig. »Sonst haben Sie wohl nichts zu tun? Ist das Ihre Vorstellung von Zeitvertreib?« Sie stieß ein wütendes kleines Lachen aus, das abrupt erstarb. Im düsteren Zwielicht war ihr Gesicht kaum zu erkennen, doch ein Auge blitzte auf, als würde das Lid zucken; die Pistole bewegte sich keinen Millimeter. »Herrje, Sie und die Kinder der Nacht – ihr müßt wirklich einen Heidenspaß gehabt haben!«

»Wer, bitteschön? Meine Güte, ich bin doch nicht mit denen zusammen …«

Sie hörte überhaupt nicht zu. »Dann dürfen Sie jetzt noch einmal kräftig lachen – *darüber*!« Ihr Finger krümmte sich um den Abzug. Auf diese Entfernung hätte sie mich kaum verfehlen können, doch es war gerade ihre Beharrlichkeit, die mich rettete. Meine Lehrerin Mall hatte einmal eine Pistolenkugel mitten im Flug abgelenkt. Das konnte ich nicht, doch der Lauf war ein stetes Ziel, und da sie mich unerbittlich darüber hinweg fixierte, bemerkte sie nicht, wie ich mir das Schwert zurechtlegte. Es war natürlich trotzdem äußerst knapp, Schlag und Schuß erfolgten gleichzeitig, und sowohl die Kugel als auch die Flamme versengten meine Wange. Hier durfte ich mein Glück nicht noch einmal versuchen. Wie ein Hase rannte ich hakenschlagend über die Grabsteine, japste auf, als ihr zweiter Schuß dicht neben mir Splitter aus dem Stein aufspritzen ließ, und verschwand schleunigst zwischen den Bäumen. Meine Leute hatten alle guten Vorsätze vergessen und trieben ein gutes Stück weiter unten die letzten versprengten Feinde vor sich her, prügelten alle windelweich, die nicht rechtzeitig die Flucht ergriffen. Doch Miss 1726 befand sich zwischen mir und ihnen, und ich konnte die Aufmerksamkeit meiner Mitstreiter nicht auf mich lenken. Ein weiterer Schuß prallte jaulend von der Wand hinter mir ab, immer noch viel zu nah. Es war nichts zu machen. Meine Leute mußten jetzt selbst klarkommen, denn ich hatte keine Lust, mich noch länger mit Miss Paranoia 1726 im Nacken hier herumzutreiben. Mit langen Schritten erreichte ich eine Seitenstraße und verschwand wieder einmal in der Dunkelheit.

Ich hatte nicht die geringste Ahnung,wo ich mich befand, doch ich rannte immer weiter, drückte mich vorsichtig um Ecken herum und gelangte immer tiefer in das Gewirr der Straßen und Gassen. In meinem Leben hatte ich bisher schon allerhand unheimliche Leute getroffen – manchmal waren es nicht einmal mehr Menschen gewesen–, aber diese Frau ging mir allmählich auf die Nerven. Natürlich trug die Pistole ihr Teil dazu bei, ebenso wie ihr unvermutetes Auftauchen. Wo kam sie nur so plötzlich her? War sie mir etwa schon die ganze Zeit über gefolgt? Dann hätte sie allerdings wissen müssen, daß ich nichts mit diesen Kindern oder was auch immer zu tun hatte – oder war ihr Haß auf mich so stark, daß er jede Tatsache dementsprechend verbog. Das war immerhin eine mögliche Erklärung. Immer wieder blieb ich an dunklen Ecken stehen und lauschte auf Schritte, die mir folgten; es war nichts zu hören. Nach wie vor drang der Krach des Krawalls an meine Ohren, nur kam er jetzt von vorn, und schon sah ich am Ende einer kleinen Straße vor einem recht modernen Supermarkt aus Beton das inzwischen vertraute, flackernde rote Licht. Mein Griff schloß sich um den Schwertknauf, und ich machte mich auf den Weg.

Kurz bevor ich das Ende der Gasse erreicht hatte, kam eine dunkle Gestalt um die Ecke gerannt, die bei meinem Anblick sofort stehenblieb und halb seufzend, halb schluchzend vor mir auf die Knie fiel. Als ich näher kam, sah ich, daß es ein Schwarzer war, allem Anschein nach ein Westinder in einem altmodischen, doch sehr teuer aussehenden Kamelhaarmantel, dessen einer Ärmel arg zerrissen war. Ich wollte ihm gerade wieder auf die Beine helfen, als sich plötzlich eine Handvoll weiterer Gestalten um ihn scharte. Ich hörte das widerliche Geräusch von zutretenden Stiefeln. »*He!*« schrie ich, ohne groß zu überlegen. »*Sofort aufhören!*«

Gesichter wandten sich mir zu, bleiche, dumpfe, doch eindeutig menschliche Gesichter – was sie mir nicht viel sympathischer machte. Zwei oder drei von ihnen sahen sich sehr ähnlich. Sie trugen breite Koteletten, die fettigen Haare waren zu schmierigen Tollen und Spucklocken aufgedreht; die weiten Jacken mit den langen Ärmeln hingen tief über die Schultern herab, was ihnen eine gewisse Ähnlichkeit mit Menschenaffen verlieh. Die anderen trugen Pullover oder Lederjacken, enge Jeans und spitze Schuhe. Sie betrachteten mich abschätzend und höhnten leise. »Sonst noch was?« maulte einer der Lockenköpfe.

»Na was denn, du Niggerfreund?«

»Er ist alt genug, um euer Vater zu sein!« fuhr ich sie an und wunderte mich, wo sie diese schrillen Klamotten herhatten.

»Vielleicht isses ja *sein* Alter!«

»Nö – sein Freund! Das is' doch'n Hinterlader, siehste doch!«

Sie amüsierten sich königlich. »Wenn de ihn haben willst, mußte ihn dir schon holen«, sagte ein anderer mit schneidender Stimme und ließ die Hand nach vorne schnellen, aus der eine kurze, silberne Stahlzunge wuchs. Auch die anderen ließen mit lässigen Handbewegungen die Klingen ausfahren; ein abgeschlagener Flaschenhals glitzerte grün. Klappmesser und Rasierklingen rundeten das Bild ab – es waren Teddyboys aus den fünfziger Jahren, noch bevor ich geboren wurde. Eigentlich hatte ich nicht damit gerechnet, in eine Mode-Renaissance zu geraten. Damals hatte es auch Rassenunruhen gegeben, sogar sehr gewalttätige.

»Er traut sich wohl nich' so richtig«, grölte der Anführer der Teds, und ohne sich umzudrehen, versetzte er dem noch immer am Boden liegenden Mann einen schmerzhaften Hackentritt. Das reichte. Ich machte einige Schritte auf sie zu, drehte kurz mein Handgelenk und ließ das Schwert im spärlichen Licht aufblitzen. Die Teds starrten mit offenen Mündern darauf, und ohne viel Zeit zu verlieren, schlug ich dem Anführer mit einer kaum wahrnehmbaren Bewegung das Messer aus der Hand, wobei bestimmt der eine oder andere Handknochen zu Bruch ging. Dann knallte ich ihm die Breitseite der Klinge seitlich gegen den Schädel. Es krachte wie ein Pistolenschuß. Er jaulte auf und krümmte sich wimmernd vor meinen Füßen auf dem Boden, woraufhin ich dem nächsten Burschen die Schwertspitze unter das Kinn hielt und den zitternden Knaben mit dem Rücken an die Wand schob.

»Und jetzt«, zischte ich schlecht gelaunt, »werft ihr alles weg – Messer, Rasierklingen, alles! Ich sagte werfen, nicht fallen lassen!« Ein kurzes Zucken mit dem Schwert, und eine abgetrennte Schmalzlocke flog in hohem Bogen durch die Luft. Rings um uns her klirrte Metall auf den Boden. Ich schnappte mir mein kränklich aussehendes Opfer, drehte den Burschen um und trat ihm mit voller Kraft in den Hintern. »Wunderbar! Und jetzt verzieht euch! Rennt, Bubies, oder ich mache euch Feuer unter dem Arsch!« Ich trieb sie wie eine Herde Schafe vor mir her, landete noch den einen oder anderen schmerzhaften Treffer mit der flachen Seite der Klinge und stach auch mit der Spitze in den einen oder anderen Allerwertesten. Es war erstaunlich, wie schnell sie in diesen spaßigen Schuhen rennen konnten; trotzdem würde der eine oder andere in den nächsten Tagen seinen Teller beim Essen auf den Kaminsims stellen müssen. Dann ging ich zurück in die Gasse, wo sich der alte Mann gerade mühevoll aufrichtete und erschrocken seinen Dank murmelte, während sich der Chef der Bande noch immer stöhnend auf dem Boden wand. Ich drehte ihn mit der Schuhspitze um, durchsuchte seine lächerliche Jacke und förderte eine Brieftasche mit ungefähr dreißig Pfund zutage – was damals vermutlich keine kleine Summe gewesen war. Ich warf sie dem alten Mann zu. »Lassen Sie sich davon Ihren Mantel wieder in Ordnung bringen! Soll ich Sie nach Hause begleiten?«

»Nein, vielen Dank. Es ist nicht mehr weit. Sie haben mir das Leben gerettet, Mann.«

»Kann sein. Aber es wird nicht immer so schlimm weitergehen.«

Er seufzte. »Wollen Sie wetten?«

»Glauben Sie mir. *Ich weiß es.*« Ich grinste ihn an und machte mich wieder auf den Weg, durch die Gasse zurück. Wahrscheinlich war es das Vernünftigste, wenn ich meine Schritte zurückverfolgte, es sei denn, die Gegend hatte sich inzwischen schon wieder verändert, was in der Spirale nicht ungewöhnlich war. Ich versuchte, nicht daran zu denken, wo ich als nächstes auftauchen könnte, sondern schaute mich nach einem Anhaltspunkt, einer verläßlichen Orientierung um. Es gab nur einen einzigen: die feurige Rauchsäule des brennenden Hotels. Ich legte keinen gesteigerten Wert auf diesen Ort, doch wenigstens befand er sich in meiner Zeit. An der nächsten Kreuzung war ich mir ziemlich sicher, auf welchem Weg ich hergekommen war, diese enge Gasse herunter, deren Hausgiebel sich einander zuneigten. In dieser Richtung war auch eindeutig rotes Geflacker zu sehen. Vielleicht hielt sich auch Annie Oakley noch irgendwo dort auf, aber dieses Risiko mußte ich eingehen.

Ich hielt mich seitlich im Schatten der Hauswände, was jedoch auch bedeutete, daß ich durch so manche unangenehme Pfütze waten mußte, die hinter mir gurgelte und unglaubliche Düfte absonderte. Dann hörte ich Geschrei und das Geräusch von splitterndem Glas und nahm mein Schwert wieder fester in die Hand. Ein loderndes Holzstück, mit Teer oder ähnlichem beschmiert, flog an mir vorbei durch das gezackte Loch einer zerschlagenen Schaufensterscheibe – ein altes Bleiglasfenster in einer Hauswand aus großen Ziegelsteinen. Ich sah mich um und versuchte, in der rauchigen Luft etwas zu erkennen. Die Hälfte der Gebäude sah so aus: Ziegelstein und Holzbalken. Nur wenige Häuser blickten mit gemauerten Giebeln auf die Straße. Ich zog die Fackel wieder heraus und warf sie in eine Pfütze, wo sie zischend verlosch. Eine schwere Hand schlug mir gegen die Schulter und schubste mich gegen die Hauswand. »Laß sie brennen!« brüllte mich ein fetter Mann an, der sich vor mir aufgebaut hatte. »Das ist das Haus eines gottlosen, korrupten Braumeisters, der die Arbeiter mit seinem Dreck vergiftet – brennen soll es, für die Charta!«

»Für die Charta!« schrie es aus vielen heiseren Kehlen, und erst jetzt bemerkte ich, daß ich von einer viel größeren Menge umgeben war als einer Handvoll Teds. Schattenhafte Silhouetten von Männern und Frauen brüllten und hüpften im Widerschein eines weiten Fackelkreises. »Gebt uns unsere Charta!«

Dann schleuderten sie, einer nach dem anderen, ihre Pechfackeln in das Schaufenster und jubelten, als die Flammen aufloderten. Ich konnte die schiere Dummheit, die sich da vor meinen Augen abspielte, kaum fassen und fing an, auf sie einzubrüllen: »Ihr blöden Idioten! Diese trockenen Dächer brennen schneller als trockenes Gras! Ihr setzt noch die ganze Straße in Flammen …« Als mir bewußt wurde, was sie da brüllten, und ich mir ihre Kleider genauer ansah – verbeulte Hüte, lange Kleider, Lederschürzen –, fügte ich hinzu: »… und die ganze Stadt! Gibt es denn eine Charta, die das wert ist? Wo sind eure Kinder? Wo werden sie im kommenden Winter leben?«

Immerhin zeitigte das einen gewissen Effekt. Nicht wenige, besonders die Frauen, hörten auf zu tanzen und blickten sich unschlüssig um. Mit einem Geräusch wie ein letzter Seufzer fingen die zerrissenen Vorhänge Feuer. Ich packte sie, riß an ihnen und wollte sie in die Straßenmitte schleudern. Der dicke Mann wollte auf mich einschlagen. Da ich die Hände voll hatte, trat ich nach ihm und traf ihn genau im Schritt, bevor ich ihm mit dem Schwertknauf eine saubere Linke aufs Ohr verpassen konnte, die ihn mit dem Gesicht nach unten aufs Pflaster schickte. Die Vorhänge rissen endlich ab und landeten dampfend und qualmend neben ihm, die meisten Fackeln hingen noch daran. »Jetzt geht zurück!« schrie ich. »Macht auch die anderen Feuer aus – es ist zu eurem eigenen Besten! Und dem eurer Familien!«

Auf einmal war ein entfernter Lärm zu hören, ein gleichmäßiges Stampfen von Hufen, und jemand gellte laut: »Dragoner! Es sind die verdammten Dragoner! Schnell weg!«

Ich wartete nicht, bis sie die Feuer gelöscht hatten, sondern verschwand selbst wieder in der Dunkelheit und entfernte mich, so schnell es ging, vom Ort des Geschehens. Dieser kleine Umweg hatte mich ohnehin schon zuviel Zeit gekostet und mich zu weit von meinem Weg abgebracht – die Chartisten-Unruhen, Mitte neunzehntes Jahrhundert, wenn ich mich recht entsann. Und doch konnte ich immer noch die Flammen des Hotelbrandes sehen, die lange, verzerrte Schatten über die hohen Mauern um mich herum warfen, und jetzt verstand ich plötzlich, was sich hier abspielte. Es warf wirklich lange Schatten, dieses Ding, diese Schatten der Spirale, die durch zeitlose Gefilde zurückreichten zu anderen Bränden, anderen Schatten, anderen Aufständen, anderen Ausbrüchen sinnlosen Hasses und rasender Zerstörung, die an diesem Ort stattgefunden hatten. Was mir allein hinsichtlich unserer heimatlichen Geschichte dazu einfiel, war eine ganze Menge. Die Stadt war wirklich seit je eine hervorragende Spielwiese für den aufgebrachten Pöbel gewesen, und ich irrte in ihr umher, bis ich auf den nächsten Gewaltausbruch stieß.

Um die nächste Ecke herum flackerte rotes Licht, Stimmen drangen an mein Ohr; das sah recht vielversprechend aus. Doch als ich um die Ecke bog, wurde ich beinahe hinweggespült.

Die Flutwelle war menschlich, doch in der verräucherten Luft hing ein Gestank wie in einem Schweinestall. Ebenso eklig roch der schlammige Schmadder unter den Schuhen, der von etwas so Solidem wie Kopfsteinpflaster noch weit entfernt war. Als ich zurückwankte, hätte es mir beinahe die Schuhe von den Füßen gesogen, doch zum Glück hatte ich strapazierfähige Turnschuhe an. Trotzdem betete ich, daß sich die Schnürsenkel nicht lösten. Die Leute, die mich umfluteten, nahmen mich kaum zur Kenntnis. Die meisten der kleinwüchsigen, stämmigen Gestalten in derben, dunklen Tuniken waren barfuß, Männer wie Frauen gleich gekleidet, nur die Länge der Gewänder war unterschiedlich, und alle trugen einen einfachen Kopfschmuck; zwei von ihnen waren lediglich in verschmierte Hemden gehüllt: zwei Frauen, die von Männern in Leder und Kettenhemden an langen Seilen gezogen wurden und von allen, die nahe genug herankamen, bespuckt und getreten wurden. Die beiden unglückseligen Gestalten waren von Kopf bis Fuß mit einer Masse eingeschmiert, die wie Teer oder Pech aussah. Gerade als ich mich fragte, was dieser Aufzug sollte, sah ich, was am anderen Ende der Straße auf sie wartete. Das Blut wollte mir in den Adern gefrieren: ein wackliges Gerüst, das der größeren Stabilität wegen an eine Steinmauer gebaut war; daneben, und damit mitten auf der Straße, war ein großer Haufen aus Zweigen und Stroh aufgetürmt. In diesem Land hatte man Hexen so gut wie nie bei lebendigem Leib verbrannt; es war üblich, sie vorher aufzuhängen, damit sie auf dem Scheiterhaufen wenigstens schon halbtot waren.

Ich starrte wie gelähmt vor Entsetzen auf das Geschehen; doch hier schien es noch weniger aussichtsreich einzuschreiten. Hunderte dieser vor Eifer glühenden, erbarmungslosen Gesichter umgaben mich, und die Opfer entsprachen ebenfalls nicht den romantischen Klischees, für die ein Mann seinen Hals riskieren würde. Eine war alt, die andere jung; die Greisin war ein verschrumpeltes Mütterchen, das mit seniler Boshaftigkeit spitze Schreie ausstieß, ein durchaus überzeugendes Exemplar eines keifenden Teufels; die jüngere war ein großer, teigiger Klumpen von Frau mit rotem Gesicht und ausgesprochen derben Zügen, die heulend und brüllend über ihre Peiniger herzog. Hier durfte ich auf keinerlei Unterstützung aus der Menschenmenge rechnen, soviel war sicher. Änderte das etwas an den Tatsachen? Ich hatte heute nacht schon viel zuviel gesehen und war schon zu oft auf die Probe gestellt worden. Ich kratzte all meinen Mut zusammen, und als die üble Prozession dicht an der Einmündung meiner Gasse vorüberzog, schoß ich hinaus in den Strom der Leiber.

Ich rage ohnehin aus den meisten Menschenmengen heraus; diese überblickte ich mit Leichtigkeit, und mein Schwert funkelte blutverschmiert in meiner Hand. Bei diesem Anblick wichen sie sogleich zurück, ich erreichte die beiden Frauen in weniger als einer Sekunde, zwei schnelle Hiebe, und die Stricke waren durchtrennt, dann schob ich sie vor mir her auf die Dunkelheit der Gasse zu. Einer der überraschten Soldaten war geistesgegenwärtig genug, mir den Weg zu verstellen und mit seiner Pike auszuholen, doch mein rascher Hieb schlug die Spitze ab und schickte den Mann in den Straßenschlamm. Ich konnte nur hoffen, daß er den Mund vorher zugemacht hatte, sonst würde es ihm übel ergehen. Jetzt prallten vereinzelt Steine auf meinen Rücken, Hände krallten nach meinen Kleidern, doch als ich mit dem Schwert ausholte, rannten sie alle davon. Viele stürzten, brachten ihre Mitstreiter zu Fall und machten mir so den Weg frei. Die Frauen vor mir kreischten laut und fürchteten sich vor mir nicht weniger als die übrige Meute, und kaum hatten wir die Gasse erreicht, packte die jüngere die ältere bei der Hand, und sie rannten schreiend davon. Auch ich setzte mich wieder in Trab, hatte die beiden im Gewirr der Sträßchen rasch verloren. Ich wußte nicht, ob sie eine Chance hatten, endgültig zu entkommen, aber ich wagte nicht, sie zu suchen, nicht mit der aufgebrachten Menschenmenge auf den Fersen. Von dem, was sie hinter mir her brüllten, verstand ich kein einziges Wort, vermutlich hielten sie mich für den Herrn und Meister der armen Geschöpfe, der gekommen war, um sie zu erretten. Unter diesen Umständen würden sie wahrscheinlich auf das Aufhängen verzichten. Meine langen Beine waren mein größter Vorteil, und die Feuersäule leuchtete mir höhnisch den Weg, als wollte sie mich daran erinnern, was mich im Kern, in meiner eigenen Zeit erwartete. Meine Verfolger wurden immer leiser, ihre Geräusche gingen im allgemeinen Tumult unter. Ich wartete nicht, bis sie näher kamen.

Nur wenige Straßen weiter, immer noch von diesem infernalischen Licht geleitet und immer noch von dem fernen Tohuwabohu der Geräusche verfolgt, merkte ich plötzlich, daß ich auf festem Boden ging – Kopfsteinpflaster. Eine kurze Zeitlang hoffte ich, ich hätte wieder eine der Straßen des renovierten Altstadtviertels erreicht, bis ich sah, daß dieses Pflaster mit Kot und Heu verdreckt war. Gerade als ich mich wieder auf demselben Weg zurückziehen wollte, hörte ich ein schwaches Stöhnen; dann erkannte ich, daß der formlose Haufen dort, einige Meter von mir entfernt, eine menschliche Gestalt war – oder jedenfalls einmal gewesen war. Ich bückte mich keuchend und etwas widerstrebend zu ihr nieder. Ich hatte schon von Leuten gehört, die zu Brei geschlagen worden waren, und auch in dieser Hinsicht einige üble Dinge gesehen, aber noch niemals so etwas. Man konnte kaum erkennen, daß es sich um einen Mann handelte, wahrscheinlich jedoch sogar um einen recht großen; doch sämtliche Gesichtszüge waren verschwunden, überall ragten zersplitterte Knochen durch das rohe Fleisch. Erstaunlich – und schrecklich zugleich – war, daß er überhaupt noch lebte. Plötzlich fiel ein gleichmäßiges Licht auf ihn, und als ich aufsah, erblickte ich einen dünnen Mann mit einer Laterne in der Hand. Er trug einen langen, zerschlissenen Mantel, Kniehosen und Schnallenschuhe. Um sein kinnloses Gesicht hingen schmierige gelbe Haarsträhnen, doch in den blutunterlaufenen Augen lag etwas absolut Ungewöhnliches. Er starrte mich an und wich ein wenig zurück, als er das Schwert sah, dann faßte er sich wieder, als andere Gestalten aus dem Rauch um ihn herum näher traten.

»Sie ist entkommen, die Hure, aber wenigstens den lüsternen Verehrer haben wir fertiggemacht. Was, ist da noch Leben in dem Kerl? Wundert mich nicht, daß sich seine Seele an das verruchte Fleisch klammert, angesichts der Qualen, die sie in den tiefsten Kesseln der Hölle erwartet!« Das war offensichtlich ein Scherz. Jedenfalls lachten einige der anderen, darunter auch einige Frauen. Die meisten hielten Holzprügel in den Händen, auch den einen oder anderen Dreschflegel oder eine Mistgabel konnte ich entdecken. Der bleiche Mann schnippte mit den Fingern. »Kommt, schicken wir sie ganz auf den Weg! Alexander Marshall, hast du noch den Strick? Also los, dann sogleich um einen Fackelhalter damit, und mach einen festen Knoten!«

Ich schluckte. »Wollt ihr ihn etwa aufhängen? Aber weshalb denn, um Gottes willen? Er stirbt doch sowieso gleich!«

»Um Gottes willen, sagtet Ihr? Recht so, denn wir vollbringen ein heiliges Werk, wenn wir diesen verräterischen papistischen Wortverdreher so nahe zum Himmel hinaufziehen, wie er sonst nimmermehr gekommen wäre.«

Anscheinend war das wieder ein Witz. Wirklich ein Scherzkeks, dieser Bursche.

»Wollen wir eines klarstellen: Ihr habt ihn so zugerichtet, und jetzt wollt ihr ihn auch noch aufhängen?«

»Richtig, Freund. Die Hand der Masse, die mit der Stimme des Herrn gegen die Sünden des Papstes und der Hure von Babylon, seiner Kirche, spricht, hat sich seiner bemächtigt – na ja, meine Hand war auch dabei, denn ich entdeckte die Sünder beim Sündigen. Hat da etwa jemand etwas dagegen?« Er beäugte mich etwas genauer, und in seinem Blick lag jetzt ein unangenehmes Funkeln. Er sah ganz so aus, als sei er voll in seinem Element. »Was also, mein Freund, könnte euer Begehr in dieser Angelegenheit sein? Mich dünkt, Ihr seid ein Mann von recht noblem Gebaren, wie?« Er warf den Kopf zurück und wandte sich halb an die Leute hinter ihm. »Hat uns denn nicht Master Oates die tödlichen Pläne fremdländischer Prinzen offenbart, die ihre Handlanger hierbei zu uns geschickt haben, um unerkannt unter uns zu wandeln, Land und Glauben zu unterwandern und das Übel ihrer eigenen Korruption über uns zu speien? Sollen wir dulden, daß diese frei umhergehen, oder sollen wir mit ihnen nicht ebenso wie mit ihren Dienern verfahren, so wie wir mit diesem hier zu unseren Füßen verfahren sind?« Seine leise Stimme erhob sich zu einem unerwartet schrillen, kreischenden Schrei, und gleichzeitig drohte er mir mit einem schwer aussehenden Knüppel, an dessen oberem Ende blutige Haar- und Hautklumpen hingen. *»Auf ihn! Reißt ihm das schwarze Herz aus der Brust, verstreut seine Eingeweide vor seinen Augen! So spricht der Herr …«*

Ich packte ihn bei seiner schmuddeligen Hemdenbrust und durchbohrte ihn bis zum Heft. Dann stieß ich ihn neben sein Opfer in den Straßenkot und richtete das Schwert auf die restliche Meute, woraufhin ringsum ein allgemeines Geschrei losbrach. Ihr Schrecken reichte aus, mich wieder in die Schatten zu verziehen und in Windeseile davonzulaufen.

Um eine Ecke, noch eine, dann umdrehen und in Verteidigungsstellung gehen, und helfe Gott dem ersten, der mich einholte. Titus Oates, das Komplott gegen die Papisten – also hatte sich sein kranker Einfluß sogar so weit von London noch Geltung verschafft. Ich konnte mich nicht daran erinnern, davon gehört zu haben, doch wahrscheinlich waren nicht genug Leute bei diesen Vorfällen umgekommen, um in die Geschichte einzugehen. Dann kam mir ein weniger zynischer Gedanke: Vielleicht hatte es nur diesen einen Toten gegeben. Oder zwei, je nachdem, wie man es betrachtete. Vielleicht hatte sich der Mob auf der Jagd nach mir so verausgabt und war, nachdem der Wortführer nicht mehr sein Maul aufreißen konnte, wieder einigermaßen zu Sinnen gekommen und beschämt nach Hause gegangen. Ich hoffte es inständig, würde es jedoch niemals erfahren; jedenfalls verspürte ich nur wenig Lust zurückzugehen, um es herauszufinden. Der Lärm schien wieder zu verklingen, doch ich rannte trotzdem weiter, bis ich Licht sah und um eine Ecke schlidderte – direkt in die nächste Menschenmenge hinein.

Ich war so erschrocken, daß ich sie zunächst für meine letzten Verfolger hielt und beinahe auf sie eingeschlagen hätte, als mir der Unterschied in der Kleidung auffiel und wie leise sie sich unterhielten. Sie standen auf einem offenen Platz, zwischen hohen Gebäuden, unter dem Licht von Hängelaternen. Es handelte sich um ein wohlhabenderes Städtchen, eine reichere Zeit, allem Anschein nach später als die soeben erlebte Episode, als hätte ich endlich auf dem Weg in die Schatten meiner eigenen Zeit die richtige Richtung eingeschlagen. Hier waren die Mäntel aus besserem Stoff gefertigt und meist reich verziert; auf dem Kopf trug man Dreispitze, komplett mit Abzeichen und Kokarde. Sogar der Mann, der sich mühsam durch ihre Mitte schob, trug einen mit goldenen Troddeln bestickten Mantel, offensichtlich eine Uniform. Diejenigen, die hinter ihm hermarschierten, wirkten unbarmherzig und gnadenlos, doch wenigstens schlugen sie ihn nicht. Die Umherstehenden beschimpften ihn weder, noch verhöhnten sie ihn, sprachen nur leise oder schwiegen ganz. Und doch lag in ihrem leise brummelnden Murmeln eine größere Bedrohung als in dem durchgedrehten Geschrei der anderen. Einen Augenblick später verstummte es ganz, als eine Wäscheleine voller Wäsche vorsichtig von einem hohen Gerüst heruntergezogen, anschließend ein Strick darüber geworfen und um den Hals des Opfers gelegt wurde. Ich zupfte einen Passanten am Arm.

»Was hat er denn getan?« fragte ich leise.

»Wißt Ihr das denn nicht?« entgegnete er sehr höflich, doch überaus erstaunt. »Er hat einen Aufruhr niedergeworfen, indem er seiner Truppe befahl, in die Menge zu schießen, was sie auch tat. Es gab viele Tote. Jetzt muß er sich vor dieser Menge verantworten!«

Noch während mir der Mann antwortete, trat unter dem Galgen eine Gestalt mit weißem Kragen und Bändern hinter das Opfer und stieß ihm, wie ich glaubte, eine Bibel in die gefesselten Hände. Im gleichen Moment wurde der Strick festgezurrt. Ich zuckte zusammen, konnte jedoch nicht wegsehen. Der Mann starb nur wenige Zentimeter über dem Boden, erdrosselt von seinem eigenen Gewicht, ohne den Fall aus größerer Höhe, der den Verurteilten gnädigerweise vorher das Genick brach. Er starb sehr schwer, lange und schrecklich, und die Anwesenden sahen schweigend zu, wie er sich krümmte. Meine Finger schlossen sich um den Schwertgriff; doch wie sollte ich hier eingreifen? Fast eine ganze Stadt war hier versammelt, um Zeuge dessen zu werden, was sie für Gerechtigkeit hielt.

»Ist das denn richtig?« keuchte ich.

»Es ist wohl hart«, antwortete mein Nebenmann nachdenklich. »Aber es ist gerecht.«

Ich sagte nichts mehr. Meinem Verständnis nach war das ein Lynchmob, der Mann, den sie aufhängten, hatte womöglich, so wie er es sah, nur seine Pflicht getan. Doch wie kam ich dazu, sie zu verurteilen? Das Blut auf meinem Schwert war noch nicht ganz trocken. Jetzt fiel mir auch die Geschichte aus dem Heimatkundebuch wieder ein, doch zweifellos gab es in jeder Stadt eine ähnliche Geschichte, ob man sich an sie erinnerte oder sie schon lange vergessen hatte. All diese schrecklichen Dinge hätten überall geschehen können – und sie geschahen immer wieder, wie diese Nacht gezeigt hatte. Und nach all dem, was ich gesehen hatte, sah es ganz danach aus, als seien die Kräfte, die daraus ihre Macht schöpften, emsig dabei, immer neue Anlässe zu schaffen. Wieder wandte ich mich zutiefst erschüttert ab und ließ die Schatten hinter meinem Rücken zusammenschlagen.

Sogar bis hierher winkte mir die vom Feuerschein erleuchtete Rauchsäule zu, durch die zeitlosen Entfernungen der Spirale hindurch. Doch jetzt kam sie mir nicht mehr wie ein Leuchtfeuer vor. Sie erhob sich über zerstörte Hausdächer wie rußgeschwärzte Verteidigungsanlagen in die Wolken hinauf, ein gigantischer Schattenturm, der das gesamte Land beherrschte. Unter seinem düsteren Leichentuch, geboren aus Gewalt und Schrecken, erblühte all dieses Unheil und erstarkte von neuem. Hatte ich wirklich versucht, helfend einzugreifen? Oder hatte ich mich lediglich mit dem gleichen Übel beschmutzt?

Ich rannte und rannte und gab auf keines der kleineren Lichter oder Geräusche mehr acht. Ich behielt nur noch diese schreckliche Säule im Blick, konzentrierte mich mit Herz und Verstand darauf, schaute weder nach links noch nach rechts, denn ich hatte Angst, noch mehr Schatten aus der Vergangenheit zu erblicken. Ich weiß nicht mehr, wie lange ich rannte, wahrscheinlich gibt es keine Anhaltspunkte, diese Spanne näher zu definieren. Rings um mich her tobte der Tumult, doch jetzt hütete ich mich davor, ihm zu folgen; er stammte aus keiner bestimmten Zeit, war an keinen bestimmten Ort gebunden, sondern an alle zugleich, überall das gleiche, das unablässige Getöse Hunderter von Wahnsinnstaten, das durch die Korridore der Spirale herüberklang, sich gegenseitig speiste, ein tosender Wasserfall blinder Wut und Grausamkeit und Verzweiflung. Endlich konnte ich andere, schrillere Klänge vernehmen, die ich zunächst für weiteres Geschrei und Geheul hielt, was es vielleicht auch war; doch allmählich wurde der Krach deutlicher. Es waren Sirenen, das vertraute, nervtötende Gejaule der Polizeiautos, Krankenwagen und Feuerwehrfahrzeuge, die sich ihren Weg durch das Chaos bahnten. Der Rauch wirbelte dichter um mich, die Straße trommelte hart und eben unter meinen Füßen, und ich spürte die Hitze noch weit entfernter Flammen auf meinen Wangen. Ein harsches blaues Licht stach mir in die tränenden Augen, und ich blickte mich erschöpft um.

Der Hotelbrand flackerte immer noch geradeaus vor mir; doch dieser Schein war viel näher. Es war die Kirche, auf die zwei Löschfahrzeuge ihre Schläuche gerichtet hatten, und es sah ganz so aus, als hätten sie die Flammen unter Kontrolle. Ringsum waren Polizeiautos mit blinkenden Lichtern abgestellt, in deren kreisenden blauen Blitzen ich eine zusammengewürfelte Schar erkannte, die in die Flammen schaute. Ich sah Seans riesige Silhouette, neben der ein Polizist, der sich augenscheinlich freundschaftlich mit ihm unterhielt, wie ein Zwerg wirkte. Da waren auch die wieder angeketteten Rottweiler, die schläfrig ihre Läufe leckten. Hier gab es wohl keinen Ärger mehr. Am besten, ich mischte mich nicht mehr ein. Das Schwert beispielsweise hätte sicherlich einiger Erklärungen bedurft. Ich drehte mich um und humpelte in Richtung auf das brennende Hotel davon und auf die Straße zu, auf der ich hoffentlich bald nach Hause kam.

Unterwegs befiel mich die Erschöpfung wie ein bleierner Mantel. Es war sinnlos, zum Auto zurückzugehen. Es würde mich nirgendwo mehr hinbringen. Dieser Gedanke machte mich endgültig fertig. Als ich endlich die Straße erreichte, die den Hügel hinabführte, erstickte eine Horde Löschfahrzeuge gerade die Flammen, die Feuerwehrleute stapften in ihren gelben Schutzanzügen wie deformierte Zwerge umher. Mir würde weder das Einkaufszentrum noch das Hotel fehlen, aber wahrscheinlich bauten sie demnächst an deren Stelle etwas noch Scheußlicheres hin. Hier und da tauchten vereinzelt Autos auf. Vielleicht war sogar ein Taxi darunter. Jetzt fiel mir wieder das Schwert ein. Ich zog bereits die Jacke aus, um es darin einzuwickeln, als ich registrierte, daß ich es gar nicht mehr in der Hand hielt. Erschrocken blickte ich mich um, dann fiel mir ein, daß so etwas schon einmal geschehen war. Wahrscheinlich würde ich es unversehrt auf seinem Platz über dem Kamin wiederfinden, so, als hätte es sich nie von der Stelle gerührt. Dann war wohl auch eins der Fenster eingeschlagen.

Genauso war es. Als mich der Fahrer, der mich mitgenommen hatte, vor der Tür absetzte, sah ich bereits die Glassplitter auf dem Gehsteig. »Ist das Ihr Fenster?« erkundigte sich der junge Fahrer. »So ein Pech, Kumpel – alle anderen Fenster im ganzen Block sind völlig in Ordnung!« Er sah sich um. »Sieht hier sowieso alles ziemlich ruhig aus – soweit ich weiß, hat es hier keinen Krawall gegeben! Dabei dachte ich immer, hier unten bei den Docks geht's hart zu!«

»Stimmt auch, jedenfalls in manchen Gegenden. Doch hier ist alles ziemlich yuppifiziert.«

»Genau. Wahrscheinlich haben sie gleich eine Abordnung Bullen heruntergeschickt, damit hier niemand gestört wird. Na schön, ich muß jetzt los, meine Frau macht sich sonst Sorgen. Tschüß!«

Ich schaute mich um. Er hatte recht. Der Großteil der Stadt war ungeschoren davongekommen, sogar dieses nicht sehr weit vom Unruheherd entfernte Viertel. Hier kam einem die Stille allerdings beinahe unheimlich vor. Trotzdem wirkte sie sehr entspannend nach der Hysterie der vergangenen Nacht.

Mit einem Mal mußte ich an jene großen, unsichtbaren Mächte denken, die die Sicherheit des Handels an den großen Umschlagplätzen der Spirale, zu denen auch dieser Hafen gehörte, bewachten und schützten. Hatten sie etwa ihre schützenden Hände über dieses Viertel gehalten? Sie kannten wahrscheinlich den Ursprung dieses Überfalls; bestimmt wußten die Wächter Bescheid.

Wofür hatten sie mich wohl heute abend gehalten? Wahrscheinlich für einen Idioten, der sich überall einmischen muß. Es war ihnen nicht daran gelegen, jedes kleine Problem zu lösen, sie hüteten sich wahrscheinlich sogar davor. Und doch ... Trotzdem. Das Mädchen mußte vielleicht trotzdem sterben; die Fanatiker suchten sich ein anderes Opfer, die Hexen wurden vielleicht trotzdem aufgehängt. Aber wenn ich mich nicht eingemischt hätte? Ich würde es wohl nie erfahren. Soviel wußte ich jedoch mit Sicherheit – ich mußte es wenigstens versuchen. Ohne mich wäre alles womöglich noch schlimmer verlaufen, viel schlimmer. Und dann hätte ich nicht so schlafen können, wie ich es jetzt gleich tun würde.

Ich war viel zu müde, um noch länger nachzudenken, und natürlich war der Fahrstuhl abgestellt. Ich marschierte Stockwerk um Stockwerk zu meinem Penthouse hinauf. Oben angekommen, konnte ich kaum noch den Schlüssel ins Schlüsselloch stecken. Der Einbrecheralarm funktionierte wahrscheinlich über seine Batterien, also mußte ich ihn zunächst einmal von innen deaktivieren. Als der Singsang des Warntons nicht losging, nahm ich zunächst an, daß das Gerät doch durch die Stromsperre ausgefallen war, und beließ es dabei. Ich ließ die schwere Tür ins Schloß fallen, sank dankbar dagegen und ließ den Blick über mein riesengroßes Wohnzimmer schweifen.

Da drüben war der Kamin – aber vom Schwert keine Spur. Es lag auf einer Seite auf dem Boden, inmitten vieler kleiner Glasscherben, die zweifellos bei seiner Rückkehr hereingeschleudert worden waren. Ich ging darauf zu, um es aufzuheben und, erschöpft wie ich war, erstarrte alarmiert. Vielleicht hatte ich etwas bemerkt – ein Geräusch, eine Bewegung. Aber nichts wies darauf hin, daß ich plötzlich genau wußte, daß jemand eine Pistole auf meinen Nacken richtete. Ich spürte es einfach, das war alles. »Nett haben Sie's hier!« sagte die spröde, unsichere Stimme. »So was kann ich mir nicht leisten. Doch leider ist es nur eine kalte Schale; es könnte etwas Wärme vertragen. Abgesehen von einem besseren Einbrecheralarm. Stehen Sie auf. Gesicht zur Wand, Hände über den Kopf. *Auf geht's!*«

Kapitel 5

Ich erhob mich langsam, sehr langsam; doch dabei drehte ich mich auch um, genauso langsam. Tatsächlich, da war die Pistole, inzwischen mit einem kurzen Schalldämpfer versehen, gerade ausreichend, um den Knall auf Zimmerlautstärke zu reduzieren. Die Mündung zuckte auf die Höhe meines Gesichts herauf, doch sonst geschah nichts. Ich betrachtete die Frau von oben bis unten. Sie hatte sich in der klassischen Haltung aufgestellt, mit gespreizten Beinen, die Arme ausgestreckt und die Pistole mit beiden Händen haltend. Sie war ruhig wie immer und auch ebenso schwer zu ignorieren. Jetzt allerdings wirkte sie auf gefährliche Weise verwirrt. Oder, um es wissenschaftlich auszudrücken, total durchgeknallt. Ihr struppiges schwarzes Haar stand wie Stacheln vom Kopf ab, der dunkle Kampfanzug war schmutzig und zerrissen. Sie sah verdreckt, abgerissen und absolut fertig aus; andererseits machte ich wohl auch keinen besseren Eindruck. Es war ihr Gesicht – die Züge waren völlig entgleist, die Augen flackerten wild, noch immer mit diesem Zucken im Augenwinkel, und der Mund bewegte sich so unkontrolliert, daß sie kaum sprechen konnte.

Ich schüttelte respektvoll den Kopf. »Sie sind aber wirklich hartnäckig, was? Sie sind mir tatsächlich durch diesen ganzen Schlamassel gefolgt? Wie lange denn schon?«

Sie atmete tief durch, und mit einiger Anstrengung gelang es ihr zu sprechen. »Seit dem Heliport! Sie waren spät dran! Aber Sie haben mich nicht entdeckt, oder? Nein! Sie waren viel zu selbstsicher nach Ihrem ausgeklügelten *Coup*!«

»Ich glaube eher ...«

Doch jetzt, wo sie angefangen hatte, machte sie auch weiter, als müßte sie eine Unmenge aufgestauter Dinge loswerden. »Und dann der Krawall, und Sie rennen schnurstracks durch all diese Nebenstraßen – dort habe ich Sie kurzzeitig verloren, aber es war klar, daß Sie etwas wußten, daß Sie ein bestimmtes Ziel hatten! Ich *wußte*, daß es zu dicht dran war, um ein Zufall zu sein – also habe ich ein bißchen gesucht. Ich wußte, wo ich Sie finden würde. Ich folgte dem größten Lärm, und da waren Sie auch schon, inmitten dieser Kreaturen, die Sie aufhetzten! Genau wie in Deutschland!« Ihre Stimme schraubte sich immer höher und überschlug sich fast. »Oh, dort haben Sie wirklich einen Treffer gelandet, herzlichen Glückwunsch! Das hat Sie unvorsichtig gemacht, zu selbstbewußt, und Sie dachten, Sie könnten schon wieder unbehelligt unter Ihrem Stein hervorkriechen, was? Ordentlich einen draufmachen, mit ein bißchen Vergewaltigung und Plünderung, was?« Aus ihrem Mundwinkel rann ein Tropfen Speichel und lief zum Kinn hinunter. »Ein bißchen entspannen, was? Nachdem Sie uns fertiggemacht haben! Habe ich recht, verdammt noch mal?«

Sie war kurz vor dem Überschnappen. »Hören Sie doch ...«, sagte ich besänftigend, kam jedoch nicht weiter.

»Hielten sich wohl für clever, mich einfach rausschmeißen zu lassen, was? Da haben Sie sich aber geschnitten, absolut, damit lagen Sie total falsch, falsch, falsch! Denn jetzt habe ich noch mehr Zeit, um Sie zu verfolgen! Und viel mehr Freiheit, so mit Ihnen zu verfahren, wie man mit ... mit Scheißdreck wie Ihnen verfahren muß!« Hier machte sie eine Pause und schluckte aufgeregt. Dann fuhr sie mit tiefer, beinahe murmelnder Stimme fort: »Wir brauchen Sie nicht«, sagte sie ruhig.

»Wenn ich vielleicht auch mal ein Wort ...«

»Was auch immer Sie getan haben, es wird sich in Nichts auflösen, wenn es Sie nicht mehr gibt. Und nach Ihnen kommt dieser Dreckskerl von Amerningen dran ...«

»Hören Sie doch ...«

Sie sog die Luft zwischen den Zähnen ein und sprach noch energischer, als wollte sie sich gegen etwas abhärten. »Zum Teufel mit dem Gesetz – ich zertrete euch wie Küchenschaben, es gibt keinen anderen Weg ...«

»Herrgott noch mal«, brüllte ich ihr ins Gesicht, *»hören Sie doch zu!«*

Vermutlich hatte ich immenses Glück, daß sie nicht aus bloßem Reflex durchzog. Aber ich nahm an, daß sie, ob durchgedreht oder nicht, sich in dieser Hinsicht zu sehr unter Kontrolle hatte. Trotzdem sprang sie heftig zurück und blinzelte mich mit offenem Mund wie eine Idiotin an. »Sie«, schrie ich, wobei ich sämtliche Überlegungen hinsichtlich Ruhe, Gelassenheit und Besänftigung fahren ließ, »Sie sind eine behämmerte, selbstgerechte, kleingeistige, von einer fixen Idee besessene Monomanin! Sie spinnen sich irgend etwas zusammen, lassen sich zu den verrücktesten Taten hinreißen, und dabei kommt Ihnen nicht einmal, *nicht ein einziges Mal*, der Gedanke, daß auch Sie, die kleine Miß Kreuzritter, auf dem falschen Dampfer sein könnten! Sie hören noch nicht einmal zu, Sie wollen diese Möglichkeit nicht einmal zulassen! Das hat mit Überzeugung nichts mehr zu tun, das ist geisteskrank! Für wen halten Sie sich eigentlich – für Gott persönlich?«

Sie schluckte und lächelte ihr entsetzlich süßes Lächeln. »Sie haben mir sämtliche Beweise geliefert, die ich brauche!« sagte sie strahlend. »Aber machen Sie nur weiter. Ich hatte in letzter Zeit nicht viel zu lachen.« Ganz lässig, mit einer fast katzenhaften Bewegung, streckte sie mir wieder die Mündung der Pistole entgegen.

Ich ließ mich mit dem Rücken gegen die Wand sinken. In meiner Verfassung wäre es beinahe eine Gnade gewesen, erschossen zu werden. »Ich weiß nicht, wo ich anfangen soll!« protestierte ich. »Sehen Sie – diese Seitenstraßen – natürlich hatte ich ein Ziel, ich wollte nämlich nach Hause, und zwar ohne in den Krawall verwickelt zu werden! Haben Sie denn nicht gesehen, was anschließend passierte? Natürlich nicht, Sie haben mich ja verloren. Schön. Meinen Wagen werden Sie nicht unten in der Garage finden; der liegt ausgebrannt auf der Straße vor dem Einkaufszentrum. Ich war leider durch einige Benzinbomben gezwungen umzudrehen, und dann haben die Plünderer meinen Wagen umgeworfen. Sie hätten mich beinahe getötet. Glauben Sie etwa, das hätte ich alles vorausgeplant?«

Sie starrte mich haßerfüllt an. »Sie können sich hundert dieser kleinen Sportwagen leisten!«

Das machte mich jetzt aber wirklich wütend. »Natürlich, Sie dumme Nuß, aber es wäre nicht meiner! Ich mochte diesen Wagen, er bedeutete mir etwas. Ich habe ihn mir gekauft, gleich als ich stellvertretender Chef in meiner Firma wurde. Es gibt diesen Wagen nicht noch einmal – außerdem haben Sie wahrscheinlich keinen Schimmer davon, daß man auf ein solches Auto zehn Jahre lang warten muß! Die werden praktisch in Handarbeit angefertigt. Glauben Sie, ich wäre so weit gegangen, nur um den schönen Schein zu wahren?«

»Könnte gut sein«, sagte sie mit gleichbleibender Verachtung. Sie war sich ihrer Sache so sicher und hatte entgegen allen Erwartungen ihren Spaß an dieser verbalen Auseinandersetzung, als machte sie das nur noch selbstsicherer. »Vielleicht war es auch nur ein Unfall, der ganz gelegen kam. Wenn die Krawallmacher Sie beinahe umgebracht haben, weshalb habe ich Sie dann mit diesen Kreaturen bei der Kirche angetroffen?«

»Sie haben mich nicht *mit* ihnen angetroffen! Ich war mit einem Trupp Einheimischer unterwegs, die ich zusammengetrommelt habe, um die Kreaturen aufzuhalten! Wenn Sie mir nicht glauben, fragen Sie sie doch selbst – ein Bodybuilder namens Sean, ein LKW-Fahrer namens Billy, ich kann Ihnen ihre Adressen geben. Sie werden Ihnen sagen, was ich dort getan habe.«

»Sie haben die Sache ja noch cleverer eingefädelt, als ich dachte. Gleich zwei Unruheherde anzustiften – eine Bürgerwehr …«

»Außerdem war da dieses Mädchen – vergewaltigt und halbtot. Ich würde gerne wissen, wie es ihr geht. Außerdem, meine Gute, als Sie auf diesen Typen geschossen haben, da rannte er doch, oder nicht? Mit einem zerbrochenen Schwert. Was, glauben Sie, hat dieses Schwert zerbrochen? Vor wem ist er wohl davongelaufen?«

»Vor *Ihnen*?« Ihr Lachen war so humorlos wie eh und je, eine Mauer, gegen die ich vergeblich anredete.

»Vor mir«, sagte ich leise. »Und dem Schwert, das hinter Ihnen auf dem Teppich liegt.«

»Wenn Sie glauben, ich drehe mich um, dann haben Sie sich getäuscht. Es lag schon da, als ich hereinkam. Vermutlich ist es Ihnen vorangeflogen.«

»In gewisser Weise – ja. Aber das könnte ich Ihnen garantiert nicht verständlich machen. Nicht mehr als …«

»Ja?« Ihre Stimme hatte sich leicht verändert, aber ich konnte nicht sagen, inwiefern.

»Also … vielleicht haben Sie auf eine ganz bestimmte Weise recht. Ich habe herausgefunden, daß Lutz in etwas verwickelt ist – aber nicht das, was Sie denken. Nicht einfach nur … Wenn überhaupt, dann ist es viel schlimmer, aber … Verdammt noch mal, es hat doch keinen Zweck! Das werden Sie ohnehin nicht glauben. Es liegt völlig jenseits Ihres Horizonts!«

Sie schwieg. Ich blickte auf und sah den eigenartigen

Ausdruck auf ihrem Gesicht. Einen kurzen Augenblick lang waren einige der tiefen Falten verschwunden und mit ihnen ungefähr zehn Jahre. Ich konnte ahnen, wie sie einmal ausgesehen haben mochte; es war überwältigender, als ich gedacht hätte. Dann straffte das Mißtrauen ihre Züge wieder. »Aha, nur Lutz. Sie natürlich nicht. Klar.«

»Exakt«, konterte ich ihren Sarkasmus. »Einige der Vorstandsmitglieder auch, aber in erster Linie Lutz. An dem Abend, an dem Sie bei mir vorbeigeschaut haben, wollte er mich in die Sache hineinziehen. Aus mehreren Gründen klappte es nicht so, wie er es sich vorgestellt hatte. Wahrscheinlich hätte es sowieso nicht geklappt, jedenfalls sehe ich es lieber so. Er war sich seiner Sache wohl auch nicht so sicher, denn er wagte den Versuch erst, als es sowieso keine Rolle mehr gespielt hat. Er wählte diesen Abend, weil C-Tran aus der Taufe gehoben war, praktisch unter Dach und Fach. Erst dann riskierte er es, mich zu brüskieren – und mich dann loszuwerden.«

»Was soll das heißen?«

»Das soll heißen, daß ich eine interessante Heimfahrt von seinem Anwesen hatte. Zuerst nimmt mich jemand mit einem Hochleistungsgewehr mit Laserzielvorrichtung unter Beschuß, als ich gerade die Auffahrt herunterkomme.« Ihr Gesicht nahm einen anderen, befremdeten Ausdruck an. »Glauben Sie mir nicht? Auch gut. Anschließend versuchte jemand, meinen Wagen von der Autobahn zu drängen – ein Auto, darin ein Gauner mit einer Schleuder. Hätte auch fast geklappt, doch dann kam der Lastwagen dazwischen. Sie sollten sich auch den Wagen ansehen, den ich gefahren habe. Ich glaube nicht, daß die mir so schnell wieder einen vermieten ...«

Ich hörte auf. Die Frau sah jetzt eindeutig beschämt aus. »Dieses verdammte Gewehr ...« Ich schnaufte. »Das waren *Sie*! Ich wunderte mich schon, daß Lutz seine Feinde vor der eigenen Haustür umlegen läßt. Ihnen konnte das ja egal sein! Sie waren das also, Sie ... Sie selbstgerechte kleine ...« Ich fand keine Worte mehr und ballte die Fäuste. Sofort reckte sich mir wieder der Pistolenlauf entgegen.

»Ich und mein Team, genau«, sagte sie säuerlich. »Nur zu schade, daß ich mit diesem Modell noch nie gearbeitet hatte. Es war das einzige, das wir auf die Schnelle besorgen konnten, und es mußte auf eine extreme Entfernung erledigt werden.«

»Soll das etwa eine Entschuldigung sein? In diesem Auto, war das auch Ihr Team?«

Sie schüttelte den Kopf. »Nein. Das waren wir nicht. Doch es sieht ganz so aus, als …« Sie kniff rasch die Lippen zusammen, denn sie hatte gemerkt, daß sie unmerklich meine Geschichte übernommen hatte, obwohl noch immer etwas in ihr wühlte, das verhinderte, daß sie mir glaubte. Besessenheit vielleicht oder etwas Konkreteres – aber was nur?

»Also«, sagte ich und betrachtete die Schweißspuren auf ihrem verdreckten Gesicht, »auch wenn Sie mir nicht glauben wollen: Eigenartigerweise glaube ich Ihnen. Lutz gab sich große Mühe, damit ich sein Anwesen unbehelligt verlassen konnte. Wenn Sie mich dort getötet hätten, hätten Sie ihm nur die Arbeit abgenommen. Vielleicht tun Sie das auch jetzt …«

Diese Schußhaltung ist eine feine Sache, eine sichere Plattform; doch wenn man sie zu lange einhalten muß, wird man ein bißchen steif dabei. Ich war zwar auch nicht mehr in der besten Verfassung, doch inzwischen hatte ich mich ein bißchen ausgeruht. Ich achtete darauf, daß mich weder Stimme noch Körpersprache verrieten, und ließ mich plötzlich in die Hocke fallen; halb rechnete ich damit, daß mir der Schuß durch die Frisur strich, doch sie kam erst zum Schießen, als ich sie schon ansprang. Nicht nach oben, sondern nach vorne, wobei ich die ausgestreckten Arme, die gerade herunterschwingen wollten, zur Seite drückte und die Handgelenke wie Feuerholz gegen mein Knie schlug.

Die Pistole schlitterte über mein neues Parkett, ging jedoch glücklicherweise nicht los. Ich ließ die Frau wieder los, stieß sie von mir und schnappte mir die Pistole. Dann trat ich rasch zwischen sie und mein Schwert, doch sie hielt sich noch immer vornübergebeugt die schmerzenden Handgelenke. Dann sah sie zu mir auf, biß sich fest auf die Lippen und schien auf etwas zu warten. »Drehen Sie sich um«, befahl ich, und mit einem müden Grinsen und sinkenden Schultern drehte sie sich um.

Ich steckte mir die Pistole hinter den Gürtel und packte sie an Hemdkragen und Hosenboden, worauf sie laut aufschrie. Damit hatte sie nun wirklich nicht gerechnet. Ich schob sie mehr oder weniger zur Tür. »*Aufmachen!*« Sie schluchzte noch immer schockiert, fummelte am Riegel herum und schaffte es schließlich. Ich trabte mit ihr hinaus in den Flur, wo sie sich gleich laut kreischend am Geländer festkrallte; anscheinend hatte sie damit gerechnet, daß ich sie hinunterwerfen würde. Ich riß sie los und schob sie zur Treppe, wo sie sich wieder festhielt, als wollte ich sie diesmal wirklich über das Geländer befördern. Sie war jetzt völlig aufgelöst, was mich nur noch wütender machte. Ich weiß nicht mehr, wo ich die Kraft hernahm, doch ich schubste sie unerbittlich eine Stufe nach der anderen vor mir her, sechzehn dunkle Treppen hinab, wobei sie unablässig um sich trat und schlug, laut heulte und sich immer wieder mit einem Bein im Geländer verhakte. Von Zeit zu Zeit streckte einer meiner geschätzten Nachbarn den Kopf durch die Tür. »Mormonen!« erklärte ich, und alle nickten mitfühlend. Endlich hatte ich das Foyer erreicht, wo ich sie einfach auf den Rücken warf, um wieder etwas zu Atem zu kommen.

Bei ihr ging es schneller, denn sie hatte schließlich kein Gewicht hinuntertragen müssen. Sie blinzelte mich an, so wie man einen morschen Baum betrachtet und sich fragt, in welche Richtung er wohl umkippen würde. »Sie hätten mich viel einfacher dort oben erschießen können oder mir in aller Ruhe den Hals umdrehen. Ich hätte Sie nicht davon abhalten können.«

»Um Himmels willen, gute Frau …« Mehr brachte ich nicht heraus. Sie wollte aufstehen, doch ich zog die Pistole und bedeutete ihr, sitzen zu bleiben. Sie erstarrte. Als ich nicht schoß, beruhigte sie sich wieder.

»Ich werde nicht schlau aus Ihnen«, sagte sie.

»Das ist ganz einfach«, grunzte ich. »Sie haben mit zwei plus zwei angefangen und kriegen zweiundzwanzig heraus. Oder 1726.«

Jetzt schlug sie wütend mit der Faust auf die glatten Marmorfliesen. »Was, zum Teufel, haben Sie bloß vor? Ich muß es wissen!«

»Pfeifen Sie drauf«, antwortete ich. »Irgend etwas braut sich hier zweifellos zusammen, doch ich bin sicher, daß es nichts mit dem zu tun hat, was Sie sich in Ihrem Spatzenhirn ausmalen. Also halten Sie sich besser raus – und verschonen mich mit Ihren engstirnigen Vorstellungen!«

Sie warf den Kopf zurück. »Das gleiche könnte ich zu Ihnen sagen! Dieser Zwischenfall auf der Autobahn – wissen Sie, was das war? Könnt ihr euch überhaupt voreinander schützen?«

Ich stöhnte. Ich konnte nur noch an mein herrliches Bett sechzehn Stockwerke über mir denken. »Ja, ja, ja …« Ich mußte etwas in dieser Sache, in die ich verstrickt worden war, unternehmen – mußte mir Rat holen, erst einmal über alles nachdenken –, doch vor allem brauchte ich Schlaf. Ich packte sie am Kragen und zog sie auf die Füße, zerrte sie über die glatten Fliesen auf die Glastür zu, so schnell, daß sie kaum reagieren konnte. Der Portier war nirgendwo zu sehen, was mir gerade recht kam. Ich drückte auf das Schloß, und die Türen glitten zurück, als wir auf die Matte traten. Dann stieß ich sie stolpernd in die Nacht hinaus. Ich warf einen Blick die Straße hinauf und hinab; niemand zu sehen, nur aus der Ferne klangen vereinzelte Sirenenfetzen herüber. Der Himmel sah schon etwas blaß aus, die Straßenbeleuchtung schwächer. Bald würde der Morgen hereinbrechen. Vor dem Abend konnte ich nichts mehr erledigen. Außerdem mußte ich jetzt wirklich dringend schlafen.

Ich hob die Pistole, sah, wie sie erschrak, und hörte ihr leises Keuchen. Ich betätigte den Sicherungshebel, ließ dann das Magazin herausgleiten und legte es vorsichtig vor mir auf das Pflaster. Dann kickte ich es außer Reichweite, schraubte den Schalldämpfer ab und ließ ihn in meine Tasche fallen.

»Wischen Sie das Magazin ab, bevor Sie es wieder reinschieben«, sagte ich und reichte ihr die Pistole. »Es ist eine ziemlich ungemütliche Nacht. Vielleicht brauchen Sie das Ding noch, um sicher nach Hause zu kommen.«

Dann drehte ich mich auf dem Absatz um, marschierte wieder hinein und versuchte dabei nicht allzu eilig zu wirken, obwohl ich aus dem Augenwinkel beobachtete, ob sie nicht doch nach dem Magazin grabschte. Dann sah ich ihre Reflexion im Glas. Sie stand regungslos vor der Tür und starrte mir nach. In dem bleichen Licht, das ihren Gesichtsausdruck aller Boshaftigkeit beraubte, sah sie viel besser aus, als sie eigentlich sollte – wirklich nicht schlecht. Trotzdem eilte ich jetzt auf die Treppen zu und versuchte, nicht an die sechzehn Stockwerke zu denken, die sich zwischen mir und einer heißen Dusche mit anschließendem Dauerschlaf auftürmten. In diesem Moment war das die schrecklichste Vorstellung überhaupt.

Der folgende Abend brachte noch ganz andere. Vom Tag hatte ich nichts mitbekommen, sondern volle elf Stunden wie tot geschlafen und war mit einem Kopf aufgewacht, der sich wie ein zu prall aufgepumpter Fußball anfühlte, und mit einer Zunge, die ich am liebsten eingeseift und gründlich rasiert hätte. Ein Bad und ein kräftiges Essen weckten mein Interesse an der Welt erneut, vor allem an den Nachrichten hinsichtlich der letzten Nacht. Die Krawalle waren im Morgengrauen abgeflaut, doch die Stadt befand sich noch immer im Schockzustand. Die Polizei hatte einige Plünderer und Randalierer festgenommen, war jedoch nicht im geringsten erstaunt, als sie hörte, daß die organisierten Banden einfach verschwunden waren. Zwar wurden sie noch immer »aktiv gesucht« und mehrere »heiße Spuren verfolgt«, doch ich wußte allzugut, wo sie zu suchen hatten: jenseits der Grenzen aller normalen menschlichen Erfahrungen. Genau dorthin war ich selbst unterwegs.

Das hieß, erst mußte ich an einen Wagen herankommen. Nachdem ich ausgiebig geschlafen, geduscht und mich rasiert hatte, dauerte es eine volle Stunde, bis ich einen auftreiben konnte; momentan herrschte rege Nachfrage. Die Überreste meines Autos waren irgendwohin verschleppt worden, doch meine Koffer hatte man mehr oder weniger intakt aufgelesen, obwohl sie ziemlich demoliert und angesengt waren. Die Explosion hatte sie gegen eine Toreinfahrt geschleudert. Ich mußte sämtliche durch das C-Tran-Projekt entstandenen Verbindungen spielen lassen, um mir wenigstens eine unverschämt teure Luxuslimousine zu sichern, die überhaupt nicht nach meinem Geschmack war. Allerdings hatte ich dort, wo ich hinwollte, schon dermaßen interessante Erfahrungen gemacht, daß es nicht ratsam schien, allzuweit zu Fuß umherzuwandern. Doch jetzt fragte ich mich, ob es nicht trotzdem besser gewesen wäre. Früher war es nicht immer ganz einfach gewesen, die Taverne aufzuspüren. In letzter Zeit jedoch hatte der alte Morgan den Weg dorthin beinahe von allein gefunden. Wie von selbst war er über das Kopfsteinpflaster der alten Hafenstraßen geschnurrt, durch die dunklen Sträßchen, die zu mehr als einem Ziel führen konnten, und immer hatte er mich hin zu dem Licht und der Geborgenheit des Ortes gebracht, an dem ich mich wirklich zu Hause fühlte.

Als ich jetzt in diesem glatten, selbstzufriedenen Monster, auf dessen Rücksitz mein Schwert wie ein absoluter Fremdkörper klapperte, über die Hauptstraße säuselte, fragte ich mich, ob mein Unterfangen nicht zum Scheitern verurteilt war. Der Wagen paßte so überhaupt nicht hierher. Die Schatten des alten Lagerhauses glitten an seiner spiegelglatten Metallic-Lackierung einfach ab, die Romantik der alten Straßennamen – Danube Street, Orinokoo Lane, Chunking Square, Hudson Quay – drang kaum durch die getönten Scheiben. Was ich hier fand, waren nur die modernen, renovierten Viertel, die sogar noch yuppifizierter als mein Wohnturm waren, voller kleiner Boutiquen und Restaurants mit Girlandenvorhängen und Metallventilatoren an der Decke, und Discos, deren rosafarbene Neonlichter die zeitlosen Steinhüllen verschwinden ließen, die sie erst seit kurzer Zeit okkupiert hatten. Ich fuhr kreuz und quer, auf drei verschiedenen Routen, und kam doch immer wieder an der gleichen Stelle heraus. Es kam mir allmählich vor, als würden mir Barrieren den Weg versperren, Barrieren, die zwar unsichtbar, aber trotzdem vorhanden waren.

Am Ende meiner Weisheit angekommen, versuchte ich etwas, das ich schon seit Jahren nicht mehr probiert hatte. Ich bremste vor dem nächstbesten Pub, einer der verrufeneren, noch nicht modernisierten Kneipen, und fragte zwei Oldtimer, die gerade herausgetorkelt kamen, ob sie mir sagen könnten, wo ich die Illyrische Taverne oder Jyp, den Navigator, finden könne, falls er im Hafen war. Sie stierten mich an und murmelten so etwas wie »noch nie gehört, den Namen«. Dann taperten sie auf ihre Stöcke gestützt weiter, drehten sich noch einmal um und brummten sich gegenseitig etwas vor. Ich seufzte, schob mich in die Kneipe und wiederholte dort meine Frage. Schon oft hatte diese Frage die Stimmung sofort gehoben, doch diesmal erntete ich nur ein abweisendes Schulterzucken vom Barkeeper – und einen plötzlich aus einer dunklen Ecke wachsenden Schatten. Ein massiger Mann in schwarzem Arbeitskittel und Jeans, mit einem Rest weißer Haare auf dem Schädel und dem rotwangigen Gesicht eines Seemanns über dem vergilbten Rollkragenpullover, rollte auf die Bar zu und beugte sich ein bißchen zu weit zu mir herüber. »Was hast du denn mit so einem zu schaffen, Kumpel?«

Ich sah ihn an. Es gefiel mir ganz und gar nicht, wenn sich jemand so vor mir aufbaute. »Wer will das wissen?«

Er zögerte einen Augenblick. »Ist das deine Karre dort draußen?«

»Genau.«

»Schaff das Ding schleunigst weg, sonst kommt noch was dran. Is' hier 'ne ziemlich üble Gegend.«

»Ich habe hier etwas zu erledigen. Ich gehe erst, wenn ich es erledigt habe.«

Er hob ein Glas an die Lippen und sprach über den Rand hinweg: »Mit so 'ner Einstellung kriegt man hier ruck, zuck was auf die Fresse.«

»Das dachte ich auch gerade.«

Er blickte mich mit gespieltem Erstaunen an und ließ den Blick dann durch den Raum schweifen. Offensichtlich suchte er irgendwo ein Lachen als Rückenstärkung. Er bekam keins. In der Kneipe herrschte eine gespannte, ungute Stimmung. Ein uralter Elektroheizofen versengte in einer Ecke mit seiner Heizstange den Linoleumboden, wie er es wohl schon seit undenkbaren Zeiten tat; der feine, Übelkeit erregende Geruch biß sich hinten im Hals fest. Der Seemann stellte sein Glas entschlossen auf der Theke ab und richtete sich zu seiner vollen Größe auf; ich folgte seinem Beispiel. Hinter dieser Geschichte steckte mehr, als man auf den ersten Blick vermuten würde. Um es herauszufinden, mußte ich mich eindeutig an ihn wenden. Möglicherweise mußte er erst ein wenig gekitzelt werden.

Der Barkeeper kam hinter seinem Tresen hervor. »Ich will hier keinen Ärger haben. Trinkt aus und haut ab, alle beide, oder die Bullen sind in zwei Minuten hier. Los, verzieht euch!«

Keiner von uns kümmerte sich noch um seinen Drink. Langsam, den anderen nicht aus den Augen lassend, bewegten wir uns auf die Tür zu. Ich öffnete sie, er blieb zurück, ich ging als erster hinaus. Doch ich war noch auf der Treppe, da packte mich seine schwere Hand schon an der Schulter und schleuderte mich mit dem Rücken gegen die rußgeschwärzte Wand. Der Riese holte aus und grinste mich mit einem häßlichen Grinsen an. Jetzt erst bemerkte ich, wie groß seine Zähne waren: gewaltige, abgebrochene Dinger, und obendrein entsetzlich gelb. »Ich mach' dich drin oder draußen fertig«, grunzte er, »ganz egal, wo. Aber hier isses besser.«

Er hatte mir vorhin keine Angst eingejagt, doch das schiere Gewicht seiner Hand veränderte die Lage ein wenig. Und diese Zähne. Ich blickte mich hastig um; die Straße war leer, das letzte Tageslicht verblaßte am Himmel. Die Schatten der riesigen viktorianischen Gebäude rannen wie Pfützen dunkler Tinte vom wolkenverhangenen Mond in diese kleine Straße herab, dunkel, schwer, undurchdringlich. Doch eines von ihnen warf über seinen bröckeligen Giebelornamenten einen Schatten, der wie ein riesenhaftes Netz aussah. Bei diesem Anblick schlug mir das Herz bis zum Hals. Im nächsten Moment beugte sich der Mann wie ein Turm über mich, sein weißes Haar fiel nach vorne über das Gesicht, das plötzlich viel länger und schmaler wurde. Seine Lippen rollten sich zurück und wurden schwarz, stinkender Atem hüllte mich ein, und heißer Speichel tropfte mir ins Gesicht. Die Hände, die sich langsam hoben, waren nur mehr fingerlose, unförmige Pranken – bis aus dem weißen Fell schwarze Klauen herausschnellten. Dann segelte der Mond in einen weiten Golf zwischen den Wolken hinaus. Die vor Wut und Mordlust dunkel glitzernden Augen zogen sich zu schmalen Schlitzen zusammen. Ich wußte, daß das größte lebende Landraubtier einem Tyrannosaurus ohne weiteres hätte in die Augen schauen können; mein Gegner funkelte mich aus einer Höhe von ungefähr vier Metern an, ein ausgewachsener männlicher Eisbär.

Doch ich hatte das Schattengewebe gesehen, die hoch in den Abendhimmel ragenden Mastspitzen der großen Rahsegler, die nicht weit von hier vor Anker lagen. Als der Mond in den Wolkengolf eintauchte, verwandelte der sich kaum merklich, es war wie ein Blinzeln, in jenes Fenster, das sich zu weiteren

Ozeanen öffnet, in das gleißende Stahlblau des Wolkenarchipels. Beim Anblick dieser Route in die Ewigkeit, die ich schon oft befahren hatte, überkam mich eine wilde Freude. Ich lachte der Kreatur ins Gesicht und warf die Arme nach vorne, erwartete das Splittern von Glas. Statt dessen vernahm ich das leise Surren eines elektrischen Fensterhebers. Ich wurde immer besser. Mit einem wirbelnden Rauschen klatschte das Schwert in meine geöffnete Handfläche, und noch im selben Moment griff ich an, trieb den Unhold mit der Schwertspitze zwischen die zerbeulten Abfalleimer neben der Tür und packte ihn dann an seinem zottigen Fell, das noch vor kurzem ein Pullover gewesen war. Ich setzte ihm das Schwert direkt unter den Unterkiefer, wo es die kleinste ruckartige Bewegung direkt in sein Gehirn treiben würde. »Die Einlegearbeit ist aus Silber, falls dich das interessiert«, raunte ich ihm zu. »Eine falsche Bewegung, und du hast deine letzte Robbe verspeist, alter Seebär. Also – wo ist die Taverne?«

Ich spürte so etwas wie einen kalten Windhauch, und plötzlich hielt ich wieder rauhe Wolle in meinen Händen. »Bist du derjenige, der die Lanze hat?« schnaufte der große Mann.

»Du bist ziemlich neugierig für jemanden, der gleich keinen Kopf mehr haben wird«, konterte ich und schüttelte ihn am Pullover. »Und wenn schon. Wolltest dir wohl einen Fünfer verdienen, weil du mich entdeckt hast?«

»Auf deinen verdammten Kopf sind Belohnungen ausgesetzt!« brummte er und versuchte, sich aus meinem Griff zu winden. »Du stinkst ja richtig danach! Ich bring' dich nicht in die Nähe meiner Kumpels!«

»Belohnungen?« fragte ich erstaunt. »Du meinst – mehr als eine? Und welcher Kumpel? Redest du von Jyp? Ist er im Hafen?«

Seine Augen waren weit aufgerissen. Er schwitzte. »Hör mal, wenn du wirklich die Lanze hast, was willst du dann mit mir anfangen? Oder mit Jyp? Was haben wir dir denn getan?«

»Ich will Jyp nichts tun, du blöder Idiot!« blaffte ich. »Ich bin sein Freund! Ich brauche seine Hilfe! Und aus welchem Grund auch immer komme ich nicht zu dieser Taverne durch!«

»Wundert dich das? Nach diesem Krawall? Die Wächter haben vorgesorgt! Jetzt, wo die Kinder los sind, kannst du nichts mehr so leicht finden, nichts, was vorher einfach zu erreichen war!«

»Wird schon klappen, Paddington, wird schon klappen«, murmelte ich, machte einen Schritt zurück und ließ ihn aufstehen. »Ich habe gestern abend so einiges gesehen. Die Wächter also? Aber hier haben wir die Grenze bereits überschritten, andernfalls hättest du dich nicht verwandeln und ich nicht mein Schwert herbeirufen können. Also kannst du mich von hier aus hinführen. Los, ins Auto!«

»Wenn du die Lanze wirklich hast«, wiederholte er kopfschüttelnd, »dann gibt es keine Barriere, die dich aufhalten könnte ...«

»Ganz so simpel ist es nicht.« Ich riß die Tür auf. »Rein mit dir.«

Der Riesenkerl zitterte wie Espenlaub, bewegte sich jedoch keinen Millimeter. Demonstrativ warf ich das Schwert auf den Rücksitz. Er starrte mich an, als hätte ich ihn getreten, und schüttelte verwundert den Kopf. Dann öffnete er mißtrauisch die Beifahrertür und stieg ein. »Wer bist du?« fragte er. »Du bist nicht wie die Zauberer, mit denen ich bisher zu tun hatte.«

»Volltreffer, Paddington. Ich bin keiner. In welche Richtung also?«

Der Weg war mir noch nie so lang und so verschlungen vorgekommen wie heute abend. Wir krochen durch die alten Docklands, achteten sorgfältig auf jede Abzweigung und fühlten uns wie Zwerge in den düsteren Schatten der klobigen Lagerhäuser, dieser steinernen Geister eines untergegangenen Handelsimperiums – das heißt, zumindest im Kern untergegangen. Normalerweise stand mehr als die Hälfte davon leer; augenlose Hüllen mit vernagelten Fensterhöhlen oder eingeschlagenen Scheiben, zwischen deren zerborstenen Ziegeln das Gras wuchs. Einige waren bereits abgerissen, an ihrer Stelle standen rostige Metallschuppen, halbverlassene Industrieanlagen, Holzlager und kleine, schmierige Autowerkstätten. Manchmal waren nur noch von wehendem Gras und Weidenröschen überwachsene Industriebrachen übrig. Doch um diese Straßen herum, in der Dunkelheit dahinter, funktionierten noch ältere Verkehrswege, standen hohe Gebäude voller fremdartiger Güter aus allen Ecken der Spirale, die auf den Weitertransport zu weit seltsameren Orten warteten; und über ihren Dachfirsten erhob sich das Gewebe der Takelage gewaltiger Handelsschiffe. Wir kamen an einer mit schweren Säcken beladenen Maultierkarawane vorbei, angeführt von Männern mit hakennasigen, ausdruckslosen Gesichtern, und erst ab da faßte ich Vertrauen zu meinem bärigen Lotsen. Die Männer trugen Bögen und blickten sich mißtrauisch nach uns um. Dann passierten wir einen seltsam leisen Lastwagen, der weiß und golden schimmernd auf zwei schwarzen Kugeln, die er offensichtlich nicht berührte, eine der Hauptstraßen herabgerollt kam. Der Riese und ich tauschten einen Blick; sogar Fragmente einer noch weit entfernten Zukunft konnte man durch die Spirale erreichen, falls jemand clever genug war, seinen Weg hindurchzufinden. Doch Ausflüge in die Zukunft waren nicht sehr beliebt; der Handel lief nur stockend, und der Kulturschock war enorm. Auf dem Pflaster vor dem Lagerhaus gestikulierten gebückte Kapuzengestalten über aufgestapelten Säcken, in denen es heftig zuckte. Ich beschleunigte etwas, und mein Beifahrer nickte.

»Gruselig«, sagte er kurz angebunden.

Ich hätte ihn darauf hinweisen können, daß man das gleiche von ihm behaupten könnte, doch inzwischen hatte ich ihn bereits Paddington genannt, und Takt ist etwas, das man sehr früh lernt. Oder nie.

»Hier nach links«, sagte er, und wo ich eben noch eine lange Mauer gesehen hatte, öffnete sich jetzt eine schmale Gasse.

Am anderen Ende schimmerten die gemütlich rot erleuchteten Fenster der Illyrischen Taverne in die Nacht hinaus und spiegelten sich in den glitzernden Pfützen.

»Du hast deinen Drink stehenlassen«, erinnerte ich ihn, als ich den Wagen über die Kreuzung rollen ließ und im gepflasterten Hof neben der Taverne abstellte. »Ich gebe dir einen aus.«

»Nein, danke«, sagte er, »wenn du mich hier rausläßt, mache ich mich gleich weg. Nicht bös' gemeint, ich sehe, du bist ein wirklicher Anführer; trotzdem will ich nichts mit dir oder den deinen zu tun haben. In deiner Nähe riecht es nach Gefahr. Jyp geht's bestimmt nicht anders, aber das wird er dir selbst sagen.« Er kletterte aus dem Wagen, warf den weißen Kopf nach hinten und witterte in die Nachtluft. »Du wirst bereits erwartet«, grunzte er und trottete in die Dunkelheit davon.

Das überraschte mich nicht gerade. Trotzdem zögerte ich einen Augenblick unter dem vertrauten Schild, das jedesmal in einer anderen Kombination von Sprachen in herrlich falschen Redewendungen die Vorzüge des Wirtshauses anzupreisen schien. Schon mehr als einmal hatte ich meine Freunde in Gefahr gebracht, doch niemals war es mir so bewußt gewesen wie jetzt. Es gab jedoch keinen anderen Ausweg; ich brauchte dringend ihren Rat. Also stieß ich die Tür auf, und schon stürzte der vertraute Duft von Gewürzen und Bier, eingelegtem Gemüse, Geräuchertem und weniger bekannten Gerüchen auf mich ein, dazu das leise Gesumm von Stimmen, von denen die meisten, wenn auch nicht alle, menschlichen Ursprungs waren. Die Atmosphäre umhüllte mich mit Erinnerungen an Freundlichkeit und, mehr noch, an Heimat. Ich ließ die Welt draußen vor der Tür zurück und ging die Stufen hinab. Am Fuße der kleinen Treppe erwartete mich Katjka bereits.

Sie schlang die Arme um meinen Hals, und ich umarmte sie ebenfalls heftig. Es war leicht, Katjka zu mögen, obwohl sie einen manchmal aus der Fassung brachte, und gelegentlich noch mehr – auch wenn ich wieder einmal hautnah feststellen mußte, daß sie sich schon eine Zeitlang nicht mehr gewaschen hatte. Das gehörte nicht zu ihrem kulturellen Hintergrund, im Gegensatz zu billigem Rosenwasser, das sie in rauhen Mengen benutzte. Sie hatte wie immer eines ihrer bäuerlichen Dirndlkleider an und trug es in der Art eines Bauernmädchens, das unter einsamen Laternen wartet, eine schräge Mischung aus Milchmagd und Lili Marleen. Heute abend blieben ihre gewohnten Hänseleien jedoch aus. Ihre herrlichen, großen, unschuldigen grauen Augen wirkten verstört, und die spöttischen Falten um ihren Mund schienen sich tiefer eingegraben zu haben. Ich beugte mich hinab, küßte sie und stellte fest, daß ihre vollen Lippen schlimm zerbissen waren.

»Ich freue mich, daß du in Sicherheit bist, Sstefan«, murmelte sie, wobei sie meinen Namen mit ihrem zischenden Akzent verformte. »Du hast viel durchgemacht, mitten in dieser Unruhe. Aber du hast dich gut geschlagen, ssehr gut!«

»Meinst du gestern nacht? Woher weißt du das?«

Sie drückte mich noch einmal wie in einem Schraubstock an sich. »Ich weiß einiges, wenn auch nicht alles, und vieles davon versstehe ich nicht – zum Beispiel diese Schlange, die dich töten will. Aber, ah, ich bin so sstolz auf dich!« Auf die eiserne Umarmung ließ sie ein Schütteln folgen, das meine Selbstkontrolle total außer Fassung brachte, und dann zog sie mich weiter hinein in den heimeligen großen Raum der Taverne. Die Kunden zogen meist die Intimität der Dunkelheit und der leisen Gespräche vor, und es war nicht leicht zu erkennen, wie viele überhaupt anwesend waren. Heute machte der Raum jedoch einen eigenartig leeren Eindruck. »Komm, der Herr Navigator ist auch hier, du mußt ihm alle deine Heldentaten berichten!«

»Ja, schon, aber woher weißt du das? Du hast mir doch nicht etwa … nachspioniert?«

»Das würde ich jederzeit gerne tun«, lachte sie. »Das würde

mir die Langeweile hier vertreiben – oft sind die Tage so lang, ssso lang! Aber es wäre mir zu anstrengend. Außerdem«, dabei warf sie mir einen schrägen Blick zu, »außerdem erschrecke ich mich zu leicht. Das ...« Sie erschauerte. »Das war ziemlich knapp, eine Macht aus der Spirale; ich mußte es mit allen Mitteln, die mir zur Verfügung stehen, erkunden. Dabei bin ich auf vieles gestoßen – unter anderem auf dich.«

»Wie ich mich zum Narren gemacht habe«, sagte ich peinlich berührt. »Wie ich versucht habe, eine Sturmflut aufzuhalten. Wie ich überall den großen Retter markiert habe ...«

»Wie du versucht hast, ein bißchen Vernunft in ihre dummen Dickschädel zu prügeln!« zischte sie. »Jemand muß es tun. Ich kenne dich, ich liebe dich, mein Sstefan, doch ich hätte es von dir nicht erwartet, ausgerechnet von dir, der du solange an dieser großen Schwelle gestanden hast, ohne sie zu übertreten. Doch jetzt geschieht etwas, in dir wächst etwas, endlich. Diese Zeiten, sie verlangen nach jemandem, der sich gegen die Sturmflut stemmt, jemand, der die Führung der Menschen übernimmt. Und dann kamst du.«

Ich dachte an die Hexen und kratzte mich am Kopf. »Ich habe nicht viel erreicht. Alles war ein schreckliches Durcheinander ...«

»Etwas ist besser als nichts!« unterbrach sie mich. »Glaube mir! Du hast überlegt gehandelt, du hast gesehen, was notwendig war, du hast dort eingegriffen, wo es gerade nötig war, nicht nur in deiner eigenen Zeit, auch in den Schatten – und dort, wo es nicht so eindeutig war, hast du dich herausgehalten. Ohne dich wäre es in dieser Nacht noch schlimmer zugegangen, noch viel, viel schlimmer! Ich hatte es schon befürchtet, ich war furchtbar unruhig. Etwas ist geschehen, Sstefan, etwas, von dem du nichts wissen kannst, aber es ist etwas Schlimmes, etwas ganz Schreckliches. Etwas, das in all den Jahren, die ich schon hier bin, noch nie geschehen ist, und es sind sehr viele. Wir waren schon auf Probleme eingestellt.«

»Oder, um Klartext zu reden«, näselte eine leise Stimme aus der dunklen Sitzecke gleich neben dem offenen Kamin, »ich habe mich gleich nach dem ersten Schiff umgesehen, das mich mitnimmt. Verdammt, kaum daß ich mit der *Ultima Thule* und einer Ladung Bernstein und Rhinozerosfell und Eiszapfen persönlich hier einlaufe und mir ein wenig Erholung gönnen will, die Füße aufwärmen und so, und schon bricht die Hölle los.« Jyp schnaubte verlegen und erhob seine schmale Gestalt, um mich zu begrüßen. »Und das fast im wörtlichen Sinne. Aber was hat uns der Wind denn hier hereingeweht?«

»Fast hätte er es nicht mehr geschafft!« entgegnete ich, nachdem wir die üblichen Beleidigungen und das rituelle Schulterklopfen hinter uns gebracht hatten. »Mich hier hereinzuwehen, meine ich. Liegt das an den Wächtern, oder was? Fast alle Zugänge waren versperrt!«

Jyp nickte. »Mir wäre es auch lieber, wenn du sicher zu Hause sitzen und dich aus allem hier heraushalten würdest. Aber der alte Sir ist ein guter Führer; wenn der an Bord ist, rührt dich keiner mehr an. Freut mich, daß ihr so gut miteinander klargekommen seid.«

»Die Vorstellungsrunde verlief etwas grob, aber – *Sir*?«

»Na, wie würdest *du* denn einen zwei Meter zehn großen Kerl nennen, der …«

»… sich in einen Eisbären verwandeln kann? Richtig. Aber sag schon, worum geht's hier eigentlich? Was ist geschehen?«

Jyp sog die Luft zwischen den Zähnen ein und schien noch zu zögern. Seit er mich bei unserem ersten Treffen unbeabsichtigt in eine schreckliche Geschichte verwickelt hatte, in deren Verlauf ich einige Male ums Haar getötet worden wäre, war es ihm nicht recht, mich tiefer in die dunkleren Geschäfte der Spirale hineinzuziehen. »Erst mal abwarten, was sich daraus entwickelt. Wer nicht unbedingt muß, sollte die Finger weglassen. Aber ich kann dir sagen, daß ich gerade drauf und dran war, meinen Hintern in ruhigere Gefilde zu retten, als

Kat mir erzählte, daß du mittendrin hängst – und mir war sofort klar, daß du gleich am nächsten Morgen mit hechelnder Zunge hier aufkreuzen würdest. Also habe ich auf dich gewartet. Inzwischen ist so ziemlich jeder auf den Trichter gekommen, und ich will mit dem Teufel selbst schlafen, wenn das nicht stimmt: Es gibt nicht mal mehr einen Platz in der Takelage eines rostigen Küstenschippers. Was tut man nicht alles für seine Freunde!«

Ich mußte lachen. »Du weißt doch genau, daß es auf der ganzen Spirale keinen Skipper gibt, der nicht mit Freuden seine Seele, seine Frau oder die Hälfte seiner Ladung drangeben würde, um dich als Steuermann zu bekommen. Aber du mußt nicht denken, daß ich das nicht zu schätzen weiß. Ich muß dir einiges erzählen, und ich habe noch mehr Fragen. Warum fangen wir also nicht gleich damit an. *Myrko*!«

Schon kam der Wirt mit dem Strahlen einer überglücklichen Kröte aus der Dunkelheit gewalzt. In der Hand hielt er ein Tablett, das mit Bierkrügen, *Tujica*-Fläschchen und Schüsseln voller feurig eingelegtem Gemüse beladen war. »*Daj, daj, panye* Stefan, habe schon gehört, daß du wieder mal kommst! Und ich sage nur Ärger, Ärger, *bielzhaje* Ärger – ha? Zieht dich an wie ein Magnet. Also zapfe ich Bier. Der Himmel kann einstürzen, Lanzen werden gestohlen, aber Bier – auf Bier kann man sich immer verlassen! Ha!«

»Gestohlen – was hast du da gesagt?«

Doch er fingerte nur auf dem Tisch herum und ließ sich dabei nicht stören; das war ungewöhnlich. Er sah auch viel ernster aus als sonst. Gerade als ich mich an Katjka wenden wollte, drückte sie mich in die mit Kissen gepolsterte Bank, rückte meine Füße vor den Kamin, in dem dicke Scheite knackten, und schob sich zwischen Jyp und mich.

»Es kommt nicht oft vor, daß ich von zwei solchen Helden in die Zange genommen werde«, grinste sie hinterhältig, worauf sie sich wie eine Katze im Feuerschein reckte und streckte. Dann wechselte ihre Stimmung erneut. Ihre Augen verschleierten sich und sahen merkwürdig kalt aus. »Dann erzähle uns – von letzter Nacht!«

»Ich muß weiter ausholen«, erwiderte ich. »Ich war fast schon zu Hause ... Ich kam gerade aus Deutschland, wegen der C-Tran-Sache ...«

Katjka schreckte wie vom Blitz getroffen auf und sah mich an. *»Deutschland?«*

Jyp legte sich eine Hand über die Augen. »Großer Gott«, sagte er leise, was bei seiner religiösen Erziehung recht bemerkenswert war. »Sag, daß das nicht wahr ist ...«

»Dann hör mal genau zu«, erwiderte ich. »Von Anfang an ...«

Sie hörten zu. Und während sie zuhörten, spürte ich, wie sich Katjkas Schenkel immer fester an mich drückte, wie ihr Atem immer rascher ging, als würde sie jede Sekunde mit mir durchleiden, diese verrückte Hetzjagd über die wolkenverhangenen Höhen, das unglaubliche Nachspiel, den Anblick der Stadt und meine schreckliche Rückkehr. Jyp starrte mürrisch an seinen ausgestreckten Füßen vorbei ins Feuer und unterbrach mich nicht ein einziges Mal. Als ich geendet hatte, beugte er sich jedoch abrupt nach vorne und warf schaudernd zwei große Scheite auf das Rost.

»Das paßt ...«, sagte er dann, sonst nichts. Auch Katjka schwieg und hielt meinen Arm umschlungen, als wollte sie ihn für alle Zeit festhalten. Doch ihre blassen, erschrockenen, entsetzten Gesichter verrieten, was in ihnen vorging.

»Was paßt, Jyp?« fragte ich geduldig nach.

»Wolken. Berge. Beides fraktale Formen, ganz ähnliche Gestaltung. Das erleichtert den Übergang.« Er beobachtete das unablässige Flackern der Flammen, als würden ihm die unsteten Gebilde etwas mitteilen, und vielleicht war es ja auch so, denn er war schließlich imstande, im Fluß und im Flackern des Raums und der Zeit an den Rändern der Spirale selbst zu lesen und einen vernünftigen Kurs dazwischen zu steuern. Nach einer Weile fügte er hinzu: »Diese Stadt ... wie hast du dich dort gefühlt?«

»Du meinst, abgesehen davon, daß man mich durch die Straßen gejagt hat? Ich ... sie hat mir gefallen. Vermutlich hätte sie mich auch ohne Le Stryges Einfluß beeindruckt, oder was immer er dort mit mir angestellt hat.«

»Ein *Geass*«, schnaubte Katjka. »Eine brutale Sache, mit deren Hilfe man Seelen und Herzen steuern kann.«

»Aber ziemlich subtil, wenn es so direkt funktioniert, ohne den armen Kerl, um den es geht, gleich umzuwerfen. Hört sich ganz so an, als hätte Stryge ein paar neue Tricks dazugelernt. Und du weißt nicht einmal, wie der verfluchte Ort heißt? Dann will ich es dir verraten. Das war Heilenberg.«

»Heidelberg?«

Jyp verzog das Gesicht. »Heilenberg. Wenn ich für jeden Kerl, der sein halbes Leben darangegeben hat, dieses kleine Städtchen zu finden, einen Groschen hätte, wäre ich ein gemachter Mann. Und du landest dort einfach und schlenderst gemütlich darin herum. Dabei ist das einer der – wie heißt es doch? – mächtigsten Orte auf der Spirale. Nein, machtvoll, das kommt der Sache vielleicht ein Stück näher.«

»Numinos, äh ... göttlich«, schlug ich vor.

»Ja, von mir aus. Ich wünschte, ich hätte deine Bildung. Numinos, das trifft's – außerdem ist es dort auch gefährlich.«

»Was du nicht sagst«, seufzte ich. »Kann ich mir gut vorstellen.«

»Ja, das geht meist Hand in Hand. Hör mal zu, es ist folgendermaßen: Du kennst die Spirale inzwischen gut genug, du weißt, daß jeder Ort seinen Schatten wirft und wie es um diese Schatten bestellt ist ...«

Ich nickte. Lange Schatten, wie diejenigen, die das Kaminfeuer durch die geflieste Stube schickte; Schatten, die vom Kern in die Spirale geworfen wurden, aus der Zeit hinaus in die Zeitlosigkeit; Schatten, die die wechselnden Eigenschaften eines Ortes miteinander vermengten und vereinten, seinen archetypischen Charakter ausformten. Überall, wo Menschen gelebt haben, und mehr ...

»Wie du leicht verstehen wirst, werfen auch ganze Nationen ihren Schatten – er ist breiter, umfassender und umschließt die anderen. So etwas haben wir damals auf Java erlebt. Doch auch ganze Kontinente, ganze Gruppen von Nationen formen diese Schatten aus, nur weniger greifbar, eher nebelhaft. Fast immer gibt es darin jedoch eine Art Zentrum, in dem sich alles konzentriert, ein Ort, der ihren Geist verkörpert, ihre Geschichte, all das und noch viel mehr. Alle wahren Eigenschaften, die Ursubstanz, das, was manche Leute Kultur nennen, oder Zivilisation, aber das trifft es allenfalls zur Hälfte. Heilenberg könnte man das Herz Europas nennen, das Herz der europäischen Zivilisation und von allem, was ihr inneres Leben und Stärke verleiht. Deshalb hast du dich dort so heimisch gefühlt.«

Selbst jetzt noch verblüffte mich die Richtigkeit seiner Worte, doch ich schüttelte den Kopf: »In Deutschland? Im Herzen Europas? Damit hätte ich so meine Probleme.«

Jyp war in zwei Weltkriegen zur See gefahren. Er lachte. »Hier geht es um Geschichte, mein Freund, um Geschichte im eigentlichen Sinn, von der Steinzeit an oder noch früher. Die aktuelle Geschichte – Feindschaften, Bündnisse, Diktaturen, das sind bloß winzige Wellen im großen Strom, die bald wieder verschluckt werden. Selbst in der jüngsten Geschichte hättest du mehr Grund, auf Frankreich, Holland oder Spanien sauer zu sein, aber auch das spielt keine Rolle, es ist völlig irrelevant. Sieh dich doch an: Dein Großvater hat gegen die Nazis gekämpft, und du sprichst Deutsch, Französisch und was weiß ich wie viele Sprachen noch. Du fährst in Europa herum, wie es dir gerade paßt. Nur eine Generation später! Wie sieht es in hundert, vielleicht in tausend Generationen aus? Der Blickwinkel ist wesentlich größer, mein Freund. Du würdest dich dort zu Hause fühlen, ebenso wie Kat, obwohl sie aus einer Ecke Europas kommt, die eher der Spirale als dem Kern zuzurechnen ist. Sogar ich, der Junge aus dem amerikanischen Mittelwesten, denn schließlich stammen meine

Vorfahren von hier – obwohl natürlich auch wir Amerikaner ein solches Zentrum haben. Doch das ist wieder anders, seine Fundamente wurzeln nicht so tief – noch nicht. Es hat noch nicht das, was das deine im innersten Herzen hat. Heilenberg ist der Sitz einer unglaublichen Macht, Steve – einer großen Macht aus den äußeren Gefilden der Spirale.«

Ein ängstlicher Schauder überkam mich. Diese riesige Halbkathedrale erhob sich in meinem Geist, dunkel und unheimlich, mit diesem unbestimmten Gefühl einer Anwesenheit. »Du meinst, so wie dieses *Dupiah*-Ding? Wie Haiti und die Unsichtbaren? Oder die balinesischen Geister, oder wie Ape?«

Jyp überlegte. »In gewisser Hinsicht, ja. Es ist eine Intelligenz, nur teilweise materiell – aber, großer Gott, man kann es mit keinem von ihnen vergleichen.«

»Nicht einmal mit Ape?« grinste ich. »Der war schon ein ziemlicher Hansdampf. Den würde ich liebend gerne auf Le Stryge ansetzen.«

Jyp grinste nicht mit, was recht ungewöhnlich war. »Du kannst mir glauben, Steve, dieses ... Es ist nicht nur stärker, es ist ... weiter. Eine ganze Qualitätsklasse weiter. Mehr noch, es ist ...« Er wischte hilflos mit der Hand durch die Luft. »Es ist weit weniger in menschlichen Belangen verwurzelt, weniger in der Lage, in unserer Welt ein und aus zu gehen. Und es ist weniger leicht zu verstehen. Sieh mal, Ape, der Barong, in einem gewissen Sinn sogar dieser kleine Schleimer Don Pedro – sie waren letztendlich noch ziemlich menschlich. Sie waren darüber hinausgewachsen, doch konnten sie jederzeit ihre alte Form annehmen, herumlaufen, reden, essen, kämpfen und – na ja, das eine oder andere auch noch, hm? Wie diese Dame Rangda, nach dem, was du mir von ihr erzählt hast, hä?«

Er grinste. Ich zuckte zusammen. Katjka schniefte und strich mit den Fingern an der Innenseite meiner Schenkel entlang. »Aber das hier«, sagte Jyp kopfschüttelnd, »das verhält sich völlig anders, weil es nicht anders kann. Wie es genau funktioniert, läßt sich noch schwerer bestimmen. Mir hat mal einer erzählt, es sei einst ein menschlicher Geist gewesen, einer, der sich immer weiter und weiter in die Spirale wagte, immer weiter, bis zu ihrem Rand.« Er überlegte, während das Feuer munter weitertanzte. »Das könnte gut sein.«

»Du meinst, so wie Mall?«

»In gewisser Hinsicht. Du hast sie in Aktion erlebt, du weißt ein wenig über sie. Sie ist jetzt bereits mehr, als ein materieller Körper enthalten kann. Doch dieses Ding ist viel weiter als sie gegangen, viel weiter noch als Ape, weiter als so gut wie alles, von dem ich bislang gehört habe. Egal, wie menschlich es einmal gewesen sein mag – wer sich in diese Regionen vorwagt, muß sich unweigerlich ... verändern. Dort draußen werden Raum und Zeit immer mehr eins. Die Dinge, die du und ich für gegeben halten, für unveränderlich, die werden dort weniger und weniger greifbar, weniger materiell. Dinge, die hier bloß abstrakt sind, nehmen dort draußen eine richtige Existenz an, werden klarer, deutlicher, wandeln sich vom Abstrakten zum Absoluten. Sie werden *Das Absolute.*«

»Davon hast du mir schon einmal erzählt.Und dieses – Ding? War es denn dort?«

Er überlegte. »Angeblich. Und es ist zurückgekehrt, um sich in die Welt, die es verlassen hat, einzumischen. Die Form, die es angenommen hat ... Ich bin selbst noch nicht in dieser Stadt gewesen, habe sie nie gesehen. Deine Beschreibung der Kathedralenhalle – und dessen, was sie enthält – läßt jedoch mit ziemlicher Sicherheit vermuten ... Obwohl mir etwas komisch vorkommt.«

Ich schüttelte mich. »Komisch? Du bist gut, die ganze Stadt war gruselig! Ich wünschte, ich hätte diesen verdammten Stein zerschmettert.«

»Nein, Stefan!« murmelte Katjka erschrocken. »Eine Hand reichen, *daj* – aber eine hilfreiche!« Sie seufzte. »Jedenfalls läuft es normalerweise immer so.«

Jyp fuhr sich durch das rötliche Haar. »Klar, auf lange Sicht gesehen ist das eine gute Macht, Steve, war es schon immer, was man so hört. Weißt du, daß die Stadt ihren Standort schon verschoben, ihr Aussehen total verändert hat? Sie befindet sich immer da, wo die Identität Europas bedroht ist, immer an den Grenzen, dort, wo die Dunkelheit hereinbrechen will. In unserer Zeit ist das irgendwo an den Grenzen zwischen Deutschland und Osteuropa, dem alten russischen Reich; doch sie war auch schon woanders. Im letzten Krieg soll sie angeblich irgendwo in Südengland aufgetaucht sein. Viel weiter zurück, im Mittelalter, als die maurischen Kalifen ihre Armeen über Spanien nach Europa trieben, stand sie an den Nordhängen der Pyrenäen. Damals nannte man sie Monsalvat.«

Wie vom Blitz getroffen richtete ich mich auf. »Jetzt aber mal halblang …« Sogar ich hatte diesen Namen schon gehört, auch wenn ich momentan nicht genau wußte, in welchem Zusammenhang.

»Doch, doch«, nickte Jyp. »Damals wurde die Macht, die sie beherbergte, der Sangraal genannt, oder einfach Graal. Später wurde sie unter dem Namen Heiliger Gral bekannt.«

Zum Glück hatte ich gerade kein Bier im Mund. Der Atem stockte mir in der Kehle, und nach Jyps Gesichtsausdruck zu schließen, mußte ich wie eine Kröte kurz vorm Platzen ausgesehen haben.

»Herrgott noch mal!« platzte ich los, als ich wieder einigermaßen Luft bekam. »Du willst mir doch nicht erzählen, daß es sich … Ich kenne die Legende zwar nicht sehr gut, aber damals hatte ich ein Märchenbuch – dieser große Steintrog … soll das etwa der Becher sein, aus dem Jesus beim Letzten Abendmahl getrunken hat? In dem man später sein Blut auffing? Und der Speer ist die Lanze, mit der ihn ein römischer Soldat – ein *blinder* römischer Soldat? Ich habe das immer für ziemlich lächerlich gehalten – am Kreuz verletzt hat? Ich bitte dich, Jyp! Ich habe ja auf der Spirale schon so manches schräge Ding erlebt, aber *das*?«

»Langsam, immer langsam mit den jungen Pferden!« nölte Jyp, der sich über meine Ungläubigkeit köstlich amüsierte. »Kein Grund, dein agnostisches Unwissen vor uns auszubreiten, du elender Heide! Die Geschichte vom Heiligen Gral gehört nicht zur Heiligen Schrift, soviel ist klar. Ich bin noch ordentlich erzogen worden und kenne die Bibel. Der Gral ist kein Bestandteil der Glaubensgeschichte. Es ist eine Legende darüber. Siehst du den Unterschied? Es ist wieder eines dieser archetypischen Dinge wie alles in der Spirale. Nur weil alle möglichen Leute glauben, es sei eine Christusreliquie, hat er für sie diese Form angenommen. Doch der Gral ist älter als diese Legende, viel älter. Selbst in den frühesten christlichen Versionen der Geschichte gab es keinen christlichen Aspekt in ihr. Es war ein Stein, ein Wunderstein, wie diese griechischen Horndinger – du weißt schon!«

»Ein Füllhorn?«

»Genau! So sahen sie es damals. Es war ein heidnischer Archetypus, ein uraltes Symbol, das die Leute einst anbeteten wie das Goldene Vlies. Der Gral ist jedoch noch weitaus älter. Er reicht noch vor Stonehenge, vor die Dolmen und Menhire und die großen Hügelgräber, bis weit in die Tiefen der Steinzeit zurück, zu einem Kult, der sich nach dem Rückzug des großen Eises über das noch unzivilisierte Europa ausbreitete. Das, was die Archäologen ihrer Form wegen als Becher- und Ringsteine bezeichnen. Die Lanze hingegen ist die andere Seite des Ritus, immer mit einer Spitze aus Feuerstein oder Obsidian – das ist etwas, das die Leute, die mit einem Bein in jeder Welt stehen, noch nicht begriffen haben. Der Gral war der Mittelpunkt dieses Kults, die große Ikone. Und du – frag mich nicht warum oder wie, denn so hast du es gesehen, du gottloser Heide, der du bist!«

»Lanze und Becher?« protestierte ich. »Aber – das sind doch bloß Symbole, Jyp. Sogar ziemlich platte.«

Katjka hob die Augenbrauen. »Hast du vielleicht etwas dagegen? Das ist aber nicht der Sstefan, den ich kenne und liebe!«

Jyp lachte trocken. »Von mir aus auch Symbole. Für unser Verständnis sogar ziemlich einfache – aber sehr mächtige! Fruchtbarkeit bedeutete damals wirklich etwas, vergiß das nicht. Das Christentum hat sie, wie eine ganze Menge anderer auch, bei seiner Verbreitung übernommen. Und weißt du, was komisch daran ist? Daß sie nicht verändert werden mußten. Sie paßten genau ins Schema.«

»Als ob«, sagte Katjka ernst, »als ob sie zu diesem Zweck geschaffen worden wären. Als sei alles seit je vorbestimmt gewesen.«

Jyp senkte den Kopf. »Kann sein. Kann sogar gut sein. Denn soviel ist klar, Steve, der Gral verfügt über eine schreckliche Macht, und er dient einem bestimmten Zweck.«

»Jyp, es ist nur ein *Ding*, ein Stück Stein mit einer Lanze darüber und einem Stück Stoff. Es konnte sich nicht bewegen, konnte weder sehen noch hören ...«

Ich hielt inne, denn plötzlich schlug die Erinnerung über mir zusammen, dieses schreckliche Gefühl einer alles überwachenden Aufmerksamkeit, das die Halle erfüllt hatte. »Na gut, vielleicht verfügt es in gewissem Sinne über eine Wahrnehmung – aber wie sollte es etwas *tun*?«

Jyp zuckte die Achseln: »Soviel ich weiß, sind der Stein oder der Abendmahlsbecher und die Lanze lediglich eine Art Verankerung dieses Dings in der materiellen Welt, Kanäle für seine Macht. Deshalb erschuf es diese Stadt um sich herum, um eine Gefolgschaft zu haben, durch die es wirken kann. Der Gral selbst rührt sich nicht, er lockt sie nur an und regiert durch ihre Anführer – einen König oder eine Königin, wie es in den Geschichten immer so schön heißt. Jedenfalls besondere Leute, ehrfurchtsvolle Leute, die in Harmonie mit dem Gral seine Gedanken und seine Macht teilen. Manche Gefolgsleute behält er in seiner Nähe, deshalb ist die Stadt immer bewohnt; andere hingegen – Ritter oder Soldaten würdest du sie wohl nennen – schickt er in die Welt zurück. Gelegentlich auch die Anführer, und nicht nur auf die Spirale, sondern tief in den Kern hinein, ausgestattet mit der Macht des Grals, um den Geknechteten beizustehen, die Übeltäter zu verfolgen und im stillen gute Taten zu vollbringen.«

Er nahm einen großen Schluck Bier, den er mit einem Gläschen Pflaumenschnaps hinunterspülte. »Dagegen hat dich Le Stryge ins Feld geschickt. Nicht schlecht, was? Für mich ist es noch immer ein Wunder, daß du hier bist. Vielleicht braucht es ein noch größeres Wunder, dich auch hierzubehalten. Der alte Hund hat wohl auf die alten Tage noch Ehrgeiz entwickelt.«

»Aber weshalb nur? Was erhofft sich der alte Knabe bloß davon?«

»Vielleicht sehr viel«, warf Katjka düster ein. »Der Gral ist nicht die einzige weltliche Macht dieser Art. Es gibt noch andere, dunklere, die in tödlicher Opposition zu ihm stehen. Vielleicht hängt der *Sstregoica* mit einer von ihnen zusammen. Vielleicht hofft er, selbst eine von ihnen zu werden. Ich weiß einiges über ihre langen Kriege mit dem Gral, und was sie planen, falls er jemals in ihre Hände fallen sollte. Ob sie ihn nun zerstören oder irgendwo wegschließen, jedenfalls wäre der Einfluß des Grals der Welt entzogen. Sollten sie ihn sogar für ihre eigenen Zwecke mißbrauchen können – was dann? *Mnye Stefan*, ich kann kein Morgengrauen mehr glücklich begrüßen. Doch selbst wenn mich vorher die Flammen verzehren müssen, ich bete darum, diesen Tag nie erblicken zu müssen. In ihren Händen könnte sich die Einzigartigkeit, die gütige Größe auf schreckliche Weise zum Bösen wandeln.«

Sie spuckte einen Mundvoll *Tujica* ins Feuer, wo es einen Moment mit übernatürlich blauer Flamme aufzischte.

»Irgendwie, Sstefan – wie, das liegt jenseits meiner Vorstellungskraft – ist es dir gelungen, die Hälfte dieser uralten Macht zu stehlen. Vielleicht sogar die Hälfte ihrer eigentlichen Existenz.«

Kapitel 6

Fast hätte ich gelacht. Ich wollte lachen, doch zu deutlich sah ich eine Parade von Gesichtern an mir vorüberziehen, die vor Entsetzen bleichen Soldaten und Bürger der Stadt, die Mischung aus Gier und Entsetzen hinter Stryges gestrenger Maske, der Schrecken des vernichtenden Feuers. Die Worte sprudelten aus mir heraus wie das Blöken eines Idioten. »Aber …«

Es war nicht Zweifel, es war Protest, Protest gegen das unfaire Schicksal, das mich kopfüber in dieses Durcheinander gestoßen hatte. »Aber wenn dieses Ding so verdammt allmächtig ist, was habe ich dann damit zu tun? Warum konnte ich dort einfach hineinspazieren, zugreifen und mit der Beute entkommen?«

»Er ist nicht allmächtig, dieser Gral«, sagte Katjka verwundert. »Mir kam zu Ohren, daß die beiden Weltkriege des vergangenen Jahrhunderts ihm schreckliche Schläge zugefügt haben, sogar den Tod seines letzten Königs nach sich zogen. Ich weiß, daß er sich seit jener Zeit noch mehr zurückgezogen hat, vielleicht auch schwächer geworden ist.«

Allmählich fing ich an zu begreifen. »Das könnte stimmen«, sagte ich. »Nach dem, was ihr mir erzählt habt, sollte diese Stadt zumindest ein Stück des modernen Europa widerspiegeln – das ist jedoch nicht der Fall. Keine Spur. Sie ist buchstäblich in der Zeit vor dem Ersten Weltkrieg stehengeblieben. Trotzdem hat die Lanze diesen Unhold ohne weiteres auf der Stelle erledigt – warum nicht auch mich?«

»Vielleicht deiner Unschuld wegen«, vermutete Katjka. »Der Gral spürt so etwas und würde sicherlich zögern, einen wahrhaftigen Menschen zu töten.«

Jyps Mundwinkel zuckten. »Selbst wenn er dabei gestohlen wird? Das kann ich nicht glauben, Kat.«

Erneut spürte ich diesen eigenartigen kleinen Kitzel der Erkenntnis. »Und doch schien Le Stryge mit etwas in der Art gerechnet zu haben!« sagte ich. »Auf jeden Fall hat er irgend etwas erwartet. Warum hätte er sich sonst die Mühe machen sollen, eigens mich als sein Instrument auszuwählen?«

»Also …« Jyp wand sich in einem ungewöhnlichen Anfall von Takt. »Vergiß nicht, daß du beim letzten Mal, als er dich gesehen hat, ein ganzes Stück jünger gewesen bist. Könnte gut sein, daß er dich für – na ja, besonders gut zu beeinflussen hielt. Er hat gewiß nicht damit gerechnet, daß du seinen Zwang einfach abschütteln würdest, sobald er dir bewußt wurde.«

»Ich auch nicht«, sagte Katjka noch immer sehr nachdenklich.

Ich schlug mir an die Stirn. »Hört mal«, sagte ich so ruhig wie möglich. »Vermutlich muß ich euch das alles glauben. Trotzdem bringt es mich keinen Schritt weiter. Die Lanze dürfte zunächst einmal in Sicherheit sein. Sogar ich weiß momentan nicht genau, wo sie sich befindet. Am besten wäre es, wenn ich eine Nachricht in diese Stadt übermitteln könnte, oder? Damit sie mich wenigstens nicht auf der Stelle erschießen, wenn ich sie zurückbringen will!«

Jyp stieß einen leisen Pfiff aus. »Normalerweise ist dieser Ort so gut wie unauffindbar. Jetzt kannst du jedoch darauf wetten, daß die Ritter überall suchen, die ganze Spirale durchstreifen. Ich könnte an den Stellen, an denen sie mit Sicherheit vorbeikommen, Nachrichten hinterlassen – beispielsweise hier bei Myrko.«

»Na schön«, sagte ich. »Damit wäre das konkrete Problem gelöst. Sie können das verdammte Ding jederzeit wieder zurückhaben, von mir aus mit einer rosa Schleife drum herum. Was mich weit mehr beunruhigt, ist die Frage: Inwiefern sind meine Firma und C-Tran in die Sache verwickelt? Welche Rolle spielt Lutz? Ich kann es zwar nicht beweisen, aber er hat versucht, mich zu ermorden. Wenn es ihm gelungen wäre, hätte Le Stryge mich nicht mehr einsetzen können – sind die beiden

Verbündete oder Rivalen? Erzähl mir jetzt nicht, daß sich mehr als eine Macht über meinem Kopf zusammenballt. Davon hatte ich bei unserer Fernostreise mehr als genug! Falls Lutz vorhat, C-Tran in irgendeiner Weise zu mißbrauchen, bin ich der einzige, der ihm auf die Finger schlagen kann. Das muß ich herausfinden! Kannst du mir dabei helfen?«

Jyp sah Katjka an. Katjka schenkte mir eines ihrer verschwörerischen Lächeln. Ihre Hand ruhte bereits wieder auf dem Tisch und mischte den Packen Spielkarten, den sie stets bei sich zu tragen schien. Wo genau, habe ich nie herausgefunden, doch als sie meine Hand auf die oberste Karte legte, fühlte sie sich so warm und weich wie Haut an. Die Karten flogen durch ihre langen Finger, sie mischte noch einmal und legte sie in einer raschen Bewegung auf dem Tisch aus. »Diesmal drehsst du eine um, dann ich die nächsste«, sagte sie, nein, sie flüsterte vielmehr, denn auf einmal hatte sich die Atmosphäre verändert, das Prasseln des Feuers war lauter geworden, beinahe bedrohlich, und es erinnerte mich an das der größeren Feuer der vergangenen Nacht. »Die ersste!«

Ich wählte eine beliebige aus, drehte sie um. Pik-Zehn, wie ein Dickicht schwarzer Speerspitzen. Katjka nickte schwer und deckte die danebenliegende Karte auf. Eine Bildkarte. Ich betrachtete sie besorgt. In diesen Karten hatte ich schon so manches seltsame Antlitz erblickt. Wieder Pik. Der Bube, gedrungen und stiernackig wie die meisten Kartenfiguren, glattrasiert, grinsend, die Augen in einem hellen, undurchdringlichen Blau koloriert, das mich an …

Katjka nickte, als ich sie hastig wieder umdrehte. »Dein Freund Lutz. Er ist der Bube – aber wer ist der König? Dreh die nächsste um!«

Langsam streckte ich die Hand nach derjenigen am Ende der Reihe aus. Herz-Sieben. Katjka lächelte und drehte die nächste um. Kreuz-As, nichts Besonderes, bis auf die Art und Weise, wie die Flammen auf seiner glatten Oberfläche tanzten.

Katjkas Gesicht wurde hart, und sie hieß mich nickend die nächste Karte aussuchen. Meine Finger konnten sie zunächst kaum packen, sie rutschte immer wieder weg, doch als ich sie umdrehte, war es eine weitere Bildkarte. Der Herz-König, doch er sah ganz normal aus, wenn auch weniger aufgeblasen und etwas lebendiger als gewöhnlich, recht ansehnlich eigentlich. Katjka starrte auf den Tisch, griff nach der Karte direkt daneben – die Herz-Dame, das Gesicht im unsteten Licht halb im Schatten versunken.

»Agnece Bozji!« entfuhr es ihr. »Stefan, das hier ist äußerst eigenartig, aber es ist nicht übel. Du hast starke Feinde, der *Vojevode* Lutz gehört dazu – und ja, er heckt etwas aus, etwas sehr Großes. Doch der Rest ...« Sie schüttelte den Kopf. »Es ist gut. Wie gut, das ... kann ich nicht sagen. Eine Chance, keine Gewißheit, deshalb kann es nicht eindeutiger sein. Was das Dunkle betrifft, das ist definitiv. Lutz arbeitet mit Stryge zusammen, da bin ich mir sicher, denn er ist nicht selbst der König. Vielleicht ist Stryge es auch nicht. Es gibt eine Macht, die ihn verhüllt und die ich nicht näher bestimmen kann. Und Lutz hat eigene Ambitionen, er praktiziert Riten, versammelt dunkle Mächte um sich – wahrscheinlich haben er und Stryge auf diese Weise erst zusammengefunden. Wie du schon vermutet hast, plante Lutz in jener Nacht etwas Schreckliches.«

»Was ... meinst du, eine Schwarze Messe oder etwas dergleichen?«

Jyp kicherte, was recht unerwartet kam. Katjka funkelte ihn an. »Langsam, Mann! Er nimmt diese Dinge nicht ernst genug. Stefan, die Schwarze Messe ist zum größten Teil eine Erfindung fanatischer Priester und Inquisitoren, nichts Schlimmeres als ihre eigenen schrecklichen Folterungen, abgesehen von der Blasphemie. Doch Blasphemie, wie ruchlos und häßlich auch immer, ist an sich noch keine Macht. Es ist der böse Wille, der dem Ritus seine Macht verleiht, und die böse Tat, das Opfer, die Durchführung der Prozedur in einem festgelegten Ablauf. Solche Riten werden überall praktiziert, in vielen Religionen. Sogar die Hexenverbrennungen selbst geschahen oft in dieser Absicht, die wahren Dämonenanbeter befanden sich in den Reihen der Verfolger, in das Gewand kaltlächelnder Heiligkeit gehüllt.«

Ich sah sie an. »Nach dem, was ich gestern nacht, oder wann immer es auch gewesen sein mag, gesehen habe, fällt es mir nicht schwer, das zu glauben.«

»Und doch gibt es Hexen«, sagte Katjka sehr sanft; und einen Moment lang, als sie die Karten wieder zusammenschob, flammte das Feuer hinter ihrem ausgeprägten Profil hoch auf. *»Ej daj multito,* es gibt tatsächlich ...«

Von der Unterseite des Stapels flatterte eine Karte in ihren Schoß. Ich nahm sie auf und reichte sie ihr. Sie nahm sie mechanisch entgegen – dann packte sie mit einer unerwarteten Entschlossenheit zu und drehte sie um.

Ich schaute nicht auf die Karte; ich schaute in Katjkas Gesicht, in dem sich eine ganze Reihe außergewöhnlicher Gefühle spiegelten, bis es ebenso unerwartet wieder starr wie Feuerstein wurde. Die Lippen waren dünn und weiß aufeinandergepreßt, die tiefen Linien zwischen Nase und Mund verschärften sich, ihre Augen glühten wie die einer Füchsin. Auch Jyp setzte sich auf, schnappte sich die Karte und drehte sie so, daß wir sie ebenfalls sehen konnten. Es war das Pik-As – nur schienen die tanzenden Schatten die Umrisse der dahinter lauernden Kreuze zu zeigen, dunkel und leer wie eine halbverborgene Grube.

»Was, zum Henker ...«, setzte ich an.

Katjka lächelte mit zusammengepreßten Lippen und schob die Karte in den Packen zurück. »Keine Bange, Stefan. Deine Weissagung war schon vorbei, mehr kann ich dir nicht sagen. Diese Karte gehörte nicht mehr dazu. Sei froh!«

»Bin ich auch. Du kannst mir also nicht sagen, was Lutz vorhatte? Worum es bei dem seltsamen Ritus ging?«

»Dazu müßte ich mehr wissen, mehr von diesem Ritus, der

Anordnung, der Sprache, den Symbolen. Ich kann dir nur sagen, daß er eine Verabredung eingehalten hat, um eine Verbindung zu Mächten von außerhalb zu verknüpfen oder zu bekräftigen. Mächte von sehr weit draußen, aus der Nähe des Randes, glaube ich; es sind große Mächte im Spiel.«

»Etwas ähnlich Absolutes wie der Gral?«

»Nein, nicht ganz so. Schon wenige Schritte vom Kern entfernt sind Gut und Böse viel besser zu unterscheiden. Du hast es selbst schon erfahren, auch den Aufruhr, den es in uns auslöst, wenn wir von unseren eigenen gemischten Naturen hierhin und dorthin gezerrt werden. Je weiter man an den Rand vordringt, um so stärker wird jede Seite, weniger verschwommen; das schwächere Element wird von der Zeit und den Umständen reduziert, bis nur noch das heiße Edelmetall zurückbleibt, strahlend und stark. Beim Gral ist es das Gütige. Bei dem, was der *Vojevode* sucht ... sind es andere Eigenschaften. Es gibt viele dieser Mächte, manche haben sich mit dieser Gegend des Kerns noch nicht beschäftigt. Doch viele wenden ihren Blick hierher; welche, kann ich dir jedoch nicht sagen. Nicht, ohne mehr über diesen Ritus zu wissen.«

»Tja, ich kann Lutz schlecht nach einem kostenlosen Prospekt fragen.« Mich schauderte – dann schnippte ich mit den Fingern. »Dieses Zimmer – der Fußboden! Marmor, mit irgend etwas eingelegt. Es sah aus wie Edelmetall, muß ein Vermögen gekostet haben. Alle möglichen Muster und Buchstaben, der reinste Hokuspokus! Alle waren sorgfältig ausgeführt, nichts davon sah nach Zufall aus. Würde es dir etwas nützen, wenn du Fotos davon hättest?«

»Möglicherweise«, antwortete sie sehr ernst. »Vielleicht auch nicht. Vielleicht spielt es keine Rolle, wenn es sehr gefährlich ist, sie zu bekommen. Falls es dort etwas Wertvolles gibt, dann wird es sicherlich bewacht.«

»Von Lutz' Sicherheitstruppe? An denen käme ich notfalls vorbei, glaube ich.«

»Von denen auch, zweifellos«, sagte sie lauernd. »Die sind

nicht weiter gefährlich, sie können dich nur töten. Aber sonst – nein. Es ist zu riskant, nur wegen einiger Fotos, die vielleicht nicht deutlich genug sind oder nur unwichtige Details festhalten. Das sehe ich mir besser mit eigenen Augen an.«

»Nein, Katjka!« widersprach ich laut. Jyp setzte sich so abrupt auf, daß er beinahe seinen Bierkrug umgeworfen hätte. »Du hast keine Ahnung, ich könnte dich nicht an so einen üblen Ort mitnehmen ...«

»Vielleicht weiß ich mehr von diesen Orten, als du ahnst.«

»Jetzt aber Schluß!« schnarrte Jyp dazwischen und hörte sich dabei so erschrocken an, wie ich mich fühlte. »Das solltet ihr erst einmal verschieben! Es ist nichts für dich, Mädel, das weißt du ebensogut wie ich! Hast du schon vergessen, was sich dahinter verbergen könnte – wozu es führen könnte? Was, zum Henker, riskierst du dabei? Sieh mal, unser Freund Steve weiß nicht einmal die Hälfte davon, und schon hast du ihn vor Sorge um dich halb verrückt gemacht! Du bleibst hier in dieser Taverne! Das ist ein Befehl! Und wir holen Mall!«

Sie nickte ruhig. »Das ist richtig, jawohl, denn in dieser Hinsicht ist ihre Macht sehr hilfreich. Trotzdem komme ich mit euch.«

»Hört doch auf!« protestierte ich. »Ihr beiden, was soll dieses *wir*? Einer genügt – ich kenne diesen Sicherheitsdienst. Ich kenne ihre Alarmvorrichtungen, wir haben überall die gleichen bei C-Tran. Außerdem erinnere ich mich noch gut an den Weg dorthin. Ich kann mich leicht ins Haus schleichen und wieder hinaus. Nur ich. Keiner wird erfahren, daß ich je dort gewesen bin.«

»Einige schon. Fragt sich nur, wer!« raunte Katjka.

Jyp schlug mit der Faust auf den Tisch. »Verdammt! Herrgott noch mal! *Nein*!«

»Katjka, sieh mal«, warf ich verzweifelt ein. »Er meint es ernst. Ich meine es ernst. Das ist mein Kampf, mehr als die anderen Abenteuer, die wir gemeinsam durchgestanden haben! Ich möchte keinen meiner Freunde dabei aufs Spiel setzen.«

Katjka nahm mein Gesicht in ihre großen Hände wie eine ruhige, gefaßte Madonna. »Wozu hast du denn Freunde? Woher willst du wissen, daß es allein dein Kampf ist? Eines solltest du dir jedoch merken, Sstefan: ohne mich wirst du überhaupt nichts erreichen. Wem willst du diese Bilder sonst zeigen? Wem sonst kannst du vertrauen? Angenommen, ich sehe etwas in ihnen, das meine Anwesenheit verlangt, was dann? Du kannst in dieses Haus vielleicht einmal eindringen, aber kein zweites Mal. Du hast nur diese eine Chance.«

Ich sah zu Jyp auf, doch diesmal sagte er nichts. »Und noch etwas«, sagte sie mit merkwürdig entrückter und kalter Stimme. »Ich habe vielleicht einen Vorteil, den andere nicht haben. Wenn sich das, was ich vermute, bestätigt, dann hat das Übel, das dich bedroht, mich bereits berührt. In diesem Fall könnte ich Kräfte dagegen einsetzen, über die du nicht verfügst, nicht einmal deine Freundin, diese große Heldin mit ihrer inneren Flamme.« Sie glitt sachte zwischen uns aus der Bank. »Ich hole rasch meinen Mantel und ein paar andere Sachen.«

»Bist du jetzt zufrieden?« brummte Jyp, als sie in der Dunkelheit verschwunden war.

»Ach, hör schon auf, Jyp!« raunzte ich zurück. »Du kannst sie ebensowenig aufhalten wie ich dich. Sie hat uns durchschaut, und das weißt du auch.«

»Ja, vermutlich schon. Aber – ach was, zur Hölle damit. Fahren wir in deinem komischen Kreiselvogel?« Der Gedanke daran schien ihn ein wenig aufzuheitern. »Na gut, dann nehmen wir Mall *en route* mit. Ich führe dich zu ihr.«

»Prima. Wir können jederzeit los. Was ist mit euren Wächtern? Sollten wir sie nicht vorher informieren?«

»Das hast du bereits erledigt. Katjka ist eine von ihnen, und was sie weiß, erfahren auch die anderen.«

»Was?«

»Sie hängt es nicht an die große Glocke. Es ist zugleich ein Privileg und eine Strafe, Jahr um Jahr an diesen Ort und diese

Taverne gebunden zu sein, nur damit die Balance gehalten wird. Sie setzt ihre Macht dafür ein, um einige der Untaten auszugleichen, die sie begangen hat, um sie zu erlangen – und soviel ich weiß, waren das nicht wenige. Das ist meines Wissens bei vielen Wächtern der Fall – der alte Sir ist übrigens auch einer. Er darf sich jedoch in gewissen Grenzen frei bewegen. Katjka allerdings – du hast sie ja bereits einmal von hier fortgelockt und gesehen, was passiert ist. Zeit, Schuld, Schmerz, Verlust, die doppelte Dosis, und alles prasselt auf einmal auf sie nieder. Natürlich verkraftet sie das, klar, jedenfalls eine Zeitlang. Aber …« Er sah sich um und beugte sich dann näher zu mir herunter, als er ihre Schritte bereits durch die fast leere Taverne kommen hörte. »Wir drei müssen sie unterwegs abwechselnd im Auge behalten, du, ich und Mall. Sie riskiert mehr als das, Steve, viel mehr. Wenn ich zu bestimmen hätte …«

»Hast du aber nicht«, sagte sie leise. In diesem Trenchcoat und dem Beret sah sie noch mehr wie Lili M. aus, wenn auch zum Glück nicht in der Dietrich-Version. »Die Zeit des Streitens ist vorbei. Kommt!«

Jyp erhob sich wie von der Tarantel gestochen. Auch er gehörte nicht zu den Leuten, die ihre Zeit mit hoffnungslosen Diskussionen verplempern; doch zuerst trank er sein Bier aus und schüttete den letzten Schluck ins Feuer. Die Scheite prasselten und zischten. »Also gut. Holen wir Mall.«

Als sich die Tür der Taverne hinter uns geschlossen hatte, nahm Katjka unwillkürlich meinen Unterarm; und als wir die unterste Stufe erreicht hatten, stützte sie sich förmlich darauf. Sie erreichte das Auto ohne große Anstrengung, ließ sich jedoch in den weichen Rücksitz sinken, als wäre sie gerade einen Kilometer gerannt. Auf dem Weg zum Heliport am Stadtrand fand Jyp wieder zu sich selbst, zappelte im Wagen herum wie ein Achtjähriger, feuerte mich ständig an, schneller zu fahren, um mich im nächsten Moment ganz langsam an einem Ort vorbeifahren zu lassen, dessen Veränderungen er sich genauer betrachten wollte. Katjka hatte ich über den Rückspiegel im Blick. Ihr Kopf war zur Seite gesunken, die Augen waren halb geschlossen und schauten weder nach links noch nach rechts, bis das grelle Flutlicht des Flughafens in den Wagen strahlte. Da hob sie den Kopf und bedeckte die Augen halb mit der Hand, wobei ich erneut sah, wie sich ihre Falten tiefer in das Gesicht eingruben, die Augen tiefer in die Höhlen sanken und die Haut sich pergamentartig über die Wangenknochen spannte. Das war kein altes Gesicht; eher ein junges, aber völlig verbraucht. Ich war froh, als ich endlich in die dunklere Seitenstraße zum Heliport einbiegen konnte, die genaugenommen ein Stück der alten Militärstraße war, die sich durch offenes Feld schlängelte. Als ich ihr die Wagentür offenhielt, glitt sie so geschmeidig wie immer aus dem Wagen, auch ihr Gesicht war so glatt wie immer und sah keinen Tag älter aus als neunundzwanzig – vorausgesetzt, man konnte so jung bereits so viel Erfahrung sammeln. Auf dem Weg zu dem kleinen Abfertigungsgebäude zögerte sie etwas, atmete die feuchte, nach Gras duftende Luft mit gierigen Zügen ein, die ihren ganzen Körper erschauern ließen, und als die Türen mit einem seufzenden Geräusch hinter uns zuglitten, seufzte auch Katjka.

Was der Sicherheitsdienst von uns hielt, kann ich mir beim besten Willen nicht vorstellen – besonders von Jyp, der wie immer in seine schwarze Pfauenjacke und Seefahrerkluft gekleidet und in Erwartung des Hubschrauberflugs doppelt so aufgekratzt wie sonst war. Zum Glück mußten wir uns nicht mehr mit Reisepässen herumschlagen; Katjkas und Jyps Reisedokumente wären für die Beamten bestimmt eine interessante Lektüre gewesen. Doch wie schon bei der Ankunft kannte mich das Personal und winkte uns einfach durch, hinaus zu den Landebuchten, in denen noch einige Mechaniker der Spätschicht herumliefen und einzelne Maschinen auftankten. Um diese Uhrzeit gab es keine Terminprobleme, und sobald der Nachtflug angemeldet war, konnten wir abheben.

Nachdem sie beim Krach des Motors einen Fluch losgelassen hatte, stieß Katjka, als wir langsam aufstiegen, einen markerschütternden Schrei aus und krallte sich an meiner Rückenlehne fest, schob sich dann die Kopfhörer, die ich ihr reichte, über die Ohren und ließ sich schmollend in ihren Sitz sinken. Jyp saß steif und aufrecht im Copilotensitz, die langen weißen Zähne zu einem Grinsen gebleckt – ein ziemlich starres Lächeln, aber immerhin. Sogar hier, in dieser lärmenden Falle der modernen Technologie, spürte ich seine Begeisterung, etwas von dem gleichen Enthusiasmus, den ich an Bord eines Segelschiffes bei ihm erlebt hatte, als die Brise von der anderen Seite des Sonnenaufgangs unsere Segel blähte, der Bug sich tiefer senkte und immer höher hinauf wogte, hoch über alle Horizonte unserer Welt, jenseits der Winde dieser Erde.

Er tippte mir auf den Arm und zeigte hinaus: Ich sah auf und erwartete, den Wolkenarchipel vor uns ausgebreitet zu sehen. Doch der böige Wind fegte den Himmel rasch frei und präsentierte uns einen hell leuchtenden Mond. Vereinzelte Wolkenfetzen stoben wie zerfleddertes Segeltuch an uns vorüber, und wir glitten durch sie hindurch wie ein Hai durch einen Schwarm silberner Fische, abwechselnd von Mondstrahlen und dunstigem Nebelzwielicht eingehüllt, ein wilder, der Orientierung nicht sehr dienlicher Flug. Ich drehte die kleine Maschine nach Westen, wobei ich, so gut es ging, Jyps aufgeregten Anweisungen folgte, und schon bald sah ich am Horizont, halb verdeckt von rasch dahineilenden Wolken, das stählerne Glitzern der offenen See.

Einmal davon abgesehen, daß er ständig vom Sitz aufspringen und sich aus dem Fenster lehnen wollte, schien sich Jyp wie zu Hause zu fühlen, nur als ihm klarwurde, was der Windgeschwindigkeitsmesser anzeigte, wurde er etwas blaß. Er dirigierte mich zur Küste und weiter hinaus, wobei er mit dem gleichen lässigen Selbstvertrauen wie auf einem Schiff navigierte und uns in einer Reihe ganz ungewöhnlicher Winkel kreuz und quer durch die Wolkenfelder jagte. Nach meinem Verständnis war das ziemlich sinnlos, und auf den Radarschirmen der Küstenüberwachung müssen wir einige ziemlich kryptische Kritzeleien hinterlassen haben.

»Bist du sicher, daß du sie finden kannst?« rief ich ins Intercom und beäugte nervös meine Spritreserven.

»Sie ist höchstens eine Woche weiter dort drüben«, meinte er und zeigte mit dem Finger irgendwohin. »Wir können sie nicht verfehlen! Von Zakynthos nach Hyperborea über die Säulen des Herakles und Folkestone – so hat mir Mall ihre Nachricht hinterlassen. Dann vielleicht einen Strich nach Norden. Sag mal, hast du in dieser Klapperkiste auch Radar?«

Das hatte ich zwar, aber nur für anderen Flugverkehr. Ich ging so dicht aufs Wasser hinunter, wie ich mich traute. Über diesen konturlosen Wellen mußte man wirklich ein Auge auf dem künstlichen Horizont haben, sonst konnte es leicht passieren, daß man unbeabsichtigt im Wasser landete. Das Radar zeigte eine überraschende Anzahl von Bildern, wobei einige wahrscheinlich von den Wellenkämmen stammten; doch Jyp brauchte nur eine Sekunde, um sich eins auszusuchen. »Versuch das mal«, sagte er, und ich hätte nicht im Traum daran gedacht, an ihm zu zweifeln. Jedenfalls nicht bevor wir Sichtkontakt aufnahmen. Zuerst hielt ich es für einen Walrücken, der naß im Mondlicht glitzerte; doch als wir im schrägen Anflug näher kamen, sah es auf beunruhigende Weise wie ein tausendfüßiges Seeungeheuer aus, das sich mit Hilfe einer Unzahl dünner Beinchen, die unter seinem Panzer hervorkamen, seinen Weg durch die Wellen bahnte.

»Jyp, was soll das denn sein?« schrie ich ins Intercom. »Etwa eins von diesen Jasconey-Dingern?« Er hatte mir bereits einige Horrorgeschichten von diesen Inselviechern erzählt, auf deren breiten Rücken Seeleute strandeten und ein Feuer anzündeten, bevor sie beim Untertauchen mit in die Tiefe gerissen wurden. Natürlich waren das Legenden, doch wir befanden uns schließlich auf der Spirale.

»Geh näher ran und sieh selbst!« schrie er zurück. »Du müßtest doch darauf landen können, oder?«

Ich schluckte und flog zunächst eine elegante Kurve. »Du machst wohl Witze?« Trotzdem zog ich den Knüppel zurück, bis wir langsam, sehr langsam sanken. Erst jetzt sah ich, wie flach der Rückenpanzer war. Es war ein breites, ebenes Deck, allerdings ohne Reling und Aufbauten, und sah eher wie ein etwas zu klein geratener Flugzeugträger aus. Das Deck war jedoch hervorragend poliert, wie festes, dunkles Holz; das ganze Ding war aus Holz. Es durchschnitt die Wellen mit einer teils fließenden, teils rhythmischen Bewegung, wie ein Puls, keineswegs künstlich, was ihm den Eindruck eines lebenden Wesens verlieh. Doch das waren keine Beine, sondern Ruder, drei Reihen übereinander, die sich mit gleitender Kraft und geschmeidiger Koordination bewegten. Das Ding war eine gigantische Triere.

Jyp dirigierte mich noch immer aufgeregt nach unten. Keiner der Flüche, die mir in den Sinn kamen, wollte so recht passen, also biß ich mir auf die Lippen und konzentrierte mich lieber auf die Landung. Als wir nahe genug heran waren, um unter Deck gehört zu werden, schienen die Ruderreihen einen Lidschlag lang aus dem Takt zu kommen; somit war es kein Wunder, daß sich einige Ruder ineinander verhakten und eines wie ein Zweig abknickte.

»Sie werden nicht sehr begeistert von uns sein!« sagte ich.

»Darüber würde ich mir keine Sorgen machen!« antwortete Jyp schreiend. »Könnte gut sein, daß sie sich bald noch erheblich mieser fühlen werden! Hast du vor zu landen, oder willst du nur hier herumgondeln, bis der Treibstoff alle ist?«

Ich stöhnte auf, drosselte die Rotoren und ließ uns langsam, mit schwänzelndem Heck, hinab. Jetzt schwebten wir, leicht schaukelnd, über dem Deck – würde es unser Gewicht aushalten? Während ich noch nach einem Querbalken Ausschau hielt, schnaufte Jyp bereits ungeduldig, löste seinen Gurt, schob die Tür zurück, schwang sich auf die Kufen hinaus und ließ sich dann wie ein Frosch auf das Deck hinunterfallen, als hätte er zeitlebens nichts anderes getan. Er stampfte kräftig mit dem Fuß auf, zeigte mir beide erhobenen Daumen und bewegte sich – die Hände über dem Kopf – rasch rückwärts, als ich noch mehr Gas wegnahm und den Helikopter vorsichtig aufsetzen ließ. Das Deck knarrte bedenklich, hielt aber stand. Als Jyp sich wieder aufrecht hinstellte, erschien unser Empfangskomitee in Form eines kurzgewachsenen, glatzköpfigen Kerls in einer Tunika und Sandalen, der sich aus einer Luke herauszwängte, mit beiden Händen gestikulierte und auf uns zugerollt kam. In einer Hand hielt er einen Bogen.

›Βυγγερ οφφ!‹, schrie er, und wer hätte es ihm verdenken können? Er ignorierte meine warnenden Gesten, und fast hätten ihn die Rotorblätter noch glatzköpfiger gemacht – vom Hals an aufwärts. Erschrocken machte er einen Satz zurück, und hinter ihm tauchte eine zweite Gestalt auf, einen Kopf größer als er und mindestens zwei Köpfe behaarter, denn lange, goldene Locken wehten wie goldene Gischt im ersterbenden Rotorenwirbel. Die Schultern darunter waren so breit wie meine, doch die Figur war in ihrer katzenhaften Anmut unverkennbar; ebenso das schwere Breitschwert und der goldene Gürtel, an dem es hing und gegen die Rundung eines Oberschenkels wippte. Ich schälte mich aus dem Sitz, duckte mich unter den noch immer langsam kreisenden Rotorblättern und rannte ihr freudig entgegen.

Der kleine Glatzkopf verstellte mir behende den Weg. Aus der Nähe wirkte er erstaunlich muskulös, und der Pfeil, den er in den Bogen eingelegt hatte, glich eher einem kleinen Baumstamm. »Τετ τηισ φαρτινγ χλοχκωορκ ηαρπψ οφφ μψ ψυχκινγ δεχκ!« kommentierte er mit tiefer Stimme.

»Okay, okay«, sagte ich beschwichtigend. Jedes Schlingern des Decks machte mich nervös. »Hör mal, es gab da einen, aber der ist gestorben, verstanden? Ich muß nur rasch ein Wort mit deinem Steuermannsmaat dort wechseln …«

Das paßte ihm überhaupt nicht.

›Γυεσσ τηε ωορδ I ωαντ ωιτη ψου!‹ widersprach er aufs heftigste und fuchtelte bedeutsam mit dem Bogen herum.

»Ich bitte dich, laß ihn in Ruhe, *Kyrios*!« erklang jetzt eine volle, vertraute Stimme. »Das sind alte Freunde und wahre Männer, die von so manch mutiger Heldentat erzählen können. Sie wären nicht so auf uns niedergegangen, gäbe es nicht einen triftigen Grund!«

Der bullige Mann musterte mich von oben bis unten mit einem mißtrauischen Blick, der so kalt wie der eines Tintenfischs war, und senkte den Bogen. Ich verneigte mich höflich, denn hier schien eine Begrüßung dieser Kategorie angesagt. Dann schob ich mich an ihm vorbei, wobei mich ein zweiter, nicht weniger beunruhigender Blick streifte.

»Aber, aber, alle Wetter, Master Stephen!« sagte die hochgewachsene Frau. »Ihr seid ja seit unserem letzten Treffen wieder ein Stück gewachsen!«

»Gut gesehen, Mistress Mall!« entgegnete ich und nahm ihre beiden Hände, die sie mir entgegenstreckte. »Vielleicht habe ich einfach ein bißchen zugenommen!«

Sie lächelte. »Ich sprach nicht vom Körper. Das kann in Eurer Gesellschaft leicht gefährlich werden. Etwas hat dich berührt«, fuhr sie dann vertraulich fort. »Wie ich sehe, war es etwas, das dich voll entflammt hat.«

Ich erschauerte. »Das war dieser andere Kerl. Mall – jetzt wo ich dich sehe, geht es mir gleich deutlich besser.«

Sie machte einen Schritt zurück: »Bewahre, Sir, bitte keine Küsse an diesem Ort, denn es gibt hier keinen Mast, auf den Ihr fliehen könntet! Und wenn diese Kerle hier solcher Freizügigkeiten ansichtig werden, ich hätte keine ruhige Minute mehr an Bord – wir sind unter Griechen, vergeßt das nicht!«

»Wohl wahr«, pflichtete ihr Jyp bei. »Auf diese Weise lebst auch du etwas sicherer, Steve ...«

Wir ignorierten ihn einfach. »Der Himmel helfe all jenen, die es wagen sollten, dir in den Hintern zu kneifen, mein

Engel. Aber wie du bereits sagtest, bringt uns ein besonderes Anliegen hierher – und ich möchte den Helikopter nicht unnötig lange hier abstellen, sonst bricht er am Ende doch noch ein oder rutscht über Bord. Worum es also geht …«

Mall hörte zu, und ihr Gesicht verfinsterte sich zusehends. Dann bedachte sie mich mit etwas mehr als ihrer gewöhnlichen, toleranten Zuneigung. »Dunkle Mächte sind hier am Werk, und ein noch schwärzeres Geschäft soll zum Abschluß gebracht werden. Der Gral! Der Sangraal! Wer wagt es, sein begehrliches Auge auf solche unerreichbaren Ziele zu richten? Das ist selbst für einen alten Verschwörer wie Le Stryge einige Nummern zu groß, mein Wort darauf. Hinter ihm muß noch ein anderer stehen, ein weit größerer, und zwar jemand, dessen Ehrgeiz in solchen Dimensionen zwangsläufig gefährlich ist, egal, worauf gerichtet! Stephen, mein Stephen, ein seltsames Schicksal hat dich in solcher Weise in dieses Geschehen verwickelt.« Dabei sah sie mich schräg an, wirklich sehr schräg. »Ebensogut könnte man dem Meer verbieten, dem Mond zu gehorchen, als mir, dir meine Hilfe zu verweigern – doch hier ist eine weit größere Gefahr am Werk, der unter allen Bedingungen Einhalt geboten werden muß.« Ihr Blick fiel auf Jyp, dann auf Katjka, die immer noch zusammengekauert im Hubschrauber saß. »Die Eingeweihte dort, sie denkt genau wie ich, sonst wäre sie nicht hier. Und so soll es denn sein!« Sie schlug mit der Hand auf ihr Schwert. »Meine Siebensachen habe ich in einer Minute gepackt, dann stehe ich euch vollends zur Verfügung!«

»Zur Verfügung? Mall, wir brauchen dich als unsere Anführerin!«

Ihr breiter Mund zuckte. »Ach wo, mein Herr, ich kenne meinen Platz. Ich werde auf See Euer Steuermannsmaat sein, an Land Euer Waffenmeister, eine starke rechte Hand, aber kein Anführer, wenn es nicht die absolute Not erfordert. Ihr seid der Anführer, mein Meister, mit allen Stärken und Schwächen der menschlichen Rasse versehen. In Eurem Pfad werde ich willig wandeln. Doch einen Moment noch, wenn ich Euch bitten darf, ich muß zunächst meinen Frieden mit dem Kapitän hier schließen. *O Kyrios,* auf ein Wort!«

Offensichtlich verstand der untersetzte Mann recht gut Englisch, worauf ich wünschte, ihm etwas höflicher begegnet zu sein. Als Mall mit ihm sprach, verfinsterte sich seine Miene erneut, und er stieß mehrere Male den eindrucksvollen Bogen aufs Deck. Sie blieb jedoch unerbittlich, und er schien immer besorgter zu werden. Schließlich stieß er den Bogen noch einmal auf, nickte jedoch kurz dabei – zu mir herüber, nicht zu ihr.

»Vielen Dank, *o Kyrios!*« rief ich. »Wir werden unser Möglichstes tun und sie so bald wie möglich wieder zu Euch zurückbringen.« *Wenn wir können.* Diese Bedingung blieb unausgesprochen, doch ich sah, daß sie auch ihm bewußt war.

Wieder entbot er mir dieses seltsam fürstliche Kopfnicken und brummte dabei: ›Χηαιρετε!‹

»*Chairete, o Kyrios!* Das wollen wir jedenfalls hoffen. Hast du deine Sachen, Mall? Prima. Dann also los.«

Mall stopfte die leichte Tasche, in der sie ihre wenigen Besitztümer verstaut hatte, hinter den Sitz, dann beugte sie sich noch einmal hinaus und rief: »*O Ithaka!* ich bitte dich, keine Irrfahrten mehr, bis zu meiner Rückkehr!«

Ithaka, ob das sein Name oder sein Titel war, lächelte säuerlich und erhob die Augen zum Himmel, als hätte sie einen uralten, schlechten Scherz losgelassen, winkte uns jedoch freundschaftlich zum Abschied. Mall schwang sich behende in den viel zu kleinen Rücksitz. Katjka, die jetzt in jeder Hinsicht überwältigt war, akzeptierte die Situation mit einem säuerlichen Lächeln; Mall kümmerte sich natürlich nicht im geringsten darum. Ich schob die Cockpittür zu und bedeutete dem griechischen Skipper, ein wenig zurückzutreten. Er verstand meine Geste sofort, doch als ich das Höhenruder hochriß und leise schaukelnd abhob, blickte er uns sinnierend nach und rieb sich dabei nachdenklich das stoppelige Kinn.

»Hoffentlich läßt er sich davon nicht inspirieren!« rief Mall über Intercom, nachdem Jyp ihr gezeigt hatte, wie man damit umging. »So ein *Helix-Apteryx*-Gerät wie dieses hier ist alles, was dem alten Griechen noch fehlt! So, wie gelangen wir eurer Meinung nach in die geheimnisvolle Höhle des bösen Zauberers?«

»Das«, antwortete Jyp brummig, »ist die Vierundsechzigtausend-Dollar-Frage.«

»Zunächst einmal sind da die Wachen«, flüsterte ich und hob den Kopf vorsichtig über den feuchten Rand des Grabens. »Schwerbewaffnete am Tor und mit ziemlicher Sicherheit noch einige andere als Patrouillen über das Gelände verteilt, mit Hunden – Kampfhunden.«

»Das macht den Ort nicht gerade freundlicher«, murmelte Jyp und kniff die Augen zusammen, als könne er in der Dunkelheit hinter dem Zaun etwas erkennen. Der Mond ließ den Himmel dunkelblau leuchten, doch die Baumreihe darunter stand wie ein tiefschwarzer Scherenschnitt vor uns. Nichts bewegte sich, der kleinste Funke würde weithin sichtbar sein.

»Er vermeidet jede Energieverschwendung; angeblich ist er ein eifriger Umweltschützer.« Diese Vorstellung hinterließ einen unangenehmen Nachgeschmack. »Es gibt aber sehr wohl eine Beleuchtung. Er hat ein automatisches Sensorensystem entlang der Auffahrt installiert und könnte leicht jeden Zentimeter des Geländes mit Flutern, Verfolgerspots und was weiß ich sonst noch ausgerüstet haben. So wie ich Lutz kenne, hat er das auch getan. Jede Wette, daß auf dem Zaun ein Kontaktdraht verborgen ist – wahrscheinlich sogar elektronisch. Oben entlang der Spitze – er wollte bestimmt nicht, daß er permanent von vorbeistreunenden Hunden ausgelöst wird. Außerdem befinden sich Laternen an den Hauswänden; sie waren am Abend der Party angeschaltet.«

»Plus ein vertracktes Alarmsystem«, murmelte Jyp. »Und

nach dem, was Kat gesagt hat, wartet drinnen noch etwas viel Widerlicheres auf uns. Ziemlich heiße Sache. Wie wollen wir das Ding knacken?«

Ich atmete tief durch. Katjka und ich hatten uns während des Flugs intensiv unterhalten, und ich hatte so etwas wie einen Plan ausgearbeitet. Jetzt mußte ich so tun, als glaubte ich selbst daran: »Also, meine erste Idee war, mich einfach ins Haus hineinzuschwindeln, als der, der ich bin. Sein eigenes Haus ist nämlich der einzige Ort, an dem mich Lutz bestimmt nicht umbringen würde – jedenfalls nicht, solange er es verhindern kann. Drinnen hätte ich irgendeinen Vorwand gefunden, mich zu entschuldigen, rasch ein paar Fotos geschossen … Es wäre bestimmt nicht allzu schwierig gewesen. Aber mit Katjka, ganz zu schweigen von euch anderen … Wir müssen wohl auf meine zweite Idee zurückgreifen: Einbruch. Und zwar in drei Etappen: Überqueren des Geländes, Eindringen ins Haus, hinein in dieses Zimmer …«

»Vier Etappen«, unterbrach mich Jyp. »Unsere Haut heil wieder herausbringen. Dieser Punkt ist besonders wichtig. Na schön. Wer von euch hat den Tarnmantel dabei?«

»Der würde uns wahrscheinlich nicht viel nützen. Alles, was Lutz hier aufgebaut hat, Lichter und Alarmsysteme, reagiert auf Bewegung – und die wirkungsvollsten Außengeräte sind nach wie vor infrarotgesteuert. Also wärmeaktiviert, Mall. Wahrscheinlich sogar mit Monitoren gekoppelt, so daß die Sicherheitstruppe sofort ein Bild geliefert bekommt.«

Mall schüttelte den Kopf. »Das ist das Ende für Dianas Jäger und alle anderen Burschen, die im Mondlicht leben! Was sollen wir denn tun, uns völlig einhüllen?«

»Nicht ganz. Vermummung unterbindet die Wärmeausstrahlung nicht – aber es gibt andere Methoden. Ich hatte geplant, die Drähte mit einem Metalldetektor zu verfolgen und einen Vereiser zu benutzen, doch Katjka hat eine bessere Idee. Wenn du uns über diesen Zaun bringst, ohne daß wir dabei die Spitze berühren – und zwar schnell.«

Jyp blickte Mall an, sie erwiderte seinen Blick. Er stöhnte unterdrückt. »Na schön, die Stärksten zuerst. Zuerst du, dann Steve. Tritt mir diesmal aber nicht wieder aufs Ohr, ja?«

Er stand auf, blickte sich vorsichtig um und sprintete dann geschmeidig zum Zaun hinunter, wo er sich in den Schatten einer großen Esche duckte, wobei seine Füße auf dem weichen Blattmulch kaum ein Geräusch verursacht hatten. Er berührte vorsichtig den Zaun, hielt sich dann beherzt daran fest, spreizte die Beine und zog den Kopf ein. Im selben Moment erhob sich Mall geräuschlos, ging einen oder zwei Schritte zurück und sprang dann mit einem minimalen Anlauf vom Grabenrand direkt auf Jyps Schultern, ging im selben Augenblick, in dem sie landete, in die Knie und katapultierte sich von dort wie von einem Sprungbrett weiter nach oben. Sie drehte sich in der Luft und packte einen überhängenden Ast der Esche, als handele es sich um ein poliertes Trapez. Das Rascheln, als er sich unter ihrem Gewicht nach unten bog und wippte, hörte sich erschreckend laut an, doch sie ließ ihn in aller Ruhe ausschwingen. Auf der anderen Seite des Geländes bellte irgendwo ein Hund, erhielt jedoch keinerlei Antwort und beruhigte sich wieder. Mall schwang sich behende nach oben über den Zaun, umklammerte mit dem Bein den nächsten, dickeren Ast und bog ihn mit ihrem Gewicht bis dicht über Jyps Kopf herunter. »Ich wäre dir dankbar, wenn du klettern würdest, anstatt zu springen«, drang seine heisere Stimme herüber. »Wenn es dir nichts ausmacht.«

Ich kletterte vom Graben auf seine Schultern, das Schwert schlug mir gegen die Wade, und als ich mich unsicher aufrichtete, streckte sich mir eine sehnige Hand entgegen. Sie zog mich ohne Anstrengung hoch, bis ich in Augen blickte, die eindeutig vor Erregung und Anstrengung leuchteten, was mich daran erinnerte, daß Malls Kraft nicht nur rein körperlich zu erklären war. Unten kletterte bereits Katjka an Jyp herauf, was er angeblich weit mehr genoß. »Obwohl ich mir wünschte«, schnaufte er, während er ihre Fesseln auf seinen Schultern ins Gleichgewicht brachte, »du hättest deine Fersen zu Hause gelassen und statt dessen deinen Besen mitgebracht. Habt ihr sie?«

Katjka kam zu uns auf den Ast, der bereits alarmierend knackte. Wir halfen ihr rasch zum Stamm hinüber und ließen uns dann soweit hinab, daß Jyp gerade so unsere Finger zu fassen bekam. Für einen so schlanken Mann war er erstaunlich schwer, doch Mall übernahm ohnehin die größte Last. »Wir hätten dich eigentlich besser als Wachtposten zurückgelassen, der unseren Fluchtweg absichert«, keuchte ich. »Aber irgendwie dachte ich mir, du wärst damit nicht einverstanden, habe ich recht? Tja, Katjka, jetzt bist du an der Reihe.«

Sie nickte. »Laßt mich auf den Boden hinunter. Dort, hinter den Baum.« Als sie leicht auf dem weichen Boden landete, erklang glücklicherweise kein Alarm. Sie setzte sich im Schneidersitz auf die Erde und kratzte mit einem Stock darin herum, wobei sie eine schauerliche, leicht neben der Tonart liegende Melodie sang, als würde sie einfach so vor sich hinträllern. Leise klappernde Geräusche wurden hörbar, feine Dampfsäulen stiegen auf; plötzlich raschelten in den Zweigen und Ästen um uns Flügel, als hätten wir einige kleine Vögel im Schlaf gestört. Mall hielt die Luft an und schaute von oben zu. Endlich blickte Katjka herauf und nickte mir zu. »Komm schon!« flüsterte sie. »Komm zu mir herunter, Stefan!«

In dieser feuchten Stille hörte sich ihr Flüstern unnatürlich schrill an. Ich ließ mich herab, kam mit einem leisen Geräusch auf dem Boden auf. Katjkas Hand schloß sich um meinen Arm, und die scharfe Luft stach mir in die Nase. »Alssso? Spürst du es?«

Die leicht beißende Luft war sehr kühl, eigentlich richtig kalt. Mall landete sanft neben uns auf dem Boden und rieb sich fröstelnd die Arme, bevor sie Jyp in Empfang nahm. »Einen bösen Winterhauch hast du da über uns gebracht, du Zauberlehrling! Wußte nicht, daß du auch der Wetterkunde derart mächtig bist!«

»*Nej*, bin ich auch nicht!« Katjka hörte sich belustigt an, und ihr Flüstern ließ ihre Zischlaute besonders verwunschen klingen. »Diess isst kein rauher Wind ausss Borea, glaubt mir dasss!«

»Was du nicht sagst!« entfuhr es Jyp, der vor Kälte auf und ab hüpfte, so weit er sich das traute. »Herrje, es wird immer kälter!«

»Kalt genug, um ein Auge zu blenden, dass Hitze ssieht?« erkundigte sich Katjka. »Wenn nicht, dann dauert ess nicht mehr lange. Kommt, wir müssen los!«

Wir waren nur allzu bereit. Was immer sie da angestellt hatte, es schien uns die Wärme aus dem Knochenmark zu saugen. Dabei handelte es sich um keine Illusion: Die Kälte heftete sich wie Nebel an uns, als wir vorsichtig zwischen den Bäumen hindurchschlichen. Doch der leichte Dunst schien nicht der Ursprung, sondern ein Resultat der Kälte zu sein. Nur unsere Bewegungen ließen unser Blut weiterhin zirkulieren und verhinderten, daß die Zähne laut klapperten. Ich war ohnehin sehr auf der Hut, doch etwas direkt an meinem Ellenbogen ließ alles noch sehr viel schlimmer werden, etwas, das ich nicht sehen konnte. Am letzten Baum blieben wir zögernd stehen. Die Ecke des großen Hauses wurde vom Mondlicht messerscharf ausgeschnitten; bis dorthin mußten wir ein Stück offener Wiese überqueren, auf dem uns nur wenige Sträucher und Büsche etwas Deckung gaben. Doch Katjka schritt furchtlos voran. Die Eiseskälte spielte in ihrem Kleid wie eine sanfte Brise. Mall ging, ohne zu zögern, hinterher, dann kamen Jyp und ich. Wir rannten bis zur ersten möglichen Deckung, hinter die wir uns zitternd kauerten.

Kein Alarm, nicht die kleinste Bewegung. Nichts. Wir gönnten uns eine Sekunde, um die Lungen mit beißend kalter Luft zu füllen, dann schlichen wir, dicht aneinandergedrängt, zur nächsten Deckung, einem abstrakt zurechtgestutzten Ligusterstrauch. Als wir uns dahinter fallen ließen, sah ich – zu spät – eine gut versteckte Plastikkappe am Fuß des Strauchs und starrte offensichtlich in einen PIR-Wärmedetektor. Es war obendrein ein recht guter, doch er zeigte keine Reaktion. Jyp deutete mit nervösen Fingern auf die Eishülle, die den Apparat wie in einem zu hoch aufgedrehten Gefrierschrank überzog. Gerade als wir uns wieder auf den Weg machen wollten, streckte Mall warnend eine Hand aus und hob die Nase witternd in die Luft. »Hunde!« zischte sie.

Jyp nickte und deutete mit dem Zeigefinger nach vorn, wo sich etwas aus der Dunkelheit löste. Ein Paar schlanker, stumpfschnäuziger und stummelschwänziger Rottweiler, die ungeduldig an ihren Leinen zerrten, während sich ihr Wärter noch mißtrauisch umblickte. Malls Hand glitt zum Schwertknauf, genau wie meine. Jyp hatte eine kurze Boloklinge dabei – schwer genug, um damit einem Schwert oder Säbel Paroli zu bieten –, griff jetzt allerdings nach seinen doppelläufigen Pistolen. Ich legte einen beschützenden Arm um Katjka, doch zu meinem großen Erstaunen schüttelte sie ihn ab und bedeutete uns weiterzugehen. »Aber die Hunde werden uns jeden Moment wittern!« flüsterte ich aufgeregt. Zu aufgeregt, denn sofort zuckten die kurzen Schnauzen herum, die weißen Fänge schimmerten im Mondlicht. Der Wärter konnte mich nicht gehört haben, die Hunde schon. Katjka grinste mich rätselhaft an, dann richtete sie sich, noch immer im Schutz des Strauches, auf. Die Kälte verwandelte sich in eine eisige Brise, die um uns herumwirbelte …

Plötzlich sprangen beide Hunde in die Luft und kamen wild nacheinander schnappend wieder auf die Beine, wobei sich die langen Leinen und das Geschirr ineinander verfingen. Der erschrockene Wärter konnte gerade noch rechtzeitig die Hand wegziehen und die Leinen lösen, bevor sich die Biester selbst strangulierten. Daraufhin schossen die beiden Hunde mit gewaltigen Sätzen um die Hausecke davon, der Wärter rannte wütend hinterher. »Wie die Kaninchen!« schnaufte Jyp erleichtert.

Mall witterte erneut. »Keins von den Viechern mehr in der Nähe. Ich werde mich trotzdem umschauen, falls da noch einige ...«

»Nein«, sagte Katjka. »Sie haben noch mehr Hunde, doch sie können sie nicht frei herumlaufen lassen, nicht hier. Jedenfalls nicht, wenn die Sachen, die du befürchtest, wirklich hier praktiziert werden. Auch dieser Wärter sah nicht sonderlich erstaunt aus, wie man hätte erwarten können. Etwas Ähnliches muß schon häufiger geschehen sein. Sogar diese Viecher sind saubere Geschöpfe, sie können die Gegenwart solcher Dinge nicht ertragen – und unsere auch nicht.«

»*Unsere?*« fuhr Mall herum. »Was redest du da, kleine Hexe?«

Katjkas Augen glänzten im gleichen Grau wie das Mondlicht, ungesund und bleich. »Ich sagte bereits, daß ich keinen Wetterzauber beherrsche. Aber es gibt andere Wege. Es ist immer fröstelnd kalt, wo die Toten wandeln.«

»Die ...« Jyps Flüstern erstarb. Er blickte alarmiert über die Schulter.

»Kriege sind über dieses Land gezogen, der Hundertjährige, die Bauernkriege und viele, viele mehr. Noch viele Tote liegen ohne richtiges Begräbnis in der Erde, Menschen, die eines schweren Todes gestorben sind, die Knochen überall verstreut. Ihre Schatten sind noch immer schwarz, man kann sie leicht herbeirufen, jedenfalls für kurze Zeit. Wir gehen hier ... nicht allein.«

Jyps Gesicht war aschfahl geworden. Malls Augen zogen sich zu kleinen Schlitzen zusammen. Ich spürte einen riesigen Kloß im Hals, der sich nicht herunterschlucken ließ.

»Bangemachen gilt nicht!« sagte Katjka barsch. »Nutzen wir unsere Gesellschaft, solange es geht!«

Sie kam unter dem Busch hervor und überquerte das letzte lange Stück Rasen bis zum Haus. Wir hatten es so eilig, ihr hinterherzurennen, daß wir beinahe übereinander gestolpert wären. Links und rechts von uns wirbelte die beißende Luft auf. Keuchend drängten wir uns in die Nische hinter einem gemauerten Kaminzug und schauten hinauf zu den Fenstern, ob sich dort etwas bewegte. Sie waren hoch und schwer und ihre Rahmen höchstwahrscheinlich mit Bewegungsdetektoren versehen; mit den gleichen, die Lutz in unsere Depots hatte einbauen lassen. Darüber machte ich mir keine Gedanken. Dort war die Terrasse, darüber ein elegantes Türmchen und dazwischen etliche Stränge guter, solider Rohre und Rinnen. Vorsichtig überprüfte ich eines der Rohre auf Stacheln, nichttrocknende Farbe oder andere kleine Tricks, doch anscheinend hielt Lutz diese Möglichkeit ohnehin für ausgeschlossen. Das Metall fühlte sich stark genug an, um mein Gewicht zu tragen. Ich grinste die anderen noch einmal an, dann schlang ich ein Stück Seil um das Rohr und kletterte rasch hinauf. Vier Stockwerke sahen nicht allzu hoch aus, doch schon bald bedauerte ich, daß ich in letzter Zeit nicht häufiger Freestyle-Climbing praktiziert und auch nicht gewagt hatte, Kolophonium zu verwenden. Meine Finger waren tauber, als ich gedacht hatte, und als ich an einem Fenster vorbeikam, beschlugen die Scheiben leicht mit Frost, wie bei einem Eishauch. Ich mußte mich förmlich dazu zwingen, nicht zu erschauern. Die Toten waren also noch da; aber war das eigentlich nicht immer so? Ich klammerte mich so fest an das Rohr, daß es schmerzte, und stieg weiter auf.

Die Rohre waren solide genug und so gut in Schuß, daß ich überall an den Verbindungsstücken und Halterungen guten Halt für Finger und Zehen fand. Nicht ganz so einfach waren die Rinnen zwischen dem zweiten und dritten Stock. Direkt unter dem Dach, einem breiten, wulstigen Überhang aus abgerundetem Mauerwerk, hing eine bleierne Dachrinne, die sich unter meinen prüfenden Fingerspitzen beinahe gelöst hätte, worauf sich eine ekelhafte Mischung aus matschigen Blättern und nassem, undefinierbarem Dreck in meinen Nacken ergoß. Vermutlich verweste Tauben, schoß es mir durch den Kopf, doch als ich oben angekommen war, dachte ich nicht mehr darüber nach. Zum Glück hatte man zu der Zeit, als dieses Haus gebaut worden war, Dächer noch als Orte begriffen, von denen aus sich eine herrliche Aussicht genießen ließ; so befand sich hier ein mit hochgestochenen Familiensprüchen und ernsthaften religiösen Versen verziertes Geländer, an dem ich mich hochhangeln konnte. Ich schwang mich über das V in HVMILITAS, sah mich noch kurz nach Drähten oder Kontakten um und brach dann japsend zusammen. Was mir wie ein Jahrhundert vorgekommen war, hatte tatsächlich kaum fünf Minuten gedauert, doch ich konnte noch immer nicht aufstehen. Also schlang ich das Seil um das A, das am stabilsten aussah, und ließ es hinunter. Jyp kam in rasender Geschwindigkeit herauf und beugte sich sogleich wieder hinunter, um Katjka die Hand entgegenzustrecken; Mall schob sie von unten, schwang sich dann selbst über die Balustrade und band das Seil so fest, daß wir schnell wieder hinunterklettern konnten.

Hier oben war die Luft deutlich wärmer. Weshalb das so war, wollte ich eigentlich nicht so genau wissen, doch wir zitterten immer noch. Jyp zauberte ein Messingfläschchen hervor und reichte es herum. Sein Inhalt war klar, geruchlos, leicht ölig und ging in meiner Kehle wie eine Bombe los. White Lightning, ein schrecklicher Blockade-Whiskey, der jeder Leber den Garaus machen konnte.

»Ich hoffe nur, du hast wieder frische Emaille auf die Badewanne aufgetragen«, sagte ich, als ich ihm die Flasche zurückgab.

Er schnaubte. »Wo das gebraut wurde, *gibt* es keine Badewannen.«

Es war nicht gerade ein Lebenselixier, doch der Effekt reichte aus, uns wieder etwas aufzurichten. Wir drehten uns um und betrachteten das, was wir bislang so umsichtig ignoriert hatten: die große Glaskuppel, die das Dach krönte. Sie war mit Vorhängen verhängt und dunkel, ein Schattenteich, in dem sich außer unseren gespiegelten Gesichtern nichts bewegte. Einige der Bleiglasfenster waren mit Scharnieren versehen. »Zehn zu eins, daß er genau die gesichert hat«, meinte Jyp. »Aber die anderen sehen nicht allzu fest aus.«

Zügig bearbeiteten wir die Bleieinfassung, und schon bald ließ sich eine der Scheiben herausheben. Jyp hielt uns zurück. »He, und was ist, wenn da drinnen Detektoren sind?«

Katjka schüttelte den Kopf. »Nicht, wenn er den Raum für die Zwecke benutzt, die wir vermuten. Er kann es nicht riskieren, daß der Alarm losgeht und seine Wachen hereingestürmt kommen. Aber er hat bestimmt andere Vorkehrungen getroffen.«

Ich schob den Vorhang zur Seite und spähte hinein, wobei ich Katjkas warmen Atem auf meiner Wange spürte. Nichts als Stille, schwere und ungestörte Stille, und der leicht muffige Geruch eines Raumes, der selten gelüftet wird. Nervös fischte ich meine Taschenlampe aus der Tasche; die Dunkelheit schien den Strahl aufzusaugen und zeigte mir nur einen kleinen Kreis bleichen Teppichs. »Da drunter ist es«, flüsterte ich.

Jyp warf Katjka einen Blick zu. »Ich spüre nichts«, sagte sie schulterzuckend. »Was nicht heißen muß, daß hier nichts ist.«

Mall ließ bereits die Beine in die Öffnung baumeln. Ich hielt sie am Arm fest, doch sie riß sich wieder los. »Ich bin in gewisser Weise geschützt!« flüsterte sie und ließ das Ende eines kurzen Stücks Seil hinunterfallen. »Zuerst ich, dann die kleine Hexe. Erst dann ihr Männer!« Ohne weitere Diskussionen stieß sie sich ab, ergriff das Seil und schaukelte einen Moment, bis es sich gestrafft hatte. Dann leuchtete sie den Boden mit der Taschenlampe ab und ließ sich den letzten Meter auf den Teppich hinunterfallen, wo sie mit der Sanftheit einer Feder landete. Katjka folgte ihr und fluchte, als ihr Unterrock an einem Nagel hängenblieb. Mall faßte sie um die Hüfte und setzte sie geräuschlos ab, und nachdem sie schnüffelnd die Luft geprüft hatte, durften auch Jyp und ich hinterher. Dann standen wir auf dem dicken Teppich, ließen die Taschenlampen ziellos über die ovalen Wände geistern und spürten, nach all der Anstrengung, hier hineinzugelangen, zunächst Ernüchterung.

Jyp zuckte die Schultern. »Also, wenn dein Freund sich hier mit Dingen beschäftigt, die ihn nichts angehen, dann hat er sich gut getarnt. Sieht langweiliger aus als das Schlafgemach eines Bischofs!«

Malls Grinsen blitzte im trüben Licht auf. »Sag nicht so was. Ich könnte dir Geschichten von geistlichen Würdenträgern erzählen ...«

Katjka fauchte wie eine Katze und fing an, an dem ihr am nächsten stehenden eleganten Schränkchen zu kratzen, von denen viele entlang den Wänden aufgestellt waren. Es war zugeschlossen, doch plötzlich sprang das Schloß unter ihren reißenden Fingern auf. Auf den verspiegelten Regalen im Inneren glänzte es metallisch: die verzierten Gefäße, die ich damals gesehen hatte, silbern, golden und versilbert. Mit frenetischer Entschlossenheit widmete sich Katjka dem nächsten Schränkchen, das Astrolabien und andere altertümliche wissenschaftliche Instrumente enthielt, reich verziert und, falls sie echt waren, bestimmt ein Vermögen wert.

Ich stutzte kurz. »Lutz könnte hier genausogut seine Antiquitäten aufbewahren, Katjka. Schließlich ist er ein berühmter Sammler – und sehr reich.« Doch sie öffnete bereits das nächste Schränkchen. Ich zuckte zurück. Es enthielt nur einige Packen schweren, kostbaren Stoffes, ausgebleicht und angestaubt, doch seine Fransen und gestickten Verzierungen glänzten. Allerdings waren sie überall mit Spritzern und Flecken besudelt, deren Gestank aus der Vitrine in die stickige Luft quoll.

»Utensilien und Zierat!« sagte sie leise. »Ich kenne das genau. Das ändert sich wohl nie. Jetzt wollen wir aber einen Blick auf dieses Zeichen werfen, Sstefan. Bist du sicher, daß es sich unter dem Teppich befindet?«

»Wie ich schon sagte: Er hatte sogar extra Leute hier, die die Möbel und alles zur Seite räumten.«

Jyp hob den Teppich an, dann kippte er einen schweren Empire-Schrank zur Seite. »Wird 'ne Weile dauern, bis wir den ganzen Schrott beiseite gerückt haben ...«

»Zur Seite rücken, zum Teufel damit!« Dieser öde Teppich kam mir plötzlich wie die dickste Barriere vor, die mir je in den Weg gelegt worden war. »Mir ist egal, ob Lutz erfährt, daß jemand hier war. Soll sich der Mistkerl zu Tode grübeln!« Ich zog mein Schwert und schnitt mit beherzten Hieben große Stücke aus dem Teppich heraus und schleuderte sie zur Seite. Der Schnitt schimmerte wie eine wulstige Wunde – glänzender Marmor, und hier und dort eine dünne Spur Metall.

Ich schob eine Bahn mit dem Fuß zurück, und wir ließen die Lichtkegel unserer Lampen wandern. An den Rändern des Zimmers war der Marmor in einfachem Grau gehalten, wie man ihn überall auf der Welt in teuer ausgestatteten Eingangshallen findet. Doch als Mall den Rest zur Seite trat, kamen die Bögen kostbarer Einlegearbeiten zum Vorschein, offensichtlich der große Kreis oder Ring, den ich gesehen hatte. Jyp und Katjka traten hastig zurück und zogen mich mit, bis sie sicher waren, daß sie außerhalb standen. Wir starrten das, was sich unseren Blicken darbot, mit großen Augen an.

Mall brach die Stille als erste – mit einem leisen, unheimlichen Lachen. »Was ist denn das für ein hübsches Spielzeug?«

Es bedeckte die Mitte des Fußbodens, genau wie ich es gesehen hatte. Ein Kreis aus dunklem Stein, in den eine dünne Schrift eingelassen war. Quer hindurch, von einem Rand zum anderen, verliefen dicke, gerade Goldstreifen, die diesen mit dunklen Ahnungen behafteten Stern formten, dessen gezackte Spitzen miteinander und mit der Basis verbunden waren, wodurch sie innere und äußere Vielecke bildeten. Das Design dieser Formen, sogar der kühle graue Hintergrund, sah ganz nach den 30er Jahren unseres Jahrhunderts aus – nicht direkt Bauhaus, sondern diese schwere, kantige, klassische Linie, die man überall dort in München findet, wo man nur die Hakenkreuze herausgeschlagen hat. Doch jetzt konnte ich sehen, was im Marmor dahinter eingelassen war, ein breiter Streifen strukturierter Einlegearbeiten. Im zuckenden Licht der Taschenlampe hätte es ein Blutfleck oder eine abstrakte Flamme sein können.

»Genau wie du gesagt hast, Master Stephen – genau wie wir es auf dem Heck der *Chorazin* gesehen haben, zweifellos. Ein Drudenfuß – doch einen Drudenfuß kann man zu vielen Zwecken einsetzen, zu guten wie zu bösen, und er kann vielen Absichten dienen. Einen wie diesen habe ich noch nie gesehen, mit solch einem verhüllenden Band über dem Mittelpunkt. Auch diese vermaledeite Inschrift kann ich nicht lesen! Ich hätte geheimnisvolle Zeichen erwartet, griechische Buchstaben, herbräische oder Sanskrit-Ziffern, elementare Embleme oder die des Tierkreises – Alchimie oder Astrologie. Wenn er nicht so versteckt wäre, würde ich mir nichts dabei denken.«

»Sieht irgendwie kahl aus«, stimmte ihr Jyp leise zu und rieb sich mit dem Daumen über das schmale Kinn. »Vielleicht sind in diesen filigranen Kram alle möglichen Zeichen verwoben«, fügte er hinzu und ließ die Taschenlampe darüberhuschen. »Da wären sie jedenfalls gut versteckt. Vielleicht aber auch nicht.«

Ich kam mir allmählich ein bißchen blöd vor. Hatte ich mich zum Narren halten lassen? Hatte ich meine Freunde bloßen Phantomen hinterherjagen lassen? Das konnte doch nicht sein – und doch schienen sie von dem, was wir gefunden hatten, nicht sehr beeindruckt. »Aber dieses Muster hier unter dem Drudenfuß, was ist damit? Ich hatte gehofft …«

Jyp schnalzte mit der Zunge. »Ist mir neu. Könnte einfach Dekoration sein, ohne jede Bedeutung. Weißt du …« Die Worte schienen aus ihm herausgezogen zu werden. »Da hat sich jemand sehr viel Mühe gegeben, um nichts damit auszudrücken, oder? Und obendrein jede Menge Geld ausgegeben.«

Das stimmte. Meine Lampe leuchete auf weißen englischen

Marmor, schwarzen aus Deutschland, rosafarbenen aus Carrara, der ein Vermögen gekostet haben mußte, grünen Marmor von weiß der Himmel woher und braungesprenkelten, dunkelgeäderten; all diese Flecken und Formen waren mit dünnen Goldbändern voneinander getrennt. Dieses ganze kostbare Material sollte so sorgfältig zusammengesetzt worden sein, nur um einen bedeutungslosen Farbklecks zu bilden? Aus der Nähe betrachtet, war es in eine Masse ungleichmäßiger, konzentrischer Formen unterteilt, wie eine Explosion in einem Comic, quer über den Mittelpunkt des Musters geschüttet, als wollte sie sich über die steife Regelmäßigkeit der goldenen Balken darüber mokieren. »Sieht aus wie Feuer, oder, Mall?«

»Aye, nur hätte man eine Flamme wohl kaum in diesen Farbtönen dargestellt. Außerdem beschränken sie sich nicht auf das Pentagon.« Sie schob die Ränder des Teppichs weiter zur Seite. »Seht mal, hier geht es darüber hinaus – und hier, bis zum äußeren Rand des Kreises.«

»Jetzt wartet mal einen Moment!« sagte Jyp leise, aber sehr bestimmt. »Wartet! Wenn man es als Ganzes sieht – verdammt, so langsam erkenne ich etwas!«

Mir erging es ebenso. »Etwas in der Art habe ich schon gesehen, schon oft, aber nicht so …« Vielleicht eine Amöbe. In gewisser Weise sah es amöbenhaft aus, mit dem hellen Fleck in der Mitte als Nukleus und den langen Pseudopodien, die sich in alle Richtungen ausstreckten. Man rechnete halb damit, daß sie sich nach einem ausstreckten – aber das war verrückt. Ich schluckte. Was war bloß mit mir los?

Mall zuckte die Schultern. »Da bist du besser dran als ich; aber Orte wie dieser machen einem Knoten ins Gehirn. Was sagt unser Zauberlehrling dazu?«

Erst jetzt fiel uns auf, daß Katjka sich noch nicht geäußert hatte. Wir drehten uns um und sahen, daß sie mit ausgestreckten Armen dastand, die Hände in zuckenden Mustern verschlungen, die sich ständig wiederholten. »*Idioten!*« zischte sie, wobei die Anstrengung zu sprechen sie grinsen ließ. »*Verblendete Narren!* Habe ich euch nicht davor gewarnt, daß es geschützt ist? Wundert ihr euch nicht über eure Unschlüssigkeit?«

Wir glotzten einander mit offenen Mündern an. Jetzt, wo sie es sagte, spürten wir es auch: Es lag drückend auf uns wie ein erstickender Schleier, benebelte unsere Gedanken. *Nicht viel … nicht wichtig … spielt keine Rolle … vergiß es … vergiß …*

Plötzlich machte mein Herz einen Sprung »Du meinst … sie wissen, daß wir hier sind?«

Jyp griff nach seinem Schwert. »Kommen sie? Wir müssen …«

Katjka mußte beinahe lachen. »Angst – das ist der nächste Schutz! Ich habe euch doch gesagt, überlaßt es am besten mir! Geht jetzt, bevor ihr noch Schlimmeres auslöst!«

»Nicht ohne dich!« rief Mall und zog ihr Schwert mit einem bedrohlichen Zischen.

Ich fiel ihr in den Arm. »Das Zeichen – unsere einzige Chance, erinnerst du dich?«

»Heiliger Strohsack, es ist eine Landkarte!« schrie Jyp.

»*Was?*« entfuhr es Mall.

»Herrgott noch mal, du hast recht!« rief ich. »Ich hätte es gleich wissen müssen – eine topographische Karte, so wie ich sie zum Klettern benutze! Herrje, und diese hier zeigt ebenfalls einen Berg!«

»Genau!« brummte Jyp aufgeregt. »Die Farben sind die Konturen, je heller, um so höher, bis zu diesem hellen Flecken in der Mitte.« Der Strahl seiner Taschenlampe fuhr darüber hinweg.

Wir hörten es sofort; es hätte ein pfeifender Wind sein können, oder das Geheul vieler Stimmen. Dann die Schatten, die dem Strahl der Lampe auszuweichen schienen und sofort wieder da waren, wenn er weiterwanderte, dunkle Schatten auf der ganzen Landkarte, die seltsame Klüfte und Mulden und Senken andeuteten, eine sehr detaillierte, dreidimensionale Illusion. Bloß war es keine Illusion. Die Form im Pentagon war wirklich, schwoll an, stieg empor, eine sich auftürmende Schattenmasse, mit einzelnen Lichtflecken überzogen, eingehüllt in wirbelnde Streifen, wie die Streifen windzerzauster Wolken. Im selben Moment schien der Boden unter mir wegzusacken, zu kippen und sich nach innen zu neigen, auf die dunstige Vision zu. Ich strauchelte, verlor das Gleichgewicht, fiel hin und rutschte. Ich erwischte eine Handvoll Teppich und konnte mich daran festhalten. Es gelang mir, mein Schwert in den Gürtel zu schieben, doch dabei hätte ich beinahe den Halt verloren. Jyp, der weiter oben hing, schnappte mein Handgelenk und zog mich wieder hoch. Aber die Neigung wurde immer steiler, verlagerte immer mehr von unserem Gewicht auf unsere Arme. Das Ding sah jetzt wie ein modellierter Berg in einer Grube aus, nur das Pentagon und der Kreis waren davon ausgenommen. Ich konnte sogar kleine Ausläufer dichter Wälder auf seinen Hängen erkennen, und der blanke Fels auf dem Gipfel glänzte im Mondlicht. Wir hielten uns am Rand der Grube fest, wie Ameisen, die wild krabbelnd versuchen, dem Ameisenlöwen zu entkommen. Auf der gegenüberliegenden Seite baumelte Katjka mit wehenden Unterröcken und versuchte, strampelnd einen Halt für ihre Füße zu finden. Wo aber war Mall?

Ich griff mir noch ein Stück Teppich, damit Jyp mich loslassen konnte. Ich schob ihn an der Ferse hinauf, doch er schaffte nicht mehr als einen halben Meter, dann rutschte er wieder herunter. Ich trat mit den Füßen nach unten und hätte beinahe erneut den Halt verloren, als ich spürte, wie sie sich in Erde und Fels gruben. Die Schräge war jetzt eine richtige Bergflanke, die sich steil ins Tal hinunterzog, bis zum Fuß des Berges, der sich aus seiner Mitte erhob. Ich stützte Jyp erneut. Diesmal schaffte er einen guten Meter, doch er war unglaublich stark. Wie lange würde sich Katjka noch festhalten können? »Mach weiter!« schrie ich. »Ich gehe zu ihr hinüber!«

Ich hörte sein Antwortgrunzen, doch es war klar, daß er sich von dort, wo er sich befand, nicht fortbewegen konnte. Ich testete meinen Fußhalt und ließ den Teppich los. Im selben Moment, als er zwischen meinen Fingern wegrutschte, fühlte er sich wie ein Grasbüschel an. Ich griff panisch um mich, da gab auch schon der Boden unter meinen Füßen nach, ich erwischte den Stamm eines struppigen Busches und schob mich zentimeterweise seitwärts, bis ich mit dem Fuß wieder Halt fand. Doch der Abhang wurde immer steiler, die reinste Schlucht, und immer weiter, so daß Katjka sich von mir zu entfernen schien. Ich sah noch, wie sie mit ihrem Fuß – wie ich – irgendwo Halt fand, und rief etwas zu ihr hinüber.

»*Geh weg!*« schrie sie. »Du dummer Junge, du weißt nicht, was du da riskierst! Laß mich, geh zurück, rette dich!« Rotes Licht von unten flackerte an ihren nackten Beinen empor, während sie noch immer gegen den Abhang ankämpfte. »Geh!« kreischte sie erneut. »Ich bin es nicht wert!«

Jetzt quoll Rauch um uns auf, stechend, beißend, voller Harz und Schwefel und Schlimmerem; ich mußte stark husten, doch ich krallte mich an Erde und Steinen fest, spürte, wie meine Fingernägel brachen und einrissen. Ich konnte noch immer versuchen, sie zu erreichen – aber was dann? Gemeinsam mit ihr abstürzen? Denn dann würden wir beide an einer Klippe hängen.

Egal. Ich war inzwischen jenseits aller rationalen Überlegungen. Ich fand einen Halt für den Fuß, streckte die Hand nach einem anscheinend festverwurzelten Grasbüschel aus – und spürte, wie es in meiner Hand abriß. Ich verlor den Halt, rutschte weg, baumelte an einer Hand an dem kleinen, drahtigen Busch und blickte jetzt nach außen in den qualmenden Abgrund. Dann schrie ich laut. Durch den Rauch raste eine große blasse Flamme wie ein Komet auf mich zu, als wollte sie mich einhüllen. Beinahe hätte ich losgelassen. »*Stephen!*« schrie das Feuer, und ich sah seine menschliche Gestalt, die Mähne umwehte den Kopf wie ein Heiligenschein und strömte dahinter in Rauchschwaden aus. Es war Mall, Hunderte von Jahren alt, die fast schon unsterbliche Wanderin auf den äußeren Pfaden der Spirale, in jener Gestalt, die bereits in ihr brannte und sich nur selten – und dann in Zeiten schrecklichster Gefahr – zeigte. Eines Tages würde sie vielleicht alles Sterbliche in ihr vereinnahmen und aus ihr tatsächlich eine Halbgöttin machen, doch momentan kam sie nur in Schüben zum Vorschein, ein furchtbarer, für Freund und Feind gleich schrecklicher Anblick. Aus der Flamme reckte sich eine Hand, aus dem gleichen, kühlen Feuer gestaltet, und bekam meine zu fassen. Ein prickelnder Schmerz durchzuckte mein Handgelenk. Selbst in diesem Zustand konnte Mall nicht fliegen – vielleicht noch nicht; doch sie hatte unser Seil erwischt und schwang sich über den Abgrund.

»Jyp …« röchelte ich.

»Er ist in Sicherheit! Rette mir jetzt die Hexe, denn ich kann sie allein nicht erreichen!«

Ihre Stimme brach sich in enormen Weiten. Während ich mich an ihr festhielt, spürte ich etwas in der Flamme erwachen, das in meinen Knochen zu brennen und prickeln anfing. Ich lachte beschwingt und stieß mich mit einem federnden Sprung ab. Wir schwangen über den Abgrund, ich strecke die Hand aus, Katjka packte sie.

Und sie schrie, ein ohrenbetäubender Schrei wirklichen Schmerzes. Ihr Griff lockerte sich, doch ich klammerte meine Hand erneut fest um ihr Handgelenk. Sie zappelte und zuckte, und ich starrte hinab, sah die Flammen über meine Arme tanzen, nicht blaß, sondern golden, als hätten sie sich verändert. Kleine elektrische Funken liefen an ihrem verkrampften Arm hinab und tanzten über ihr verzerrtes Gesicht.

»Festhalten, du verrücktes Huhn!« schrie ich. »Willst du uns beide verlieren?«

Ihre fest zugekniffenen Augen öffneten sich plötzlich und starrten mich an. Beinahe hätte ich losgelassen. Die Pupillen rollten und kochten wie heiße Kessel, rotglühende, alles verzehrende Flammen. Und hinter ihr tauchte etwas aus dem Rauch auf und zischte vorüber. Sie schaukelte wild und schrie vor Angst, als hätte etwas nach ihr geschnappt. »Zieh uns hoch!« rief ich. »Hoch, um Gottes willen! *Hoch!*«

Ich spürte, wie Malls unglaubliche Kraft sich entfaltete, uns mit Leichtigkeit aus dem Schlund hinaufzog. Doch während wir auf dem Weg nach oben waren, kam dieses schnelle Ding erneut vorbeigeflogen, oder ein anderes, das genauso aussah, und Katjka schrie erneut. Diesmal hörte ich das Geräusch reißender Kleider, und der Mantel fiel ihr von der Schulter, als wäre das Rückenteil abgetrennt worden. Dann wieder dieses rasende Etwas, die Hälfte ihres Rockes wurde weggerissen, und Blut floß in dünnen Striemen an ihren Schenkeln entlang, als hätte sie eine klauenbewehrte Pfote zerkratzt. Wir stiegen immer höher und höher, doch der Rauch ballte sich unter uns zusammen, der Berggipfel schwoll an und wuchs, und diese fürchterlichen Glitzerdinger, die zu schnell für mein Auge waren, rasten wieder vorüber und schlugen zu – dabei hatten sie es nur auf Katjka, nicht auf mich abgesehen. Sie zappelte nicht mehr, nur wenn die Angreifer sie berührten, bewegte sie sich schwach in meinem Griff.

»Mall!« heulte ich, »schnell, beeil dich!«

»Ja doch, Stephen!« antwortete ihre Stimme wie ein hohles Echo. *»Ich bin jetzt draußen auf dem Dach – du bist gleich dran!«*

Sobald sie mich weiter hinaufgezogen hatte, hakte ich mich verzweifelt mit den Füßen fest und versuchte, Katjka wieder ein Stückchen höher zu heben, doch diese vorbeizischenden Dinger stiegen mit ihr auf, und ich glaubte die Arme zu sehen, mit denen sie zum Schlag ausholten – schlugen sie wirklich zu? Es waren menschliche Arme, weit ausgestreckt; jedenfalls erinnerten sie daran. Es gelang mir, ein Bein über die Schwelle des Fensters zu legen, dann zerrte mich Mall hindurch, und somit konnte ich Katjka so weit heranziehen, um mir ihren freien Arm um den Nacken zu legen. Im selben Augenblick wurde sie eigenartig steif, und ich spürte ein weiteres Gewicht, als würde sich jemand an ihren Beinen festhalten. Dann noch eines, noch eines, bis es mir vorkam, nicht nur einer, sondern drei Menschen hingen an mir. »*Mall!*«

Ich spürte, wie sie mich mit einer Hand festhielt, die andere losließ und an mir vorbei nach unten langte, sich tiefer beugte, um Katjkas Arm zu fassen. Doch Katjka sah mir direkt ins Gesicht und hauchte: »*Nej! Nein, Sstefan!* Es wird euch alle hinunterziehen, sogar sie! Hinunter zum Großen Sabbat, dem bodenlosen Pfuhl des Bösen! Der Brocken ist zu ssstark für dich, für sie, für jeden! Tötet seine Handlanger! Sagt es – sagt es dem Gral! Aber laßt mich – *laßt mich hier, wo ich hingehöre!*«

Ganz unerwartet löste sie den Arm von meinem Hals, das zusätzliche Gewicht ließ ihr schlankes Handgelenk einfach durch meine Finger rutschen. Im selben Augenblick rissen sich ihre zerfetzten Kleider von ihr los, flogen davon, und sie sauste hinunter in diesen Kessel, der einmal ein Zimmer gewesen war, wurde kleiner und kleiner und verschwand. Ich schaukelte noch in Malls Griff, zitternd und wie betäubt. Nicht nur von der Anstrengung, sondern vor allem von dem furchtbaren, jäh aufflackernden Verlangen, das ich in diesen geröteten Augen gesehen hatte, kurz bevor Katjka losließ.

Kapitel 7

Mall zog mich schließlich hoch, Mall, die jetzt nicht mehr in Flammen stand, Mall mit blonden Locken, die verschwitzt an ihrer Stirn klebten. Mall zog mich heraus, stellte mich auf die Füße und schüttelte mich, obwohl ich die wahnsinnige Anstrengung an ihrem eigenen Gesicht ablesen konnte. »Hohlkopf!« schrie sie mich wütend an, und es war, als hätte sie mich geohrfeigt. »Wir müssen jetzt auf uns selbst aufpassen!« Mit Jyp ging sie ähnlich um. »Los, los, Mann, setz dich in Bewegung, wir müssen los! Oder wollt ihr ihr Schicksal teilen?«

Jetzt sah ich, was sie meinte. Tarnung und Vorsicht waren jetzt nicht mehr angesagt: Die Kuppel zuckte und blitzte wie ein Leuchtturm, und als wir das Seil über die Brüstung warfen, hörten wir von unten bereits Rufe und Bellen. Mall packte das Seil, schwang sich hinaus und glitt Hand über Hand hinab, wie ein Matrose, nur daß sie sich hin und wieder von der Wand abstieß. Jyp und ich folgten etwas weniger behende. Als sie auf der Höhe der Fenster im Erdgeschoß ankam, ließ sie sich auf den Rasen fallen und sicherte wie ein wildes Tier das Terrain nach allen Seiten. Jyp und ich vergaßen die hohe Schule des Abseilens und rutschten mit brennenden Handflächen hinab, ließen etwas weiter unten los und kugelten über das Gras, bis um die Ecke des Hauses herum.

Plötzlich und ohne ein begleitendes Geräusch wurde der ganze Garten von gleißendem Licht erhellt. Vor der mit blendendem Weiß übergossenen Rasenfläche zeichneten sich die Silhouetten der uniformierten Gestalten, die auf uns zukamen, nur allzu deutlich ab. Bevor Jyp und ich eine Bewegung machen konnten, hatte Malls Zorn die Oberhand über ihre Erschöpfung gewonnen. Wie eine Wildkatze sprang sie aus der Hocke auf und landete einen so wuchtigen Tritt im Magen des ersten Wachmanns, daß er auf den nächsten geschleudert wurde. Eine Pistole fiel zu Boden, ein Schuß löste sich ins Leere, und die Waffe kreiselte vom eigenen Rückstoß über den Terrassenboden. Eine entsicherte Maschinenpistole, keine Warnung, nichts – diese Männer waren keine normalen Wachleute. Die anderen sprangen zurück. Einer hob die Hand, und dort, wo ich eben noch gestanden hatte, spritzte Gras und Erde auf. Aber sie waren zu langsam, viel zu langsam; sie hatten nicht auf der Spirale gekämpft und wurden auch nicht von Zorn und Verzweiflung getrieben. Mit einer einzigen Bewegung zog ich das Schwert und schlug zu; die Pistole flog in ein Blumenbeet, der Mann knickte ein und fiel um. Der letzte Angreifer lag bereits vor Malls Füßen.

Dann rannten wir los, schützten die Augen mit den Händen, unsere langen Schatten rasten wie spindeldürre Riesen neben uns her. Wir hatten kaum die Hälfte der Strecke zu den Bäumen zurückgelegt, als wir schon das Getrampel von Schritten hinter uns hörten, begleitet von einem heiseren, hechelnden Keuchen. Die Hunde waren hinter uns her, jetzt, wo unser geisterhafter Schild uns nicht mehr schützte.

Mall drehte sich bereits um, das Schwert senkrecht in beiden Händen vor sich ausgestreckt. Mit einem einzigen Streich hätte sie selbst diese massigen Köpfe abtrennen können, doch sie machte keine Anstalten dazu. Sie stand nur da, atmete schwer, und die Biester rasten auf sie zu. Erst im allerletzten Moment drehte sie die Klinge, erfaßte die unerträglich grellen Strahlen der Lichtfluter und lenkte das Gleißen mit übermenschlicher Präzision direkt in die Augen der Hunde. Geblendet zuckten sie zur Seite, Mall schlug hart mit der flachen Klingenseite zu, so daß links und rechts ein kurzes Klatschen zu hören war. Verdutzt und aufjaulend kugelten sie über den Boden. Jetzt spien Jyps Pistolenläufe Rauch und Feuer; zwei der Strahler erloschen in einer Gischt heißer Funken, woraufhin wir wieder in schwärzeste Dunkelheit getaucht waren. Mall tauchte in das Wäldchen vor uns ein und kämpfte sich durch das Unterholz bis zum Zaun durch. Ich sah, wie sie direkt an dem Baum vorbeilief, von dem wir heruntergeklettert waren, und zu einem mächtigen Schlag auf die mit Drähten besetzte Mauerkrone ansetzte. Zum Rufen war es zu spät. Ich zuckte zusammen. Das peitschende Surren eines reißenden Drahtes war zu hören, gefolgt von einer mächtigen, spratzelnden Explosion und einem gewaltigen Funkenblitz. Mall wußte genauestens über Elektrizität Bescheid – leider dachte sie nicht immer daran.

Wir zogen sie, die ihr geschwärztes Schwert noch immer fest in Händen hielt, aus dem Gebüsch, hasteten zu der Lücke, die sie in die Mauer gerissen hatte, setzten uns obendrauf und versuchten, sie zu uns heraufzuhieven. Gerade als wir sie uns über die Knie gelegt hatten, hörten wir unten eilige Schritte und warfen Mall rasch auf der anderen Seite hinunter. Von den Blätterhaufen unter uns drang ein dumpfer Schlag herauf. Wir schwangen die Beine herum und wollten hinterherspringen, als wir von außen ein barsches *»Halt! Keine Bewegung!«* hörten. Sie waren nicht dumm und hatten einige Männer auf die andere Seite geschickt. Ich konnte sie nicht sehen, vernahm jedoch ihren schnellen, keuchenden Atem. Kräftige Männer, wahrscheinlich die Gorillas vom Eingangstor. *»Kommt runter!«* bellte die Stimme. *»Und kein Scheiß ...«*

Mall mußte mehr oder weniger wie ein laubbedeckter einheimischer Waldgeist vor ihren Füßen aus dem Boden emporgestiegen sein und die verdutzten Kerle angegriffen haben. Als wir unten landeten, hörte ich nur noch ein kurzes Handgemenge, dann kam sie zurück. Schweigend reichte ich ihr ihr Schwert. Sie griff es sich und rannte los. Jyp stolperte neben mir über etwas Hartes und fluchte. Es war das erste Wort, das einer von uns verlauten ließ, seit wir das Dach verlassen hatten. Schnaufend und keuchend hasteten wir den Hügel hinauf, wobei ich mich über mich selbst wunderte – ich konnte noch immer mit diesen beiden abgehärteten Übermenschen mithalten. Ich fand sogar die Energie, auf der Hügelkuppe einen Blick zurückzuwerfen. Unter uns flackerten Taschenlampen durch den Wald, das Anwesen war noch immer taghell erleuchtet, nur die Kuppel thronte dunkel und ruhig und still auf dem Gebäude.

Wir rannten durch die Nacht, vielleicht nicht mehr sehr leise, doch leichtfüßig und schnell genug, um unbemerkt zu entkommen. Jyps Nachtaugen und sein Orientierungssinn hielten uns auf Kurs und führten uns um jegliches Hindernis herum. Der gleichmäßige Rhythmus unserer Füße und das pochende Blut in den Schläfen trugen dazu bei, unsere aufgeputschten Gefühle vorerst auszublenden. Erst an der ersten Hecke hörte ich so etwas wie einen Schuß weit hinter uns, doch die Kugel schlug nirgendwo in unserer Nähe ein. Über eine Straße, durch Felder, ein Satz über einen Bach, mehr Felder und ein kleiner, netter Bauernhof, einer von der Art, wie ihn die EU subventioniert, damit die deutschen Bauern den ganzen Tag am Fließband arbeiten können. Nach einigen weiteren Feldern erreichten wir endlich die halbversteckte Ruine einer alten Kirche, neben der wir den Helikopter in einer kleinen Schneise am Waldrand verborgen hatten. Ich hoffte nur, daß wir noch genug Kraft besaßen, ihn wieder hervorzuziehen. Wir waren noch immer auf der Hut vor Verfolgern, sahen jedoch keine. Nachdem sie gesehen hatten, wie es den anderen ergangen war, hatten die Wachen vermutlich nicht den größten Ehrgeiz, uns ausfindig zu machen. Wäre Lutz zu Hause gewesen, hätte es womöglich einen anderen Ausgang genommen.

Offensichtlich hatte jemand während unserer Abwesenheit den Hubschrauber mit Bleiklötzen gefüllt. Mall war nur noch ein Schatten ihrer selbst.Trotzdem gelang es uns, ihn auf den Kufen ein Stück aufs freie Feld zu ziehen. Ich rutschte auf den Pilotensitz und mußte feststellen, daß ich den Starterknopf nicht drücken konnte, weil meine Hände zu sehr zitterten. Ich wußte, daß ich nicht mehr viel Zeit hatte; bald würde der Tag anbrechen, und überall würden Leute herumlaufen. Ein Helikopter mitten auf einem Feld war kilometerweit zu sehen und würde Neugierige anziehen, und zwar nicht nur die örtliche Polizei. Der Himmel vor uns wurde hinter einigen dicken, sich zusammenballenden Wolken eindeutig lichter. Ich schaute mich nach meinen Passagieren um, die erschöpft in ihren Sitzen hingen. Sie erwiderten meinen grauen und verständnislosen Blick mit der gleichen benommenen Ohnmacht. Die kurze Verschnaufpause ließ unsere Schutzmechanismen bröckeln und öffnete der Erinnerung Tür und Tor. »Was war das?« fragte ich und wunderte mich, daß ich mich noch immer so erstickt anhörte. »*Was ist da drinnen bloß passiert?*«

»Was glaubst du denn?« erwiderte Jyp trübe. »Wie sie schon

sagte, wir waren nicht vorsichtig genug. Wir haben genau ins Schwarze getroffen.«

»Ja, ja, ja, zum Teufel noch mal, das weiß ich auch! Ich meine, was … Wo ist sie jetzt? Lebt sie noch oder ist sie tot?«

»Mit dem Tod hätte sie sich wohl arrangieren können«, sagte Jyp mit zuckenden Mundwinkeln. »Sie fand sowieso, vier Jahrhunderte seien zu lang. Sie hätte ihn vorgezogen.«

»Warum denn? Mall lebt schon länger!«

»Das schon, aber sie kann sich frei auf den Ozeanen der Spirale bewegen, alle Ecken und Enden der Welt erkunden! Sie kann sich entfalten und entwickeln!« Mall, noch immer laubgekrönt, machte keine Anstalten aufzusehen. »Katjka mußte ihr Leben im Bannkreis einer kleinen Taverne in einem ziemlich unwichtigen Hafen verbringen, kam nur selten hinaus, und auch dann nicht weit. Nur in ihren Weissagungen erfuhr sie eine gewisse Abwechslung. Trotzdem hat sie das lieber erduldet, als wieder in ihre alte Haut zurückzukehren. Jetzt hat sie es doch getan.«

»Und? Können wir sie dort herausholen? Sie befreien? Wir müssen es versuchen, verdammt noch mal!«

Malls Augenlider schlossen sich flatternd. »Ich sehe nicht die geringste Möglichkeit. Sie ist zum Brocken zurückgekehrt.«

»Zum Brocken, zum Brocken! Das ist doch nur ein Berg, herrje! Was geschieht denn dort?«

Mall strich sich das Haar zurück und erschauerte. »Nur ein Berg, aye. Doch auch Berge werfen ihre Schatten, und dieser wirft einen schwärzeren Schatten als die meisten anderen. Es gibt Orte, an denen die Mächte vom Rand der Spirale nach innen hereinreichen können, sogar bis an die Grenze zwischen Spirale und Kern. Einige von diesen Orten hast du bereits kennengelernt, Borobodur zum Beispiel. Auch die Stadt des Grals ist ein solcher Ort, ebenso der Berg. Auch der Drudenfuß über der Karte war ein Tor.«

Niemand sagte etwas, doch draußen wirbelte der Wind und

sang sein Lied von Kälte und Leere. Vereinzelte Tropfen klatschten gegen die Windschutzscheibe. Malls sonst so leuchtende Augen sahen trübe aus. »Selbst in meiner Zeit war es ein bekannter Name, doch es ist schon seit Urzeiten ein dunkler Ort, ein Ort der Macht, und das ist kein Zufall. Es ist ein Ort der Macht, seit die Vorfahren der Franken und Sachsen von Osten her hier einfielen, seit der Urwald Germanias die mächtigen Heere Roms aufhielt, seit die Ankunft eines neuen Menschengeschlechts die Älteren im Gefolge des Großen Eises in die Berge hinauftrieb. Tief in diesem Schatten ließ sich etwas nieder und schlug dort seinen Wohnsitz auf, entfaltete seine Stärke und eine Macht, die jenen ersten wahren Menschen auf ihrer Völkerwanderung gefolgt war. Gefolgt, so wie der Wolf der Herde folgt.«

Der Tag brach an, doch für mich war es noch lange nicht hell genug. Ein feiner Nieselregen ging auf die Kanzel nieder. »Was für eine Macht?« fragte ich scharf.

»Sei froh, wenn du nie nahe genug herankommst, um es herauszufinden«, brummte Jyp. »Diejenigen, die mehr wissen, reden nicht darüber – so wie Katjka. Oder können nichts mehr sagen. Eine im wahrsten Sinne des Wortes höllische Erfahrung.«

Ich hatte noch nie an die Hölle geglaubt. »Etwas von draußen? Etwas vom Rand, so wie der Gral? Etwas, das früher einmal menschlich gewesen ist?«

Das Geräusch, das Mall von sich gab, war kein Lachen. »Ungefähr, und doch ganz anders. Und was das Menschliche angeht – wenn es so ist, dann verstößt es schon lange gegen jede Herkunft, denn es hat seit Urzeiten Not und Elend und Verwüstung über die Menschheit gebracht, es ergötzt sich an den Schmerzen, an der Qual, an allem Üblen und am Streit. Und doch«, fügte sie nachdenklich hinzu, »könnte es sein, daß es einst Fleisch getragen hat, denn es scheint davon regelrecht besessen zu sein, sowohl darin zu schwelgen als es abzuschälen, Freude und Qual immer bis zum Exzeß ...«

»Hört sich an wie ein Sadist aus dem Bilderbuch«, sagte ich und erzitterte bei dem Gedanken. »Nur ein paar Nummern größer.«

»In Lettern aus Blut und Feuer geschrieben«, sagte Mall. »Der Hexenwahn, der Europa in meiner Zeit und auch schon früher so verheerend heimsuchte, das waren nur seine Schatten. Denn meistens tanzten die Hexen nur in den hohlen Köpfen verwirrter oder boshafter Hexenjäger, die begierig darauf aus waren, ihre Mitmenschen zu quälen oder ihr Eigentum zu konfiszieren. Sicher, hier und da mochten sich einige vergessene Überbleibsel des alten Heidentums gehalten haben, harmlose Wald-und-Wiesen-Hexerei, aber das bedeutete nichts. Und doch lag in alldem ein Kern grimmiger Wahrheit, auch wenn sich die Hexenjäger keinen Reim darauf machen konnten; ein schrecklicher, zeitloser Ring eines uralten Bösen. Eine Macht, die die Menschheit in ihre Dienste zwingen wollte, sie mit seltsamem Wissen und obskuren Künsten zu verführen und durch diese schrecklichen Riten und den Mißbrauch ebenjener Künste in Boshaftigkeit und Rache an sich zu binden suchte.«

Erneut diese bittere Parodie eines Lachens. »Passiert so etwas hier? Aye, es geschieht sehr wohl, eine schreckliche Sache, ein namenloses Vorgehen, zeitlos, ohne Anfang und ohne Ende – der Große Sabbat aller Hexenkulte. Einst hat Katjka diesen Weg beschritten, länger und eifriger als die meisten, bis die gleiche Kraft, die sie auf diesen Weg gebracht hatte, sie dazu brachte, sich loszureißen und Sühne zu suchen. Sie suchte diesen Ort oft auf, mußte viel erleiden, doch sie lernte auch viel und erwarb sich große Macht. Jetzt ist sie wieder dorthin zurückgeholt worden, nicht nur für eine kurze Zeit, sondern für immer, für alle Zeit. Vielleicht ist sie tot, aber höchstwahrscheinlich wurde sie in diesen schrecklichen Kessel zurückgeworfen und ist in ihm verloren, Opfer und Frevlerin zugleich. Wenn dem so ist, so wird er sie nie mehr entlassen. Womöglich gibt es einige Mächtige, die ihr helfen könnten, doch ich weiß, daß es mir nicht möglich ist. Es ist mir nicht gegeben. Sie ist für uns verloren.«

Einen Moment lang konnte ich nichts sagen. Meine Augen brannten, und wenn ich durch das häufige Fliegen nicht die Fähigkeit zur eisernen Konzentration erlangt hätte, wäre ich wohl völlig zusammengebrochen. Das war eine seltene Erfahrung für mich. Es gab einmal eine Zeit, da konnte ich mich davon überzeugen, daß ich niemanden brauchte, daß ich mit unverbindlichem Sex und ohne Verpflichtungen besser dran war, daß mir alles andere schlicht und ergreifend egal war. Dann hatte mich, plötzlich und unerwartet, die Wärme der Taverne umhüllt, Jyp und diese seltsamen Wirtsleute – und Katjka. Sie war von Anfang an die zugänglichste gewesen – um nicht zu sagen, sie war verfügbar – und zugleich die zurückgezogenste, eine Stimme aus der Dunkelheit, eine warme Hand in meinem Nacken, ein scheuer Kuß und ein verschleierter Blick, der alles sagte und nichts verriet. Ihre Vertrautheiten waren ausschließlich gegen Bargeld zu erhalten, obwohl sie manchmal anderes andeutete, und damit verschanzte sie sich wirkungsvoll gegen die Unbilden der Welt. Alles, was ich über sie wußte, hatte ich von anderen erfahren und dadurch, daß ich zwischen den Zeilen ihrer wenigen unbedachten Bemerkungen las. Ihre Fähigkeiten brachte sie nur selten ins Spiel, es sei denn, ein guter Freund bedurfte ihrer – und mehr als einmal war das bei mir der Fall gewesen. Man konnte sich die Taverne ohne sie kaum vorstellen, auch nicht ihr stickiges kleines Zimmer unter dem Dach, mit dem Geklapper altmodischer Tiegel voller seltsamer Salben und Pasten, und dann dieses flauschige Federbett …

Ich kämpfte ungeduldig mit meinem Helm. Wer jemals daran zweifelt, ein Herz zu haben, sollte versuchen, eine vertraute Person aus ihm herauszuschneiden, dann wird er um einiges klarer sehen. »Du hattest recht, Jyp«, sagte ich, beinahe unbewegt. »Es ist mein gottverdammter Fehler!«

»Nein«, antwortete er mit fester Stimme. »Bestimmt nicht.

Natürlich war ich nicht begeistert davon, daß sie mitkam, aber ich habe zugestimmt, oder? Wenn es sich lediglich um deine Privatangelegenheit gehandelt hätte, wäre es etwas anderes gewesen – aber der Gral, das ist schon ein paar Nummern größer. Das betrifft ganz Europa, und am Ende die ganze Welt, den Kern und die Spirale. Dich trifft keine Schuld. Wir mußten eine gesicherte Antwort haben.«

»Die haben wir jetzt!« Ich stieß den Finger wutentbrannt auf den Starter. Der Motor hustete und erstarb wieder. »Dank Katjka wissen wir jetzt, daß hinter Lutz dieses Ding auf dem Berg steht, und wahrscheinlich auch noch Le Stryge, und irgendwie hängt C-Tran damit zusammen. Es ist Teil eines größeren Plans. Und – und – zum Teufel damit!« Wut brandete über meinen Schmerz. »Es ist zuviel für mich! Ich habe zuviel vermasselt. Ich werde keinen meiner Freunde mehr einem Risiko aussetzen!« Wieder drückte ich den Starter. Der Motor stotterte und knatterte los, die Rotoren setzten sich in Bewegung, richteten sich auf und zerschnitten die frische Morgenluft.

»Was willst du denn jetzt tun?« schrie Jyp und fingerte nach seinem Helm.

»Was ich gleich hätte tun sollen. In die Stadt zurückgehen und die Sache mit ihnen klären, egal, wie riskant es werden könnte. Ich werde die Lanze nicht zurückbringen, ich werde sie nicht einmal anrühren. Sie sollen gefälligst ihre eigenen Wachen oder Ritter oder was auch immer ausschicken, um sie zu holen. Sollen sie sich doch mit diesem Brocken-Ding auseinandersetzen, ebenso mit Le Stryge! Und anschließend«, ich holte tief Luft und überlegte mir, was ich mit Lutz anstellen würde, »das werden wir dann schon sehen! Jyp, du sagtest, die Stadt sei schwer zu finden. Du hast doch den Kurs, den ich schon einmal eingeschlagen habe, und die Zeit. Wenn jemand den Weg dorthin findet, dann du.«

Er blickte in den grauen Himmel hinauf und auf den ebenso grauen Radarschirm. »Na ja, ein Versuch kann nichts schaden.« Er schwang sich nach vorne in den Co-Pilotensitz und sah sich um. Die Wolken türmten sich zu hohen Gipfeln und Säulen auf, zu gigantischen, ehrfurchtgebietenden Festungsmauern, in allen Himmelsrichtungen das gleiche Bild. Jyp wies kurz in eine Richtung und zeigte mir den Weg, einen Korridor durch die Lüfte der Zeit. Ich gab mehr Gas, kontrollierte den Heckrotor und die Balance mit den Pedalen, als die Maschine in die Bäume zu wehen drohte, und kippte die Rotoren, woraufhin wir in die Wolken aufstiegen. Hinter uns leuchtete ein rasch kleiner werdender Fleck unnatürlich hell in der trüben Morgendämmerung, und ich schickte einen Fluch hinunter. Ich war mit ihm und seinem Herrn noch nicht fertig.

Wir flogen von einer Wolke zur anderen. Jyps wachsame Augen wanderten zwischen den Instrumenten und den sich pausenlos verändernden Formationen draußen hin und her. Wonach er sich mehr richtete, konnte ich nicht erkennen, doch er schien zu spüren, daß dort vor uns etwas war. Seine Stimme verriet eine leise Erregung, die sich von seiner normalen, übersprudelnden Freude unterschied, und nach einer Weile schien es auch Mall zu ergreifen. Sie beugte sich über unsere Schultern, verlor einige feuchte Blätter, und als ich aufblickte, sah ich, wie die Spuren der Anstrengung und der Verzweiflung aus ihrem Gesicht verschwanden und ihre Züge sich vor Vorfreude auf diesen Ort strafften. Das wiederum beflügelte mich, denn meine eigenartigen Freunde hatten in ihrem langen Leben bereits so viel gesehen, daß ich mir in ihrer Gesellschaft oft wie ein Kind vorkam. Doch jetzt lag etwas vor uns, das sogar sie beeindruckte, und es war etwas, das ich ganz allein gefunden hatte. Ich schaute auf die Wolkengipfel vor uns und sah, wie sie im ersten zaghaften Licht des neuen Tages strahlend erröteten. Natürlich sahen sie völlig anders aus als diejenigen, die sich beim ersten Mal vor mir aufgetürmt hatten – so zufällig wie jede andere gewöhnliche Wolkenformation. Und doch schien das nichts auszumachen. Eine gewisse Vertrautheit lag in diesem Muster, eine Konsistenz, als würde ich dieselbe Landschaft erblicken, nur aus einem anderen Winkel. »Ich glaube, wir sollten hier weiter nach Westen fliegen!« schlug ich vor.

Jyp schaute mich prüfend an. »Du entwickelst dich so langsam selbst zum Navigator!« rief er. »Genau das wollte ich eben auch sagen – einen Strich nach Westen, exakt.«

Ich drosselte den Heckrotor und stellte die Rotoren ein wenig schräg, um die Richtung zu ändern. Mein Kompaß hatte damit keine Schwierigkeiten, nur die Satelliten-Navigationsanzeige benahm sich eigenartig, und ich wartete darauf, daß sich die Lotsen aus Frankfurt meldeten und eine Erklärung für meine Kapriolen verlangten; sie wußten ja nichts von meiner unangemeldeten Landung außerhalb der Stadt. Mir wäre es selbst lieber gewesen, wenn ich es nicht getan hätte...

Malls Ruf übertönte den Motorenlärm, und ihr ausgestreckter Arm hätte beinahe mein Intercom-Kabel herausgerissen. Doch als mein Blick ihrem ausgestreckten Finger folgte, konnte ich es ihr nicht verdenken: Dort draußen, diesmal inmitten eines riesigen blauen Flecks, ragten die gigantischen Zwillingstürme vor uns auf, die die Halle des Grals krönten. Ich trat auf die Pedale, kippte den Steuerknüppel und brachte uns in einem weiten Bogen, dicht an den Wolkenknäueln vorbei, ein ganzes Stück weit weg und tiefer hinunter. »Aus der Luft wage ich mich nicht so dicht heran!« erklärte ich. »Da ich nicht weiß, was sie davon halten würden, lande ich lieber außerhalb der Stadt und gehe zu Fuß hinein, wie beim ersten Mal.«

Jyp nickte und schaute staunend aus dem Fenster, wo die Wolken plötzlich dünner wurden und das Tal, das er Heilenthal genannt hatte, sich zum Greifen nahe unter uns erstreckte. Der Himmel war klarer, und die Morgensonne schien hell strahlend auf den rauhen, weißen Stein der Felshänge und auf die Vegetation zu ihren Füßen. Die Flüsse glänzten wie Stahl und Bronze, und über ihren hohen Wasserkaskaden standen funkelnde Regenbögen. Malls Finger krallten sich in meine Schulter, als wir um die Felskante herumschwenkten und die Stadtmauern in Sicht kamen. Ihr Griff lockerte sich enttäuscht, als ich eilig wieder seitwärts steuerte und so tief hinunterging, daß wir außer Sichtweite blieben. Der Landeplatz, den ich diesmal ausgesucht hatte, stellte sich als unzugänglicher heraus, war jedoch auch besser geschützt als der erste. Am Waldsaum öffnete sich eine Lichtung, in deren Mitte die Ruine eines Hauses ohne Dach stand, deren morsches Giebelgebälk in unserem Abwind in den Innenraum stürzte. Eine riesige Wolke trockener Blätter und Zweige stob glitzernd in der Sonne empor, als ich zur Landung ansetzte. Ich schaltete den Motor ab und öffnete die Tür, während die Rotoren pfeifend zur Ruhe kamen.

Wir setzten uns ins Freie und ließen uns von der Sonne wärmen, vom Wind umspielen. Ich wunderte mich erneut über die magische Ausstrahlung, die ich an diesem Ort schon einmal gespürt hatte. Wie hatte mir ihre Perfektion damals entgehen können, wo doch schon allein die Luft eine gewisse Weihe verströmte, für die fraglos jeder empfänglich war? Diese frische Morgenluft nahm alle Trauer, alle Wut und allen nagenden Zweifel von uns; ohne die Intensität dieser Gefühle zu beeinflussen, wurde ihre Last, das Bedrückende daran aufgehoben. Ich konnte sie jetzt ertragen, wußte, daß sie vorbeigehen würden, jegliche Anspannung der vergangenen Stunden verging in dieser Sonne, die unsere Schmerzen und unsere Niedergeschlagenheit linderte, bis wir zufrieden und beinahe glücklich einfach nur dasaßen. Es fiel mir nicht leicht, mich zu erheben und mich an den langen Abstieg zu machen. Ich wußte jedoch, daß ich es tun mußte.

»Ihr zwei könnt hier auf mich warten«, erklärte ich Mall und Jyp und ließ ihren Protest nicht gelten. »Es ist doch nur vernünftig. Einmal, falls etwas passiert, dann wißt ihr, wohin ich gegangen bin; zum anderen wirke ich harmloser, wenn ich allein komme – und ich bin ein kleineres Ziel. Außerdem ist mir wohler, wenn ihr beide hier bei der Maschine bleibt. Wenigstens wird mir Le Stryge diesmal nicht so leicht auflauern, wenn ich zurückkomme.«

Mall lächelte. »Wenn wir ihn sehen, werden wir ihm deine Grüße und deinen Segen ausrichten.«

»Sehr gut. Am besten am Ende eines langen, spitzen Stocks.« Ich schwang mich in das tiefe Unterholz der alten Lichtung hinab. Rings um mich erhoben sich Buschröschen, und Distelsamen hingen wie dichte Schneeflocken in der Luft. »Wenn ich nicht zurückkomme, tut, was ihr für richtig haltet. Wenn diese Leute hier so sind, wie ihr mir erzählt habt, dürftet ihr eigentlich sicher sein. Seid aber trotzdem vorsichtig, ja?«

»Komisch«, näselte Jyp, »genau das wollte ich eben zu dir sagen. Es sind gute Menschen, bestimmt, aber die Zeiten sind hart, und du hast dich bei ihnen nicht gerade beliebt gemacht.« Er warf mir eins der Lunchpakete zu, die wir im Helikopter vergessen hatten. »Du hast einen langen Weg vor dir. Viel Spaß, Steve.«

Eigenartigerweise hatte ich unterwegs tatsächlich viel Spaß. Ich folgte einem der Bäche, ein kühler Lufthauch umwehte mich und erleichterte meinen Schritt. Die Wanderung kam mir überhaupt nicht lang vor, ich wollte jeden einzelnen Augenblick davon auskosten, selbst als ich nach einem guten Kilometer einen Bärenhunger verspürte. Ich kam mir wie ein Tourist vor, denn hier gab es seltsame Dinge zu bestaunen: eigenartige stehende Steine und Dolmen, halbversteckte Ruinen, die entfernt römisch aussahen, einmal sogar ein ganzes, verlassenes Dorf. Zuerst dachte ich, die Einwohner seien alle auf den Feldern, bis ich die ausgerissenen Fensterläden und verrotteten Dächer erblickte, das leere Mühlenwehr, aus dem das Rad herausgefallen war. Auf der anderen Seite des Dorfes machte ich am Fluß halt, spülte meine Sandwiches mit großen Schlucken aus dem kühlen Strom hinunter. Ich benetzte Kopf und Nacken, und es gelang mir sogar zu vergessen, wie viele Stunden Schlaf mir in den letzten Tagen fehlten. Das eisige

Schmelzwasser war klar und erfrischend, und mehr noch als die Luft verschaffte es mir neuen Mut – und das nicht aufgrund irgendwelcher mysteriöser Eigenschaften, sondern allein durch seine Gewöhnlichkeit. Reines Wasser, aber das beste reine Wasser, das man sich vorstellen konnte, ohne Verschmutzung oder sonstigen Makel, sogar ohne die natürliche, durch bestimmte Böden hervorgerufene Färbung, und doch mit dem vollen Geschmack eines idealen mineralischen Gehalts. Je mehr ich darüber nachdachte, um so wunderbarer kam es mir vor. Mit diesem Zeug in Flaschen könnte man jedes andere Mineralwasser vom Markt fegen – doch allein diese Vorstellung schien es bereits zu verderben. Dieses Wasser konnte man nicht in Flaschen füllen, ebensowenig wie dieses Tal, die Luft, die Bäume und alles, was sonst noch dazugehörte; das Wasser war nur ein Teil eines größeren Plans. Eines Plans, der sich jedoch nicht ganz mit verlassenen und verfallenen Ortschaften in Einklang bringen ließ …

Ich richtete mich wieder auf. Ich war eingedöst – meiner Uhr zufolge nur knapp zwanzig Minuten, doch ich fühlte mich erstaunlich ausgeruht; ich hatte schon manche Nacht verbracht, die weit weniger erholsam gewesen war. Durch die Bäume wirkten die Mauern und Türme viel näher als erwartet. Auch ihr Anblick erfüllte mich mit Freude; je eher die Sache erledigt war … Ich erhob mich und machte mich wieder auf den Weg.

Wie sooft hatte auch diesmal die Nähe getäuscht. Ich mußte noch annähernd drei Stunden marschieren, bis ich den letzten Hügel vor der Stadt erreichte; schon vorher war mir allerdings aufgefallen, daß sich etwas verändert hatte. Nirgendwo waren Menschen zu sehen. Auf den Feldern und Wiesen stand kein Vieh, auch auf den Wegen war nichts zu sehen, und das am hellichten Tag. Als ich die ersten Straßen erblickte, waren auch sie völlig leer, und ich wurde so mißtrauisch wie eine Ameise auf einer Tischdecke. Nachdem ich endlich näher an die Stadtmauern herangekommen war, duckte ich mich wieder in den Schatten der Bäume. Damit hatte ich nicht gerechnet.

Ich konnte nicht einfach so, wie geplant, zum Tor spazieren und mit den Wächtern plaudern. Es war verrammelt, und darüber machte ich das erste Lebenszeichen überhaupt aus: eine Reihe von Köpfen, die auf und ab marschierten, die reinste Wachparade, als befände sich die Stadt im Kriegszustand oder richte sich auf eine Belagerung ein. In diesem Fall waren sie natürlich besonders nervös. Ich wünschte, ich hätte etwas mitgebracht, aus dem man eine weiße Fahne basteln könnte. Vorsichtig ging ich weiter, behielt die Wachen im Auge und schlich mich durch den Wald näher an die Mauer heran. Wenigstens kam ich bis in Rufweite. Ich atmete noch einmal tief durch, dann trat ich auf die Lichtung hinaus, winkte mit einer Hand und schrie hinüber. Meine Beinmuskeln waren gespannt wie Federn, um mich jederzeit zurück unter das schützende Blätterdach zu katapultieren, doch ich versuchte so natürlich wie möglich zu wirken.

Sie reagierten sofort. In den Schießscharten zeigten sich Gewehrläufe, und ich mußte mich zwingen, nicht gleich wie ein Hase davonzulaufen. Dann tönte eine rauhe Stimme zu mir herab. *»Wer da? Stehenbleiben!«*

»Ein Freund!« schrie ich zurück und ließ sie meine leeren Hände sehen. »Ich bringe gute Neuigkeiten! Ich möchte mit einem Offizier sprechen! Darf ich hereinkommen?«

Auf der Mauer wurde eine eilige Konferenz abgehalten. »Bleib dort stehen!« lautete die Antwort. »Wir holen den Hauptmann. Rühr dich nicht von der Stelle, sonst bist du Rabenfutter!«

Viel mehr durfte ich nicht erwarten, obwohl mir die Sache mit dem Rabenfutter nicht so sehr behagte. Ich wartete also mit verschränkten Armen, bis sich im Tor ein kleines Türchen öffnete und zwei Männer in schneidigen schwarzen, verzierten Uniformen heraustraten, deren fescher Stil im Kern schon seit hundert Jahren nicht mehr modern war, ein martialischer

Kriegsputz, der an eine Welt erinnerte, die nach 1914 in Blut, Dreck und Extremismus untergegangen war. Auf den langen Waffenröcken, die von einem weißen Ledergürtel im Sam-Browne-Stil zusammengehalten wurden, saßen ganze Reihen von Silberknöpfen, und an den steifen, hohen Krägen und den Manschetten ringelten sich silberne Litzen, die sich auch doppelt geflochten an den Nähten der Reithosen hinunterzogen. Die Männer trugen Säbel in reichverzierten Scheiden umgeschnallt, hielten jedoch jeder zusätzlich eine Pistole in der Hand. Der größere, der voranging, trug eine Mauser Maschinenpistole, ein Juwel der Waffenbaukunst, das eigentlich für eine Erfindung vom Ende des neunzehnten Jahrhunderts viel zu modern aussah. Sein Schädel unter der schwarzlackierten Pickelhaube war beinahe kahlrasiert, die Spitzen seines Schnurrbarts mit Schnurrbartwichse nach oben gedreht – die reinste Karikatur eines Deutschen, eine lächerliche Witzblattfigur, die jedoch, wenn sie direkt und gut bewaffnet vor einem stand, durchaus eindrucksvoll wirkte. Der kleinere Mann war schmal und knochig, mit etwas längerem, rotblondem Haar und einem glattrasierten Gesicht, in dem kleine Augen funkelten. Er bewegte sich mit athletischen, selbstsicheren, dabei seltsam bedrohlichen Schritten auf mich zu. Mir gefielen sie beide nicht, aber wenn hier jemand fehl am Platze war, dann ich. In dieser Situation war eindeutig Höflichkeit angesagt.

Ich hob die Hand, und wir tauschten einige Floskeln aus. Der Deutsche stellte sich als Hauptmann Dragovic, also mitnichten als Deutscher vor; der andere war Leutnant von Albersweg, beides Offiziere der Stadtwache von Heilenberg, und sie waren offensichtlich höchst ungeduldig oder nervös. Als ich ihnen mitteilte, daß ich im Besitz von Neuigkeiten hinsichtlich eines kürzlich erfolgten Verlustes sei, Neuigkeiten zumal, die wichtig genug seien, daß sie mich zu ihren Rittern brachten, änderten sie ihre Haltung sofort. Der Hauptmann durchbohrte mich mit einem scharfen Blick und beeindruckte mich dadurch, daß er die ungemütliche Pistole wegsteckte. Der Leutnant senkte seine Bleispritze lediglich einen Zentimeter, doch auf eine Geste des Hauptmanns hin folgte er dessen Beispiel.

»Dann kommen Sie am besten mit uns«, sagte der Hauptmann in passablem Englisch. »Dazu sind Sie berechtigt; Neuigkeiten dieser Art müssen sofort weitergeleitet werden. Kommen Sie!«

Ich ließ mich einigermaßen ermutigt von ihnen hinunter zum Tor und durch die Pforte führen. Über uns paradierte die Wache mit langsamem Schritt. Doch auf der Schwelle mußte ich einen Augenblick haltmachen und auf den Platz schauen, der sich dahinter öffnete. Alles sah noch so aus, wie ich es im Gedächtnis behalten hatte, und doch war es mehr, viel mehr. Ich erinnerte mich an saubere Häuser, Gärten und gewundene Gassen, kraftstrotzende Bäume, an die klare Luft und das allumfassende Gefühl von Leben und Frische, das sich sogar in den verlassenen Straßen hielt. Jetzt, nachdem wir das Tor passiert hatten, sah ich, was hinter diesem Zauber lag. All das war ein Zeichen der Stärke, einer beinahe vollkommenen Perfektion, die mit einer gewissen Anstrengung aufrechterhalten werden mußte. Mittels einer Macht, die diese ganze Gemeinde im immerwährenden Fluß der Spirale konstant hielt, einer Macht, die aus diesem Ort eine dauerhafte, unveränderliche Insel machte, die andernfalls schon bald wieder in den Kern gesaugt und von der Geschichte überrollt werden würde. Wie hatte ich die Aura dieses Ortes nicht bemerken können? Jetzt sah ich förmlich die strahlende Macht hinter den riesigen Befestigungsanlagen der Mauern, in den noblen, klassischen Säulengängen der größeren Gebäude, in den krönenden weißen Wolken, die sich hinter den himmelsstürmenden Türmen bauschten. War ich denn blind gewesen? Nein, nur geblendet von dem Zauber, der auf mir lag. Dieser Ort war eine Kraft, ein Bollwerk; und wenn er sogar ein wenig überzivilisiert wirkte, dann nur, weil man nicht wagte, sich dem, was man so entschlossen vor die Tore verbannte, gelegentlich ein wenig zu öffnen. Diese Mauern mit ihren Soldaten waren kein Zierat, keine Unterdrückungsinstrumente. Dieser Ort hatte konkrete und ausdauernde Feinde, mit denen kein Kompromiß denkbar war.

»Ah«, sagte der Hauptmann leise, »das dachte ich mir. Sie waren schon einmal innerhalb der Mauern von Heilenberg? Kommen Sie bitte hier entlang. Die Ritter warten schon ungeduldig auf Ihr Kommen.«

Mit diesen Worten schob er mich rasch in einen kleinen Durchgang, der innerhalb des Torbogens in die Mauer eingelassen war; dahinter wand sich eine Wendeltreppe empor, in die nur von oben etwas Licht fiel und die von fensterlosen, verschlossenen Türen flankiert war. Im ersten Moment dachte ich, wir würden ganz hinaufsteigen, doch noch vor dem Ende der Treppe zückte der Hauptmann einen Schlüsselbund, sperrte eine Tür auf und winkte mich höflich hinein. Der Korridor dahinter war dunkel, und ich zögerte. Dragovic schien mein Unbehagen zu spüren. »Die Ritter, die noch hier sind, und viele andere nehmen gerade … an einer Zeremonie teil«, sagte er mit steifer Entschuldigung. »Wir müssen Sie bitten, im Wachraum zu warten, bis Sie angemeldet worden sind.«

Ich zuckte die Achseln. Die Sache gefiel mir nicht, doch ich konnte nicht erwarten, daß sie mich frei herumlaufen ließen. Dragovic ging zu einer anderen Tür voran, die unverschlossen war. Dahinter lag ein hellerer Raum, in den hinein er mich an sich vorbeiwinkte. Doch das Licht kam nur durch einen schmalen Spalt in der Wand, und ich brauchte einen Augenblick, bis meine Augen die leeren Lampenketten wahrnahmen, die von der gewölbten Decke hingen, die zerschlissenen Fahnen, die ringsum an den Steinwänden lehnten, die Kargheit der Einrichtung und den Staub, der auf lange Nichtbenutzung schließen ließ. Hier handelte es sich keinesfalls um einen Wachraum. Doch als ich mich rasch zu den beiden Offizieren umdrehte und fast erwartete, die Tür zuknallen zu hören und allein in dem kleinen Zimmer zu sein, sah ich, daß ich mich getäuscht hatte. Sie waren noch immer bei mir. Jetzt lag die Hand des Leutnants allerdings auf seinem Säbel.

»Und nun«, schnarrte er ebenfalls auf englisch, »sagen Sie uns sofort, wo die Große Lanze ist und wie wir sie finden. Auf der Stelle!«

Ich war sauber hereingelegt worden, das heißt, allzu sauber war es nicht. »Deshalb bin ich hierhergekommen«, wiederholte ich. »Ich stehe nur denjenigen Personen Rede und Antwort, die dazu berechtigt sind. Ihnen nicht.«

»Wir verfügen über ausreichend Autorität«, sagte der Hauptmann mit eisiger Gemütsruhe. »Ein Spion wurde gefaßt, der zum Ort seines Verbrechens zurückkehrt wie ein Hund zu der Stelle, an der er sich übergeben hat. Er wird sein Schicksal leicht verbessern, wenn er uns erzählt, wo er sein Diebesgut versteckt hat. Mit solchen wie dir brauchen sich die Ritter nicht selbst die Hände schmutzig zu machen, Bürschlein. Zum letzten Mal: Wirst du wohl reden?«

Na toll! Noch zwei übereifrige Bullen, die sich ein paar Pfadfinderpunkte verdienen wollten. In letzter Zeit hatte ich genug von dieser Spezies und stellte mich absolut stur. »Wie schon gesagt«, brummte ich, »ich rede mit diesen Rittern – mit sonst niemandem. Basta.«

»Wie du willst«, erwiderte Dragovic kalt. »Solche wie du haben keine Ehre im Leib. Falls nötig, werden wir die Wahrheit stückweise aus dir herausschneiden.«

»Da werden sich die Ritter aber freuen, wenn ihr mich umbringt«, brummte ich zurück.

Von Albersweg zuckte die Schultern. »Wenn du stirbst, werden die Kräfte, dank derer du die Lanze vor uns verborgen hältst, freigesetzt, dann können wir sie wieder zurückholen. Und nun ...«

Mein Schwert lag in meiner Hand, bevor seines aus der Scheide heraus war. Der Leutnant lief rot an und hielt mir seine

Klinge hochgereckt entgegen, in der affektierten *En-garde*-Haltung à la Heidelberg. Ich hätte beinahe laut losgelacht. Heidelberger Duelle bestehen in erster Linie aus theatralischem Säbelgefuchtel, das auf festgelegte Entfernung und mit Gesichts- und Körperschutz ausgefochten wird und allein dem Zweck dient, unreife Junker mit nicht sehr tiefen Narben zu schmücken. Da war ich rauhere Spielchen gewohnt. Ich schritt zu einer kraftvollen *en garde* nach vorn, brachte meinen Körper außerhalb seiner Reichweite und richtete meine Schwertspitze unmißverständlich auf von Alberswegs Solarplexus – ohne zu zittern, wie ich erfreut feststellte. Ich machte mich bereit, doch der Leutnant zögerte, starrte wie gebannt auf die Klinge. »Zum Teufel«, zischte er. »Sehen Sie doch, dieser Stahl …«

Dragovics eitler Schnurrbart zuckte. »Beruhige dich!« blaffte er und wandte sich verächtlich an mich. »Du stiehlst also auch noch andere Dinge!« Dann stieß er den Leutnant unvermutet zur Seite, riß den eigenen Säbel aus der Scheide und stellte sich in Kampfposition – das alles in einer einzigen, geschmeidigen Bewegung, mindestens so elegant wie ich. Seine Säbelspitze berührte meine, ohne das geringste Zittern, soweit ich sehen konnte. Um nicht überrascht zu werden, erhob ich mein Schwert zum Gruß, was er, nach einem zögerlichen Moment, widerwillig auch tat. Dann ging er jedoch in einer so fulminanten Attacke auf mich los, daß er mich rücklings bis fast an die Mauer trieb, bevor ich ordentlich parieren konnte. Seine Säbelspitze schlug kleine Salpeterwölkchen aus dem Stein neben meiner Schulter. Unsere Abwehrschläge krachten gegeneinander, wir trafen uns *corps-à-corps*, ich schleuderte ihn zur Seite und schickte ihm einen wütenden Gegenstoß hinterher, quer über seine Klinge. Er machte sich mühelos frei, und schon war ich damit beschäftigt, eine blitzende Sequenz sauber plazierter Hiebe gegen Schultern und Schenkel abzuwehren – und dann einen plötzlichen Stoß in Richtung Magen. Darauf war ich vorbereitet, machte einen kleinen Schritt zur

Seite und schlug nach seinem Kopf. Er duckte sich, fing sich wieder und konterte verblüffend schnell. Ich taumelte zurück, versuchte einen unsauberen *Appel* und erwischte seinen Stoß erst, kurz bevor er meine Kehle ritzte.

Jetzt sprang ich in seine Attacke hinein, verengte seinen Aktionsradius und bediente ihn meinerseits mit einer Serie meiner besten Kombinationsattacken, wobei ich nicht einen Zentimeter zurückwich und dabei den Rhythmus stets wechselte, damit er sich nicht darauf einstellen konnte. Ein Stoß ritzte sein Ohr, ein anderer hätte ums Haar diesen dämlichen Schnurrbart abrasiert. Der Hauptmann wich zurück, ich folgte ihm. Jetzt lief sein Gesicht violett an, doch er hielt stand, fing sogar wieder an, den einen oder anderen Gegenstoß zu führen. Dabei tanzte der Leutnant die ganze Zeit um uns herum wie ein Kind, das unbedingt mitspielen wollte; wie ein böses Kind, denn daran, wie er seinen Säbel hob, erkannte ich, daß er nicht nur von Kampfeslust erfüllt war – er wartete auf eine günstige Gelegenheit, das Blatt wirksam und endgültig zu wenden. Kaum hatte er eine gewittert, sprang er auch schon heran und wollte mir in den Rücken fallen. Zum Glück hatte ich damit gerechnet; ich duckte mich nach hinten weg und stieß zu, erwischte ihn sauber im Oberschenkel. Er schrie, taumelte und fiel, hielt sich dabei die Hüfte. Dragovic setzte mit einem amüsiert klingenden Grunzen über ihn hinweg und stürzte sich erneut auf mich. Er war ein echter Schwertkämpfer, nicht nur ein zu groß gewordener Schulrüpel. Ich hingegen wurde allmählich müde. Hieb, Finte und Stoß folgten wie Dauerfeuer aufeinander, nagelten mich auf einem Fleck fest, ich war zu beschäftigt, um eine Bewegung zu riskieren, obwohl sich der Leutnant zu unseren Füßen wand. Dann rutschte ich in seinem Blut aus, verlor sowohl das Gleichgewicht als auch die Initiative, versuchte verzweifelt einen anderen Trick und fuchtelte planlos mit dem Schwert herum …

»*Halt!*« Der Ruf ließ die Luft erzittern, hell und klar. Der Hauptmann erstarrte inmitten einer wütenden *Riposte* zur

Salzsäule; auch ich hielt inne – rutschte dann aus und fiel mit einem stechenden Schmerz aufs Knie, das Gewicht mit der Schwerthand auffangend. Der Schnurrbart des Hauptmanns sträubte sich, seine Klinge verharrte noch immer in der Luft – und wieder ertönte der Ruf, zusammen mit dem Geklapper von Stiefeln draußen auf dem Korridor und dem Knallen der äußeren Tür. »Halt, sagte ich! Kein einziger Hieb mehr! Haben Sie mich verstanden, Hauptmann?«

Der Hauptmann schnaufte schwer. Sein Säbel senkte sich, die Fersen fuhren klackend zusammen. Als er sich zum Korridor umdrehte, war sein Gesicht eine Studie unterdrückter Enttäuschung, des Widerstrebens und der Verwirrung. Ich riskierte es, meinen Blick einen Moment von ihm zu nehmen. Ich wollte nicht wissen, wie mein eigenes Gesicht aussah. Sein letzter Hieb, hätte er gesessen, hätte mich nicht mehr umhauen können als das, was ich zu sehen bekam. Jetzt war ich wirklich fertig. Und doch fühlte ich nur eine große Taubheit, ausgelöst durch einen einzigen Moment der Erkenntnis – obwohl das, was ich da sah, kaum zu beschreiben war, so umfassend war die Verwandlung.

Die gleiche weiche, taubengraue Uniform, die ich schon einmal gesehen hatte. Verglichen mit den geckenhaften Uniformen der Torwächter oder dem schneidigen Schwarz der Stadtwachen wirkte sie sehr unauffällig. In der Dunkelheit des Korridors blitzten die goldenen Insignien um so deutlicher – besonders auf der Brust, denn hier handelte es sich zweifelsohne um eine Frau. Eine große, gepflegte, dunkelhaarige Frau, die eilig die letzten paar Stufen hinunterstieg, sich in die Tür stellte und die ganze chaotische Szene mit einem einzigen kühlen Blick erfaßte. Sobald sie mich erblickte, entgleisten ihr ebenfalls die Gesichtszüge. Ich hatte meinen Schock bereits einige Sekunden vor ihr erlebt, und es gelang mir, als erster das Wort zu ergreifen: »Tolle Uniform. Steht Ihnen wesentlich besser als die Einbrecherklamotten, Miss 1726.«

Dann mußte ich mein Leben mit einem beherzten Sprung

retten, als der Hauptmann erneut einen wütenden Schlag auf mich niedersausen ließ. Er hätte trotzdem getroffen – wenn sich ihm nicht plötzlich ein Schwert entgegengestreckt hätte, beinahe schneller, als man es mit den Augen verfolgen konnte, und obendrein mit einer unerbittlichen Kraft. Vielleicht hätte Mall es besser gekonnt, aber gewiß nicht viele andere. Der Säbel des Hauptmanns klirrte und sprang zurück. Dragovic preßte die andere Hand um das Gelenk der Schwerthand und stieß eine Flut unverständlicher Flüche aus. »Aber sehen Sie denn nicht?« heulte er auf. »Das, das ist er – der Dieb! Wir haben ihn erwischt, als er sich wieder in unseren Mauern herumtreiben wollte, zu welchem Zweck auch immer. Er beleidigt Sie, und Sie …«

Sie ignorierte mich völlig und wandte sich ihm zu. Ein fürchterlicher Blick aus ihren Augen, und sein Geschrei versiegte auf der Stelle. »Halten Sie sich im Zaum!« zischte sie. »Sie haben sich schon zuviel erlaubt! Ich habe das Konklave gerade noch rechtzeitig verlassen, sonst wäre es Ihnen noch schlimmer ergangen! Hatten Sie denn nicht klare Order? Es handelt sich hier allein um eine Angelegenheit des Rittersaals – die Stadtwache hat sich hier nicht einzumischen! Es liegt nicht in Ihrer Befugnis, sich etwas derartig Gravierendes anzumaßen, nur um Ihren persönlichen Ehrgeiz zu befriedigen! Ich übernehme diesen Gefangenen!«

Sein Gesicht verfärbte sich, wurde erst rot, dann kalkweiß. »Sie sind nicht kompetent. Sie sind erst neu im Amt und noch nicht in der Lage, solche Entscheidungen zu treffen. Ich werde die Wache rufen!«

Sie blickte ihn in aller Seelenruhe an. »Tun Sie das, und lassen Sie sich gleich selbst abführen. Ich bin, was ich bin, und Ihnen keine Antwort schuldig.«

»Sie kehren einem bewaffneten und gefährlichen Eindringling den Rücken zu!« tobte er.

»Gefährlich?« Ihr Blick ruhte einige Sekunden auf mir. Die alte Wut war aus ihm verschwunden – nicht einmal ein Zeichen des Erkennens lag darin. Sie sagte lediglich, und das ganz ruhig: »Senken Sie das Schwert.«

»Immer mit der Ruhe!« widersprach ich, obwohl ich unglaublich beeindruckt war. »Ich kam in aller Offenheit hierher – diesmal jedenfalls –, um vertrauensvoll und guten Glaubens um Gehör zu bitten. Ich weiß, wo die Lanze ist, ich werde Ihnen gerne behiflich sein, sie zu finden – wenn man mich erst einmal alles erklären läßt!« Doch dann konnte ich mich nicht mehr zurückhalten. »Sie! Was, um alles in der Welt, machen *Sie* denn verdammt noch mal hier?«

Sie sah mich mit stählerner Autorität an. Erst in diesem Moment fiel mir auf, wie radikal sich ihr Gesicht verändert hatte. Es war so, als betrachtete man eine schmeichelhafte Fotografie oder ein idealisierendes Porträt; als wären diese kurzen Eindrücke, die ich erhalten hatte, lediglich Blicke hinter eine Maske gewesen. Sämtliche Falten der Wut und des Hasses waren wie weggezaubert, und allein das machte sie um mindestens zehn Jahre jünger. Das war jedoch nicht alles. Ihre Züge waren so fein aufeinander abgestimmt, wie es vorher nicht einmal möglich schien, so daß alles, was vorher harsch und kantig gewesen war, jetzt weicher und weniger stark ausgeprägt wirkte. Ihr Haar hatte sich nicht sehr verändert, es war kurzgeschnitten und leicht zerzaust, ließ jedoch diese stachelige Gerupftheit vermissen. Ihre Nase war noch immer sehr ausgeprägt, doch durch die volleren Wangen paßte sie jetzt besser in ihr Gesicht. Die hohen Wangenknochen gingen jetzt wesentlich weicher in den kräftigen Kiefer und den volleren, doch nach wie vor festen Mund über. Das ausgeprägte Kinn hatte sich nicht verändert, paßte jetzt jedoch sehr gut in das Ensemble. Die Falte zwischen den Augenbrauen war verschwunden, zusammen mit dem permanenten Stirnrunzeln, und die Augen lagen nicht mehr so tief in ihren Höhlen. Jetzt sah ich, daß damals ihre leichte, natürliche Schrägstellung den Blick so fixierend hatte wirken lassen. Zum ersten Mal fiel mir auf, wie erstaunlich strahlend und blaugrau sie waren.

Je genauer ich sie betrachtete, um so schwerer fiel es mir zu glauben, daß es sich um dieselbe Person handelte, und nicht um einen Zwilling oder Doppelgänger; und doch hegte ich nicht den geringsten Zweifel daran, um wen es sich handelte. Sogar ihre Stimme klang jetzt weicher. »Was auch immer ich woanders bin oder war – hier und jetzt bin ich ein Ritter des Sangraal. Ihre Anhörung sei Ihnen gewährt, vorausgesetzt, Sie enthalten sich weiterer Gewalttaten. Doch zunächst sollten Sie Ihrem Vertrauen Ausdruck verleihen – oder soll ich erst Ihr Blut vergießen, um Ihnen anschließend das Schwert wegzunehmen? Es wäre mir ein leichtes, glauben Sie mir.«

Dazu sagte ich nichts. Ich hatte sie bereits einmal überwältigt, allerdings unbewaffnet. Doch ich war müde, und dieses Mißtrauen traf mich wie ein körperlicher Schmerz. »Als ich Sie das letzte Mal gesehen habe, waren Sie ein heulendes Wrack, das mich am liebsten auf der Stelle umgebracht hätte. Woher weiß ich, daß Sie das jetzt nicht wieder vorhaben?«

Sie versteifte sich ein wenig, doch dann lächelte sie beinahe. »Sehen Sie mich an!« Mehr antwortete sie nicht.

»Ich sehe Sie! Was, in Gottes Namen, ist mit Ihnen geschehen?«

»Sehen Sie mich an!« sagte sie wieder, diesmal etwas eindringlicher. Ich schaute. Es war weniger das, was zu sehen war – Entschlossenheit und Intensität –, als das, was nicht da war. Die Unsicherheit, die Paranoia, der blanke Haß – alles war verschwunden, bis auf den allerletzten Rest, so daß das, was sich darunter verborgen hatte, zum Vorschein gekommen war. Als hätte man ein verdrecktes Fenster blitzblank geputzt, damit helles Sonnenlicht hereinscheinen konnte, in einem einzigen, leuchtenden Strahl. Und sie wußte es. Das war es, was mich am meisten verwunderte. Als wäre dieser Sonnentag schon immer draußen gewesen, nur vom Schmutz der Welt erstickt, von Resignation und Verzweiflung. Das irritierte mich. Wie sah mein eigenes Fenster wohl aus? Welche Spuren hatte die Welt in meinem Gesicht hinterlassen?

Impulsiv legte ich den Griff des Schwertes auf meinen Arm und bot ihn ihr an.

Sie streckte die Hand aus, nahm es jedoch nicht. Sie starrte es nur an, genauso wie zuvor die beiden anderen. »Sehen Sie das, meine Ritterin?« knurrte der Hauptmann. *»Sehen Sie das?«* Sie sah sehr wohl, und diesmal sah ich es auch. Das Schwert, das ich ihr anbot, war das Ebenbild ihrer eigenen Klinge.

Sie fragte nicht. Sie sah mich nur an.

»Sie haben es schon in meiner Wohnung gesehen«, sagte ich. »Ich habe es nicht gestohlen. Ich habe es jemandem im fairen Kampf abgenommen, der auch keinen größeren Anspruch darauf hatte. Die einzige Auskunft, die mir jemand darüber geben konnte, war, daß es bayrischer Herkunft sein könnte.«

»Allerdings«, bestätigte sie grimmig, wobei sie es jetzt in die Hände nahm und sorgfältig untersuchte. »Aber es ist nicht auf gewöhnliche Weise geschmiedet worden. Dieses Breitschwert mit einem Korbgriff in der Art eines Säbels kann in dieser Machart und Stärke nur hier geschmiedet worden sein, in unmittelbarer Nähe des Grals. Es ist das Schwert eines Gralsritters, und ein sehr altes dazu.« Sie hielt es ins Licht und betrachtete die Verzierungen auf der Klinge. »Wahrscheinlich ist es in der Zeit von Kaiser Friedrich Barbarossa entstanden. Im Laufe der Jahre sind einige verlorengegangen; nicht viele. Normalerweise finden sie immer ihren Weg nach Hause.« Plötzlich traf mich ein durchdringender Blick. »Und die Lanze? Sie haben gesagt, Sie wissen, wo sie ist? Etwa, weil Sie sie *auch* gestohlen haben?« Ein Schatten der alten Wut flammte über ihr Gesicht. »Warum? Und wo wir gerade dabei sind – *wie* eigentlich?«

»Warum? Weil mich ein alter Schurke namens Le Stryge dazu gezwungen hat. Er hat mir einmal geholfen – damals, als ich auch dieses Schwert im Kampf erbeutete. Dann präsentierte er mir die Rechnung dafür, auch wenn ich nicht genau weiß, wie ...«

»Hauptmann Dragovic!« sagte sie scharf und blickte auf den aschfahlen Leutnant hinunter. »Sie bringen diesen Mann in ärztliche Fürsorge, kehren dann auf ihren Posten zurück und erwarten dort weitere Befehle!« Wenn sie wollte, konnte sie noch immer ziemlich sauer aussehen. Von Albersweg ließ den Kopf hängen. Dragovic schlug die Hacken zusammen, diesmal mit völlig ausdruckslosem Gesicht, und beobachtete uns, während sie ihr eigenes Schwert zurück in die Scheide schob und mich mit meinem hinaus auf den Korridor und die Stufen hinabwinkte. Als wir aus dem Torhaus traten, umfing uns wieder diese herrlich frische Luft, und ich war froh, daß sie mich zu einer Bank führte, die rings um den Stamm eines alten Lindenbaums gezimmert worden war. Ich setzte mich auf ihr Geheiß hin darauf nieder, sie blieb jedoch stehen, setzte einen Fuß auf die Bank und legte bequem einen Ellenbogen auf das Knie, wobei sie mein Schwert spielerisch in der Hand behielt. »So«, sagte sie ernst. »Betrachten Sie das als Ihre Anhörung. Machen Sie das Beste daraus!«

Ich ratterte meine Geschichte, so knapp es ging, herunter. Ich hatte Fragen erwartet, allerdings nicht dieses mißtrauische, unerbittliche Verhör, dem sie mich bei jeder Gelegenheit, bei jedem Wendepunkt meines Abenteuers unterzog. Ganz offensichtlich war sie früher einmal in Verhörtechniken ausgebildet worden. Doch da war noch mehr, eine Art Vision. Fast alle Details, nach denen sie sich erkundigte, waren von zentraler Bedeutung und sagten zusammengesetzt sehr viel mehr aus, als es zunächst den Anschein hatte, als könnte sie sich aus meinem skizzenhaften Bericht praktisch das ganze Bild zusammenreimen. Ich hatte schon unangenehmere dreißig Minuten verbracht, aber nicht viele, jedenfalls nicht, als das Gespräch auf die kleine Episode draußen am Hotelfenster kam. Als ich meine Geschichte beendet hatte, holte sie interessiert mit meinem Schwert aus. »Und das hier – haben Sie jemandem entwendet?«

»Vor Jahren schon. Einem Seeräuber, einem Wolf, dem ersten Maat des Kaperschiffs *Chorazin*. Wo er es herhatte, weiß ich nicht; hinterher konnte ich ihn nicht mehr fragen.«

»Einem Wolf?« Sie hob eine Augenbraue. »Das dürfte nicht ganz einfach gewesen sein.«

»Sie kennen diese Brut also?«

»Aber natürlich.« In ihrem Gesicht ließ sich nur schwer lesen. »Ich frage mich nur, wie das Schwert je in solche Hände gelangen konnte; vielleicht erfahren wir es nie. Aber da ist noch eine Sache, die Sie mir nicht erzählt haben. Sie haben die Lanze versteckt – wo? Was haben Sie mit ihr gemacht?«

»Sie ist in Sicherheit.«

»In Sicherheit?« Jetzt waren ihre Gedanken ganz einfach zu erraten. Der alte, beinahe hysterische Zorn war jetzt leidlich kontrolliert und kanalisiert, doch ihre Augen schienen noch immer schnell Feuer zu fangen. *»In Sicherheit?* Wie können Sie nur so sicher sein? Wie kommen Sie dazu? Sie haben keinen Schimmer, womit Sie da herumspielen! Der halbe Rittersaal ist ausgeschwärmt, um den Kern danach abzusuchen – und dazu mehr als die Hälfte unserer Feinde, soviel ist sicher. Wenn es Ihnen gelungen sein sollte, sie vor ihnen zu verbergen, dann ist das pures Glück, im besten Falle Narrenglück!«

»Hören Sie doch«, versuchte ich einzulenken. »Ich weiß, daß Sie mir nicht vertrauen, aber ...«

Jetzt hob sie beide Augenbrauen. »Ach was, natürlich vertraue ich Ihnen! Sogar bedingungslos – soweit es diese Angelegenheit angeht.«

»Das sind ja ganz neue Töne, übrigens sehr nette. Woher rührt der plötzliche Sinneswandel?«

»Er kam nicht plötzlich. Ich habe Ihnen von dem Moment an vertraut, als ich erfahren habe, daß Sie der Dieb sind.«

Ich stutzte. Vielleicht war sie doch durchgedrehter, als ich dachte. »Ich ... ich kann nicht ganz folgen ...«

»Halten Sie mich immer noch für verrückt? Nein, Mr. Fisher. Sehr viele Dinge, die bei mir falsch lagen, sind ausgebügelt, sowohl was das Äußere als auch das Innere angeht. So wirkt nun mal der Sangraal. Ich vertraue Ihnen, allein weil es Ihnen gelungen ist, die Lanze zu stehlen. Weil Sie sie ohne Gefahr berühren konnten, so wie es nur den Rittern erlaubt ist. Kein gewöhnlicher Mensch könnte das tun, und schon gar nicht jemand, der wirklich Böses im Schilde führt – Sie haben es ja gesehen. Nur eine sehr große Macht kann ihn direkt in Händen halten.«

»Richtig!« Bei dem Gedanken mußte ich schlucken. »Ich habe – nichts gespürt. Aber glauben Sie nicht, Le Stryge hat mich davor geschützt?«

»Wenn er jemanden hätte schützen können, dann hätte er wohl sich selbst geschützt. Deshalb muß Ihnen der Gral, so seltsam mir das auch erscheint, erlaubt haben, die Lanze zu entwenden. Es muß einen Sinn dahinter geben, doch ich kann nur der gelegten Spur folgen und herausfinden, wohin sie führt. Persönlich – also, ich habe das Dossier studiert, das die Abteilung über Sie führt. Meine Vorlieben und Abneigungen zählen hier nicht. Meine Pflicht schon. Und mit jedem Augenblick wächst die Gefahr, in der wir uns befinden.« Sie wandte sich mir mit glitzernden Augen zu. »Ist Ihnen klar, was das heißt? Ohne die Lanze hat der Gral nicht halb soviel Bedeutung – er hat seine gesamte Kraft, nach außen zu wirken, verloren. Und wenn er seinen Feinden in die Hände fällt, könnte es ihnen sogar gelingen, seinen Schutz zu durchbrechen.« Sie sah sich auf dem kleinen Platz um, betrachtete Säulen und Befestigungen und die Türme dahinter. Plötzlich erschauerte sie. »Dem Brocken könnte es gelingen oder einem Dutzend anderer dunkler Mächte. Selbst ein fehlgeschlagener Versuch könnte diesen Landstrich schrecklich verwüsten.«

»Sie meinen dieses Tal? Welche Art von Verwüstung?«

»Sie findet schon statt, sogar ganz in der Nähe. Haben Sie dort draußen keine Ruinen gesehen, haben Sie sich nicht darüber gewundert? Einst konnten die Leute überall in Heilenthal in Sicherheit leben, unsere Gemeinde erstreckte sich bis weit jenseits der Schatten dieser Mauern. Aber ich meinte den ganzen Kontinent Europa. Er hat jetzt schon genug Wunden zu lecken. Also, Mr. Fisher, wo ist sie?«

»Schön, wenn es so dringend ist, sage ich es Ihnen genau, dann können Sie jemanden hinschicken …«

»Nein! Sie sagen nichts, wir schicken niemanden hin!« Sie zog einen Notizblock aus der Tasche und fing an, wild darauf herumzukritzeln. »Kommen Sie! Es ist dringend!«

Meinen Protest ließ sie nicht gelten, nahm mich beim Arm und zog mich mehr oder weniger hinter sich her zum Tor. Als wir wieder auf dem breiten Platz anlangten, wären wir beinahe mit dem Leutnant zusammengestoßen. Sein Hosenbein war zerrissen, er humpelte mit einem dicken Verband über das Pflaster. Die Frau erwiderte seinen hastigen Gruß. »Sie sind vom Dienst befreit? Sehr schön. Dann lassen Sie doch gleich diese Nachricht für mich in die Halle bringen, mit der Bitte um sofortige Antwort. Dann begeben Sie sich selbst dort hinunter. Vielleicht hat der Gral Mitleid mit Ihnen.«

»Zu Befehl, Ritterin Laidlaw!« sagte er beschämt, versuchte die Hacken zusammenzuschlagen, verzog schmerzhaft das Gesicht und humpelte von dannen.

»Nehmen Sie eine Droschke!« rief sie ihm nach.

»Laidlaw«, sagte ich. »Das ist also Ihr richtiger Name. Nicht schlecht – für eine lange Ahnenreihe von Viehdieben, was? Trotzdem sind Sie für mich immer noch Miss 1726.«

Sie ging nicht darauf ein und rief den Wächtern im Innern des Tores etwas zu. Fast im selben Moment stürzten sie heraus. Hier wurde noch rasch eine Gürtelschnalle befestigt, dort ein Tschako zurechtgerückt, doch die Soldaten stellten sich in Reih und Glied neben ihren Unteroffizieren mit den zackigen Stimmen auf. Als letzter marschierte Dragovic heran und stellte sich mit versteinerter Miene an ihre Spitze.

»Mmh!« sagte sie. »Welche anderen diensthabenden Offiziere?«

»Keine, Ritterin. Einmal haben wir Konklave, und die anderen sind mit den Sonderwachen auf den Mauern.«

»Ja, selbstverständlich. Die können wir schlecht abrufen. Sieht ganz so aus, als hätten Sie sich mit Ihrem Übereifer eine bessere Belohnung erschlichen, als Ihnen eigentlich zusteht. Folgen Sie uns mit sechs Mann – ausgewählte Männer, für eine gefährliche Mission. Zurück in den Kern.«

Er knallte die Hacken zusammen und verbeugte sich, wobei sein fahles Gesicht förmlich erstrahlte. »Zu Befehl! Zu Befehl, Ritterin!«

»Langsam, langsam ...«, versuchte ich sie zu bremsen.

Sie wirbelte herum. »Wir können nicht warten. Wir müssen die Lanze sofort zurückholen. Ich und einige Soldaten – falls ich mich in Ihnen getäuscht haben sollte. Ihr Helikopter ist viel schneller als unsere Luftschiffe. Sie werden uns nichts mehr erzählen, Sie nehmen uns einfach mit.«

»*Was?* Brauchen Sie keine Armee oder so was?«

Sie schüttelte den Kopf nicht, sie warf ihn zurück. »Wir haben gerade keine Armee übrig. Ich habe andere Ritter rufen lassen, doch es sieht so aus, als würden wir keinen Mann mehr bekommen. Wir dürfen uns hier in Heilenthal nicht die geringste Blöße geben, selbst wenn es darum geht, die Lanze zurückzuholen. Wir müßten Truppen zurückziehen, sie passend für den Kern einkleiden, das alles kostet Zeit. Und wir müßten unsere Luftschiffe einsetzen, was unnötigerweise die Aufmerksamkeit auf uns ziehen würde. Nein, ein kleiner, durchschlagender Ausfall ist der einzige Weg.«

»Hören Sie, dieser Hubschrauber kann nur vier Leute aufnehmen, allerhöchstens fünf ...«

»Ihre Freunde werden inzwischen hierher eskortiert, als unsere Gäste. Sie selbst werden sich dem Urteil des Grals unterwerfen müssen. Wenn das, was Sie mir erzählt haben, wahr ist und Sie es dadurch beweisen, daß Sie uns die Lanze ohne Tricks und ohne Eigennutz zurückgeben, haben Sie nichts zu befürchten. Und jetzt los! Wir haben einen langen Flug vor uns!«

»Vielleicht nicht«, sagte ich.

Sie sah mich wieder mit diesem Ausdruck tiefsten Mißtrauens an. »Was soll das heißen?«

»Das wissen wir, sobald wir beim Hubschrauber sind.«

Ich griff ins Cockpit und schaltete den Sprechfunk an. Er dürfte hier ebensowenig wie das Radio funktionieren, doch der integrale Pager müßte automatisch den letzten Eintrag des C-Tran-Computers aufgezeichnet haben. Ich gab eine Nummer ein und überflog die neue Seite, die auf dem Bildschirm angezeigt wurde. Was ich zu lesen bekam, erfüllte mich sofort mit einer umfassenden Befriedigung – und, um ehrlich zu sein, mit schierer Erleichterung.

»Stuttgart!« sagte ich. »Dachte ich mir's doch. Sie wurde kurz bevor wir hier ankamen abgeschickt.«

»Ich verstehe allmählich ...«, sagte die dunkle Frau langsam. »Aber ... wenn Sie sie einfach dort hingeschickt haben, dann ist es doch kinderleicht herauszufinden.«

»Hierhin, dorthin, überallhin«, entgegnete ich und genoß den mißtrauischen Blick, mit dem sie mich bedachte. »Sie werden es schon verstehen. Aber jetzt ziehen wir besser los.« Ich wandte mich an Mall und Jyp: »Macht es euch wirklich nichts aus?«

Jyps Kichern klang noch trockener als sonst. »Steve, es gibt Orte, an denen ich nie mehr einen Drink bezahlen muß, wenn man erfährt, daß ich hiergewesen bin. Du glaubst doch nicht im Ernst, daß ich mir so eine Chance entgehen lasse? Ich kenne einige Typen, die würden ihre Seele verkaufen, wenn sie nur in diesem Moment in meinen Hosen stecken dürften!«

Ich staunte nicht schlecht, als ihn die Frau angrinste. »Sagen Sie ihnen, dazu müssen sie sie nicht verkaufen – im Gegenteil, unsere Gäste erhalten sozusagen ihr Seelenheil gratis mit. Jeder, der guten Willens ist, ist hier willkommen, falls es ihm gelingt, uns zu finden. Ich hoffe, Sie haben verstanden, daß Sie keine Geiseln sind. Normalerweise dürften Sie sich hier frei bewegen, doch wie es im Moment steht ...«

Mall lächelte zurück. »Sicher doch. Ich bin mir der Ehre, die uns erwiesen wird, durchaus bewußt, meine Dame. Doch Steve, dein Abenteuer wird sehr gefährlich, ich spüre es in den Knochen. Ich sollte nicht von deiner Seite weichen.«

Ich schüttelte fest entschlossen den Kopf. »Ich werde keinen von euch mehr bei dieser Sache aufs Spiel setzen, nicht, wenn ich es verhindern kann. Wir werden nicht lange unterwegs sein – nur hin und wieder zurück. Ihr werdet schon sehen.«

Der Hauptmann und zwei seiner größten und häßlichsten Männer versuchten, sich auf den Rücksitz zu quetschen. Die anderen vier, die als Eskorte für Jyp und Mall gedacht waren, rechneten sich nervös die eigenen Chancen aus. Die Frau schob ihr Schwert beiseite und plazierte sich im Vordersitz, und das durchaus anmutig, was mich unweigerlich an einen anderen reizvollen Anblick erinnerte. Als mich Malls sardonischer Blick traf, zog ich mir hastig den Helm über die Ohren und winkte die anderen außerhalb der Reichweite der Rotoren. Die Motoren grollten beim Abheben, doch sonst waren auf den Armaturen keine weiteren Warnanzeigen abzulesen; das Maschinchen schien unser Übergewicht klaglos hinzunehmen. »Ich finde hier schon wieder heraus!« sagte ich in das Helmmikro, als die Baumwipfel und die winkenden Gestalten unter uns wegrutschten. »Mehr Sorgen bereitet mir der Rückflug!«

Die Frau ließ ihre Lippen kaum wahrnehmbar zucken und bog dann ihr Mikro zu ihnen hinunter. »Unnötig. Herein oder heraus, es ist immer der Gral, der den Weg öffnet. Mit seiner Erlaubnis kann man jederzeit kommen und gehen. Ohne ihn kann man eine Million Jahre suchen und wird nichts finden.« Ihr Gesicht verdunkelte sich. »Es sei denn, man ist ein großer Zauberer wie dieser Stryge! Er lungert schon seit Jahren an unseren Grenzen herum, er und seine Kreaturen!« Sie knetete nervös die Finger und verstummte. Die automatische Geräuschunterdrückung des Intercom ließ unsere Stimmen in einer Leere hängen, als wären es die einzigen Laute in einem absolut stummen Universum, was ein eigenartiges Gefühl der Intimität schuf. Jedenfalls konnten uns die anderen nicht hören. Ich warf ihr einen Blick zu.

»Wie heißen Sie mit Vornamen?«

Sie starrte zurück. »Weshalb sollte ich Ihnen das sagen?«

»Einfach so. Ich muß Sie ja irgendwie ansprechen. Ich kann mich nicht jedesmal um *Ritterin* drücken. Lady wäre der entsprechende englische Ausdruck, oder Dame; aber da würde ich ja wie ein New Yorker Taxifahrer klingen.«

Sie antwortete nicht. Ich konzentrierte mich aufs Fliegen. Das Wetter wurde turbulenter, die Wolken dichter. Ich sah mehr auf den Radarschirm als durch das Glas der Kanzel. Auf einmal sagte sie: »Alison. Ich heiße Alison.«

»Prima, Alison. Der Radar hat sich wieder zurückgemeldet. Wir müßten in zwanzig Minuten dort sein.«

Sie drehte sich um, um den Soldaten einige Zeichen zu übermitteln, da diese keine Helme trugen und mit auf die Ohren gepreßten Händen dicht nebeneinander hockten. Ich hoffte nur, daß Dragovic ordentlich zusammengequetscht wurde. Nach einer Weile fing Alison wieder zu reden an: »Die beiden ... Freunde von Ihnen, dieser Lotse und die Schwertkämpferin – sie stammt doch aus dem Elisabethanischen Zeitalter, oder? Sie sind beide nicht so, wie ich sie mir vorgestellt hatte.«

»Schönen Dank, Alison. Das ist richtig, doch sie sind beide stubenrein; hat mich zwar einige Mühe gekostet, aber es ist mir ganz gut gelungen.«

Sie funkelte mich wieder an: »Stellen Sie sich nicht so blöde an. Sie haben sie wie die letzten Schläger beschrieben. Das sind sie jedenfalls nicht. Ich mochte sie sofort, Mall und ... Jyp – ist das sein Vorname?«

»Keine Ahnung, hab' ich nie rausgekriegt. Außerdem habe ich sie nicht so beschrieben – sie haben es so interpretiert. Es sind gute Freunde, bessere gibt es nicht.«

»Das glaube ich gerne. Ich frage mich ...« Sie schüttelte den Kopf. »Mr. Fisher, ich werde nicht schlau aus Ihnen.«

»Deshalb habe ich auch auf eine Karriere im Versicherungswesen verzichtet. Wenn Sie einen Mathematiker brauchen, fragen Sie Jyp. Ein Naturtalent, plus achtzig Jahre Studium, das er immer wieder unterbrochen hat. Meinen Vornamen muß ich Ihnen wohl nicht erst verraten?«

»Nein. Ich weiß eine ganze Menge über Sie. Zu viel.«

»Aus dem Dossier. Wissen Sie, wie sehr ich die Vorstellung mag, daß Sie über mich Buch führen?« Ich gab kräftig Gas und tippte den Steuerknüppel an, so daß die ganze Maschine durchgeschüttelt wurde.

»Aufhören!« schrie sie und hätte damit beinahe mich und sich selbst taub gemacht. »Was hätten wir denn sonst tun sollen? Sie hatten von Amerningen nicht in Verdacht, die Abteilung schon. Wir wußten, daß er etwas mit diesen Neofaschisten zu tun hatte, obwohl ich damals natürlich noch nicht wissen konnte, was wirklich dahintersteckt. Und plötzlich treten Sie auf den Plan, sein cleverer, neuer Wunderkind-Partner, stellen dieses erstaunliche System vor und machen ihn noch reicher, als er es ohnehin schon ist. Sie selbst schienen in geschäftlicher Hinsicht ziemlich sauber zu sein, ein richtiger Saubermann – aber Ihr Privatleben, mein Gott!« Sie machte ein widerliches Geräusch mit der Zunge. »Sie wirkten wie ein eiskalter Drecksack, Sie ...« Sie zuckte die Achseln. »Ich haßte Sie. Ihr ganzes Leben, diese beiläufigen Affären, die mysteriösen Abwesenheiten – es paßte alles zu gut.«

Ich stöhnte. »Gute Frau, gestehen Ihre Dossiers Ihren Mandanten keinerlei Veränderungen zu? Diese beiläufigen Geschichten, das war nur eine Phase, das liegt doch schon Jahre zurück! Außerdem fühlte ich mich dabei nicht weniger unglücklich als alle anderen Beteiligten; nur daß ich es am Anfang nicht gemerkt habe. Klar, seitdem hatte ich die eine oder andere Affäre, aber diese Frauen haben mir alle etwas bedeutet – jedenfalls hätte ich es gerne so gehabt. Und was die Abwesenheiten angeht ...«

»Ich weiß«, seufzte sie. »Ich hätte früher daran denken sollen, doch es hat einfach nicht geklingelt. Denken Sie etwa manchmal auf der Straße, dieser oder jener könnte auch ein Gelegenheitsausflügler in die Spirale sein, der in seiner Freizeit gegen Drachen kämpft oder auf Schatzsuche geht?«

»Doch, mir geht es tatsächlich manchmal so, dann amüsiere ich mich bei der Vorstellung.«

»Oh.« Sie schaute mich verdutzt an. »Aber von mir oder Baron von Amerningen hätten Sie das nicht gedacht, oder? Da sehen Sie's. Und bei Ihnen paßte das Muster nur allzu gut. Doch ich konnte nicht glauben, daß jemand wie Sie so unschuldig sein kann, einer der besten Partner dieses Schurken. Als wir also tiefer und tiefer gruben und nichts fanden, absolut nichts, überzeugte mich das nur noch mehr davon, daß Sie sich einfach besser tarnen als andere. Und ich haßte Sie um so mehr.«

»Bis Sie auf eine total verrückte Idee kamen.«

Sie schüttelte den Kopf. »Nicht nur Ihretwegen. Ich war damals selbst nicht sehr mit mir zufrieden, auch mit der Abteilung nicht. Oder mit der Welt. Und Sie schienen die Summe allen Übels zu sein.«

»Na, schönen Dank«, sagte ich. »Das klingt ja ziemlich umfassend.«

»Sie können das nicht verstehen. Ich fing mit so vielen Idealen an. Deshalb kam ich überhaupt in die Nachrichtenabteilung. Ich hatte die Schnauze voll, immer nur zu sagen: Warum tut denn keiner was dagegen? Ich wollte selbst etwas tun. Doch je mehr ich versuchte, um so weniger schien ich zu bewegen; es war so, als würde man in Teer schwimmen. Ich hatte immer mehr damit zu tun, gegen meine Kollegen, ja sogar gegen die Abteilung selbst zu kämpfen. Sie waren alle nur auf interne Pluspunkte versessen, auf ihre Karrieren, sie kümmerten sich einen feuchten Dreck darum, die Welt zu verändern ...« Sie trommelte mit den Fingern auf ihrem Schwertknauf. »Ich wußte ja, daß Sie das nicht verstehen würden.«

Ich korrigierte unsere Flugrichtung. »Der Gral hat Sie nicht sehr verändert. Sie sind mit Ihren Urteilen immer noch schnell bei der Hand. Ich hatte mein Leben bereits im College geplant – erfolgreicher Start ins Geschäftsleben, Kontakte ausbauen, Seilschaften, dann nach und nach in die Politik überwechseln. Eines der ersten Opfer dieses Plans war die erste Frau, mit der mich wirklich etwas verband. Das traf tief. Ich hielt mich für ziemlich clever, als ich mich im richtigen Moment von ihr befreite, frei und ungebunden bleiben wollte. Nur, je erfolgreicher ich wurde, um so weniger kümmerten mich andere. Ich sagte ja bereits, daß ich eine Phase durchlief. Dann ging ich eines Abends um die richtige Ecke …«

»Und da war die Spirale!« Ich hörte das Zittern in ihrer Stimme ganz deutlich. »Mein Gott – ich war starr vor Angst. Und dann konnte ich mich kaum daran erinnern; ich dachte, ich sei betrunken gewesen oder hätte zumindest einen Nervenzusammenbruch gehabt. Es dauerte ein ganzes Jahr, bis ich nur den Versuch wagte, zurückzukehren. Zuerst klappte es nicht, und dann war es, als würde ich erneut meine Unschuld verlieren, und *das* war nicht gerade sehr spaßig gewesen …«

Die rasche Verfärbung ihrer Wangenknochen und der dunkle Blick von der Seite ermutigten mich, etwas aus der Situation zu machen. Ich widerstand der Versuchung; ich war noch immer von ihrem so grundsätzlich veränderten Aussehen verwirrt. Diese schmalen, eher skandinavischen Augen, die ihren finsteren Blick wie festgenagelt hatten erscheinen lassen, kamen mir jetzt entfernt exotisch und gelassen vor, der Mund eher sinnlich als schwer. Links und rechts des Mundes verliefen noch immer diese Falten, doch sie gaben ihm jetzt einen neckischen und intelligenten Ausdruck, beinahe lustig; er hätte mir fast gefallen können. Ich stellte fest, daß ich gerne ein sauberes Lächeln auf ihrem Gesicht sehen würde statt dieses abschätzigen Grinsens, das sie mir bislang immer vorgesetzt hatte. Sie bemerkte, daß ich sie ansah, und wandte sich ab, blickte aus dem Fenster.

»Ich weiß, was Sie meinen«, sagte ich. »Ich wurde verletzt – und war dann zu Tode erschrocken. Dann habe ich am falschen Ort herumgestochert, und die ganze Sache ging nach hinten los – wie eine Faust, die auf mein Alltagsleben einschlug.«

Sie sah mich erstaunt an. »Im Kern?«

Ich wußte, daß sie das fesseln würde. »Direkt hinein. Und sie schnappte sich jemand anderen an meiner Stelle. Ich mußte helfen, und zwar schnell. Auf diese Weise habe ich mich an Le Stryge verpfändet – so sieht er es jedenfalls –, und so bin ich auch an dieses Schwert geraten. Seither segele ich immer wieder auf den Ozeanen der Spirale. Nach dem ersten Mal wagte ich diesen Schritt erst nach sieben Jahren, sieben Jahre lang vergaß ich, was geschehen war. Abgesehen von gelegentlichen Alpträumen.«

»Ich hatte mich verirrt«, sagte sie. »Beim Skifahren. Ich war den falschen Hang hinabgefahren, dachte ich jedenfalls. Ich versuchte, wieder zurückzufinden, und stürzte einen Felsen hinab. Ich dachte, ich würde sterben, doch es ging nicht so tief hinunter, und unten war eine Schneewehe. Trotzdem verknackste ich mir die Knöchel, die in den Skischuhen sofort anschwollen. Ich konnte kaum laufen, geschweige denn Ski fahren, wußte nicht, wie ich zurückfinden sollte. Dann kam die Nacht und noch mehr Schnee, und ich saß einfach da und weinte wie ein kleines Mädchen. Auf einmal sah ich ein Licht, weit entfernt. Ich quälte mich auf die Beine und marschierte nur mit den Stöcken los. Als ich ankam, stellte es sich als Kloster heraus, ein richtiges mittelalterliches Kloster am Rande eines winzigen Dorfes. Sie sprachen Latein dort! Aber sie unterhielten ein Hospiz, es waren gute Menschen; als sie mich hörten, sprachen sie englisch. Sie gaben mir Glühwein, versorgten meine Knöchel, es war wie im Traum. Sie schienen daran gewöhnt zu sein, Leute aus der Spirale zu pflegen – sie wollten es mir erklären, doch ich verstand kein Wort, damals noch nicht. Dort hielt sich auch ein Mann auf, der eine Sprache sprach, die ich noch nie gehört hatte, er sah aus wie ... Mein Gott, er mußte aus längst vergangenen Zeiten stammen. Er hatte ein Messer aus Feuerstein! Und eine Bronzeaxt! Aber er war sehr zuvorkommend. Etwas nervös, aber zuvorkommend. Am nächsten Tag verließ ich das Hospiz, meine Knöchel waren auf wundersame Weise geheilt. Ich nahm mir vor, noch einmal zurückzukommen, mit einem kleinen Geschenk. Ich merkte mir den Weg genau, doch als ich es später versuchte ...«

»Kamen Sie nicht mehr durch?«

»Nein. Aber nein. Ich weiß, was Sie meinen, doch es war dort, ich fand es. Aber das Dorf brannte, ein Kampf fand statt; und ich hatte eine Pistole.« Wieder dieses Erröten. »Von der Abteilung, nur für Dienstzwecke, aber ich hatte sie immer dabei, falls – also, nun, falls mir irgendwelche Männer zu nahe kommen sollten. Immer. Also mischte ich mich ein – na, diese Dinger waren ganz schön erstaunt!«

»Dinger?«

»Schrecklich. So ähnlich wie Wölfe, Halbmenschen, aber dem Leben im Gebirge angepaßt. Keine Yetis oder so was, sie waren spinnenartig und stark, eher wie Gibbons, und ganz zottig. *Rübezahle* wurden sie genannt. Wie auch immer, diese Mönche waren meine ersten Freunde in der Spirale. Sie wußten viel, denn alle möglichen Leute verkehrten in diesem Hospiz.«

»Vermutlich wie in meiner Taverne. Ein Hafen am Saum der Spirale. Oder diese Bar in Bangkok.«

Sie bedachte mich mit einem sehr altmodischen Blick. »Die müssen *Sie* natürlich kennen! Jedenfalls machte ich, sooft es ging, Ausflüge in die Spirale, manchmal mit Leuten, die ich dort traf, manchmal auch allein. Zuerst hatte ich Angst – doch es faszinierte mich auch; und härtete mich ab.«

Ich hörte, wie mein eigener Atem über das Mikrophon raspelte. »Das ist eine schamlose Untertreibung! Und Sie haben diese Abenteuer nicht wieder vergessen?«

»Nein. Nicht wirklich. Beim ersten Mal war alles ziemlich unwirklich, doch ich hatte diese seltsamen Bandagen an den Knöcheln, voller sonderbarer Heilkräuter; und sie wirkten herrlich. Das konnte ich nicht einfach vergessen. Wenn ich zu lange fortblieb, schien sich alles ganz langsam wie ein dummer Traum zu verflüchtigen. Also bin ich immer schnell zurückgegangen, wenn dieser Effekt einsetzte. Ich hatte Angst, es zu verlieren. Doch es war mehr als das. Irgendwie konnte ich dort draußen etwas erreichen, ich mußte nicht ständig gegen die Verhältnisse oder gegen den Druck von Kollegen ankämpfen. Ein absoluter Kontrast – und es machte mich immer unzufriedener mit meinem Zustand hier. Ich wurde immer entschlossener und zugleich immer unsicherer, gab mir selbst die Schuld. Wenn ich da draußen Gutes tun konnte, weshalb sollte es nicht auch hier funktionieren?«

»Fühlten Sie sich zerrissen?« Ich wußte nicht genau, warum ich ausgerechnet diese Formulierung wählte. Sie sah mich ebenso verdutzt an.

»Ja! Bis ich eines Tages ... ich stolperte ... Nein, das möchte ich Ihnen eigentlich nicht erzählen. Jedenfalls war es der Gral ... Er rief mich, und ich folgte seinem Ruf. Ich war verwirrt, doch ich konnte den Sprung noch nicht wagen, ich war noch nicht so weit. Hier draußen war alles so wundervoll, aber – wenn ich nicht gerade mittendrin steckte, konnte ich an die Probleme der Spirale nicht so recht glauben. Ich wollte den Kern nicht im Stich lassen, die Abteilung – das kam mir alles viel wirklicher vor. Ich wurde hierhin gezogen und dorthin, bis ich wirklich Angst bekam, in der Mitte auseinandergerissen zu werden, zu zerbrechen, einen Nervenzusammenbruch zu erleiden. Das war ungefähr zu der Zeit, als wir anfingen, Sie zu überprüfen.« Sie rutschte unruhig auf dem Sitz hin und her, doch sie sah nicht weg, so wie ich es getan hätte.

»Sie ... Sie wirkten so verdammt erfolgreich, so selbstgefällig und glatt, immer passend angezogen, sogar in gewisser Hinsicht gutaussehend. Und Sie fuhren einen Wagen, den ich mir nicht einmal mit einem guten EU-Gehalt leisten konnte. Und Sie führten dieses widerwärtige Privatleben. Später blieb Ihnen für jede Art von Privatleben immer weniger Zeit. Ich dachte immer, alle Wanderer müßten wie ich sein: traurige Außenseiter. Ich hätte nicht im Traum daran gedacht, daß auch Sie einer sein könnten. Wahrscheinlich nahm ich nur eine Seite von Ihnen wahr, das beste wäre … aber nicht hier. Also dachte ich: Ich schnappe ihn mir, nur ihn – dann kann ich zufrieden gehen. Dann bin ich frei.« Sie hielt sich am Rand des Armaturenbretts fest und zitterte. »Deshalb war ich hinter Ihnen her, sogar noch, als mein Boß die Sache wieder abblies, weil wir in dieser Richtung nicht weiterkamen. Und dann schnappten Sie mich, verprügelten mich nach Strich und Faden und enttarnten mich … und ich wurde zum Psychiater geschickt, gleichzeitig vorläufig von allen Aufgaben entbunden … Da entschloß ich mich, Sie einfach zu erschießen.«

Sie rieb sich mit der Hand über die Lippen. »Großer Gott, warum erzähle ich Ihnen das alles? Als Sie mich ohne weiteres aus dem Weg räumen konnten … als ich Sie erschießen wollte … taten Sie es nicht. Wenn Sie einer von von Amerningens Männern gewesen wären, hätten Sie es sofort getan, ohne nachzudenken; Sie hätten sich nicht getraut, etwas anderes zu tun. Aber Sie haben es nicht getan. Sie haben mir sogar die Pistole zurückgegeben.« Sie rutschte tiefer in den Sitz. »Ich hätte mich beinahe selbst damit umgebracht. Ich verstand überhaupt nichts mehr, wußte nur, daß ich unrecht hatte, daß ich falsch lag, falsch, falsch. Es war der letzte Strohhalm. Ich ging weg, ließ alles stehen und liegen, rannte davon. Ich rannte zum Gral, er nahm mich gnädig auf und heilte mich. Er gab mir mein Selbst zurück, das Wesen, das ich eigentlich hätte sein sollen. Die Jahre seither waren …«

»*Jahre?*« Ich hätte beinahe den Steuerknüppel ganz nach vorne gedrückt. »Meine Güte, für mich ist das alles erst ein paar Nächte her! Ich habe seit damals noch nicht einmal meinen Schlaf nachgeholt ... obwohl das Nickerchen im Tal sehr erfrischend war.«

»Das war es bestimmt«, sagte sie, und ihr Gesicht entspannte sich wieder. »Ich erinnere mich noch daran, wie ich hier zum ersten Mal schlief. Aber Sie wissen ja, wie es mit der Spirale ist. Für mich sind fünf Jahre vergangen.«

»Ja, ich weiß. Trotzdem sehen Sie wesentlich jünger aus.«

Jetzt lächelte sie plötzlich, und allein das war eine wunderbare Veränderung. Doch bevor ich ihr das sagen konnte, ertönte das leise Klingeln des Navigationscomputers in meinen Kopfhörern. Wir näherten uns Stuttgart, und ich mußte aus den Wolken heraus und tiefer gehen, damit ich nicht andere Flugkorridore blockierte. Ich schaltete auf den örtlichen Tower um und wollte mich gerade mit den Fluglotsen in Verbindung setzen, als die Frau – nein, Alison – eine Hand auf mein Knie legte. Die plötzliche Intimität kam so überraschend, daß ich erstarrte, obwohl sie mich nur unterbrechen wollte.

»Nicht zum Heliport«, sagte sie über Intercom. »Können Sie uns nicht so dicht wie möglich an die Lanze heranbringen? Das wäre wesentlich sicherer.«

Ich zuckte zusammen. Die Zeiten, als man einfach so durch die Gegend fliegen konnte, waren schon lange vorbei. Zu viele Luftunfälle hatten sich über Städten ereignet. Andererseits mußten wir zum Stadtrand, und es war bestimmt einfacher, als einen Trupp Husaren durch die Sicherheitskontrolle zu bekommen. Ich flog also einen Bogen um die Stadt, ging etwas tiefer, als wollte ich weiterfliegen, ging jedoch immer tiefer und tiefer. Wenn die Landschaft nicht so flach gewesen wäre, hätte ich dem Radar einfacher entkommen können. Ich mußte zuerst eine weite Strecke zurücklegen, bevor ich im Tiefflug zurückpendeln konnte, immer im Zickzack und in der Hoffnung, daß ich keine Stromleitungen, Windräder und sonstigen Hindernisse übersah. Endlich tauchten die geometrischen Muster des Industriegebiets unter mir auf, direkt neben einem dicken Bündel von Schienensträngen, und ich brachte mein kleines Fluggerät hinter einer angenehm großen Lagerhalle auf die Erde.

»Wir können die Maschine hier nicht lange stehenlassen«, flüsterte ich, als wir auf dem verlassenen Parkplatz aufsetzten, über den der Abwind einige leere Pappkartons wirbelte. »Es wird nicht lange dauern, bis jemand den Vorfall meldet, und dann haben wir bald einen Polizeihubschrauber über uns oder an unserem Heckrotor. Aber eigentlich sollten wir schnell wieder hier sein!«

Ich schob die Tür auf; kühle, regennasse Nachtluft drang in die Kanzel. Dragovic und die Wachen schälten sich aus dem Helikopter, stöhnten vor Erleichterung und steckten sich die Finger in die klingenden Ohren. Als die Frau namens Alison ausstieg, stellte sich Dragovic sofort neben sie und blieb dort wachsam stehen, während ich mich aus der Kanzel hinausduckte. Wehte der Wind etwa daher? Das hätte sein rücksichtsloses Erfolgsstreben etwas besser erklärt. »Wie weit ist es?« knurrte er.

»Zwei Minuten«, sagte ich und nickte in Richtung des flachen Gebäudekomplexes auf der anderen Seite des Parkplatzes.

»Wissen Sie, wo Sie hin müssen?« erkundigte sie sich, als wir über die glitschige Piste trotteten. Dragovic und seine Wachen blickten sich mißtrauisch um. »Gibt es keinen Ärger mit Sicherheitsleuten? Alarmsystemen? Wir kennen ein paar effektive Tricks, sie außer Kraft zu setzen.«

»Mir wäre es lieber, wenn Sie das bleiben ließen. Es wird keinen Ärger geben. Das hier gehört alles mir – besser gesagt, meiner Firma.« Ich zog meinen Schlüsselbund mit einiger Mühe aus der engen Hosentasche und fischte eine Plastikkarte heraus, auf der der spinnenhafte Umriß eines Mikrochips zu erkennen war. Als wir das Tor erreichten, schob ich die Karte in den Schlitz, sprach einige Worte in das verborgene Mikrophon und legte meine Handfläche auf die grünleuchtende Fläche, die unter einem zurückgleitenden Plastikschutz sichtbar wurde. Es dauerte einen Augenblick, dann gingen sämtliche Lichter auf dem Hof an. »Verdammt! Der Manager hier hat ohne mein Wissen einige zusätzliche Vorkehrungen getroffen. Kommt schnell!«

Das gleiche Ritual mußte bei einer inneren Tür absolviert werden, nur mußte ich diesmal länger sprechen und beide Zeigefinger auf die Fläche legen. »Kennkarte, Stimme und Fingerabdrücke«, nickte die Frau. »Nicht schlecht. Alle herkömmlichen Alarmsysteme auch?«

»Einen Großteil.« Wir öffneten die Tür und glitten hinein, die Stiefel quietschten auf dem schwarzglänzenden Boden, über den in unregelmäßigen Abständen bunte Streifen verliefen. »Am meisten muß man sich jedoch vor diesen automatischen Paletten in acht nehmen – Achtung, da kommt eine.« Entlang der gelben Linie vor uns glitt ein flaches Rechteck, das mit gelben Streifen abgesetzt war und auf dem einige kleine Kisten und Pakete lagen sowie seine Ladearme und die Energieversorgung für den schwerelosen Gleitmechanismus. Mit einem leisen Zischen schwang es schwerfällig um die Ecke, folgte dabei einer in den Boden eingelassenen Linie und verschwand dann zwischen einer Reihe übereinandergestapelter Paletten. Auf der anderen Seite zogen sich die Ladearme, die es beladen hatten, in ihre Ablagen zurück. Meine Begleiter schauten schwer beeindruckt zu. »Lutz sprach sogar davon, für einige Gebäude diese amerikanischen Wachroboter einzusetzen«, sagte ich zu Alison. »Es sind im Prinzip mobile Infrarot-Scanner mit programmierbaren Erkennungsrastern und Abfragemustern plus eingebauter Starkstrom-Betäubungspistolen. Oder mit einem 35er Colt Automatik, wenn man wirklich seine Ruhe haben will. Ich war dagegen, ebenso die örtliche Polizei. Einmal haben wir ein Betäubungsmodell ausprobiert. In der zweiten Nacht hat jemand einen schön warmen Computer laufenlassen, und der Roboter hat ihn kurz und klein betäubt. Das ganze Netzwerk fiel aus. Soviel zu Wachrobotern.«

Die Frau – nein, Alison – lachte auf. »Was, in aller Welt, ist das hier eigentlich?«

»Das örtliche C-Tran-Depot. Ich bin auch noch nie hier gewesen, aber sie sind alle mehr oder weniger nach dem gleichen Muster gebaut. Was wir suchen, ist das Terminal für den Hauptfrachtcomputer; müßte eins weiter rechts liegen, nach dem Schwertransportband, das die wirklich schweren Paletten hereinfährt, Maschinen und so weiter.

Sehen Sie dort drüben? Die Zeichen sind hier alle auf deutsch, das macht aber weiter nichts ...«

Das Terminal stand auf einer niedrigen Säule neben dem Transportband. Ich fing an, die Tasten zu bearbeiten, und irgendwo in der großen Lagerhalle fuhren ein paar Ladearme aus, bereit, eine neue Ladung umzuwuchten. Maschinen summten leise, und ein Paar Paletten schob sich in unser Blickfeld, kam auf direktem Weg auf uns zu.

Meine Begleiter waren sichtlich nervös. Dragovic nestelte an seinem Kragen, Alison fingerte an der Wölbung des Kontrollboards herum. »Dann ist sie also hier?«

»Ja. Nur noch ein oder zwei Minuten. *Verdammt!*«

»Was ist denn los?«

Ich starrte auf die blinkenden Schriftzeichen.

** DRINGEND ** TOTALER SYSTEMABSTURZ DROHT * SOFORT SCHNITTSTELLE L MIT SCHNITTSTELLE G VERBINDEN ** DRINGEND **

»Nichts, überhaupt nichts. Nur ein Programmierer, der sich einen dummen Scherz erlaubt hat. Die Lanze befindet sich hier.«

Sie atmete erleichtert aus. »Gott sei Dank. Sie haben sie also einfach eingepackt und über Ihr eigenes Frachtsystem verschickt. Sie wußten es zwar nicht besser, aber da sind Sie ein schreckliches Risiko eingegangen, selbst bei einer so abwegigen Route. Man hätte einfach im Computer nachsehen und jede Lieferung, die zu jenem Zeitpunkt in Ihrem Büro aufgegeben wurde, verfolgen können. Lutz ist dazu in der Lage, andere auch. Sie können sich Experten besorgen. Oder sie hätten Sie dazu zwingen können, die Route zu verraten.«

»Das wäre ihnen nicht gelungen«, grinste ich. »Sie hätten mich nicht dazu zwingen können, weil ich es selbst nicht wußte; und der Computer konnte diese Lieferung nicht ausweisen, weil es eine solche Lieferung gar nicht gab.«

»Aber wie ...«

Ich mußte leise lachen. »Wissen Sie, wie das System funktioniert? Nein? Es ist eigentlich ganz einfach. Ich hatte die Nase gestrichen voll von den Verspätungen im internationalen Frachtverkehr. Überall lagen die Aufträge herum und warteten ewig lange, bis die Verladung auf die Schiene oder in die Luft oder auf die Straße genehmigt war, oder auch nur darauf, daß ein Container voll war oder eine Ladung für die Rückfahrt bereitstand. Selbst nachdem die EU die Zollgrenzen abgeschafft hatte, wurden diese durch eine ganze Reihe von Überprüfungen ersetzt, die zehnmal schlimmer waren: Sicherheit, Gesundheit, aller möglicher Kram. Außerdem gingen Lieferungen verloren, kamen am falschen Bestimmungsort an, wurden beschädigt. Jede Verspätung machte solche Fehler wahrscheinlicher. Ich habe mir lange den Kopf darüber zerbrochen, wie man das alles vereinfachen könnte, wie die Lieferungen selbst auf sich aufpassen könnten. Und allmählich wurde es mir klar. Ein Einzelfracht-Netzwerk, ständig in Bewegung, jede Straßen-, Schienen-, Wasser- oder Luftverbindung von Computersystemen koordiniert und ständig überwacht. Dazu eine intelligente Verpackung – jede Lieferung, selbst das kleinste Päckchen, wird anstelle eines Adressenaufklebers mit einem eigenen Minicomputer ausgerüstet. Ein ganz simples Gerät, solide, narrensicher, und doch intelligent genug, um die eigene Identität, den Inhalt, den Absender und den Adressaten plus einiger Sonderkonditionen abzuspeichern und dabei ständig mit dem Hauptsystem in Verbindung zu bleiben. Somit weiß das System immer, wo sich eine Lieferung gerade aufhält, jedes Päckchen weiß, wo es sich befindet, und via Kommunikation tüfteln sie die jeweils geschickteste Route aus – und wenn es nur von einem Ende der Lagerhalle zum anderen ist. Falls irgend etwas unterwegs schiefläuft, können sie den Plan modifizieren. Auf diese Weise sind unsere Frachter stets maximal ausgelastet, nichts muß lange herumstehen, wir wissen immer genau, wo alles ist und wann es wo ankommt, wann es das System verlassen hat und so weiter. Und es besitzt völlige Integrität, denn der Mini-Computer erkennt, wenn an ihm unbefugt herummanipuliert wird. Man kommt nur an ihn heran, wenn man die Verpackung zerstört, und das wiederum geht nicht, ohne daß der Zentralcomputer Alarm schlägt. Deshalb konnten wir die Verhandlungen auch international so abschließen, daß unsere Lieferungen nur beim Abschicken und bei der Ankunft kontrolliert werden, wenn der Packzettel programmiert wird. Und Zack! Keine Überprüfungen, kein Diebstahl, keine Verspätungen mehr. Mach dich an eine Lieferung heran, und sie schreit um Hilfe. Wenn eine Verzögerung eintritt, findet sie selbst den besten Ausweg. Absolut simpel. Man mußte es nur zu Ende denken und in die Tat umsetzen.«

Alison verzog das Gesicht. »Genau. Das ist alles. Und wie oft haben Sie dieses Spielchen schon abgespult?«

Ich zog ebenfalls eine Grimasse. »Sie meinen, abgesehen von meinen Träumen? Ich habe aufgehört zu zählen.«

»Aber Sie sagten doch, es gäbe kein Päckchen oder was auch immer ...«

Zwischen die beiden Paletten, deren Ladearme wie zum Gruß erhoben waren, schob sich eine dritte, die bis auf einen langen, mit den eleganten Streifen des C-Tran-Logos und Sprüchen aus aller Herren Länder beklebten Plastikkoffer leer war. Er sah ziemlich mitgenommen aus. »Schade, daß ich ihn nicht in einer Anzeige verwenden kann. Ein System wie unseres hängt zu hundert Prozent von effizienter Zirkulation ab.

Wenn es irgendwo zum Stau kommt, irgendwo unbemerkt etwas ausfällt, verlieren wir einen Großteil des Vorteils, den wir konventionellen Systemen gegenüber haben. Also muß es unablässig überwacht und kontrolliert werden; das geschieht, indem wir Testlieferungen auf die Reise schicken, die stets in Bewegung sind, ständig zirkulieren, niemals entladen werden und ihren Weg und alle anderen Konditionen mittels mitgeführter Computer und einer speziellen Übertragungsausrüstung – denn sonst haben sie nichts an Bord – übermitteln.« Ich grinste. »Bis jetzt. Natürlich müssen wir sie hin und wieder herausnehmen, um die Ausrüstung zu warten und so weiter, doch diese Eingriffe werden unter Instandhaltung geführt, nicht unter Fracht. Außerdem werden sie überprüft, ob sie nicht zu Schmuggelzwecken mißbraucht werden – natürlich nicht innerhalb der EU. In diesen zwei Tagen hat eure Lanze eine kostenlose Reise durch Europa absolviert, die nicht nachweisbar und obendrein nicht zu beeinflussen ist, außer von jemandem, der das Instandhaltungsprogramm kennt und weiß, wie man hineinkommt – etwas, womit sich mein feiner Partner Lutz bestimmt nicht die Finger schmutzig machen würde. Und wie sollte er herausfinden, welche der vielen Testlieferungen die richtige ist, wer verfügt über die Fertigkeiten, sie ausfindig zu machen? Keine Macht kann mich dazu bringen, diese Handlungen auszuführen. Vielleicht wenn ich wieder einmal von einem fremden Wesen besessen bin, aber nicht, wenn ich mich vorsehe.«

Alison, die Gralsritterin, lehnte sich auf die breite Ablage neben dem Band, betrachtete alles mit weit aufgerissenen Augen und tänzelte ein wenig zur Seite, als die Palette direkt vor ihren Füßen stehenblieb. »Das habe ich alles in Ihrem Dossier gelesen«, sagte sie. »Aber kein Wort über Testlieferungen. Und wissen Sie was? Ich hätte trotzdem merken müssen, daß Sie über die Spirale und den Kern Bescheid wissen. Sie haben hier eine Art von Mikrokosmos entwickelt, eine geheime Welt, die ständig in Bewegung ist.«

Ich beugte mich über den Koffer, schob einen Chipschlüssel in das Schloß und ließ den Deckel aufklappen. Alison seufzte aufgeregt. Vor ihren Augen, quer über einem bunten Gewirr von Kabeln, die mehrere beigefarbene Instrumentenschachteln miteinander verbanden, lag die längliche Metallhülle, die Le Stryge für die Lanze bereitgestellt hatte. Gerade als ich die Hand ausstrecken wollte, hörte ich ein metallisches Klicken, das auf keinen Fall zu den gewöhnlichen Lagerhausgeräuschen gehörte – es war zu nahe. Meine Augen zuckten zwischen den beiden Bildern hin und her, die am äußersten Rand meines Gesichtsfelds gerade noch sichtbar waren.

Alison, den Mund zum Schrei geöffnet, tastete nach ihrem Schwertgriff; doch selbst mit Malls geschoßartiger Geschwindigkeit wäre es ihr unmöglich gewesen, aus diesem Winkel rechtzeitig zu ziehen.

Dragovics Hand war einige Zentimeter vom Pistolenholster entfernt, der Daumen lag noch auf dem Sicherungshebel, den er zur Seite geschoben hatte, ohne zu ahnen, wie laut das Geräusch in diesem atemlosen Augenblick sein würde. Er hatte uns beide unbeabsichtigt gewarnt, und er wußte es. Es würde also kein bühnenreifes Geplänkel mehr geben; er würde schießen, und zwar sofort. Er mußte es tun.

Ich erstarrte, eine Hand noch über dem Koffer; die andere lag auf dem Rand des Terminals. Ich streckte die Finger aus und ließ sie auf die Tasten fallen. Ich spürte eine Funktionstaste in der obersten Reihe, drückte sie, doch es schien eine Ewigkeit zu dauern, bis etwas geschah, während die Pistolenmündung langsam nach oben wanderte. Dann kreischte ein Alarm los, ein rotes Blinklicht flackerte auf, und das Transportband setzte sich in Bewegung. Im selben Moment warf ich mich nach vorne, fiel über den Koffer und stieß Alison vom Geländer weg, direkt auf das Band. Dabei erwischte ich noch einen verzerrten Blick auf Dragovic, der mit offenem Mund dastand, dann rollten Alison und ich auch schon ineinander verklammert über den Boden. Aus seiner Pistole löste sich eine weithin hallende Salve, gerade in dem Moment, als ein hoch beladener Wagen ihm in die Quere fuhr. Die Kugeln durchschlugen die Pakete mit dumpfen Schlägen und wirbelten eine Wolke von Verpackungschips und Holzsplittern auf. Die Wachen eilten an seine Seite und zogen ebenfalls ihre schweren Revolver, was angesichts der Tatsache, daß er sie selbst ausgesucht hatte, nicht weiter verwunderlich war.

Alison und ich kamen wieder auf die Füße, duckten uns nach links und rechts weg, immer versteckt hinter den Boxen, die vorbeikamen, und spielten mit den Wachen Verstecken. Die wenigen Schüsse, die sie auf uns abgaben, trafen lediglich das Stückgut und den Rahmen des Laufbandes. Einer der Kerle, der erkannt hatte, daß die blinde Schießerei nichts brachte, hüpfte auf das Seitengeländer des Bandes, um sich einen besseren Überblick zu verschaffen. Zwischen zwei Paketen hindurch schlug ich nach seinem Fuß und hätte ihm beinahe die Zehen abgeschnitten. Er taumelte nach hinten, stolperte, feuerte einen Schuß gegen die Decke und fiel mit einem lauten Krachen zu Boden, wobei er noch einen ungezielten Schuß abgab. Der andere leerte das Magazin seiner Pistole in Richtung der Pakete, während ich mich im Kugelhagel auf allen vieren davonschlich. Holz und zerfetzter Verpackungskarton flogen mir um die Ohren.

Die Wachen schrien Dragovic entnervt zu, er solle uns rasch erledigen. Er jedoch schien den Überblick noch nicht ganz verloren zu haben und befahl ihnen, etwas weiter hinten über das Band zu springen. Er selbst wollte uns inzwischen hier in Schach halten. Im selben Moment entdeckte er uns und ließ eine weitere Salve los. Wir duckten uns hinter eine hohe, schwere Maschinenkiste, während die Wachen umständlich auf das Geländer kletterten und zwischen den Frachtstücken auf das Band sprangen. Einer von ihnen streckte die Hand um die Ecke und feuerte zweimal aufs Geratewohl, gab sich selbst Feuerschutz beim Hinabspringen. Wir waren nicht mehr da. Ohne ein Wort zu wechseln – ein Blick hatte genügt –, waren wir beide auf die hohe Kiste geklettert und hatten sie zum Kippen gebracht. Der Hauptmann konnte gerade noch rechtzeitig wegspringen, als sie sich über ihm zu neigen begann, und wir sprangen hinunter. Sie krachte mit donnerndem Getöse auf den Boden, er warf sich nach hinten, rammte die erste Regalreihe und ließ sowohl den Behälter mit der Lanze als auch seine Pistole fallen, die unter die Regale rutschte. Er bückte sich, um sie zurückzuholen. Wir gingen auf ihn los, mußten jedoch sofort zur Seite ausweichen, als eine beladene Palette ganz unschuldig unseren Weg kreuzte und unbeirrt ihrer Bestimmung folgte. Eine Kugel prallte von ihr ab; einer der Wächter feuerte von der anderen Seite des Transportbandes auf uns. Dann schleuderte er die leere Pistole weg, und beide sprangen wieder auf unsere Seite herüber, wo sie sofort die Säbel zogen. Wir drehten uns um, als sie fast heran waren.

Beide hatten es auf mich abgesehen, denn Alisons eleganten Stoß parierten sie lediglich, duckten sich darunter hinweg und ließen einen wütenden Schauer von Hieben und Stichen auf mich niederprasseln. Sie dachten wohl, ich sei der leichtere Gegner, wollten mich rasch durch ihre schiere Übermacht niederzwingen, um sich anschließend in aller Ruhe Alison zu widmen. Darauf ließ sie sich jedoch nicht ein. Plötzlich stand sie Rücken an Rücken mit mir, eine geschmeidige, biegsame Präsenz, während die beiden Angreifer uns wie tollwütige Hunde umkreisten. Sie waren harte Brocken und ziemlich schnell, einer von ihnen beinahe so gut wie sein Hauptmann. Offensichtlich hielt mich auch Alison für das schwache Glied, denn sie versuchte ständig, mit ihm auf gleicher Höhe zu bleiben, was dazu führte, daß wir uns immer wieder um unsere Achse drehten, und nicht viel einbrachte.

»Hier, nimm das!« schrie ich – ein Schlachtruf, der wahrscheinlich nicht schlechter als andere war – und stürzte mich auf ihn, ging direkt mit einem schnellen, geraden Stoß in seine Attacke hinein. Er schlug meine Klinge zur Seite und zielte einen zischenden Hieb auf mein Gesicht, den ich mit einer

Quarte parierte und mich mit, wie mir schien, tödlicher Langsamkeit von ihm löste; trotzdem befand sich meine Klinge hinter der seinen, und er wollte gerade seinen Arm zum Gegenstoß heben. Ich legte mein ganzes Gewicht in einen wilden Schlag, der quer über sein Schwert sauste, direkt unterhalb seines Brustbeins eindrang und ihn an einem Turm aus aufeinandergestapelten Plastiksäcken festnagelte. Ich riß meine Klinge los, und er klappte stöhnend zusammen, kurz bevor ihn der ganze Plastikturm unter sich begrub. Ich drehte mich rasch um und sah gerade noch, warum die Wachen Alison so gemieden hatten. Sie griff mit einer tänzelnden Attacke an. Dabei ging sie mit ihrem Schwert so elegant um, als handelte es sich um ein Florett, durchbrach die Verteidigung ihres Gegners und stieß es ihm einmal, zweimal in die Brust. Er brüllte auf, stürzte sich auf sie, sie drehte sich zur Seite, parierte abrupt mit einem kreisförmigen, unwiderstehlichen Wirbel, dessen Kraft ihm das Schwert aus der Hand fegte und ihn ihrem Sprungstoß schutzlos auslieferte, einem klassischen *Flèche*, mit dem sie ihm die Klinge tief unter die Achsel stieß und ihn auf der Stelle tötete.

Noch bevor sie sich von seinem fallenden Körper befreien konnte, durchschlug ein Schuß ihren Hemdsärmel, ein zweiter klatschte gegen das Regal. Der Hauptmann hatte seine Pistole gefunden. Ich wollte Alison hinter einen Stapel ziehen, doch sie zog mich heraus. »Er will uns festnageln!« keuchte sie. »Will zur Tür! Wir fangen ihn ab! Auseinander! Du nach links. Fertig?« Ich nickte. »Eins – zwei – *los!*«

Wir schossen gemeinsam aus der Deckung heraus, doch ich setzte über den breiten Korridor, während sie auf der rechten Flanke entlangsprintete. Hätte der Hauptmann eine Sekunde länger gezögert, wäre er wohl nie mehr herausgekommen, doch er war bereits an der Tür, die Hand am Griff, die Pistole gesenkt – und er hatte den Metallbehälter unter dem Arm. Jetzt war Alison an der Reihe, sich auf mich zu werfen; ich fiel, und wo ich vor einem halben Herzschlag noch gewesen war, fetzte und tuckerte die Salve in die aufgestapelten Pakete. Dann hörte der Spuk mit einem klickenden Schnappen auf. Die Mauser hatte Ladehemmung; entweder war ihr der Fußboden nicht bekommen, oder er hatte das Magazin in der Eile schief eingeschoben. Komplizierte Geräte sind auf der Spirale, wo industrielle Gesellschaften sich nicht etablieren können, nicht so einfach zu pflegen. Im Nu waren wir aufgesprungen und erneut hinter ihm her, da fiel die Tür bereits krachend hinter ihm ins Schloß.

Er hätte wohl draußen warten können, um uns weiter zu beschießen, doch ich glaubte einfach nicht daran, daß er wertvolle Zeit verstreichen lassen würde, um die Pistole wieder in Ordnung zu bringen. Wir rannten in das blendend weiße Licht des Hofes hinaus und sahen den Drahtzaun noch an der Stelle vibrieren, wo Dragovic hinübergestiegen war; oben am rasiermesserscharfen Stacheldraht hingen einzelne schwarze Stoffetzen. Eilige Schritte klapperten in der Dunkelheit davon. Im Gegensatz zur inneren Tür brauchte man für das Außentor für beide Seiten einen Schlüssel, was uns einige Sekunden kostete. Wir rasten hinaus, doch in welche Richtung wir auch blickten, wir sahen nichts als die blanken Ziegel- und Aluminiumwände der Gebäude, glatt und steril, und dazwischen die leeren, mit Regenpfützen überzogenen Straßen.

Kapitel 8

Alison knirschte deutlich vernehmbar mit den Zähnen.

»Also, er kann in die eine oder die andere Richtung verschwunden sein ...«, setzte ich an und starrte auf die Stelle auf dem Pflaster, an der Dragovic vom Zaun heruntergesprungen sein mußte. Der regennasse Asphalt war überall ramponiert und zerkratzt, doch ein Abdruck hob sich deutlich in kleinen Streifen schmutzigen Wassers ab. Plötzlich stieß Alison einen unterdrückten Schrei aus und zeigte auf eine Dreckschliere, etwas weiter entfernt am Rande des Pflasters. »Und? Bei diesem Wetter ist Dreck keine Seltenheit.«

»Vielleicht – aber mit Gras und Blumen dran?«

Ich blickte mich auf der öden Industriebrache um, die noch zu neu war, als daß sich die Natur durch Risse im Betonboden ein Stück zurückerobert hätte. »Das ist besser als nichts – komm!«

Aber sie lief bereits vor mir her. Die Straße war nicht sehr lang, wand sich nach links an einem ziemlich unpassierbaren Zaun entlang und hinaus auf den zentralen Parkplatz des Geländes, der jetzt bis auf einige wenige Lastwagen leer war. Dahinter lag die Hauptverbindungsstraße zur Stadt. Hier herrschte sogar um diese Uhrzeit reger Verkehr. Wieder blickten wir uns verzweifelt um. »Dort hinaus ist er bestimmt nicht gegangen!«

»Warum nicht?« fragte sie und rannte los, wobei sie das Schwert in die Scheide zurückschob. Das tat ich auch. Wenn wir nicht gerade die Aufmerksamkeit auf die Klingen lenkten, war es gut möglich, daß sie niemandem auffielen, wie es schon oft im Kern geschehen ist. Eine reflektierende Klinge im Scheinwerferlicht wäre schon eine andere Geschichte. Ich hatte schon einmal deswegen Ärger mit der Polizei gehabt. Wir erreichten den Straßenrand und sprangen über die niedrige Leitplanke auf den Fahrradweg, wobei wir nach wie vor intensiv in alle Richtungen Ausschau hielten.

»Er ist bestimmt schon über alle Berge«, sagte Alison mit einem bitteren Klang in der Stimme. »Schon außerhalb der Stadt, irgendwo in der Dunkelheit …«

Ich legte die Hand auf ihre Schulter. »Nein, sieh doch! Dort!«

Ihre Augen glitzerten im Licht der Straßenlaternen. »Ja! Halali!«

Da sie nicht den Eindruck machte, als würde sie regelmäßig an Fuchsjagden teilnehmen, nahm ich an, daß auch sie den alten Witz kannte. Dort lief der Schurke, einwandfrei. Eine kräftige Gestalt in Schwarz, mit einem weißen Ärmel und einem metallischen Glänzen unter dem Arm, rannte auf dem Fahrradweg wie von allen Teufeln gehetzt Richtung Stadt. Gerade als wir ihn sahen, verschwand er in einer Unterführung. Wieder rannten wir los, unsere Schuhe klatschten auf dem harten Belag. »Er hätte schon lange weg sein müssen!« keuchte ich. »Ich wäre schon weiter, und ich glaube, er ist besser in Form! Haben wir ihn verletzt?«

»Nein, nicht einmal berührt!« hauchte Alison. Dann drehte sie sich, ohne anzuhalten, nach der beleuchteten Notrufsäule um, an der wir gerade vorbeigelaufen waren. »Du glaubst doch nicht …«

»Was – der Brocken am Telefon?«

»Idiot!« fauchte sie. »Aber der Baron.«

»Stimmt. Aber mehr als hundert Kilometer entfernt, vergiß das nicht. Trotzdem sollten wir die Augen offenhalten.«

Wir rannten durch die Unterführung, dann wieder hinauf, und plötzlich hatten wir die industrielle Wildnis hinter uns gelassen und befanden uns in einer Welt der Neonreklamen und Schaufenster. Die Straßen waren sogar noch ziemlich belebt. Eine Woge sich umdrehender Köpfe, das Aufblitzen von Metall und ein schwarzer Schatten lenkten unsere Blicke direkt auf die dunkle Gestalt, die sich durch die Menge drängte. Schnaufend rannten wir hinterher, unsere Füße kickten Getränkedosen und Pizzaschachteln über das Pflaster, den üblichen Müll eines gewöhnlichen Großstadtabends. Wir erregten weniger Aufmerksamkeit als der Hauptmann: Meine schwarze Piratenkluft und das bunte Schweißband gingen als teure Sportkluft durch, Alisons Uniform als grauer Overall. Die meisten Leute sahen wahrscheinlich nur ein Pärchen hochgewachsener Mittdreißiger beim abendlichen Joggen, und falls jemand die Schwerter bemerkt haben sollte, dann hielt er geflissentlich den Mund. Wir redeten nicht, denn wir brauchten unsere ganze Puste zum Rennen. Ein Blick von Alison verriet mir jedoch genau, was sie dachte. Wir holten langsam auf, auch wenn er noch so kräftig war. Wir waren nahe genug an ihm dran, um hin und wieder den Behälter aufblitzen zu sehen, Dragovics flatternden, zerrissenen Ärmel, das Weiße in seinen aufgerissenen Augen, wenn er panische Blicke zurückwarf. Der Tod hatte sich an seine Fersen geheftet, nur wenige Meter hinter ihm, und das wußte er nur zu gut. Doch dann kam alles ganz anders.

Ich spürte es einige Sekunden, bevor ich es sah – und noch einige Sekunden, bevor ich glauben konnte, was ich da sah. Zuerst schrieb ich es der Erschöpfung zu, den Grenzen meiner Kondition – etwa so, wie ich mich auf den letzten Metern beim Boston Marathon gefühlt hatte. Doch jetzt hatte ich nicht einmal die Hälfte der Marathonstrecke zurückgelegt, und schon trat dieses bleierne, alle Glieder lähmende Gefühl auf, drückte gegen meine Brust wie der Widerstand bei einem Skilanglauf-Simulator. Ich sagte nichts, strengte mich noch mehr an, doch dann fiel mir auf, daß Alison mit den gleichen zusammengekniffenen Lippen und ebenso aschfahl neben mir herkeuchte. Doch dann, als der Hauptmann um eine Straßenecke bog, sah ich etwas – etwas, an das ich mich nur zu gut erinnerte. Es hing dort in der Luft wie ein geisterhafter Nebel, zart, körperlos, und erstreckte sich von einer Seite der breiten Straße zur anderen. Dieser eigenartige Nebel legte sich um mich, als ich hineinlief, und der Druck verstärkte sich. Er blieb haften, als ich weiterrannte, setzte sich links und rechts wie Kielwasser fort. Jetzt drehten sich immer mehr Köpfe zu uns um, und zwischen einigen Passanten schien sich der Nebel vorübergehend niederzulassen; die Gesichter veränderten sich, wie von einem plötzlichen Anfall getroffen, einem unvermittelten Aufflackern bestialischer Wut. Das alles geschah nicht nur bei einer Gruppe Skinheads, wahrscheinlich Neonazis, und bei einem fetten, haarigen Typen in einer Nietenlederjacke, sondern auch bei einer normalen jungen Frau, die wie eine biedere Hausfrau aussah, einer Teenagerin mit einer Eistüte in der Hand und einem dicklichen Durchschnittsbürger mit

Hornbrille, der sonst wohl höchstens einem Nachschlag Kalbfleisch gefährlich werden konnte. Einige von ihnen blickten uns nur an; andere jedoch bewegten sich, als gehorchten sie einem Befehl. Noch immer wollte ich mir einreden, meine Einbildung spiele mir einen Streich, doch als ich Alison wieder einen Blick zuwarf, sah sie mich nicht minder alarmiert an und nickte bestätigend. Meine Lungen arbeiteten auf Hochtouren, trotzdem wollte ich ihr etwas Vernünftiges zurufen, als ich die dünnen Nebelschwaden sah, die sich über den Verkehr legten und auf einen Polizeiwagen zuschlingerten, der gerade auf der anderen Seite vorbeifuhr.

Die Reaktion erfolgte prompt: Der Fahrer ging voll in die Bremsen, die Sirene fing an zu jaulen, und der Streifenwagen vollzog mit quietschenden Reifen eine Wende quer über die Straßenbahnschienen – direkt auf uns zu. Alison schrie wütend auf und packte mich am Arm, zog mich über den Bürgersteig und in eine dunkle Seitenstraße hinein. Sie mußte mich nicht groß überreden. Wir bogen gleich um die nächste Ecke, übersprangen einen Schlagbaum, der den Weg in eine Tiefgarage versperrte, und rannten zwischen den nach Benzin stinkenden Wagenreihen auf den gegenüberliegenden Ausgang zu.

»Das sollte uns … von seiner … Fährte abbringen!« stieß sie pfeifend hervor, als wir hinauf und in die nächste düstere Seitenstraße taumelten. Sie lehnte sich an einen Hauseingang und schnappte nach Luft.

Ich beugte mich nach vorne, um dem sich ankündigenden Seitenstechen entgegenzuwirken. »Stimmt … müssen zurück … den Hauptmann …« Dann zog ich sie in den Schatten der Hauswand zurück und zischte: *»Da!«*

Der Ausgang befand sich nicht weit von der Ecke einer breiteren Straße, die nicht so hell erleuchtet war wie die Hauptstraßen und völlig menschenleer. Doch zwei Blocks entfernt kam ein Mann aus einer Gasse heraus, ein Mann, dessen Zustand noch schlimmer als der unsere sein mußte und der wie ein Betrunkener torkelte. Auf die Entfernung konnte man ihn nicht genau erkennen, aber ich war mir ziemlich sicher. Er lehnte sich einen Moment an eine Straßenlaterne und drückte etwas Großes an seine Brust; ich brauchte nicht genauer zu sehen, worum es sich handelte. Unsere unfreiwillige Abkürzung hatte uns wieder auf seine Spur gebracht. Wir mußten uns nur leise an ihn heranschleichen, uns im Schatten halten, und dann hatten wir ihn.

In unserem Zustand der völligen Erschöpfung fiel es uns jedoch schwer, uns langsam und leise zu bewegen. Obwohl Dragovic selbst humpelte und keuchte, holten wir keinen Meter auf. Die Verfolgung sah wohl eher wie ein Wettlauf im Seniorenheim aus. Nach kurzer Zeit tauchte vor uns eine Querstraße auf, dahinter eine Baustelle mit einem hochaufragenden Kran, der wie ein skeletthafter Wächter über den hohen Drahtzaun ragte – zu viele Gelegenheiten, um uns abzuhängen. »Auch das noch!« flüsterte ich und trat aus dem Schatten eines Hauseingangs. »Wir schnappen ihn uns! Vielleicht stolpert er von allein und bricht sich seinen verdammten ...«

Sie packte mich am Arm. »Warte! Er überquert die Straße! Zurück ins Dunkle!«

Zu spät, denn er überquerte die Straße nicht. Er ging direkt auf diesen Zaun zu, stopfte sich den Behälter unter die Uniformjacke und machte Anstalten, daran hinaufzuklettern. Dabei blickte er sich, wie es jeder getan hätte, zuerst noch einmal um – und sah uns. Er humpelte zwar, doch auf diesem Zaun war er schneller als eine erschrockene Katze. Er saß noch oben, da hatten wir den Fuß des Zauns ebenfalls erreicht. Ich sprang hoch, schlug mit dem Schwert nach ihm, verfehlte ihn jedoch um einige Zentimeter, als er sich über den Stacheldraht schwang und auf einem der vielen Sandhaufen auf der anderen Seite landete; ein metallisches Scheppern erklang und schien sich in der Dunkelheit fortzusetzen. Alison kletterte bereits hinter ihm her. Ich stützte ihre Ferse mit der Hand und schob sie hinauf. Oben angekommen, reichte sie mir ungeduldig eine Hand und zog mich hoch, dann sprang sie auf denselben Hügel hinunter und zog dabei ihr Schwert. Sie landete mit dem gleichen Geschepper und stieg den Hügel wie eine Treppe hinab. Ich ließ mein Schwert, wo es war, rutschte beim Aufprall seitlich weg und fiel auf Metall, das unter mir mit einem blechernen Knacken nachgab. Es war die Motorhaube eines alten, verrosteten Autos, über die ich weiter auf eine zweite rutschte. Ich sprang hinab, erwartete festen Boden, landete jedoch auf einer Schräge, die unter mir wie lockeres Geröll nachgab. Ich klammerte mich an dem Auto fest, suchte nach einem Halt für die Füße. Unter mir lauerte die Dunkelheit wie ein tiefer Teich in der Hölle. Etwas berührte mich am Bein, und ich schlug entsetzt mit dem Schwert danach.

»Hier runter!« zischte Alison und zog erneut an meinem Hosenbein. Ich ließ los, stützte mich auf sie, und gemeinsam rutschten und schlitterten wir auf kleinen glatten, abschüssigen Metallflächen in die Dunkelheit hinunter. Kaum hatte ich mein Gleichgewicht gefunden, verlor sie das ihre und wäre, als wir endlich unten ankamen, beinahe kopfüber unter einer Kaskade klappernder Kleinteile gelandet. Ich zog sie wieder hoch, hob das Schwert auf, und gemeinsam spähten wir lauschend in die trübe, unübersichtliche Dunkelheit. Tausend leere Augen starrten zurück, ein makabres Totenhaus leerer Augenhöhlen und klaffend grinsender Münder. Weder Mond noch Sterne leuchteten auf sie herab; sie schimmerten allein im Widerschein der Großstadtlichter, die von den Wolken und der irisierenden Oberfläche einer still zu unseren Füßen schwappenden dunklen Pfütze reflektiert wurden. Das hier war keine Baustelle, es war ein Friedhof, die kommunale Pestgrube für die aufgesammelten Knochen vergammelter Autoleichen, die der Vergessenheit anheimgegeben worden waren. Ihre ausgeweideten Innereien säumten die Hügel, die wir herabgerutscht waren.

»Ganz nach Dantes Geschmack!« murmelte ich, und plötzlich schnipste ich mit den Fingern. »Stuttgart! Ein riesiger Schrottplatz, nicht weit von der Stadtmitte entfernt! *Metallaufbereitung Amerningen!* Das hier gehört zu einer von Lutz' Recycling-Firmen! Vielleicht ist das ein Treffpunkt ...«

Die abrupte, animalische Alarmbereitschaft in Alisons Haltung ließ mich rascher verstummen als jede Geste. Ich folgte ihrem Blick und legte instinktiv einen Arm um ihre Schulter. Die Wolke war zurückgekehrt, schwebte wie Fetzen seidiger Spinnweben draußen vor dem Zaun. Sie war noch dichter geworden. Plötzlich schien sie sich zusammenzuziehen und – nicht durch den Zaun, wie man erwartet hätte – darüber hinweg zu quellen, als handelte es sich um ein einziges Wesen, das sich nicht teilen konnte. Mir fiel auf, daß es auch den Stacheldraht mied. Kalte Schauer liefen über unsere Rücken – wir waren bereit, jederzeit loszulaufen, sollte sich das Ding in unsere Richtung bewegen. Das tat es jedoch nicht. Es glitt herunter, wurde dabei immer dichter und weißer, erstreckte sich wie ein Wasserfall aus dem Nichts bis zum Boden diesseits des Zaunes. Einige Sekunden lang fiel es wabernd herab, dann war es verschwunden.

Wir drehten uns um und rannten los, platschten erschöpft durch diese verdammte Pfütze. Doch Alison stolperte, dann auch ich, als nagte das unter der Oberfläche verborgene Metall an unseren Knöcheln. Als der Lärm losbrach, waren wir beinahe durch. Hinter uns erhob sich der ganze Hang wie bei einem Erdbeben, oder als sei etwas darunter zum Leben erwacht. Kleinteile wurden hoch in die Luft geschleudert, zuerst vereinzelt, dann in hohen Säulen wie Geysire, lange Bänder, die hin und her schaukelten, bevor sie sich wieder auflösten – und all das innerhalb von ein oder zwei Sekunden, während wir entsetzt zuschauten. Dann hörten wir einen lauten, deutlichen Aufprall, und aus dem Schrotthaufen erhob sich so etwas wie ein Kopf, der lange, metallene Scheren schwenkte. Kein menschlicher Kopf: er war mit zwei glänzenden Linsen ausgestattet, doch handelte es sich eher um Halbkugeln aus vielen einzelnen Facetten, die auf einem dreieckigen, ausdruckslosen Schnabel saßen. Darunter knackte etwas wie riesige Freßwerkzeuge. Hinter dem Kopf wölbte sich ein buckliger Körper aus dem Boden und stellte sich schließlich auf sechs matt glänzende Beine, schüttelte kleine Lawinen aus rostigen Metallteilen und tropfendem Altöl sowie abgestandenem Regenwasser von seinem Rücken. Dieses metallische Ding schien selbst aus lauter Schrott-Teilen zusammengesetzt zu sein. Es knarrte und quietschte und klapperte, und doch wirkte es eher organisch als mechanisch. Es mochte etwa drei bis dreieinhalb Meter Durchmesser haben, eine Mischung aus Spinne und abgeflachter Heuschrecke, und es kam im Spinnengang durch den aufgewühlten Teich auf uns zu. Dabei bewegte es sich mit einer Geschwindigkeit, daß es uns, die wir vor Entsetzen wie gelähmt zuschauten, beinahe erwischt hätte. Eine Klaue reckte sich uns entgegen. Ich hatte mein Schwert noch nicht ganz gezogen, da wehrte Alison den Angriff bereits mit ihrer Klinge ab. Als das Ding rasselnd zurückwich, duckte ich mich, hob eine Antriebswelle vom Boden auf und schwang sie wie einen Hammer. Das Scheppern war ohrenbetäubend, und ein Schrotthagel regnete auf uns herab. Das Ding fuhr ratternd zurück, wobei die vorderen Glieder in der Luft zappelten. Ich schleuderte den stählernen Stab wie eine Lanze in Richtung eines der leblos glotzenden Augen, dann ergriffen wir panisch die Flucht.

Das Ding kam hinter uns hergetappt, das Quietschen und Mahlen des rostigen Metalls hatte sich inzwischen in ein leiseres Knirschen, Zischen und Fiepen verwandelt. Wir rannten um die Autos herum, von einer finsteren Ecke in die andere, und immer hörten wir das bösartige Fiepen in unserem Rücken oder hinter der nächsten Ecke vor uns. Das Monstrum kam ganz unerwartet hinter einem Metallstapel hervor oder stellte sich uns einfach mit entnervender Geduld irgendwo in den Weg und wartete. Es bestand kein Zweifel daran, daß es uns wie ein richtiges Tier jagte, doch es war um einiges gerissener als ein normales Tier. Zweimal versuchte ich noch, nach ihm zu schlagen, doch es war auf der Hut; einmal schnappte es die Achse, die ich gerade werfen wollte, und hätte mich daran beinahe an sich gezogen. Wir versuchten immer wieder, durch schmale Gänge zwischen den Schrottstapeln zu entkommen, doch das schreckliche Ding quetschte sich einfach zusammen und schob sich mit dem kreischenden Kratzen von Metall auf Metall ebenfalls hindurch. Wir waren ohnehin schon müde; jetzt rutschten wir aus, blieben irgendwo hängen, fielen auf die Knie, stolperten durch Schutt und schmutzige, verrostete Autoteile. Dabei kamen wir nicht mehr in die Nähe des Zaunes, sondern wurden immer weiter in die Mitte des riesigen Schrottplatzes getrieben, unter die Stützen des gewaltigen Krans, der dort still in der Nacht stand.

»Klettere hinauf!« schrie ich, doch Alison schüttelte träge den Kopf.

»Hat keinen Sinn – es würde hinterherklettern – oder uns einfach abpflücken ...«

In diesem Augenblick schien sich die Dunkelheit in eine Explosion aus Licht zu verwandeln. Ich schüttelte Alison kräftig durch. »Ich klettere!« rief ich. »Du kreist weiter herum! Bleib immer in Bewegung!«

Ihre Augen glitzerten, als sie nach oben blickte; und dann, ausgerechnet in diesem Moment, grinste sie mich mit blitzenden Zähnen an. Diese erstaunliche Frau hatte meine Idee tatsächlich sofort erraten, mehr noch, sie akzeptierte sie ohne ein Wort, obwohl sie sich dadurch in schreckliche Gefahr brachte. Sie hob etwas Schweres auf, einen Zylinderkopf oder so etwas, und schleuderte es dem nahenden Monstrum entgegen. Der Wurf hätte einer olympischen Hammerwerferin gut zu Gesicht gestanden, außerdem hatte sie besser gezielt als ich. Eines der reflektierenden Facettenaugen erlosch in einem Klirren berstender Scheinwerfer. Auch wenn wir nicht damit gerechnet hatten, schien es dem Ding etwas auszumachen. Einen Augenblick lang schwankte es wild von einer Seite zur anderen, dann fixierte es Alison mit dem anderen Auge und stürzte sich auf sie. Doch sie war schon weg, und ich war die Leiter schon mehr als zur Hälfte hinaufgeklettert. Ich betete, daß ich dieses Gerät bedienen konnte. Sie rannte um die Plattform des Krans, als das Ding erneut zustieß, doch sie entfernte sich nie sehr weit. Jetzt hatte ich das kleine Geländer neben der Führerkabine des Krans erreicht. Sie war alt und zerbeult, das Türschloß verrostet; trotzdem würde es einige Sekunden kosten, es zu öffnen, Sekunden, die ich nicht verlieren durfte. Mein Schwert zerschmetterte die Windschutzscheibe aus Sicherheitsglas in unzählige kleine Splitter. Ich kletterte hindurch und riß die Verkleidung des Armaturenbretts ab, um das Ding irgendwie kurzzuschließen.

Es schien Jahrzehnte zu dauern, bis der Motor endlich zögernd ansprang und losratterte. Ich schwang mich in den speckigen Sitz, probierte alle Hebel aus, trat auf sämtliche Pedale. Einen Moment lang versuchte mein verwirrtes Gehirn, Helikopter zu fliegen, doch ich hatte im Hafen einmal einen Kran bedient, und dieser hier war ganz ähnlich – außer daß hier irgendwo ein zusätzlicher Schalter sein müßte. Ich suchte fieberhaft die Armaturen und die verdreckten deutschen Bedienungsanleitungen ab; endlich fand ich ihn – den großen roten Schalter. Ich legte ihn um.

Von unten hörte ich Alison rufen – oder war das ein Schrei? Ich beugte mich aus dem Fenster und sah, wie sie auf eine Motorhaube kletterte und sich dort niederkauerte, die gezückte Klinge vor sich haltend. Mit dem Mut der Verzweiflung stand sie da, und das Ding näherte sich, recht langsam noch, als schöpfte es Verdacht. Nicht zu unrecht, denn sie hatte es genau in die Position gelockt, die ich brauchte. Ich mußte den Kran nicht einmal drehen, sondern ließ die Winde abspulen, das schwere Kabel lief über die Rollen, der große Greifer mit dem aktivierten Elektromagneten am anderen Ende schoß wie eine Harpune auf dieses obszöne Geschöpf nieder und erwischte es mit lautem Scheppern voll am

Rücken. Das Ding zuckte mit einem Schrei wie berstender Stahl zusammen und wollte zurückweichen. Doch im gleichen Moment jagte ich den Motor auf maximale Drehzahl – und holte die Winde ein. Unter normalen Umständen ist das keine sonderlich gute Idee, aber bei aller Vorsicht mußte ich jetzt einfach riskieren, das Getriebe zu ruinieren oder den ganzen Kran umzukippen, was mir zudem herzlich egal war. Wenn es sich so leicht fortbewegen konnte, mußte das Ding hohl sein. Und schon schoß es strampelnd und sich windend in die Lüfte, eine metallene Spinne, die an einem einzigen stählernen Faden hing. Alison machte einen Satz von der Haube und lief um den Fuß des Krans herum. Kaum war sie aus dem Weg, legte ich den Hebel für den Greifer um und drehte den roten Schalter mit dem doppelten Blitz auf *Aus*. Der Greifer schloß sich und zerquetschte den strampelnden Spinnenkörper, dann ließ der abgeschaltete Magnet das malträtierte Ding zu Boden stürzen.

Die knapp acht Meter reichten voll aus. Der Aufprall ließ es in einer großen Explosion in tausend Einzelteile zerbersten, Muttern, Schrauben, Sprengringe, Ventilköpfe, Federn, Zündkerzen, Kugellager, Nockenwellen und Millionen unidentifizierbarer Kleinteile flogen in alle Richtungen – manche sogar bis zur Krankabine herauf – und gingen wie ein prasselnder Hagel auf die Autokadaver nieder. Als die letzte Schraube vom Himmel gefallen war, gab es nichts mehr, was auch nur annähernd an eine Spinne erinnert hätte. Ich würdigte den Schrotthaufen keines Blickes mehr, kletterte die Leiter hinab und rief Alison.

Da, unter mir, kam sie die ersten Sprossen der Leiter hochgeklettert und hielt sich immer wieder den Kopf, wo sie ein Stück herabfallenden Metalls getroffen haben mußte. Trotzdem strahlte sie mit einem wölfischen Grinsen herauf, als sei sie so richtig in ihrem Element, so daß ich sie am liebsten umarmt hätte. »*Sic semper tyrannis!*« jubilierte sie. Gerade als ich mir überlegte, ob ich die Umarmung wagen sollte, packte sie mich an beiden Armen, und ein ohrenbetäubender Lärm erschütterte den Schrottplatz, als wären alle diese geisterhaften Motoren wieder zum Leben erwacht. Es war ein Helikopter, eine riesige, wenn auch schlanke Maschine, die sehr niedrig über die Gebäude herankam, gefährlich niedrig, und der Suchscheinwerfer in ihrer Haifischnase fing an, das Terrain auszuleuchten. Zuerst dachte ich, es müßte die Polizei sein, doch dann streifte der Lichtkegel den Gipfel eines großen Haufens aus Autowracks am anderen Ende des Platzes und verharrte dort leicht kreiselnd, während der Helikopter seine Position zu halten versuchte. Eine gebückte menschliche Gestalt kletterte in den Lichtschein hinauf, und das Licht blinkte fast schmerzlich von dem Behälter unter seinem Arm zu uns herüber.

»Komm schon!« schrie Alison durch den Lärm, und schon rannten wir wieder Seite an Seite wie zwei aufgescheuchte Landstreicher durch die Gassen zwischen den Schrotthalden. Die Gestalt blickte sich um, stieß einen Schrei aus und gestikulierte wild. Eine kurze Strickleiter wurde hinabgeworfen, und Dragovic hakte sich mit dem freien Arm ein. Noch während wir näher heranstolperten, wurden ihm Hände entgegengestreckt, die ihn packten und heraufzogen. Plötzlich drehte sich der Hubschrauber um die eigene Achse, der Lichtstrahl wanderte über Dreck und Schrott und erfaßte uns mit grellem Licht, wie zwei hilflose Kaninchen auf einem Grashügel. Wir tauchten nach links und rechts in Deckung, und schon brüllte das Hämmern eines automatischen Gewehrs auf, übertönte sogar die Hubschraubermotoren; eine Geschoßgarbe durchschlug Karosserien ringsum und heulte als Querschläger von Zylinderblöcken und Querstreben in die Nacht, während der Matsch ringsum in lustigen Fontänen zu tanzen anfing. In diesem Inferno duckten wir uns hinter alles, was wir finden konnten, während der Hubschrauber den Platz im Halbkreis umrundete, den Scheinwerfer wieder ausschaltete und sich rasch in den trüben Nachthimmel erhob.

Es dauerte eine ganze Weile, bis eine ziemlich zittrige Stimme fragte: »Steve?«

Ich selbst brachte nur ein halbersticktes Krächzen zustande: »Alison? Alles klar?«

»Denke schon. Zum Glück haben sie es nicht ernsthaft versucht. Es war eine von Lutz' Maschinen.«

»Richtig. Und dieser Nebel geht ebenfalls auf sein Konto, vermute ich.«

»Die Wolke? Und ...« Keiner von uns wollte es näher benennen. Allein der Gedanke daran ließ mich erzittern. Es war mehr als nur Angst, es war die schreckliche Gewißheit, daß es so etwas nicht geben durfte, die blasphemische Parodie des Lebens in diesem Ding, dessen äußere Form zweifellos sorgfältig gewählt worden war. Die meisten Menschen haben Angst vor Spinnen; ob ich auch dazugehörte, wußte ich nicht genau, doch mußte ich höllisch aufpassen, sonst war es bald soweit. Außerdem glaubte ich nicht an die Hölle. Hier, in dieser schrecklichen Grube, über der das Böse beinahe noch greifbar schwebte, konnte man jedoch einigermaßen ins Grübeln kommen. Was auch immer hinter jenen bösen Mächten stand, handelte entsetzlich falsch – man mußte es ausfindig machen, ihm entgegentreten und es vernichten, bevor es noch schrecklicheres Unheil anrichten konnte, denn es war außer zu Unheil zu nichts anderem fähig. Ob es nun Hölle hieß oder sonstwie, spielte da keine große Rolle mehr.

»Es hat seine Aufgabe jedenfalls gut erfüllt«, sagte sie. »Es hat uns von Dragovic abgelenkt. Zeit genug, sich ein kleines Lufttaxi zu bestellen – vielleicht direkt zum Brocken.«

»Mit dem Helikopter?«

»Auf die gleiche Weise, wie du nach Heilenthal gekommen bist.« Sie seufzte. »Komm, wir gehen besser wieder zurück. Vielleicht kann der Gral etwas tun, selbst wenn wir versagt haben. Ich hoffe nur, daß sie sich nicht die Zeit genommen haben, unsere Maschine zu zerstören. Dragovic weiß, wo sie ist, dieser verdammte Kerl!«

Ich sah sie an, als sie aufstand und unter einem unerwarteten Schmerz zusammenzuckte. Auch mir wurde plötzlich bewußt, daß etwas einen schlimmen Schnitt auf meinem Schienbein hinterlassen hatte, doch die Erschöpfung war beinahe zu groß, als daß es mir etwas ausgemacht hätte. Aber sie – was dachte sie? Diese Frau hatte die Vernichtung all dessen erlebt, wofür sie kämpfte, und auf eine grausam ironische Weise war sie zumindest teilweise selbst dafür verantwortlich. Ich war auf Wutausbrüche vorbereitet, auf Tränen; sogar eine so beherrschte Frau wie meine Freundin Jacquie hätte geweint. Alison hingegen blieb ganz ruhig, dachte logisch weiter, und ich fühlte mich beinahe beleidigt. Eine idiotische Reaktion meinerseits, die sich in der Hauptsache wohl damit erklären ließ, daß ich enttäuscht war, daß ich sie nicht trösten durfte. Ich hatte schon oft Frauen getröstet; erst in diesem Moment wurde mir klar, wie sehr ich mich dabei selbst getröstet hatte.

»Dieser verdammte Schurke!« wiederholte sie auf unserem Rückweg durch diesen schrecklich öden Platz, einem Teil von Lutz' Imperium. »Ich bin auch nicht besser! Ich hätte ihn nicht mitnehmen dürfen!«

Ich versuchte, nicht die üblichen Floskeln loszulassen. Es hätte sie bestimmt beleidigt. »Nein, ich trage die Schuld. Es wäre nie passiert, wenn ich nicht …«

»Nein«, sagte sie unumwunden. »Nein, es mußte so geschehen, zumindest stand dieser Aktion nichts entgegen. Ich trage die Schuld.«

»Du konntest nicht wissen, daß er ein Verräter ist!«

»Ich wußte, daß es Verräter in unseren Reihen gab. Jeder wußte es. Aber es ist nicht nur das. Es ist, weil …« Sie sah mich an. »Ich hätte dir vertrauen sollen. Richtig vertrauen, nicht nur halb. Es hat so sein sollen, und ich habe versagt. Ich hätte auf den Gral hören sollen. Statt dessen müssen noch andere Dinge eine Rolle gespielt haben, Reste dieser alten Abneigung vielleicht. In meinen Augen warst du immer noch …«

»Ich? Wie das denn?«

»Einfach so ... so wie du eben bist. Allein schon wie du *aussiehst* ... Ich weiß auch nicht, ich werde nicht schlau aus dir. Was mich jedoch am meisten verunsichert: Ich hätte meinen Vorurteilen nicht nachgeben dürfen, ich hätte einfach auf meine Gefühle vertrauen sollen. Aber das tat ich nicht. Ich zögerte, ich suchte mir diesen Dreckskerl aus und erlaubte ihm, seine Lieblingsschurken auszuwählen, und machte so ... all das überhaupt erst möglich.«

»Das sehe ich ein wenig anders«, erwiderte ich.

Sie antwortete mit einem seltsamen Lachen. »Danke schön! Momentan brauche ich jegliche moralische Unterstützung, die ich kriegen kann.«

»Sogar meine?«

»Oh, so habe ich es nicht gemeint! Du – ich schätze deine Meinung wirklich. Dich heute abend in Aktion zu erleben«, sie brachte ein richtiges Lachen zustande, »du hast dir deine gockelhafte Herumstolziererei wirklich verdient!«

»Ich stolziere nicht!«

»Doch, tust du. Jedenfalls ein bißchen, sogar in deiner normalen Kleidung; aber mit einem Schwert an der Hüfte, und, na ja, dein Freund Jyp ...«

»Na schön, *er* stolziert schon. Aber ich doch nicht, oder?«

»Und wie. Aber nimm es dir nicht so zu Herzen. Du bist, glaube ich, sehr weit in die Spirale eingedrungen, in sehr kurzer Zeit. Du solltest dich als Novize bewerben.«

»Bitte was?«

»In den Gralsdienst. Du könntest Gralsritter werden, da bin ich sicher. Du kämpfst schon jetzt wie einer ... ich weiß das besser als alle anderen. Außerdem bringst du gleich das richtige Schwert mit.«

»Ich würde lieber *mit* dir kämpfen als mit dir *kämpfen,* wenn du verstehst, was ich meine. Wir sind ein gutes Team.«

»Das stimmt.« Sie schwieg einen Augenblick. »Dragovic war unser bester Schwertkämpfer, abgesehen von den Rittern.

Ich hatte Angst, er würde dich töten. Hätte ich ihn nur gewähren lassen. Du hättest ihn in Stücke gehauen.«

»Ich war müde. Zum Glück hast du ihn zurückgepfiffen. Er hätte mich fast erledigt.« Wir erreichten den Zaun am anderen Ende. Er war sehr hoch, wir total erschöpft, und das Tor befand sich fast auf der gegenüberliegenden Seite. Wir warfen uns einen Blick zu, dann zog ich mein Schwert, und mit den Worten »Ich taufe dich auf den Namen Lutz« fing ich an, mit kräftigen Hieben auf den Zaun einzudreschen. Es hörte sich an, als würde jemand auf einer Riesenharfe spielen. Wir traten einen Schritt zurück, als der Zaun sich teilte und ein großes Dreieck aus Draht sich nach beiden Seiten aufrollte.

»Ich taufe dich Dragovic!« sagte Alison und landete noch einen letzten Schlag. Der Draht riß von den Pfosten ab und kippte nach hinten, wodurch eine große Lücke entstand. Vielleicht wurde irgendwo ein Alarm ausgelöst, doch das war unser geringstes Problem.

»Dragovic«, wiederholte ich den Namen, als wir uns durch die lange Straße schleppten. »Schade, daß er das eben nicht selbst gewesen ist. Was hast du damit gemeint, daß alle von den Verrätern gewußt haben? Ausgerechnet an so einem Ort? In unmittelbarer Nähe des Grals? Wie können sie es wagen – und weshalb tun sie das eigentlich?«

»Oh, Verräter gibt es immer genug in Zeiten ohne König. Es ist niemand da, der die Loyalität der normalen Stadtbevölkerung an sich binden kann, die Loyalität derjenigen, die normalerweise nie in die Nähe des Grals kommen, jedenfalls nicht direkt in seinem Dienst stehen.« Wieder lächelte sie unerwartet milde. »Diejenigen, die der Gral berührt, fallen nie wieder von ihm ab. Kleine Funktionäre jedoch, Anwärter, der eine oder andere Novize – Leute, die zwar erfolgshungrig, aber sehr unsicher sind – können durchaus in Versuchung kommen. Aber Dragovic … nein, das hätte ich nie vermutet. Ich erinnere mich daran, ihn von jedem Verdacht absolut ausgeschlossen zu haben. Er schien … so dienstbeflissen, hatte die

Stadtwache vorbildlich organisiert, aber ... er hatte auch immer ein paar absurde Ideen. Er hatte sich in den Kopf gesetzt, ein Ritter zu werden, obwohl ihm jeder hätte sagen können, daß er dafür nicht geeignet war – was die meisten auch taten. Aber er war so ehrgeizig, so entschlossen, in die Bruderschaft aufgenommen zu werden, seine Zeit als Novize zu umgehen – und genau das würde ein Verräter nicht tun. Denn das bedeutet, dem Gral gegenüberzutreten.«

»Hätte der Gral ihn durchschaut? Getötet?«

»Er hätte bis in sein Innerstes gesehen, ihn aber nicht getötet, nein! Vielleicht hätte er versucht, ihn zu heilen. Das hätte dem Gral eher entsprochen. Das Problem hätte wohl eher darin bestanden, ihn daran zu hindern, sich selbst zu töten, nachdem er so bloßgestellt worden wäre. Es ist keine angenehme Erfahrung, auch wenn man glimpflich davonkommt.«

»Der Gral!« Er ging mir allmählich auf die Nerven, abgesehen von anderen empfindlichen Stellen. Ihre Stimme wirkte immer leicht entrückt, wenn sie das Ding erwähnte. Bei,einer so mutigen, unabhängigen Persönlichkeit kam mir das wie eine dumme Schwäche, ein Makel vor. »Weißt du, daß du von diesem Ding wie von einer Person sprichst?«

Sie warf mir einen prüfenden Blick zu. »Nein, keine Person! Er ist viel, viel mehr ... Aber ja, ich bin mir sicher, daß er irgendwann einmal eine Person gewesen sein muß. Zumindest ein Teil von ihm. Wenn er mit einem spricht ...« Ihr Kopf hob sich einen Moment, und sie schien in die Unendlichkeit zu blicken, so wie Jyp am Steuerruder. »Man spürt die Menschlichkeit einfach, das geht jedem so. Er ist nicht irgendeine umherirrende Intelligenz vom Rand. Er hat menschliches Leben erfahren, vielleicht sogar viele Leben. Es könnten einst sogar mehrere Leute gewesen sein. Und doch ist da noch etwas anderes, etwas ...« Sie machte eine große, umfassende Handbewegung, ihre flache Hand malte einen eleganten Bogen in die Dunkelheit über ihrem Kopf, der für einen Augenblick fast

Substanz anzunehmen schien, als wäre sie von einem Regenbogen gekrönt.

»Willst du damit sagen … ein Gott?«

Sie mußte lachen. »Aber nein! Er ist alles andere als unfehlbar. Er macht Fehler! Und er kann besiegt werden. Das ist schon oft passiert, aber nie vollständig. Ich bin ja selbst noch neu, doch nach dem, was mir die älteren Ritter erzählt haben, ist er seit über einem Jahrhundert – in der Zeitrechnung des Kerns – schon ziemlich schwach. Aber er gibt nicht auf, er macht immer weiter. Er rekrutiert Leute, sucht sie aus, vervollkommnet sie und sendet sie aus, damit sie … Taten vollbringen.«

Bei diesem Ausdruck mußte ich jetzt lachen, so altbacken und viktorianisch hörte er sich aus ihrem Munde an. »Ich nehme an gute, edle und tugendhafte Taten.«

Natürlich nahm sie mich ernst. »Aber nein! Ich hätte mir denken können, daß du das nicht verstehst! Im Kern gibt es keine vollkommen reinen Taten – er ist nicht der Ort für Absolutes, vielmehr vermischt und vermengt sich dort alles. Nein, nur Taten, die zum größten Teil gut sind – mehr kann man hier nicht verlangen. Das und die Ausbreitung der bösen Mächte zu verhindern, die alte Barbarei gleich an der Wurzel zu bekämpfen. Aber die hat meistens unnatürliche Ursprünge, kommt meistens von anderen Mächten, von außerhalb, von denjenigen, die sich von Anarchie und Qualen nähren. Genau so etwas ist der Brocken – vielmehr das, was dort haust. Wir kennen ihn schon seit langer Zeit, schon seit die ersten Siedler aus dem Osten nach Europa kamen, Tausende von Jahren vor Christus. Eine Berggottheit, die die Leute aus dem Osten unter dem Namen *Chernobog* kannten.«

»Der schwarze Gott«, sagte ich und spähte unwillkürlich ringsum in die tiefen Schatten der Seitenstraßen, an denen wir gerade vorbeikamen. Das fröhliche Tosen und Brausen auf der Hauptstraße schien aus einer unendlichen, unerreichbaren Ferne zu kommen.

»Ja, in jenen Tagen lag er sehr dicht am Kern, nur durch einen sehr dünnen Schleier getrennt, und war in der Lage, seinen Wahnsinn beinahe nach Belieben überall zu verbreiten. Der Gral drängte ihn zurück, ihn und andere. Es gibt viele andere.«

»Und du meinst, die meisten schändlichen Taten im Kern und so weiter gehen auf sie zurück? Das kauf' ich dir nicht ab, tut mir leid. Klar, diese Kerle sind böse, sie müssen bekämpft werden. Aber die Menschen – die Menschen müssen mehr als bereit sein, sich auf sie einzulassen, ihnen entgegenzukommen, nach dem zu urteilen, was sie sich gegenseitig, ohne mit der Wimper zu zucken, antun. Oder sogar sich selbst. *Gegen die Dummheit,* erinnerst du dich? Dagegen kommt niemand an.«

Sie wirbelte zu mir herum. »*Wir* halten dagegen. Wir, die Ritter, die Bruderschaft – sie nennt sich so, obwohl viele Frauen in unseren Reihen stehen –, und zwar in allen Zeiten und Gesellschaften, die das zulassen. Wir kämpfen im Krieg, und wir arbeiten im Frieden.« Sie lächelte wieder auf diese süßlich-verehrende Art. »Arbeit wie die meine – die Art von undankbarer, schmutziger Arbeit, die die Struktur einer vernünftigen Gesellschaft zusammenhält. Wir haben viele Menschen aus solchen Jobs rekrutiert.«

Jetzt, wo es in der Luft hing, mußte ich darauf eingehen. »So wie dich?«

»Ja, wie mich. Menschen, die unglücklich, verbittert, nicht mehr im Einklang mit unserer Zeit waren, Menschen wie ich. Der Gral gibt uns die Kraft weiterzumachen und die Macht, die uns dabei hilft. Aber er kann ein Dilemma nicht auflösen, das unvermeidlich damit verbunden scheint. Je weiter wir vordringen, desto mehr fühlen wir uns zwischen den beiden Welten hin und her gerissen, wissen am Ende nicht mehr, in welche wir eigentlich gehören ...«

»Ja, herrjemine, ja doch!« Plötzlich tat mir der Nacken weh, zuckte weißglühender Schmerz durch meine mißbrauchten Sehnen. Der alte Druck kehrte zurück, und auch die kühle

Nachtluft konnte daran nichts ändern. Alison starrte mich erstaunt an.

»Steve, was – du auch, nein!« Sie hatte mein Nicken mitbekommen und lachte auf. »Das hätte ich nie gedacht, nein, ich kann es immer noch nicht glauben! Der souveräne, der selbstzufriedene Steve Fisher, der allen anderen die Butter vom Brot nimmt, Gottes Geschenk an alle leidenden Frauen – und du warst die ganze Zeit über so durchgeknallt wie ich?« Sie lehnte sich an eine Wand und schüttelte sich vor stummem Lachen.

»Vielen Dank für die einfühlsame Studie!« sagte ich wütend. »Vielleicht hättest du ein bißchen genauer hinsehen können, ja? Ich wollte mich nämlich gerade mit dem Gedanken anfreunden, dich ein bißchen zu mögen!«

Sie hörte urplötzlich auf zu lachen, antwortete jedoch zunächst nicht. Nach einer Weile sagte sie leise: »Tut mir leid. Dasselbe kann ich auch sagen. Hab' ich doch auch schon, oder? Ich dachte, wir müßten uns mittlerweile nicht mehr mit den dicken Samthandschuhen anfassen.«

Und wieder erstaunte sie mich, als sie plötzlich eine Hand auf meinen Arm legte. Ich wehrte mich nicht dagegen. Mit einem Mal hatte ich ein ungeheures Bedürfnis nach menschlichem Kontakt. Ich nickte. »Du hast recht. Entschuldige.« Ich sah ihr in die Augen. »Du hast einen wunden Punkt getroffen, das ist alles, und gerade jetzt kann ich das nicht ertragen. Ich bin auch so schon durcheinander genug. Denk einfach, es sei ...« Ich unterbrach mich und starrte die dunkle, gerade Straße entlang, zuerst in die eine, dann die andere Richtung. Alison tat das gleiche, und ihre Finger krallten sich in meinen Arm. Von unserem Standpunkt aus konnte man den Zaun des Schrottplatzes noch gut sehen. Zweifellos liefen dort jetzt mehrere Gestalten herum, sahen sich um, suchten etwas.

»Lutz läßt die Sache wohl doch nicht auf sich beruhen!« Meine Hand glitt auf den Schwertknauf. »Vielleicht sollten wir jetzt ein für allemal reinen Tisch machen.«

Ihre Hand lag noch auf meinem Arm. »Das würde ich nicht

tun! Sieh nur!« Die Gestalten hatten das Loch im Zaun entdeckt und schlüpften einer nach dem anderen hindurch. Wir waren vorhin beide nebeneinander durchgelaufen. »Kinder der Nacht! Voll ausgewachsen!«

Weiterer Worte bedurfte es nicht. Wir marschierten wieder los, rasch, aber leise, immer darauf bedacht, im Schatten zu bleiben. Zu laufen trauten wir uns nicht. Wie leicht hätte jemandem die hastige Bewegung auffallen können. »Zurück zur Hauptstraße?« flüsterte ich Alison ins Ohr. Die Aussicht auf bunte Lichter und Menschenmengen schien jetzt beinahe wie eine Zuflucht.

»Nein. Höchstwahrscheinlich halten sich dort die Jungen auf, sie gehen meist als Menschen durch – na ja, du kennst sie ja. Wir würden nur unseren Vorsprung aufs Spiel setzen. Am besten gehen wir weiter. Sie sind zu schwerfällig, um uns einzuholen. Dieser Dreckskerl!«

Ich warf erneut einen Blick über die Schulter. »Lutz? Ich habe den unbestimmten Eindruck, daß nicht er dahintersteckt. Er zieht menschliche Diener vor. Ich glaube, da sind zwei Jäger auf unserer Fährte, unabhängig voneinander und ohne vom anderen zu wissen. Das würde einiges erklären.«

Sie warf mir einen alarmierten Blick zu und nickte. »Du meinst, warum dich Lutz in dem Moment umzubringen versuchte, in dem du ihn zurückgewiesen hast? Damit Le Stryge nichts davon erfährt? Könnte sein. Die alte Barbarei – Verbündete, die einander nicht trauen. Vielleicht haben wir deshalb keinen von Lutz' Leuten hier gesehen.«

»Hoffentlich ist es so. Wir müssen vorsichtig sein, denk an den Hubschrauber. Wenigstens kommt dort vorne eine Kurve. Sobald wir außer Sichtweite sind, können wir riskieren zu rennen.«

Wir schafften noch einen knappen Kilometer in gutem Tempo, dann konnten wir, trotz des einsetzenden Nieselregens, ebensogut gehen. Einen halben Kilometer weiter mußten wir haltmachen und ließen uns in einen netten, gemütlichen Hauseingang sinken. Von irgendwoher traf mich ein letzter kühler Regentropfen auf die Wange und rann herab. Ich blickte auf und sah, wie sich die Feuchtigkeit an einem Messingschild sammelte. Die Plakette erinnerte an ein berühmtes Haus, das an dieser Stelle gestanden hatte – bis 1945. Alisons Blick folgte meinem. »Barbarei. Eine Erinnerung daran.«

»Sind wir heute nicht etwa weiter?« seufzte ich. »Ich weiß, wir hacken noch immer aufeinander herum, aber schließlich formt sich doch so etwas wie ein Vereintes Europa, oder nicht? Wir sind näher dran als je zuvor!«

Sie rieb sich müde die Augen. »Wie man's nimmt. Was ist mit der Jungsteinzeit, als die Menschen, ohne sich zu bekriegen, Metall und Werkzeuge quer durch ganz Europa tauschten und handelten? Was ist mit dem Römischen Reich? Oder mit dem Heiligen Römischen Reich? Sogar unter Napoleon gab es ein Europa, obwohl das, zugegeben, von Anfang an verzerrt, nie in diesem Sinne gedacht war. Auch die Französische Revolution hatte einen guten und richtigen Ansatz, aber schon bald übernahm etwas anderes das Ruder. Was folgte, war Terror und später Napoleon, ein größenwahnsinniger militärischer Diktator anstelle einer konstitutionellen Monarchie unter Necker.«

»Wer bitte?«

»Genau. Manchmal versuchte es der Gral auf der kulturellen Schiene, zog die Politik nach sich – etwa in der Zeit der Karolinger, der Zeit der großen Mönchsorden. Im Mittelalter herrschte in Europa über lange Zeiträume relativer Frieden; die Verbindungen zwischen den Universitäten und den Gelehrten reichten weit über politische Grenzen hinweg, Latein war zu einer *lingua franca* geworden. Dann kam der Hundertjährige Krieg. Es folgte die Aufklärung, und kurz darauf wieder der Terror. Dann kam das neunzehnte Jahrhundert – Weimar und Bayern, dann Preußen und Bismarck; das Viktorianische England, dann der Erste Weltkrieg. Und der Nationalismus, der Nationalsozialismus, der Kalte Krieg, der Eiserne

Vorhang und seine horrenden Nachwehen. Danach war wieder alles offen. Auch heute gibt es einige Anzeichen von Gleichklang – oh, nicht unbedingt die EU selbst, mit ihren Pannen und ihrem aufgeblasenen Apparat, sondern eher ihre Voraussetzungen und Grundbedingungen, die sie überhaupt entstehen lassen. Aber es ist nicht so, daß sich da etwas formt, wie du es ausdrückst. Der Gral selbst ist der Schöpfer – und es gibt genügend Feinde, die auch dieses Werk zerstören möchten.«

Ich sagte nichts. Ich hatte momentan genug damit zu tun, die Geschichte so zu betrachten, wie es mir eben nahegelegt worden war, und auch damit, mich wie eine winzige Feder in einem gigantischen Wirbelsturm zu fühlen. Sie hakte sich kameradschaftlich bei mir unter, eine sehr willkommene Wärme.

»Auch da müssen wir uns bei dir entschuldigen. Wir saßen nämlich alle wie auf glühenden Kohlen und fragten uns, aus welcher Richtung der erste Angriff erfolgen würde. Deshalb wurdest du damals ohne Vorwarnung beschossen. Wir erwarteten einen Angriff auf die Stadt, und die Patrouillen wurden immer nervöser. Le Stryge hatte uns mit seinen Wanderungen über unsere Bergwiesen schon genug Ärger bereitet – er und seine widerlichen Kreaturen.«

»Meinst du diese Nachtkinder-Dinger? Was sind das überhaupt für Geschöpfe?«

Sie warf rasch den Kopf zur Seite, als hinter uns in der Straße etwas klapperte, doch es war nur ein Schild, das sich in der kühlen Brise bewegte. »Wir machen uns besser wieder auf den Weg. Du kennst doch die Wölfe. Die Kinder sind, nach der Zeitrechnung des Kerns jedenfalls, erst vor kurzem aufgetaucht, doch wenn die Gerüchte stimmen, machen sie die fehlende Zeit sehr schnell wett.«

Ich rappelte mich auf. »Noch eine Unterspezies aus der Spirale? Eine Kreuzung, vielleicht zwischen Menschen und ...«

»Anderen. Ja. Nach dem, was ich gehört habe, geschah es im letzten Jahrhundert, vor Ende des Zweiten Weltkriegs. Die

Russen trieben einen Haufen der allerübelsten Nazi-Kriegsgefangenen zusammen – KZ-Wächter, Psychopathen aus den Strafbataillonen, sowohl Männer als auch Frauen. Ich glaube, auch einige kroatische und türkische SS-Leute waren dabei. Normalerweise wurden diese Typen in Lagern gehalten und vom KGB gefilmt, um anschließend, je nach Eignung, den Leuten in Schauprozessen vorgeführt zu werden. Andere wurden einfach erschossen – oder rekrutiert. Dieser Haufen jedoch wurde von einem russischen Wachtrupp – ein ähnlich mieser Haufen wie die Gefangenen selbst, sogar nach KGB-Standards – in einen besonders entlegenen Teil Sibiriens gebracht. Dort hat man sie allem Anschein nach einfach vergessen. Die Nachschublieferungen kamen immer seltener und blieben schließlich ganz aus. Das Leben in den Lagern degenerierte, Wachen und Gefangene vermischten sich. Sie fingen an, sich an der einheimischen Bevölkerung gütlich zu tun. Durch die Kollektivierung und die Wirren des Krieges gab es im Umkreis von Hunderten von Kilometern keinen Vertreter der Staatsmacht mehr, der sie hätte aufhalten können. Wenn sie kein Essen stehlen konnten, nahmen sie die Leute selbst mit. Das war kein Einzelfall und in Rußland in den Zeiten der Kollektivierung überall verbreitet. Doch diese Kreaturen fanden Gefallen daran, hielten ihre Opfer wie Vieh lebendig gefangen und fingen an, sie zum Spaß zu jagen. Schon bald lebten sie allein in einem riesigen, verlassenen Gebiet, und dann … geschah etwas. Inzwischen war Stalin gestorben, Berija ermordet, sehr viele Staatsdiener liquidiert und die geheimen Archive geöffnet worden. Flüchtlinge aus diesem Gebiet verschwanden nicht mehr einfach – zumindest nicht ohne zuvor mit den richtigen Leuten gesprochen zu haben. Als schließlich ein KGB-Trupp zusammengestellt wurde, um sich um das Lager zu kümmern, konnten sie keine Spur mehr davon finden, und der verantwortliche Offizier schloß daraus, daß sie alle in der Wildnis krepiert seien. Das war jedoch nicht der Fall.« Ich sah, wie sich ihr Gesicht verzog, als sie nach hinten blickte und ihren Schritt etwas beschleunigte. »Vielleicht sind sie durch eigenes Zutun hinaus auf die Spirale geraten, ich glaube jedoch, daß sie dorthin geholt wurden.«

»Von wem? Von was?«

»Von was auch immer – etwas, das ihre Gegenwart spürte, die Hand ausstreckte und sie hereinholte. Dieses Gebiet hatte schon seit Jahrhunderten einen schlechten Ruf. Ich habe mich immer gefragt, ob jemand eine derartige Konzentration böser Menschen vielleicht absichtlich dort hinschickte, als Experiment – oder als Geschenk!«

»Großer Gott!« war alles, was mir dazu einfiel. Hinter mir heulte der Wind.

»Eines ist jedenfalls sicher. Draußen in der Spirale, in der Zeitlosigkeit, haben sie sich vermehrt und weiterentwickelt, sogar eine Art Kultur nach ihren eigenen, psychopathischen Regeln entwickelt – und sie veränderten sich allmählich. Sie wurden zu den Kreaturen, die du jetzt sehen kannst, mit ihren ganz eigenen kleinen Angewohnheiten. Du kennst die Spirale, wie sie in den Schatten vergangene und zukünftige Zeiten vermengt … nun ja, ich jedenfalls habe mich schon immer gefragt, was mit diesen Riesen aus den Märchen der Gebrüder Grimm …«

»Bu-huhu und das alles?«

»Und aufgespießte Köpfe, Körper an Haken, schreckliche Grausamkeiten – so leben sie. Doch sie waren noch nie so weit verbreitet. Hin und wieder traf ein Mensch auf einen von ihnen, was selten gut ausging. Man ging immer davon aus, es handele sich um eine unbedeutende Rasse, bei weitem nicht so zahlreich wie die Wölfe oder andere Unholde. Doch jetzt, wo sie bereits als Menschen durchgehen – zumindest die Heranwachsenden – und bei jedem Krawall auftauchen, bin ich mir nicht mehr so sicher. Vielleicht hat sie jemand aufgespart, und jetzt ist der Tag der Abrechnung gekommen.« Wieder wanderte ihr Blick von mir weg und über die Schulter zurück. »Ich hatte angenommen, dein Freund, der Baron, steckt dahinter –

zusammen mit dir. Das war einer der Gründe, warum ich so hartnäckig hinter dir her war, und natürlich mußte ich an jenem Abend, an dem ich dich mit ihnen erwischte, die falschen Schlüsse ziehen. Bis mir auffiel, daß da etwas bei dir nicht zusammenpaßt – nein, das ist so nicht richtig. Bis mir auffiel, daß die Person, die ich mir aus papiernen Informationen und Vorurteilen zusammengebastelt hatte, nicht mit der wirklichen Person zusammenpaßte. Wer auch immer das ist.«

»Weißt du das noch immer nicht?«

»Ich weiß nur, daß ich mich getäuscht habe.«

Jetzt fing es ordentlich zu regnen an; wie Stahlkugeln fielen die Tropfen herab, eiskalt und beinahe schmerzend prasselten sie auf Kopf und Schultern. Wir wagten nicht, noch länger abzuwarten, und trotteten weiter, schweigend und mit hängenden Köpfen. Ohne die Augen mit der Hand zu schützen, konnten wir kaum etwas sehen. Ich hoffte inniglich, daß auch die Kinder der Nacht damit zu kämpfen hatten. Nach einigen wirklich üblen und sehr nassen Kilometern zogen die Regenwolken unerwartet schnell weiter und ließen uns frierend im kalten Wind zurück. Wir hatten die Stadt schon lange hinter uns gelassen und befanden uns inzwischen im Industriegebiet. Hier sahen alle Gebäude gleich aus. Wir blickten uns um, versuchten uns zu orientieren, wählten eine Straße aus und fingen, trotz aller Erschöpfung, wieder zu rennen an, um warm zu bleiben.

»Was ich vorhin gesagt habe«, platzte es aus ihr heraus, »klang wohl nicht unbedingt wie eine Entschuldigung, oder? Es tut mir aber leid, sehr leid. Ich hätte es bemerken müssen. Doch dann wurde die Lanze gestohlen, und ich kam völlig von der Rolle. Viele von uns rechneten mit dem Schlimmsten, und wir hatten nicht einmal unrecht damit. Mit der Ausnahme, daß du mittendrin in diesem Tohuwabohu warst, aber nicht als großer Drahtzieher, sondern als Unschuldiger. Du standest von Amerningen dabei im Weg, den Transportdienst zu übernehmen, und du hast Le Stryges Plan, die Lanze zu entwenden, vereitelt. Darauf konnte sich keiner einen Reim machen, es paßte nicht zusammen – und es paßt noch immer nicht. Wie konnten sie nur so unvorsichtig sein?«

»Es sei denn …« Mit dieser eigenartigen Vorstellungswelt konfrontiert, fühlte ich mich plötzlich so jung und naiv wie schon lange nicht mehr. »Es sei denn, es spielte keine große Rolle, ob diese Pläne als solche ausgeführt wurden. Vielleicht waren es lediglich Zwischenfälle, Ablenkungsmanöver, die einen größeren Plan verschleiern.«

Alison lachte entsetzt und nervös zugleich. »Größer als der, die Lanze zu entwenden? Größer als dieser Frevel?«

Ich antwortete nicht. Ich schloß meine Finger schweigend um ihre und streckte den Zeigefinger aus. Vor uns lagen die Lichter der Industrieanlagen, genauso, wie wir sie verlassen hatten. Genau vor uns blitzte das Blaulicht eines Polizeiautos auf, das hinter dem Schienengüterdepot patrouillierte. Wir beobachteten seine Fahrt und sahen, daß es, ohne langsamer zu werden, durch das Tor zum C-Tran-Depot hindurchfuhr und hinaus auf die Zufahrtsstraße zum anderen Teil des Geländes. Es handelte sich um einen Wagen des Wachschutzes, nicht um reguläre Polizisten. Sonst schien alles ruhig zu sein. Also hatte wohl niemand etwas von dem Lärm mitbekommen, den wir veranstaltet hatten, was mitten in der Nacht auf einem abgelegenen Gelände nicht weiter verwunderlich war. Der Helikopter war von der Straße aus ohnehin nicht zu sehen.

Wir ließen uns Zeit, pirschten uns förmlich an ihn heran, wie an einen scheuen Stahlvogel, der jeden Augenblick davonflattern konnte. Wir suchten mit brennenden Augen sämtliche dunklen Ecken der Umgebung ab, gleichzeitig tickte die Ungeduld wie eine Zeitbombe in unseren Hinterköpfen; als wir schließlich in gebückter Haltung an die Maschine heranschlichen, suchten wir sie in aller Ausführlichkeit nach irgendwelchen Anzeichen von Sabotage ab. Wir fanden absolut nichts, und doch zuckte ich innerlich zusammen, als ich auf den Starter drückte und die Wände der Lagerhallen das dröhnende Knattern zurückwarfen. Lutz' Leute hatten nicht daran gedacht, oder sie trauten sich aus Angst vor Le Stryges Kreaturen nicht, sich hier länger aufzuhalten. Auch die Polizei hatte uns nicht erwischt. Das war reines Glück, das wir jedoch dringend gebrauchen konnten. Ich war froh, daß wir nur einen kurzen Flug vor uns hatten, zu mehr wäre ich nicht mehr fähig gewesen. Als die kleine Maschine aufstieg, diesmal weit weniger schwer beladen, drehte ich sie um ihre eigene Achse und sah Alisons sardonisches Grinsen, als sie auf das C-Tran-Depot hinabblickte. Irgend jemand würde morgen früh die Polizei verständigen, und die Berichte würden alarmierend genug ausfallen, um früher oder später auf meinem Schreibtisch zu landen. Ein Riesendurcheinander, keine Anzeichen für einen Einbruch und zwei unidentifizierte Leichen in Husarenuniform – ich freute mich regelrecht auf die Berichte. Jeder Manager, der für das alles eine logische Erklärung fand, hatte sich seine nächste Beförderung und noch einiges mehr redlich verdient. Allerdings hätte ich jedes Problem dieser Art der Konfrontation vorgezogen, die mich jetzt erwartete.

*

Wir sahen alle drei auf, als die große Tür sanft aufgestoßen wurde – besser gesagt, wir sprangen auf. Da stand Alison, und neben ihr ein großer, in das gleiche Grau gekleideter Mann, der sein Schwert in der Armbeuge hielt. Ihr Gesicht war ausdruckslos, bewußt offiziell. Trotzdem glaubte ich, eine gewisse Unsicherheit darin zu entdecken. Der Mann gab sich gleichermaßen undurchdringlich, doch zumindest lagen in seinen gefurchten Zügen weder Zorn noch Feindseligkeit, auch nicht in seiner eher lässigen Haltung. Seine Stimme klang tief und entschlossen: »Welcher von Ihnen ist Stephen Fisher? Lady Alison hat uns Ihren Fall vorgetragen, und wir sind zu dem Schluß gekommen, daß Sie uns zwar geschadet haben, wohl aber nicht für Ihre Taten verantwortlich zu machen sind. Außerdem wissen wir Ihre großen Bemühungen, die Tat wiedergutzumachen, sehr zu schätzen.«

Ich atmete tief durch. »Vielen Dank. Das ist sehr fair von Ihnen.«

Er neigte huldvoll den Kopf. »Dessenungeachtet müssen wir überprüfen, was der Gral selbst von dieser Angelegenheit hält, und dabei womöglich erfahren, weshalb es Ihnen überhaupt möglich war, die Lanze zu entwenden. Ihren Freunden ist es erlaubt, Sie zu begleiten.«

Jyps freundliches Gesicht sah plötzlich etwas starr aus. »Oh, tatsächlich? Also, ich, äh, wenn es Ihnen nichts ausmachen würde, Mister, also … «

»Jyp!« murmelte ich. »Ich habe darum gebeten, weißt du das nicht mehr? Wir waren uns doch einig!«

»Hör mal, ich habe Rückenschmerzen!« stammelte er. »Der ganze Nervenstrang tut auf einmal höllisch weh, ehrlich …«

»Ich kenne dich! Damit kannst du niemandem etwas vormachen.« Ich wandte mich an Mall: »Mall, kannst du ihm nicht sagen, daß er …«

Mall wandte mir ein aschfahles Gesicht zu. Aschfahl, mit feinen Schweißperlen an den Schläfen. Ihre Finger spielten nervös mit den langen blonden Locken. »Ich bin bereit«, war alles, was sie mit einem heiseren Baritonkrächzen herausbrachte. Dann fügte sie hastig hinzu: »Fast!« und verschwand in dem langen Korridor hinter uns. Dort schlug eine Tür zu, und ich stand mit offenem Mund da. Mall hatte ganz offensichtlich soviel Angst wie ein kleines Mädchen am ersten Tag im Kindergarten. Da sie sich schon seit den Zeiten von James VI. auf den brandgefährlichen Seitenstraßen der Spirale auf sich allein gestellt durchschlug, ein weiblicher Paladin von beeindruckender Stärke und großem Mut, stutzte ich jetzt doch gewaltig. Daß sie mehr als jeder andere von uns eine übermenschliche Macht in sich barg, machte die Sache auch nicht verständlicher. Warum nur hatte ich keine Angst? Wahrscheinlich war ich viel zu naiv dazu. Dergleichen ist schon öfter vorgekommen. Wie der kleine Azteke, der sich fragt, warum die Spanier diese seltsamen Rohre auf ihn richten; oder wie einer seiner Vettern aus dem Amazonasgebiet, der in einer illegalen Giftmüllhalde herumwandert.

Mall kam zurück, schloß die Gürtelschnalle und lächelte Alison entschuldigend zu. Die wiederum nickte, noch immer sehr förmlich, und ging uns durch die riesige Säulenhalle des Rittersaals, wo wir gewartet hatten, voran. Von dort aus führte unser Weg quer über den Platz auf die hochgewölbte Brücke über der Schlucht zu. Der Fluß war damals voller kleiner Boote gewesen, doch jetzt lagen alle fest vertäut an den Kais; bis auf einige tief im Wasser liegende Frachtschiffe, die vor dem schweren Eisengitter des Wassertors vor Anker lagen, dort, wo die Stadtmauer den Fluß überspannte, war das Wasser leer. Jyp nickte mit dem Kopf in ihre Richtung. »Kanonenboote, ziemlich große. Da sind nicht nur gewöhnliche Kanonen drauf, sondern große Seegeschütze, Granatwerfer, vielleicht sogar Hinterlader mit Verschlußblock. Von denen gibt es nicht sehr viele auf der Spirale draußen – und von denen hier auch nicht«, fügte er hinzu und zeigte auf ein Luftschiff, das sanft an seinem Ankermast am gegenüberliegenden Flußufer in der Luft schaukelte. »Selbst mit heutigen Waffen wäre die Stadt eine ziemlich harte Nuß. So etwas ist nur möglich, weil sie eine funktionierende Gemeinschaft aufgebaut haben, in der sich die Leute niederlassen und lange Leben führen können, ohne immer wieder in den Kern zurückzukehren. Auf diese Weise entwickeln sich komplexere handwerkliche Fähigkeiten, sogar Industrie.« Sein Blick wanderte die unglaublich hohen Türme der Gralshalle hinauf. »Diese ganze Stadt hier zu unterhalten, heiliger Strohsack, das braucht jede Menge Macht, mehr, als mir je untergekommen ist! Und bei dieser Macht sind wir jetzt zur Audienz geladen, Stevie-Boy! Also schwing dich nicht wieder gleich auf dein hohes Roß, ja? Denn jetzt ist wirklich …«

»Du bist der Navigator!« sagte ich grinsend.

»Nicht in diesen Gewässern. Ich habe dir den bestmöglichen Kurs gezeigt. Stürme und Sandbänke sind jetzt deine Sache. Also, da wären wir ja. Alles klar, Mall, altes Mädchen?«

Mall hatte mich am Arm gefaßt, und jetzt griff sie so fest zu, daß mir die Knochen schmerzten; für einen Moment sah ich ein Zögern in ihren Augen aufflackern, ihre Beine schienen jeden Augenblick wegzuknicken. »Aye, muß ja. Ich habe am Becher genippt, jetzt muß ich ihn wohl oder übel bis zum Boden leeren. Doch ich spüre wirklich einen *tremor cordis*, ganz ehrlich ...« Ich stützte sie, so gut es ging, und Alison warf mir einen eigenartigen, noch immer nicht zu interpretierenden Blick zu. Sie schritt auf das hohe Tor der Halle zu und schwang es weit auf. Dunkelheit kam wie ein unsichtbarer Vorhang nach draußen gequollen. Malls Hand rutschte von meinem Arm. Ich fing sie auf und mußte sie praktisch über die Schwelle tragen.

Drinnen angekommen, hielt sie sich wieder allein auf den Beinen, atmete schwer und zuckte nur ein bißchen zusammen, als die Türflügel sich wieder schlossen und das Tageslicht aussperrten. Jyp war hellwach, blickte sich listig um, reckte die Nase in die reglose Luft und nickte dann lebhaft, aber respektvoll zu der Gruppe hinüber, die hier auf uns gewartet hatte. Mall vollführte eine so heftige und tiefe Verbeugung, daß ihre Haare beinahe die Bodenfliesen berührt hätten. Ich wählte die höfliche fernöstliche Variante, die ich in meinem Kurs in japanischer Etikette gelernt hatte, und betrachtete neugierig die Versammlung herrlicher Ritter. Die meisten von ihnen waren alt – was laut Alison allein schon recht ungewöhnlich war. In der Regel verbrachten sie zuviel Zeit im Kern, um von der Zeitlosigkeit der Spirale zu profitieren, obwohl der Gral selbst ihre Jugend und ihre Kraft weit über das normale Maß hinaus verlängerte. Nur diejenigen, die ein hohes Alter erreichten – offensichtlich nicht sehr viele –, zogen sich hierher zurück, hörten auf zu altern, bis sie schließlich auch davon genug hatten und zum Sterben in den Kern zurückkehrten. Zur Zeit waren fast nur noch die älteren Ritter in Heilenberg verblieben, Männer und Frauen, die schon deutlich über sechzig waren. Ich sah nur ein paar jüngere Männer, beide ungefähr in meinem Alter, und außer Alison noch zwei junge Frauen; die eine, eine kleine Blondine, hätte ich höchstens auf fünfundzwanzig geschätzt. Doch auch ihre Augen strahlten die gleiche Ruhe wie die der anderen aus, und sie war es auch, die uns aufforderte, den Korridor hinunterzugehen. Alison und die Ritter schlossen sich uns zu beiden Seiten an, gingen plötzlich im Gleichschritt wie eine Schildwache, und wir marschierten auf die große Haupthalle zu.

Sie war heller, als ich es in Erinnerung hatte – besser gesagt, es sah aus, als hätten sich die Schatten auf Flügeln davongemacht und hingen jetzt mit dem Kopf nach unten von der Kuppel herab. Sonnenlicht fiel in schmalen Streifen über den mosaikartig zusammengesetzten Boden und erwärmte den Stein der umgebenden Säulen. Das Podium und seine Bürde hüllten sich noch immer in einen Mantel aus Zwielicht. Gerade als ich den gefliesten Boden betreten wollte, zog mich der Ritter an der Spitze höflich, aber bestimmt zurück und führte uns in die Galerie hinter den Säulen. Ich erinnerte mich daran, daß mich die Wachen damals umkreist und sich nicht in die Mitte gewagt hatten, und beobachtete, wie sich die Ritter in einem weiten Bogen zu beiden Seiten des Eingangs aufstellten. Wenn es sehr voll war, konnte die Galerie auf diese Weise an die dreihundert Leute fassen, überschlug ich rasch. Als alle ihre Plätze eingenommen hatten, wartete ich auf eine Art von Zeremonie, doch die Ritter standen einfach da und warteten, hefteten ihre Blicke mit einer unmißverständlichen Intensität auf die Empore. Mall tat es ihnen nach, und obwohl Jyp keine sichtbaren Anstrengungen traf, sie zu imitieren, hielt ich es für das beste, mich darauf einzulassen. Ich versuchte mich zu konzentrieren, starrte fest auf die düstere Masse und heftete auch meine Gedanken darauf. Nach fünf Minuten hatte ich nichts anderes erreicht als tanzende Punkte vor den Augen und Kopfschmerzen, ungefähr der gleiche Effekt, der sich bei einem abgeschalteten Fernsehapparat einstellt. Die warme, stehende Luft und die absolute Stille lagen wie eine schwere Bettdecke auf mir. Ich lehnte mich gegen eine sonnenwarme Säule, die übermüdeten Augen fielen mir zu, und ich schlief im Stehen ein – bis mich der Klang von Alisons Stimme drängend und bittend in die Wirklichkeit zurückrief. Sie stand dort draußen am Rand des Fliesenbodens, und ich dachte schon, sie hielte eine Ansprache; doch obwohl ich deutlich hörte, wie ihre Worte in der Kuppel hallten, bewegten sich ihre Lippen kein bißchen.

»Wir brauchen deinen Rat, sehr dringend. Du weißt, was geschehen ist. Du weißt, wie ich die Geschichte gesehen habe. Wir sind noch immer ratlos, wir wissen nicht genug, um richtig reagieren zu können, wir können uns auf keine Vorgehensweise einigen. Du mußt reden. Du mußt uns beraten.«

Nichts rührte sich; und doch geschah etwas. Der Winkel des Lichts schien sich zu verändern, auszudehnen, sich zu verbreitern, bis plötzlich ein Fleck an der nackten Wand angestrahlt wurde und ein glühendes Fresko im frühmittelalterlichen Stil heraushob, auf dem ein bärtiger König voller Autorität abgebildet war. Noch immer hüllte uns Zwielicht ein, doch neben mir glühte und glitzerte etwas. Malls Haar erstrahlte, als würde es von der leuchtenden Morgensonne beschienen, und obwohl die Luft so warm und unbewegt wie zuvor war, wehte es leise. Mit geschlossenen Augen legte sie den Kopf zurück und hob die Arme; ihre geröteten Wangen glühten jetzt wie Feuer. Rings um sie herum herrschte schwarze Dunkelheit – sie badete im Licht, obwohl sie kein einziger Strahl aus der Halle erreichte. Die Hauptstrahlen schienen jetzt direkt auf den Mittelpunkt herab, überfluteten das niedrige Podest und das kreisförmige Objekt der Anbetung – den halb mit dem schweren, tiefroten Mantel bedeckten Stein – mit einem übernatürlich goldenen Schein. Glühende Staubpartikel tanzten über dem Gefäß, und die Luft schien von der Gegenwart eines fremden Wesens erfüllt zu sein.

»Darf ich erneut fragen?« erkundigte sich Alison, bevor ihre Stimme die Lippen verlassen hatte. »Die Lanze – wir können dem Brocken noch immer zuvorkommen –, aber die Zeit drängt! Wir müssen handeln!«

Ich spürte, daß ich sprechen mußte, fragen, so wie ich es bereits beim ersten Mal hätte tun sollen. Doch ich hatte nicht die geringste Ahnung, was; meine Zunge war wie gelähmt. Und es half auch nichts, daß ich wegen dieser ungerührten Stille vor uns allmählich ungeduldig wurde. Die Ernsthaftigkeit, die Qual in Alisons Stimme, die tiefe Besorgnis auf den Gesichtern der anderen Ritter, das alles verlangte nach irgendeiner Antwort.

»Wir müssen deine Meinung hören! Sollen wir ihn suchen? Wie viele von uns? Wie sollen wir angreifen? Bitte!«

Schweigen.

Ich spürte, wie sich mein Gesicht vor innerer Hitze und Wut rötete. Jetzt sprach ich, es platzte laut und mit einer Kraft, die mich selbst am meisten überraschte, aus mir heraus: *»Sie hat recht!* Warum antwortest du nicht? Was willst du denn noch, verdammt noch mal? Mich? Na schön, Sangraal, oder was immer du bist, hier hast du mich. Ich werde gehen. Ich werde deine Lanze suchen – wenn es sein muß, allein! Aber du kannst wenigstens sagen, ob du es jemandem verbietest, mit mir zu kommen!«

An dieser Stelle hielt ich inne, denn alle Augen in der Halle ruhten jetzt auf mir. Ich stand mitten in der Gralshalle; offensichtlich mußte ich vor Wut einfach drauflosmarschiert sein. Ich wollte auf der Stelle im Boden versinken. Schon wieder hatte ich ein Sakrileg begangen – oder doch nicht?

Die Ritter schienen eher erstaunt als erzürnt zu sein; Alisons Augen glitzerten in einem Anflug von Gold. Ich drehte mich auf dem Absatz um und ging einfach an ihnen vorbei auf den düster leuchtenden Eingang zu. Ganz plötzlich verspürte ich das Bedürfnis nach frischer Luft, wollte heraus aus diesem stickigen Mausoleum; ich schien innerlich zu verbrennen. Hinter mir erklangen Schritte, dann ein Stimmengemurmel, zunächst sehr beklommen. Die Ritter marschierten ohne jede weitere Zeremonie hinter mir im Gänsemarsch hinaus. Sie wußten auch keine andere Antwort. Aus welchen Gründen auch immer, diese große Macht schien sich nicht zu einer Antwort herabzulassen, nicht einmal den eigenen Leuten gegenüber.

Ich packte Malls sehnigen Arm. »Du! Du hast etwas gespürt. Was war das? Hat es dir etwas gesagt?«

Sie lächelte, doch nicht ihr gewohntes zähnefletschendes Lächeln, sondern eher ein fast schläfriges, verträumtes Strahlen. »Ich? Nein, kein Wort kam zu mir. Es war da, das war genug. Wie soll ich es dir erklären? Als ob ich meine Fiedel in die Bäume hänge, damit die Saiten im Widerhall der hindurchstreichenden Winde erklingen – wie die Windharfe, das himmlische Instrument. Ich war die Saiten, die im Atem dieser mächtigen Gegenwart erbebten. Alle Fasern meines Wesens vibrierten zu seiner Begleitung. Wozu braucht es da noch Worte?«

Voll durchgeknallt. Ich ließ sie einfach stehen und schritt auf den Ausgang zu. Doch als ich die Hand auf den Eisenring der alten Tür legte, kam es mir vor, als würde Strom durch mich hindurchfahren. Etwas durchfuhr mich, ein Puls, der sämtliche Knochen durcheinanderzuwirbeln schien, jede einzelne Zelle meines Körpers. Nein, nicht Elektrizität, es war eher wie das Dröhnen einer riesigen Glocke, das alles ringsum erzittern ließ. Ich blieb atemlos stehen, gefangen im Spiel großer Mächte, die mir sämtliche Knochen im Leib zerdehnen und zerquetschen wollten. Die Müdigkeit, die in der friedlichen Luft von Heilenberg schon von mir abgefallen war, schnurrte zusammen und löste sich in der elektrischen Spannung, die mich erfüllte, in nichts auf. Dann durchlief etwas wie ein stechender, doch erfrischender Guß eisigen Wassers meine

Venen – kein angenehmes Gefühl, und doch lag soviel Stärke und Kraft darin. Die anderen gingen unberührt davon um mich herum, sogar Mall, verzückt und entrückt. Keiner außer mir hatte etwas gespürt.

Kapitel 9

Die Atmosphäre im Rittersaal konnte nicht direkt als panisch bezeichnet werden, aber weit davon entfernt war es nicht mehr. Die Ritter gaben sich gefaßt. Der Gral hatte auch zuvor schon ein- oder zweimal geschwiegen, immer dann, wenn eine größere Veränderung bevorstand oder eine dramatische Aktion vorzubereiten war und er seine Aufmerksamkeit darauf konzentrieren mußte. Soweit sie es erklären konnten, existierte er größtenteils in einer weiterentwickelten Existenzsphäre und fand es recht anstrengend, mit der unseren in Verbindung zu treten, abgesehen von gewissen Wegen, die durch bestimmte Riten und Rituale festgelegt waren. Nur dann, wenn er glaubte, die Ritter seien besser dran, wenn sie selbst eine Lösung fanden, hatte er eine Antwort verweigert. Offensichtlich war es das, was sie aus der Bahn warf. Wie sollten sie eine von allen getragene Lösung finden, wenn sich kaum mehr als eine Handvoll noch in der Stadt aufhielt?

Ich dachte, es gäbe eine Art formelle Sitzung, doch untereinander gingen die Ritter sehr informell um, standen in kleinen Grüppchen in der großen Halle des Rittersaals zusammen, um das Problem zu diskutieren. Der Rittersaal war ein weiter, offener Raum von mittelalterlichem Schnitt, doch so hoch und klar, daß er mich an skandinavische Architektur aus dem neunzehnten Jahrhundert und gleichzeitig an die neoromantischen Schlößchen Eliel Saarinens erinnerte. Normalerweise hätten die warmen, mit Schnitzereien überzogenen Holzmöbel und die leicht ausgebleichten Wandbehänge zum ruhigen Verweilen eingeladen, und die Banner unter dem Dach waren in sich selbst prunkvoll genug: Kreuzritterfahnen und bunte Wimpel, byzantinische Lederschlangen und kriegserprobte mittelalterliche Flaggen. Sogar eine Legionsstandarte hing dort, der Schaft zu Ehren einer Schlacht mit goldenen Girlanden umwunden, und viele andere, allem Anschein nach noch ältere Wappen mit einfach gehaltenen Mustern auf langen Stangen sowie ein riesiges Bärenfell samt Schädel, das die ersten Expeditionen aus den Höhlen heraus angeführt haben mochte. Sie hingen gleich neben den prunkvollen Waffen aus dem Europa des achtzehnten und neunzehnten Jahrhunderts, neben der Welt der kleinen Fürstentümer und Grafschaften, die zunächst Napoleon und später Bismarck hinweggefegt hatte. Die Ausstattung war wirklich ungemein kriegerisch, und doch vermittelte sich eher der Eindruck beigelegter Konflikte. Trotzdem braute sich jetzt unter diesen Flaggen und Fahnen eine höchst ratlose und besorgte Stimmung zusammen. Hier wurde nicht geschrien und mit der Faust auf den Tisch geschlagen, doch selbst die ruhigen, verständnisvollen Gesten zeugten von der wachsenden Spannung. Immer wieder legte sich eine Hand um einen Schwertknauf, wurden Klingen einige Zentimeter aus der Scheide gezogen, als wollten ihre Eigentümer sie auf verdächtige Rostflecken untersuchen.

Allein Alison schien kurz davor zu sein, die Nerven zu verlieren. Wütend stapfte sie von einer Gruppe zur anderen, blieb gelegentlich an unserer Ecke des massiven, mit Schrammen übersäten Tisches stehen, um Nachrichten weiterzuleiten oder in den Stapeln von Landkarten und alten Berichten herumzuwühlen, die das wenige, das verläßlich über den Brocken bekannt war, verzeichneten. Ich hatte sie alle mindestens zweimal gelesen und kämpfte darum, nicht außen vor gelassen zu werden. Die Ritter hatten gut daran getan, uns endlich Zutritt zu ihren heiligen Hallen zu gewähren; einige von ihnen hatten uns auch schon lang und breit über unsere

Erfahrungen befragt. Doch letztlich hatte keiner um unseren Rat gebeten oder ein Wort darüber verloren, ob sie mein Angebot akzeptierten, was mir doch zu denken gab.

»Also, sie sind zu einer Einigung gekommen«, faßte Alison den Urteilsspruch zusammen. »Was auch immer getan werden muß, wir brauchen mehr Leute. Die meisten, die hier anwesend sind, können nicht weggehen. Es muß immer eine Wache zurückbleiben, falls die Stadt oder der Gral tatsächlich direkt angegriffen werden sollten. Außerdem sind die meisten der momentan hier Anwesenden zu alt oder zu jung, verfügen also über zuviel oder zuwenig Erfahrung. Wenn wir also Entscheidungen fällen wollen, brauchen wir die anderen. Das wiederum ist nicht ganz einfach zu bewerkstelligen. Die meisten sind bei ihrem Kampf für die Sache des Grals weit über die Spirale verstreut. Die anderen sind noch immer auf der Suche und können nur benachrichtigt werden, wenn sie sich bei uns oder in einigen sicheren Orten wie der Taverne melden und dort eine Botschaft erhalten; sonst brächten wir sie in Gefahr, würden ihre Tarnung auffliegen lassen. Das alles geht zu langsam. Und außerdem ...« Sie stampfte mit dem Fuß auf den hellen Marmorboden. »Die Ritter sind zerstritten. Zwar gefällt ihnen dein Plan, doch sie wollen lieber abwarten, ob der Gral sich nicht doch dazu äußert, und inzwischen unsere Kräfte verstärken und ausharren. Sie sind der Meinung, es sei viel zu gefährlich, sich mit dem Brocken einzulassen, und daß wir uns lieber darauf konzentrieren sollten, Heilenberg zu verteidigen. Mit diesem Gedanken kann ich mich anfreunden. Die andere Fraktion ist sich dieser Gefahr ebenfalls bewußt – doch sie sind bereit, nach unseren Vorstellungen zu handeln, die Suche nach der Lanze aufzunehmen.«

»Warum tun wir es nicht einfach?« fragte ich provozierend. »Der Gral kann uns doch aufhalten, wenn es ihm nicht paßt, oder?«

Sie zuckte zusammen. »Das schon, aber was dann? Wir sind keine Marionetten oder Sklaven. Der Gral sucht uns nicht aufgrund dieser Eigenschaften aus – würdest du das etwa tun? Er weiß außerdem, daß er nicht unfehlbar ist. Er sucht uns, so gut es geht, aus, hilft uns, das Beste aus unseren Fähigkeiten zu machen, teilt seine Macht mit uns – und er traut uns. Mehr noch, er bringt uns dazu, uns selbst zu vertrauen. Manchmal schafft er es sogar, daß wir für uns selbst handeln, mit allen Konsequenzen, denn uns anzuführen bedeutet zugleich, sich einzumischen.«

»Er würde uns also selbst dann nicht aufhalten, wenn wir das Falsche tun?«

»Nicht, wenn wir die einzigen sind, die darunter zu leiden haben und die Verantwortung bei uns liegt. Wenn wir alle gemeinsam zu einem absolut falschen Schluß kämen, würde er wohl intervenieren, denke ich.«

Ich nickte. »Allmählich begreife ich seine Art zu denken. Man braucht zunächst die richtigen Leute, muß sie motivieren, ihnen die richtigen Fertigkeiten und Ziele vermitteln und sie dann den Job ausführen lassen. Soweit ist das alles grundsolide Management-Theorie. Aber es gibt noch eine andere goldene Regel: *Sei immer da, wenn sie dich brauchen.* Entweder ist er wirklich durchgeknallt, oder er glaubt, ihr habt die richtige Antwort bereits parat.« Noch während ich das sagte, sickerte etwas durch die Langeweile und die Bestürzung und den dumpfen hartnäckigen Schmerz. »Moment mal. Ihr könnt die Lanzensucher nicht erreichen – aber es muß einige geben, die ihr aus der Kampflinie abziehen könnt. Was ist mit denen?«

Alison sah mich zweifelnd an. »Einige vielleicht – aber es hat keinen Zweck, wir können auch mit ihnen keinen Kontakt aufnehmen. Der Gral schon, im Notfall, aber nur, wenn er im Besitz der Lanze wäre. Die Lanze kann seine Macht weit hinaustragen; sie konzentriert und lenkt sie, sie kann unsere Leute durch die tiefsten Schatten der Spirale führen, zwischen die Orte und die Zeiten, die diese Schatten werfen. Ohne die Lanze ist die Macht des Grals auf seinen eigenen Sitz beschränkt, auf seine eigenen Gefilde. Jeder Botschafter, den wir ausschickten, wäre so verloren wie du in der Nacht des Krawalls – und in noch größerer Gefahr. Tut mir leid, Steve …«

»Nein, langsam, nicht so schnell! Ich war noch nicht fertig. Gut, ihr könnt sie also nicht zurückrufen. Warum geht ihr nicht hinaus und sammelt sie ein?«

»Mmmhhmm!« brummte Jyp laut und schnippte mit den Fingern.

»Was …«

»Klar. Du hast schon verstanden. Hier ist Jyp, der Navigator, erinnerst du dich noch?«

»Er bringt dich schneller irgendwohin, als du es dir erträumen kannst!« ergänzte Mall. »Hierhin, dorthin, überallhin! Die Wirbel der Spirale sind seine Spielfiguren, ihre Unberechenbarkeit sein Schachbrett!«

»Ja, aber wir haben keine ausreichend großen Schiffe im Hafen liegen, und wir müßten auch Orte aufsuchen, die weitab jeder Küste liegen …«

Jyps Finger trommelten vernehmlich auf den Tisch. »Na und? Ihr habt doch diese hübsch großen steuerbaren Dinger hier.«

Alison blinzelte. »Die? Könntest du …«

»Überallhin. Im Vergleich zu Steves verdammtem Brummkreisel geht's bei diesen Dingern geradezu kinderleicht. Es wird nur immer schwieriger, je länger wir es hinauszögern.«

So etwas wie das Echo jenes eigenartigen Schocks von vorhin durchlief mich. Eine Art grimmige Erleichterung blieb zurück, wie nach dem Verlust eines abgebrochenen Zahns, wenn das schlimme Pochen von einem stärkeren, doch heilsameren Schmerz abgelöst wird. »Das ist es!« rief ich laut, laut genug, um jedes andere Gespräch in der Halle verstummen zu lassen. »Genau das werden wir tun!« Ich drehte mich zu dem älteren Ritter um, der mit Alison gekommen war. »Torquil, richtig? Ist der Vogel dort unten bereit zum Abheben?«

»In der Tat«, sagte er. »Aber wer soll das Schiff kommandieren? Wir sind auf die Verteidigung der Stadt eingerichtet. Wir sind zu alt, um dort draußen viel ausrichten zu können.«

»Ihr könnt mich entbehren«, erwiderte Alison. »Ich habe ohnehin nur darauf gewartet, einen Auftrag zu bekommen. Und jeder von diesen dreien, Steve, Mall und Jyp, ist auf seine Art ebenso wertvoll wie ein weiterer Ritter – und nicht minder vertrauenswürdig.«

Ich hätte erwartet, daß sich Torquil dagegen sperrte, doch er nickte nur abwägend. »Das scheint mir auch so. Also gut. Ich teile es den anderen mit …«

»Keine Zeit«, unterbrach ich ihn barsch, da ich schon wieder dieses prickelnde Feuer in meinem Nacken spürte, das sich allmählich auf mein Gehirn ausdehnte. »Ich will wirklich nicht unhöflich sein, aber wir haben bereits zuviel Zeit vergeudet. Jetzt haben wir die Lösung, oder nicht? Wir können etwas unternehmen und werden die Stadt trotzdem nicht schutzlos zurücklassen. Damit ist allen Parteien gedient. Wie kommen wir am schnellsten ans andere Ufer?«

Der alte Mann – wie alt war er wohl? – sah mich ein paar lange Sekunden an, dann schüttelte er den Kopf. »Nein«, sagte er. »Das braucht es nicht.«

Das Feuer flammte wieder auf. »Jetzt hören Sie aber mal kurz zu …«

Seine Geste brachte mich zum Schweigen. »Ich meinte nur, es geht schneller, wenn es herkommt. Raoul! Bitte den Telegraphen. Meine Empfehlung an Ritter von Waldestein, er soll bitte die *Taube* zum Westturm herüberbringen. Unterwegs soll er die Vorräte überprüfen. In der Zwischenzeit«, fügte er hinzu, »werden wir die anderen – informieren.«

»Heißt das, daß Sie zustimmen? Daß Sie alle zustimmen?«

Sein Lächeln wirkte überaus spitzbübisch. »Sie lassen uns ja kaum eine andere Wahl. Lady Alison wird diese Expedition für uns anführen, sie wird unsere Brüder und Schwestern finden. Ich hege jedoch keinen Zweifel daran, wer der wirkliche Anführer ist. Ich habe schon so manchen Mann Ihres Schlages getroffen; ich bin froh, einen weiteren kennengelernt zu haben.«

»Aber ... ich bin doch an allem schuld!« sprudelte es aus mir heraus. »Ich war es doch, der Ihre Lanze geklaut hat!«

»Wer wäre besser dazu geeignet, sie wieder zurückzubringen?« lächelte er. »Sie haben nicht bemerkt, was Sie heute getan haben, als Sie in die Mitte der Gralshalle liefen und zum Gral sprachen. Nicht, daß er Sie willentlich verletzt hätte; doch seine bloße Existenz, aus solcher Nähe, ist wie Feuer für denjenigen, der nicht selbst ein Feuer in sich brennen hat. Lady Mall wurde davon erwärmt – aber Sie, mein Freund, *Sie wurden davon wirklich in Flammen gesetzt.*«

Er schlug die Hacken zusammen und verbeugte sich; dann wandte er sich den anderen zu und sprach schnell auf sie ein. Mich ließ er sprachlos stehen. Vielleicht fühlte ich mich gerade davon inspiriert – oder noch mehr: vorangetrieben, angefeuert, von einem Feuer erfüllt. Es war die Erinnerung an eine Flammensäule, die bei der leisesten Berührung brüllend aufstieg, alles verschlingend und versengend. Die Lanze mußte auf dem Brocken sein. Na schön, dann würde ich ihr dorthin folgen, und alles, was sich zwischen sie und mich stellte, mußte sich in acht nehmen. Ich mußte sie zurückbringen.

Durch eines der hohen Fenster sah ich eine Bewegung und ging hin, um hinauszusehen. Die weiße, schlanke Form des Luftschiffs löste sich auf der gegenüberliegenden Flußseite von ihrem Ankermast, Seile fielen hinab, und zuletzt wurde das schwere Ankertau ausgeklinkt. Die Propeller rotierten langsam, ließen die schwerelose Hülle in der Luft eine Drehung vollführen, bis die Nase des Luftschiffs zur Insel und auf die Große Gralshalle zeigte. Silbrig glitzernd spiegelte es sich im Wasser des Flusses. In meinen Gedanken erhob sich ein anderer bulliger Körper, dieser jedoch aus den höllischen Tiefen unterhalb des Drudenfußes, der felsige Grat des Brocken, eine fürchterliche Gestalt, die um einiges größer war als dieses zerbrechliche Luftschiff. Dort befand sich die Lanze, mehr noch, dort mußte Katjka sein, falls sie den Übergang überlebt hatte. Dieser Gedanke schlug Funken in mir. Für mich hatte die Lanze jetzt diese Bedeutung angenommen. Wenn wir sie diesen Leuten, diesem rätselhaften Gral und Alison zurückgeben konnten – schön und gut. Doch diese Macht zu besitzen, eine Chance zu haben, die einzige Chance, Katjka zu retten – das war es, was für mich zählte. Das war es, was meine innere Flamme speiste. Wenn ich sie nur ein einziges Mal noch in der Hand halten durfte …

Ich zuckte zusammen. Alison hatte meine Schulter berührt. »Die *Taube* hat an der Gralshalle festgemacht. Wir verabschieden uns besser gleich. Bis dorthin haben wir etliche Stufen zurückzulegen.«

Ich blickte Mall und Jyp an. »Das ist nicht euer Kampf. Jetzt nicht mehr. Es ist so gefährlich, daß ich nicht einmal darüber nachdenken möchte. Wir setzen euch irgendwo ab, sobald wir die Ritter, die wir brauchen, aufgesammelt haben.«

Malls Gesicht verzog sich. »Mein Herr, sagte ich Euch nicht schon einmal, in einer klaren Mondnacht war es wohl, daß ich mein Leben dem Kampf gegen das Böse gewidmet habe, wo auch immer ich es erblicke? Ihr nanntet mich damals einen Paladin. Ein schwere Verantwortung, und doch möchte ich sie mir nur ungern nehmen lassen.« Sie umarmte den Griff ihres Langen Schwertes. »So laßt mich also ein Paladin sein, und versucht meinen Stolz nicht mit minderer Wertschätzung. Das reicht.«

»Genau, da kannst du einen Hut draufsetzen und ihm 'ne Pfeife ins Maul schieben, und schon bin ich dabei«, ergänzte Jyp mit todernstem Gesicht. »Dachte, wir hätten diesen ganzen Mist bereits durchgekaut. Außerdem: Wie willst du ohne mich den Brocken finden, falls du nicht zufällig drüber stolperst?«

Zu Hilfe eilen ist eine feine Sache, doch bevor wir diesen Turm auch nur halb erklommen hatten, waren wir bereits wie betäubt. Oben angekommen, kroch ich beinahe auf allen vieren. Die Stadt befand sich ohnehin hoch über dem Meeresspiegel, und die zusätzliche Höhe der Turmspitze machte das Atmen noch schwerer. Seit Cuzco hatte ich nichts dergleichen mehr erlebt. Zum Glück war die Leiter über unseren Köpfen ziemlich kurz, und meine stechenden Lungen hielten gerade noch durch; außerdem verfügte ich über genug Verstand, nicht nach unten zu schauen. Mannschaften in gestreiften Overalls zogen mich in die leicht schaukelnde Gondel und ließen sich anschließend auf ein Zeichen von Alison zur Turmspitze hinab.

»Ich kann sie leider nicht mitnehmen«, seufzte sie. »Wir brauchen jeden Mann hier, falls es zum Kampf kommt. Mall, würdest du bitte die Leiter heraufziehen? Jyp, wenn du das Steuerrad übernehmen würdest – es ist ganz ähnlich wie bei einem Schiff, nur die Instrumente unterscheiden sich etwas, ich zeige es dir. Steve? Wir sind bereit zum Abflug. Wenn du ihnen das Zeichen zum Abstoßen gibst ...«

Ich lehnte mich zum Einstieg hinaus und winkte den Mannschaften unter uns zu, woraufhin sie flink die Taue losmachten. Es wirkte beinahe wie ein Sakrileg, wie sie da um das grazile gotische Geländer geschlungen waren. Dann kamen wir frei, ich erwiderte den Salut der Mannschaften – und blickte nach unten.

Es war noch schlimmer als mein erster Blick von einem schwankenden Mast hinab; es war schlimmer als die erste wirkliche steile Steilwand am Eiger, wo der Gletscher in ungeahnte Tiefen hinabgereicht hatte und die Vögel um meine Füße geschwirrt waren. Die *Taube* schaukelte sanft, ihre eigenartigen Motoren stießen ein Stück vom Turm entfernt kleine Dampfwölkchen aus. Die Wände des Turms schossen wie Pfeile hinunter und rissen meinen hypnotisierten Blick mit auf das Kopfsteinpflaster des Marktplatzes und zu den winzigen Gestalten, die dort beisammenstanden. Mit der ersten Drehung des Luftschiffs glitten die roten Ziegeldächer wie blutige Wellen unter mir davon, wogten in einer ganz besonders üblen Zeitlupe auf und ab. Eine kräftige Hand packte mich an der Schulter und zog mich gerade noch rechtzeitig zurück. »Es ist schon schlimm genug, wenn man bei ungünstigem Wind sein Treibgut vom Mastkorb aus verteilt«, kommentierte Mall und ließ die Schiebetür zugleiten. »Aus dieser Höhe und auf die Köpfe vieler hundert Unschuldiger – das wird bei Gott recht schnell als ungezogen ausgelegt. Außerdem verabschiedet man sich nicht auf diese Weise, wenn man in den Krieg zieht.«

Ich setzte mich auf den blanken Holzboden der Gondel und schloß einen Moment die Augen. Hinter uns wechselten die Motoren gerade von ihrem leisen Tuckern zu einem pulsierenden Donnern, als Alison den Gashebel nach unten drückte, und doch waren sie noch immer um einiges leiser, als etwas derartig Kraftvolles und Dampfgetriebenes eigentlich sein durfte. Ein Schwarm aufgeschreckter Tauben flatterte am Fenster vorbei. Das Schaukeln stabilisierte sich, und die *Taube* war kein hilflos treibender Ballon mehr, sondern ein kraftstrotzender, zielgerichteter Pfeil, der schräg nach oben in die grauen Wolken schoß, in die Ungewißheit der Spirale, wo die hohen Steingipfel und die Hänge aus wallendem Nebel ineinanderflossen, wo eisige Höhen und Wolkenformationen eins wurden, das eine die Konturen des anderen imitierte, wo die Pfade hin und her wechselten und sich an den weiten Horizonten der Spirale der härteste mit dem flüchtigsten Stoff verband. Wo sie sich trafen, wo sich breite Straßen zwischen Meer und Himmel auftaten und sich Inselwelten bis in die Wolken erstreckten, wohin sich die mächtigen Schatten aller Zeiten, aller Orte erstreckten, wo Menschen, die dieser Wege kundig waren, zwischen ihnen passieren konnten. Jyp, der sich mit gewohnt lässiger Zuversicht an den Armaturen zu schaffen machte, nahm Geschwindigkeit weg, bis sich ein tiefes Dröhnen einstellte. Die Nase des Luftschiffs blieb weiterhin nach oben gerichtet, wir schraubten uns immer höher hinauf, bis die letzten Reste des Erdbodens wie lästige Schmutzpartikel in unserem Kielwasser verschwanden und sich die Wolken vor uns teilten wie die ausgestreckten Arme eines zurückweichenden Landes, das sich bis zu den Inseln des Abendhimmels erstreckte. Alison gesellte sich zu mir ans Frontfenster der Gondel. »Über den Sonnenuntergang«, flüsterte sie, und ich fragte mich, weshalb sie es wohl ausgerechnet mit diesen Worten ausdrückte, fast mit den gleichen Worten, die damals der Steuermann auf meiner ersten verzweifelten Suchexpedition in die Spirale ausgerufen hatte.

»Über die Lüfte der Erde!« antwortete ich. Und plötzlich war sie wieder da, die alte Begeisterung, trotz der düsteren Wolke, die über unseren Köpfen schwebte, trotz aller Gefahren, die dort draußen auf uns warteten.

Jyp bemerkte es, und sein altes Grinsen kam zum Vorschein. Malls Lächeln funkelte wie die Sonne durch einen verhangenen Himmel, und sie schlug mit der flachen Hand auf das gegürtete Schwert. »Über die Lüfte der Erde! Wir sind unterwegs! *Wir kommen!*«

»Welche Richtung?« erkundigte sich Jyp und kurbelte unternehmungslustig am Steuerruder. »Wohin zuerst, Alison?«

»Zehn Grad Nordwest«, sagte sie ziemlich gelassen. »Dann ein Grad Nord, bis ich dir weitere Anweisungen gebe. In den *Urwald,* die uralten Wälder Europas. Spätsommer, fünfzehn Jahre nach Christus.«

Wir stießen aus den Wolken hinab in eine Dunkelheit, wie man sie so absolut in unserer von Licht verseuchten modernen Welt wohl nirgendwo mehr finden dürfte. Alison hatte jetzt das Ruder übernommen und geleitete uns aus der Spirale in die angepeilten Gebiete des Kerns. »In Rom regiert noch Kaiser Tiberius«, sagte sie, während wir über hügelige Landschaften schwebten, deren Horizont aus einem Meer aus Baumkronen bestand. Nur hin und wieder wurde das undurchdringliche Grün vom stumpfsilbrigen Band eines Flusses durchschnitten. »Wahrscheinlich hält er sich gerade auf Capri auf. Aber irgendwo dort unten führt sein Neffe Germanicus ein großangelegtes Unternehmen an, das die Barbaren bis hinter die Donau zurückwerfen soll ...«

Es sah keineswegs so aus, als könne sich dort unten irgend etwas regen, schon gar nicht zwei beträchtliche Armeen, so dicht standen die Bäume unter einer feinen Nebeldecke. Doch Jyp mit seinen Nachtaugen zeigte plötzlich nach vorn, wo ein winziges rotes Glühen durch die schwarze Dunkelheit blinkte. Als wir näher kamen, sahen wir, daß es sich um die Überreste einer größeren Befestigungsanlage oder sogar einer Stadt handelte, deren Holzwälle zu noch immer von züngelnden Flammen umgebenen Stümpfen niedergebrannt waren. Wir gingen mit geringem Schub tiefer, bis wir beinahe die Tannenwipfel berührten, und schwebten wie eine Wolke über der Zerstörung unter uns. Alison übergab das Steuer an Jyp, schob die Gondeltür auf und schwang sich auf die Strickleiter, wobei sie heftig winkte. Im Dunkel des Waldes bewegte sich ein stumpfes, metallisches Glänzen, dann ein Schopf schreiend roter Haare. Ein hochgewachsener, ganz in Rot gekleideter Zenturio trat aus dem Wald heraus und blickte sich mißtrauisch um. Hinter ihm befanden sich ein gutes Dutzend Männer. Dann hob er die Hand zu einem raschen Gruß. »Was soll das denn? Verstärkung?«

»Signal zum Sammeln!« sagte Alison und zeigte mit dem Daumen auf den mit Büschen bewachsenen Hügel. Innerhalb weniger Minuten, noch während sie uns kurz aufklärte, scheuchte der Zenturio seine Leute die Leiter hinauf, durch die Gondel und weiter in die Maschine hinein. Er kam hinter ihnen heraufgeeilt, mit klapperndem Brustpanzer und quietschenden Beinschienen; seine kantigen Züge waren um die Wangenknochen blaß, und er entbot mir seinen Gruß, indem er die Faust gegen die Brust schmetterte. *»Ciao' Marco' Fevronio', Centurio'!«* verkündete er und fügte dann, beinahe ohne

Akzent, hinzu: »Sie sind Fisher? Lady Alison sagte mir, daß wir Ihnen folgen. Okay, hier sind wir. Um den Brocken zu belagern, brauchen wir aber mehr als meine Handvoll Männer, was?« Er blies eindrucksvoll die Backen auf. »Mehr als eine Schiffsladung!«

»Keine Belagerung«, entgegnete ich. »Blitzkrieg. Alison, wohin jetzt?«

»Nach Westen«, sagte sie. »Westfrankreich, südwestlich von Paris, an die Loire, Sommer 732. Haltet nach einer Schlacht Ausschau, dann sind wir am Ziel.«

Sogar in der Dunkelheit hätten wir es nur schwer verfehlen können, trotz unserer Motoren. Der Lärm drang bis zu uns herauf: Waffengeklirr, Geschrei, das Zischen der Bogen und das schrille Wiehern der Pferde. Hier und dort wankten dunkle Silhouetten vor dem Hintergrund brennender Gebäude, die jedoch weit auseinander lagen, vermutlich Bauerngehöfte. Alison versuchte die Dunkelheit zu durchdringen, blickte auf Wimpel und Banner, wenn sie an den Flammen vorbeihuschten, und folgte irgendwelchen Richtlinien, die ich nicht einmal erraten konnte. »Unser Mann ist bei den Armeen von Karl Martell, dem Hammer, der die Mauren zurückschlägt«, sagte sie abwesend. »Weiter als bis hierher drangen sie nicht nach Europa vor.«

»Moment mal«, sagte ich stirnrunzelnd. »Damals waren die Mauren doch nicht die Bösen! Im Gegenteil, *sie* waren die Zivilisierten, *sie* errichteten die Alhambra und all die anderen großartigen Bauwerke in Spanien. Jedenfalls waren sie zivilisierter als die meisten fränkischen Raufbolde!«

»Nein, das waren sie nicht«, gab sie zurück. »So wurden sie erst später. Und verwechsle nie Kultur mit Humanität. Die maurischen Fürsten behandelten ihre Untertanen wie Dreck. Dieser Umstand war übrigens bei der Rückeroberung der europäischen Gebiete sehr hilfreich – dort!«

Ich konnte die einzelnen Gruppen nicht voneinander unterscheiden, doch wir gingen wie eine verirrte Wolke über einer

Gruppe verdutzter Mauren nieder. Die Männer heulten laut auf und suchten das Weite. Auch die Reiter, die sie verfolgt hatten, stoben davon, bis auf einen kleinen Trupp, der seine scheuenden Pferde beruhigte, näher herangetrabt kam und augenscheinlich wußte, wer und was wir waren. Alison redete hastig auf sie ein, und jedesmal, wenn ein Pfeil vorbeirauschte, hielten wir den Atem an. Jemand blies ein kompliziertes Hornsignal, und innerhalb von drei, vier Minuten hatten wir fünf oder sechs vierschrötige blonde Männer mit Stirnbändern und Schnurrbärten in der Gondel; ihre kurzen Kettenhemden und beschlagenen Gürtel klirrten und rasselten bei jedem Schritt. »Mehr können sie nicht erübrigen«, berichtete Alison. »Auch die Pferde müssen sie zurücklassen. Karl braucht sie dringend für die Verfolgung.«

Ich spähte in den schlundartigen hinteren Teil der Gondel, wo ich eine Rampe entdeckte, über die man problemlos auch Pferde einladen konnte. »Ein paar Berittene hätten nichts geschadet. Kann sein, daß wir uns sehr schnell durch rauhes Gelände bewegen müssen.«

»Dann eben später. In diesen frühen Zeiten sind sie zu kostbar, sie würden hinten und vorne fehlen. Allerdings werden wir auch an der nächsten Station keine Pferde bekommen. Nach Osten, Jyp, zu den Schatten von Byzanz, und noch weiter. Bis in seine nördlichsten Provinzen, die Steppen des Dnepr, ins Frühjahr 1091.«

Der Zenturio Marco nickte. »Zu Kaiser Alexio' Comeno', der gerade die Petschenegen bekämpft. Wir suchen Hastein, eh?«

»Wenn er noch am Leben ist«, nickte Alison.

Wir konnten uns diesem großen Kreis aus Lagerfeuern und farbenfrohen Zelten, der mitten im hügeligen Land unter uns lag, auf keine andere Weise nähern. Leise und rasch ließen wir uns wie eine vom Wind getriebene Wolke sinken, und Alison und Marco stiegen hinunter, um ihren Kollegen zu holen, während ich unruhig von einem Bein aufs andere trat. Der

Mann, der schließlich klappernd die Leiter heraufkam, sah nicht gerade wie ein Grieche aus: ein rotblonder Riese mit herabhängendem Schnurrbart und einer bestickten, pelzverbrämten Jacke über dem geschuppten Kettenhemd sowie einer gewaltigen Axt über der Schulter. Er begrüßte mich auf die gleiche Weise wie der Zenturio, sein Englisch hatte einen amerikanischen Akzent. »Hi. Hastein Hallgrimsson, Isländer. Stellvertretender *Spatharokandidates* der Varangischen Garde. Und natürlich Anführer der Gralsritter, zu Ihrem Befehl. Selbst wenn das bedeutet, daß wir gegen dieses Höllenloch zu Felde ziehen. Wir können nur zehn Leute entbehren, aber es sind ein Ritter und vier Edelleute dabei, außerdem fünf Novizen, die als gepanzerte Soldaten dienen.«

»Wunderbar!« meinte Alison und führte ihre zusammengewürfelte Truppe weiter ins Innere des Schiffs. Einige waren blond wie Hastein, die fünf Gepanzerten waren klein, dunkler und sahen eher griechisch aus; sie trugen leichtere Rüstungen und Bogen und waren mit getrocknetem Blut besudelt, offensichtlich jedoch nicht mit dem eigenen. Einige warfen diesem eigenartigen, nicht sonderlich ritterlichen Wesen, das sie anführen sollte, einen neugierigen Blick zu, machten jedoch einen ähnlich gefaßten Eindruck wie ihre Anführer.

»He, hat vielleicht einer von euch 'ne Zigarette übrig?« erkundigte sich Hastein.

»Irgendwo müßte ich noch ein paar Zigarren haben«, sagte Jyp.

»Aber nicht in einem Luftschiff, wie den Herren wohl bekannt sein dürfte«, brummte Alison. »Du mußt ihn schon entschuldigen, Steve, er kommt aus dem Jahr 1948, wo anscheinend jeder Tag und Nacht geraucht hat.«

»Der Gral half mir, die Sucht zu überwinden«, seufzte Hastein. »Doch nach zehn Jahren hier in der Steppe, wo es nur mit Wasser gestreckten griechischen Wein gibt, ist man Rückfällen hilflos ausgeliefert. Außerdem kann eine einzige wohl kaum schaden. Der Wasserstoff kommt doch nicht bis hier in die Gondel herunter.«

»Nein!« knurrte Alison fest entschlossen. »Bring uns weg von hier, Jyp, bevor er uns alle in die Luft jagt.«

Jyp erhöhte vorsichtig das Tempo und kurbelte am Steuerrad. Alison bediente die übrigen Kontrollen. »Halte auf Nordnordwest zu, Jyp. Wieder nach Frankreich, Nordwestküste im Frühjahr 1415 – die Belagerung von Calais unter Heinrich V.«

Wieder Dunkelheit, Rauch, Flammen und Schreie – diesmal vom Dröhnen und Krachen der Kanonen durchsetzt, die beißenden Pulverdampf zu uns heraufsteigen ließen, als wir über den still unter uns glänzenden Klippen schwebten. »Und was hat das da mit Zivilisation zu tun?« wollte ich wissen.

»Die Vereinigung von England und Frankreich, jedenfalls versucht es Heinrich«, antwortete der Zenturio düster. »Und die Bourgogne, also Burgund. Aus seiner Zeit gesehen ein recht guter Mann; besser als der französische Thronfolger. Aber er stirbt jung, unter seinen Gefolgsleuten bricht Streit aus, und dann ist da noch Giovanna d'Arco, die den wertlosen Dauphin auf den Thron von Frankreich setzt. Pfft!«

Ich starrte auf das Gemetzel hinunter. Gerade schoß eine riesige Stichflamme aus der Stadtmauer empor und ließ eine rauchende Lücke in der Brustwehr zurück. Wie sollte aus alldem Gutes entstehen, wie langfristig man es auch sehen mochte? Aber vielleicht wären solche Dinge ohnehin passiert; so diente es wenigstens einem Ziel.

Durch den Lärm, das Feuer und den strömenden Regen schleppten sich ein paar verdreckte Gestalten zum Meeresufer, wo wir gelandet waren. Mehr konnten die Ritter hier nicht erübrigen; schon bald galt es, die Schlacht von Agincourt auszufechten. Wir erhoben uns geräuschlos und glitten wieder in die Schatten, die dieses Land und diese Ära warfen, lange und blutige Schatten, die an ihren Rändern in andere Schatten ausfransten. Jyps erfahrene Hand manövrierte uns zwischen ihnen hindurch und wieder hinaus. Hinein in die auflodernden Flammen des mittelalterlichen Deutschland, wo wir grellbunt gekleidete Landsknechte aufsammelten. Alison und ich suchten sie inmitten marodierender Horden, zwischen mit Piken und Beutestücken beladenen Karren. Hin zu den blutgetränkten Feldern an der Donau, an einem erstickend heißen Tag im August 1526, als die riesigen türkischen Armeen die dezimierten letzten ungarischen Reihen überrannten, die sie lediglich für die Vorhut einer größeren Armee hielten. Während der Donner krachte, die Schleusen des Himmels sich öffneten und der junge König seinen frühen Tod im angeschwollenen Fluß fand, trafen wir auf einen kleinen Reiterpulk, einen der wenigen, die noch verzweifelt Widerstand leisteten. Als sie von unserer Mission erfuhren, kehrten auch sie dem Kampf den Rücken und kamen mit uns. Vielleicht trugen wir zur Verzögerung des türkischen Vormarsches ebensoviel bei, indem wir ihnen das Bild der wie ein böses Omen durch die flammenden Wolken aufsteigenden *Taube* präsentierten. Hinein in das Jahr 1609, in die düster schwelenden Funken Rußlands, das nach dem Tod des Zaren Boris von langen Jahren des Hungers und des Bürgerkriegs erschüttert wurde; dort sammelten wir einige Reiter der polnischen Kavallerie aus der Invasionsarmee von König Sigismund auf – wilde, prunkvolle Männer mit gebogenen Säbeln ähnlich denen, die ihre Nachfahren bei einem letzten Angriff gegen die anrollenden deutschen Panzer ins Feld führten. Von dort aus ins selbe Land, nur ein Jahrhundert später, als Peter der Große das Schwedische Reich bei Poltava zerbrach und König Karl ins Exil floh, wo er schon bald den Tod fand. Überall stiegen Rauchsäulen auf, wurde Blut vergossen; Menschen lebten, starben, stiegen auf oder wurden vernichtet, und die Geschicke eines Kontinents wurden hin und her gezerrt, von hier nach dort, und von Kräften, die niemand, der darin verwickelt war, je hätte verstehen können. Ging es uns in dieser Hinsicht wirklich besser?

Je besser die Armeen organisiert waren, um so schwieriger

wurde es, unsere Männer abzuziehen, die oft hohe militärische Ränge und wichtige Beraterfunktionen bekleideten. Ungesehen kreuzten wir durch die Schneestürme südlich von Moskau, um einige russische Partisanen einzusammeln, die den flüchtenden Franzosen auflauerten; Leibeigener und Adliger kämpften Seite an Seite, um Napoleons großem Traum von der Alleinherrschaft den ersten Riß zuzufügen. Wir schwebten an einem warmen Oktobernachmittag 1813 über dem Rauch und den Flammen von Leipzig, wo wir einen Zug schottischer Infanteristen fanden, die die Überreste eines französischen Kürassierregiments über das Schlachtfeld trieben. Wir retteten einige bayerische Kavalleristen, die in den letzten Tagen des preußisch-österreichischen Krieges den preußischen Kanonen weichen mußten, mit denen Bismarck eine Zukunft aus Blut und Eisen schmiedete. Wir gingen inmitten vorüberfliegender Giftgaswolken über Ypern nieder, wo wir fünf oder sechs französische Kavalleristen aufnahmen, Männer und Pferde, die gleichermaßen in stinkende, imprägnierte Mäntel und Hauben gehüllt waren. Ich sah ihnen schweigend zu, wie sie die verhaßten Dinger abnahmen und zur Seite schleuderten, und wunderte mich über ihre gelassene Haltung. Wenn sie mit uns starben, würde man annehmen, sie seien inmitten dieses entsetzlichen Werks der Zerstörung einfach im von Bomben umgepflügten Morast untergegangen. Falls sie überlebten, kehrten sie womöglich wieder dorthin zurück.

Zum Schluß – das nahm ich jedenfalls an – glitten wir über die italienische Hügellandschaft, wo wir kleine Gruppen von Männern und Frauen in groben, zerrissenen Kleidern und verbeulten Hüten abholten, die lange Messer im Gürtel und leichte Maschinengewehre und erbeutete Schmeisser-Maschinenpistolen in der Armbeuge trugen; Partisanen, die auch dann noch weiterkämpften, wenn die regulären Truppen längst aufgerieben waren. Ich konnte mir die gleichen Leute auf einem Berghang in Griechenland oder Frankreich vorstellen, oder in der eisigen russischen Steppe. Sie hatten den wilden, gehetzten Blick derjenigen, die schon zu viel gesehen hatten, zu viele »Sicherheitsmaßnahmen« und »notwendige Vergeltungsmaßnahmen« in hilflosen Dörfern, und die selbst zu ähnlichen oder noch schlimmeren Aktionen getrieben worden waren.

Und doch waren sie bereit, jederzeit wieder zurückzukehren, so wie die dem Untergang geweihten Ungarn, die französischen Kavalleristen, wie alle anderen, deren Leben ganz plötzlich in einem Flackern verglühen konnte wie das winziger Insekten im Kerzenlicht. Sie würden zurückgehen, direkt aus den Alpträumen des Brocken in ihre von Menschenhand geschaffenen Alpträume, aus denen wir sie herausgeholt hatten, zurück zu verlorenen Kämpfen und womöglich hoffnungslosen Unternehmungen – weil sie damit alles vielleicht einen winzigen Deut besser machten oder zumindest weniger schlecht. Ihre Chancen standen nicht gut; deshalb waren sie auserwählt worden, aus beinahe schon verlorenen Auseinandersetzungen oder aus Schlachten, die bereits gewonnen waren und in denen ihr Mitwirken daher nicht mehr unbedingt zwingend war – und doch waren sie bereit, weil vielleicht gerade sie das Zünglein an der Waage waren, durch das möglicherweise später hundert Leben gerettet wurden, und einer dieser hundert Menschen rettete später womöglich eine Million anderer Leben. Keiner dieser Menschen stand unter Zwang, keiner handelte auf Befehl. Es waren Menschen, denen eine Wahrheit offenbart worden war, ein Muster, nach dem ihr Leben, und vielleicht auch ihr Tod, eine größere Bedeutung erlangen konnte. Die meisten von ihnen hatten bereits ein langes Leben hinter sich, länger als es den meisten Sterblichen vergönnt ist. Statt sich jedoch verzweifelt an den Rest zu klammern, gaben sie etwas davon zurück, indem sie es für andere in die Waagschale warfen. Weder der Gral noch seine Jünger vergeudeten Leben; doch sie konnten sie investieren, wenn sie das wollten.

Ich kam ins Grübeln, fragte mich, ob ich selbst jemals so denken würde. Ich hatte die Beinahe-Unsterblichkeit gesehen, die die Spirale ermöglichte, und sie hatte mir nicht sehr behagt. Das verlangsamte Altern zog Veränderungen nach sich, und diese Veränderungen, wie positiv sie auch sein mochten, bedeuteten immer, daß man weniger menschlich wurde. Sie konnten den Horizont erweitern, persönliche Fähigkeiten vervollkommnen, die wahre innere Bestimmung zur vollen Blüte bringen. Das konnte gut sein, wie bei Jyp und Mall; öfter jedoch stellte es sich als etwas Häßliches heraus. Es konnte beinahe zur Göttlichkeit führen, aber auch zu unvorstellbar höllischen Auswüchsen. Etwas in der Art war Katjka passiert, und obwohl sie sich vom Rand zurückgezogen hatte, hatte es immer ein paar Schritte von ihr entfernt gelauert, bis es sie schließlich doch wieder zu sich geholt hatte. Ewiges Leben um diesen Preis war nicht gerade das, was ich mir wünschte. Da war es mir schon lieber, ein normales Leben zu führen, dafür aber vernünftig und erfüllt; das hatte eine Menge Vorteile. Ich führte ein gutes, angenehmes Leben, jedenfalls verglichen mit dem der meisten anderen Leute, warum also sollte ich mehr wollen? Warum hatte ich mich in all diesen Jahren nach der Spirale gesehnt, in denen ich jeweils nur kurz in sie eingetaucht war, mit ihr kokettiert hatte, aber nie kopfüber in ihr verschwunden war? Etwa, weil ich etwas anderes erstrebte – beispielsweise die Kraft, den Glauben und das Ziel, die diesen Leuten hier innewohnten?

»… fünfzehn, sechzehn!« zählte Alison. »Das wär's, wir sind genug! Kurs in nördliche Richtung, Jyp, wir müssen nicht mehr nach Stalingrad.«

»Da bin ich aber froh«, rief Jyp aus. Er war im Zweiten Weltkrieg als Konvoibegleiter zur See gefahren. »Dort oben würden wir uns den Arsch abfrieren.«

Alison schüttelte den Kopf: »Wir hätten auf der deutschen Seite gesucht. Nach Obersturmbannführer Ewald Holzinger und einigen anderen …«

»Ober …«, schluckte Jyp. »Das ist ein SS-Rang! Was für ein gottverdammtes Spiel spielen eure Leute da?«

»Ein ziemlich riskantes«, mischte sich eine lederhäutige Partisanin ein. »Ich hatte gehofft, Ewald würde in unserer Ecke Italiens eingesetzt, gemeinsam hätten wir soviel Blutvergießen verhindern können. Aber Stalingrad ist schlimmer.«

»Siehst du«, sagte Alison freundlich, »manchmal müssen gute Menschen einer üblen Sache dienen, um sie umzugestalten, sie im schlimmsten Falle ein wenig zu zügeln. Sogar die SS war damals nicht von Anfang an rettungslos verloren.«

Jyp und ich wechselten einen vielsagenden Blick.

Ich folgte den Partisanen hinauf ins Oberdeck, das an der Außenwand des Luftschiffes verlief. Die Plattformen aus blankem Metall vibrierten unter unseren Füßen, als wir Kurs nach Norden nahmen, noch einmal in die Schatten eintauchten. Sie waren alle versammelt, Ritter und Edelmann, gemeiner Soldat und Bauer, dicht an dicht auf allen Sitzflächen aneinandergedrängt, in einer stickigen Atmosphäre aus Blut und Schweiß und Pferdedung. Sie scherzten über die unterschiedlichen Gerüche, die sie mitgebracht hatten, und darüber, in welchem Zeitalter es die größten Läuse gab. (Byzanz machte das Rennen.) Meine Mitstreiter imponierten mir gewaltig, diese Streitmacht kompromißloser und ergebener Kämpfer, auf die der SAS, die Marines oder die Samurai stolz gewesen wären und die doch in keiner Hinsicht die Aggression ausstrahlten, die jeder Kriegerkaste anhaftete. Ihre Unterhaltung war sogar von einer Art neugieriger Freundlichkeit bestimmt, als sie Neuigkeiten über gemeinsame Bekannte austauschten, die Pferde in ihren Maschendrahtverschlägen beruhigten und dabei hastig ihre Verpflegungsrationen verzehrten. Einige versuchten sogar in dieser unbequemen Haltung eine Mütze Schlaf zu ergattern, andere sahen mich an und warteten wohl auf Neuigkeiten über den Verbleib der Lanze. Ich schlug eine kurze Einsatzbesprechung vor und dachte dabei an Alison. Sie nickten feierlich, und ich rief die

Leiter hinunter: »Alison, kommst du mal? Und kann jemand die große Karte auspacken? Danke!«

Zu meinem großen Erstaunen kam Alison nicht herauf; statt dessen setzte sie alle Kontrollen auf automatische Steuerung, übernahm von Jyp das Ruder und beugte sich über das Sprechrohr. »Achtung, an alle! In zwei Minuten erfolgt eine Einsatzbesprechung hinsichtlich der Lanze, was mit ihr geschehen ist und was wir zu tun gedenken!« Sie grinste mich an und fügte hinzu: »Und zwar aus berufenem Munde, stimmt's?«

Ich blickte in diese energischen, erwartungsvollen Gesichter, mußte schlucken und hätte diese Aufgabe lieber sofort delegiert. Vor mir standen Gralsritter, die ergebensten Diener des Grals, und ich hatte mit dem Objekt ihrer Verehrung Schindluder getrieben. Wenn ich Pech hatte, würden sie mir das ziemlich verübeln.

Andererseits hatte ich mein ganzes Leben lang Präsentationen gemeistert, und das hier war im Prinzip nicht viel anders – man muß den Stier bei den Hörnern packen! Außerdem saß Mall direkt neben mir und schien mit ihrem ruhigen Blick durch mich hindurchzusehen. Die meisten Ritter hörten sich meinen Vortrag schweigend an, nur hin und wieder mußte ich eine Zwischenfrage beantworten; die Episode mit dem Diebstahl trug mir einige befremdete Blicke ein, sonst nichts. Als ich jedoch von dem Hauptmann und dem Helikopter berichtete, ging ein knurrendes Gemurmel durch ihre Reihen, ein schreckliches Geräusch. Die meisten schienen Dragovic zu kennen. Hätte er sie hier gesehen und gehört, er wäre wohl bis ans Ende der Welt geflohen oder hätte sich gleich auf der Stelle die Kehle durchgeschnitten. Die Wachhunde des Himmels hatten Witterung aufgenommen, und ich war heilfroh, daß sie nicht hinter mir her waren. Endlich verstummten auch die letzten Frager; überall gab es viel Kopfnicken und Kinnreiben, und Hastein versuchte noch immer, irgendwo eine Zigarette aufzutreiben.

»Sie akzeptieren dich als ihren Käpt'n«, hauchte mir Mall ins Ohr. »Hab' nie daran gezweifelt. Sehr gut.«

»Ich kann's nicht fassen!« Sie akzeptierten mich, nicht wie eine Herde Schafe, nicht einmal murrend, sondern mit einem Urvertrauen, dessen ich mich selbst nicht für würdig befand. »Ich meine – Menschen wie sie!«

»Sie sind wild, aye, und grausam. Aber andererseits ...«, ihre Augen funkelten im Zwielicht, »bin ich das auch. Trotzdem folge ich Euch, Master Stephen! Ebenso ergeht es dem Navigator, und auch du bist so, auf deine Art, wenn sich dein Zorn über deine Zurückhaltung erhebt. Wenn du nur deine Zweifel abstreifen und etwas tiefer in dich hineinsehen könntest, dann gäbe es nur wenige, vor denen du dein Haupt neigen müßtest. Außer einem, glaube ich.« Sie entblößte ihre großen Zähne und stieß mir mit gewohnt rauher Herzlichkeit den Ellbogen in die Rippen. Als ich wieder genug Puste hatte, um ihr zu antworten, war sie bereits die Leiter hinuntergeklettert.

Plötzlich fühlte ich mich trotz unserer verzweifelten Lage richtig gut. Wenn dieser Haufen verwegener Kämpfer sein Schicksal akzeptieren konnte, komme was da wolle, wie konnte ich da zurückstehen? Wenn sie mich als ihren Anführer anerkannten, schuldete ich es ihnen, ebenfalls mein Bestes zu geben. Mir zur Seite standen Mall und Jyp – und natürlich auch Alison. Ihnen war ich noch viel mehr schuldig. Entweder ich kam dieser Verpflichtung nach oder nicht, aber egal, was auch immer in mir war, sie sollten es bekommen.

Wolken rollten an uns vorüber, Wolkenburgen, Wolkentürme, Wolkenschlösser, gigantische, substanzlose Festungen aus nebelverhangener Geschichte und dunstigen Wunschträumen. Sie türmten sich vor mir auf wie alle Herausforderungen, denen ich mich je gestellt, alle Höhen, die ich je zu erstürmen gehofft hatte, so grau und abweisend, wie sie meine Phantasie nur gestalten konnte. Sämtliche Anforderungen des Lebens – Examen, College-Kurse, Uni-Abschlüsse mit guten

Noten, die Wahl des richtigen Jobs, die richtigen Verträge abschließen, die neue Beförderung verkraften, C-Tran, die letzte Ausgeburt meines Gehirns – Nebel, alles Nebel. Ein klammer Schleier, der das, was wirklich zählte, von mir fernhielt, der sich zu verführerischen Phantomen aufbauschte, denen ich hinterherjagte, nur damit sie mir zwischen den Fingern zerrannen, ohne wirkliche Befriedigung zurückzulassen, ohne festen Grund unter den Füßen. Und dann, eines Tages, war ich von Kräften, die ich nicht verstand, in die Spirale gezogen worden. Hier, in diesem wabernden Morast aus Raum, Zeit, Geschichte und Legende, hier endlich hatte ich mich wirklichen Herausforderungen gestellt, echten Abenteuern, bei denen das eigene Leben auf dem Spiel stand. Hier, inmitten der Unwirklichkeit, hatte ich etwas Echtes gefunden; echte Freundschaften, echte Beziehungen. Auch andere Menschen, die ich kannte, wie mein Kollege Dave und meine Ex-Freundin Jacquie, hatten diese Grenzen flüchtig überschritten, doch sie waren ängstlich davor zurückgewichen. Sehen und rasch zurückkehren, den kalten, fixierten Kern wie ein Rettungstuch um sich schlagen … Dave hatte das alles schon lange vergessen. Ich hoffte, daß Jacquie sich noch an etwas erinnerte, wenn auch nur, um einen guten Eindruck von mir zu bewahren. Ich konnte mich nicht wie sie verhalten, soviel wußte ich jetzt. Wie Alison war ich hin und her gerissen worden, hatte mich davor gefürchtet, das hinter mir zu lassen, was mein Bewußtsein als harte, feste, einzig wahre Realität akzeptierte. Jetzt, da ich kurz davor stand, mich in die höllischste Sache zu stürzen, die mir je begegnet war – und in dieser Hinsicht hatte ich inzwischen so einiges zu bieten –, jetzt waren diese Nebelfetzen wie weggerissen. Das hier war real, zumindest für mich! Endlich! Dieser Moment bedeutete das Leben, meine ganze Existenz. Mein vergangenes Leben, das mir so wichtig, so erfüllt vorgekommen war – das war der Nebel. Die Wolkenburgen um uns herum, das war die Wirklichkeit.

Jyp kurbelte am Steuerruder, senkte das Luftschiff ein

wenig. Die Wolken verwandelten sich in vorüberfliegende Streifen, wir drehten nach Westen, direkt in die letzten, wütenden Strahlen der untergehenden Sonne hinein, bevor die endlose Nacht hereinbrach. Ich stand neben Jyp, schwankte leicht, als uns immer wieder kleinere Windstöße hierhin und dorthin stießen. »Sind wir da?«

»Ziemlich. Näher kann ich nicht ran, sonst sind wir vielleicht zu früh und verjagen sie bloß.«

»Gut so. Dann bleib in den niedrigen Wolken«, warnte ich ihn. »Versteck dich, solange und so gut es irgend geht. Wenn nötig, kreise. Das ist unsere einzige Hoffnung.«

Er grinste. Seine Vorderzähne gruben sich in die Unterlippe. »Nein. Du bist unsere einzige Hoffnung. Vergiß das nie.«

Ich hielt mich am Handlauf fest und blickte wild entschlossen hinaus. Nicht allein. Ich hörte ein leises Summen und Wispern durch das Schiff gehen, das sogar durch das sanfte Dröhnen der Motoren zu hören war. Der trübe Horizont verschluckte die Sonne und saugte die letzten Farben aus dem Himmel, verwandelte die ganze Welt in Blei. Sämtliche Lichter im Cockpit waren ausgeschaltet, und wir sanken in die Dunkelheit hinab. Unter uns befand sich eine hügelige Landschaft, die von den großen Eismassen geformt worden war, ein weites, zerklüftetes, von Flußtälern gesäumtes Land. Gegen eine hellgraue Wolkenwand zeichneten sich die abgewetzten, karstigen Zähne des uralten Harzgebirges in dunklerem Grau ab, und darüber, ungefähr doppelt so hoch, erhob sich ein massiger Berg in den Himmel. Aus seinen bewaldeten Hängen wuchs genau in der Mitte ein nackter, eindrucksvoller Felsengipfel, in dessen Felsnasen und Klüften schmutziger Schnee schimmerte. Die kurzen Windböen, die uns durchschüttelten, trieben die Wolken in einem ständigen Wirbel um seine Höhen, der Berggipfel riß an ihnen, zerfetzte sie und entließ sie völlig zerfleddert ins Angesicht des aufsteigenden Mondes.

Ich hatte den Brocken schon einmal gesehen, im Kern – den

wirklichen Brocken, wie ich ihn damals genannt hätte. Selbst dort wirkte er unheimlich, brütend, alles beherrschend, wie er bedrohlich über der kleinen Stadt mit dem putzigen Bahnhof zu seinen Füßen aufragte. Ich war den Verlockungen der Harzbahn mit ihren wunderschön erhaltenen Dampflokomotiven erlegen, sonst wäre ich, damals ein ungebundener und müder Student auf einem Europatrip, nie auf seinen Gipfel gelangt. Der dichte, grüne Wald auf den unteren Hängen war noch immer deutlich sichtbar von kreuz und quer verlaufenden Narben durchzogen wie die Wangen eines alten Junkers: Dort hatten sich noch vor wenigen Jahren die ostdeutschen Grenzbefestigungen und ihr entlaubtes Niemandsland befunden, ein Gebiet, das die Natur erst allmählich wieder zurückeroberte. Darüber steile Wände, um die große Vögel schwebten, die glatten, knochigen Flanken des Gipfels, auf dem das Zementblockhaus der Grenzwache mit seinen dürren Antennen hockte, das den Wächtern die bestmögliche Aussicht ermöglichte und die aller anderen Besucher ruinierte. Ich hatte damals eine kurze Pause eingelegt, mir vorgemerkt, daß ich unbedingt ein paar Postkarten kaufen mußte (was ich dann doch nicht tat), dann war ich auf der Suche nach der Jugendherberge in die Stadt gezogen und hatte hauptsächlich an die Mädchen gedacht, die ich dort wohl treffen würde, und an die einheimischen Bierstuben. Das war alles. Keine unheimlichen Schauer, keine bösen Ahnungen, nichts. Nichts hatte darauf hingedeutet, daß sich dieses schreckliche Ding eines Tages aus dem Drudenfuß zu mir emporrecken, sich bedrohlich vor mir erheben würde. Ich hätte mich wohl krankgelacht, doch jetzt war mir ganz und gar nicht nach Lachen zumute.

Das bleiche Licht des Vollmonds beleuchtete eine alptraumhafte Verwandlung. Der wuchernde Urwald schien undurchdringlich, eine einzige Masse miteinander kämpfender, ineinander verwachsener Bäume, die wie im Todeskampf erstarrt rings um die Bergflanken lagerten. Wirbelnde Nebelfäden umfingen die verdrehten Äste, klammerten sich mit Geisterhänden fest, während von unten dunklere Rauchwolken heranwogten und sich zwischen sie schoben. Im Schatten der Bäume flammten überall kleine Lichter – blasse Funken, die ungesund und schweflig glommen, grün und gelb, plötzlich aufflammende blaue Strahlen, die sich in die Augen brannten, aber nichts erleuchteten, pulsierende Flecken rubinroten Feuers, die durch den Rauch funkelten. Wütende weiße Blitze schossen in die Dunkelheit, tauchten das Baumgewirr jedoch nur kurzzeitig in Helligkeit und wurden sofort wieder von der Finsternis verschluckt. Sogar hier oben waren Geräusche zu vernehmen. Der Wind trug ein unbestimmtes, unablässiges Grollen an unsere Ohren, das von unmöglich tiefen, langsamen Tönen unterbrochen wurde, die aus dem Inneren des Berges selbst zu kommen schienen. Ab und zu drangen auch andere Geräuschfetzen durch, ein plötzliches Anschwellen vieler Stimmen, ein brutales Rattern und Dröhnen, als würde auf Metall eingeschlagen. Vor den Lichtern zuckten seltsame Formen, kurze Eindrücke von Bewegung, die wie in einem bestimmten Rhythmus an- und abschwoll, wie ein riesiges, wehendes Netz, das sich aus der Tiefe in die Höhe und wieder zurück krümmte. Das große Messingteleskop, das über dem Kompaßhaus angebracht war, zeigte mir, daß diese Formen körperlos waren, als wäre der Berg ständig vor einer Horde fliegender Kreaturen umgeben, von großen Motten vielleicht, oder monströsen Fledermäusen. Und über alldem erhob sich der nackte, gezackte, himmelstürmende Felsbrocken aus Granit, dessen eigenartige Formen im Schein des Mondes monströse Schatten über den Nebel warfen.

Von diesem Anblick ging vor allem eines aus: Schrecken. Sogar aus dieser Entfernung konnte ich es fühlen, kaum weniger stark als damals, als er durch Raum und Zeit hindurch versucht hatte, uns in seine Ameisenlöwengrube zu ziehen und dabei ständig größer wurde, ein kaltes Gefühl wie in einer tiefen Höhle, eine bittere Kälte, die mir das Mark aus den Knochen zu saugen schien. Zum Teil lag das an den schieren Ausmaßen dieser Erscheinung; es war ein Berg, ein kompletter, riesiger Gipfel, aber erfüllt vom bösen Einfluß einer schrecklichen Macht, die dort seit alters hauste. Doch es war mehr als das; etwas in mir zog sich zurück – und etwas Vorwitzigeres, aber Niederträchtigeres kam hervor, leckte sich die Lefzen und wurde immer neugieriger. Genau davor hatte ich die größte Angst. Gedankenlos streckte ich die Hand aus, und plötzlich spürte ich, wie eine andere Hand sie fest drückte. Alison stand neben mir. »Die Höhle des Löwen«, flüsterte ich. »Und wir spazieren einfach hinein. Ich wäre froh, wenn wir ein Stück weiter entfernt landen könnten ...«

»Sehr weit entfernt und dort das Schiff verstecken«, stimmte sie mir zu. »Aber es würde nicht funktionieren.«

»Ich weiß.« Wir hatten alles durchgesprochen. Unser gesamter Plan reduzierte sich auf Überraschung und Geschwindigkeit. Eine der großen Mächte vom Rand der Spirale hatte sich hier hereingewagt und die Erde berührt, und keiner von uns wußte, wozu sie imstande war, falls wir ihre Aufmerksamkeit weckten. Unsere einzige Hoffnung bestand darin, schnell vorzugehen. Wenn wir die Lanze erst wieder in unseren Besitz gebracht hatten, dann sah die Sache eventuell ganz anders aus. Dann müßten wir zumindest in der Lage sein, uns zu verteidigen, sogar gegen ...

»Sogar gegen das«, sagte Alison leise, und mit einem Mal wurde mir bewußt, daß ich auf keinen Fall wollte, daß sie sich in die Nähe dieses Ortes begab. Ich lernte aber auch nie dazu: wie oft schon hatte ich erst gemerkt, wie wichtig mir etwas oder jemand war, wenn ich kurz davor stand, es oder ihn – oder sie – zu verlieren. Ich ließ ihre Hand plötzlich los, legte meinen Arm fest um ihre Schultern und zog sie an mich. Sie blickte mich erschrocken an.

»Bleib hier beim Schiff!« sagte ich beinahe befehlend. »Jemand muß doch ...«

»Oh Steve, du weißt genau, daß ich das nicht tun kann«, sagte sie mit einem erstaunten Lächeln. »Ich bin ein Gralsritter! Das bedeutet mir mehr als alles andere – fast alles. Ich habe das Privileg angenommen, ich zahle den Preis dafür, so ist es nun einmal.«

»Pfeif auf das Privileg!« murmelte ich, und sie mußte lachen, legte einen Arm um meine Hüfte und erwiderte meine Umarmung kumpelhaft. Jetzt drängte ich mich enger an sie und küßte sie kurzentschlossen. Bis auf Mall war sie die erste Frau, zu der ich mich beim Küssen nicht hinabbeugen mußte. Ihr Körper preßte sich an meinen, schlangenhaft, biegsam und viel weicher, als ich es erwartet hatte, sogar dann, als sie sich erstaunt wieder fing und etwas versteifte. Ich spürte, wie sie die Arme bewegte, als wollte sie mich wegstoßen, doch statt dessen legte sie sie auf meine Schulterblätter und zog mich näher an sich. Ihre trockenen Lippen teilten sich, und plötzlich waren sie feucht. Sie bewegte sich ein wenig, und jetzt spürte ich sie ganz, beinahe schon die Glätte ihrer Haut, als gäbe es keine störenden Kleider zwischen uns, als wären wir durch die aufwallende Hitze miteinander verschweißt. Ich ließ meine Hand zu ihrem Nacken hinaufgleiten, meine Finger spielten in ihren kurzen Locken, schoben sie über den Kragen ihrer weichen Uniformjacke. Meine andere Hand strich langsam an ihrem Rücken nach unten …

Manchmal muß man im unpassendsten Moment Luft holen. Ich wollte nur kurz auftauchen, meine Lippen drückten sich gegen meine Zähne, doch sie ließ nicht los. Diese Arme waren wie Peitschenschnüre und Stahlseile. Ich riß mich los und starrte in ihre erschrocken aufgerissenen dunklen Augen. Wie, um Himmels willen, hatte ich jemals denken können, diese Frau sei unscheinbar? Es muß an ihrem Blick gelegen haben, so voller Zorn und Ablehnung, er hatte meine Erinnerung an sie geprägt, so daß ich nichts anderes mehr wahrnehmen konnte. Jetzt wurde diese Erinnerung weggewischt und von anderen Eindrücken ersetzt: die dunklen Augen waren groß und strahlend, nicht mehr voller Haß zusammengezogen, die weichen Linien und die feinen Knochen machten das Beste aus diesem festen Kinn und den vollen Lippen und gaben ihrem Gesicht die richtige Balance. Weitäugig, mit offenem Mund, überrascht und aller Kontrolle enthoben – dieser Blick entsprach ihr wirklich. Ihr Gesicht war mindestens so hübsch wie die Hälfte aller Gesichter, die ich auf diese Entfernung betrachtet hatte, ein Gesicht, schöner, als ich es je verdient hätte, und dann lag noch etwas darin, mehr als nur reine Schönheit. Sie wehrte sich nicht, sie sagte nichts, sie sah mich einfach an. Ich wußte nicht, was ich sagen sollte. Für derartige Situationen hatte ich eine ganze Palette galanter Phrasen parat, doch jede einzelne kam mir entsetzlich abgeschmackt, billig, schal und verlogen vor. Ich hatte Angst, überhaupt etwas zu sagen. Der Moment schien viel zu wichtig zu sein. Gnädigerweise brach Jyps Ruf den Zauber.

»Ahoi an alle! Richtung Westen! Ein Licht! Navigationslichter!«

Wir rissen uns voneinander los, die Blicke noch immer ineinander verschlungen, dann wandten wir uns dem Cockpit und seiner Besatzung zu, die wir komplett vergessen hatten. Vielleicht hatten sie uns in der Dunkelheit nicht gesehen, vielleicht …

Die Dunkelheit. Der Himmel. Lichter. Ich nahm mich zusammen und folgte Jyps Zeigefinger: Da war es, ein schwach leuchtender Strahl, dicht über dem westlichen Horizont. »Bist du sicher?« flüsterte Alison und legte die Hand um das Teleskop. Doch noch bevor sie ihre Frage beendet hatte, war es offensichtlich. Eine Ansammlung schwächerer Punkte, die um ein helleres, blinkendes Licht angeordnet waren, und über das Grummeln des Berges und das sanfte Schnurren unserer Maschinen wurde ein entfernter, tieferer Ton hörbar, ein klares, flappendes Röhren, das wir zuletzt über dem Schrottplatz in Stuttgart gehört hatten.

»Jyp«, flüsterte ich, »du bist wirklich unglaublich. Dir würde ich zutrauen, daß du uns bis zurück zum Urknall navigierst, wenn es dir gerade einfällt.«

»Gut möglich, allerdings könnte ich nicht unbedingt für die

Rückreise garantieren. Aber ich steuere dich genau zwischen dem ersten und dem zweiten Gedanken eines Mädchens an ihren Liebhaber hindurch, und das ist noch 'n Zacken schwieriger. Und hat mehr Untiefen.« Alison stöhnte leise auf. Ich konzentrierte mich fieberhaft auf die herannahende Maschine. Sie war größer, als ich sie in Erinnerung hatte, ein schneller Helikopter für große Entfernungen, so wie sie bevorzugt von Ölforschungsteams und Drogenhändlern eingesetzt werden.

»Er kommt sehr tief herein«, flüsterte ich Jyp zu. »Warum? Er wird langsamer. Er muß einen bestimmten Grund haben.«

»Jawoll. Fragt sich nur, wo er landen will.« Wir suchten die immense Ausdehnung der Wälder am Fuße der Berges ab, aber an den Flanken bot sich zu diesem Zweck keine einzige Schneise an.

Alison zog die Stirn kraus. »Dann muß es der Gipfel sein … es sei denn – ja, seht doch, dort!«

Dicht über der Baumgrenze, unterhalb eines der Granitrücken, erstreckte sich eine breite Steinplatte über den Hang, halb verdeckt vom Gestrüpp der halbentwurzelten Tannen ringsum. Während wir auf Wolkenhöhe zusahen und dabei kaum zu atmen wagten, flog der Helikopter einen Halbkreis, schwenkte herein, bis wir direkt von oben auf seine Rotoren blicken konnten, und schien sich zur Landung bereit zu machen.

»Jyp! Schnell!« zischte ich, doch er und Alison standen schon an den Armaturen. Im Schatten einer Wolke sank das Luftschiff rasch, aber geräuschlos tiefer, so daß selbst ein zufälliger Beobachter es kaum hätte identifizieren können. Ich stieß meine Befehle aus, und die Ritter in der Gondel bewegten sich ohne Umschweife auf ihre Plätze und machten den kleinen Hinterlader am Heckende der Plattform bereit. Er wurde auf seinem Podest herumgedreht, mit metallenen Patronen geladen, eine davon wurde in den Lauf geschoben, der sodann nach unten gekippt wurde. Leise öffnete sich die hintere Klappe, und die Kanone wurde hinausgeschwenkt. Wir sanken noch immer, langsam wie ein Blatt im Herbst, bis uns der Wald fast zu verschlucken schien wie eine Seeanemone einen Fisch.

»Am liebsten würde ich den Halunken direkt aus dem Himmel knallen!« murmelte einer der Knappen aus dem Ersten Weltkrieg. »Der Lanze würde es nichts ausmachen!«

Alison blickte ihn verwundert an. Sie sah noch immer wunderschön aus. »Nein – oder hast du Lust, anschließend den Wald abzusuchen? Diesen unheimlichen Dschungel dort unten?«

Der Knappe schüttelte sich. »Das gewiß nicht! Außerdem hätte ich sehr rasch Konkurrenz, würde ich mal vermuten!«

»Dazu hat niemand Lust«, flüsterte ich. »Leise jetzt!« Das Luftschiff schaukelte leicht, und ich hörte ein leises Scharren, als die Tannenwipfel den Boden der Gondel streiften. Auch der Hubschrauber schwebte dicht über dem Landeplatz, seine donnernden Motoren wurden rasch leiser, als die Kufen sich der felsigen Oberfläche näherten. Kaum hatten sich die Staubwolken verzogen, da lösten sich bereits einzelne Gestalten aus dem Waldsaum und eilten auf den Helikopter zu. Schreckliche Gestalten, trotz ihres humanoiden Äußeren, die meisten von ihnen nach dem Muster von Le Stryges Gorillas gebaut, doch einige ein gutes Stück schrecklicher: aufgedunsene, rollende Monster von widerlichen Proportionen. Ihre angeschwollenen Arme ruderten in der Luft, als sie ihre klobigen Körper auf beinahe kegelförmigen Beinen vorwärtsbewegten. Das war die ultimative Mischung einer Rasse aus Dämonen, Menschen und anderen Wesen, die Kinder der Nacht im ausgewachsenen Stadium – wuchtige, bullige Riesen, stark wie Urmenschen. Es sah so aus, als wäre der Helikopter mitten in einer dieser alptraumhaften Illustrationen aus einem alten Märchenbuch gelandet. Doch schon wurde die Kanzeltür zurückgeschoben, eine vertraute Gestalt sprang heraus und marschierte mit selbstbewußten Schritten los. Unter ihrem Arm schimmerte es metallisch. Er mußte mehr Nerven haben, als ich ihm zugetraut hätte, selbst unter der Voraussetzung, daß diese Monster auf seiner Seite waren.

»Jetzt!«

Ich hatte den Befehl als ermutigenden Ruf geplant, doch er kam eher wie ein fistelnder Eunuchenschrei heraus.

»Los Jyp, los-los-los!«

Alisons Hand ließ die Kontrollen einrasten. Jyp rammte den Gashebel nach unten und kurbelte am Steuerruder. Wir waren, wie ich gehofft hatte, während der Landung des Helikopters unbemerkt bis unter die steinerne Landeplattform gesunken. Jetzt, gerade als der Hauptmann aus dem Wirbel der Rotoren heraustrat, stieg die *Taube* wie ein Racheengel zum Rand des Landeplateaus empor und darüber hinaus. Die Gondel schaukelte wild, als ihr Boden über die Steine schleifte und metallisch kreischte, doch wir blieben in der Lotrechten. Ich schnappte mir das Sprechrohr, das uns mit der Heckgondel verband, schrie einen Befehl, riß dann unsere Vorderklappe auf und sprang hinunter, kam stolpernd auf dem harten Boden des Brocken auf. Hinter mir sprang Alison und nach ihr Mall. Die Monster drehten sich zu uns herum und glotzten; ihre Gesichter waren grotesk häßlich, viehisch, verformt. Ihre Mäuler waren mit langen Fangzähnen ausgestattet, unter geschwollenen Lidern glitzerten winzige Schlitzaugen. Sie sahen aus wie die fleischgewordene Satire eines gehässigen Menschenfeindes. Von der hinteren Gondel knallte die breite Rampe auf den Boden und schrammte über den Stein. Bei diesem Geräusch setzten sich die schrecklichen Ausgeburten der Hölle in Bewegung – und zuckten sogleich wieder zurück, als ein lautes, metallisches Klingeln ertönte. Die ersten Pferde kamen die Rampe heruntergerutscht, ihre Reiter tief in den Sattel gebückt. Was sie jedoch nicht im geringsten dazu bewog, langsamer zu reiten. Sie kamen mit gesenkten Lanzen und gezückten Säbeln herausgeprescht und griffen sofort an. Die Überraschung war vollständig gelungen. Die Monster zogen sich zurück, flohen in panischer Kopflosigkeit einfach nur irgendwohin oder rannten auf den Schutz der Bäume zu. Mein Interesse galt jedoch nicht ihnen. Dragovic, nicht weniger perplex als die anderen, wich der monströsen Stampede geschickt aus und lief zurück zum Helikopter. Dort hatte man verständlicherweise die Rotoren wieder angeworfen, und er schrie der Besatzung zu, daß sie auf ihn warten sollte. Die Mühe hätte er sich sparen können. Für diesen Fall hatte ich eindeutige Anweisungen gegeben. Kaum war das letzte Pferd von der Rampe gesprungen, da schwang das Luftschiff bereits herum, und der Hinterlader fing an, aus der Hecktür Feuer zu spucken. Eine krachende Explosion, und der Helikopter machte einen Satz nach vorne, rumpelte dann jedoch mit zerschmetterten Rotorblättern und weggefetztem Kanzeldach wieder auf die Kufen. Aus der Pilotentür fiel eine Gestalt heraus, nur noch von den Sitzgurten gehalten. Der Hauptmann blieb einen Augenblick verdutzt stehen, drehte sich jedoch sofort um, als er uns kommen sah, und rannte los.

Auf dem Felsabsatz tobte inzwischen ein fürchterlicher Kampf, denn viele der riesigen Nachtgeschöpfe, die nicht rechtzeitig entkommen waren, warfen sich mit unbändiger Wut auf die Soldaten, die sie eingekreist hatten. Einige der Schauergestalten waren über fünf Meter groß und wohl stärker als Eisbären oder Grizzlys; ihre dicken, gebogenen Arme hoben Schlachtrösser in die Höhe und brachen ihnen die Hälse, oder sie warfen die Reiter einfach durch die Luft. Doch sie fürchteten die Lanzen und die Säbel, die ihnen große, klaffende Wunden zufügten, und die Pfeile der gepanzerten Soldaten. Als sich die Ungeheuer erneut gruppieren wollten, explodierte die nächste Granate zwischen ihnen. Die Überlebenden verstreuten sich. Die Axtmänner und Infanteristen rückten nach und hieben die Unholde wie Unterholz zusammen. Mitten durch dieses Schlachten rannte der Hauptmann um sein Leben, dicht gefolgt von Alison, Mall und mir. Wir versuchten beisammenzubleiben und überließen, wie geplant, den Rittern die offene Schlacht. Als eine Pistolenkugel an seinem Ohr vorbeizischte, machte Dragovic einen Satz zur Seite. Jyp, der das Luftschiff festgemacht hatte, kam aus der anderen Richtung herbeigelaufen. Dragovic drehte seitlich ab, um ihn abzuschütteln, was ihn erneut uns in die Arme trieb. Wir stürzten uns auf ihn, glaubten ihn schon zu haben, stießen zusammen – während er sich einmal mehr wegduckte und laut um Hilfe schreiend unter den Bäumen verschwand.

Wir hetzten ihm hinterher, setzten über Stock und Stein, brachen durch wirres Geäst, schlugen Haken, wenn er Haken schlug, schnitten ihm den Weg ab, wann immer er Anstalten machte, aus dem Wald herauszulaufen. Er schrie unablässig um Hilfe, doch nichts geschah, und ich kam so dicht an ihn heran, daß mein Schwert einen großen, halbmondförmigen Fetzen aus seinem ohnehin schon zerrissenen Hemd schnitt. Doch dann flog ein großer grauer Vorhang in mein Gesicht, ein Ballen dichten Nebels, der mir jegliche Sicht raubte und mich plötzlich ganz unangenehm allein dastehen ließ.

Ich wagte einen vorsichtigen Schritt. Mein Fuß rutschte auf einem glitschigen Pilz aus, ich fing mich gerade noch an einem überhängenden Ast, zuckte jedoch sofort zurück, die Hand dick mit Schleim und Schimmel bedeckt. *»Alison!«* gellte ich. *»Mall! Jyp! Hierher! Bleibt zusammen!«*

Es kam mir vor, als würde der Dunst meine Stimme aufsaugen. Aus dem Nebel tauchte eine dunkle Gestalt auf – und dann blitzte ein Schwert, ein gerader Stoß wie mit einer Lanze, beinahe zu überraschend, um ihm auszuweichen. Ich parierte gerade noch, stolperte nach hinten, sah Dragovics Augen funkeln, und wieder schlug ich seine Klinge, die auf meine Kehle zielte, eben noch rechtzeitig zur Seite. Als ich selbst einen Angriff startete, parierte er mit einer Kraft, die mir fast das Handgelenk abknickte, und setzte sofort zum nächsten Stoß an. In einem Augenblick eiskalter Erkenntnis wurde mir klar, daß Dragovic tatsächlich der bessere

Schwertkämpfer war, und beinahe so stark wie ich. Gegen ihn konnte ich weder Muskelkraft noch Zähigkeit ins Feld führen. Vielleicht Nervenstärke? Ich zielte mit einem gewaltigen Schwinger auf seinen Kopf und stieß dabei ein rauhes Wolfsgeheul aus. Sein Schwert zuckte, als es auf meines traf. Er sprang zurück und verschwand im Nebel. Von irgendwoher rief eine andere Stimme, gedämpft, wie aus großer Entfernung. Ich wußte nicht einmal, wessen Stimme das war. Dann herrschte wieder Stille.

Seit jenen unheimlichen Toren damals in Indonesien haßte ich Nebel. Ich machte einen Schritt – und schon ragte etwas vor mir auf, groß, ungeschlacht, phantastisch. Ich schrie auf und schlug mit dem Schwert danach, traf aber nur Nebel und wäre beinahe nach vorne übergekippt. Es tauchte wieder auf, diesmal seitlich. Wieder stieß ich zu, wieder war nichts da. Ich ging ein paar Schritte vorwärts, fand einen dicken Baumstamm und lehnte mich mit dem Rücken dagegen. Nichts – und dann war es wieder da, genau vor mir. Ich machte einen Satz darauf zu, schlug wild um mich, und diesmal fiel ich wirklich hin, ging hart zu Boden. Ein Stein traf mich schmerzhaft in die Nieren. Ich rollte zur Seite – da kam dieses Ding schon wieder, noch formloser als zuvor waberte es durch den Nebel. Mein Schwert lag ein Stück weit weg. Ich packte den Stein und warf ihn auf den Schatten. Ein kläglicher Wurf. Er ging regelrecht durch dieses Ding hindurch, polterte auf den Boden und dann in die unheimliche Stille hinein. Von irgendwo weiter unten drang ein Echo herauf. Ich schnappte mein Schwert und kroch auf allen vieren voran. Dort, wo eben noch das Ding aufgetaucht war, ging es abrupt in die Tiefe, mehr konnte ich nicht sehen. Ich warf noch einen Stein hinab. Es dauerte eine ganze Weile, bis er unten aufschlug. Schwitzend ließ ich mich zurückfallen. Was auch immer dieses Trugbild gewesen sein mochte, es hatte mich beinahe über die Klippe gelockt …

»Nicht mehr als eine ganz gewöhnliche Illusion.«

Fluchend sprang ich auf und starrte hilflos um mich. Die Stimme hatte mir direkt ins Ohr gesprochen.

Da war sie wieder, trocken wie Papier und kalt. »Hast du noch nie vom Geist des Brocken gehört? Ein Effekt aus Licht und Schatten, mehr nicht?«

»*Stryge?*«

»*A votre service comme toujours, mon seigneur.* Aber erzähl mir doch, mein Junge, wenn du nicht einmal mit einer so kleinen Sinnestäuschung fertig wirst, welche Chance rechnest du dir wohl gegen die Macht aus, die auf diesem Berg wohnt?«

Seine Stimme überdeckte fast das leise, kratzende Geräusch hinter meinem Rücken. Fast. Ich drehte mich halb um, fast zu spät. Fast. Der Stoß, den der Hauptmann auf meine Nieren gezielt hatte, glitt an meinem linken Arm ab, ritzte ihn nur oberflächlich auf und traf mich in die Seite. Der Stich tat zwar höllisch weh, doch hatte er nur indirekt getroffen; die rauhe, feste Seepferdhaut meines Hemdes hatte die Spitze abrutschen und lediglich über meine Rippen schaben lassen. Ich japste vor Schmerzen auf und schlug mit dem Schwert aufs Geratewohl zu, was auch er besser getan hätte; er hatte versucht, mich schmerzhaft zu töten, anstatt mich sofort zu erledigen. Wieder duckte er sich hastig weg.

»Es gibt noch andere, die mir helfen!« fauchte der Hauptmann irgendwo ganz in der Nähe. »Es kann nicht mehr lange dauern. Dann werden du und deine Freunde in euren nebligen Fallen zu Hackfleisch verarbeitet! In Stücke gehauen!«

Ich hielt mir die Rippen, antwortete jedoch nicht. Diese Genugtuung gönnte ich ihm nicht. Aus dem Nebel tönten andere Stimmen, doch ich ignorierte auch sie.

»Was sagst du dazu? Hörst du mich?« Jetzt hatte ich die Richtung. Es war nicht gerade etwas, das ich mir zur Gewohnheit machen würde, doch in diesem Moment verschaffte es mir eine gewisse Befriedigung; ich spitzte die Lippen und spuckte kräftig in den Nebel hinein.

Der Hauptmann hätte warten sollen. Ich fürchtete schon,

daß er das, trotz meiner Provokation, auch tat, doch inzwischen war er wohl nicht mehr ganz Herr seiner Sinne. Er kam plötzlich aus einer ganz anderen Richtung herangestürmt, holte zu dem vernichtenden Schlag aus, den er vorhin schon hätte führen sollen, und das war für einen so guten Fechter viel zu vorhersehbar. Der Hieb zischte über meinem Kopf hinweg durch den Nebel. Ich hatte ihm mit Leichtigkeit ausweichen können, und mein eigener Stich kam beinahe senkrecht von unten, mit beiden Händen und meiner geballten Wut und Angst ausgeführt. Er traf Dragovic in die ungedeckte Flanke, vom Bauch bis zur Schulter, und aus dem Riß sprühte sofort ein tiefrotes Banner. Er flog nach oben und dann mit verdrehten Beinen nach hinten, fiel wie ein Sack Kartoffeln auf den Boden und blieb zuckend liegen. Ich senkte das Schwert und setzte ihm nach, doch ein Blick war mehr als genug.

Trotzdem hüpfte ich jäh zur Seite, als sein zuckender Arm plötzlich und mit einem metallischen Klappern nach unten fiel. Doch es war nur das Ding, das er bei sich getragen hatte. Ich stellte den Fuß darauf, als es die Steine herunterschlitterte, fummelte verzweifelt an den blutverschmierten Schnappschlössern herum und warf den Deckel zurück.

Eigentlich hätte das ein dramatischer Augenblick sein müssen, zumindest mit dem gewissen Zauber der Genugtuung versehen. Dem war nicht so. Dazu war die Angelegenheit zu dringlich. Die Lanze leuchtete in ihrem weichen Futteral, sogar in dieser trüben Suppe glänzte ihre Spitze aus Obsidian rein und erhaben. Ich atmete tief durch, schob sämtliche Zweifel beiseite und schloß die linke Hand um den Schaft. Auch er fühlte sich glatt wie geschliffenes Glas an, poliert durch den Lauf unendlicher Zeiten, in denen er umfaßt worden war – und wer wüßte zu sagen, von welchen Händen? Dieser Gedanke verschaffte mir ganz plötzlich einen Kitzel, als würde ich dicht vor einer entscheidenden Erkenntnis stehen. Ich nahm all meinen Mut zusammen und hob die Lanze vorsichtig aus dem Koffer.

Noch während ich sie langsam in die Luft reckte, wich der Nebel zurück, wurde dünner und fing an, sich aufzulösen. Ich ließ den Arm fallen und erkannte, daß ich tatsächlich nah am Abgrund auf einem schmalen Sims stand, der zur selben Felsformation wie die größere Plattform gehörte. Unter mir war zwischen den Bäumen die blutige Schlacht noch in vollem Gange, das Plateau von einer Unmenge von Leichen übersät. Verblüffend nahe bei mir standen Alison und die anderen, zum Glück unversehrt, und blickten auf den sterbenden Hauptmann hinunter.

»Hab' ich doch gleich gesagt, daß du besser bist!« murmelte Alison leise. Wenn sie so sicher gewesen wäre, hätte sie bestimmt nicht so erleichtert geklungen.

»Beinahe hätte er mich erwischt«, sagte ich kopfschüttelnd. «Das wäre ihm auch gelungen, wenn er nicht einen Tiefschlag probiert hätte.«

»Nicht der bessere Kämpfer«, sagte sie gelassen. »Der bessere Mann.« Dann hob sie den Blick, und ihre Augen weiteten sich, als sie sah, was ich da in der Hand hielt.

Vorsichtig, um nicht im Gestrüpp ringsum hängenzubleiben, reckte ich die Lanze hoch über den Kopf. Die vereinzelten Nebelstreifen waberten plötzlich zu einer großen, dichten Wellenkrone auf, fielen in sich zusammen und verflüchtigten sich vollends. Jetzt sahen wir wieder den düsteren Gipfel über uns, noch schrecklicher und bedrohlicher, als er aus der Luft gewirkt hatte. Und als ich ihn zum ersten Mal klar und deutlich vor mir sah, als ich etwas von dem erkannte, was diese Lichter waren, diese fliegenden Wirbel, da versank mein kurzer Augenblick des Triumphs und der Erleichterung wie Blei im tiefsten Ozean.

Schlimmer noch; ein trockenes Husten holte mich wieder auf die Erde zurück, auf den felsigen Boden, auf dem ich stand. Direkt vor uns hockte der alte Zauberer, Le Stryge selbst, gelassen auf einem Granitvorsprung.

Kapitel 10

Diese Lichter waren Feuer, flackernde Feuerstellen in Lichtungen, über den ganzen Berghang verstreut. Die nächstliegenden konnte man jetzt deutlich erkennen. Die Flammen loderten vor großen Steinen, die wie Altäre gestaltet waren, und vor diesen Altären und darum herum wogten und tanzten Gestalten, Silhouetten, die sich vor dem Feuerschein vorbeischoben, einige davon überaus grotesk, einige ungeheuerlich, einige seltsam nackt, nur entfernt menschlich, und sie alle wirbelten, vom Wahnsinn gepackt, schreiend und brüllend und sabbernd durcheinander. Was dort vor sich ging, war nicht mit letzter Gewißheit zu sagen, aber dort spukten eindeutig schlimmere Kreaturen als die Kinder der Nacht umher – sogar noch abscheulichere Gestalten als in dem dunklen *Tonnelle,* als der deformierte *Loa* Don Pedro erschienen war, abscheulicher als die toten Legionen Rangdas. Ich glaubte Schatten mit spinnenartigen, spindeldürren Gliedern und eingefallenen Brustkörben zu sehen, mit zwischen den Schultern eingesunkenen, monströsen Köpfen, schwarze, geduckte Gestalten, die ihre Hände hinter sich herschleiften oder auf allen vieren watschelten, oder schlimmer noch, krochen und flatterten; ich konnte mir einfach nicht sicher sein. Wie mußte wohl dieses Brockenwesen, das hier residierende Geschöpf, aussehen, wenn das dort lediglich seine Diener waren? Einige von ihnen schienen von einem Augenblick zum anderen die Gestalt zu wechseln, aber vielleicht entstand dieser Eindruck nur durch das Flackern der Flammen.

Hier wurden Beschwörungen und teuflische Riten ausgeführt, soviel war klar, doch worum es ging und wer diese Geschöpfe überhaupt waren, das konnte – und wollte – ich nicht einmal erraten. Kein Wunder, daß die Menschen des Mittelalters diese Praktiken als Parodien kirchlicher Zeremonien angesehen hatten, als mutwillige Gotteslästerungen; das waren sie wirklich, allerdings ohne jedes vernünftige Konzept, ohne jeden noch so kranken Sinn, der sich mir offenbart hätte. Ich hatte einmal gehört, daß Fetische und erotische Obsessionen, wenn sie bis zum Extrem getrieben wurden, jede Ähnlichkeit mit Sex verlieren, jedenfalls für den uneingeweihten Außenseiter; was ich hier sah, schien mir in gewisser Weise vergleichbar, nur war es weitaus schlimmer und schrecklicher. Als herrschte im Herzen dieses bizarren Rituals völlige Leere, als läge sein einziger Sinn in seiner Sinnlosigkeit; doch selbst in der Leere steckte ein winziger, verzerrter Kern, eine versteckte Boshaftigkeit und Durchtriebenheit, die sich nicht einmal sich selbst offenbarte. Diese Riten hier waren sogar an der Oberfläche grausam.

Einige der menschlichen Formen tanzten und hüpften nicht herum; sie wurden mit schlenkernden Gliedern umhergeschleift, immer kurz vor dem Umfallen. Die Gestalten, die um sie herumtollten, posierten und gestikulierten wild. Plötzlich wurde etwas in das uns am nächsten liegende Feuer geworfen, so daß die Flammen rotgrün aufloderten, und bei dieser krankhaften Beleuchtung sah ich einige ihrer Gesichter: mager und krank und elend, die Unterkiefer hingen genauso kraftlos herab wie ihre erschöpften Körper, so daß dunkler Sabber auf ihre eingefallenen Brustkörbe troff. Ihre Glieder bluteten, sie verloren ihre Eingeweide, und ich glaube, sie heulten, obwohl ich es inmitten des Lärms nicht genau hören konnte. Sie sahen entsetzlich ausgemergelt aus, aber mehr noch – sie wirkten verbraucht, leer, wie ein Brikett, das sich schon lange in Asche verwandelt hat und sich nur noch als Schatten seiner selbst in der alten Form hält, bis es plötzlich und völlig in sich zusammenfällt. Die anderen Tänzer, die eher menschlichen ebenso wie die monströsen, zeigten diesen ausgelaugten Gestalten gegenüber kein Mitleid, sondern betatschten und schlugen sie, warfen sie mit manischem Geschrei und Gelächter wie Säcke umher. Es war widerlich, wie zu gespenstischem Leben erwachte Pestgruben; doch was sich darüber abspielte, war noch schlimmer. Trotz des Schocks, den das Erscheinen des alten Schurken Stryge in uns ausgelöst hatte, hielt es unsere entsetzten Augen völlig in seinem Bann.

Diese kreisenden Leuchterscheinungen, diese auf und nieder sausenden Schwärme, die den Berggipfel wie die Bänder einer luftigen Krone umflatterten – auch das waren schemenhafte Gestalten von menschlicher Gestalt, soweit ich das erkennen konnte. Sie bewegten sich fast zu schnell, es sei denn, eines dieser flatternden Bänder wogte dicht über unsere Köpfe herunter, wobei es ein schreckliches Geschrei und Geheul hinter sich herzog, gefolgt von einem erstickenden, Übelkeit erregenden Gestank. Ich hatte nicht die geringste Vorstellung davon, was sie in der Luft hielt; das ganze Spektakel erinnerte weniger an fliegende Geschöpfe als vielmehr an ein sich windendes, ineinander verknotetes Gewimmel von Aalen in einem Strudel. Es sah aus, als sausten sie innerhalb reißender Windströmungen umher, die sie wild durcheinander und immer wieder gegeneinander stießen, sie jedoch nie ganz fallenließen. Immer wenn der Wind die Gestalten gegeneinander schlug, verbissen und verkrallten sie sich ineinander, bekämpften sich wie Ertrinkende in einem Mahlstrom, so daß sie eine einzige Masse von Blut und Kratzern und schrecklichen Verletzungen darstellten, schreiende Gesichter mit leeren Augenhöhlen, abgerissenen Ohren und Wangen, baumelnden Kleider- und Fleischfetzen. Doch wenn sie sich so ineinander verkrallten, trieb sie nicht nur wilde Panik, sie rissen und packten und vereinten sich – es gab kein besseres Wort dafür – ohne Unterschied in diesem beliebigen und hemmungslosen Wahnsinn, einem kochenden Tumult des Fleisches. Eines ihrer Gelüste, so schrecklich es auch war, mußte Hunger sein; denn viele rissen ihren Nachbarn das lebendige Fleisch vom Leib und stopften es sich ins Maul, und ich sah sogar einige, die Blut leckten und saugten und die ihnen am nächsten Dahinsausenden wie blutdürstige Hyänen anfauchten. Das alles raste wie eine lebendig gewordene Hymne des

Hasses auf das menschliche Fleisch und den menschlichen Verstand wieder und wieder um den Berg wie eine lebendige Krone. Ich hatte nicht viel von Dante gelesen, doch ich erinnerte mich an etwas Ähnliches aus seinen Versen, und ich fragte mich, was für ein Inferno dieser Mann wirklich erlebt hatte. Erst später fielen mir Hieronymus Bosch und Breughel ein.

Jetzt verstand ich auch, was diese Leuchterscheinungen gewesen waren, die an Katjka gezogen und gezerrt hatten, als sie hilflos an meiner Hand hing, diese pfeilschnellen Dinger, die sie schließlich von mir gerissen hatten. Den anderen erging es ebenso. Jyp mußte sich plötzlich heftig übergeben. Mall schloß die Augen, der Schmerz und das Mitgefühl ließen sie erstarren. Alison preßte die geballte Faust an die Lippen und war so grau wie ihre Uniform geworden.

Le Stryge ließ sein dünnes, kaltes Lachen hören und knackte mit den knotigen Fingergelenken. »Aber was denn, meine Damen und Herren? Ist der mutige Pilot gar luftkrank? Die Dirne, die alle Untaten an den Frauen rächen wollte, wird sie gar blaß bei den Streichen, die sie den Männern spielen – oder erinnert sie sich an die eigenen bescheidenen Anfänge? Aber ein Gralsritter, auch wenn es sich um eine Frau handelt, wird doch nicht beim Anblick von Blut gleich schwach werden, oder?« Dann wandte er sich an mich. »Aber du, mein Junge, du erstaunst mich wirklich. Dabei hätte ich gedacht, daß das hier doch die Essenz deines Alltagslebens versinnbildlicht. Die Welt der Finanzen und großen Geschäfte, der Kampf ums Überleben, einer frißt den anderen, das besinnungslose, unablässige Kopulieren und Fressen. Das müßte doch deinem Geschmack entsprechen. Ich hatte schon Sorge, du würdest dich freudig mitten hineinstürzen. Kopfüber.«

»Nein, Stryge«, sagte ich mit eisiger Stimme. »Nein, niemals.«

Er winkte ab. »Bah! Manchen Leuten kann man's nie recht machen. Wie auch immer, du solltest dich entspannt zurücklehnen und alle dargebotenen Freuden in vollen Zügen genießen, es sind ohnehin die letzten, die dir geblieben sind. Deine Mission ist fehlgeschlagen. Deine lärmenden Ritter wüten durch diesen gastfreundlichen Wald, immer weiter von ihren Visionen und Verblendungen auseinandergetrieben, zerrissen von Dornen und Gestrüpp, stolpern über Fallstricke oder einfach über die Konsequenzen ihrer eigenen Sorglosigkeit. Diejenigen, die nicht einer nach dem anderen ausgelöscht werden, spielen bald keine Rolle mehr, so wie ihr schon jetzt.«

»Und das hier?« Ich senkte die Lanze, streckte sie vor mir aus, prüfte vorsichtig den Boden vor mir, bevor ich mein Gewicht darauf stützte. »Du bist schon einmal vor ihr davongerannt. Was, glaubst du, wird sie wohl mit dir und deinen verdammten Anmaßungen anstellen?«

Er zuckte die Achseln und wackelte verächtlich mit den langen, knotigen Fingern. »Ach, überhaupt nichts, mein Junge, gar nichts. Hier, an den Hängen des Brocken, kann ich mich eine Zeitlang gegen ihre geschwächte Kraft wehren – viel länger, als es nötig sein wird. Ich habe mir ohnehin nie viel aus diesem Ding gemacht, weißt du, schon gar nicht, als sein Verlust meinen ursprünglichen Plan sogar noch beschleunigt hat. Behalte sie ruhig, wenn du magst, ich bitte dich darum!«

Sein wahnsinnig flackernder Blick heftete sich mit einer seltsamen Intensität auf mich, teils drohend, teils höflich bittend. Hinter uns fuhr der Wind heftig in die skeletthaften Bäume. Ich senkte die Lanze ein wenig. Der alte Schuft hatte gemerkt, daß ich kurz davor gewesen war, ihn aufzuspießen.

»Ich müßte dich davon abhalten, und das würde dir überhaupt nicht gefallen«, sagte er schneidend. »Zumindest ein Wort der Anklage, falls du irgendwelche Dummheiten vorhast. Ich gebe mir wirklich Mühe, dich vorher zu warnen; du wirst dich noch erinnern, daß mir Verpflichtungen nicht ganz fremd sind. Du bist eigentlich derjenige, der für all das hier verantwortlich ist.«

Alison berührte mich am Arm. »Von wegen! Er hat niemals

willentlich etwas unternommen, um dir zu helfen, und das weißt du! Wir wissen es jedenfalls!«

»Genau!« fuhr Mall ihn an. »Roll deine Zunge wieder ein, alte Blindschleiche, sie kann uns doch nicht stechen!«

»Ganz meine Meinung!« sagte Jyp. »Ich kenne dich und deine gottverdammten Verpflichtungen, Stryge! Und diesen Burschen kenne ich auch – er ist keine von deinen Kreaturen!«

Stryge lächelte: »Immer langsam. Ich darf euch darüber unterrichten, daß ihr sowohl recht als auch unrecht habt. Er ist mein geworden, dieser hohlköpfige Junge, weil er nicht er selbst war. Schon seit unserem ersten Zusammentreffen, als er anfing, sich in Dinge einzumischen, die weit jenseits seiner Vorstellungskraft liegen, seit damals spürte ich etwas um diesen Stephen Fisher. Etwas, das mir nicht gefiel, etwas, das mich nicht zur Ruhe kommen ließ, das mich unaufhörlich juckte.«

Ich lachte keuchend. »Daran mangelt es bei dir ja wohl nicht.«

Seine Augen blitzten kurz auf. »Du! Was weißt du schon von notwendiger Enthaltsamkeit, von ritueller Demütigung? Daß ich, *ich,* mich auf diese Weise auf der Suche nach Macht bescheide – und von dir deshalb beleidigt werde, du unwürdige, nach dreckigem Kommerz heischende Kreatur.« Dann zuckte er wieder verächtlich die Achseln. »Aber du bist hauptsächlich bloße Erscheinung, Oberfläche, wie könnte ich da mehr erwarten? Es war ja gerade diese Leere, die mich so faszinierte, denn darunter lag ein Hauch von etwas anderem, etwas Verstörendem. Das war der eine Grund, weshalb ich zugestimmt habe, dir zu helfen, obwohl es für mich selbst ziemlich riskant war; und als sogar meine Kraft erschöpft war, sah ich dich – *dich* – einen Unsichtbaren herabbeschwören, einen beinahe Göttlichen, ihn in sich aufnehmen und seine Macht so selbstverständlich benutzen ...« Er atmete schwer und stellte seine langen, knochigen Finger wie ein Zelt auf. »Zunächst fand der Beobachter, den ich auf dich ansetzte, nichts Besonderes. Also übte auch ich mich in Geduld; doch dann ereignete sich diese Geschichte im Osten, wo es dir irgendwie gelang, eine noch größere Macht herauszufordern und zurückzuschlagen. Daraufhin machte ich mich daran, dich in beide Richtungen zu verfolgen, deine Vorfahren zu finden, um von dort aus dein Schicksal vorauszusehen.« Er nickte säuerlich. »Ich habe deine Ahnenreihe bis ins mittelalterliche Rheinland zurückverfolgt, und noch darüber hinaus. Alles begann im Herzen des modernen Europa, mit dem Bastardkind einer merowingischen Prinzessin am fränkischen Hof zu Reims.«

Ich hob die Schultern. »Das hätte ich dir gleich sagen können, jedenfalls diese Rheinland-Geschichte. Freut mich, daß du dir extra die Mühe gemacht hast. Und was lernen wir daraus?«

Seine blutleeren Lippen verzogen sich, doch es war alles andere als ein Lächeln. »Du hast natürlich recht. Jetzt spielt das alles keine Rolle mehr. Es war auch ziemlich ungewöhnlich, daß ich mich an die Erforschung deines Schicksals machte. Weißt du was? Zu meiner Überraschung erwies sich das Unterfangen als ziemlich schwierig und kostspielig, obwohl mir weit mächtigere Werkzeuge zur Verfügung standen als das Kartenspiel eines Zauberlehrlings.« Er kicherte bösartig. »Da bist du überrascht, was? Hast deine kleine Freundin wohl schon vergessen? Aber wer kann schon sagen, wo sie jetzt ist? Oder ob du sie erkennen würdest, wenn du sie jemals wiedersehen würdest? Zauberer und Hexen, wie sie eine war, werden in einem kurzen Rausch wahnsinniger Leidenschaften und Exzesse aufgesogen, der ultimativen Zusammenkunft des Sabbat; die meisten von ihnen überleben es. Doch diejenigen, die der Brocken bestraft, berühren die Erde nie wieder. Die Winde kennen keine Gnade, und sie stehen niemals still.« Er wieherte leise auf. »Sie hätte ihre Karten genauer lesen sollen. Was hat sie dir denn vorausgesagt? Nicht viel, möchte ich meinen. Genau das reizte mich am meisten. Ich suchte nach Geschehnissen, die dein Schicksal beeinflussen würden, und fand so gut wie nichts.« Er rieb sich die Hände mit einer geschäftsmäßigen Zufriedenheit, während wir alle ihn, wie ich vermute, atemlos anstarrten. »Verstehst du noch immer nicht? Natürlich nicht. Es ist selten, mein Junge, sehr selten. Als ob der Weg des Schicksals allein von dir abhinge und nicht du von ihm! Als wärst du selbst ein großer Angelpunkt, ein Gelenk, an dem die historischen Kräfte verankert sind. Selbstverständlich kann eine Weissagung bei einer solchen Person keine klaren Ergebnisse zeitigen.«

Ich hätte mich über sein Geschwätz totlachen können; aber nichts in diesem harschen, rabenhaften Krächzen ließ Gelächter zu. Ich glaubte ihm, und diese Gewißheit legte sich auf mich wie das erstickende Gewicht einer bleiernen Decke, wie eine unvorstellbar große Verantwortung. Er schien auch das zu bemerken, denn er grinste hinterhältig.

»All das deutete eine Art, sagen wir, Schneise an, durch die du mir zu Diensten sein könntest. Die Mächte, die im Spiel waren, sind so groß, daß ich nicht sicher sein konnte, ob ich sie selbst bewältigen konnte. Das brachte mich schließlich hierher, um einen hinlänglich mächtigen und auf seine Art kenntnisreichen Verbündeten zu finden. Vielleicht war der Preis etwas hoch, aber der Gewinn war groß, und der potentielle Triumph ...« Er schloß die Augen und erschauerte; dann summte er leise. Ich erinnerte mich, daß er das gleiche Geräusch von sich gegeben hatte, kurz bevor er eine Seemöwe in einem grausamen Ritual geopfert hatte. *»Unvorstellbar!«*

»Und Lutz?« fragte ich, wobei ich unablässig auf den Moment wartete, an dem seine Wachsamkeit nachließ. Ich hatte ein Gefühl, als müsse ich tatsächlich mit gespreizten Beinen einen unsicheren Balanceakt vollführen. »Wie kam er denn dazu?«

Le Stryge ließ seine Lippen verächtlich zucken. »Der Herr Baron von Amerningen? Durch meinen neuen Verbündeten, wie du schon vermutest. Allerdings war er bereits ein ungemein engagierter Adept und so unbändig ehrgeizig, wie es diese Kreaturen gemeinhin sind. Einige seiner Firmen machten bereits mit dir Geschäfte. Es war leicht, die Bekanntschaft zu intensivieren, und als du dein neues Geldscheffel-System aus der Taufe gehoben hast, gab ich ihm den Auftrag, es vehement zu unterstützen und dich in seinen Kreis zu locken. Er war ziemlich überrascht, als er merkte, daß ihm die Sache sogar Geld einbrachte.«

Ich nickte. »Zweifellos. Vielleicht schulde ich dir ja wirklich etwas, Stryge. Ich habe mich von Anfang an gefragt, wo ein alternder Playboy mit einem ererbten Vermögen und soviel Geschäftssinn wie eine blinde Schnecke dermaßen viel Vertrauen in meine Idee hernimmt. Manchmal habe ich mir deshalb wirklich Sorgen gemacht. Jetzt weiß ich wenigstens, daß es der reine Zufall war.«

»Eine schöne Beschreibung«, kicherte Le Stryge. »Ich glaube, er hielt dich für eine ziemlich harte Nuß. Als es ihm nicht gelang, dich indirekt zu korrumpieren, wurde ich ungeduldig und trachtete danach, dich direkt in den Griff zu bekommen und die Macht, die ich in dir vermutete, auszureizen. Es war nicht schwer, jemanden wie dich mit deinem träumerischen Hang zur Romantik in die Nähe von Heilenthal zu locken. Dummerweise mischten sich diese idiotischen Ritter wieder ein, und du konntest dich erneut losreißen. Ich befürchtete schon, für immer. Dann brachte ich von Amerningen dazu, dich offensiver hierher zu locken. Und dann, Potzsapperment, wirst du schon wieder aus irgendeinem Grund mißtrauisch, und der Kretin dreht durch und will dich umbringen!« Er schlug sich wütend gegen die Stirn. »Dich, auf dem mein ganzer Plan basierte! Es hat mich einige Mühe gekostet, ihm zuvorzukommen.«

Mir ging ein ganzer Kronleuchter auf. »Das warst du, der da auf der Autobahn dazwischengefunkt hat? Der Lastwagen!«

»Ein simpler Spuk, um dein Leben zu retten. Noch eine Verpflichtung, wenn ich das einflechten darf.«

»Wo ich allein durch deine Schuld in diese Gefahr geraten bin? Das kannst du vergessen!«

»Durch meine Schuld? Du wärst sowieso in Gefahr gewesen, glaub mir das. Nichts, was du tust, keine einzige deiner Ideen, ereignet sich in irgendeiner Weise zufällig; das alles ist ein Teil deiner selbst, deiner Persönlichkeit und ihrer Möglichkeiten. Deshalb brauchte ich dich ja für die Aufgabe, da ich wußte, daß du der einzige Normalsterbliche bist, der die Waffe ohne Probleme anfassen kann. Und du weißt immer noch nicht, weshalb, stimmt's?« Er lachte trocken, und seine Finger fuchtelten ein verwirrendes Muster in die Luft. »Wenn ich es dir jetzt verrate, wirst du ...«

Er unterbrach sich, blickte erwartungsvoll nach oben, als würde er plötzlich durch dieses schauerliche Getöse etwas hören. Im selben Augenblick, als er seine Augen von mir abwandte, stieß ich zu.

Nicht schnell genug. Spiralenförmige Zweige, die eben noch nicht hier gewesen waren, peitschten plötzlich wie von Windstößen getrieben um uns, schlugen schmerzhaft auf meine Arme, meine Knöchel und auf die verletzte Seite ein. Spitze Dornen stachen tief in mein Fleisch. Dann wickelten sich die Zweige um mich und zogen sich zusammen, bis ich den Boden unter den Füßen verlor und mir die Luft aus den Lungen gepreßt wurde. Nur die Hand mit der Lanze blieb davon verschont; das teuflische Gestrüpp wagte sich nicht in ihre Nähe. Leider konnte ich sie nicht genug bewegen, um etwas auszurichten, konnte mit ihr noch nicht einmal das Holz der Zweige berühren. Vielleicht würde das gelingen, wenn ich die Lanze fallen ließ, doch gerade das wollte ich nicht riskieren. Ich wehrte mich vergeblich und konnte mich gerade soweit keuchend zur Seite drehen, um mich zu vergewissern, daß die anderen ebenso eingewickelt waren. Ich verfluchte meine eigene Dummheit. Bei Le Stryge erfüllte nichts nur einen einzigen Zweck. Diese extravaganten Gesten, vielleicht sogar einige seiner laut ausgesprochenen Worte, waren die subtilen

Mittel für einen seiner Zauber gewesen. »Also war alles eine Kriegslist!« rief ich erstickt. »Das Anstacheln, die Drohungen – nur um uns still zu halten, während du das hier zusammengebraut hast! All diese vorsichtig erwogenen Enthüllungen ...«

Der alte Mann machte eine bescheidene Verbeugung. »Aber selbstverständlich. Sogar die Ehrlichkeit erfüllt einen bestimmten Zweck, und die Wahrheit kann jederzeit in Rechnung gestellt werden. Nichts hätte dich besser in Schach gehalten als Offenheit. Weshalb sollte ich mir Gedanken um irgendwelche Enthüllungen machen? Sei jetzt still, sonst mußt du noch mehr leiden.« Als ein wirbelnder Streifen verlorener Seelen weiter hinauf in luftige Höhen sauste, hörte auch ich, was er eben gehört hatte – ein tiefes, brummendes Dröhnen in der Luft, nicht mehr weit entfernt, aber zu leise für einen Helikopter.

Stryge richtete sich auf und sprang steif von seinem Sitz herunter. »Das ist wohl das andere Luftschiff.«

»*Was?*« schrie Alison.

»Ihr nennt es *Rabe*, glaube ich. Aber kein Anlaß für falsche Hoffnungen – an Bord befinden sich ausschließlich meine Gefolgsleute. Denn das«, sagte er und atmete tief ein, »ist die eigentliche Erfüllung meines Plans.«

Alison sank inmitten ihrer grausamen Umklammerung noch weiter in sich zusammen und schloß die Augen. Le Stryge sah offensichtlich keine Veranlassung für weitere Erklärungen, doch sie schien erraten zu haben, was das alte Scheusal damit gemeint hatte; und ich hegte den schlimmen Verdacht, daß es auch mir allmählich dämmerte. Ich kämpfte gegen meine Fesseln, versuchte den Schmerz und die klebrigen Wundflecken zu ignorieren, die sofort dort entstanden, wo sich die Dornen durch Stoff und Haut bohrten. Einen Moment flackerte Hoffnung auf, als dicht neben mir die Zweige ruckten und sich zu lösen schienen, doch es war nur Mall, die mit all ihrer Kraft gerade einen Arm frei bekommen hatte. Sie stieß einen rauhen Triumphschrei aus, und einen Augenblick lang sah es so aus, als würde sie aus dem Knäuel der Ranken herausbrechen. Dann wurde sie von Le Stryges Blick getroffen, und plötzlich schien sie sich nicht mehr aufzubäumen, ihr kleiner Sieg wurde bedeutungslos. Ich sah, wie ihre Hand zu Boden sank. Stryge bedachte sie mit seinem dünnlippigen Grinsen. »Aber, Madame! Wie heiß die Flammen auch in Euch lodern mögen, hier, an diesem Ort, sind sie so gut wie erstickt. Ich kenne dich, ich habe dich gesehen; und ich bin größer als du.«

»Du abgesägter kleiner Dreckfink!« brüllte Jyp und wand sich in seinen Fesseln. »Du bist nicht größer als der nächstbeste Scheißhaufen, hörst du!«

»Du dürftest wohl nicht in der Lage sein, solche Urteile zu fällen, Lotse«, sagte der kleine Mann unbeirrt. »Aber sogar du kannst die Kraft spüren, die hier wohnt – und die Macht des Brocken, vergiß das nicht, ist die meine. Sie wird noch mehr zu der meinen werden, da sie nur durch mich ihren uralten Zweck erfüllen kann, der damals, als die ersten Menschen sich in diesen Landstrichen niederließen, nach der großen Eiszeit, seinen Anfang nahm. Dann ... ah, ja, dann!« Seine Augen wurden plötzlich glasig. »Dann wird ein neuer Herrscher erscheinen.«

Jyp riß die Augen auf, und ich verstand, was ihn so irritierte. Das war ganz und gar nicht der alte Stryge. Feindselig und grausam mochte er wohl gewesen sein, doch niemals hätte er seinen eigenen, nackten Ehrgeiz verraten. Er war, auf seine Art, ein Monster gewesen; doch das hier war Le Stryge plus irgend etwas anderes, etwas weitaus Schlimmeres. Das hier war ein alles verschlingender Teufel. Und doch, so unglaublich mir das auch vorkam, bemitleidete ich ihn insgeheim.

Das Luftschiff kreiste jetzt und senkte sich nur zögernd tiefer auf das Felsplateau herunter. Erst jetzt wurde mir bewußt, wie meisterhaft Jyp und Alison die *Taube* gesteuert hatten. Le Stryge nickte belustigt; er schien gerade das gleiche gedacht zu haben. »Ihr habt Talente, Fähigkeiten, die über das Normalmaß hinausgehen, ihr alle. Das ist der einzige Grund, weshalb ich euch noch am Leben lasse. Es wäre ein Verbrechen, solche Gaben unnötig zu vergeuden. Deswegen würdet ihr gut daran tun, wenn ihr nicht doch noch restlos vernichtet werden, sondern wenigstens einen winzigen Funken eurer Individualität und Identität erhalten wollt, euch für das bereit zu halten und das zu akzeptieren, was auf euch zukommt. Und vergeßt nicht: Ich bin kein sadistischer kleiner Idiot wie dieser Narr Don Pedro. Ich werde herrschen, nicht plündern.«

Ich sah ihn an und erinnerte mich an seine finsteren Zaubereien, an die so schrecklich menschlich wirkenden Wesen, die er sich hielt, und an die dunklen Vermutungen, wie er zu ihnen gekommen war, an die mörderisch kalte Wut, die er mehr als einmal an den Tag gelegt hatte. Und jetzt war er, wie ich vermutete, kaum noch mehr er selbst, als es Don Pedro damals gewesen war. Er hatte sich zu tief in den Pfuhl des Bösen vorgewagt und war schließlich davon überwältigt worden. Wie so viele andere, denen ich begegnet war, hatte er sich mit Mächten eingelassen, denen er am Ende auf Gedeih und Verderb dienen mußte. Es war die mysteriöse Kreatur dieses Berges, wo auch immer sie sich aufhalten mochte, die jetzt aus diesen Augen blickte. Das Schicksal, das er uns voraussagte, hatte ihn selbst schon längst ereilt. Er hatte Feuer geschluckt, um es auszuspucken, und er war der erste, der davon verbrannt wurde.

Über das, was diese Macht tun würde, brauchte man sich nicht übermäßig den Kopf zu zerbrechen. Ringsum wimmelte es von Beispielen. Eine Degradierung und Erniedrigung jenseits aller normalen Vorstellungen, beinahe infantil in ihrer Boshaftigkeit – das war es, was das Bündnis dieser beiden dunklen Geister schaffen würde. Zweifellos würden sie es auch weitertragen. Jetzt begriff ich auch Lutz' Verbindungen zu den Neonazis und die Aktivitäten der Kinder der Nacht in friedlichen Demonstrationen. Ihre niederträchtige Sache würde sich wie Wundbrand von einem Land zum anderen weiterfressen, mit Hilfe altbekannter Mittel wie Haß, Gier und

Vorurteile, und schließlich durch Krieg. Ich konnte mir schon jetzt vorstellen, wie dieses alte Gesicht zufrieden über die verwüsteten Länder blickte, auf ein blutiges Schlachtfeld oder das heftige Aufflammen einer ethnischen Säuberung, um gleich darauf die Verlierer anzustiften, Vergeltung zu üben, bis am Schluß die ganze Menschheit ausgelöscht war. Ein Schicksal wie das von Katjka, ohne Chance, davor wegzulaufen …

Wie Katjka. Der Wind trug Stimmen herbei, die an meinem Ohr zerrten.

Die Winde kennen keine Gnade, und sie stehen niemals still.

Das Bild war tief in meine Erinnerung eingebrannt, bitter und schrecklich. Beinahe hätte ich es nicht ertragen. Katjka, die über diesem unmöglichen, grauenvollen Abgrund baumelte, während die Kreaturen des Windes an ihr bereits wie Haie an einem strampelnden Schwimmer rissen, und dann diese ängstliche Mischung aus Entsetzen und Sehnsucht, die ihr Gesicht verzerrte.

Aber laß mich – laß mich hier, wo ich hingehöre!

Ihre Hand, die aus meiner rutschte, ihre davonwehende Gestalt, kaum noch sichtbar in all dem Rauch und dem Funkeln. Nicht die Kreaturen hatten sie hinabgezogen, sondern Katjka sich selbst. Sogar nach Hunderten von Jahren der Reue hatten sie die Taten, die sie begangen, die unseligen Freuden, die sie genossen hatte, eingeholt. Die halbvergessenen Verlockungen, das vernarbte Selbstbild, sie hatten sie wieder dazu gebracht, fallen zu wollen. So wie ein Hund zu seinem Erbrochenen zurückkehrt, wie ein Süchtiger zu seiner Droge, Freude und Strafe zugleich. Hätte ich es damals nur besser verstanden, ich hätte mehr tun können, als ihr nur meine Hand reichen, mehr als nur körperliche Rettung anbieten. Aber dazu war keine Zeit gewesen. Jetzt war es zu spät.

Wirklich? War es wirklich zu spät?

Ich bewegte die freie Hand mit der Lanze darin, bäumte mich im unerbittlichen Griff der Ranken auf, doch mein Arm wurde noch immer nach unten gedrückt. Le Stryge blitzte mich an, lachte verächtlich und drehte sich weg, um dem anderen Luftschiff bei seiner holprigen Landung zuzusehen. In meinem Herzen wußte ich, daß er recht hatte; allein und ohne Hilfe konnte ich kaum einen Finger rühren. Ich brauchte noch etwas anderes, etwas, das von innen kam, ich müßte in Flammen ausbrechen, so wie Mall …

Ich drehte mich, so gut es ging, herum, um sie anzusehen, doch ihr Kopf hing herab, und wegen Le Stryge wagte ich nicht, mich durch ein Geräusch bemerkbar zu machen. Verzweifelt versuche ich, sie dazu zu bringen, in meine Richtung zu schauen, wenigstens für einen Augenblick. Aus tiefen Schnitten in ihrem Nacken und an den Armen sickerte Blut über die Dornen, ihr Haar hing ihr wirr über das Gesicht. Vorsichtig spitzte ich die Lippen und pustete. Die Locken bewegten sich, dann blitzte es grün auf. Darunter jedoch, auf ihrer Wange, sah ich einen nassen, verschmierten Streifen, der mich tief schockierte. Ausgerechnet bei ihr? *Bei Mall?* Ich versuchte, stumme Worte zu formen, und hoffte inständig, daß sie kein Geräusch von sich gab. Ihr Blick war trübe und verschleiert, als lastete das Gewicht dieses Ortes auf ihr stärker als auf uns. Sie schien jedoch zu verstehen, was ich sagte, denn langsam, zunächst zögernd, bog sie ihren freien Arm wieder zurück in die Zweige, zuckte zusammen, als die Dornen an ihr rissen. Sie ließ nicht locker, bis sich in den Zweigen, die mich fesselten, etwas bewegte – ihre starken, knochigen Finger, die sich um die meinen schlangen und sie festhielten. Ich griff ebenfalls fest zu, zog mich so nahe wie möglich an sie heran, spürte, wie die Dornen an meinem eigenen Hals rissen, und riskierte ein leises Flüstern: *»Feuer, Mall! Feuer kann uns retten …«*

Die Antwort kam sogar noch leiser, war kaum mehr als ein Hauch: *»Stephen, mein Bester, ich habe keins – diese Flammen hier … dunkler und älter als meine – allein kann ich sie nicht angreifen – in mir ist nur Asche und ein wenig Glut …«*

»Aber du bist nicht allein! Mit Katjka hat sich die Flamme verändert – und mit dem Gral! Er sagte, ich sei entfacht! Mall, Frau – *entfache mich!*«

Ihr Mund verzog sich vor Schmerzen, doch in ihren Augen glitzerte der grüne Schalk, und ihre Finger krallten sich so fest um meine, daß ich beinahe aufgeschrien hätte.

»Gütiger Gott!« murmelte sie. »Gibt denn dieser Mann niemals auf?« Und, Wunder über Wunder, sie lachte leise, und bereits in diesem Lachen spürte ich noch etwas anderes, und endlich verstand ich allmählich, was ihren Geist befeuerte.

Es war nichts, das ich nicht auch schon oft in mir gespürt hätte, nur bei ihr war es ausgedehnter, größer und weiter durch die Jahrhunderte eines einsatzfreudigen, engagierten Lebens. Wut und Zorn beruhigten sich, kochten herunter, bis sie schließlich verraucht waren; was übrigblieb, war das Lachen. Lachen angesichts der Grausamkeiten, Lachen angesichts ungesühnter Verbrechen, Lachen angesichts der Qualen der Schwachen, Lachen über die Ungerechtigkeit, Lachen über Angst und Schrecken und über die letzten, vernichtenden Tritte des Schicksals. Lachen, weil Tränen nichts auszurichten vermochten; Tränen bedeuteten Niederlage. Ein Lachen, das sich am Zorn reibt, wie ein Streichholz an einer rauhen Wand, und dabei eine Spur knisternder Funken hinterläßt und letztlich, wenn man schon alle Hoffnung aufgegeben hat, eine Flamme im Geist auflodern läßt, pur und scharf und reinigend. In einem Leben sah man vielleicht nicht mehr als ein Funkeln im Auge, die durchdringende Helligkeit eines unerwarteten Blickes; doch Mall hatte viele Leben durchlebt, und ihr Gelächter konnte die Eckpfeiler der Welt zum Klingen bringen.

Sie lachte jetzt tonlos, doch die Erschütterung drang durch unseren Händedruck zu mir herüber. Mein eigenes Lachen sprang sofort darauf an, griff um sich, bis ich es kaum mehr mit schmerzenden Rippen und angehaltenem Atem zurückhalten konnte. Auch Jyp lachte mit dem gleichen besessenen

Glitzern in den Augen, das sie auch im Kampf annahmen. Er sah mich an. Auch Alison reagierte auf diese Weise, dabei hätten sie und Jyp ihren Blick doch eigentlich auf Mall richten sollen, denn in ihrem Auge tauchte jetzt ein Licht auf, in ihrem Grinsen blitzte es plötzlich auf, von einem Augenblick zum anderen schien ihr Gesicht transparent zu werden, als hätten sich die Knochen darunter in gefrorene Milch verwandelt. Ihr Haar zuckte und wallte auf, und ich spürte, wie mir die eigenen Haare zu Berge standen, als sich ihre Mähne langsam aufstellte und in einem eigenen Wind wehte, im Zusammenspiel mit unermeßlichen Kräften aus den Randbezirken der menschlichen Erfahrung. Trotzdem starrten alle auf mich – auch Mall. Ich versuchte, auf sie zu deuten, doch dann verstand ich endlich. Vor meinen Augen hüpften Funken über meinen Handrücken, kleine knisternde Bögen, nicht blau, wie bei Mall, sondern gelb, beinahe goldfarben. Und sie liefen am Schaft der Lanze entlang, bis zu ihrer Spitze hinunter.

Jetzt lachte ich laut los. Das goldene Feuer fauchte in einer blendenden Korona auf und warf Le Stryges langen, schwarzen Schatten auf die Erde. Er drehte sich rasch um, bedeckte die Augen und heulte: »Idiot! Das wird dir nicht helfen! Du machst alles nur noch schlimmer!«

Mehr brauchte es nicht, denn genau das hatte ich vor. Ich holte mit der Lanze aus, so weit es eben ging, dann schleuderte ich sie senkrecht hinauf in die brodelnde, raucherfüllte Luft. Die funkelnde Spitze stieg hinauf, aus ihrem schwarzen Glas strömte Feuer wie aus einem Leuchtturm. Ich holte tief Luft und stieß mit aller Kraft, die mir noch zur Verfügung stand, einen Namen aus.

Katjka.

Die Lanze drehte sich in der Luft. Das Licht wurde schwächer. Das unselige, bestialische Geheul verschluckte meine Stimme. Die Zweige zogen sich fester um meinen Hals und meine Brust, quetschten mir die Luft aus den Lungen wie eine Würgeschlange. Neben mir zuckte Mall und fing an zu gurgeln; ihre Finger entglitten meinem Griff. Die Lanze fiel, und ich streckte verzweifelt die Finger aus, um sie aufzufangen. Le Stryge öffnete den Mund zu einem raschelnden Kichern.

Dann jedoch blieb ihm der Mund vor Staunen offenstehen. Er starrte auf das endlose Band der Gestalten, das über uns hinwegtobte und sich weiter herabsenkte, immer tiefer herunterkam, bis es dicht über unseren Köpfen sauste. Mit meinem letzten Seufzer stieß ich einen Pfiff aus, so hoch und schrill wie dieser schneidende Wind selbst. Zu meinem Erstaunen schlug sich Le Stryge plötzlich gequält die Hände über die Ohren – und dieses rasende, lebende Band zerriß, schnurrte zusammen wie eine gekappte Sehne. Daraus hervor glitt auf dem Pfeifton wie auf einer Brücke eine wankende menschliche Gestalt durch die Luft: nackt, zerrissen, schrecklich, ein Auge kaum noch sichtbar in einer Maske aus Dreck und Blut. Jetzt zersprangen die Zweige unter der Wucht ihres rächenden Antwortschreis. Mitten aus der Luft, nur wenige Zentimeter von meiner Hand entfernt, packte sie die Lanze – und die Wucht ihres Ansturms ließ sie direkt mit Le Stryge zusammenprallen. Er riß die Arme weit auseinander, als die altertümliche Waffe ihm durch das Brustbein drang und ein gutes Stück aus dem Rücken wieder heraustrat. Sein Schrei verging im Brüllen der Flamme, die sie beide einhüllte.

Katjka wich zurück und fiel in einer Rauchwolke zusammen. Unsere dornigen Fesseln verschwanden und ließen uns keuchend zu Boden fallen. Sie waren nie dagewesen. Was uns halberstickt in der Luft gehalten hatte, war allein die Kraft von Le Stryges Magie gewesen. Ich stürzte mich mit ausgestreckten Händen in den Rauch, und einen Augenblick lang berührte ich warme, lebende Fingerspitzen, doch als meine Hand sich um die Katjkas schloß, war da nur mehr ein weiches, körperloses Gefühl und ein entferntes, raschelndes Seufzen; sie zerbröselte zu Asche, so weich und so sauber wie Talkumpuder, das verwehte, noch bevor es den Boden berührte.

Le Stryge kämpfte noch immer kreischend mit dem Feuer, das er zu ersticken suchte, doch es flammte immer wieder auf, und er verlängerte dadurch nur seinen Todeskampf. Ohne uns wahrzunehmen, stolperte er an uns vorüber, mit ausgestreckten Armen, als wollte er etwas umfangen. Wir drehten uns um.

Am Rande der Lichtung stand Lutz, hochgewachsen und weißhaarig, und sogar in seiner blutbefleckten schwarzen Uniform sah er noch elegant aus; als er wie vom Donner gerührt die Szene überblickte, sprang ihm vor Entsetzen das Monokel aus dem Auge. Wir gaben wohl auch kein besseres Bild ab. Neben Lutz, an der Spitze einer kleinen Gruppe immerhin menschlicher Schlägervisagen in den blutverschmierten Uniformen der Stadtwache, stand Leutnant von Albersweg. In einem abgedeckten Metallkäfig, den sie zwischen sich hielten, trugen sie einen unbehauenen Stein – den Gral selbst.

Niemand sagte etwas. Das war auch nicht nötig. Uns alle traf im selben Moment die Erkenntnis. All das war vom ersten Augenblick an Le Stryges Plan gewesen – den Gral seines kriegerischen, nach außen wirkenden Elements zu berauben und somit seine Verteidiger auf die Suche zu schicken. Normalerweise hätte selbst einer wie er den Gral niemals angreifen können, doch auf diese Art, unterstützt von Verrätern aus der Stadt, konnte ihn eine kleine Streitmacht an sich reißen. Wenn ich nicht mit der Lanze entkommen wäre, hätte er damals wohl gleich zugeschlagen; dann konnte er jedoch nicht mehr sicher sein, ob die Waffe nicht unvermutet auftauchen und seinen Angriff zunichte machen würde. In dem Augenblick, als der Hauptmann ihn an sich gebracht hatte, erteilte Stryge Lutz den Befehl, den Gral hierherzubringen – hierher, wo er, ungeachtet seiner Macht und getrennt von seiner zweiten Hälfte, eingeschlossen, geschwächt, verändert und vielleicht sogar zerstört werden konnte. Sein Einfluß und alle seine Bestrebungen würden sich in nichts auflösen, und an seine Stelle würde Le Stryge treten; Le Stryge mit seinem eisernen, unerbittlichen Willen – und die beinahe infantilen Motive der

Macht, die diesen abscheulichen Ort geschaffen hatte, nämlich Zerstörung und Erniedrigung. Aus diesem Geist sollte das neue Herz Europas entstehen.

Die Vision kam der Hölle beängstigend nahe, besonders wenn man sich vor Augen hielt, wie kurz davor er gewesen war, sein Ziel zu erreichen. Er hatte nicht einmal völlig versagt, jedenfalls im Moment noch nicht. Der alte Mann taumelte auf die Erscheinung des Grals zu, obwohl ihn die Flammen von innen und außen verzehrten, er streckte die Arme danach aus, krümmte die Finger, als wolle er im letzten Augenblick die Macht oder die Erlösung an sich reißen. Lutz und der Leutnant wichen jedoch entsetzt vor diesem lodernden, brabbelnden Wesen zurück; Le Stryge wankte, schrie verzweifelt auf und erstarrte in einer letzten, schmerzverzerrten Pose. In dieser Sekunde mußte sein Wille gebrochen worden sein, denn jetzt flammte das Feuer in ungehindertem Triumph auf. Dann kippte er steif und leblos wie ein Stück Holz nach hinten. Noch bevor er den Boden berührte, waren die Flammen verloschen. Die Lanzenspitze schlug auf den Fels, und aus dem Rauch ragte zitternd, aber unversehrt der Schaft heraus.

Die Luft schien vor unheimlichen Energien zu erbeben, und dann …

Dann brach der Erdboden auf. Schwarze Holzkohle ergoß sich prasselnd und qualmend über den Berghang. Dort, wo der alte Zauberer gefallen war, bäumte sich die Erde zuckend auf und spie Steine aus. Wir wurden zu Boden geworfen, und ein schwarzer, gezackter Spalt zog sich mit rasender Geschwindigkeit zwischen den Bäumen hindurch, wurde mit jedem konvulsivischen Wogen breiter. Baumwurzeln wankten und splitterten, als der Erdboden wie eine zerbrochene Schale aufklaffte. Im rechten Winkel dazu entstand kreischend und knackend ein zweiter Riß, aus dem Wolken stinkenden Staubs in die Luft schossen. Ein großer Baum riß sich aus dem ineinander verwachsenen Waldgestrüpp los und fiel dicht neben uns mit einem knarrenden Donnern auf den Fels.

Alison war noch vor mir auf den Füßen, lag jedoch gleich wieder auf dem Boden. Auf diesem schwankenden Untergrund tat man sich als Seemann wesentlich leichter. Auch Mall stand bereits, hob ihr Schwert auf, und Jyp, obwohl er schwer taumelte, hielt das seine schon in der Hand. Ich stolperte zu dem schwarzen, verkohlten Flecken, der einmal der alte Magier gewesen war, und zog mit einiger Anstrengung die Lanze heraus. Sogleich erfüllte mich das Knistern der Macht in den Fingern mit neuer Kraft. Und dann, ohne eine Sekunde zu zögern, ging ich direkt auf Lutz von Amerningen zu.

Er und der Leutnant suchten bereits das Weite. Ringsum brach die Hölle los, überall liefen neue Risse im raschen Zickzack in sämtliche Richtungen, warfen große Felsbrocken um oder spalteten sie einfach. Aus dem breitesten Spalt trat weiter oben am Berghang etwas wie kochender, dampfender Schlamm aus, unter dem es eigenartig glitzerte und funkelte. Jetzt fauchte hinter uns ein weiterer Strahl auf, zischte wie eine geborstene Dampfpfeife, und ringsum sackte der Boden zu einer Mulde ein, in der sich der stinkende Schleim zu einem blubbernden Teich sammelte. Zwischen den Tannen polterten Geröllawinen herab, Feuer erloschen oder flammten wild auf, und die dunklen Besucher liefen schreiend auseinander oder wurden auf der Stelle zermalmt. Plötzlich waren wir von einer fliehenden Horde von Kreaturen umgeben; Menschen, Kinder der Nacht in allen Entwicklungsstadien und andere monströse Gestalten hasteten voller Panik tief geduckt durch den Wald.

Die Bäume wankten und bogen sich völlig unabhängig vom Wind in alle Richtungen, als würde eine große, unsichtbare Hand sie willkürlich verdrehen, als wären sie durch mehr als Geäst und Schlingpflanzen miteinander verbunden, als sei der ganze dichte Wald von einer unterirdischen Macht unterwandert und in einen einzigen Organismus verwandelt worden. Mir kam es jedenfalls so vor. Das Walddickicht wand sich wie

Fühler oder Fangarme in zeitlupenartigen Zuckungen aus Zorn und Schmerz. Zu meinem großen Erstaunen erblickte ich unter den in wilder Raserei fliehenden Kreaturen, die es immer wieder ausspuckte, einige unserer Männer und Frauen, meist allein oder zu zweit, die von der Flut einfach davongetragen wurden und trotz allem den Feind eifrig bekämpften. Diejenigen, die uns und die Lanze sahen, fanden sogar noch Kraft zum Jubeln. Wir versuchten, die schwarze Woge zu durchbrechen, doch es war, als würde man gegen eine lebendige Wand ankämpfen, die einen beim kleinsten Kontakt abprallen ließ.

Die Menschen und die noch nicht voll ausgebildeten Kinder der Nacht schienen uns in ihrer Panik kaum zu sehen. Die größte Gefahr bestand darin, hinunter in die Dunkelheit gestoßen oder getrampelt zu werden; einer oder zwei schlugen jedoch blutrünstig oder wahnsinnig vor Angst nach uns. Der erste geriet an Jyp und die beiden anderen kurz darauf an Alison. Sie waren niedergestreckt, bevor einer von uns einschreiten konnte. Den riesigen Nachtkindern konnte man leichter ausweichen, denn sie hatten genug damit zu tun, auf den Beinen zu bleiben und bei einem Sturz von der folgenden Horde nicht einfach überrannt zu werden – was auch mehr als einmal geschah. Einer stürzte einen Abhang hinunter und wurde von seinem eigenen Übergewicht auf einen zur Seite geneigten Baum gespießt. Wir mußten sie nur anbrüllen oder mit den Waffen herumfuchteln, schon machten sie den Weg frei. Am gefährlichsten waren die nichtmenschlichen Kreaturen, womöglich kleinere Einheiten nur halb ausgebildeter Wesen. Sie machten sogar auf der Flucht halt, um zu kämpfen, als wäre der Überlebenstrieb in ihren deformierten Hüllen weniger stark ausgebildet als die permanent an ihnen nagende Bosheit. Ein großes, gebücktes Untier mit einem gehörnten Rinderschädel kam einen Felshang herab auf uns zugerutscht und schlug mit riesigen, stumpfen Klauen nach uns, so daß wir ihm ausweichen und auseinanderlaufen mußten. Ich schlug ihm eins der Hörner ab, Malls Schlag zerschnitt ihm die Nackensehnen, und es stürzte brüllend ins wogende Unterholz. Seine Füße waren durchaus menschenähnlich, schwielig und versengt, aber keineswegs ungewöhnlich; vielleicht war es einmal ein Mensch wie wir gewesen. Sein Sturz brach eine Lücke in die Stampede, durch die Alison und ich sprangen, immer in grober Richtung auf den unteren Berghang zu. Mall und Jyp folgten uns, doch plötzlich drangen von oben alarmierende Geräusche herab.

Dort kreiste die durcheinanderstiebende Masse von Leibern noch immer peitschend und rudernd wie ein zerrissener Gürtel um den Berg, sonderte Unrat und Körperteile ab, und plötzlich schmetterte das abgetrennte Ende zweimal hart gegen den Berghang, genau an der Stelle, an der wir uns eben noch aufgehalten hatten. Die kreischenden Stimmen waren wie abgeschnitten, und ein widerlicher Regen ergoß sich in die Baumwipfel. *»Achtung!«* schrie Mall und stieß Alison grob zur Seite, als das andere Ende mit voller Wucht herabgesaust kam, diesmal wesentlich näher. Nur wenige Meter über uns zersplitterten die Bäume zu Kleinholz; Blut und Körperteile spritzten in alle Richtungen.

Alison und ich krochen aneinandergeklammert unter dieser zuschlagenden Masse hervor, die noch einmal auf den Wald eindrosch, rutschten in einer kleinen Lawine aus Geröll und verrotteten Baumwurzeln nach unten. Ich hob die Lanze in der Hoffnung, sie könnte uns irgendwie schützen, und blickte mich verzweifelt nach den anderen um, doch in diesem blitzenden, funkensprühenden Durcheinander war es schier unmöglich, den Überblick zu bewahren. Wie über die Flanken eines Pferdes, dem gerade ein Zeichen eingebrannt wird, liefen im bleichen Mondlicht große, wellenartige Schauer über die Berghänge, und die Spalten und Risse spuckten und blubberten. Dort, wo die peitschenden Enden mit voller Wucht trafen, bröckelten Erde und Steine mehr und mehr ab. Dort, wo eigentlich Fels hätte sein müssen, kam glänzendes, dunkles

Material zum Vorschein, das jedoch nicht massiv war, sondern vielmehr wie sich windende Formen aussah, die in heftigen Bewegungen wie in einem Pfuhl aus dunklem Schleim über- und durcheinander krochen. Es sah organisch aus – doch erst als ich die grotesk mißgestalteten Gliedmaßen erblickte, die an einigen Stellen herausragten, fing ich wirklich an zu begreifen.

Es gab nichts, was auf diesem Berg wohnte oder in seinem Inneren. Der Brocken *war* der Berg, ein einziges Lebewesen, aus Zellen zusammengesetzt wie andere auch, wie wir selbst. Nur waren hier die Zellen nicht seine eigenen, sondern menschliche Körper, die es an sich gebunden und allmählich der Degeneration preisgegeben hatte, bis es nur noch geistlose Wesen waren, die durch den verbindenden Morast glitten. Irgendwo dort drinnen, im Herzen des Berges, mußte das Zentrum verborgen sein, die Königin, das lockende, verwandelnde, vernichtende Wesen hinter alledem – Chernobog.

Die finstere Intelligenz, dieses schwarze Beinahe-Absolute aus den nebligen Außenbezirken des Spiralenrands, hatte sich aus ihren verführten und in die Falle gelockten Anhängern einen materiellen Körper geschaffen. Der Kult war zu einem kolonienbildenden Organismus geworden, wie ein gigantisches Hohltier, und ebenso giftig. Diese wimmelnden Schwärme ehemaliger Menschen dienten ihr als Tentakel, die Individuen darin bedeuteten ihr nicht mehr als mir ein paar Zellen in meinen Fingerspitzen – bis auf diesen besonderen boshaften Zug, der sich darin zeigte, wie sie sie vergeudete. Und, wie jeder andere Körper auch, besaß dieses Wesen starke Verteidigungsmechanismen. Jetzt war es verwundet, vielleicht an einem lebenswichtigen Organ, und es schlug vor Schmerzen um sich. Die Verteidigungsmechanismen richteten sich gegen die, die für die Schmerzen verantwortlich waren. Die Flut war nicht so zufällig, wie es schien. Auf diese Art brachte es seine Widerstandskräfte auf dem schnellsten Weg an den richtigen Ort, und zwar so rasch und so wohlüberlegt verschwenderisch, wie die weißen Blutkörperchen in unserem Körper eingesetzt werden.

»Du hast recht!« sagte Alison. »Sie sind sein Immunsystem, und wir sind die Infektion. Wir müssen uns trennen! Gibt es ein Zeichen von den anderen?«

Wir schauten angestrengt bergauf, erblickten einige unserer Leute, die über die Hänge wirbelten, sich vor polternden Steinen und Geröll in Sicherheit brachten. Noch immer trotzte ein übernatürliches Leuchten, das zwischen ihnen hin und her sprang, den Schatten. Mall eilte von einer kleinen Gruppe zur anderen, half ihnen gegen die heulenden Horden der Unterwelt, die ihre infektiöse Gegenwart zurückwerfen oder absorbieren wollten. In einiger Entfernung erblickte ich Jyp, der sich todesmutig quer über den Hang vorankämpfte und offensichtlich verzweifelt nach uns Ausschau hielt. Wir winkten, und es war Mall, die uns zuerst sah; doch sie winkte nicht zurück, sondern deutete immer wieder mit wilden Gesten auf den Berghang unter uns. »Das Plateau!« rief Alison plötzlich. »Der Landeplatz! Sie kann ihn von dort oben einsehen!«

Sie hätte uns bestimmt nicht umsonst darauf aufmerksam gemacht ... »Lutz! Er ist bestimmt dorthin unterwegs!«

Jetzt gestikulierte auch Jyp aus Leibeskräften.

»Sie sind abgeschnitten!« bemerkte Alison trocken. »Wir nicht – aber ...«

Sie warf einen Blick auf den Hang unter uns, der durch die schauderhaften Fluten unpassierbar geworden war. »Es ist zu weit!« stöhnte sie. »Wir müssen außen herum!«

»Holt ihn!« kam ein Ruf von oben. *»Schnappt euch den Burschen! Ich würde ihm den Hosenlatz abschneiden, wenn ich könnte – aber rettet lieber den Gral!«* Es war zwar nicht ganz das, was man sich unter einer engelhaften Eingebung vorstellt, aber es war deutlich genug, dazu lauter und klarer, als es über diesen Lärm hätte klingen dürfen, selbst mit Malls Lungen – und es schien unseren geschundenen Beinen und Füßen tatsächlich Flügel zu verleihen. Alison kletterte wie eine Gazelle über die

wackligen Steine hinab, hin zu ihrem geliebten Gral, während ich mit pochendem Herzen hinterherstieg, jederzeit in Erwartung der Lawine, die mir die schmerzenden Knöchel unter dem Körper wegriß, oder einer Horde stinkender, teuflischer Mißgeburten, die mich einfach niedertrampelte. Nur eins hielt mich noch aufrecht, und das war das Verlangen, diesen Schurken Lutz zwischen die Finger zu bekommen. Als ich das Geräusch warmlaufender Luftschiffmotoren von unten hörte, knirschte ich unwillkürlich mit den Zähnen.

»Wir schaffen es nicht!« rief ich Alison zu, als ich sie eingeholt hatte. »Es muß einen schnelleren Weg geben ...«

Sie zuckte die Achseln. »Weißt du vielleicht, wo man hier ein Pferd leihen kann?«

Ihre Worte gaben mir einen Ruck. Ich blickte unsicher auf die Lanze in meiner Hand – und dann sprang ich ungefähr zwei Meter weit, als etwas warm und naß an meinem Ohr schnaubte. Das weiße Pferd sah mich an, als sei ich der letzte Blödmann, so wie es nur Pferde können. Übermütig nickte ich ihm zu, und es kam heran, schnüffelte an meinen Taschen. »Später, Kumpel«, sagte ich und schwang mich in den Sattel. Alles paßte wie angegossen, wie gehabt. Ich zog am Zügel und stieß das Tier sanft in die Seite. »Paß auf, wo du hintrittst, und folge dieser Dame!«

Dreißig Meter weiter unten brach ein neuerlicher Zug schrecklicher Gestalten aus dem Wald hervor, und wir holten Alison ein, die gerade seinen Pfad kreuzte. Sie vernahm den Hufschlag hinter sich, wandte sich halb um und stieß einen lauten Schrei aus, als ich mich hinabbeugte und sie heraufzog. Das große Pferd schien das zusätzliche Gewicht kaum zu registrieren. »Wo hast du *das* denn her?«

»Das haben wir Le Stryge und meinen ausschweifenden romantischen Anfällen zu verdanken. Aber ich glaube, es mag mich lieber ...« Ich verstummte, als das Pferd plötzlich einen mächtigen Satz über einen kleinen Felsvorsprung machte und uns hinter den Hauptstrom der herandrängenden Schreckensgestalten trug. Obwohl wir fast ohne einen Ruck landeten, klammerte sich Alison überall an mir fest. Eins der Monster versperrte uns den Weg, ein großköpfiger Zweifüßer mit weit aufgesperrtem Rachen, enormen Genitalien und, soweit ich sehen konnte, ohne Augen. Ich säbelte ihn einfach nieder. »Das Pferd kam einfach, als ich es rief, so wie mein Schwert. Vielleicht war auch die Lanze nicht ganz unbeteiligt.«

Erneut kam eine Horde wilder Kreaturen aus einer Erdspalte oberhalb des Plateaus herausgequollen und umringte uns. Die erste ging unter den Pferdehufen zu Boden, die zweite wurde von Alison erledigt, als sie auf die Flanke des Pferdes losging; diejenigen auf meiner Seite stoben auseinander, bevor ich sie mit dem Schwert erreichen konnte, und das Pferd trabte in die so entstandene Lücke. Die letzten Meter flog es wie vom Wind getragen dahin, weit ausholend, unaufhaltsam. Schließlich brachen wir aus diesem alptraumhaften Dickicht heraus und erreichten die Lichtung, auf der das Wrack des Helikopters noch immer rauchte und die *Taube* unruhig an ihrer Vertäuung schaukelte. Dazwischen jedoch stieg der *Rabe,* der nicht so gut festgemacht worden war und dessen Maschinen sich noch nicht wieder vom Flug abgekühlt hatten, bereits in die Höhe. Wir galoppierten über das ebene Gelände, doch auch die herabbaumelnden Taue waren bereits außer Reichweite. Zum Glück war Lutz ein schlechter Pilot. Er versuchte das Schiff wie eins seiner Privatflugzeuge seitlich zu kippen. Das Seitenruder geriet außer Kontrolle, wurde hart herumgerissen, und das große Luftschiff schüttelte sich wie ein Elefant in einem Schlammloch; das Heck sackte jäh ab. Dadurch kamen auch die Heckleinen noch einmal tiefer herab – ich trieb das Pferd an, stellte mich im Steigbügel auf und packte zu. Schwerfällig schaukelte das Heck wieder nach oben, und ich wurde abrupt zwölf, dreizehn Meter emporgerissen, versuchte strampelnd, die Füße um das dicke Seil zu schlingen, und schob mir mit einer Hand die wertvolle Lanze hinter den Gürtel. Dann sah ich mich plötzlich von Angesicht zu Angesicht Alison gegenüber, die mich frech anlachte und sich an ihrem Tau heraufzog, als gäbe es kein Morgen mehr – was, so gesehen, nicht ganz im Bereich des Unmöglichen lag. Es sei denn, es gelang mir, den Gral wieder in einem Stück zurückzubringen.

Und Alison.

Kapitel 11

Ich kletterte ihr, so gut es ging, hinterher wie ein Affe am Stecken. Wahrscheinlich sah die Aktion nicht besonders elegant aus, aber wenigstens hielt sie mich davon ab, nach unten zu sehen. Ich hatte eine Heidenangst, daß ich mich selbst mit der Lanze aufspießen würde, doch glücklicherweise vermied ich dieses Mißgeschick. Als wir ungefähr auf halber Höhe waren, wurde das Dröhnen der Motoren ungleichmäßig. Das Luftschiff schlingerte wieder sehr stark, woraufhin Alison und ich an unseren Seilen hin und her pendelten, aber nie nah genug an die Gondel herankamen. Im ersten Moment dachte ich, sie wollten uns abschütteln, doch wenn sie uns tatsächlich entdeckt hatten, wäre die einfachste Methode gewesen, die Seile zu kappen. Nein, es handelte sich schlicht und ergreifend um das Tun eines miserablen Piloten.

Trotzdem hätte es den Zweck fast ebensogut erfüllt. Wir schaukelten von einer Seite zur anderen, nicht sehr schnell zwar, doch diese Bewegung hob einem ganz schön den Magen. Fast hätte ich laut aufgeschrien, als Alisons Füße den Halt verloren und sie ein gutes Stück weit nach unten rutschte, doch sie fing sich rasch wieder. Kurz darauf passierte mir das gleiche. Ich hatte nicht ganz soviel Glück. Ich glitt ab, wurde immer schneller, das Seil brannte in meinen Händen, und ich konnte gerade noch bremsen, indem ich das Seil mehr oder weniger um meine Beine schlang. Mein Sturz endete mit einem heftigen Ruck, nach dem ich kopfüber in die Tiefe unter mir blickte. Wir waren schon sehr viel höher, als ich vermutet hatte, beinahe auf gleicher Höhe mit dem kahlen Berggipfel des Brocken, dessen schrecklichen Anblick ich mir nicht einmal vorzustellen wagte.

Unter den noch immer vor Wut und Schmerz peitschenden Tentakeln des Unwesens löste sich der gesamte Bergkamm von seiner inneren Schicht, Erde und Steine polterten zu Tal, rutschten weg und entblößten eine brodelnde organische Masse, die wie ein Haufen Maden wimmelte, weiß in flüssiger, brauner Verwesung. Einst mochten das wohl Individuen gewesen sein, Körper mit eigenem Willen. Jetzt waren es Zellklumpen, deren Zuckungen nur den verwundeten Willen reflektierten, der sie beherrschte. Bei diesem Gedanken veränderte sich die Masse, sie teilte sich. An ihrem unteren Rand, nicht weit über der Baumgrenze, öffnete sich ein langer Spalt, der einen Schwall heller Flüssigkeit auf die Bäume hinabspie. Ich war sicher, daß sie wie auch immer ein Teil des Wesens geworden waren, irgendein Sinnesorgan – vielleicht, durch ihre Lichtempfindlichkeit, ein gigantisches Auge. Ich sorgte mich um Mall und Jyp und um dieses wundervolle Pferd; dort unten sah es nirgendwo halbwegs sicher aus. Dann öffnete sich der neue Graben, hob sich, der Kamm veränderte seine Form, schien fast nach hinten zu kippen. In einer eisschwarzen Silhouette öffnete das Monster sein Maul und brüllte seinen Schmerz und seinen Zorn unter dem sichelförmigen Mond heraus.

Einige Teile dieses wallenden Kamms hoben sich, andere sanken ein. Aus der brodelnden Oberfläche formte sich so etwas wie ein Gesicht, mit fest verschlossenen Augen, platten Nasenflügeln und einem dünnen, lippenlosen Mund, der in einem ohrenbetäubenden Schrei schmerzverzerrten Selbstmitleids weit aufklaffte. Wessen Gesicht, das konnte ich nicht sagen, doch es war erkennbar, individuell, in allen Zügen menschlich, obwohl die Masse, aus der es gebildet wurde, sich ständig in Bewegung befand. Es war so dezidiert ausgebildet wie eine Totenmaske – und es lebte. Eine Erinnerung vielleicht, eine verblüffende Ähnlichkeit mit jemandem, den dieses Geschöpf einmal gekannt hatte, oder mit dem Wesen, das diese bösartige Intelligenz selbst einmal gewesen war. Was auch immer es einmal gewesen sein mochte, jetzt war es ein einziger Ausdruck der Qual, ein Gesicht, dessen Züge von der Folterbank gezeichnet waren, vom Rad oder von den Klammern und Elektroden moderner Folterer. Es behielt seine Form bei, dieses monströse Ding, und es heulte, ein gellendes, dabei schluchzendes Heulen unendlichen Schmerzes und unversöhnlichen Zorns. Die Tentakel, die es sich wie eine verwundete Seeanemone selbst geschaffen hatte, peitschten und prügelten auf den Wald ein, wie man vielleicht nach einer unerträglich schmerzhaften Augenverletzung rasend um sich schlägt. Und dann schnellten sie nach oben, Richtung Himmel, fauchten nicht weit unter uns durch die Luft, und der Wind, den sie aufwirbelten, schüttelte das Luftschiff noch mehr durcheinander. Die Nase kippte plötzlich nach unten, ich wurde in eine andere Richtung geschleudert und schoß auf die Gondel zu, nahe genug, um es riskieren zu können, eine Hand nach ihren Streben auszustrecken.

Ich erwischte eine, ließ das Seil los und hielt mich mit so ziemlich allem – außer meinen Zähnen – fest. Ich streckte einen Fuß aus, trat die Türklinke herunter, schob die Tür auf und schwang mich in die Öffnung hinein. Krachend landete ich auf dem Metallboden, und die Tür knallte hinter mir zu. Die Lanze rollte ans andere Ende des Abteils, unter die Wendeltreppe, die zum Schiff hinaufführte. Da stürzten sich auch schon zwei blutbespritzte Gestalten in der Uniform der Stadtwache auf mich, ganz offensichtlich Leute von Lutz, die er hier zurückgelassen hatte, damit sie ihre Wunden versorgen konnten. Sie waren also nicht in Topform, aber das konnte ich von mir auch nicht gerade behaupten. Ich konnte sie nicht abschütteln. Wir torkelten von einer Seite der Gondel zur anderen, rutschten über den Bodenbelag, wobei wir unablässig und ohne viel auszurichten aufeinander einprügelten und -traten, während ich immer wieder zu Alison hinausblickte, die mit kreidebleichem Gesicht verzweifelt versuchte, dichter heranzuschaukeln. Endlich gelang es mir, uns zur Tür zu drängen, und um den Preis, halb erdrosselt zu werden, machte ich eine Hand für die Klinke frei. Die Tür glitt rumpelnd zurück und verharrte in dieser Stellung. Ein Windstoß fauchte herein, und schlagartig änderten sich die Regeln des Spiels. Jetzt hieß es werfen oder geworfen werden, wobei ich mich am Rahmen festklammerte und auf die anderen beiden einschlug, die versuchten, meinen Halt zu lösen, ohne selbst Gefahr zu laufen, hinausgestoßen zu werden. Plötzlich ließ der lockige Schläger auf der linken Seite röchelnd von mir ab, als sich ein Beinpaar um seinen Hals wickelte, und er schlug jetzt mit seinem unversehrten Arm auf die Beine ein. Im nächsten Augenblick war er verschwunden, und mir krampfte sich das Herz zusammen, als ich einen immer leiser werdenden Schrei aus der Dunkelheit vernahm. Der andere Mann wollte die Situation ausnutzen, doch ich schleuderte ihn gegen die gegenüberliegende Seite der Verkleidung, von wo er mit einem gezückten Messer in der Faust zurückkam. Doch im selben Moment, als er zum Stich ausholte, kam Alison durch die Tür geschwungen, erwischte ihn mit den Stiefeln voll im Magen und warf ihn mit einem widerlichen Knirschen gegen die andere Wand. Er kippte vornüber und verlor jedes weitere Interesse am Kampf.

Ich packte die Gralshüterin, zog sie in die Gondel hinein und nahm sie fest an der Hand. »Das war schon das zweite Mal! Großer Gott, Mädchen …«

»Nicht jetzt!« zischte sie. »Sie haben etwas gesehen, oder vielleicht auch gehört. Einer von ihnen kommt von der vorderen Gondel heraufgeklettert!«

Ich ließ sie los und lief auf die Lanze zu. Gerade als ich sie aufhob, schwang sich jemand durch die Luke herunter und hätte sich beinahe auf meinen Rücken gesetzt. Wahrscheinlich hätte er mir mit seinen Stiefeln sofort den Hals gebrochen, doch ich warf mich zur Seite, rutschte aus und stürzte. Ihm erging es bei seiner Landung nicht anders, und dann durchbohrte ich ihn. Ein zweiter Angreifer sprang herab und ging auf Alison los, die sich ihrerseits mit gezogenem Schwert auf ihn stürzte. Ich kam umständlich hoch, und schon polterte das nächste Stiefelpaar die Treppe herunter – und rasch wieder hinauf. Ich eilte hinterher, in den schwach erleuchteten Bauch des Luftschiffs, doch als ich den Kopf zur Luke hinausstreckte, flammte ein Feuerstoß um mich herum auf. Sofort zog ich mich wieder zurück. Von oben kam ein wütendes Brüllen.

»Du saublöder Idiot! Kein Schuß mehr! Willst du das ganze Schiff in Brand setzen?«

Großer Gott, diese Dinger waren voller Wasserstoff! Ich katapultierte mich an den Rändern der Luke hinauf. Hier befanden sich die geräumigen Maschendrahtverschläge für die Pferde, doch es war unheimlich stickig, ein Ort, der seltsam tot wirkte, eine skelettartige Konstruktion aus dünnen Stäben, umgeben von den riesigen Gaszellen, die wie ein altmodisches Zelt nach imprägnierter Leinwand stanken, nur wesentlich schlimmer. Sie erstickten das Dröhnen der Maschinen und dämpften das Klappern der metallenen Laufstege, und die singenden Vibrationen der blanken Kontrollkabel, die sich über unseren Köpfen hinzogen, blähten sich über ihnen in tiefen, verhüllenden Schatten wie dunkle Wolken.

Mein Widersacher wich zurück und versuchte dabei, einen langen Parabellum-Revolver aus dem Holster zu ziehen; er überlegte es sich jedoch anders und zückte statt dessen einen Säbel. Es war der Leutnant, der mich da mit einem niederträchtigen Glitzern in den Augen maß, zerschunden, müde und blutig, wie ich aussah. Vorsichtig legte ich die Lanze zu Boden, da ich plötzliche Feuerstöße in dieser heiklen Umgebung nicht für eine besonders gute Idee hielt und mir auch nicht vorstellen konnte, sie wie eine gewöhnliche Waffe einzusetzen. Von unten ertönten ein heiserer Schrei und ein gleitendes Hämmern, das mich unwillkürlich nach hinten blicken ließ. Genau diesen Moment nutzte der Leutnant aus und stürzte sich mit einem direkt ins Gesicht gezielten Stoß auf mich. Ich parierte, griff meinerseits an und trieb ihn einige Schritte zurück. Hinter mir klapperten Stiefel auf der Treppe, und Alison, es mußte Alison sein, kam durch die Luke heraufgehechtet. Sie würdigte uns jedoch keines Blickes und rannte die hintere Laufplanke entlang. Plötzlich war ein schnalzendes Rattern zu hören, und eines der über uns gespannten Seile vibrierte heftig. Dem Leutnant entfuhr ein heiserer Fluch, und er versuchte, mich mit einem wütenden Angriff vor sich herzutreiben. Ich wich keinen Zentimeter zurück, parierte erneut und duckte mich kurz darauf hinter die Luke; sein Schwert klirrte gegen die hochgestellte Ausstiegsklappe. In der so gewonnenen Sekunde riskierte ich einen Blick nach hinten und sah, wie Alison in die Luft sprang und dabei mit dem Schwert ein bestimmtes Seil in dem Gewirr des Strangs zu treffen versuchte; schon jetzt klaffte darin eine tiefe Kerbe.

»Laß ihn!« schrie Alison. »Komm und hilf mir!«

Einfacher gesagt als getan. Der Leutnant kam dichter heran, Schwertknauf an Schwertknauf, dann versuchte er, mir das Knie in den Unterleib zu rammen. »Typisch!« raunte ich ihm direkt ins Gesicht. »Kein großer Fechter, nur ein Straßenschläger mit einer feschen Uniform! Ein Klappmesser auf einem Parkplatz, das ist wahrscheinlich eher dein Stil – und dann möglichst von hinten!«

Er brummte etwas und versuchte die Klinge freizubekommen, woraus sich tatsächlich eher eine Gassenprügelei als ein Duell entwickelte. Wir wirbelten ineinander verkeilt kreuz und quer über die Bodenplatte, knallten uns gegenseitig die Köpfe an die Verstrebungen, einer versuchte den anderen von der Laufplanke ins Netzgeflecht zu werfen. Währenddessen hackte Alison weiterhin auf die Seile ein. Es gelang mir, dem Leutnant das Knie in den Magen zu rammen, um ihm die Luft aus den Lungen zu drücken, doch er schlug mir den Schwertgriff ins Gesicht und kam wieder auf die Füße, schwankte dabei, verlor die Balance und torkelte mit rudernden Armen nach hinten. Leider nicht weit genug. Er fing sich wieder, das Schwert über den Kopf gereckt, und holte zu einem Sensenhieb nach unten aus, von dem ich nicht wußte, ob ich ihn aufhalten konnte.

Plötzlich riß er die Augen weit auf. Alison schrie eine gellende Warnung, ein peitschender Knall ertönte, und etwas fauchte surrend durch die Luft – das lange Ende eines dünnen Stahlseils. Es zischte knapp über meinen Kopf hinweg und erwischte den Leutnant quer über der Brust, wickelte sich mit der Kraft einer Würgeschlange um seinen Oberkörper und zog sich fest. Ich hörte Knochen brechen. Das Luftschiff machte einen wilden Satz, und die Maschinen dröhnten mächtig. Etwas heulte laut auf und verstummte mit einem dumpfen Schlag. Das Stahlseil lockerte sich etwas, zog sich wieder stramm und entließ schließlich seinen zerquetschten Gefangenen. Der Körper rutschte über den schrägen Boden und fiel leblos durch die vordere Luke hinab; ein erstickter Schrei war zu hören.

Alison kauerte sich neben mich. »Du bist doch nicht verletzt? Ich habe das Kabel des Steuerbordruders gekappt; jetzt geht es nur noch hart nach Backbord. Dieses Schiff wird nirgendwo mehr hinfliegen …«

Sie verstummte. Es roch verbrannt, und der Geruch wurde intensiver. Hinter uns ertönten das anschwellende Summen eines durchdrehenden Elektromotors und ein unregelmäßiges Knistern. »Es hat sich in der Winde verfangen!« schrie Alison und sprang auf. Im selben Moment zischte etwas, und von unterhalb der Laufplanke schoß ein Funkenregen herauf. In dem gespenstischen Leuchten erblickte ich Lutz, der plötzlich aus der vorderen Luke heraufkam, ein wahrhaft perfekter

Auftritt für den König der Dämonen – das Monokel war weg, das weiße Haar stand ihm wirr vom Kopf ab, das rötliche Gesicht war mit Blut bespritzt. Ich mußte ihm die Verzweiflung nicht vom Gesicht ablesen; er hielt eine sehr moderne kleine Automatic in der Hand. Wenn er nirgendwo mehr hinfuhr, dann sollte uns das auch nicht beschieden sein.

Ich wirbelte herum, wollte eine Warnung ausstoßen, doch im selben Moment, als ich Luft holte, hörte ich schon den Schuß. Ich sah, wie er traf, sah, wie Blut spritzte und Fragmente aus Alisons unteren Rippen gerissen wurden, sah, wie sie von der Wucht des Treffers herumgeworfen wurde und mit einem tonlosen, schmerzverzerrten Seufzer zur Seite fiel. Wie durch ein Wunder hatte der Schuß keine der Gaszellen getroffen; doch schon der nächste konnte sitzen. Lutz zielte jetzt auf mich. Die Pistole des Leutnants lag noch auf dem Deck, doch ich wagte nicht, sie zu benutzen. Vielleicht hatte ich doch noch etwas zu verlieren. Statt dessen schleuderte ich sie auf ihn und traf Lutz genau am Kinn. Er taumelte, fiel rückwärts über die Luke und seitlich über die plötzlich wieder sehr schräge Laufplanke nach unten, wobei er seine Pistole fallen ließ. Beide polterten in die Dunkelheit hinab.

Ich wollte ihm sofort nachsetzen, doch als ich an der Luke ankam und einen raschen Blick nach unten warf, sah ich dort den verrenkten Körper des Leutnants am Fuß der Leiter – und noch etwas viel Beunruhigenderes. Da das Luftschiff schlingerte und schaukelte, glitt die Seitentür auf und zu, und bei jeder seitlichen Bewegung rutschte der Gral in seinem Metallgehäuse ein Stück weiter darauf zu. Gerade als ich hinunterspringen wollte, hielt mich ein trockenes Hüsteln davon ab. Lutz stand kaum eine Schwertlänge entfernt und hielt sich das blutende Kinn. Ein unverhüllt boshaftes Grinsen verzerrte seine wohlgeformten Züge, ein Grinsen, das vom Zucken in seinem Augenwinkel noch verstärkt wurde.

»Wenn Sie nur wüßten ...«, setzte er leise lachend an. »Wenn Sie nur wüßten, was ich alles durchmachen mußte, welche widerlichen, anstrengenden, schmutzigen, abartigen, erniedrigenden und einfach nur blöden Dinge ich tun mußte, um so weit zu kommen ...«

»Kann ich mir vorstellen. Muß ganz schön ekelhaft sein, diesem Ding dort unten in den Arsch zu kriechen – und andere Leute in sein Netz treiben.« Wir umkreisten dieses wild um sich schlagende Monster, doch wir würden nicht ewig kreisen. Schon jetzt verloren wir ständig an Höhe und würden bald in Reichweite der Tentakel geraten.

Lutz lachte laut auf. Hinter mir hörte ich raschelnde Geräusche. »Und dann kommen Sie daher, Sie erbärmlicher Handlanger einer Nation von Kleinkrämern, und versauen mir alles. Sie! Und wissen Sie was, Sie Kleinkrämer? Ich habe mich noch nie so erniedrigt gefühlt wie damals, als ich mit Ihnen zusammenarbeiten mußte!«

Jetzt war ich mit Lachen an der Reihe. »Sie hätten sich mal mit Le Stryge unterhalten sollen. Er fand, ich habe königliches Blut in den Adern, germanisches Königsblut, direkt von einer Prinzessin vom Hofe Karls des Großen – meinte er jedenfalls! Das ist zwar schon eine ganze Weile her, aber immer noch besser als einfach nur ein kleiner Baron, finden Sie nicht?«

Ich hätte nicht gedacht, daß ich damit eine derartige Wirkung erzielen könnte. Seine blauen Augen traten aus den Höhlen, und beinahe hätte er sich dienernd zurückgezogen. »*Sie?* Fisher? Lieber Gott im Himmel!«

Plötzlich kochte die Wut in mir hoch. Katjka. Alison. Vielleicht auch Mall und Jyp. »An Ihrer Stelle würde ich Seinen Namen nicht so sorglos in den Mund nehmen. Wenn es Ihn gibt, dann müssen Sie sich schon bald einige ziemlich geschickte Entschuldigungen – he!«

Er hatte sich unvermutet auf die Luke gestürzt, wollte zweifellos Richtung Gral und Tür. Meine Klinge zerschnitt die Luft zwischen ihnen, und er warf sich zurück, wobei er seinen eigenen schweren Säbel zog.

»Das hatte ich mir selbst versprochen«, sagte er angespannt. »Dragovic, dieser Narr, berichtete, Sie seien ein guter Schwertkämpfer. Vielleicht im Vergleich zu ihm; Dragovic war ein ganz passabler Sportfechter. Aber ich muß Ihnen eins verraten, Kleinkrämer: Welche Prophezeiungen Ihnen auch gemacht wurden, was Ihnen auch vorausgesagt worden ist, jedes scharfe Schwert kann diesen Zukunftsfaden zerschneiden. Sie sind mir zu früh in die Arme gelaufen, zu unerfahren.«

»Wollen Sie mir damit sagen, daß Sie der beste Fechter in ganz Frankreich sind?« lachte ich amüsiert.

»Nicht Frankreich, aber nein«, grinste er. »Andererseits war ich Meister von ganz Thüringen im Säbelfechten!«

Zumindest das schien zu stimmen. Er grüßte kurz, stellte sich *en garde* und griff sofort an, den linken Arm lässig hinter sich angewinkelt und die Klinge fast waagerecht nach vorne gestreckt. Ich parierte auf die eher moderne Art, mit geraden Armen und aufrechter Klinge. »Tut mir leid«, kicherte Lutz, »aber ich habe keine kleinen Degen für uns dabei, Krämer. Sie werden jetzt rasch lernen müssen, wie man als Edelmann mit einer Waffe umgeht. Nun – fahren wir fort!«

Unsere Klingen kreuzten sich, schrammten aneinander, schlugen leicht mit den Spitzen zusammen – plötzlich war die seine nicht mehr da und zischte statt dessen in einem heftigen Ausfallstoß an meinem Kopf vorbei. Ich konnte ihn gerade noch abfangen und im Gegenstoß nach seinem exponierten Unterarm schlagen. Er löste sich so leicht, als würden wir mit Degen fechten, und ging sofort wieder zum Angriff über. Jetzt ging es in einem rasch wechselnden Rhythmus von Angriff, Parade und Gegenangriff hin und her, wie er beim Sportfechten üblich, in einem Kampf auf Leben und Tod allerdings höchst ungewöhnlich ist. Wir bewegten uns kaum und versuchten jede sich bietende Lücke in der Verteidigung des anderen mit raschen, möglichst versteckten Manövern auszunutzen. Es war ein atemloses, verwirrendes Spiel, und ich war ohnehin erschöpft. Auch ohne dieses Handicap wäre mir Lutz weit überlegen gewesen; er setzte seine Energie sparsamer ein, kämpfte fast nur aus dem Handgelenk, schlug nie unüberlegt oder unnötig heftig zu und ließ auch nicht den allerkleinsten Fehler meinerseits ungesühnt. Als Playboy hatte er viel Zeit für solche Sachen erübrigen können, nicht nur einige mühsam von Mittagspause oder Feierabend abgezwackte Stunden. Ich war wohl der Stärkere, trotz seiner Tennisarmgelenke, doch das konnte nicht mehr lange den Ausschlag geben, so wie er mit mir umsprang. Außerdem hörte ich immer wieder diese Geräusche …

Etwas klapperte hinter mir, als Lutz' letzte Angriffssequenz mich einen Schritt zurücktrieb. Einen Augenblick lang dachte ich schon, der Leutnant sei auf wundersame Weise wieder zum Leben erwacht. Doch dann sah ich gerade noch aus dem Augenwinkel, wie Alison aufrecht oben auf der Leiter stand, das Gesicht von mir abgewandt. An der Stelle, wo sie sich festhielt, lief eine Blutspur am Geländer herunter. Lutz riß die Augen vor Erstaunen weit auf, sein Angriff ließ kaum merklich nach, ich wagte erneut einen Ausfall und schlug seine Klinge zur Seite. Meine Schwertspitze zerfetzte seinen rechten Ärmel. Fluchend sprang er einen Satz zurück, doch es war kein Blut zu sehen.

Ich bleckte die Zähne: »Man sollte sich nie mit Kleinkrämern einlassen, Herr Baron! Sie achten zu sehr auf jeden Kleinkram!«

»Ihr Kramladen ist schon so gut wie pleite!« grunzte er.

Alison glitt die wenigen letzten Stufen herab, sank auf dem Boden der Gondel zusammen und rührte sich nicht mehr – und Lutz' Klinge wirbelte so schnell, daß ich sie einmal mehr nur aufblitzen sah und lediglich das Schaben meiner eigenen Klinge spürte, als sie niedergedrückt wurde, wodurch mir ein Stoß in den Unterleib drohte. Ich konnte ihn gerade noch abwenden, doch diese Aktion brachte mich ins Stolpern, und Lutz zielte mit einem wuchtigen Hieb auf meine Kehle. Wieder parierte ich, und zwar so sorgfältig, daß ihn sein eigener

Schwung ins Taumeln brachte. Jetzt wankte er zurück, unsere Klingen kreuzten sich, zischten in raschen Links-Rechts-Kombinationen, wobei jeder von uns versuchte, den anderen am Geländer des Laufstegs festzunageln. Seine Klinge kam frei, doch meine durchschnitt mit nervenzerfetzendem Kreischen das Leichtmetallrohr und fuhr auf sein Bein zu. Lutz sprang zurück, rutschte in einer Blutlache aus, die entweder von Alison oder dem Leutnant herrührte, krachte gegen das zerschnittene Geländer und fiel beinahe hintenüber auf die Gaszellen. Nur ein plötzliches Schlingern des Luftschiffes bewahrte ihn davor, und er landete auf dem Rücken.

Ich war zu erschöpft, um diesen Vorteil ausnutzen zu können, und rang keuchend nach Luft. Suchend blickte ich zur Luke hinüber, doch Alison war nicht mehr dort. Langsam, wie ein Seestern, kroch sie über den Boden, auf den Kasten mit dem Gral zu. Lutz, der schon wieder kniete, registrierte es auch und machte einen Satz auf die Leiter zu. Ich trat ihm gegen das Schienbein. Fluchend rollte er über den Boden und stieß fast gleichzeitig wütend durch die Streben der Leiter hindurch. Diesmal traf er sogar und schabte an einer Rippe entlang. Der Schmerz war unbeschreiblich, doch es war kein lebensgefährlicher Stich. Allerdings erweckte er das kleine Souvenir, das mir der Hauptmann hinterlassen hatte, zu neuem Leben und warf mich vor Schmerz zusammengekrümmt nach hinten.

»Soviel zu Ihrer Gossentaktik!« kicherte Lutz.

»Dabei dachte ich immer, Straßenkampf sei eine Spezialität der Nazis!« keuchte ich.

»Nazis?« heulte er auf, als wir beide mühsam wieder auf die Beine kamen. »Sie haben nicht die geringste Ahnung, was auf der Welt geschieht! Die Nazis waren nur eine Finte, ein buntes Flattertuch, um die Bauern abzulenken, sonst nichts! Die SS war meine geistige Heimat, und ich habe nie aufgehört, in ihrem Geist – Ehre, Reinheit, Mut – zu kämpfen.«

Das Luftschiff neigte sich wieder zur Seite. Diesmal

rutschte ich weg, hinunter auf das Heck und den durchgebrannten Windenmotor zu. Doch statt aufzustehen und hinter mir herzukommen, schnappte sich Lutz das Schwert des Leutnants und schleuderte es die Luke hinab. Ein Klappern drang herauf, ich hörte Alison vor Schmerz aufschreien. Eine unbändige Wut stieg in mir hoch. Nicht wild, sondern sehr ruhig, eiskalt, und ich erkannte, daß ich zu Lutz' Bedingungen gekämpft hatte, nicht zu meinen. Ich mußte meinen Vorteil, so gering er auch war, unbedingt erzwingen. Es gab Dinge, die mir vertrauter waren als ihm; wie aber sollte ich ihn dazu bringen?

Und dann kam mir eine völlig wahnsinnige Idee. Er war kurz davor, die Luke hinabzuspringen; ich mußte ihn aufhalten. Ich holte tief und schmerzhaft Luft, kam auf die Beine und rannte auf ihn los, wobei ich meine Schwäche einfach zu ignorieren trachtete. Eine oder zwei Minuten lang zwang ich mich dazu, das zu tun, was Lutz getan hatte, nämlich den Todesstoß hinauszuzögern und auf den Vorteil zu warten. Nur konnte das in meinem Fall nicht die bessere Fechtkunst sein, aber es konnte – es mußte – der Kampfplatz sein. Obwohl ich nicht durch seine Deckung stoßen konnte, kam er mit mir auch keinen Schritt weiter, und das schien ihn zu verwirren. Ich drängte ihn zurück, ließ ihn wieder kommen, zog mich mit schwerfälligen Abwehrschlägen zurück und hielt ihn dann erneut mit raschen, unbekümmerten Attacken in Schach. Lange konnte ich so nicht durchhalten; ich ermüdete rasch und würde wohl bald die tödliche Öffnung in meiner Deckung preisgeben. Doch Lutz war absolut verblüfft, ließ von seinem eigenen Sperrfeuer ab, um herauszufinden, was ich eigentlich vorhatte. Er fand es heraus, als seine Absätze über den Rand der Lukenöffnung ragten und ich den Angriff noch einmal verstärkte. Um nicht die Balance zu verlieren, wedelte er mit dem Arm herum, suchte einen Halt, fand die Leiter hinter sich, parierte meinen Stoß und schwang sich auf die Stufen.

Ich konnte fast sehen, wie seine Gedanken sich überschlugen, und bedrängte ihn munter weiter. Höhe verleiht deinem Angriff Gewicht und Freiheit – technisch gesehen. Wenn er die Leiter hinunterkletterte, hatte ich ihn in der Falle. Sogar falls er das Risiko einging und sich fallen ließ, obwohl am Ende der Leiter eine Leiche lag, konnte ich ihn im Fallen noch durchbohren. Also kletterte er einige Stufen hinauf, ich zuckte ein wenig unter seinen Stichen zusammen, was mir nicht schwerfiel. Er lachte, probierte noch einige mehr, dann schwang ich mich um die Luke herum und schlitzte ihm das Bein vom Oberschenkel bis zur Wade weit auf. Besser gesagt, das Bein seiner Reithosen, denn es war kaum Blut zu sehen; ich hatte ihn nur angeritzt. Der Schlag hatte immerhin ein hübsches Stück vom oberen Rand der Stiefel gekappt, und das machte ihn nervös. Instinktiv hüpfte er noch ein oder zwei Stufen hinauf – und ich hatte mir meinen Spielraum erkämpft. Ich duckte mich unter seinem Hieb weg und warf einen kurzen Blick durch die Luke auf Alison, die zusammengekrümmt über dem Käfig lag, die Hände um die Gitterstäbe gekrallt. Ich hatte wohl halb damit gerechnet, daß sie geheilt wieder aufsprang, aber genau das geschah nicht. Ich rief ihr aufmunternd zu, löste den Lukendeckel mit einem Schlag und knallte ihn unter Lutz zu, wobei ich einen Splitter seiner Stiefelsohle abschnitt.

Er hätte herunterspringen und mir wieder auf dem Boden entgegentreten können, doch allmählich verlor er die Nerven. Über ihm befand sich eine weitere Luke; er schlug mehrere Male wild nach unten, hätte dabei fast meine Kopfhaut geritzt und kletterte dann gehetzt nach oben, so rasch, daß ich ihm mit meinen schmerzenden Rippen kaum folgen konnte. Wir waren jetzt hoch oben zwischen den Gasballons. Die stickige Luft wurde von einem flackernden Schein erhellt, über den ich nicht näher nachdenken wollte. Er zeigte mir jedoch, wie Lutz panisch an der nächsten Luke kurbelte und verzweifelt eine Plattform suchte, von der aus er erneut den Kampf aufnehmen konnte. Er würde eine erreichen, aber ich war nicht davon überzeugt, daß sie ihm gefallen würde.

Die Luke krachte zurück, und unverhofft wehte ein Strom erstaunlich kühler Nachtluft herein. Ich fand sie erfrischend, doch Lutz erschauerte und zögerte. Ich zog mich mit äußerster Anstrengung hoch und stieß ihm die Schwertspitze tief in die Wade. Er schrie auf und wäre beinahe von der Leiter gefallen, zog sich jedoch hastig weiter hinauf und kletterte durch die Öffnung hinaus. Ich konnte sehen, wie er niederkniete, sich mit einer Hand festhielt und mit der anderen an der Luke hantierte; er hatte wohl gehofft, er könnte sie mir auf den Kopf schlagen, doch dazu ließ ich ihm nicht genügend Zeit. Bevor er den Riegel des Deckels gelöst hatte, war ich oben und schwang mich neben ihn hinaus auf die Hülle des Luftschiffs. Nur daß ich aufrecht stand.

»Herr Baron haben sich wohl nie intensiv mit der Bergsteigerei beschäftigt?« erkundigte ich mich. »Sie bevorzugen wohl andere Sportarten, was?«

Ich schob mich um die Luke herum, und er schleppte sich auf allen vieren davon. Seine Finger krallten sich in den steifen, straff gespannten, unnachgiebigen Stoff der Hülle. Der Wind zerzauste unsere Haare und führte den unglaublichen Gestank des Berges unter uns mit sich. Als das Mondlicht auf meiner Klinge funkelte, mußte ich sogar ein wenig lachen. Ich stieß nach dem Baron. Er schrie leise auf und hätte beinahe die Balance verloren; mit vor Angst weit aufgerissenen Augen sah er auf die Hülle, die sich in einem steilen Bogen unter ihm wegkrümmte.

»Und Sie sind sicher noch nie in einen Mastkorb geklettert, habe ich recht? Dafür hatten Sie Ihre Matrosen auf Ihren gewienerten und aufgetakelten Rennjachten, auf denen Sie immer am Ruder standen, nicht wahr?« Ich stieß wieder mit dem Schwert nach ihm, er wich aus, rutschte ein Stück weiter und hielt sich mit verzweifelter Behendigkeit fest.

»Das ist kein fairer Kampf!« plusterte er sich auf, doch ich hatte nicht einmal mehr die Energie, darüber zu lachen.

»Stellen Sie sich doch nicht so an! Wer würde schon das Risiko eingehen, sich Ihnen gegenüber fair zu verhalten? Ich werde Sie töten, egal auf welche Weise.« Ich hoffte nur, daß ich dazu noch in der Lage war.

Die Frage stellte sich kurz darauf als akademisch heraus. Ich hatte zu lange gezögert. Er klammerte sich sicherer fest, als es den Anschein hatte, trat plötzlich mit einem Stiefel aus und knallte ihn mir gegen das Schienbein. Als ich zurücktaumelte und Halt an der Luke fand, tat er etwas unerwartet Kluges: Er stieß das Schwert tief in den Stoff der Hülle und zog sich daran hoch, richtete sich auf und testete die Tragfähigkeit wie auf einem federnden Trommelfell. Dann kam er mit kurzen, doch entschlossenen Schritten auf mich zu, wobei er tunlichst vermied, nach Steuerbord oder nach Backbord zu sehen, wo die Tentakel des Bergwesens erschreckend nahe vorüberstrichen. Ich stellte mich ebenfalls gerade hin und spürte Wut und die Aussichtslosigkeit der ganzen Sache. Unterhalb des Ruders flackerte rotes Licht durch die Verkleidung am Heck des Schiffes; es konnte jeden Augenblick eine der Gaszellen erreichen, und dann war alles aus. Wir waren bereits jetzt tote Männer, die noch verbissen um das Recht kämpften, die letzten Sekunden des anderen auszulöschen. Vielleicht war es besser, durch einen Schwertstoß zu sterben als durch das,was sich da unter uns zusammenbraute. Doch ich konnte nicht anders, und ihm erging es ebenso. Keiner von uns konnte den Gedanken ertragen, daß der andere eventuell doch noch weiterleben würde. Wir steckten zu tief drin.

Noch einmal gingen wir in Kampfstellung. Noch einmal klirrten die Klingen wie sich paarende Schlangen gegeneinander – und wieder war Lutz schneller. Eine feurige Fackel grub sich oberhalb des Herzens in mich hinein, brannte sich durch den Brustmuskel und schrammte schrecklich an meinem linken Schlüsselbein entlang. Meine Knie sackten unter mir weg, ich sank auf die Hülle. Es war ein Schlag ganz nach seinem Geschmack, ein rascher, entscheidender Wettbewerbspunkt, eine

Berührung, kein Todesstoß – jedenfalls nicht gleich. Der Mond entblößte seine blitzenden Zähne, als er sein ganzes Gewicht auf die Klinge verlagern wollte, um ein letztes Mal zuzustoßen, mit einer Drehung des Handgelenks Bänder und Sehnen zu zerfetzen, Adern endgültig und irreparabel zu zerschneiden.

Doch im Angesicht des Todes erinnerte ich mich daran, wie ich Rooke, den Wolfskapitän, erledigt hatte. Wer so zu kämpfen gelernt hat, dem wird es nie um das Sammeln von Punkten gehen. Ich ließ mich nach hinten fallen, so daß Lutz von der Wucht des eigenen Schlags vorwärts taumelte …

Direkt in meinen letzten Stoß hinein.

Er streckte die Arme weit aus, sein Schwert rutschte aus meiner Wunde und fiel hinunter in die Dunkelheit. Ich vergaß allen Schmerz, knurrte jetzt selbst wie ein Wolf und stieß mit einem letzten Ruck das Schwert tiefer hinein, bis das Heft gegen den Brustknopf seiner Uniform klickte und die Klinge hellrot hinter seinem Nacken erschien. Dann riß ich sie los, er kippte vornüber, fiel erneut keuchend und hustend auf alle viere. Seine Füße suchten einen Halt, fanden keinen, und er fing an wegzurutschen. Seine Hände fanden den Riß im Stoff und klammerten sich fest, doch jetzt riß der Spalt unter seinem Gewicht weiter auf, er rutschte schneller hinab, und immer schneller zerriß die Hülle, die rauhe, gefirnißte Seide klaffte in einem immer größer werdenden Dreieck auf, an dessen unterem Ende er hilflos nach unten sauste.

»Hilfe!« schrie er und hustete dabei Blut. *»Rette mich doch, um Himmels willen, Steve. Rette mich!«*

Doch ich hatte mich bereits abgewandt, hörte kaum noch hin und schob mein Schwert hinter den Gürtel. Mir war egal, was jetzt noch mit ihm geschehen würde, was überhaupt noch geschehen würde. Durch die Luke glomm rotes Licht herauf, und es gab nur einen Ort, an dem ich jetzt sein wollte. Mein Kopf dröhnte vor Schmerzen, als ich mich an einer Hand die Leiter hinunter in den verqualmten Kessel hangelte, wo ich zu meinem ungläubigen Erstaunen Alison erblickte, die schwankend und kalkweiß im Gesicht zu mir heraufstarrte, sie hatte sich die Seite mit einem Fetzen ihrer Jacke notdürftig verbunden.

»Ich dachte, du bist tot!« entfuhr es uns beiden gleichzeitig. Alison brachte es sogar fertig, krächzend aufzulachen.

»Nein ... noch nicht ganz.«

»Ebenso. Wieso ...«

Sie schluckte trocken. »Hin zur ... Lanze. Dürfen ... nicht verlieren ... zusammenbleiben, sogar wenn ... wir abstürzen ... damit er gefunden werden kann ...«

»Gut ... ich gehe.« Wir hörten uns wie ein betrunkenes Pärchen an. Ich wäre beinahe gestürzt, doch es gelang mir, den Rest des Weges auf der Laufplanke entlangzurutschen und die Lanze an mich zu nehmen. Nach Atem ringend blickte ich auf und sah, daß der Riß in der Hülle größer geworden war, die Flammen bereits aus ihm herausschlugen. Auf diese Weise hatten sie sich wenigstens nicht bis zu den Gaszellen ausgebreitet, andererseits wurden sie durch den Sauerstoff immer mehr angefacht. Falls Lutz sich noch immer dort festklammerte, wurde er bei lebendigem Leib geröstet. Das gleiche Schicksal würde uns wohl auch bald ereilen. Ich schob den glatten, kühlen Schaft hinter meinen Gürtel, doch kaum hatte ich mich mit schmerzverzerrtem Gesicht wieder auf die Leiter geschwungen, als es hell aufblitzte und das ganze Luftschiff von einem dumpfen Schlag erschüttert wurde. Ich konnte mich gerade noch rechtzeitig wegducken. Eine Flammenwand kam den Laufsteg heruntergerollt und fegte so dicht über die Luke hinweg, daß sie mir die Härchen auf dem Handrücken versengte. Die Hitze-Imprägnierung ließ allmählich nach. Ich rutschte hinunter und klappte neben Alison zusammen, nahm ihre Hand und wußte, daß das Ende gekommen war.

Eine weitere Explosion erfolgte, noch lauter als die erste. Flammen spuckten durch die Luke herab, rissen den Lukendeckel aus der Verankerung und knallten ihn zu. Das Luftschiff wackelte bedenklich, die Motoren heulten auf und stotterten, doch die Gondel blieb unversehrt.

»Warum sind wir noch hier?« fragte Alison beinahe ärgerlich.

»Die *Hindenburg*!« rief ich. »Hast du den Film nicht gesehen? Auch damals sind Leute mit dem Leben davongekommen – Wasserstoff brennt senkrecht nach oben!«

Ich glitt über den Boden und zog mich an den Armaturen herauf. Wir kreisten noch immer, verloren jedoch rasend schnell an Höhe. An das Inferno, das sich über uns abspielte, wollte ich überhaupt nicht denken. Wenn noch ein paar Gaszellen explodierten, müßten wir in einigen Minuten irgendwo am unteren Berghang herunterkommen. Das Ruder war zwar kaputt, trotzdem mußte man mit den Kontrollen noch etwas anfangen können. Ich schlug hart auf die Backbord-Armaturen und jagte die Motoren auf dieser Seite hoch. Das Schiff pendelte, drehte sich und glitt in einem flachen Winkel nach unten.

Plötzlich kratzte etwas am Fenster, die Scheiben zersprangen. Zuerst dachte ich, einer der Tentakel hätte uns erwischt, doch es waren schon die ersten Baumwipfel. Damit legte sich ein riesiges Gewicht auf mein Herz; wenn man bereits alle Hoffnung verloren hat, kann es das Schlimmste von allem sein.

Wir hatten nur einige wenige Sekunden, um diese Tür zu erreichen. Der Käfig war viel zu schwer für uns. Ich klappte ihn wütend auf und zögerte einen Augenblick, bevor ich das Ding, das er enthielt, anfaßte. Alison schreckte vor der Lanze zurück. Dann kicherten wir wie von allen guten Geistern verlassen. Was hatten wir denn zu verlieren?

Wir griffen gleichzeitig zu. Nichts geschah, außer daß der rauhe Granit an meinen Fingern kratzte. Das Schiff schlingerte wie wild, eine weitere Gaszelle war explodiert. Wir krochen auf die Tür zu. Ich stöhnte ein wenig, denn obwohl ich ihn nur über den Boden zog, zerrte der Steinbrocken doch gehörig an meiner verletzten Schulter. Doch Alison legte ihren freien Arm um meine Hüfte, und plötzlich grinste sie, trotz der Schmerzen, die in ihrem Gesicht eingegraben waren.

»Vom Regen ...«

Die Gondel polterte und kratzte über den nächsten Baumwipfel, die nächste orangefarbene Stichflamme schoß über uns in den Nachthimmel, und da wir nicht mehr in der Lage waren hinauszuspringen, hielten wir unsere Schwerter und unser Gepäck fest und ließen uns einfach hinausrollen.

Die nächsten paar Sekunden verwischten sich zu einer Sequenz aus brechenden Ästen, stechenden Schmerzen, brausender Luft und einem plötzlichen, elend heftigen Aufprall. Ich muß noch einen Augenblick bei Bewußtsein gewesen sein, denn ich kann mich noch an den Anblick des lodernden Luftschiffs erinnern, an einen Tentakel, der von einem explodierenden Gastank zerrissen wurde, dann eine weitere Explosion, die das Schiff wie einen lichterloh brennenden Pfeil genau dort, wo ich es geplant hatte, zu Boden brachte.

Direkt auf dem kahlen Berggipfel, direkt in dieses fürchterliche Gesicht hinein.

Das Geräusch war schrecklich, viel lauter als das explodierende Luftschiff, und es bestand aus viel zu vielen Komponenten, um sie voneinander unterscheiden zu können: vulkanisches Grollen, flüssiges Brutzeln und Blubbern, irrsinniges Schreien und inmitten dieses Infernos und dennoch hörbar, ein entsetzter, doch artikulierter, nur allzu menschlicher Schrei. Der ganze Erdboden erbebte, die dämonischen Tentakel wurden in die Luft geschleudert, krümmten sich dann nach innen und zerstoben mitten in der Luft in einen herabregnenden Schauer ...

Dann absolute Dunkelheit, abrupt und erdrückend.

Eine Dunkelheit, die keinesfalls leer war. Ich war zum Tode verdammt, und ich fragte mich warum, warum, warum. Ich tippte es auf einer Computer-Tastatur ein, denn sonst hatten sie mir nichts mehr gelassen. Wenn ich mit meinem Anliegen nur zu jemand Wichtigem durchdringen könnte, dann würde es vielleicht helfen – Alison, wenn nicht sogar mir selbst. Doch ich erhielt immer nur die gleiche, vermaledeite Fehlermeldung:

** DRINGEND ** TOTALER SYSTEMABSTURZ DROHT * SOFORT SCHNITTSTELLE L MIT SCHNITTSTELLE G VERBINDEN ** DRINGEND **

**DRINGEND ** TOTALER SYSTEMABSTURZ DROHT * SOFORT SCHNITTSTELLE L MIT SCHNITTSTELLE G VERBINDEN ** DRINGEND **

** DRINGEND ** TOTALER SYSTEMABSTURZ DROHT * SOFORT SCHNITTSTELLE L MIT SCHNITTSTELLE G VERBINDEN ** DRINGEND **

**DRINGEND ** TOTALER SYSTEMABSTURZ DROHT * SOFORT SCHNITTSTELLE L MIT SCHNITTSTELLE G VERBINDEN ** DRINGEND **

– immer und immer wieder, bis ich laut schreien wollte.

Es konnte allerdings nicht lange gedauert haben – Sekunden vielleicht, jedenfalls Jyp zufolge, denn er und Mall liefen bereits auf uns zu, als wir uns fallen ließen. »Wenn es der Baron gewesen wäre, hätten wir ihn gern in die Finger gekriegt«, erklärte er. »Wo ist der Kerl überhaupt?«

Ich versuchte, meine ständig verschwimmenden Gedanken zu konzentrieren. Erst dann sah Jyp meine Schulterwunde und hörte auf, mich zu schütteln. »Heiliger Strohsack! Ein bißchen tiefer, und er hätte dein Herz durchbohrt!«

»Nicht … ganz. Alison?«

»Sie ist hier. Es geht ihr schlecht. Die Schußwunde, ein gebrochenes Bein, vielleicht innere Verletzungen. Trotzdem habt ihr Glück gehabt. Ohne diesen dichten Wald und das struppige Unterholz wärt ihr jetzt Hackfleisch. Mall holt ein paar Äste für eine Trage. Ich weiß nicht, ob wir euch beide von hier bis nach Hause kriegen, aber wir versuchen es wenigstens.«

Ich schob ihn zur Seite, weil ich kein Wort mehr zustande brachte, und stützte mich auf meinen Ellenbogen. Alison lag mit grauem Gesicht und dunklen Lippen neben mir und hielt die Lanze in kraftlosen Fingern. Der Steinbrocken war mir aus den Armen geglitten und einige Meter entfernt gelandet. Ich blickte zum Berggipfel hinauf, einem heulenden, wogenden Flammenmeer, in dem etwas herumraste und spuckte, den ganzen Berghang erschütterte, woraufhin die rotierenden, bellenden Schatten in neuerlicher Panik davonliefen – das ungezügelte Chaos. Das Feuer ergoß sich jetzt bis zu den Bäumen herunter, was bedeutete, daß es sich schon bald überall ausbreiten würde. Wem wollte Jyp noch etwas vormachen? Und dann der kleine Haufen, der sich um ihn versammelte, die Überlebenden. Hier kümmerte sich ein byzantinischer Bogenschütze, ohne Pferd und ohne Bogen, um einen verwundeten Soldaten, der noch immer sein zerschmettertes Gewehr mit dem aufgepflanzten Bajonett umklammert hielt. Dort saßen zwei Partisanen und schoben schweigend Patronen in ihre Schmeisser-Pistolen, während uns ein englischer Bogenschütze mit seinem letzten Pfeil Deckung gab. Es gab noch einige andere, aber nicht mehr viele; vierzehn, vielleicht fünfzehn, mehr waren von unserer Truppe nicht übriggeblieben. Der Zenturio war nicht mehr dabei; Hastein trug einen Arm in einer blutigen Schlinge. Sie wachten über uns, diese geschundenen Krieger, die Augen vor Erstaunen weit aufgerissen; und sie warteten. »Ist … sind das alle?«

»Alle«, wiederholte Mall düster. »Kein Mann, keine Frau mehr, auch keine Pferde. Weder Nahrung noch Wasser noch sonst etwas, um eure Schmerzen zu lindern – an diesem Ort wächst kein einziges sauberes Kraut.«

»Außer ... euch selbst«, sagte Alison schwach. »Nehmt den Gral und die Lanze. Steve kann es noch schaffen. Laßt mich ...«

Ich streckte die Hand nach ihr aus, doch ich berührte etwas anderes.

»Nein«, sagte ich.

Mall lachte leise auf. »Genau das Wort, nach dem ich gesucht habe! Nachdem wir das also besprochen hätten, sollten wir uns wirklich auf den Weg ...«

»Nein«, sagte ich erneut und spürte, wie sich die Haare in meinem Nacken aufrichteten. »Mall, hilf mir auf ...«

»Damit du den letzten Rest deines Lebens auf mir ausblutest? Das werde ich schön bleibenlassen.«

»*Hilf mir, verdammt noch mal!* Du weißt nicht, was los ist.« Ich hätte noch weiter auf sie einfluchen können, nahm meinen rauhen Ton jedoch etwas zurück. »Es gibt einen anderen Ausweg – einen, der funktioniert! Ihr werdet sehen ... ihr werdet schon sehen ... sie haben es mir die ganze Zeit schon ... gesagt ...«

Ohne ein weiteres Wort zu verlieren, nahm Mall meinen gesunden Arm und zog mich auf die Füße. Die Wunde fing wieder zu bluten an, aber das spielte jetzt keine Rolle mehr. Ich ging zwei Schritte auf den Steinbrocken zu und kniete mich vor ihm hin. Die Schmerzen waren fast unerträglich, und als ich die Arme über den Kopf hob, wollte mir der Schädel schier zerbersten, der Magen drehte sich mir beinahe um. Doch das alles spielte jetzt wirklich keine Rolle mehr, nicht die geringste Rolle. In meinen Händen hielt ich eine Macht, größer als der Brocken, viel größer; denn ihre Pläne reichten weiter und länger zurück und in die Zukunft, und selbst im Versagen trugen diese Pläne den Keim eines neuen Erfolgs in sich. Wenn sie erfolgreich waren, und sei der Preis dafür auch noch so hoch, dann war dieser Erfolg absolut. Sie hatten es mir gesagt; sie hatten mich auf all das vorbereitet, die ganze Zeit über, und sie wußten, daß ich es höchstwahrscheinlich erst jetzt verstehen würde – jetzt, da ich sowohl den Gral als auch die Lanze in Händen hielt.

Jetzt wurde es mir klar, jetzt sah ich die Verbindung zwischen beiden, und sobald mir das klar war, erkannte ich auch, was der Gral einst gewesen war, in welcher Form er den ersten Schamanen unter den ersten Menschen erschienen war, die in ihrem verzweifelten Kampf ums Überleben um Wissen und Beistand gefleht hatten. Wenn ich nicht so von Ehrfurcht ergriffen gewesen wäre, hätte ich wohl gelacht. Ich wußte, wie diese uralte Zeremonie ausgesehen haben mochte, und in Erinnerung an sie, und gleichzeitig voller Angst, schwang ich die Lanze hoch über meinen Kopf. Alison sah es und fand noch genug Energie zu schreien: *»Nein, Steve! Das darfst du nicht! Nur ein einziger Mensch …«*

Zu spät.

Die Lanzenspitze sauste herab; doch nicht in den steinernen Kelch hinein, sondern in den schimmernden Lichtteich, den er enthielt.

Sofort verbinden …

Und das Licht lief über, schäumte über, schoß am Schaft empor, um meine Hände zu umfangen und hinunterzuziehen, hinunter zu dem Tod, den ich erwartete, der mich von meinen Schmerzen erlösen würde. Mein Schwung trug mich weiter hinunter, hinunter wie einen Schwimmer in tiefes Wasser.

Da waren Wolken, überall Wolken, die über mir wie Wellenkämme zusammenschlugen, und ich dachte schon, ich müßte ertrinken. Unversehens und unvermittelt stieß ich mich ab und stieg wieder an die Oberfläche empor. Die Augen nach oben gerichtet, erblickte ich die dunklen Küstenlinien des Wolkenarchipels hoch über mir, und darüber den großen, gekrümmten Wolkentunnel, der einen sternenglitzernden Himmel umrahmte, mondlos und klar. Und durch diesen Himmel kreuzte mit vom Mondlicht geblähten Segeln und mit weit spritzender Gischt der hohe Bug eines mächtigen Handelsschiffs, von einer Unmenge Laternen beleuchtet und mit einer seltsamen Fracht für noch seltsamere Bestimmungsorte beladen. Es war das gleiche surreale Szenario, das nach meinen genauen Anweisungen für die Wand meines Büros angefertigt worden war. Doch das hier war sein großartiges Original, diese wundersamen Meere aus Nacht und Wolken, diese Schatten, die die Gewässer des Kerns bis weit in die Spirale werfen, unendlich, wo sie vorher nur endlos waren, die Ozeane über den Lüften der Erde, die Meere, die ich schon so oft befahren hatte. Niemals ohne Gefahren, aber auch niemals ohne wirkliche Freunde.

Jetzt hingegen trieb ich ganz allein durch diese unendlichen Weiten. Keine Barke, die mich getragen hätte, kein Schiff, das mir zu Hilfe geeilt wäre. Allmählich verließ mich meine Kraft. Die kühlen Wolken schlossen sich über mir, und ich sank zurück …

Ich hörte ein leises, diskretes Zischen, und der pneumatische Stopper des Stuhls hielt mich auf. Ich schlug die Beine übereinander und lehnte mich bequem zurück, erfreute mich an der luxuriösen Polsterung aus weißem Ziegenleder und betrachtete das Seegemälde mit ungeteiltem Vergnügen. Als der Intercom leise summte, seufzte ich und berührte sanft die verborgenen Kontrollen.

»Ihr Besucher ist hier«, verkündete Claires Stimme.

»Oh«, sagte ich und versuchte dabei nicht zu erstaunt zu klingen oder gar zuzugeben, daß ich total vergessen hatte, daß ich überhaupt jemanden erwartete. Man wußte nie, ob die Besucher bereits im Vorzimmer standen und mithörten. »Ja, vielen Dank. Schicken Sie ihn doch bitte herein.«

Ich setzte mich hastig auf, sah mich mit einem prüfenden Blick im Büro um und wünschte, ich hätte daran gedacht, diese Berichte wegzuräumen. Aber egal, die Zeit reichte gerade noch, um den Schlips zurechtzurücken, dann ging auch schon die Tür auf. Ich war froh, daß ich die Jalousien geschlossen hatte. Das Sonnenlicht, das durch den Vorraum hereinflutete, war blendend hell. Dieser Gedanke versetzte mich einen Moment in Verwirrung. Claire war doch gar nicht mehr meine Sekretärin. Warum also – vielleicht hatte sie den Besucher, wen auch immer, von unten mit heraufgebracht. So muß es wohl gewesen sein. Also hatte es wohl etwas mit der Personalabteilung zu tun – auch das noch. Aber wer, zum Teufel, war das wohl, der da die Tür mit der Sonne in seinem Rücken öffnete?

Etwas in mir schreckte vor der peinlichen Situation zurück, die sich vielleicht gleich ergeben würde. Hatte ich diesen Menschen schon einmal getroffen? Mußte ich wohl, doch zu diesem Gesicht fiel mir nichts ein. Es war ein kräftiges Gesicht mit ausgeprägten Zügen, und doch fiel es nicht leicht, es genau zu beschreiben. Der Mann sah so aus wie eine ganze Reihe gepflegter Geschäftsleute mittleren Alters, bis hin zu seinem unauffälligen, makellosen Anzug und den silbernen Strähnen an den Schläfen – vielleicht sah er einen Deut besser aus, eine Spur fitter, aber nicht weiter ungewöhnlich. Trotzdem glaubte ich das eine oder andere Detail seines Äußeren wiederzuerkennen: die hochgewachsene Gestalt, die nur ein wenig kräftiger als ich selbst war, die verhaltene Energie in seinen Schritten, die Form seines Kopfes, das trockene, leicht einseitige Lächeln, als er mir die Hand entgegenstreckte, seine tiefe, wohlklingende Stimme, als er meinen Namen aussprach. Wohlklingend, aber nicht nur tief; obwohl alle möglichen Akzente darin anklangen, war sie klar und sehr artikuliert. Alles in allem eine eindrucksvolle Erscheinung, nicht gerade ein Mensch, den man schnell wieder vergißt. Und doch wollte mir partout kein Name dazu einfallen, auch nicht, wo ich ihm schon einmal begegnet war.

Meine Unsicherheit veranlaßte mich dazu, ihm ein wenig zu überschwenglich meinen besten Besuchersessel anzubieten, und er winkte entschuldigend mit der Hand ab, bevor er sich setzte. Er blickte sich um und sagte höflich: »Sie haben es hier sehr schön, wie überall in diesem Gebäude. Hervorragendes Design, wirklich elegant, und doch, wenn ich so sagen darf, nicht im geringsten prätentiös. Nicht wie sonst überall dieser Investitionskunst-Schrott.« Er nickte zu meiner Himmelslandschaft hinüber. »Eine herrliche Mischung des Romantischen und des Praktischen. Ein starker Ausdruck der Persönlichkeit, sowohl der Ihrer Firma als auch Ihrer eigenen. Auch die alten Atlanten haben mir schon früher immer sehr gut gefallen. Ich bin froh, daß Sie sie aufbewahrt haben.«

Ein alter Klient, aus meinen ersten Jahren in der Firma, das mußte es sein. »Ja, ich habe sie von Barry übernommen«, sagte ich, während ich ihm eine Tasse Kaffee einschenkte, wobei ich mich insgeheim fragte, wer das Tablett hereingebracht hatte und worauf mein Besucher mit seinen Komplimenten letztendlich hinaus wollte. »Er hatte früher sogar noch eine größere Sammlung, aber sie wurde leider bei einem Einbruch völlig zerstört.«

»Ach, richtig«, entgegnete mein Besucher, »ich glaube davon gehört zu haben. Nun, Mr. Fisher, ich vermute, Sie fragen sich bereits, weshalb ich hier bin und was ich eigentlich im Schilde führe. Ich weiß, daß Sie momentan ein vielbeschäftigter Mann sind, den Kopf voll mit anderen Dingen haben; viele Leute und viele Existenzen hängen von Ihren Entscheidungen ab …«

»Na ja, wenn Sie es so ausdrücken wollen …«

»Genau so. Ich möchte Ihnen aber versichern, daß mein Anliegen Sie so gut wie keine Zeit kosten wird, und die wenige Zeit, die ich beanspruche, könnte die Investition wert sein. Mr. Fisher«, sagte er jetzt eine Spur ernster, als ich mich in meinen Sessel zurücklehnte, »Sie fühlen sich hier offensichtlich sehr wohl. Und ich bezweifle nicht, daß Sie sich auch drüben bei C-Tran wie zu Hause fühlen, obwohl ich diese High-Tech-Büros nicht sonderlich mag. Doch Wohlbefinden und Komfort sind nicht immer mit Zufriedenheit gleichzusetzen. Sind Sie zufrieden, Mr. Fisher? Sie haben Ihre beachtlichen Fertigkeiten unter Beweis gestellt, als es darum ging, Firmen zu schaffen, die praktisch von selbst laufen.«

»Das tut keine Firma«, widersprach ich leicht gereizt. »Wenn es den Anschein hat, dann ist das ein Anzeichen allmählicher Stagnation. An der Spitze braucht man immer aktive und hellwache Köpfe – überdenken, umformen, ständig neue Geschäfte suchen oder neue Wege entwickeln, wie man die alten optimieren kann. Wie bei dem alten Witz mit dem Schwan, Sie kennen ihn sicher. Grazil auf dem Wasser dahingleiten, und unter der Oberfläche wie wild paddeln.«

Er grinste. Mir gefiel dieses Grinsen. Wenn mir nur einfallen würde, wo ich es schon einmal gesehen hatte. »Selbstverständlich, und Sie haben für die Mechanismen gesorgt, die das möglich machen. Sie überlassen die meisten Entscheidungen in dieser Firma David Oshukwe.«

»Natürlich. Er ist besser, als ich es je war. Auch bei C-Tran gibt es einige Leute, von denen ich hoffe, daß sie das Geschäft in der gleichen Weise von mir und Baron von Amerningen übernehmen …« Etwas schien sich in meinem Kopf zu sperren, und ich hielt verunsichert inne.

»Genau das ist der springende Punkt!« fuhr mein Besucher fort. »Mr. Fisher, Sie werden schon bald so reich sein, wie es sich ein Mensch nur wünschen kann, wenn Sie es nicht bereits sind. Sie haben keinen wirklichen Grund mehr weiterzukämpfen, sich mit anderen zu messen. Haben Sie manchmal das Gefühl, daß es Ihnen in gewisser Hinsicht an … Herausforderungen fehlt? Verlangt es Sie nicht danach, etwas Neues auszuprobieren?«

Ich preßte die Fingerspitzen gegeneinander. Mir wollte es nicht recht gefallen, daß er meine Gedanken las. »Das, mein Herr, ist eine ziemlich gewichtige Frage, deren Antwort sich auf die Aktienpreise auswirken und alle möglichen Spekulanten auf den Plan bringen könnte.«

Mein Besucher nippte an seinem Kaffee und lächelte wieder. »Mr. Fisher, Sie müssen mir nicht sofort antworten. Tatsache ist, daß ich hierhergekommen bin, um Ihnen ein solches Geschäft vorzuschlagen. Unser Prospekt …« Er griff in seine Aktentasche, zog einen schmucken, in Saffianleder gehaltenen Katalog heraus und legte ihn vorsichtig auf meinen Schreibtisch. »Wenn Sie die Zeit dafür erübrigen können, werfen Sie doch gleich einmal einen Blick hinein, ich stehe Ihnen dann sofort für eventuelle grundsätzliche Fragen zur Verfügung. Ich muß Sie nur vorwarnen, womöglich sind Sie über unsere Langzeitplanung etwas verwundert und darüber, daß einiges davon direkt mit Ihrer Person zusammenhängt.«

»Wie bitte?«

»Wir gingen einfach davon aus, weil wir nicht wagten, von anderen Voraussetzungen auszugehen. Aber bevor Sie Ihr Urteil über uns fällen, lesen Sie es doch bitte erst einmal bis zum Ende durch.«

Ich schenkte ihm mein mißtrauischstes Stirnrunzeln, nahm jedoch die Broschüre in die Hand und öffnete sie. Sofort fing meine Kopfhaut zu prickeln an, und mein Herz machte den sprichwörtlichen Satz. Auf dem Kopf der ersten Seite erblickte ich das leicht aus dem schweren, cremefarbenen Papier herausgearbeitete Emblem einer Taube, die über zwei anmutigen – und plötzlich eigenartig vertrauten – Türmen schwebte.

Ich las die Seite, dann die nächste und die nächste, und meine Augen und meine Verwunderung wurden immer größer. Ich starrte meinen Besucher über die Broschüre hinweg an. »Dann ist das alles also … das alles … etwas, das Sie *geplant* haben?« Mein Staunen wich einem anschwellenden Zorn. »Wollen Sie mir etwa sagen, daß Sie all diese Leute absichtlich geopfert haben, in einem verdammten, halb ausgegorenen …«

»Aber nein, nein, nein«, widersprach er, ein wenig verärgert. »Ich hatte Sie doch gebeten weiterzulesen. Wir wußten, daß sich da etwas zusammenbraute – nennen wir es der Einfachheit halber einen feindlichen Übernahmeversuch. In einem gewissen Sinne konnten wir uns daran erinnern – wenn auch über einen Zeitraum, den Sie sich wirklich nicht vorstellen können –, doch nur sehr allgemein, und so mußten wir einen sehr allgemeinen Plan entwickeln, eine breitangelegte Strategie, in der wir so viele Instanzen wie möglich berücksichtigen und abdecken konnten. Le Stryges Geheimnisse waren allerdings nie so geheim, wie er es gerne gehabt hätte. Er folgte einer Spur; wir folgten ihr in beide Richtungen – der, auf der er gekommen war, und der, die er eingeschlagen hatte. In beiden Fällen standen am Ende immer Sie. Es war also klar, daß Sie unweigerlich etwas damit zu tun haben würden, auch wenn wir zu jener Zeit noch keine Vorstellung davon hatten, wie das geschehen sollte. Also suchten wir weiter und waren gleichermaßen erstaunt und erschrocken darüber, als wir es herausfanden und uns die Bedeutung ihres Namens klarwurde. Er verlangte von uns, immer wieder, einfach Vertrauen in Sie zu haben, in das, was Sie tun konnten. Wir hatten keine Ahnung, wer Le Stryges Herr und Meister war, oder der des Barons von Amerningen, sobald er ins Spiel kam – nicht einmal, daß es sich um die gleiche Macht handelte.« Er grinste kurz. »Oder daß Alison einen derartigen Narren an Ihnen fressen würde, als wir sie dazu bestimmten, ein Auge auf Sie zu werfen, ein Interesse, das ihr natürlich absolut gegen den Strich ging, denn sie mußte Sie ja für einen ebensolchen Schurken wie den mittlerweile verstorbenen Baron halten. Wir sind weder Götter noch Tyrannen – wir schränken die Herzen der Menschen nicht ein, und wir zwingen sie auch zu nichts. Das ist gelegentlich ein gefährliches Risiko, wenn man es mit Gegnern zu tun hat, die sich mit Vorliebe dieser Praxis bedienen. Andererseits gehört gerade diese Tatsache zu den grundsätzlichen Dingen, die uns von ihnen unterscheiden. Einige von ihnen fingen mit den besten Absichten an, aber …«

Ich nickte. »Kann ich mir vorstellen. Der Zweck heiligt die Mittel. Absolute Macht korrumpiert …«

»Absolut. Aus diesem Grund konnten wir nicht alles bis ins Detail festlegen. Wir mußten es auf bestimmte Voraussetzungen reduzieren und dafür sorgen, daß sie ermöglicht wurden. Es war unvermeidbar, daß jemand versuchen würde, die Lanze zu stehlen, indem er sich Ihrer Person bediente. Es war auch klar, daß daraufhin ein Angriff auf den Gral erfolgen würde; dagegen konnten wir nichts tun. Wir hatten mehrere Möglichkeiten, die uns zum Erfolg bringen konnten, jeweils in unterschiedlichen Stadien: Sie stehlen die Lanze nicht; wir holen sie ohne Ihre Hilfe zurück; Sie bekommen sie ohne Schwierigkeiten zurück; Sie bekommen sie *mit* Schwierigkeiten zurück, bevor sie in feindliches Gebiet gerät. Wir hatten uns jedes Szenario ausgemalt, inklusive des glücklicherweise nicht erfolgten Großangriffs auf Heilenberg. Unsere schlimmste Annahme ging ziemlich weit: Sowohl Lanze als auch Gral werden uns genommen und fallen in die Hände unserer Feinde.«

»Großer Gott!« Ich sank in meinem Sessel zusammen und spürte, wie das Blut aus meinen Wangen wich. »War es denn letztendlich doch so knapp?«

Das Gesicht des großen Mannes verdüsterte sich. »Allerdings. Doch das war auch die Voraussetzung für unseren größten Erfolg – den Ursprung unserer Kraft direkt ins Lager des Feindes zu führen. Vorausgesetzt natürlich, daß auch Sie dort waren, um das Notwendige zu tun, nämlich das eine oder das andere wieder zurückzuholen und seine Kraft zu entfesseln. Wenn Sie nicht durchgekommen wären, hätten wir alles verloren. Und wenn wir versucht hätten, Sie zu manipulieren, hätten wir Ihren Stil verkrampft, was fatale Folgen gehabt hätte. Aus diesem Grund wagten wir nicht, Ihnen etwas davon zu offenbaren oder Ihnen Hinweise zu geben, als Sie uns darum baten. Letztendlich konnten wir dafür sorgen, daß Sie, sollte die Lanze oder der Gral den Feind erreichen, ebenfalls dorthin gelangten, und zwar mit dem nötigen Wissen, um sie zu benutzen. Ein Wissen, das erst dann einen Sinn ergab, wenn die Zeit dafür gekommen war, aber schon die ganze Zeit in Ihren Gedanken wartete.« Jetzt grinste er wieder. »Deshalb tauchte es immer wieder auf Ihren Computern auf. Ganz schön verwirrend, was?«

Ich mußte mich direkt zurückhalten: »Allerdings! Aber warum ich? Warum ausgerechnet ich?«

»Weil Sie da waren. Wegen Ihres Namens. Weil nur Sie allein dafür ausersehen waren.«

»Das ist doch ein Haufen – Quatsch. Ein ganzer Trupp von Leuten hat es getan. Alison, Jyp, Mall – Katjka. Besonders Katjka. Was ist mit ihr. Sah Ihr Plan auch ihren Tod vor?«

»Nein. Diese Entscheidung traf sie allein«, sagte er ernst. »Sie wußte, was auf sie zukam, und sie wollte freiwillig eine Vergangenheit auslöschen, die ihr für alle Zeit im Nacken saß. Erinnern Sie sich an die Extra-Karten, die wie von selbst auf den Tisch kamen? Sie war gewarnt worden, und sie hat sich entschieden. Es stimmt schon, sie hat sehr viel getan, um Ihnen zu helfen. Doch sogar ohne sie hätten Sie es geschafft. Gleiches gilt für Ihren Freund Jyp. Er spielte eine wichtige Rolle, doch es gab auch andere Möglichkeiten, um durchzukommen – beispielsweise der Drudenfuß im Hause des Barons. Es gab andere Möglichkeiten, einen Angriff zu starten, auch ohne die Gralsritter zusammenzurufen. Niemand konnte wissen, welches der richtige Weg war. Wir mußten uns auf Sie verlassen.«

Allmählich wurde ich richtig wütend auf diesen weltmännischen Eindringling: »Ich hätte auch gerne Ihr Vertrauen gehabt! Sie haben mich benutzt, Sie verdammter Schuft! Sie haben meine Freunde benutzt und mißbraucht, und Sie haben sie so achtlos weggeworfen, wie Sie es mit Ihren eigenen Rittern tun! Na schön, die haben sich dazu entschieden zu dienen, das mag noch angehen. Ich hingegen hatte nicht einmal die Chance, mich zu entscheiden! Also noch einmal die gleiche Frage: warum ausgerechnet ich?«

»Weil Sie etwas Besonderes sind!« Er nippte erneut an seiner Tasse und nahm sich einen von den Keksen, die ich vergessen hatte ihm anzubieten. »Ausgezeichnet. Weil Le Stryge dadurch, daß er Sie aufgestöbert hat, einen überaus schlauen Schachzug machte, wenn auch seine Vision durch seinen eigenen beschränkten Geist begrenzt bleiben mußte. Er sah nur, in welcher Weise Sie ihm nützlich sein konnten, doch wir sahen in Ihnen den Keim eines weit größeren Erfolgs, als lediglich den *status quo ante bellum* wiederherzustellen. Er hat Ihnen doch von Ihrer Herkunft erzählt?«

»Sie meinen, daß ich das Resultat eines kleinen Fehltritts einer fränkischen Prinzessin bin? Schon, aber was hat das mit der ganzen Geschichte zu tun?«

»Er hat also nicht weiter gedacht? Sie war eine der Töchter Karls des Großen, des ersten Kaisers des Heiligen Römischen Reiches, der erste Herrscher, der seit den Römern zumindest einen Teil Europas vereinte, wie unzureichend auch immer. Und, wie es der Zufall so will, gleichzeitig war er der letzte regierende Monarch, der gleichzeitig Gralskönig war.«

»Was?«

»Doch, doch. Ein ziemlich ungehobelter und rüpelhafter Geselle, aber auf seine Art ein Genie. Man muß eben gewisse Zugeständnisse machen. Im fortgeschrittenen Alter versuchte er sogar lesen zu lernen. Das war in jenen Tagen geradezu beängstigend progressiv. Sie, Mr. Fisher, sind ein direkter Nachkomme, über eine Ahnenreihe eigensinniger Bauern in Deutschland, Frankreich und England, die meistens zu den etwas wohlhabenderen Landwirten gehörten. Irgendwann muß sich in dieser Ahnenreihe ein besonders zum Geldverdienen geeignetes Gen herausgebildet haben.«

Ich lehnte mich wieder zurück. »Verstehe. Aber was heißt das schon? Ich bin so eine Art Lieblingsneffe. Konntc ich deshalb diese Lanze berühren, ohne sofort in ein Häufchen Asche verwandelt zu werden?«

»Genau. Deshalb kam auch Le Stryge auf die Idee, Sie einzusetzen. Normalerweise fügen wir niemandem ein Leid zu, der es nicht wirklich verdient hat, aber wir machen keine Reklame damit. Es ist uns lieber, wenn man uns für unberührbar hält. Sie kennen die Leute ja: Verrat lauert überall, besonders dann, wenn wir keinen König haben, der als Vermittler auftritt. Es ist nicht leicht, einfach nur einen Becher und eine Lanze zu lieben.«

Ich schüttelte den Kopf. »Weshalb wählen Sie diese Form überhaupt? Warum erscheinen Sie nicht in der Form, in der Sie jetzt erscheinen, eine Art würdige Vaterfigur, die Schokoladenkekse mampft? Immer zu einem freundlichen Schwätzchen bereit, die Schokoladenkekse ...«

Er betrachtete einen von ihnen mit einem leicht traurigen Ausdruck und biß dann herzhaft hinein. »Schön wär's. Ich sagte bereits, daß Sie etwas Besonderes sind. Es ist schon sehr lange her, daß wir überhaupt in der Lage waren, uns jemandem in irgendeiner Form zu zeigen. Draußen am Rande der Spirale werden die Dinge ein wenig ... vervollkommnet, oder wie würden Sie es ausdrücken?«

»Herrje, woher soll ich das wissen? Ich war ja noch nie dort.«

»Eines Tages werden Sie dort sein. Wenn Sie aus dem richtigen Holz geschnitzt sind, gewinnen Sie ... so einiges. Doch Sie verlieren auch so manches. Auch wir verfügten einst über Körper, recht vortreffliche sogar. Sie hielten viel länger, als Sie vielleicht erwarten würden, und selbst danach setzten wir sie gelegentlich noch ein, die armen alten, abgetragenen Dinger. Doch mit der Zeit wollten sie uns nicht mehr so recht passen. Sie engten unseren Stil ein. Wir sind auch nicht mehr so ... individuell, wie wir es einmal waren. Wir können nur noch mit Mühe in diesem Material Fuß fassen, und selbst das muß noch unterschiedlichen Kräften, die in uns arbeiten, Ausdruck verleihen. Der Becher und die Lanze waren recht praktikable Symbole für die ersten Menschen, sehr leicht zu verstehen. Wir haben keine besseren gefunden. Eine Spritze und ein Reagenzglas? Eine Kalaschnikow und ein Fernsehapparat? Weit weniger zwingend. Und sie drücken das, dessen wir – in unseren entgegengesetzten Zuständen – fähig sind, weit weniger prägnant aus. Stellen Sie sie sich als getrennte und vereinte Pole vor, wenn Sie wollen. Getrennt eine treibende Kraft und tiefes Wissen, Krieg und Frieden, Abwehr und Versöhnung, Verwundung und Heilung. Vereint jedoch …« Er lachte leise auf. »Nennen wir es schöpferische Reibung. Es ist ein mächtiges Symbol, das jeden anspricht, den primitiven Geist wie den modernen, selbst wenn er es nicht ganz versteht. Gegensätze, die zusammenarbeiten, anstatt sich zu bekämpfen – und gemeinsam etwas Neues erschaffen.«

»Ja, schon, aber wo ist dabei der springende Punkt?«

»Der springende Punkt ist, daß wir auf diesem einfachen Weg einen Teil unserer Macht einsetzen können – einer Macht, mit der selbst Sie normalerweise nicht umgehen könnten, weil Sie nicht die geringste Vorstellung davon haben. Ihr Geist kann sich buchstäblich keine Vorstellung von ihrem Ursprung und ihren Möglichkeiten machen. Gleichermaßen haben wir, die wir sie besitzen, eine ähnlich unvollkommene Vorstellung von der eher materiellen Welt, und deshalb …«

Ich schnippte mit den Fingern. »Und deshalb delegieren Sie?«

»Ja.« Er grinste wieder. »Hört sich doch wie vernünftiges Management an, oder? Wir suchen jemanden, von dem wir wissen, daß wir ihm vertrauen können, und lassen ihn – oder sie! – die Macht mit Hilfe der symbolischen Vermittlung durch den Gral und die Lanze richtig einsetzen. Und durch Riten, die aus vielen Schichten psychologischer Bedeutung zusammengesetzt sind, Riten, die direkt das Innerste der Menschen ansprechen, und zwar auf die gleiche deutliche, unmißverständliche Weise bei einem Schamanen aus der Cromagnonzeit wie auch bei Ihren aufgeklärten Zeitgenossen, Mr. Fisher.«

Ich blickte ihn erstaunt an. »Bei …«

»Aber ja. Deshalb ist es so wichtig, einen König zu haben. Wenn der Gral einen König hat, ist er stark, wenn nicht, dann ist er geschwächt, kann einen Großteil seiner Macht nicht zum Einsatz bringen. Leider findet man geeignete Menschen nicht an jeder Straßenecke – Individuen mit Führungsqualitäten, mit Verantwortungsgefühl, mit einem gewissen Sinn für Abenteuer und der Fähigkeit, sie auch durchzustehen … Um es kurz zu machen, Mr. Fisher – von mir aus können Sie es auch Abwerbung aus der obersten Etage nennen –, Fakt ist, ich bin als Headhunter zu Ihnen gekommen.«

Bei diesem plötzlichen Rückfall in den Geschäftsjargon hätte ich beinahe laut losgelacht. »Sie wollen mich den Firmen abspenstig machen, denen meine allererste Loyalität und meine gesamte Schaffenskraft dient?«

»Firmen, die Ihre Loyalität und Ihre Schaffenskraft nicht mehr benötigen, Mr. Fisher. Wir glauben, daß jemand wie Sie unsere einzige Chance ist, nicht nur was den Erfolg angeht, sondern das Überleben. In der gegenwärtigen Generation finden wir kaum jemanden wie Sie, schon gar nicht in einer Person.«

Ich blinzelte ihn an: »Ich bin sicher, da übertreiben Sie ein wenig.«

Er drückte die Fingerkuppen aneinander, was mich ärgerte, weil ich das auch gerade vorgehabt hatte. »Nein, keinesfalls. Selbst diejenigen, die eine lange Lebensspanne auf der Spirale verbracht haben, sind nur selten dafür geeignet. Die meisten Menschen wachsen nicht entsprechend ihrer Lebensdauer, sondern werden nur das, was sie ohnehin schon waren, nur viel intensiver.«

»So wie Jyp, ja – von einem guten Lotsen zu so etwas wie dem absoluten Navigator.«

»Nicht ganz, aber im Prinzip haben Sie recht. Oder sogar Mall, die schon so weit vorangeschritten ist und noch weiter gehen wird. Sie ist nur im äußersten Notfall eine Anführerin, und sie findet wenig Gefallen daran. Die Schar unserer Auserwählten muß von Anfang an Führungsqualitäten aufweisen, aber nicht nur das. Solche Leute aufzuspüren ist nicht leicht, selbst eine frühe Überprüfung der Kandidaten bringt uns nicht viel weiter. Wir können nicht nach der Herkunft gehen – obwohl meistens, wenn wir jemanden gefunden haben, eine Blutsverwandtschaft besteht. Die richtige Mixtur scheint aus ein bißchen Vererbung und einer Prise sozialem Umfeld zu entstehen – sofern die Gene, die Bestimmung, was auch immer, ordentlich durchgeschüttelt werden. Glücklicherweise scheint es solche Leute immer in unsere Arme zu treiben. Wir erkennen sie dann schon. Wir haben auch Sie, Mr. Fisher, sofort erkannt.«

Ich holte tief Luft: »Und ... mir kommt es so vor, als würde ich Sie von irgendwoher kennen.«

Wieder dieses dünne Grinsen – nur war es diesmal nicht ganz das gleiche. Einen Moment lang sah er plötzlich ganz anders aus. »Ach, wirklich? Jetzt schon? Sie werden uns bestimmt noch besser kennenlernen.«

»Falls ich ja sage?«

»Das müssen Sie nicht.«

Jetzt riß mir aber die Geduld. »Sie arrogantes Arschloch! Mit welchem Recht rechnen Sie so selbstverständlich mit mir? Woher wollen Sie wissen, wie ich mich entscheiden werde?«

Mein Besucher erhob sich. »Mit keinem Recht, und wir wissen es auch nicht. Es ist nur so, daß die Umstände recht ungewöhnlich sind. Sie werden das noch verstehen.« Einen Augenblick lang verengten sich seine Augen bei einem rätselhaften Lächeln, das ich schon einmal gesehen hatte, aber nicht bei jemandem, der ihm ähnlich sah. »Ich fürchte, auch das wissen wir. Vielleicht sollte ich besser sagen, wir erinnern uns daran. Dummerweise sind unsere Erinnerungen nur sehr vage. Das läßt sich nicht vermeiden, da wir so viele haben, und auch darin liegt nicht die einzige Komplikation. Doch jetzt sollte ich wohl besser gehen, bevor ich Sie noch mehr verärgere.« Er blickte sich um. »Mir hat unsere kleine Unterhaltung sehr gefallen, auch mein Aufenthalt hier. Es frischt so viele liebe Erinnerungen auf. Ich kann mich entsinnen, daß Sie ein – na, sagen wir mal, ein ziemlich kalter Fisch gewesen sind. Ich freue mich, daß Sie darüber bereits hinausgewachsen sind.«

»Augenblick mal«, rief ich und sprang auf. »Ich? Was ist denn aus dem *wir* geworden? Zuerst muß ich noch eine ganze Menge mehr wissen ...«

»Das steht alles in der Broschüre«, versicherte er mir fürsorglich. »Klipp und klar, und nur mit dem allernötigsten Fachjargon versehen. So wie auch Sie diese Angelegenheiten am liebsten regeln. Setzen Sie sich einfach hin, und lesen Sie es sich in aller Ruhe durch.«

»Von wegen!« brüllte ich ihn an und sah mich gehetzt um. »Meine Freunde – ich muß zurück zu ihnen!«

Er schüttelte den Kopf. »Das ist wirklich kein Problem. Sie können sich den ganzen Tag Zeit lassen und dann immer noch zu ihnen zurückkehren, so, wie Sie sie verlassen haben.«

»Aber ... wer *sind Sie?*« schnaufte ich. »*Was* sind Sie? Und ... *warum*?«

»Ach«, sagte er eine Spur verdrossen. »Die schwierigste Frage am Schluß, was? Nun, was die letzte angeht, da sind wir uns selbst nicht hundertprozentig sicher. Und bei der davor wahrscheinlich auch nicht. So gefragt, würde ich Ihnen zunächst folgendermaßen antworten. Es hängt alles davon ab, ob Sie uns als Becher oder als Stein sehen. Als eine Macht, die aus den Menschen selbst kommt oder von außerhalb.«

»Wie sehen Sie sich denn? Was sind Sie denn wirklich?«

Er pfiff leise. »Puh! Das haben wir schon endlos durchgekaut, haben Nachforschungen angestellt und uns schon seit – na ja, egal wie langer Zeit darüber gestritten. Wir haben es nicht herausgefunden, jedenfalls nicht hundertprozentig. Sämtliche Antworten, die wir gefunden haben, verwandelten sich sehr bald in neue Fragen, wenn wir ein bißchen genauer hinsahen. Eines ist jedoch sicher: Alle Mächte, auf die wir bislang gestoßen sind – und das sind schon eine ganze Menge –, haben ihren Ursprung in der Menschheit. Was sie auch sein mögen, wie weit sie auch gereist sind, wo sie sich aufhalten und wie unverständlich ihre Anliegen auch sein mögen, sie haben alle irgendwann einmal als ganz normale Menschen gelebt, sind in Fleisch und Blut auf dieser Erde gewandelt. Und keine Macht wußte mehr Antworten auf unsere Fragen als wir selbst. Was wir jedenfalls auf diese Weise herausgefunden haben, ist, daß es keinen Unterschied macht.«

Er blickte auf etwas hinter mir, weit hinter den Begrenzungen dieses kleinen Zimmers. »Dort, wo wir gewesen sind, weit draußen in den Unendlichkeiten des Randes, in Gefilden, die Sie sich nicht vorzustellen vermögen, im Richtigen und im Falschen, um ihnen Namen zu geben, mit denen Sie etwas anzufangen wissen – dort sind es Flammen, die brennen, Bäume, die wachsen, Hirne, die Pläne schmieden, Farben, Geschmäcker, Gerüche. Alles. Sie existieren in sich selbst – als Absolute. Aber selbst sie wissen nichts über das Warum und das Wohin aller Dinge. Es geht über sie hinaus, geht über den Rand hinaus – und was auch immer dort sein mag, liegt im verborgenen. Nur wenn wir über die Ränder der Spirale hinauskommen, werden wir jemals Antworten darauf finden. Alle Mächte wissen auch, daß der Weg darüber hinaus, in die Unendlichkeit, nicht dort draußen zu finden ist; er liegt hier, hier mitten im Kern. Deshalb kommen der Brocken, der Gral, die Unsichtbaren, Ape, alle Mächte, die von hier hinausgegangen sind, auch wieder hierher zurück.«

Er ging auf die Tür zu. Ich hatte nicht die Kraft, ihn zurückzuhalten. Doch mit der Hand auf der Klinke wartete er noch einen Moment und kratzte sich mit einer irritierenden Geste am Kopf. »Sie waren doch oft im Fernen Osten. Haben Sie jemals diesen alten Spruch gehört, ich glaube es ist ein buddhistischer oder taoistischer Spruch, oder etwas in der Richtung? Der genaue Wortlaut fällt mir nicht mehr ein, aber er lautet etwa so: ›Du kannst wie ein Drache durch die Luft zur Wahrheit fliegen; du kannst aber auch deinen Kopf davor im Dreck vergraben, wie ein Wurm. Am Ende führen beide Wege gleichermaßen zum Ziel!‹«

Er machte einen gedankenverlorenen Eindruck. »Wenn man nur in die Nähe des Randes kommt, hat man bereits so lange gelebt, daß man die frühen Sachen fast gänzlich vergessen hat, wie wichtig sie auch gewesen sein mögen. Wenn man wieder zurückkehrt, sind sie kaum noch mehr als Schatten eines verlorenen Traums. Selbst dann kann man sich nicht auf das wenige, was bleibt, verlassen; nicht nur weil es verblaßt ist, sondern weil man es selbst verändert, dadurch, daß man zurückkommt. Im besten Fall verändert man es zum Guten. Beim zweiten Mal geschieht nämlich nicht genau das gleiche, weshalb auch? Deshalb waren Sie ein solcher Schock für uns. Sie und Alison, und die anderen, als wir sie erkannten. Und deshalb mußten wir Ihnen einfach vertrauen.«

Ich starrte ihn sprachlos an, woraufhin er wieder lächelte. »Mit einem solchen Stimulus können wir uns unserer menschlichen Wurzeln erinnern, in gewisser Hinsicht jedenfalls, an die Identitäten, die wir einmal gewesen sind. So wie man sich vielleicht an Freunde aus der Kindheit erinnert. Die Erinnerungen sind da, doch man hat sich selbst so sehr verändert. Es ist schön, diese Leute wiederzusehen – und zu spüren, daß sie Menschen waren, auf die man, ja, stolz sein kann.« Seine Stimme nahm eine leicht veränderte Färbung an. »Und daß sie im Grunde genau so sind, wie sie die Erinnerung bewahrt hat. Auf Wiedersehen Steve, wir werden Sie bald wiedersehen.«

Lautlos öffnete er die Tür und trat leise hinaus. Die gleißenden Strahlen von der anderen Seite konnten unmöglich durch ein normales Fenster kommen.

Ich starrte meinem Besucher eine Weile nach. Dann setzte ich mich hin und las, denn ich hatte seinen Worten zufolge ja alle Zeit der Welt. Hin und wieder goß ich mir einen neuen Kaffee ein, aß noch einen Keks; er hatte recht, sie waren wirklich gut. Schließlich, als der in mehr als einer Hinsicht richtige

Zeitpunkt gekommen war, stand ich auf, kam hinter meinem Schreibtisch hervor und erinnerte mich daran, daß ich das Intercom drücken mußte: »Ich wollte nur sagen, daß ich jetzt zurück will.«

»Sehr schön, Steve«, sagte eine lachende Stimme. Das war nicht Claire – es klang eher nach Alison. Ich ging auf die Tür zu, holte tief Luft und legte meine Hand auf die Klinke.

*

Da war kein Licht. Ich hielt auch keine Türklinke in der Hand; es war der glatte Schaft der Lanze, den ich hochgereckt der Rauchwand entgegenhielt, die sich hinter ihm erhob, eine von Flammen und Gestank durchsetzte Rauchwand. Meine andere Hand lag auf dem Gral. Die Schmerzen waren verschwunden, die Müdigkeit und die Angst, die ich nicht einmal richtig zur Kenntnis genommen hatte, waren von mir abgefallen wie der Schmutz eines langen Arbeitstages unter einer reinigenden Dusche. Ein klarer Gebirgsstrom floß glucksend durch meine Adern, meine Glieder dehnten sich mit der Stärke uralter Eichen und Linden, mein Körper war der Fels, in dem sie wurzelten. Und über mir schien die Sonne des Heilenthals. In diesem Moment war ich das Königreich des Grals, von der Erde bis in den Himmel hinauf; ich war der Weg und das Behältnis und die Hochburg seiner Macht. Angesichts der zeitlosen Gewichtigkeit dieser Macht und der turbulenten Kraft, die die Waffe in meiner Hand zu rütteln und zu schütteln schien, ergriff mich Ehrfurcht. Es war jedoch an mir, sie zu bündeln und zu lenken, es lag in meiner Macht, sie so wie jetzt zu entfesseln. Ich schwang die Lanze in einer weit ausholenden Geste über meinen Kopf. Licht trat daraus hervor, goldenes Licht, das mit der Intensität eines Blitzes aufflammte und knisterte.

Zuckendes, loderndes Licht, das matte Oberflächen erglänzen ließ und helle in flüssiges Feuer verwandelte. Licht, das auf die rings um mich emporgereckten Gesichter herabregnete und warm auf ihnen glänzte, als wären sie aus Glas. Licht, das sich wie eine Barriere um sie herum ergoß, eine leuchtende Barriere, die die Häßlichkeit ringsum verblassen ließ und doch innerhalb des eigenen, hellen Kreises nicht blendete. Licht, in dessen Widerschein man seine Freunde erkannte, Licht, das direkt durch ihr Fleisch hindurchschien und ihre Augen erstrahlen ließ, ihre Haare vor schierer Energie sträubte. Es flammte über meine eigene Hand und verwandelte sie in einen Film aus klarem Glas über geschmolzenem Gold. Es legte sich über die Verwundeten wie ein glühendes Gewebe. Blut versiegte, Schmerzen verwandelten sich sofort in umfassende Erleichterung, zerrissenes Fleisch fand wieder zu einer Einheit zusammen, als sich die Zellen in einem beschleunigten Heilungsprozeß immer wieder teilten und verdoppelten; Wunden schlossen sich, ohne Narben zu hinterlassen. Ich sah, wie sich Alison auf ihrer provisorischen Holztrage plötzlich in diesem akuten Krampf versteifte, der sich direkt nach dem Nachlassen von Schmerzen einstellt, doch auch das verflüchtigte sich, als die Kraft sie überflutete. Mall neben ihr erhob sich erschrocken, im selben Moment wehte ihr Haar wieder in diesem unmöglichen Wind; ihre Augen schimmerten und entfachten ihre eigene Hitze, die sie selbst in silbriger Strahlung aufflackern ließ. Sie verwandelte sich vor der Dunkelheit in eine fließende Silhouette, einen menschlichen Brunnen aus Feuer. Das Schwert in ihrer Hand schleuderte in hohem Bogen eine Fontäne in die Nacht hinaus. Doch inmitten dieses glühenden Goldes wirkte sogar ihr innerer Glutofen blaß.

Durch dieses Licht streckte ich meine Hand nach ihnen aus, griff durch diese begeisterten Augen, um das zu fassen, was dahinter lag, die Wurzeln ihres Selbst. Als das Feuer sie einhüllte, übernahmen auch sie Licht von mir und erglühten in verschiedenen Helligkeitsgraden und Farben, von Jyps flackerndem Hellrot, das sich in Purpur verwandelte, als er ungläubig auf seine Finger hinuntersah, bis zu Alisons schimmerndem Blaugrün, wie dunkles Glas oder das Meer im Zwielicht, als sie lachend mit den Händen durch ihr funkensprühendes Haar strich. Dann, ohne jede Vorwarnung, entstand ein Gefühl, als würde etwas nachgeben, als würde man plötzlich ins Bodenlose fallen, und ein Rausch von Gedanken, ein Reigen verschwommener Bilder, drangen in meinen Geist ein. Achtzehn Bilder, alle perspektivisch leicht verzerrt, jedes einzelne eine persönliche Wahrnehmung; Bilder einer übermenschlichen Gestalt, die einen Schaft aus reinem Licht emporreckt, wie eine Statue, die weißglühend aus ihrer Gußform gefallen ist. Diese angsteinflößende Vision beherrschte die Gedanken, die Seelen meiner Freunde, und in geistiger Verbundenheit warfen sie das Licht auf mich zurück. Die reflektierten Feuer wuchsen weiter, bis ich spürte, daß ich sie nicht länger in mir halten konnte, als würde ich mich auf funkensprühenden, blitzenden Säulen von der Erde erheben.

Genau das brauchte ich jetzt! Ich – wir – griffen hinunter und schnappten uns den Gral, der sich anheben ließ, als wäre er nicht schwerer als eine Seifenblase. Ich drehte mich zum Wald hin, und alle anderen drehten sich mit mir, leicht, fügsam, jeder einzelne Körper im Einklang mit den anderen, in einem konstanten Anschwellen und Abklingen. Doch als ich die Lanze erhob, wurde diese gemeinsame Flut unbändig, ein Sturm, und die Macht des Grals brach los wie eine donnernde Flutwelle.

Die Waldbrände, die sich immer näher an uns herangefressen hatten, brüllten auf, die Flammen duckten sich, als würde ein starker Wind über sie hinwegziehen, und die Kreaturen des Brocken, die vor den Flammen flohen, gingen ebenfalls zu Boden und zappelten im Staub. Die verwachsenen Bäume zuckten zusammen, als das goldene Licht sich über ihre Kronen ergoß, und direkt im Pfad des Strahls wurden sie von der sich aufbäumenden Erde beiseite geschoben. Felsen splitterten, Spalten und Abgründe schlossen sich schmatzend oder wurden von einer herabrauschenden Lawine aus Erde und Gestein zugeschüttet. Ein weiter Flecken Erdboden lag leer und eben da, führte entlang der Bergflanke direkt zum Landeplateau, wo wie ein mittleres Wunder die *Taube* noch immer an ihren Haltetauen schaukelte. Die Heckvertäuung war abgerissen, doch die Bug- und Mittelschiffseile hielten das Luftschiff zuverlässig fest. Unter der silbrigen Form warf ein weißes Pferd ungeduldig den Kopf zurück und scharrte mit den Hufen im staubigen Boden. Langsam, ohne Eile legten wir den Rest des Weges zurück, kamen in einer feierlichen Prozession, inmitten eines pulsierenden Vorhangs aus Licht, über die Hügel des sterbenden Berges herab. Die anderen reichten sich die Hände, hielten immer wieder erstaunt den Atem an, wenn Lichtbögen zwischen ihnen hin und her sprangen. Ich hatte keine Hand frei. Es spielte jedoch keine Rolle. Ich war durch festere Bande als die bloße Berührung mit ihnen verbunden.

Das war es, was der Gral erreichen wollte – einen Zustand, dem des Brocken nicht unähnlich, aber auf eine weit weniger schreckliche und parasitäre Weise. Diejenigen, die vom äußersten Rand der Spirale wieder zurückkehrten, hatten alle die gleichen Kräfte, die gleichen Beschränkungen. Auch der Gral suchte Verkörperung im Fleisch, doch nur durch den freien Willen freier Geister, und auch das nur zeitweilig. Er würde nie etwas nehmen, immer nur geben.

Der Wald lichtete sich und blieb dann hinter uns zurück. Als wir über die Lichtung schritten, warf ich einen Blick nach hinten, den Berg hinauf, dorthin, wo Le Stryges Felsen gestanden hatte. Er war jetzt umgestürzt und geborsten, auf der versengten Erde waren nur noch einige schwarze Flecken zu erkennen. Vergeblich suchte ich nach einem Flecken blasserer Asche, dann streiften meine Gedanken die von Jyp, und er schüttelte langsam den Kopf.

Es mußten keine Befehle erteilt werden, nicht einmal das

Pferd brauchte welche. Die *Taube* wurde heruntergezogen – meine Hände auf jedem Seil fühlten sich besonders komisch an –, und wir kletterten an Bord, in die vordere Gondel, über die Pferderampe, egal wie. Es bestand keine Gefahr, daß wir jemanden zurückließen. Der Hengst ließ sich zu einem Verschlag führen. Rasch und beinahe geräuschlos wurden die Motoren angeworfen und die Leinen eingeholt, dann erhoben wir uns auf einer anschwellenden Woge von Zufriedenheit und Erleichterung, die so groß war, daß wir das Gefühl hatten, sie könnte uns auch ohne Wasserstoff durch die Lüfte tragen. Ich stand an der offenen Tür und betrachtete den brodelnden Berggipfel in seinem Flammenring und die Wesen, die dort noch herumkrochen. Dort unten gab es mit Sicherheit nichts mehr zu tun. Trotzdem fiel mir wieder dieses verzerrte Gesicht ein, und in einem plötzlichen Impuls aus Abscheu und sogar Mitleid erhob ich die Lanze ein letztes Mal.

Sogar die SS …

»Mit dem Symbol, dessen Macht du an dich reißen wolltest«, sagte ich leise, »trotze ich deiner Macht. So wie andere Wunden geheilt werden müssen, so heile ich auch die deinen und zerschmettere die Mauern der Qual, die du errichtet hast, um deine eigene Qual zu lindern. Fallt in den Staub und findet Frieden!«

Das Licht war flink und leise, ein tanzendes, umhereilendes Netzwerk aus Feuer. Der Brocken war nicht mehr in der Verfassung, Widerstand zu leisten oder sich selbst zu schützen, nicht auf diese Entfernung. Der Berg schüttelte sich sichtbar, und ein Teil seines Hangs glitt in einer tosenden Lawine zu Tal. Ich sah schon die Berichte des nächsten Tages in allen möglichen Medien vor mir, von den kleineren Erdbeben, die den Harz erschüttert und dieser beliebten Ferienlandschaft nur geringen Schaden zugefügt hatten. Abgesehen vom Einsturz des Bunkers. Die Kommentatoren würden ihre Witze darüber reißen, wie symbolisch das alles sei; und sie hatten recht damit. Sie würden – im Gegensatz zu mir – niemals das Flackern dunkler Strahlung um den Gipfel sehen, als würden sich dort gigantische, gezackte Flügel entfalten. Vielleicht verabschiedete sich etwas von hier, etwas, das beinahe völlig zur Transparenz verblaßt war, so daß es nicht einmal die Morgenröte verdunkeln konnte.

Und mit dieser letzten Anstrengung verblaßten auch unser Licht und unsere Einheit. Wir waren wieder wir selbst, und wir waren sehr müde und zerschlagen. Mit den letzten Überresten dieser Einheit umhüllte uns ein vertrauter Schatten, die Trauer um diejenigen, die nicht mehr mit zurückkamen. »Du hast an Katjka gedacht«, sagte Jyp ruhig, als er sich neben der Tür zu mir auf den Boden setzte, wo ich mich, den Gral zu meinen Füßen und die Lanze quer über den Knien, niedergelassen hatte.

»Ja.«

»Das brauchst du nicht. Ich kenne sie schon viel, viel länger als du, wie du dich vielleicht erinnerst. Sie hat jetzt das erreicht, wonach sie sich immer gesehnt hat, ganz bestimmt, und sie hat es auf bewundernswerte Weise erreicht, glaub mir. Und das ist gut so. Es war für sie eine Umwandlung, die schon viel zu lange aufgeschoben worden war.«

»Eine Umwandlung?« fragte ich leise.

»Oder vielleicht nur ein Ende?« warf Alison vom Steuerruder her ein. »Ein endgültiges, totales Ende?«

»Das würde ihr Glaube niemals zulassen«, schnaubte Mall und strich sich das lange Haar aus dem schweißüberströmten Gesicht. Sie beugte sich über Alisons Schulter, vielleicht eine Spur zu nahe. »Was auch immer aus ihr geworden ist, sie war einst eine echte christliche Seele, nicht eine dieser ungläubigen Heiden wie ihr beide. Und das zählt schließlich, oder? Welches Ende würde man schon selbst für sich wählen?«

Alison nickte. Ich tat es ihr gleich. Ich erinnerte mich an die dunkle kleine Ikone in Katjkas Zimmer. Jyp und Mall waren

Christen, wie man es ihrer zeitlichen und geographischen Herkunft nach nicht anders erwarten konnte; Alison war wie ich im besten Falle Agnostikerin. Doch hier draußen auf der Spirale, wo das Leben ohne Ende und der Tod nur vorübergehend sein konnten, gab es für alle eine gemeinsame Überzeugung. Wie kam ich schließlich dazu, mich über Dinge zu streiten, derer sich der Gral selbst nicht sicher sein konnte?

Konnte oder konnten?

Ich blickte auf den Stein zwischen meinen Knien hinab und dachte flüchtig darüber nach, warum er wohl mein Handgelenk nicht zerschmettert hatte. Dabei war es gar kein Stein; es war eine flache Opferschale aus leicht mattem, weißem Metall, mit Blumenornamenten verziert, eine Schale wie die, in der die Römer ihren Wein gemischt hatten. Quer über meinen Knien lag ein langgestreckter Spieß mit einem kurzen, spitzen Kopf. Ich schluckte. Dann zog ich mich hoch und legte beides vorsichtig und ehrfürchtig auf die Fensterbank der Gondel, direkt vor dem Steuerrad, sicher und außer Reichweite.

Als wir wieder ein Stück aufstiegen, wogten die Wolken daran vorbei, und die verwüsteten Überreste des Brocken wurden von einem sauberen, kühlen Grau verhüllt. Jyp übernahm die Brücke, und Alison stellte sich neben mich. Es wurde nicht viel geredet. Niemand mußte reden. Erst vor kurzem hatten sich unsere Gedanken zu einem Strom vermengt, und noch jetzt spürten wir eine gegenseitige Verantwortung, ruhig, aber stark, die mir bisher nur bei Leuten aufgefallen war, die sich schon ein Leben lang kannten. Die einzige, die mir von allen noch etwas fremd war, war Alison – fremder und aufregender, je mehr ich mich zu ihr hingezogen fühlte, unbekanntes Gebiet, weiße Flecken auf der Landkarte. Und aus den Resonanzen, die ich immer noch spürte, konnte ich schließen, daß diese Gefühle Spiegelbilder ihrer Gefühle mir gegenüber waren. Wir standen nebeneinander und schauten zu, wie die *Taube* hoch über die Zinnen und Wälle der Wolkenfestungen hinaufstieg, höher und höher, bis in die ersten, zarten Strahlen eines herrlichen Sonnenaufgangs.

Inmitten dieser rosigen Finger zeichneten sich die Türme der Gralsburg vom Himmel ab und wiesen uns den Weg nach Hause. Jyps leichthändige Navigationskünste brachten uns in einer langgezogenen Kurve um den jetzt blanken Bergrücken herum, und wir strichen tief über eine Bergwiese, auf der mein Helikopter inmitten einer Herde zufriedener Kühe zu grasen schien. Vielleicht sollte ich ihn auf die Weide stellen und mich nach einem geeigneten Luftschiff umschauen, falls es so etwas überhaupt noch gab. Ich hatte Geschmack an dieser leisen Art des Fliegens gefunden. Doch der Anblick der Stadt verjagte diesen Gedanken sofort wieder, und der Lärm, der unser Motorengeräusch übertönte: völlig unerwartet und beunruhigend drang Kanonendonner zu uns herauf. Fast im selben Augenblick hörten wir jedoch den Klang der Glocken im Hintergrund, große, sich auftürmende Kaskaden von Glockenschlägen, belgischem Glockenspiel, englischem Wechselgeläut und hämmernden kontrapunktischen russischen Rhythmen. Es war ein Salut, eine Begrüßung, eine Heimkehr im ganz großen Stil.

»Man könnte meinen, sie wüßten es bereits ...«, rief ich aus, und Alison grinste.

»Glaubst du wirklich, sie würden es nicht bemerken, wenn der Gral wieder zurückkehrt?«

Als wir näher heranglitten, beeindruckte mich die Zeremonie noch viel mehr. Jetzt erst konnte man erkennen, wie viele Männer und Frauen, die auf den Mauern winkten, blutige Verbände trugen, wie viele reglose Gestalten unter weißen Laken auf dem Platz vor dem Schilderhaus aufgereiht lagen. Das dürften wohl zweifellos Lutz' Leute sein, wie viele der älteren Ritter, der Novizen und der einfachen Stadtbewohner hatten sie wohl zuvor selbst getötet? Sogar die herrlichen Gebäude hatten im Kampf gelitten: Rußgeschwärzte Wände zeigten Scharten und Einschußlöcher, zerbrochene Fenster und geborstene Säulen säumten die Straßen, und hier und da waren sogar einige Häuser bis auf die Grundmauern abgebrannt. Der Anblick war schockierend, wie ein von entsetzlichen Narben entstelltes Kindergesicht.

Ich sah Alison an. »Ich erinnere mich noch daran, daß ich dachte, dieser Ort sollte eigentlich ein moderneres Europa repräsentieren. Jetzt ist es soweit – blutverschmiert, verwundet, zerschossen ...«

Sie nahm meine Hand und drückte sie, aber nicht allzu fest. »Europa hat sich wieder erholt. Das wird auch hier geschehen. Ich denke, gerade jetzt sind die Menschen vor allem unsicher. Sie müssen wissen, daß ihre Opfer den Preis wert waren, sie müssen erfahren, daß sie einen großen Sieg errungen haben.«

»Das werden sie auch, schließlich bringen wir ihnen den Gral und die Lanze zurück.«

»Du Idiot!« kicherte sie ganz unerwartet los. »Du weißt genau, daß ich das nicht gemeint habe. Sie brauchen mehr. Nicht nur den gleichen Zustand wie zuvor, sonst wäre der Preis, den sie gezahlt haben, zu hoch! Sie brauchen ein neues Ideal, eine Art Versicherung, daß die alte Schwäche und Stagnation endlich vorüber ist, daß sich all diese schrecklichen Dinge nicht jederzeit wiederholen können. Sie brauchen mehr als nur einen neuen Tagesanbruch, selbst wenn er so herrlich wie der heutige ist. Dieser Platz bedarf ... der Heilung, Steve.«

»Aber wieso soll ich schon wieder derjenige sein, der in die Bresche springen muß? Ich kenne mich hier kaum aus, ich ...«

»Du fühltest dich hier doch wie zu Hause, oder nicht? Gleich von Anfang an. Weil du dafür bestimmt warst, auserkoren. Siehst du das denn nicht? Das muß Le Stryge hinsichtlich deiner Vorfahren gemeint haben, deshalb wußte er auch, daß du die Lanze unbesorgt berühren durftest. Seit Jahrhunderten wurde es weitergegeben, bis zu dir. Ich wundere mich darüber, daß ich es nicht schon früher bemerkt habe. Allein schon deines Namens wegen!«

»Jetzt fang du nicht auch noch damit an! Was soll das Gefasel von meinem Namen? Stephen, was ist denn so Besonderes an Stephen?«

Sie lachte leise. »So einiges. Mir könnte er schon gefallen. Nein, Steve! Es dreht sich um deinen Nachnamen! Du kapierst wohl noch immer nichts. Vermutlich hast du die Legenden, deren Träger du bist, niemals gelesen, die Sage vom Verwundeten Land, das Heilung erfahren muß. Und von seinem Herrscher, dem Fischerkönig.«

»Aye, so wurde es uns vorhergesagt«, sagte Mall jetzt, und ihre kräftige Stimme ritt auf einer Woge der von unten heraufschallenden Glocken. »Der Fischerkönig, selbst verletzt, kaum mehr als ein halber Mensch, muß selbst Heilung finden und so das gesamte Verwundete Land wieder vereinen. So wird die Prophezeiung heute also erfüllt.« Sie schüttelte den Kopf. »Hier stehe ich voller Verwunderung und Erstaunen, daß ich miterleben darf, wie sie sich manifestiert.«

»Das zählt auch für mich!« klinkte sich Jyp ein. »He, kannst du uns vielleicht eine Handvoll Tickets für die Krönung besorgen – in der ersten Reihe? Weiß jemand, wo ich mir einen Zylinder borgen kann?«

»Für die *was*?«

»Nicht direkt eine Krönung«, grinste Alison. »Der Gralskönig trägt keine Krone. Nur den Mantel.«

Ich stöhnte auf. Ich wußte, was diese Glocken einläuteten. Beinahe konnte ich schon das Gewicht dieses schweren, golddurchwirkten Stoffes auf meinen Schultern spüren, wie er mich zusammen mit etlichen Zeitaltern angestaubter Verantwortung niederdrückte. »Ich hoffe nur, daß sie wenigstens die Motten vorher herausschütteln.«

»Da sind keine Motten drin! Das Ding ist uralt. Angeblich wurde es für Karl den Großen angefertigt.«

Schon wieder der! »Für breitere Schultern als meine, jede Wette – in jeder Hinsicht.«

»Ja doch, gebt dem armen Jungen eine Chance!« grinste Jyp.

»Was ist er denn sein ganzes Leben lang gewesen? Nur ein mieser Geschäftsmann. Es muß schwerfallen, das alles aufzugeben.«

»Das werde ich auch nicht«, sagte ich und bemerkte erschrocken, wie alarmiert jedes einzelne Gesicht im Cockpit mich plötzlich anstarrte. »Ich meine, nicht alles auf einmal! Ich habe auch im Kern ein Leben. Ich will nicht einfach so von dort verschwinden. Ich will dort noch ein wenig weitermachen, miterleben, wie C-Tran immer größer wird, vielleicht das eine oder andere neue Projekt entwickeln, vielleicht in die Politik einsteigen, wie ich es immer vorhatte. Vielleicht sogar bei der EU, schließich kümmert sich der Gral um ganz Europa! Vielleicht haben die Leute inzwischen endlich die Nase voll davon, das Land mittels Kriegen und Eroberungen und Religion und Ideologie zu vereinen – jetzt bekommt vielleicht der Handel eine Chance. In Ordnung, ich werde zusätzlich hier euer König sein, so wie es das Schicksal und so ziemlich jeder andere offensichtlich für mich vorbestimmt hat. Ich werde ein Handelskönig sein, so wie Christian IV. von Dänemark, und zusehen, ob ich nicht nur die Seele des Landes heilen, sondern auch seinen Leib ein bißchen aufpäppeln kann. Schön, das wird nicht so ein ruhmreiches Reich sein wie das Karls des Großen oder das Römische Imperium oder was auch immer. Aber mit etwas Glück wird es auch wesentlich weniger Leben kosten und ein ganzes Stück länger halten. Bis die Leute es diesmal vielleicht selbst auf die Reihe kriegen!«

Erstaunen zeichnete sich auf ihren Gesichtern ab, aber auch wachsende Begeisterung, wie ein Licht, das immer heller und klarer wird. Was ich in Alisons Gesicht sah, bestärkte mich nur. »Ist das etwa so, wie …«

»Ja. Aber ja. Wenn du nur wüßtest, wie stolz ich auf dich bin. Aber da ist noch mehr, oder? Noch viel mehr.«

Ich nahm ihre Hände in meine und küßte sie. »Nimm das, für den Anfang.«

»Steve! Alle schauen uns zu – oh, du lenkst mich aber nicht so leicht ab. Du weißt schon, was ich meine.«

»Ja«, gab ich zu. »Viel mehr. Aber das kann ich dir nicht sagen, nicht jetzt.«

Sie schüttelte den Kopf. »Macht nichts. Ich weiß, daß du es mir eines Tages sagen wirst.«

»Wirst du dann überhaupt noch hier sein?«

Sie zuckte theatralisch mit den Schultern. »Ich habe mein Leben doch dem Gral gewidmet, schon vergessen?«

»Möchtest du deine Loyalitäten nicht ein bißchen verteilen?«

»Nein«, erwiderte sie. Und dann, mit erstaunlich kleinlauter Stimme: »Es besteht kein Unterschied zwischen dem Gral und dem König. Und die Riten sind ziemlich die gleichen …«

»Aha!« sagte ich und zog sie an mich. Ungefähr zum selben Zeitpunkt, oder kurz darauf, machte sich die Bodencrew an unseren Landungstauen zu schaffen, und das ganze Luftschiff schaukelte leicht. Da Alison so groß war wie ich, war ich gezwungen, meinen Griff etwas tiefer als um ihre Mitte zu legen; so lautete jedenfalls meine Version der Geschichte. Ich hatte nicht bemerkt, wie nahe wir schon am Boden waren. Jedenfalls nahe genug für Mall und Jyp, mit böswilliger Voraussicht die Tür aufzureißen.

»Genau so sollte ein neuer König seinem Volk vorgestellt werden«, wehrte Jyp ab. »Damit zeigt er, daß er seine Verantwortung voll im Griff hat.«

»Erinnere mich doch bitte daran, daß ich sofort überprüfe, ob die Stelle des Hofnarren noch zu besetzen ist«, sagte ich leicht sauer, doch ich war viel zu glücklich, um wirklich ärgerlich zu werden. Zu glücklich sogar, um noch länger von der Last, von der ich Alison nichts erzählen konnte, niedergedrückt zu werden.

Mehr? Viel, viel mehr. Noch vor kurzem hatte ich mich zwischen Kern und Spirale hin und her gerissen gefühlt, un-

Vie schon *Wolfsdämmerung und Hexendämmerung* ist die Handlung dieses Buches in der nahen Zukunft angesiedelt. Ähnlichkeiten mit heutigen Personen oder Organisationen ind nicht beabsichtigt. Im Interesse der klassisch gebildeten Leser sollte ich erwähnen, daß Stephen Fisher auf den Seiten 84/185, trotz seiner fremdsprachlichen Kenntnisse den chweren Akzent aus Ithaka nicht versteht.

MSR

fähig, das eine für das andere aufzugeben. War das nur ein Vorbote dessen gewesen, wie intensiv mich die Spirale für sich beanspruchen würde, die Ahnung einer fast unendlichen Existenz, die sich wie der Weg eines Pilgers vor mir erstreckte?

Ein Vorbote dieses einen Tages, an dem ich – sollte das Versprechen der Wahrheit entsprechen – sogar diesen Ort und diese Existenz hinter mir lassen würde, an dem ich weiterreisen würde, immer weiter nach außen, hin zu den unheimlichen äußeren Regionen der Spirale, in jene Bereiche, in denen die Illusionen und Torheiten der materiellen Welt schlicht zu existieren aufhören und man sich dem Absoluten nähert … und dann wieder zurückkehrt, verwandelt, an diesen ersten, unvorstellbaren Anfang.

Eine so lange und so unerbittlich beschwerliche Reise, daß die Gewißheit, daß sie letztlich von Erfolg gekrönt sein würde, schon abseits jeder Überlegung lag; denn nichts weniger als das, kein Versprechen und keine Führung, könnte mich sonst auf diesem Weg halten. Die Aussicht auf diese Reise erschreckte mich, und sie begeisterte mich – aber wenigstens wußte ich jetzt, daß ich sie nicht allein antreten mußte. Vom Anfang bis zum Ende würde ich Freunde um mich haben, Kameraden, Gefährten, die mir nahestanden, immer nahe – und noch näher stehen würden, bis wir letztendlich, auf eine unvorstellbare Art und Weise, miteinander verschmelzen, einer zum Bestandteil des anderen werden würden, Komponenten eines größeren Ganzen. Wenn solch ein Wesen irgendwann einmal wieder eine menschliche Form erlangte, würde es mit einer sowohl vertrauten als auch unvertrauten Stimme sprechen, als steter Widerhall der freischwebenden Identitäten, die es niemals völlig aufgeben würde. Eine von ihnen auf keinen Fall, da war ich mir heute schon sicher.

Ich trat auf den gepflasterten Platz hinaus und blinzelte ein wenig in der Helligkeit des neuerwachten Tages. Ich balancierte die Lanze vorsichtig über dem Becher und hob ihn, in

der Hoffnung, er würde sich nicht gerade jetzt wiede
den Stein verwandeln, hoch über den Kopf. Die gesa
schien unter dem brausenden Jubel der Stadtbewohn
zittern. Alison kam herabgesprungen, und gemein
dem Rest unserer Gruppe schritten wir langsam auf
der großen Halle zu – langsam, weil das Ritual und
sprechende Respekt es mit einer dermaßen ehrfur
tenden Macht in Händen ganz von allein gebieten.
näher kamen, schwangen die Torflügel weit auf – u
ich etwas zu sagen hätte, würden sie öfters in dieser
verharren.

Wie immer in der Sphäre des Sangraal war der Hi
ein tieferes, ganz eigenes Blau getaucht, die weißen
schienen heller zu schimmern, türmten sich hinter
men der Halle immer höher zu Zinnen und Türmch
einander. Alisons Wangen glühten, ihre Augen s
förmlich Feuer. Als ich sie ansah und auf der Well
Freude davongetragen wurde, kam es mir vor, als kö
mit einem einzigen Satz über diese Türme springen, g
Belieben über diese hohen Wolkenfestungen hinwe
ben. Meine Isolation war vorbei, meine Einsamkeit u
Suchen hatten ein Ende gefunden. Auch ich war das
dete Land gewesen. Indem ich seine Wunden vers
hatte, hatte ich meine eigenen geheilt und meine letz
gefüllt.

Ich würde noch viele andere Wunden heilen.

Tanja Köhler

So einfach!

Eigene Spiele erstellen mit Roblox

mitp

Bibliografische Information der Deutschen Nationalbibliothek
Die Deutsche Nationalbibliothek verzeichnet diese Publikation in der Deutschen Nationalbibliografie; detaillierte bibliografische Daten sind im Internet über <http://dnb.d-nb.de> abrufbar.

Bei der Herstellung des Werkes haben wir uns zukunftsbewusst für umweltverträgliche und wiederverwertbare Materialien entschieden.
Der Inhalt ist auf elementar chlorfreiem Papier gedruckt.

ISBN 978-3-7475-0369-0
1. Auflage 2022

www.mitp.de
E-Mail: mitp-verlag@sigloch.de
Telefon: +49 7953 / 7189 - 079
Telefax: +49 7953 / 7189 - 082

Lektorat: Janina Bahlmann
Sprachkorrektorat: Christine Hoffmeister
Covergestaltung & Coverbild: Christian Kalkert
Satz: Ulrich Borstelmann
Layoutgestaltung: Kai Neugebauer
Druck: ADverts in Riga, Lettland

Inhalt

7 Murmelspiel 132

8 Autorennen 146

9 Coole Features 176

10 Zum Schluss 224

Stichwortverzeichnis 230

Einleitung

Am Handy oder am Computer zu spielen, macht Spaß, aber ein Spiel selbst zu erstellen, ist noch viel besser! Man kann nämlich selbst die Handlung festlegen, die Figuren designen und entscheiden, wie alles funktionieren soll. Roblox Studio bietet hierfür eine einfache, aber starke Spiele-Engine, in der 3D-Welten und Objekte erstellt und durch Programmierung zum Leben erweckt werden können. Zudem sind sowohl Roblox (das Spiel) als auch das zugehörige Roblox Studio kostenlos, du kannst es einfach im Internet herunterladen und sofort loslegen!

In Roblox gibt es bereits Millionen von Spielen, und mit diesem Buch wirst auch du es schaffen, ein eigenes Computerspiel zu erstellen. Und das ist gar nicht so schwer, mit Roblox Studio und diesem Buch, das dir alle Grundlagen dazu an die Hand gibt. Du brauchst dafür keine Vorkenntnisse. In Schritt-für-Schritt-Anleitungen lernst du alles, was du zum Entwickeln eines (oder von mehreren) spannenden Spiels brauchst.

In Roblox Studio kannst du unter anderem ...

- riesige Spiellandschaften mit unterschiedlichen Biomen (z. B. Wasser, Dünen oder Lava) erstellen
- aus 3D-Grundkörpern eigene interaktive 3D-Modelle erstellen
- eigene Bilder und Musik hochladen
- computergesteuerte Figuren einbinden
- Spiele veröffentlichen oder private Spiele erstellen

Dabei wirst du nicht nur viel Spaß haben, auch das Computerspielen kommt nicht zu kurz (schließlich musst du ja auch immer wieder testen, was du gebaut hast), und du wirst eine Menge über das Programmieren lernen. Du schreibst Scripte, lernst Funktionen anzuwenden und entdeckst die Möglichkeiten, die die Programmiersprache Lua zu bieten hat, die für Roblox-Spiele benutzt wird.

Über die Autorin

Tanja Köhler hat Architektur studiert und war für verschiedene Architekturbüros im In- und Ausland tätig. Als 3D-Artistin vertiefte sie ihre 3D-Software-Kenntnisse in der Computerspiele-Branche bei Opus Studio Inc. (Tokio) und Bluebyte/Ubisoft. Unter anderem visualisierte sie die Gebäude für »Die Siedler VI – Aufstieg eines Königreiches«. Heute lebt und arbeitet sie als freie Architektin bei München und ist Lehrbeauftragte an der TU München. Dort unterrichtet sie Studierende der Architekturinformatik und Games Engineering. Zudem betreibt sie ein Studio für Programmierung und Computerspieledesign für Kinder und Jugendliche. Weitere Informationen gibt es unter *www.nextlevel-gauting.de*.

TEIL 1

Erste Schritte mit Roblox Studio

1 Roblox Studio

Wenn du schon Roblox gespielt hast, weißt du, dass die Welt von Roblox schier grenzenlos ist. Es gibt auf dieser **Online-Spieleplattform** nicht nur Millionen von Spielern, sondern auch Millionen von Spielen! Neben professionellen Studios können auch die aktiven Spieler selbst Spiele erstellen, die wiederum von anderen Benutzern gespielt werden können. Manche verdienen sogar richtig viel Geld dabei! Denn es gibt auch ein *internes Währungssystem*, **Robux**, das für Spielerpässe oder Items genutzt werden kann. Und mit dem **Roblox Studio** gibt es in Roblox eine eigene *Spieleengine*, mit der jeder eigene Spiele gestalten kann. Und sowohl Roblox, das Spiel, als auch das Roblox Studio sind zudem noch kostenlos!

Kinder und Jugendliche als Entwickler

Wusstest du, dass die meisten Spiele, die sich auf Roblox befinden, von Kindern und Jugendlichen hergestellt wurden? Natürlich sind diese oft nicht so bekannt und beliebt wie *AdoptMe!*, *Jailbreak* oder *Work at a Pizza Place*, aber trotzdem haben es diese Kinder geschafft, eigene Ideen umzusetzen!

Eigene Spiele erstellen

Auch du kannst eigene Roblox-Spiele erschaffen! Die *Basics* dazu lernst du hier in diesem Buch an mehreren Beispielprojekten.

Auf Seite Seite 86/87 werden die Spiele, die du mithilfe des Buchs programmieren kannst, kurz vorgestellt!

WICHTIG

Während du Roblox auf PC, Handy, Konsole oder Tablet spielen kannst, funktioniert das Roblox Studio *nur* für Windows oder Mac! In diesem Buch werden alle Beispiele in Windows gezeigt, du kannst aber auch mit einem Mac arbeiten, lediglich die Steuerung und Tastenkombinationen sind ein bisschen anders!

ROBLOX

Der Name »Roblox« setzt sich aus den englischen Wörtern *robot* (Roboter) und *blocks* (Blöcke) zusammen.

1.1 Roblox-Account

Für das Roblox Studio brauchst du, genau wie für Roblox auch, einen **Roblox-Account**. Wenn du schon einen Account zum Spielen hast, kannst du diesen auch für das Roblox Studio nutzen.

Account erstellen

Einen Account kannst du im Internet auf der Webseite von Roblox erstellen: *www.roblox.com*

Hier kannst du einen selbst gewählten **Benutzernamen** eingeben, ein neues **Passwort** dafür sowie dein **Geburtsdatum**. Am besten erstellst du den Account gemeinsam mit deinen Eltern!

1 Benutzername

Hier gibst du natürlich *nicht* deinen richtigen Namen an, auch keinen Vornamen oder irgendeinen Hinweis, der Rückschlüsse auf deine echte Person geben könnte!

Überlege dir einfach einen coolen, lustigen oder verrückten Namen! Beliebte Namen wie *Superman* oder *Arielle* sind natürlich schon vergeben, aber du kannst ja auch Nummern oder Sonderzeichen einbauen. Überlege dir einfach etwas Kreatives!

TIPP

Du kannst deinen Namen in den Einstellungen deines Accounts auch später noch mal verändern!

2 Der Avatar-Editor

Jetzt solltest du noch deinen Avatar anpassen, denn der voreingestellte ist ziemlich langweilig! Klicke einfach links am Rand auf Avatar, und der **Avatar-Editor** öffnet sich.

3 Avatar anpassen

Im Avatar-Editor kannst du alles anpassen, die Kleidung, die Haare, die Figur und die Hautfarbe. Natürlich kannst du auch coole Accessoires ergänzen, wie Sonnenbrillen, Hüte oder lustige Tiere, die auf der Schulter sitzen können! Probiere einfach aus, was dir gefällt!

Viele Objekte kosten **Robux**, die *interne Währung*, aber es gibt auch eine Menge kostenloser Sachen!

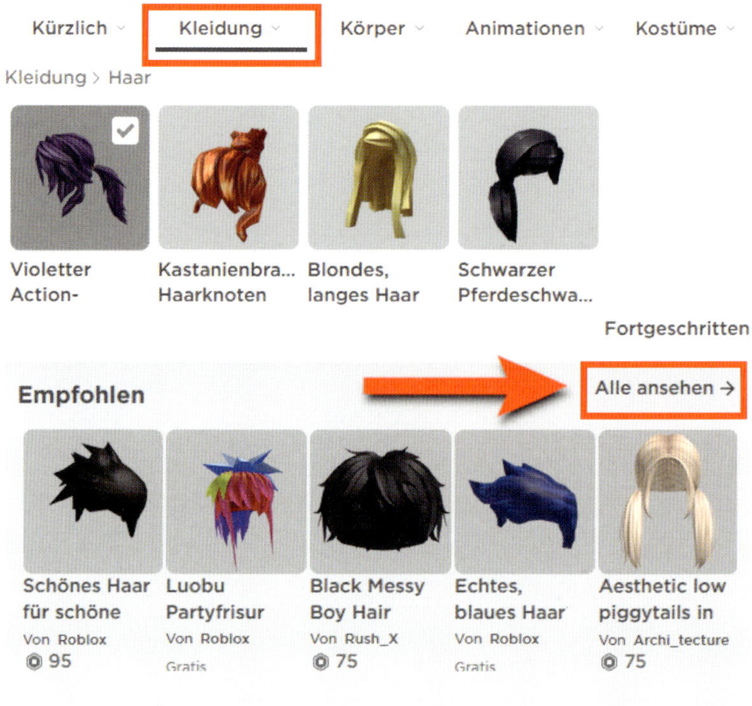

TIPP

> Zurück kommst du am einfachsten, wenn Du wieder auf den Avatar-Button klickst!

Wenn dein Avatar fertig ist und du mit Roblox als Spiel ein bisschen vertraut bist, können wir loslegen!

1.2 Studio installieren

Öffne zunächst Roblox, das Spiel, entweder im Internet auf *www.roblox.com* oder aus deinen **Apps** bzw. **Programmen** und logge dich mit deinem Account ein. Dann klickst du ganz oben in der Menüleiste auf **Erstellen**, und das Roblox Studio wird installiert.

Es dauert ein paar Minuten, und das Roblox Studio öffnet sich, jetzt kannst du mit der **Spieleprogrammierung** beginnen!

In diesem Kapitel lernst du die Basics im Roblox Studio. Also wie man **Modelle erstellt** und bearbeitet, **coole Materialien** verwendet und das **Spiel testet** und richtig speichert. Am Ende von diesem Kapitel kannst du deine neu erworbenen Fähigkeiten gleich ausprobieren und ein paar coole Modelle nachbauen, zum Beispiel eine **Schatztruhe** oder einen **Zaubertrank**!

Nur auf Englisch

Roblox Studio ist aktuell nur auf Englisch erhältlich. Aber auch, wenn du noch nicht viel Englisch verstehst, findest du dich sicher schnell zurecht, denn viele Schaltflächen sind mit einem **Symbol** dargestellt, sodass du sie schnell erkennst. Und einige englische Begriffe kommen dir vielleicht schon aus anderen Computerspielen bekannt vor.

! WICHTIG

Du brauchst eine Internetverbindung, wenn du das Roblox Studio nutzen möchtest!

1.3 Template

Templates sind Vorlagen, die du für deine eigenen Spiele benutzen kannst. Die meisten Vorlagen beinhalten schon vorgefertigte Elemente, um Spiele zu erstellen.

Template auswählen

Öffne das Roblox Studio, es befindet sich in deinen Apps oder Programmen. Nun kannst du ein Template auswählen. Wähle das Baseplate Template aus.

Der Game Editor

Jetzt öffnet sich ein neues Fenster. In der Mitte befindet sich das **Game-Editor-Fenster**. Hier baust du später dein Spiel, bearbeitest deine Map und kannst eigene 3D-Modelle bauen.

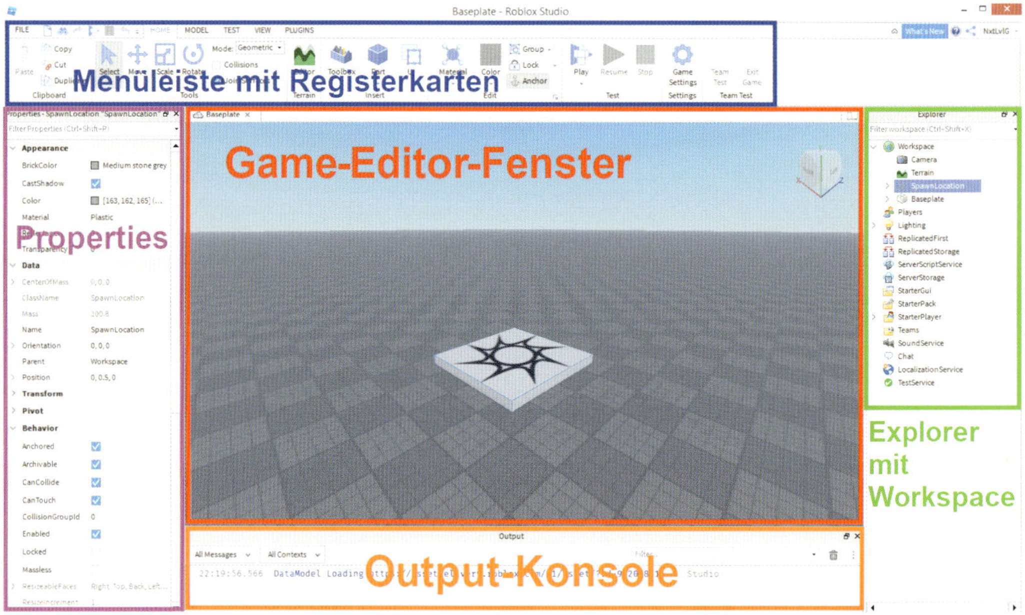

Output-Konsole

Unter dem Game-Editor-Fenster befindet sich die **Output-Konsole**. Hier werden Statusberichte und Fehlermeldungen von Scripten angezeigt. Mehr dazu erfährst du in Kapitel 4 »Programmieren mit Lua«.

SCRIPT

Ein Script enthält kurze Anweisungen und Befehle, was der Computer machen soll. Ähnlich wie bei einem Kochrezept ist die richtige Reihenfolge der Anweisungen wichtig. In Roblox wird natürlich nichts gekocht, aber du kannst mit einem Script zum Beispiel die Farbe von Steinen ändern oder auch die Geschwindigkeit deiner Spielfigur.

Die Menüleiste

Oben siehst du die Menüleiste mit den verschiedenen **Registerkarten**.

Dateien öffnen und speichern

In der Menüleiste kannst du unter **File** Dateien öffnen oder speichern.

Vor und Zurück

Daneben findest du auch die beiden Pfeile für Vor und Zurück. Mit den Pfeilen kannst du deine letzten Aktionen also rückgängig machen oder wiederherstellen.

Alternativ kannst du für Zurück auch die Tastenkombination `Strg` + `Z` drücken und für Vor die Tasten `Strg` + `Y`.

Weitere Funktionen

Wenn du auf die Registerkarten, also **Home**, **Model**, **Test**, **View** oder **Plugins** klickst, öffnen sich neue Untermenüs mit weiteren Funktionen. Bei der Spieleprogrammierung arbeiten wir hauptsächlich in der Registerkarte **Home** oder **Model**.

! FENSTER SCHLIESSEN

Du kannst alle Andockfenster wie *Properties*, *Output Konsole* oder den *Explorer* über das kleine X schließen. Wenn du die Fenster wieder benötigst, kannst du sie in der Registerkarte **View** wieder aktivieren. Aber Achtung! Wenn du das Game-Editor-Fenster schließt, wird die aktuelle Datei komplett geschlossen!

Home	Wichtigste Funktionen aus **Model**, Test und Allgemein
Model	Alles zum Bauen und Bearbeiten
Test	Testen und spielen
View	Ein-/Ausblenden der Andockfenster (Explorer etc.)
Plugins	Zusätzliche Erweiterungen z.B. für Animationen

1.4 Steuerung

Wenn du schon Roblox-Spiele gespielt hast, wird die Steuerung für dich vertraut sein. Mit den Pfeiltasten [←] [↑] [↓] [→] oder [W] [A] [S] [D] kannst du im Roblox Studio die **Kamera bewegen**. Zusätzlich kannst du mit den Tasten [E] und [Q] die Kamera in der Höhe verstellen. Bei gedrückter [⇧]-Taste bewegt sich die Kamera langsamer!

Taste	Funktion
[W] [A] [S] [D] oder Pfeiltasten	Kamera bewegen
[Q] [E]	Kamera hoch und runter
[⇧] + [W] [A] [S] [D] (oder Pfeiltasten)	Langsame Kamera
Rechte Maustaste	Kamera drehen
Linke Maustaste	Kamera verschieben
Maus-Scrollrad	Zoomen (gedrückt: verschiebt Kamera)
[F]	Zoomt an ausgewähltes Objekt

Steuerung mit der Maus

Mit dem Mausrad kannst du **zoomen** oder die Kamera verschieben, wenn du das Mausrad gedrückt hältst und die Maus bewegst.

Die linke Maustaste ist zum Auswählen von Objekten gedacht. Du kannst einzelne Objekte anklicken oder einen **Auswahlrahmen** aufziehen.

Mit der rechten Maustaste **rotierst** du die Kamera.

TIPP

In der oberen rechten Ecke vom Bild ist ein kleiner Würfel, der sich dreht, wenn du die Kamera rotierst. Du kannst auch auf die Seiten vom Würfel klicken, um eine Sicht einzustellen. Das ist manchmal praktisch, wenn man zum Beispiel ein Modell exakt von oben sehen möchte.

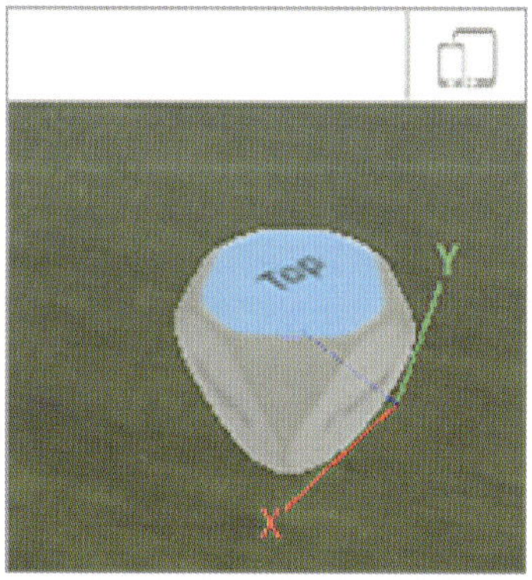

1.5 Parts

Die **Parts** sind deine **Bausteine**, um alles, was du möchtest, in der Welt bauen zu können. Du findest die Parts in der Registerkarte **Model** sowie in der Registerkarte **Home**.

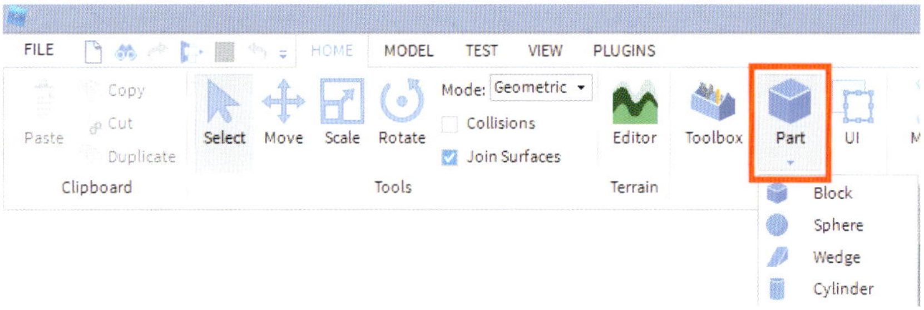

1 Part einfügen

Zur Auswahl stehen die Grundkörper **Block**, **Sphere**, **Wedge** und **Cylinder**. Klicke einfach mit der linken Maustaste auf einen dieser **Parts**, und er erscheint im Game-Editor-Fenster.

2 Bewegen, skalieren und drehen

Jetzt kannst du die Werkzeuge **Move**, **Scale** und **Rotate** ausprobieren und den Part verändern.

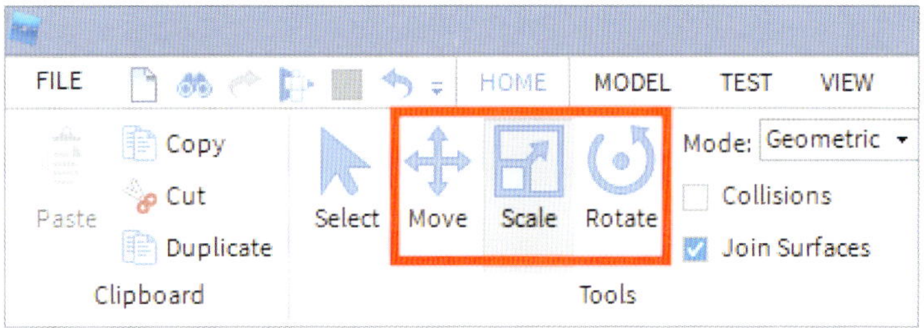

Move	Bewegen
Scale	Skalieren (Größe verändern)
Rotate	Drehen

3 Parts verändern

Ziehe mit der linken Maustaste einen der Pfeile (**Move**), Kreise (**Rotate**) oder Kugeln (**Scale**), die am Part in Rot, Grün und Blau erscheinen. Rot und Blau verschieben in **X-Z-Richtung** in einer Ebene, während der grüne Pfeil mit der **Y-Achse** den **Part** in die Höhe verschiebt.

Wenn du einen **Part** *gleichmäßig* skalieren möchtest, hältst du beim Skalieren die ⇧-Taste gedrückt!

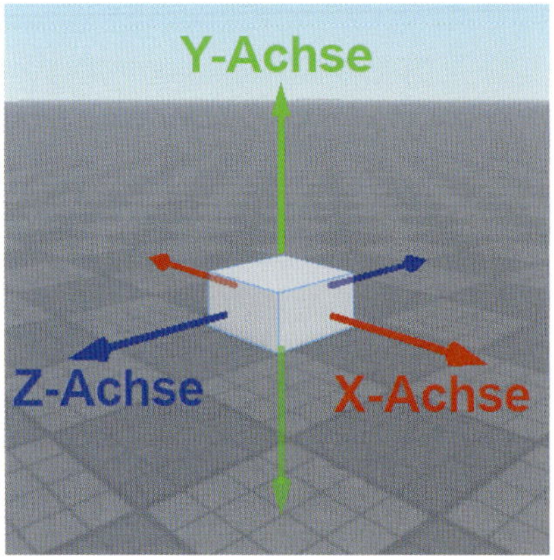

TIPP

Du kannst einen Part auch verschieben, indem du ihn einfach mit gedrückter linker Maustaste bewegst!

Snap

Am Raster verschieben

Du kannst **Parts** auch exakt am *Raster* entlang verschieben. Dafür setzt du in der Registerkarte **Model** unter *Snap to Grid* (Rasterfang) den Haken bei **Move**.

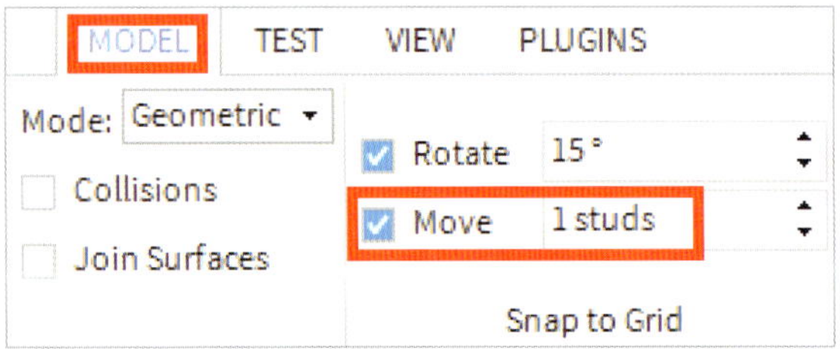

Exakt drehen

Der Haken bei **Rotate** ermöglicht ein exaktes Drehen, voreingestellt in 15-Grad-Schritten, hier kannst du aber beispielsweise auch 90 Grad eingeben.

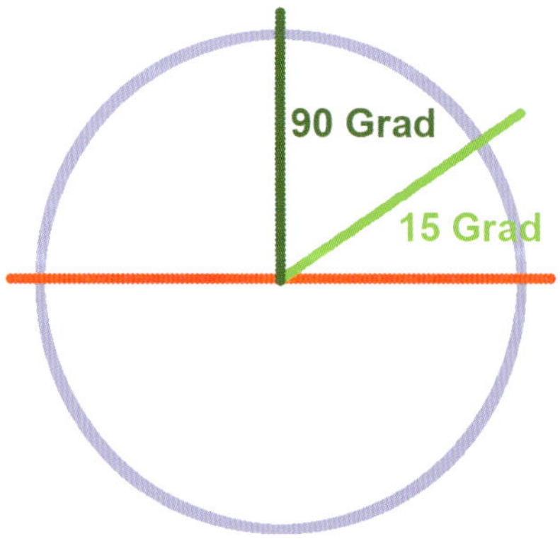

Studs

Hier im Roblox Studio ist die **Maßeinheit** nicht Meter oder Millimeter, sondern **Stud**. Ein Stud entspricht einem Kästchen des Rasters auf der Bodenplatte.

Du kannst das Raster beliebig verändern, indem du in der Registerkarte **Model** einfach eine andere Zahl ins Feld neben **Move** bei *Snap to Grid* einträgst! Zur Orientierung mit dem Raster ist der *Wert von 1* allerdings sehr praktisch.

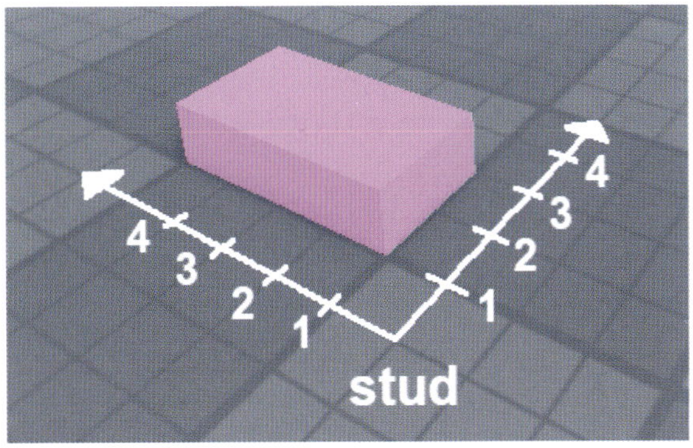

Collision und Join Surfaces

Collision

Ebenfalls in der Registerkarte **Model** ist die Schaltfläche **Collisions**. Ein Haken hier bewirkt, dass Parts beim Bauen *nicht mehr* in andere Parts hineinverschoben werden können.

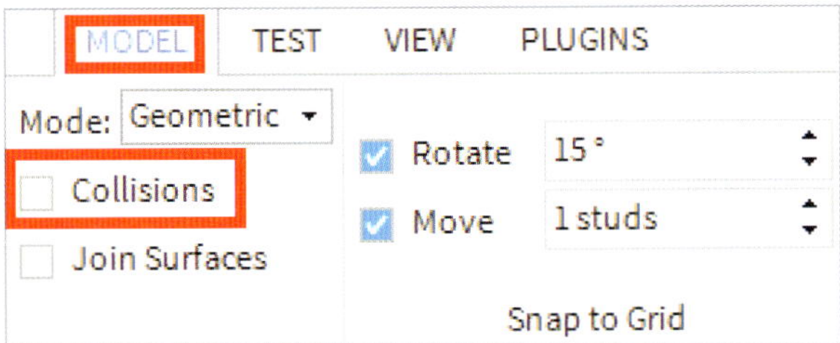

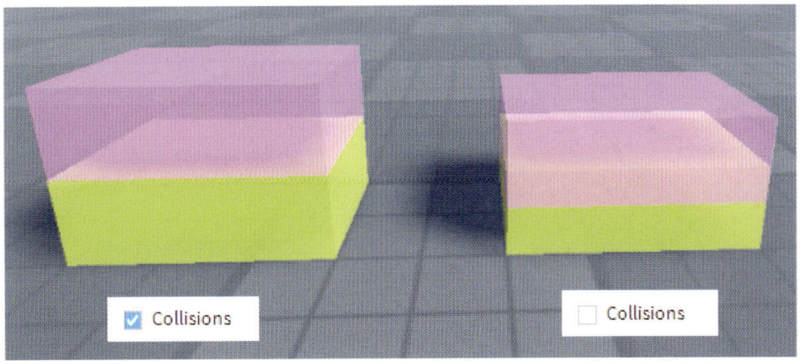

Join Surfaces

Hiermit kannst du einen Part auf einem anderen genau platzieren und die beiden somit *verbinden*.

Anchor

Natürlich können Parts in deinem Spiel auch einfach *in der Luft schweben*! Dafür ist die Schaltfläche **Anchor** da. Die Schaltfläche ist sowohl in der Registerkarte **Home** als auch bei **Model** im Bereich *Parts*.

Parts, bei denen **Anchor** aktiviert ist, sind an ihrer Position fixiert und fallen während des Spiels nicht herunter!

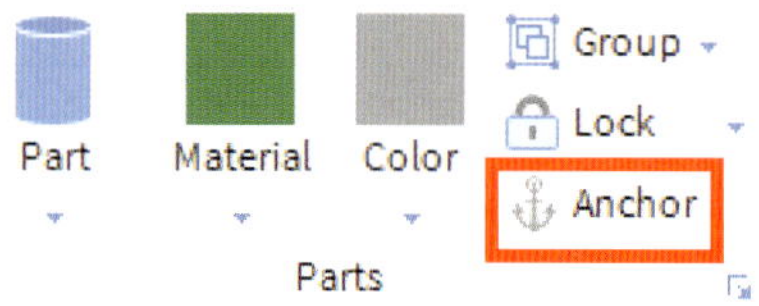

WICHTIG

Standardmäßig solltest du **Anchor** aktiviert lassen und nur bei einzelnen Parts, sofern das erforderlich ist, gezielt ausschalten.

Mehrere Parts auswählen

Du kannst natürlich auch mehrere (oder alle) Parts gleichzeitig auswählen und **Anchor** aktivieren!

Solid Modeling

Diese Schaltflächen brauchst du, wenn du komplexe Modelle bauen möchtest. Du findest sie in der Registerkarte **Model**.

Parts verschmelzen

Mit **Union** kannst du ausgewählte Parts miteinander zu einem Part *verschmelzen*, selbst wenn sich die Parts gar nicht berühren.

Parts voneinander trennen

Separate trennt die durch **Union** vereinigten Parts wieder und stellt auch die durch **Negate** verschwundenen Parts wieder her!

Parts herausschneiden

Wenn du einen Part auswählst und **Negate** aktivierst, wird dieser Part **rot**. Nun kannst du einen weiteren Part anwählen und auf **Union** klicken. Der rote Part verschwindet und wird aus dem anderen Part *herausgeschnitten*. Durch geschicktes Anordnen und Drehen der einzelnen Parts kannst du mit **Negate** und **Union** fast alles bauen!

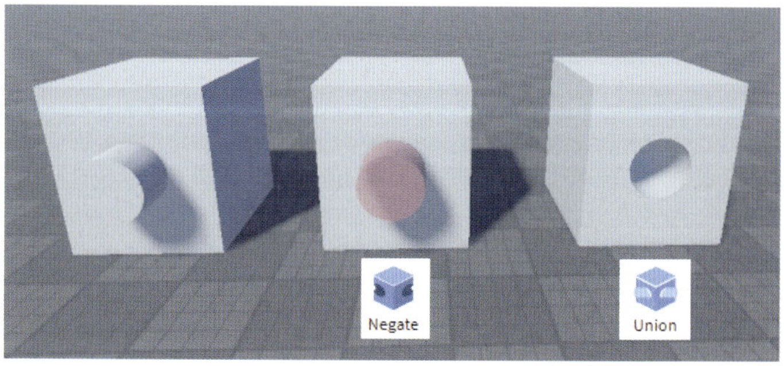

Align Tool

Das **AlignTool** hilft dir, mehrere Parts exakt aneinander auszurichten. Aktiviere in der Registerkarte **Model** das **AlignTool** und wähle zwei oder mehr Parts aus.

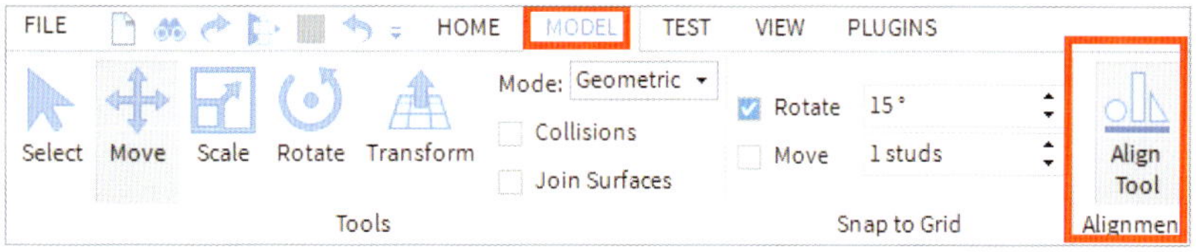

Parts ausrichten

Nun kannst du im **AlignTool** die X-, Y- oder Z-Achse auswählen (natürlich gehen auch alle drei Achsen gleichzeitig) und bekommst eine **Vorschau** in Form einer **gelben Ebene**, wie sich die Parts ausrichten werden. Unter **Mode** kannst du bestimmen, ob der Part *mittig* oder an einem *Ende* ausgerichtet wird.

Wenn du die Schaltfläche **Align** anklickst, werden die Parts *ausgerichtet*.

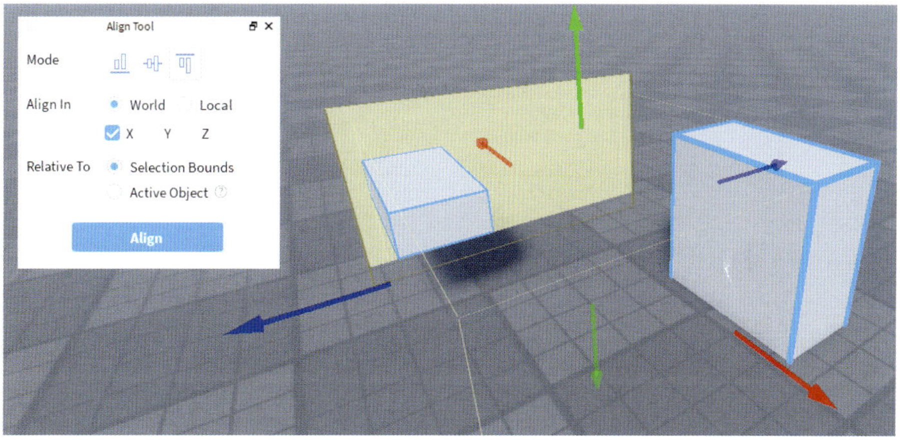

Und noch mehr Parts ...

Für kompliziertere Modelle gibt es noch weitere *besondere* Parts. Hier sind besonders der **TrussPart** und der **CornerWedgePart** hervorzuheben. Den **CornerWedgePart** kannst du beispielsweise sehr gut für *Hausdächer* verwenden!

Besondere Parts einfügen

Die besonderen Parts befinden sich aber nicht in der Registerkarte **Model**, sondern du kannst sie entweder direkt im Workspace einfügen oder über die Schaltfläche **InsertObject**. Diese findest du in der Registerkarte **Model**. Im Workspace klickst du einfach auf das kleine Plus neben **Workspace**.

- In beiden Fällen gibst du »Part« in das Suchfeld ein. Dann erscheint die Auswahl der besonderen **Parts**.
- Mit einem Doppelklick der linken Maustaste kannst du die Parts ins Game-Editor-Fenster einfügen.

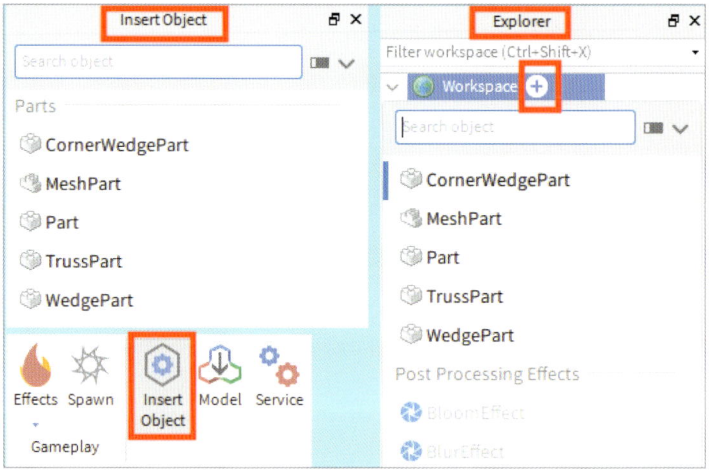

TIPP

Falls die Parts in der Auswahlliste hellgrau sind, kannst du sie trotzdem durch Doppelklick einfügen! Das bedeutet nur, dass sie in einem *Unterordner* oder unter einem anderen Part im Workspace eingefügt werden (Hierarchie). Per Drag&Drop kannst du sie im Workspace verschieben.

Duplicate

Mit einem rechten Mausklick auf einen Part kannst du einen *identischen* Part erstellen, indem du auf **Duplicate** klickst. Alternativ kannst du natürlich auch **Copy** und **Paste** aus dem rechten Mausklick-Menü wählen oder einfach `Strg` + `C` und danach `Strg` + `V` drücken!

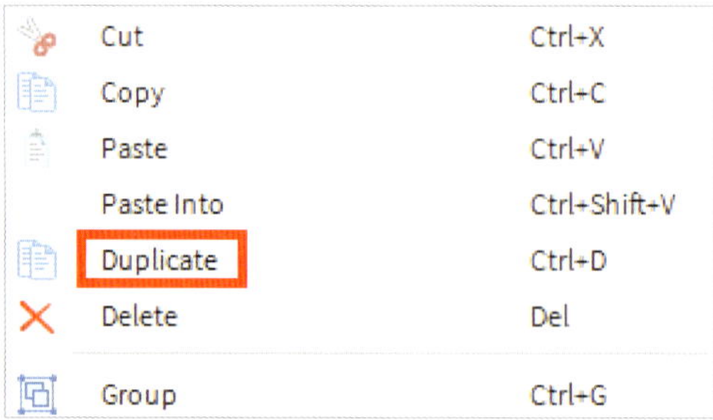

Mehrere Parts gleichzeitig auswählen

Wenn du weitere Parts einfügst, kannst du im Game-Editor-Fenster jeweils den Part auswählen, den du bearbeiten möchtest. *Mehrere Parts gleichzeitig* auswählen kannst du, wenn du einen Auswahlrahmen über die Parts aufziehst, indem du die linke Maustaste gedrückt hältst.

Alternativ kannst du die Parts auch im **Explorer** unter **Workspace** anwählen. Dort kannst du mehrere Parts gleichzeitig auswählen, wenn du beim Anklicken die ⇧-Taste gedrückt hältst!

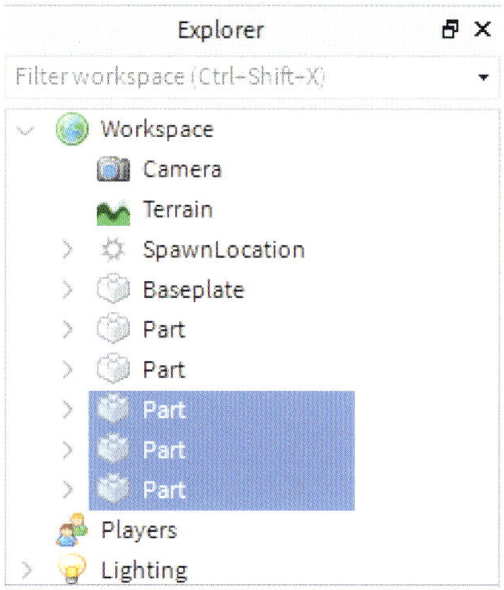

1.6 Workspace

Den Workspace findest du im **Explorer**, normalerweise ganz rechts am Rand. Wenn der Explorer nicht sichtbar ist, kannst du ihn in der Registerkarte **View** einschalten.

Im Workspace wird zunächst alles gesammelt, was du ins Spiel einfügst, also **Parts** oder die **SpawnLocation** oder auch **Scripte**.

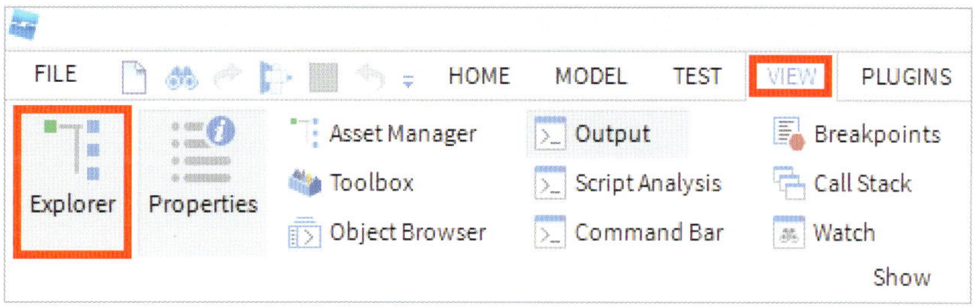

Workspace einklappen

Mit dem kleinen grauen Dreieck neben **Workspace** kannst du den Inhalt vom Workspace auf- oder einklappen.

Objekte einfügen

Neben dem Workspace befindet sich ein kleines Plus, dieses kannst du mit der linken Maustaste anklicken und Objekte, wie beispielsweise Parts, ins Game-Editor-Fenster einfügen.

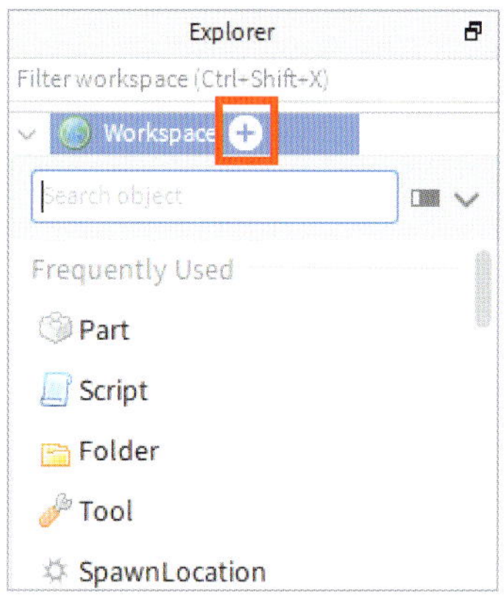

Rename

Da du dein Spiel aus sehr vielen Parts zusammenbauen wirst, ist es sinnvoll, allen Parts **eigene Namen** zu geben. Das hat den Vorteil, dass du sie schneller wiederfindest, denn sie heißen ja sonst alle gleich, und du kannst sie später besser mit **Scripten** aufrufen. Klicke dazu im Workspace mit der rechten Maustaste auf einen Part und wähle **Rename**. Du kannst dann einen neuen Namen eingeben.

Model

Mehrere Parts, die zum **gleichen Objekt** gehören, also beispielsweise alle Parts, die zu einem Haus gehören, kannst du in einem Model zusammenfassen. Hierzu wählst du einfach alle benötigten Parts aus und klickst die rechte Maustaste. Wenn du jetzt **Group** wählst, erscheint ein Model im Workspace.

Das Model kannst du natürlich auch mit der rechten Maustaste und **Rename** umbenennen!

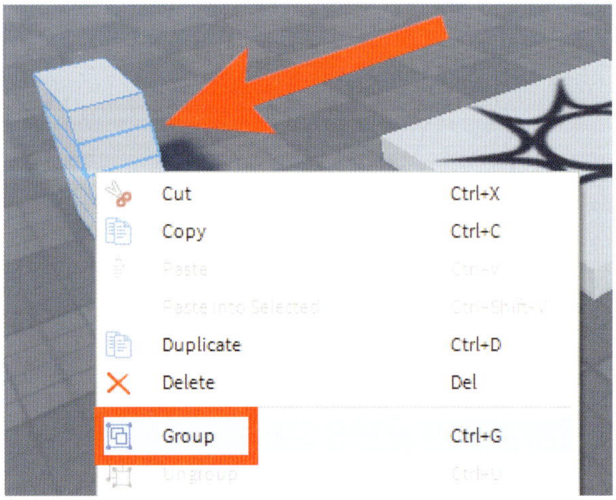

Model im Workspace einfügen

Alternativ kannst du auch über das kleine Plus neben dem Workspace ein Model einfügen, indem du ins Suchfeld »Model« eingibst. Per Drag&Drop, also durch Ziehen mit gedrückter linker Maustaste, kannst du nun im Workspace die einzelnen Parts in das neue Model ziehen.

TIPP

Neben **Group**, **Rename** und **Duplicate** findest du noch weitere hilfreiche Befehle, wenn du einen Part mit der rechten Maustaste anklickst!

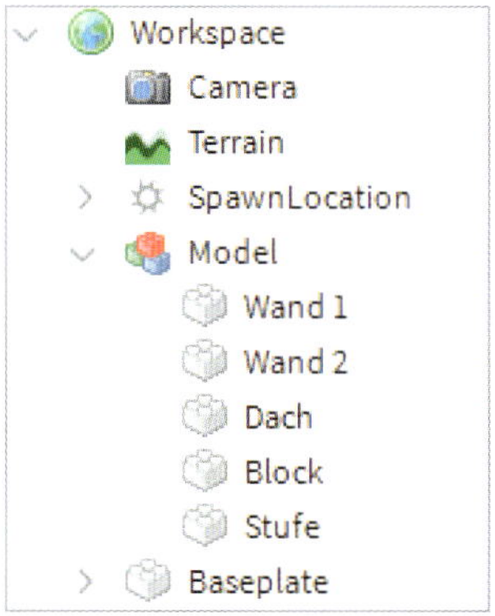

Hierarchie

Du kannst im Workspace auch Parts in andere Parts **hineinverschieben**. Diesen Vorgang nennt man auch verlinken. Die Parts hängen dann aneinander, das bedeutet, wenn du den übergeordneten Part verschiebst, verschiebt sich der angehängte Part mit. Diese Reihenfolge nennt man **Hierarchie**, und das spielt vor allem später bei den **Scripten** eine große Rolle.

Farben und Materialien

Damit du nicht nur mit grauen Blöcken bauen musst, gibt es im Roblox Studio viele **verschiedene Farben (Color)** und auch **Materialien (Material)**, die du für deine Modelle nutzen kannst. Du findest die Farben und Materialen sowohl in der Registerkarte **Home** als auch bei **Model**.

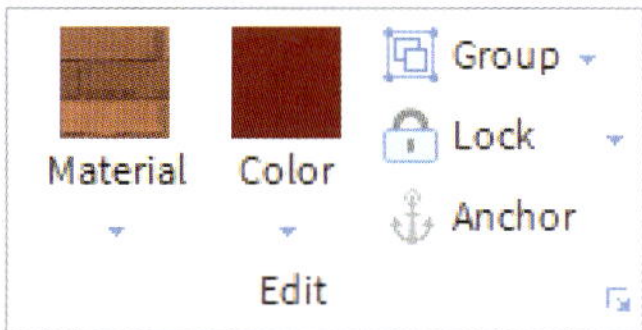

Farben und Materialien anpassen

Wähle einfach einen Part aus und klicke auf **Color**. Es öffnet sich eine große Farbpalette, aus der du dir eine Farbe aussuchen kannst. Ebenso bei **Material**, wähle aus der Liste aus:

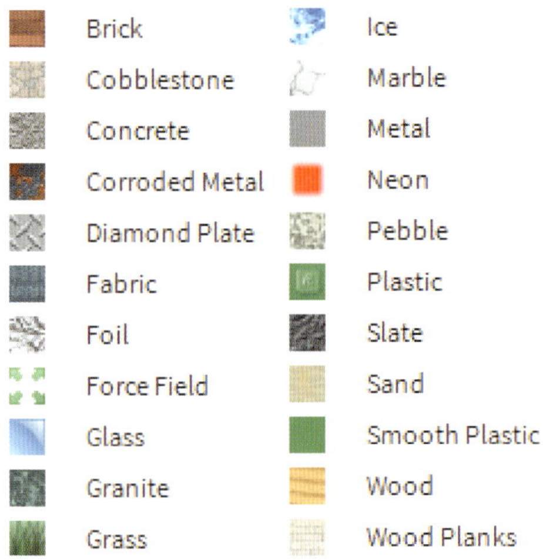

Kreativ kombinieren

Du kannst die Farben und Materialen zu verrückten Kombinationen zusammenstellen! Wie wäre es mit blauem Gras oder gelben Eisplatten?

TIPP

Manchmal nimmt ein Part nicht die Farbe an, die du ihm zuweist. Das kommt beispielsweise dann vor, wenn du auf Parts die Befehle **Union**, **Negate** oder **Separate** angewendet hast. Dann gehe in die **Properties** und aktiviere unter **Data | UsePartColor**!

Properties

In der Registerkarte **View** findest du die **Properties**, also das Eigenschaften-Fenster. Hier sind alle **Eigenschaften** für die einzelnen Objekte und **Parts** abrufbar.

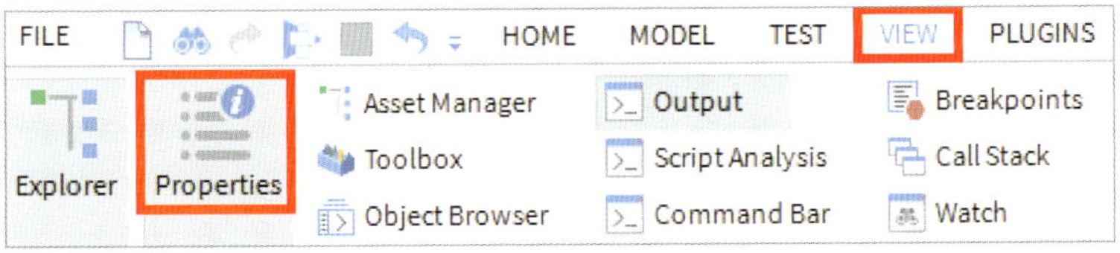

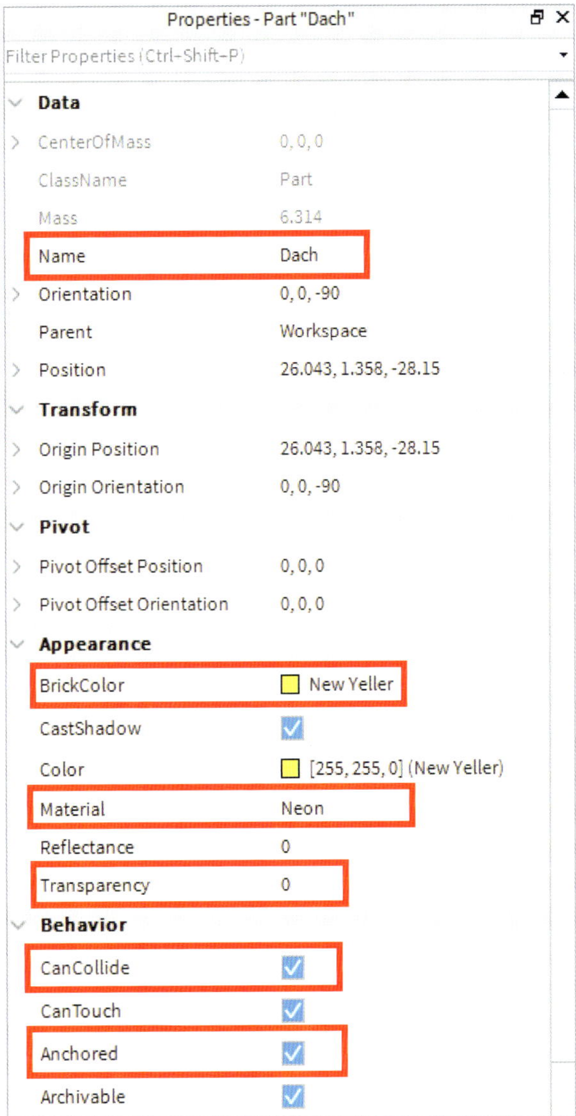

Du kannst hier beispielsweise den **Namen** von einem **Part** ändern, seine **Farbe** oder das **Material** festlegen oder die **Durchsichtigkeit** des Parts über den *Schieberegler* bei **Transparency** steuern. Auch **Anchor** oder **CanCollide** lässt sich gut über die **Properties** steuern.

SpawnLocation

Die **SpawnLocation** legt fest, an welcher Stelle der Spieler das Spiel betritt, also wo er *spawnt*. In manchen **Templates** (Vorlagen) ist schon eine SpawnLocation eingebaut. Du kannst eine SpawnLocation einfügen, indem du auf das kleine Plus neben **Workspace** klickst oder die SpawnLocation direkt in der Registerkarte **Model** auswählst.

Alternativ findest du auch in der Registerkarte **Model** die Schaltfläche **Spawn** zum Setzen von SpawnLocations!

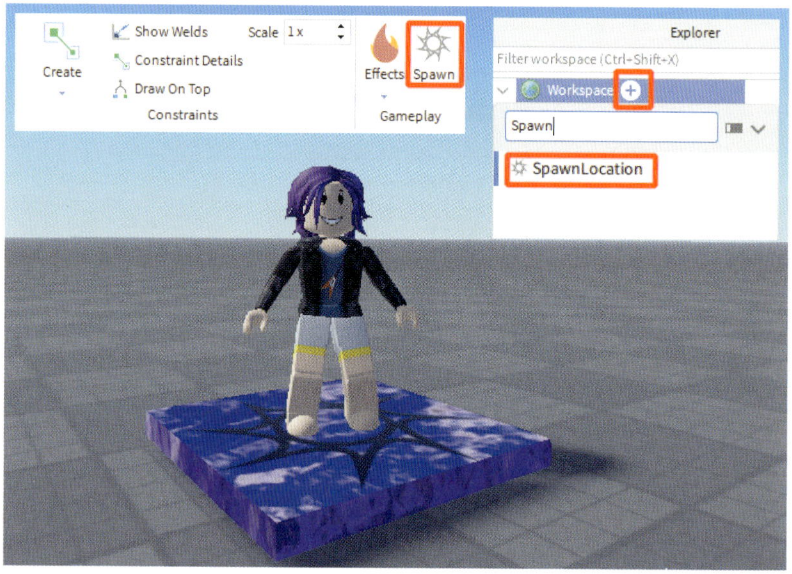

TIPP

> Natürlich kannst du auch für die SpawnLocation Farben und Materialien vergeben oder sie durchsichtig machen, indem du in den **Properties** die **Transparency** auf 1 setzt!

1.7 Testen und spielen

Nun möchtest du sicher auch endlich ausprobieren, was du bisher gebaut hast.

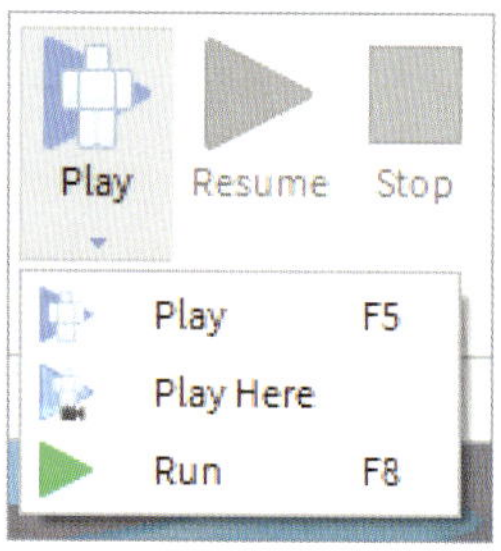

Test starten

Den **Play-Button** findest du sowohl in der Registerkarte **Home** als auch in der Registerkarte **Test**. Du kannst wählen zwischen **Play**, **Play here** und **Run**.

- **Play** schickt dich an den **Spawnpunkt** in deiner Welt. Solange du noch keine SpawnLocation eingebaut hat, ist das der Mittelpunkt deiner **Map**.
- Mit **Play here** kannst du selbst steuern, wo du startest. Zoome einen Bereich auf deiner **Map** an und klicke **Play here**, deine Spielfigur erscheint dann ungefähr an dieser Stelle.
- **Run** startet das Spiel ohne deine Spielfigur. Du kannst trotzdem die Kamera durch die Welt navigieren.

Steuerung

Die Steuerung im Spiel ist ähnlich wie die im Programmierbereich, aber die Pfeiltasten entsprechen nicht ganz den Spieltasten [W] [A] [S] [D]. Probiere beides einfach mal aus und finde den Unterschied!

Taste	Funktion
[W] [A] [S] [D] (oder Pfeiltasten)	Bewegt die Spielfigur
Leertaste	Springen
Rechte Maustaste	Sich umschauen
Mausrad	Zoom

WICHTIG

Beende dein Spiel grundsätzlich immer, bevor du weiterbaust oder -programmierst! Nutze dafür den roten **Stop-Button**.

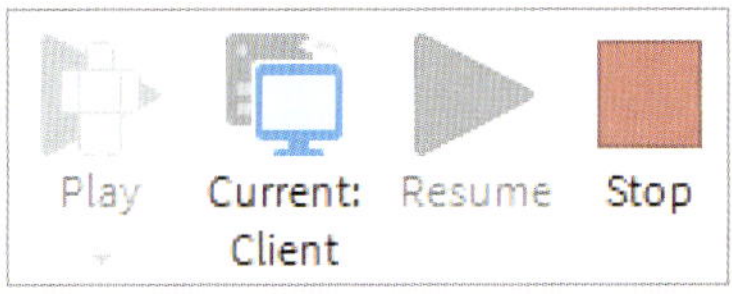

1.8 Spiele speichern oder veröffentlichen

Im Roblox Studio gibt es mehrere Möglichkeiten, dein Spiel zu speichern. Du findest alle Optionen ganz oben in der linken Ecke unter **File**.

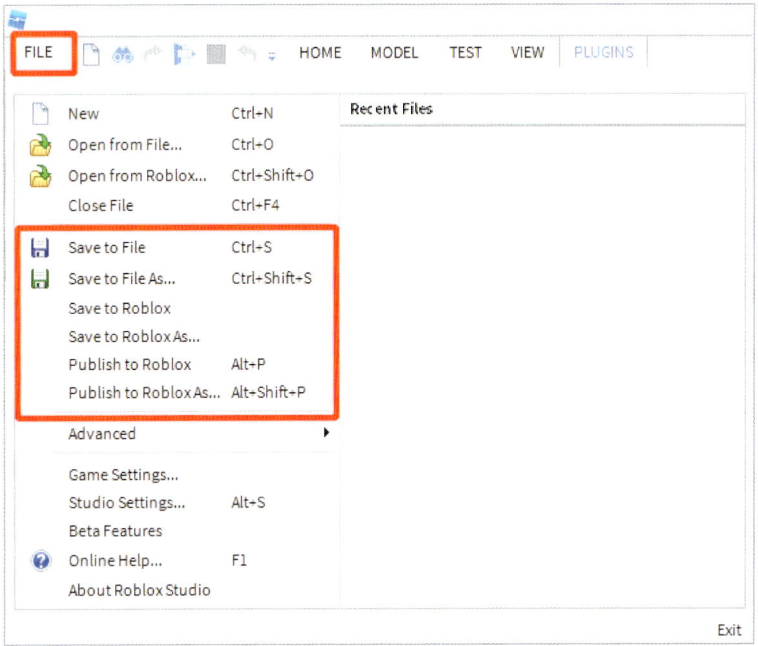

SCHON GEWUSST?

Die **erste Version** von Roblox entstand im Jahr 2004 unter dem Namen **DynaBlocks**. Umbenannt in Roblox wurde es 2005. Damals interessierte sich kaum jemand für das Spiel, richtig erfolgreich wurde Roblox erst über zehn Jahre später!

Save to File

Hier kannst du dein Spiel auf deinem Computer abspeichern. Wenn du das erste Mal dein Spiel sicherst, öffnet sich ein Fenster, und du kannst den **Speicherort** und den **Namen** des Spiels festlegen.

Dieses Spiel ist jetzt nur auf deinem Computer vorhanden, es ist also *nicht öffentlich*, du kannst es aber auch nicht in deinem Roblox-Account abrufen, wenn du dich an einem anderen Computer einloggst. Wenn du das Spiel später wieder starten willst, klickst du **Open from File** und navigierst zu deinem Speicherort!

Publish to Roblox

Hier bist du richtig, wenn du dein Spiel **veröffentlichen** willst. Das Spiel wird dann nicht auf deinem Computer gespeichert, sondern in der **Roblox-Cloud**.

1 Spielinformationen eingeben

Klicke auf **Publish to Roblox** und gib deinem Spiel einen Namen. Du kannst auch eine kurze Beschreibung eingeben. Ganz unten im Fenster kannst du angeben, auf welchen Geräten das Spiel spielbar sein sollte, also Computer, Handy und Tablet. Eine Spielkonsole (Console) ist ebenfalls möglich. Wenn du **Console** aktivierst, kommt noch eine Abfrage, ob dein Spiel weder gewalttätig oder anderweitig gefährdend ist!

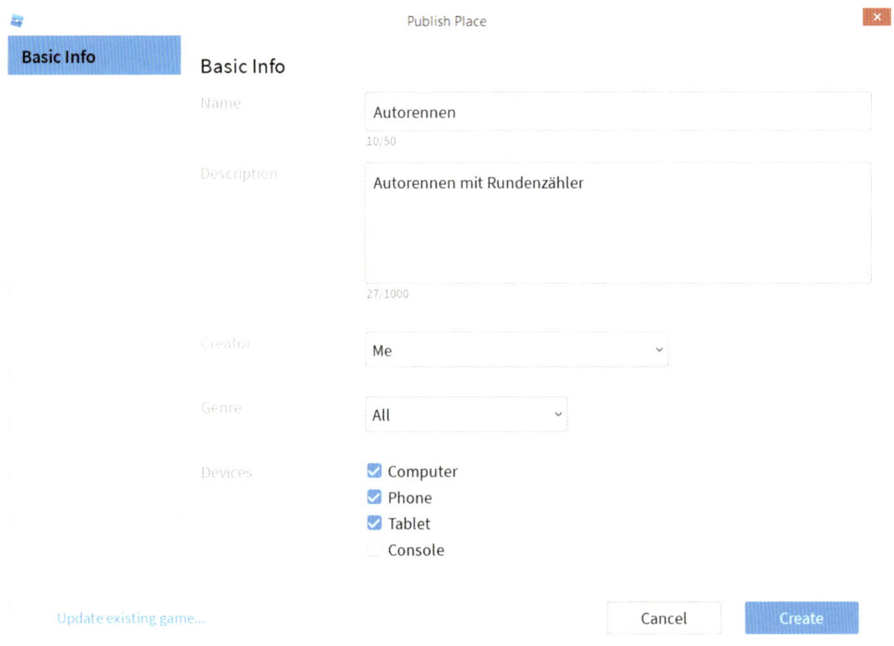

2 Private und Public

Voreingestellt wird jedes Spiel erst mal nur *Private* veröffentlicht. Das bedeutet, nur du kannst darauf zugreifen und spielen. Du findest dein Spiel jetzt auch unter **My Games** beim Startbildschirm von Roblox.

Wenn du dein Spiel für die gesamte **Roblox-Community** öffentlich machen möchtest, kannst du den Status von *Private* auf *Public* (öffentlich) ändern, indem du unter **My Games** dein Spiel suchst und mit der Maus in die obere rechte Ecke fährst, bis drei Punkte erscheinen. Hier klickst du drauf und wählst im neuen Fenster **Make public**.

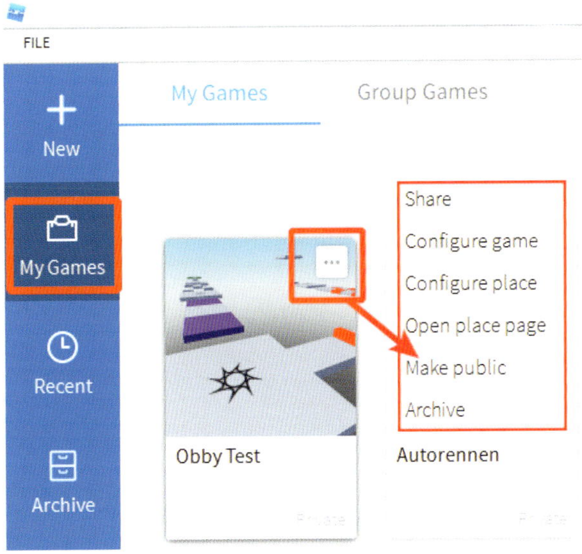

3 Fertig!

Jetzt kann die ganze Roblox-Welt dein Spiel spielen!

WICHTIG

Du solltest dir ganz genau überlegen, ob du dein Spiel für alle veröffentlichen willst! Ein Spiel, das noch nicht richtig funktioniert oder nur aus wenigen Parts besteht und eigentlich noch bearbeitet werden müsste, braucht nicht für alle sichtbar zu sein!

Spiele nur für Freunde

Du kannst dein Spiel auch nur für deine **Roblox-Freunde** sichtbar machen. Hierzu öffnest du dein Spiel, klickst in der Menüleiste unter **File** auf **Game Settings** und wählst unter **Permission** den Punkt **Friends** aus.

Die **GameSettings** findest du auch in der Registerkarte **Home**. Du kannst hier bei jedem deiner Spiele den Status jederzeit ändern!

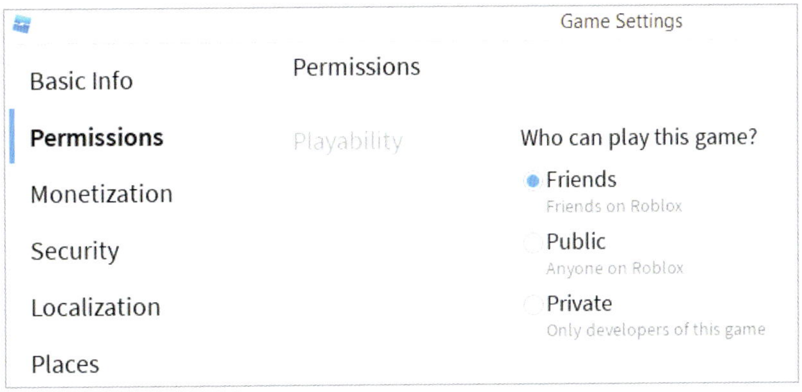

Game Icon

In den GameSettings kannst du auch für jedes deiner veröffentlichten Spiele ein eigenes Vorschaubild einfügen!

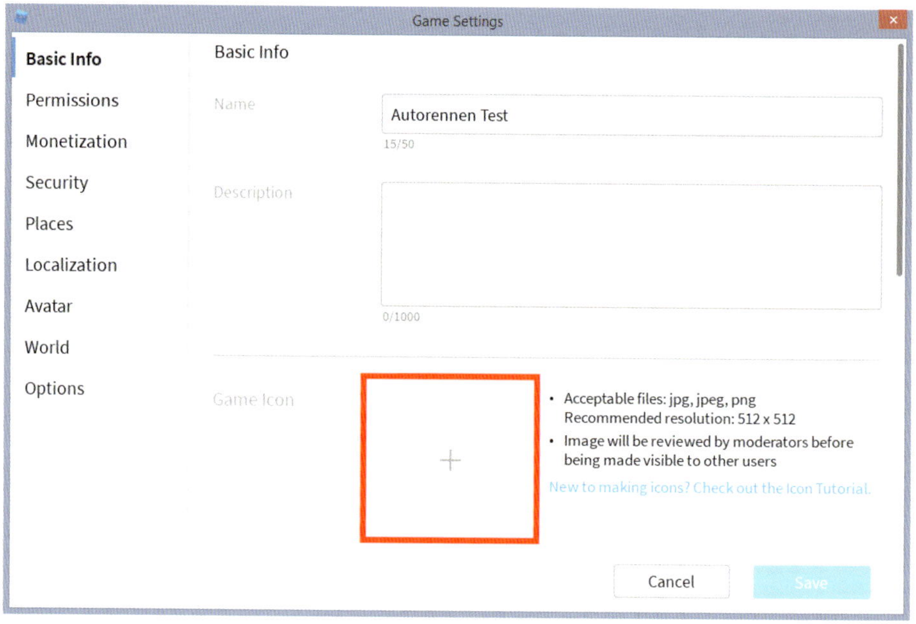

Save As ... oder Publish As ...

Diese Varianten wählst du, wenn du das Spiel unter einem **neuen Namen** abspeichern möchtest. Das macht Sinn, wenn du in deinem Spiel einiges verändert hast, aber die alte Version vom Spiel trotzdem noch behalten möchtest.

WICHTIG

Denk daran, dein Spiel zwischendurch immer mal wieder zu speichern! Mindestens alle 15–30 Minuten!

1.9 Effekte

Coole Effekte werten dein Spiel auf! Du findest die Effekte in der Registerkarte **Model** unter **Effects**. Klicke einfach auf den kleinen Pfeil, um alle Effekte zu sehen!

Effekte mit Parts verbinden

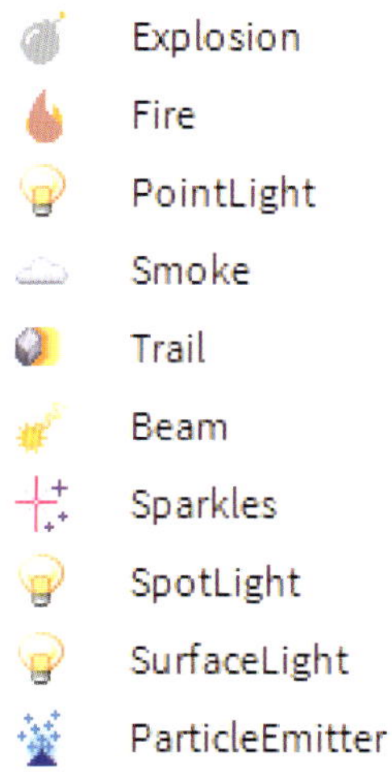

Du kannst die Effekte einfach durch Anklicken in dein Spiel einfügen, besser geht es aber, wenn du sie an einen **Part** *linkst, also anhängst*. Dann hast du nämlich mehr Kontrolle über die Effekte und kannst sie beispielsweise leichter verschieben.

Dafür wählst du im Workspace einen Part an und klickst dann erst unter **Effects** auf den gewünschten Effekt. Jetzt hängt der Effekt am Part fest und kann einfach mit dem Part zusammen an die richtige Position im Spiel verschoben werden.

Wenn du möchtest, dass nur der Effekt sichtbar ist, kannst du den Part in den **Properties** auch *unsichtbar* machen, indem du die **Transparency** auf **1** setzt. Gib dem Part aber vorher noch einen passenden Namen, zum Beispiel *Feuerblock*.

Jeder Effekt hat eigene **Einstellungen**, mit denen du das Aussehen steuern kannst. Im Folgenden werden einige Effekte näher erklärt.

Fire

Bei diesem **Feuer**effekt kannst du in den **Properties** die Farben verändern. **Size** steuert die Größe des Feuers, und über **Heat** kannst du die Brenngeschwindigkeit regeln. Probiere es einfach aus!

Sparkles

Dieser Effekt macht **Sternchen**! Leider kannst du in den **Properties** lediglich die Farbe verändern.

ParticleEmitter

Hier gibt es richtig viele Einstellungen! Öffne die **Properties** und ändere unter **Appearance|Color** die Farbe und die Größe unter **Size**. Steuere über **Emission|Rate** und **Emission|Speed** die Menge und Geschwindigkeit der Teilchen. Unter **Particle|TimeScale** kannst du die Teilchen in Zeitlupe fliegen lassen, und **Drag** lässt sie in der Luft stehen!

Für Profis: Neue Effekte mit dem ParticleEmitter

1 Ein Bild für den Effekt

Der **ParticleEmitter** streut in der Voreinstellung nur **Sternchen**. Um das zu ändern, musst du eine neue *Textur*, also ein neues Bild erstellen, was anstelle der Sternchen genutzt werden kann. Das Bild sollte einen **transparenten Hintergrund** haben. In unserem Beispiel ist es ein Herz.

2 Spiel veröffentlichen

Jetzt brauchst du den **AssetManager**. Du findest ihn unter der Registerkarte **View**. Den **AssetManager** kann man aber nur benutzen, wenn das Spiel bereits *veröffentlicht* ist. Falls also dein Spiel noch nicht auf Roblox gespeichert ist, hole es jetzt nach. Du kannst es auch auf *Private* stellen.

3 Bild hochladen

Im AssetManager lädst du dein Bild mit dem Hochladen-Symbol (Bulk Import) ein. Suche das Bild unter dem Ordner, in dem du es abgespeichert hast.

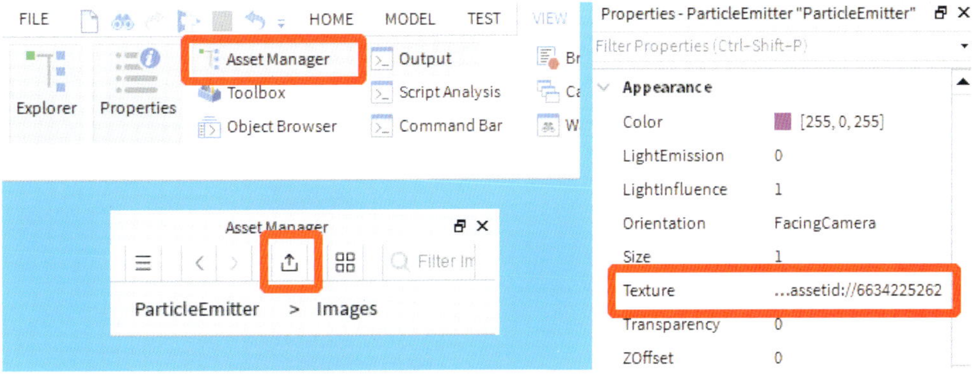

4 Textur einbinden

Jetzt kannst du deine Textur verwenden. Klicke in den Properties vom ParticleEmitter auf Appearance | Texture und wähle dein Bild aus.

TIPP

Über den AssetManager kannst du auch Bilder hochladen, die du als Material für deine Parts verwenden kannst!

2 Coole Modelle selber machen

Jetzt hast du die Basics im Roblox Studio gelernt, und wir können zusammen ein paar coole Modelle bauen!

Wenn du lieber gleich mit der **Spieleprogrammierung** starten möchtest, überspringst du das Kapitel und suchst dir einfach eines der Spiele im Inhaltsverzeichnis aus!

Interaktive Modelle

Die Modelle kannst du dann später auch mit **Scripten** versehen, sodass sie *interaktiv* werden. Die passenden Scripte findest du in den einzelnen Spielen, die ich dir in diesem Buch zeige. So kannst du beispielsweise für **Tränke** die Scripte von den Blöcken aus dem Hindernisparcours *Obby* verwenden! Einige dieser Modelle haben **besondere Funktionen**: Auf dem Stuhl kannst du sitzen, und das Schild zeigt deine eigene Botschaft!

WICHTIG

Benenne die Parts sinnvoll und achte darauf, für die Parts **Anchored** zu *aktivieren*, sonst fallen die Blöcke herunter und liegen zu Spielbeginn auf dem Boden! Und gruppiere alle Parts, die zu einem Modell gehören sollen, damit der Workspace übersichtlich bleibt!

TIPP

Manchmal ist es einfacher, das Modell ganz groß zu bauen und erst zum Schluss alles wieder auf die passende Größe zu *skalieren*, am besten gruppiert!

2.1 Tränke

Tränke kann man immer gut gebrauchen! Manche Tränke **heilen**, lassen den Spieler **schneller laufen** oder **höher springen**, andere Tränke sind ungenießbar und können den Spieler sogar **vergiften!**

1 Grundkörper für den Trank

- Erstelle zuerst eine Kugel, indem du in der Registerkarte **Model** unter **Part Sphere** auswählst.
- Jetzt erstellst du einen **Cylinder** und drehst ihn um **90 Grad**, dass er senkrecht nach oben zeigt. Skaliere ihn passend zur Kugel. Der **Cylinder** wird der Flaschenhals.

2 Align Tool aufrufen

Jetzt muss der Flaschenhals auf die Kugel! Damit der **Cylinder** wirklich ganz genau mittig auf der Kugel sitzt, nutzt du das **Align Tool** aus der Registerkarte **Model**.

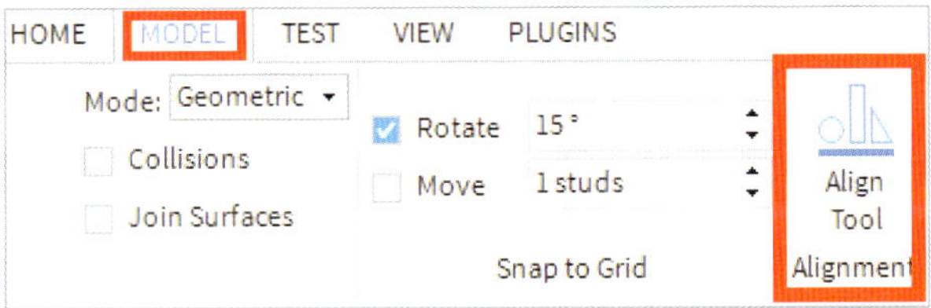

3 Die Align-Einstellungen

Es öffnet sich ein neues Fenster mit Einstellungen für das **Align Tool**.

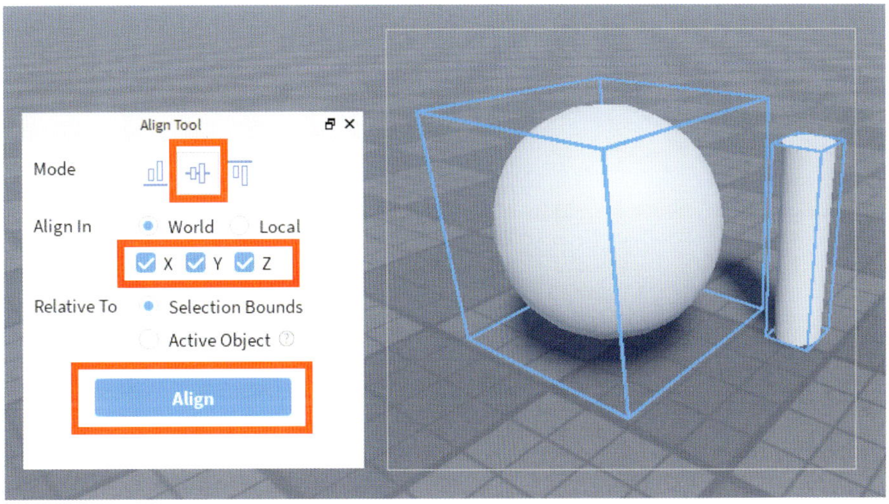

4 Kugel und Zylinder zusammenfügen

Wähle den **Cylinder** und die Kugel aus, indem du mit der linken Maustaste einen *Auswahlrahmen* um beide ziehst und klicke dann auf die blaue Schaltfläche **Align**. Wenn der **Cylinder** zu tief in der Kugel steckt, ziehst du ihn einfach wieder entlang der grünen Y-Achse ein bisschen heraus, sodass es aussieht wie eine Flasche.

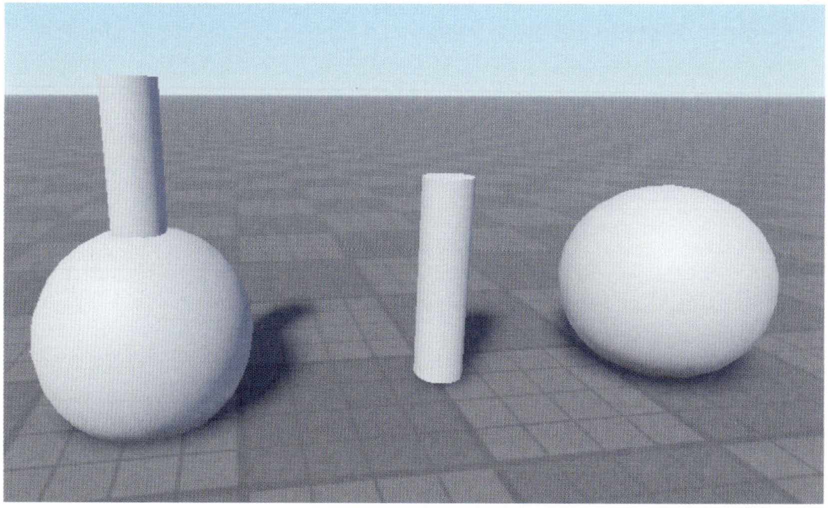

5 Kugel und Zylinder kopieren

Kopiere jetzt beide Teile einfach, indem du sie auswählst und mit der rechten Maustaste auf **Duplicate** klickst. Aus der zweiten Kugel wird später die Flüssigkeit in der Flasche, der zweite **Cylinder** wird der Korken zum Verschließen.

6 Zu einem Part verbinden

Wähle nun beide Teile der Flasche aus. In der Registerkarte **Model** klickst du auf **Union**, und beide Teile werden zu einem Part verschmolzen.

7 Material ändern

Jetzt kannst du der Flasche noch das Material **Glass** geben und in den **Properties** die **Transparency** auf **0.65** stellen.

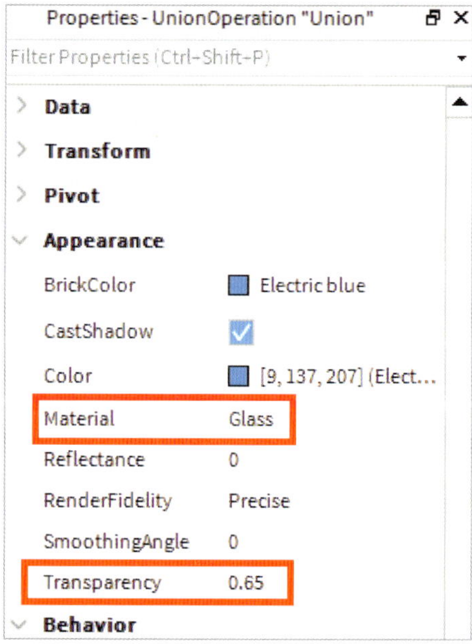

8 Kugel halbieren

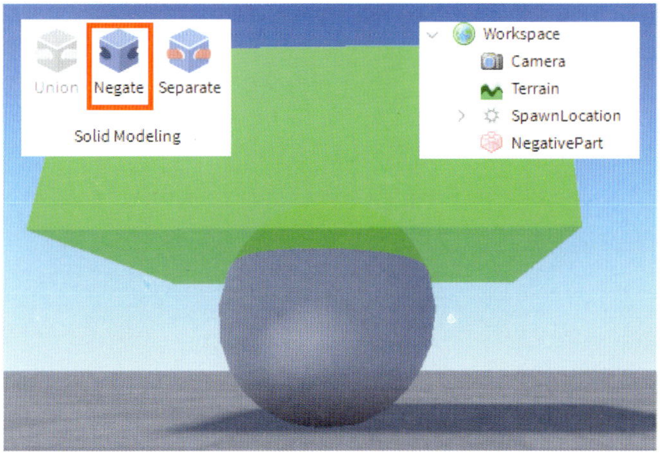

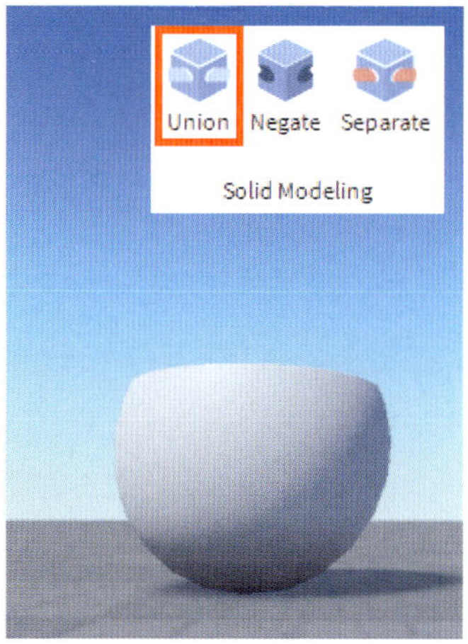

Nun bearbeitest du die kopierte Kugel. Erstelle einen neuen Part, skaliere ihn *größer* als die Kugel und schiebe ihn etwas höher als die Kugelmitte. Du kannst dafür auch das **Align Tool** verwenden. Wichtig ist, dass die Kugel *nicht* oben oder seitlich aus dem Part rausschaut!

Dann wählst du den Part aus und klickst auf **Negate**. Dies wird nun ein *negativer Part*, der aus der Kugel herausgeschnitten werden kann. Wähle anschließend beide aus, Part und Kugel, und klicke auf **Union**. Jetzt sollte deine Kugel oben gerade abgeschnitten sein!

9 Halbkugel in die Flasche einsetzen

Die neue Halbkugel kannst du nun mit dem **Align Tool** zusammen mit der Flasche ausrichten. Verschiebe und skaliere die Halbkugel so, dass sie gut in die Flasche passt. Als Material für die Flüssigkeit kannst du **Neon** und eine grelle Farbe verwenden!

TIPP

Wenn du die Halbkugel in der Flasche nicht gut mit der Maus auswählen kannst, wähle den Part einfach im Workspace aus! Dort heißt er *Union*. Du solltest ihn gleich umbenennen, damit du ihn besser erkennst!

10 Farbe aktivieren

Falls die Halbkugel die ausgewählte Farbe nicht annimmt, öffne die **Properties** und aktiviere **UsePartColor**!

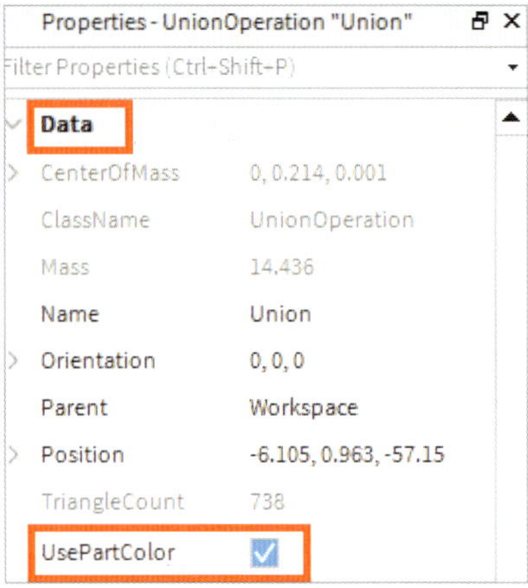

11 Korken erstellen

Jetzt fehlt nur noch der Korken! Skaliere den neuen **Cylinder** kleiner und verschiebe ihn passend zum Flaschenhals. Als Material kannst du **Wood** (Holz) mit einer braunen Farbe kombinieren.

12 Benennen und gruppieren

Jetzt solltest du noch alle Einzelteile der Flasche passend benennen und als **Model** gruppieren!

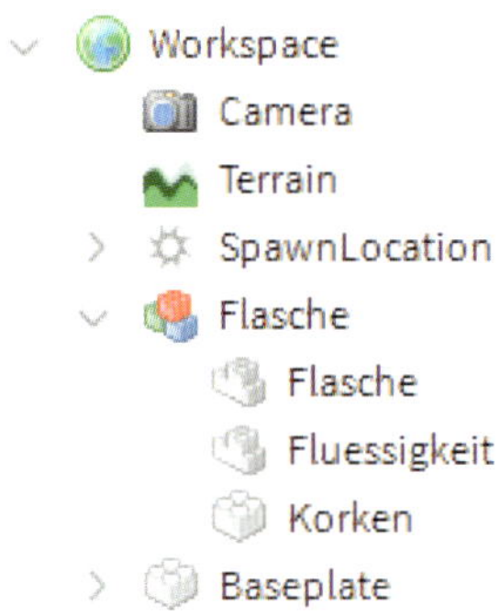

TIPP

Dieses Modell kannst du jetzt ganz einfach kopieren und verändern, um weitere Tränke in unterschiedlichen Flaschen herzustellen!

2.2 Schatztruhe

In der Schatztruhe kannst du die Tränke verstecken oder sie als attraktives Ziel im Hindernisparcours *Obby* oder im *Escape Game* nutzen. Vielleicht nutzt du die Truhe aber auch nur als Dekoration in einer Ritterburg.

HINWEIS

Ein Script zum Öffnen der Schatztruhe findest du in Abschnitt 9.5 »Animationen von Objekten«!

1 Holz für die Truhe

→ Klicke in der Registerkarte **Model** auf **Part**. Skaliere den eingefügten Part so, dass er ungefähr die Größe einer Schatztruhe bekommt.

→ Aktiviere **Anchor** und wähle unter **Material** anschließend **Wood Planks** aus. Als **Color** nimmst du einen passenden Braunton.

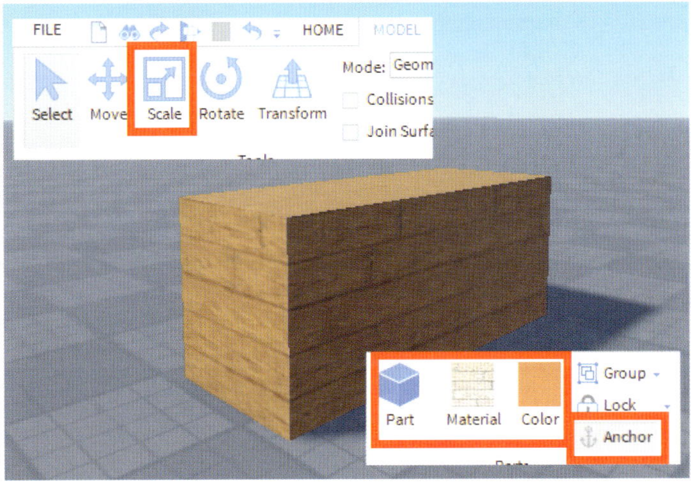

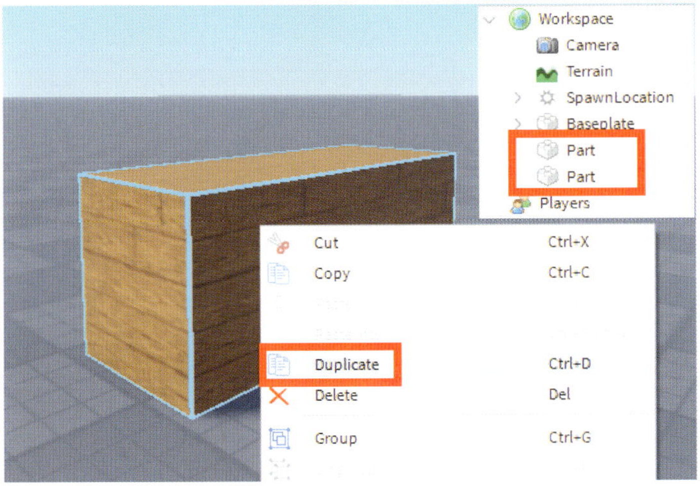

2 Part kopieren

Klicke den Part mit der rechten Maustaste an und wähle **Duplicate**. Im Workspace siehst du jetzt zwei Parts! Im Game-Editor-Fenster stecken beide Parts genau ineinander, sodass man nur einen Part sieht!

3 Parts zusammenschieben

Klicke einen Part an und skaliere ihn in der Breite etwas kleiner, sodass er im anderen Part steckt, aber oben rausschaut. Dafür musst du ihn nach oben hin länger ziehen.

Da man schlecht sieht, wie tief der Part in der Schatzkiste steckt, kannst du auch in den **Properties** die **Transparency** vom äußeren Part auf **0.7** setzen, dann wird dieser Part leicht **durchsichtig**.

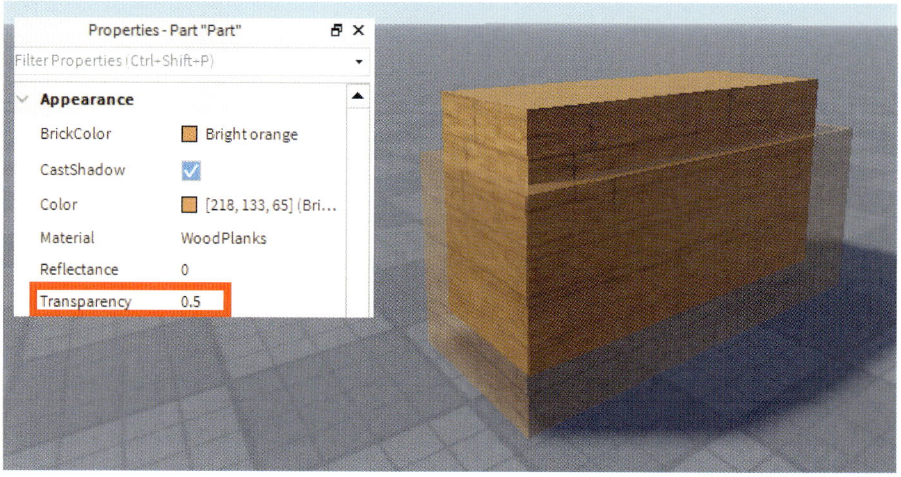

4 Part ausschneiden

- Wähle den inneren Part aus und klicke in der Registerkarte **Model** auf **Negate**. Dieser **Part** wird dann *rot*.
- Dann wählst du *beide* **Parts** aus, indem du im Game-Editor-Fenster mit der linken Maustaste einen Auswahlrahmen um beide Parts ziehst.
- Klicke dann auf **Union**, und der innere **Part** wird aus dem äußeren *ausgeschnitten*!

Das ist die **Grundform** deiner Schatztruhe.

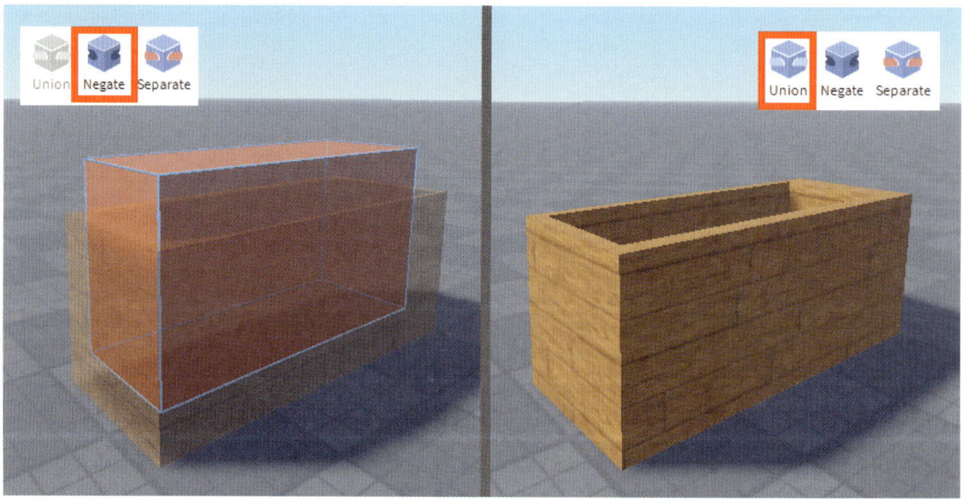

5 Beschläge für die Truhe

- Jetzt fügst du einen neuen Part ein, skalierst ihn **quadratisch** und schiebst ihn an eine Ecke der Truhe.
- Ziehe ihn dann so in die Länge, dass er die ganze Kante der Truhe entlangläuft.
- Wähle für diesen Part als Material **Metal** und eine dunkle Farbe.

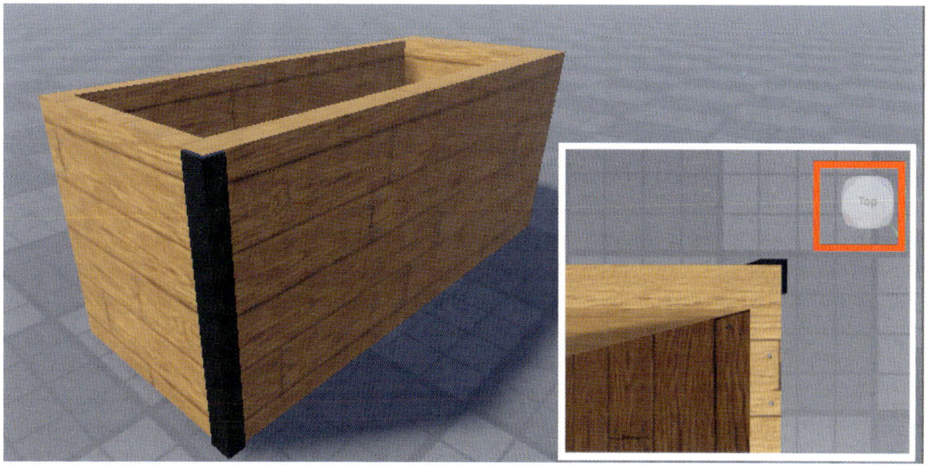

6 Beschlag duplizieren

Dann duplizierst du diesen Part mit der rechten Maustaste noch **dreimal** und verteilst ihn an den freien Ecken. So sieht die Truhe noch realistischer aus, als hätte sie Metallkanten!

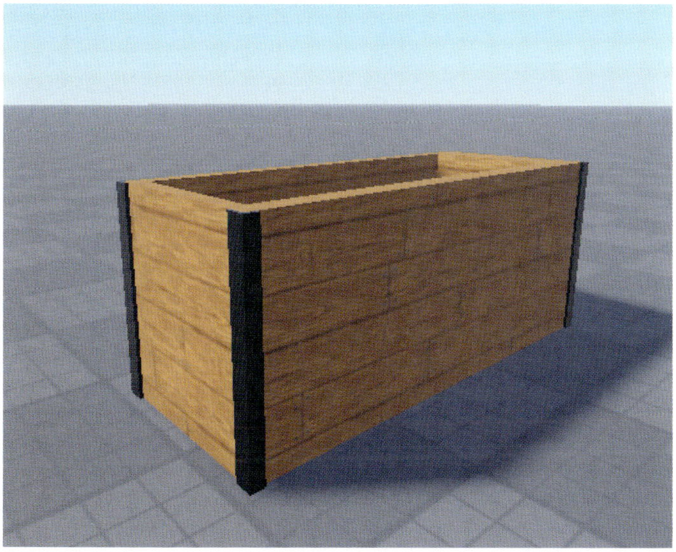

7 Deckel für die Truhe

Für den Deckel der Truhe fügst du aus der Registerkarte **Model** einen **Cylinder** ein. Den findest du ebenfalls bei **Part**. Drehe und skaliere den **Cylinder** so, dass er genau auf die Truhe passt.

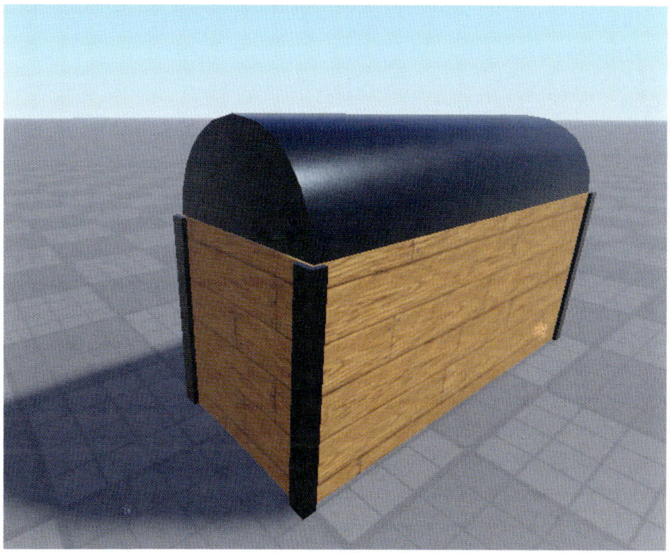

8 Deckel aushöhlen

Um den Deckel von innen **hohl** zu bekommen, kopierst du den **Cylinder** einfach, skalierst ihn ein bisschen kleiner und ziehst mit **Negate** und **Union** den inneren vom äußeren **Cylinder** ab. Genauso wie vorher bei der Truhe! Es hilft, den äußeren **Cylinder** transparent zu machen.

9 Zylinder halbieren

Für einen richtigen Deckel brauchst du nur die Hälfte des **Cylinders**. Deshalb erstellst du einen weiteren Part, ziehst ihn ganz groß über die Truhe, sodass nur der Deckel herausragt.

Wähle den Part an, klicke **Negate** und wähle anschließend diesen Part und den Deckel aus. Klicke jetzt auf **Union**, und es bleibt der *halbe* **Cylinder** übrig!

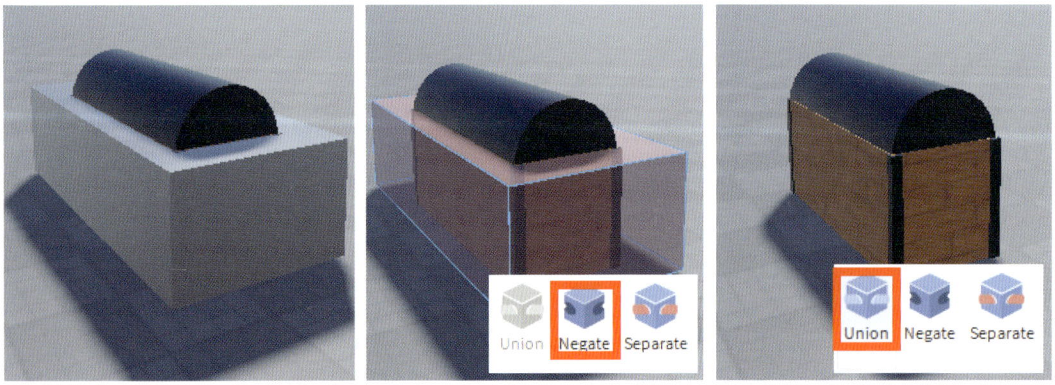

10 **Parts umbenennen**

- Benenne den **Cylinder** um in »Deckel« und den unteren Part in »Truhe«. Dann schiebe im Workspace den Deckel in die Truhe.
- Ziehe jetzt im **Game-Editor-Fenster** mit der linken Maustaste einen Auswahlrahmen um die gesamte Schatztruhe, klicke die rechte Maustaste und wähle **Group**.
- Das neu entstandene **Model** im Workspace benennst du um in »Schatztruhe«.

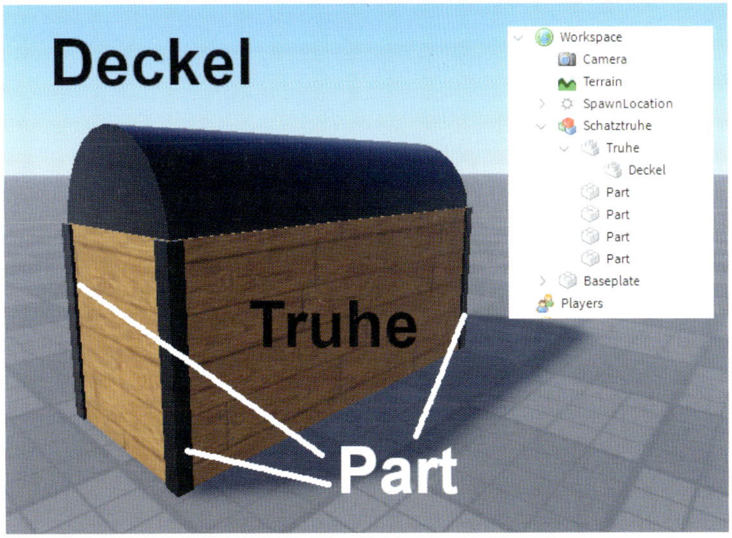

Die Schatztruhe ist fertig! Wenn sie im Spiel zu groß oder zu klein ist, kannst du sie komplett skalieren, da es sich um ein einziges Modell handelt.

Wie man die Truhe **öffnen** kann, kannst du in Abschnitt 9.5 »Animationen von Objekten« nachlesen!

2.3 Stuhl

Einen Stuhl zu modellieren, ist nicht schwer, das schaffst du sicher auch schon fast ohne Anleitung. Aber damit dein Spieler auch wirklich drauf **sitzen** kann, musst du noch ein **besonderes Extra** einbauen!

Achte darauf, dass du in den Einstellungen **Collisions** und **Join Surfaces** **aktiviert** hast, das erleichtert das passgenaue Bauen. Bei **Move** stellst du **1 stud** ein. Baue das Modell erst mal in ganz groß, später wird es dann auf die richtige Größe skaliert.

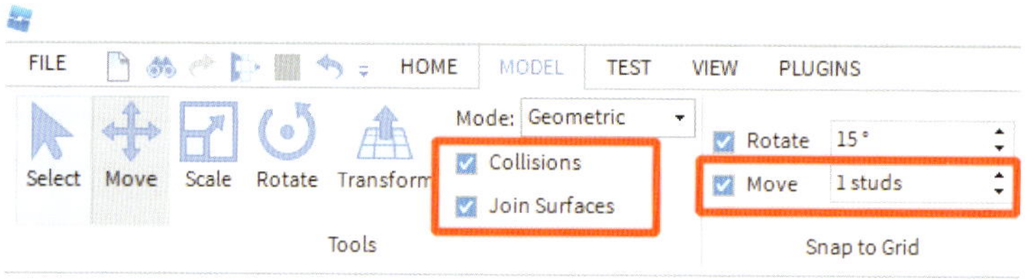

WICHTIG

Join Surface blockiert oft Befehle wie **Rotate** oder **Scale**. Dann deaktiviere einfach **Join Surface** zwischendurch wieder!

1 Vier Stuhlbeine

Den Stuhl kannst du aus mehreren Parts zusammenbauen. Bei den Stuhlbeinen baust du erst ein Bein und **dupliziert** es dann dreimal. Wähle das Stuhlbein an, mache einen rechten Mausklick und wähle **duplizieren**.

Achte darauf, dass du alle Parts direkt umbenennst, also in *Stuhlbein_1, Stuhlbein_2* etc.!

2 Sitzfläche und Stuhllehne

Wenn **Join Surfaces** aktiviert ist, kannst du den neuen Part für die Sitzfläche ganz einfach auf einem Stuhlbein platzieren und auf die richtige Größe skalieren. Die Lehne ist ebenfalls einfach aus Parts (Block und Zylinder) zusammengesteckt. Du musst den Stuhl nicht exakt genauso bauen, die Lehne kann auch ganz anders aussehen!

Wenn du die **Cylinder**-Parts der Lehne kleiner skalieren möchtest, ändere bei **Move** den Wert von **1 stud** auf **0.1 stud**!

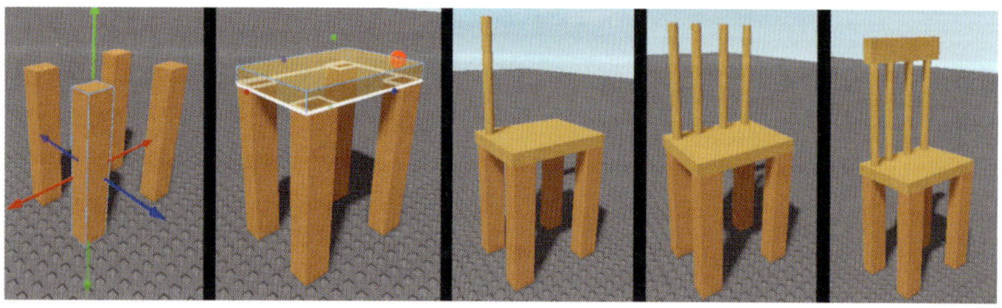

3 Eine Gruppe erstellen

Ziehe jetzt mit der linken Maustaste einen Auswahlrahmen über alle Stuhlteile, klicke dann die rechte Maustaste und wähle **Group**. Jetzt sind alle Teile in einer **einzigen Gruppe** zusammengefasst. Im Workspace heißt diese Gruppe *Model*. Benenne die Gruppe um in *Stuhl*.

4 Das besondere Extra

Damit deine Spielfigur wirklich auf dem Stuhl **sitzen** kann, wählst du den Part, der die Sitzfläche sein soll, aus und drückst auf das kleine **Plus** daneben. Jetzt fügst du einen **Seat** ein und schiebst den **Seat** auf die Sitzfläche.

5 Stuhl skalieren

Der Stuhl ist natürlich noch viel zu groß, also wählst du die Gruppe *Stuhl* aus und skalierst sie einfach kleiner!

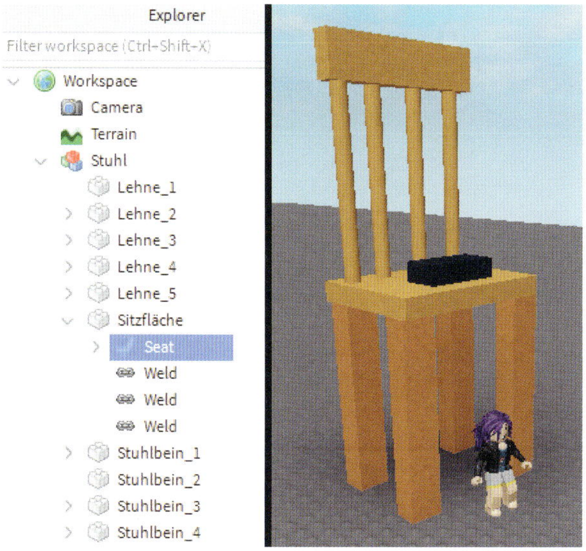

6 Sitz unsichtbar machen

In den **Properties** vom **Seat** stellst du dann unter **Appearance** die **Transparency** auf **1**, damit der Sitz unsichtbar wird.

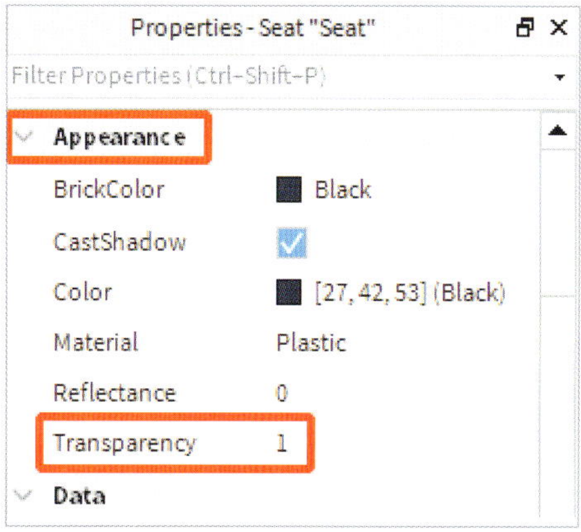

7 Feineinstellung

Jetzt musst du ein bisschen ausprobieren, wie du den **Seat** am besten platzierst, damit dein Spieler wirklich auf dem Stuhl sitzt. Du kannst den **Seat** verkleinern und möglichst flach machen, aber *teste* das Spiel einfach mehrmals, bis der Stuhl wirklich zum Spieler passt und man gut drauf sitzen kann!

Wenn deine Spielfigur verkehrt herum sitzt, drehe den **Seat** einfach um *180 Grad*!

TIPP

Falls dein Stuhl zusammenfällt, hast du vergessen, **Anchor** zu aktivieren! Wähle einfach den Stuhl aus und aktiviere **Anchor**. Da es eine Gruppe ist, sind dann alle **Parts** auf einmal ausgewählt!

2.4 Schilder

Manchmal möchtest du den Spieler vielleicht **warnen**, dass es ab hier gefährlich wird oder dass die Straße Löcher hat oder was auch immer. Dafür sind Schilder eine praktische Sache. Du kannst ganz einfach selbst welche erstellen.

1 Schild bauen

Als Erstes baust du aus zwei Parts das Schild zusammen, also zum Beispiel einen langen Part als **Ständer** und einen dünnen platten Part als **Schild**. Denke daran, **Anchor** zu aktivieren, damit das Schild nicht umfällt!

2 Textlabel hinzufügen

Erst klickst du auf das kleine **Plus** neben dem Schild-Part und fügst ein **SurfaceGUI** ein, dann klickst du auf das kleine **Plus** neben dem neuen **SurfaceGUI** und fügst ein **Textlabel** ein. Das **SurfaceGUI** ist wie eine unsichtbare Folie an der Stelle des Parts, wo der Text erscheinen soll. Der Text wiederum ist im **TextLabel** gespeichert.

In deinem Workspace und im Spiel sollte es jetzt so aussehen wie auf dem Bild. Es ist wichtig, dass die einzelnen Objekte genauso **eingerückt** sind!

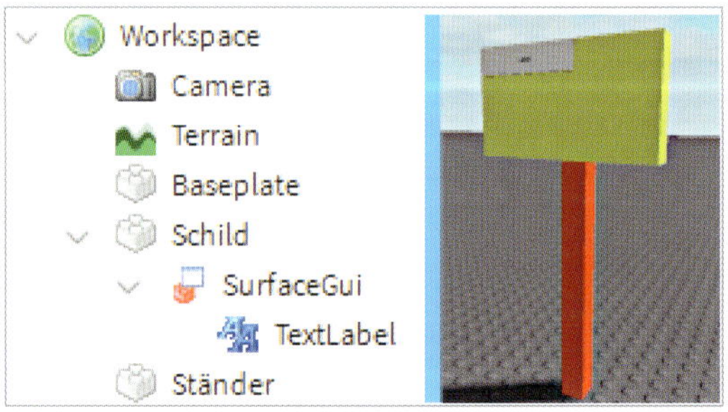

3 Textlabel sichtbar machen

Falls du das **Textlabel** auf deinem Schild *nicht* siehst, kann es sein, dass es auf der Rückseite vom Schild ist! Das macht nichts, dann baue den Ständer vom Schild kurz um.

4 Textlabel anpassen

Jetzt kannst du das **TextLabel** anpassen. Schaue zuerst in den **Properties** von **SurfaceGUI | Data | AbsoluteSize** nach, wie groß dieses ist, und *übertrage* den Wert in die **Properties** von **TextLabel | Data | Size**.

Jetzt ist das **TextLabel** genauso groß wie das Schild.

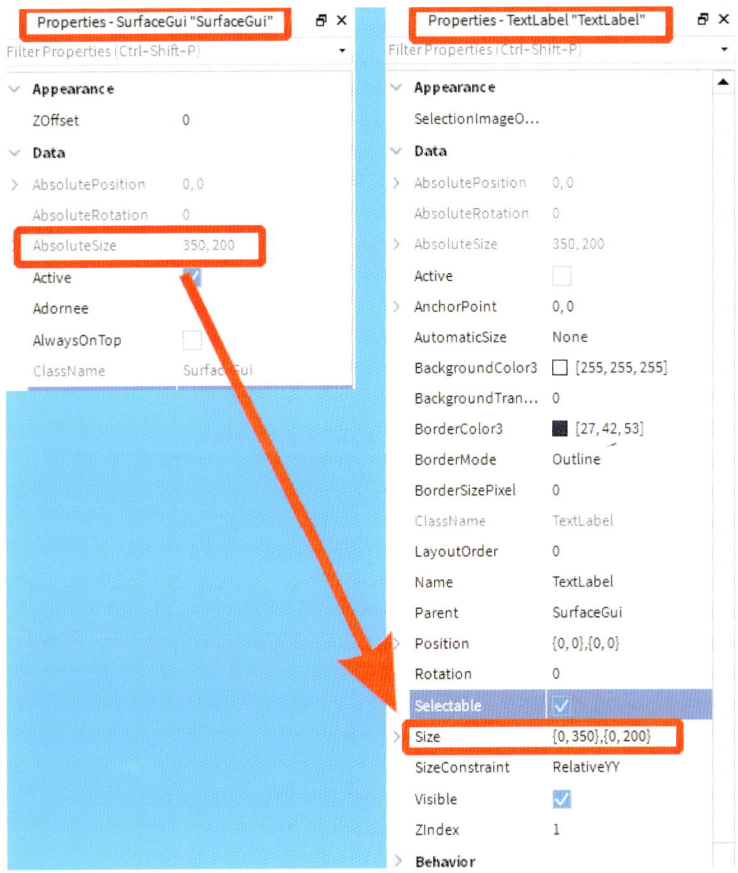

SCHON GEWUSST?

Das beliebteste Spiel auf Roblox ist **AdoptMe!** Hier kann der Spieler ein niedliches Haustier adoptieren oder sich selbst adoptieren lassen. Nebenbei kann man sich ein Haus einrichten, mit anderen Spielern handeln und die riesige Welt entdecken.

5 Text anpassen

Nun kannst du den *Text* unter **Properties | Text-Label | Text** anpassen.

Ändere **Font** (Schriftart), **TextColor3** (Textfarbe), **TextSize** (Textgröße) und aktiviere **TextWrapped**, wenn du einen Zeilenumbruch benötigst, also ein längerer Satz auf mehrere Zeilen verteilt werden soll. Probiere auch die anderen *Parameter* wie **TextAlignment** oder **TextScaled** aus, um ein schönes Schild zu designen!

6 Hintergrundfarbe ändern

Unter **Properties | TextLabel | Data** kannst du eine Hintergrundfarbe für das Schild wählen, **BackgroundColor3**, oder den Hintergrund transparent machen. Hierfür setzt du den Wert für **BackgroundTransparency** auf **1**, also durchsichtig. Das ist vor allem dann sinnvoll, wenn du dem Schild als Part schon ein schönes Material zugewiesen hattest.

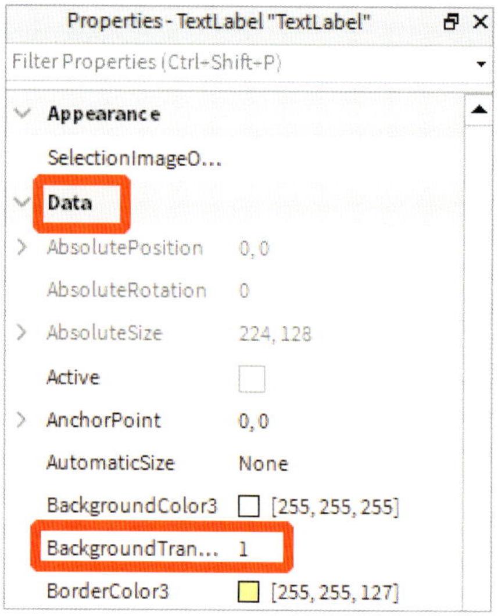

7 Gruppieren und umbenennen

Zum Schluss markierst du alle Parts vom Schild und gruppierst sie, indem du die rechte Maustaste klickst und **Group** auswählst. Die neue Gruppe im Workspace (*Model*) nennst du *Schild*.

2.5 Modelle wiederverwenden

Jetzt hast du schon einige coole Modelle gebaut. Um die Modelle auch in anderen von dir gestalteten Spielen nutzen zu können, kannst du deine Modelle für die **Toolbox** speichern.

1 Modell speichern

Mache im Workspace einen Rechtsklick auf dein **Modell** (genau deswegen ist es gut, alles, was zum Modell gehört, in einer Gruppe zu haben!) und wähle **Save to Roblox** aus.

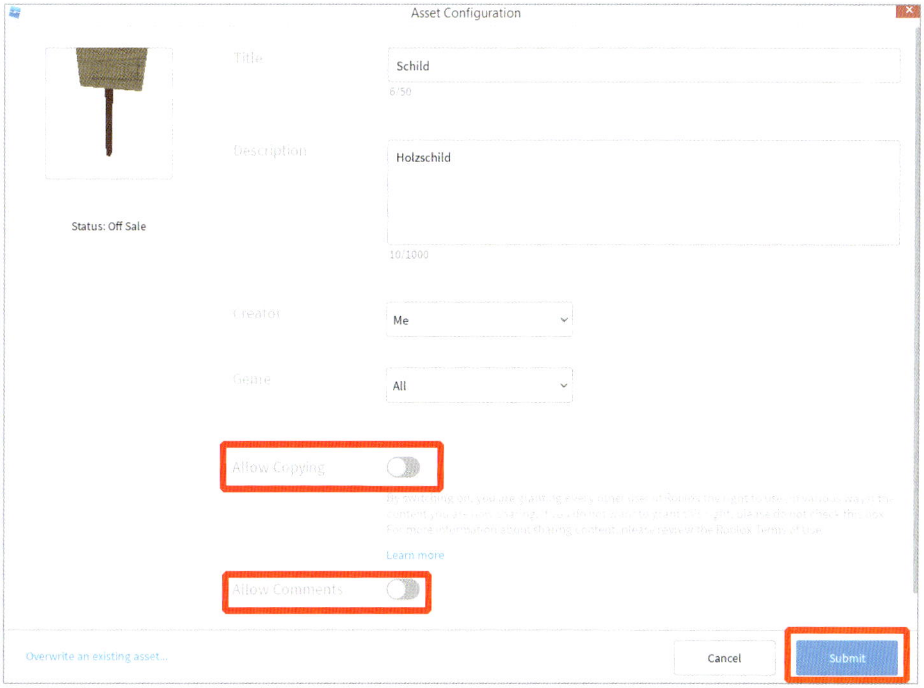

2 Einstellungen für dein Modell

Im Dialogfenster kannst du deinem Modell einen passenden *Namen* geben. Wenn du deine Modelle nicht in Roblox, also in der Toolbox, für alle nutzbar machen möchtest, deaktivierst du **AllowCopying**. Wenn die Schaltfläche **Submit** nicht aktiv ist, musst du noch eine Beschreibung unter **Description** eingeben.

Jetzt klickst du **Submit** und kannst das Modell über die Toolbox in deinen anderen Spielen verwenden! Wie genau das geht, erfährst du im nächsten Abschnitt.

3 Toolbox und Terrain Editor

In diesem Kapitel lernst du die Tools kennen, mit denen du die Umgebung deines Spiels gestaltest. Die **Toolbox** stellt dir fertige Modelle zur Verfügung, mit dem **Asset Manager** kannst du deine eigenen Modelle verwalten und mit dem **Terrain Editor** kannst du realsitische Landschaften gestalten. Du findest diese Tools in der Registerkarte **View**.

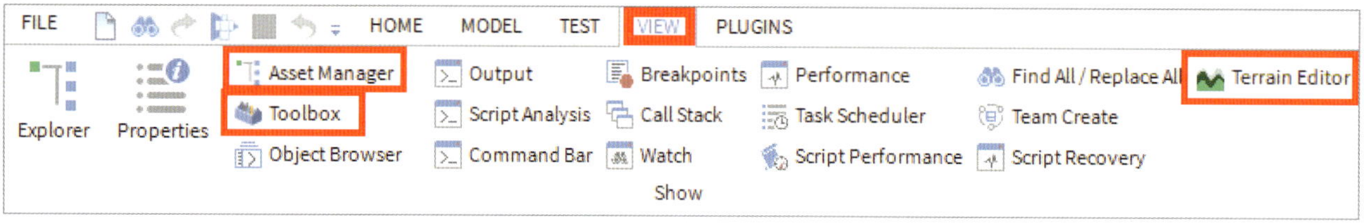

3.1 Die Toolbox

Die **Toolbox** enthält eine Auswahl von Modellen, Bildern, Audio-Dateien und Videos, die von Roblox selbst oder von Roblox-Spielern erstellt wurden. Du findest die Toolbox in der Registerkarte **View**.

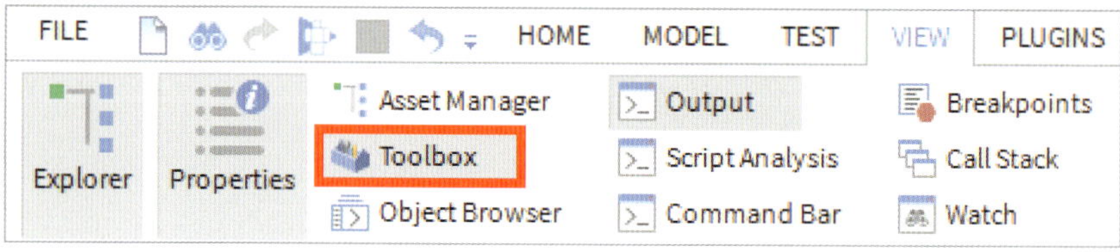

Alle diese Dateien können einfach per Drag&Drop in dein Spiel gezogen werden. Klicke die entsprechende Datei an, halte die linke Maustaste gedrückt und ziehe die Datei in das **Game-Editor-Fenster**.

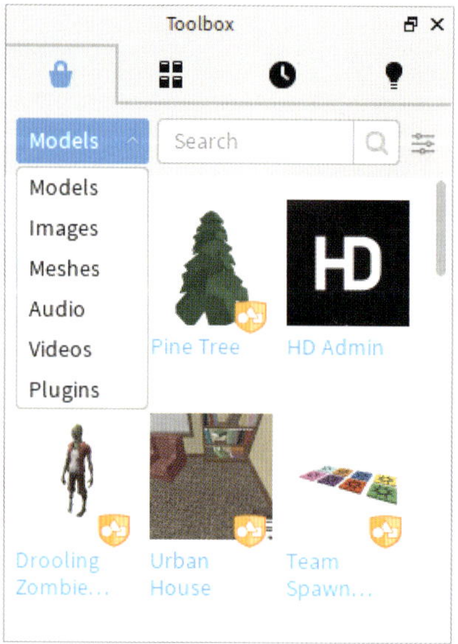

Models und Meshes

Zur Gestaltung deiner Map findest du bei **Models** und **Meshes** viele schöne **3D-Objekte** wie Bäume, Tiere, Autos oder Häuser, aber auch kleinere Dinge wie Stühle, Lampen, Musikinstrumente oder auch Küchenutensilien.

BeiMeshes sind in der Regel keine Scripte vorhanden, während diese bei den Modellen oft dabei sind, um dem Modell eine Funktion zu geben. Fahrbare Autos findet man also unter den **Models**, während bei den **Meshes** nur unbewegliche Autos sind.

Objekte aus der Roblox-Toolbox

Objekte finden

Eigentlich gibt es hier wirklich so gut wie alles! Du musst nur den passenden *englischen Suchbegriff* eingeben, um etwas zu finden. Du kannst auch deutsche Wörter eingeben, allerdings wirst du dann weniger oder eventuell sogar gar keine Suchergebnisse angezeigt bekommen.

Objekte verändern

Du kannst die 3D-Objekte aus der Toolbox natürlich auch noch verändern und an dein Spiel anpassen. Wenn du auf den kleinen Pfeil neben dem eingefügten **Model**/**Mesh** klickst, öffnen sich die zugehörigen Parts, und du kannst die **Farben** und **Materialien** der einzelnen Parts anpassen.

Oft heißen leider alle Einzelteile »Part«, sodass man sich nicht gut zurechtfindet. Bei manchen Modellen sind die einzelnen **Parts** aber auch mit sinnvollen Namen benannt.

Links der Original-Jeep, rechts mit Veränderungen

Script anpassen

In den Scripten der Modelle findet man oft die Einstellungen, um die Modelle zu steuern. Du kannst also zum Beispiel bei einem Automodell ein Script finden, wo du die Werte für die Geschwindigkeit anpassen kannst.

Die **Scripte** sind aber oft lang und für Anfänger schwierig zu verstehen. Schaue sie dir trotzdem mal genau an, vielleicht kannst du ja doch schon die eine oder andere Funktion wiedererkennen.

Manchmal sind die Werte sogar ganz komfortabel in den **Properties** angegeben und nicht irgendwo versteckt im Script. Dann kannst du die Werte natürlich sehr einfach verändern!

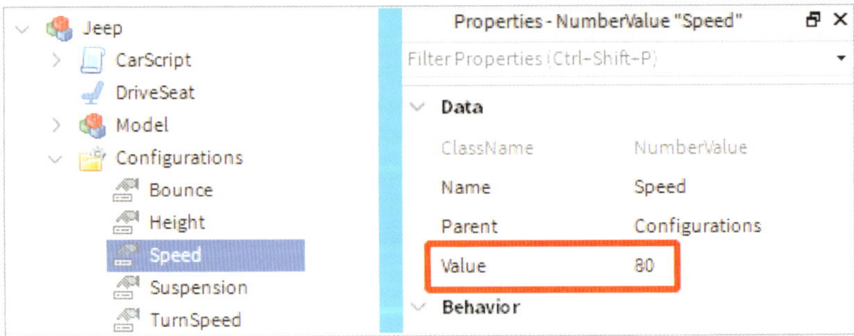

EIGENE MODELLE ERSTELLEN

Du kannst ein Modell aus der Toolbox auch als Grundlage für dein eigenes Modell verwenden. Skaliere oder ergänze Parts, verändere die Farben oder lösche Parts. So entsteht ein ganz individuelles Modell.

Sichere Modelle

Leider befinden sich in der Toolbox auch Modelle, die kaputt sind, nicht funktionieren oder deinem Spiel sogar schaden! Manche Modelle haben Scripte dabei, die dein Spiel verlangsamen oder sogar kaputtmachen können. Sichere und von Roblox geprüfte Modelle erkennst du an dem kleinen **orangen Schild**:

Modelle überprüfen

Du solltest immer, wenn du ein nicht geprüftes Objekt aus der Toolbox verwendest, prüfen, ob es in Ordnung ist. Also ob zum Beispiel ein Auto überhaupt fahrbar und steuerbar ist. Defekte oder schädliche Objekte solltest du direkt wieder aus dem Workspace löschen!

VORSICHT

Überprüfe Modelle aus der Toolbox ganz genau! Öffne alle Parts, indem du auf den kleinen Pfeil neben den Parts klickst und schaue auch mal in die Scripte. Auffällige oder kryptische Namen wie *3az77XY*, *Booom-you got it!* oder *I_will_help_you* können ein Hinweis auf ein schädliches Virus-Script sein!

Audio

Hier spielt die Musik! Wenn du coole Hintergrundmusik für dein Spiel möchtest oder bestimmte Geräusche oder Instrumentenklänge, dann sind die **Audio-Dateien** für dich das Richtige.

Audio-Dateien finden

Bei den Audio-Dateien ist die Suche nach dem passenden Sound allerdings etwas schwieriger als bei den Models und Meshes. So liefert das Suchwort *dog* ganz viele Lieder, aber kein Hundebellen. Das findet man nur, wenn man *dog barking* (bellender Hund) eingibt. Trotzdem wirst du sicher fündig, wenn du nur eine coole Hintergrundmusik für dein Spiel suchst, denn das Angebot ist riesig.

Vorab anhören

Alle Audio-Dateien haben einen **Play-Button**, den du drücken kannst, um das Lied anzuhören, bevor du es per Drag&Drop in dein Spiel ziehst.

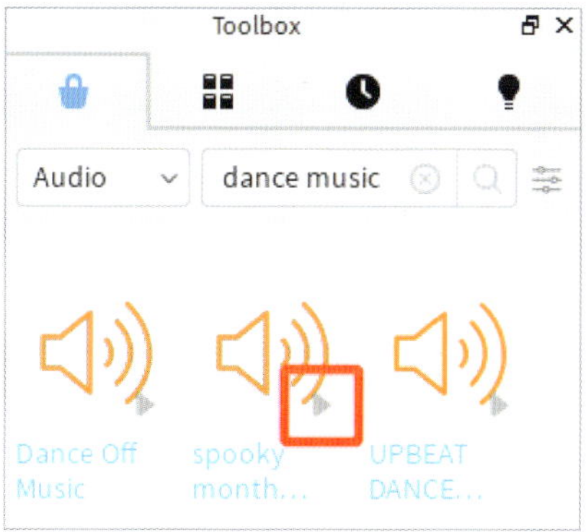

Videos, Images & Plugins

Videos und **Images**, also Bilder, kannst du zur Dekoration verwenden.

Bilder als Material für Parts

Images kannst du auch als **Materialien** auf Parts benutzen. Wähle dafür einen Part aus und ziehe das Image darauf. Es erscheint als **Decal** unter dem Part im Workspace. Oft sind die Bilder transparent, aber leider nicht immer.

Viele Einstellungen gibt es bei den **Images** auch nicht, wenn du in die **Properties** schaust. Unter **Properties|Data|Face** kannst du die Seite des Parts bestimmen, auf der das Bild erscheinen soll.

Wie du **eigene Bilder** verwenden kannst, wird in Abschnitt 3.2 »Asset Manager« erklärt!

Images von Roblox-Spielern aus der Toolbox

Plugins

In den **Plugins** findest du zusätzliche **Tools**, die dir die Arbeit im Studio erleichtern können. Zum Beispiel gibt es einen **Tree-Generator**, der gut verwendet werden kann, wenn man Wälder bauen möchte oder ein *Wetter-System* und einen *Licht-Editor*. Die **Plugins** empfehlen sich aber eher für fortgeschrittene Nutzer.

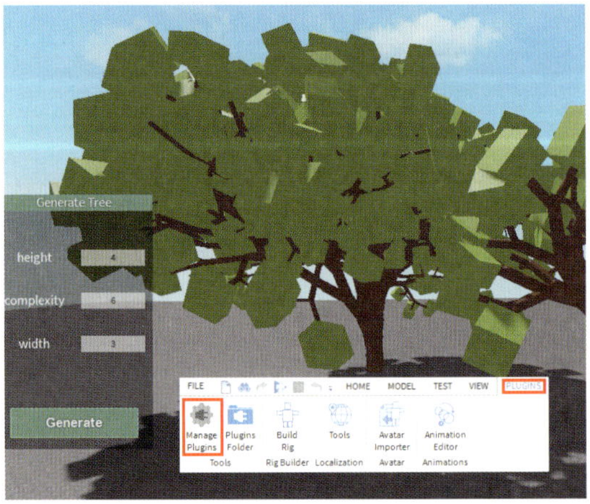

Eigene Modelle

Du kannst deine Modelle in der Toolbox speichern. Lies im Abschnitt 2.5 »Modelle wiederverwenden« nach, wie das funktioniert. Du findest deine Modelle dann in jedem deiner Spiele in der Toolbox unter der zweiten Schaltfläche **Inventory** unter **MyModels**.

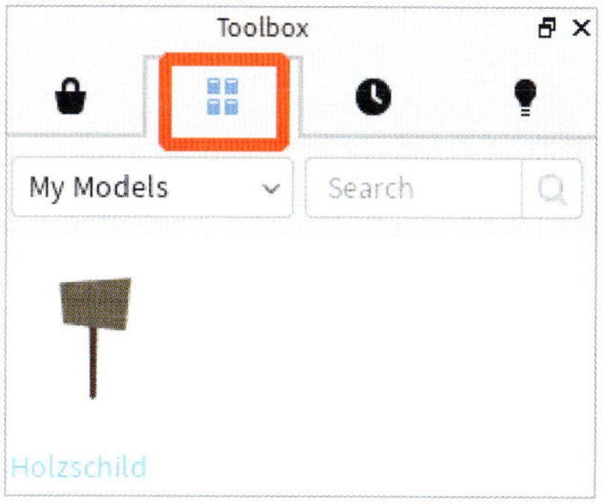

3.2 Asset Manager

Wenn du eigene Bilder als Textur auf Blöcken verwenden möchtest, musst du diese erst im **Asset Manager** hochladen. Du findest ihn in der Registerkarte **View | Asset Manager**.

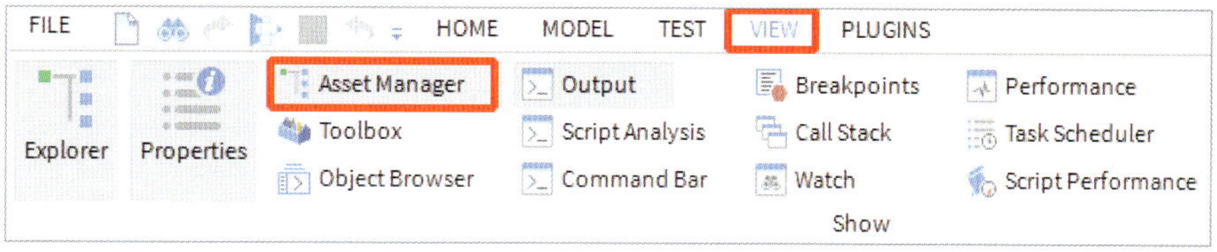

1 Bild hochladen

Lade über die *Schaltfläche* deine eigenen Bilder hoch, indem du sie dort auf deinem Computer suchst und auswählst.

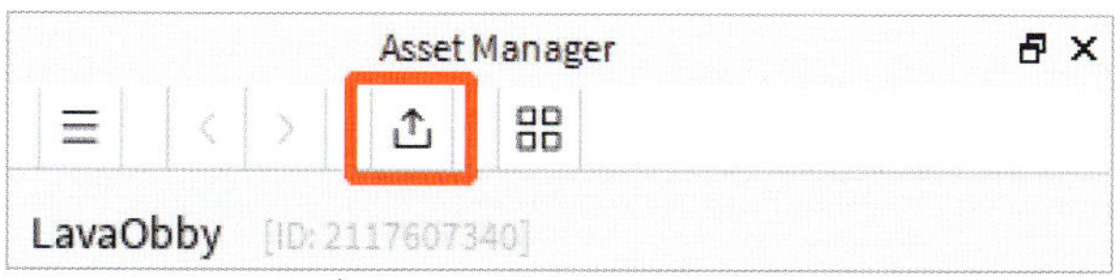

2 Decal einfügen

Jetzt kannst du für einen Part ein Decal einfügen, indem du auf das kleine Plus neben **Part** klickst und »Decal« eingibst. Öffne die **Properties** und klicke bei **Appearance** auf das leere Feld neben **Texture**. Hier kannst du dein hochgeladenes Bild auswählen. Es erscheint dann auf dem **Part**.

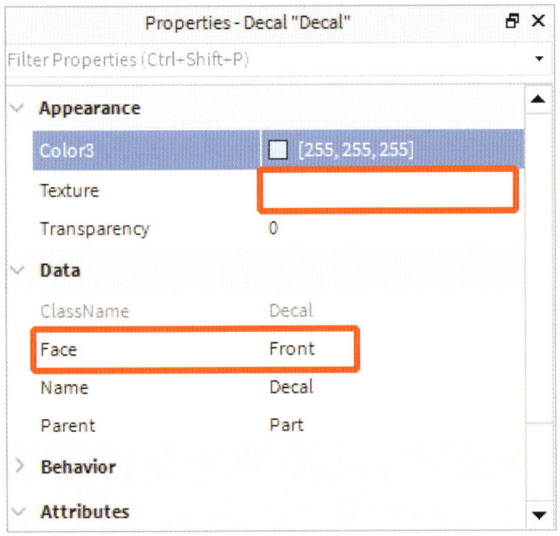

3 Seite des Parts wählen

Unter **Face** kannst du die Seite des **Parts** auswählen, auf der das Bild erscheinen soll.

Back	Hinten
Bottom	Unten
Front	Vorne
Left	Links
Right	Rechts
Top	Oben

3.3 Der Terrain Editor

Der Terrain Editor ist ein mächtiges Werkzeug, um die Spiellandschaft zu gestalten. Du kannst Berge oder Flüsse erschaffen, Lava-Felder malen oder eine Eislandschaft gestalten!

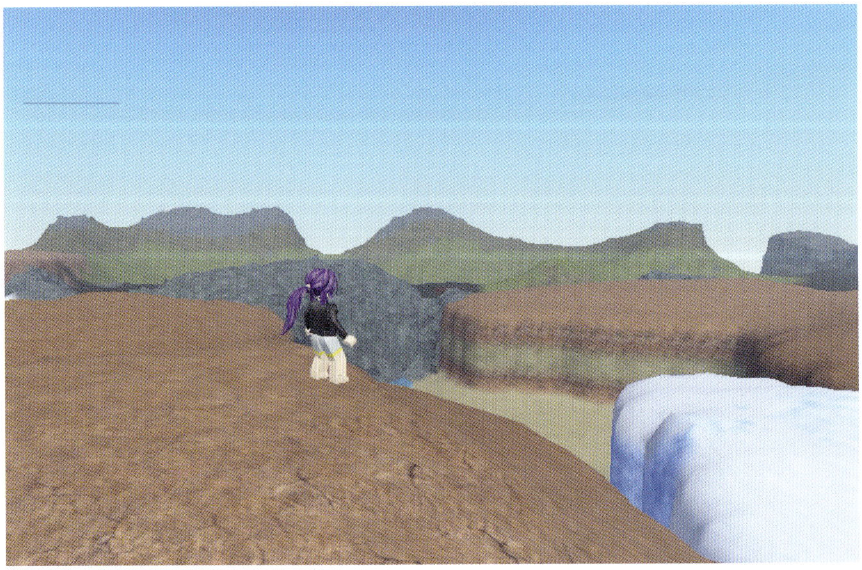

Du findest den **Terrain Editor** in der Registerkarte **View**.

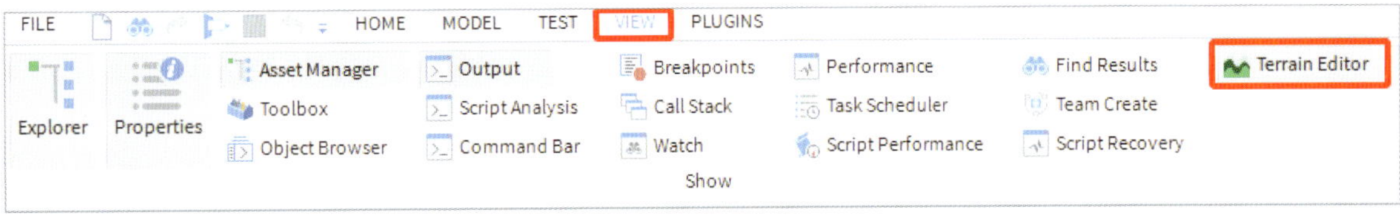

Im **Terrain Editor** befinden sich drei Registerkarten: **Create** (Erstellen), **Region** (Region) und **Edit** (Bearbeiten).

Welten erschaffen mit Create

Wir schauen uns zuerst **Create** an. Hier kannst du auf Knopfdruck eine ganze Welt *generieren* lassen!

1 Größe festlegen

In den **Map Settings** stellst du unter **Size** die Größe deiner Map ein. Der **X-Wert** und der **Z-Wert** legen die Breite und Länge fest, die Höhe gibt der **Y-Wert** an!

2 Biome und Caves

Jetzt wählst du in den **Material Settings** aus, welche **Biome** in deiner Welt erscheinen sollen.

Biome Size steuert die Größe der Biome. Wenn du beispielsweise als Biome **Water** und **Plains** wählst und bei **Biome Size** einen sehr kleinen Wert einstellst, bekommst du eine zerstreute Wasserlandschaft. Der Wert bei **Biome Size** sollte natürlich nicht größer sein als die **Größe** deiner Map (**Size**), sonst funktioniert es nicht richtig!

Caves bestimmt, ob **Höhlen** in der Welt vorkommen sollen.

Biome	
Water	Wasser
Plains	Ebenen
Dunes	Dünen
Mountains	Berge
Arctic	Arktis
Marsh	Sumpf
Hills	Hügel
Canyons	Schluchten
Lavascape	Lavalandschaft

3 Welt erschaffen

Klicke auf **Generate** und lasse deine Welt erschaffen!

Wenn dir die Welt nicht gefällt, wähle einfach andere Biome oder verstelle die Werte und generiere sie erneut. Mit **Clear** kannst du deine Welt auch komplett löschen und von vorne anfangen.

Welten verändern mit Edit und Region

In der Registerkarte **Region** findest du Werkzeuge, mit denen du großflächig die Map bearbeiten kannst. Das funktioniert allerdings nicht immer so einfach. Viel besser ist die Registerkarte **Edit**, denn hier kannst du ebenfalls die Welt verändern, aber viel genauer!

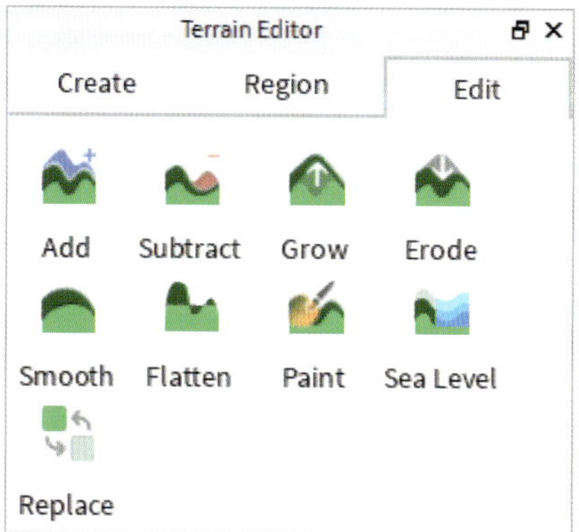

Die wichtigsten Werkzeuge

Add und **Grow** lassen das Gelände **wachsen**, **Subtract** und **Erode** lassen es **schrumpfen**. **Smooth** glättet das Gelände.

Die Größe und Form des Werkzeugs, mit dem du das Gelände modellierst, kannst du über die **Brush Settings** steuern. Mit **Base Size** kannst du die Größe des Werkzeugs anpassen.

Probiere die Werkzeuge einfach aus!

WICHTIG

Beim **Template** *Baseplate* und bei dem **Template** *Classic Baseplate* funktionieren die Befehle unter **Edit** nicht. Bei diesen Templates musst du erst mit **Create** ein Gelände generieren! Alternativ kannst du auch gut mit dem *Flat Terrain*-Template starten und das Gras mit **Paint** übermalen.

Biome übermalen

Mit **Paint** kannst du die Biome **übermalen**. Klicke auf **Paint**, wähle ein Material und übermale das vorhandene Gelände mit dem neuen Material. **Ignore Water** bedeutet, dass Wasserflächen nicht verändert werden, also in diesem Fall nicht übermalt werden!

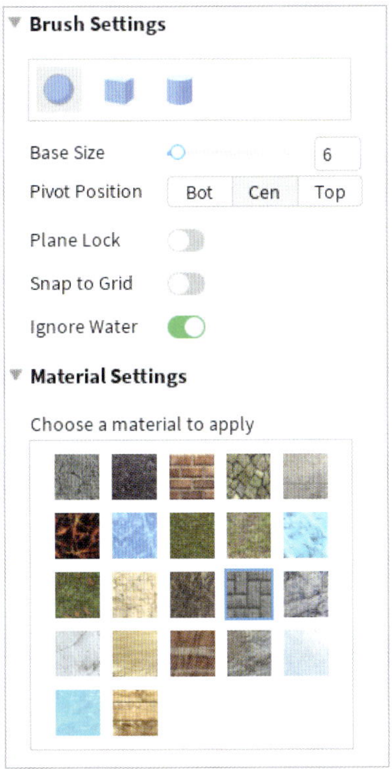

Material austauschen

Replace tauscht ein Material komplett gegen ein anderes aus. Wenn beispielsweise alle Grasflächen zu Wasserflächen werden sollen, klickst du auf **Replace** und wählst für das **Source Material** *Grass* aus, für das **Target Material** *Water* und klickst unten auf **Replace**. Alle Flächen werden automatisch angepasst!

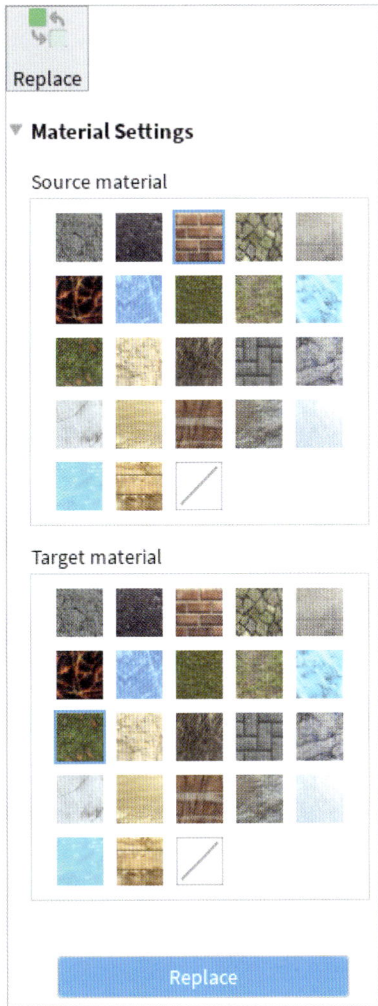

4 Programmieren mit Lua

In diesem Kapitel schreiben wir kleine Scripte, die im Spiel verwendet werden können. Die Scripte machen das Spiel *interaktiver*. Wir können damit Parts **Funktionen** zuweisen, sie beispielsweise umfärben oder verschwinden lassen. Auch wenn deine Spielfigur Werkzeuge oder Waffen benutzt, wird das über Scripte gesteuert.

Die Scripte sind also eine Art Liste mit Befehlen und Anweisungen, was der Computer machen soll. Ähnlich wie ein Kochrezept oder eine Lego-Bauanleitung. Die richtige Reihenfolge der Befehle ist wichtig, und jeder kleine Schritt muss genau beschrieben sein!

Was ist Lua?

Roblox verwendet eine etwas modifizierte Form der **Scriptsprache Lua**. Der Name bedeutet auf Portugiesisch *Mond*, denn Lua wurde in einem Land entwickelt, wo portugiesisch gesprochen wird, nämlich in Brasilien.

Viele **Computerspiele** besitzen Scripte, die in **Lua** geschrieben sind, weil sie wenig Speicherplatz verbrauchen und blitzschnell sind. Und Lua-Scripte lassen sich einfach in andere Programme einbinden. Genau das nutzen wir bei Roblox Studio.

WICHTIG

Ohne Programmieren geht es leider nicht! Lies dir dieses Kapitel aufmerksam durch. Du musst nicht alles gleich auf Anhieb verstehen, aber du bekommst einen guten Eindruck, wie Programmieren funktioniert und kannst dann die Scripte, die wir später für die Spiele verwenden, besser verstehen!

4.1 Das erste Script

1 Part erstellen und umbenennen

Erstelle einen Part und benenne ihn um in *Testblock*. Es ist besser, du gibst den Parts, die du verbaust, eindeutige Namen, dann findest du sie schneller im Workspace wieder. Alle **Parts**, die erstellt werden, heißen nämlich immer nur *Part*, und wenn du einen bestimmen Part verändern willst, wird es schwierig, ihn zu finden.

Um den Block umzubenennen, klickst du ihn mit der rechten Maustaste an und wählst **Rename**. Du kannst den Namen auch in den **Properties** unter **Name** verändern.

UMLAUTE

Verwende am besten *keine* Umlaute (ä, ö, ü), weder bei den Parts noch in Scripten, denn Umlaute gibt es in der englischen Sprache nicht, und sie werden auch nicht in Programmiersprachen verwendet! Sie können sogar **Fehler** im Programm verursachen.

2 Script erstellen

Klicke nun auf das kleine Plus neben *Textblock* im Workspace und erstelle ein **Script**. Wenn du alles richtig gemacht hast, sieht es im Workspace nun so aus:

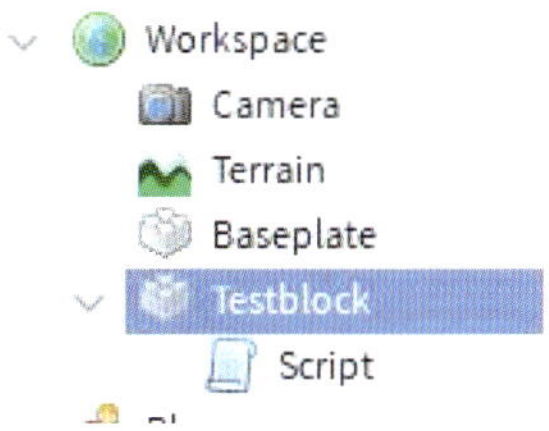

3 Script starten

Wenn du das Script anklickst, öffnet es sich. Es besteht nur aus einer Zeile, nämlich:

```
print("Hello world!")
```

Schon diese eine Zeile ist ein komplettes Script! Wenn du in der Menüleiste auf **Test|Play** klickst und das Spiel startest, siehst du in der **Output-Konsole** die Nachricht »Hello world!«:

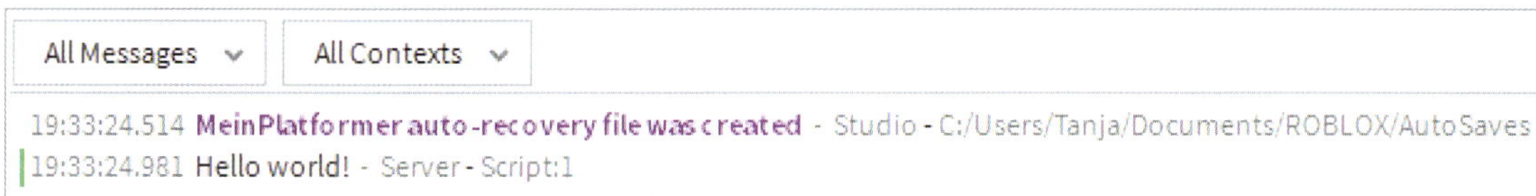

4 Text ändern

`print` bedeutet auf Englisch »drucken«, und genau das macht das Script. Es druckt den Text in der *Output-Konsole*! Gedruckt wird das, was zwischen den Anführungszeichen steht.

WICHTIG

Wichtig ist, dass sich das Script eingeschoben im Testblock befindet, denn nur dann gehört es wirklich zum Testblock und kann diesem Anweisungen geben. Man nennt das eine *Hierarchie*, das Script ist dem Testblock untergeordnet.

In der Programmierung bezeichnet man den Testblock als *Parent* (Elternteil) und das untergeordnete Script als *Child* (Kind). So wie in einer echten Familie können die Eltern natürlich auch mehrere Kinder haben!

CHALLENGE

Ändere den Text im Script in einen eigenen, lustigen Text!

4.2 Die erste Funktion

Der Text unseres ersten Scripts wird momentan immer direkt zu Beginn des Spiels ausgegeben.

Wenn du nun möchtest, dass der Text nur dann ausgegeben wird, wenn etwas, also zum Beispiel der Spieler, den *Testblock* berührt, kannst du eine **Funktion** dafür schreiben.

```
function SagWas() ❶
    print("Wer berührt mich da?") ❷ ❸
end ❹

script.Parent.Touched:Connect(SagWas) ❺ ❻
```

❶ `SagWas` ist der Name der Funktion. Der Name ist frei wählbar und hat keinen Einfluss auf das, was der Computer tun soll. Du könntest die Funktion also auch *Banane* nennen, für den Computer sind es zunächst nur einfach Buchstaben!

❷ `print("Wer berührt mich da?")` schreibt den Text in den Klammern in die Output-Konsole.

❸ Der Befehl `print` ist etwas *eingerückt* und steht nicht direkt bündig unter der Funktion. Das erleichtert die Lesbarkeit des Programmcodes, so weiß man gleich, dass der Befehl zur Funktion gehört! Alles, was eingerückt zwischen `function` und `end` steht, gehört also zur Funktion.

❹ `end` beendet die Funktion.

❺ `script.Parent` bedeutet *Elternteil von diesem Script*, und das ist der Testblock!

❻ `Touched` ist das **Event** (Ereignis), das heißt, wenn irgendetwas den Block berührt (Touch = berühren). Das Event `Touched` wird über den Doppelpunkt und die Roblox-eigene Funktion `Connect` (verbinden) mit der Funktion `SagWas` verbunden.

FUNKTION

Eine Funktion ist ein kleiner, in sich geschlossener Abschnitt im Programmcode, den du von jeder beliebigen Stelle in deinem Programm aus aufrufen kannst. Du kannst bestimmen, wann und wie oft die Funktion ausgeführt werden soll. So wird dein Programmcode viel übersichtlicher!

WICHTIG

Übrigens, wenn der Testblock direkt auf der Bodenplatte liegt oder nicht verankert war (**Anchored**) und diese zu Spielbeginn berührt, löst die Bodenplatte ebenfalls die Funktion aus, und der Text wird in der Output-Konsole ausgegeben!

4.3 Die Basics

Jetzt wird es etwas trocken! Es ist kein Problem, wenn du nicht alles sofort verstehst, du lernst ja auch viel, während du die Spiele entwickelst, denn in jedem Spiel in diesem Buch wird programmiert!

Einfache Pfade

Wenn du in einem Script auf einen bestimmten Part zugreifen möchtest, musst du dem Computer mitteilen, welchen Part du meinst und wo sich der Part befindet. Du musst also den **Pfad** vom Part angeben.

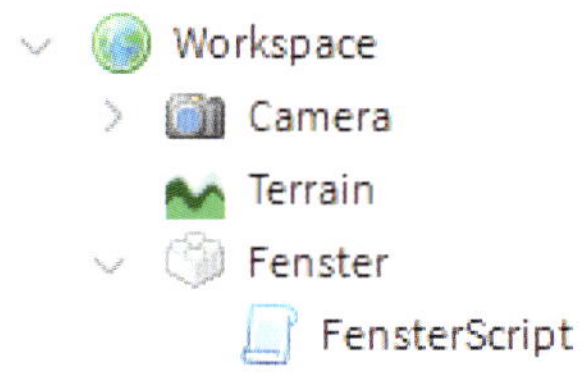

Durchsichtige Fenster

Hier befindet sich ein Part namens *Fenster* im Workspace. Und in diesem Part befindet sich ein Script, das *FensterScript*. Wenn man den Part *Fenster* etwas durchsichtig machen möchte, kann man im Script diesen Pfad verwenden.

1 Part erstellen

Baue einen Part namens Fenster und füge dort ein Script ein. Im Script löschst du den Vorgabetext und schreibst stattdessen diese *eine Zeile* Programmcode:

```
game.Workspace.Fenster.Transparency = 0.9
```

Wichtig sind die **Punkte** zwischen den Wörtern! Und der **Pfad** beginnt immer mit `game`. Deine Parts schreibst du exakt so, wie du sie benannt hast.

WICHTIG

Denk daran, den Parts, die du benutzt, immer **eindeutige Namen** zu geben! Wenn alle Objekte im Workspace nur »Part« heißen, weiß der Computer natürlich nicht, welcher Part nun gemeint ist! Und auch du findest dich so in der langen Liste vom Workspace besser zurecht.

2 Script testen

Teste das Spiel und schon sollte dein Fenster-Part transparent erscheinen. Den Wert 0.9 kannst du natürlich beliebig verändern!

Verschachtelte Pfade

Wenn die Parts verschachtelt sind, wird der **Pfad** länger:

```
game.Workspace.Haus.Wohnzimmer.Fenster.Transparency = 0.9
```

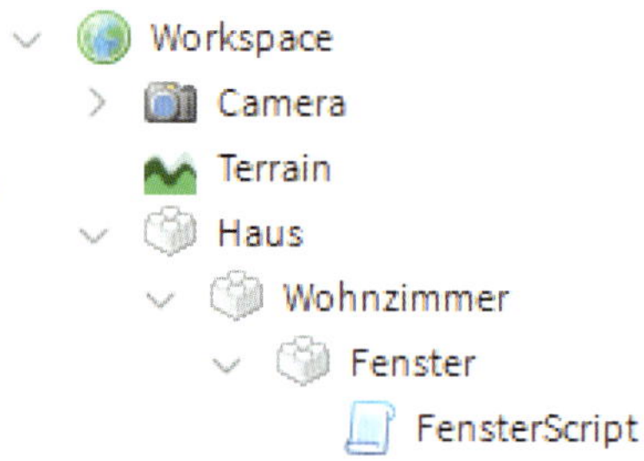

Part verankern

Wenn du nun auch sicherstellen möchtest, dass der Part Fenster *verankert* ist, geht das auch mit diesem Pfad:

```
game.Workspace.Haus.Wohnzimmer.Fenster.Anchored = true
```

TRUE UND FALSE

Anchor (oder Anchored in den **Properties**) kann bei einem Part entweder *aktiviert* oder *deaktiviert* sein. In der Programmierung gibt es für diese beiden Zustände die Aussage `true` (wahr) oder `false` (falsch). `True` bedeutet also, dass **Anchored** aktiviert ist oder wie hier im Script aktiviert wird.

Pfade für Ordner

Über solche **Pfade** kannst du auf alles, was sich im Spiel befindet, zugreifen! Wenn sich bestimmte Objekte nicht im Workspace, sondern beispielsweise im Ordner **StarterPack** befinden, schreibst du den Pfad natürlich um:

```
game.StarterPack.Part.Script
```

Flexible Pfade

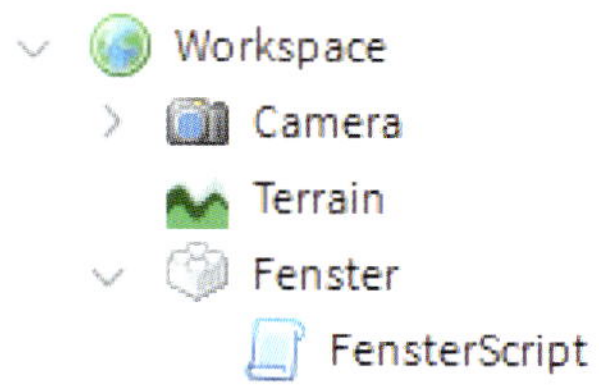

Bisher musstest du immer genau darauf achten, dass du alle Namen richtig schreibst. Und wenn du die Parts später noch mal umbenennst, musst du in allen Scripten die Namen anpassen. Deshalb verwendet man gerne auch eine **alternative Schreibweise**.

```
game.Workspace.Fenster.Transparency = 0.9
```

kann auch als

```
script.parent.Transparency = 0.9
```

geschrieben werden. Hier ist es dann völlig egal, wie der **Part** heißt, ob »Fenster« oder »Tisch«, der Part, zu dem das Script gehört, wird transparent! Das ist doch super praktisch und viel weniger fehleranfällig!

Übersetzt heißt der Pfad einfach »Vom Script der Elternteil soll die Transparenz 0.9 bekommen«. Und der Elternteil des Scripts ist ja in diesem Fall das Fenster. Also wird das Fenster transparenter. Was genau es mit *Parent* und *Child* auf sich hat, kannst du auch noch mal in Abschnitt 4.1 »Das erste Script« nachlesen!

4.4 Funktionen

Funktionen helfen, den Programmcode gut zu **strukturieren**. Man kann Objekte, zum Beispiel Spieler, Modelle oder auch einzelne Parts, die Funktion aufrufen lassen und den Code ausführen. Alle Spiele in diesem Buch verwenden Funktionen, du lernst schnell, damit umzugehen!

Da viele Objekte dieselben Funktionen nutzen, braucht man sie nur einmal zu schreiben. So sieht schematisch eine einfache Funktion aus:

```
function NameVonFunktion()
    Programmcode
end
```

Funktion für Transparenz

Eine ganz einfache Funktion hast du ja schon ganz am Anfang des Kapitels kennengelernt. Auch die Anweisung, die wir bei den Pfaden benutzt haben, kann als Funktion geschrieben werden.

```
script.parent.Transparency = 0.9
```

kann man als Funktion so darstellen:

```
function Transparenz() ❶ ❷
    script.Parent.Transparency = 0.9
end ❸

Transparenz() ❹
```

❶ Der **Name** der Funktion, also »Transparenz« ist frei wählbar, die Funktion hätte also auch »Himbeerkuchen« heißen können, aber dann kommt man natürlich nicht sofort darauf, dass diese Funktion die Transparenz regelt! Also wähle immer einen aussagekräftigen Namen!

❷ In Zeile eins wird die Funktion *definiert*, also der Name vergeben und dem Computer mitgeteilt, dass es sich um eine Funktion handelt. Dann folgt die **Anweisung** für den Computer, hier also, dass der Part die Transparenz mit dem Wert 0.9 erhalten soll. Es könnten auch noch weitere Anweisungen folgen, zum Beispiel könnte die Farbe des Parts festgelegt werden. Alle Anweisungen werden zur besseren Lesbarkeit eingerückt, und jede Anweisung gehört **in eine eigene Zeile!**

❸ Nach allen Anweisungen schreibt man `end`, damit der Computer weiß, dass die *Funktion nun beendet* ist.

❹ `Transparenz()` in der letzten Zeile ist der *Aufruf der Funktion*, das bedeutet also, dass sie nun ausgeführt werden soll. Wenn du diese Zeile weglässt, wird der Part nicht transparent. Der Computer registriert dann nur, dass es eine Funktion gibt, die den Part transparent macht, aber er hat keine Anweisung, sie auch auszuführen! Der Aufruf der Funktion kann auch viel später im Script erfolgen oder eben auch gar nicht.

Events

Oft ist der **Aufruf einer Funktion** mit einem **Event** verknüpft:

```
function Transparenz()
    script.Parent.Transparency = 0.9
end

script.Parent.Touched:Connect(Transparenz)
```

Hier wird der Part erst dann *transparent*, wenn er berührt (`Touched`) wird. Allerdings wird der Block auch dann transparent, wenn er den Boden berührt! Aktiviere für den Part also Anchor und verschiebe ihn etwas in der Höhe, sodass er in der Luft schwebt! Dann kannst du testen, ob er sich bei Berührung verändert!

EVENTS

Event bedeutet auf Deutsch »Ereignis«. Wenn also ein bestimmtes Ereignis eintritt, also beispielsweise ein Part berührt wird oder ein neuer Spieler das Spiel betritt, kann das Event eine Aktion auslösen, zum Beispiel also eine Funktion starten.

In Roblox Studio gibt es schon einige vordefinierte Ereignisse wie das `TouchedEvent` oder das `PlayerAddedEvent`.

Fertige Funktionen

Es gibt natürlich auch schon fertige Funktionen in Roblox Studio, die du nur noch aufrufen musst. Als Beispiel ein ganz kurzes Script:

```
script.Parent:Destroy()
```

Die bereits in Roblox Studio enthaltene `Destroy`-Funktion wird aufgerufen und auf den Part angewendet, zu dem das **Script** gehört. Der Aufruf erfolgt hier mit dem **Doppelpunkt**.

Der **Part** wird zerstört, er verschwindet also sofort. Das geht allerdings so schnell, dass er zu Spielbeginn gar nicht zu sehen ist. Damit du das Verschwinden mitbekommst, kannst du das **Script** ändern:

```
wait(10)
script.Parent:Destroy()
```

`wait(10)` verzögert die Ausführung der Funktion um **10 Sekunden.**

Variablen

Manchmal werden in den Scripten **Variablen** benutzt. Vor allem, um die teilweise langen Pfade abzukürzen, sind Variablen sehr nützlich.

```
game.Workspace.Fenster.Transparency = 0.9
```

Das kennst du ja schon.

Wenn man das Fenster aber öfter im Script ansteuern will, kann man es auch ganz am Anfang des Scripts mit einer Variablen definieren:

```
local fenster = game.Workspace.Fenster ❶
```

❶ `local` bedeutet, dass es sich um eine *lokale* Variable handelt, die nur in diesem Script auftaucht. Der Name der Variablen, hier »fenster«, ist frei wählbar. Üblicherweise schreibt man beim Programmieren die Namen von Variablen klein. Du kannst natürlich auch Großbuchstaben verwenden, aber achte immer darauf, dass die Variable genauso geschrieben werden muss, wenn du sie woanders im Code benutzt!

Um das Fenster beispielsweise *transparent* zu machen, kann man dann einfach schreiben:

```
fenster.Transparency = 0.9
```

Durch Variablen kann der Programmcode verkürzt werden!

VARIABLEN

Eine Variable ist ein Platzhalter für einen bestimmten Wert. Hört sich kompliziert an, ist aber ganz leicht: Stell dir einfach eine Tafel vor, auf die du eine Zahl oder ein Wort schreibst. Die Variable ist die Tafel, die Aufschrift ist der Wert. Du kannst nun jederzeit den Wert wegwischen und einen neuen Wert auf die Tafel schreiben. Der Wert ist also veränderlich, das heißt *variabel*.

Kommentare

Du darfst natürlich keine zusätzlichen Wörter oder Satzzeichen im Script schreiben, also keinen Text, der nicht zum Programmcode gehört, sonst funktioniert das Script nicht mehr. Genauso wenig solltest du **Rechtschreibfehler** machen, denn auch die führen zu Fehlermeldungen und dein Script funktioniert nicht!

Aber oft ist es aber hilfreich, sich zu einer Codezeile dazuzuschreiben, was der Code bedeutet. Das geht mit **Kommentaren**.

Ein *einzeiliger* Kommentar in Lua beginnt mit einem doppelten Bindestrich -- und läuft bis zum Ende der Zeile. *Mehrzeilige* Kommentare beginnen ebenfalls mit dem doppelten Bindestrich, der Kommentar selbst steht dann zusätzlich noch in *doppelten eckigen Klammern*.

```
function SagWas()  --[[die Funktion soll durch
                               Berührung ausgelöst werden]]
   print("Wer berührt mich da?") --Textausgabe
end

script.Parent.Touched:Connect(SagWas)
```

Kommentiere deine Scripte immer, damit du später noch weißt, wie der Code funktioniert!

4.5 Fehlersuche

Wenn du dein Spiel startest und ein fehlerhaftes Script verwendest, erscheint in der Output-Konsole ein roter Text, der auf den Fehler hinweist.

```
All Messages ⌄   All Contexts ⌄
17:09:00.175 Baseplate auto-recovery file was created - Studio - C:/Users/Tanja/Documents/ROBLOX/AutoSaves
17:09:00.684 Workspace.Part.Script:3: Expected identifier when parsing expression, got ')' - Studio - Script:3
```

`Workspace.Part.Script` bedeutet, dass das Script im Workspace unter **Part** zu finden ist. Hier siehst du, wie wichtig es ist, den Parts (und natürlich auch den Scripten) eigene Namen zu geben, um dann solche Scripte besser wiederzufinden! Die **3** zeigt, dass es um *Zeile 3* im **Script** geht. Und der lange Text dahinter erklärt den *Fehler.*

Findest du den Fehler?

Der rote Text in der Output-Konsole erklärt es, auch wenn du nicht alles auf Englisch verstehst! Ganz am Ende des Texts steht `')'`, was bedeutet, dass eine **Klammer fehlt**!

Script öffnen

Klicke einfach auf den roten Text in der Output-Konsole. Das fehlerhafte Script öffnet sich, und der *Cursor* steht an der Zeile, in der sich der Fehler befindet.

```
Baseplate ×   Script ×
1  function SagWas()   --[[die Funktion soll
2                        durch Berührung ausgelöst werden]]
3  |   print"Wer berührt mich da?") --Textausgabe
4  end
5
6  script.Parent.Touched:Connect(SagWas)
7
8
```

TIPP

Wenn dein Script mal nicht funktioniert, liegt es oft an versteckten Rechtschreibfehlern! Achte auf Groß- und Kleinschreibung und auch auf Leerzeichen, Klammern und Punkte!

Manchmal ist auch der Pfad nicht korrekt, da deine eigenen Parts vielleicht anders verschachtelt sind als im Buch. Prüfe also auch immer genau, ob der Pfad auf dein Modell passt!

Jetzt kennst du dich im Roblox Studio schon richtig gut aus, und du kannst loslegen, dein erstes Spiel zu entwickeln!

TEIL 2

Eigene Spiele erstellen

Nachdem du das Roblox Studio kennengelernt hast, kannst du anfangen, die in den folgenden Kapiteln beschriebenen *vier spannenden Spiele* nachzubauen.

Bei allen Spielen steht der **Schwierigkeitsgrad** dabei sowie der Aufwand für die Scripte und die Modellierung. Die wichtigsten **Features** sind ebenfalls aufgelistet. Plane dir genug Zeit ein, um ein Spiel zu entwickeln, das kann ein paar Stunden dauern!

WICHTIG

Bei den Spielen werden leichte Grundkenntnisse in Roblox Studio vorausgesetzt, diese besitzt du in jedem Fall, wenn du den ersten Teil dieses Buchs aufmerksam gelesen hast!

Obby

SCHWIERIGKEIT	1
DAUER	1 – 2 Std.
SCRIPTE	
MODELLIERUNG	
FEATURES	Viele interaktive Blöcke und kleine Scripte, die auch gut in anderen Spielen eingesetzt werden können!

Escape Game

SCHWIERIGKEIT	1
DAUER	1 Std.
SCRIPTE	
MODELLIERUNG	
FEATURES	Wettlauf gegen die Zeit, First Person Camera, Ziel spawnt an zufälliger Stelle, Soundeffekte!

Murmelspiel

SCHWIERIGKEIT	2
DAUER	1,5 Std.
SCRIPTE	
MODELLIERUNG	
FEATURES	Murmel als Spielfigur, nur ein kleines Script, aber mehrere Attachments!

Autorennen

SCHWIERIGKEIT	3
DAUER	ab 2 Std.
SCRIPTE	
MODELLIERUNG	
FEATURES	Coole Autos aus der Toolbox, Start-Ampel mit echtem Licht, Zeitmessung und SpeedUps mit Effekten!

Coole Features

Hinten im Buch im Kapitel 9 »Coole Features« findest du zusätzliche Ideen, wie **Punktezähler**, **Collectibles** oder **computergesteuerte Spielfiguren**, die du in jedes deiner Spiele einfügen kannst.

Du kannst natürlich die Ideen und Scripte der einzelnen Spiele zu neuen Spielideen zusammenfügen! Die *Start-Ampel* vom **Autorennen** kannst du auch im **Obby** ergänzen oder ein paar der *funktionalen Blöcke* aus dem **Obby** beim **Escape Game** einbauen, und die *Soundeffekte* aus dem **Escape Game** passen in jedes Spiel!

5 Obby

Ein *Obby* ist in Roblox ein *Hindernisparcours*, den man meist auf Zeit durchspielen kann. Hierbei springt man von Block zu Block und versucht, nicht herunterzufallen. Meist gibt es noch *Checkpoints*, auf denen man, wenn man abgestürzt ist, *spawnt*, damit man nicht wieder von vorne anfangen muss.

SCHWIERIGKEIT	1
DAUER	1 – 2 Std.
SCRIPTE	
MODELLIERUNG	
FEATURES	Viele interaktive Blöcke und kleine Scripte, die auch gut in anderen Spielen eingesetzt werden können!

Die Hindernisse

Wir bauen in unser Obby spannende Hindernisse ein, zum Beispiel Farbwechsler-Steine, Blöcke, die sich bewegen oder nach Berührung auflösen, Förderbänder und natürlich Todessteine!

Du musst nicht alle Blöcke in derselben Reihenfolge einbauen, suche dir einfach die Teile aus, die dir gefallen und baue sie nach!

TIPP

Blöcke und Scripte wiederverwenden

Vieles von dem, was im Obby verbaut wird, sowohl Blöcke als auch Scripte, kann auch gut in anderen Spielen genutzt werden!

5.1 Vorbereitung

1 Thema festlegen

Bevor du loslegst, überlegst du dir am besten ein **Thema** für dein Obby. Soll das Obby im freien Raum schweben und sich immer weiter in den Himmel strecken? Vielleicht baust du einen Parcour unter der Erde in Höhlen und Gängen, oder du baust in einer schönen Landschaft und überspringst Wassergräben und Schluchten und springst bis auf die höchsten Berggipfel!

TIPP

Parcour ohne Baseplate

Für einen Parcour in den Wolken löschst du später einfach die Baseplate aus dem Workspace! Aber mache das besser erst ganz zum Schluss, denn mit Baseplate ist das Testen und Ausprobieren einfacher.

2 Template auswählen

Entsprechend deinem Thema kannst du dann ein **Template** (Vorlage) wählen oder die Landschaft mit dem **Terrain Editor** gestalten. Wenn du das Obby ganz einfach und übersichtlich gestalten willst, wähle einfach das **Baseplate**- oder **Flat Terrain**-Template!

Erstelle nun ein neues **File** und wähle ein **Template.**

TIPP

Wenn du das **Obby**-Template auswählst, hast du schon einen kleinen Parcour aus mehreren funktionalen Blöcken. Hier kannst du natürlich auch weiterbauen und die vorhandenen Blöcke kopieren oder verschieben.

3 Parcour erstellen

Aus **Parts** erstellst du einen Parcour. Nutze **Rotate**, **Scale** und **Move**, um die Blöcke zu verändern und den Parcour spannender zu gestalten!

Du kannst den Parts auch schon unterschiedliche Farben und Materialien zuweisen.

4 Namen für besondere Parts

Parts, denen du später besondere Funktionen geben willst, nennst du am besten direkt schon um. Das geht am einfachsten in den **Properties**, wenn du den entsprechenden Part angewählt hast. Wenn die **Properties** nicht angezeigt werden, klickst du in der Menüleiste auf die Registerkarte **View** und aktivierst dort die **Properties**.

WICHTIG

Achte darauf, für die Parts **Anchored** zu aktivieren, sonst fallen die Blöcke herunter und liegen zu Spielbeginn auf dem Boden!

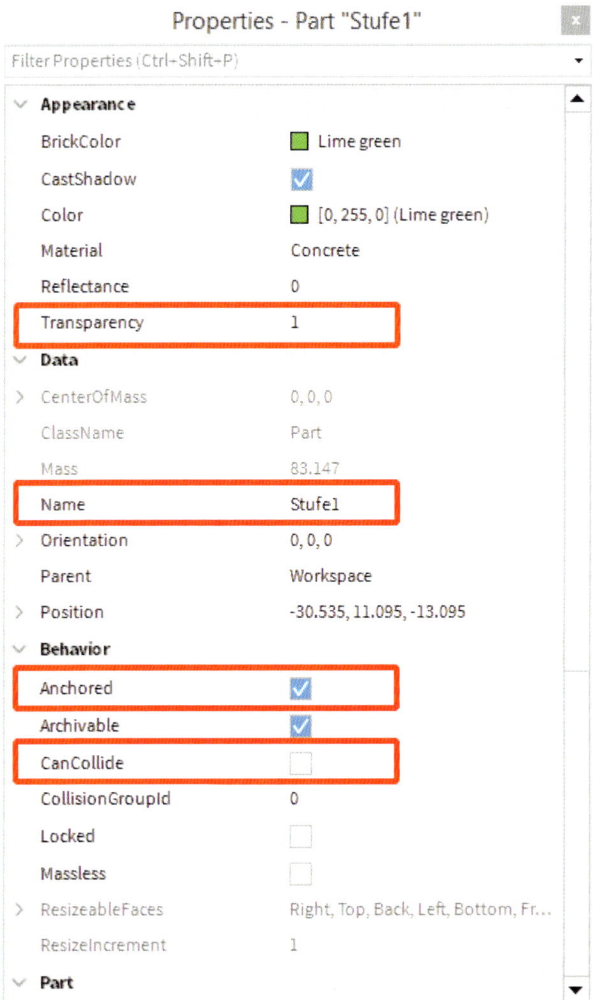

5 Passende Blöcke aussuchen

Suche dir jetzt aus den folgenden Blöcken diejenigen aus, die du benutzen möchtest. Du musst natürlich nicht alle Blöcke einbauen. Aber je **interaktiver** deine Blöcke sind, desto interessanter und **spannender** wird dein Obby!

5.2 Coole Blöcke – ganz einfach

Die meisten der folgenden Blöcke sind ganz schnell gemacht. Du musst einfach nur ein paar Einstellungen in den **Properties** verändern!

Unsichtbare Schranken

1 Zwei Blöcke

Erstelle zwei Blöcke nebeneinander.

2 Transparenz

Bei einem Block setzt du die **Transparency** auf **1** und *aktivierst* **CanCollide**. Der Block ist jetzt *unsichtbar*, kann aber nicht durchschritten werden.

3 Eine Mauer

Den zweiten Block daneben belegst du mit einem Mauermaterial, also wähle auf der Registerkarte **Model** unter **Material Brick** aus und deaktiviere **CanCollide** für diesen Part. Jetzt muss der verwirrte Spieler durch eine *Wand* laufen!

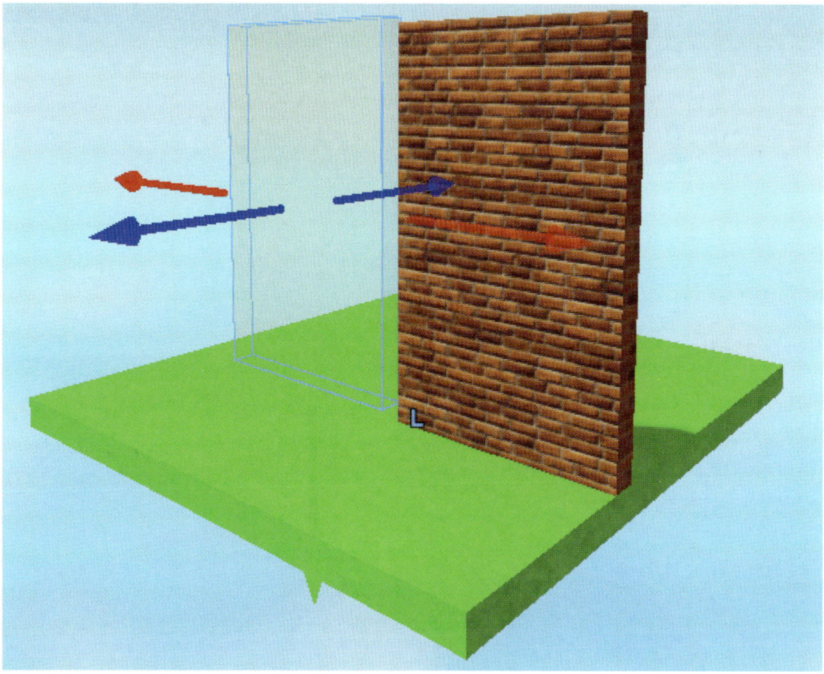

Fiese Falle

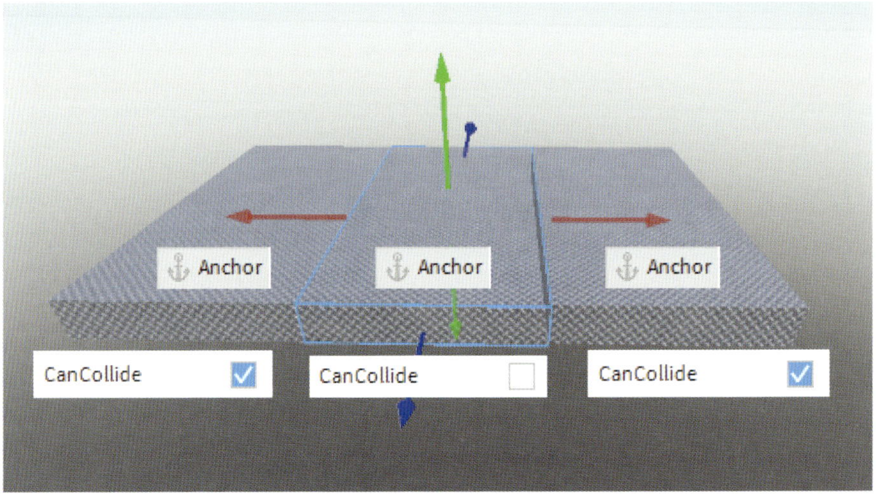

1 Drei Blöcke

Setze drei gleiche Parts nebeneinander.

2 CanCollide deaktivieren

Deaktiviere bei dem Part in der Mitte **CanCollide**. Der Spieler fällt durch den Block durch! Darauf fällt garantiert jeder Spieler beim ersten Mal rein!

Förderbänder

Ein Block, auf dem du einfach automatisch entlang gleitest!

1 Gleitende Blöcke

Erstelle einen Part, skaliere ihn groß, aktiviere **Anchor** und öffne die Registerkarte **View|Properties**. In den Properties scrollst du nach unten bis zu **Assembly** und stellst unter **AssemblyLinearVelocity** einen Wert passend zu deinem Part ein. (0, 0, 0) entspricht X, Y, Z.

2 X, Y, Z sichtbar machen

Wenn die Achsen nicht sichtbar sind, wähle für deinen **Part** unter **Model | Move** aus, dann erkennst du an den Pfeilen, wo deine **X-Y-Z-Richtungen** sind!

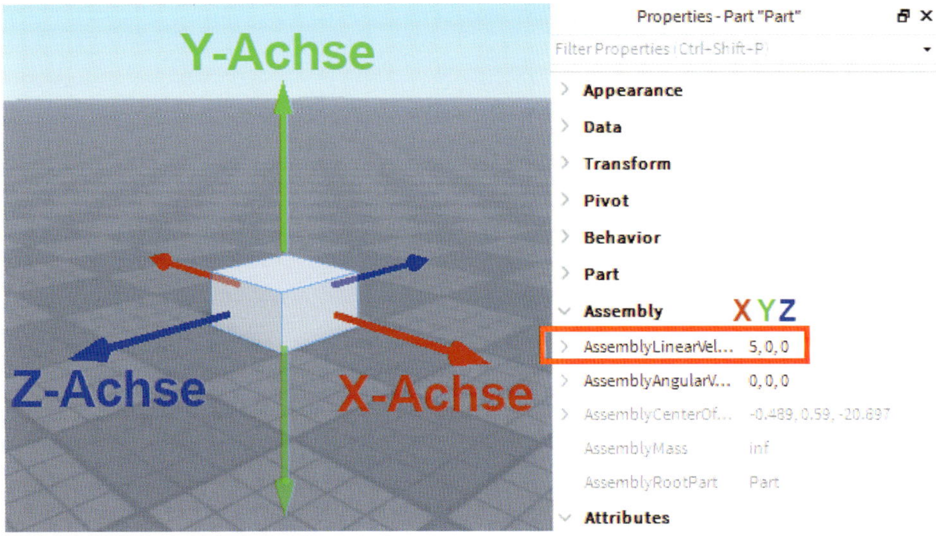

WICHTIG

Dein Part muss unbedingt verankert (Anchored) sein, sonst funktioniert das Förderband nicht!

Wenn dein Spieler in die *falsche Richtung* gleitet, hast du dich mit den Achsen vertan! Ändere eine andere 0 bei den Werten!

3 Richtung und Geschwindigkeit

Ändere nur einen Wert. Zum Beispiel lässt **(5, 0, 0)** den Spieler mit einer Geschwindigkeit von **5** in **X-Richtung** gleiten. Superschnell wird es mit einer **50**! Und falls dein Spieler *rückwärts* gleitet, setzt du ein *Minuszeichen* vor den Wert.

Drehbalken

Alles, was sich bewegt, macht dein Spiel spannender! Für **Wippen** und **Drehbalken** brauchst du *spezielle Verbinder*, die du in der Registerkarte **Model** unter **Create** findest.

1 Zwei Parts

Zuerst brauchst du zwei Parts, einen großen, länglichen, den nennst du *Plattform* und einen kleineren Part, den benennst du um in *Dreher*.

Der Dreher muss **Anchored** *aktiviert* haben, damit er fest bleibt, und die Plattform hat **Anchored** *deaktiviert*, denn sie soll sich ja später drehen können!

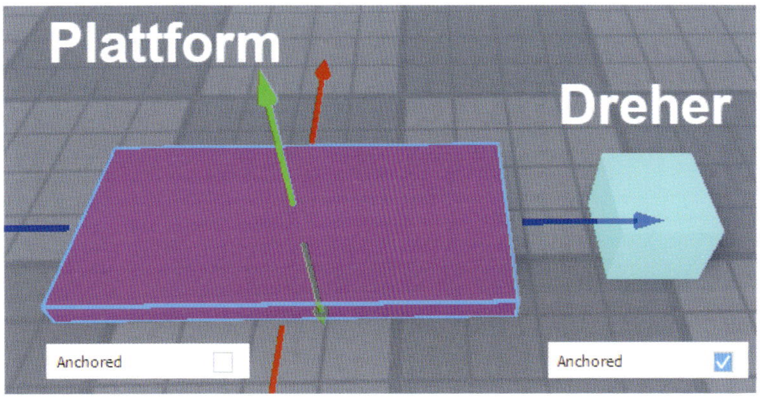

2 Drehgelenk erstellen

Jetzt schiebst du die Plattform so hoch über den Dreher, dass du die Plattform gut von unten siehst, dabei aber gleichzeitig auf die Oberseite vom Dreher schauen kannst. Klicke nun in der Registerkarte **Model** auf **Create** und wähle **Hinge**.

Es kann sein, dass die Registerkarte bei dir etwas anders aussieht. Manchmal ist **Create** auch nur ein ganz kleines Symbol, ohne Text. Schau genau in der Leiste nach, du findest es bestimmt!

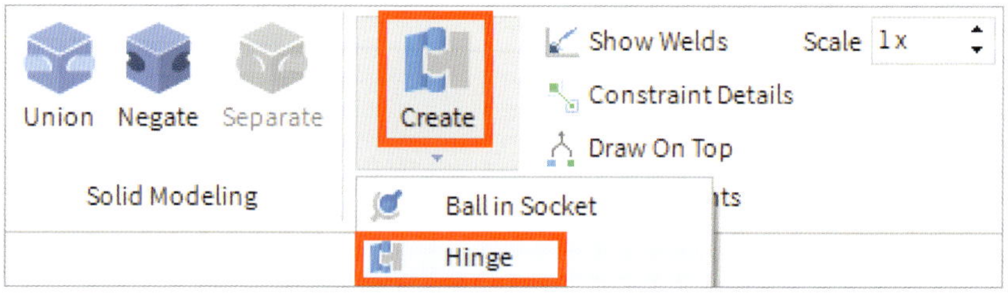

3 Plattform und Dreher verbinden

Wenn **Hinge** gedrückt wurde, verändert sich der Mauscursor, und du kannst eine kleine grüne Kugel (*Attachment*) absetzen.

- Setze die Kugel auf den Dreher, indem du die Oberseite vom Dreher in der Mitte anklickst.
- Anschließend klickst du auf die *Unterseite* der Plattform, um die *zweite Verbindung* abzusetzen.

?HINGE

Hinge bedeutet *Drehgelenk* oder *Scharnier*. Es wird also eine *drehbare Verbindung* zwischen den beiden **Parts** hergestellt.

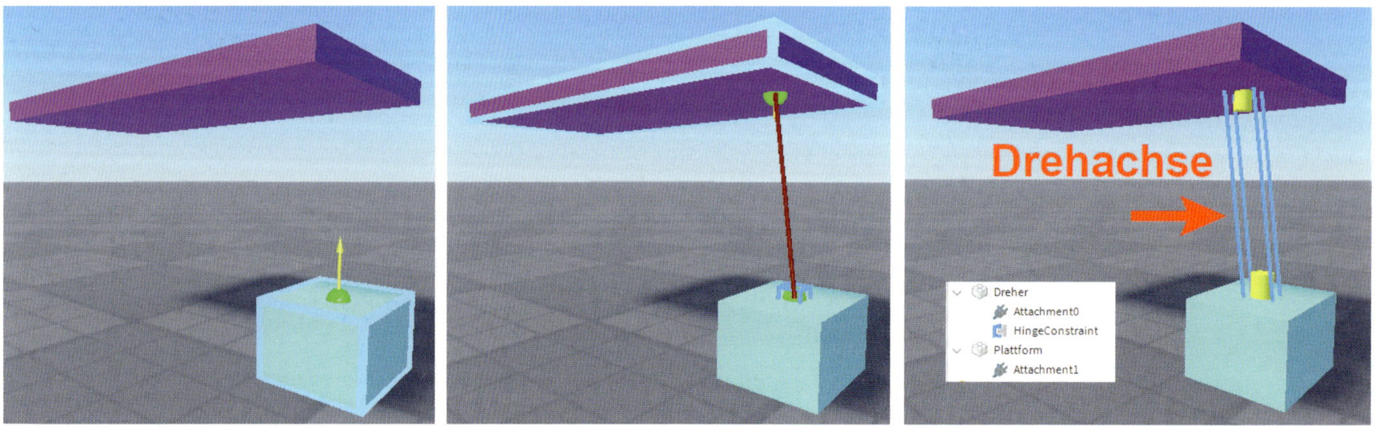

WICHTIG

Manchmal funktioniert die **Hinge**-Verbindung nicht im ersten Versuch. Dann musst du aber, bevor du den **Hinge** erneut setzt, im Workspace *alle* **Attachments** und **Welds** *löschen*! Am Ende darf wirklich nur jeweils ein **Attachment** bei jedem Part sein und zusätzlich ein **HingeConstraint** bei der Plattform.

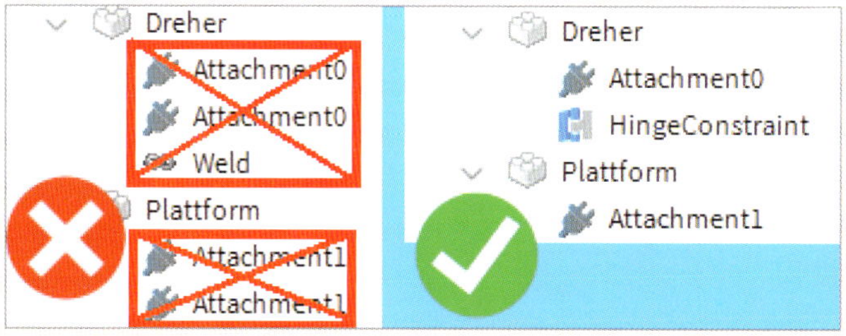

4 Motor einfügen

Wenn du das geschafft hast, wählst du im Workspace den **HingeConstraint** aus und öffnest die **Properties**. Hier änderst du unter **Hinge** den **ActuatorType** von **None** auf **Motor**. Die Verbindung bekommt dann einen Motor und kann sich um die entstandene Achse drehen.

In den Einstellungen für **Motor** änderst du die **AngularVelocity** (*Geschwindigkeit*) auf 2 und das **MotorMaxTorque** auf 1000.

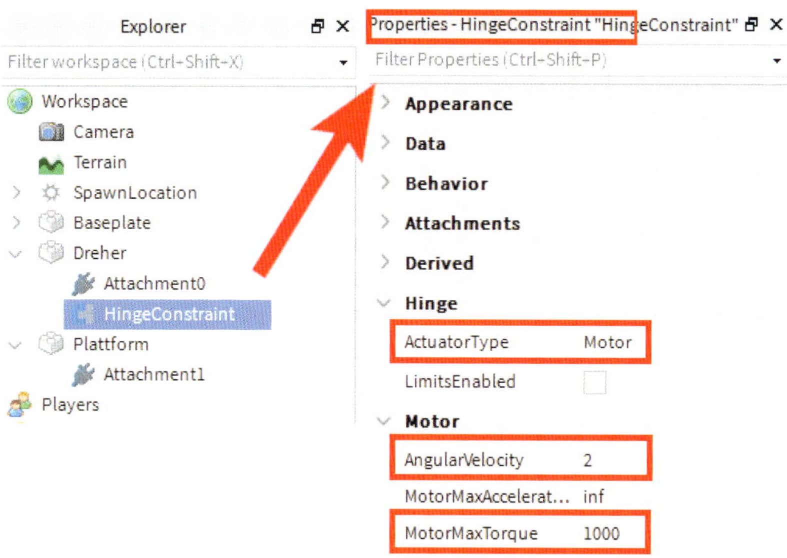

5 Plattform und Dreher zusammenfügen

Nun schiebst du die Plattform so tief, dass sie genau auf dem Dreher aufliegt.

6 Block testen

Teste nun das Spiel. Wenn sich die Plattform dreht, hat alles geklappt, dann kannst du die **AngularVelocity** noch verändern, um die *Drehgeschwindigkeit* der Plattform anzupassen.

FEHLERSUCHE

Verdrehte Achse

Falls sich die Plattform um eine verdrehte Achse dreht, *löscht* du alle **Attachments** und den **HingeConstraint** und probierst, den **Hinge** noch mal ganz *gerade* zu erstellen.

Keine Drehung

Wenn sich die Plattform gar nicht dreht, kannst du den Wert von **MotorMaxTorque** erhöhen. Das ist die Kraft, die aufgewendet wird, um ein Objekt zu drehen, und bei großen Objekten reichen 1000 nicht, dann muss der Wert vielleicht 10.000 oder höher sein!

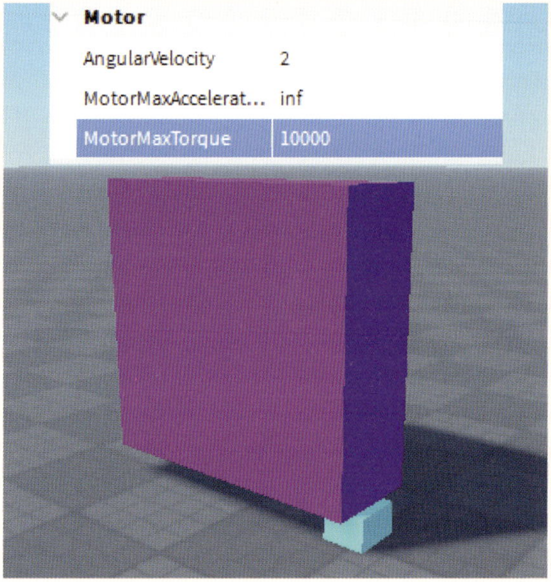

TIPP

Der Drehbalken lässt sich auch gut als *gefährliche Schranke* bauen, die der Spieler nicht berühren darf. Lies dir dazu den Abschnitt »Todesstein« durch und baue einen Todesstein als Drehbalken!

5.3 Blöcke mit Scripten

Scripte machen deine Blöcke interaktiver, und das Spiel wird noch spannender!

Farbwechsel

Damit ein Part während des Spiels die Farbe wechselt, musst du ein kleines Script schreiben.

1 Script einfügen

Zuerst benennst du den Part in *Farbenstein* um. Danach fügst du diesem Part ein Script hinzu, indem du im **Workspace** auf das kleine Plus neben dem Part klickst und **Script** auswählst. Wenn dir kein Script zur Auswahl angezeigt wird, tippe »Script« in die Suchleiste beim kleinen Plus ein!

SCHON GEWUSST?

In Roblox gibt es ein jährliches Event, die **Bloxy Awards**. Hier können Spieler für ihre Favoriten stimmen und so die besten Spiele und Spielentwickler auszeichnen. Kategorien sind unter anderem »Bestes neues Spiel«, »Bester Game Trailer« oder »Beliebtestes UGC-Item«.

2 Script benennen

Jetzt öffnet sich ein Script im Game-Editor-Fenster. Benenne das Script in *Farbenscript* um, indem du in den **Properties** den Namen änderst oder im Workspace einen rechten Mausklick auf das Script machst und **Rename** wählst.

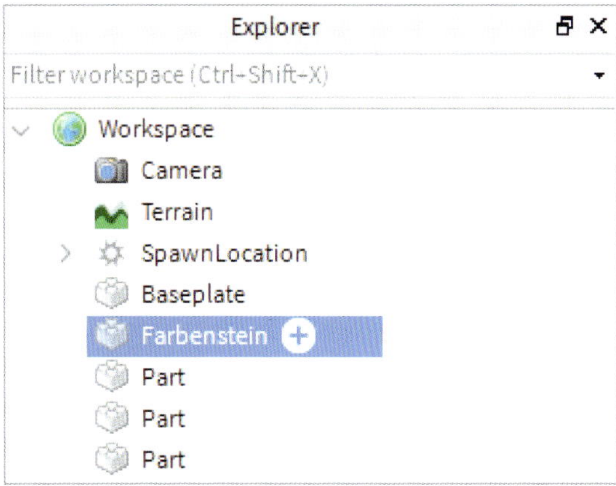

3 Script schreiben

Lösche den Vorgabe-Text vom Script und schreibe folgenden Code:

```
while true do ❶
    workspace.Farbenstein.BrickColor = BrickColor.new("Sage green") ❷ ❸
    wait(1) ❹
    workspace.Farbenstein.BrickColor = BrickColor.new("Gold")
    wait(1)
    workspace.Farbenstein.BrickColor = BrickColor.new("Pink")
    wait(1)
end
```

❶ `while true do` erzeugt eine *Endlosschleife*, sodass die Farbwechsel endlos lange ausgeführt werden.

❷ `workspace.Farbenstein.BrickColor` verweist auf die aktuelle Farbe (`BrickColor`) des **Farbensteins** im **Workspace**. Wenn du deinen Part anders genannt hast, ändere hier den Namen!

❸ `BrickColor.new` verändert die aktuelle Farbe in die angegebene **Roblox-Farbe** in der Klammer.

❹ `wait(1)` steuert die Zeit zwischen den Farbwechseln, hier eine Sekunde.

TIPP

Fehlersuche

Wenn das Script nicht funktioniert, liegt es vielleicht an einem Rechtschreibfehler. Oder du hast vergessen, den Part in »Farbenstein« umzubenennen! Schalte zum Testen immer die Output-Konsole ein, dort wird die fehlerhafte Scriptzeile auch ausgegeben.

4 Mehrere Farbwechsel

Je nachdem, wie viele Farbwechsel du möchtest, so oft **kopierst** du Zeile 2 und 3. Im Beispiel sind es drei Wechsel, dann beginnt es wieder mit der ersten Farbe.

Mit den richtigen Farben und vielen Wechseln hintereinander kannst du sogar **Regenbogensteine** erzeugen. Probiere es einfach aus!

5 Farben aussuchen

Wenn du die Farben in die Klammer schreibst, bekommst du schon alphabetisch **Vorschläge**, welche Farbe du nehmen kannst. Den Namen einer bestimmten Farbe erfährst du, wenn du die Farbe vom Part in der Registerkarte **Model** veränderst und mit der Maus über die Farben fährst.

Registerkarte | Model | Color

TIPP

Mit der Funktion `BrickColor.random()` kannst du Zufallsfarben generieren lassen:

```
workspace.Farbenstein.BrickColor = BrickColor.random()
```

Denk aber daran, darunter noch ein `wait(1)` einzubauen, sonst funktioniert es nicht!

Todesstein

1 Part erstellen

Erstelle einen neuen Part und nenne ihn *Todesstein*. Am besten gibst du dem **Part** auch eine auffällige Farbe und Material, z.B. Neon und Rot, damit der Spieler schon gewarnt ist, dass man diesen Stein besser nicht berühren sollte!

2 Script hinzufügen

Dann erstelle über das kleine Plus neben dem Todesstein ein neues Script und nenne dieses *Todesscript*.

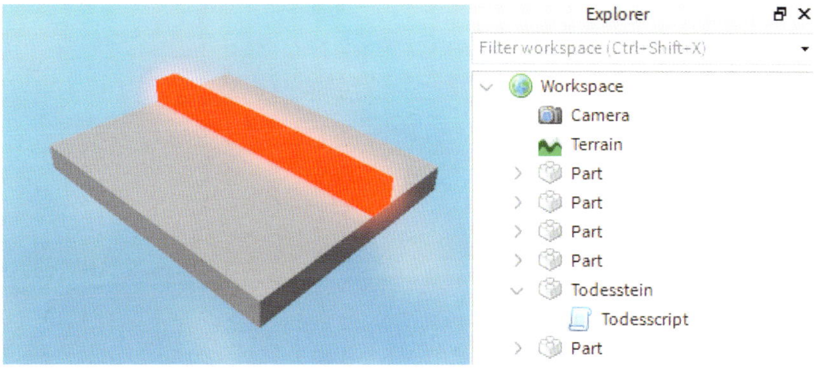

3 Script schreiben

Den Vorgabe-Text im Script ersetzt du durch folgenden Code:

```
function BeruehreTodesstein(part) ❶
    if part.Parent:FindFirstChildWhichIsA("Humanoid") then
        part.Parent.Humanoid.Health = 0 ❷
    end
end
script.Parent.Touched:Connect(BeruehreTodesstein) ❸
```

❶ Die Funktion `BeruehreTodesstein(part)` prüft, ob (`if`) der Part, der den Block gerade berührt, zu einem Spieler (`Humanoid`) gehört. Falls ja (`then`), wird der **Health**-Wert auf 0 gesetzt.

❷ Mit `Health` steuerst du die Gesundheit des Spielers. Ein Wert von 0 bedeutet, dass der Spieler stirbt.

❸ Unter die **Funktion** musst du noch das `Touch`-Event einfügen und über `Connect` mit der Funktion verbinden. Jetzt wird die Funktion bei Berührung des Todessteines aufgerufen.

PFAD STATT NAMEN

In diesem Script wird der Part nicht mit seinem Namen angesprochen, sondern über den Pfad vom Script. Das macht es etwas weniger fehleranfällig, insbesondere, wenn du den Stein umbenennst. `script.Parent` verweist auf den Part (Todesstein), zu dem das Script gehört. Es ist also das Gleiche wie `workspace.Todesstein`.

PARAMETER

In einer Funktion kann ein (oder mehrere) Parameter innerhalb der Klammer übergeben werden (part). Dieser Parameter speichert einen Wert oder einen Namen. In diesem Script speichert der Parameter den Part, der die Funktion über das Touch-Event ausgelöst hat. So kann dann innerhalb der Funktion weiter auf den Part zugegriffen werden und geprüft werden, ob der Part zu einem Humanoid gehört. Wenn eine Funktion keinen Parameter verwendet, bleibt die Klammer einfach leer.

Parameter werden, wie auch Variablen, kleingeschrieben!

TIPP

Der Todesstein eignet sich auch gut als Boden deines Obbys. Wenn du das **Flat Terrain** als Vorlage für dein Obby genommen hast, kannst du mit dem Terrain Editor und **Paint** Lava auf den Boden malen und einen riesigen *durchsichtigen* Todesstein darauflegen. Wenn der Spieler nun abstürzt, fällt er in die tödliche Lava!

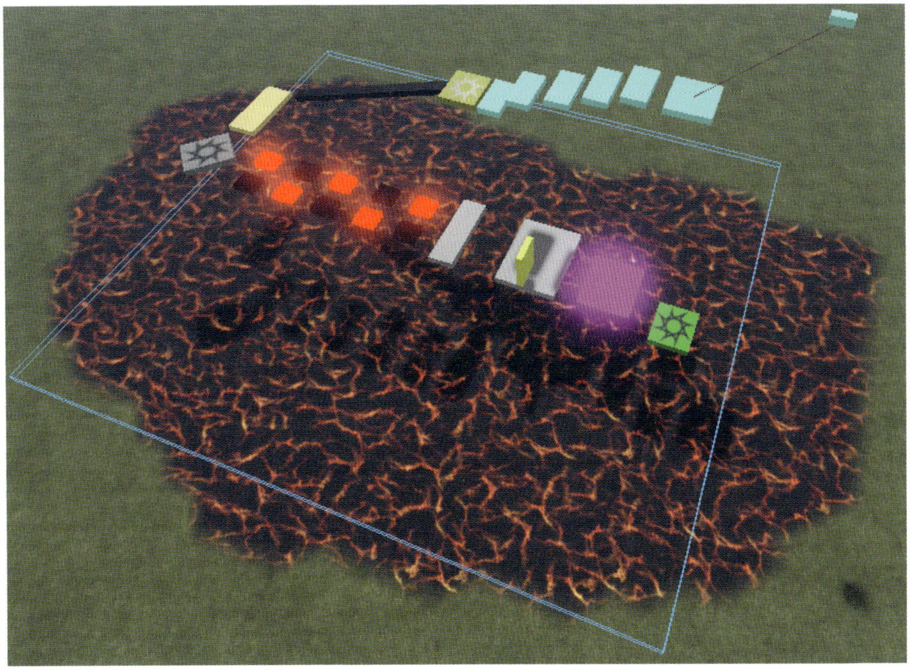

Immer schneller

Man kann in Roblox auch ganz leicht die **Laufgeschwindigkeit** des Spielers verändern. So kann man zum Beispiel lange Strecken einbauen, auf denen der Spieler viel schneller laufen kann.

Bei grün wird's schnell, bei rot wird's langsam.

1 Zwei Parts

Wir brauchen hierfür zwei **Parts**, einen *Speedblock*, der die Geschwindigkeit des Spielers erhöht, und einen *Slowblock*, der den Spieler wieder verlangsamt.

2 Script einfügen

Erstelle einen Part, nenne ihn um in *Speedblock* und füge im **Workspace** bei **Speedblock** über das kleine Plus ein **Script** ein. Benenne das Script in *Speedscript* um.

3 Script schreiben

Den Vorgabe-Text im Speedscript überschreibst du mit folgendem Code:

```
function Speed(part) ❶
    if part.Parent:FindFirstChildWhichIsA("Humanoid") then
        part.Parent.Humanoid.WalkSpeed = 30 ❷
    end
end
script.Parent.Touched:Connect(Speed) ❸
```

❶ Diesmal nennst du die Funktion *Speed*, und genau wie beim Todesblock wird zunächst geprüft, ob es sich um einen Spieler handelt, der den Part berührt (❸).

❷ `part.Parent.Humanoid.WalkSpeed` steuert die **Geschwindigkeit**. Der Wert 16 entspricht der normalen Laufgeschwindigkeit eines Spielers. Der Wert 30 lässt den Spieler durch den Parcour rasen!

4 Zurück zur Normalgeschwindigkeit

Um den Spieler wieder auf die normale Geschwindigkeit zurückzusetzen, *kopierst* du einfach den Speedblock.

- Wähle im Workspace den **Speedblock** aus und drücke die rechte Maustaste. Wähle den Befehl **Duplicate**. Praktischerweise wird das Script auch gleich mitkopiert.
- Benenne nun beides um, damit du Blöcke nicht verwechselst! Nenne sie um in *Slowblock* und *Slowscript*.
- Im **Slowscript** änderst du die Geschwindigkeit um in Normalgeschwindigkeit: `part.Parent.Humanoid.WalkSpeed = 16`. Du kannst die **Funktion** auch in `Slow` umbenennen, achte aber darauf, dass du dann in der letzten Zeile das `Speed` auch in `Slow` änderst!

TIPP

Du kannst auch Passagen einbauen, auf denen der Spieler viel langsamer läuft als sonst. Dann musst du nur die Reihenfolge der Blöcke vertauschen und die Werte entsprechend anpassen. Werte größer als 16 machen den Spieler schneller, Werte kleiner als 16 verlangsamen ihn!

5 Zeit vorgeben

Und du kannst, statt einen **Slowblock** einzubauen, auch den **Speedblock** so ändern, dass die Geschwindigkeit nur für eine bestimmte Zeitdauer anhält! Hierfür musst du im **Speedscript** lediglich ein `wait()` und eine weitere Zeile mit der ursprünglichen Geschwindigkeit ergänzen:

```
function Speed(part)
    if part.Parent:FindFirstChildWhichIsA("Humanoid") then
         part.Parent.Humanoid.WalkSpeed = 30
        wait(5)
        part.Parent.Humanoid.WalkSpeed = 16
    end
end
script.Parent.Touched:Connect(Speed)
```

Riesensprünge

Die **Sprungkraft** des Spielers lässt sich ebenfalls einfach verändern. Das funktioniert fast genauso wie die Geschwindigkeit.

1 Script erstellen

Kopiere einfach den **Speedblock**, nenne ihn *Jumpblock* und schreibe das Script um:

```
function Jump(part)
    if part.Parent:FindFirstChildWhichIsA("Humanoid") then
        part.Parent.Humanoid.JumpHeight = 15 ❶
    end
end
script.Parent.Touched:Connect(Jump)
```

❶ Für `JumpHeight` ist der Wert **7.2** die normale Sprungkraft. Mit **15** oder **20** kannst du schon Riesensprünge machen!

2 Sprungkraft zurücksetzen

Wenn du die Sprungkraft wieder auf den Normwert setzen möchtest, kannst du, genau wie beim Speedblock, einen zweiten Block einbauen. Oder du legst eine **Zeitdauer** fest, wie lange die Sprungkraft halten soll. Dazu ergänzt du zwei Zeilen im Script:

```
function Jump(part)
    if part.Parent:FindFirstChildWhichIsA("Humanoid") then
        part.Parent.Humanoid.JumpHeight = 15
        wait(5)
part.Parent.Humanoid.JumpHeight = 7.2

    end
end
script.Parent.Touched:Connect(Jump)
```

Jetzt hält die `JumpHeight` genau 5 Sekunden!

3 Scripte zusammenfügen

Du kannst natürlich auch beide Werte, also **Geschwindigkeit** und **Sprungkraft**, in einem einzigen Script speichern. Dazu öffnest du einfach das **Speedscript** und ergänzt unter der Zeile mit der Geschwindigkeit die Sprungkraft:

```
part.Parent.Humanoid.WalkSpeed = 30
part.Parent.Humanoid.JumpHeight = 15
```

Wo ist der Stein?

Ein Stein, der sich bei Berührung langsam auflöst! Hierzu brauchst du einen **Part** und wieder ein zugehöriges Script.

Part und Script

Nenne den Part *VerschwindeStein* und das Script *VerschwindeScript*:

```
function Verschwinden(part)
    if part.Parent:FindFirstChildWhichIsA("Humanoid") then ❶
        for i = 1,10 do ❷
            script.Parent.Transparency = script.Parent.Transparency + 0.1 ❸
            wait(1) ❹
            script.Parent.CanCollide = false ❺
        end
    end
end
script.Parent.Touched:Connect(Verschwinden)
```

Den Anfang und das Ende der Funktion kennst du schon von den vorherigen Blöcken.

❶ Zunächst die Abfrage, ob es sich um einen Spieler (»Humanoid«) handelt.

❷ Falls ja, wird eine *Schleife* gestartet, die *zehnmal* durchläuft: `for i = 1,10 do`.

❸ In dieser Schleife wird jedes Mal die `Transparency` des **Parts** um den Wert **0.1** erhöht, was bedeutet, dass der Stein durchsichtiger wird. Nach zehnmaligem Durchlauf ist der Part komplett durchsichtig. Das Script beendet die Schleife und läuft weiter.

❹ `wait(1)` sorgt für eine Verzögerung von 1 Sekunde, bevor das Script weiterläuft.

❺ Nun wird `CanCollide` des Steins *deaktiviert* = `false`. Der Spieler fällt nun durch den unsichtbaren Stein in den Abgrund!

CHALLENGE

Du kannst die Zeitdauer, bis der Stein ganz durchsichtig ist, verändern. Dazu musst du nur ein bisschen rechnen. Die `Transparency` geht von 0 = sichtbar bis 1 = unsichtbar. In der `for`-Schleife mit `i = 1,10` würde die Transparency 10x um 0,1 erhöht werden. 10x 0,1 ergibt 1 = unsichtbar. Versuche, die Zeit zu verlängern, indem du in der `for`-Schleife mehr Schritte einbaust und die Transparency um den noch zu berechnenden Wert erhöhst! Um welchen Wert muss die Transparency bei `i=1,20` erhöht werden?

Hilfe, der Stein schrumpft!

Als Alternative zum **VerschwindeStein** kannst du auch einen Block bauen, der plötzlich immer kleiner wird!

1 Part kopieren

Das Script ist ganz ähnlich. Deshalb kannst du den **VerschwindeStein** einfach mit der rechten Maustaste *kopieren*, das Script wird direkt mitkopiert. Nenne den neuen Part einfach *Schrumpfstein*.

2 Script anpassen

Im **Script** änderst du statt der Transparency die `Size`, also die Größe. Ein Wert von **0,98** schrumpft den Block langsam, da die Originalgröße mit **0,98** multipliziert wird und somit immer kleiner wird.

```
function Verschwinden(part)
    if part.Parent:FindFirstChildWhichIsA("Humanoid") then
        for i = 1,10 do
            script.Parent.Size = script.Parent.Size * 0.95
            wait(2)
            script.Parent.CanCollide = false
        end
    end
end
script.Parent.Touched:Connect(Verschwinden)
```

CHALLENGE

Blöcke kombinieren

Jetzt hast du viele verschiedene Möglichkeiten für spannende Blöcke kennengelernt. Kombiniere unterschiedliche Blöcke und baue mit ihnen ein abwechslungsreiches Obby.

TIPP

Nachdem du deinen Parcour gebaut hast und alles funktioniert, kannst du dein Obby noch verschönern, indem du ein paar Effekte einbaust! Du kannst die Effekte natürlich auch gut mit besonderen Blöcken kombinieren, zum Beispiel den Feuereffekt mit einem unsichtbaren Todesstein!

5.4 Checkpoints

Nun fehlen noch die Checkpoints, damit du nicht immer wieder von vorne anfangen musst, falls du mal runterfällst!

1 Ordner importieren

Für die Checkpoints benötigst du den Ordner **Teams** im Workspace. Wenn du keinen **Teams-Ordner** im Workspace siehst, importiere ihn, indem du ihn unter der Registerkarte **Model** unter **Service** einfügst.

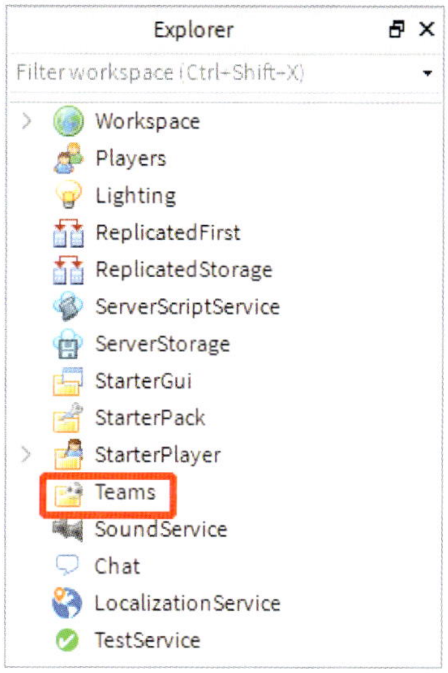

TIPP

Checkpoints platzierst du am besten vor und nach einem schwierigen Sprung, sodass der Spieler die schwierige Stelle gleich noch mal probieren kann und nicht frustriert aufgibt!

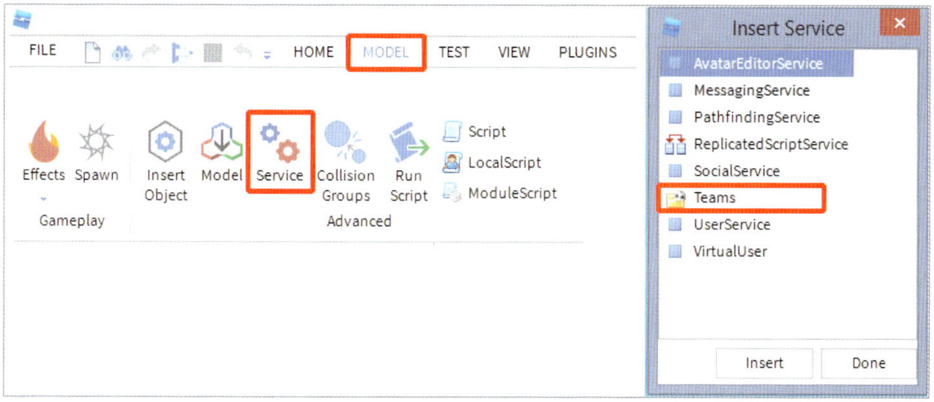

2 Checkpoint einfügen

Jetzt fügst du im Workspace den ersten Checkpoint ein:

- ➔ Drücke auf das kleine Plus neben **Workspace** und wähle **SpawnLocation** aus. Du kannst auch »SpawnLocation« im Suchfeld eingeben.
- ➔ Die **SpawnLocation** setzt du als Startpunkt ganz an den Anfang deines Obbys.

TIPP

Die **SpawnLocation** findest du auch als Schaltfläche in der Registerkarte **Model** ganz rechts neben den Effekten!

DAS FARBSYSTEM

Das Checkpoint-System funktioniert über Farben: Jede **SpawnLocation** bekommt im **Teams-Ordner** ein eigenes **Team**, beide müssen dann die gleiche Teamfarbe haben. Sobald ein Spieler eine **SpawnLocation** betritt oder darüberläuft, erhält der Spieler auch die Teamfarbe der **SpawnLocation**. Muss der Spieler neu *gespawnt* werden, erscheint er an der letzten **SpawnLocation**.

3 Team zuordnen

Die erste **SpawnLocation** am Anfang vom Obby, die du bereits gesetzt hast, bekommt nun ein Team. Dafür klickst du auf das kleine Plus neben dem **Teams-Ordner** und wählst **Team**. Im Workspace sieht es dann so aus:

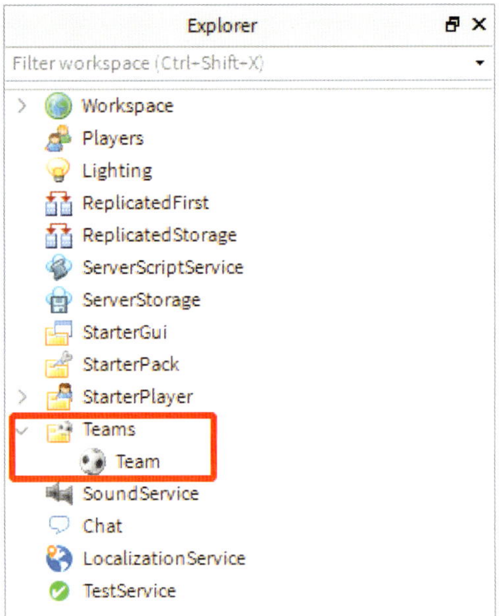

4 Checkpoint benennen

Die **SpawnLocation** benennst du um in *Spawn1*, und das **Team** kannst du ebenfalls *Spawn1* nennen. Wenn du später weitere Checkpoints einbaust, nummerierst du sie einfach passend durch.

5 Farbe festlegen

Jetzt brauchst du die **Properties**. Wenn sie bei dir nicht sichtbar ist, aktiviere sie in der Registerkarte **View**.

Wähle zuerst die **Spawn-Location** *Spawn1* aus, scrolle bis **Teams** und aktiviere **AllowTeam-ChangeOnTouch**. Dann änderst du die **Team-Color** auf eine Farbe deiner Wahl, aber merke sie dir gut!

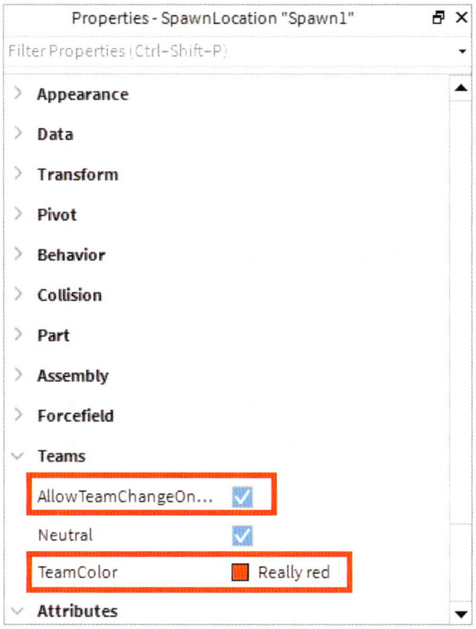

6 Farbe zuordnen

Jetzt wählst du im Workspace unter **Teams** den *Spawn1*. Auch hier gehst du in die **Properties**:

- Deaktiviere **AutoAssignable**.
- Bei **TeamColor** wählst du exakt dieselbe Farbe, wie die **SpawnLocation** *Spawn1* bekommen hat.

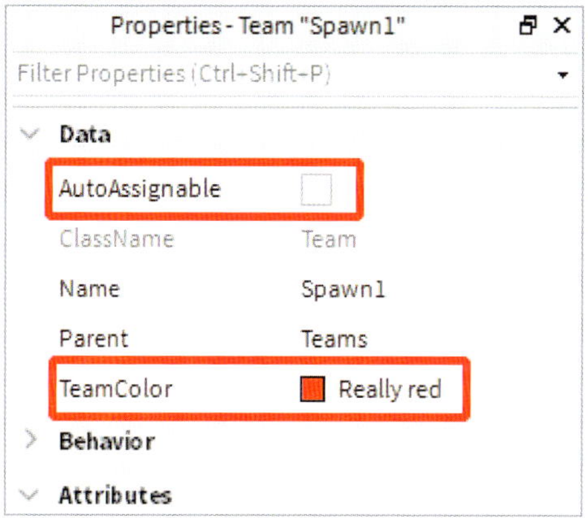

7 Ein zweiter Checkpoint

- Jetzt ist der Start-Checkpoint fertig. Du kannst jetzt einfach im Workspace beide *Spawn1* kopieren und in *Spawn2* umbenennen. Verschiebe die **SpawnLocation** *Spawn2* an eine passende Stelle in deinem Obby.
- Jetzt musst du aber noch in den **Properties** die **TeamColor** von *Spawn2*, also für das entsprechende **Team** und die **SpawnLocation**, ändern.
- Achte wieder darauf, dass beide *Spawn2* dieselbe **TeamColor** haben.
- **Ganz wichtig:** Bei der **SpawnLocation** *Spawn2* deaktivierst du **Neutral**. Alle Checkpoints, außer dem Start-Checkpoint, sind somit *nicht* neutral. Das bedeutet, dass nur Spieler mit derselben **Teamfarbe** wie die **Spawn-Location** diese auch nutzen können, also dort spawnen werden. Aber da **AllowTeamChangeOnTouch** aktiviert ist, bekommt ja jeder Spieler, der die SpawnLocation berührt, die passende Farbe!

8 Noch mehr Checkpoints

Für weitere Checkpoints kopierst du einfach immer den letzten Checkpoint (hier also *Spawn2*) und änderst nur noch die **TeamColor**, natürlich für die **SpawnLocation** und das **Team**!

TIPP

Wenn die **SpawnLocation** nicht funktioniert: Überprüfe, dass du die **TeamColor** und nicht die **BrickColor** geändert hast und dass die **SpawnLocation** und das zugehörige **Team** wirklich exakt die gleiche Farbe haben! Manchmal hilft es auch, einfach eine neue **Teamfarbe** zu wählen!

5.5 Endlich im Ziel

Jetzt fehlt nur noch ein Ziel! Du kannst eine **Schatztruhe** auf die letzte Plattform stellen oder ein **Schild**, auf dem du dem Sieger gratulierst! Oder du stellst einen **Pokal** aus der Toolbox auf ein kleines Podest. Vielleicht findest du in der Toolbox noch andere schöne Objekte, mit denen du dein Ziel dekorieren kannst.

CHALLENGE

Bau dein Obby mit den Ideen aus den anderen Kapiteln noch weiter aus!

Wie du einen Timer einbaust, kannst du im Abschnitt 6.3 »Beeil dich!« lesen!

Im Abschnitt »Soundeffekte« auf Seite 123 findest du auch ein Script, mit dem du für deine Siegtrophäe einen passenden Sound einbauen kannst!

Oder du schaust dir den Abschnitt »Interaktiver Block mit Schaltfläche« auf Seite 186 an und baust solche Blöcke in dein Obby ein!

6 Escape Game

Die Zeit läuft! Kannst du den Ausgang aus dem **Labyrinth** rechtzeitig finden? Ein spannender Wettlauf gegen die Zeit beginnt ...

Du kannst dieses Spiel auch gut mit Freunden zusammen spielen. Sucht gemeinsam den Ausgang!

SCHWIERIGKEIT	1
DAUER	1 Std.
SCRIPTE	
MODELLIERUNG	
FEATURES	Wettlauf gegen die Zeit, First Person Camera, Ziel spawnt an zufälliger Stelle, Soundeffekte!

6.1 Das Labyrinth

Zuerst baust du das Labyrinth für dein Escape Game. Halte dich bitte an die Angaben zur Bodenplatte, denn nur dann kann der Zielpunkt später auch funktionieren!

1 Bodenplatte erstellen

- Öffne Roblox Studio und wähle das Template **Baseplate**.
- Lösche dann die Baseplate aus dem Workspace und füge aus der Registerkarte **Model** einen Part ein.
- Benenne den Part in »Bodenplatte« um, indem du im Workspace den Part auswählst, die rechte Maustaste drückst und **Rename** wählst.

2 Größe der Bodenplatte

Öffne die **Properties** von *Bodenplatte*. Aktiviere **Anchored** und setze die **Size**, also die Größe, auf **200, 1, 200**. Die Platte ist nun **200 studs** lang, **200 studs** breit und **1 stud** hoch.

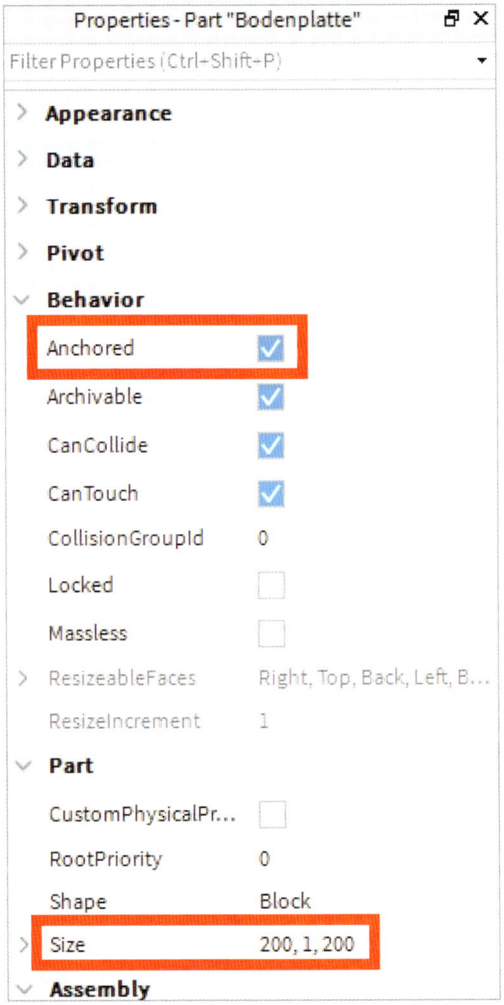

3 Position

Nun setzt du in den **Properties** den Wert von **Position** auf **0, 0, 0**. Somit sind die Größe und die Position der Bodenplatte genau festgelegt.

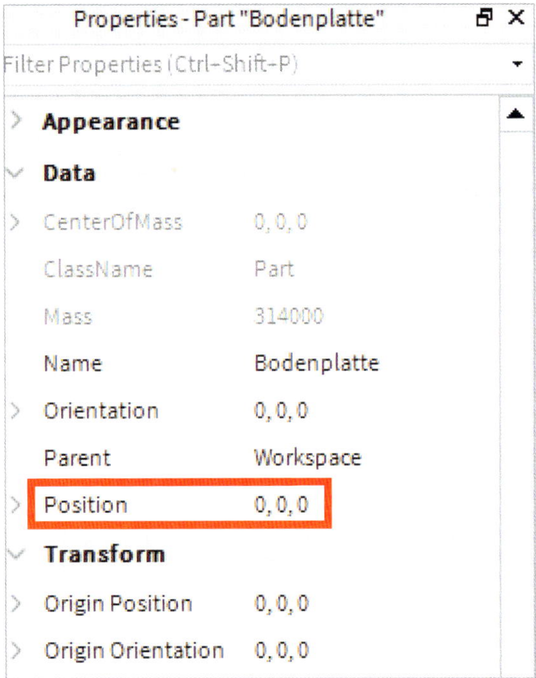

4 Weitere Eigenschaften

Du kannst nun noch ein Material oder eine Farbe für den Boden vergeben.

5 Außenwände bauen

- Jetzt fügst du einen weiteren Part ein und benennst ihn um in »Wand«. Achte darauf, dass **Anchor** aktiviert ist!
- Dann verschiebst du ihn an den Rand der Bodenplatte und skalierst ihn auf die Länge der Bodenplatte. Die Höhe sollte ca. **20 studs** sein, du kannst das in den **Properties** kontrollieren, es ist unter **Size** der *mittlere* Wert!
- Kopiere dann die *Wand* noch **dreimal**, indem du die rechte Maustaste drückst und **Duplicate** auswählst. Aus diesen Wänden baust du nun den *Rahmen* des Labyrinths.

6 Innenwände ziehen

Nun kopierst du die *Wand* ein weiteres Mal und schiebst sie diesmal ins Labyrinth. Skaliere sie in der Länge, aber nicht mehr in der Höhe!

Kopiere weitere Wände, um das Labyrinth zu bauen. Achte darauf, dass genug *Platz* in den Gängen ist und die Durchgänge *breit* genug sind!

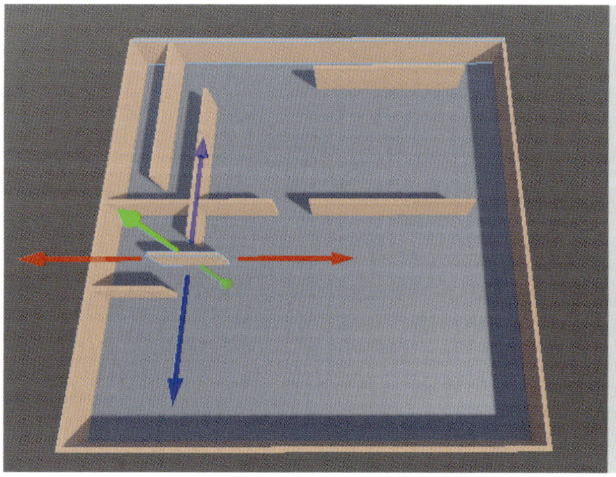

7 Ordner für die Wände

Wenn du mit dem Labyrinth fertig bist, klickst du auf das kleine Plus neben **Workspace** und fügst einen **Folder** ein. Das ist ein **Ordner**, in den du *alle* Wände hineinverschiebst. Du kannst den Ordner mit dem kleinen Haken daneben auch auf- und zuklappen!

Den Ordner benennst du um in »Labyrinth«.

SpawnLocation

Bevor du das Spiel testest, brauchst du noch eine **SpawnLocation**, an der die Spieler starten. Und damit das Spiel etwas schwieriger wird, setzt du gleich *vier* **SpawnLocations**, jeweils an die Ecken im Labyrinth! So spawnt der Spieler immer in einer anderen Ecke.

Falls schon eine **SpawnLocation** vorhanden ist, verschiebe diese in eine Ecke. Weitere **SpawnLocations** fügst du aus der Registerkarte **Model** ein oder über das kleine Plus neben **Workspace**.

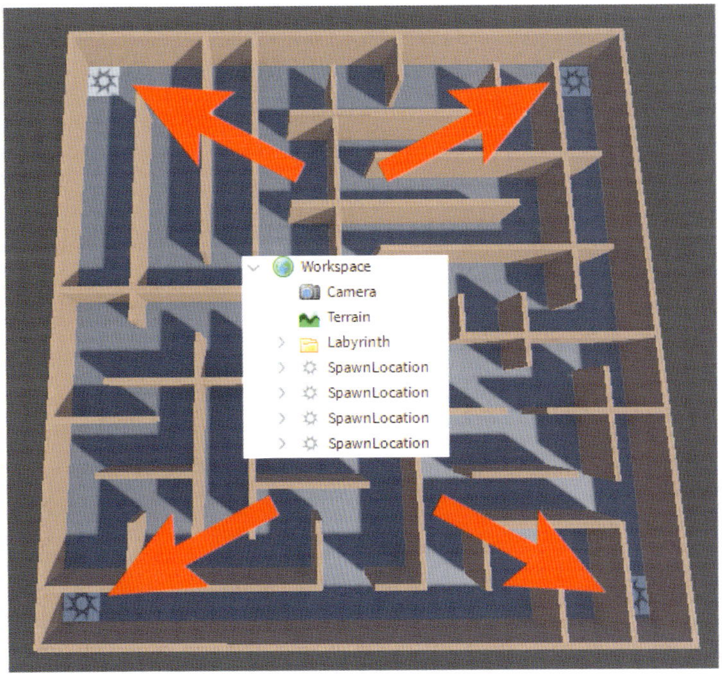

Der erste Test

Jetzt kannst du das Spiel testen. Falls die Wände umfallen, sind sie nicht verankert. Wähle dann einfach im Workspace alle Wände auf einmal aus, indem du die **erste Wand** auswählst, die [⇧]-Taste gedrückt hältst und die **letzte Wand** auswählst. Dann sind alle Wände blau markiert, und du kannst in den **Properties** die Option **Anchored** aktivieren!

6.2 Beam me up!

Das **Ziel**, das die Spieler im Labyrinth erreichen müssen, soll ein gläserner Zylinder werden, in den der Spieler eintritt und der dann die Farbe verändert.

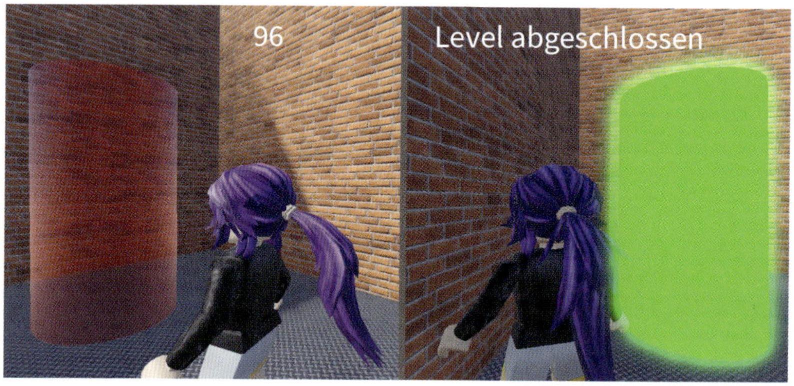

1 Zylinder erstellen

Als Erstes erstellst du einen **Cylinder** unter **Parts**. Unter **Color** wählst du *Rot*, und als **Material** nimmst du *Glas*.

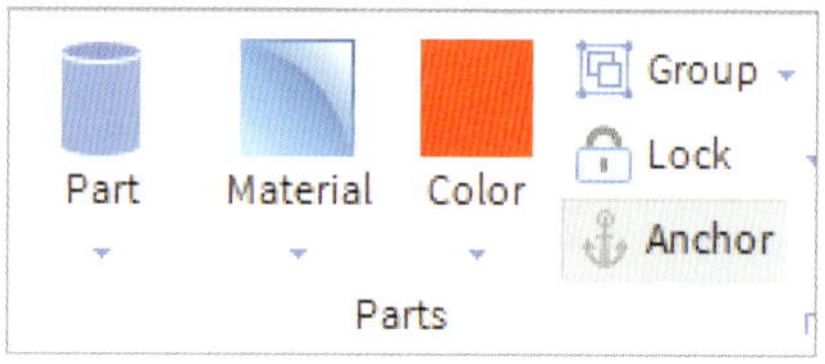

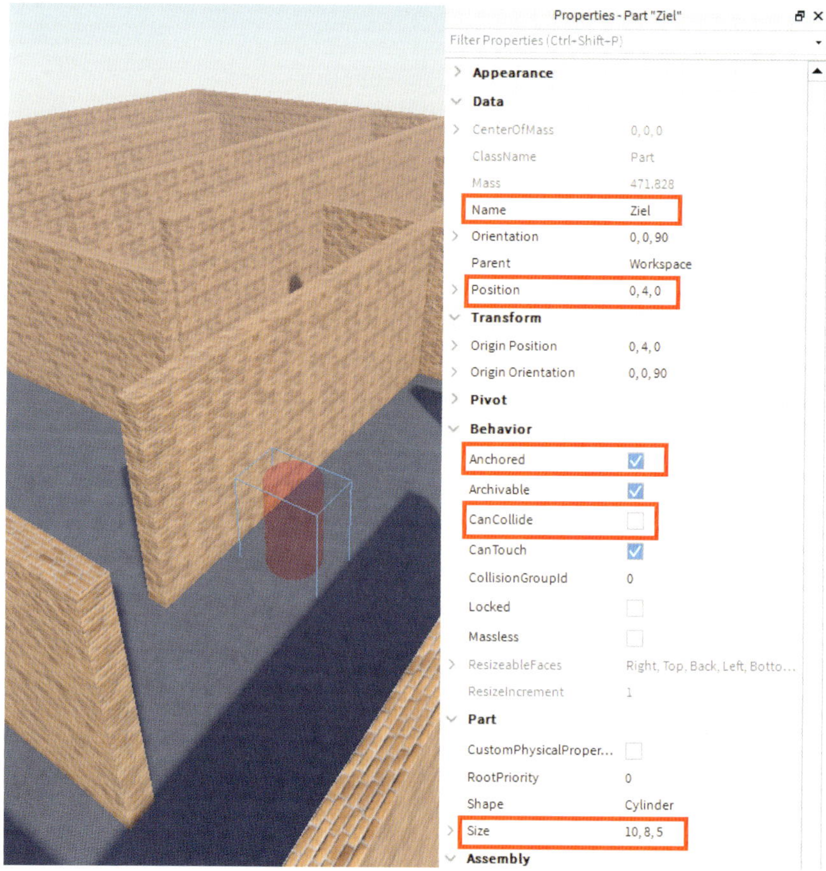

2 Eigenschaften des Ziels

- Benenne den **Cylinder** um in »Ziel« und stelle in den **Properties** die **Transparency** auf **0.75**.
- Dann änderst du dort die **Size** auf **10, 8 ,5** und die **Position** auf **0, 4, 0**. Somit befindet sich das **Ziel** jetzt exakt in der Mitte des Labyrinths. Falls dort bei deinem Labyrinth eine Wand steht, verschiebe diese so, dass der **Cylinder** freisteht!
- Achte darauf, dass **Anchored** *aktiviert* und **CanCollide** *deaktiviert* ist, damit der Spieler in den **Cylinder** hineinlaufen kann!

3 Ziel per Script platzieren

Nun wäre es ja zu einfach, wenn das Ziel immer genau in der Mitte des Labyrinths wäre! Das Ziel soll jedes Mal an einer *anderen Stelle* spawnen, dabei hilft dir ein Script.

Füge also unter *Ziel* ein normales **Script** ein, indem du *Ziel* auswählst und auf das kleine Plus klickst. Benenne es um »Zielscript«.

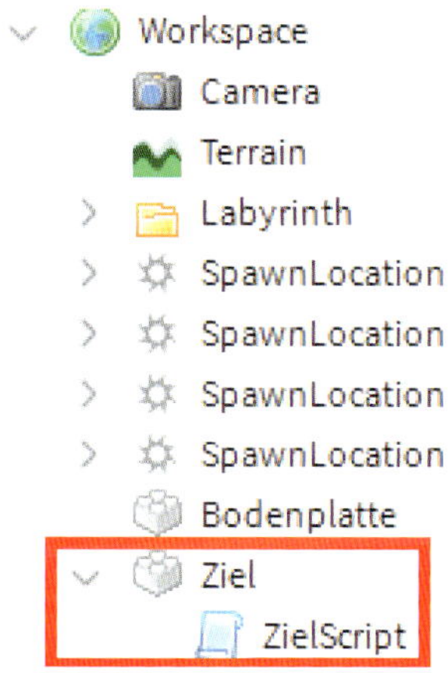

4 Das Scirpt

Öffne das **Script** und schreibe folgenden Code:

```
local neuesZiel = game.Workspace.Ziel ❶
neuesZiel.Position = Vector3.new(math.random(-99, 99), 4,math.
random(-99, 99)) ❷ ❸
```

❶ In Zeile 1 definierst du die Variable `neuesZiel`, die mit dem Pfad auf den Part *Ziel* weist.

❷ `neuesZiel.Position` bezieht sich auf die **Position** von *Ziel*, die du in den **Properties** auf **0, 4, 0** gesetzt hast. Diese bekommt jetzt über `Vector3.new` neue Werte.

❸ `Vector3` definiert immer **X,Y,Z-Werte**, also genau drei Zahlen. Mit `.new` können neue Zahlen verwendet werden. Und für diese neuen Zahlen wird für den **X-Wert** und den **Z-Wert** mit `math.random(99, 99)` ein *Zufallswert zwischen -99 und 99* bestimmt. Der **Y-Wert**, also die Höhe, bleibt mit 4 unverändert. Die Bodenplatte ist insgesamt **200 x 200 studs** groß, also ist die gesamte Fläche abgedeckt, da der Zufallswert von **–99 bis 99** reicht.

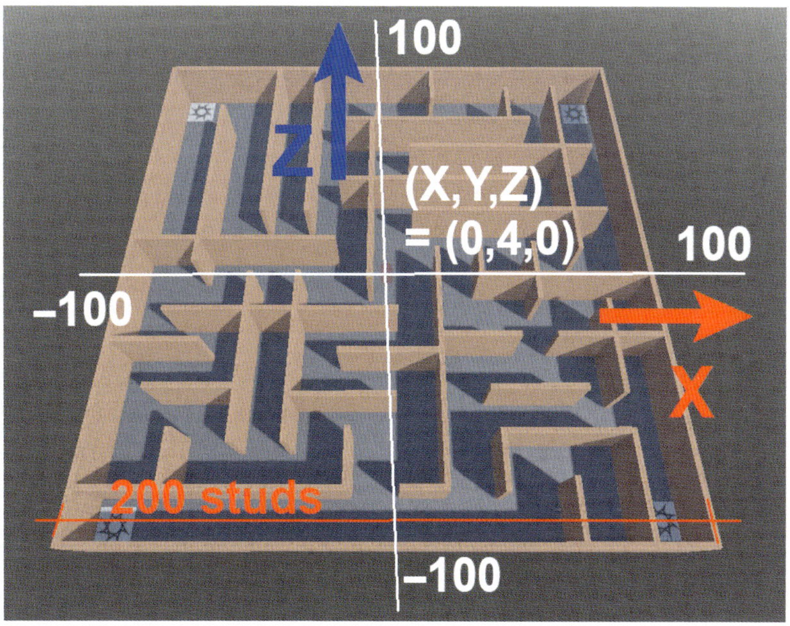

5 Testen

Teste das Spiel, das Ziel sollte jetzt immer an einer anderen Stelle erscheinen! Wenn es nicht funktioniert, prüfe das Script auf Rechtschreibfehler!

7 Script testen

Teste das Spiel und schau, ob das Script funktioniert. Die **Output-Konsole** zeigt eventuelle **Fehlermeldungen** an, die du dann im Script korrigieren kannst. Du kannst die Output-Konsole in der Registerkarte **View** aktivieren.

6 Farbwechsel

Jetzt soll das *Ziel* noch die **Farbe** und das **Material** ändern, wenn der Spieler es betritt. So wirkt das Ziel noch mehr wie ein Aufzug, durch den der Spieler aus dem Labyrinth gebeamt wird!

Ergänze das **ZielScript** mit folgendem Code:

```
local function Ziel(part) ❶
    if part.Parent:FindFirstChildWhichIsA("Humanoid") then ❷
        wait(1) ❸
        neuesZiel.BrickColor = BrickColor.new("Lime green") ❹
        neuesZiel.Material = Enum.Material.Neon
        neuesZiel.Transparency = 0
    end ❺
end ❻
neuesZiel.Touched:Connect(Ziel) ❼
```

❶ In der **Funktion** `Ziel` wird der **Parameter** `part` übergeben.

❷ Die `If-Anweisung` prüft, ob der `part` zu einem `Humanoid`, also Spieler gehört.

❸ Falls ja, wird mit `wait(1)` eine Sekunde lang gewartet.

❹ Danach verändert `neuesZiel`, also der *Ziel*-Part, die Farbe zu `Lime green` und das Material zu `Neon`. Die `Transparency`, die vorher auf **0.75** war, wird zurück auf **0** gesetzt, also nicht durchsichtig. Du kannst die Farbe und das Material natürlich anpassen, so wie du das möchtest!

❺ Das erste `end` schließt die If-Anweisung, das zweite `end` ❻ schließt die Funktion.

❼ Die letzte Zeile verbindet durch das Berühren von `neuesZiel` das Touch-Event mit der Funktion `Ziel`.

Soundeffekte

Wenn der Spieler das Ziel erreicht und in die Röhre steigt, soll ein **spaciger Lasersound** erklingen!

1 Toolbox öffnen

Öffne die **Toolbox** unter der Registerkarte **View**.

2 Sound aussuchen

Stelle auf **Audio** und tippe im Suchfeld »beam sweep« ein. Mit einem Klick auf das kleine Dreieck kannst du den Sound anhören. Wenn er dir gefällt, mache einen Doppelklick auf den Sound, und er erscheint im Workspace. Du kannst auch nach »Beep« suchen.

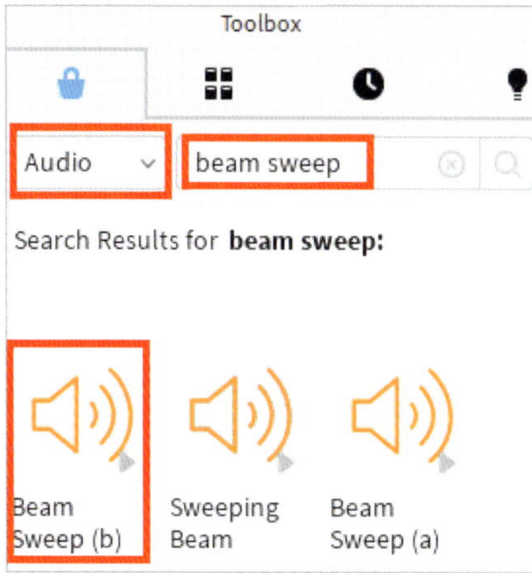

3 Sound umbenennen

Im Workspace benennst du den Sound um in »Sound«. Achte darauf, dass er direkt im Workspace liegt und nicht in einem Part verschachtelt ist!

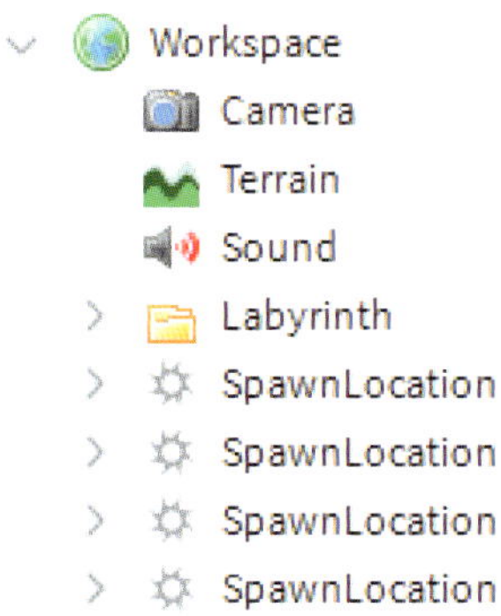

4 Neue Variable

Jetzt öffnest du das **Zielscript** und ergänzt ganz oben eine neue Variable:

```
local sound = game.Workspace.Sound ❶
```

❶ `sound` weist mit dem Pfad auf die *Sound*-Datei im **Workspace**. Wenn dein Sound anders heißt, musst du im Pfad natürlich den Namen ändern!

5 Funktion erweitern

In der Funktion ergänzt du nun einfach direkt in der `if`-Anweisung folgende Anweisung:

```
sound:Play()
```

Hiermit wird die Funktion `Play()` auf die Variable `sound` angewendet, und der **Sound** erklingt, sobald ein Spieler den *Ziel*-Part berührt. Der Sound ertönt nun sofort, bevor `wait(2)` eine kurze *Verzögerung* verursacht und anschließend die Farbe des Ziels verändert wird!

Das Script auf einen Blick

Hier noch einmal das gesamte Script:

```
local neuesZiel = game.Workspace.Ziel

local sound = game.Workspace.Sound

neuesZiel.Position = Vector3.new(math.random(-99,99), 4,math.random(-99,99))

local function Ziel(part)
    if part.Parent:FindFirstChildWhichIsA("Humanoid") then
        sound:Play()
        wait(2)
        neuesZiel.BrickColor = BrickColor.new("Lime green")
        neuesZiel.Material = Enum.Material.Neon
        neuesZiel.Transparency = 0
    end
end
neuesZiel.Touched:Connect(Ziel)
```

6.3 Beeil dich!

Noch ist es einfach, das Ziel zu finden. Wenn man lange genug durch das Labyrinth läuft, stößt man irgendwann schon darauf. Das ändert sich nun, denn ab jetzt spielst du *gegen die Zeit*!

WICHTIG

Im Ordner **ScreenGui** sollten nur **Localscripte** und keine normalen Scripte verwendet werden. Normale Scripte funktionieren hier oft nicht!

1 Zeitanzeige

Füge im **Explorer** im Ordner **StarterGui** über das kleine Plus ein **ScreenGui** ein. In dieses **ScreenGui** kommt ein **TextLabel**, und in das **Textlabel** fügst du ein **Localscript** ein. Das **Localscript** benennst du um in »Zeitscript«.

Das **ScreenGui** kümmert sich um die Anzeige auf dem Bildschirm. Mit einem **TextLabel** kannst du dort *Informationen oder Nachrichten* anzeigen lassen oder eben auch einen *Timer*.

GUI

GUI bedeutet Graphical User Interface, und damit ist die *Bedienoberfläche* eines Computerprogramms auf dem Bildschirm gemeint. Wenn du mehr über die GUI erfahren willst, lies im Abschnitt 9.1 »GUI« nach! Hier kannst du auch nachschauen, wie du das **TextLabel** verändern kannst!

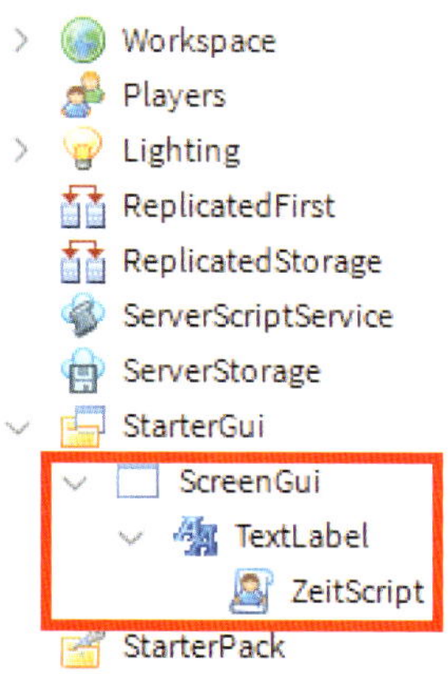

2 Textlabel gestalten

Klicke im Workspace auf das **Textlabel** und öffne die **Properties**. Hier kannst du das **Textlabel** so gestalten, wie du möchtest. Unter **Data** findest du die Einstellungen für das Feld.

- ➔ Stelle den Wert von **Transparency** auf 1, um das Schild durchsichtig zu machen oder ändere **BackgroundColor3** für eine andere Hintergrundfarbe!
- ➔ Danach scrollst du zu **Text** runter und suchst unter **Font** einen neuen Schrifttyp. Hier kannst du auch die Farbe mit **Textcolor3** und die Größe mit **TextSize** verändern!

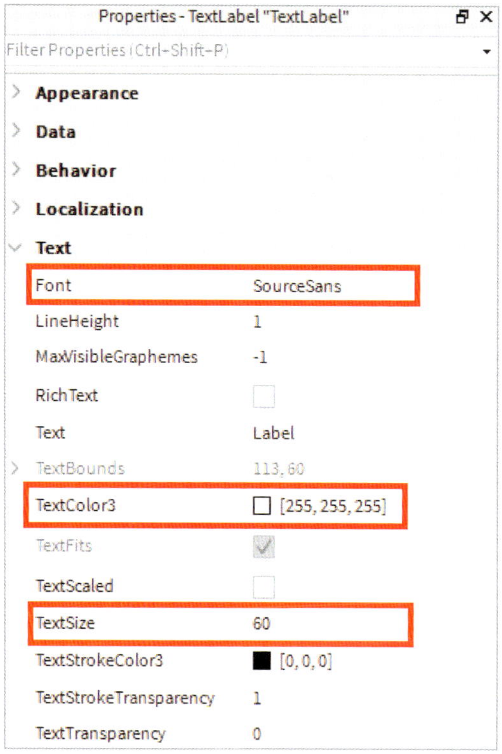

3 Text ändern

Aktuell wird als Text nur »Label« angezeigt, das macht aber nichts, der Text ändert sich durch das Script! Ansonsten könntest du den Text auch in den **Properties** unter **Text** ändern, dort wo *Label* steht!

4 Variablen erstellen

Wenn du mit dem **Textlabel** fertig bist, öffnest du das **Zeitscript**. Hier definierst du zunächst folgende Variablen:

```
local zeit = script.Parent.Text ❶

local player = game.Players.LocalPlayer ❷

local ZeitMessen = true ❸
```

❶ Die Variable `zeit` beinhaltet den Text des **Textlabels**.

❷ `player` ist der aktuelle Spieler

❸ Die Variable `ZeitMessen` ist auf den *Zustand* `true` also falsch gesetzt. Das bedeutet hier, dass der Timer läuft.

5 Funktion für den Timer

Als Nächstes baust du eine **Funktion** ein:

```
local function timerStart()

zeit = 100 ❶

    while ZeitMessen do ❷
        wait(1) ❸
        zeit = zeit - 1 ❹
        player.PlayerGui.ScreenGui.TextLabel.Text = zeit ❺
    end
end
timerStart() ❻
```

❶ Die Funktion `timerStart()` setzt zunächst die **Variable** `zeit` auf `100`. Diesen Wert musst du vermutlich noch mehrfach anpassen, es sind die Sekunden, die der Spieler Zeit hat, um das Ziel zu finden!

❷ `while ZeitMessen do` startet eine `while`-Schleife, also eine *Endlosschleife*, die immer wieder wiederholt wird, solange der *Zustand* `ZeitMessen` den Wert `true` hat. Der Timer läuft also immer weiter, bis `ZeitMessen` auf `false` gesetzt wird.

❸ In der Schleife wird erst eine Sekunde gewartet, danach wird von der Variablen `zeit` eins abgezogen ❹ und über die Zeile `player.PlayerGui.ScreenGui.TextLabel.Text = zeit` ❺ im **Textlabel** eingeblendet, sodass dort nun ein Timer läuft.

❻ Die letzte Zeile `timerStart()` startet die Funktion, sobald das Spiel gestartet wird. Da allerdings der Zustand `ZeitMessen` nie auf `false` gesetzt wird, läuft der Timer endlos weiter ... Probiere das Spiel aus!

6 Die Zeit läuft ab!

Im nächsten Schritt sorgst du dafür, dass das Spiel beendet wird, wenn die Zeit abgelaufen ist. Dazu ergänzt du in der Schleife eine **If-Anweisung**, nach der Zeile `player.PlayerGui.ScreenGui.TextLabel.Text = zeit` und vor den beiden `ends`!

```
if zeit < 0 then ❶
    player.Character.Humanoid.Health = 0 ❷
     ZeitMessen = false ❸
end ❹
```

Wenn `zeit < 0` ist ❶, soll von `player` der `Health`-Wert auf `0` gesetzt werden, ❷ und der Zustand `ZeitMessen` ❸ wird nun auf `false` gesetzt.

Ein weiteres `end` ❹ schließt die If-Anweisung. Damit *endet* die Endlosschleife, wenn der Timer auf **0** ist.

CHALLENGE

Teste das Spiel und schaue, was passiert, wenn der Timer bei 0 angelangt ist!

7 Stop-Variable

Nun fehlt noch eine weitere Funktion, die den Timer stoppt, sobald das Ziel berührt wird. Diese Funktion muss allerdings in der Funktion `timerStart()` *verschachtelt* werden.

Zunächst brauchst du ganz am Anfang vom Script eine neue **Variable**:

```
local stop = game.Workspace.Ziel
```

Hier wird die Variable `stop` als Part *Ziel* definiert.

8 Timer stoppen

Dann ergänzt du die folgende Funktion `timerEnde(part)` nach der **If-Anweisung** der vorherigen Funktion:

```
local function timerEnde(part)
    if part.Parent:FindFirstChildWhichIsA("Humanoid") then ❶
    player.PlayerGui.ScreenGui.TextLabel.Text = "Level abgeschlossen" ❷
         ZeitMessen = false
       end ❸
    end ❹
stop.Touched:Connect(timerEnde) ❺
```

❶ Wie schon beim **Zielscript** prüft hier eine **If-Anweisung**, ob ein Spieler das Ziel berührt hat.

❷ Falls ja, wird »Level abgeschlossen« als `Text` vom `Textlabel` ausgegeben und der Zustand `ZeitMessen` auf `false` gesetzt. Daraus folgt dann natürlich, dass auch der Timer stoppt, denn der läuft ja nur, solange `ZeitMessen = true` ist!

❸ Ein `end` schließt die **If-Anweisung**, das zweite ❹ die **Funktion**.

❺ Danach folgt das Touch-Event, das die Berührung von `stop`, also dem *Ziel*-Part, mit der `Funktion(timerEnde)` verbindet.

Das Script auf einen Blick

Hier das gesamte **Zeitscript**:

```
local stop = game.Workspace.Ziel
local zeit = script.Parent.Text
local player = game.Players.LocalPlayer
local ZeitMessen = true

local function timerStart()

    zeit = 120

    while ZeitMessen do
        wait(1)
        zeit = zeit - 1
        player.PlayerGui.ScreenGui.TextLabel.Text = zeit
        if zeit < 0 then
            player.Character.Humanoid.Health = 0
            ZeitMessen = false
        end
        local function timerEnde(part)
            if part.Parent:FindFirstChildWhichIsA("Humanoid") then
                player.PlayerGui.ScreenGui.TextLabel.Text = "Level abgeschlossen"

                ZeitMessen = false
            end
        end
        stop.Touched:Connect(timerEnde)
    end
end

timerStart()
```

6.4 First Person Camera

Aktuell ist es nicht so schwierig, das Ziel zu finden, da du ja mit der Steuerung ganz herauszoomen und das Ziel dann schon sehen kannst. Das können wir ganz leicht ändern.

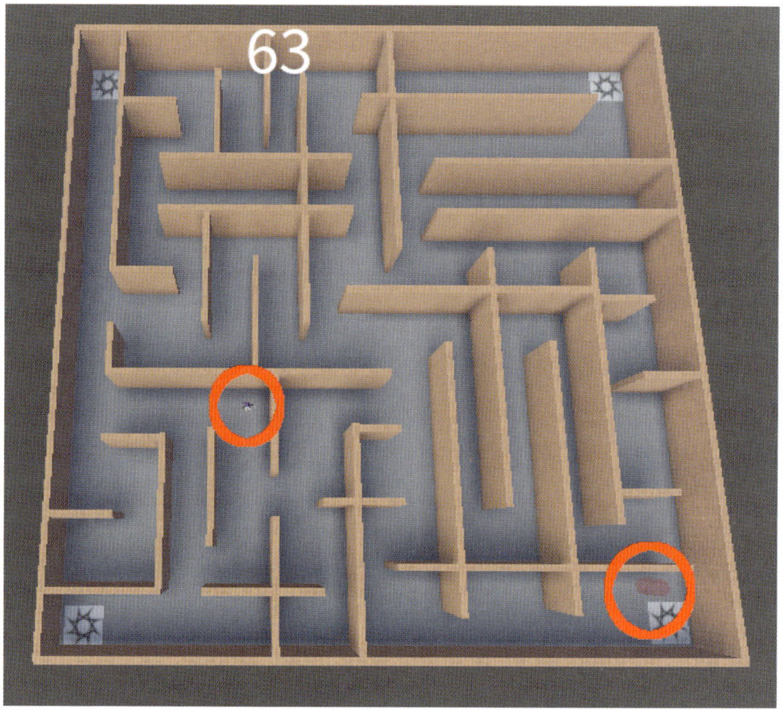

1 Einstellungen öffnen

Klicke im Workspace auf den Ordner **StarterPlayer** und öffne die **Properties**.

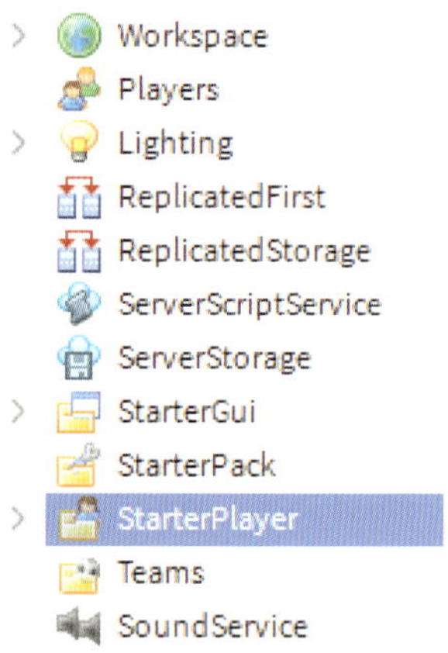

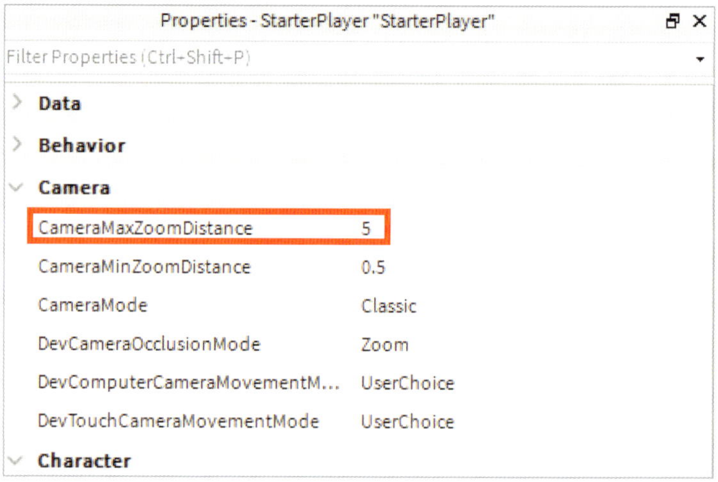

2 Zoomfaktor ändern

Dort änderst du bei **Camera** und **CameraMaxZoomDistance** den Wert von 128 auf 5. Somit kann nicht mehr weit herausgezoomt werden!

FIRST PERSON AKTIVIEREN

Du kannst in den **Properties** bei **Camera** unter **CameraMode** auch statt **Classic** auf **LockFirstPerson** stellen, dann hast du eine echte First Person Camera!

Achtung: Wenn du beim Testen der First Person Camera das Spiel nicht mehr verlassen kannst, drücke die ⇧-Taste und F5 gleichzeitig!

Das fertige Spiel testen

Jetzt ist das Spiel schon nicht mehr ganz so einfach! Teste, ob du das Ziel findest. Wenn das Spiel zu schwierig wird, setze im **Zeitscript** einfach die Zeit höher!

CHALLENGE

Gestalte dein Labyrinth noch spannender! Baue ein paar **Geheimwände** ein, durch die der Spieler durchlaufen kann (`CanCollide` deaktivieren!). Weitere Anregungen findest Du in Abschnit 5.2 »Coole Blöcke«.

7 Murmelspiel

Bei diesem **Geschicklichkeitsspiel** musst du mit deiner Murmel die anderen Murmeln in die Löcher schubsen. Aber pass auf, sonst fällt deine Murmel ins Loch!

Das Besondere an diesem Spiel ist, dass du keine Spielfigur steuerst, sondern direkt die Murmel.

SCHWIERIGKEIT	2
DAUER	1,5 Std.
SCRIPTE	
MODELLIERUNG	
FEATURES	Murmel als Spielfigur, nur ein kleines Script, aber mehrere Attachments!

7.1 Das Murmelbrett

Als Erstes erstellst du das Spielbrett. Achte beim Bauen darauf, dass für alle Parts des Murmelbretts **Anchored** aktiviert ist!

1 Grundplatte

Starte das Roblox Studio und wähle das **Template Baseplate**. Füge einen Part ein und *skaliere* ihn auf 100, 1, 100. Du kannst in den **Properties** unter **Size** die Größe einstellen.

2 Rand des Spielbretts

Damit die Murmel nicht vom Brett rollt, brauchst du einen Rand. Diesen baust du aus schmalen Parts, die du ganz an die Kanten des Bretts verschiebst und auf die Länge der Brettseite skalierst.

3 Zylinder für die Löcher

Für die Löcher brauchst du ganz viele **Cylinder**. Die findest du auch in der Registerkarte **Model** unter **Part**.

Füge zunächst nur einen **Cylinder** mit der Größe von **mindestens 20, 6, 6** ein. Diesen **Cylinder** duplizierst du einfach mit der rechten Maustaste und verteilst die Zylinder auf dem Murmelbrett, dort, wo später die Löcher sein sollen. Achte darauf, dass die **Cylinder** das Murmelbrett durchstoßen!

TIPP

Damit später keine Murmeln in den Ecken feststecken, kannst du in die Ecken des Bretts auch Querbalken einbauen oder einen **Wedge Part** dorthin setzen.

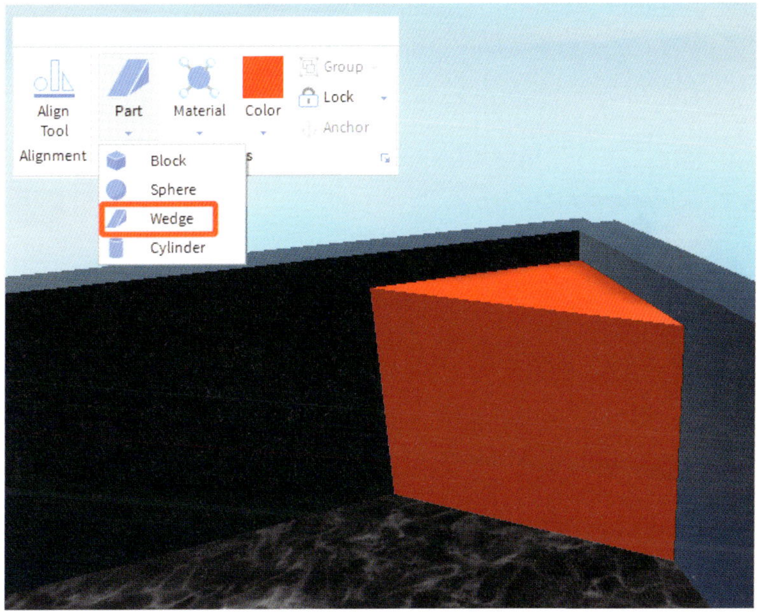

4 Zylinder auswählen

Jetzt wählst du alle **Cylinder** aus, indem du die `Strg`-Taste gedrückt hältst und die **Cylinder** nacheinander mit der Maus anklickst.

Alternativ kannst du auch einen Auswahlrahmen aufziehen oder die entsprechenden Parts im Workspace auswählen!

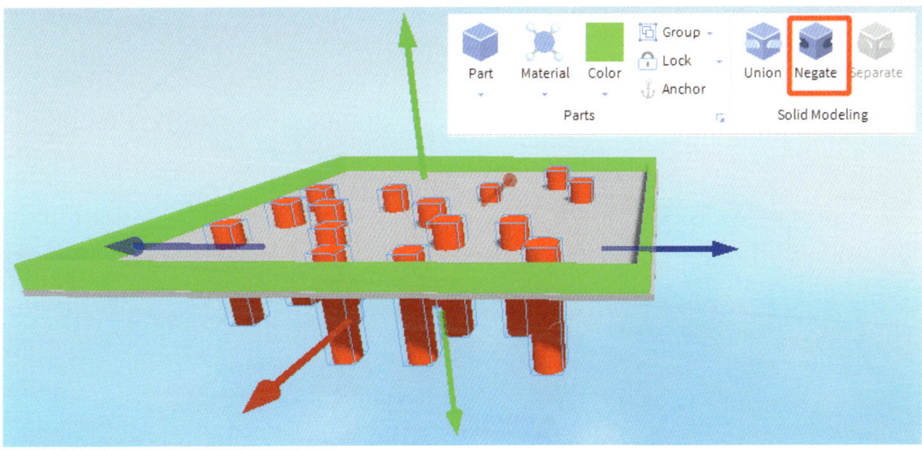

5 Zylinder ausschneiden

- Jetzt klickst du in der Registerkarte **Model** auf **Negate**, die **Cylinder** färben sich nun leicht rot.
- Halte die Strg-Taste gedrückt und wähle zusätzlich das Murmelbrett aus.
- Anschließend klickst du auf **Union** neben **Negate**, und die **Cylinder** werden aus dem Murmelbrett ausgeschnitten. Die Löcher sind da!

WICHTIG

Mit **Negate** werden Parts negativ. Das erkennst du an der rötlichen Färbung. Wenn du nun einen anderen Part mit einem negativen Part über **Union** vereinst, wird der negative Part aus dem anderen Part herausgeschnitten!

6 Murmelbrett einfärben

Jetzt kannst du dem Murmelbrett und dem Rand noch eine schöne Farbe oder ein besonderes Material geben.

Wenn das Murmelbrett die Farbe nicht annimmt, musst du in den **Properties** unter **Data UsePartColor** aktivieren!

7 Baseplate löschen

Wenn dein Murmelbrett fertig ist, musst du die **Baseplate** löschen, damit die Kugeln auch wirklich durch die Löcher fallen und nicht auf der **Baseplate** landen!

Wähle die **Baseplate** im Workspace aus und drücke Taste Entf.

7.2 Die Murmeln

Jetzt fehlen noch die anderen Murmeln, die du später mit deiner Murmel in die Löcher schiebst.

Gegner

1 Kugeln erstellen

Erstelle zuerst die gegnerischen Murmeln.

- Wähle unter **Part Sphere** aus.
- Dupliziere den **Sphere** und verteile mindestens **fünf Kugeln** auf dem Murmelbrett.
- Vergebe unter **Properties|Data|Size** für die Kugeln unterschiedliche Größen zwischen **1, 1, 1** bis **5, 5, 5**.

Achte darauf, dass die Kugeln *nicht verankert* (**Anchor**) sind, damit du die Kugeln später in die Löcher schieben kannst!

2 Farben ändern

Wähle für die Kugeln unterschiedliche Farben und stelle als Material **Glass** ein. Setze in den **Properties** die **Transparency** auf **0,35**.

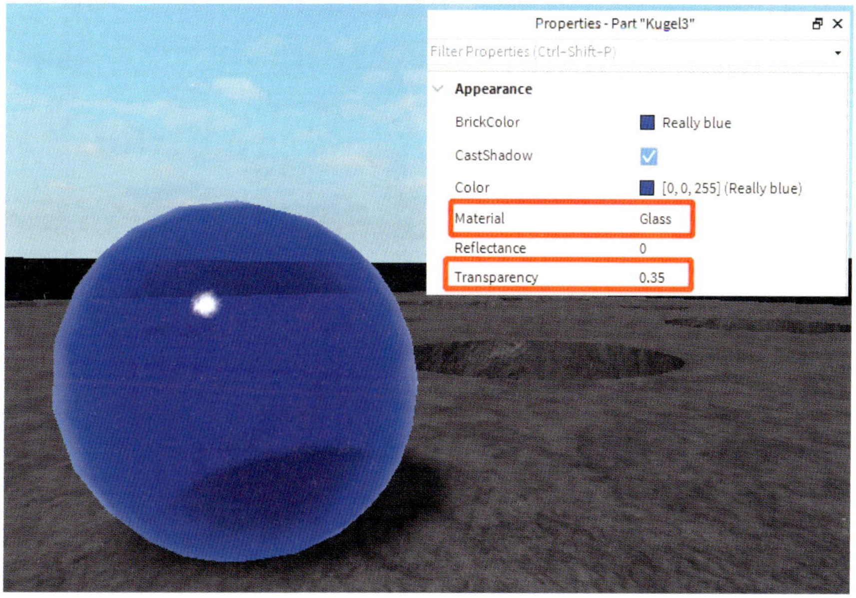

TIPP

Vergib für alle Parts aussagekräftige Namen, damit du die einzelnen Objekte im Workspace leichter wiederfindest, zum Beispiel *Kugel_1* oder *Murmelbrett*.

Klicke dazu die **Parts** im **Workspace** mit der rechten Maustaste an und wähle **Rename** oder ändere den Namen in den **Properties**.

Spawn Location

Mit der **SpawnLocation** kannst du den *Startpunkt* deiner Murmel festlegen. Bevor du also deine Spielmurmel baust, lege zunächst den Startpunkt fest, zum Beispiel mittig auf dem Spielbrett.

1 SpawnLocation festlegen

Wenn in deinem gewählten Template nicht sowieso schon eine **SpawnLocation** vorhanden ist, kannst du eine einfügen, indem du auf das kleine Plus neben **Workspace** klickst oder die **SpawnLocation** direkt in der Registerkarte **Model** auswählst.

Schiebe die **SpawnLocation** aufs **Murmelbrett**!

2 Farbe und Material

Natürlich kannst du die **SpawnLocation** auch mit Farbe und Material belegen oder sie durchsichtig machen, indem du in den **Properties** die **Transparency** auf **1** stellst!

Spieler

1 Murmel erstellen

Für den Spieler erstellst du genauso wie für die Gegner eine Murmel. Setze die **Size** (Größe) für diese Murmel auf **4, 4, 4** und nenne diesen **Part** *Murmel*.

WICHTIG

HumanoidRootPart ist ein feststehender Roblox-Part, über den die Bewegung der Spielerfigur angesteuert werden kann. Er darf nicht anders benannt werden! Der **HumanoidRootPart** steuert auch die Blickrichtung.

2 Part für die Bewegung

Dann erstellst du einen weiteren Part, einen kleinen Quader, den du in die Murmel schiebst. Diesen Part nennst du *HumanoidRootPart*.

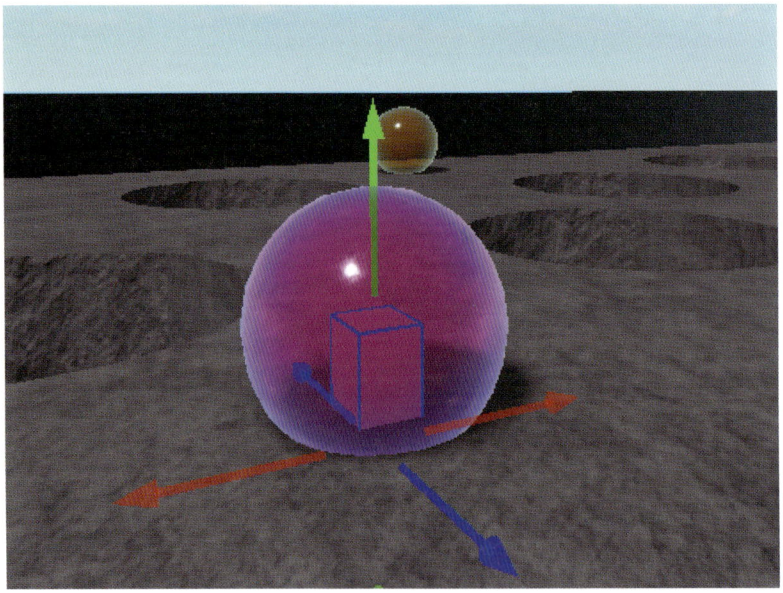

3 Modell erstellen

Wähle nun die Murmel und den **HumanoidRootPart** aus, klicke die rechte Maustaste und wähle **Group**. Das neu entstandene **Model** nennst du um in *StarterCharacter*. Auch dies ist ein feststehender Roblox-Begriff, der auf die Spielfigur verweist!

4 Mittelpunkt festlegen

- Wähle im Workspace das neue Modell **StarterCharacter** aus und öffne die **Properties**.
- Dort klickst du in das leere Feld neben **PrimaryPart** und wählst mit dem markierten Mauszeiger den **Humanoid-RootPart** im **Workspace** aus.

Dieses spezielle Modell braucht einen **PrimaryPart**, das ist sozusagen der gewählte **Mittelpunkt** vom Modell. Ohne kommt es zu einer Fehlermeldung in der Output-Konsole.

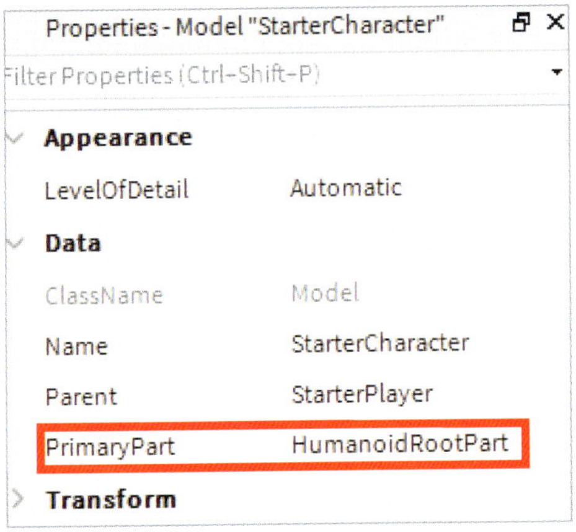

5 Part zur Spielfigur machen

Jetzt klickst du im Workspace auf das kleine Plus neben **StarterCharacter** und gibst im Suchfeld »Humanoid« ein. Dein Workspace sollte nun so aussehen:

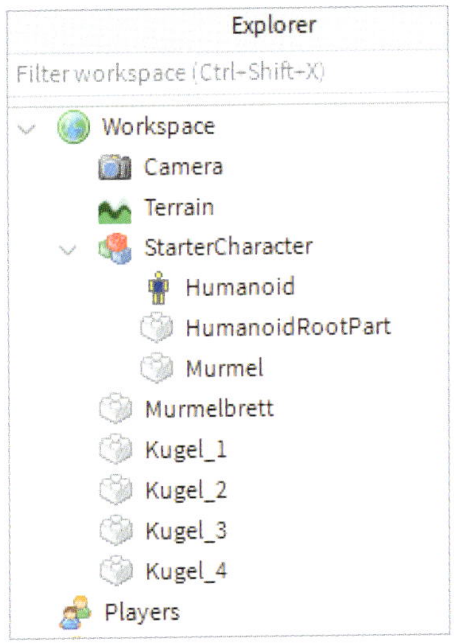

Humanoid ist ein Roblox-Objekt, das Modelle zu **Spielfiguren** macht. Der **Humanoid** muss immer *Child* von einem Part oder Modell sein, sich also eingeschoben unter dem Part oder Modell befinden. Und es wird zusätzlich immer ein **HumanoidRootPart** benötigt!

6 StarterCharacter verschieben

Noch funktioniert die Murmel aber nicht als Spielfigur. Dazu musst du erst den **StarterCharacter** im Workspace verschieben, und zwar in den **Starter-Player**-Ordner. Dadurch *verschwinden* die Parts aus dem Game-Editor-Fenster. Aber wenn du das Spiel jetzt testest, kannst du den **HumanoidRootPart** als Spielfigur bewegen. Die Murmel ist auch wieder da, aber noch funktionslos.

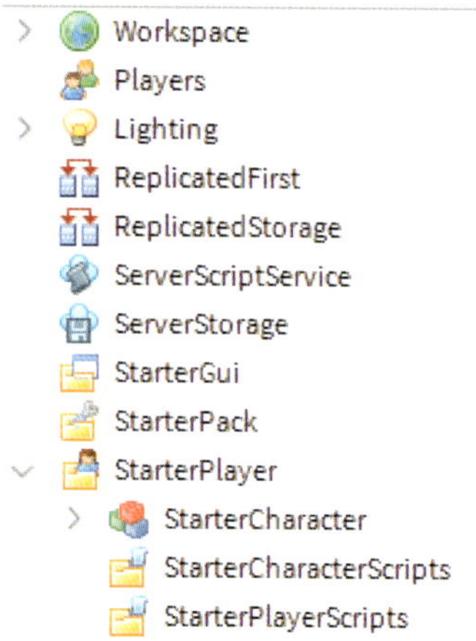

WICHTIG

Wenn du im Ordner **StarterPlayer** ein **StarterCharacter**-Modell mit **Humanoid** und **HumanoidRootPart** anlegst, bekommt jeder Spieler dieses Modell als Spielfigur, da der **StarterPlayer**-Ordner auf dem Server liegt. Mehr Informationen zu selbst gebauten Spielfiguren findest du auch weiter hinten im Buch im Abschnitt 9.3.

Spielfigur bearbeiten

Wenn sich der **HumanoidRootPart** nicht bewegen lässt oder du nachträglich noch mal etwas am Modell ändern möchtest, kannst du es wieder in den Workspace zu den anderen Parts schieben. Nach der Bearbeitung schiebst du das Modell dann zurück in den **StarterPlayer**-Ordner.

7.3 Die Murmel rollt

Damit die Murmel richtig rollt und sich wirklich wie eine Kugel verhält, also auch vom Rand des Spielbretts abprallt oder langsamer wird, musst du noch ein paar Einstellungen vornehmen.

Attachments

Um die Murmel am **HumanoidRootPart** zu befestigen, damit sie zur Spielfigur wird, brauchen beide Teile einen »Stecker«, das ist im Roblox Studio ein **Attachment**.

1 Attachments hinzufügen

Klicke im Workspace auf das kleine Plus neben **HumanoidRootPart** und gib im Suchfeld *Attachment* ein. Dasselbe machst du bei **Murmel**. Das Attachment wird so automatisch im Mittelpunkt des Parts platziert.

HINWEIS

Wenn du die Murmel bei der Weiterbearbeitung sehen willst, schiebe das gesamte **StarterCharacter**-Modell einfach wieder in den Workspace. Bevor du das Spiel dann testest oder spielst, schiebst du das Modell in den **StarterPlayer**-Ordner zurück!

2 Umbenennen

Die beiden Attachments benennst du um, damit du sie später leichter zuordnen kannst. Benenne das Attachment vom **HumanoidRootPart** um in *H-Attachment* und das Attachment der **Murmel** in *M-Attachment*.

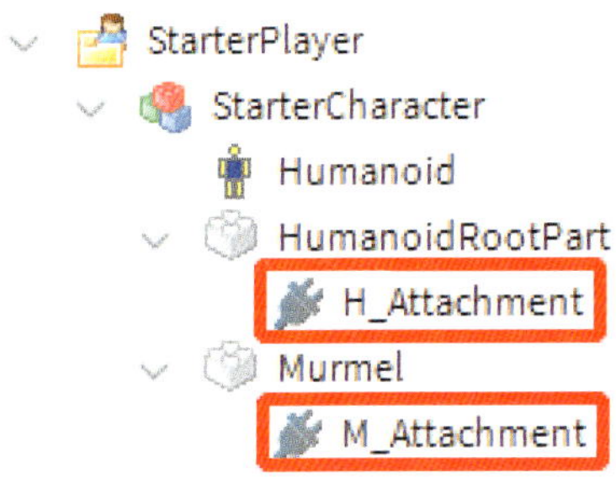

3 Attachments ausblenden

Du kannst die Attachments im Spiel auch sehen, sie befinden sich genau im *Mittelpunkt* von **Murmel** und **HumanoidRootPart**. Wenn dich der kleine schwarze Punkt in der Murmel stört, kannst du das Attachment im Workspace auswählen und in den **Properties** die Option **Visible** (sichtbar) deaktivieren.

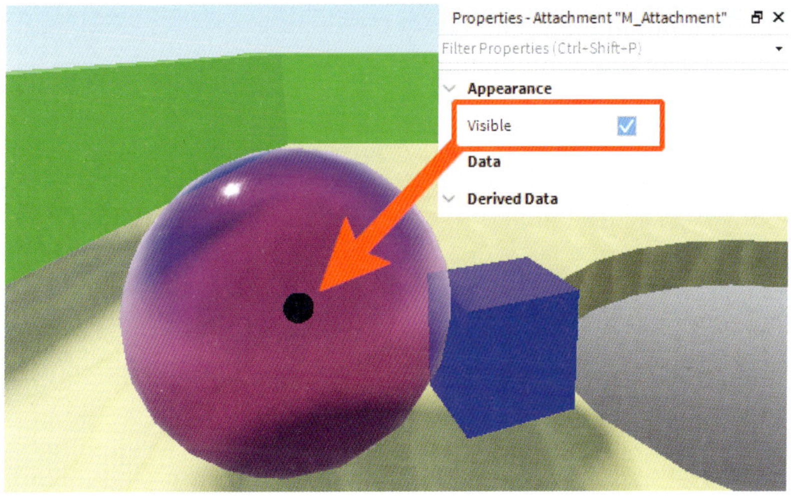

4 Murmel und HumanoidRootPart verbinden

Dann fügst du im Workspace bei **Murmel** eine **AlignPosition** ein.

➔ Öffne die **Properties** von **AlignPosition** und klicke in das leere Feld neben *Attachment 0*. Der Mauszeiger verändert sich, du kannst jetzt ein Objekt für dieses Attachment wählen.

➔ Klicke im Workspace auf das *H-Attachment*.

➔ Danach klickst du auf das leere Feld neben *Attachment 1* und wählst das *M-Attachment*.

AlignPosition verbindet zwei Objekte über die Attachments miteinander, aber so, dass die **physikalischen Gegebenheiten** (also Kraft, Masse etc.) berücksichtigt werden und die Objekte an den Positionen der Attachments übereinstimmen.

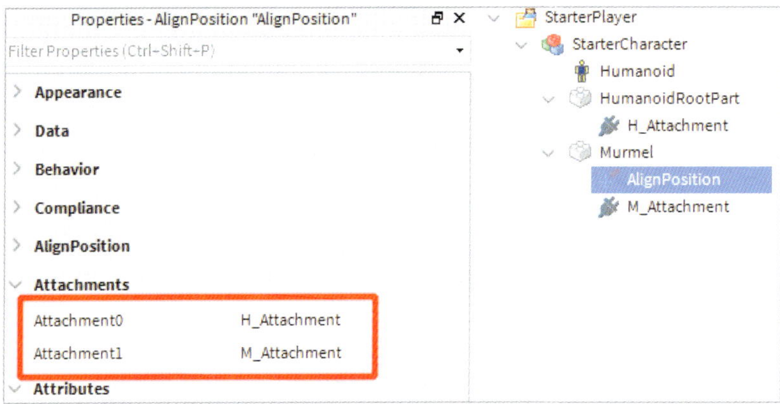

5 Spiel testen

Wenn du das Spiel jetzt testest, rast die Kugel unkontrollierbar los. Es sieht so aus, als würde der **HumanoidRootPart** die **Murmel** schieben. Die beiden Parts stören sich gegenseitig, da auf beide *Kollision* angewendet wird. Diese Kollision muss noch *ausgeschaltet* werden, damit beide Objekte sich nicht mehr gegenseitig abstoßen.

KOLLISION

Wenn zwei oder mehr 3D-Objekte aufeinanderprallen oder sich berühren, nennt man das Kollision. Wichtig ist, für jedes Objekt festzulegen, wie mit der Kollision umgegangen wird, zum Beispiel, ob ein Auto von einer Wand abprallt oder durch sie hindurchfahren kann.

6 Kollision ausschalten

Füge beim **HumanoidRootPart** ein **NoCollision-Constraint** ein.

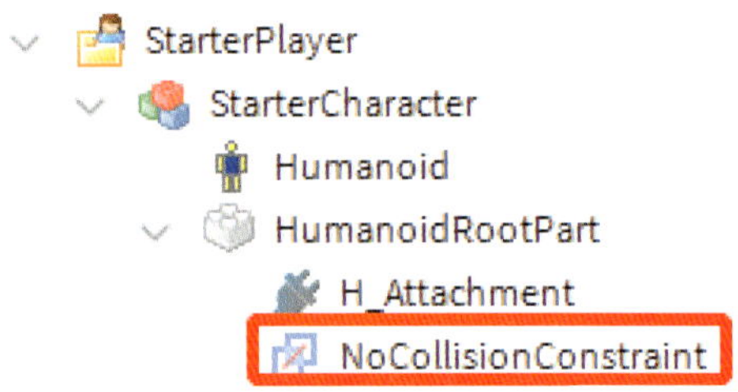

Öffne die **Properties** von **NoCollision-Constraint** und wähle dort für *Part0* den **HumanoidRootPart**. Für *Part1* wählst du die **Murmel**. Dies bewirkt, dass beide Objekte gegenseitig keine Kollision mehr haben, aber mit anderen Objekten, also zum Beispiel mit dem Spielfeldrand oder den anderen Murmeln, schon.

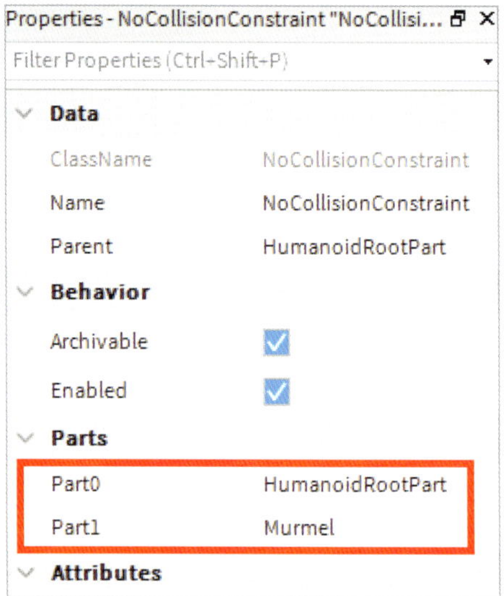

Die Kugel ist allerdings immer noch nicht steuerbar, aber beide Objekte befinden sich jetzt an derselben Position, der **HumanoidRootPart** steckt in der **Murmel**.

7 Unsichtbar machen

Du kannst jetzt den **HumanoidRootPart** auch unsichtbar machen, indem du in seinen **Properties** die **Transparency** auf **1** stellst!

Murmelscript

Jetzt fehlt nur noch ein Script, damit die Murmel steuerbar ist.

1 Script erstellen

Scripte, die für alle **SpielerCharacter** gelten, gehören auf den Server in den **StarterCharacterScripts**-Ordner.

Klicke auf das kleine Plus neben **StarterCharacterScripts** und füge ein **LocalScript** ein. Das **LocalScript** benennst du um in *Murmelscript*.

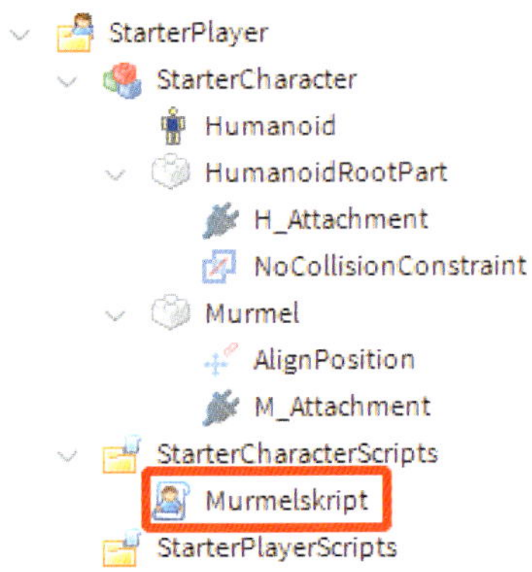

2 Programmcode eingeben

Öffne das Script, lösche den Vorgabetext und schreibe folgenden Code:

```
human = script.Parent.Humanoid ❶
murmel = script.Parent.Murmel

function rollen() ❷
    murmel.Velocity = murmel.Velocity + human.MoveDirection
end

game:GetService("RunService").RenderStepped:Connect(rollen) ❸
```

❶ Der Pfad der Variablen:

Zunächst werden zwei Variablen bestimmt, nämlich `human` und `murmel`, damit werden die Murmel und der Humanoid angesprochen. Nur befindet sich das Script ja eigentlich in einem anderen Ordner als die Murmel und der Humanoid. Der Pfad zu den Variablen bezieht sich auf die Ordnerstruktur während des laufenden Spiels, und die sieht so aus:

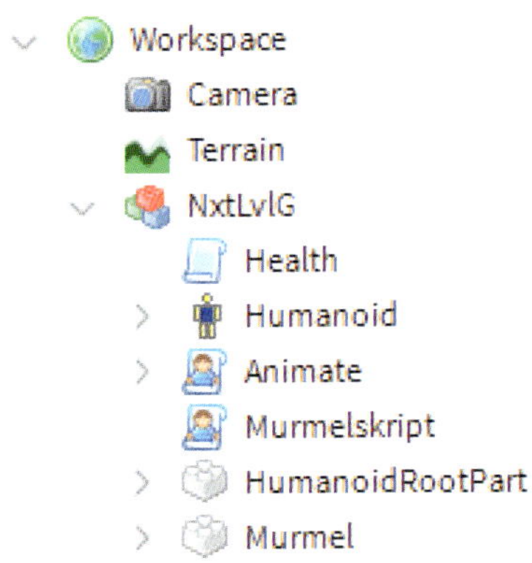

Öffne, während du das Spiel testest, den Workspace. Nun ist im Workspace ein Modell von deinem **Spielcharacter** mit deinem Roblox-Namen vorhanden. In diesem Modell befinden sich normalerweise die Bestandteile deines eigenen Avatars, aber die haben wir ja durch das Modell im Ordner **StarterPlayer** ausgetauscht! Und hier erkennst du auch den Pfad:

`human = script.Parent.Humanoid` verlinkt auf den *Parent* vom Script, nämlich das **Spielfigurmodell** (hier *NxtLvl*) und in diesem Modell wieder der **Humanoid**.

❷ Die Funktion:

Die Funktion bekommt einen beliebigen Namen, hier *rollen*. Damit die Murmel wirklich rollt, also auch ausrollt und nicht abrupt stoppt, braucht die Murmel einen neuen, veränderlichen Wert für `Velocity` (Geschwindigkeit). Der Wert wird als *Vector3* angegeben, mit **X, Y, Z**.

```
murmel.Velocity = murmel.Velocity + human.MoveDirection
```

Auf den `Velocity`-Wert der Murmel wird die Bewegung (X, Y, Z) des Humanoids dazugezählt. Dadurch ergibt sich eine Rollbewegung.

```
game:GetService("RunService").RenderStepped:Connect(rollen)
```

❸ Die letzte Zeile startet die Funktion, wenn das Spiel gestartet wird. Und zwar *immer wieder*, sobald ein *neues Frame* gerendert wird (`RenderStepped`-Event).

WICHTIG

Das `RenderStepped`-Event läuft *nur* mit einem **Localscript**, nicht mit einem normalen **Script**. Achte darauf, du erkennst ein **Localscript** auch an der kleinen Figur auf dem Script-Icon im Workspace!

Kollisionsprobleme

Wenn du das Spiel spielst und die Murmel sehr schnell rollt, kann es passieren, dass die Murmel gar nicht in die Löcher fällt, sondern über sie hinwegrollt! Das liegt daran, dass das **Kollisionsmodell** des Murmelbretts (Boden) immer noch als ganzer, geschlossener Block gerechnet wird.

Wähle das **Murmelbrett** aus und öffne die **Properites**. Stelle unter **Behaviour** bei **CollisionFidelity** den Wert von **Default** auf **PreciseConvexDecomposition**. Jetzt wird die Kollision genauer berechnet, und die Löcher werden im Kollisionsmodell exakt ausgespart, sodass die Murmel ins Loch fällt.

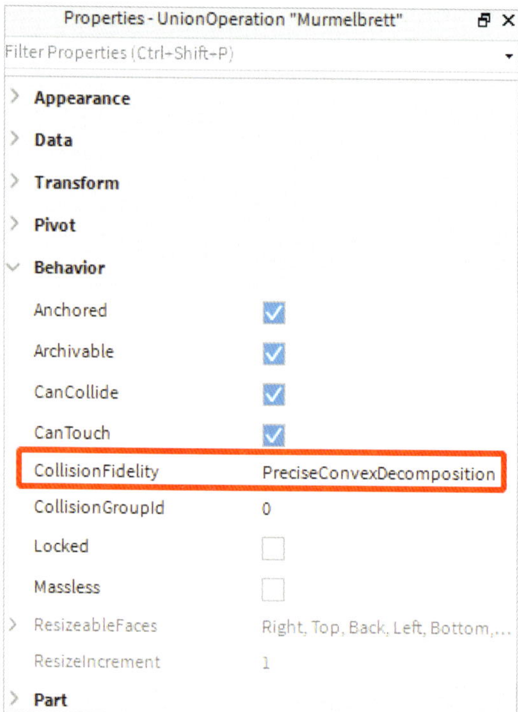

Weitere Features

Du kannst jetzt noch selbstständig das Spiel erweitern, wenn du dir die Features aus den beiden vorherigen Spielen anschaust. Zum Beispiel kannst du den **Timer** aus dem **Escape Game** einbauen oder **Soundeffekte**!

Auch das Murmelbrett kannst du umbauen: Verwende **Wedges**, um coole Rampen zu bauen! Du findest die **Wedges** in der Registerkarte **Model** unter **Part**. Wenn du in der Registerkarte **Model** unter **Snap to Grip|Move** die Option **Join Surfaces** aktivierst, kannst du die **Wedges** leichter an andere Parts anpassen.

CHALLENGE

Baue für deine Murmel einen schwierigen Parcour mit Löchern, Rampen und Brücken, die überrollt werden müssen. Du kannst die Blöcke aus dem Obby nutzen, um noch mehr coole Features wie Förderbänder oder Drehbalken einzubauen!

8 Autorennen

Fahre ein spannendes Rennen und schlage deine Rundenzeit! Bei diesem Autorennen verwenden wir fertige Fahrzeuge aus der Toolbox. Die Rennstrecke, den Timer und alles, was noch zum Spiel gehört, bauen wir aber komplett selbst.

Wähle im Roblox Studio die Vorlage **Flat Terrain**.

SCHWIERIGKEIT	3
DAUER	ab 2 Std.
SCRIPTE	
MODELLIERUNG	
FEATURES	Coole Autos aus der Toolbox, Start-Ampel mit echtem Licht, Zeitmessung und SpeedUps mit Effekten!

8.1 Das Rennauto

1 Modell auswählen

Coole Rennautos gibt es in der **Toolbox**. Du findest die **Toolbox** in der Registerkarte **View**. Öffne die **Toolbox** und gib im Suchfeld neben **Model** »Jeep« ein. Wähle jetzt den **weißen Roblox-Jeep**.

Du kannst natürlich auch andere Autos aus der **Toolbox** verwenden, dann prüfe aber genau, ob die Autos funktionieren und wie sie sich steuern lassen!

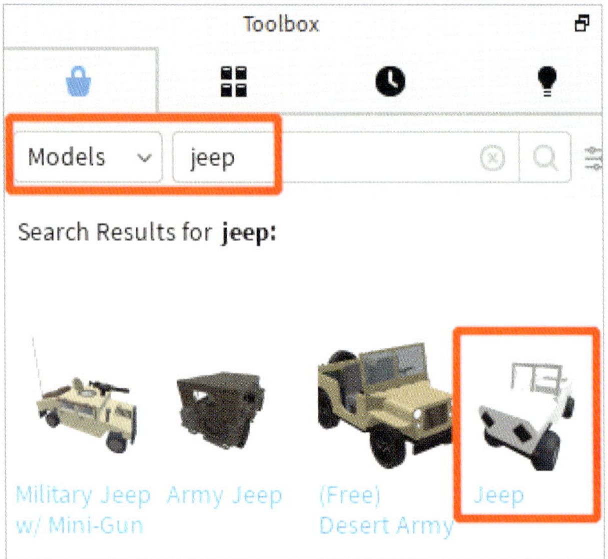

2 Farbe ändern

Ziehe den Jeep per Drag&Drop ins Game-Editor-Fenster. Du kannst Teilen des Jeeps unterschiedliche Farben geben. Klicke dafür im Workspace auf den kleinen Pfeil neben Jeep. Jetzt kannst du die einzelnen **Parts** oder **Union** auswählen und in der Registerkarte **Model|Color** die Farben vergeben.

TIPP

Du kannst auch mehrere *unterschiedliche Autos* bereitstellen, sodass der Spieler auswählen kann, mit welchem Auto er fahren möchte! Wenn du bei **Models** als Suchbegriff »car« eingibst, findest du mehr Fahrzeuge als unter »Auto«. Achte dabei darauf, unter **Model** zu suchen, bei **Meshes** findest du nur unbewegliche 3D-Modelle!

Spawn Location

Um dein Fahrzeug zu testen, platzierst du eine **SpawnLocation** in der Nähe des Autos, damit der Weg für den Spieler nicht zu weit ist. Die **Spawn-Location** findest du in der Registerkarte **Model**.

8.2 Die Rennstrecke

1 Rennstrecke malen

Benutze den **Terrain Editor** und male eine **Rennstrecke**, am besten mit dem Material **Asphalt** oder **Pavement** mit einer großen *Pinselgröße*.

→ Wähle hierzu im **Terrain Editor** die Registerkarte **Edit** und klicke auf **Paint**.

→ Dann wähle unter **Material Settings Asphalt** oder **Pavement** aus und stelle die **Base Size** auf mindestens **40**, damit die Fahrbahn breit genug wird.

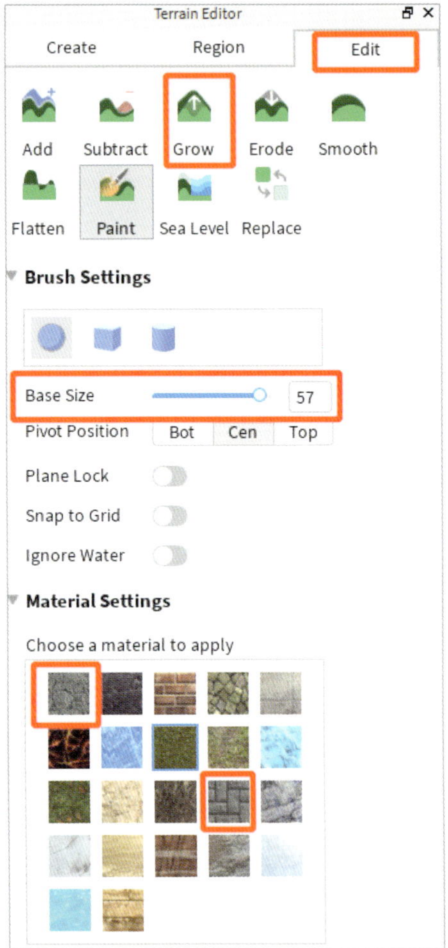

2 Hügel erstellen

Mit **Grow** kannst du auch Hügel erstellen, **Flatten** und **Smooth** macht alles wieder eben. Probiere die Schaltflächen einfach aus, vermeide es aber, **Löcher** zu machen.

Unterschiedliche Höhen und Materialien machen die Landschaft abwechslungsreicher! Benutze **Grow** mit dem Material **Rock**, um einen Berg zu bauen. Die Bergspitze kannst du mit **Paint** und dem Material **Snow** anmalen.

RÜCKGÄNGIG MACHEN

Wenn etwas schiefgeht: Nutze den Zurück-Pfeil (*Undo*) in der oberen Menüleiste oder drücke die Tastenkombination Strg + Z, um den letzten Befehl rückgängig zu machen.

So in etwa könnte deine Rennstrecke aussehen:

3 Hindernisse

Du kannst auch ein paar coole Features einbauen, wie beispielsweise eine **Sprungschanze** über einen Wassergraben oder Brücken oder eine Huckelpiste.

Die Sprungschanze baust du einfach mit einem **Wedge**, den du sehr groß **skalierst**. Den **Wedge** findest du in der Registerkarte **Model** unter der Schaltfläche **Part**.

4 Testen

Teste deine Rennstrecke zwischendurch mit deinem Fahrzeug und schau, ob die Rampen nicht zu steil sind, die Fahrbahn zu schmal ist oder die Sprünge überhaupt machbar sind!

TIPP

Du kannst deine Rennstrecke auch später noch mit Objekten aus der Toolbox dekorieren!

8.3 Auf die Plätze – fertig – los!

Wir bauen ein **Startsignal**, eine **Ampel** und eine **unsichtbare Sperre**, die erst dann die Strecke freigibt, wenn die Ampel auf Grün schaltet!

Ampel

1 Zylinder einfügen

Die Ampel kannst du einfach aus Zylindern zusammenbauen. Füge aus der Registerkarte **Model** unter **Parts** einen **Cylinder** ein.

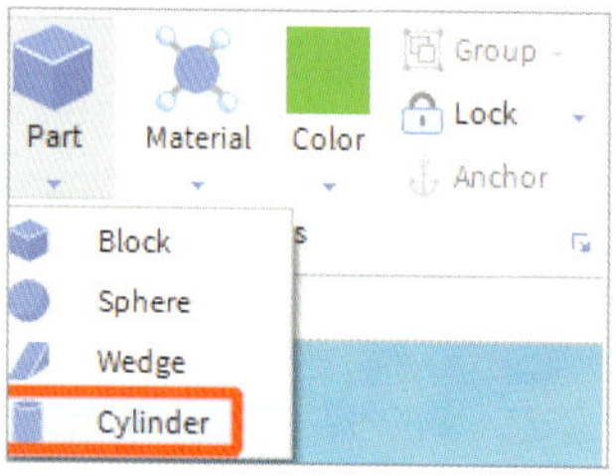

2 Zylinder ausschneiden

- Skaliere den **Cylinder** eventuell ein wenig, um die Form etwas anzupassen. Dann dupliziere ihn mit der rechten Maustaste, skaliere ihn etwas kleiner und verschiebe ihn mittig. Diesen Teil schneidest du später aus.
- Dupliziere ihn ein weiteres Mal, skaliere ihn wieder kleiner und verschiebe ihn ebenfalls mittig. Das wird die Glühlampe.
- Dann wählst du den *mittleren* **Cylinder** aus, klickst unter **Model** auf **Negate**, der **Cylinder** wird dann rot.
- Nun wählst du zusätzlich noch den *hinteren* größten **Cylinder** aus (beide müssen ausgewählt sein!) und klickst auf **Union**. Der rote **Cylinder** wird dann vom hinteren **Cylinder** *ausgeschnitten*.
- Jetzt kannst du den vorderen *kleinsten* **Cylinder** (die Glühlampe) etwas skalieren, zusammenstauchen, damit er in den neuen ausgeschnittenen **Cylinder** hereinpasst.

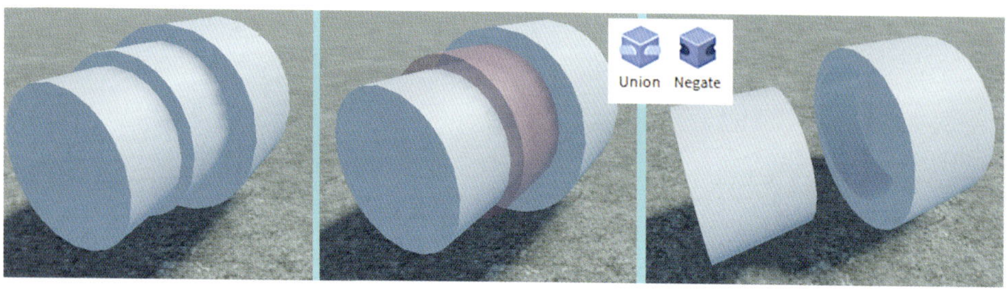

HINWEIS

Es gibt verschiedene Wege, eine Ampel zu bauen. Du kannst auch für die Ausrichtung der **Cylinder** das **AlignTool** nutzen.

Schau dir einfach an, wie die Ampel am Ende aussehen soll und baue sie nach deinen Ideen nach! Aber achte darauf, wie die einzelnen Parts benannt sein müssen, damit es später auch mit dem **Licht** klappt!

3 Farben ändern und umbenennen

Den kleinen **Cylinder** (Glühlampe) färbst du mit **Color** grün und benennst ihn um in »Gruen«, den großen färbst du schwarz und nennst ihn »AmpelGruen«. Wenn sich die Teile *nicht* einfärben lassen, dann öffne die **Properties** und **aktiviere** unter **Data|UsePartColor**!

4 Parts verbinden

Im Workspace schiebst du *Gruen* in *AmpelGruen*, die beiden hängen jetzt aneinander und bilden eine Hierarchie.

5 Licht einfügen

Jetzt wählst du den Zylinder *Gruen* aus und klickst im Workspace auf das kleine Plus. Tippe »Light« ins Suchfeld und füge ein **PointLight** ein.

Unter den **Properties** vom **PointLight** änderst du **Color** in **Grün** und erhöhst die **Brightness** auf **40**, damit das Licht richtig stark leuchtet.

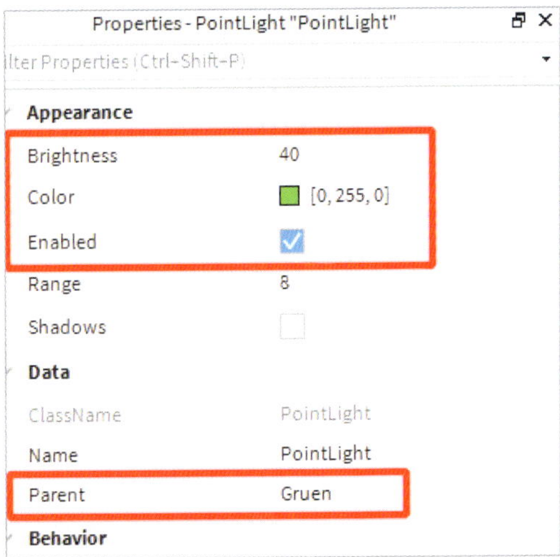

Unsichtbare Sperre

Losfahren kann man natürlich im Moment trotzdem schon bei Rot! Das müssen wir noch ändern. Hierfür bauen wir eine *unsichtbare Sperre* ein, die die Autos blockiert.

1 Transparenter Part

- Setze einen neuen Part genau vor die Autos und skaliere ihn richtig **groß** über die gesamte Fahrbahn hinaus, sodass wirklich keiner dran vorbeikommt.
- In den **Properties** stellst du **Transparency** auf **0.75**, sodass man die Wand noch leicht erkennt.
- Aktiviere **Anchored** und **CanCollide**, damit die Wand nicht umfällt und nicht durchdrungen werden kann.
- Benenne den **Part** um in »Startwand«.

2 Variable für die Sperre

Jetzt musst du im Script noch zwei Zeilen ergänzen, damit die Wand bei grünem Licht auch wirklich verschwindet und die Rennstrecke freigegeben wird. Dafür ist es ganz wichtig, dass die Wand einen **eindeutigen Namen** hat, damit du sie im Script ansteuern kannst.

Dann definierst du ganz oben im Script bei den Variablen eine **neue Variable**, nämlich:

```
local Starter = game.Workspace.Startwand
```

Hierbei ist es wichtig, dass die Wand wirklich *Startwand* heißt und sich einfach direkt im Workspace befindet, also nicht in die *Ampel* verschoben wurde. Sonst stimmt der **Pfad** nämlich nicht!

3 Sperre zerstören

Ganz unten im Script, nachdem das grüne Licht angeschaltet wurde, ergänzt du als letzte Zeile:

```
Starter:Destroy()
```

Damit ruft der `Starter` die `Destroy()` Funktion auf und zerstört den Block. Der Block verschwindet also, und die Durchfahrt ist frei!

WICHTIG

Funktionen werden mit einem Doppelpunkt aufgerufen! Achte also darauf, einen Doppelpunkt zu verwenden und keinen einfachen Punkt.

8.4 Die Zeit läuft

Damit du deine eigene Bestzeit immer wieder schlagen kannst, bauen wir einen **Timer** ein!

1 Start und Ziel

Als Erstes brauchst du zwei weitere, riesige Parts, ähnlich der *Starterwand*. Die beiden Parts benennst du um in »Start« und »Ziel« und platzierst sie am Anfang und Ende der Rennstrecke.

Beide **Parts** kannst du später *unsichtbar* machen, indem du in den Properties die **Transparency** auf **1** stellst.

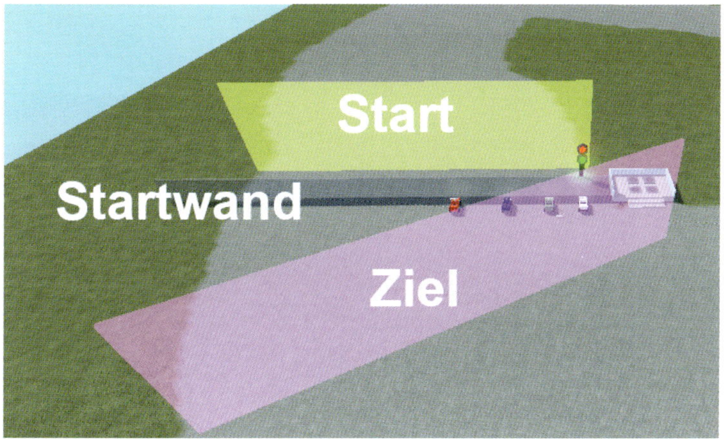

2 Ordner im Workspace

Im Workspace fügst du nun einen **Folder** ein, indem du auf das kleine Plus neben **Workspace** klickst. Den **Folder** benennst du um in »StartZiel«. Dorthinein schiebst du die beiden Parts, *Start* und *Ziel*. Diese beiden Parts werden später im Script benötigt!

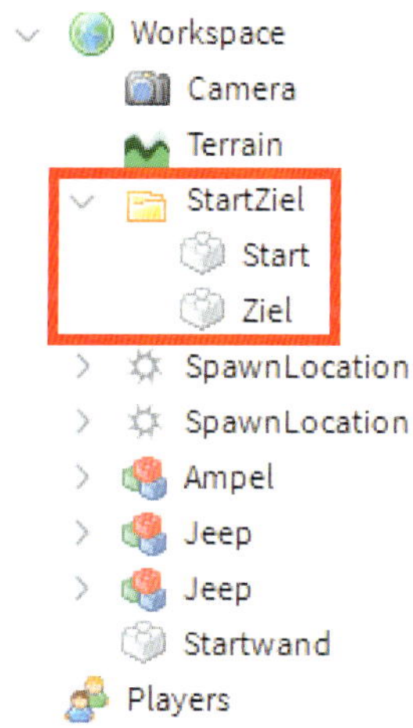

TIPP

Mit **Folder**, also Ordnern, im Workspace kannst du gut aufräumen, und die Struktur wird übersichtlicher!

3 Anzeige erstellen

- ➔ Jetzt fügst du im **Explorer** unter **StarterGUI** ein **ScreenGUI** ein.
- ➔ Ins **ScreenGUI** kommt ein **TextLabel**, und das **TextLabel** bekommt ein **LokalScript**. Achte darauf, dass die Hierarchie stimmt!
- ➔ Dann benennst du das **ScreenGUI** um in »Timer«, und das **Localscript** nennst du »TimerScript«.

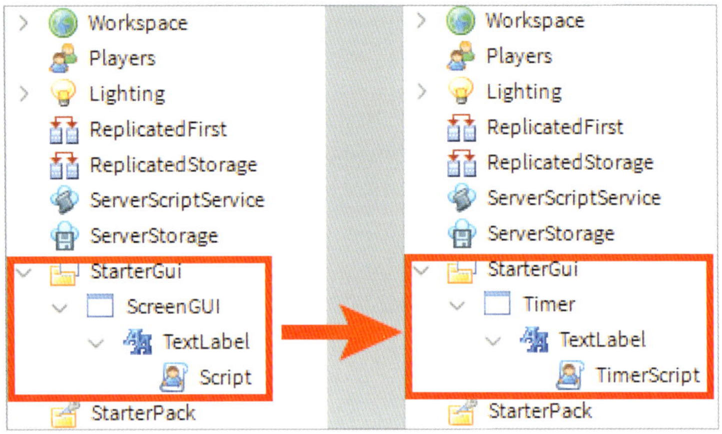

GUI

GUI bedeutet Graphical User Interface, und damit ist die Bedienoberfläche eines Computerprogramms auf dem Bildschirm gemeint. Wenn du mehr über die GUI erfahren willst, lies im Abschnitt 9.1 »GUI« nach!

Hier kannst du auch nachschauen, wie du das **TextLabel** verändern kannst!

4 TextLabel anpassen

Das **Textlabel** ist ein **Textfeld**, das über das **ScreenGUI** auf dem Bildschirm abgebildet wird. Hier soll später die Zeit angezeigt werden, und darum kümmert sich später das **TimerScript**.

Zunächst kannst du das **TextLabel** anpassen. Öffne dazu die **Properties**. Hier findest du unter **Data** Einstellungen für das Feld. Stelle den Wert von **Transparency** auf **1**, um das Schild durchsichtig zu machen oder ändere **BackgroundColor3** für eine andere Hintergrundfarbe!

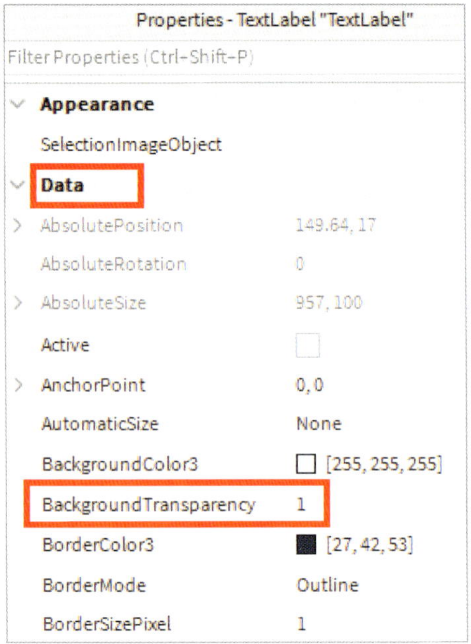

5 Text ändern

Danach scrollst du zu **Text** runter und suchst unter **Font** einen neuen Schrifttyp. Hier kannst du auch die Farbe mit **Textcolor3** und die Größe mit **TextSize** verändern!

Bei **Text** trägst du den **Vorgabetext** ein, der angezeigt werden soll, bevor das Rennen losgeht und der **Timer** startet. Zum Beispiel: »Auf die Plätze – fertig – los!«

6 Variablen festlegen

Wenn dir dein Textfeld gefällt, kannst du mit dem **TimerScript** weitermachen. Schreibe hier folgenden Code:

```
local start = game.Workspace.StartZiel.Start ❶
local stop = game.Workspace.StartZiel.Ziel ❷

local zeit = script.Parent.Text ❸
local zeit_start = false ❹

local player = game.Players.LocalPlayer ❺
```

In den ersten paar Zeilen werden **Variablen** festgelegt:

❶ `start` und `stop` ❷ weisen mit dem Pfad auf die beiden Parts *Start* und *Ziel*. Hier bitte genau darauf achten, ob du einen **Folder**, nämlich **StartZiel,** eingebaut hast!

❸ Danach kommt die Variable `zeit`, die sich auf den Inhalt, also den Text vom **Textlabel** bezieht, da **Textlabel** der *Parent* von diesem Script ist!

❹ `local zeit_start = false` ist eine Variable für einen Zustand. `false` bedeutet, dass der Zustand `zeit_start` gerade *falsch*, also nicht wahr ist. Der Timer hat ja auch noch nicht begonnen. Diese Variable braucht man, um später in der Funktion den Timer steuern zu können!

❺ `player` ist die Variable für den aktuellen Spieler, der Pfad hierzu ist vorgegeben!

7 Timer setzen

Ergänze das **Script** nach den Variablen um die folgende **Funktion**:

```
local function timerStart(part) ❶
    if part.Parent:FindFirstChildWhichIsA("Humanoid") and not zeit_start then ❷
        zeit_start = true
        zeit = 0
        player.PlayerGui.Timer.TextLabel.Text = zeit ❸
    end ❹
end ❺

start.Touched:Connect(timerStart) ❻
```

❶ Die Funktion `timerStart` bekommt einen **Parameter**, nämlich `part` übergeben.

❷ In der **If-Funktion** wird geprüft, ob der Parent von diesem `part` ein `Humanoid`, also Spieler ist. `not zeit_start` bedeutet, dass der Zustand `zeit_start` gerade nicht wahr, also `false` ist. Das ist er ja, so wurde diese Variable ja zu Anfang definiert. Das klingt komisch, aber diese Abfrage braucht man, denn sie verhindert, dass der Timer später durch Berührung des *Start*-Parts immer wieder neu aktiviert werden kann! Wenn also **beide Bedingungen** zutreffen, `Humanoid` und `false`, dann wird `zeit_start` auf `true` gesetzt und die Variable `zeit` auf **0**.

❸ Der Pfad `player.PlayerGui.Timer.TextLabel.Text` weist auf den *Text* vom **Textlabel** hin, und der soll nun gegen die Variable `zeit`, also **0**, ausgetauscht werden.

❹ Nach der If-Anweisung folgt ein `end`, das *zweite* `end` ❺ schließt die gesamte Funktion.

❻ Die letzte Zeile enthält das Touch-Event, also die Berührung von `start` (Part *Start*), und löst dann die Funktion `timerStart` aus.

8 Testen

Wenn du das Script richtig abgeschrieben hast und das Spiel testest, sollte sich nach Berührung des *Start*-Parts die Textanzeige auf **0** verändern.

9 Zeit anzeigen

Damit der Timer nicht auf **0** stehen bleibt, sondern weiterzählt, ergänzt du im **TimerScript** folgenden Code in der Funktion:

```
while zeit_start == true do ❶
wait(1) ❷
zeit = zeit + 1 ❸
player.PlayerGui.Timer.TextLabel.Text = zeit ❹
end ❺
```

❶ Die while-Schlife arbeitet, solange der Zustand `zeit_start` genau `true` ist. Hier müssen **zwei Gleichzeichen** verwendet werden, denn **ein** Gleichzeichen setzt einfach nur die Variable auf `true`.

❷ `wait(1)` verzögert das Script um eine Sekunde, danach wird die Variable `zeit` um 1 ergänzt ❸ und im Textlabel eingeblendet ❹. Diese Zeile mit dem langen **Pfad** hattest du schon im Script in der If-Funktion. Verschiebe sie also nur an die entsprechende Stelle.

❺ `end` schließt die while-Schleife, die nun endlos lange läuft, da sie im Script nicht beendet wird.

10 Timer stoppen

Um die Schleife zu beenden, musst du weiteren Code einbauen. Der Timer soll ja genau dann aufhören, wenn der Spieler den *Ziel*-Part erreicht hat. Dafür brauchst du eine weitere Funktion, die in der ersten Funktion verschachtelt wird:

```
local function timerEnde(part)
    if part.Parent:FindFirstChildWhichIsA("Humanoid") then ❶
        zeit_start = false
    end ❷
end ❸
stop.Touched:Connect(timerEnde) ❹
```

❶ Die Funktion `timerEnde` prüft in der **If-Anweisung**, ob der `Parent` von `part` ein Spieler ist, falls ja, wird die Variable `zeit_start` auf `false` gesetzt, wie schon zu ganz am Anfang. Damit wird die **while-Schleife** der Funktion `timerStart` gestoppt, denn die **Bedingung** für das Abspielen der while-Schleife ist ja, dass `zeit_start` nicht `false`, sondern `true` ist!

❷ `end` schließt die **If-Anweisung**, das zweite `end` ❸ schließt die **Funktion**.

❹ Die letzte Zeile verbindet diesmal den *Ziel*-Stein, also die Variable `stop` über das Touch-Event mit der Funktion `timerEnde`.

WUSSTEST DU, DASS ...?

Die Standardfrisur in Roblox wird **Bacon Hair** (auf Deutsch »Speck-Haare«) genannt, weil die einzelnen Haarsträhnen so aussehen, wie der besonders in den USA beliebte Frühstücksspeck.

Das Script auf einen Blick

Hier noch mal das gesamte **TimerScript**:

```
local start = game.Workspace.StartZiel.Start
local stop = game.Workspace.StartZiel.Ziel

local zeit = script.Parent.Text
local zeit_start = false

local player = game.Players.LocalPlayer

local function timerStart(part)
    if part.Parent:FindFirstChildWhichIsA("Humanoid") and not zeit_start then
        zeit_start = true
        zeit = 0
        while zeit_start == true do
            wait(1)
            zeit = zeit + 1
            player.PlayerGui.Timer.TextLabel.Text = zeit
            local function timerEnde(part)
                if part.Parent:FindFirstChildWhichIsA("Humanoid") then
                zeit_start = false
                end
            end
            stop.Touched:Connect(timerEnde)
        end
    end
end

start.Touched:Connect(timerStart)
```

Teste das Spiel, der **Timer** läuft so lange, bis du den **Ziel-Part** überfährst! Und praktischerweise kannst du direkt weiter zum **Start-Part** fahren und eine *neue Runde* starten, der **Timer** springt nun wieder auf **0**!

Letzte Runde

Damit du dir nicht merken musst, wie schnell deine letzte Runde war, kannst du sie dir auch einblenden lassen, während du schon wieder ein neues Rennen fährst!

1 Neues TextLabel

Füge im **Explorer** in **Timer** einfach ein weiteres **TextLabel** ein und benenne es »LetzteRunde«.

Auch diese **TextLabel** kannst du wieder so verändern, wie du möchtest! Wähle Farben, Schriftgröße und auch einen Text, wie zum Beispiel »Rundenzeit«. Dieser Text wird später im Script ersetzt!

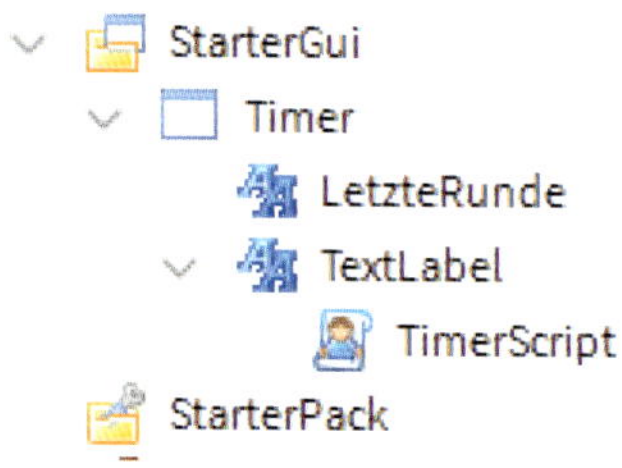

2 Funktion für die Rundenzeit

Im **TimerScript** ergänzt du ganz am Ende folgende neue Funktion:

```
local function letzteRunde()
    local rundenzeit = player.PlayerGui.Timer.LetzteRunde ❶
    rundenzeit.Text = “Letzte Runde: “..zeit..” Sekunden  “ ..player.Name ❷
end

stop.Touched:Connect(letzteRunde) ❸
```

❶ In der Funktion `LetzteRunde()` wird zunächst die Variable `rundenzeit` definiert, die auf das **TextLabel** *LetzteRunde* weist.

❷ In der nächsten Zeile wird über `rundenzeit.Text` die Textausgabe des **TextLabels** *LetzteRunde* gesteuert:

- ➔ In den Anführungszeichen kannst du Text schreiben, der so auch angezeigt wird. Hier kannst du durch **Leerzeichen** auch mehr Abstand einbauen.
- ➔ Mit den **beiden Punkten** werden weitere Textbestandteile aneinandergereiht. Wenn du noch mehr schreiben möchtest, kannst du einfach noch zwei Punkte ergänzen und wieder einen Text in Anführungszeichen!
- ➔ Die Variable `zeit` zeigt die letzte Rundenzeit an und `player.Name` natürlich den Spielernamen!

❸ Die letzte Zeile kennst du natürlich schon!

8.5 SpeedUps

Um das Rennen spannender zu machen, kannst du **SpeedUp-Pfeile** auf der Fahrbahn platzieren. Wenn der Spieler darüberfährt, wird das Auto für ein paar Sekunden schneller!

1 SpeedUp-Pfeil erstellen

- Füge einen Part ein, skaliere ihn **flach** und **breit** und platziere ihn auf oder leicht oberhalb der Bodenplatte. Der Part sollte so breit sein, dass alle Räder des Jeeps den Part auf jeden Fall berühren, wenn er darüberfährt.
- Aktiviere **Anchored** und benenne den Part um in *SpeedUp*.
- Dann öffne die Toolbox, suche unter **Images** nach »arrow« und ziehe ein Pfeilbild auf den Part.
- Stelle in den **Properties** des **Parts** die **Transparency** auf **1**.

2 Script erstellen

Füge ein Script ein, indem du im Workspace auf das kleine Plus neben *SpeedUp* klickst. Das Script benennst du um in »Speedscript«.

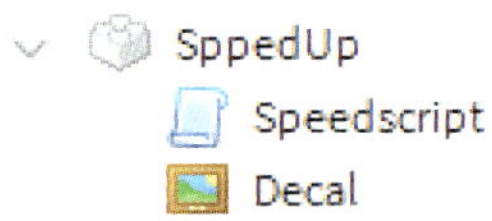

Öffne das Script und ersetze den Vorgabetext durch folgenden Code:

```
local speedpart = script.Parent ❶

  function SpeedUp(part) ❷
    if part:IsA("BasePart") then
    part.Parent.Configurations.Speed.Value = 120
    wait(5) ❸
    part.Parent.Configurations.Speed.Value = 80
  end
end

speedpart.Touched:Connect(SpeedUp) ❹
```

❶ Zunächst wird die Variable `speedpart` definiert als *Parent* von diesem Script, also als der Part namens *SpeedUp*.

❷ Dann folgt die Funktion `SpeedUp` (der Name ist natürlich frei wählbar), der ein Parameter, nämlich `part` übergeben wird.

```
if part:IsA("BasePart") then
```

überprüft, ob der `part` ein ganz normaler Part ist. Somit kann jeder Part vom Fahrzeug gemeint sein, der den *SpeedUp* berührt, damit sind auch alle vier Räder eingeschlossen.

```
part.Parent.Configurations.Speed.Value = 120
```

Diese Zeile verlinkt auf den *Parent* vom `part`, der den *SpeedUp* berührt hat, hier also der Jeep. Und im Jeep die `Configurations`, dann `Speed` und der `Value`. Den Wert für `Value` kannst du frei wählen!

❸ Die Zeile `wait(5)` verzögert das Script um 5 Sekunden, bevor es weiterläuft. Die nächste Zeile setzt den `Speed.Value` wieder zurück auf 80.

❹ Die letzte Zeile verbindet das Touch-Event mit der Funktion `SpeedUp`. Sobald der *SpeedUp* auf der Rennstrecke, nämlich `speedpart` berührt wird, wird die Funktion gestartet.

WICHTIG

Wenn du ein anderes Fahrzeug als den Jeep benutzt, prüfe den Pfad genau, vielleicht musst du ihn etwas anpassen, wenn deine Parts sehr verschachtelt sind! Das Script verweist auf den Ordner `Configurations` im Modell des Jeeps. Bei einem anderen Fahrzeug befinden sich die `Speed`-Einstellungen vielleicht woanders!

MEHRERE SPEEDUPS

Wenn du das Spiel getestet hast und der SpeedUp funktioniert, kannst du ihn einfach mehrmals duplizieren und weitere SpeedUps auf der Fahrbahn verteilen. Sie funktionieren dann alle!

Feuerschweif

Damit man auch sieht, dass der SpeedUp aktiviert ist, soll das Auto einen Feuerschweif hinter sich herziehen!

1 Auspuff bauen

Hierfür solltest du zunächst einen Auspuff bauen, aus dem das Feuer rauskommen soll. So sieht es etwas realistischer aus.

Füge aus der Registerkarte **Model** unter **Part** einen **Cylinder** ein, skaliere ihn und schiebe ihn an die passende Stelle an deinem Jeep.

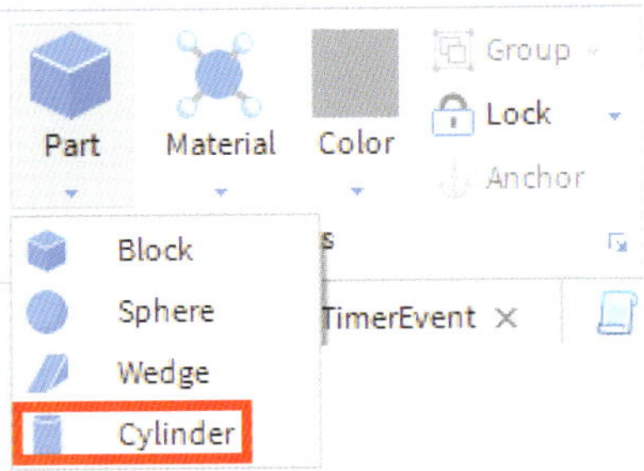

2 Auspuff mit dem Jeep verbinden

- Im Workspace benennst du den **Cylinder** um in *Auspuff* und schiebst ihn in das Modell vom Jeep.
- Anschließend verbindest du den Auspuff mit dem Fahrzeug über einen **Weld,** damit der Auspuff zu Spielbeginn nicht zu Boden kracht!
- Aber *deaktiviere* unbedingt **Anchored** für den Auspuff, denn sonst bewegt sich der Jeep gar nicht mehr!

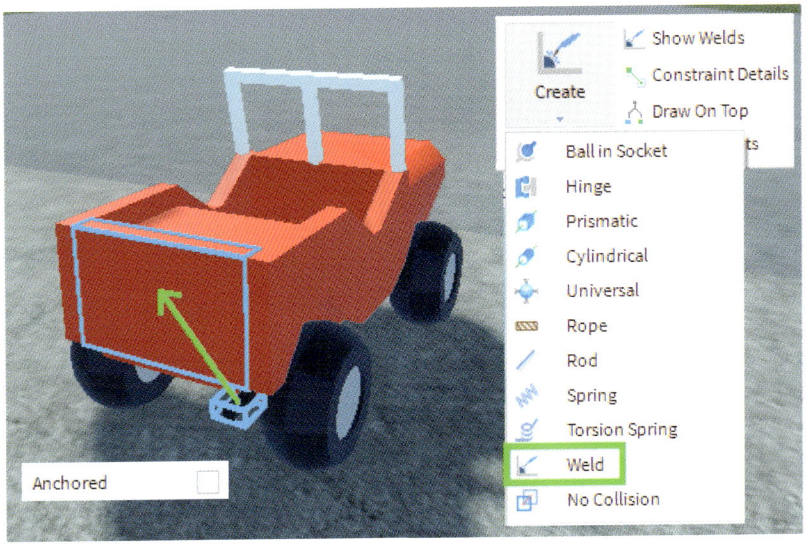

3 Transparenter Part

Jetzt könntest du schon einen Feuereffekt an den Auspuff setzen. Besser ist es aber, einen **weiteren Part** zu erstellen, diesen transparent zu machen und daran den Feuereffekt zu hängen. So hast du mehr Kontrolle über die Position des Feuereffekts, denn du kannst den Part weiter vom Auspuff weg- oder in der Höhe verschieben.

Erstelle also einen Part, skaliere ihn klein, setze ihn an die Spitze vom Auspuff und stelle in den **Properties** seine **Transparency** auf **1**.

Verschiebe den Part nun im Workspace in **Auspuff**.

Auch diesen Part musst du unbedingt an den Auspuff über einen **Weld Constraint** *verlinken*!

4 Feuereffekt

Benenne den Part um in »Feuer« und füge einen **Feuereffekt** ein, indem du im Workspace auf das kleine Plus neben **Feuer** klickst und »Fire« eingibst. Du kannst den **Effekt** natürlich auch aus der Registerkarte **Model** über **Effekts** einfügen, dann musst du vorher den Part auswählen!

5 Effekt testen

Teste das Spiel und prüfe, ob der Auspuff hält und das Feuer brennt. Wenn der Auspuff am Boden liegt, ist der **Weld** nicht korrekt gesetzt!

6 Effekt deaktivieren

Schalte nun in den **Properties** von *Fire* den Feuereffekt aus, indem du **Enabled** deaktivierst. Denn der Feuereffekt soll ja erst mit dem *SpeedUp* eingeschaltet werden!

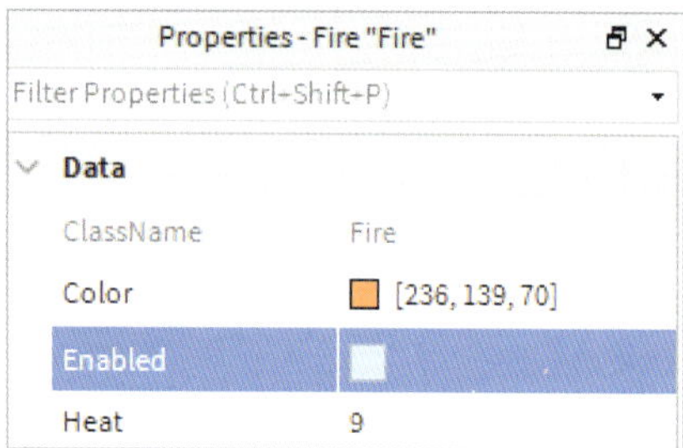

TIPP

Wenn die Flamme nach oben statt nach hinten zeigt, kannst du einfach den Part um 90 Grad drehen!

7 Speedscript erweitern

Öffne das **Speedscript** vom *SpeedUp*-Part und ergänze folgende Zeilen im Script:

```
local speedpart = script.Parent

function SpeedUp(part)
    if part:IsA("BasePart") then
        part.Parent.Configurations.Speed.Value = 120
        part.Parent.Auspuff.Feuer.Fire.Enabled = true ❶
        wait(5)
        part.Parent.Configurations.Speed.Value = 80
        part.Parent.Auspuff.Feuer.Fire.Enabled = false ❷
    end
end

speedpart.Touched:Connect(SpeedUp)
```

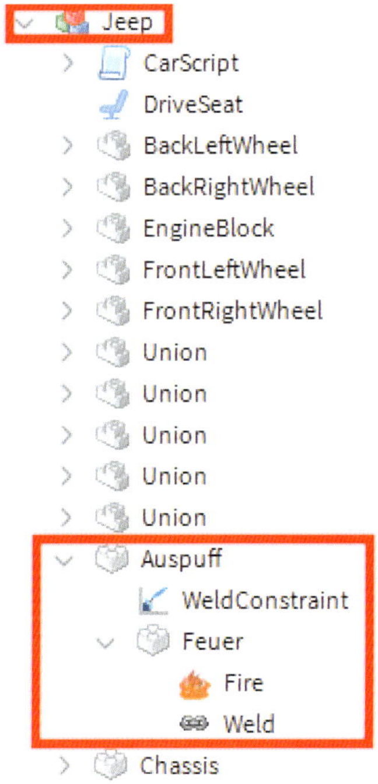

❶ Die Zeile

```
part.Parent.Auspuff.Feuer.Fire.Enabled = true
```

aktiviert den Feuereffekt. Der Pfad weist auf den Part, der den *SpeedUp* berührt, dann auf den *Parent* (das ist das Jeep-Model) und davon wiederum auf den Auspuff und den Feuer-Part, der im Auspuff steckt. Der Feuereffekt selbst ist ja an diesen Feuer-Part gelinkt.

❷ Diese Zeile *deaktiviert* den Feuereffekt wieder.

WICHTIG

Im Script wird der Feuereffekt ein- bzw. ausgeschaltet. Das funktioniert aber nur, wenn der Pfad und die Namen der Parts, also *Auspuff* und *Feuer*, stimmen! Wenn du andere Namen benutzt oder deine Parts im Workspace anders verteilt sind, musst du den Pfad in beiden Zeilen anpassen!

8 Feuerschweif testen

Teste das Spiel! Fahre mit dem Jeep über den SpeedUp und schaue, ob er funktioniert!

TIPP

Natürlich funktioniert das auch andersherum: Du könntest auch Parts erstellen, die das Auto langsamer machen! Dann musst du den Speed einfach nur verringern! Und statt des Feuers kannst du natürlich auch andere Effekte einbauen!

Regenbogenspur

Mit dem **Trail-Effekt** kannst du das Auto eine Regenbogenspur hinterherziehen lassen!

Der Trail-Effekt ist ein bisschen aufwendiger als der Feuereffekt, denn wie du vielleicht schon bemerkt hast, kann man den Trail-Effekt nicht einfach an einen Part linken, er erscheint trotzdem nicht! Der Trail-Effekt braucht **Attachments**, die die *Position* und *Größe* bestimmen.

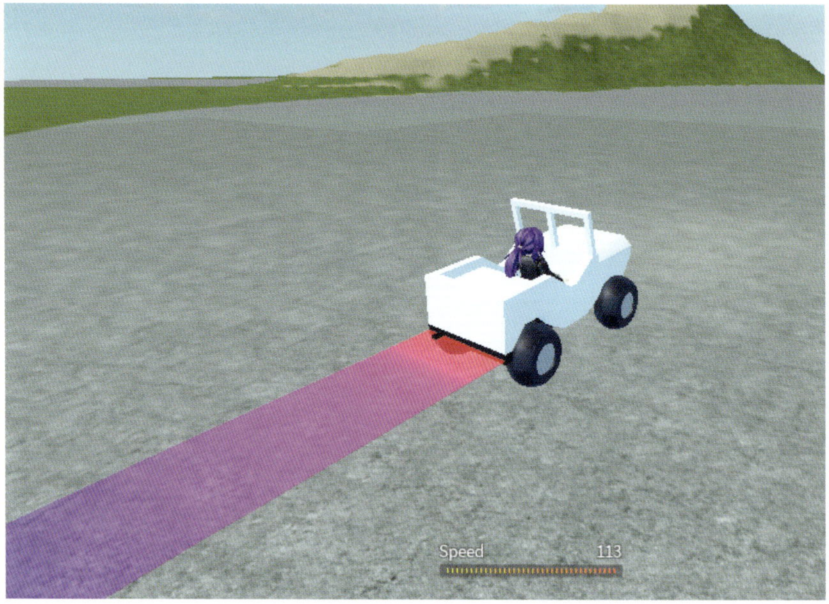

1 Part umbenennen

Da du im Script (wie auch vorher schon beim Feuer) auf den Part vom Trail-Effekt zugreifen wirst, musst du diesem Part einen eindeutigen Namen geben.

Suche im Workspace im Modell *Jeep* nach dem in der Abbildung **rot markierten** Part und benenne ihn um in »Stange«.

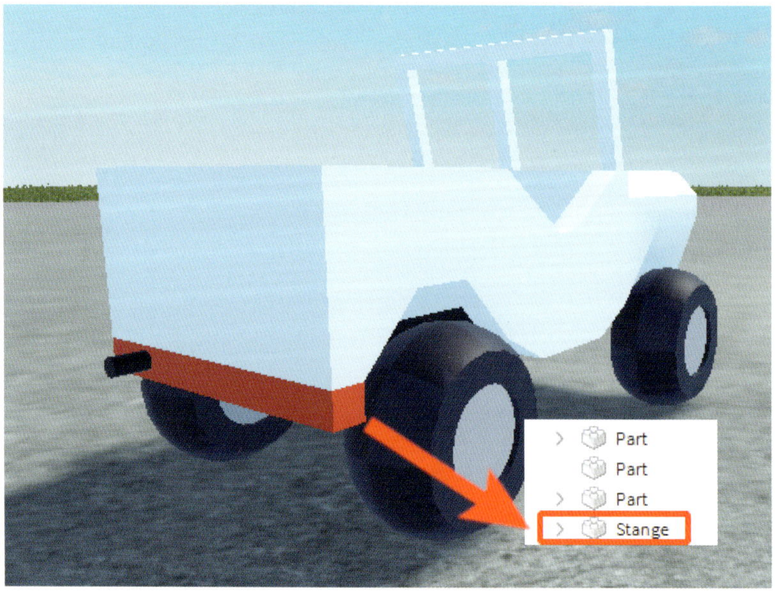

2 Effekt einfügen

- Klicke im Workspace auf das kleine Plus neben *Stange* und schreibe »Trail« in das Suchfeld. Der Trail-Effekt ist jetzt im Workspace unter der *Stange* eingefügt.
- Jetzt wählst du die *Stange* aus und klickst in der Registerkarte **Model** auf **Create**. Dort wählst du **Attachment**. Jetzt kannst du das Attachment seitlich an der Stange platzieren.
- Wiederhole den Vorgang und platziere ein weiteres Attachment auf der anderen Seite der Stange.
- Wenn du die Attachments sehen möchtest, aktivierst du in den **Properties** von ihnen jeweils **Visible**.

3 Attachments auswählen

- Bevor du die Attachments benutzt, benennst du sie noch um, zum Beispiel in »rechts« und »links«. Das ist nur, damit du sie besser auswählen kannst.
- Öffne nun die **Properties** von **Trail**, gehe auf **Data** und klicke in das leere Feld neben *Attachment0*.
- Jetzt kannst du mit dem Mauszeiger eines von deinen beiden neuen Attachments wählen, egal welches.
- Klicke dann auf das leere Feld neben *Attachment1* und wähle nun das andere Attachment.

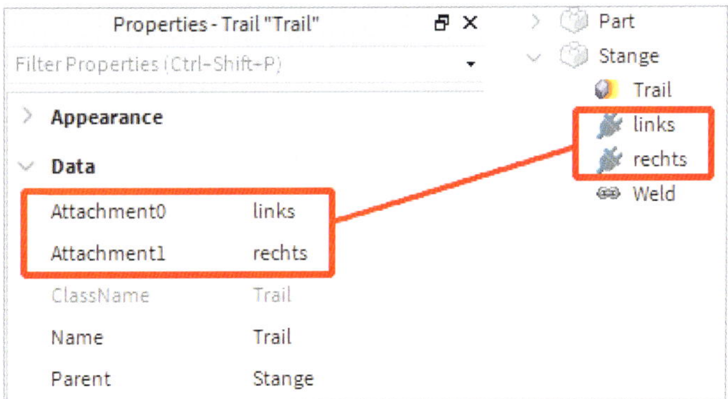

TIPP

Der Trail, also die *Spur*, die das Auto hinter sich herzieht, wird zwischen den beiden Attachments gebildet. Wenn du also lieber eine schmalere Spur möchtest, schiebe einfach die Attachments an der Stange näher zusammen!

4 Script ändern

Jetzt ergänzt oder änderst du das Script. Es geht nämlich natürlich auch beides, also Feuer *und* Regenbogen. Du kannst die Scriptzeilen also *ergänzen* oder gegen die Zeilen im Script *austauschen*, die den Feuereffekt machen!

Diese Zeilen musst du im Script *ergänzen/austauschen*, der Rest des Scripts bleibt gleich!

```
part.Parent.Jeep.Stange.Trail.Enabled = true
wait(5)  --hier ändert sich nichts!
part.Parent.Jeep.Stange.Trail.Enabled = false
```

Es funktioniert ganz genauso wie beim Feuereffekt. Wenn der *SpeedUp*-Part berührt wird, wird der Trail-Effekt *aktiviert*, also `true` und hält für 5 Sekunden. Danach wird er wieder *deaktiviert*, also `false`.

5 Das Script auf einen Blick

```
local speedpart = script.Parent

function SpeedUp(part)
    if part:IsA("BasePart") then
        part.Parent.Configurations.Speed.Value = 120
        part.Parent.Auspuff.Feuer.Fire.Enabled = true
        part.Parent.Jeep.Stange.Trail.Enabled = true
        wait(5)
        part.Parent.Configurations.Speed.Value = 80
        part.Parent.Auspuff.Feuer.Fire.Enabled = false
        part.Parent.Jeep.Stange.Trail.Enabled = false

    end
end

speedpart.Touched:Connect(SpeedUp)
```

6 Effekt deaktivieren

Bevor du den Trail-Effekt im Spiel testest, musst du natürlich noch in den **Properties** von Trail **Enable** deaktivieren! Denn das Script soll ja die Spur erst dann einschalten, wenn der *SpeedPart* berührt wurde!

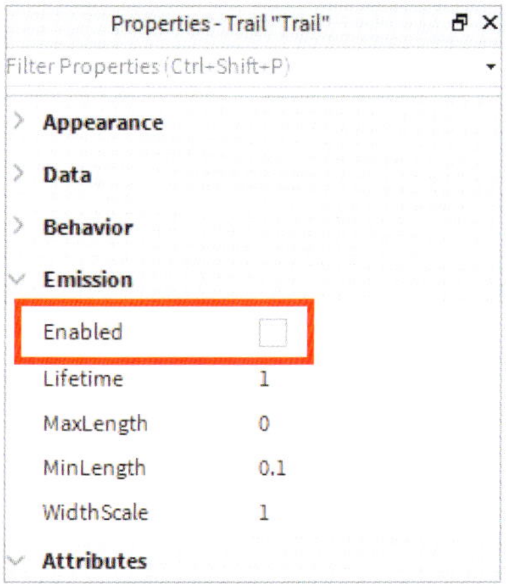

7 Spur färben

Noch ist die Spur allerdings nur weiß. Die Farbe selbst kannst du leicht umstellen, das hast du in den **Properties** sicher schon gefunden. Wenn du dort auf das kleine weiße Farbfeld klickst, öffnet sich die *Farbpalette*, und du kannst eine beliebige Farbe auswählen.

Für eine *Regenbogenspur* klickst du einfach auf das Kästchen mit den drei Punkten. Falls es nicht sichtbar ist, klicke einfach mal ins Feld hinein, dann erscheint es.

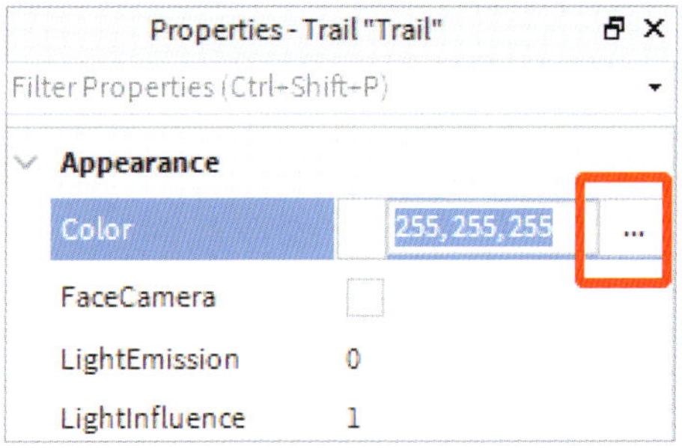

8 Farbe aussuchen

Es öffnet sich ein Feld mit einem weißen Streifen. Klicke auf **Color** und wähle eine Farbe, zum Beispiel Rot. Jetzt wird ein *Farbverlauf* angezeigt, vom kleinen Dreieck ganz links (Farbe Rot) bis zum kleinen Dreieck ganz rechts (Farbe Weiß).

Um die Farbe zu ändern, klickst du ein Dreieck an und wählst bei **Color** die Farbe aus.

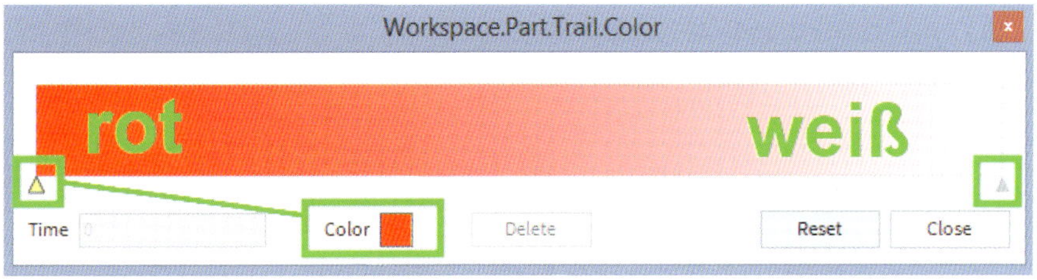

9 Regenbogenfarben

Für Regenbogenfarben brauchst du aber noch weitere Farben.

Wenn du auf den Farbverlaufstreifen klickst, erscheint an dieser Stelle ein neues Dreieck, und du kannst eine neue Farbe wählen. Erzeuge so weitere Dreiecke mit *unterschiedlichen Farben*, um einen *bunten Farbverlauf* zu erstellen. Die Dreiecke kannst du auch verschieben, wenn du sie ziehst.

Probiere einfach unterschiedliche Farbkombinationen aus!

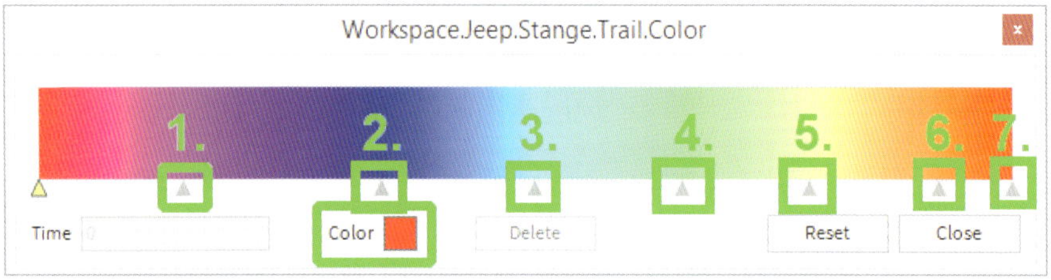

TIPP

Du kannst in den **Properties** von *Trail* auch die **Transparency** verändern und die Spur noch durchsichtiger machen! Und bei **Emission Lifetime** kannst du die *Lebensdauer*, also die *Länge* der Spur, bestimmen!

Noch mehr Features

Um dein Autorennen noch spannender zu machen, kannst du auch ganz unterschiedliche Features kombinieren:

Öltropfen, die die Geschwindigkeit so stark erhöhen, dass das Auto schleudert, **Flecken**, die die Geschwindigkeit verringern oder das Fahrzeug sogar für ein paar Sekunden stoppen (Speed = 0), **Regenbogen-Felder**, die nur eine Regenbogenspur erzeugen … Es gibt viele Möglichkeiten!

Suche einfach nach passenden **Images** in der Toolbox und baue damit neue Parts, die ein Script haben. Grundlage für das Script ist immer das **Speedscript**, das du leicht *verändern* kannst!

Am einfachsten ist das Ganze, wenn du den *SpeedUp*-Part duplizierst und dann das Image und das Script anpasst!

9 Coole Features

In diesem Kapitel geht es um Ergänzungen, die du in deinem Spiel einbauen kannst. Du brauchst sicher nicht alles in jedem Spiel, aber manche Dinge wie die GUI (dazu mehr im nächsten Abschnitt) sind unverzichtbar. Ein **Punktezähler** oder ein **Timer** bringen Spannung ins Spiel, und **Collectibles** machen einfach Spaß! Und um dein Spiel noch interaktiver zu gestalten, kannst du **computergesteuerte Figuren** (NPC) einbauen und dich sogar mit ihnen unterhalten!

9.1 GUI

Jedes Spiel braucht eine **GUI**, das ist das **G**raphical **U**ser **I**nterface, also auf Deutsch die *grafische Benutzeroberfläche*. Hört sich sperrig an, meint aber einfach die *Texte*, *Icons* oder auch *Buttons*, die du zum Spielen benötigst. Es kann auch ein Inventar sein oder ein Rundenzähler. Alles, was »auf dem Bildschirm liegt« und nicht richtig im Spiel ist, gehört zur GUI. Hier kannst du beispielsweise auch eine Spielanleitung oder den Namen des Spiels einblenden. Auch so etwas wie ein **Punktezähler** oder ein **Timer** befindet sich dort.

Einfache Benutzeroberfläche

Diese Benutzeroberfläche ist nicht interaktiv. Sie verschönert aber dein Spiel und kann ganz frei gestaltet werden.

1 Benutzeroberfläche anlegen

Klicke im Explorer auf den Ordner **StarterGui** und füge ein **ScreenGui** ein. Anschließend ergänzt du im **ScreenGui** ein **TextLabel**.

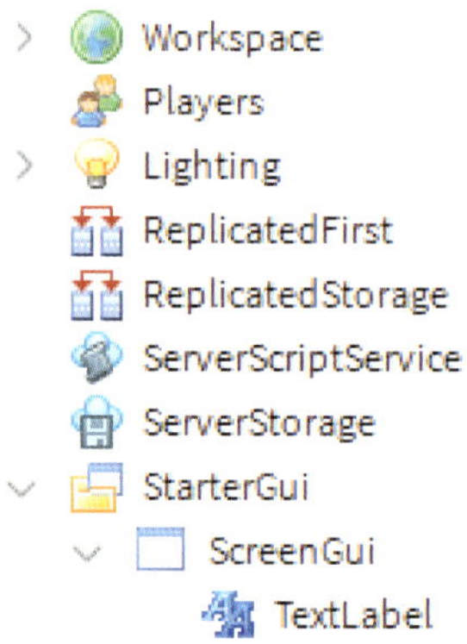

2 Textfenster anpassen

Ein weißes Textfeld erscheint jetzt am oberen Rand vom Gamefenster. Klicke im Explorer auf **TextLabel** und öffne die **Properties**. Du findest die **Properties** in der Registerkarte **View**, wenn das Fenster nicht sichtbar ist.

Hier sind viele Einstellungen möglich, um das Textfenster anzupassen. Unter **Data** kannst du den Hintergrund des Textfensters einstellen, also die **Größe** des Feldes, **Sichtbarkeit** und **Farbe**.

BackgroundColor3	Hintergrundfarbe
BackgroundTransparency	Hintergrund transparent (0–1)
BorderColor3	Rahmenfarbe
BorderMode	Rahmen innen, außen oder mittig
BorderSizePixel	Rahmendicke
Position	Aktuelle X,Y,Z-Position
Size	Größe des Hintergrunds

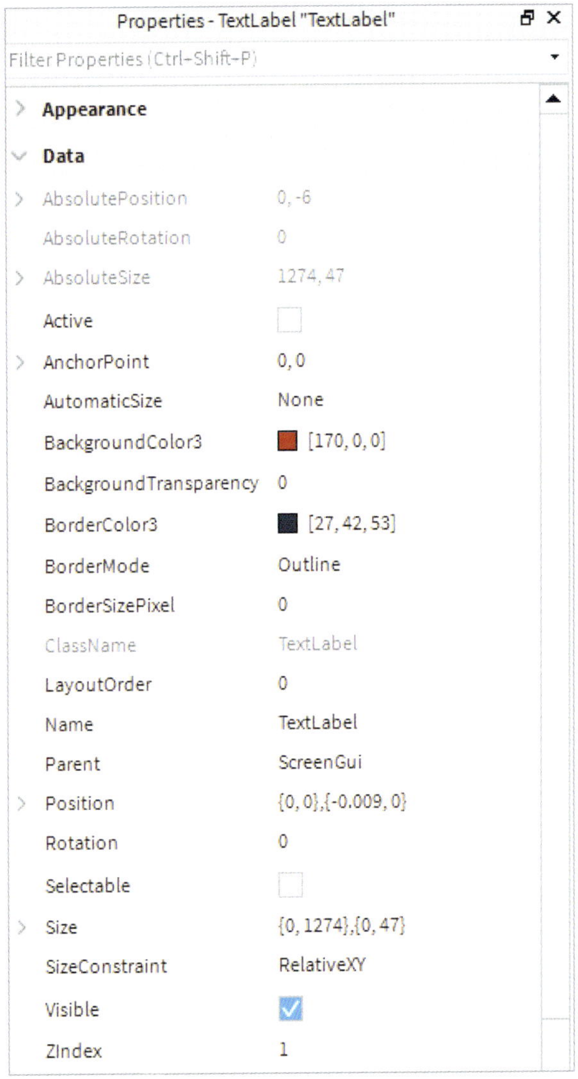

SCHON GEWUSST?

Es gibt in Roblox besondere, sehr seltene Items. So existieren von der **Domino Crown** (»Domino Krone«) nur dreizehn Exemplare, die anlässlich eines Bauwettbewerbs gewonnen werden konnten.

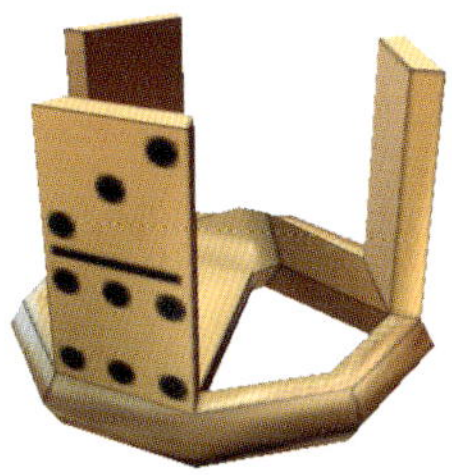

3 Schrift ändern

Unter **Text** findest du die Einstellungen für den Text im Feld. Verändere die Schriftart, Größe und Farbe.

Den Text selbst gibst du im Feld **Text** ein, voreingestellt steht dort »Label«.

Font	Schriftart
Text	Hier deinen Text eingeben
TextColor3	Textfarbe
TextScaled	Aktiviert = Textgröße passt sich Fenster an
TextSize	Textgröße
TextWrapped	Zeilenumbruch, bei langen Texten unbedingt aktivieren!
TextXAlignment	Ausrichtung im Fenster mittig/links/rechts X-Achse
TextYAlignment	Ausrichtung im Fenster mittig/links/rechts Y-Achse

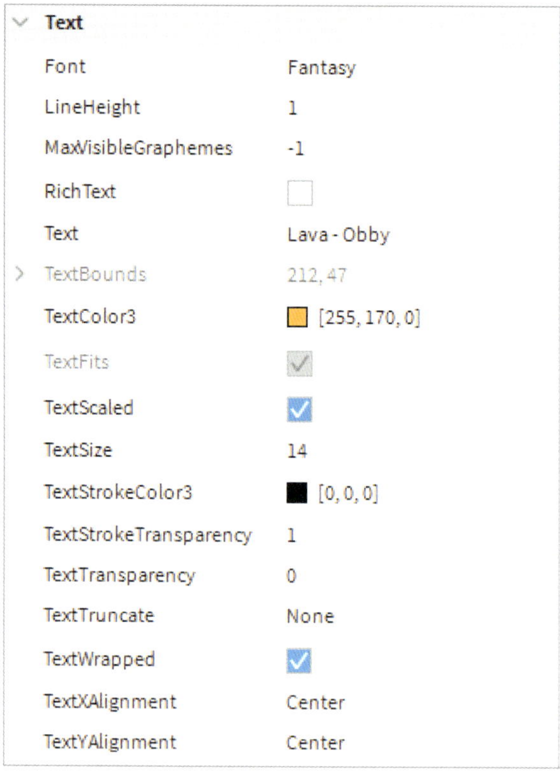

HINWEIS

Wenn das **Textlabel** im Explorer ausgewählt ist, kannst du es im Gamefenster auch mit der Maus skalieren und verschieben, indem du die Eckpunkte des Fensters verschiebst!

TIPP

Um dein Spiel professioneller wirken zu lassen, kannst du auch mehrere **TextLabel** mit unterschiedlichen Farben und Texten einbauen!

Benutzeroberfläche ausblenden

Wenn du deinen Spieltitel oder eine Spielanleitung nur kurz einblenden möchtest, also das **TextLabel** während des Spiels wieder verschwinden soll, dann kannst du das mit einem Script lösen.

1 Script einfügen

Füge hierzu im entsprechenden **Textlabel** ein Script ein.

2 Das Script

Das Script selbst ist sehr kurz:

```
while true do
    wait(15) ❶
    script.Parent.Visible = false ❷
end
```

❶ Das Script startet eine **while**-Schleife, die *15 Sekunden* wartet, `wait(15)`.

❷ Danach wird `Visible` (sichtbar) des **Textlabels** *deaktiviert* = `false`. Diese Sichtbarkeit findet man auch in den **Properties** unter **Data** und **Visible**.

TIPP

Wenn mehrere **Textlabel** verschwinden sollen, schreibst du erst das Script und duplizierst es anschließend mit der rechten Maustaste. Dann ziehst du die Scripte in die entsprechenden Textfelder!

CHALLENGE

Schreibe ein Script für ein Textlabel, das zunächst für 5 Sekunden unsichtbar ist, dann für 10 Sekunden eingeblendet wird und anschließend wieder verschwindet.

Rainbow-Benutzeroberfläche

Ähnlich wie beim *Farbenstein* im Obby (auf Seite 99) kannst du auch während des Spiels die Farben der Benutzeroberfläche ändern!

```
while true do
    wait(1)
    script.Parent.BackgroundColor3 = Color3.new(math.random(), math.random(), math.random()) ❶
end
```

❶ Hier greift das Script auf die Hintergrundfarbe `BackgroundColor3` vom **TextLabel** zu und verändert diese mit Zufallsfarben, sodass es bunt blinkt.

TIPP

Genauso kannst du natürlich auch die Textfarbe verändern, wenn du statt `BackgroundColor3` einfach `TextColor3` schreibst.

Interaktive Benutzeroberfläche

Bevor ein Spiel startet, gibt es manchmal Schaltflächen, die der Spieler anwählen kann. Zum Beispiel »Spielanleitung« oder »Spiel beginnen«.

Start-Button

Als Erstes erstellen wir einen Start-Button. Der Name sagt alles, mit dieser Schaltfläche startest du das Spiel!

WICHTIG

Die interaktiven Scripte sind nur für den jeweiligen Spieler bestimmt, deswegen sollten im **StarterGUI** nur **LocalScripte** verwendet werden und nicht einfach normale Scripte! Also falls eine Schaltfläche nicht funktioniert, achte darauf, dass du **LocalScript** verwendest!

1 Button erstellen

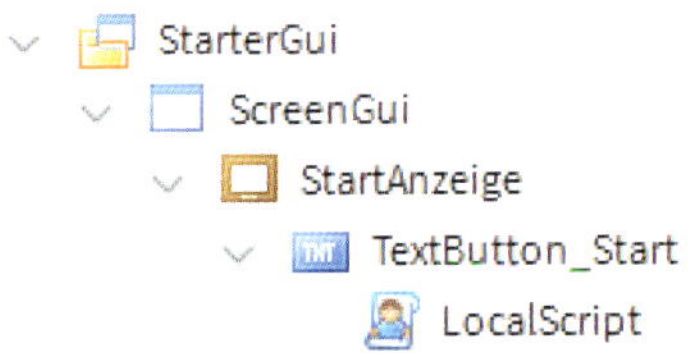

- Als Erstes erstellst du im **Workspace | StarterGui** unter **ScreenGui** ein **Frame** und benennst das **Frame** um in »StartAnzeige«.
- Dann fügst du in »StartAnzeige« einen **TextButton** ein und nennst ihn »Textbutton_Start«.
- Jetzt bekommt der **TextButton** noch ein **LocalScript**.

Du kannst alle Objekte natürlich auch anders benennen, **passende Namen** erleichtern es dir, die Objekte wiederzuerkennen und zu verstehen, welche Funktion sie im Spiel haben.

2 Bildschirmanzeige anpassen

- Nachdem du alle nötigen Objekte erstellt hast, wählst du das **Frame**, also **StartAnzeige** aus und ziehst es ganz groß über das gesamte **Game-Editor-Fenster**. So erreichst du, dass der Spieler sich zwar schon bewegen kann, aber die Schaltfläche das Spiel blockiert.
- Stelle in **Properties** unter **Data** die **BackgroundTransparency** auf den Wert **0.5**. So ist die Anzeige halb transparent, und man kann das Spiel dahinter schon sehen.
- Dann wählst du den **TextButton** aus und ziehst ihn in die Mitte vom Spiel. Ändere die Einstellungen, wie du magst.

3 Das Script

Jetzt musst du nur noch das **LocalScript** schreiben:

```
button = script.Parent ❶
anzeige = button.Parent ❷

function Anklicken()
    anzeige.Visible = false ❸
end

button.MouseButton1Click:connect(Anklicken) ❹
```

❶, ❷ Bei diesem Script sind am Anfang zwei Variablen eingebaut, um auf **StartAnzeige** und **TextButton_Start** zuzugreifen. `button` definiert den **TextButton** und `anzeige` das **Frame**. Das macht es leichter lesbar, statt `anzeige` hätte man sonst nämlich `script.Parent.Parent` schreiben müssen.

❸ In der Funktion `Anklicken()` wird das **Frame** ausgeblendet, indem die Sichtbarkeit auf `false` gesetzt wird. Da **Frame** auch ein `Parent` von **TextButton** ist, wird auch die Sichtbarkeit vom **TextButton** ausgeschaltet. Wenn du noch weitere **TextLabels** in das **Frame** einfügst, werden diese natürlich auch mit ausgeschaltet!

❹ Die letzte Zeile verbindet das Event `MouseButton1Click`, also das Klicken der linken Maustaste über `connect` und den `Doppelpunkt` mit der Funktion `Anklicken()`.

Spielanleitung einblenden

Man kann Text nicht nur ausblenden, sondern natürlich auch einblenden! Wie das funktioniert, zeige ich dir hier am Beispiel einer Spielanleitung.

1 Textbutton kopieren

Als Erstes duplizierst du im Workspace den **TextButton_Start** und nennst ihn »TextButton_Anleitung«. Ziehe das Textfeld im Game-Editor-Fenster größer, da ja später ein ganzer Anleitungstext hineinpassen muss.

2 Script anpassen

Praktischerweise ist das Script ja auch gleich mitkopiert worden. Im Script kannst du jetzt die Einstellungen für den angezeigten Text verändern:

```
button = script.Parent

function Anklicken() ❶
   button.TextSize = 30 ❷
   button.Text = "Du kannst beginnen" ❸
end

button.MouseButton1Click:connect(Anklicken)
```

Die Variable `anzeige` wird nicht gebraucht, du kannst sie löschen.

❶ In der Funktion `Anklicken()` kannst du direkt auf die Einstellungen vom `Text` zugreifen.

❷ Über `button.TextSize` veränderst du die Textgröße, `button.Text` ❸ ist der neue Inhalt, also der Text, der nach dem Anklicken angezeigt werden soll.

WICHTIG

Achte darauf, dass bei längeren Texten im **TextButton** oder **TextLabel** in den **Properties** unter **Text** unbedingt **TextWrapped** aktiviert ist, damit der Text in der nächsten Zeile weitergeht, wenn er zu lang wird!

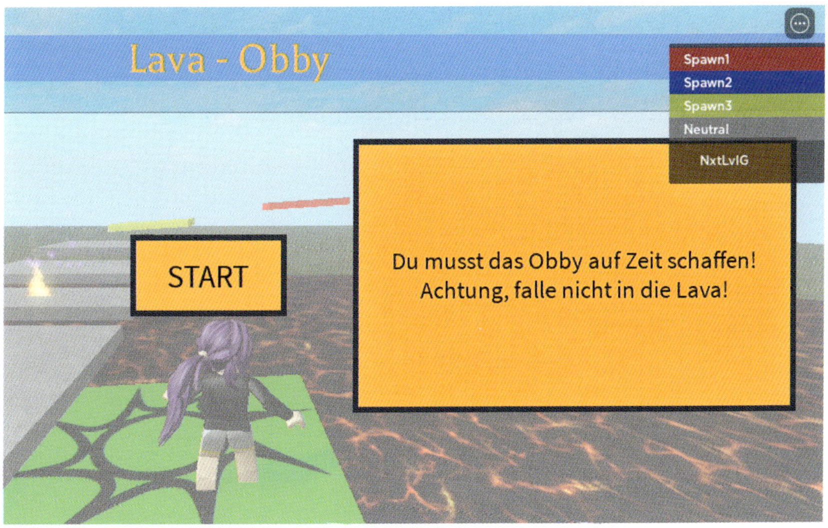

CHALLENGE

Probiere aus, ob du noch andere Einstellungen vom Text verändern kannst. Die Schriftfarbe oder die Hintergrundfarbe kannst du ebenfalls in der Funktion ergänzen! Schaue in den **Properties** vom **Textlabel**, wie die Einstellungen heißen!

Interaktiver Block mit Schaltfläche

Du kannst auch einen Block mit einer Schaltfläche ins Spiel einbauen, die der Spieler anklicken kann. Das kann dann ein weiteres Ereignis auslösen, zum Beispiel eine Nachricht einblenden, Punkte sammeln, ein Level abschließen oder ein zusätzliches Leben bekommen.

1 ImageButton erstellen

Zuerst erstellst du im Workspace unter **StarterGui** ein **SurfaceGui** – wichtig: kein ScreenGUI wie für die vorherigen Schaltflächen! Dahinein kommt ein **ImageButton**, und der wiederum bekommt ein **LocalScript**.

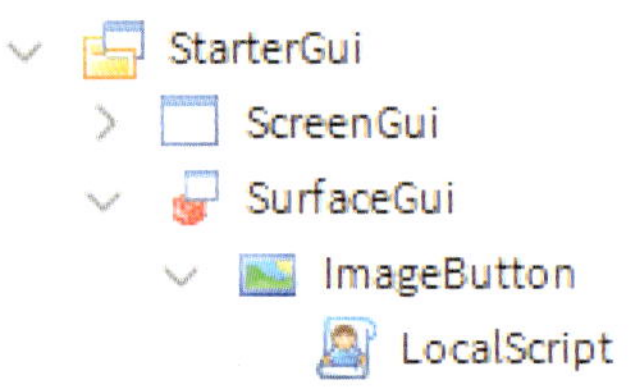

2 Schalter und GUI verbinden

Jetzt erstellst du einen Part, auf dem später eine *Schaltfläche*, also ein anklickbares Bild, erscheinen soll. Den Part nennst du »Schalter«.

Wähle nun das **SurfaceGui** aus und klicke in den **Properties** auf die leere Fläche neben **Adornee**. Der Mauscursor verändert sich, und du kannst im Gamefenster den Part *Schalter* anwählen. Das **SurfaceGui** ist jetzt mit dem Part verbunden.

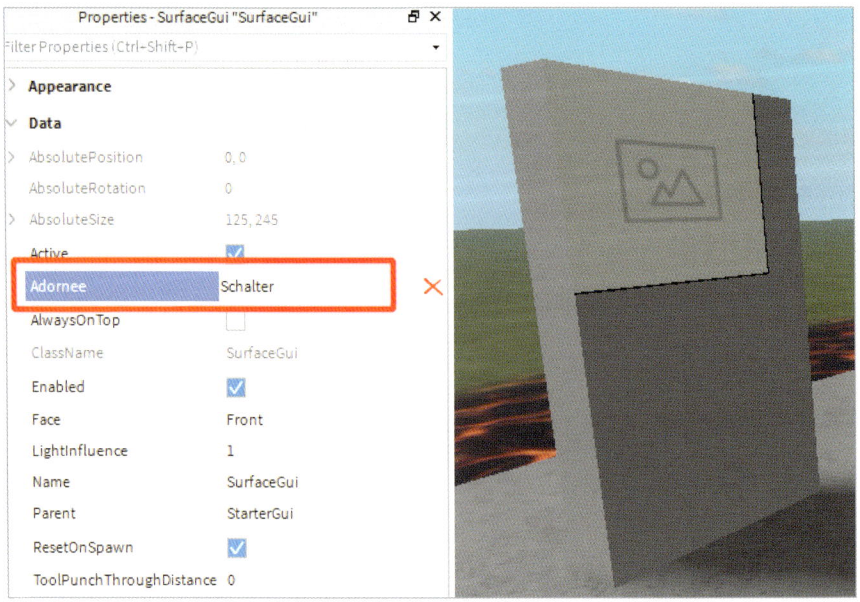

TIPP

Wenn du kein *Vorschaubild* auf dem Part siehst, verstelle bei **SurfaceGui** in den **Properties** unter **Face** die Seite, auf die das Bild projiziert werden soll. Probiere es mit **Right** oder **Left** anstatt **Face**!

3 Bild für die Schaltfläche

Dann wählst du im **Workspace** den **ImageButton** aus. Hier kannst du in den **Properties** unter **Image** ein Bild einladen. Das setzt aber voraus, dass du bereits mit dem Asset Manager eigene Bilder von deinem Computer hochgeladen hast. Wenn du den Asset Manager noch nie benutzt hast, schau in Abschnitt 3.2 »Asset Manager« nach, wie es geht!

Du kannst auch Bilder aus der Toolbox verwenden. Öffne dazu die Toolbox und stelle auf **Image**. Tippe nun zum Beispiel »Button« ins Suchfeld und klicke mit der rechten Maustaste auf das gewünschte Bild. Wähle **Copy Asset ID**, die ID-Nummer wird nun in der *Windows-Zwischenablage* gespeichert.

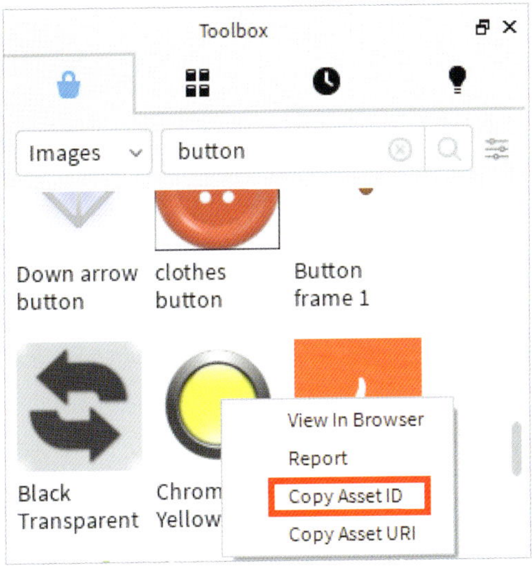

4 Bild einfügen

Klicke nun in den **Properties** von **ImageButton** in das Feld neben **Image** und klicke wieder die rechte Maustaste. Wähle nun **Paste**, die Asset ID wird eingefügt, und das Bild erscheint auf dem Part!

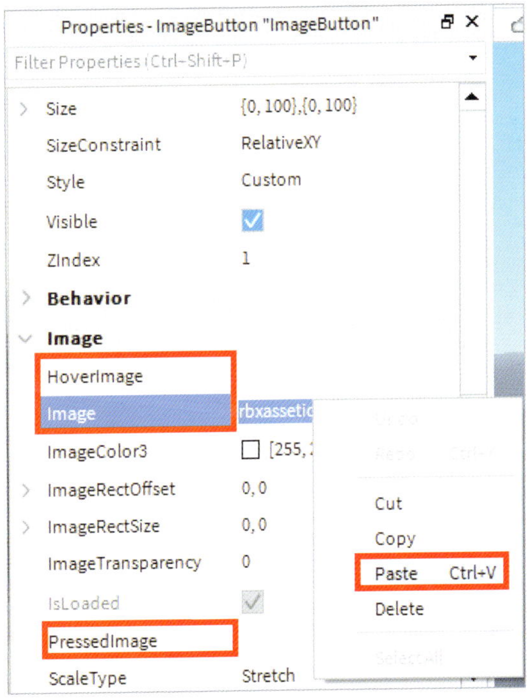

5 Weitere Bilder

Unter **PressedImage** und **HoverImage** kannst du weitere Bilder hochladen, zum Beispiel für ein *Mausover* oder einen *Mausklick*.

MOUSEOVER

Mouseover bedeutet, dass der Mauszeiger die Schaltfläche nur berührt, aber nicht klickt!

6 Bildgröße ändern

Die Größe des Bildes kannst du auch noch anpassen! In den **Properties** von **ImageButton** unter **Data** findest du **Size**. Hier kannst du die Werte in den Klammern verändern, um dein Bild größer oder kleiner zu machen.

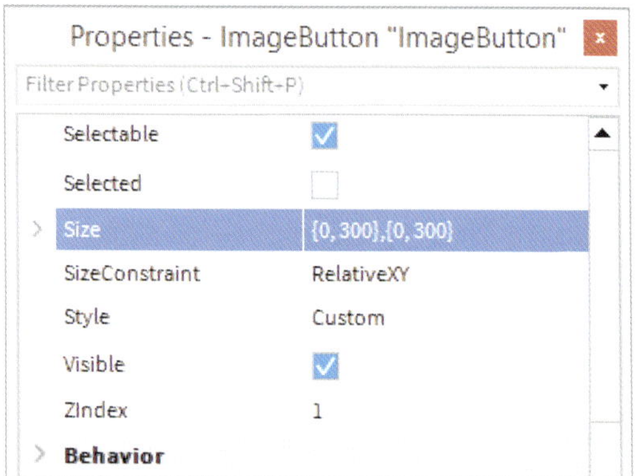

7 Das Script

Jetzt fehlt nur noch das **Script**. Öffne das **LocalScript** und schreibe folgenden Code:

```
button = script.Parent

function ButtonActivated()
    print("Button aktiviert!")
end

button.Activated:Connect(ButtonActivated)
```

8 Button testen

Wenn du jetzt das Spiel startest und auf das Bild auf dem Part klickst, passiert scheinbar nichts. Wirf einen Blick auf die Output-Konsole. Hier sollte der Text *»Button aktiviert!«* erscheinen.

Somit funktionieren der Button und das Script. Das bedeutet, dass du dort, wo der Text steht, nämlich in der **Funktion** `ButtonActivated()` eine *beliebige Anweisung* einsetzen kannst.

Beispiel: Plattform einblenden

Im folgenden Beispiel soll die Schaltfläche eine Plattform, die bisher unsichtbar war, sichtbar machen. Im Bild ist das der blaue Block. Wenn der Spieler mit der Maus auf die Schaltfläche mit dem Herz klickt, erscheint der blaue Block, und der Spieler kann den Abgrund überqueren.

1 Part erstellen

Dafür brauchst du natürlich zuerst einen Part, den du umbenennst in »BlauerBlock«. Schiebe ihn an eine passende Stelle und aktiviere **Anchor**. In den **Properties** setzt du die **Transparency** vom Block auf den Wert **1**, damit dieser komplett unsichtbar ist.

2 Script ändern

Dann ergänzt du einfach eine Zeile Code im Script, und zwar in der Funktion `ButtonActivated()`. Hier ersetzt du den Text wie folgt:

```
button = script.Parent

function ButtonActivated()
    workspace.BlauerBlock.Transparency = 0 ❶
end

button.Activated:Connect(ButtonActivated)
```

❶ Über den Pfad `workspace.BlauerBlock.Transparency` kann der Wert der Transparenz verändert werden. Das Ganze funktioniert natürlich auch andersherum: Du könntest eine **undurchdringbare Mauer** bauen, die der Spieler auf Knopfdruck verschwinden lassen kann! Hierfür musst du nur die Werte vertauschen, also die Mauer ist erst sichtbar und wird im Script unsichtbar = 1 geschaltet! Dann musst du im Script allerdings auch noch CanCollide deaktivieren, damit man durch die unsichtbare Wand laufen kann:

```
workspace.BlauerBlock.CanCollide = false
```

WICHTIG

Wenn du den Part anders benennst, achte darauf, den Namen im Script anzupassen!

Unendlich viele Möglichkeiten

Du kannst dir auch weitere Ideen für die Schaltfläche ausdenken. Vielleicht soll ein Block die **Farbe wechseln** oder sich verdrehen? Du kannst jeden Part im Workspace ansteuern, wenn dieser einen *eindeutigen Namen* hat!

TIPP

Die interaktive Schaltfläche, die Blöcke steuern kann, passt super zu deinem Obby! Lasse Plattformen erscheinen oder auch verschwinden!

9.2 Punktezähler

Punkte sammeln macht Spaß und weckt den Ehrgeiz! Also sollte in deinem Spiel ein **Punktezähler** nicht fehlen!

Zunächst brauchst du aber etwas, was du sammeln kannst, also zum Beispiel **Münzen**, **Äpfel** oder **Tränke**. Dir fällt bestimmt noch mehr ein! Wenn du noch keinen passenden Gegenstand hast, baue einfach eine **Münze**.

Münze

1 Drei Zylinder für die Form

→ Als Erstes fügst du im **Workspace** einen **Cylinder** ein. Skaliere den **Cylinder** kürzer und wähle für **Color** *Gold* und für das **Material** *Metal*.

→ Dann duplizierst du den **Cylinder** *zweimal* und skalierst die beiden neuen **Cylinder** etwas kleiner. Wähle alle drei **Cylinder** aus. Mit dem **AlignTool** und **X,Y,Z** *aktiviert* richtest du die **Cylinder** mittig aus.

→ Verschiebe jetzt die beiden kleinen **Cylinder** wieder etwas nach außen, damit du sie gleich gut vom mittleren **Cylinder** herausschneiden kannst.

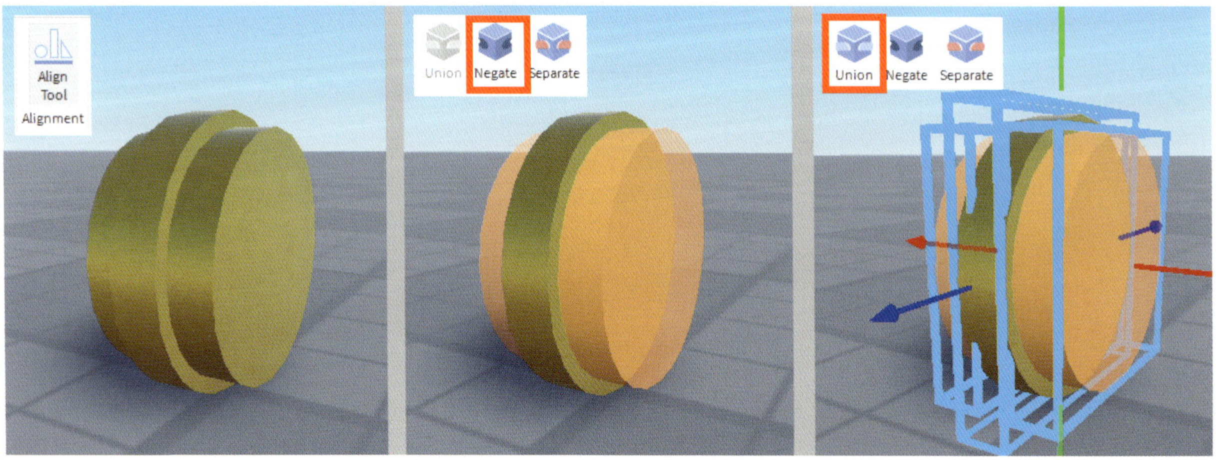

2 **Zylinder ausschneiden**

Wähle die beiden äußeren **Cylinder** und aktiviere **Negate**. Anschließend wählst du alle drei **Cylinder** aus und klickst auf **Union**. Übrig bleibt die fertige Münze! Im Workspace heißt sie nun »**Union**«. Benenne es um in »Muenze«.

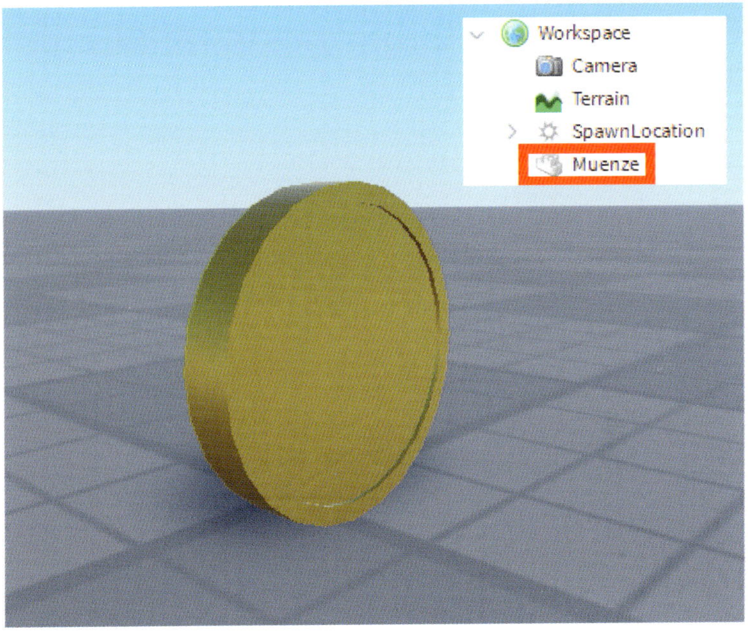

3 **Goldfarbe**

Durch das Ausschneiden mit **Negate** und **Union** kann es passieren, dass die Farbe der Münze nicht richtig angezeigt wird. Aktiviere **UsePartColor** in den **Properties** unter **Data**.

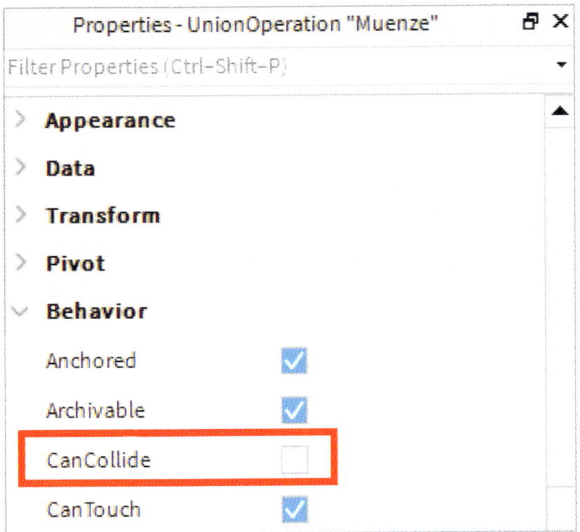

4 **Kollision ausschalten**

Damit die Münze gleich gesammelt werden kann, musst du noch in den **Properties** der Münze **CanCollide** deaktivieren, sonst läuft der Spieler gegen die Münze und kann sie nicht richtig einsammeln!

Variante 1 – Münzen zum Verteilen

Bei dieser Variante kannst du, nachdem du das Script geschrieben hast, die Münze samt Script immer wieder kopieren und an andere Stellen auf deiner Map verteilen.

TIPP

Damit du deine Münzen im Spiel noch besser präsentieren kannst, solltest du noch Animationen einbauen! Lies in Abschnitt 9.5 »Animationen von Objekten« nach, wie du die Münze dazu bringen kannst, sich zu drehen oder sich zu vergrößern

1 Textfeld für den Punktezähler

Füge im **Explorer** unter **StarterGui** ein **ScreenGui** und dort ein **TextLabel** ein. Das **Textlabel** benennst du um in »Punktezaehler«. Das **Textlabel** passt du mit *Schrift*, *Farbe* und *Größe* an, so wie es für dich passt.

2 Null Punkte

In den **Properties** von **Punktezaehler** ersetzt du unter **Text** den Vorgabetext (»Label«) durch eine **Null**. Das ist wichtig, damit diese Null als Startwert im **Script** genutzt werden kann!

3 Script einfügen

Nun fügst du im Workspace unter **Muenze** ein Script ein.

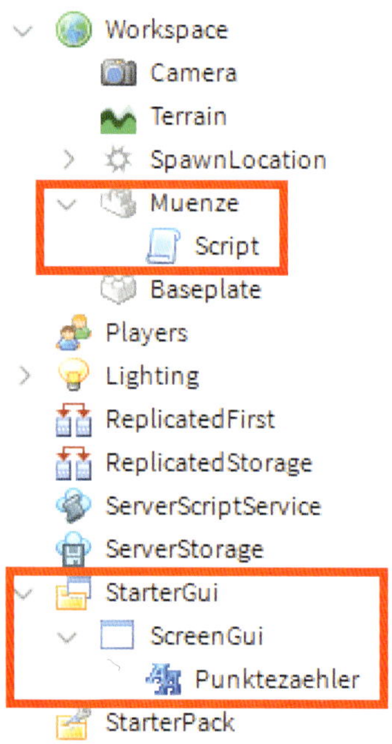

4 Das Script

Im Script schreibst du folgenden Code:

```
local muenze = script.Parent ❶

function Sammeln(part) ❷
    local player = part.Parent ❸
    if player:FindFirstChildWhichIsA("Humanoid") then ❹
        local punkte = game.Players[player.name].PlayerGui.ScreenGui.Punktezaehler ❺
        punkte.Text = tonumber(punkte.Text) + 1 ❻
        muenze:Destroy() ❼
    end
end

muenze.Touched:Connect(Sammeln) ❽
```

❶ Zunächst wird die Variable `muenze` definiert, als Parent von diesem Script, also der Part **Muenze** im Workspace.

❷ Dann folgt die Funktion `Sammeln(part)` und eine zweite Variable ❸ für den aktuellen Spieler.

❹ Die If-Anweisung prüft, ob ein Spieler die `muenze` berührt.

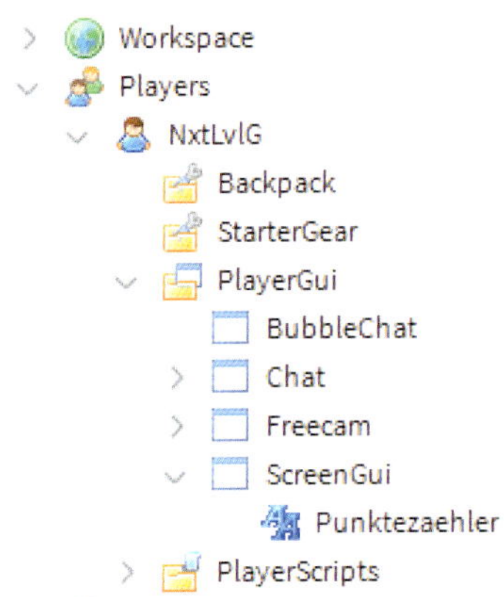

❺ Die Variable `local punkte = game.Players[player.name].PlayerGui.ScreenGui.Punktezaehler` hat einen ganz speziellen Pfad. Das liegt daran, dass während des laufenden Spiels der Ordner **ScreenGui** samt **Punktezaehler** in den **Spielerordner** unter **Players** kopiert wird.

❻ `punkte.Text = tonumber(punkte.Text) + 1` wandelt den `Text` von `punkte` (also vom **Punktezaehler**) in eine **Zahl** um. Das funktioniert aber nur, wenn in den **Properties** im **Text** vom **Textlabel** eine Zahl, also hier **0** steht! So wird `punkte.Text` mit jeder neuen Münze und jedem neuen *Funktionsdurchlauf* um **1** erhöht.

❼ `muenze:Destroy()` ruft die `Destroy`-Funktion auf, die die Münze zerstört, sodass sie nicht noch mal eingesammelt werden kann.

❽ Am Ende vom Script folgt wieder das bekanntes Touch-Event, das die Funktion aufruft.

5 Spiel testen

Wenn du das Spiel testest und die Münze einsammelst, bekommst du einen Punkt. Aber die Münze ist verschwunden, denn das Script hat sie ja zerstört.

CHALLENGE

Erstelle mehrere Münzen in verschiedenen Größen, die unterschiedlich viele Punkte geben!

6 Münze kopieren

Du kannst ganz einfach viele weitere Münzen erstellen, indem du die Münze im Workspace duplizierst. Das Script wird mitkopiert, und du brauchst auch nichts mehr am Script zu verändern, es funktioniert mit beliebig vielen Münzen!

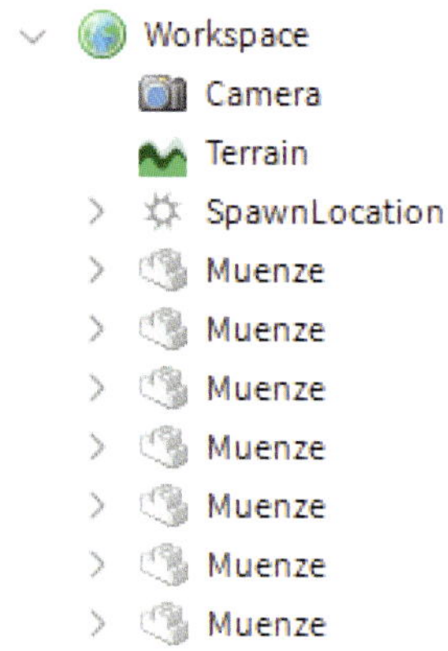

Variante 2 – Spawnende Münzen

Für diese Variante brauchst du nur **eine** einzige Münze und ein einziges Script. Dafür stellst du dann im Script ein, dass die eingesammelte Münze immer wieder an anderen Stellen auf deiner Map **zufällig spawnt**.

1 Textfeld für den Punktezähler

Füge im **Explorer** unter **StarterGui** ein **ScreenGui** und dort ein **TextLabel** ein. Das **Textlabel** benennst du um in »Punktezaehler«. Das **Textlabel** passt du mit Schrift, Farbe und Größe an, so wie es für dich passt.

2 Null Punkte

In den **Properties** von **Punktezaehler** ersetzt du unter **Text** den Vorgabetext (»Label«) durch eine **Null**. Das ist wichtig, damit diese Null als Startwert im **Script** genutzt werden kann!

3 Script einfügen

Dann fügst du in **Punktezaehler** ein **LocalScript** ein. Die Münze im Workspace bekommt *kein* Script!

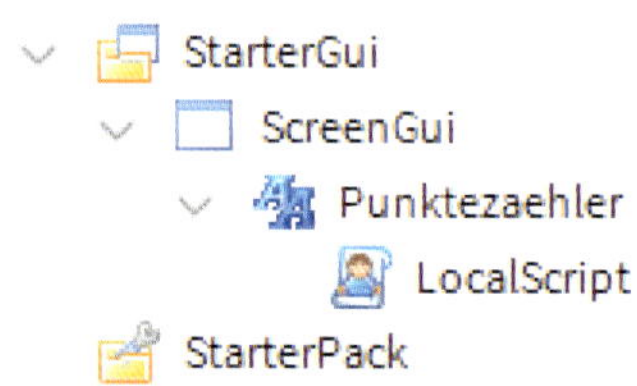

4 Drei Variablen

Im **LocalScript** definierst du zunächst drei **Variablen**:

```
local muenze = game.Workspace.Muenze ❶
local punkte = script.Parent.Text ❷
local player = game.Players.LocalPlayer ❸
```

❶ muenze bezieht sich auf die eben gebaute Münze im Workspace. Wenn deine Münze anders heißt, ändere den Namen und gegebenenfalls den Pfad!

❷ punkte verweist auf den Text vom **Textlabel**, das ja der Parent von diesem Script ist

❸ player ist der aktuelle Spieler.

5 Die Funktion

Darunter schreibst du die Funktion Sammeln(part):

```
function Sammeln(part)
    if part.Parent:FindFirstChildWhichIsA("Humanoid") then ❶

        punkte = punkte + 1 ❷
        player.PlayerGui.ScreenGui.Punktezaehler.Text = punkte ❸
        muenze.Position = Vector3.new(math.random(-10, 10), 1,math.random(-10, 10)) ❹

    end
end

muenze.Touched:Connect(Sammeln) ❺
```

❶ In der If-Anweisung wird abgefragt, ob der part ein Humanoid, also ein Spieler, ist.

❷ Falls ja, wird die Variable punkte um punkte + 1 erhöht.

❸ Der Text des Textlabels wird anschließend durch punkte ersetzt.

❹ Die Position der Münze wird über den Vector3 (X,Y,Z-Wert) neu vergeben. math.random erzeugt für X und Z zufällige Werte zwischen –10 und 10, der Y-Wert, also die Höhe der Münze, bleibt auf 1. Hier kannst du die Zahlen an dein Spiel anpassen.

❺ In der letzten Zeile wird die Funktion über das Touch-Event mit der Berührung von muenze verbunden.

HINWEIS

Wenn beim Testen die Münze verschwindet und du sie nicht mehr wiederfindest, liegt es daran, dass die Zahlenwerte in der Zeile

```
muenze.Position = Vector3.new(math.random(-10, 10), 1,math.random(-10, 10))
```

für dein Spiel nicht passen! Du kannst die Startposition deiner Münze in den **Properties** unter **Transform | Position** ablesen. Ändere dann die Zahlenwerte im Script so, dass die neuen Werte in der Nähe dieser Position liegen!

So viele Punkte!

Wenn du das Spiel nun testest und die Münze berührst, verschwindet die Münze an eine andere Stelle, und du bekommst einen Punkt, manchmal aber auch mehrere Punkte!

Wie kann das sein, wenn doch im Script steht, dass `punkte` nur um *eins* erhöht werden soll? Das Problem kannst du gut erkennen, wenn du dich im Spiel an die Münze heranschleichst und *ganz langsam* durchgehst. Solange der Spieler die Münze berührt, werden die Punkte erhöht. Nur, der Spieler kann meistens gar nicht so schnell durch die Münze rasen, als dass das nicht passieren würde!

Dafür gibt es eine **Lösung**, die sich in der Programmierung *Debouncing* nennt.

1 Das Script

Wenn du ein paar Veränderungen am Script vornimmst, kannst du das Problem lösen.

```
local muenze = game.Workspace.Muenze
local punkte = script.Parent.Text
local player = game.Players.LocalPlayer

local punktGesammelt = false ❶

function Sammeln(part)
    if part.Parent:FindFirstChildWhichIsA("Humanoid") and not punktGesammelt then ❷
        punktGesammelt = true ❸

        punkte = punkte + 1
        player.PlayerGui.ScreenGui.Punktezaehler.Text = punkte
        muenze.Position = Vector3.new(math.random(-10, 10), 1,math.random(-10, 10)) ❹
        wait(2) ❺
        punktGesammelt = false ❻
    end
end

muenze.Touched:Connect(Sammeln)
```

❶ Zunächst definierst du eine neue Variable oder besser einen Zustand: `local punktGesammelt = false`

❷ Dann prüfst du in der If-Funktion, ob der `punktGesammelt = false` aktuell ist, denn nur dann kann die If-Anweisung ausgeführt werden, und Punkte können vergeben werden.

❸ Dafür wird der `punktGesammelt` anschließend sofort auf `true` gesetzt, während der Punkt vergeben wird und die Münze an eine neue Position versetzt wird ❹.

❺ Zusätzlich wird noch eine Verzögerung mit `wait(2)` eingebaut.

❻ Anschließend wird `punktGesammelt` wieder auf `false` gesetzt, und die Funktion ist beendet.

2 **Spiel testen**

Teste das Spiel. Jetzt solltest du pro Münze nur einen einzigen Punkt bekommen!

TIPP

Du kannst natürlich auch für den Y-Wert eine Zufallszahl angeben! Und der Bereich von –10 bis 10 kann auch angepasst werden. Wenn deine Map 200 studs lang ist, kannst du die Zahlen auch auf –80 bis 80 ändern, dann deckst du fast die ganze Map ab!

WICHTIG

Hier spawnt immer dieselbe Münze! Wenn du diese Münze im Workspace duplizierst, wird das Script trotzdem nur auf die *erste* Münze, die der Spieler berührt, ausgeführt. Das bedeutet, dass die anderen kopierten Münzen nicht gesammelt werden können! Diese Variante eignet sich also eher für einzelne, besondere Schätze!

9.3 Selbst gebaute Spielfigur

Es gibt auch Spiele, in denen man nicht seinen eigenen Avatar steuert, sondern eine **vorgegebene Spielfigur**. Sehr einfach geht das, wenn die Spielfigur nur ein einzelnes Objekt ist oder aus wenigen Parts besteht.

SCHON GEWUSST?

In vielen Roblox-Spielen sind **EasterEggs** (auf Deutsch »Ostereier«) versteckt. Damit sind geheime Level und Funktionen oder witzige Figuren und Dinge aus anderen Spielen oder Filmen gemeint. So findet man zum Beispiel im Spiel **Jailbreak** im Kanalsystem unter der Erde die **Teenage Mutant Ninja Turtles**!

1 Part für die Spielfigur

Für die eigene Spielfigur erstellst du zunächst einen Part. Dieser darf nicht verankert (**Anchored**) sein, sonst kann er sich ja nicht bewegen! Benenne den Part um in »HumanoidRootPart«.

HUMANOIDROOTPART

HumanoidRootPart ist ein feststehender Roblox-Part, über den die Bewegung der Spielerfigur angesteuert werden kann. Der **HumanoidRootPart** steuert auch die Blickrichtung.

2 Humanoid erstellen

Dann erstellst du im Workspace einen **Humanoid**, indem du auf das kleine Plus neben **Workspace** klickst und im Suchfeld »Humanoid« eingibst. Der Humanoid ist im Game-Editor-Fenster unsichtbar!

3 Modell verbinden

Wähle nun im Workspace den **HumanoidRootPart** und den **Humanoid** aus. Drücke die rechte Maustaste und klicke auf **Group**. Das neu entstandene **Model** benennst du um in »StarterCharacter«. Dann ziehst du **StarterCharacter** im Workspace in den Ordner **StarterPlayer**.

Du kannst auch weitere Parts im **StarterCharacter**-Modell ergänzen, um so eine einzigartige Spielfigur zu erstellen.

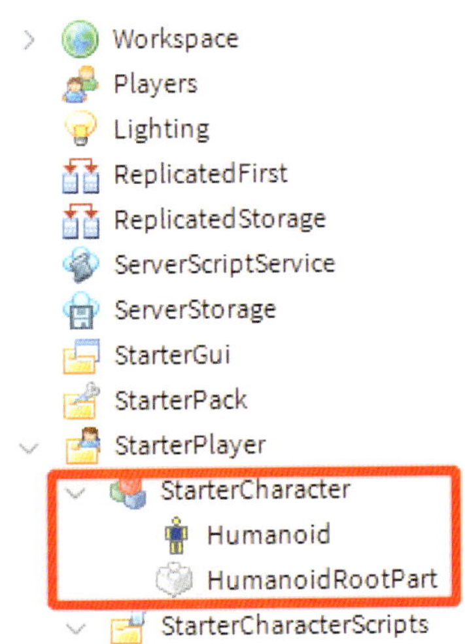

WICHTIG

StarterCharacter ist ein fester Roblox-Begriff. Das neue Modell funktioniert nur genau mit diesem Namen! Sobald das Modell im **StarterPlayer Ordner** ist, kannst du es im Workspace nicht mehr sehen. Wenn du es noch mal bearbeiten möchtest, ziehe es einfach wieder in den Workspace.

4 Referenz-Mittelpunkt

Um Fehlermeldungen in der Output-Konsole zu vermeiden, musst du für dein Modell noch einen **PrimaryRootPart** vergeben. Das ist der *Referenz-Mittelpunkt* deines Modells.

Wähle **StarterCharacter** aus und öffne die **Properties**. Klicke auf das leere Feld neben **PrimaryRootPart** und wähle einen Part, zum Beispiel den Kopf. Wenn dein Modell nur aus einem Part besteht, dann wähle den **HumanoidRootPart**.

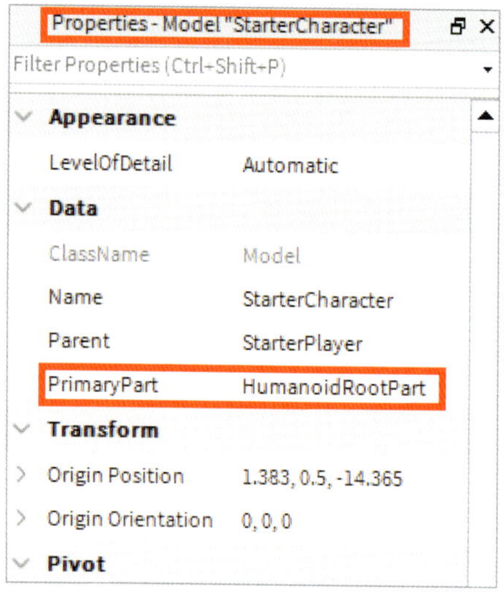

WICHTIG

Die Parts dürfen *nicht* verankert sein, sondern müssen über einen **WeldConstraint** an den **HumanoidRootPart** gelinkt werden! Deaktiviere also **Anchored** für alle Parts!

TIPP

Die Geschwindigkeit kannst du ändern, indem du in den **Properties** vom **Humanoid** den **Walk Speed** veränderst. Der Wert 16 ist die normale Geh-Geschwindigkeit in Roblox!

5 Spiel testen

Jetzt kannst du das Spiel testen. Der Part ist nun die Spielfigur und kann mit den üblichen Tasten gesteuert werden!

6 Parts verbinden

Wenn deine Spielfigur aus mehreren Parts besteht, müssen diese noch an den HumanoidRootPart verlinkt werden.

- Klicke auf das kleine Plus neben dem entsprechenden Part, zum Beispiel den Kopf, und füge ein **WeldConstraint** ein.
- Öffne die **Properties** und klicke auf das leere Feld bei **Part0**. Wähle nun den Part, bei dem du den **WeldConstraint** eingefügt hast.
- Bei **Part1** wählst du den **HumanoidRootPart**.

So werden die einzelnen Parts mit dem **HumanoidRootPart** fest verbunden.

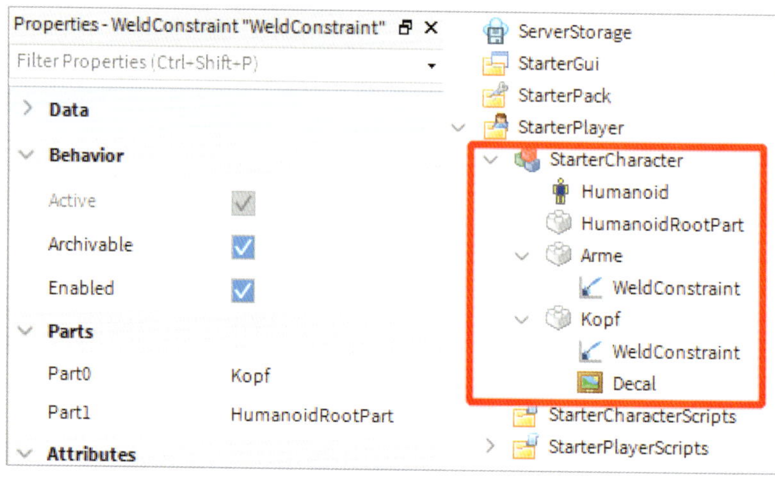

7 Decals

Du kannst für jeden Part der Spielfigur ein Decal verwenden, um die Figur schöner zu gestalten. Hierfür nutzt du **Images** aus der Toolbox. Suche in der Toolbox unter **Images** beispielsweise nach »Face« (Gesicht) und ziehe das Bild, das dir gefällt, einfach auf den entsprechenden Part im Game-Editor-Fenster.

8 Haare und mehr

Haare, Hüte oder anderes Zubehör kannst du auch aus der Toolbox ergänzen. Suche unter **Meshes** nach »hair« oder »hat«. Diese verschiebst du dann an die passende Stelle von deinem Modell. Achte aber darauf, auch diese Parts wieder über einen **WeldConstraint** an den **HumanoidRootPart** zu verlinken.

TIPP

Wenn sich die Figur nicht bewegen lässt, liegt das oft daran, dass ein Part verankert ist. Wähle einfach *alle* zugehörigen Parts im Workspace aus und *deaktiviere* in den **Properties** die Option **Anchored**!

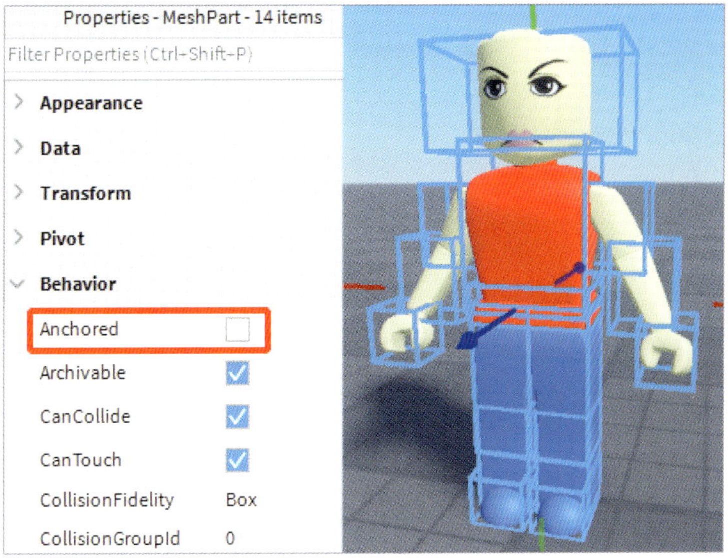

9.4 NPC

NPC ist eine englische Abkürzung für **N**on-**P**layer-**C**haracter. Damit sind computergesteuerte Spielfiguren gemeint, die also nicht von realen Spielern gesteuert werden. Auch in Roblox kann man NPCs einbauen, du findest eine große Auswahl an Figuren in der Toolbox. Aber du kannst natürlich auch *eigene* NPCs bauen!

Dummy

Dummy bedeutet *Attrappe* und ist eine Art Vorlage des standardmäßigen Roblox-Characters. Es gibt ihn in männlich und weiblich.

1 Grundmodell für die Figur

Wähle die Registerkarte **Plugins** und klicke auf **Build Rig**.

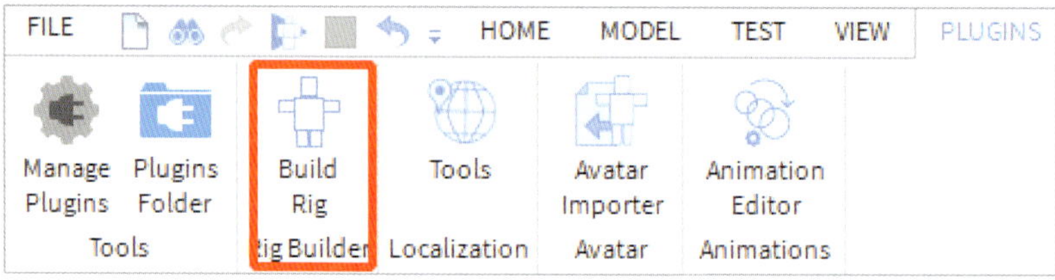

Jetzt kannst du einen *Körper* auswählen. **R6** sind die *alten* **Roblox-Modelle**, **R15** die *neueren*. Die Zahl bezieht sich übrigens darauf, aus wie vielen *Körperteilen* der Körper besteht!

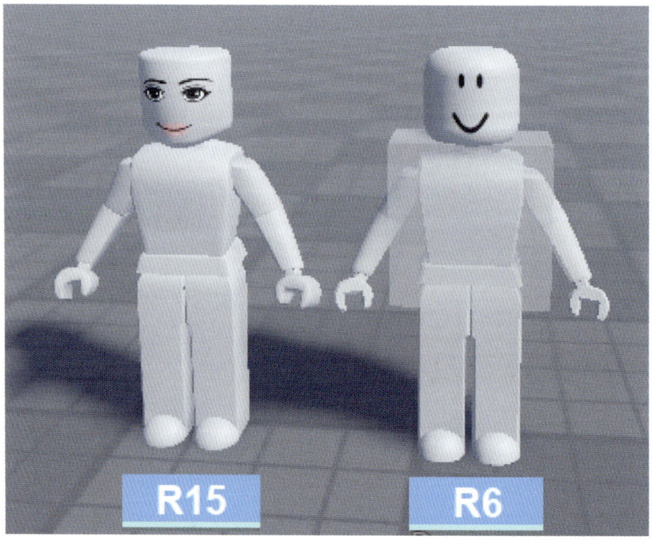

2 Farbe ändern

Das Modell erscheint nun im Game-Editor-Fenster und natürlich auch im Workspace. Um den grauen Körper etwas schöner zu gestalten, klickst du im Workspace auf das kleine Plus neben **Dummy** und fügst **Body Colors** ein.

Öffne nun die **Properties** von **Body Colors** und färbe den **Dummy** nach Belieben um.

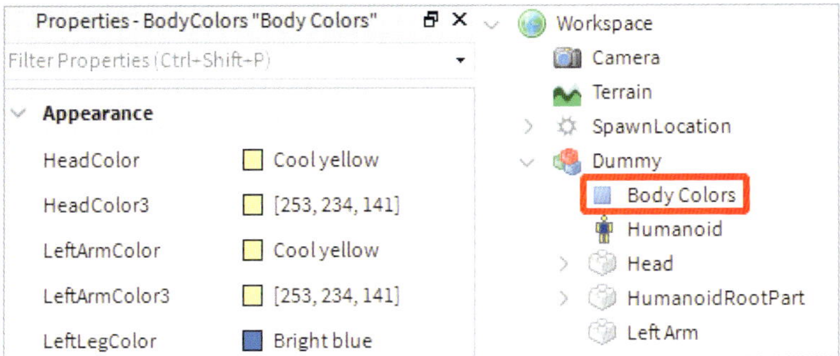

3 Neues Gesicht

Das Gesicht änderst du, indem du das **Decal** im **Head** (Kopf) austauscht. Suche in der Toolbox unter **Images** nach »Face« und ziehe das gewünschte Bild einfach auf den entsprechenden Part im Game-Editor-Fenster. Lösche das alte **Decal** im **Head**!

4 Haare und Hüte

Haare oder Hüte kannst du auch aus der Toolbox ergänzen, suche unter **Meshes** nach »hair« oder »hat«. Diese verschiebst du dann an die passende Stelle von deinem Modell.

Im **Workspace** schiebst du das *Haar-Mesh* dann auch in das Modell deines **Dummys**. Achte darauf, diese Parts über einen **WeldConstraint** an den **HumanoidRootPart** zu verlinken, damit sie fest mit dem Modell verbunden sind.

Dialoge

Du kannst mit den NPC richtige Gespräche führen! Das geht ganz einfach und ohne Script!

1 Dialog einfügen

Öffne im Workspace ein **Dummy**-Modell und klicke auf das kleine Plus neben **Head**. Füge hier einen **Dialog** ein, indem du »Dialog« im Suchfeld eingibst.

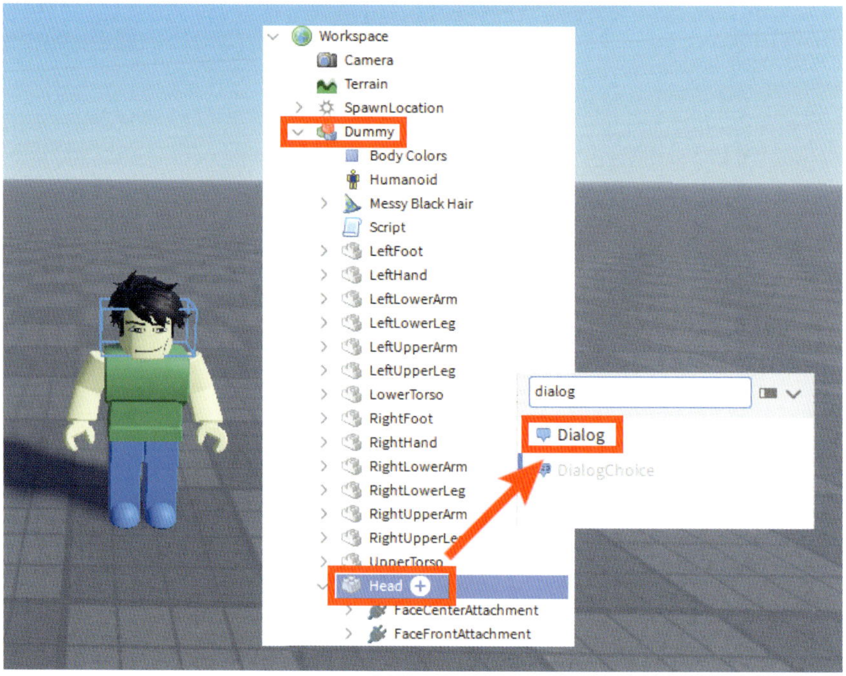

2 Spiel testen

Wenn du das Spiel jetzt testest, sollte eine **Sprechblase** mit Fragezeichen über dem Dummy schweben.

3 Text eingeben

Jetzt öffnest du die **Properties**. Zunächst musst du in **Dialog** unter **Data** bei **InitialPromt** einen Text eingeben. Dieser wird in der Sprechblase angezeigt werden, wenn du im Spiel die Sprechblase anklickst.

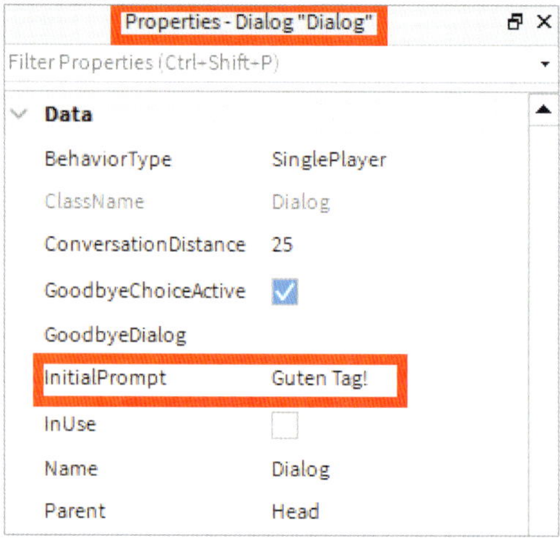

WICHTIG

Dialog funktioniert *nur* mit einem Part, *nicht* mit einem Modell! Dummys oder Figuren sind in der Regel ein Modell. Du musst dieses **Model** öffnen und einem einzelnen Part, also zum Beispiel dem **Head** den **Dialog** zuweisen! Es macht Sinn, den **Head** zu nehmen, da dann der Dialog über dem Kopf der Figur schwebt!

4 Fragen und Antworten

Wenn du dich mit der Figur richtig **unterhalten** möchtest, also auch selbst Antworten geben möchtest, brauchst du noch ein weiteres Objekt: Gehe wieder in den **Workspace** und füge in **Dialog** ein **DialogChoice** ein.

In den **Properties** kannst du für **DialogChoice** jetzt eine **Frage** und eine **Antwort** definieren. In das leere Feld neben **UserDialog** schreibst du die Frage für den Spieler und bei **ResponseDialog** die Antwort vom Dummy.

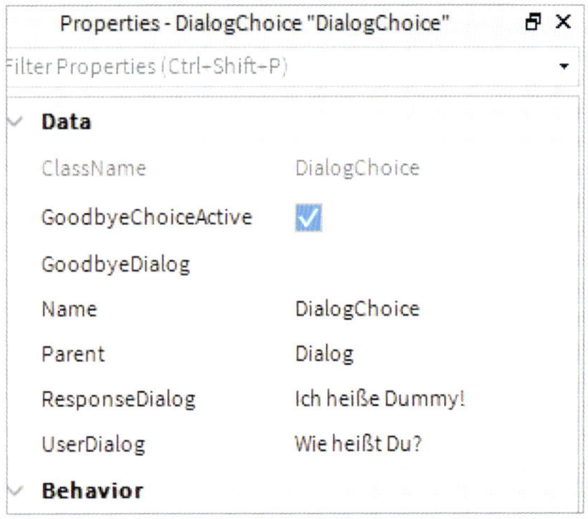

5 Mehrere Dialoge

Du kannst auch mehrere **DialogChoice** einfügen. Hierbei ist es wichtig, wie diese im Workspace angeordnet sind!

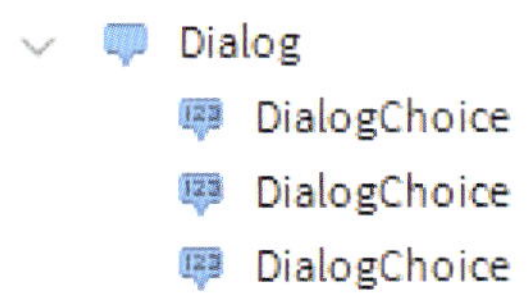

Eine Sprechblase mit drei wählbaren Fragen

Drei Sprechblasen hintereinander mit jeweils einer Frage

6 Unterhaltung beenden

Um die Unterhaltung jederzeit abzubrechen, gibt es sowohl in **Dialog** als auch in **DialogChoice** eine **GoodbyeOption**. Aktiviere **GoodbyeChoiceActive** und trage bei **GoodbyeDialog** einen passenden Text ein, zum Beispiel »Tschüss« oder »Auf Wiedersehen«.

TIPP

Dialog funktioniert nicht nur bei Figuren, sondern natürlich auch bei jedem beliebigen Part. Unterhalte dich doch einfach mal mit einem Mauerstein oder einer Zimmerpflanze!

Animationen

Ein NPC kann natürlich einfach im Spiel herumstehen, zum Beispiel als **Automechaniker** an einer Rennstrecke oder **Kunde** in einem Supermarkt. Auch das belebt dein Spiel, aber noch toller wird es, wenn dein NPC sich **bewegt**!

1 Animation und Script einfügen

Klicke auf das kleine Plus neben deinem **Dummy** im Workspace und füge ein **Script** sowie eine **Animation** ein. In dieser **Animation** können Bewegungen der Figur gespeichert werden.

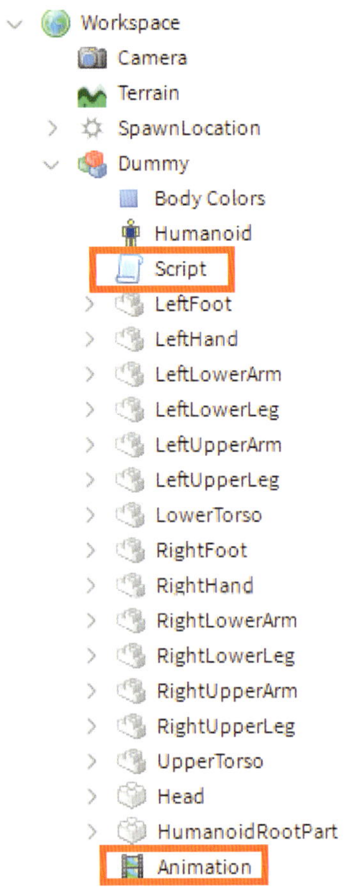

2 Animation im Katalog aussuchen

Praktischerweise gibt es in Roblox schon vorgefertigte Bewegungen, auf die du mit einem Script zugreifen kannst. Du findest sie auf der **Developer-Seite** unter https://developer.roblox.com/en-us/articles/catalog-animations. Hier kannst du verschiedene Roblox-Typen (Ninja, Robot, Zombie etc.) auswählen, die dementsprechend unterschiedliche Animationen, also Bewegungen, machen können. Unten auf der Seite steht eine Liste mit den möglichen Animationen, also Walk, Run, Jump etc. und den zugeordneten Nummern.

Suche dir eine Figur aus und notiere dir die **Nummer** der **Idle-Animation** aus der Liste. Du kannst die Nummer auch mit einem rechten Mausklick kopieren! Wenn mehrere Nummern angegeben sind, bedeutet es, dass es mehrere Animationen für diese Bewegung gibt. Kopiere aber nur eine einzige Nummer!

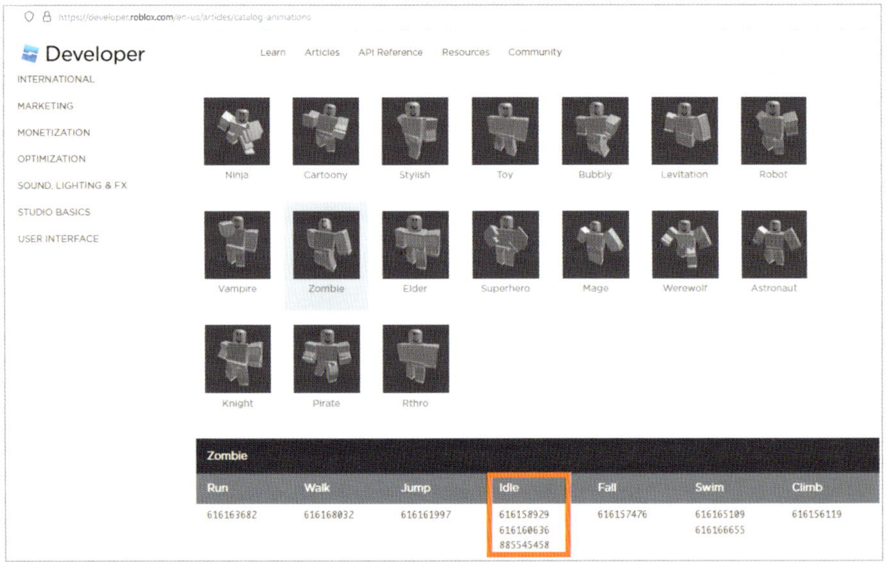

IDLE-ANIMATION

In den meisten Spielen bewegen sich die NPCs immer, auch wenn sie eigentlich gar nichts machen. Sie schwanken leicht hin und her, drehen vielleicht mal den Kopf oder bewegen die Arme. Diese natürliche Art der Bewegung wird *Idle-Animation* genannt. »Idle« bedeutet *Leerlauf*, und genau dafür ist diese Animation da: etwas Bewegung in die Figur zu bringen, obwohl diese eigentlich gerade gar nichts tut.

3 Animation umbenennen und ID einfügen

Wähle **Animation** im Workspace aus und benenne sie um in »Idle«. Das ist praktisch, wenn du später mehrere Animationen verwenden willst. Öffne dann die **Properties** von **Idle**. In das Feld bei **Animation-ID** fügst du die eben kopierte Nummer ein. Nur die Nummer, der Pfad im Bild, kommt dann automatisch!

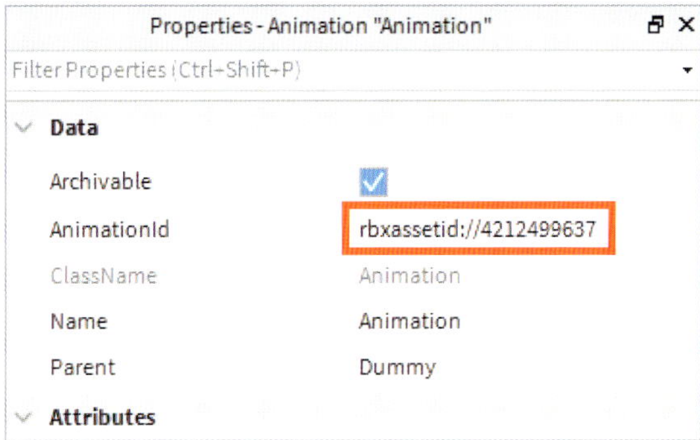

4 Script für die Bewegung

Öffne das **Script**, das du bei **Dummy** eingefügt hast, und schreibe folgenden Code:

```
local person = game.Workspace.Dummy ❶

local idleAnimation = person.Idle ❷

local leerlauf = person.Humanoid:LoadAnimation(idleAnimation) ❸

leerlauf:Play() ❹
```

Zuerst definierst du mehrere **Variablen**:

❶ Die Variable `person` verweist mit dem **Pfad** auf den `Dummy`. Wenn du deinen Dummy anders genannt hast, ändere den Pfad.

❷ Die Variable `idleAnimation` hat im Pfad bereits die zuvor definierte Variable `person` und verweist auf die **Animation**. Diese hast du ja bereits in `Idle` umgenannt.

❸ Die dritte Variable `leerlauf` beinhaltet die **Funktion** `LoadAnimation`. Diese überträgt die `idleAnimation` auf den `Humanoid`.

❹ Im letzten Schritt wird die Animation einfach mit der **Play-Funktion** abgespielt. In diesem Fall dauerhaft, das bedeutet, dass sich der Dummy jetzt die ganze Zeit über bewegt.

5 Spiel testen

Teste das Spiel. Wenn sich der Dummy nicht bewegt hast du vielleicht einen Rechtschreibfehler im Script, ein Pfad ist falsch oder die AnimationID stimmt nicht. Achte auf Fehlermeldungen in der Output-Konsole!

Vampir-Idle-Animation

Lauf los!

Der NPC kann natürlich auch laufen. Hierfür musst du einen Zielpunkt angeben, an den sich der NPC begeben soll.

1 Script anpassen

Öffne das Script und ergänze bei den Variablen folgende Zeilen:

```
local person = game.Workspace.Dummy
local idleAnimation = person.Idle

local ziel = Vector3.new(100, 0, 100) ❶

local leerlauf = person.Humanoid:LoadAnimation(idleAnimation)

leerlauf:Play()

person.Humanoid:MoveTo(ziel) ❷
```

❶ Die Variable `ziel` ist ein **Vector3-Wert**, also eine *X,Y,Z-Position*. `0, 0, 0` ist der Mittelpunkt der Baseplate, `100, 0, 100` verändert nur die X-/Z-Werte (also nicht den Höhenwert Y, der bleibt bei 0). Der neue Zielpunkt ist also vom Mittelpunkt aus je 100 studs entfernt.

❷ `person` ruft die `MoveTo`-Funktion für den `Humanoid` auf. Diese ist eine eigene Roblox-Funktion, der Name darf nicht verändert werden! Die Variable `ziel` wird an die `MoveTo`-Funktion übergeben, und der `Humanoid` und somit dein **Dummy** bewegt sich zu der für `ziel` angegebenen Position.

2 Spiel testen

Probiere es aus und verändere die Werte für `Vector3`! Wenn der Dummy sich nicht bewegt, liegt es vermutlich daran, dass Parts vom **Dummy** verankert sind! Wähle im Workspace alle Parts vom **Dummy** aus und deaktiviere **Anchored** in den **Properties**.

> **TIPP**
>
> Ergänze im Script `wait(5)` in einer eigenen Zeile nach den Variablen. Dies verzögert den Start deines Dummys um 5 Sekunden! So kannst du kannst besser sehen, ob sich der Dummy wirklich bewegt!

Lauf-Animation

Der Dummy bewegt sich zwar nun an den Zielort, macht dabei aber die Idle-Bewegung, was merkwürdig aussieht. Besser wird es, wenn du eine Lauf-Animation im Script einbaust, die dann abgespielt wird, wenn der Dummy losläuft!

1 Lauf-Animation einfügen

Füge im **Workspace** unter **Dummy** eine weitere **Animation** ein und nenne diese »Run«.

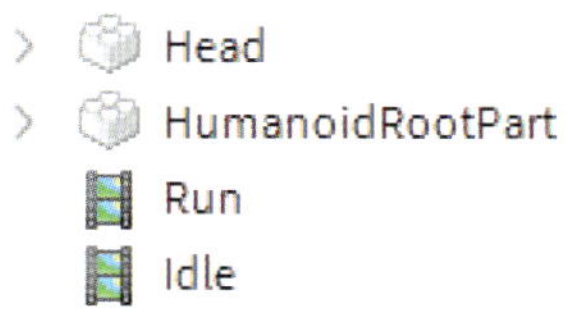

2 AnimationID einfügen

Öffne die **Developer-Seite** unter https://developer.roblox.com/en-us/articles/catalog-animations und kopiere die Nummer einer **Lauf-Animation** (Run).

Öffne dann die **Properties** von **Run** und füge die Nummer im Feld bei **AnimationID** ein.

Rthro		
Run	Walk	Jump
2510198475	2510202577	2510197830

3 Script anpassen

Im Script bei Dummy ergänzt du den Code:

```
local person = game.Workspace.Dummy
local idleAnimation = person.Idle
local runAnimation = person.Run ❶

local ziel = Vector3.new(100, 0, 100)

local leerlauf = person.Humanoid:LoadAnimation(idleAnimation)
local laufen = person.Humanoid:LoadAnimation(runAnimation) ❷

leerlauf:Play()

wait(10) ❸

leerlauf:Stop() ❹
laufen:Play() ❺

person.Humanoid:MoveTo(ziel)
```

❶ Wie zuvor bei der Idle-Animation wird hier die **Variable** für die `RunAnimation` definiert. Achte darauf, dass du die `runAnimation` im **Workspace** unter **Dummy** wirklich »Run« genannt hast!

❷ In dieser Zeile wird die `runAnimation` in der Variablen `laufen` auf den `Humanoid` geladen, sodass sie später im **Script** abgerufen werden kann.

❸ Dieses `wait(10)` sorgt dafür, dass die **Idle-Animation** `leerlauf` 10 Sekunden lang abgespielt wird, bevor der **Dummy** losläuft.

❹ Die Funktion `Stop()` beendet die `leerlauf`-Animation.

❺ Diese Zeile startet die `laufen`-Animation, und in der nächsten Zeile steht die Anweisung, dass sich der **Dummy** zum `ziel` bewegen soll.

4 Animationslaufzeit

Wenn du das Spiel jetzt testest, wirst du feststellen, dass der Dummy zum Ziel läuft, dort angekommen aber weiterhin die Lauf-Bewegungen macht. Diese musst du im Script stoppen.

Teste das Spiel und zähle einfach die **Sekunden**, die der **Dummy** braucht, um ans Ziel zu kommen.

Ergänze im Script ganz unten `wait()`, mit der Zeitlänge in der Klammer, die es im Spiel dauert, um an **deinen Zielpunkt** zu kommen.

Anschließend beendest du die `laufen`-Animation mit `laufen:Stop()`

CHALLENGE

Nachdem der Dummy am Zielpunkt angekommen ist, soll die Idle-Animation wieder abgespielt werden. Ergänze das Script mit dem passenden Code.

5 Super schnell oder ganz langsam

Die **Geschwindigkeit** des **Dummys** kannst du in den **Properties** vom **Humanoid** unter **WalkSpeed** einstellen. Aber denk daran, wenn du den Wert veränderst, musst du im Script die Sekunden bei `wait()` ebenfalls wieder anpassen, damit die Animation zur Geschwindigkeit passt!

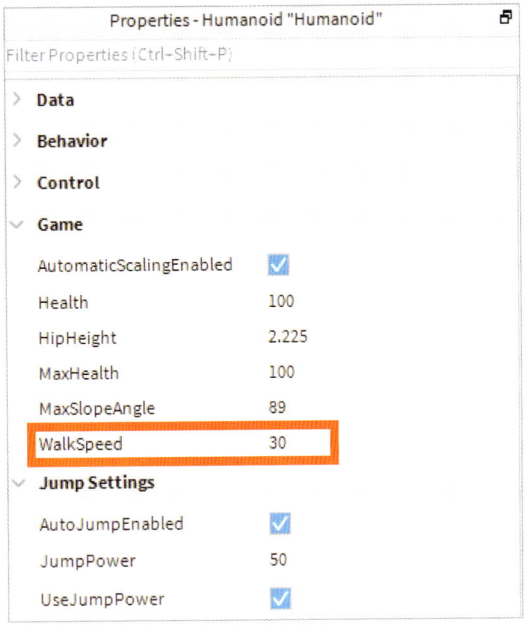

Ein bestimmter Zielpunkt

Statt die Zielposition als **X,Y,Z-Koordinate** anzugeben, kannst du auch einfach einen **Part** festlegen, zu dem sich dein Dummy hinbewegen soll.

1 Part erstellen

Den Part platzierst du dann einfach irgendwo auf deiner Map, du kannst ihn auch transparent machen. Benenne den Part um in »Ziel«.

2 Script anpassen

Damit der Part angesteuert wird, musst du das Script etwas ändern.

→ Ändere die Variable `ziel`, diese steuert jetzt den Part »Ziel« an:

```
local ziel = game.Workspace.Ziel
```

→ Dann änderst du die Zeile mit der `MoveTo()`-Funktion des Scripts:

```
person.Humanoid:MoveTo(ziel.Position)
```

3 Spiel testen

Teste das Spiel. Dein Dummy sollte jetzt den **Ziel**-Part ansteuern!

4 Mehrere Zielpunkte

Du kannst auch mehrere Zielpunkte einbauen. Dann brauchst du natürlich weitere **Parts** (*Ziel_A*, *Ziel_B*, *Ziel_C* ...). Im Script ergänzt du weitere **Variablen** und **Funktionen**:

```
local person = game.Workspace.Dummy

local zielA = game.Workspace.Ziel_A
local zielB = game.Workspace.Ziel_B
local zielC = game.Workspace.Ziel_C

person.Humanoid:MoveTo(zielA.Position)
person.Humanoid.MoveToFinished:Wait() ❶
person.Humanoid:MoveTo(zielB.Position)
person.Humanoid.MoveToFinished:Wait() ❷
person.Humanoid:MoveTo(zielC.Position)
```

❶, ❷ Diese Zeilen bewirken, dass das Script erst dann weiter ausgeführt wird, wenn die `MoveTo`-Funktion beendet ist, also wenn der Dummy ein Ziel erreicht hat. Danach kann die nächste `MoveTo`-Funktion ausgeführt werden, und der Dummy läuft zum nächsten Zielpunkt.

5 Das Script auf einen Blick

```
local person = game.Workspace.Dummy
local idleAnimation = person.Idle
local runAnimation = person.Run

local zielA = game.Workspace.Ziel_A
local zielB = game.Workspace.Ziel_B
local zielC = game.Workspace.Ziel_C

local leerlauf = person.Humanoid:LoadAnimation(idleAnimation)
local laufen = person.Humanoid:LoadAnimation(runAnimation)

leerlauf:Play()
wait(3)
leerlauf:Stop()
laufen:Play()

person.Humanoid:MoveTo(zielA.Position)
person.Humanoid.MoveToFinished:Wait()
person.Humanoid:MoveTo(zielB.Position)
person.Humanoid.MoveToFinished:Wait()
person.Humanoid:MoveTo(zielC.Position)

wait(5)
laufen:Stop()
```

Je mehr Zielpunkte du einbaust, desto länger ist der Dummy unterwegs. Vergiss nicht, die Zeitdauer des Laufens in der `wait()`-Funktion ganz unten im Script anzupassen!

Im Dauerlauf

Und zum Abschluss kann dein Dummy auch endlos von Ziel zu Ziel laufen!

Das Script

Hierfür baust du mit dem Befehl `while` eine Schleife im Script ein:

```
while true do ❶
    person.Humanoid:MoveTo(zielA.Position)
    person.Humanoid.MoveToFinished:Wait()
    person.Humanoid:MoveTo(zielB.Position)
    person.Humanoid.MoveToFinished:Wait()
    person.Humanoid:MoveTo(zielC.Position)

    person.Humanoid.MoveToFinished:Wait() ❷
end
```

❶ Die while-Schleife umschließt die `MoveTo`-Funktionen. Ohne weitere Bedingungen führt `while true do` immer in eine *Endlosschleife*!

❷ Wichtig ist noch die Ergänzung `person.Humanoid.MoveToFinished:Wait()` für `zielC`, sonst wird `zielC` nicht angelaufen, weil es sofort wieder mit der ersten Zeile in der while-Schleife weitergeht!

Zeilen löschen

Die beiden letzten Zeilen des alten Scripts

```
wait(3)
laufen:Stop()
```

löschst du besser, denn dadurch kann es zu abgehackten Verzögerungen kommen!

TIPP

Du kannst natürlich jedes Objekt, das einen `Humanoid` und `HumanoidRootPart` besitzt, auf diese Weise bewegen. So könnte also auch ein kleines Flugzeug zu einer bestimmten Stelle fliegen oder auch ein Paket, ein Baum oder was dir sonst noch einfällt!

9.5 Animation von Objekten

Richtig cool wird dein Spiel, wenn auch Objekte animiert sind! Mit einem einfachen Script kannst du Objekte mit einem Mausklick dazu bringen, sich zu bewegen.

In folgendem Beispiel lernst du, wie du die Truhe aus Kapitel 2 öffnen kannst!

Öffne eine Schatztruhe

1 Schatztruhe bauen

Modelliere die besagte **Schatztruhe** oder eine vergleichbare. Wichtig ist, dass alle Parts, auch der Deckel, verankert (**Anchor**) sind und du die *Hierarchie* beachtest!

Die gesamte Truhe sollte ein Modell sein, und der **Deckel** ist in die **Truhe** eingefügt:

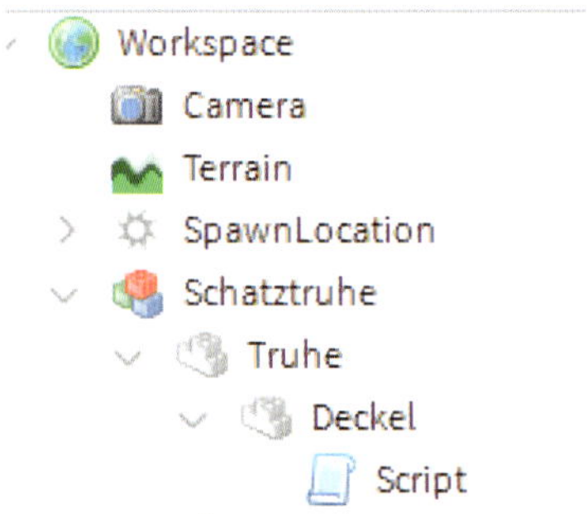

2 Script hinzufügen

Füge nun im Workspace ein Script ein, indem du auf das kleine Plus neben **Deckel** klickst und **Script** auswählst!

Damit die Schatztruhe im Spiel angeklickt und dann geöffnet werden kann, fügst du zusätzlich zum Script noch einen **ClickDetector** ein!

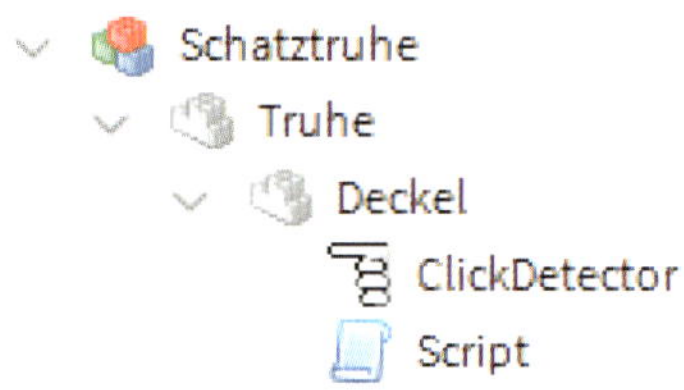

3 Das Script

Im Script definierst du zuerst zwei Variablen:

```
local clickDetector = workspace.Schatztruhe.Truhe.Deckel.ClickDetector
local deckel = workspace.Schatztruhe.Truhe.Deckel
```

Hierbei musst du darauf achten, dass der **Pfad** wirklich mit der Position von **ClickDetector** und **Deckel** im Workspace übereinstimmt!

Danach schreibst du die sehr kurze Funktion:

```
function Mausklick() ❶

    deckel.Orientation = Vector3.new(0, 0, -60) ❷
    deckel.Position = Vector3.new(25.743, 7.722, -52.768) ❸

end

clickDetector.MouseClick:connect(Mausklick)
```

❶ Der Name der Funktion ist frei wählbar.

❷ In der Funktion werden die beiden Werte `Orientation` und `Position` ❸ von `Deckel` neu gesetzt. Die hier angegebenen Werte passen allerdings **nicht** auf deinen Deckel!

4 Werte herausfinden

Die richtigen Werte findest du mit einem kleinen Trick:

- Dupliziere den Deckel und drehe und verschiebe ihn so, als ob die Truhe geöffnet wäre.
- Gehe in die **Properties** vom gedrehten Deckel und schreibe dir die Werte von **Origin Position** und **Origin Orientation** auf.
- Lösche dann den gedrehten Deckel und trage diese Werte im Script ein!

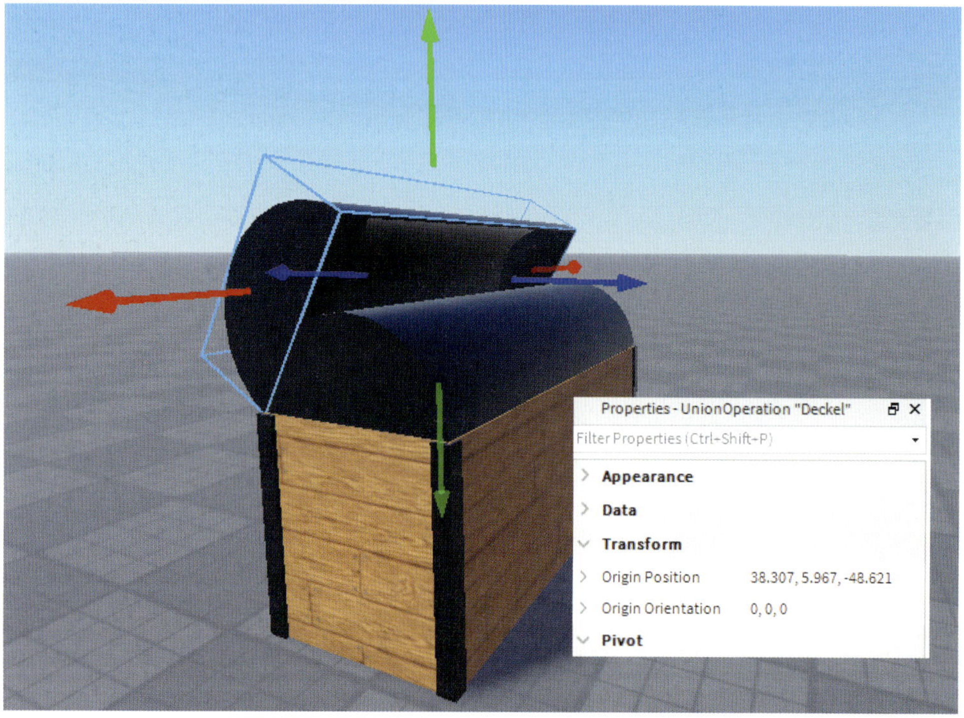

5 Animation testen

Teste das Spiel. Du solltest den Deckel anklicken können (der Mauszeiger verändert sich), und bei Mausklick sollte sich der Deckel öffnen.

Wenn er sich an der falschen Stelle öffnet oder verdreht ist, kontrollierst du noch mal die Werte! Dupliziere gegebenenfalls den Deckel noch mal, richte ihn passend aus und notiere die Werte erneut.

WICHTIG

Kommazahlen musst du mit Punkt angeben!

Truhe öffnen mit Effekt

Noch schöner wird das Öffnen der Truhe, wenn du einen Effekt einbaust!

1 Effekt einfügen

- Erstelle einen Part, den du in »Effekt« umbenennst.
- Auf diesen Part setzt du einen **Effekt**, zum Beispiel **Sparkles**. Die Effekte findest du in der Registerkarte **Model**.
- Jetzt verschiebst du den Part so weit in die Truhe, dass die Sterne gut herauskommen würden, wenn die Truhe offen wäre.
- Dann verschiebst du im Workspace den Part in das Modell **Schatztruhe**

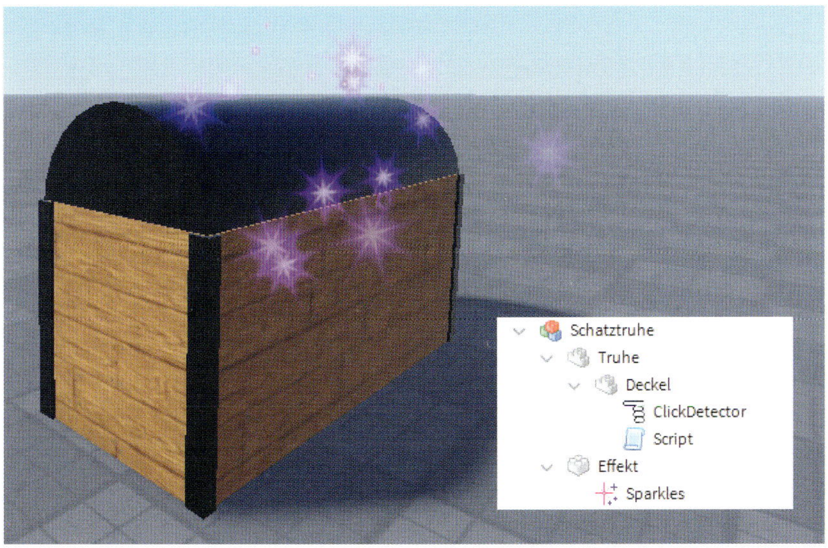

2 Einstellungen für den Part

Aktiviere unbedingt **Anchor** für den **Part** und stelle in den **Properties** die **Transparency** auf **1**, damit man den Part nicht sieht, wenn die Truhe offen ist!

3 Effekt ausschalten

Gehe dann in die **Properties** vom **Sparkles**-Effekt und deaktiviere **Enabled**, damit der Effekt bei Spielbeginn aus ist.

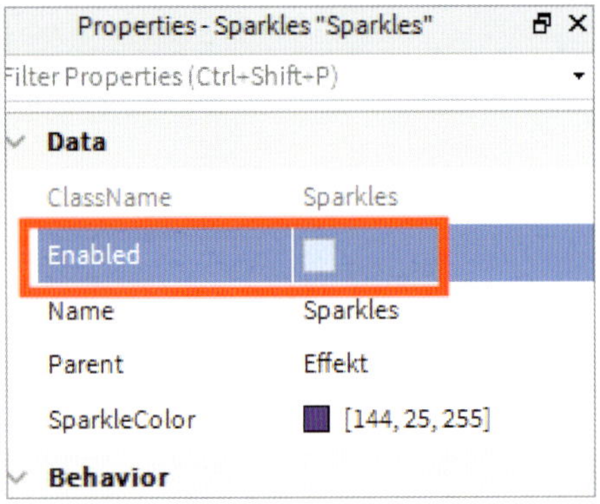

4 Script anpassen

Jetzt öffne das Script aus dem letzten Abschnitt und ergänze ganz oben folgende Variable, die auf den Part mit dem Effekt weist:

```
local effekt = workspace.Schatztruhe.Effekt
```

Kontrolliere den Pfad im Workspace! Dann fügst du in der Funktion *nach* der Position folgenden Code hinzu:

```
effekt.Sparkles.Enabled = true ❶
wait(1) ❷
effekt.Sparkles.Enabled = false ❸
```

❶ Hier wird der Effekt zunächst mit `true` aktiviert.

❷ Nach 1 Sekunde, also `wait(1)` wieder deaktiviert ❸.

5 Das Script auf einen Blick

```
local clickDetector = workspace.Schatztruhe.Truhe.Deckel.ClickDetector
local deckel = workspace.Schatztruhe.Truhe.Deckel
local effekt = workspace.Schatztruhe.Effekt

function Mausklick()
    deckel.Orientation = Vector3.new(0, 0,  37,84)
    deckel.Position = Vector3.new(24.22, 4.99, -46.42)
    effekt.Sparkles.Enabled = true
    wait(1)
    effekt.Sparkles.Enabled = false
end

clickDetector.MouseClick:connect(Mausklick)
```

Drehende Krone

Eine schöne Animation für **Collectibles** oder auch einen Zielpunkt, beispielsweise ein Pokal, ist es, wenn sich das Ziel dreht!

Diese Animation kannst du zum Beispiel für die **Münzen** aus Abschnitt 9.2 »Punktezähler« verwenden, oder du suchst ein schönes Objekt in der Toolbox. Im Beispiel wird eine **Krone** aus der Toolbox benutzt. Du findest sie unter **Meshes** und dem Suchwort »Crown«.

COLLECTIBLES

So nennt man sammelbare Items im Spiel, die normalerweise Punkte geben. Also zum Beispiel Münzen.

WICHTIG

Dieses Script funktioniert nicht mit **Models** wie der Schatzkiste! Die Bewegung im Script mit `Vector3` kann nur auf einzelne **Parts** angewendet werden! Achte deshalb darauf, dass ein Objekt aus der **Toolbox** ein **Mesh** ist und kein **Model**, wenn du es für diese Animation verwenden möchtest!

1 Script einfügen

Füge im Mesh oder Part einen **ClickDetector** und ein **Script** ein.

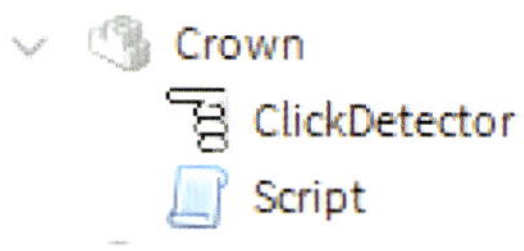

2 Variablen

Im Script legst du zuerst wieder Variablen fest:

```
local krone = script.Parent
local clickDetector = script.Parent.ClickDetector
```

Der Pfad `script.Parent` weist auf das entsprechende **Mesh** im Workspace hin, hier **Crown**.

3 Die erste Funktion

Jetzt kommt die Funktion *`Drehen()`*.

```
function Drehen() ❶

    local function Mausklick() ❷
        krone:Destroy() ❸
    end
    clickDetector.MouseClick:connect(Mausklick) ❹
end

Drehen() ❺
```

❶ Die Funktion *`Drehen()`* beinhaltet eine weitere *lokale* Funktion, nämlich *`Mausklick()`* ❷.

❸ `krone:Destroy()` zerstört die Krone.

❹ Die Funktion wird durch den `ClickDetector` bei Mausklick ausgelöst.

❺ Die letzte Zeile sorgt dafür, dass die Funktion bei Spielbeginn gestartet wird.

4 Spiel testen

Teste das Spiel, wenn du auf die Krone oder dein Objekt klickst, sollte es verschwinden!

5 Die zweite Funktion

In der Funktion *Drehen()* musst du jetzt noch den Teil fürs Drehen ergänzen. Das geht mit einer Endlosschleife:

```
while true do ❶
    krone.Orientation = krone.Orientation + Vector3.new(0, 5, 0) ❷
wait(0.05) ❸
```

❶ Da es für `true` keine Bedingung gibt, ist `true` immer erfüllt. `while true do` sorgt also dafür, dass diese Schleife erst mal **endlos** ist.

❷ In der Schleife wird über `krone.Orientation` die Drehung der Krone angesprochen. Für die `Orientation` soll ein *neuer Wert* eingesetzt werden, nämlich der alte Wert plus `Vector3.new`, also der neue Wert. Der neue Wert ist hier **(0, 5, 0)**, das bedeutet, dass für die Drehung um die senkrechte Y-Achse **5 Grad** dazukommen.

❸ Danach kommt eine kleine Verzögerung mit `wait(0.05)`, und dann beginnt die Schleife wieder von vorn, und weitere **5 Grad** werden dazuaddiert.

WUSSTEST DU, DASS ...?

Eines der teuersten Items in Roblox ist der **Violet Valkyrie Hat** (»Violette Walküre«). Er wurde im Jahr 2018 am Presidents' Day (US-Feiertag) in den Katalog aufgenommen und kostet **50.000 Robux**.

6 Das Script auf einen Blick

Das komplette Script sieht wie folgt aus. Achte auf die Anzahl und Verteilung von `end`!

```
local krone = script.Parent
local clickDetector = script.Parent.ClickDetector

function Drehen()
    while true do
        krone.Orientation = krone.Orientation + Vector3.new(0, 5, 0)
        wait(0.05)
        local function Mausklick()
            krone:Destroy()
        end
        clickDetector.MouseClick:connect(Mausklick)
    end
end

Drehen()
```

Die Funktion *Mausklick()* befindet sich nun mit in der *while-Schleife*, sodass durch einen Mausklick die Schleife unterbrochen werden kann!

Krone vergrößern und verkleinern

Du kannst die Krone auch vergrößern und verkleinern, statt sie zu drehen, wenn du in der while-Schleife folgende Zeilen löschst:

```
krone.Orientation = krone.Orientation + Vector3.new(0, 5, 0)
wait(0.05)
```

Und durch neuen Programmcode **ersetzt**:

```
krone.Size = krone.Size * 2 ❶
wait(0.5)
krone.Size = krone.Size * 0.5 ❷
wait(0.5)
```

Jetzt greift das Script auf **Size**, also die **Größe** in den **Properties** zu. Diesen Wert kann man nicht mit einem **Vector3** verändern, deshalb wird der Wert einmal durch *Mulitplikation* mit **2** vergrößert ❶ und nach einer kurzen Verzögerung durch *Multiplikation* mit **0.5** verkleinert ❷.

Es folgt wieder eine kurze Verzögerung, und die Schleife beginnt wieder von vorne!

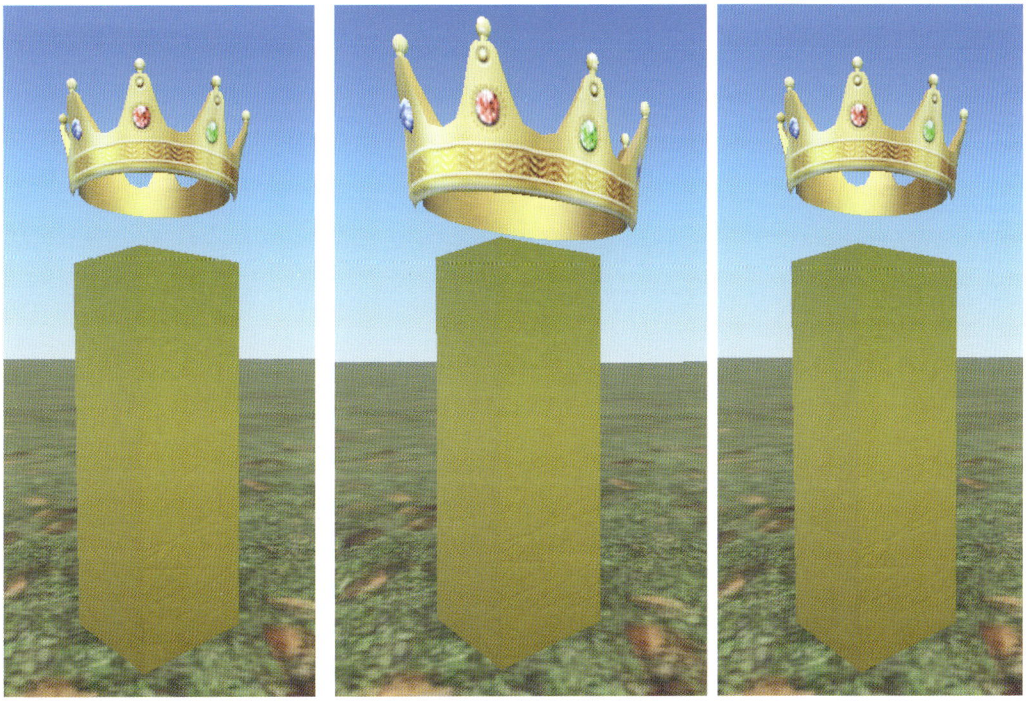

10 Zum Schluss

Hier noch ein paar **Tipps**, was du tun kannst, wenn dein Spiel fertig ist oder dir die Ideen ausgehen.

10.1 Testen

Testen ist ganz wichtig! Bitte deine **Eltern** oder **Freunde**, dein Spiel zu testen. Oft kann man selbst gar nicht mehr einschätzen, ob das Spiel zu leicht oder gar zu schwer ist, weil man selbst ja alle Stellen genau kennt. Du weißt genau, wie du den schwierigen Sprung im Obby schaffen kannst oder welche Plattformen man besser nicht betreten sollte, aber deine Freunde kennen das Spiel ja nicht so gut wie du.

Wenn andere dein Spiel testen, bekommst du wertvolles **Feedback**, wie du dein Spiel noch verbessern kannst. Manchmal kommen Außenstehende auch auf ganz neue Ideen oder Features, die du noch einbauen könntest!

TIPP

Du kannst für deine Freunde auch einen Fragebogen zum Spiel vorbereiten:

- Was hat dir im Spiel besonders gut gefallen?
- Welche Stelle findest du schwierig?
- Welches Feature würdest du dir für das Spiel noch wünschen?

Dir fallen sicher noch mehr Fragen ein!

10.2 Verschönere dein Spiel

Dekoriere deine Spiele mit selbst gebauten Objekten oder mit Objekten aus der Toolbox. Beachte hierzu unbedingt die Hinweise im Kapitel 3 »Toolbox«.

Stelle deine Map nicht wild mit allerlei Objekten voll! Überlege dir ein **Thema** und suche oder gestalte dazu passende Objekte. So könnte das **Autorennen** in einer Wüstenlandschaft veranstaltet werden, mit Dünen, Kakteen und Geiern. Oder das **Obby** findet auf einer einsamen Insel statt, man sieht Palmen und ein Schiffswrack.

10.3 Entwickele neue Spielideen

Experimentiere mit den Scripten, versuche sie umzuschreiben, zu kombinieren oder zu ergänzen. Du kannst auch aus den verschiedenen Spielen einzelne Teile verwenden, um ganz neue Spiele zu entwickeln. So könnten beispielsweise auch im **Autorennen** fiese Fallen auftauchen oder eine Förderband-Straße!

Schau dir genau an, welches Spiel du selbst auf Roblox gerne spielst und überlege, was das Spiel ausmacht, warum es Spaß macht und welche Teile wie zusammen interagieren. Vielleicht kannst du schon etwas Ähnliches selbst entwickeln. Natürlich in einem kleineren Maßstab, denn die beliebtesten und aufwendigsten Spiele auf Roblox hat natürlich kein Einzelner alleine entwickelt, sondern ein *Studio* mit mehreren Programmierern.

10.4 Gründe ein Studio

Du kannst dich auch mit deinen Freunden zusammentun und ein **eigenes** Studio gründen! Entwickelt gemeinsam neue Ideen, und über **TeamCreate** könnt ihr auch in Echtzeit zusammen am Spiel designen und programmieren.

TeamCreate

1 TeamCreate aktivieren

TeamCreate musst du unter **View** aktivieren, danach öffnet sich das TeamCreate-Fenster. Drücke **TurnOn**, um die Beta-Version zu aktivieren.

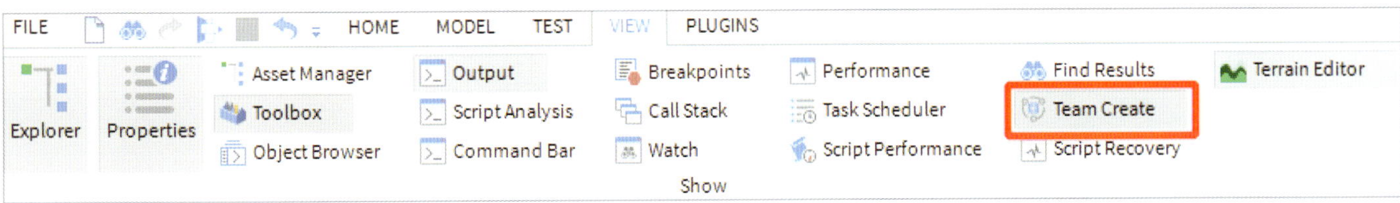

2 Freunde einladen

Dann klickst du im TeamCreate-Beta-Fenster auf den Link:

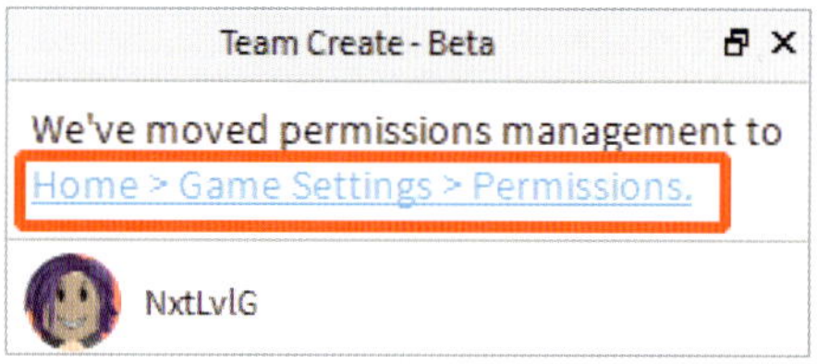

Es öffnet sich ein neues Fenster, die GameSettings. Hier klickst du auf **Permissions** (Berechtigungen) und suchst deine Freunde unter **Collaborators** im Suchfeld. So einfach kannst du deine Freunde zu deinem Spiel zum Programmieren einladen!

Ihr könnt in Echtzeit programmieren, das bedeutet, ihr arbeitet gemeinsam im Game-Editor-Fenster, und jeder kann sehen, welche Objekte der andere gerade baut. Natürlich kann auch jedes Teammitglied alleine am Spiel weiterbauen, wenn die anderen nicht eingeloggt sind.

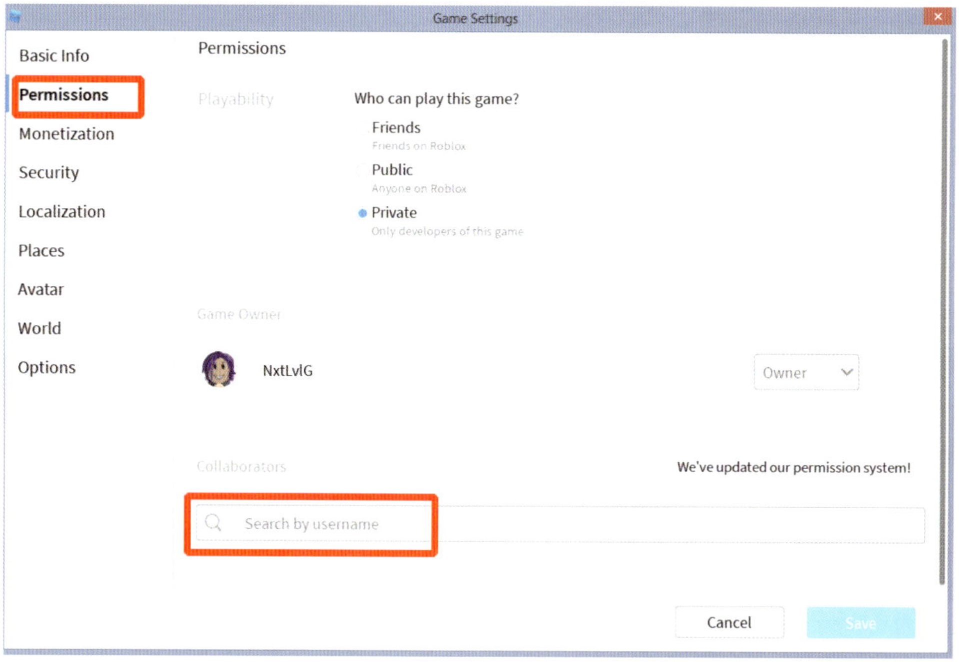

3 Team Test

Ihr könnt dann das Spiel sogar gemeinsam testen. Dafür gibt es unter der Registerkarte **Home** den **Team Test**. Hier klicken alle auf **Team Test**, und schon könnt ihr gemeinsam eure Welt entdecken!

Beendet wird das Spiel über **Exit Game**.

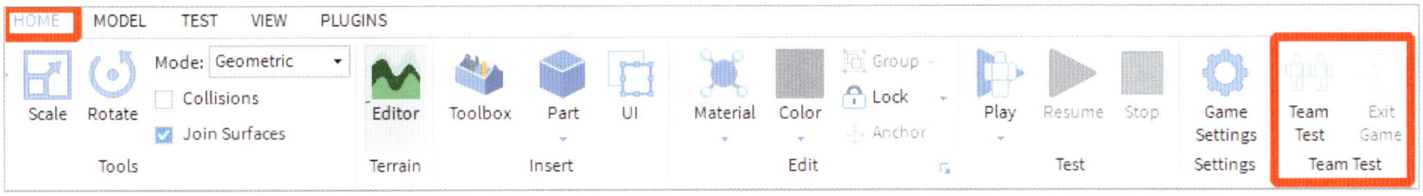

Stichwortverzeichnis